ABREVIATURAS / 略語表

adjetivo	adj	形容詞
administrativo	adm	経営・管理
adverbio	adv	副詞
aviación, aeronáutica	aero	航空
agricultura	agric	農業
alguien	alg	不特定の人
arquitectura	arq	建築
bellas artes	arte	美術
astrología	astrol	占星術
automovilismo	auto	自動車
banca	banc	金融
biología	biol	生物
botánica	bot	植物
cinematografía	cine	映画
lenguaje coloquial	coloq	口語
comercio	com	商業
conjunción	conj	接続詞
construcción	constr	建設
despectivo	desp	軽蔑語
diplomacia	dipl	外交
economía	econ	経済
electricidad	electr	電気
exclamación	excl	感嘆詞
sustantivo femenino	f	女性名詞
ferrocarriles	ferroc	鉄道
sentido figurado	fig	転義
filosofía	filos	哲学
física	fís	物理
fotografía	foto	写真
sustantivo femenino plural	fpl	女性名詞複数形
gastronomía	gastr	料理
geografía	geogr	地理
imprenta	impr	印刷
industria	indus	工業・産業
infinitivo	inf	不定形
informática	informát	コンピューター
interjección	interj	間投詞

invariable	inv	不変なもの
lenguaje jurídico	jur	法律
lingüística, gramática	ling	言語学・文法
sustantivo masculino	m	男性名詞
matemáticas	mat	数学
medicina, anatomía, farmacia	med	医学・解剖学・薬学
meteorología	meteo	気象
militar	mil	軍事
mitología	mit	神話
sustantivo masculino plural	mpl	男性名詞複数形
música	mús	音楽
navegación	nav	航海・航空
periodismo	period	ジャーナリズム
plural	pl	複数
política	pol	政治
prefijo	pref	接頭語
pronombre	pron	代名詞
pronombre personal	pron pers	人称代名詞
pronombre demostrativo	pron dem	指示代名詞
pronombre posesivo	pron pos	所有代名詞
preposición	prep	前置詞
química	quím	化学
radio	radio	ラジオ
religión	relig	宗教
deporte	sport	スポーツ
tauromaquia	taur	闘牛
teatro	teat	演劇
tecnología, técnica	tecn	技術
telecomunicaciones	telec	通信技術
transportes	transp	輸送
textiles, ropa	txtl	繊維・衣類
televisión	TV	テレビ
verbo impersonal	v/impers	非人称動詞
verbo intransitivo	vi	自動詞
verbo pronominal	vpron	代名動詞
verbo transitivo	vt	他動詞
verbo a la vez transitivo e intransitivo	vt/i	自動詞と他動詞を兼ねる動詞
lenguaje vulgar	vulg	俗語
zoología	zool	動物

DICCIONARIO POCKET

和西 / ESPAÑOL – JAPONÉS

DICCIONARIOS POCKET HERDER

DICCIONARIO POCKET

I

和西

Junichi Matsuura
Lourdes Porta

Herder

Diseño de la cubierta: Claudio Bado

1.ª edición, 4ª impresión, 2023

ISBN: 978-84-254-2431-1

Imprenta: Tesys
Depósito legal: B- 35.194 -2010
Printed in Spain

herder

ÍNDICE

PREFACIO

Japón ha dejado de ser un país desconocido para los españoles. En los últimos tiempos, ha aumentado considerablemente el número de personas que se interesan por la cultura y la lengua japonesas. El turismo ha pasado, asimismo, a desarrollarse en ambas direcciones y cada vez es mayor el número de españoles que visitan Japón. Son estas circunstancias las que han hecho lógica y necesaria la edición de este diccionario.

Las medidas propias de un diccionario de bolsillo nos han obligado a hacer una selección de los términos y acepciones más usados dentro del amplio y rico léxico de las lenguas española y japonesa. Para ello, nos ha sido de gran utilidad la experiencia acumulada durante largos años de docencia del idioma japonés.

Las diferentes acepciones de los vocablos se han contextuado mediante el uso de ejemplos y sinónimos.

Presentamos, además, una introducción a las escrituras y gramáticas japonesa y española, así como una práctica guía de conversación detallada por ámbitos.

Esperamos que este diccionario cumpla nuestras expectativas y sea de gran ayuda para los estudiantes que inicien el estudio de ambas lenguas y para los turistas que viajen por España y Japón.

JUNICHI MATSUURA

LOURDES PORTA

I

INDICACIONES PARA EL USO DE ESTE DICCIONARIO

I.-1. El orden alfabético

Las entradas de la parte japonés-español siguen, al igual que los diccionarios japoneses, el orden del silabario japonés: a-i-u-e-o-ka-ga-ki-gi, etc. (véase cuadro de hiragana en la pág. 17). Tras la palabra escrita en transcripción *hepburn*, encontramos la grafía japonesa, ya sea en caracteres chinos, silabario hiragana o silabario katakana. Las entradas de la parte español-japonés aparecen en orden alfabético. Al buscar una palabra española hay que tener en cuenta que, de acuerdo con la reforma ortográfica del español de 1994, la *ch* y la *ll* ya no se consideran letras independientes, sino que están integradas en la *c* y en la *l*.

I.-2. Disposición de las entradas

Para ganar espacio y poder registrar un máximo de palabras, se han reunido en un mismo bloque vocablos parcialmente idénticos desde el punto de vista formal, siempre impresos en letra negrita. Así, después del lema o voz guía que los encabeza, aparecen una o varias subentradas encabezadas por sublemas también impresos en negrita. Las equivalencias en la lengua de llegada aparecen en redonda (letra normal), mientras que las explicaciones gramaticales y lexicográficas se dan en cursiva.

I.-3. Cifras, signos y símbolos

1.-3.1. Las cifras

En la parte español-japonés las cifras en negrita (**1**. …; **2**. …) sirven para distinguir palabras formalmente idénticas, pero pertenecientes a diferentes categorías gramaticales. Ejemplo:

desierto 1. -a *adj* 人気のない hitoke no nai; **2.** *m* 1. 砂漠 sabaku; 2. *(lugar deshabitado)* 人気のない場所 hitoke no nai basho

También se usan para diferenciar el uso transitivo, intransitivo e impersonal de verbos. Ejemplo:

empezar 1. *vt* 始める hajimeru; **2.** *vi* 始まる hajimaru; **~ por hacer u/c** …をし始める… o shihajimeru

Las cifras en redonda (1. …; 2. …) sirven para separar significados muy diferenciados de una palabra, pero correspondientes a la misma categoría gramatical.

En la parte japonés-español las cifras en negrita sirven para distinguir entradas formalmente idénticas, pero de significado distinto. Ejemplo:

akaruku 明るく **1.** claramente; **2.** alegremente

I.-3.2. Signos y símbolos

El símbolo ~ reemplaza la voz guía o la parte de ésta que precede a la línea de separación. Ejemplo:

aaiu ああいう de este tipo; **~fuu** ni así, de esta manera

vi/vienda *f* 住まい sumai, 住宅 juutaku; **~vir** *vi* 1. 生きる ikiru; 2. *(habitar)* 住む sumu, 生活する seikatsu suru

I.-4. ENTRADA DE NOMBRES PROPIOS, SIGLOS Y ABREVIATURAS

En el cuerpo del diccionario se han incluido una serie de nombres propios, siglas y abreviaturas de interés para el usuario. Ejemplo:

aiemuefu アイエムエフ FMI (Fondo *m* Monetario Internacional)

I.-5. TRATAMIENTO DE LAS CATEGORÍAS GRAMATICALES

I.-5.1. Sustantivos

El género gramatical de los sustantivos en español se expresa mediante las marcas *m* (masculino) o *f* (femenino).

aika 哀歌 elegía *f*
abeto *m* 樅の木 momi no ki

La presencia de dos marcas de género indica que la palabra puede ser tanto de género masculino como femenino (marca *m/f*). Ejemplo:

aatisuto アーティスト artista *m/f*
accion/ar *vt* 動かす ugokasu; **~ista** *m/f* 株主 kabunushi

No obstante, se debe tener en cuenta que los sustantivos japoneses carecen de género y número.

I.-5.2. Adjetivos

Los adjetivos del español que poseen únicamente una forma para el masculino y el femenino aparecen con la forma *adj m/f*. Ejemplo:

vinícola *adj m/f* ぶどう酒製造の budoo-shu seizoo no

I.-5.3. Verbos

En la parte español-japonés del diccionario se incluye si los verbos son transitivos, intransitivos o impersonales, mediante las abreviaturas *vt*, *vi*, *v/impers*, respectivamente. Ejemplo:

reivindicar *vt* 要求する yookyuu suru
crecer *vi* 1. 成長する seichoo suru, (*hierba, pelo, barba*/草、毛、ひげなどが) 生える haeru; 2. *(hacerse grande)* 大きくなる ookiku naru

II

LA ESCRITURA JAPONESA. KANJI Y KANA. CORRESPONDENCIA FONÉTICA DE LOS KANA

La escritura japonesa se compone de diversos signos, cada uno con su función específica. Estos signos son:

1. *Kanji*: caracteres picto-ideográficos de origen chino.
2. *Kana*: compuesto de dos silabarios creados en Japón llamados *hiragana* y *katakana*. Actualmente tienen cuarenta y seis signos fonéticos básicos cada uno.

1. Kanji

Los *kanji* son unos caracteres picto-ideográficos introducidos en Japón a partir del siglo IV de nuestra era. En japonés moderno, se escriben con caracteres chinos los sustantivos y la raíz de verbos y adjetivos, así como algunos adverbios y conjunciones. También se escriben con *kanji* los nombres japoneses de persona y los topónimos.

2. Kana

a) Hiragana

El *hiragana* es un silabario creado en Japón, compuesto por los signos fonéticos representados en *gojuu-on-zu* o tabla de los cincuenta sonidos.

En la actualidad, estos cincuenta sonidos han quedado reducidos a cuarenta y seis. En japonés moderno, se escriben en *hiragana* las flexiones de los adjetivos y verbos (la raíz se suele escribir con *kanji*), las partículas (posposiciones), la mayoría de conjunciones, algunos adverbios y ciertos sustantivos, adjetivos o verbos cuyo *kanji* ha quedado obsoleto.

b) Katakana

Los signos del *katakana* representan los mismos sonidos que los del *hiragana* y están dispuestos en la tabla siguiendo el mismo orden. En japonés moderno, el *katakana* se usa principalmente para escribir *gairaigo* o palabras de origen extranjero.

3. Romanización. Roomaji

Hay dos sistemas de romanización usados en las transcripciones al alfabeto occidental: el estilo *kunrei* (*kunrei-shiki*) y el *hepburn* (*hebon-shiki*). El estilo *kunrei* se adecua a la ortografía japonesa. Por tanto, la consonante inicial de cada línea de los cuadros siguientes encabeza las cinco sílabas, a pesar de que se produzca un cambio fonético. El estilo *hepburn*, por el contrario, se adecua a la pronunciación y cambia la/s consonante/s si se da alguna alteración. En este diccionario, a pesar de que en los cuadros siguientes se especifican los dos estilos (primero, el *hepburn*; segundo, el *kunrei*) hemos seguido el estilo *hepburn*, tal como se suele hacer en la mayoría de materiales didácticos del japonés.

Actualmente, las tablas de *hiragana* y *katakana*, que componen el alfabeto de la lengua japonesa, han quedado constituidas de la siguiente manera:

1. Cuadro básico. *Hiragana* y *katakana*.
2. Cuadro de sonorización de algunos de los fonemas (*dakuon* y *handakuon*). *Hiragana y katakana*.
3. Cuadro de contracciones de la columna de la -i con *ya-yu-yo* y sus correspondientes sonorizaciones (*yoo-on*). *Hiragana* y *katakana*.

1.a. Cuadro básico hiragana

	a	i	u	e	o
	a/a あ	i/i い	u/u う	e/e え	o/o お
k	ka/ka か	ki/ki き	ku/ku く	ke/ke け	ko/ko こ
s	sa/sa さ	shi/si し	su/su す	se/se せ	so/so そ
t	ta/ta た	chi/ti ち	tsu/tu つ	te/te て	to/to と
n	na/na な	ni/ni に	nu/nu ぬ	ne/ne ね	no/no の
h	ha/ha は	hi/hi ひ	fu/hu ふ	he/he へ	ho/ho ほ
m	ma/ma ま	mi/mi み	mu/mu む	me/me め	mo/mo も
y	ya/ya や		yu/yu ゆ		yo/yo よ
r	ra/ra ら	ri/ri り	ru/ru る	re/re れ	ro/ro ろ
w	wa/wa わ				wo/o を
n/n ん					

1) Las vocales japonesas no presentan diferencias significativas de pronunciación con respecto a las españolas *a, e, i, o, u*, a pesar de que su orden sea distinto (*a-i-u-e-o*).
2) En la transcripción *hepburn* (la primera), las sílabas tienen una pronunciación cercana a la española, excepto (siguiendo los cuadros de hiragana de izquierda a derecha y de arriba abajo empezando por el primer cuadro):
   - Cuadro 1
     La *ha*, la *hi*, la *he* y la *ho* son aspiradas, con un sonido parecido al de una jota suave.
   - Cuadro 2
     La *gi* tiene un sonido parecido a la *gui* española en *guiñol*.
     La *ge* tiene un sonido a la *gue* española en *guerra*.
     La *za*, la *zu*, la *ze* y la *zo* suenan como una *s* sonora.

- Cuadro 3

  La *gya*, la *gyu* y la *gyo* suenan como las sílabas españolas *guia*, *guiu*, *guio*.

  La *j* de la *ja*, la *ju* y la *jo* suena de forma parecida a la *j* en la palabra inglesa *John*.

  La *h* de la *hya*, la *hyu* y la *hyo* es aspirada.

3) La pronunciación de la *r* en *ra-ri-ru-re-ro* es más débil que la *r* simple intervocálica o detrás de consonante del español (ej. caro). Sin embargo, en ocasiones su sonido se acerca mucho al de una *l*.

1.b. Cuadro básico katakana

	a	i	u	e	o
	a/a ア	i/i イ	u/u ウ	e/e エ	o/o オ
k	ka/ka カ	ki/ki キ	ku/ku ク	ke/ke ケ	ko/ko コ
s	sa/sa サ	shi/si シ	su/su ス	se/se セ	so/so ソ
t	ta/ta タ	chi/ti チ	tsu/tu ツ	te/te テ	to/to ト
n	na/na ナ	ni/ni ニ	nu/nu ヌ	ne/ne ネ	no/no ノ
h	ha/ha ハ	hi/hi ヒ	fu/hu フ	he/he ヘ	ho/ho ホ
m	ma/ma マ	mi/mi ミ	mu/mu ム	me/me メ	mo/mo モ
y	ya/ya ヤ		yu/yu ユ		yo/yo ヨ
r	ra/ra ラ	ri/ri リ	ru/ru ル	re/re レ	ro/ro ロ
w	wa/wa ワ				wo/o ヲ
n/n ン					

2.a. Cuadro sonorizaciones hiragana

	a	i	u	e	o
g	ga /ga が	gi/gi ぎ	gu/gu ぐ	ge/ge げ	go/go ご
z	za/za ざ	ji/zi じ	zu/zu ず	ze/ze ぜ	zo/zo ぞ
d	da/da だ	ji/di ぢ	zu/du づ	de/de で	do/do ど
b	ba/ba ば	bi/bi び	bu/bu ぶ	be/be べ	bo/bo ぼ
p	pa/pa ぱ	pi/pi ぴ	pu/pu ぷ	pe/pe ぺ	po/po ぽ

2.b. Cuadro sonorizaciones katakana

	a	i	u	e	o
g	ga /ga ガ	gi/gi ギ	gu/gu グ	ge/ge ゲ	go/go ゴ
z	za/za ザ	ji/zi ジ	zu/zu ズ	ze/ze ゼ	zo/zo ゾ
d	da/da ダ	ji/di ヂ	zu/du ヅ	de/de デ	do/do ド
b	ba/ba バ	bi/bi ビ	bu/bu ブ	be/be ベ	bo/bo ボ
p	pa/pa パ	pi/pi ピ	pu/pu プ	pe/pe ペ	po/po ポ

1) La pronunciación de *ga-gu-go* japonesas equivalen a los de la *ga, gu, go* españolas, pero los de *ge-gi* del cuadro equivaldrían a la *gue, gui* del español.
2) La *z* equivaldría a una *s* sonora.
3) Respecto a las columnas de la *d*, la *b* y la *p*, no existen diferencias significativas de ningún sonido con el español.

3. *Contracciones línea* -i +ya/yu/yo. Yoo-on

KI (GI) SHI (JI)/ CHI/ NI/ HI (BI/ PI)/ MI/ RI + YA/ YU/ YO

3.a. Cuadro yoo-on hiragana

	ya	yu	yo
ki	kya/kya きゃ	kyu/kyu きゅ	kyo/kyo きょ
gi	gya/gya ぎゃ	gyu/gyu ぎゅ	gyo/gyo きょ
shi	sha/sya しゃ	shu/syu しゅ	sho/syo しょ
ji/zi	ja/zya じゃ	ju/zyu じゅ	jo/zyo じょ
chi/ti	cha/tya ちゃ	chu/tyu ちゅ	cho/tyo ちょ
ni	nya/nya にゃ	nyu/nyu にゅ	nyo/nyo にょ
hi	hya/hya ひゃ	hyu/hyu ひゅ	hyo/hyo ひょ
bi	bya/bya びゃ	byu/byu びゅ	byo/byo びょ
pi	pya/pya ぴゃ	pyu/pyu ぴゅ	pyo/pyo ぴょ
mi	mya/mya みゃ	myu/myu みゅ	myo/myo みょ
ri	rya/rya りゃ	ryu/ryu りゅ	ryo/ryo りょ

3.b. Cuadro yoo-on katakana

	ya	yu	yo
ki	kya/kya キャ	kyu/kyu キュ	kyo/kyo キョ
gi	gya/gya ギャ	gyu/gyu ギュ	gyo/gyo ギョ
shi	sha/sya シャ	shu/syu シュ	sho/syo ショ

ji/zi	ja/zya ジャ	ju/zyu ジュ	jo/zyo ジョ
chi/ti	cha/tya チャ	chu/tyu チュ	cho/tyo チョ
ni	nya/nya ニャ	nyu/nyu ニュ	nyo/nyo ニョ
hi	hya/hya ヒャ	hyu/hyu ヒュ	hyo/hyo ヒョ
bi	bya/bya ビャ	byu/byu ビュ	byo/byo ビョ
pi	pya/pya ピャ	pyu/pyu ピュ	pyo/pyo ピョ
mi	mya/mya ミャ	myu/myu ミュ	myo/myo ミョ
ri	rya/rya リャ	ryu/ryu リュ	ryo/ryo リョ

III

INTRODUCCIÓN A LA GRAMÁTICA JAPONESA

III.-1. Estructuras básicas de la oración simple

III.-1.1. Estructura *–wa* (+sustantivo) *–desu*

Watashi wa (Tanaka/nihonjin/kaishain) desu.
Yo soy (Tanaka/japonés/empleado de una empresa).

III.-1.2. Estructura *–wa* (+adjetivo) *–(desu)/desu*

Watashi wa isogashii (desu).
Estoy ocupado, -a.

Kono kooen wa kirei desu.
Este parque es bonito.

III.-1.3. Estructura SOV (sujeto+objetos+verbo)

Watashi wa Nihon e ikimasu.
Voy a Japón.

Tanaka-san wa kissaten de koohii o nonde imashita.
Tanaka estaba tomando un café en la cafetería.

III.-1.4. Estructura OSV (objeto+sujeto+verbo *aru/iru*)

Tsukue no ue ni hon ga arimasu.
Encima de la mesa hay un libro.

Gakkoo no mae ni gakusei ga imasu.
Delante de la escuela hay un/os estudiante/s.

III.-2. Partes de la oración: el sustantivo

El nombre no flexiona en género ni número. Hay varios sufijos que indican plural (*-tachi, -ra, -domo, -gata*), pero su uso no es extensible a la totalidad de las palabras. En japonés, no hay artículos.

Los prefijos y sufijos desempeñan una función muy importante en la creación de léxico.

III.-2.1. El prefijo

Los prefijos son elementos que se anteponen a una palabra. Pueden expresar deferencia o respeto (prefijos honoríficos), perfilar el sentido de la palabra o incluso cambiarlo, pero no alteran la categoría gramatical de la misma.

o-: prefijo honorífico: *o-namae* (su nombre, frente a *namae*, mi nombre); *o-shigoto* (su trabajo); *o-kuni* (su país)
go-: prefijo honorífico: *go-shujin* (su marido); *go-ryooshin* (sus padres)
fu-: prefijo negativo: *fu-hitsuyoo* (innecesario); *fu-majime* (irresponsable)
hi-: prefijo negativo: *hi-kagakuteki* (acientífico)
mu-/bu-: prefijo negativo: *mu-imi* (sin sentido); *bu-rei* (grosería)
mi-: todavía no: *mi-kon* (soltero/a)
kaku-: cada/todas las cosas: *kaku-kai* (en todos los pisos)

mai-: cada/todos + expresiones tiempo: *mai-nichi* (todos los días); *mai-asa* (todas las mañanas); *mai-shuu* (todas las semanas)

ryoo-: ambos: *ryoote* (ambas manos); *ryoogawa* (ambos lados); ryoohoo (ambos/as)

III.-2.2. El sufijo

Los sufijos son elementos que se posponen a una palabra. Los sufijos no sólo modifican el sentido de una palabra sino que pueden formar otra nueva e incluso modificar su categoría gramatical.

III.-2.2.1. Sufijos contables o clasificadores

Indican cantidad o número. El sufijo varía según la tipología del objeto y se añade a la cifra base (véase cuadro de números al final del diccionario).

Objetos planos:	*-mai*
Objetos encuadernados:	*-satsu*
Objetos largos:	*-hon*
Objetos redondos o cuadrados:	*-ko*
Máquinas y aparatos:	*-dai*
Contenido vasos, tazas y cucharas:	*-hai*
Edificios:	*-ken*
Personas:	*-nin*
Animales pequeños:	*-hiki*
Pájaros:	*-wa*
Calzado, calcetines:	*-soku*
Yenes:	*-en*
Euros:	*-yuuro*
Dólares:	*-doru*
Veces:	*-kai/-do*
Veces (múltiple):	*-bai*
Pisos o plantas:	*-kai*

Líneas (metro, etc.): *-sen*
Gramos: *-guramu*
Kilógramos: *-kiro/-kiroguramu*
Metros: *-meetoru*
Metros cuadrados: *-heihoo meetoru*
Kilómetros: *-kiro/kiromeetoru*
Litros: *-rittoru*
Hora: *-ji*
Días (calendario; ej. día uno, etc.): *-nichi/-ka*
Mes (ej. enero: primer mes, febrero: segundo mes): *-gatsu*
Horas (duración de tiempo): *-jikan*
Días (duración de tiempo): *-nichi/-ka/-nichikan/-kakan*
Semanas: *-shuukan*
Meses (duración de tiempo): *-kagetsu*
Años: *-nen*
Años de edad: *-sai*

III.-2.2.2. Cambios fonéticos

Al juntarse el número y el sufijo contable, pueden producirse cambios fonéticos según el sonido final del número (principalmente, *ichi-, san-, roku-, hachi-, juu-*) y el sonido inicial del sufijo contable (principalmente, *-k, -s, -t, -h*). Los cambios fonéticos que se producen son los siguientes (marcados en negrita):

	-k	-s	-t	-p
1. *ichi*	***ikk-***	***iss-***	***itt-***	***ipp-***
2. *ni*	*nik-*	*nis-*	*nit-*	*nih-*
3. *san*	*sank-**/sang-***	*sans-*	*sant-*	***sanb-***
4. *yon*	*yonk-*	*yons-*	*yont-*	*yonh-*
5. *go*	*gok-*	*gos-*	*got-*	*goh-*

	-k	-s	-t	-p
6. *roku*	***rokk-***	*rokus-*	*rokut-*	***ropp-***
7. *nana*	*nanak-*	*nanas-*	*nanat-*	*nanah-*
8. *hachi-/**happ-***	*hachik-/**hakk-***	***hass-***	*hachit-/**hatt-***	*hachih*
9. *kyuu*	*kyuuk-*	*kyuus-*	*kyuut-*	*kyuuh-*
10. *juu*	***jukk-/jikk-***	***juss-/jiss-***	***jutt-/jitt***	***jupp-/jipp-***

Para objetos sin clasificación (sillas, mesas, etc.) existe el sufijo *-tsu*. Es el clasificador comúnmente usado en cafeterías y restaurantes (un café, una hamburguesa, un plato de espagueti, etc.)

una cosa:	*hitotsu*	dos cosas:	*futatsu*
tres cosas:	*mittsu*	cuatro cosas:	*yottsu*
cinco cosas:	*itsutsu*	seis cosas:	*muttsu*
siete cosas:	*nanatsu*	ocho cosas:	*yattsu*
nueve cosas:	*kokonotsu*	diez cosas:	*too*

A partir de once se usa el número simple, sin añadir sufijo: *juu ichi, juu ni, juu san*, etc. (consultar cuadro al final del diccionario).

III.-2.2.3. Otros sufijos

a) Sufijos que indican profesión

-sha: *isha* (médico); *kisha* (reportero/a); *hon'yakusha* (traductor/a)

-shi: *bengoshi* (abogado/a); *shooboshi* (bombero/a); *biyooshi* (peluquero/a)

-shu: *kashu* (cantante); *takushii-untenshu* (taxista)

-in: *ekiin* (empleado/a de una estación); *ten'in* (dependiente/a de una tienda); *ginkooin* (trabajador/a de un banco); *kaishain* (trabajador/a de una empresa)

-ka: *sakka* (escritor/a); *seijika* (político/a); *shashinka* (fotógrafo/a); *gaka* (pintor/a)

b) Sufijos que indican actividad económica

-ya: *pan'ya* (panadería/panadero/a); *hon'ya* (librería/ero/a); *nikuya* (carnicería/ero/a); *hanaya* (librería/ero/a); *sakanaya* (pescadería/ero/a); *sakaya* (bodega/uero/a); *kusuriya* (farmacia/éutico/a); *hanaya* (floristería/a)

-gyoo: *noogyoo* (agricultura); *shoogyoo* (comercio); *koogyoo* (industria); *gyogyoo* (pesca); *kankoogyoo* (turismo); *saabisugyoo* (servicios)

c) Sufijos que indican lugar

-sho/jo: *jimusho* (oficina); *teiryuujo* (parada de autobús); *annaisho* (centro de información)

-joo/ba: *chuushajoo* (parking); *shigotoba* (lugar de trabajo); *uriba* (sección/puesto de venta)

-kan: *toshokan* (biblioteca); *eigakan* (cine); *taishikan* (embajada); *ryoojikan* (consulado); *hakubutsukan* (museo)

-shitsu: *kyooshitsu* (aula); *shinshitsu* (dormitorio)

-chi: *juutakuchi* (zona residencial); *kankoochi* (lugar turístico); *yuuenchi* (parque de atracciones)

-en: *kooen* (parque); *doobutsuen* (zoológico); *shokubutsuen* (jardín botánico)

d) Sufijos que indican nacionalidad y lengua

-jin: pospuesto al nombre de un país indica nacionalidad: *supeinjin* (español/a); *nihonjin* (japonés/a); *doitsujin* (alemán/a)

-go: pospuesto al nombre de un país indica la lengua del mismo: *supeingo* (lengua española); *nihongo* (japonés); *doitsugo* (alemán)

e) Sufijos que indican extensión y duración

-juu: a lo largo de + tiempo/lugar: *ichinichijuu* (durante todo el día); *sekaijuu* (en todo el mundo)

-chuu: señala ininterrupción: *kaichuu* (están en una reunión); *jugyoochuu* (durante la clase)

f) Sufijos de tratamiento

-san: señor/a/ita

-sama: señor/a/ita (honorífico, usado en servicios y en la correspondencia equivale a don/doña)

III.-2.3. Sustantivos con función adverbial

kyoo (hoy); *ashita/asu* (mañana); *asatte* (pasado mañana); *ototoi* (anteayer)

asa (mañana; parte del día); *hiru* (mediodía); *gogo* (tarde); *yoru/ban* (noche)

III.-2.4. Días de la semana

nichiyoobi: domingo
getsuyoobi: lunes
kayoobi: martes
suiyoobi: miércoles
mokuyoobi: jueves
kin' yoobi: viernes
doyoobi: sábado

III.-2.5. Meses

ichigatsu: enero
nigatsu: febrero
sangatsu: marzo
shigatsu: abril
gogatsu: mayo
rokugatsu: junio
shichigatsu: julio
hachigatsu: agosto
kugatsu: septiembre
juugatsu: octubre
juuichigatsu: noviembre
juunigatsu: diciembre

III.-2.6. Días del mes

tsuitachi: día 1
futsuka: día 2
mikka: día 3
yokka: día 4
itsuka: día 5
muika: día 6
nanoka: día 7
yooka: día 8

kokonoka:	día 9	*tooka*:	día 10
juuichinichi:	día 11	*juuninichi*:	día 12
juusannichi:	día 13	*juuyokka*:	día 14
juugonichi:	día 15	*juurokunichi*:	día 16
juushichinichi:	día 17	*juuhachinichi*:	día 18
juukunichi:	día 19	*hatsuka*:	día 20
nijuuichinichi:	día 21	*nijuuninichi*:	día 22
nijuusannichi:	día 23	*nijuuyokka*:	día 24
nijuugonichi:	día 25	*nijuurokunichi*:	día 26
nijuushichinichi:	día 27	*nijuuhachinichi*:	día 28
nijuukunichi:	día 29	*sanjuunichi*:	día 30
sanjuuichinichi:	día 31		

El orden para formar una fecha es:

año + mes + día + día de la semana

Ej. *2009-nen juuichigatsu juusannichi no kin'yoobi* (viernes 13 de noviembre de 2009)

III.-3. El pronombre

III.-3.1. Pronombres personales

	1ª persona	2ª persona	3ª persona
Formal/sing.	*watashi/ watakushi*	*anata*	*ano kata*
Formal/pl.	*watashitachi/ watakushitachi*	*anatagata*	*ano katagata*
Informal/sing.	*boku* (m) *atashi* (f)	*kimi* (m)	*ano hito* (m/f sing) *kare* (m)

	1ª persona	2ª persona	3ª persona
Informal/pl.	*boku (ra/tachi)* *atashi (ra/tachi)*	*kimi (ra/tachi)*	*kanojo* (f) *ano hitotachi* (m/f pl) *karera* *kanojora*
Muy informal/ sing.	*ore* (m)	*omae* (m)	*aitsu*
Muy informal/pl.	*ore(ra/tachi)*	*omae(ra/tachi)*	*aitsura*

III.-3.2. Pronombres posesivos

Los pronombres posesivos se forman añadiendo la partícula *-no* a los pronombres personales (véase cuadro anterior). Ejemplo: mío/a/os/as (*watashi/boku/ore no*); tuyo/a/os/as (*kimi/omae no*), etc. La forma interrogativa (¿de quién?) se forma añadiendo la partícula *-no* al pronombre interrogativo *dare* (¿quién?) o a su versión formal *donata/donata-sama*: *dare no desu ka/donata (sama) no desu ka* (¿de quién es?).

III.-3.3. Pronombres demostrativos, indicativos y de lugar

El pronombre japonés, sea demostrativo, indicativo o de lugar (adverbios en español), se rige por el principio *KO-SO-A-DO. KO* (primera persona o cuando está muy cerca de la primera persona); *SO* (segunda); *A* (tercera); *DO* (pronombre interrogativo).

	P. demostrativo	P. indicativo	P. lugar
Primera persona	*kore* esto/éste/ésta	*kochira* aquí/hacia aquí/éste/ ésta	*koko* aquí
Segunda persona	*sore* eso/ése/ésa	*sochira* ahí/hacia ahí/ésa/ésa	*soko* ahí

Tercera persona	*are* aquello/aquél/ aquélla	*achira* allí/hacia allí/aquél/ aquélla	*asoko* allí
Forma interr.	*dore* ¿cuál?	*dochira* ¿dónde/hacia dónde/cuál?	*doko* ¿dónde?

III.-3.4. Pronombres interrogativos

Los pronombres interrogativos son los siguientes:

dare/donata (sama): ¿Quién?
nan/nani: ¿Qué?
itsu: ¿Cuándo?
doo: ¿Qué tal? ¿Cómo?
dochira: ¿Cuál? (entre dos) ¿Dónde?
doko: ¿Dónde?
dore: ¿Cuál? (entre tres o más)

III.-3.5. Pronombres indefinidos

Los pronombres indefinidos son los siguientes:

dareka: alguien
daremo: nadie
daredemo: cualquiera
dokoka: alguna parte
dokomo: ninguna parte
dokodemo: cualquier parte
nanika: algo
nanimo: nada
nandemo: cualquier cosa

III.-4. LAS PARTÍCULAS

Las partículas o posposiciones marcan la función sintáctica del nombre que las precede: sujeto, objeto directo, etc. Algunas de ellas (las conjunciones-partícula) unen oraciones y establecen relaciones de coordinación o de subordinación entre ellas.

III.-4.1. Partícula *wa*

- Sujeto-tema; ej. *Kono hon wa omoshiroi desu* (Este libro es interesante); *Tomu-san wa me ga aoi* (Tom tiene los ojos azules).
- Contraste; ej. *Tomu wa sakana wa daisuki desu ga, niku wa amari suki dewa arimasen* (A Tom le encanta el pescado, pero no le gusta demasiado la carne).

III.-4.2. Partícula *ga*

- Sujeto no conocido; ej. *Tsukue no ue ni hon ga arimasu* (Encima de la mesa hay un libro).
- Sujeto en la estructura *wa/ga/adjetivo*; ej. *Tomu-san wa me ga aoi* (Tom tiene los ojos azules).
- Sujeto de los verbos intransitivos; ej. *Ame ga futte imasu* (Está lloviendo).
- Sujeto de las oraciones subordinadas cuando es diferente del de la principal; ej. *Watashi ga katta hon wa omoshiroi* (El libro que he comprado es interesante).
- Coordinante como conjunción-partícula; ej. *Hiroi desu ga, chotto kurai desu* (Es grande, pero un poco oscura).

III.-4.3. Partícula *ka*

- Función disyuntiva; ej. *Uchi ka gakkoo no shokudoo de hirugohan o tabemasu* (Yo almuerzo en casa o en el comedor de la escuela).

III.-4.4. Partícula *to*

- Uso conjuntivo (sólo sustantivos); ej. *Tsukue no ue ni hon to nooto ga arimasu* (Encima de la mesa hay un libro y un cuaderno).
- Con verbos de lengua, expresión y pensamiento, marca el mensaje; ej. *Saitoo-san wa Suzuki-san ni wa mado o shimete kudasai to iimashita* (Saitoo le dijo a Suzuki: «Cierre la ventana»).

III.-4.5. Partícula *mo*

- Por sustitución o adición a otras partículas (también y tampoco); ej. *Koohii o kudasai. Chokoreeto-keeki mo kudasai* (Póngame un café. Póngame también un pastel).
- Uso enfático con verbo y adjetivo afirmativo y negativo; ej. *Sakana mo niku mo suki desu* (Me gustan el pescado y la carne).

III.-4.6. Partícula *no*

- Señala el complemento del nombre. Equivale a la preposición española *de*; ej. *Nihongo no sensei* (profesor de japonés).
- Delante de un sustantivo, formación de equivalentes a las locuciones preposicionales españolas; ej. *-no ue* (encima de*), -no shita* (debajo de).
- Formación de formas posesivas equivalentes a los adjetivos y pronombres posesivos españoles; ej. *watashi no (hon). Kandabashi-sensei no (hon)* (Mi libro. El libro del profesor/la profesora Kandabashi).
- Nominalización; ej. *Watashi wa Tanaka-san ga kuru no o matte imasu.* (Estoy esperando a que venga Tanaka).
- Sujeto de las frases de relativo; ej. *Watashi no katta hon wa omoshiroi desu* (El libro que he comprado es interesante).

III.-4.7. Partícula *o*

- Objeto directo; ej. *Watashi wa koohii o nomimasu* (Bebo café).
- Indica desplazamiento hacia el exterior; ej. *Watashi wa ie o demasu. Densha o orimasu* (Salgo de casa. Me apeo del tren).
- Indica desplazamiento hacia abajo; ej. con *oriru*: *Watashi wa kaidan o orimasu* (Bajo las escaleras).
- Con verbos de movimiento indica desplazamiento «a través de»; ej. *Watashi wa michi o arukimasu* (Ando por la calle).

III.-4.8. Partícula *ni*

- Señala el tiempo; ej. *roku-ji ni, mikka ni* (a las seis, el día tres).
- Indica frecuencia e intervalo de tiempo; ej. *isshuukan ni ichido* (una vez a la semana).
- Indica desplazamiento hacia el interior; ej. *Watashi wa kyooshitsu ni hairimasu* (Entro en el aula).
- Indica desplazamiento hacia arriba; ej. *Watashi wa yama ni noborimasu* (Subo la montaña).
- Marca el objeto indirecto; ej. *Watashi wa Yoshimoto-san ni tegami o kakimashita* (He escrito una carta a Yoshimoto).
- Marca el punto de llegada; ej. *Watashi wa Tookyoo ni tsukimasu* (Llego a Tokio).
- Indica ubicación; ej. *Tsukue no ue ni arimasu* (Está encima de la mesa).
- Indica dirección (uso equivalente a la partícula e); ej. *Watashi wa gakkoo ni ikimasu* (Voy a la escuela).
- Indica el punto donde recae la acción; ej. *Nooto ni anata no namae o kakinasai* (Escribe tu nombre en el cuaderno).
- Indica la persona de quien se recibe con el verbo *morau* y de quien se aprende con el verbo *narau;* ej. *Watashi wa Ueda-san ni hon o moraimashita*. (lit. *He recibido un libro de Ueda-san./ Ueda-san me ha dado un libro).*
- Con los verbos *iku, kuru, kaeru*, señala la actividad; ej. *Ozaki-san*

wa depaato e booshi o kai ni ikimashita (Ozaki ha ido a los grandes almacenes a comprar un sombrero).

III.-4.9. Partícula *de*

- Indica el lugar donde se realiza la acción; ej. *Watashi wa heya de nemashita* (He dormido en la habitación).
- Indica instrumento; ej. *Watashi wa hasami de kami o kirimashita* (He cortado un papel con las tijeras).
- Indica material e ingredientes; ej. *Watashi wa tamago to satoo de keeki o tsukurimashita* (He hecho un pastel con huevos y azúcar).
- Indica modo; ej. *Jibun de ryoori o tsukurimashita* (He hecho la comida por mí mismo).
- Indica causa; ej. *Jishin de ie ga taoremashita* (La casa se ha derrumbado a causa de/por un tifón).

III.-4.10. Partícula *e*

(uso equivalente a la partícula *ni)*

- Indica dirección con *iku, kuru, kaeru,* etc.; ej. *Watashi wa gakkoo e ikimasu* (Voy a la escuela).

III.-4.11. Partícula *kara*

- Punto de partida temporal; ej. *shichiji kara, ashita kara, kore kara* (a partir de las siete, a partir de mañana, a partir de ahora).
- Punto de partida espacial; ej. *uchi kara, gakkoo kara* (desde casa, desde la escuela).
- Como conjunción-partícula indica causa; ej. *Atarashii desu kara, kirei desu* (Es nuevo y, por eso, es bonito).
- Con los verbos *hairu* y *deru*, indica el lugar por donde se entra o sale; ej. *Watashi wa mado kara hairimashita* (He entrado por la ventana).

- Indica la persona de quien se recibe con el verbo *morau* y de quien se aprende con *narau*; ej. *Yoshida-san wa Ozaki-san kara hon o moraimashita* (Yoshida ha recibido un libro de Ozaki/Ozaki ha dado un libro a Yoshida).

III.-4.12. Partícula *made*

- Punto de llegada temporal; ej. *raishuu made* (hasta la semana que viene).
- Punto de llegada espacial; ej. *gakkoo made* (hasta la escuela).

III.-4.13. Partícula *dake*

- (Con verbo afirmativo) Indica unicidad; ej. *Watashi wa kore dake kaimashita* (Sólo he comprado esto).

III.-4.14. Partícula *shika*

- (Con verbo negativo) Indica exclusividad; ej. *Watashi wa hon shika kaimasen deshita* (No he comprado más que libros).

III.-4.15. Partícula *gurai [kurai]*

- Indica cantidad aproximada; ej. *3jikan gurai kakarimashita*. (Ha tardado 3 horas aproximadamente).

III.4.16. Partículas finales

- Partícula interrogativa *ka,* marca una oración interrogativa; ej. *Korewa shinbun desu* (Esto es un libro); *Korewa shinbun desu ka* (¿Esto es un libro?).

- Partículas exclamativas *ne, wa, na*; ej. *Kirei desu ne* (Qué bonito, ¿verdad?).
- Partículas exhortativas *ne, yo*; ej. *Ne, ne. Kiite kudasai.* (¡Eh! ¡Escucha!).

III.-5. El adjetivo

En japonés, el adjetivo carece de género y número, lo mismo que el sustantivo.

III.-5.1. Adjetivos calificativos

El adjetivo calificativo es una palabra que expresa una cualidad o estado. Carece de género y número y, por lo tanto, no sigue ninguna regla de concordancia. Hay dos tipos de adjetivos calificativos: los adjetivos *-i* y los adjetivos *-na*.

III.-5.1.1. Los adjetivos *-i*

Los adjetivos *-i* poseen una flexión propia que indica presente, afirmativo y negativo, y pasado, afirmativo y negativo (en japonés, no existe el tiempo futuro, ni en el verbo ni en el adjetivo).

Son adjetivos *-i*: *takai* (alto/caro); *yasui* (barato); *hikui* (bajo); *akarui* (claro/luminoso); *kurai* (oscuro); *tanoshii* (divertido); *omoshiroi* (interesante); *tsumaranai* (aburrido/insustancial); *ookii* (grande); *chiisai* (pequeño); *oishii* (delicioso); *mazui* (malo de sabor); *ii* (bien/bueno); *warui* (malo); *yasashii* (fácil); *muzukashii* (difícil); *atsui* (hace/tengo calor/caliente/grueso); *tsumetai* (frío); *samui* (hace/tengo frío); *usui* (fino/poco grueso); *shiroi* (blanco); *kuroi* (negro); *akai* (rojo); *kiiroi* (amarillo); *aoi* (azul); *chairoi* (marrón).

a) Flexión de los adjetivos *-i*

FLEXIÓN ej. adjetivo *takai* (alto, -a, caro, -a) **JAPONÉS FORMAL**

Presente afirmativo	*-i desu*	*taka-i desu* (es alto, -a, caro, -a; son altos, -as/caros, -as)
Presente negativo	*-kunai desu*	*taka-kunai desu* (no es/no son...)
Pasado afirmativo	*-katta desu*	*taka-katta desu* (era/eran...)
Pasado negativo	*-kunakatta desu*	*taka-kunakatta desu* (no era/no eran...)

FLEXIÓN ej. adjetivo *takai* (alto, -a, caro, -a) **JAPONÉS INFORMAL**

Presente afirmativo	*-i*	*taka-i* (es alto, -a, caro, -a; son altos, -as...)
Presente negativo	*-kunai*	*taka-kunai* (no es/no son...)
Pasado afirmativo	*-katta*	*taka-katta* (era/eran...)
Pasado negativo	*-kunakatta*	*taka-kunakatta* (no era/no eran...)

b) Posición de los adjetivos *-i*

POSICIÓN ATRIBUTIVA

De modo similar al adjetivo español unido mediante el verbo copulativo *ser* o *estar*, el adjetivo sigue a las partículas *-wa* o *-ga* que señalan el sujeto (véase «Las partículas»).

Ej. *Kono hon wa takai (desu).* (Este libro es caro.)

POSICIÓN YUXTAPUESTA

El adjetivo japonés precede al sustantivo al que califica y se une directamente a éste con la forma informal.

Ej. *Kinoo takai/takakunai hon o kaimashita.* (Ayer compré un libro caro/no caro.)

III.-5.1.2. Los adjetivos *-na*

Los adjetivos *-na* no poseen una flexión interna como los adjetivos *-i*. Van unidos siempre al verbo *dearu* (ser/estar). Son adjetivos *-na*: *shizuka* (tranquilo/silencioso); *kirei* (bonito/limpio); *shinsetsu* (amable); *kantan* (sencillo); *fukuzatsu* (complicado); *suki* (gustar); *kirai* (detestar); *yuumei* (famoso); *genki* (estar bien, estar animada una persona); *nigiyaka* (estar animado/concurrido un lugar).

a) Flexión de los adjetivos *-na*

La flexión del verbo *dearu* (extensible, por lo tanto, al adjetivo *-na*) es la siguiente:

Flexión del verbo *dearu* (ser/estar) en formal para el adjetivo *-na* *shizuka* (tranquilo)

Presente afirmativo	*desu*
	shizuka desu (es/son tranquilo, -a/os, -as)
Presente negativo	*dewa/ja arimasen*
	shizuka dewa/ja arimasen (no es…)
Pasado afirmativo	*deshita*
	shizuka deshita (era…)
Pasado negativo	*dewa/ja arimasen deshita*
	shizuka dewa/ja arimasen deshita (no era…)

Flexión del verbo *dearu* (ser/estar) en informal para el adjetivo *-na* *shizuka* (tranquilo)

Presente afirmativo	*da*
	shizuka da (es/son tranquilo, -a/os, -as)
Presente negativo	*dewanai/janai*
	shizuka dewanai/janai (no es…)
Pasado afirmativo	*datta*
	shizuka datta (era…)

Pasado negativo	*dewanakatta/janakatta*
	shizuka dewanakatta/janakatta (no era…)

b) Posición de los adjetivos *-na*

POSICIÓN ATRIBUTIVA

Es semejante a la contrucción en español del adjetivo unido al sujeto mediante el verbo copulativo *ser* o *estar*. El adjetivo sigue a las partículas *-wa* o *-ga* que señalan el sujeto (véase «Las partículas»).

Ej. *Kono heya wa shizuka desu/da* (Esta habitación es/está silenciosa).

POSICIÓN YUXTAPUESTA

El adjetivo japonés precede al sustantivo al que califica y se une a éste con la partícula *-na*:

Ej. *Shizuka-na heya de benkyoo shimashita* (Estudié en una habitación silenciosa/tranquila).

III.-5.2. Adjetivos posesivos

Los adjetivos posesivos se forman añadiendo la partícula *-no* a los pronombres personales, igual que en los pronombres posesivos. La forma interrogativa se forma del mismo modo.

Ej. *watashi/boku/ore no* + sustantivo (mi/s); *kimi/omae no* + sustantivo (tu/s), etc.

III.-5.3. Adjetivos demostrativos

El adjetivo demostrativo, al igual que el pronombre demostrativo, se rige por el principio *KO-SO-A-DO. KO* (primera persona o cuando está muy cerca de la primera persona); *SO* (segunda); *A* (tercera); *DO* (pronombre interrogativo).

	Adjetivo demostrativo
Primera persona	*kono* este/esta/estos/estas
Segunda persona	*sono* ese/esa/esos/esas
Tercera persona	*ano* aquel/aquella/aquellos/aquellas
Forma interrogativa	*dono* ¿qué…?

III.-6. El adverbio

Los adverbios en japonés se anteponen al adjetivo o al verbo que modifican; ej. *hayai* (rápido), *totemo hayai* (muy rápido). Los adverbios pueden ser derivados o propios.

III.-6.1. Adverbios derivados

Proceden de un adjetivo *-i* o adjetivo *-na*.

1. En el caso de adjetivos *-i*, se forman de la siguiente manera:

   haya-i (rápido, adj.) *haya-ku* (rápidamente, adv.)

2. En el caso de un adjetivo *-na*:

   shizuka (tranquilo, silencioso) *shizuka ni* (en silencio, tranquilamente)

III.-6.2. Adverbios propios

1. Inductivos: *tabun* (quizás) + *daroo*; *zenzen* (nunca, en absoluto) + forma negativa del verbo o adjetivo.
2. De grado: *totemo* (muy); *takusan* (mucho); *kanari* (bastante).
3. De modo: *yukkuri* (despacio); *mamonaku* (pronto).

III.-7. El verbo

El verbo japonés no flexiona según la persona. El pasado formal del verbo *taberu* (comer) *tabemashita* se traduce por: yo comí/he comido; tú comiste/has comido; él/ella/usted comió/ha comido; nosotros/as comimos/hemos comido; vosotros/as comisteis/habéis comido; ellos/as/ustedes comieron/han comido.

El verbo japonés posee dos tiempos: el pasado y el presente. No tiene tiempo futuro.

La flexión comprende una forma afirmativa y otra negativa.

Tiene formas perfectivas: ej. *tabemashita* (he/has...comido) e imperfectivas: ej. *tabete imasu* (estoy/ás/á...comiendo).

El verbo japonés tiene una forma formal, otra informal y otra honorífica para cada uno de los tiempos. Así por ejemplo, el verbo *comer* en presente afirmativo (yo como/tú comes, etc.) comprenderá los siguientes términos: 1) formal: *tabemasu*; 2) informal: *taberu*; 3) honorífico: *meshiagaru* (si el sujeto es la persona que tratamos con respeto); 4) *itadaku* (si el sujeto es el hablante). El uso de cada una de estas formas dependerá de la posición relativa del hablante respecto a su interlocutor o la persona sobre la que está hablando.

Los verbos *aru* e *iru* (*haber* y *estar*, señalando ubicación) y el verbo *dearu* (*ser* y *estar*) pueden desempeñar la función de verbos auxiliares.

Existe una forma verbal semejante al gerundio: la forma *-te*. Tiene carácter adverbial. La forma *-te* de *aruku* (andar) es *aruite*. Ej. *Watashi wa aruite gakkoo e ikimasu* (Voy a la escuela andando).

En la conjugación del verbo juegan un papel fundamental los auxiliares (*jodooshi*).

La gramática japonesa llama *katsuyoo* (conjugación) a los cambios de forma de las terminaciones verbales. A las diferentes *katsuyoo* se les puede posponer uno o varios auxiliares (*jodooshi*) para indicar tiempo, aspecto y modo, forma afirmativa, negativa, formal, informal y honorífica.

La forma de diccionario (*jisho-kei*) del verbo, equiparable al infinitivo, termina siempre en *-u: -u, -ku, -gu, -mu, -nu, -bu, -su, -tsu, -ru*.

Éstas, en el japonés para extranjeros, se dividen en tres grupos:

- Grupo I: verbos acabados en *-ku, -gu, -mu, -nu, -bu, -su, -tsu, -u, -ru*
- Grupo II: verbos acabados en *-ru*
- Grupo III: verbos irregulares *suru* (hacer) y *kuru* (venir)

III.-7.1. Tiempos verbales

El tiempo presente del verbo se usa para expresar acciones cotidianas y reiterativas que se llevan a cabo en el presente. También indica futuro. Cuando no está claro por el contexto si expresamos presente o futuro, debemos añadir un adverbio o sustantivo con valor adverbial que lo indique; ej. *mai-nichi* (cada día), *kyoo* (hoy); *ashita* (mañana).

El tiempo pasado del verbo japonés equivale al pretérito perfecto y al pretérito indefinido. En ocasiones, desempeña incluso las funciones del pretérito pluscuamperfecto.

III.-7.1.1. El presente y pasado en formal, afirmativo y negativo

La conjugación del verbo en presente y pasado formal a partir del *jisho-kei* (infinitivo) se forma de la siguiente manera:

En el grupo I, la última sílaba, acabada siempre en *-u*, se pasa a su equivalente de la tabla de los hiraganas acabada en *-i*: *-ku: -ki; -gu: -gi; -mu:-mi; -nu:-ni; -bu:-bi; -su:-shi; -tsu:-chi; -u: -i; -ru:-ri*; y se le añade *-masu* para la forma presente afirmativa, *-masen* para la presente negativa, *-mashita* para la pasada afirmativa y *-masen deshita* para la pasada negativa.

En el grupo II, la última sílaba, *-ru*, se suprime y se añade *-masu*, *-masen*, *-mashita*, *-masen deshita*.

El grupo III tiene formas fijas que veremos en el cuadro siguiente.

PRESENTE Y PASADO FORMAL

	Presente afirmativo	**Presente negativo**	**Pasado afirmativo**	**Pasado negativo**
KAKU	*kakimasu*	*kakimasen*	*kakimashita*	*kakimasen deshita*
OYOGU	*oyogimasu*	*oyogimasen*	*oyogimashita*	*oyogimasen deshita*
YOMU	*yomimasu*	*yomimasen*	*yomimashita*	*yomimasen deshita*
SHINU	*shinimasu*	*shinimasen*	*shinimashita*	*shinimasen deshita*
YOBU	*yobimasu*	*yobimasen*	*yobimashita*	*yobimasen deshita*
HANASU	*hanashimasu*	*hanashimasen*	*hanashimas-hita*	*hanashimasen deshita*
MATSU	*machimasu*	*machimasen*	*machimashita*	*machimasen deshita*
KAU	*kaimasu*	*kaimasen*	*kaimashita*	*kaimasen deshita*
KAERU	*kaerimasu*	*kaerimasen*	*kaerimashita*	*kaerimasen deshita*
TABERU	*tabemasu*	*tabemasen*	*tabemashita*	*tabemasen deshita*

SURU	*shimasu*	*shimasen*	*shimashita*	*shimasen deshita*
KURU	*kimasu*	*kimasen*	*kimashita*	*kimasen deshita*

kaku (escribir); *oyogu* (nadar); *yomu* (leer); *shinu* (morir); *yobu* (llamar); *hanasu* (hablar); *matsu* (esperar); *kau* (comprar); *kaeru* (regresar); *taberu* (comer), *suru* (hacer); *kuru* (venir)

III.-7.1.2. El presente y pasado en informal, afirmativo y negativo

PRESENTE Y PASADO INFORMAL

	Presente afirmativo	**Presente negativo**	**Pasado afirmativo**	**Pasado negativo**
KAKU	*kaku*	*kakanai*	*kaita*	*kakanakatta*
OYOGU	*oyogu*	*oyoganai*	*oyoida*	*oyoganakatta*
YOMU	*yomu*	*yomanai*	*yonda*	*yomanakatta*
SHINU	*shinu*	*shinanai*	*shinda*	*shinanakatta*
YOBU	*yobu*	*yobanai*	*yonda*	*yobanakatta*
HANASU	*hanasu*	*hanasanai*	*hanashita*	*hanasanakatta*
MATSU	*matsu*	*matanai*	*matta*	*matanakatta*
KAU	*kau*	*kawanai*	*katta*	*kawanakatta*
KAERU	*kaeru*	*kaeranai*	*kaetta*	*kaeranakatta*
TABERU	*taberu*	*tabenai*	*tabeta*	*tabenakatta*
SURU	*suru*	*shinai*	*shita*	*shinakatta*
KURU	*kuru*	*konai*	*kita*	*konakatta*

III.-7.1.3. Los verbos *aru*, *iru* y *dearu* en presente y pasado, formal e informal, afirmativo y negativo

El verbo *aru* se traduce por *estar* (ubicación), *haber* y *tener* (cosas inanimadas). El verbo *iru* por *estar* (ubicación), *haber* y *tener* (cosas animadas, es decir, personas y animales).

El verbo *dearu* es el verbo *ser* y *estar* (+ adjetivo/participio verbal).

	Pres. formal afirmativo	**Pres. formal negativo**	**Pres. inf. afirmativo**	**Pres. inf. negativo**
ARU	*arimasu*	*arimasen*	*aru*	*nai*
IRU	*imasu*	*imasen*	*iru*	*inai*
DEARU	*desu*	*dewaarimasen/ jaarimasen*	*da*	*dewanai/ janai*

	Pas. formal afirmativo	**Pas. formal negativo**	**Pas. inf. afirmativo**	**Pas. inf. negativo**
ARU	*arimashita*	*arimasendeshita*	*atta*	*nakatta*
IRU	*imashita*	*imasendeshita*	*ita*	*inakatta*
DEARU	*deshita*	*dewaarimasen-deshita/ jaarimasendeshita*	*datta*	*dewa-nakatta/ janakatta*

III.-7.2. La forma *-te*

La forma *-te* expresa secuencia u orden en la realización de una serie de acciones.

Ej. *Kesa okite, kao o araimashita* (Esta mañana me he levantado y luego me he lavado la cara).

La forma *-te* de los verbos puede desempeñar funciones semejantes a las del gerundio español.

Ej. *Yoshimoto-san wa isoide asagohan o tabemashita* (Yoshimoto ha desayunado pitando).

Cada terminación verbal *–ku, -gu*, etc., tiene una forma *–te* propia (en negrita en la siguiente tabla). Los dos verbos del grupo III (*suru* y *kuru*) tienen también su propia forma *–te*.

LA FORMA *-TE*

Verbo	**Forma -*te***	**Verbo**	**Forma -te**	**Verbo**	**Forma -te**
KA-*KU*	*ka-ite*	*OYO-GU*	*oyo-ide*	*YO-MU*	*yo-nde*
SHI-NU	*shi-nde*	*YOBU*	*yo-nde*	*HANASU*	*hana-shite*
MATSU	*ma-tte*	*KAU*	*ka-tte*	*KAERU*	*kae-tte*
TABERU	*tabe-te*				
SURU	*shite*	*KURU*	*kite*		

III.-7.3. El aspecto verbal

Las formas imperfectas del verbo se forman añadiendo el verbo auxiliar *–iru* a la forma *–te*. Ejemplos:

Watashi wa shinbun o yomimasu.
Yo leo (siempre/normalmente) el periódico/Yo leeré el periódico.

Watashi wa shinbun o yonde imasu.
Yo estoy leyendo el periódico (ahora).

III.-7.4. La voz verbal

Se llama voz verbal a cada una de las formas en que puede emplearse el verbo, según el sujeto gramatical sea el ejecutante de la acción o el que la recibe. En japonés, aparte de la voz activa (cuadro de arriba), tenemos la voz pasiva, la causativa y la causativa pasiva.

Activa: *Yamada-san wa watashi o homemashita.* (Yamada me ha alabado/felicitado.)

Pasiva: *Watashi wa Yamada-san ni homeraremashita.* (Yo he sido alabado/felicitado por Yamada.)

Causativa: *Sensei wa gakusei ni sakubun o kakasemashita.* (El profesor ha hecho escribir una redacción a los estudiantes.)

Causativa-pasiva: *Gakusei wa sensei ni sakubun o kakaseraremashita/ kakasaremashita.* (Los estudiantes han sido obligados por el profesor a escribir una redacción.)

Los *jodooshi* (auxiliares) *reru/rareru* expresan voz pasiva; *-seru/-saseru*; causativa y *–sareru/-saserareru*, causativa-pasiva (en negrita en el siguiente cuadro).

VOZ PASIVA, CAUSATIVA Y CAUSATIVA-PASIVA

	Pasiva	**Causativa**	**Causativa pasiva**
KAKU	*kaka-**reru***	*kaka-**seru***	*kaka-**serareru*** *kaka-**sareru***
OYOGU	*oyoga-**reru***	*oyoga-**seru***	*oyoga-**serareru*** *oyoga-**sareru***
YOMU	*yoma-**reru***	*yoma-**seru***	*yoma-**serareru*** *yoma-**sareru***
SHINU	*shina-**reru***	*shina-**seru***	*shina-**serareru*** *shina-**sareru***
YOBU	*yoba-**reru***	*yoba-**seru***	*yoba-**serareru*** *yoba-**sareru***

HANASU	*hanasa-**reru***	*hanasa-**seru***	*hanasa-**serareru***
MATSU	*mata-**reru***	*mata-**seru***	*mata-**serareru*** *mata-**sareru***
KAU	*kawa-**reru***	*kawa-**seru***	*kawa-**serareru*** *kawa-**sareru***
KAERU	*kaera-**reru***	*kaera-**seru***	*kaera-**serareru*** *kaera-**sareru***
TABERU	*tabe-**rareru***	*tabe-**saseru***	*tabe-**saserareru***
SURU	*sa-**reru***	*sa-**seru***	*sa-**serareru***
KURU	*kora-**reru***	*kosa-**seru***	*kosa-**serareru***

Para conjugar los verbos en presente y pasado, formal, informal, afirmativo y negativo tienen que tomarse las formas del cuadro anterior como infinitivos de verbos del grupo II. Ej. pasiva pasada formal afirmativa del verbo *naguru* (pegar, golpear) del grupo I: forma de diccionario pasiva: *nagurareru* (he sido pegado/golpeado) del grupo II. En pasiva pasado formal afirmativo: *naguraremashita*.

III.-7.5. El modo verbal

III.-7.5.1. El modo condicional

El modo condicional expresa condición e hipótesis. Tiene una forma afirmativa y otra negativa: ej. *Ashita ame ga fureba eiga ni ikimasu ga, ame ga furanakereba umi e ikimasu*. (Mañana, si llueve, iré al cine, pero si no llueve, iré a la playa.)

La forma condicional afirmativa se obtiene pasando, en los tres grupos de verbos, la sílaba final del verbo de la forma *–u* a la forma –*e* de la tabla de hiragana: ej. *ka-ku: ka-ke; oyo-gu: oyo-ge* y sumándole *–ba*: ej. *kaku: kakeba* (si escribo/es/e/imos/ís/en); *oyogu: oyogeba* (si nado/as/a/amos/áis/an).

La forma condicional negativa se obtiene pasando, en los tres grupos de verbos, la sílaba final del verbo de la forma *–u* a la forma *–a* de la tabla de hiragana, ej. *ka-ku: ka-ka; oyo-gu: oyo-ga* y añadiéndole *–nakereba*: ej. *kaku: kakanakereba* (si no escribo/es/e/imos/ís/en); *oyogu: oyoganakereba* (si no nado/as/a/amos/áis/an).

III.-7.5.2. El modo potencial

Indica posibilidad, habilidad, aptitud y también capacidad, física e intelectual. Ejemplos:

Ueda-san wa supeingo ga hanasemasu. (Ueda sabe hablar español.)

Kono toshokan de nihongo no shinbun ga yomemasu. (En esta biblioteca se puede leer un periódico japonés.)

III.-7.5.3. El modo imperativo

El modo imperativo del verbo expresa orden o ánimo. Es muy informal, por lo que para pedir cosas se suelen utilizar las expresiones modales de petición y ruego (Ver III.7.6.2).

La forma imperativa se obtiene pasando, en el grupo I, la sílaba final del verbo de la forma *–u* a la forma *–e* de la tabla de hiragana: ej. *ka-ku: ka-ke; oyo-gu: oyo-ge*; en el grupo II de la forma *–u* a la forma *–o* de la tabla de hiragana: ej. *tabe-ru: tabe-ro*; en el grupo III, la forma imperativa de *suru* es *shiro* y la de *kuru* es *koi*.

MODO CONDICIONAL (AFIRMATIVO Y NEGATIVO), POTENCIAL E IMPERATIVO

	Condicional afirmativo	**Condicional negativo**	**Potencial**	**Imperativo**
KAKU	*ka-keba*	*ka-kanabererba*	*ka-keru*	*ka-ke*
OYOGU	*oyo-geba*	*oyo-ganakereba*	*oyo-geru*	*oyo-ge*

YOMU	*yo-meba*	*yo-manakereba*	*yo-meru*	*yo-me*
SHINU	*shi-neba*	*shi-nanakereba*	*shi-neru*	*shi-ne*
YOBU	*yo-beba*	*yo-banakereba*	*yo-beru*	*yo-be*
HANASU	*hana-seba*	*hana-sanakereba*	*hana-seru*	*hana-se*
MATSU	*ma-teba*	*ma-tanakereba*	*ma-teru*	*ma-te*
KAU	*ka-eba*	*ka-wanakereba*	*ka-eru*	*ka-e*
KAERU	*kae-reba*	*kae-ranakereba*	*kae-reru*	*kae-re*
TABERU	*tabe-reba*	*tabe-nakereba*	*tabe-rareru*	*tabe-ro*
SURU	*sureba*	*shinakereba*	*dekiru*	*shiro*
KURU	*kureba*	*konakereba*	*korareru*	*koi*

Los verbos en modo potencial se conjugan como verbos del grupo II.

III.-7.6. Las expresiones modales

III.-7.6.1. De voluntad

La flexión *–yoo* y su forma derivada *–yoo to omou* expresan propósito, voluntad e intención.

Ej. *Watashi wa Nihon e ikoo to omoimasu*. (Pienso/Voy a ir a Japón.)

La forma volitiva se obtiene pasando, en el grupo I, la sílaba final del verbo de la forma *–u* a la forma *–oo* de la tabla de hiragana: ej. *ka-ku: ka-koo; oyo-gu: oyo-goo*; en el grupo II, se quita la útima sílaba (*–ru*) y se añade *–yoo*: ej. *tabe-ru: tabe-yoo*; en el grupo III, la forma volitiva de *suru* es *shiyoo* y la de *kuru* es *koyoo*.

III.-7.6.2. De deseo

Ej. *Watashi wa Nihon ni ikitai (desu).* (Yo quiero ir a Japón.)

La flexión *–tai* indica el deseo de realizar la acción del verbo que le precede. Se obtiene de la siguiente manera:

En el grupo I, la última sílaba, acabada siempre en *-u*, se pasa a su equivalente de la tabla de los hiraganas acabada en *-i*: *-ku: -ki*; *-gu: -gi*; y se le añade *-tai*. En el grupo II, la última sílaba (*-ru*) se suprime y también se le añade *-tai*. En el grupo III, *suru* es *shitai* y *kuru* es *kitai*. El resultado (acabado siempre en *–tai*) es un adjetivo *–i* y se conjuga como tal (presente, pasado, afirmativo, negativo, formal, informal).

FORMAS VOLITIVAS Y DE DESEO

KAKU	*ka-koo*	*ka-ki-tai*
OYOGU	*oyo-goo*	*oyo-gi-tai*
YOMU	*yo-moo*	*yo-mi-tai*
SHINU	*shi-noo*	*shi-ni-tai*
YOBU	*yo-boo*	*yo-bi-tai*
HANASU	*hana-soo*	*hana-shi-tai*
MATSU	*ma-too*	*ma-chi-tai*
KAU	*ka-oo*	*ka-i-tai*
KAERU	*kae-roo*	*kae-ri-tai*
TABERU	*tabe-yoo*	*tabe-tai*
SURU	*shiyoo*	*shitai*
KURU	*koyoo*	*kitai*

III.-7.6.3. De orden o ruego

Kudasai es un verbo auxiliar que expresa orden o ruego. Es la forma imperativa de *kudasaru* (darme). Puede seguir a un nombre, pidiendo la cosa en cuestión. También puede funcionar como verbo auxiliar, siguiendo a la forma *–te* del verbo, en cuyo caso pide que se realice la acción expresada en el verbo.

NOMBRE + PARTÍCULA *O* (compl. directo) + *KUDASAI*

Koohii o kudasai. (Deme un café.)

VERBO FORMA *–TE* + *KUDASAI*

Keeki o tabete kudasai. (Coma el pastel.)

Kudasai puede sustituirse como auxiliar por otras formas más corteses como son (por orden de menos a más cortés).

Ej. *Mado o akete (kudasai/kudasaimasen ka/moraemasen ka/itadakemasu ka/itadakemasen ka).* (Por favor, abra la ventana.)

A あ

aa ああ **1.** sí; **2.** no; **3.** ¡Ah!, ¡Oh!; **4.** ¡Ay!; **5.** así, de esa manera

aaiu ああいう de este tipo; ***~fuu ni*** así, de esta manera

aakeedo アーケード arcada *f*

aachi アーチ**1.** arco *m;* **2.** bóveda *f*; ***~gata no*** arqueado, -a

aacherii アーチェリー tiro *m* con arco

aatisuto アーティスト artista *m/f*

aato アート arte *m*

aamondo アーモンド **1.** almendro *m*; **2.** almendra *f*

aaria アーリア arios *mpl*; ***~no*** ario, -a

aaru nuboo アールヌボー arte *m* nuevo

ai 愛 amor *m*, cariño *m*, afecto *m; **~suru*** amar

ai 藍 **1.** (*shokubutsu/planta*) añil *m*; **2.** (*iro/color*) índigo *m*; ***~iro*** añil *m*, color *m* índigo; ***~iro no*** (de color) índigo *m*

aiirenai 相容れない incompatible *adj m/f*, opuesto, -a, contradictorio, -a

aiemuefu アイエムエフ FMI (Fondo *m* Monetario Internacional)

aiooshii アイオーシー COI (Comité *m* Olímpico Internacional)

aika 哀歌 elegía *f*

aikagi 合鍵 **1.** duplicado *m* de una llave; **2**. (*masutaakii*) llave *f* maestra

aikawarazu 相変わらず **1.** como siempre; **2.** como antes; **3.** todavía, aún

aigan 愛玩 ***~suru*** tener afecto/amor/cariño a; ***kare wa ano inu o ~shite iru*** Él quiere mucho a aquel perro; ***~doobutsu*** animal *m* favorito

aigi 合着 vestido *m* de entretiempo; ***~no kooto*** abrigo *m* de entretiempo

aikyoo 愛嬌 gracia *f*, simpatía *f*; ***~no aru*** gracioso, -a; simpático, -a

aikurushii 愛くるしい **1.** encantador, -a; simpático, -a; **2.** bonito, -a

aiken 愛犬 perro *m* favorito; ***~ka*** persona *f* amante de los perros

aikoo 愛好 ***~suru*** amar a

aikoku 愛国 ***~teki na*** patriótico, -a; ***~sha*** patriota *m/f*; ***~shin*** patriotismo *m*

aikotoba 合言葉 **1.** contraseña *f;* **2.** lema *m*; ***~o iu*** dar la contraseña

aikon アイコン icono *m*

aisatsu 挨拶 **1.** saludo *m; **~suru*** saludar a; ***~joo*** carta *f* de saludo; **2.** discurso *m*; ***~suru*** pronunciar un discurso; felicitar; **3.** aviso *m*, notificación *f*; ***~suru*** avisar; notificar

aishadoo アイシャドー (*keshoo/maquillaje*) sombra *f* de ojos; **~o tsukeru** sombrear los ojos
aishoo 相性 **~ga ii/yoi** llevarse bien con; **~ga warui** llevarse mal con
aijoo 愛情 (*ai*) amor *m*, afecto *m*, cariño *m*; **~o kanjiru** sentir cariño por; **~o komete** afectuosamente
aijin 愛人 amante *m/f*
aisu アイス hielo *m*; **~kuriimu** helado *m*; **~tii** té *m* con hielo; **~koohii** café *m* con hielo; **~sukeeto** patinaje *m* sobre hielo; **~hokkee** hockey *m* sobre hielo
aizu 合図 seña *f*, señal *f*; **~suru** hacer señas a
aisuru 愛する amar, querer a; **kuni o~** amar al país; **anata o~** te amo
aiso(o) 愛想 **~no ii/yoi** amable *adj m/f*; afable *adj m/f*; simpático, -a; hospitalario, -a; **~no warui** poco amable *adj m/f*, poco afable *adj m/f*; antipático, -a; poco hospitalario,-a
aita 開いた abierto, -a; **~doa** puerta *f* abierta; **~kuchi ga fusagaranai** quedarse boquiabierto, -a
aita 空いた vacante *adj m/f*, libre *adj m/f*; **~seki** asiento *m* libre
aida 間 **1.** (*basho/lugar*) distancia *f*; espacio *m*; **~o oite/ ~o akete** dejando espacio; **A to B no~ ni** entre A y B; **2.** (*jikan/tiempo*) durante, mientras
aichaku 愛着 apego *m*, afecto *m*; **~o motte iru** sentir afecto por u/c
aitsu あいつ *vulg* el tipo *m* ese, la tía *f* esa
aitsugu 相次ぐ **1.** sucederse; **2.** sucesivo, -a, consecutivo, -a; ***aitsuide*** uno, -a después de otro, -a, sucesivamente
aizuchi 相槌 palabras *fpl*/interjecciones *fpl* intercaladas en el discurso de otro; **...no kotoba ni ~o utsu** asentir a las palabras de
aite 相手 **1.** compañero, -a, colega *m/f*, pareja *f*; **...o~ni** con; **2.** rival *m/f*, enemigo, -a, contrincante *m/f*
aidia アイディア idea *f*; **ii~** buena idea; **~ga ukabu** tener una idea
aitemu アイテム ítem *m*
aidentitii アイデンティティー identidad *f*
aitoo 哀悼 pésame *m*, condolencia *f*; **~no i o hyoosuru** dar el pésame por la muerte de alg
aidoku 愛読 **~suru** leer con gusto; **...no ~sha** lector, -a amante de; **~sho** libro *m* favorito
aidoringu アイドリング (*enjin/motor*) funcionamiento *m* en el vacío
aidoru アイドル ídolo *m*

ainiku 生憎 desgraciadamente, por desgracia; ***O~sama*** ¡Qué mala suerte!; ***o~desu ga*** lo siento mucho, pero...

ainu アイヌ (*minzoku/pueblo*) ainu *mpl*; (*kotoba/lengua*) ainu *m*

ainoko 合いの子 (*hito/persona*) mestizo, -a, mulato, -a, zambo, -a; (*doobutsu/animal*) cruzado, -a; (*shokubutsu/planta*) híbrido, -a

aibanku アイバンク banco *m* de ojos

aibiki 逢い引き encuentro *m* secreto de dos enamorados; ***~suru*** tener una cita secreta con

aibu 愛撫 caricia *f*; ***~suru*** acariciar u/c/a alg

aifuku 合服 ropa *f* de entretiempo (primavera u otoño)

aibeya 相部屋 ***...to~ni naru*** compartir una habitación con

aiborii アイボリー marfil *m*

aima 合間 intervalo *m*; ***benkyoo no~ni*** en los ratos libres del estudio

aimai 曖昧 ***~na*** vago, -a, ambiguo, -a, indeciso, -a; ***~na taido o toru*** adoptar una actitud ambigua

aiyado 相宿 ***~suru*** hospedarse en el mismo hotel

aiyoo 愛用 ***~suru*** usar con preferencia; ***~no*** favorito, -a

aiyoku 愛欲 amor *m* sensual, pasión *f*

airainaa アイライナー (*keshoo/maquillaje*) lápiz *m* demarcador de ojos

airain アイライン (*keshoo/maquillaje*) raya *f* de los ojos

airashii 愛らしい **1.** encantador, -a, simpático, -a; **2.** bonito, -a

airo 隘路 camino *m* estrecho, (*yama/montaña*) desfiladero *m*

aironii アイロニー ironía *f*

airon アイロン plancha *f*; ***sukaato ni~o kakeru*** planchar una falda

au 合う **1.** ajustarse a, sentar bien a; **2.** combinar con; **3.** corresponder a, estar de acuerdo, coincidir; **4.** ser justo, -a, ser correcto, -a

au 会（逢）う **1.** ver a alg, tener una entrevista con alg; ***tomodachi ni~*** ver a un amigo; **2.** encontrarse a alg, encontrarse con alg

au 遭う tener, experimentar; ***jiko ni~*** tener un accidente

auto アウト **1.** (*yakyuu/béisbol*) out; (*supootsu/deportes*) fuera; **2.** fuera de; ***~saidaa*** persona *f* ajena o marginada; ***~saido (raito/refuto)*** (*sakkaa/fútbol*) extremo *m* (derecho/izquierdo); *tecn* ***~putto*** salida *f*; ***~rain*** diseño *m*, esquema *m*; ***~retto*** *electr* orificio *m* de emisión, boca *f* de salida; ***~doasupootsu*** deporte *m* al aire libre; ***~roo*** fuera de la ley

aegu 喘ぐ jadear; respirar con dificultad; ahogarse

aete 敢えて (*kooteikei/afirmativo*) atreverse a; (*hiteikei/negativo*) de ningún modo; en absoluto

aen 亜鉛 *quím* cinc *m*

ao 青 azul *m*, verde *m*; ***~shingoo*** semáforo *m* en verde

aoaoto 青々と ***~shita*** lozano, -a, verde *adj m/f*; fresco, -a

aoi 青い **1.** azul *adj m/f*, verde *adj m/f*; **2.** pálido, -a; inmaduro, -a; ***~kao*** cara *f* pálida; ***~ringo*** manzana *f* verde

aoi 葵 *bot* malva *f*

aogu 仰ぐ **1.** mirar hacia arriba; **2.** depender de alg para u/c

aogu 扇ぐ **1.** abanicarse; **2.** soplar

aokusai 青臭い **1.** oler a hierba verde; **2.** inmaduro, -a; inexperto, -a

aokunaru 青くなる ponerse pálido, -a

aoguroi 青黒い pálido, -a y oscuro, -a; negriazul *adj m/f*

aozameru 青ざめる palidecer; ***aozameta kao*** cara *f* pálida

aojiroi 青白い pálido, -a; ***~kao o shite iru*** tener la cara pálida

aosuji 青筋 *med* vena *f*

aozora 青空 cielo *m* azul

aonisai 青二才 joven *m/f* inexperto, -a; *desp* jovenzuelo, -a

aonori 青のり algas *fpl* verdes

aoba 青葉 hoja *f* verde

aomuku 仰向く volver la cara hacia arriba

aomuke 仰向け ***~ni*** boca *f* arriba, de espaldas; ***~ni naru*** ponerse de espaldas; ***~ni neru*** tenderse de espaldas

aomushi 青虫 *zool* oruga *f*

aomono 青物 verdura *f*

aoru 煽る **1.** (*viento*) soplar; **2.** instigar, incitar

aka 赤 **1.** (*iro/color*) rojo *m*; ***~inku*** tinta *f* roja; ***~no boorupen*** bolígrafo *m* rojo; **2.** (*hito/persona*) comunista *m/f*

aka 垢 suciedad *f*; ***~no tsuita*** sucio, -a; ***~ga tsuku*** ensuciarse; ***~o otosu*** limpiarse

akaakato 明々と brillantemente

akai 赤い rojo, -a

akakabu 赤蕪 rábano *m*

akagire 皸 grietas de las manos/los pies; ***~no kireta*** agrietado, -a

agaku 足掻く **1.** (*uma/caballo*) piafar, patear; **2.** forcejar

akakusuru 赤くする enrojecer

akakunaru 赤くなる enrojecer

akaguroi 赤黒い rojo, -a negruzco, -a

akage 赤毛 pelo *m* rojo; ***~no*** pelirrojo, -a; ***kanojo wa~da*** ella es pelirroja

akashi 証 prueba *f*

akaji 赤字 *econ* déficit *m*; **~no** deficitario, -a; **~o dasu/ni naru** arrojar déficit; **~yosan** presupuesto *m* deficitario
akashia アカシア *bot* acacia *f*
akashingoo 赤信号 semáforo *m* en rojo
akashinbun 赤新聞 prensa *f* sensacionalista, periódico *m* amarillo
akasu 明かす revelar, descubrir; ***himitsu o~*** revelar un secreto
akachakeru 赤茶ける tomar un color castaño; ***akachaketa iro*** color *m* castaño rojizo; ***akachaketa iro* no** de color *m* castaño rojizo
akachan 赤ちゃん bebé *m*
akachin 赤チン mercromina *f*
akatsuki 暁 **1.** amanecer *m*, alba *f*, aurora *f*; **2. *... no~ ni wa*** en caso de, cuando
akatsuchi 赤土 ocre *m*, arcilla *f*
akademii アカデミー academia *f*; **~shoo** *cine* Oscar (Premios de la Academia)
akademizumu アカデミズム academicismo *m*
akademikku アカデミック **~na** académico, -a
akatonbo 赤とんぼ *zool* libélula *f* roja
akanuke 垢抜け **~shita** elegante *adj m/f*, refinado, -a, sofisticado, -a; **~shinai** poco refinado, -a
akanukeru 垢抜ける volverse refinado, -a; ***akanuketa*** elegante *adj m/f*, refinado, -a, sofisticado, -a; ***akanukete inai*** tosco, -a, rústico, -a
akahaji 赤恥 **~o kakaseru** humillar; **~o kaku** cubrirse de vergüenza
akahata 赤旗 bandera *f* roja
akamatsu 赤松 *bot* pino *m* rojo japonés
akami 赤身 (*niku/carne*) carne *m* magra; (*sakana/pescado*) pescado *m* azul; **~no sakana** pescado *m* azul
agameru 崇める **1.** adorar, rendir culto; **2.** admirar
akarasama あからさま **~na** abierto, -a, claro, -a; **~ni** a las claras, sin rodeos; **~ni ieba** hablando con claridad
akari 明かり **1.** luz artificial *f*; **~o tsukeru** encender la luz; **2.** luz *f* natural; ***tsuki no~*** luz *f* de la luna
agari 上がり **1.** ascensión *f*, aumento *m*, crecimiento *m*; **2.** ingresos *mpl*
agarisagari 上がり下がり alza *f* y baja *f*, fluctuación *f*; **~suru** fluctuar
akaritori 明り取り tragaluz *m*
akarimado 明り窓 tragaluz *m*
agaru 上がる **1.** (*idoo/desplazamiento*) subir, ascender; **2.** (*ie/casa*) entrar; **3.** (*teido/nivel,cantidad*) subir, aumen-

tar; **4.** (*gakkoo/académico*) pasar al curso superior; **5.** (*chii/posición*) ascender; **6.** (*katsudoo/actividad*) terminar; **7.** (*ame/lluvia*) cesar/dejar de llover

agaru 揚がる (*fritura*) estar frito, -a

akarui 明るい **1.** claro, -a, luminoso, -a; **2.** alegre *adj m/f*, risueño, -a, jovial *adj m/f*; **3.** *pol* limpio, -a, claro, -a; **4.** conocedor, -a, experto, -a

akaruku 明るく **1.** claramente; **2.** alegremente

akarukusuru 明るくする **1.** aclarar, iluminar, alumbrar; **2.** alegrar, devolver la alegría

akarukunaru 明るくなる **1.** aclararse, iluminarse; **2.** alegrarse

akanboo 赤ん坊 bebé *m*

aki 空き abertura *f*, intersticio *m*, espacio *m*, blanco *m*, margen *m*; ***~o tsukuru*** hacer espacio; ***~kan*** lata *f* vacía; ***~bin*** botella *f* vacía

aki 秋 otoño *m*; ***~no*** otoñal *adj m/f*

akiaki 飽き飽き ***~suru*** aburrirse con/de, hartarse de; ***~saseru*** fastidiar; aburrir

akitarinai 飽き足りない (*koto/cosa*) ser insatisfactorio, -a

akichi 空き地 descampado *m*, solar *m*

akippoi 飽きっぽい (*hito/persona*) inconstante *adj m/f*

akinau 商う comerciar, traficar

akiya 空き家 casa *f* deshabitada

akiraka 明らか ***~na*** evidente *adj m/f*, claro, -a, obvio, -a; ***~ni*** evidentemente; obviamente; ***~ni suru*** aclarar

akirame 諦め renuncia *f*, resignación *f*; ***~ga yoi/warui*** resignarse con facilidad/dificultad

akirameru 諦める desistir de, renunciar; ***ryokoo o~*** renunciar al viaje

akiru 飽きる cansarse de, hartarse de; ***...ryoori ni~*** estar cansado de la comida...

akiresu-ken アキレス腱 tendón *m* de Aquiles

akireru 呆れる asombrarse, quedarse atónito, -a

aku 開く **1.** abrirse; **2.** (*mise/establecimiento*) abrir; ***depaato wa juu ji ni~*** los grandes almacenes abren a las diez

aku 空く **1.** quedarse libre *adj m/f*, estar desocupado, -a/vacío, -a; ***seki ga aite iru*** el asiento está libre; **2.** tener tiempo libre; ***ashita wa aite iru*** mañana estoy libre

aku 悪 mal *m*, vicio *m*, perversidad *f*

akuamarin アクアマリン aguamarina *f*

akui 悪意 malicia *f*, malevolencia *f*; ***~no aru*** malintencionado,

-a, malévolo, -a; ***~no nai*** sin malicia, inocente *adj m/f*; ***~de*** con mala intención

akukanjoo 悪感情 antipatía *f*, animosidad *f*, mala impresión *f*; ***~o ataeru*** dar una impresión *f* desagradable

akuji 悪事 mala acción *f*, delito *m*; ***~o hataraku*** cometer una mala acción, cometer un delito

akushitsu 悪質 ***~na*** maligno, -a, vil *adj m/f*; ***~na hanzai*** crimen *m* vil

akushu 握手 apretón *m* de manos; ***~suru*** estrechar a alg la mano, darse las manos

akushuu 悪臭 hedor *m*; ***~no aru*** fétido, -a; ***~o hanatsu*** expedir mal olor

akushuu 悪習 mala costumbre *f*, vicio *m*

akushumi 悪趣味 mal gusto *m*; ***~na*** de mal gusto

akujunkan 悪循環 círculo *m* vicioso

akushon アクション ***~eiga*** película *f* de acción

akusei 悪性 ***~no*** maligno, -a, pernicioso, -a; ***~shuyoo*** tumor *m* maligno; ***~hinketsu*** anemia *f* perniciosa

akusesarii アクセサリー (*moda*) accesorios *mpl*

akuseru アクセル *auto* acelerador *m*; ***~o fumu*** pisar el acelerador; ***~o hanasu*** aflojar el acelerador

akusenkutoo 悪戦苦闘 ***~suru*** luchar desesperadamente por u/c

akusento アクセント acento *m*; ***~no aru*** tónico, -a; ***~no nai*** átono, -a; ***...ni ~o oku*** acentuar

akuchuaru アクチュアル ***~na*** actual *adj m/f*

akutenkoo 悪天候 mal tiempo *m*, temporal *m*

akudoi あくどい ***~joodan o iu*** decir una broma de mal gusto

akunin 悪人 persona *f* malvada

akubi あくび bostezo *m*; ***~o suru*** bostezar

akuhitsu 悪筆 ***~dearu*** tener mala letra

akuhyoo 悪評 mala fama *f*, censura *f*; ***~ga takai*** tener mala fama

akuma 悪魔 diablo *m*; ***~no yoo na*** diabólico, -a; ***~barai*** exorcismo *m*; ***~barai o suru*** exorcizar a alg

akumade あくまで hasta el fin; pase lo que pase

akumu 悪夢 pesadilla *f*; ***~o miru*** tener una pesadilla

akumei 悪名 mala reputación *f*, mala fama *f*; ***~no takai*** de mala reputación

akuyoo 悪用 abuso *m*, mal uso *m*; ***~suru*** hacer mal uso de u/c

agura あぐら ***~o kaku*** sentarse con las piernas cruzadas
akuratsu 悪辣 **~na** vil *adj m/f*, ruin *adj m/f*
akuriru アクリル *quím* **~no** acrílico, -a
akuru- 明くる~ siguiente *adj m/f*; ***~asa ni*** a la mañana siguiente; ***~hi ni*** al día siguiente; ***~toshi ni*** al año siguiente
akurei 悪例 mal ejemplo *m*; ***~o nokosu*** sentar un mal precedente
akurobatto アクロバット **1.** acrobacia *f*; **2.** acróbata *m/f*
ageashi 揚げ足 ***~o toru*** coger a alg en un desliz
ageoroshi 上げ下ろし carga *f* y descarga *f*; ***~o suru*** cargar y descargar
akegata 明け方 amanecer *m*; ***~ni*** al amanecer
ageku あげく ***~no hate ni*** al fin y al cabo, a fin de cuentas; ***...no~ ni*** a fuerza de
agesage 上げ下げ subida *f* y bajada *f*
ageshio 上げ潮 marea *f* creciente, marea *f* alta
akesuke 明け透け ***~ni iu*** hablar/decir sin rodeos
akeppanashi 開けっ放し ***~ni suru*** dejar abierto, -a; ***~ni naru*** estar abierto, -a (sin cerrar)
akeppiroge 開けっ広げ ***~na*** (*seikaku/carácter*) abierto, -a, franco, -a
akehanashi 開け放し ***~ni suru*** dejar abierto, -a; ***~ni naru*** estar abierto, -a (sin cerrar)
akehanasu 開け放す dejar abierto, -a de par en par; ***doa o~*** dejar la puerta abierta de par en par
agemono 揚げ物 fritura *f*
akeru 明ける ***toshi ga~*** comenzar un nuevo año; ***akemashite omedetoo gozaimasu*** Feliz Año Nuevo; ***yo/yoru ga~*** amanecer; ***tsuyu ga ~*** acabarse la estación de las lluvias
akeru 開ける abrir; ***doa o~*** abrir la puerta; ***mise o~*** abrir la tienda
akeru 空ける **1.** espaciar; **2.** vaciar, desocupar
-ageru あげる ***Tetsudatte agemashoo ka*** ¿Puedo ayudarle?
ageru 上げる **1.** (*idoo/desplazamiento*) subir, alzar, levantar; **2.** (*ie/casa*) introducir; **3.** (*teido/nivel,cantidad*) subir, aumentar; **4.** (*rieki/ganancias*) obtener, ganar; **5.** (*katsudoo/actividad*) terminar; **6.** dar, ofrecer
ageru 揚げる freír
akewatashi 明渡し evacuación *f*
akewatasu 明渡す evacuar; ***ie o~*** evacuar la casa
ago 顎 mandíbula *f*, barbilla *f*, mentón *m*; (*animal*) quijada *f*; ***~ga hazureta*** desencajarse la mandíbula

akoodeon アコーデオン acordeón *m*; ***~o hiku*** tocar el acordeón; ***~kaaten*** cortina *f* de acordeón

akogare 憧れ anhelo *m*, admiración *f*

akogareru 憧れる anhelar, suspirar por, admirar a; ***...ni~*** admirar a alg/suspirar por u/c

agohige 顎鬚 perilla *f*; ***~o hayashite iru*** llevar perilla

asa 麻 *txtl* cáñamo *m*, lino *m*

asa 朝 mañana *f*; por la mañana; ***~no*** de la mañana, matinal *adj m/f*; ***~ni naru*** amanecer; ***~hayaku*** muy de mañana; ***kyoo no~*** esta mañana *f*; ***kinoo no ~*** ayer por la mañana; ***ashita no~*** mañana *f* por la mañana

aza 痣 magulladura *f*, cardenal *m*

asai 浅い **1.** (*basho/lugar*) poco profundo, -a; ***kono kawa wa~*** este río es poco profundo; **2.** (*teido/grado*) ligero, -a, superficial *adj m/f*; leve *adj m/f*; ***chishiki ga~*** conocimientos *mpl* superficiales

asagao 朝顔 *bot* dondiego *m* de día

asagasumi 朝霞 bruma *f* matutina

asakaze 朝風 brisa *f* matutina

asagi 浅黄 amarillo *m* claro; ***~iro no*** de color *m* amarillo claro

azakeru 嘲る burlarse de; ***~yoona*** burlón, -a

asase 浅瀬 vado *m*, banco *m* de arena; ***kawa no~o wataru*** vadear un río

asatte 明後日 pasado mañana

asatsuyu 朝露 rocío *m* matinal

asane 朝寝 quedarse dormido, -a; (*hito/persona*) ***~boo*** dormilón, -a; ***~boo o suru*** pegársele a uno, -a las sábanas

asahaka 浅はか ***~na*** irreflexivo, -a, imprudente *adj m/f*, frívolo, -a; ***~ni*** irreflexivamente; ***~sa*** superficialidad *f*, imprudencia *f*; ***~na koto o suru*** hacer u/c imprudente

asahi 朝日 sol *m* de la mañana, sol *m* naciente

asamashii 浅ましい **1.** deplorable *adj m/f*, lamentable *adj m/f*, vil *adj m/f*; ***~kooi*** acción *f* deplorable; **2.** miserable *adj m/f*

azami 薊 cardo *m*

asamidori 浅緑 verde *m* claro; ***~iro no*** de color *m* verde pálido

azayaka 鮮やか **1.** ***~na*** claro, -a, nítido, -a, vivo, -a; ***~ni*** vivamente; ***~sa*** claridad *f*, nitidez *f*; ***~na iro*** color *m* vivo; **2.** brillante *adj m/f*; maravilloso, -a; ***~ni*** brillantemente; ***~sa*** maestría *f*, habilidad *f*

asayake 朝焼け arrebol *m* de la mañana

azarashi あざらし *zool* foca *f*

asari あさり *zool* almeja *f* japonesa
asaru 漁る correr en busca de, andar a la caza de; ***karasu ga gomi o~*** los cuervos buscan comida entre la basura
ashi 足（脚） **1.** pierna *f*, pata *f*, tentáculo *m*; ***tsukue no ~*** patas *fpl* de la mesa; **2.** pie *m*; ***~ga nagai/mijikai*** tener las piernas largas/cortas; ***~ga futoi/hosoi*** tener las piernas gruesas/delgadas; ***~ga ookii/chiisai*** tener los pies grandes/pequeños; ***~o kumu*** cruzar las piernas; ***~o nobasu*** estirar las piernas; ***~o arau*** dejar la mala vida, enmendarse
aji 味 **1.** sabor *m*, gusto *m*; ***~no aru*** sabroso, -a; ***~no nai*** insípido, -a; ***~o tsukeru*** sazonar; ***~o miru*** probar, paladear; **2.** ***~na koto o iu*** decir u/c ingeniosa; ***~ga aru*** tener expresión/encanto
aji 鯵 *zool* jurel *m*
ajia アジア Asia *f*; ***~no*** asiático, -a
ashiato 足跡 huella *f*, pasos *mpl*, pista *f*, rastro *m*; ***~o nokosu*** dejar rastro/huellas
ashioto 足音 pasos *mpl*, pisadas *fpl*; ***~ga kikoeru*** oírse pasos
ashika あしか *zool* león *m* marino
ashigakari 足掛かり punto *m* de apoyo, agarradero *m*
ashikase 足枷 grillete *m*, cepo *m*; ***~o hameru*** poner grilletes a
ashikubi 足首 *med* tobillo *m*
ashige 足蹴 ***~ni suru*** dar un puntapié a
ajikenai 味気ない fastidioso, -a, aburrido, -a; ***~jinsei*** vida *f* insípida/sin alicientes
ajisai あじさい *bot* hortensia *f*
ashizama 悪し様 ***~ni iu*** tratar mal a alg
ashisutanto アシスタント ayudante *m/f*
ashita 明日 mañana; ***~wa~no kaze ga fuku*** Mañana será otro día
ajitsuke 味付け sazonamiento *m*, condimentación *f*; ***~suru*** condimentar, sazonar
ashidematoi 足手まとい impedimento *m*, estorbo *m*; ***~ni naru*** ser/convertirse en un estorbo
ajito アジト escondrijo *m*, guarida *f*
ashidori 足取り **1.** paso *m*; ***omoi/karui~de aruku*** andar a paso pesado/ligero; **2.** pista *f*; ***...no~ o ou*** seguir la pista de...
ashiba 足場 andamio *m*
ashibaya 足早 ***~ni*** con pasos ligeros
ashibumi 足踏み ***~suru*** **1.** marcar el paso; **2.** estancarse;

~jootai situación *f* de estancamiento

ajimi 味見 ***~suru*** probar, saborear

ashimoto 足元 ***~ni*** a los pies; ***~ni ki o tsukete kudasai*** tenga cuidado de no caerse

ashirai あしらい trato *m*

ashirau あしらう **1.** tratar; ***tsumetaku~*** tratar a uno con frialdad; **2.** adornar, aderezar; ***sakana ni gaariku to paseri o kizande~*** aderezar el pescado con ajo y perejil picados

ajiwai 味わい ***~no aru*** sugestivo, -a, expresivo, -a

ajiwau 味わう **1.** saborear, paladear; ***ryoori o~*** saborear la comida **2.** experimentar, sufrir; ***konnan o~*** tener dificultades, tener problemas

asu 明日 mañana; ***~no asa*** mañana por la mañana

azukari 預かり en déposito *m*; ***~mono*** objeto *m* recibido en depósito; ***~kin*** dinero *m* depositado; ***~shoo*** recibo *m* de depósito; ***~nin*** depositario *m*

azukaru 与る **1.** participar; ***...ni~*** tomar parte en u/c; **2.** recibir; ***omaneki ni azukarimashite arigatoo gozaimasu*** le agradezco mucho su amable invitación

azukaru 預かる recibir/guardar en depósito, encargarse de; ***nimotsu o azukatte kudasai*** guárdeme el equipaje/la maleta, por favor; ***kodomo o~*** encargarse de un niño

azuki 小豆 judías *fpl* rojas

azukeru 預ける depositar, confiar, dejar en consigna; ***nimotsu o~*** dejar el equipaje en consigna/al cuidado de alg; ***kodomo o~*** confiar un niño a alg

asuteka アステカ ***~zoku*** los aztecas *mpl*; ***~zoku no*** azteca *adj m/f*

asuterisuku アステリスク asterisco *m*

asutorakan アストラカン (piel *f* de) astracán *m*

asuparagasu アスパラガス espárrago *m*

asupirin アスピリン aspirina *f*

asufaruto アスファルト asfalto *m*; ***~dooro*** calle *f* asfaltada

ase 汗 sudor *m*, transpiración *f*; ***~o kaku/~ga deru*** sudar; ***~kusai*** olor *m* a sudor

aseru 焦る impacientarse, apresurarse; ***aserazuni*** sin perder la paciencia

aseru 褪せる perder el color, desteñirse; ***iro no asenai*** que no se destiñe; ***iro no aseta*** desteñido, -a; ***iro no aseta tii shatsu*** camiseta *f* desteñida

azen 唖然 ***~to suru*** quedarse boquiabierto, -a; ***~to saseru*** dejar estupefacto, -a; ***~toshite*** con la boca abierta

asoko あそこ allí; ***~ni aru*** estar allí; ***~kara*** desde allí; ***~made*** hasta allí

asobaseru 遊ばせる **1.** (*hito/persona*) dejar jugar, divertir; **2.** no utilizar; (*tierra*) dejar en barbecho

asobi 遊び juego *m*, diversión *f*; ***~ni iku*** ir de paseo, ir a divertirse; ***~aite*** compañero, -a de juegos; ***~jikan*** hora *f* del recreo

asobu 遊ぶ **1.** jugar, divertirse; ***ningyoo de~*** jugar con una muñeca; **2.** estar sin usar; (*tierra*) estar en barbecho

atai 値（価） precio *m*, valor *m*; ***~suru*** valer, merecer

ataeru 与える dar, ofrecer, obsequiar; ***shoo o~*** dar un premio; ***eikyoo o~*** ejercer influencia sobre

adajio アダジオ *mús* adagio *m*

atatakai 暖（温）かい **1.** templado, -a, tibio, -a; **2.** afectuoso, -a, cordial *adj m/f*, apacible *adj m/f*

atatakami 暖（温）かみ **1.** calor *m*, tibieza *f*; **2.** afectuosidad *f*; ***~no aru*** afectuoso, -a

atatamaru 暖（温）まる calentarse, caldearse

atatameru 暖（温）める **1.** (*mono, tokoro/cosa, lugar*) calentar, caldear; ***ryoori o~*** calentar la comida; ***heya o~*** caldear la habitación; **2.** (*tori/aves*) incubar; ***tamago o~*** incubar los huevos

adana 渾名 apodo *m*, mote *m*; ***...ni (X toiu)~o tsukeru*** apodar a uno X

adaputaa アダプター adaptador *m*

atama 頭 **1.** cabeza *f*, cráneo *m*; ***~o ageru*** levantar la cabeza; ***~o sageru*** bajar la cabeza; ***watashi wa~ga itai*** tengo dolor de cabeza; **2.** ***~ga ii/yoi*** ser inteligente; ***~ga warui*** ser poco inteligente; ***~ga furui*** ser anticuado; ***~ga katai*** ser testarudo; ***~ga hen da*** estar mal de la cabeza

atamakin 頭金 adelanto *m*, pago *m* inicial

atarashii 新しい nuevo, -a, fresco, -a, moderno, -a; ***~ie*** casa *f* nueva; ***~sakana*** pescado *m* fresco; ***~aidia*** idea *f* original

atarashigariya 新しがり屋 ***kare wa~da*** le encanta estar a la última

atarashiku 新しく recientemente

-atari 当たり por, correspondiente a; ***hitori~ichi man en*** diez mil yenes por persona

atari 辺り **1.** vecindad *f*, alrededores *mpl*; ***~no*** de la vecindad; ***~ni*** en los alrededores; ***Kono ~ ni yuubinkyoku wa arimasu ka*** ¿Hay alguna oficina de correos por aquí?; **2.** alrededor de, hacia; ***getsuyoobi~ni*** alrededor del lunes

atari 当たり **1.** golpe *m*, choque *m*; **2.** acierto *m*, éxito *m*; ***~kuji*** billete *m* de lotería premiado

atarisawari 当り障り ***~no nai*** inofensivo, -a, inocuo, -a; ***~no nai koto o iu*** hacer observaciones inofensivas

atarimae 当たり前 **1.** ***~no*** justo, -a, lógico, -a, natural *adj m/f*; ***~da*** es natural; **2.** común *adj m/f*, corriente *adj m/f*, ordinario, -a

ataru 当たる **1.** chocar contra, tropezar con; ***booru ga mado ni~*** la pelota choca contra la ventana; **2.** dar en; ***ya ga mato ni~*** la flecha da en la diana; **3.** acertar, atinar; **4.** (*tenki/elementos atmosféricos*) dar; ***ame ga mado ni~*** la lluvia golpea la ventana; **5.** equivaler; ***Ichi yuuro wa nan'en ni atarimasu ka*** ¿A cuántos yenes equivale un euro?

achikochi あちこち aquí y allá; ***~miwatasu*** mirar por todas partes

achira あちら **1.** allí, allá, en aquella parte; **2.** en aquella dirección; **3.** aquella persona

atsui 厚い grueso, -a; ***~hon*** libro grueso

atsui 暑い cálido, -a, caluroso, -a; ***~hi*** día *m* caluroso; ***kyoo wa~*** hoy hace calor; ***koko wa~*** aquí hace calor

atsui 熱い caliente adj *m/f*; ***~ocha*** té *m* caliente

akka 悪化 empeoramiento *m*; ***~suru*** empeorar; ***...ga kyuu ni~suru*** empeorar u/c de repente

atsukai 扱い manejo *m*, manipulación *f*, tratamiento *m*

atsukau 扱う **1.** manejar, manipular, maniobrar; ***kikai o~*** manejar una máquina; **2.** encargarse de, hacerse cargo de; ***jiken o~*** encargarse de un asunto; **3.** tratar a; ***kyaku o taisetsu ni~*** tratar al cliente con atención; **4.** tratar en; ***denkiseihin o~*** tratar en electrodomésticos

atsukamashii 厚かましい descarado, -a, desvergonzado, -a

atsugami 厚紙 cartón *m*, papel *m* grueso

attomaaku アットマーク *informát* arroba *f*

akkan 悪漢 pillo *m*, golfo *m*

atsuku 厚く **1.** ***~kiru*** cortar en trozos gruesos; **2.** cordialmente; calurosamente; ***~rei o iu*** agradecer de todo corazón

atsukunaru 暑くなる pasar a hacer calor

atsukunaru 熱くなる calentarse

atsukurushii 暑苦しい bochornoso, -a, asfixiante *adj m/f*; ***kono heya wa~*** en esta habitación hace un calor bochornoso

akke 呆気 ***~ni torareru*** quedarse estupefacto, -a; ***~ni torarete*** con estupor

atsusa 厚さ espesor *m*, grosor *m*

atsusa 暑さ calor *m*; ***~ni tsuyoi*** ser resistente al calor; ***~ni yowai*** ser poco resistente al calor

assaku 圧搾 prensa *f*, compresión *f*; ***~suru*** prensar, comprimir; ***~kuuki*** aire *m* comprimido, prensa *f*; ***~ki*** compresor *m*

assari (to) あっさり（と）simplemente, sencillamente; llanamente, francamente; ***~shita*** simple *adj m/f*; sencillo, -a, breve *adj m/f*; ***~shita iro*** color *m* suave; ***~shita ryoori*** comida *f* ligera; ***~shita hito*** persona *f* franca

atsuji 厚地 ***~no*** de tela *f* gruesa

asshuku 圧縮 compresión *f*, condensación *f*; ***~suru*** comprimir, condensar; ***~ryoku*** fuerza *f* de compresión

Asshiria アッシリア Asiria *f*; ***~no*** asirio, -a

assei 圧制 opresión *f*, tiranía *f*, despotismo *m*

assen 斡旋 buenos oficios *mpl*, mediación *f*; ***~suru*** prestar un servicio a; mediar entre; ***... no~de*** gracias a los buenos oficios de; ***~sha*** mediador, -a

atsude 厚手 ***~no*** grueso, -a; ***~no uwagi*** chaqueta *f* de tela gruesa

atto あっと ***~odoroku*** asustarse; ***~iu ma ni*** en un abrir y cerrar de ojos

attoo 圧倒 ***~suru*** abrumar, aplastar, derribar; ***~teki na*** abrumador, -a, aplastante *adj m/f*

appaku 圧迫 opresión *f*, presión *f*; ***~suru*** oprimir, apretar, ejercer presión sobre; ***~o kanjiru*** sentirse oprimido; ***~kan*** sensación *f* de opresión

appu アップ ***kami o~ni suru*** recogerse el cabello en moño; ***...o~de toru*** fotografiar en primer plano

appuappu あっぷあっぷ ***~suru*** estar a punto de ahogarse

appurupai アップルパイ tarta *f* de manzana

atsumari 集まり reunión *f*, asamblea *f*, junta *f*, tertulia *f*

atsumaru 集まる reunirse, juntarse, concentrarse; ***Atsumare*** ¡Agrúpense!

atsumeru 集める reunir, juntar, coleccionar, acumular; ***kitte o~*** coleccionar sellos

atsurae 誂え ***~no*** hecho, -a por encargo; ***~no fuku*** traje *m* hecho a medida; ***kono kutsu wa~de tsukutta*** estos zapatos los he mandado hacer

atsuryoku 圧力 presión *f*; ***~o kuwaeru*** ejercer presión, apretar; ***~nabe*** olla *f* a presión

atsureki 軋轢 discordia *f*, desavenencia *f*; ***...ni~ga aru*** existen desavenencias en...

ate 宛て ***X ~no tegami*** carta *f* dirigida a X; ***X ~ni kogitte o kiru*** librar un cheque a favor de X

ate 当て **1.** objeto *m*; ***~mo naku*** sin objeto; **2.** esperanza *f*, posibilidad *f*; ***~ga hazureru*** llevarse un chasco; **3.** ***~ni suru*** contar con, confiar en; ***~ni naru*** digno, -a de confianza

atekosuru 当てこする censurar implícitamente, aludir maliciosamente a alg

ateji 当て字 caracter *m* chino empleado como equivalente fonético

atedo 当て所 ***~mo naku*** a la ventura, sin rumbo fijo

atena 宛名 dirección *f*, señas *fpl*, destinatario *m*; ***fuutoo ni~o kaku*** poner las señas en el sobre

Atenai アテナイ Atenas *f*; ***~no*** ateniense *adj m/f*

atehamaru 当て嵌まる ser aplicable a, corresponder a; ***kare no riron wa genjitsu ni ~*** sus teorías coinciden con la realidad

atehameru 当て嵌める aplicar; ***riron o genjitsu ni~*** aplicar la teoría a la realidad; ***kisoku ni atehamete*** según las reglas

ateru 当てる **1.** aplicar, tocar, poner; ***hitai ni te o~*** ponerse la mano en la frente; **2.** acertar, dar en el blanco; **3.** adivinar; ***...o~*** adivinar u/c **4.** (*elementos atmosféricos*) exponer; ***hi ni~*** exponer al sol; **5.** asignar, destinar

ato 後 **1.** atrás; ***~ e sagaru*** dar un paso atrás; ***~ kara tsuite iku*** seguir a uno; ***~ ni nokoru*** quedarse atrás; **2.** después; ***~ no*** posterior *adj m/f*; ***~ de*** después; **3.** después de, con posterioridad a; **4.** consecuencia; futuro; **5.** más; ***kami o ~ ichi mai kudasai*** déme una hoja más

ato 跡 **1.** marca *f*, huella *f*, pista *f*, cicatriz *f*; ***~o nokosu*** dejar huella/rastro; ***~ o tsukeru*** seguir las huellas; **2.** ruinas *fpl*, vestigios *mpl*; ***mukashi no toshi no~*** vestigios de una antigua ciudad

atoaji 後味 dejo *m*, regusto *m*, sabor *m* de boca; ***~ga yoi/warui*** tener un dejo agradable/desagradable

atooshi 後押し **1.** empuje *m* por detrás; ***~suru*** empujar por detrás; **2.** patrocinio *m*, subvención *f*; ***~ suru*** patrocinar, subvencionar

atogaki 後書き epílogo *m*, palabras *fpl* finales
adokenai あどけない cándido, -a, inocente *adj m/f*, infantil *adj m/f*
atotsugi 跡継ぎ sucesor *m*, heredero *m*
adobaisu アドバイス consejo *m*, advertencia *f*; ***~o ataeru*** aconsejar
atobarai 後払い crédito *m*, pago *m* diferido; ***~de kau*** comprar a crédito
adobanteeji アドバンテージ ventaja *f*
atomawashi 後回し ***~ni suru*** posponer
atomu アトム *quím* átomo *m*
atome 跡目 ***~o tsugu*** heredar u/c de alg; suceder a alg
atomodori 後戻り retroceso *m*; ***~suru*** retroceder, desandar; ***kuruma o~saseru*** dar marcha atrás
atorakushon アトラクション atracciones *fpl*
atorasu アトラス atlas *m*
adoresu アドレス *informát* dirección *f*
atorie アトリエ atelier *m*, estudio *m*
adorenarin アドレナリン *med* adrenalina *f*
ana 穴 **1.** agujero *m*, orificio *m*, ojo *m*, cavidad *f*, hoyo *m*, fosa *f*; ***jimen ni~o horu*** excavar un hoyo en el suelo; ***~o umeru*** llenar un hoyo; ***~o fusagu*** tapar un agujero; ***~o akeru*** hacer un agujero; ***kabe ni~o akeru*** agujerear la pared; ***~darake no*** lleno, -a de agujeros; **2.** pérdida *f*, déficit *m*; ***~o akeru*** causar pérdidas; ***~o umeru*** cubrir el déficit; **3.** tacha *f*, defecto *m*
anaakisuto アナーキスト anarquista *m/f*
anaakizumu アナーキズム anarquismo *m*
anaume 穴埋め ***kesson no~o suru*** cubrir el déficit
anaunsaa アナウンサー locutor *m/f*
anaunsu アナウンス anuncio *m*; ***~suru*** anunciar
anaguma 穴熊 *zool* tejón *m*
anakuronizumu アナクロニズム anacronismo *m*
anago 穴子 *zool* anguila *f* de mar
anakonda アナコンダ *zool* anaconda *f*
anata 貴方 ***~wa*** usted, -es; ***~no*** suyo, -a; ***~o*** lo, -a, -os, -as; le, -es; ***~ni*** le, -es; ***~wa supeinjin desu ka*** ¿Es usted español, -a?; ***Kore wa~no desu ka*** ¿Esto es suyo?
anadoru 侮る despreciar, menospreciar; ***anadotte*** con menosprecio
anarojii アナロジー analogía *f*
ani 兄 hermano *m* mayor

animizumu アニミズム animismo *m*
animeeshon アニメーション dibujos *mpl* animados
ane 姉 hermana *f* mayor
anekkusu アネックス anexo *m*
anettai 亜熱帯 zona *f* subtropical; **~*doobutsu*** animal *m* subtropical; **~*shokubutsu*** planta *f* subtropical
anemone アネモネ *bot* anémona *f*
ano あの aquel, -la, -llos, -llas; **~*hito*** él, ella; **~*koro*** en aquellos días; **~*toki*** en aquel momento, entonces
ano(o) あの（う） pues…, bien…, entonces…; **~*chotto*** dispénseme
anoyo あの世 el otro mundo, el más allá; **~*ni iku*** pasar a mejor vida
anorakku アノラック anorak *m*
apaato アパート casa *f*, piso *m*, bloque *m* de pisos, apartamento *m*; ***kagu tsuki no~*** apartamento *m* amueblado
apashii アパシー apatía *f*
abarabone 肋骨 costilla *f*; **~*o oru*** fracturarse una costilla
abaremono 暴れ物 hombre *m* pendenciero; matón *m*
abareru 暴れる **1.** alborotar, armar jaleo, amotinarse; **2.** (*uma/caballo*) desbocarse
abangyarudo アバンギャルド vanguardia *f*
apiiru アピール llamamiento *m*; **~*suru*** hacer un llamamiento
abiseru 浴びせる echar agua a uno, dar un baño a uno, verter sobre uno; ***shitsumon o~*** acribillar a preguntas
ahiru 家鴨 pato *m*, ánade *m/f*
abiru 浴びる echar u/c sobre sí; ***mizu o~*** bañarse, mojarse; ***shawaa o~*** ducharse
abu 虻 *zool* tábano *m*, moscardón *m*
abusan アブサン ajenjo *m*
abusutorakuto アブストラクト abstracto, -a
afutaa アフター post-; **~*kea*** vigilancia *f* postoperatoria; **~*saabisu*** servicio *m* postventa
afutanuun doresu アフタヌーンドレス vestido *m* de tarde
abunai 危ない **1.** peligroso, -a, arriesgado, -a; **~*me ni au*** exponerse a un peligro; **~** ¡Cuidado!; **2.** incierto, -a, dudoso, -a
abunagaru 危ながる inquietarse, temer el peligro que hay en u/c
abunaku 危なく por los pelos; **~…*suru tokoro datta*** faltar poco para…
abunage 危なげ **~*no nai*** seguro, -a, firme *adj m/f*
abunakkashii 危なっかしい peligroso, -a, poco seguro, -a
abumi 鐙 estribo *m*

abura 油（脂） aceite *m*, óleo *m*, grasa *f*, sebo *m*; ***~o sasu*** engrasar, lubricar; ***~o nuru*** embadurnar; ***~o shiboru*** sacar el aceite; ***~de ageru*** freír; ***~kkoi*** aceitoso, -a, grasiento, -a; ***~ire*** aceitera *f*

aburaage 油揚げ pasta *f* de soja frita

aburae 油絵 pintura *f* al óleo; ***~de kaku*** pintar al óleo; ***~o kaku*** pintar un cuadro al óleo; ***~gaka*** pintor, -a al óleo

aburakasu 油粕 orujo *m*

aburake 油（脂）気 ***~no aru*** aceitoso, -a, graso, -a, seboso, -a; ***~no nai*** seco, -a, magro, -a; ***~o nuku*** desengrasar

aburasashi 油差し aceitera *f*, engrasador *m*

aburana 油菜 colza *f*

aburami 脂身 grasa *f*, sebo *m*

aburamushi 油虫 *zool* pulgón *m*

Afurika アフリカ África *f*; ***~no*** africano, -a; (*hito/persona*) ***~jin*** africano, -a

aburidashi 炙り出し ***~inki*** tinta *f* simpática

afureru 溢れる rebosar, derramarse, desbordarse; ***afuresoo dearu*** estar para punto de rebosar; ***...ni afurete iru*** estar rebosante de ...

abekobe あべこべ inversión *f*, oposición *f*; ***~no*** inverso, -a, contrario, -a; ***~ni*** al revés, con el orden invertido

abekku アベック pareja *f*; ***~de*** en pareja

abenyuu アベニュー avenida *f*

aperitifu アペリティフ aperitivo *m*

ahen 阿片 opio *m*; ***~o suu*** fumar opio; ***~chuudoku*** intoxicación *m* por opio; ***~kutsu*** fumadero *m* de opio; ***~sensoo*** Guerra *f* del Opio

ahoo 阿呆 estúpido, -a

ahoodori あほうどり *zool* albatros *m*

abokaado アボカード *bot* aguacate *m*

aposutorofi アポストロフィ apóstrofe *m*

aporo (n) アポロ（ン） Apolo *m*

ama 尼 monja *f* budista; ***~ni naru*** meterse a monja

amai 甘い **1.** dulce *adj m/f*, azucarado, -a; ***~mono*** dulces *mpl*; **2.** soso, -a, poco salado, -a; **3.** indulgente *adj m/f*, poco severo, -a; ***kodomo ni~oya*** padre *m*/madre *f* blando, -a con sus hijos; **4.** meloso, -a, cariñoso, -a; ***onna ni~otoko*** hombre muy galante con las mujeres; **5.** optimista *adj m/f*; ***~kangae*** idea/pensamiento optimista

amaeru 甘える portarse como un niño mimado, coquetear, abusar de; ***...no shinsetsu***

ni~ abusar de la amabilidad de alg

amagasa 雨傘 paraguas *m*

amagappa 雨合羽 impermeable *m*

amakawa 甘皮 cutícula *f* de la uña

amagu 雨具 paraguas *m*, impermeable *m*

amakusuru 甘くする endulzar, dulcificar; ***koohii o~*** endulzar el café

amakuchi 甘口 suave *adj m/f*; ***~no sake*** sake *m* ligero

amagutsu 雨靴 botas *fpl* de agua

amakunaru 甘くなる dulcificarse

amagumo 雨雲 nubes *fpl* de lluvia

amazarashi 雨曝し ***~no*** expuesto, -a a la lluvia, dejado, -a a la intemperie; ***~ni suru*** dejar a la intemperie

amasu 余す dejar, ahorrar, economizar; ***ryohi o~*** ahorrar los gastos del viaje

amazuppai 甘酸っぱい agridulce *adj m/f*

amachua アマチュア aficionado, -a; ***~no*** amateur *adj m/f*; ***~supootsu*** deporte *m* para aficionados

amattarui 甘ったるい meloso, -a; ***~koe*** voz *f* melosa; ***~chooshi de*** con un tono meloso

amadera 尼寺 monasterio *m* de monjas budistas; ***~ni hairu*** entrar en un convento, tomar los hábitos

amado 雨戸 puerta *f* corrediza exterior, contraventana *f*

amadoi 雨樋 canalón *m*

amatoo 甘党 goloso, -a

amani 亜麻に linaza *f*

Amanogawa 天の川 *astrol* Vía *f* Láctea

amanojaku 天の邪鬼 ***kare wa~da*** él tiene un carácter retorcido

amamori 雨漏り gotera *f*; ***~ga suru*** tener goteras

amayakasu 甘やかす mimar, consentir

amayadori 雨宿り ***~suru*** refugiarse de la lluvia

amari 余り **1.** resto *m*, remanente *m*, saldo *m*, sobra *f*, exceso *m*; ***shokuji no~*** restos *mpl* de comida; **2.** ***ureshisa no~*** de tanta alegría; **3.** ***~no*** demasiado, -a, excesivo, -a; ***~nimo takasugiru*** ser demasiado caro; ***~sake o nomisugiru*** beber demasiado alcohol; **4.** *(con v/adj negativo)* no muy, no mucho; ***~takakunai*** no muy caro; ***~supootsu o shinai*** hacer poco deporte

amaru 余る **1.** sobrar, quedar; **2.** superar, ser demasiado

amarugamu アマルガム amalgama *f*

amanjiru 甘んじる conformarse con, estar satisfecho con/de

ami 網 red *f*, parrilla *f*; ***~de yaku*** asar a la parrilla; ***~o haru*** tender la red; ***~ni kakaru*** caer en la red
amiki 編み機 máquina *f* de tricotar
Amida 阿弥陀 (*budismo*) Amitabha/ *m*; ***booshi o~ni kaburu*** ponerse la gorra echada hacia atrás
amidana 網棚 rejilla *f*
amibari 編み針 aguja *f* de gancho/ganchillo
amiboo 編み棒 agujas *fpl* de media/punto
amime 編目 punto *m*; puntada *f*
amimono 編み物 labor *f* de punto; ***~o suru*** hacer punto, hacer ganchillo
amiyaki 網焼き parrilla *f*; ***~ni suru*** asar a la parrilla
amu 編む tricotar, tejer, trenzar, entretejer; ***mafuraa o~*** tejer una bufanda; ***kami o~*** trenzar el cabello
amunesuti アムネスティ ***~Intaanashionaru*** Amnistía *f* Internacional
ame 雨 lluvia *f*; ***~ga futte iru*** está lloviendo; ***~ga furisoo da*** está a punto de llover; ***~ga yamu*** cesa de llover
ame 飴 caramelo *m*
ameeba アメーバ *zool* ameba *f*
Amerika アメリカ América *f*, Estados *mpl* Unidos; ***~no*** americano, -a; estadounidense *adj m/f*; ***~eigo*** (*kotoba/idioma*) inglés *m* americano; ***~jin*** (*hito/persona*) estadounidense *m/f*; ***~indian*** indio, -a americano, -a
amerikanaizu アメリカナイズ ***~suru*** americanizarse; ***~saseru*** americanizar
amerikan futtobooru アメリカンフットボール fútbol *m* americano
amenbo あめんぼ *zool* araña *f* de agua, zapatero *m*
ayashii 怪しい sospechoso, -a, dudoso, -a, incierto, -a; ***~hito*** persona *f* sospechosa
ayashimu 怪しむ sospechar
ayatsuri ningyoo 操り人形 marioneta *f*, títere *m*
ayatsuru 操る manejar, conducir; ***ningyoo o~*** manejar marionetas
ayabumu 危ぶむ inquietarse, preocuparse, desconfiar, dudar
ayamachi 過ち falta *f*, error *m*, equivocación *f*; ***~o okasu*** cometer un error; ***~o aratameru*** corregir el error
ayamatte 過って por error, por equivocación, por descuido
ayamari 誤り falta *f*, error *m*, equivocación *f*
ayamaru 誤る equivocarse; ***keisan o~*** cometer un error de cálculo; ***ayamatte iru*** estar equivocado, -a

ayamaru 謝る disculparse por, pedir perdón a alg
ayame あやめ *bot* lirio *m*
ayumi 歩み paso *m*, marcha *f*, curso *m*; ***~o tomeru*** detener el paso
ara あら ¡Oh!, ¡Caramba!
Araa アラー (*islam*) Alá *m*
araarashii 荒々しい violento, -a, agresivo, -a, impetuoso, -a, rudo, -a, brusco, -a, grosero, -a; ***~taido*** actitud *f* agresiva
araarashiku 荒々しく violentamente, impetuosamente, bruscamente
arai 荒い brutal *adj m/f*, violento, -a, rudo, -a; ***kare wa ki ga~*** es un hombre de carácter violento
araiguma 洗い熊 *zool* mapache *m*
araizarai 洗いざらい enteramente, por completo
araizarashi 洗いざらし ***~no*** desteñido, -a por repetidos lavados
araitate 洗い立て ***~no*** recién lavado, -a
arau 洗う **1.** lavar, limpiar, depurar, purificar; ***te o~*** lavarse las manos; ***sara o ~*** lavar los platos; **2.** investigar
arakajime あらかじめ con anticipación, de antemano; ***~shiraseru*** avisar con antelación
arakasegi 荒稼ぎ ***~suru*** hacer un buen negocio
arakaruto アラカルト a la carta
araku 荒く brutalmente, con brusquedad; ***~tsukau*** usar con rudeza
arashi 嵐 tormenta *f*, tempestad *f*, temporal *m*, tifón *m*, huracán *m*; ***~ni naru*** desatarse una tempestad
arasu 荒らす devastar, destrozar, asolar, saquear
arasuji 粗筋 sumario *m*, argumento *m*; ***jiken no~*** sumario *m* del caso; ***shoosetsu no~*** argumento *m* de la novela
araseitoo あらせいとう *bot* alhelí *m*
arasoi 争い disputa *f*, riña *f*, pelea *f*, rivalidad *f*; ***~ga okoru/okiru*** estallar un conflicto/producirse una pelea
arasou 争う disputar, reñir, pelear, competir
arata 新た ***~na*** nuevo, -a; ***~ni*** recientemente, últimamente; ***~ni hajimeru*** volver a empezar
aratamaru 改まる renovarse, cambiarse, mejorarse, reformarse
aratamatta 改まった ceremonioso, -a, formal *adj m/f*; ***~kotoba*** término *m* protocolario; ***~taido o toru*** adoptar una actitud ceremoniosa
aratamete 改めて de nuevo, otra vez

aratameru 改める **1.** renovar, cambiar, modificar, transformar; ***keikaku o~*** modificar el proyecto; ***fukusoo o~*** cambiar de vestuario; **2.** examinar, revisar, inspeccionar; ***kippu o aratamesasete itadakimasu*** el billete, por favor

Arabia アラビア Arabia *f*; ***~no*** árabe *adj m/f*; ***~jin*** (*hito/persona*) árabe *adj m/f*; ***~go*** (*idioma*) árabe *m*; ***~suuji*** número *m* arábigo

arabu アラブ ***~no*** árabe *adj m/f*

aramono 荒物 utensilios *mpl* domésticos; ***~ya*** tienda *f* de utensilios domésticos

arayuru あらゆる todos, -as; ***~shurui no nomimono*** toda clase *f* de bebidas; ***~kikai o riyoo suru*** aprovechar todas las oportunidades

arare 霰 granizo *m*; ***~ga futte iru*** está granizando

arawasu 表（現）す **1.** mostrar, manifestar, exponer; ***sugata o~*** mostrarse, aparecer; **2.** expresar, describir, significar; ***miburi de~*** expresar con gestos

araware 表（現）れ manifestación *f*, expresión *f*, signo *m*

arawareru 表（現）れる **1.** aparecer, figurar, comparecer, surgir; **2.** manifestarse, revelarse, notarse

ari 蟻 *zool* hormiga *f*; ***~no su*** hormiguero *m*

aria アリア *mús* aria *f*

ariamaru 有り余る (*cosa*) sobrar; (*hito/persona*) tener u/c en exceso

ariarito ありありと claramente, vivamente

ariuru 有り得る posible *adj m/f*; ***...wa ~*** es posible que...

arienai 有り得ない imposible *adj m/f*; ***...wa ~*** es imposible que...

arigatai 有り難い **1.** de agradecer; ***~purezento*** buen regalo; **2.** valioso, -a, inestimable *adj m/f*

arigataku 有り難く con gratitud; ***...o~ omou*** estar agradecido, -a

arigatami 有り難味 valor *m*; ***..no~o shiru*** conocer el valor de u/c

arigatoo 有り難う gracias, le estoy muy agradecido, -a

arikitari 在り来たり ***~no*** ordinario, -a, común *adj m/f*, convencional *adj m/f*

arikui 蟻食い *zool* oso *m* hormiguero

arisama 有様 estado *m*, situación *f*, escena *f*, apariencia *f*

aridaka 有り高 efectivo *m* en caja

arinomama 有りのまま ***~ni ieba*** hablando francamente; ***~no jijitsu*** la pura verdad

aribai アリバイ coartada *f*; ***~ga aru*** tener una coartada

aru 或 un, -a; un, -a cierto, -a; ***~hi*** cierto día; ***~tokoro de*** en cierto lugar; ***~hito*** cierta persona

aru 有（在）る **1.** estar, existir, haber; **2.** consistir en, residir en; **3.** tener, poseer; **4.** ocurrir, pasar, producirse

aruiwa 或いは **1.** o, o bien; **2.** posiblemente, quizás, tal vez

arukaikku アルカイック ***~na*** arcaico, -a

arukimawaru 歩き回る ir de un lado para otro

aruku 歩く andar, caminar; ***arui-te iku*** ir andando

arukooru アルコール alcohol *m*; ***~bun*** grado *m* alcohólico; ***~no haitte inai nomimo-no*** bebida *f* no alcohólica; ***~inryoo*** bebida *f* alcohólica; ***~chuudoku*** alcoholismo *m*

arubaito アルバイト trabajo *m* provisional, trabajo *m* subsidiario; ***~o suru*** hacer un trabajo subsidiario; ***~gakusei*** estudiante *m/f* que trabaja a tiempo parcial

arupaka アルパカ *zool* alpaca *f*

arubamu アルバム álbum *m*

arupinisuto アルピニスト alpinista *m/f*

arupinizumu アルピニズム alpinismo *m*, montañismo *m*

arufa アルファ alfa *f*; ***~sen*** rayos *mpl* alfa

arufabetto アルファベット alfabeto *m*, abecedario *m*; ***~jun no*** alfabético, -a; ***~ jun ni naraberu*** ordenar/poner por orden alfabético

Arupusu アルプス ***~no*** alpino, -a; ***~sanmyaku*** cordillera *f* de los Alpes; ***Nihon~*** los Alpes de Japón

arumajiro アルマジロ *zool* armadillo *m*

aruminiumu アルミニウム *quím* aluminio *m*; ***~seihin*** producto *m* de aluminio

arumi-hoiru アルミホイル lámina *f* de aluminio, papel *m* de aluminio de uso doméstico

are あれ ¡Oh!, ¡Caramba!

are あれ **1.** *pron dem* aquél, -lla, -llos, -llas, aquello; ***~wa nan desu ka*** ¿Qué es aquello?; **2.** ***~irai*** desde entonces

areguro アレグロ *mús* alegro *m*

arekore あれこれ ***~to kangaeru*** pensar en esto y aquello; ***~to hanashi o suru*** hablar de esto y aquello

arechi 荒れ地 tierra *f* asolada, erial *m*

areno 荒れ野 yermo *m*, páramo *m*

arehateru 荒れ果てる asolarse, arrasarse, devastarse

arehateta 荒れ果てた asolado, -a, abandonado, -a, devastado, -a; ***~tatemono*** edificio *m* ruinoso

arehodo あれほど tan, tanto; ***~no*** tanto, -a

areru 荒れる **1.** (*tenki/tiempo, elementos*) estar agitado, -a, borrascoso, -a; **2.** (*tochi, tatemono/terreno, edificios*) asolarse, derruirse; **3.** (*karada/cuerpo*) secarse, estropearse; ***hada ga~*** secarse el cutis; **4.** (*kaigi/reunión*) agitarse, caer en el desorden

arerugii アレルギー alergia *f*; ***~sei no*** alérgico, -a; ***~shoojoo*** síntoma *m* alérgico; ***~taishitsu*** predisposición *f* alérgica; ***~hannoo*** reacción *f* alérgica

arenji アレンジ *mús* ***~suru*** adaptar

aroe アロエ *bot* aloe *m*

awa 泡 espuma *f*, burbuja *f*; ***~datsu*** hacer espuma

awa 粟 mijo *m*

awai 淡い (*color*) suave *adj m/f*; (*akari/luz*) opaco, -a; (*kanjoo/emoción*) vago, -a, tenue *adj m/f*

awasu 合わす *V*. **awaseru** 合わせる

awaseru 合わせる **1.** juntar, sumar, reunir; ***te o~*** juntar las manos; ***chikara o~*** unir fuerzas, colaborar; **2.** adaptar, acomodar; ***gakusei no gakuryoku ni ~*** adaptar/ajustar a la capacidad de los estudiantes; **3.** (*hoosoo/emisora*) sintonizar; ***rajio o NHK ni~*** sintonizar con la NHK; **4.** cotejar, confrontar; ***yaku o genbun to~*** cotejar la traducción con el original

awatadashii 慌しい precipitado, -a, apresurado, -a

awatadashiku 慌しく precipitadamente

awatete 慌てて atolondradamente

awatemono 慌て者 atolondrado, -a

awateru 慌てる **1.** precipitarse; **2.** atolondrarse, aturdirse; ***Awateru na*** No te atolondres/No te alarmes

awabi 鮑 *zool* oreja *f* marina

aware 哀れ **1.** tristeza *f*, melancolía *f*; **2.** miseria *f*, pobreza *f*; **3.** piedad *f*, compasión *f*; ***~na*** triste *adj m/f*, pobre *adj m/f*, infeliz *adj m/f*; ***~na hito*** persona *f* digna de lástima

awareppoi 哀れっぽい lastimero, -a; ***~koe de*** con voz lastimera

awaremi 哀れみ piedad *f*, compasión *f*; ***~o kakeru*** compadecerse de

awaremu 哀れむ compadecer a

an 案 **1.** proposición *f*; **2.** proyecto *m* de ley; **3.** opinión *f*, idea *f*; **4.** plan *m*, proyecto *m*; ***~o tateru*** trazar un plan

an'i 安易 ***~na*** fácil *adj m/f*, cómodo, -a; ***~ni*** con facilidad

angai 案外 ***sore wa~ kantan deshita*** fue más sencillo de lo que esperaba
anki 暗記 memoria *f*; ***~suru*** memorizar
anguru アングル ángulo *m*
angurosakuson アングロサクソン (*hito/persona*) anglosajón, -a; ***~no*** anglosajón, -a
ankeeto アンケート encuesta *f*; ***~o toru*** hacer una encuesta sobre
angoo 暗号 cifra *f*, criptografía *f*, escritura *f* cifrada; ***~de kaku*** escribir en clave; ***~o tsukau*** valerse de claves
ankoku 暗黒 oscuridad *f*, tinieblas *fpl*; ***~no*** oscuro, -a, tenebroso, -a
angora アンゴラ (*orimono/tejido*) angora *f*
ansatsu 暗殺 asesinato *m*; ***~suru*** asesinar; ***~sha*** asesino, -a
anzan 安産 parto *m* feliz/fácil; ***~suru*** tener un buen parto
anzan 暗算 cálculo *m* mental; ***~suru*** calcular mentalmente
anji 暗示 alusión *f*, insinuación *f*; ***~suru*** aludir a alg/u/c; ***~teki na*** alusivo, -a; ***~ni kakaru*** dejarse sugestionar
anshoo 暗礁 **1.** escollo *m*, arrecife *m*; **2.** impedimento *m*, obstáculo *m*
anshin 安心 ***~suru*** tranquilizarse, sosegarse; ***~saseru*** tranquilizar; ***~shite*** tranquilamente
anzu 杏 **1.** (*ki/árbol*) albaricoquero *m*; **2.** (*mi/fruto*) albaricoque *m*
ansei 安静 ***~ni suru*** guardar reposo completo; ***~ryoohoo*** cura *f* de reposo
anzen 安全 seguridad *f*, certeza *f*; ***~na*** seguro, -a, estable *adj m/f*; ***~ni*** seguramente, sin peligro; ***~beruto*** cinturón *m* de seguridad
ansoku 安息 reposo *m*, descanso *m*
ansorojii アンソロジー antología *f*
andaaguraundo アンダーグラウンド ***~no*** subterráneo, -a
andaashatsu アンダーシャツ camiseta *f*
andaasutea アンダーステア *auto* bajiviraje *m*
andaarain アンダーライン subraya *f*; ***...ni~o hiku*** subrayar u/c
andante アンダンテ *mús* andante *m*
anchideeze アンチテーゼ antítesis *f*; ***~o tateru*** poner la antítesis
anchuumosaku 暗中模索 marcha *f*/búsqueda *f* a tientas; ***~suru*** ir a tientas
antei 安定 estabilidad *f*, firmeza *f*, equilibrio *m*; ***~suru*** estabilizarse; ***~saseru*** estabilizar;

~shita estable *adj m/f*; ***~shinai*** inestable *adj m/f*; ***~o kaku*** romper la estabilidad/el equilibrio; ***tsuuka no ~*** estabilidad *f* monetaria

andesu アンデス ***~no*** andino, -a

antena アンテナ *TV* antena *f*; ***~o tateru*** instalar/levantar una antena; ***terebi~*** antena *f* de televisión

anna あんな tal *adj m/f*, semejante *adj m/f*; así, tan, tanto

annai 案内 **1.** guía *f*, conducción *f*; ***~suru*** guiar, conducir; ***seki e~suru*** llevar a alg a su asiento; ***~nin*** (*hito/persona*) guía *m/f*; ***~sho*** (*hon/texto*) guía *f*; (*basho/lugar*) ***~sho*** oficina *f* de turismo; **2.** invitación *f*, aviso *m*, comunicación *f*; ***~suru*** avisar, comunicar

anpaia アンパイア (*yakyuu/béisbol*) árbitro *m/f*

anbaransu アンバランス desequilibrio *m*

anpi 安否 ***~o tou*** preguntar por el estado de alg

anpu アンプ *electr* amplificador *m*; ***mein~*** amplificador *m* principal

anpuru アンプル (*iremono/recipiente*) ampolla *f*

anpea アンペア *electr* amperio *m*; ***~kaisuu*** amperio-vuelta *f*

anmari あんまり *V.* **amari** あまり

anmin 安眠 sueño *m* tranquilo/sosegado; ***~suru*** dormir tranquilamente

anmoku 暗黙 tácito, -a; ***~no uchi ni*** implícitamente

anmonia アンモニア *quím* amoníaco *m*; ***~gasu*** gas *m* amoníaco

an'yaku 暗躍 intriga *f* secreta, maniobra *f* oculta; ***~suru*** intrigar secretamente, mover los hilos

anraku 安楽 bienestar *f*, comodidad *f*; ***~na*** cómodo, -a; ***~ni*** cómodamente; ***~na kurashi*** vida *f* cómoda; ***~shi*** eutanasia *f*

I い

i 位 **1.** (*chii/posición*) lugar *m*, puesto *m*, rango *m*; ***dai ichi~*** primera posición *f*; **2.** *mat* lugar *m*

i 胃 estómago *m*; ***~ga omoi*** siento el estómago pesado; ***~ga yowai*** tener el estómago débil/delicado

i 意 **1.** (*shinri/estado anímico*) ***~o tsuyoku suru*** animarse; **2.** (*ishi/voluntad*) ***~ni shitagau*** someterse a la voluntad de alg; ***~ni hanshite*** a disgusto

iatsu 威圧 ***~suru*** intimidar, acobardar; ***~teki na*** imponente *adj m/f*

ian 慰安 recreo *m*, solaz *m*; ***~ryokoo o suru*** hacer un viaje de recreo
ii 良い **1.** bueno, -a; **2.** bien
iiarasoi 言い争い discusión *f*, disputa *f*, altercado *m*, riña *f*
iiarasou 言い争う discutir, reñir
iiarawasu 言い表す expresar, describir
iie いいえ **1.** (*respuesta neg*) no; **2.** (*respuesta a pregunta neg*) sí; **3.** (*respuesta a agradecimiento*) de nada, no hay de qué
iikaesu 言い返す replicar, llevar la contraria
iikaeru 言い換える decir u/c en otras palabras; ***iikaereba*** dicho en otros términos
iigakari 言い掛かり acusación *f* falsa; ***~o tsukeru*** acusar en falso
iikakeru 言い掛ける **1.** ir a decir; **2.** empezar a hablar
iikagen 好い加減 **1.** (*teido/grado*) ***~na*** moderado, -a, apropiado, -a; **2.** ***~na*** irresponsable *adj m/f*, negligente *adj m/f*; ***~na koto o iu*** hablar a la ligera
iikata 言い方 expresión *f*, manera *f* de decir; ***~ga joozu/heta dearu*** saber/no saber expresarse bien
iiki 好い気 ***~ni naru*** jactarse, vanagloriarse
iikikaseru 言い聞かせる aconsejar, persuadir
iishii イーシー EC (Comunidad *f* Europea)
iijii-oodaa イージーオーダー ***~no*** (*confección*) a media medida
iisugi 言い過ぎ ***Sore wa~da*** ¡Te has pasado de la raya!
iisugiru 言い過ぎる sobrepasarse, decir demasiado
iisutaa イースター Pascua *f* de Resurrección
iisuto イースト levadura *f*
iisobireru 言いそびれる perder la ocasión de decir u/c
iidasu 言い出す empezar a hablar, manifestar, proponer; ***kare wa umi ni ikoo to iidashita*** él propuso ir a la playa
iitateru 言い立てる acentuar, poner u/c de relieve
iitsukusu 言い尽くす decirlo todo sobre u/c/alg, no dejar nada por decir
iitsuke 言い付け orden *f*, instrucciones *fpl*; ***~doori ni*** conforme a las instrucciones; ***~o mamoru*** obedecer las órdenes/instrucciones; ***~ni somuku*** desobedecer las órdenes/instrucciones
iitsukeru 言い付ける **1.** ordenar, disponer; **2.** denunciar, delatar
iitsutae 言い伝え tradición *f* oral, leyenda *f*

iinaosu 言い直す **1.** corregirse; **2.** decir en otras palabras
iinarawashi 言い習わし dicho *m* antiguo, frase *f* hecha
iinikui 言いにくい difícil/desagradable *adj m/f* de decir
iinogare 言い逃れ **1.** evasiva *f*, subterfugio *m*; **2.** excusa *f*; ***~o suru*** dar una excusa
iinokosu 言い残す dejar dicho
iiharu 言い張る insistir en u/c; ***jibun no iken o~*** mantener la opinión de uno
iifurasu 言い触らす (*oral*) propagar, difundir; ***...no warukuchi o~***difundir calumnias contra alg
iibun 言い分 **1.** declaración *f*, opinión *f*; **2.** queja *f*, reclamación *f*; **3.** excusa *f*, pretexto *m*
iimagirasu 言い紛らす (*oral*) soslayar, esquivar
iimachigae 言い間違え error *m* cometido al hablar, lapsus *m* linguae
iimachigaeru 言い間違える equivocarse al hablar
iimawashi 言い回し giro *m* de una frase, dicción *f*, modismo *m*
ii-meeru イーメール *informát* e-mail *m*, correo m electrónico
iiwake 言い訳 disculpa *f*, excusa *f*; ***~suru*** disculparse de u/c; ***~o kangaeru*** buscar/inventarse una excusa
iiwasureru 言い忘れる olvidarse de mencionar
iiwatasu 言い渡す **1.** declarar, pronunciar; **2.** ordenar, mandar; ***hanketsu o~*** pronunciar una sentencia; ***muzai o~*** declarar inocente a alg
iin 医院 clínica *f*, consultorio *m*
iin 委員 comisionado, -a; miembro *m/f* de un comité
iu 言う **1.** decir, mencionar; ***... wa~made mo nai*** ni que decir tiene; **2.** llamarse; ***Ozaki to~hito*** una persona que se llama Ozaki
ie 家 casa *f*, vivienda *f*
iegara 家柄 linaje *m*, familia *f*; ***~no yoi*** de buena familia; ***~no warui*** de linaje humilde
ieki 胃液 *med* jugo *m* gástrico
ieji 家路 vuelta *f* a casa
Iesukirisuto イエスキリスト Jesucristo *m*
Iezusukai イエズス会 Compañía *f* de Jesús
iede 家出 huida *f*; ***~suru*** escaparse de casa
ien 胃炎 *med* gastritis *f*
ioo 硫黄 *quím* azufre *m*; ***~no*** sulfúrico, -a
ioniashiki イオニア式 orden *m* jónico; ***~no*** jónico, -a
ion イオン *fís* ión *m*; ***~ka*** ionización *f*
ika いか *zool* jibia *f*, calamar *m*
ika 以下 **1.** (*con cantidad*) menos de, inferior a; ***sen en~de***

a menos de mil yenes; **2.** lo siguiente, el resto; **~no toori** como sigue

igai 以外 **1.** excepto, aparte de; **sore~** aparte de eso; **2.** además, aparte de

igai 貽貝 *zool* mejillón *m*

igai 意外 **~na** imprevisto, -a, inesperado, -a, sorprendente *adj m/f*; **~ni** inesperadamente, contra toda previsión

ikaga いかが qué, cómo; (*a un enfermo*) **O-karada wa~desu ka** ¿Cómo se encuentra usted?; **Go-iken wa~desu ka** ¿Qué opina usted?; **O-cha wa~desu ka** ¿Le apetece una taza de té?

ikagawashii いかがわしい **1.** sospechoso, -a, dudoso, -a; **2.** indecente *adj m/f*

ikaku 威嚇 amenaza *f*, intimidación *f*; **~suru** amenazar; **~teki na** amenazador, -a; **~teki na taido o toru** adoptar una actitud amenazadora

igaku 医学 medicina *f*, ciencia *f* médica; **~teki ni** médicamente; **~bu** facultad *f* de medicina

ikasu いかす bonito, -a

ikasu 生かす **1.** conservar con vida, dejar vivo, -a; **2.** aprovechar, sacar el mejor partido de u/c

ikada 筏 balsa *f*; **~de hakobu** llevar u/c en una balsa

ikani いかに **1.** cómo, qué tal, de qué manera; **2.** (*donna ni*) por más que, por mucho que

ikanimo いかにも ciertamente, verdaderamente

ikameshii 厳めしい imponente *adj m/f*, grave *adj m/f*, serio, -a; **~kaotsuki de** con semblante severo

ikaraseru 怒らせる **kata o~** alzar los hombros

ikari 怒り cólera *f*, enfado *m*; **~ni moeru** montar en cólera

ikan いかん **...no~ni yoru** depender de u/c

ikan 移管 transferencia *f*, cesión *f*; **~suru** transferir, ceder

ikan 遺憾 **~na** deplorable *adj m/f*, lamentable *adj m/f*; **~ni omou** lamentar u/c

iki 生き **~no yoi** fresco, -a; **~no warui** pasado, -a, rancio, -a; **kanojo wa~ga ii** ella está llena de vida

iki 息 respiración *f*, aliento *m*; **~suru** respirar; **~o suu** aspirar; **~o haku** espirar; **~ga tomaru** dejar de respirar; **~o tsuku** tomar un descanso; **~o nomu** contener el aliento

iki 意気 brío *m*, ánimo *m*; **~ga agatte iru** tener la moral alta; **~ga agatte inai** tener la moral baja

igi 異議 objeción *f*, oposición *f*; **~ari** me opongo; **~nashi** nada que objetar

igi 意義 significado *m*, sentido *m*; **~no aru** significativo, -a, importante *adj m/f*; **~no nai** sin sentido, insignificante *adj m/f*

iki iki 生き生き **~to suru** avivarse, animarse; **~to shita** vivo, -a, animado, -a; **~to** vivamente

ikioi 勢い **1.** fuerza *f*, vigor *m*; **~no yoi** enérgico, -a; **~yoku** con fuerza; **~no nai** inactivo, -a, impotente *adj m/f*; **~zuku/ga tsuku** cobrar ánimo; **2.** poder *m*, autoridad *f*; **~no aru** poderoso, -a; **3.** inevitablemente

ikigai 生き甲斐 placer *m* de vivir; **~o kanjiru** sentir la dicha de vivir

ikikaeru 生き返る resucitar, revivir

ikikata 生き方 manera *f* de vivir

ikikata 行き方 (*yukikata*) manera *f* de ir

ikigurushii 息苦しい sofocante *adj m/f*, asfixiante *adj m/f*

ikigomi 意気込み ardor *m*; **hijoona ikigomi de** con gran entusiasmo

ikigomu 意気込む entusiasmarse, estar lleno de ardor

ikijibiki 生き字引 (*hito/persona*) diccionario *m* viviente

ikisekikitte 息せき切って jadeante *adj m/f*, sin aliento

ikitsugi 息継ぎ pausa *f*, intervalo *m*; **~o suru** hacer una pausa, interrumpirse al hablar

ikinari いきなり de repente, de improviso

ikinuki 息抜き **1.** reposo *m*; **2.** diversión *f*, recreo *m*; **~suru** tomar un descanso, despejarse

ikinokoru 生き残る sobrevivir

ikinobiru 生き延びる **1.** sobrevivir; **2.** vivir mucho

ikimono 生き物 ser *m* vivo

ikyoo 異教 **1.** religión *f* extranjera; paganismo *m*, idolatría *f*; **~no** pagano, -a

ikyoo 異郷 país *m* extranjero; tierra *f* extraña

igyoo 偉業 gran empresa *f*, hazaña *f*

ikyoku 医局 departamento *m* médico

ikiru 生きる **1.** vivir, estar vivo; **2.** subsistir; **3.** dar fruto

ikiwakare 生き別れ **~ni naru** separarse para siempre

iku- 幾 unos, -as, algunos, -as

igusa 井草 *bot* junco *m*

ikuji 育児 crianza *f* de los niños, puericultura *f*

ikuji 意気地 **~no nai** apocado, -a, tímido, -a; **~no nasa** timidez *f*

ikusei 育成 **~suru 1.** criar, educar; **2.** desarrollar, fomentar

ikutsu 幾つ **1.** cúantos, -as; ***Orenji wa~arimasu ka***

¿Cuántas naranjas hay? **2.** (*nansai*) cuántos años; ***Anata wa o~desu ka*** ¿Cuántos años tiene usted?

igunisshon イグニッション encendido *m*, ignición *f*; ***~suitchi*** interruptor *m* del encendido

ikubun 幾分 **1.** una parte *f*, una porción *f*; **2.** algo, un poco

ikura 幾ら **1.** cúantos, -as; cuánto dinero; ***Kore wa~desu ka*** ¿Cuánto vale esto?; ***Nimotsu no omosa wa~desu ka*** ¿Cuánto pesa el equipaje?; **2.** ***~demo*** por más que, por mucho que; ***~kimi ga isoidemo maniawanai daroo*** Por más que te apresures, no llegarás a tiempo; ***~nan demo*** a pesar de todo, con todo

ikuraka 幾らか algo, en cierto modo; ***~no*** un poco de

ikurademo 幾らでも **1.** no importa cuánto; ***~sore o kaimasu*** lo compraré a cualquier precio; **2.** ***~nai*** poco, no mucho

ikuramo 幾らも ***~nai*** poco, no mucho

ike 池 estanque *m*, laguna *f*

ikenai いけない **1.** malo, -a, injusto, -a; travieso, -a; ***~ko da ne*** ¡Qué niño más travieso!; **2.** inútil *adj m/f*, desesperado, -a; **3.** ***...te wa~*** no poder + inf, no deber + inf; ***uso o tsuite wa~*** no se debe/debes decir mentiras; **4.** ***...nakute wa~*** tener que + inf; ***watashi wa ashita hatarakanakereba~*** tengo que trabajar mañana; **5.** ***...suru to~node/kara*** por si acaso; ***ame ga furu to~kara kasa o motte itte kudasai*** llévese el paraguas por si llueve

ikenie 生け贄 **1.** sacrificio *m*; **2.** víctima *f*; ***~ni suru*** sacrificar; ***~ni naru*** ser víctima de u/c

ikebana 生け花 **1.** flores *fpl* puestas en un florero; **2.** arte *m* de la disposición floral

ikeru 生ける ***hana o~*** disponer flores en un florero

iken 意見 **1.** opinión *f*, parecer *m*; ***...nitsuite~o noberu*** opinar sobre u/c; ***...no~ni yoru to*** en opinión de alg; **2.** consejo *m*, advertencia *f*; ***~suru*** aconsejar, advertir

iken 違憲 inconstitucionalidad *f*; ***~no*** inconstitucional *adj m/f*

igen 威厳 dignidad *f*, majestad *f*; ***~no aru*** majestuoso, -a, digno, -a; ***~no nai*** indigno, -a

igo 以後 **1.** en el futuro, de aquí en adelante; **2.** desde, a partir de

ikoi 憩い descanso *m*, recreo *m*; ***~no basho*** lugar de recreo

ikoo 以降 *V.* **igo** 以後

ikoo 移行 transición *f*; ***~suru*** pasar, convertirse

ikoo 意向 intención *f*, propósito *m*, idea *f*

ikooru イコール ***A~B*** A es igual a B; ***~kigoo*** signo *m* de igualdad; ***ni purasu ichi~san*** dos más uno son/igual a tres

igokochi 居心地 ***~ga/no ii*** ser/sentirse cómodo, -a; ***~ga/no warui*** ser/sentirse incómodo, -a/molesto, -a

iza いざ ***~toiu toki ni wa/~to nareba*** en caso de necesidad; ***~toiu toki ni natte*** llegado el momento

izakaya 居酒屋 taberna *f*, tasca *f*

isagiyoi 潔い **1.** valiente *adj m/f*; **2.** viril *adj m/f*; **3.** puro, -a; **4.** franco, -a

isagiyoku 潔く **1.** valientemente; **2.** resueltamente, con franqueza

izakoza いざこざ desavenencia *f*, riña *f*; ***~o okosu*** provocar un disgusto

isamashii 勇ましい valiente *adj m/f*, bravo, -a

isamashiku 勇ましく valerosamente

isamashisa 勇ましさ valentía *f*, coraje *m*

isande 勇んで con gran ánimo/ardor/entusiasmo

izayoi 十六夜 ***~no tsuki*** luna *f* en su decimosexto día

isan 遺産 herencia *f*, legado *m*, patrimonio *m*; ***~o nokosu*** dejar a alg una herencia; ***~o tsugu*** heredar u/c de alg

ishi 石 piedra *f*; ***~no michi*** camino *m* pedregoso

ishi 医師 médico, -a

ishi 意志 voluntad *f*, albedrío *m*; ***~no chikara*** fuerza *f* de voluntad; ***~no tsuyoi/yowai*** de voluntad fuerte/débil; ***~shidai de*** a su albedrío; ***~ni hanshite*** contra su voluntad

ishi 意思 intención *f*, propósito *m*; ***...ni~o tsutaeru*** dar a conocer a alg las intenciones de uno

iji 意地 **1.** terquedad *f*, obstinación *f*; ***~o toosu*** imponer su voluntad; **2.** ***~no warui*** malicioso, -a

iji 維持 mantenimiento *m*, conservación *f*; ***~suru*** mantener, conservar; ***heiwa o~*** preservar la paz

ishiki 意識 **1.** conciencia *f*, conocimiento *m*; ***~suru*** tener/tomar conciencia de u/c; ***~teki na*** consciente *adj m/f*, intencionado, -a; ***~shite/teki ni*** a sabiendas; **2.** ***~ga aru*** estar consciente; ***~o ushinau*** perder el sentido; ***~o kaifuku suru*** recobrar el sentido

ijikitanai 意地汚い **1.** (*tabemono/comida*) glotón, -a; 2. (*okane/dinero*) avaro, -a

ishitsu 異質 heterogeneidad; ***~no*** heterogéneo, -a

ishizukuri 石造り ***~no*** de piedra

ijimeru 苛める maltratar, vejar, atormentar; **... kodomo o~** maltratar a los niños

isha 医者 médico, -a, doctor, -a; ***~ni mite morau*** consultar al médico; ***~ni kakatte iru*** estar en tratamiento médico; ***kodomo o~ni miseru*** llevar a su hijo, -a al médico; ***~o yobu*** llamar al médico

ishiya 石屋 **1.** picapedrero, -a, cantero, -a; **2.** comerciante *m/f* de piedras

ishu 異種 ***~no*** de especie *f* diferente

ijuu 移住 migración *f*; emigración *f*; inmigración *f*; ***~suru*** emigrar/inmigrar

ishiyumi 石弓 catapulta *f*

isho 遺書 **1.** nota *f* dejada por un difunto; **2.** testamento *m*

ishoo 衣装 ropa *f*, vestimenta *f*

ijoo 以上 **1.** hasta aquí, eso es todo; **2.** más de; ***hyaku nen~*** más de cien años

ijoo 異状 anomalía *f*; ***~ga nai*** estar en un estado normal, estar en orden; ***~arimasen*** sin novedad

ijoo 異常 ***~na*** anormal *adj m/f*, extraordinario, -a; ***~ni*** extraordinariamente

ishoku 委嘱 comisión *f*, encargo *m*, petición *f*; ***~suru*** encargar, solicitar; ***...no~ni yori*** a petición de alg

ishoku 移植 transplante *m*, injerto *m*; ***~suru*** transplantar; ***shinzoo~shujutsu o suru*** hacer un trasplante de corazón

ijiru 弄る tocar, palpar, manosear

ijiwaru 意地悪 **1.** malicia *f*, maldad *f*; ***~na*** malicioso, -a, maligno, -a; ***~ku*** con mala intención; **2. *~o suru*** mortificar, pinchar a alg; ***~o iu*** meterse con alg, tirar pullas a alg

ishin 威信 prestigio *m*; ***~no aru*** prestigioso, -a; ***~o ushinau*** perder el prestigio; ***~o tamotsu*** mantener el prestigio

ishin 維新 ***Meiji~*** Restauración *f* Meiji

ijin 偉人 persona *f* importante, figura *f* destacada

ishindenshin 以心伝心 telepatía *f*

isu 椅子 **1.** silla *f*, butaca *f*, asiento *m*; ***~o susumeru*** invitar a alg a sentarse; ***~ni suwaru*** sentarse; ***~kara tatsu*** levantarse de la silla; **2.** puesto *m*, plaza *f*; cartera *f*; cátedra *f*

izumi 泉 fuente *f*, manantial *m*

isuramu イスラム ***~kyoo*** islam *m*, islamismo *m*; ***~kyooto*** musulmán, -a

izure いずれ **1.** cuál, qué; ***~ni shite mo*** de todos modos;

2. en otra ocasión; **3.** tarde o temprano; **4.** un día de estos

isei 威勢 vigoroso, -a; ***~yoku*** con ánimo, con vigor; ***~o tsukeru*** animarse

iseebi 伊勢海老 *zool* langosta *f*

iseki 遺跡 ruinas *fpl*, vestigios *mpl*

izen 以前 **1.** antes, antiguamente; ***~no*** antiguo, -a; **2.** antes de; ***~no*** anterior *adj m/f* a

izen 依然 ***~toshite*** todavía, aún

isoiso いそいそ ***~to*** con solicitud

isoo 移送 transferencia *f*, transporte *m*; ***~suru*** transferir, transportar

isooroo 居候 parásito, -a, gorrón, -a

isogashii 忙しい estar ocupado, -a; ***~sukejuuru*** horario *m* muy apretado

isogaseru 急がせる apresurar, acelerar; ***shigoto o~*** meter prisa a alg en el trabajo

isogi 急ぎ ***~no*** apremiante *adj m/f*, urgente *adj m/f*; ***~no chuumon*** pedido *m* urgente; ***~no shigoto*** trabajo *m* urgente

isogiashi 急ぎ足 ***~de*** con paso rápido

isogu 急ぐ apresurarse, darse prisa; ***isoide iru*** tener prisa; ***shigoto o~*** acelerar el trabajo

ison 依存 dependencia *f*; ***...ni ~suru*** depender de u/c

ita 板 **1.** tabla *f*, tablero *m*; **2.** plancha *f*, lámina *f*

itai 痛い **1.** doler a alg; ***~!*** ¡Qué daño!; ***atama ga~*** me duele la cabeza; ***kono kutsu wa~*** estos zapatos me hacen daño

itaitashii 痛々しい lastimoso, -a, penoso, -a

itagane 板金 plancha *f* de metal

itagarasu 板ガラス vidrio *m* laminado

itaku 委託 encargo *m*, consignación *f*; ***~suru*** confiar u/c a alg; ***~hanbai*** venta *f* en comisión

idaku 抱く **1.** abrazar; **2.** abrigar

itakedaka 居丈高 ***~na*** arrogante *adj m/f*, insolente *adj m/f*; ***~ni*** con arrogancia

itasu 致す ***O-tetsudai itashimashoo ka*** ¿Quiere usted que le ayude?

itazura いたずら travesura *f*; ***~suru*** hacer travesuras; ***... ni~suru*** jugar una mala pasada a alg; ***~na*** travieso, -a

itazura 徒 ***~ni*** en vano, en balde

itadaku いただく **1.** (*morau*) recibir; ***kore wa sensei ni itadaita hon desu*** éste es el libro que me dio el profesor; **2.** (*kau*) comprar; ***kono zubon o itadakimasu*** voy a comprar/me quedo con estos pantalones; **3. *...shite itadakemasu ka/itadakemasen ka*** ¿Me haría usted el favor de...?

itachi 鼬 comadreja *f*, mofeta *f*

itade 痛手 golpe *m*, daño *m*, herida *f*; **~o ataeru** dar un golpe a alg, causar daño a alg; **~o ukeru** recibir un golpe, sufrir daños

itabari 板張り **~ni suru** cubrir u/c con tablas; **~no kabe** pared *f* entablada

itamae 板前 cocinero, -a

itamashii 痛ましい lamentable *adj m/f*, penoso, -a

itami 痛み dolor *m*; **~o kanjiru** sentir dolor; **~o tomeru** quitar el dolor; **~dome** analgésico *m*; **kokoro no~** angustia *f*, remordimiento *m*

itami 傷み daño *m*, perjuicio *m*, deterioro *m*

itamu 痛む (*itai*) **kokoro ga~** afligirse, tener remordimientos

itamu 傷む deteriorarse, estropearse

itameru 炒める saltear, rehogar

itameru 痛める **1.** (*itaku suru*) lastimarse; **2. kokoro o~** afligirse, atormentarse

itameru 傷める estropear, deteriorar; **hon o~** estropear un libro

itarikku イタリック letra *f* itálica/cursiva

itaru 至る **1.** llegar a, conducir a un lugar; **2.** (*tsui ni…suru*) acabar por + inf; **3. …ni~made** hasta; **kyoo ni~made** hasta hoy

itarutokoro 至る所 **~ni** por todas partes

itareritsukuseri 至れり尽くせり **~no** perfecto, -a, que no deja nada que desear

itawaru 労る colmar a alg de atenciones

itan 異端 herejía *f*, heterodoxia *f*

ichi 一 **1.** uno *m*; (+ *sufijo contador*) uno, -a; **jidoosha~dai** un automóvil *m*; **2.** (*ichiban*) el/la más, el/la número uno; **sekai~takai yama** la montaña más alta del mundo

ichi 市 mercado *m*, plaza *f*

ichi 位置 **1.** (*basho/espacio*) lugar *m*, posición *f*; **~suru** estar situado; **2.** (*chii/abstracto*) lugar *m*, posición *f*

ichii 一位 el primer puesto *m*

ichiichi 一々 uno, -a por uno, -a, uno, -a a uno, -a

ichioo 一応 **1.** (*tonikaku*) de todos modos; **2.** (*sashiatari*) por lo pronto, de pronto; **3.** (*keishikiteki ni demo*) por pura formalidad; **4.** (*zatto*) de paso, por encima

ichigatsu 一月 (mes de) enero *m*

ichigo 苺 *bot* **1.** fresera *f*; **2.** fresa *f*; **~jamu** mermelada *f* de fresa; **~miruku** leche *f* con sabor a fresa

ichiji 一次 primer, -a; **~no** primero, -a; **dai~sekai taisen** Primera Guerra *f* Mundial; **~denchi** batería *f* de pilas

ichiji 一時 **1.** (*katsute*) en otro tiempo, antes; **2.** por un tiempo; ***~teki na*** provisional *adj m/f*; ***~teki ni*** provisionalmente; ***~chuushi*** interrupción *f* transitoria; **3.** ***~ni*** a la vez, de una vez
ichijiku いちじく *bot* **1.** higuera *f*; **2.** higo *m*
ichijo 一助 ***~to naru*** contribuir a u/c
ichijirushii 著しい notable *adj m/f*, manifiesto, -a; ***~shinpo*** progreso *m* notable; ***~sooi*** diferencia *f* notable
ichijirushiku 著しく notablemente
ichizu 一途 ***~na*** fervoroso, -a, apasionado, -a; ***~ni*** con entusiasmo
ichizen 一膳 **1.** un tazón *m* de arroz cocido; **2.** un par *m* de palillos
ichizoku 一族 parentela *f*, familia *f*, clan *m*
ichizon 一存 ***~de...suru*** hacer u/c por su propia voluntad
ichidai 一代 **1.** una generación *f*; **2.** una vida *f*; **3.** una época *f*
ichido 一度 **1.** una vez *f*; ***~dake*** sólo una vez; ***~de*** a la primera; ***~mo...nai*** nunca; **2.** ***~ni*** a la vez, de una vez
ichidoo 一同 todos, -as; ***shain~*** todos los empleados
ichinichi 一日 un día *m*; ***~ni ichido*** una vez al día
ichininmae 一人前 **1.** una ración *f*; ***sushi~*** una ración *f* de sushi; **2.** ***~ni yatte iku*** desenvolverse en la vida; ***~ni naru*** hacerse hombre/mujer
ichinen 一年 un año *m*; ***~ni ichido*** una vez *f* al año; ***~de*** en un año
ichinen 一念 celo *m*, fervor *m*; ***~o komete*** con fervor, de todo corazón
ichiba 市場 mercado *m*, plaza *f*
ichihatsu いちはつ *bot* lirio *m*
ichiban 一番 **1.** el primer lugar *m*; ***~no*** primero, -a; ***~ni*** en primer lugar; **2.** el/la más; ***sekai de~takai yama*** la montaña más alta del mundo
ichibu 一部 **1.** una parte *f*, una porción *f*; ***dai~*** primera parte; ***...no~o nasu*** constituir una parte de u/c; **2.** un ejemplar *m*, un tomo *m*
ichimai 一枚 (*objetos planos*) uno, -a; ***kami ~*** una hoja *f* de papel; ***seetaa~*** un jersey *m*
ichimei 一名 una persona *f*; ***~ni tsuki*** por cabeza
ichimen 一面 **1.** un aspecto *m*; ***~teki na*** unilateral *adj m/f*; **2.** toda la superficie *f*; ***~ni*** por todas partes; **3.** *period* primera plana *f*; ***~no kiji*** artículo *m* en primera plana
ichimon 一文 ***~nashi*** pobretón, -a; ***~nashi dearu*** estar sin

blanca; ***~nashi ni naru*** quedarse sin un céntimo

ichimonji 一文字 ***~ni*** en línea *f* recta

ichiya 一夜 una noche *f*; ***~o sugosu*** pasar una noche

ichiyaku 一躍 de repente; ***~yuumei ni naru*** hacerse célebre de repente

ichatsuku いちゃつく flirtear, hacerse carantoñas

ichoo いちょう *bot* gingko *m*

ichoo 医長 jefe, -a de un departamento médico

ichoo 胃腸 ***~ga tsuyoi/yowai*** tener una buena/mala digestión; ***~o kowasu*** tener transtornos digestivos

ichiyoo 一様 ***~no*** mismo, -a, semejante *adj m/f*; ***~ni*** de la misma manera

ichiran 一覧 ***~suru*** dar una ojeada a u/c; ***~hyoo*** cuadro *m* sinóptico

ichiritsu 一律 ***~no*** uniforme *adj m/f*; ***~ni*** uniformemente

ichiryuu 一流 ***~no*** de primera categoría *f*; ***~no pianisuto*** pianista *m/f* de primer orden; ***~daigaku*** universidad *f* de primera categoría

ichirei 一礼 ***~suru*** inclinarse en señal de saludo

ichirei 一例 un ejemplo *m*; ***~o agereba*** por ejemplo

ichiretsu 一列 una fila *f*, una hilera *f*; ***~ni narabu*** ponerse en fila; ***~ni natte*** en fila, en hilera

ichiren 一連 ***~no*** una serie *f* de

ichiwari 一割 diez por ciento; ***teika no~biki de uru*** vender u/c con un diez por ciento de descuento

itsu いつ cuándo; ***~kara*** desde cuándo; ***~made*** hasta cuándo; ***~kara~made Baruserona ni imasu ka*** ¿Desde y hasta cuándo estará en Barcelona?; ***~made ni*** para cuándo; ***~demo*** en cualquier momento; ***~no ma ni*** sin advertirlo, no se sabe cuándo; ***~made mo*** para siempre, eternamente

itsuu 胃痛 dolor *m* de estómago

ikka 一家 una familia *f*, un hogar *m*; ***~o sasaeru*** sostener una familia

itsuka いつか **1.** algún día, un día de estos; **2.** (*katsute*) antes

itsuka いつか día *m* cinco del mes

ikkai 一介 ***~no...+ ni suginai*** no ser más que un, -a simple…

ikkai 一回 una vez *f*; ***~de*** de una vez

ikkai 一階 planta *f* baja

ikkaku 一角 un rincón *m*

ikkan 一貫 ***~shita*** consistente *adj m/f*, coherente *adj m/f*; ***kangaekata no~shita*** coherente en su manera de pensar; ***~shite*** consecuentemente; ***~shite inai*** inconsistente *adj* *m/f*, inconsecuente *adj m/f*; **~sei** coherencia *f*; **~sagyoo** trabajo *m* sistemático

ikki 一気 **~ni** de un tirón, todo seguido

ikki 一揆 sublevación *f*, tumulto *m*; **~o okosu** sublevarse; **~ga okoru/okiru** estallar una sublevación

ikkyuu 一級 **1.** (*kaikyuu/escala*) un grado *m*; (*gakunen/estudios*) un curso *m*; **2. ~no** de primera clase *f*

ikken 一見 al parecer, según parece; **~shite** a primera vista

ikken 一軒 una casa *f*; **~goto ni** en cada casa

ikko 一戸 **~date no ie** casa *f* independiente

ikko 一個 (*hitotsu*) una pieza *f*; **~nihyaku go juu en no momo** melocotones *mpl* a doscientos cincuenta yenes la pieza

ikkoo 一向 **~ni** de ninguna manera, en absoluto; **~ni kamawanai** eso no me importa un comino

issai 一切 **1.** (*zenbu*) todo; **~no** todo,-a; **2.** (*mattaku*) totalmente, absolutamente; **~kankei nai** no tener nada que ver con eso

isshiki 一式 equipo *m*, juego *m*; **shingu~** un juego *m* de cama

isshu 一種 una clase *f*, un género *m*; **~no** una clase *f* de...; **~dokutoku** singular *adj m/f*

isshuukan 一週間 una semana *f*; **~mae ni** hace una semana; **~go ni** una semana después/dentro de una semana

isshun 一瞬 **1.** momento *m*, instante *m*; **2.** momentáneamente; **~ni shite** en un abrir y cerrar de ojos

issho 一緒 **~ni** (*tomo ni*) juntos, -as; (*to tomo ni*) en compañía de alg, en cooperación con alg; **...to~ni iku** ir con alg; **minna~ ni** todos, -as juntos, -as; **...to~ni naru** juntarse con alg; **~ni suru** juntar, reunir

isshoo 一生 **1.** una vida *f*; **2.** toda la vida; **~de hajimete** por primera vez en la vida

isshookenmei 一生懸命 (**~ni**) con todo el esfuerzo, con fervor; **~ni benkyoo suru** estudiar con todas sus fuerzas

isshin 一心 **~ni** con entusiasmo, en cuerpo y alma

isshin 一新 **~suru** renovar; **kibun o~** sentirse renovado, -a/como nuevo, -a

issei 一斉 **~ni** simultáneamente

issei 一世 **Izaberu~** Isabel I

isso いっそ ***A yori mo~B no hoo ga yoi*** preferir B a/que A

issoo 一掃 **~suru** quitar, acabar con

issoo 一層 más, más aún
issoku 一足 un par *m* de zapatos/de sandalias/de calcetines
ittai 一体 **1. *~ni naru/~ka suru*** incorporarse, hacerse uno; ***~ka*** incorporación *f*, unificación *f*; **2. *Kore wa~nan daroo*** ¿Qué diablos será eso?
ittai 一帯 zona *f*, región *f*
itchi 一致 coincidencia *f*, acuerdo *m*; *ling* concordancia *f*; ***~suru*** coincidir con u/c; ***~saseru*** hacer coincidir, conciliar; ***~shita*** de acuerdo, concorde *adj m/f*; ***~shite*** por unanimidad
ittsui 一対 un par *m*, una pareja *f*; ***~o nasu*** formar pareja con u/c
ittei 一定 fijar, establecer; ***~no*** fijo, -a, regular *adj m/f*
ittoo 一等 primera clase *f*, primer lugar *m*; ***Ozaki-san wa takarakuji de ~no hassen man en ni atatta*** A Ozaki le han tocado ochenta millones del primer premio de la lotería; ***~ni noru*** viajar en primera
ippai 一杯 **1. *koppu~*** un vaso *m* de u/c; **2. *~yaru*** echar un trago; ***~ikaga desu ka*** ¿Le apetece tomar una copa?; **3. *~no*** lleno, -a
ippaku 一泊 ***~suru*** alojarse una noche; ***~ryokoo suru*** hacer un viaje de dos días
ippatsu 一発 un disparo *m*, un tiro *m*; ***~de*** de un tiro
ippan 一般 ***~no/teki na*** general *adj m/f*, universal *adj m/f*, corriente *adj m/f*; ***~teki ni*** por lo general; ***~teki ni iu to*** hablando en términos generales; ***~sei*** generalidad *f*; ***~ka*** generalización *f*; ***~ka suru*** generalizar
ippuippu 一夫一婦 monogamia *f*
ippuku 一服 **1. *~suru*** fumar un pitillo, descansar un rato; **2.** una dosis *f* de medicina
ipputasai 一夫多妻 poligamia *f*
ippun 一分 un minuto *m*
ippen 一片 ***~no...ga nai*** no tener ni un ápice de ...
ippen 一変 ***~suru*** cambiar completamente
ippen 一遍 *V.* **ichi do** 一度
ippen 一編 una obra *f*, una composición *f*; ***~no shoosetsu*** una novela *f*
ippo 一歩 un paso *m*; ***~susumu/shirizoku*** dar un paso adelante/atrás
ippoo 一方 **1.** un lado *m*, una parte *f*; ***~kara mireba*** visto desde un punto; **2. *~teki na*** unilateral *adj m/f*, parcial *adj m/f*; ***~teki ni*** unilateralmente; **3.** mientras, por otra parte; **4. *~tsuukoo no*** de dirección *f* única; **5.** (*keikoo*) tendencia *f*
ippon 一本 **1.** un objeto *m* alargado; ***wain~*** una botella *f* de vino; ***ki~*** un árbol *m*; **2.** un

punto *m*; **~toru/torareru** ganar/perder un punto

ippondachi 一本立ち **~no** independiente *adj m/f*; **~ni naru** independizarse

ipponchooshi 一本調子 **~na** monótono, -a; aburrido, -a; **~ni** monótonamente

itsumo いつも siempre; **~no** de siempre, acostumbrado, -a

itsuwari 偽り falsedad *f*, fraude *m*; **~no** falso, -a

itsuwaru 偽る falsear, mentir, fingir; **jibun o~** engañarse a sí mismo

ideorogii イデオロギー ideología *f*; **~no** ideológico, -a

iten 移転 **1.** cambio *m* de domicilio, mudanza *f*, traslado *m*; **~suru** mudarse; **~saseru** trasladar; **2.** transferencia *f*, traspaso *m*; **~suru** transferir/pasar el derecho a alg

iden 遺伝 herencia *f*; **~suru** heredarse, transmitirse; **~sei no** hereditario, -a; **~ni yotte** por herencia

ito 糸 hilo *m*; **hari ni~o toosu** enhebrar una aguja

ito 意図 intención *m*, propósito *m*; **~suru** pretender; **~teki na** intencionado, -a; **~teki ni** intencionadamente

ido 井戸 pozo *m*; **~o horu** perforar un pozo

ido 緯度 latitud *f*

idoo 移動 **1.** traslado *m*, movimiento *m*; **2.** (*pueblos,aves*) migración *f*; **~suru** moverse, migrar; **~saseru** trasladar, transferir

itooshimu いとおしむ **1.** (*kawaigaru*) querer, mimar; **2.** (*kawaisooni omou*) compadecer

itokuzu 糸屑 hilacha *f*

itoguchi 糸口 indicio *m*, pista *f*

itoko いとこ primo, -a

idokoro いどころ **1.** domicilio *m*, dirección *f*; **~o shiraseru** dar a conocer su domicilio; **2.** paradero *m*

itoshii いとしい querido, -a

itosugi 糸杉 *bot* ciprés *m*

itonamu 営む **1.** (*jigyoo/negocio*) dirigir; **2.** (*shokugyoo/profesión*) ejercer; **bengoshi o~** ejercer la abogacía

itomaki 糸巻き carrete *m*, bobina *f*

itowashii 厭わしい molesto, -a; **itowashisa** molestia *f*

ina 否 no; **~to kotaeru** responder que no

inai 以内 en el plazo, en menos de; **futsuka~ni** en el plazo de dos días; **ichijikan~ni** en menos de una hora

inaka 田舎 campo *m*; **~ni sumu** vivir en el campo; **~no** rural *adj m/f*; **~no hito** persona *f* que vive en el pueblo; **~mono** provinciano, -a, paleto, -a

inago 蝗 *zool* langosta *f*
inasaku 稲作 cultivo *m* del arroz
inazuma 稲妻 relámpago *m*; ***~ga hikaru/hirameku*** relampaguear
inanaku 嘶く relinchar
inaya 否や ***...suru ya~*** tan pronto como
inari 稲荷 dios *m* de los cereales adorado popularmente bajo la forma de zorra; ***~zushi*** pasta *f* de soja frita rellena de arroz con vinagre
inishiachibu イニシアチブ iniciativa *f*; ***~o toru*** tomar la iniciativa; ***...no~de*** por iniciativa de alg
inishiaru イニシアル inicial *f*
inin 委任 delegación *f*, comisión *f*; ***~suru*** delegar a alg para
inu 犬 **1.** perro, -a; ***~o kau*** tener un perro; **2.** espía *m/f*, chivato, -a
ine 稲 *bot* planta *f* de arroz; ***~o karu*** cosechar arroz
inemuri 居眠り sueño *m* ligero; ***~suru*** dormitar; ***~unten o suru*** dormirse al volante
inoshishi 猪 *zool* jabalí *m*
inochi 命 vida *f*; ***~o sukuu/tasukeru*** salvar la vida; ***~o otosu/ushinau*** perder la vida; ***~o kakeru*** arriesgar la vida; ***~no onjin*** salvador, -a de la vida de alg
inochigake 命がけ ***~de*** con riesgo de su vida
inochishirazu 命知らず temerario, -a
inori 祈り oración *f*, plegaria *f*; ***kami ni~o sasageru*** elevar una oración a Dios
inoru 祈る rezar, orar
ibara 茨 *bot* espina *f*
ibaru 威張る pavonearse, enorgullecerse; ***ibatta kuchoo de*** en tono altanero
ihan 違反 infracción *f*, violación *f*; ***~suru*** infringir; ***meirei ni~suru*** desobedecer una orden
ibiki 鼾 ronquido *m*; ***~o kaku*** roncar
ibyoo 胃病 enfermedad *f* gástrica
ibu イブ **1.** (*Kurisumasu ibu*) Nochebuena *f*; **2.** (*Seisho/Biblia*) Eva *f*
ibutsu 異物 *med* cuerpo *m* extraño
ibutsu 遺物 restos *mpl*, reliquias *fpl*; ***kodai no~*** restos *mpl* de la antigüedad
ibuningu doresu イブニングドレス traje *m* de noche
iberia イベリア ***~jin*** (*hito/persona*) íbero, -a; ***~kei amerika*** Iberoamérica *f*; ***~kei no amerika jin*** (*hito/persona*) iberoamericano, -a
ibo 疣 verruga *f*; ***kao ni~ga aru*** tener una verruga en la cara; ***~ga dekiru*** salir una verruga; ***~o toru*** quitar una verruga

ihoo 違法 ilegalidad *f*; **~*na*** ilegal *adj m/f*; **~*na kooi*** acto *m* ilegal

ima 今 **1.** ahora, actualmente; **~*no*** actual *adj m/f*; **~*made*** hasta ahora; **~*demo*** todavía; **~*kara*** desde ahora; **~*no tokoro*** por el momento; **2.** ahora mismo, enseguida; **~*(sugu ni) ikimasu*** ya voy; **3.** hace poco; ***kanojo wa (tatta)~tsuita*** ella acaba de llegar; **4.** más; **~*ichi do*** una vez más

ima 居間 sala *f* de estar

imaimashii 忌々しい exasperante *adj m/f*, abominable *adj m/f*

imagoro 今ごろ **1.** a estas horas, en estos momentos; **2.** por estas fechas

imasara 今更 ya

imashime 戒め precepto *m*, amonestación *f* ; **~*o mamoru*** obedecer los preceptos de alg; **~*to naru*** servir a alg de advertencia

imashimeru 戒める amonestar a alg

imani 今に **1.** ya; **2.** pronto, dentro de poco; **3.** algún día; **~*miro*** ¡Ya me las pagarás!

imanimo 今にも **~…*shisoo dearu*** estar a punto de; **~*ame ga furisoo desu***; está a punto de llover

imawashii 忌まわしい aborrecible *adj m/f*, abominable *adj m/f*; **~*koto*** algo horrible

imi 意味 sentido *m*, significado *m*, acepción *f*; **~*suru*** significar; **~*no nai*** sin sentido; **~*o toru*** comprender el significado de u/c; **~*ron*** semántica *f*

imiteeshon イミテーション imitación *f*; de imitación

imin 移民 **1.** emigración *f*; (*hito/persona*) emigrante *m/f*; **~*suru*** emigrar; **2.** inmigración *f*; (*hito/persona*) inmigrante *m/f*; **~*suru*** inmigrar

imeeji イメージ imagen *f*; **~*chenji*** cambio *m* de imagen; **~*appu suru*** mejorar la imagen

imo 芋 batata *f*, boniato *m*, patata *f*; **~*o horu*** cultivar patatas; ***yaki~*** boniato *m* asado

imooto 妹 hermana *f* menor

iya いや ¡Ay!, ¡Ah!, ¡Oh!; **~*subarashii*** ¡Ah, qué espléndido!

iya 否 no; **~*nan demo arimasen*** no, no es nada

iya 厭 **~*na*** desagradable *adj m/f*, detestable *adj m/f*; **~*na aji*** sabor *m* desagradable; **~*na nioi*** mal olor *m*; **~*na yatsu*** tipo *m* desagradable; ***…ni~na kao o suru*** poner mala cara a u/c/alg

iyaiya いやいや **~*nagara*** de mala gana; **~*iku*** ir de mala gana

iyaoo 否応 ***~nashi ni*** por fuerza, forzosamente

iyagarase 厭がらせ agravio *m*; ***~o suru*** agraviar, ofender; ***~o iu*** vejar a alg con palabras ofensivas

iyaku 医薬 ***~hin*** medicamento *m*

iyaku 意訳 traducción *f* libre; ***~suru*** hacer una traducción libre de u/c

iyaku 違約 incumplimiento *m* de contrato; falta *f* de promesa; ***~suru*** incumplir un contrato; faltar a una promesa; ***~kin*** indemnización *f*

iyashii 卑しい **1.** humilde *adj m/f*; **2.** innoble *adj m/f*, mezquino, -a; ***~kokoro*** alma *f* ruin; **3.** grosero, -a, soez *adj m/f*

iyahoon イヤホーン auricular *m*; ***~o tsukeru*** ponerse los auriculares; ***~o tsukete kiku*** escuchar con los auriculares puestos

iyami 厭味 ironía *f*, sarcasmo *m*; ***~na*** irónico, -a, ofensivo, -a; ***~no nai*** simple *adj m/f*, natural *adj m/f*; ***~o iu*** decir a alg palabras irónicas

iyarashii いやらしい indecente *adj m/f*, lascivo, -a; ***~koto o suru*** tomarse libertades con alg; ***~koto o iu*** decir u/c impropia a alg

iyaringu イヤリング pendiente *m*, pendientes *mpl*; ***~o suru*** ponerse unos pendientes; ***~o shite iru*** llevar pendientes

iyoiyo いよいよ **1.** (*tsui ni*) por fin, finalmente; **2.** (*masumasu*) más y más, de modo creciente

iyoo 異様 ***~na*** extraño, -a, singular *adj m/f*; ***~ni*** singularmente; ***~na jiken*** suceso *m* extraño

iyoku 意欲 anhelo *m*, ambición *f*; ***~teki na*** entusiasta *adj m/f*; ***~teki ni*** de buena gana

irai 以来 desde, desde que; ***kyonen~*** desde el año pasado; ***kanojo no shuppatsu~*** desde su marcha; ***sore~*** desde entonces

irai 依頼 encargo *m*, petición *f*; ***~suru*** encargar; ***...no~ni yotte*** a ruego de; ***~o kotowaru*** desechar una petición

iraira 苛々 ***~shita*** impaciente *adj m/f*, irascible *adj m/f*; ***~suru*** impacientarse; ***~saseru*** impacientar, irritar

irakusa いらくさ *bot* ortiga *f*

irasuto(reeshon) イラスト（レーション） ilustración *f*

irasutoreetaa イラストレーター ilustrador, -a

iradatashii 苛立たしい inquietante *adj m/f*, irritante *adj m/f*

irasshai いらっしゃい ¡Bienvenidos!, ¡Adelante!, ¡Entren!

irassharu いらっしゃる (*sonkeigo/honorífico*) **1.** estar; **2.** ir;

3. venir; ***Ozaki-san wa irasshaimasu ka*** ¿Está en casa el señor/la señora Ozaki?; ***Mata irasshai*** Esperamos verle de nuevo

iri 入り **1.** entrada *f*, asistencia *f*; ***~ga yoi*** asistencia *f* numerosa; ***~ga warui*** poca asistencia *f*; **2. ...~no** con capacidad de; **3. ...~no** lleno, -a de/con

irie 入り江 ensenada *f*, cala *f*, bahía *f*

iriguchi 入口 entrada *f*

irikumu 入り組む complicarse, enredarse; ***irikunda*** complicado, -a, intrincado, -a

iribitaru 入り浸る frecuentar un lugar

iryoo 衣料 ropa *f*, prenda *f* de vestir; ***~hin uriba*** sección *f* de ropa

iryoo 医療 asistencia *f* médica; ***~kikan*** institución *f* médica

iryoku 威力 poder *m*, influencia *f*; ***~no aru*** poderoso, -a

iru い(居)る **1.** haber, existir, habitar; **2.** estar, encontrarse; **3.** quedarse; **4.** estar presente; **5.** tener; ***watashi ni wa kodomo ga hitori ~*** tengo un hijo

iru 要る necesitar, hacer falta; ***Koko ni isu ga hitotsu~*** Aquí hace falta una silla

iruka いるか *zool* delfín *m*

irumineeshon イルミネーション **1.** iluminación *f*, alumbrado *m*; **2.** anuncio *m* luminoso

irekaeru 入れ替える ***A o B to ~*** cambiar/reemplazar A por B

irekawaru 入れ替わる ***A ga B to ~*** A cambia/reemplaza a B

irezumi 入れ墨 tatuaje *m*; ***... no~o suru*** tatuar...

ireba 入歯 **1.** diente *m* postizo; ***~o shite iru*** tener un diente postizo; **2.** dentadura *f* postiza; ***~o ireru/hazusu*** ponerse/quitarse la dentadura postiza

iremono 入れ物 recipiente *m*

ireru 入れる **1.** (*mono o naka ni*) meter; **2.** (*hito o toosu*) introducir a alg; **3.** (*gakkoo nado ni*) enviar, mandar; **4.** (*fukumeru*) incluir; ***watashi o irete*** incluyéndome a mí; **5.** aceptar; ***yookyuu o~*** acceder a la petición; **6.** (*tsukuru*) preparar; ***koohii/ocha o~*** preparar café/té; **7.** (*suitchi o*) ***terebi o~*** poner la televisión

iro 色 **1.** color *m*; ***~o nuru/tsukeru*** colorear; **2.** (*kao iro*) color de la tez; ***~no shiroi*** blanco, -a; ***~no kuroi*** moreno, -a; ***kao no~ga warui*** estar pálido, -a; ***~o ushinau*** palidecer; **3.** expresión *f*

iroai 色合い tono *m*, matiz *m*

iroiro 色々 ***~na*** diferentes *adj m/f*, distintos, -as, varios, -as; ***~ni*** de varias maneras

iroo 慰労 recompensa *f*; ***~suru*** recompensar a alg; ***~kin*** gratificación *f*
iroka 色香 belleza *f*
irogarasu 色ガラス vidrio *m* de colores, vidriera *f* de colores
irokichigai 色気違い **1.** erotomanía *f*; **2.** (*hito/persona*) erotómano, -a; **3.** lujuria *f*; **4.** (*hito/persona*) hombre/mujer lascivo, -a
iroke 色気 **1.** atractivo *m*, encanto *m*; ***~no aru*** atractivo, -a; (*sekushii na*) voluptuoso, -a; ***~no nai*** sin encanto; **2.** (*kanshin*)***~o shimesu*** tener/mostrar interés por u/c
irogoto 色事 amoríos *mpl*
irojiro 色白 ***~na*** de tez *f* blanca
irozuku 色付く (*frutas, hojas de árbol*) colorearse, tomar color
irozuke 色付け coloración *f*; ***~suru*** colorear, teñir u/c
irotsuya 色艶 color *m* y brillo *m*; ***kao no ~ ga ii*** tener la cara saludable
irodori 彩り coloración *f*, colorido *m*
irodoru 彩る **1.** colorear; **2.** adornar, decorar
iroha いろは **1.** alfabeto *m* japonés; **2.** rudimentos *mpl*
iromeku 色めく **1.** animarse; **2.** ponerse en tensión
iwa 岩 roca *f*; peñón *m*; ***~no ooi*** rocoso, -a; ***~yama*** montaña *f* rocosa
iwai 祝い celebración *f*, felicitación *f*; ***tanjoobi no o~ni*** para celebrar el cumpleaños; ***o~ o iu*** felicitar a alg; ***o~ no tegami*** carta *f* de felicitación
iwau 祝う celebrar, conmemorar; ***tanjoobi o~*** celebrar el cumpleaños
iwashi 鰯 *zool* sardina *f*
iwaba いわば por decirlo así, como si dijéramos
iwaya 岩屋 cueva *f*, caverna *f*
iwayuru いわゆる (así) llamado, -a
iware 謂れ **1.** motivo *m*, razón *f*; ***~no nai*** arbitrario, -a; ***nan no~mo naku*** sin motivo alguno; **2.** origen *m*, antecedentes *mpl*
iwan´ya いわんや **1.** todavía más, mucho más; **2.** todavía menos, mucho menos
in 印 sello *m*; ***...ni~o osu*** sellar u/c
in´utsu 陰鬱 ***~na*** lúgubre *adj m/f*, melancólico, -a
in´ei 陰影 **1.** (*e/dibujo, pintura*) sombra *f*; **2.** (*tekisuto/texto*) matiz *m*
inka インカ **1.** (*hito/persona*) inca *adj m/f*; **2.** (*minzoku/pueblo*) incas *mpl*; ***~no*** inca *adj m/f*; ***~teikoku*** Imperio *m* Inca
inka 引火 inflamación *f*; ***~suru*** inflamarse; ***~shiyasui*** inflamable *adj m/f*; ***~ten*** punto *m* de inflamación

inga 因果 causa *f* y efecto *m*; ***~kankei*** relación *f* causal
inkan 印鑑 sello *m*; ***~shoomei*** legalización *f* de un sello
inki インキ (*inku*) tinta *f*
inki 陰気 ***~na*** lúgubre adj *m/f*, sombrío, -a; ***~na kao o shite iru*** tener una cara fúnebre; ***~na hito*** persona *f* sombría
inkyoku 陰極 cátodo *m*, polo *m* negativo; ***~sen*** rayos *mpl* catódicos
inku インク tinta *f*; ***~de kaku*** escribir con tinta; ***~sutando/bin*** tintero *m*
inko いんこ *zool* perico *m*
inkoo 咽喉 *med* garganta *f*
insaido インサイド ***~raito/refuto*** (*sakkaa/fútbol*) interior *m* derecho/izquierdo
insatsu 印刷 imprenta *f*, impresión *f*; ***~suru*** imprimir; ***~ki*** máquina *f* de imprimir, prensa *f*; ***~butsu*** impreso *m*
insan 陰惨 ***~na*** **1.** cruel *adj m/f*, horrible *adj m/f*; **2.** lúgubre *adj m/f*
inshi 印紙 póliza *f*; timbre *m*; ***~o haru*** pegar una póliza
inja 隠者 ermitaño, -a, anacoreta *m/f*
inshurin インシュリン *med* insulina *f*
inshoo 印象 impresión *f*; ***~teki na*** impresionante *adj m/f*; ***~zukeru*** impresionar u/c a alg; ***...no~ o ataeru*** producir una impresión...; ***~shugi*** *arte* Impresionismo *m*; ***shin~shugi*** *arte* Neoimpresionismo *m*; ***~ha*** *arte* escuela *f* impresionista; ***~ha no gaka*** *arte* pintor, -a impresionista
inshoku 飲食 ***~suru*** comer y beber
insutanto インスタント ***~no*** instantáneo, -a; ***~koohii*** café *m* instantáneo; ***~raamen*** fideos *mpl* preparados/instantáneos
insei 陰性 **1.** (*igaku/medicina*) negativo, -a; ***~hannoo*** reacción *f* negativa; **2.** (*inki*) sombrío, -a; ***Kare wa~da*** Él tiene un carácter sombrío
inzei 印税 *jur* derechos *mpl* de autor
insentibu インセンティブ incentivo *m*
intaachenji インターチェンジ empalme *m*, nudo *m* de carreteras
intaa (nashonaru) インター（ナショナル） Internacional *f*; ***dai ichi~*** la Primera Internacional
intaanetto インターネット *informát* Internet *m*
intaahon インターホン interfono *m*
intaan インターン interno, -a; practicante *m/f* de un hospital

intai 引退 retiro *m*; ***~suru*** retirarse; ***~shite iru*** estar retirado, -a
indasutoriaru-dezain インダストリアル デザイン diseño *m* industrial
intabyuu インタビュー entrevista *f*; ***~suru*** hacer una entrevista a alg
inchi インチ pulgada *f*
inchiki いんちき engaño *m*, trampa *f*; ***~na*** engañoso, -a; ***~o suru*** engañar a alg, hacer trampas en el juego
indio インディオ indio, -a americano, -a
interi インテリ intelectual *adj m/f*
interia インテリア decoración *f* de interiores; ***~dezainaa*** diseñador, -a de interiores
indoa インドア ***~supootsu*** deportes mpl cubiertos (en sala)
intoo 咽頭 *med* faringe *f*; ***~en*** faringitis *f*
intoku 隠匿 encubrimiento *m*; ***~suru*** encubrir, ocultar; ***hannin o~*** encubrir a un delincuente
intoneeshon イントネーション entonación *f*
innen 因縁 **1.** karma *m*; **2.** destino *m*; ***~to akirameru*** resignarse a su suerte; **3.** afinidad *f*, conexión *f*
inferioritii インフェリオリティー ***~konpurekkusu*** complejo *m* de inferioridad
inputto インプット entrada *f*
infuruenza インフルエンザ *med* gripe *f*; ***~ni kakaru*** coger la gripe; ***~ni kakatte iru*** tener la gripe
infure(eshon) インフレ（ーション） *econ* inflación *f*; ***~no*** inflacionista *adj m/f*
inpei 隠蔽 encubrimiento *m*; ***~suru*** encubrir, ocultar
inboisu インボイス *econ* factura *f*
inboo 陰謀 complot *m*; ***~ka*** conspirador, -a
inpotentsu インポテンツ impotencia *f*
in´yu 隠喩 metáfora *f*; ***~teki na*** metáforico, -a; ***~teki ni*** metafóricamente
in´yoo 引用 cita *f*; ***~suru*** citar
in´yoo 飲用 ***~suru*** beber; ***~sui*** agua *f* potable
inryoo 飲料 bebida *f*; ***arukooru~*** bebida *f* alcohólica; ***~sui*** agua *f* potable
inryoku 引力 gravedad *f* terreste; atracción *f* entre cuerpos

U う

u 鵜 *zool* cormorán *m*
uiikuendo ウィークエンド fin *m* de semana

uiikudee ウィークデー día *m* laborable
uiuishii 初々しい sencillo, -a, cándido, -a; ***uiuishisa*** candor *m*
uikyoo ういきょう *bot* hinojo *m*
uisukii ウイスキー whisky *m*
uinku ウインク guiño *m*; ***~suru*** guiñar el ojo a alg
uintaa-supootsu ウインタースポーツ deportes *mpl* de invierno
uindoo-wosshaa ウインドーウォッシャー limpiaparabrisas *m*
uindosaafin ウインドサーフィン surfing *m* de vela
uinna ウインナ ***~koohii*** café *m* vienés; ***~sooseeji*** salchicha *f* vienesa; ***~warutsu*** vals *m* vienés
uuman-ribu ウーマンリブ feminismo *m*
ue 上 **1.** parte *f* superior; ***~no*** de arriba; ***~ni*** arriba, encima; ***...no~ni*** sobre, encima de; ***...yori~no*** superior *adj m/f* a u/c; ***~kara*** desde arriba; **2.** (*nenrei/edad*)***~no*** mayor *adj m/f*; **3.** (*kaikyuu/escala*) ***~no*** superior *adj m/f*; **4. sono *~ni*** además; **5. *~de*** después
ue 飢え hambre *f*; ***~de shinu*** morir de hambre; ***~de kurushimu*** pasar hambre, sufrir a causa del hambre
ueetaa ウエーター camarero *m*
ueetoresu ウエートレス camarera *f*
ueki 植木 planta *f*, arbusto *m* de jardín; ***~bachi*** maceta *f*
uesutan ウエスタン película *f* del oeste
uesuto ウエスト cintura *f*, talle *m*
uebbu ウエッブ *informát* web *f*
ueru 飢える **1.** tener/pasar hambre; **2.** tener sed de u/c
ueru 植える plantar; ***niwa ni ki o~*** plantar un árbol en el jardín
uootaapuruufu ウォータープルーフ impermeable *m*; ***~no*** impermeable *adj m/f*
uokka ウオッカ vodka *m*
ugai 嗽 gárgaras *fpl*; ***~suru*** hacer gárgaras
ukagai 伺い pregunta *f*, consejo *m*; ***~o tateru*** preguntar u/c a alg, pedir consejo a alg
ukagau 伺う **1.** visitar; **2.** preguntar; **3.** oír
ukatsu 迂闊 ***~na*** imprudente *adj m/f*; ***~ni*** a la ligera
ugatsu 穿つ acertar; ***ugatta*** agudo, -a, ingenioso, -a
ukabu 浮かぶ **1.** flotar, sobrenadar; **2.** venir al pensamiento; ***meian ga~*** tener una buena idea; **3.** asomar
ukaberu 浮かべる **1.** poner a flote; **2.** traer u/c a la memoria; **3.** dejar asomar
ukaru 受かる ***shiken ni~*** aprobar un examen

uki 雨季 estación *f* de las lluvias
ukiagaru 浮き上がる **1.** emerger; **2.** aislarse, apartarse
ukiuki うきうき ***~suru*** alegrarse; ***~shita*** alegre *adj m/f*; ***~to*** alegremente
ukideru 浮き出る **1.** flotar; **2.** destacarse
ukibukuro 浮き袋 flotador *m*, salvavidas *m*
ukibori 浮き彫り relieve *m*; ***~ni suru*** realzar
ukiyo 浮世 mundo *m*, vida *f*; ***~no*** mundano, -a
ukiyoe 浮世絵 xilografía *f* cuyo estilo nació en la época de Edo
uku 浮く flotar, sobrenadar
uguisu うぐいす *zool* ruiseñor *m*
uke 受け **1.** fama *f*, reputación *f*, aceptación *f*; ***~ga yoi/warui*** tener buena/mala fama/acogida; **2.** defensa *f*; ***~ni mawaru*** ponerse a la defensiva
ukeireru 受け入れる **1.** recibir, acoger; ***imin o~*** acoger a los emigrantes; **2.** acceder, aceptar; ***yookyuu o~*** acceder a una demanda
ukeou 請け負う contratar; ***ukeowaseru*** dar una contrata a alg
uketamawaru 承る oír, saber, enterarse de u/c
uketsugu 受け継ぐ heredar, suceder a u/c/alg; ***chichi no ato o~*** suceder a su padre
uketsuke 受付け recepción *f*, conserjería *f*, portería *f*; ***~bangoo*** número *m* de recibo
uketsukeru 受け付ける aceptar; ***gansho o~*** aceptar la solicitud
uketori 受け取り recibo *m*; ***~o dasu*** expedir un recibo
uketoru 受け取る **1.** recibir, percibir, cobrar; ***kyuuryoo o~*** cobrar el salario; **2.** comprender, tomar
ukemi 受身 **1.** actitud *f* pasiva; ***~no*** defensivo, -a, pasivo, -a; ***~ni naru*** ponerse a la defensiva; **2.** *ling* voz *f* pasiva del verbo; ***~bun*** frase *f* en voz pasiva
ukemochi 受け持ち cargo *m*; ***kono kurasu no~no kyooshi*** profesor, -a encargado, -a de esta clase
ukemotsu 受け持つ tomar u/c a cargo de uno
ukeru 受ける **1.** recibir, ganar; ***shoo o~*** ganar un premio; ***kyoka o~*** obtener permiso; **2.** coger; **3.** aceptar; **4.** tener aceptación, ser popular
ugen 右舷 estribor *m*
ugokasu 動かす **1.** mover, trasladar; **2.** manejar, poner en marcha; **3.** ***kokoro o~*** conmover; **4.** cambiar
ugoki 動き **1.** movimiento *m*, actividad *f*; ***~ga torenai*** estar atascado, -a; **2.** marcha *f*,

funcionamiento *m*; ***kikai no~*** funcionamiento *m* de una máquina; **3.** tendencia *f*, curso *m*; ***sekai no~*** tendencia *f* del mundo; **4.** alteración *f*, fluctuación *f*; ***bukka no*** ~fluctuación *f* de los precios

ugoku 動く **1.** moverse, trasladarse; **2.** (*kikai/máquina*) funcionar, andar; **3.** actuar

usagi 兎 *zool* conejo *m*, liebre *f*; ***~o kau*** criar conejos

usan 胡散 ***~kusai*** sospechoso, -a; ***~kusasoo ni*** de modo sospechoso

ushi 牛 toro *m*; buey *m*; vaca *f*; novillo *m*, ternero *m*, becerro *m*

uji 蛆 gusano *m*; ***~no waita*** agusanado, -a

ujiuji うじうじ ***~suru*** titubear; ***~to*** con indecisión

ushinau 失う perder

ushiro 後ろ detrás; ***~no*** de detrás, trasero, -a; ***…no~ni/de*** detrás de u/c; ***~o furikaeru*** volverse hacia atrás

ushirodate 後ろ楯 patrón *m*; ***~o suru/ni naru*** apoyar a alg

ushiromuki 後ろ向き **1.** ***~ni aruku*** andar hacia atrás; **2.** ***~no*** negativo, -a, retrógado, -a

ushirometai 後ろめたい…***o ushirometaku omou*** remorder la conciencia por u/c

uzu 渦 remolino *m*, torbellino *m*; ***~o maite*** en espiral; ***~ni makikomareru*** ser tragado por un torbellino

usuakari 薄明かり penumbra *f*, crepúsculo *m*

usui 薄い **1.** (*atsusa/grosor*) delgado, -a, fino, -a; **2.** (*iro/color*) claro, -a; **3.** (*kosa/densidad*) ligero, -a, poco, -a denso, -a

usuita 薄板 chapa *f*

usu usu 薄々 ***~shitte iru*** tener una ligera idea; ***~utagatte iru*** tener una ligera sospecha

usugi 薄着 ***~suru*** ir ligero, -a de ropa

usukimiwarui 薄気味悪い misterioso, -a, lúgubre *adj m/f*

usugiri 薄切り trozo *m* delgado, lonja *f*, rodaja *f*

uzuku 疼く **1.** doler sordamente; **2.** ***ryooshin ga~*** remorder la conciencia

uzukumaru 蹲る ponerse en cuclillas

usugurai 薄暗い sombrío, -a

usuppera 薄っぺら ***~na*** superficial *adj m/f*; frívolo, -a

usude 薄手 fino, -a, delgado, -a; ***~no fuku*** ropa *f* ligera

uzumaki 渦巻き (*V.* **uzu** 渦) remolino *m*; ***~gata*** espiral *f*; ***~gata no*** en forma de espiral

uzumaku 渦巻く arremolinarse

usume 薄目 **1.** ***~o akeru*** entreabrir los ojos; **2.** (*grosor*) algo delgado, -a

usumeru 薄める aguar, diluir, suavizar

usumono 薄物 tela *f* fina
usuyogoreru 薄汚れる ensuciarse ligeramente; ***usuyogoreta*** desaseado, -a
uzura 鶉 **1.** *zool* codorniz *f*; **2.** ***~mame*** judía *f* pinta
usuragu 薄らぐ reducirse, atenuarse; ***kanashimi ga~*** aliviarse la pena; ***aijoo ga~*** enfriarse el amor; ***samusa ga~*** atenuarse el frío
usetsu 右折 ***~suru*** girar a la derecha
uso 嘘 mentira *f*; ***~no*** falso, -a; ***~o tsuku*** mentir; ***~o tsuke*** ¡Mentira!
usotsuki 嘘吐き mentiroso, -a
uta 歌 **1.** canción *f*; **2.** poesía *f*, poema *m*
utau 歌う cantar, recitar
utagai 疑い **1.** duda *f*; **2.** sospecha *f*, desconfianza *f*; ***~no nai*** seguro, -a; ***~naku*** sin duda; ***~o kakeru*** sospechar de alg; ***~bukai*** suspicaz *adj m/f*
utagau 疑う **1.** dudar; **2.** sospechar
uchi 内／家／中 **1.** parte interior; **2.** casa *f*, hogar *m*; ***~ni iru*** estar en casa; ***~no*** propio, -a, de casa; **3.** durante, en, dentro de; ***asa no~ni*** por la mañana; **4. *...shinai~ni*** antes de + inf, antes de que + subj; **5. *... no~wa*** en tanto que + subj, mientras + subj; **6.** de, entre
uchiage 打ち上げ 1. (*cohete*) lanzamiento *m*; ***roketto no~*** lanzamiento *m* de un cohete; ***~hanabi*** (*fuegos artificiales*) cohete *m*; **2.** (*espectáculo*) fin *m*, conclusión *f*
uchiakeru 打ち明ける decir en confianza, confesar; ***jibun no kimochi o ...ni~*** franquearse con alg; ***himitsu o~*** revelar un secreto
uchiageru 打ち上げる **1.** (*al cielo*) lanzar; ***roketto o~*** lanzar un cohete; **2.** (*olas*) echar, arrojar; **3.** (*espectáculo*) acabar
uchiawase 打ち合わせ plan *m* preliminar, preparativos *mpl*
uchiawaseru 打ち合わせる organizar, hacer preparativos de u/c
uchiuchi 内々 ***~no*** particular *adj m/f*, familiar *adj m/f*; ***~ni*** en la intimidad, sin ceremonia
uchikata 打ち方 ***~hajime*** ¡Fuego!, ¡Disparad!; ***~yame*** ¡Alto el fuego!
uchikatsu 打ち勝つ vencer, superar; ***... ni~*** superar u/c
uchigawa 内側 parte *f* interior; ***~no*** interior *adj m/f*, interno, -a
uchiki 内気 timidez *f*, vergüenza *f*; ***~na*** tímido, -a
uchikiru 打ち切る poner fin a u/c, suspender
uchikin 内金 pago *m* a cuenta

uchikubi 打ち首 decapitación *f*; ***~ni suru*** degollar, decapitar a alg

uchikomu 打ち込む **1.** clavar u/c, golpear con fuerza; **2.** entusiasmarse con u/c; ***shigoto ni~*** dedicarse en cuerpo y alma al trabajo

uchidasu 打ち出す **1.** estampar en relieve; **2.** lanzar, dar a conocer u/c

uchitateru 打ち立てる fundar, establecer

uchitokeru 打ち解ける franquearse, explayarse; ***uchitoketa*** franco, -a, expansivo, -a; ***uchitokete*** con franqueza; ***uchitokenai*** reservado, -a

uchibarai 内払い ***~kin*** pago *m* parcial/a cuenta

uchi-poketto 内ポケット bolsillo *m* interior

uchimaku 内幕 secreto *m*, informes *mpl* confidenciales; ***~o abaku*** descubrir lo oculto; ***~o hanasu*** contar lo que pasa entre bastidores

uchimata 内股 parte *f* interior del muslo; ***~de aruku*** andar patituerto, -a

uchuu 宇宙 universo *m*, cosmos *m*; ***~no*** universal *adj m/f*, cósmico, -a; ***~kuukan*** espacio *m*; ***~jidai*** era *f* espacial; ***~hikooshi*** astronauta *m/f*

uchiwa うちわ abanico *m*; ***~de aogu*** abanicar/se

uchiwa 内輪 interior *m*, familia *f*; ***~no*** interno, -a, familiar *adj m/f*

utsu 打つ **1.** golpear/se, pegar; ***hiza o~*** (*cuando se le ocurre una buena idea a uno*) golpearse en la rodilla; **2.** tirar, disparar; **3.** atacar, vencer; **4.** (*reloj*) dar la hora

utsu-utsu うつうつ ***~toshite*** con pesimismo, melancólicamente

ukkari うっかり sin prevención, por descuido, a la ligera; ***~suru*** descuidarse, distraerse

utsukushii 美しい hermoso, -a, bello, -a

utsushi 写し copia *f*, duplicado *m*; ***...no~o toru*** sacar copia de u/c

utsusu 写す **1.** copiar, imitar; **2.** describir, representar; **3.** fotografiar

utsusu 映す **1.** reflejar; **2.** proyectar

utsusu 移す **1.** trasladar; **2.** trasvasar; **3.** ***...ni byooki o~*** contagiar una enfermedad a alg

ussura うっすら ligeramente; ***~to me o akeru*** entreabrir los ojos/párpados; ***~to oboete iru*** recordar vagamente

usseki 鬱積 ***~suru*** estar latente, incubarse; ***~shita*** latente *adj m/f*, oculto, -a

uttae 訴え pleito *m*, acusación *f*, ruego *m*; ***~o kiku*** aceptar una petición

uttaeru 訴える **1.** poner/entablar un pleito, acusar; ***keisatsu ni~*** llevar un asunto a la policía; ***keisatsu ni~*** denunciar a la policía; **2.** quejarse

uttekawaru 打って変わる cambiar completamente de actitud

uttetsuke 打って付け ***~no*** conveniente *adj m/f*, apropiado, -a

uttooshii 鬱陶しい deprimente *adj m/f*, molesto, -a, aburrido, -a

uttori うっとり ***~suru*** embelesarse; ***~saseru*** embelesar; ***~to*** en éxtasis

utsubyoo 鬱病 melancolía *f*, hipocondría *f*

utsubo うつぼ *zool* morena *f*

utsumuki 俯き ***~ni natte neru*** acostarse/dormir boca abajo

utsumuku 俯く bajar la cabeza; ***utsumuite aruku*** andar cabizbajo, -a; ***utsumuite mono o iu*** hablar/decir u/c con la cabeza baja

utsurikawari 移り変わり cambio *m*, evolución *f*; ***kisetsu no~*** paso *m* de las estaciones

utsurikawaru 移り変わる cambiar, evolucionar

utsurigi 移り気 capricho *m*, veleidad *f*; ***~na*** caprichoso, -a, voluble *adj m/f*

utsuru 写る fotografiar; ***kono kamera wa yoku~*** esta cámara saca muy bien las fotos

utsuru 映る **1.** reflejarse, proyectar/se; ***kono terebi wa yoku~*** este televisor proyecta muy bien la imagen; **2.** combinar, ir bien con u/c

utsuru 移る **1.** trasladarse, moverse; **2.** pasar; **3.** (*tiempo*) transcurrir; **4.** (*enfermedad*) contagiarse

utsuro 空ろ／虚ろ vacío, -a, hueco, -a

utsuwa 器 **1.** vasija *f*; **2.** calibre *m*, capacidad *f*; ***~ga ookii/chiisai*** persona *f* de mucha/poca capacidad

ude 腕 **1.** brazo *m*, antebrazo *m*; ***futoi/hosoi ~ o shite iru*** tener los brazos robustos/delgados; **2.** capacidad *f*, destreza *f*; ***~ga yoi*** ser hábil/competente *adj m/f*

udekiki 腕利き persona *f* hábil; ***~no*** hábil *adj m/f*, competente *adj m/f*

udezumoo 腕相撲 ***~o suru*** echar un pulso con alg

udetatefuse 腕立て伏せ ***~o suru*** hacer flexiones de brazos

udedameshi 腕試し ***~o suru*** poner a prueba la capacidad

udedokei 腕時計 reloj *m* de pulsera; **~o hameru/suru** ponerse el reloj; **~o shite iru** llevar reloj

udemakuri 腕捲り **~suru** remangarse; **~shite iru** estar arremangado, -a

udewa 腕輪 pulsera *f*; **~o hameru/suru** ponerse una pulsera; **~o shite iru** llevar pulsera

uten 雨天 lluvia *f*, tiempo *m* lluvioso; **~no tame** a causa de la lluvia; **~no baai** en caso de lluvia; **"~chuushi"** "Suspendido por la lluvia"

utouto うとうと **~suru** adormilarse; **~to nemurikomu** empezar a dar cabezadas

udon うどん fideos *mpl* gruesos japoneses

unagasu 促す **1.** fomentar, estimular, incitar; **2.** exigir, pedir

unagi 鰻 *zool* anguila *f*

unazuku 肯く asentir con la cabeza

unari 唸り **1.** zumbido *m*, silbido *m*, rugido *m*; **2.** (*electricidad*) pulsación *f*, heterodino *m*

unaru 唸る **1.** (*hito/personas*) gemir, gruñir; **2.** (*animales*) bramar, rugir, mugir; **3.** (*viento*) silbar, ulular; **4.** (*máquinas*) zumbar

unubore 自惚れ jactancia *f*; **~ga tsuyoi** presumido, -a

unuboreru 自惚れる presumir de u/c

uneune うねうね **~shita** serpenteante *adj m/f*, ondulante *adj m/f*

uneru うねる serpentear, ondular; **ookiku~** formar una gran curva, formar grandes ondas

uba 乳母 nodriza *f*

ubaiau 奪い合う pelearse por u/c

ubau 奪う **1.** quitar u/c a alg; **watashi wa tokei o ubawareta** me robaron el reloj; **2.** privar/despojar de u/c a alg; **kenri o~** despojar de sus derechos

uma 馬 caballo *m*, yegua *f*, potro *m*; **~ni noru** montar a caballo; **~kara ochiru** caerse del caballo; **~kara oriru** bajar del caballo

umai うまい **1.** (*sabor*) bueno, -a, delicioso, -a; **2.** hábil *adj m/f*, acertado, -a; **kare wa supeingo ga~** él habla bien español; **~kotae** respuesta *f* hábil; **~kangae ga aru** tener una buena idea; **3.** **~hanashi** buen negocio *m*, chanchullo *m*

umaku うまく **1.** bien, con habilidad; **~yaru** hacer bien u/c; **2.** **~iku** ir u/c bien/mal; **nanimokamo~itta** todo ha ido perfectamente

umatobi 馬跳び salto *m* del potro; **~o suru** jugar al salto del potro

umanori 馬乗り ***~ni naru*** montar a horcajadas/caballito
umami 旨味 **1.** sabor *m*; ***~no aru*** sabroso, -a; ***~no nai*** insípido, -a; **2.** habilidad *f*, arte *m*; (*negocio*) ***~no aru*** ventajoso, -a, productivo, -a; (*negocio*) ***~no nai*** desventajoso, -a
umaya 馬屋 cuadra *f*, caballeriza *f*
umaru 埋まる **1.** hundirse, enterrarse; **2.** (*agujero*) llenarse
umare 生まれ nacido, -a en; ***ichi gatsu~*** nacido, -a en enero; ***Baruserona~*** nacido, -a en Barcelona
umarekawaru 生まれ変わる **1.** renacer; **2.** transformarse
umaretate 生まれたて ***~no*** recién nacido, -a
umaretsuki 生まれつき por naturaleza; ***~no*** innato, -a, de nacimiento
umareru 生まれる **1.** nacer, venir al mundo; **2.** nacer, surgir
umi 海 mar *m*, océano *m*; ***~no*** marino, -a; ***~o wataru*** cruzar el mar; ***~e oyogini iku*** ir a bañarse a la playa; ***~de oyogu*** bañarse en el mar
umi 膿 pus *f*; ***~ga deru*** supurar
umigame 海亀 *zool* tortuga *f* marina
umitate 産みたて ***~no tamago*** huevo *m* recién puesto
umibe 海辺 costa *f*, orilla *f* del mar, playa *f*; ***~o aruku*** pasear por la orilla del mar; ***~no machi*** ciudad *f* costera
umu 生／産む **1.** (*hito/persona*) dar a luz, alumbrar; **2.** (*animales*) parir, echar al mundo, poner huevos; **3.** dar, producir; ***rieki o~*** producir beneficios
umu 有無 existencia *f* o inexistencia *f*
ume 梅 *bot* **1.** ciruelo *m*; **2.** ciruela *f*; ***~shu*** licor *m* de ciruelas; ***~zu*** vinagre *m* de ciruelas; ***~boshi*** ciruelas *fpl* secas encurtidas en sal
umeki 呻き ***~goe*** gemido *m*
umeku 呻く gemir
umeru 埋める **1.** enterrar, sepultar; **2.** (*agujero*) llenar; **3.** (*vacío*) llenar; **4.** *econ* subsanar, cubrir
uyauyashii 恭しい respetuoso, -a, ceremonioso, -a
uyamau 敬う **1.** respetar, acatar; **2.** (*dios*) adorar
uyamuya うやむや ***~na*** ambiguo, -a, evasivo, -a; ***~na taido o toru*** adoptar una actitud evasiva
uyouyo うようよ ***~suru*** hormiguear, pulular
uyoku 右翼 **1.** (*avión*) ala *f* derecha; **2.** *pol* derecha *f*, derechista *m/f*, partido *m* de derechas
ura 浦 bahía *f*, ensenada *f*
ura 裏 **1.** reverso *m*, dorso *m*; (*moneda*) cruz *f*; (*pie*) planta *f*; ***~ni tsuzuku*** continuar al

dorso; ***~ka omote ka*** ¿Cara o cruz?; **2.** *txtl* forro *m*; **3.** parte *f* de atrás, espaldas *fpl*

uragaeshi 裏返し ***~ni kiru*** ponerse u/c del revés

uragaesu 裏返す volver u/c del revés

uragaki 裏書き (*cheque*) endoso *m*; ***~suru*** endosar

uragiri 裏切り traición *f*

uragiru 裏切る **1.** traicionar; **2.** defraudar

uraguchi 裏口 puerta *f* trasera; ***~kara hairu/deru*** entrar/salir por la puerta trasera

urakoosaku 裏工作 maniobra *f* entre bastidores; ***~suru*** maniobrar entre bastidores

uragoe 裏声 falsete *m*; ***~de utau*** cantar en falsete

urazuke 裏付け **1.** garantía *f*; **2.** fundamento *m*, base *f*; **3.** apoyo *m*

urazukeru 裏付ける **1.** acreditar; **2.** fundamentar; **3.** apoyar

uradoori 裏通り calle *f* de atrás, callejuela *f*

uranai 占い **1.** adivinación *f*, predicción *f*; **2.** quiromancia *f*; **3.** cartomancia *f*; ***~shi*** adivino, -a, quiromántico, -a, cartomántico, -a

uranau 占う adivinar, echar la buenaventura a alg

uraniumu ウラニウム *quím* uranio *m*

uramachi 裏町 callejuelas *fpl*

urami 恨み rencor *m*, resentimiento *m*; ***~o idaku*** guardar rencor contra/a alg;

uramu 恨む tener resentimiento contra/a alg

urame 裏目 ***~ni deru*** salir al contrario de lo esperado

urayamashii 羨ましい **1.** envidiable *adj m/f*; **2.** envidiar; ***...ga~*** envidiar a...

uran ウラン *quím* uranio *m*

uri 売り venta *f*; ***~ni dasu*** poner u/c en venta

uriage 売り上げ venta *f*; ***~nebiki*** descuento *m* sobre ventas

urikake 売り掛け venta *f* a crédito (al fiado); ***~kanjoo*** cuenta *f* de venta al fiado (por cobrar)

urikire 売り切れ agotamiento *m* de existencias; ***Chiketto wa~da*** Las entradas están agotadas

urikireru 売り切れる agotarse (las existencias)

urikomi 売り込み promoción *f* de ventas; ***~kyoosoo*** competencia *f* en las ventas

urikomu 売り込む promover las ventas, promocionar; ***namae o~*** popularizar su propio nombre, hacer su propia propaganda

uridashi 売り出し puesta *f* en marcha de la venta, emisión *f*; ***~kakaku*** precio *m* de emisión

uridasu 売り出す **1.** poner en venta, emitir; ***shinseihin o~***

sacar un nuevo producto al mercado; **2.** adquirir popularidad

uritataku 売り叩く vender u/c a bajo precio

urine 売り値 precio *m* de venta

uriba 売り場 **1.** puesto *m* de venta; ***kippu~*** taquilla *f*; **2.** (*grandes almacenes*) sección *f*, departamento *m*; ***shokuryoohin~*** sección *f* de comestibles

urimono 売り物 artículo *m*, mercancía *f*; ***"~"*** "En venta"

uryoo 雨量 precipitación *f*, cantidad *f* de lluvia caída; ***juugatsu soo~*** cantidad *f* total de lluvia caída durante el mes de octubre; ***~kei*** pluviómetro *m*

uru 売る vender; ***kore wa doko de utte imasu ka*** ¿dónde se vende esto?; ***gosen en de~*** vender por cinco mil yenes

uru 得る *V.* **eru** 得る

uruu 閏 ***~doshi*** año *m* bisiesto

uruoi 潤い **1.** humedad *f*; **2.** gracia *f*, encanto *m*, fluidez *f*; ***~no aru*** lleno, -a de encanto

uruou 潤う **1.** humedecerse; **2.** beneficiarse, prosperar

urusai うるさい **1.** molesto, -a, fastidioso, -a, pesado, -a; **2.** ruidoso, -a; ***~!*** ¡Silencio!; **3.** riguroso, -a, exigente *adj m/f*; ***tabemono ni~*** ser exigente en la comida

urushi 漆 laca *f*; barniz *m* del Japón

urumu 潤む enturbiarse, empañarse

uruwashii 麗しい hermoso, -a; bello, -a; ***~josei*** mujer *f* hermosa; ***gokigen~*** estar de un humor excelente

urei 憂い **1.** melancolía *f*; **2.** pesadumbre *f*, pena *f*; ***~ni tsutsumarete iru*** estar sumido/envuelto en la pesadumbre

ureshii 嬉しい **1.** estar contento, -a; **2.** alegrarse; ***o-me ni kakarete/anata ni aete ~*** Me alegro de verle a usted

ureshisa 嬉しさ alegría *f*, felicidad *f*

ureshisoo 嬉しそう ***~na*** alegre *adj m/f*, risueño, -a; ***~ni*** jovialmente

urekko 売れっ子 hombre *m*/mujer *f* de moda; ***~no*** popular *adj m/f*

ureyuki 売れ行き venta *f*; ***kono shoohin wa~ga yoi/warui*** este artículo se vende mucho/poco; ***~ga hayai/osoi*** venderse rápidamente/lentamente

ureru 売れる venderse, ser vendible; ***yoku~*** venderse mucho

ureru 熟れる (*frutas, cereales*) madurar/se; ***ureta*** maduro, -a

uroko 鱗 escama *f*; ***~no aru*** escamoso, -a; ***sakana no~o otosu*** escamar un pescado

urotaeru うろたえる perder la calma

urotsuku うろつく vagar, callejear; ***machi o~*** vagar por las calles

uwaki 浮気 infidelidad *f*; ***~suru*** tener amoríos con alg; ***~na*** infiel *adj m/f*

uwagi 上着 chaqueta *f*, americana *f*; ***~o kiru*** ponerse una chaqueta; ***~o kite iru*** llevar una chaqueta puesta; ***~o nugu*** quitarse la chaqueta

uwagusuri 上薬 esmalte *m*, barniz *m*; ***...ni~o kakeru*** esmaltar u/c

uwasa 噂 rumor *m*, habladuría *f*; ***~suru*** chismorrear; ***... to iu~ga tatte iru/nagarete iru*** se rumorea que + ind; ***... to iu~o tateru/nagasu*** hacer correr el rumor de que

uwazumi 上積み **1.** (*carga*) parte *f* superior de un cargamento; ***~ni suru*** cargar u/c encima; **2.** (*dinero*) ***~suru*** añadir

uwa no sora 上の空 ***~de*** distraídamente; ***~de kiku*** escuchar distraídamente

uwabe 上辺 apariencia *f*, fachada *f*; ***~no*** superficial *adj m/f*, de apariencia; ***~wa*** en apariencia

uwamuki 上向き tendencia *f* al alza, tónica *f* alcista

un うん sí

un 運 suerte *f*, destino *m*; ***~no yoi*** afortunado, -a; ***~no warui*** de mala suerte; ***~yoku*** afortunadamente; ***~waruku*** desgraciadamente

un'ei 運営 administración *f*, dirección *f*; ***~suru*** administrar, dirigir; ***~shikin*** fondo *m* de operaciones

unga 運河 canal *m*; ***~o tsukuru*** canalizar un sitio

unko うんこ caca *f*; ***~o suru*** hacer caca

unkoo 運行 (*ferrocarril, autobús*) servicio *m*; ***~suru*** hacer el servicio

unkoo 運航 (*avión*) vuelo; (*barco*) servicio *m*, navegación *f*; ***~suru*** hacer el servicio

unzari うんざり ***~suru*** aburrirse, hartarse; ***~saseru*** aburrir, hartar; ***kimi ni wa~da*** estoy harto de ti

unsoo 運送 transporte *m*; ***~suru*** transportar; ***~kaisha*** agencia *f* de transportes; ***~gyoosha*** transportista *m/f*; ***~keiyaku*** contrato *m* de transporte; ***~hi*** gastos *mpl* de transporte; ***~ryoo*** precio *m* de transporte

unchin 運賃 precio *m* de transporte, flete *m*, tarifa *f*, pasaje *m*

unten 運転 conducción *f*; ***~suru*** conducir; ***kuruma o~suru*** conducir un automóvil; ***~shu*** conductor, -a, taxista *m/f*, chófer *m/f*; ***~menkyo*** carné *m* de conducir

undoo 運動 **1.** (*cuerpo*) movimiento *m*; ***~suru*** moverse; ***~enerugii*** energía *f* cinética; **2.** ejercicio *m*, deporte *m*; ***~suru*** hacer ejercicio, practicar deporte; ***~kai*** fiesta *f* de los deportes; ***~joo*** (*escuela*) campo *m* de recreo/deportes; ***~busoku*** falta *f* de ejercicio físico; **3.** movimiento *m*, campaña *f*, promoción *f*; ***senkyo~*** campaña *f* electoral; ***~suru*** promover

unmei 運命 suerte *f*, destino *m*; ***~ni makaseru*** confiar u/c a la suerte; ***~to tatakau*** luchar contra el destino; ***~ron*** fatalismo *m*; ***~ronsha*** fatalista *m/f*

un'yu 運輸 ***~shoo*** Ministerio *m* de Transportes; ***~daijin*** ministro, -a de Transportes

un'yoo 運用 **1.** aplicación *f*; ***~suru*** aplicar; **2.** (*dinero*) manejo *m*, inversión *f*; ***~suru*** manejar, invertir

E え

e 柄 asa *f*, mango *m*; ***~o tsukeru*** poner un mango a u/c

e 絵 dibujo *m*, pintura *f*, cuadro *m*; ***...no~o kaku*** pintar/hacer un dibujo de

eaguramu エアグラム aerograma *m*

ea-kuriinaa エアクリーナー filtro *m* depurador de aire

ea-kondishonaa エアコンディショナー aire *m* acondicionado

ea-konpuressaa エアコンプレッサー compresor *m* de aire

eazooru エアゾール aerosol *m*

eabasu エアバス aerobús *m*

ea-bureeki エアブレーキ freno *m* neumático

ea-poketto エアポケット bache *m*, bolsa *f* de aire

eien 永遠 eternidad *f*; ***~no*** eterno, -a, perpetuo, -a; ***~ni*** eternamente; ***~no seimei*** vida *f* eterna

eiga 映画 cine *m*, película *f*; ***~o mi ni iku*** ir al cine; ***~o toru*** rodar una película; ***~o tsukuru*** hacer una película; ***~no satsuei*** filmación *f*, rodaje *m*; ***~o utsusu*** proyectar una película; ***~ni deru*** actuar en una película; ***~kan*** sala *f* de cine; ***~hihyoo*** crítica *f* cinematográfica; ***~haiyuu/joyuu*** actor *m*/actriz *f* de cine; ***~sutaa*** estrella *f* de cine

eiga 栄華 prosperidad *f*, esplendor *m*

eikaku 鋭角 ángulo *m* agudo; ***~o nasu*** formar un ángulo agudo

eikyoo 影響 influencia *f*, efecto *m*; **~suru** influir en u/c/alg; **~o ataeru** afectar a u/c/alg; **yoi/warui~o ukeru** recibir una buena/mala influencia
eigyoo 営業 **1.** comercio *m*; **2.** negocios *mpl*, trabajo *m*; **~suru** hacer negocios, abrir un negocio; **~jikan** horas *fpl* de comercio/oficina; **"~chuu"** "Abierto"; **~bu** sección *f* comercial; **~menkyo** licencia *f* para abrir un negocio
eigo 英語 lengua *f* inglesa; **~o hanasu** hablar inglés
eikoo 栄光 gloria *f*, honor *m*; **kami no~** gloria *f* de Dios
eisha 映写 proyección *f*; **~suru** proyectar
eisei 衛生 higiene *f*, sanidad *f*; **~teki na** higiénico, -a; **~teki denai** poco higiénico, -a; **~setsubi** instalaciones *fpl* sanitarias
eisei 衛星 satélite *m*
eizoo 映像 imagen *f*; **~shingoo** señal *f* de vídeo; **~sooshinki** videotransmisor *m*; **~bunka** cultura *f* de la imagen
eizoku 永続 **~suru** perdurar; **~teki na** permanente *adj m/f*; **~sei** perpetuidad *f*
eibin 鋭敏 **~na** inteligente *adj m/f*; perspicaz *adj m/f*; **~sa** sagacidad *f*
eibun 英文 texto *m* en inglés; **~de kaku** escribir en inglés
eibungaku 英文学 literatura *f* inglesa; **~ka** departamento *m* de literatura inglesa
eihei 衛兵 centinela *m/f*; **~kinmu** servicio *m* de guardia
eiyuu 英雄 héroe *m*; **~teki na** heroico, -a
eiyoo 栄養 alimentación *f*, nutrición *f*; **~no aru** alimenticio, -a; **~no nai** poco nutritivo, -a; **~o toru** alimentarse bien; **~ga yoi/warui** estar bien/mal nutrido
eiri 営利 ganancia *f*, lucro *m*; **~jigyoo** empresa *f* comercial; **~shugi** utilitarismo *m*, mercantilismo *m*
ee ええ sí
eejento エージェント **1.** agencia *f*; **2.** agente *m/f*
eeto ええと bueno, vamos a ver, pues
eebiishii エービーシー abecedario *m*; **~jun ni** por orden alfabético
egao 笑顔 cara *f* risueña, sonrisa *f*; **~ni naru** poner cara risueña
egaku 描く dibujar, trazar, describir
eki 駅 estación *f*; **~in** empleado, -a de estación; **~choo** jefe, -a de estación
ekika 液化 licuación *f*; **~suru** licuar; **~dekiru** licuable *adj m/f*
ekisutora エキストラ *cine teat* extra *m/f*

ekisupaato エキスパート perito, -a; **~no** experto, -a, perito, -a
ekizochikku エキゾチック **~na** exótico, -a
ekitai 液体 líquido *m*; ***~anmonia/kuuki/sanso*** amoniaco *m*/aire *m*/oxígeno *m* líquido
ekibyoo 疫病 epidemia *f*; ***~ga hassei suru*** declararse una epidemia
ekusutashii エクスタシー éxtasis *m*
ekubo えくぼ hoyuelo *m*; ***~ga aru*** tener hoyuelos
egoisuto エゴイスト egoísta *adj m/f*
egoizumu エゴイズム egoísmo *m*
ekonomii エコノミー ***~kurasu*** clase *f* económica/turista
ekonomisuto エコノミスト economista *m/f*
ekorojii エコロジー ecología *f*
esa 餌 **1.** alimento *m*, forraje *m*, pienso *m*; ***doobutsu ni~o yaru*** dar de comer a los animales; **2.** cebo *m*; ***tsuribari ni~o tsukeru*** poner el cebo en el anzuelo
eshaku 会釈 saludo *m*; ***~suru*** saludar a alg inclinando levemente la cabeza
esuefu エスエフ ***~shoosetsu*** ciencia-ficción *f*
esuooesu エスオーエス SOS *m*; ***~o hassuru*** enviar un SOS
esukareetaa エスカレーター escalera *f* mecánica; ***~de agaru/oriru*** subir/bajar por la escalera mecánica
esukareeto エスカレート ***~suru*** escalar, agravarse
esukimoo エスキモー esquimal *adj m/f*
esuperanto エスペラント esperanto *m*
eso 壊疽 *med* gangrena *f*; ***~ni kakaru*** gangrenarse
eda 枝 rama *f*; ***~ga nobiru*** crecer las ramas; ***~o harau*** podar
edamame 枝豆 sojas *fpl* verdes
echiketto エチケット **1.** cortesía *f*, buenos *mpl* modales; **2.** protocolo *m*; ***~o mamoru*** guardar las formas
ekkusu エックス ***~kei no*** en forma de equís
ekkusu-sen エックス線 rayos *mpl* X; ***~shashin*** radiofotografía *f*
essei エッセイ ensayo *m*
eppei 閲兵 ***~suru*** pasar revista a las tropas; ***~shiki*** inspección *f* de las tropas, revista *f* militar
etsuran 閲覧 ***~suru*** leer, consultar; ***~shitsu*** sala *f* de lectura
edokko 江戸っ子 nacido, -a en Tokio
enameru エナメル esmalte *m*, charol *m*; ***...ni~o nuru*** esmaltar/charolar u/c; ***~no handobaggu*** bolso *m* de charol

enerugii エネルギー energía *f*; **~kiki** crisis *f* energética; **~shigen** fuentes *fpl* de energía; **~shoohiryoo** consumo *m* de energía; **~no setsuyaku** ahorro *m* de energía

enogu 絵の具 colores *mpl*; **... ni~o nuru** colorear u/c; **~bako** caja *f* de colores

ehagaki 絵葉書 tarjeta *f* postal ilustrada

ebi 海老 *zool* langosta *f*, langostino *m*, gamba *f*

episoodo エピソード episodio *m*, anécdota *f*

epiroogu エピローグ epílogo *m*

efuemu エフエム **~hoosoo** emisión *f*/radiodifusión *f* en frecuencia modulada

efude 絵筆 pincel *m*

epuron エプロン delantal *m*; **~o kakete iru** llevar delantal

Ehoba エホバ Jehová *m*

ehon 絵本 libro *m* ilustrado

emi 笑み sonrisa *f*; **~o ukabete** con una sonrisa

emerarudo エメラルド esmeralda *f*; **~iro no** esmeraldino, -a, de color verde esmeralda

emoiwarenu 得も言われぬ indescriptible *adj m/f*

emoji 絵文字 pictografía *f*

emono 獲物 caza *f*, presa *f*, pesca *f*

era 鰓 agalla *f*, branquia *f*

eraa エラー error *m*

erai 偉い **1.** grande *adj m/f*, importante *adj m/f*, excelente *adj m/f*; **~hito dearu** ser una gran persona; **erasoona kao o suru** darse importancia; **erasoona koto o iu** fanfarronear; **2.** terrible *adj m/f*; **~koto ni natta ne** ¡La que se ha montado!

erabu 選ぶ escoger, seleccionar; **...no naka kara~** elegir entre...

eri 襟 cuello *m*, solapa *f*; **oobaa no~o tateru** levantar las solapas del abrigo

eriito エリート élite *f*; **~ishiki o motte iru** tener conciencia de ser la élite

erimaki 襟巻き bufanda *f*, chal *m*, boa *m*; **~o suru** ponerse una bufanda

eru 得る **1.** obtener, conseguir; **2.** ganar; **3.** conquistar

ereganto エレガント **~na** elegante *adj m/f*

ereki-gitaa エレキギター guitarra *f* eléctrica

erekutoronikusu エレクトロニクス electrónica *f*

erekutoron エレクトロン electrón *m*

erejii エレジー elegía *f*

erebeetaa エレベーター ascensor *m*, montacargas *f*; **~ni noru** montar en ascensor; **~de agaru** subir en ascensor;

~booi ascensorista *m;* ***~gaaru*** ascensorista *f*
ero エロ pornografía *f*; ***~shashin*** fotografía *f* pornográfica; ***~eiga*** película *f* pornográfica; ***~bungaku*** literatura *f* pornográfica
erochishizumu エロチシズム erotismo *m*
erochikku エロチック ***~na*** erótico, -a
en 円 **1.** círculo *m*, redondel *m*; ***konpasu de~o kaku*** dibujar un círculo con un compás; ***~undoo*** movimiento *m* circular; **2.** yen *m*; ***Kore wa go sen~*** Esto vale cinco mil yenes
en 縁 **1.** relación *f*, conexión *f*; **2.** destino *m*, fatalidad *f*; ***...to no~o kiru*** romper con alg
en´eki 演繹 deducción *f*; ***~suru*** deducir; ***~teki na*** deductivo, -a; ***~ni yotte*** por deducción
enka 円価 valor *m*/tipo *m* de cambio del yen
enkai 宴会 banquete *m*; ***~joo*** salón *m* de banquetes
enkai 遠海 alta mar *f*
enkaku 遠隔 ***~soojuu/soosa*** control *m*/manejo *m* remoto; ***~soosa suru*** manejar u/c a distancia
enkatsu 円滑 ***~na*** suave *adj m/f*, armonioso, -a; ***~ni*** suavemente
engan 沿岸 litoral *m*; ***~no*** costero, -a; ***~gyogyoo*** pesca *f* de bajura; ***~keibitai*** patrulla *f* de costas
enki 延期 aplazamiento *m*, prórroga *f*; ***~suru*** aplazar, prorrogar
engi 演技 (*actor*) representación *f*, actuación *f*; ***~suru*** actuar
engi 縁起 **1.** presagio *m*, agüero *m*; ***~no yoi/warui*** de buen/mal augurio; ***~o katsugu*** ser supersticioso, -a; ***~o katsuide*** por superstición; **2.** historia *f* del origen
enkyoku 婉曲 ***~na*** indirecto, -a, perifrástico, -a; ***~ni*** de manera indirecta; ***~ni iu*** decir de una manera indirecta; ***~na iikata*** circunloquio *m*
enkin 遠近 ***~hoo*** perspectiva *f*
enkei 円形 círculo *m*; ***~no*** circular *adj m/f*; ***~gekijoo*** anfiteatro *m*
engei 園芸 jardinería *f*, horticultura *f*; ***~shokubutsu*** planta *f* para jardín
engeki 演劇 teatro *m*, representación *f* teatral; ***supein~shi*** historia *f* del teatro español; ***~gakkoo*** escuela *f* de teatro; ***~hyooronka*** crítico, -a teatral
enzan 演算 cálculo *m*, cuenta *f*; ***~suru*** calcular
enshi 遠視 *med* hipermetropía *f*; ***~dearu*** ser hipermétrope; ***~no megane*** gafas *fpl* para la hipermetropía

enji 臙脂 carmesí *m*; **~no** carmesí *adj m/f*
enjinia エンジニア ingeniero, -a
enshuu 円周 circunferencia *f*; **~ritsu** coeficiente *m* de la circunferencia
enjuku 円熟 madurez *f*, perfección *f*; **~suru** madurar, perfeccionarse; **~shita** maduro, -a, en sazón
enshutsu 演出 *teat* dirección; **~suru** dirigir; **~ka** director, -a de teatro
enjo 援助 ayuda *f*, socorro *m*; **~suru** ayudar, socorrer; ***shikin no~o motomeru*** pedir ayuda económica
enshoo 炎症 *med* inflamación *f*; **~o okosu** inflamarse
enjiru 演じる representar; ***Jurietto no yaku o~*** representar el papel de Julieta
enshin 遠心 **~ryoku** fuerza *f* centrífuga; **~bunri suru** centrifugar; **~bunriki** centrifugadora *f*
enjin エンジン motor *m*; **~o kakeru** poner el motor en marcha; **~o tomeru** parar el motor; **~no chooshi ga yoi/warui** funcionar bien/mal un motor; **~bureeki** freno *m* motor
ensui 円錐 cono *m*; **~kei no** cónico, -a
ensei 遠征 expedición *f*; **~suru** hacer una expedición; ***Naporeon no Roshia~*** expedición *f* de Napoleón a Rusia; ***Eberesuto~tai*** expedición *f* al Everest
ensei 厭世 **~teki na** pesimista *adj m/f*, misantrópico, -a; **~ka** pesimista *m/f*, misántropo, -a; **~ron** pesimismo *m*, misantropía *f*
enzetsu 演説 discurso *m*, arenga *f*; **~suru** pronunciar un discurso
enzeru エンゼル ángel *m*
enso 塩素 *quím* cloro *m*
ensoo 演奏 ejecución *f* musical; **~suru** ejecutar, tocar; **~ka** intérprete *m/f* musical; **~kai** concierto *m*; **~hoo** técnica *f* interpretativa
ensoku 遠足 excursión *f*; **~ni iku** hacer una excursión
endan 演壇 tribuna *f*, estrado *m*
enchoo 延長 prolongación *f*, prórroga *f*; **~suru** prolongar, extender
enchoku 鉛直 perpendicularidad *f*; **~na** perpendicular *adj m/f*; **~ni** perpendicularmente
entoo 円筒 cilindro *m*; **~joo no** cilíndrico, -a
endoo 沿道 **~no/ni** a lo largo del camino
entotsu 煙突 chimenea *f*; **~o tateru** construir una chimenea; **~sooji** deshollinamiento *m*; **~sooji o suru** deshollinar la chimenea

enban 円盤 disco *m*; ***~joo no*** discoidal *adj m/f*; ***~nage*** lanzamiento *m* de disco

enpitsu 鉛筆 lápiz *m*; ***~de kaku*** escribir con lápiz; ***~de kaite mo ii desu ka*** ¿Puedo escribir con lápiz?; ***~o kezuru*** afilar un lápiz; ***~no shin*** mina *f* de lápiz; ***~kezuri*** sacapuntas *m*

enman 円満 armonía *f*; ***~na*** armonioso, -a, apacible *adj m/f*

en´yoo 遠洋 ***~gyogyoo*** pesca *f* en alta mar; ***~kookai*** navegación *f* transoceánica

enryo 遠慮 reserva *f*, recato *m*; ***~suru*** abstenerse de u/c; rehusar por discreción; ***Tabako o~shite itadakemasen ka*** ¿Le importaría dejar de fumar?; ***~no nai*** indiscreto, -a, sin reservas; ***~bukai*** reservado, -a, modesto, -a; ***~naku iu*** decir sin ambages

O お

o 尾 cola *f*, rabo *m*; ***~o furu*** menear la cola; ***~o maku*** enroscar la cola

oashisu オアシス oasis *m*

oi おい ¡Eh!, ¡Oye!

oi 甥 sobrino *m*

oioi 追々 gradualmente, poco a poco

oikaesu 追い返す rechazar a alg

oikakeru 追い掛ける perseguir/seguir a u/c/alg; ***mae no kuruma o~*** perseguir al coche de delante; ***...no ato o~*** correr en pos de alg

oikosu 追い越す adelantar; ***"Oikoshi kinshi"*** "Prohibido adelantar"

oikomi 追い込み esfuerzo *m* supremo del último momento; ***~o kakeru*** hacer un último esfuerzo

oikomu老い込む envejecer

oikomu 追い込む meter, hacer entrar

oishii おいしい sabroso, -a; ***Aa, oishikatta*** ¡Qué rico estaba!; ***oishisoo na*** apetitoso, -a, que tiene buena pinta

oidasu 追い出す expulsar/echar a u/c/alg

oitachi 生い立ち **1.** niñez *f*, juventud *f*; **2.** crecimiento *m*; **3.** antecedentes *mpl* personales

oitateru 追い立てる echar a alg

oitsuku 追い付く alcanzar

oite 於いて en; ***Nihon ni~*** en Japón; ***chikai shoorai ni~*** en un futuro próximo

oide お出で ***~ni naru*** **1.** ir; **2.** venir

oinuku 追い抜く *V.* **oikosu** 追い越す

oiharau 追い払う ahuyentar; ***inu o~*** ahuyentar un perro

oiboreru 老いぼれる chochear, estar decrépito, -a; ***oiboreta*** chocho, -a
oime 負い目 deuda *f*, obligación *f*; ***...ni~ga aru*** estar en deuda con alg; ***~o kanjiru*** sentirse obligado con alg
oiyaru 追いやる **1.** enviar; **2.** hacer retroceder; ***teki o~*** hacer retroceder al enemigo
oiru 老いる envejecer
oiru オイル **1.** aceite *m*; **2.** petróleo *m*; ***~o nuku*** quitar el aceite; ***~gasu*** gas *m* de aceite; ***~tanku*** depósito *m* de aceite; ***~chenji*** cambio *m* de aceite; ***~chenji o suru*** cambiar el aceite
ou 負う cargar con u/c/alg, llevar a la espalda
ou 追う **1.** expulsar, desterrar; **2.** seguir, perseguir
oo 王 rey *m*; ***Riya~*** el rey Lear; ***~ni tateru*** poner a alg en el trono
ooi 王位 trono *m*, corona *f*; ***~ni tsuku*** subir al trono; ***~ni aru*** estar en el trono; ***~o arasou*** disputar la corona; ***~o shirizoku*** abdicar
ooen 応援 ayuda *f*, animación *f*; ***~suru*** ayudar, apoyar, vitorear; ***koohosha o~suru*** apoyar a un candidato; ***~dan*** grupo *m* de hinchas
ooka 欧化 europeización *f*; ***~suru*** europeizarse
ooka 謳歌 ***~suru*** ensalzar, cantar a la gloria de u/c
ookan 王冠 corona *f*
oogi 扇 abanico *m*; ***~de aogu*** abanicar/se
ookyuu 王宮 palacio *m* real
ookyuu 応急 ***~no*** de emergencia, de urgencia; ***~shudan o toru*** tomar una disposición urgente y provisional; ***~teate*** primeros auxilios *mpl*; ***~teate o suru*** dar los primeros auxilios
ooke 王家 familia *f* real; ***Burubon~*** los Borbones *mpl*
ookoku 王国 reino *m*, monarquía *f*; ***Aragon~*** reino *m* de Aragón
ooza 王座 **1.** trono *m*; **2.** primer puesto *m*, supremacía *f*
ooji 王子 príncipe *m* real, infante *m*
oojite 応じて ***...ni~*** según, de acuerdo con
ooshuu 押収 confiscación *f*, embargo *m*; ***~suru*** confiscar
Ooshuu 欧州 Europa *f*
oojo 王女 princesa *f* real, infanta *f*
oojoo 往生 ***~suru*** **1.** encontrarse en un aprieto; **2.** morir
ooshoku 黄色 ***~jinshu*** raza *f* amarilla
oojiru 応じる **1.** contestar a u/c; ***shitsumon ni~*** contestar a la pregunta; **2.** acceder a u/c; ***jooken ni~*** aceptar las condi-

ciones; **3.** conceder, satisfacer; ***yookyuu ni~*** satisfacer la petición

ooshin 往診 ***~suru*** ir a examinar/visitar a un enfermo a su casa

oosei 王政 monarquía *f*; ***~o fukko suru*** restaurar una monarquía; ***~fukko*** restauración *f*

oosetsu 応接 ***~ma*** sala *f* de visitas, recibidor *m*

ootai 応対 atención *f*; ***~suru*** atender a alg; ***denwa de~suru*** atender por teléfono

oodan 黄疸 *med* ictericia *f*

oodan 横断 ***~suru*** atravesar; ***michi o~suru*** cruzar la calle; ***~hodoo*** paso *m* de peatones

oochaku 横着 ***~na*** **1.** astuto, -a; **2.** descarado, -a; **3.** perezoso, -a; ***~suru*** holgazanear

oototsu 凹凸 concavidad *f* y convexidad *f*; ***~no aru*** cóncavo, -a y convexo, -a

oofuku 往復 ida *f* y vuelta *f*; ***~suru*** ir y volver; ***~unchin*** tarifa *f* de ida y vuelta; ***~kippu*** billete *m* de ida y vuelta

oohei 横柄 ***~na*** orgulloso, -a, altivo, -a; ***~ni*** con altivez; ***~sa*** orgullo *m*

oobo 応募 participación *f*, subscripción *f*; ***~suru*** participar; ***kontesuto ni~suru*** tomar parte en un concurso; ***~sakuhin*** obra *f* presentada a concurso; ***~sha*** participante *adj m/f*

oomu おうむ papagayo *m*, loro *m*

ooyoo 応用 aplicación *f*; ***A o B ni ~suru*** aplicar A a B; ***~dekiru*** aplicable *adj m/f*

oorai 往来 circulación *f*, tráfico *m*; ***~suru*** circular

oeru 終える terminar, consumar; ***shigoto o~*** acabar el trabajo; ***shoosetsu o yomi~*** acabar de leer una novela

ooatari 大当たり **1.** (*sorteo*) gran premio *m*; **2.** gran éxito *m*, gran acierto *m*; ***~o toru*** *teat* conseguir un gran éxito

ooame 大雨 chaparrón *m*; ***~ga furu*** llover torrencialmente

ooi おおい ¡Eh!, ¡Oye!

ooi 多い numerosos, -as, en gran cantidad

ooi 覆い cubierta *f*, envoltura *f*, funda *f*; ***~no nai*** descubierto, -a; ***~o suru*** cubrir/tapar u/c; ***~o toru*** descubrir/destapar u/c

ooisogi 大急ぎ ***~no*** urgente *adj m/f*; ***~de*** urgentemente

ooini 大いに mucho, en gran cantidad, extremadamente

oou 覆う cubrir, tapar; ***ryoote de kao o~*** cubrirse/taparse la cara con las manos

ooutsushi 大写し primer plano *m*; ***kao o~ni suru*** tomar un primer plano de la cara; ***~ni naru*** aparecer en la pantalla en primer plano

oogakari 大掛かり ***~na*** de gran envergadura; ***~ni*** en gran escala

ookata 大方 **1.** en la mayoría, casi; ***~no*** mayor parte de, mayoría de; **2.** opinión *f* general; **3.** probablemente, quizá

oogata 大型 ***~no*** de tipo grande, de gran tamaño; ***~no taifuu*** tifón *m* de grandes dimensiones; ***~no kikai*** máquina *f* de gran tamaño

ooganemochi 大金持ち millonario, -a, multimillonario, -a; ***~ni naru*** hacerse millonario, -a

ookaresukunakare 多かれ少なかれ en mayor o menor grado

ookii 大きい grande *adj m/f*, extenso, -a

ookiku 大きく **1.** en gran escala; ***ji o~kaku*** escribir en letra grande; ***doa o~hiraku*** abrir la puerta de par en par; **2.** ***~suru*** agrandar, ampliar; ***~naru*** agrandarse, extenderse

ookisa 大きさ tamaño *m*, talla *f*; ***...to onaji~no*** del mismo tamaño que; ***iroiro na~no hako*** cajas *fpl* de diversos tamaños; ***iroiro na~no shatsu*** camisas *fpl* de diversas tallas

ooku 多く ***~no*** mucho, -a, gran número de, gran parte de; ***watashitachi no~wa*** la mayoría de nosotros; ***~temo*** a lo sumo; ***~wa*** en general; ***~no baai*** la mayoría de las veces

ookura 大蔵 ***~shoo*** Ministerio *m* de Hacienda; ***~daijin*** ministro, -a de Hacienda

ookee オーケー De acuerdo, ¡Vale!, ¡Okey!

oogesa 大袈裟 ***~na*** exagerado, -a; ***~ni*** con exageración

ookesutora オーケストラ orquesta *f*

oogoe 大声 voz *f* alta/estentórea; ***~o ageru*** gritar; ***~de*** a voces; ***~de yobu*** llamar a alg a grito limpio

Oosaka 大阪 Osaka

oozappa おおざっぱ ***~na*** aproximado, -a; ***~ni*** aproximadamente, en líneas generales; ***~ni iu to*** hablando en líneas generales; ***~ni hakaru to*** según un cálculo aproximado

oosawagi 大騒ぎ alboroto *m*, confusión *f*, bullicio *m*; ***~suru*** alborotar mucho

ooshii 雄々しい varonil *adj m/f*, valiente *adj m/f*; ***ooshiku*** valientemente; ***ooshisa*** virilidad *f*, valor *m*

oosuji 大筋 resumen *m*; ***~o noberu*** resumir u/c

oozei 大勢 ***~no*** muchos, -as; ***~de*** en gran número

oodaa-meedo オーダーメード hecho, -a a la medida

ooppira おおっぴら ***~ni*** abiertamente, públicamente
ootsubu 大粒 ***~no shinju*** perla *f* de gran tamaño; ***~no ame*** lluvia *f* de grandes gotas
oote 大手 empresa *f* importante
oodiomeetaa オーディオメーター audímetro *m*
oodishon オーディション audición *f*; ***~o ukeru*** presentarse a una audición
oodekoron オーデコロン agua *f* de colonia
oodoogu 大道具 decorado *m* del teatro
ootobai オートバイ motocicleta *f*; ***~ni noru*** montar en motocicleta
oodoburu オードブル entremeses *mpl*; ***~no moriawase*** entremeses *mpl* variados
ootomachikku オートマチック ***~no*** automático, -a
ootomeeshon オートメーション automatización *f*; ***~de*** por el sistema de automatización; ***~ ka suru*** automatizar
ootoreesu オートレース carrera *f* de motos
oonaa オーナー dueño, -a, propietario, -a
oobaahooru オーバーホール revisión *f* completa; ***kuruma no~o suru*** hacer una revisión total del coche
oopunkaa オープンカー coche *m* descapotable
ooboe オーボエ *mús* oboe *m*
oomawari 大回り ***~o suru*** dar un rodeo
oomisoka 大晦日 el último día *m* del año
oomu オーム ohmio *m*, ohm *m*; ***~hoosoku*** ley *f* de Ohm
oomukashi 大昔 ***~no*** muy antiguo, -a; ***~ni*** en la antigüedad remota; ***~kara*** desde tiempo inmemorial
oomugi 大麦 cebada *f*
oome 大目 ***~ni miru*** tolerar, hacer la vista gorda
oomooke 大儲け ***~o suru*** ganar mucho, sacar un gran provecho
oomoji 大文字 mayúscula *f*; ***~no A*** una A mayúscula
oomono 大物 **1.** presa *f* grande, pesca *f* grande; **2.** persona *f* importante, pez *m* gordo
ooya 大家 dueño, -a de una casa de alquiler
ooyake 公 ***~no*** público, -a, oficial *adj m/f*; ***~ni*** en público, oficialmente; ***~ni suru*** hacer u/c pública; ***~ni naru*** hacerse u/c pública
ooyasuuri 大安売り venta *f* muy barata, liquidación *f*; ***~suru*** liquidar u/c; ***"~"*** "Grandes rebajas"
ooyuki 大雪 gran nevada *f*; ***~ga furu*** nevar copiosamente

ooyorokobi 大喜び ***~suru*** no caber en sí de alegría; ***~de*** con gran gozo
oorudo-misu オールドミス solterona *f*
oorora オーロラ aurora *f* polar/boreal
oowarai 大笑い carcajada *f*, risotada *f*; ***~suru*** soltar una carcajada
oka 丘 colina *f*, cerro *m*, loma *f*
o-kaasan お母さん madre *f*, mamá *f*
o-kaeshi お返し devolución *f* por un regalo recibido; ***~o suru*** hacer un regalo como devolución; ***...no~ni*** en retorno de u/c
o-kage お陰 ***...no~o koomuru*** estar en deuda con alg; ***...no~de*** gracias a, debido a
okashii おかしい **1.** gracioso, -a, chistoso, -a; **2.** extraño, -a, curioso, -a; ***atama ga~*** estar mal de la cabeza; **3.** chocante *adj m/f*, poco apropiado, -a; **4.** sospechoso, -a, raro, -a
okasu 犯す **1.** cometer un error/crimen; **2.** vilolar a una mujer
okasu 侵す **1.** invadir, violar un lugar; ***kokkyoo o~*** violar la frontera; **2.** infringir, violar una ley
okasu 冒す desafiar, arrostrar; ***arashi o~*** desafiar la tempestad
o-kazu おかず alimentos *mpl* que acompañan el arroz
ogamu 拝む adorar, reverenciar
o-kawari お代わり ***~ o suru*** repetir u/c, servirse más; ***koohii no~*** otra taza *f* de café
-oki ~置き ***ichinichi~ni*** un día sí y otro no; ***futsuka ~ni*** cada tres días; ***jippun/juu meetoru~ni*** a intervalos de diez minutos/metros
oki 沖 alta mar *f*; ***~ ni*** en alta mar; ***~ ni deru*** salir a alta mar
okiagaru 起き上がる incorporarse
okikaeru 置き換える cambiar de sitio, invertir, sustituir; ***kotoba o (A o B ni) ~*** sustituir una palabra por otra (A por B)
okizari 置き去り ***~ni suru*** abandonar
okishifuru オキシフル agua *f* oxigenada
okite 掟 ley *f*, reglamento *m*; ***~o mamoru*** observar el reglamento; ***~ o yaburu*** violar las leyes
okidokei 置き時計 reloj *m* de mesa
oginau 補う suplir, compensar, indemnizar
o-ki-ni-iri お気に入り ***~no*** predilecto, -a; ***sensei no~no seito*** alumno, -a preferido, -a de un, -a profesor, -a

okibiki 置き引き robo *m* aprovechando un descuido de la víctima

o-kimari お決まり ***~no*** habitual *adj m/f*; ***~no iiwake*** pretexto *m* habitual

okimono 置き物 objeto *m* de adorno

okiru 起きる **1.** levantarse; **2.** despertarse; **3.** ocurrir

oku 置く **1.** poner, colocar; **2.** dejar; **3.** instalar; **4.** dejar una separación; **5.** ***-te+~*** dejar+participio, hacer u/c de antemano; **6.** ***...o oite*** excepto

oku 億 ***ichi~*** cien millones *mpl*

okugai 屋外 ***~ no*** exterior *adj m/f*; ***~ de*** fuera de casa; ***~asobi*** juegos *mpl* al aire libre

okusama 奥様 señora *f*; ***Ozaki-san no~*** la esposa *f* de Ozaki; ***~ ni doozo yoroshiku*** recuerdos a su esposa

okujoo 屋上 azotea *f*

okunai 屋内 ***~no*** interior *adj m/f*; ***~ supootsu*** deportes *mpl* en sala

okuba 奥歯 muela *f*

okubyoo 臆病 ***~na*** tímido, -a, pusilánime *adj m/f*

okufukai 奥深い profundo, -a, recóndito, -a; ***~ mori*** bosque *m* profundo

okuyuki 奥行き profundidad *f*; ***~ no aru*** profundo, -a; ***~ga juu meetoru*** tener diez metros de profundidad

okuraseru 遅らせる demorar, retrasar

okurikaesu 送り返す reenviar, devolver al remitente

okurisaki 送り先 dirección *f*, destinatario *m*

okurijoo 送り状 factura *f*; ***...no~o tsukuru*** extender la factura de u/c; ***~kingaku*** importe *m* de la factura

okurimono 贈り物 regalo *m*; ***~o suru*** hacer un regalo

okuru 送る **1.** enviar, mandar; **2.** expedir, enviar; **3.** (*hito/persona*) llevar a alg hasta un sitio, despedir; **4.** (*seikatsu/tiempo, vida*) pasar, llevar

okuru 贈る regalar, otorgar; ***hon o~*** regalar un libro

okure 遅れ atraso *m*, retraso *m*; ***~o torimodosu*** recuperar el atraso

okureru 遅れる **1.** llegar tarde; **2.** retrasarse

okeru 於ける ***...ni~*** en; ***kodai ni~*** en la Antigüedad; ***Nihon ni~*** en Japón

okogamashii おこがましい presuntuoso, -a, descarado, -a; ***~iikata o suru*** hablar con descaro

okosu 起こす **1.** levantar; ***kodomo o~*** incorporar al niño; **2.** (*hito/persona*) despertar; **3.** causar; ***kootsuu jiko o~*** provocar un accidente de tráfico

ogosoka 厳か **~na** solemne *adj m/f*; **~ni** solemnemente
okotaru 怠る descuidar; ***chuui o~*** descuidarse; ***benkyoo o~*** desatender los estudios
okonai 行い **1.** acto *m*; ***yoi/warui~o suru*** hacer una buena/mala acción; **2.** conducta *f*; ***~ga yoi/warui*** portarse bien/mal; ***~o aratameru*** enmendarse
okonau 行う hacer, realizar; ***jikken o~*** hacer un experimento; ***choosa o~*** realizar una encuesta
okonawareru 行われる efectuarse, celebrarse; ***Pekin de Orinpikku Taikai ga ~*** Los Juegos Olímpicos se celebran en Pekín
okoraseru 怒らせる irritar, hacer enfadar, ofender a alg; ***kare o~na*** no lo hagas enfadar
ogori 奢り **1.** lujo *m*; **2.** convite *m*
okorippoi 怒りっぽい colérico, -a; ***~seikaku o shite iru*** tener un carácter colérico
okoru 怒る irritarse, enfadarse; ***kare wa sugu~*** él se enfada enseguida
okoru 起こる ocurrir, suceder; ***sensoo ga~*** estallar una guerra
ogoru 奢る invitar a alg; ***koohii o~*** convidar a alg a tomar café
osaeru 押さえる **1.** sujetar; ***ashi o~*** sujetarse la pierna; **2.** sofocar, reprimir; ***bukka o~*** refrenar el alza de los precios
o-saki お先 ***~ni doozo*** Pase usted primero; ***~ni shitsurei*** con su permiso
osanai 幼い pequeño, -a, infantil *adj m/f*; ***~koro ni*** en su niñez
ozanari お座成り ***~na*** **1.** convencional *adj m/f*; **2.** (*trabajo*) mal hecho; ***~na shigoto o suru*** trabajar descuidadamente
osamaru 収まる／納まる **1.** caber; **2.** contentarse; **3.** tomar el cargo
osamaru 治まる **1.** ser reprimido, -a; ***hanran ga~*** ser sofocada la revuelta; **2.** cesar; ***kaze ga~*** cesar el viento, **3.** calmarse; ***itami ga~*** calmarse el dolor
osameru 収める／納める **1.** pagar, suministrar; ***zeikin o~*** pagar los impuestos; **2.** meter; **3.** ganar, conseguir; ***rieki o~*** obtener ganancias
osameru 治める gobernar; ***kuni o~*** gobernar el país
osameru 修める aprender, estudiar
osarai おさらい repaso *m*, ensayo *m*; ***~suru*** repasar, ensayar
o-san お産parto *m*; ***~o suru*** dar a luz
oshi 唖 mudo, -a; ***~no*** mudo, -a; ***~ni naru*** quedarse mudo, -a

oshii 惜しい **1.** lamentable *adj m/f*; ***...to wa~*** es una lástima que + subj; **2.** valioso, -a, insustituible *adj m/f*

ojiisan おじいさん **1.** abuelo *m*; **2.** anciano *m*

oshiire 押し入れ armario *m* empotrado

oshie 教え enseñanza *f*, precepto *m*; ***Kirisuto no~*** la doctrina *f* de Cristo

oshieru 教える **1.** enseñar, instruir; **2.** indicar

o-jigi お辞儀 reverencia *f*, saludo *m*; ***~o suru*** inclinarse para saludar a alg

oshikomu 押し込む embutir, meter a la fuerza

oshikorosu 押し殺す sofocar, contener; ***kanjoo/ikari o~*** ahogar un sentimiento/la ira

oshitsukeru 押し付ける **1.** apretar, comprimir; **2.** forzar, obligar

o-shikko おしっこ pipí *m*; ***~o suru*** hacer pipí

oshitoosu 押し通す persistir, insistir

oshibotan 押しボタン pulsador *m*, timbre *m*

o-shimai おしまい fin *m*; ***Kyoo wa kore de~*** Esto es todo por hoy; ***nanimokamo~da*** está todo perdido

oshimu 惜しむ **1.** escatimar, ahorrar; ***jikan o~*** aprovechar el tiempo al máximo; **2.** sentir, lamentar; ***...no shi o~*** sentir la muerte de alg

o-shaberi おしゃべり **1.** cháchara *f*, charla *f*; ***~o suru*** charlar; **2.** ***~na*** charlatán, -a

oshiyaru 押しやる empujar u/c al lado

o-share お洒落 dandismo *m*; ***~na*** presumido, -a; ***~o suru*** vestirse elegantemente

ojoosan お嬢さん señorita *f*; ***anata no~*** su hija *f*

oshoku 汚職 corrupción *f*; ***~suru*** dejarse sobornar; ***~jiken*** caso *m* de corrupción

o-shiroi おしろい polvos *mpl* de tocador; ***kao ni ~o tsukeru*** empolvarse la cara

osu 押す empujar, apretar; ***botan o~*** pulsar el botón

osu 雄 macho *m*; ***~no*** macho *inv*; ***~no neko*** gato *m* macho

osumantoruko オスマントルコ otomanos *mpl*

Oseania オセアニア Oceanía *f*

o-seji お世辞 cumplido *m*, lisonja *f*; ***~o iu*** halagar a alg; ***~ni*** por cumplimiento; ***~ya*** adulador, -a

o-sekkai おせっかい entrometimiento *m*; ***~na*** entrometido, -a; ***~o suru*** entrometerse

osen 汚染 contaminación *f*; ***~suru*** contaminar

osoi 遅い **1.** tarde; ***~jikoku ni*** a hora avanzada; **2.** lento, -a;

kare wa shigoto ga~ él es lento en el trabajo
osou 襲う **1.** atacar, embestir, asaltar; ***gootoo ga ginkoo o~*** un atracador asalta el banco; **2.** (*desastres naturales*) azotar
osoku 遅く tarde; ***asa~okiru*** levantarse tarde; ***yoru~*** tarde por la noche; ***~tomo*** a más tardar
osoraku 恐らく quizás, a lo mejor
osore 恐れ **1.** temor *m*; ***~o idaku*** tener miedo; **2.** peligro *m*, posibilidad *f*; ***...no~ga aru*** hay peligro/posibilidad de
osoreiru 恐れ入る sentirse muy agradecido, -a; ***go-shinsetsu osoreirimasu*** le agradezco muchísimo su amabilidad
osoreru 恐れる temer u/c/a alg; ***shi o~*** temer la muerte
osoroshiku 恐ろしく terriblemente; ***~takai*** terriblemente caro, -a
osoroshisa 恐ろしさ horror *m*, pavor *m*
ozon オゾン ozono *m*
odateru 煽てる instigar
otama おたま cucharón *m*
odayaka 穏やか ***~na*** calmado, -a, sereno, -a; ***~ni*** serenamente; ***~na tenki da*** hace un tiempo apacible; ***~na umi*** mar *m* tranquilo; ***~na seikaku*** carácter *m* apacible; ***~ni hanasu*** hablar con calma
ochiiru 陥る caer en u/c; ***kiken na jootai ni~*** verse metido en una situación peligrosa; ***konnan ni~*** verse en apuros
ochitsuki 落ち着き calma *f*, serenidad *f*; ***~no aru*** sosegado, -a; ***~no nai*** inquieto, -a; ***~no nai hito*** persona *f* inquieta
ochitsuku 落ち着く **1.** establecerse; **2.** calmarse; ***Ochitsuite*** Cálmate
ochido 落ち度 falta *f*, error *m*; ***...no~ni suru*** echar a alg la culpa
ochiba 落ち葉 hojas *fpl* caídas, hojarasca *f*
ochiru 落ちる **1.** caerse; (*líquido*) gotear; **2.** disminuir; **3.** omitirse; ***meibo kara~*** ser omitido de la lista; **3.** ***shiken ni~*** suspender un examen
otsu 乙 **1.** el/la segundo, -a; **2.** ***~na*** gracioso, -a, elegante *adj m/f*; ***~na koto o iu*** decir u/c ingeniosa; **3.** ***~na*** (*sabor*) delicioso, -a, exquisito, -a
otchokochoi おっちょこちょい ***~na*** frívolo, -a
otto 夫 marido *m*
otsumami おつまみ tapa *f*, u/c para picar
o-tsetsudai お手伝い ***~san*** señorita *f* del servicio, sirvienta *f*
oto 音 sonido *m*, ruido *m*; ***~o tateru*** hacer ruido; ***~o tate-***

te con estrépito; ***terebi no~o ookiku/chiisaku suru*** elevar/bajar el volumen de la televisión; ***~no tsuyosa*** intensidad *f* acústica

otoosan お父さん padre *m*, papá *m*

otooto 弟 hermano *m* menor

odo-odo おどおど ***~suru*** intimidarse; ***~shita*** tímido, -a, nervioso, -a; ***~to*** tímidamente

odokeru おどける bromear; ***odokete*** en broma, burlonamente

otoko 男 **1.** hombre *m*; ***~no*** masculino, -a; ***~no gakusei*** un estudiante *m*; ***~no ko*** niño *m*, chico *m*; ***~dooshi de*** entre hombres; **2.** amante *m*; ***~ga iru*** tener un amante

otokomae 男前 guapo

otokorashii 男らしい varonil *adj m/f*; ***~kao*** semblante *m* varonil

odoshi 脅し amenaza *f*

otoshiana 落とし穴 trampa *f*; ***~ni ochiru*** caer en una trampa

o-toshidama お年玉 dinero *m* que se da a los niños con ocasión del Año Nuevo

otoshimono 落とし物 objeto *m* perdido; ***~o suru*** perder u/c

otosu 落とす **1.** hacer caer u/c; **2.** perder; ***saifu o~*** perder la cartera; **3.** bajar, rebajar; ***hinshitsu o~*** rebajar la calidad; **4.** quitar; ***shimi o~otosu*** quitar una mancha; **5.** (*examen*) suspender; ***suugaku o~*** suspender matemáticas

odosu 脅す amenazar, intimidar; ***...o~*** amenazar a alg

ototoi おととい anteayer; ***~no asa/gogo/ban*** anteayer por la mañana/tarde/noche

ototoshi おととし hace dos años; ***~no haru/natsu/aki/fuyu/ichi gatsu ni*** en la primavera/verano/otoño/invierno/enero de hace dos años

otona 大人 adulto, -a; ***~ni naru*** hacerse hombre/mujer

otonashii 大人しい calmado, -a, bien educado, -a, obediente *adj m/f*; ***~seikaku*** carácter *m* dócil/calmado

odori 踊り danza *f*, baile *m*

odoriko 踊り子 bailarina *f*

odoriba 踊り場 **1.** (*escalera*) rellano *m*; **2.** (*entrada*) umbral *m*

otoru 劣る ser inferior a u/c/alg

odoru 踊る bailar

otoroeru 衰える decaer, debilitarse

odorokasu 驚かす sorprender, asombrar

odoroki 驚き sorpresa *f*, susto *m*

odoroku 驚く sorprenderse, asustarse; ***~beki*** sorprendente *adj m/f*

onaji 同じ **1.** mismo, -a, igual *adj m/f*; **..to~** igual que u/c/ alg; ***~ni suru*** igualar; ***~ni naru*** igualarse; **3.** (*doose*) puesto que

oni 鬼 ogro *m*, ogresa *f*; demonio, -a; diablo *m*, diablesa *f*; ***~no yoona*** diabólico, -a

onigokko 鬼ごっこ juego *m* de la gallina ciega; ***~o suru*** jugar a la gallina ciega

obaasan おばあさん **1.** abuela *f*; **2.** anciana *f*

opaaru オパール ópalo *m*

obasan おばさん **1.** tía *f*; **2.** señora *f*

ohayoo お早う buenos días; ***~o iu*** dar los buenos días; ***~gozaimasu*** ¡Buenos días!

o-harai お祓い (*sintoísmo*) exorcismo *m*, purificación *f*; ***~o suru*** hacer una ceremonia de purificación/exorcismo

o-haraibako お払い箱 ***~ni suru*** destituir; ***~ni naru*** ser destituido, -a

obi 帯 cinturón *m*, fajín *m*, ceñidor *m*; ***~o shimeru/musubu*** ceñirse/ponerse la faja

obieru 脅える asustarse, espantarse

obitadashii 夥しい numeroso, -a, incalculable *adj m/f*

ohitoyoshi お人好し bonachón, -a

obiru 帯びる **1.** ponerse, ceñir, llevar; **2.** ser investido, estar a cargo de u/c; **3.** tener, adquirir

ofaa オファー oferta *f*; ***~suru*** ofrecer

ofisu オフィス oficina *f*, bufete *m*; ***~redi*** oficinista *f*

ofusaido オフサイド fuera *m* de juego; ***~ni naru*** estar en fuera de juego

opushonaru オプショナル ***~tsuaa*** viaje *m* opcional

obekka おべっか adulación *f*; ***~o tsukau*** adular a alg

opera オペラ ópera *f*; ***~kashu*** cantante *m/f* de ópera; ***~komikku*** ópera *f* bufa; ***~gurasu*** anteojos *mpl* de teatro

opereetaa オペレーター operario, -a

operetta オペレッタ opereta *f*, zarzuela *f*

oboe 覚え **1.** memoria *f*, recuerdo *m*; ***...shita~ga aru*** acordarse de; **2.** aprendizaje *m*; ***~ga hayai/warui*** aprender con facilidad/lentitud; **3.** confianza *f*

oboeru 覚える **1.** aprender de memoria; **2.** recordar, acordarse de; **3.** sentir; ***ude ni itami o~*** sentir dolor en los brazos

oboreru 溺れる ahogarse

oboroge 朧気 ***~na*** vago, -a, brumoso, -a; ***~ni*** vagamente

omae お前 tú; ***~no*** tu, tuyo, -a; ***~o/ni*** te; ***~jishin*** tú mismo

omaetachi お前たち vosotros, -as; ***~no*** vuestro, -a; ***~o/ni*** os; ***~jishin*** vosotros, -as mismos, -as

omake おまけ extra *m*, premio *m*

omake ni おまけに además

o-machidoosama お待ちどおさま Perdone que le haya hecho esperar

o-mamori お守り talismán *m*

o-mikuji 御神籤 oráculo *m* escrito

omutsu おむつ pañales *mpl*; ***~o shite iru*** llevar pañales; ***~o saseru*** poner pañales a alg; ***~o kaeru*** cambiar los pañales

omuretsu オムレツ tortilla *f* (de huevo)

o-medeta おめでた acontecimiento *m* feliz

o-medetai おめでたい bobo, -a; ***~otoko*** hombre *m* simple

omedetoo おめでとう ***~!*** ¡Enhorabuena!; ***Tanjoobi~*** ¡Feliz cumpleaños!; ***gookaku~*** felicidades por haber aprobado el examen; ***Akemashite~*** ¡Feliz Año Nuevo!

omo 主 ***~na*** principal *adj m/f*; ***~ni*** principalmente

omoi 重い **1.** (*mono/cosa*) pesado, -a; **2.** (*koto, byooki/asunto, enfermedad*) serio, -a, grave *adj m/f*

omoi 思い **1.** pensamiento *m*; ***~ni fukeru*** estar pensativo, -a; ***~o korasu*** reflexionar; **2.** sentimiento *m*, experiencia *f*; ***ii~o suru*** pasar un buen rato

omoiagaru 思い上がる engreírse; ***omoiagatta*** engreído, -a

omoiukabu 思い浮かぶ acordarse de u/c, venir al pensamiento

omoiukaberu 思い浮かべる rememorar

omoiegaku 思い描く imaginarse, soñar despierto

omoiomoi 思い思い ***~ni*** cada uno a su manera

omoigakenai 思いがけない inesperado, -a

omoigakenaku 思いがけなく inesperadamente

omoikiri 思い切り **1.** ***~ga yoi*** resignarse pronto; ***~ga warui*** ser irresoluto, -a; **2.** todo lo posible, a más no poder

omoikiru 思い切る ***omoikitta*** decisivo, -a, firme *adj m/f*; ***omoikitte*** con resolución; ***omoikitte ...suru*** atreverse a

omoikomu 思い込む estar convencido, -a de

omoishiru 思い知る caer en la cuenta

omoidasu 思い出す recordar, acordarse

omoitatsu 思い立つ idear, planear; ***...yoo to~*** decidirse a hacer u/c

omoitsuki 思い付き idea *f*; ***sore wa ii~da*** es una buena idea

omoitsuku 思い付く ocurrirse a alg
omoitsumeru 思い詰める ensimismarse, abstraerse
omoide 思い出 recuerdo *m*, memoria *f*; ***...ni yoi~o nokosu*** dejar un buen recuerdo a alg
omoidoori 思い通り ***~no*** satisfactorio, -a; ***~ni*** como se quería
omoitodomaru 思いとどまる renunciar a, disuadirse de
omoinaosu 思い直す **1.** reconsiderar; **2.** cambiar de opinión
omoinomama 思いのまま *V.* **omoidoori** 思い通り
omoiyari 思い遣り compasión *f*, consideración *f*; ***~no aru/...ni~ga aru*** ser considerado con alg
omoiwazurau 思い煩う preocuparse por u/c
omou 思う **1.** ***...no koto o~*** pensar en u/c/alg; ***koibito no koto o~*** pensar en su novio, -a; **2.** creer, suponer, opinar; **3.** sentir/se; **4.** esperar, desear; **5.** ***...yoo/tai to~*** querer + inf, tener ganas de; **6.** recordar, añorar
omouzonbun 思う存分 hasta hartarse
omo´omoshii 重々しい majestuoso, -a, solemne *adj m/f*
omo´omoshiku 重々しく solemnemente
omokage 面影 imagen *f*, huella *f*, vestigios *mpl*; ***...no~o nokosu*** quedar vestigios/trazas de...
omoki 重き ***~o oku*** dar importancia a u/c, poner énfasis en u/c
omoku 重く ***~naru*** **1.** llegar a pesar mucho; **2.** agravarse; ***~suru*** **1.** poner peso a u/c; **2.** agravar
omokurushii 重苦しい pesado, -a, opresivo, -a
omosa 重さ **1.** peso *m*; ***...no~o hakaru*** pesar u/c; **2.** peso *m*, gravedad *f*; ***sekinin no~o kanjiru*** sentir el peso de la responsabilidad
omoshiroi 面白い **1.** gracioso, -a, cómico, -a; **2.** interesante *adj m/f*, entretenido, -a
omoshiromi 面白味 interés *m*; ***~ga aru*** interesante *adj m/f*; ***~ga nai*** soso, -a, falto, -a de interés
omocha おもちゃ juguete *m*; ***~ya*** juguetería *f*
omote 表 **1.** cara *f*, anverso *m*, faz *f*; ***~ka ura ka*** ¿cara o cruz?; **2.** exterior *m*, apariencia *f*; **3.** calle *f*, fachada *f*
omotedoori 表通り calle *f* principal
omotenihon 表日本 región *f* litoral del Japón que da al Oceáno Océano Pacífico
omotemuki 表向き oficialmente, públicamente; ***~no*** oficial *adj m/f*

omoni 重荷 carga *f* pesada, responsabilidad *f*; ***~o orosu*** quitarse un peso de encima

omomi 重み **1.** peso *m*, carga *f*; **2.** gravedad *f*

omori お守り niñera *f*; ***kodomo no~o suru*** cuidar de un niño

omowaku 思わく **1.** pensamiento *m*, intención *f*; **2.** especulación *f*

omowazu 思わず sin querer, inconscientemente

omowaseburi 思わせ振り ***~na*** sugestivo, -a; ***~o suru*** insinuarse, coquetear con alg

omowaseru 思わせる hacer pensar

omonjiru 重んじる apreciar, dar importancia a u/c/alg

oya おや ¡Vaya! ¡Hola!

oya 親 **1.** padre *m*; **2.** madre *f*; **3.** padres *mpl*

oyagoroshi 親殺し **1.** parricidio *m*; **2.** parricida *m/f*

oyaji 親父 padre *m*

oyasumi お休み ***~nasai*** ¡Buenas noches!; ***~o iu*** dar las buenas noches

oyatsu お八つ merienda *f*; ***~o taberu*** merendar

oyabun 親分 patrón, -a, cacique, -ca

oyayuzuri 親譲り ***~no*** heredado, -a-, hereditario, -a; ***~no zaisan*** patrimonio *m*

oyayubi 親指 dedo *m* pulgar de la mano; dedo *m* gordo del pie

oyogi 泳ぎ natación *f*; ***~ni iku*** ir a bañarse; ***~o oshieru*** enseñar a nadar

oyogu 泳ぐ nadar; ***umi/kawa/puuru de~*** nadar en el mar/el río/la piscina

oyoso 凡そ **1.** más o menos; ***~no*** aproximado, -a; ***~go sen nen mae*** hace unos cinco mil años; **2.** en absoluto, nada

oyobazunagara 及ばずながら en la medida de mis fuerzas, dentro de mis limitaciones; ***~o tetsudai shimasu*** Le ayudaré en la medida de lo posible

oyobi 及び y

oyobu 及ぶ **1.** (*zona*) extenderse; ***...ni~*** extenderse a...; (*cifra*) alcanzar; ***senman en ni~*** ascender a diez millones de yenes; **2.** poder, ser capaz; ***...wa~tokoro dewanai*** estar más allá de las posibilidades/la capacidad de alg

oran'uutan オランウータン orangután *m*

ori 折り **1.** pliegue *m*; **2.** ocasión *f*; ***~areba*** si la ocasión se presenta; ***...no~ni*** con ocasión de u/c

oriau 折り合う reconciliarse, llegar a un acuerdo

oriibu オリーブ **1.** (*árbol*) olivo *m*; **2.** (*fruto*) aceituna *f*, oliva *f*

orienteeshon オリエンテーション orientación *f*; ***~o suru*** orientar a alg

orikaeshi 折り返し **1.** (*mangas, dobladillo*) vuelta *f*; **2.** (*canción*) estribillo *m*

origami 折り紙 **1.** papeles *mpl* de colores para ser doblados en forma de figuras; papiroflexia *f*; ***~o suru*** divertirse doblando papeles de colores; **2.** garantía *f*; ***~tsuki no*** con garantía; ***~o tsukeru*** garantizar u/c

orijinaru オリジナル original *m*, obra *f* original; ***~no*** original *adj m/f*

oritatamu 折り畳む plegar; ***oritatami shiki no*** plegable *adj m/f*

orime 折り目 pliegue *m*, doblez *f*; ***zubon ni~o tsukeru*** marcar la raya en los pantalones

orimono 織物 tela *f*, tejido *m*; ***~koogyoo*** industria *f* textil

oriru 降りる／下りる **1.** descender, apearse; ***yama o~*** bajar de la montaña; ***densha o~*** apearse del tren; ***yon kai kara~*** bajar del cuarto piso; **2.** concederse; ***nenkin ga~*** ser concedida la pensión; **3.** retirarse; ***...kara~*** retirarse de...

orinpikku オリンピック Olimpiada *f*; ***~Taikai*** Juegos *mpl* Olímpicos; ***~Taikai ni sanka suru*** participar en los Juegos Olímpicos; ***~senshu*** atleta *m/f* olímpico, -a; ***Kokusai~ iinkai*** Comité *m* Olímpico Internacional

oru 折る **1.** (*objetos cilíndricos*) romper, quebrar; ***eda o~*** quebrar una rama; **2.** doblar, plegar; ***kami o~*** doblar un papel

orugasumusu オルガスムス orgasmo *m*

orugan オルガン *mús* armonio *m*, órgano *m* de iglesia; ***~o hiku*** tocar el armonio

orugooru オルゴール caja *f* de música; ***~o narasu*** hacer sonar una caja de música

oreru 折れる **1.** romperse, quebrarse; **2.** doblar, girar; **3.** ceder, transigir

orenji オレンジ **1.** (*árbol*) naranjo *m*; **2.** (*fruta*) naranja *f*; ***~juusu*** zumo *m* de naranja; ***~iro*** color *m* naranja; ***~iro no*** de color naranja

oro-oro おろおろ ***~suru*** azararse; ***~to*** con turbación; ***~shita koe de*** con voz insegura/turbada

oroka 愚か ***~na*** tonto, -a; ***~sa*** tontería *f*; ***~ni mo*** tontamente

oroshi 卸し ***~de kau*** comprar al por mayor; ***~uri*** venta *f* al por mayor; ***~uri gyoosha*** comerciante *m/f* al por mayor

oroshigane 下ろし金 rallador *m*

orosu 降ろす／下ろす **1.** bajar, descargar; **2.** apear, dejar/hacer bajar de un vehículo; **3.**

estrenar; **4.** rallar; **5.** retirar, sacar

ondo 音頭 ***~o toru*** marcar el compás

ondo 温度 **1.** temperatura *f*; ***~ga takai/hikui*** la temperatura está alta/baja; **2.** ***~ga agaru/sagaru*** subir/bajar la temperatura; **3.** ***~o ageru/sageru*** subir/bajar la temperatura; ***~o hakaru*** medir la temperatura; ***~kei*** termómetro *m*

ontoo 穏当 ***~na*** conveniente *adj m/f*, razonable *adj m/f*

ondoku 音読 ***~suru*** leer en voz alta

ondori 雄鳥 gallo *m*

onna 女 **1.** mujer *f*; ***~no hito*** mujer *f*; ***~no ko*** niña *f*, chica *f*; ***~rashii*** femenino, -a; **2.** querida *f*, amante *f*; ***~ga iru*** tener una amante

onnagirai 女嫌い **1.** misoginia *f*; **2.** misógino *m*

onnagurui 女狂い mujeriego *m*

onnashujin 女主人 ama *f*, dueña *f*, patrona *f*

onnatarashi 女たらし seductor *m*, don juan *m*

onpa 音波 onda *f* sonora

onpyoo-moji 音標文字 **1.** signo *m* fonético; **2.** alfabeto *m* fonético

onbu 音部 *mús* ***~kigoo*** clave *f*, llave *f*; ***to/he/ha~kigoo*** clave *f* de sol/fa/do

onpu 音符 nota *f* musical

onryoo 音量 volumen *m* del sonido; ***rajio no~o ageru*** aumentar el volumen de la radio

onwa 温和 ***~na*** (*carácter*) tranquilo, -a, dulce *adj m/f*; ***~na seikaku*** carácter *m* dulce

KA か

-ka ~か **1.** (*interrogación*) ***Ozaki-san mo ikimasu*** El/La señor, -a/ita Ozaki también va; ***Ozaki-san mo ikimasu~*** ¿También va el señor, -a/ita Ozaki?; **2.** (*invitación*) ***Issho ni eiga ni ikimasen~*** ¿Vamos al cine juntos?; **3.** (*proposición*) ***Ikimashoo~*** ¿Vamos?; **4.** o; ***Ashita wa ame~ yuki ni naru daroo*** Mañana lloverá o nevará; **5.** (*indefinidos*) ***nan nen~mae*** hace unos cuantos años; ***nan nin~*** algunas personas; **6.** (*hipótesis*) ***Tenki no sei~ atama ga itai*** Tal vez se deba al tiempo, pero me duele la cabeza

ka 蚊 mosquito *m*

ka 課 **1.** sección *f*, departamento *m*; ***~choo*** jefe, -a de departamento; **2.** lección *f*; ***dai ni~*** lección 2

-ga ~が **1.** partícula *f* que se pospone al sujeto; ***denwa~naru*** suena el teléfono; **2.** partícula *f* que introduce un tema nuevo; ***Chiketto ga ni mai arun desu~, isshoni konsaato ni ikimasen ka*** Tengo dos entradas, ¿así que te apetece ir conmigo al concierto?; **3.** conjunción *f* adversativa; ***Depaato e ikimashita~nanimo kaimasen deshita*** Fui a los grandes almacenes, pero no compré nada; **4.** expresión *f* de deseos y esperanzas; ***Takarakuji ni atareba ii~*** ¡Ojalá me tocara la lotería!

ga 蛾 polilla *f*

kaa カー automóvil *m*

kaaki カーキ ***~iro*** color *m* caqui; ***~iro no*** de color caqui

gaaze ガーゼ gasa *f* hidrófila

kaadigan カーディガン rebeca *f*, chaqueta *f* de punto

kaaten カーテン cortina *f*, visillo *m*; ***~o hiku*** correr las cortinas; ***~o akeru/shimeru*** abrir/cerrar las cortinas

kaado カード **1.** ficha *f*, tarjeta *f*; **2.** (*juego*) carta *f*, naipe *m*; ***~ni toru*** poner u/c en fichas

gaadoman ガードマン guarda *m*, vigilante *m*

kaatoritji カートリッジ cartucho *m*

kaanibaru カーニバル carnaval *m*

kaaneeshon カーネーション clavel *m*

kaabu カーブ curva *f*, recodo *m*; ***~suru*** hacer una curva; ***~o kiru*** tomar una curva

kaapetto カーペット alfombra *f*, tapiz *m*

kaaru カール rizo *m*; ***kami o~suru*** rizar el cabello

gaaru ガール ***~hanto o suru*** andar a la conquista de mujeres; ***~furendo*** amiga *f*, novia *f*

kai 会 **1.** reunión *f*, asamblea *f*; **2.** mitin *m*; **3.** fiesta *f*, guateque *m*; ***~o hiraku*** celebrar una reunión; **4.** asociación *f*, sociedad *f*; ***~o tsukuru*** formar una sociedad; ***~ni hairu*** entrar en una sociedad

kai 回 **1.** vez *f*; ***ichi nichi ni san~*** tres veces al día; **2.** partido *m*, partida *f*, asalto *m*

kai 貝 marisco *m*, concha *f*

kai 階 piso *m*; ***go~ni sunde iru*** vivir en el cuarto piso

kai 櫂 remo *m*; ***~o kogu*** remar

gai 害 daño *m*; ***~suru*** dañar, perjudicar; ***~no aru*** nocivo, -a; ***~no nai*** inocuo, -a

kaiin 会員 miembro *m/f*, socio, -a; ***~ni naru*** hacerse socio, -a; ***~ni suru*** admitir a alg en una sociedad; ***~meibo*** lista *f* de socios; ***~shoo*** carné *m* de socio; ***meiyo~*** socio, -a honorario, -a

kaiun 海運 transporte *m* marítimo; ***~no*** naviero, -a; ***~gyoo***

servicio *m* de transportes marítimos; ***~gyoosha*** agente *m* marítimo

kaioosei 海王星 Neptuno *m*

kaiga 絵画 pintura *f*, cuadro *m*; ***~no*** pictórico, -a; ***~kan*** pinacoteca *f*; ***~ten*** exposición *f* de pintura

gaika 外貨 moneda *f* extranjera, divisas *fpl*

kaikai 開会 apertura *f* de una asamblea; ***~suru*** empezar la sesión; ***~shiki*** ceremonia *f* de apertura

kaigai 海外 ultramar *m*, extranjero *m*; ***~o ryokoo suru*** viajar por el extranjero; ***~tooshi*** inversión *f* en el extranjero; ***~booeki*** comercio *m* exterior; ***~ryokoo*** viaje *m* al extranjero

kaikaku 改革 reforma *f*; ***~suru*** reformar; ***tsuuka seido o~ suru*** reformar el sistema monetario; ***kyooiku seido o~*** **suru** reformar el sistema educativo; ***~an*** proyecto *m* de reforma; ***seiji teki~*** reforma *f* política

kaikatsu 快活 ***~na*** alegre *adj m/f*, jovial *adj m/f*; ***~ni*** jovialmente

gaikatsu 概括 ***~suru*** resumir u/c; ***~teki na*** sumario, -a; ***~shite iu to*** en términos generales

kaikaburu 買いかぶる sobrevalorar los méritos de alg

kaigara 貝殻 concha *f*; ***~tsuihoo*** ostracismo *m*

kaikan 会館 casa *f*, salón *m*, club *m*

kaikan 開館 apertura *f*, inauguración *f*; ***~suru*** abrir, inaugurar

kaigan 海岸 orilla *f* del mar, playa *f*

gaikan 外観 apariencia *f*, vista *f* exterior

kaigi 会議 junta *f*, reunión *f*, asamblea *f*, congreso *m*; ***~suru*** tener una reunión; ***~o hiraku*** abrir la sesión; ***~o tojiru*** clausurar la sesión; ***~o shooshuu suru*** convocar una reunión; ***~ni shusseki suru*** asistir a una reunión

kaigi 懐疑 ***~teki na*** escéptico, -a; ***~ron*** escepticismo *m*

gaiki 外気 aire *m* libre; ***~ni ateru*** airear; ***~ni ataru*** airearse; ***~o suu*** tomar el fresco

kaikyuu 階級 clase *f*, categoría *f*, rango *m*; ***~ga agaru*** subir de rango; ***~o sageru*** degradar a alg; ***roodoosha/chuuryuu~ni zoku suru*** pertenecer a la clase obrera/media; ***~ishiki*** conciencia *f* de clase; ***~seido*** sistema *f* de clases

kaikyoo 回教 islam *m*; ***~no*** musulmán, -a; ***~jiin*** mezquita *f*; ***~to*** musulmán, -a, mahometano, -a; ***~bunka*** cultura *f* musulmana

kaikyoo 海峡 estrecho *m*; ***Jiburarutaru~*** Estrecho de Gibraltar

kaigyoo 改行 ***~suru*** poner punto y aparte

kaigyoo 開業 inauguración *f*, fundación *f*; ***~suru*** empezar a ejercer de u/c, inaugurar; ***kissaten o~suru*** abrir una cafetería

kaikin 解禁 levantamiento *m* de una prohibición; ***...ga~ni naru*** levantarse la prohibición de alg

kaigun 海軍 marina *f*, fuerzas *fpl* navales; ***~no*** naval *adj m/f*; ***~ni haitte iru*** servir en la marina; ***~kichi*** base *f* naval; ***~shoo*** Ministerio *m* de Marina; ***~daijin*** ministro, -a de Marina

kaikei 会計 cuenta *f*, contabilidad *f*; ***~o suru*** pagar la cuenta; ***~o onegai shimasu*** La cuenta, por favor; ***~ka*** sección *f* de contabilidad; ***~gaku*** estudios *mpl* de contabilidad; ***~o kansa suru*** intervenir las cuentas; ***~hookoku*** informe *m* financiero

kaiketsu 解決 solución *f*, resolución *f*; ***~suru*** resolver; ***~ga tsuku*** resolverse

kaiketsubyoo 壊血病 *med* escorbuto *m*

kaiken 会見 entrevista *f*; ***~suru*** entrevistar a alg, entrevistarse con alg; ***~o mooshikomu*** solicitar una entrevista

gaiken 外見 apariencia *f*, aspecto *m* exterior; ***~de handan suru*** juzgar por la apariencia

kaigen 戒厳 ***~rei*** ley *f* marcial; ***~rei o shiku*** proclamar la ley marcial; ***~rei o kaijo suru*** quitar la ley marcial; ***~jootai*** estado *m* de sitio/excepción

kaiko 蚕 *zool* gusano *m* de seda

kaiko 解雇 despido *m*, destitución *f*; ***~suru*** despedir, destituir; ***~teate*** indemnización *f* por despido

kaigo 悔悟 arrepentimiento *m*, remordimiento *m*; ***~suru*** arrepentirse, sentir mucho

kaikoo 海溝 fosa *f* submarina

kaigoo 会合 reunión *f*, asamblea *f*; ***~suru*** reunirse; ***~basho*** lugar *m* de la reunión

gaikoo 外交 diplomacia *f*, política *f* exterior; ***~joo no*** diplomático, -a; ***~joo no himitsu*** secreto *m* diplomático; ***~shudan de*** por conducto diplomático; ***~kan*** diplomático, -a; ***~kan ni naru*** ingresar en la diplomacia; ***~seisaku*** política *f* exterior; ***~mondai*** problema *m* diplomático

gaikoo 外向 ***~teki na*** extrovertido, -a; ***~sei*** extraversión *f*

kaikoku 戒告 advertencia *f*, amonestación *f*; ***~suru*** amonestar, reprender

gaikoku 外国 (*país*) extranjero *m*; ***~no*** extranjero, -a; ***~jin*** (*hito/persona*) extranjero, -a; ***~ni iku*** ir al extranjero; ***~kara kaeru*** volver del extranjero; ***~de kurasu*** vivir en el extranjero; ***~sei no*** de fabricación extranjera; ***~ginkoo*** banco *m* extranjero; ***~go*** lengua *f* extranjera; ***~tsuuka*** moneda *f* extranjera

gaikotsu 骸骨 *med* esqueleto *m*

kaikon 開墾 roturación *f*, desmonte *m*; ***~suru*** roturar

kaisai 開催 celebración *f*; ***~suru*** celebrar

kaisaku 開削 excavación *f*, perforación *f*; ***~suru*** abrir, perforar; ***tonneru o~suru*** construir un túnel

kaisatsu 改札 revisión *f* de billetes; ***~suru*** revisar los billetes, picar los billetes; ***~guchi*** portillo *m* de andén, garita *f* del revisor

kaisan 解散 disolución *f*, levantamiento *m*; ***~suru*** disolver, disolverse

kaisanbutsu 海産物 productos *mpl* marítimos

kaishi 開始 comienzo *m*, principio *m*; ***~suru*** comenzar; ***eigyoo o~suru*** empezar un negocio

gaishite 概して (*ippan ni*) en general; (*taitei*) en la mayor parte; ***~ieba*** en términos generales

kaisha 会社 *econ* compañía *f*, sociedad *f* mercantil, firma *f*, empresa *f*; ***~o tsukuru*** fundar una sociedad; ***~in*** empleado, -a de una compañía

kaishaku 解釈 interpretación *f*; ***~suru*** interpretar

kaishuu 回収 recuperación *f*, reembolso *m*; ***~suru*** recuperar, retirar, cobrar

kaishuu 会衆 concurrencia *f*, asistentes *mpl*

kaishuu 改宗 conversión *f*; ***~suru*** convertirse, cambiar de religión

kaishuu 改修 reparación *f*, reforma *f*; ***~suru*** reparar

gaishutsu 外出 salida *f*, paseo *m*; ***~suru*** salir; ***"~chuu"*** "Ausente"

kaishun 改悛 arrepentimiento *m*; ***~suru*** arrepentirse, dolerse

kaijo 解除 (*torikeshi*) cancelación *f*, recisión *f*, anulación *f*; ***~suru*** cancelar, rescindir, anular

kaishoo 解消 (*soshiki no*) disolución *f*; ***~suru*** disolver, anular

kaijoo 回状 carta *f* circular; ***~o mawasu*** enviar una circular

kaijoo 会場 sala *f* de reunión; ***kooen~*** sala *f* de conferencias; ***tenran~*** sala *f* de exposición

kaijoo 海上 ***~no*** marítimo, -a; ***~kootsuu*** tráfico *m* marítimo; ***~hoken*** seguro *m* marítimo

kaijoo 開場 apertura *f*; ***~suru*** abrir

gaishoo 外傷 *med* herida *f* externa, lesión *f* visible; ***~sei no*** traumático, -a

gaishoku 外食 ***~suru*** comer fuera de casa

kaishin 回診 visitas *fpl* de un médico; ***~suru*** visitar a los enfermos; ***~jikan*** hora *f* de visita

kaishin 改心 arrepentimiento *m*; ***~suru*** arrepentirse, enmendarse, corregirse

gaijin 外人 *desp* extranjero, -a

kaisuiyoku 海水浴 baños *mpl* de mar; ***~o suru*** tomar baños de mar

kaisuu 回数 número *m* de veces, frecuencia *f*

kaisuru 解する comprender, entender

kaisei 改正 enmienda *f*, revisión *f*, reforma *f*; ***~suru*** enmendar, corregir, reformar; ***hooritsu o~suru*** enmendar una ley

kaisei 快晴 *meteo* tiempo *m* magnífico

kaisetsu 開設 fundación *f*, apertura *f*; ***~suru*** establecer, fundar

kaisetsu 解説 explicación *f*, comentario *m*; ***~suru*** explicar, comentar

gaisetsu 概説 explicación *f* general, exposición *f* sumaria; ***~suru*** dar una idea general de u/c

kaisen reelección *f*; ***~suru*** reelegir

kaizen 改善 mejora *f*, reforma *f*; ***~suru*** mejorar, reformar

kaisoo 回送 reexpedición *f*, reenvío *m*; ***~suru*** reexpedir, reenviar

kaisoo 回想 recuerdo *m*, reminiscencia *f*; ***~suru*** recordar, mirar atrás

kaisoo 回漕 transporte *m* por mar; ***~suru*** transportar por mar

kaisoo 会葬 ***~suru*** asistir a los funerales

kaisoo 改装 renovación *f*, reforma *f*; ***~suru*** renovar, reformar, equipar con nuevas instalaciones

kaisoo 海草 *zool* alga *f* marina

kaisoo 階層 estrato *m*, clase *f* social

kaizoo 改造 reconstrucción *f*, reforma *f*; ***~suru*** reconstruir, reorganizar

kaizoku 海賊 pirata *m/f*; ***~o hataraku*** piratear; ***~kooi*** piratería *f*; ***~sen*** barco *m* pirata

kaitai 解体 desarme *m*, desmembración *f*; ***~suru*** desmontar, desarmar

kaidai 解題 notas *fpl* bibliográficas

kaitaku 開拓 explotación *f*, cultivo *m*, roturación *f*; **~*suru*** explotar, cultivar, roturar

kaidan 会談 conferencia *f*, reunión *f*; **~*suru*** conversar, tener una entrevista

kaidan 怪談 cuento *m* de fantasmas

kaidan 階段 **1.** escalera *f*; **2.** gradas *fpl*; **3.** peldaño *m*; **~*o agaru/oriru*** subir/bajar la escalera; **~*kara ochiru*** caerse por las escaleras

gaidansu ガイダンス orientación *f*, guía *f*; **~*o okonau*** orientar

kaichiku 改築 reconstrucción *f*, reedificación *f*; **~*suru*** reconstruir, reedificar

kaichuu 海中**~*no*** **1.** marino, -a; **2.** submarino, -a

kaichuu 懐中 **~*o saguru*** buscar en el bolsillo; **~*dentoo*** linterna *f*

kaichoo 快調 **~*dearu*** estar en buen estado, encontrarse en excelentes condiciones

kaitsuu 開通 apertura *f* al tráfico; **~*suru*** abrirse al tráfico

kaitsuke 買い付け compra *f*, adquisición *f*

kaiteki 快適 **~*na*** cómodo, -a; confortable *adj m/f*; agradable *adj m/f*

kaiten 回転 vuelta *f*, rotación *f*; **~*suru*** dar vueltas; **~*shiki no*** giratorio, -a; **~*isu*** silla *f* giratoria; **~*doa*** puerta *f* giratoria

kaiten 開店 apertura *f* de una tienda; **~*suru*** abrir una tienda

gaido ガイド guía *m/f*, cicerone *m/f*; **~ *o suru*** guiar; **~*bukku*** guía *f*

kaitoo 回答 respuesta *f*; **~*suru*** responder

kaitoo 解凍 **~*suru*** descongelar

kaitoo 解答 solución *f*

gaidoku 害毒 **1.** mal *m*, daño *m*; **2.** mala influencia *f*

kainan 海難 **~*jiko*** siniestro *m* marítimo, naufragio *m*; **~*jiko ni au*** naufragar

kainyuu 介入 intervención *f*, injerencia *f*; **~*suru*** intervenir, injerirse en u/c

gainen 概念 concepto *m*; **~*teki na*** conceptual *adj m/f*, nocional *adj m/f*

kaihatsu 開発 desarrollo *m*, explotación *f*; **~*suru*** desarrollar, explotar

kaibatsu 海抜 *geogr* altitud *f* sobre el nivel del mar

kaihi 会費 cuota *f*

kaihi 回避 **~*suru*** evitar, esquivar, eludir

kaihyoo 開票 escrutinio *m*, recuento *m* de votos; **~*suru*** hacer el escrutinio

kaihyoo 解氷 deshielo *m*; **~*suru*** deshelarse

kaifu 回付 remisión *f*; **~*suru*** remitir

gaibu 外部 parte *f* exterior; **~no** exterior *adj m/f*
kaifuu 開封 **~suru** abrir un sobre; **~de dasu** enviar u/c en un sobre abierto
kaifuku 回復 **1.** *med* restablecimiento *m*, mejoría *f*; **~suru** reponerse de una enfermedad; **2.** recuperación *f*; **~suru** recobrar; **kakaku no~** recuperación *f* de los precios
kaihoo 介抱 **~suru** cuidar; **byoonin o~suru** cuidar a un enfermo
kaihoo 開放 **~suru** abrir, dejar abierto
kaihoo 解放 liberación *f*; **~suru** liberar, emancipar; **josei ~undoo** movimiento *m* de emancipación de las mujeres
kaiboo 解剖 *med* disección *f*; **~suru** hacer una disección; **~gaku** anatomía *f*
gaimu 外務 **~shoo** Ministerio *m* de Asuntos Exteriores; **~daijin** ministro, -a de Asuntos Exteriores
kaimetsu 壊滅 **1.** destrucción *f*; **2.** derrota *f*; **~suru** ser destruido, -a; **~saseru** destruir, aniquilar
gaimen 外面 **1.** parte *f* exterior; **2.** apariencias *fpl*, aspecto *m*; **3.** superfície *f*; **~teki na** superficial *adj m/f*, aparente *adj m/f*
kaimono 買い物 compra *f*, compras *fpl*; **~o suru** hacer compras; **~ni iku** ir de compras
kaiyaku 解約 anulación *f* de un contrato; **~suru** anular el contrato
kaiyoo 海洋 océano *m*, mar *m*; **~gaku** oceanografía *f*
kaiyoo 潰瘍 úlcera *f*, llaga *f*
gaiyoo 外用 **~yaku** medicamento *m* para aplicación externa
gairai 外来 **~no** extranjero, -a, exótico, -a; **~go** palabra *f* de origen extranjero; **~kanja** paciente *m/f* no internado, -a
kairaku 快楽 placer *m*, goce *m*; **~teki na** voluptuoso, -a, sensual *adj m/f*; **~shugi** hedonismo *m*
kairi 海里 milla *f* naútica (marina)
gairyaku 概略 sumario *m*, sinopsis *f*; **~o shimesu** explicar u/c en términos generales
kairyuu 海流 corriente *f* marina; **Nihon~** corriente *f* del Japón
kairo 回路 circuito *m*
gairo 街路 calle *f*, avenida *f*
kairoo 回廊 galería *f*, corredor *m*
kaiwa 会話 conversación *f*
kau 買う **1.** comprar; **2.** apreciar, estimar; **takaku~** tener en gran aprecio
kau 飼う criar un animal; **petto o~** tener un animal de compañía

kaubooi カウボーイ vaquero *m*
gaun ガウン bata *f*
kaunseringu カウンセリング consejo *m*
kaunseraa カウンセラー consejero, -a
kauntaa カウンター mostrador *m*
kaeuta 替え歌 parodia *f*
kaesu 返す devolver, restituir
kaesu 帰す hacer regresar a alg
kaette 却って antes bien, por el contrario
kaede 楓 arce *m*
kaeri 帰り vuelta *f*, regreso *m*
kaerimiru 顧みる **1.** reflexionar; **2.** reflexionar sobre uno mismo; **3.** preocuparse por
kaeru 代（換・替）える **1.** cambiar/intercambiar A por B; ***en o yuuro ni~*** cambiar yenes a euros; ***seki o~*** cambiar de asiento; **2.** sustituir
kaeru 返る volver u/c a su propietario, volver a su lugar de origen
kaeru 帰る volver alg a su casa/país; ***uchi ni~*** volver/irse a casa
kaeru 変える cambiar, transformar A en B
kaeru 蛙 rana *f*; ***~ga naku*** croar; ***~no ko wa~*** De tal palo, tal astilla
kao 顔 **1.** cara *f*, rostro *m*, semblante *m*; **2.** honor *m*, prestigio *m*; ***~o tateru*** salvar el honor de alg
kaoiro 顔色 cara *f*, aspecto *m*; ***~ga yoi/warui*** tener buen/mal aspecto
kaodachi 顔立ち facciones *fpl*, fisonomía *f*; ***~ga yoi*** bien parecido, -a
kaotsuki 顔付き semblante *m*, expresión *f*
kaori 香り aroma *f*, perfume *m*; ***...no~ga suru*** oler a...; ***...ni~o tsukeru*** perfumar u/c
kakaeru 抱える **1.** llevar u/c a alg en brazos/bajo el brazo; **2.** tener; ***mondai o~*** tener problemas; **3.** emplear
kakao カカオ cacao *m*
kakaku 価格 precio *m*; ***~o kimeru*** fijar el precio; ***~o ageru/sageru*** subir/bajar el precio
kagaku 化学 *quím* química *f*; ***~no*** químico, -a; ***~koogaku*** tecnología *f* química; ***~koogyoo*** industria *f* química; ***~shiki*** fórmula *f* química; ***~sha*** químico, -a; ***~seihin*** producto *m* químico
kagaku 科学 ciencia *f*; ***~teki na/~no*** científico, -a; ***~gijutsu*** ciencia *f* y técnica *f*; ***~kyooiku*** formación *f* científica; ***~sha*** científico, -a
kakageru 掲げる ***kanban o~*** colocar un letrero; ***hata o~*** izar la bandera; ***purakaado o~*** llevar una pancarta

kakashi かかし espantapájaros *m*

kakato 踵 talón *m*; ***~no takai/hikui kutsu*** zapatos *mpl* de tacón alto/bajo

kagami 鏡 espejo *m*

kagamu 屈む doblarse, encorvarse

kagameru 屈める doblar, encorvar

kagayakashii 輝かしい brillante *adj m/f*, reluciente *adj m/f*

kagayakasu 輝かす iluminar, alumbrar

kagayaku 輝く brillar, resplandecer

kakari 係り **1.** cargo *m*, servicio *m*; **2.** persona *f* encargada de u/c

kakariin 係員 encargado, -a

kakaritsuke かかりつけ ***~no isha*** médico, -a de cabecera

kakaru 掛かる **1.** colgar; **2.** cubrir, envolver; **3.** (*mizu ga*) salpicar; **4.** (*okane/jikan ga*) costar, tardar; **5.** (*...shihajimeru*) empezar a + inf

kakaru 罹る (*byooki ni*) ***byooki ni~*** ponerse enfermo; ***infuruenza ni~*** coger la gripe

kakawarazu 関わらず **1.** (*dearu noni*) a pesar de; **2.** (*...ni mukankei ni*) sea o no sea

kakawaru 関わる **1.** tener relación con u/c; **2.** afectar a u/c

kaki 柿 *bot* caqui *m*, palosanto *m*

kaki 下記 **~ *no*** mencionado, -a más abajo

kaki 牡蠣 ostra *f*; **~ *furai*** ostras *fpl* rebozadas

kaki 夏期 ***~ni*** en verano; ***~kooza*** curso *m* de verano

kagi 鍵 **1.** llave *f*; **2.** cerradura *f*; ***~no kakatta*** cerrado, -a con llave; ***doa ni~o kakeru*** cerrar la puerta con llave; **3.** (*mondai o toku*) clave *f*

kakiatsumeru 掻き集める recoger, reunir

kakiorosu 書き下ろす escribir una nueva obra

kakikaeru 書き換える (*kooshin*) renovar; (*meigi o*) traspasar, transferir

kakikotoba 書き言葉 lengua *f* escrita

kakikomu 書き込む apuntar; ***shorui ni~*** rellenar un documento

kakitsuke 書き付け nota *f*, documento *m*, apunte *m*

kakitsubata かきつばた *bot* lirio *m*

kakitome 書留 correo *m* certificado; ***tegami o~ni suru*** certificar una carta

kakitomeru 書き留める apuntar, anotar

kakitoru 書き取る tomar apuntes

kakinarasu 掻き鳴らす ***gitaa o~*** rasguear una guitarra

kakine 垣根 cerca *f*, valla *f*

kakinokosu 書き残す dejar u/c por escrito; ***yuigon o~*** dejar por escrito un testamento
kakimazeru 掻き混ぜる batir, remover; ***tamago o~*** batir los huevos
kakimawasu 掻き回す **1.** batir, remover; **2.** revolver; **3.** perturbar
kakimidasu 掻き乱す perturbar
kagyaku 可逆 ***~sei*** reversibilidad *f*; ***~sei no*** reversible *adj m/f*
kakyuu 下級 categoría *f* inferior; ***~no*** (*gakunen*) de curso inferior; de rango inferior
kakyoku 歌曲 melodía *f*, canción *f*; ***~shuu*** colección *f* de canciones
kagiri 限り **1.** límite *m*; ***~no aru*** limitado, -a; ***~no nai*** infinito, -a, ilimitado, -a; ***~naku*** ilimitadamente; **2.** en lo posible
kagiru 限る **1.** limitar, fijar un límite; **2.** (*…to wa kagiranai*) no siempre, no porque; **3.** (*…ni kagirazu*) no sólo
kaku- 各— **1.** (*sorezore no*) cada; **2.** (*subete no*) todos, -as
kaku 欠く **1.** romper el borde, descascarillar; **2.** faltar
kaku 書（描）く **1.** escribir, describir; **2.** dibujar, trazar; ***chizu o~*** dibujar un plano
kaku 掻く rascar/se
kaku 角 **1.** (*shikakukei*) cuadrado *m*, cuadro *m*; **2.** (*kakudo*) ángulo *m*
kaku 格 **1.** orden *m*, categoría *f*; **2.** *ling* caso *m*; ***~henka*** declinación *f*
kaku 核 **1.** núcleo *m*; ***~no*** nuclear *adj m/f*; ***~jikken*** prueba *f* nuclear; ***~sensoo*** guerra *f* nuclear; **2.** (*kajitsu*) hueso *m*
kagu 嗅ぐ oler
kagu 家具 mueble *m*; ***heya ni~o ireru*** amueblar una habitación
gaku 額 **1.** (*kingaku*) cantidad/suma *f* de dinero; **2.** marco *m*; ***~ni ireru*** encuadrar
gakui 学位 grado *m*, título *m* académico; ***~ronbun*** (*hakase*) tesis *f* doctoral
gakuin 学院 academia *f*
kakuu 架空 ***~no*** imaginario, -a; ***~no jinbutsu*** figura *f* imaginaria
kakugi 閣議 consejo *m* de ministros; ***~o hiraku*** celebrar un consejo de ministros
kakusa 格差 diferencia *f*; ***A to B no aida ni~o tsukeru*** establecer diferencias entre A y B
kakujitsu 確実 ***~na*** cierto, -a, seguro, -a; ***~ni*** ciertamente
gakusha 学者 estudioso, -a; científico, -a; investigador, -a; ***~butte iru*** ser pedante *adj m/f*
kakushu 各種 ***~no*** de diversas clases
gakushuu 学習 estudio *m*, aprendizaje *m*; ***~suru*** estu-

diar, aprender; ***~sankoosho*** libro *m* de consulta

kakushoo 確証 prueba *f* definitiva; ***~o tsukamu*** obtener pruebas decisivas

kakushin 革新 reforma *f*; ***~suru*** reformar, innovar; ***~teki na*** innovador, -a; ***~seitoo*** partido *m* reformista

kakushin 核心 núcleo *m*, médula *f*; ***~o nasu*** constituir un núcleo

kakushin 確信 convicción *f*; ***~suru*** convencerse de u/c

kakusu 隠す ocultar, esconder

kakusui 角錐 pirámide *f*

gakusei 学生 estudiante *m/f*, alumno, -a; ***~jidai*** época *f* estudiantil

gakuseki 学籍 ***~bo*** registro *m* académico

gakuzen 愕然 ***~to suru*** quedarse estupefacto

kakudai 拡大 ampliación *f*; ***~suru*** ampliar, extenderse

gakudan 楽団 banda *f* musical

kakuchi 各地 cada lugar *m*; distintos lugares *mpl*

kakuchuu 角柱 prisma *m*

kakuchoo 拡張 expansión *f*; ***~suru*** extender, ampliar

gakuchoo 学長 rector, -a de la universidad

kakutei 確定 determinación *f*, decisión *f*; ***~suru*** decidir; decidirse; ***~teki na*** determinado, -a, decidido, -a, definitivo, -a

kakuteru カクテル cóctel *m*; ***~o tsukuru*** preparar un cóctel

kakudo 角度 ángulo *m*; ***~o hakaru*** medir el ángulo; ***iroiro na~kara kangaeru*** considerar u/c desde diferentes ángulos

kakutoku 獲得 consecución *f*, obtención *f*; ***~suru*** conseguir, obtener

kakunin 確認 confirmación *f*, comprobación *f*; ***~suru*** confirmar, comprobar

gakunen 学年 año/curso *m* escolar

gakuha 学派 escuela *f*, secta *f*

gakuhi 学費 gastos *mpl* escolares; ***~o dasu*** costear los estudios a alg

gakufu 楽譜 partitura *f*; ***~o yomu*** leer una partitura

kakubetsu 格別 ***~no*** especial *adj m/f*; ***~ni*** particularmente

kakuho 確保 garantía *f*, reserva *f*; ***~suru*** asegurar, garantizar, reservar

kakumaku 角膜 *med* córnea *f*; ***~ishoku*** trasplante *m* de córnea

kakumei 革命 revolución *f*; ***~teki na/~no*** revolucionario, -a; ***~o okosu*** provocar una revolución; ***~ga okiru*** estallar una revolución; ***~shisoo*** ideas *fpl* revolucionarias

gakumen 額面 valor *m* nominal; ***~de*** a la par; ***~ijoo/ika dearu***

cotizarse por encima/debajo de su valor nominal

gakumon 学問 ciencia *f*, estudio *m*; **~*teki na*** científico, -a; **~*teki ni*** científicamente; **~*no aru*** docto, -a, sabio, -a; **~*no nai*** sin formación académica; **~*no jiyuu*** libertad *f* científica

kakuyasu 格安 **~*na*** muy barato, -a, de preciorebajado; **~*ni*** a precio módico

gakuyuu 学友 compañero, -a de estudios

kakuritsu 確立 establecimiento *m*; **~*suru*** establecer

kakuritsu 確率 probabilidad *f*; **~*ron*** teoría *f* de las probabilidades

kakuryoo 閣僚 miembro *m* del Consejo de Ministros

gakuryoku 学力 conocimientos *mpl*/rendimiento *m* escolar

gakureki 学歴 carrera *f* académica, historial *m* académico; **~*ga nai*** no tener estudios

kakureru 隠れる esconderse, ocultarse; ***kakurete*** a escondidas

-kake —掛け**...*shi+~*** estar a medio + inf; no haber terminado de + inf

kake 掛け crédito *m*; **~*de uru/kau*** vender/comprar a crédito

kake 賭け apuesta *f*; **~*o suru*** apostar, jugar

kage 陰 sombra *f*, parte *f* trasera/oculta; **~*de warukuchi o iu*** hablar mal de alg en su ausencia

kage 影 sombra *f*, silueta *f*; ***... ni~o otosu/utsusu*** proyectar la sombra sobre/en

gake 崖 precipicio *m*; **~*kuzure*** desprendimiento *m* de tierra

kakeashi 駆け足 carrera *f*, corrida *f*; **~*de*** corriendo

kakei 家系 linaje *m*, genealogía *f*; **~*zu*** árbol *m* genealógico

kakei 家計 presupuesto *m* familiar

kakeuri 掛け売り venta *f* al fiado; **~*suru*** vender al fiado

kageki 過激 **~*na*** radical *adj m/f*; **~*na shisoo*** ideología *f* radical; **~*shugi*** extremismo *m*

kageguchi 陰口 chisme *m*, difamación *f*; **~*o kiku*** chismorrear; **~*ya*** chismoso, -a

kakezan 掛け算 *mat* multiplicación *f*; **~*o suru*** multiplicar

-kagetsu —ヵ月 (durante un) mes *m*

kakete かけて **1.** (*...ni watatte*) de/desde...a/hasta...; **2.** (*...ni kanshite*) en cuanto a, por lo que respecta a

kakehiki 駆け引き **1.** táctica *f*, estrategia *f*; **2.** regateo *m*; **~*suru*** negociar, regatear

kakebuton 掛け布団 edredón *m*

kakera 欠けら pedazo *m*, trozo *m*; ***hito~mo nai*** no tener ni pizca de...

-kakeru 一掛ける ***...shi + ~*** estar a punto de + inf

kakeru 欠ける **1.** faltar; **2.** romperse, partirse, descascarillarse

kakeru 掛ける **1.** colgar; **2.** poner sobre; **3.** cubrir; **4.** (*mizu nado o*) echar; **5.** sentarse; **6.** (*okane/jikan o*) gastar, emplear; **7.** (*zeikin o*) imponer; **8.** (*kakezan*) multiplicar

kakeru 駆ける correr, galopar

kakeru 賭ける apostar; ***...ni okane o~*** apostar dinero a...; ***inochi o~*** jugarse/arriesgar la vida

kagen 下弦 luna *f* menguante

kagen 加減 **1.** (*choosetsu*) ***~suru*** regular, ajustar; **2.** (*teido, guai*) ***~o miru*** ver cómo, probar; **3.** (*kenkoo*) salud; **4.** (*keikoo*) ***... no~de*** debido a

kako 過去 **1.** pasado *m*; ***~no*** pasado, -a; ***~ni*** en el pasado; **2.** *ling* pretérito *m*; ***fukanryoo~*** pretérito *m* imperfecto; ***kanryoo~*** pretérito *m* perfecto

kago 籠 **1.** cesta *f*, canasta *f*; **2.** jaula *f*

kakoi 囲い cerca *f*, cercamiento *m*; ***~o suru*** cercar un lugar

kakoo 下降 baja *f*, descenso *m*; ***~suru*** bajar

kakoo 火口 cráter *m*

kakoo 加工 elaboración *f*; ***~suru*** elaborar; ***~hin*** producto *m* elaborado; ***shokuhin~gyoo*** industria *f* alimenticia

kakoogan 花崗岩 granito *m*

kakoku 過酷 ***~na*** cruel *adj m/f*

kakomu 囲む **1.** rodear, cercar; **2.** sitiar

kasa 笠 **1.** sombrero *m* de junco; **2.** pantalla *f* de una lámpara

kasa 傘 paraguas *m*, sombrilla *f*; ***~o sasu*** abrir el paraguas

kasai 火災 incendio *m*; ***~o okosu*** provocar un incendio; ***~ga okoru/okiru*** declararse un incendio; ***~hoken o kakeru*** asegurar u/c contra incendios

kasasagi かささぎ urraca *f*

kasanaru 重なる superponerse, apilarse

kasanete 重ねて de nuevo, repetidas veces

kasaneru 重ねる **1.** apilar, amontonar; **2.** repetir, reiterar

kazari 飾り decoración *f*, adorno *m*; ***...ni~o tsukeru*** adornar u/c

kazaru 飾る adornar, engalanar

kazan 火山 volcán *m*; ***~no*** volcánico, -a

kashi 樫 roble *m*; ***~no mi*** bellota *f*

kashi 仮死 *med* muerte aparente *f*; ***~jootai*** asfixiado, -a

kashi 華氏 ***~70 do*** 70°F (según el sistema de Fahrenheit)

kashi 菓子 dulce *m*, golosina *f*; ***~ya*** confitería *f*, pastelería *f*; confitero, -a, pastelero, -a; ***~pan*** bollo *m*

kashi 歌詞 letra *f* de una canción; ***kyoku ni~o tsukeru*** poner letra a una melodía
kaji 舵 timón *m*; ***~o toru*** manejar el timón
kaji 火事 incendio *m*; ***~o okosu*** provocar un incendio; ***~o kesu*** apagar un incendio
kaji 家事 quehaceres *mpl* domésticos; ***~o suru*** ocuparse de las tareas del hogar
gashi 餓死 muerte *f* por inanición; ***~suru*** morirse de hambre
kajikamu かじかむ entumecerse de frío
kashikoi 賢い inteligente *adj m/f*
kashikoshi 貸し越し créditos *mpl* vigentes, cuenta *f* corriente en descubierto; ***~zandaka*** saldo *m* acreedor
kashikomaru 畏まる tener una actitud respetuosa; ***kashikomatte*** respetuosamente; ***Kashikomarimashita*** Entendido
kashidashi 貸し出し préstamo *m*; ***"~kinshi"*** "Prohibido el préstamo"; ***~kinri*** tipo *m* de interés sobre el crédito
kashichin 貸し賃 alquiler *m*
kashitsu 過失 error *m*; ***~o okasu*** cometer un error
kashinushi 貸し主 **1.** prestador, -a; **2.** propietario, -a; **3.** acreedor, -a
kashiya 貸し家 casa *f* de alquiler
kashu 歌手 cantante *m/f*
kajoo 過剰 exceso *m*, sobra *f*; ***~na*** excesivo, -a
kajoo 個条 artículo *m*, cláusula *f*
kashiramoji 頭文字 letra *f* inicial
kajiru 齧る roer, mordisquear
kashiwade 柏手 ***~o utsu*** dar palmadas al rezar en los santuarios shintoístas
kasu 貸す **1.** prestar; **2.** alquilar, arrendar; ***okane o~*** prestar dinero
kasu 滓 residuo *m*, poso *m*
kazu 数 número *m*; ***~ooi*** numeroso, -a; ***~sukunai*** pocos, -as
gasu ガス gas *m*; ***~o tsukeru/kesu*** abrir/cerrar la llave del gas; ***~ga morete iru*** se escapa el gas
kasuka 微（幽）か ***~na*** débil *adj m/f*, tenue *adj m/f*, vago, -a, imperceptible *adj m/f*; ***~ni*** débilmente; ***~na hikari*** luz *f* tenue; ***~na koe de*** con voz débil
kazukazu 数々 muchos, -as
kasutaado カスタード ***~kuriimu*** natillas *fpl*
kasutera カステラ bizcocho *m*
kazunoko 数の子 huevas *fpl* de arenque
kasumi 霞 bruma *f*, neblina *f*; ***~ga kakatte iru*** hay niebla; ***~no kakatta*** brumoso, -a
kasurikizu 掠り傷 rasguño *m*, arañazo *m*

kasuru 課する ***zeikin o~*** gravar a alg con un impuesto; ***seito ni shukudai o ~*** poner deberes a los alumnos

kaze 風 viento *m*, aire *m*, brisa *f*; ***~ga fuku*** soplar el viento; ***~ga nai*** no haber viento

kaze 風邪 resfriado *m*, gripe *f*; ***~o hiite iru*** estar resfriado/con gripe; ***...ni~o utsusu*** contagiar a alg el resfriado

kasei 火星 Marte *m*; ***~no*** marciano, -a

kasei 加勢 ayuda *f*, apoyo *m*, refuerzos *mpl*; ***~suru*** ayudar

kasei 家政 ***~fu*** ama *f* de llaves; ***~gaku*** enseñanzas *fpl* del hogar

kazei 課税 *econ* imposición *f* de impuestos, tasación *f*; ***~suru*** gravar u/c con un impuesto

kasegu 稼ぐ ***okane o~*** ganar dinero; ***seikatsuhi o~*** ganarse la vida

kasetsu 仮説 hipótesis *f*; ***~teki na*** hipotético, -a; ***~o tateru*** formular una hipótesis

kasetsu 架設 (*puente*) construcción *f*, (*cables eléctricos*) instalación *f*; ***~suru*** construir, instalar; ***denwa o~suru*** instalar el teléfono

kasetto カセット ***~teepu*** cinta *f* de cassette

kaso 過疎 ***~na*** despoblado, -a; ***~ka*** despoblación *f*; ***~ka suru*** despoblarse

kasoo 下層 capa *f* inferior; ***~kaikyuu*** clases *fpl* bajas

kasoo 火葬 incineración *f*; ***shitai o~ni suru*** incinerar un cadáver

kasoo 仮装 disfraz *m*; ***~suru*** disfrazarse

kazoeru 数える contar, calcular

kasoku 加速 aceleración *f*; ***~suru*** acelerar

kazoku 家族 familia *f*; ***~no*** familiar *adj m/f*; ***~sorotte*** en familia; ***~de*** en familia

gasorin ガソリン gasolina *f*; ***~o ireru*** repostar gasolina; ***~enjin*** motor *m* de gasolina; ***~sutando*** gasolinera *f*; ***~tanku*** depósito *m* de gasolina

-kata ***...shi + ~*** かた… し manera de + inf; ***hanashi~*** manera *f* de hablar; ***aruki~*** manera *f* de andar; ***tsukuri~*** manera *f* de hacer; ***ryoori no tsukuri~*** receta *f* de cocina

kata 方 ***kono~*** este señor; esta señora; esta señorita

kata 形（型） **1.** (*katachi*) forma *f*, figura *f*; ***~ga kuzureru*** deformarse; **2.** modelo *m*, tipo *m*, estilo *m*; **3.** tamaño *m*, formato *m*; **4.** patrón *m*, molde *m*; **5.** prenda *f*, fianza *f*; ***~ni toru*** tomar u/c en prenda; ***~ni oku*** empeñar u/c

kata 肩 hombro *m*; ***~o sukumeru*** encogerse de hombros

katai 堅（固・硬）い **1.** duro, -a; **2.** sólido, -a, firme *adj m/f*; **3.** seguro, -a; **4.** serio, -a

kadai 過大 ***~na*** excesivo, -a; exagerado, -a; ***~ni*** excesivamente, de forma abusiva

kadai 課題 **1.** tema *m*, asunto *m*; **2.** problema *m*, ejercicio *m*

katakana 片仮名 silabario *m* japonés katakana

kataki 敵 enemigo *m*; ***~uchi*** venganza *f*; ***~o utsu*** vengarse

kataku 堅（固・硬）く **1.** sólidamente, fijamente; **2.** firmemente, estrictamente; **3.** ***~naru*** ponerse en tensión, intimidarse

katakuna 頑な ***~na*** obstinado, -a, testarudo, -a; ***~ni*** con obstinación

katakurushii 堅苦しい formal *adj m/f*, ceremonioso, -a

kataguruma 肩車 ***~ni noru*** montar sobre los hombros de alg

katakoto 片言 balbuceo *m*; ***~o iu*** balbucear

katasa 堅さ dureza *f*, solidez *f*, firmeza *f*, rigidez *f*

katachi 形 forma *f*, figura *f*

katachizukuru 形作る **1.** moldear, dar forma; **2.** componer

katazuku 片付く **1.** arreglarse, ponerse en orden; **2.** resolverse

katazukeru 片づける **1.** arreglar, poner u/c en orden; **2.** resolver

katatsumuri かたつむり caracol *m*

katana 刀 espada *f*; ***~o nuku/saya ni osameru*** desenvainar/envainar la espada

katahoo 片方 **1.** un lado *m*, una parte *f*; **2.** (*tahoo*) el otro lado *m*, la otra parte *f*

katamari 塊 masa *f*, mole *f*; terrón *m*; grumo *m*

katamaru 固まる **1.** (*mono ga*) solidificarse, cuajarse; **2.** (*atsumaru*) agruparse; (*iken, keikaku nado ga*) consolidarse

katamichi 片道 ida *f*; ***~kippu*** billete *m* sencillo (de ida); ***~ryookin*** precio *m* de ida

katamuku 傾く **1.** inclinarse, ladearse; **2.** (*keikoo*) tender a u/c, inclinarse a + inf

katamukeru 傾ける **2.** inclinar, ladear; **2.** dedicarse a + inf

katameru 固める **1.** (*mono o*) solidificar, cuajar; **2.** (*koto o*) consolidar

katarau 語らう **1.** charlar, conversar; **2.** conspirar con alg para u/c

kataru 語る decir, hablar, contar

kataru カタル *med* catarro *m*

katarushisu カタルシス catarsis *f*

katarogu カタログ catálogo *m*; ***~ni noseru*** poner u/c en un catálogo

katawa 片輪 lisiadura *f*, deformidad *f*; ***~no*** lisiado, -a, mutilado, -a

kachi 価値 **1.** valor *m*, mérito *m*; **2.** precio *m*; ***~no aru*** valioso, -a; ***~no nai*** sin valor

-gachi —がち (*…dearu*) tender a u/c, inclinarse a + inf

kachiku 家畜 **1.** animal *m* doméstico; **2.** ganado *m*; ***~byooin*** hospital *m* veterinario

kachoo 課長 jefe, -a de sección

katsu 勝つ ganar, triunfar; ***...ni~*** vencer a alg

katsuo 鰹 bonito *m*

gakka 学科 sección *f*, departamento *m* académico

gakkai 学会 sociedad *f* cultural; ***~happyoo*** ponencia *f*

kakkazan 活火山 volcán *m* activo

gakkari がっかり decepción *f*; ***~suru*** decepcionarse; ***~saseru*** desilusionar

kakki 活気 vigor *m*, energía *f*; ***~no aru*** lleno, -a de energía; ***~no nai*** lánguido, -a, inerte *adj m/f*

gakki 楽器 instrumento *m* musical

katsugu 担ぐ **1.** llevar u/c a cuestas; ***senaka ni~*** cargarse a la espalda; **2.** (*damasu*) engañar, tomar el pelo

kakketsu 喀血 *med* ***~suru*** escupir sangre

kakko 括弧 **1.** paréntesis *m*; **2.** corchetes *mpl*; **3.** comillas *fpl*

kakko 確固 ***~taru*** firme *adj m/f*, resuelto, -a

kakkoo 格好 **1.** forma *f*, figura *f*, apariencia *f*; **2.** ***~na*** razonable *adj m/f*, adecuado, -a

gakkoo 学校 escuela *f*; ***~e iku*** ir a la escuela; ***~de benkyoo suru*** estudiar en la escuela

gassaku 合作 **1.** colaboración *f*; **2.** trabajo *m* colectivo; ***~suru*** colaborar

gasshuukoku 合衆国 ***Amerika~*** Estados *m* Unidos de América

gasshiri がっしり ***~shita*** sólido, -a, fuerte *adj m/f*, robusto, -a

kassoo 滑走 **1.** deslizamiento *m*; **2.** (*hikooki no*) carrera *f*, despegue *m*; ***~ro*** pista *f* de aterrizaje/despegue

kattaa カッター cúter *m*

katte 勝手 **1.** cocina *f*; **2.** ***~na*** caprichoso, -a, arbitrario, -a; ***~ni*** a su capricho, sin permiso

katsute かつて antes, antiguamente; ***~no*** de otro tiempo

katto かっと ***~naru*** enfurecerse; ***~natte*** en un acceso de cólera

katto カット **1.** ***~suru*** cortar; **2.** grabado *m*; **3.** escena *f*, plano *m*

katsudoo 活動 actividad *f*; ***~suru*** trabajar; ***~teki na*** ac-

tivo, -a; ***~han'i/~bun'ya*** campo *m* de acción
kappatsu 活発 ***~na*** activo, -a, enérgico, -a; ***~ni*** enérgicamente
kappuru カップル pareja *f*; ***~de*** en pareja
gappei 合併 *econ* unión *f*, anexión *f*; ***~suru*** unir, fusionar, incorporar
katsuyaku 活躍 actividad *f*; ***~suru*** desplegar una gran actividad
katsuyoo 活用 **1.** utilización *f*; ***~suru*** utilizar, sacar partido; **2.** *ling* conjugación *f*, declinación *f*; ***~suru*** conjugarse, declinarse; ***~saseru*** conjugar, declinar
katsura 鬘 peluca *f*; ***~o kaburu*** ponerse una peluca
katei 仮定 suposición *f*, hipótesis *f*; ***~suru*** suponer; ***~no*** hipotético, -a
katei 家庭 familia *f*, hogar *m*; ***~no*** familiar *adj m/f*, doméstico, -a
katei 過程 proceso *m*; ***...no~de*** en el curso de
katei 課程 curso *m*; ***~o oeru*** acabar un curso
kategorii カテゴリー categoría *f*
kado 角 esquina *f*, recodo *m*; ***...no~de*** en la esquina de; ***~no aru hito*** persona *f* arisca/insociable
kado 過度 ***~no*** excesivo, -a; ***~ni*** excesivamente
katorikku カトリック catolicismo *m*; ***~no*** católico, -a
kana 仮名 silabario *m* japonés
kana-ami 金網 enrejado *m* de alambre
kanai 家内 mi mujer *f*; ***~roodoo*** trabajo *m* a domicilio
kanau 敵う igualar a alg, rivalizar con alg
kanashii 悲しい triste *adj m/f*
kanashimi 悲しみ tristeza *f*
kanashimu 悲しむ sentir u/c, afligirse por u/c
kanamono 金物 utensilio *m* de metal, herramienta *f*; ***~ya*** ferretería *f*; (*hito*) ferretero, -a
kanarazu 必ず **1.** sin falta, necesariamente; **2.** ***~shimo... dewanai*** no siempre, no necesariamente
kanari かなり bastante, considerablemente; ***~no*** bastante *adj m/f*, un buen número de
kanaria カナリア canario *m*
kani 蟹 *zool* cangrejo *m*; ***~no hasami*** pinzas *fpl* del cangrejo
kanyuu 加入 afiliación *f*, ingreso *m*; ***~suru*** afiliarse a
kanuu カヌー canoa *f*; ***~kyoogi*** piragüismo *m*
kane 金 **1.** (*kinzoku*) metal *m*; ***~no*** metálico, -a; **2.** dinero *m*; ***o~ga aru*** tener dinero; ***o~o kasegu*** ganar dinero; ***o~o ta-***

meru ahorrar dinero; ***o~o harau*** pagar dinero; ***o~o tsukau*** gastar dinero
kane 鐘 campana *f*; ***~o tsuku*** tocar las campanas; ***~ga naru*** doblar las campanas; ***~ga natte iru*** estar doblando las campanas
kanekashi 金貸し prestamista *m/f*, usurero, -a
kanetsu 過熱 recalentamiento *m*; ***~suru*** recalentarse; ***enjin ga~*** el motor se recalienta
kanete かねて **1.** (*izen*) antes; **2.** (*maemotte*) de antemano
kanebanare 金離れ ***~ga yoi*** dadivoso, -a; ***~ga warui*** agarrado, -a
kanemooke 金儲け ***~o suru*** ganar dinero
kanemochi 金持ち persona *f* rica; ***~dearu*** ser rico, -a; ***~ni naru*** enriquecerse
kaneru 兼ねる **1.** servir como; **2.** desempeñar al mismo tiempo; **3. *...shi + ~*** no poder…, no estar en disposición de…; **4. *...shi + kanenai*** ser posible…, no poder descartarse la posibilidad de…
kanen 可燃 ***~sei*** combustibilidad *f*; ***~sei no*** combustible *adj m/f*
kanoo 化膿 ***~suru*** supurar
kanoo 可能 ***~na*** posible *adj m/f*; ***~sei*** posibilidad *f*
kanojo 彼女 ***~wa*** ella; ***~no*** suyo, -a, -os, -as; ***~o*** la; ***~ni*** le; ***~to*** con ella; ***~ra wa*** ellas
kaba 樺 *bot* abedul *m*
kaba 河馬 hipopótamo *m*
kabaa カバー cubierta *f*, funda *f*; ***~suru*** cubrir
kaban 鞄 cartera *f*, maleta *f*
kahansuu 過半数 mayoría *f*; ***~o shimeru/eru*** obtener la mayoría
kabi 黴 moho *m*; ***~no haeta*** mohoso, -a; ***~ga haeru*** enmohecerse
kabi 華美 fastuosidad *f*; ***~na*** lujoso, -a
gabyoo 画鋲 chincheta *f*
kabin 花瓶 jarrón *m*, florero *m*
kabu 株 acción *f*; ***~o uru*** vender acciones; ***~o kau*** comprar acciones; ***~no neagari/nesagari*** subida/bajada de acciones; ***~nushi*** accionista *m/f*
kafein カフェイン cafeína *f*
kafetería カフェテリア cafetería *f*
kabuki 歌舞伎 teatro *m* kabuki
kabushiki 株式 acción *f*; ***~gaisha*** sociedad *f* anónima; ***~shijoo*** mercado *m* de acciones
kabuseru 被せる cubrir, tapar
kapuseru カプセル cápsula *f*
kabuto 兜 casco *m*, yelmo *m*
kaburu 被る cubrirse con u/c; ***booshi o~*** ponerse un sombrero
kabure かぶれ *med* dermatitis *f*

kafun 花粉 polen *m*
kabe 壁 pared *f*, muro *m*
kahei 貨幣 moneda *f* corriente; ***~no*** monetario, -a; ***~o hakkoo suru*** emitir moneda
kaben 花弁 pétalo *m*
kabocha かぼちゃ calabaza *f*
kama 釜 olla *f*
kama 窯 (*cerámica*) horno *m*
gama 蝦蟇 sapo *m*
kamau 構う **1.** preocuparse de; **2.** considerar
kamae 構え **1.** estructura *f*; **2.** apariencia *f*; **3.** postura *f*
gaman 我慢 paciencia *f*, aguante *m*; ***~suru*** aguantar, soportar
kami 神 Dios *m*; dioses *mpl*; ***~sama*** Dios *m*; ***~(sama) o shinjiru*** creer en Dios
kami 紙 papel *m*; ***ichi mai no~*** una hoja *f* de papel
kami 髪 cabello *m*, pelo *m*; ***~o nagaku/mijikaku shite iru*** llevar el pelo largo/corto; ***~kazari*** adorno *m* para el pelo; ***~gata*** peinado *m*
kamikuzu 紙屑 papel *m* usado, trozo *m* de papel; ***~kago*** papelera *f*
kamikorosu 噛み殺す matar a mordiscos; ***akubi o~*** reprimir un bostezo; ***warai o~*** aguantarse las ganas de reír
kamisori 剃刀 navaja *f* de afeitar; ***anzen~*** maquinilla *f* de afeitar
kamitsu 過密 ***~na*** demasiado denso, -a
kamitsuku 噛み付く morder, pegar un mordisco
kaminari 雷 **1.** trueno *m*; **2.** relámpago *m*; **3.** rayo *m*; ***~ga naru*** tronar
kamibasami 紙挟み carpeta *f*, portafolio *m*
kamiyasuri 紙やすり papel *m* de lija
kamu 噛む morder, masticar, mascar
gamu ガム (*chuuingamu*) goma *f* de mascar, chicle *m*
kamubakku カムバック reaparición *f*, vuelta *f* a escena; ***~suru*** reaparecer
kamufuraaju カムフラージュ enmascaramiento *m*, camuflaje *m*; ***~suru*** camuflar
kame 亀 tortuga *f*
kamei 加盟 afiliación *f*; ***~suru*** afiliarse a; ***Kokuren~koku*** país *m* miembro de la ONU
kamera カメラ cámara *f* fotográfica, cámara *f* cinematográfica, cámara *f* de televisión; ***~man*** fotógrafo *m*, cámara *m*
kamereon カメレオン camaleón *m*
kamen 仮面 máscara *f*; ***~o tsukeru*** ponerse una máscara; ***~o toru*** quitarse la máscara
gamen 画面 **1.** imagen *f*; **2.** (*sukuriin*) pantalla *f*

kamo 鴨 pato *m* silvestre; ***~ni suru*** embaucar a alg; ***~ni naru*** ser víctima de un engaño

kamoku 課目 asignatura *f*

-kamoshirenai ―かもしれない puede que, es posible que, quizás; ***Ozaki-san wa konai~*** Quizás el señor/la señora Ozaki no venga

kamotsu 貨物 mercancía *f*, carga *f*; ***~ressha*** tren *m* de mercancías; ***~unchin*** porte *m*

kamome かもめ gaviota *f*

kaya 蚊帳 mosquitera *f*; ***~o tsuru*** colgar un mosquitero

gayagaya がやがや ***~iu koe*** rumor *m* de voces

kayaku 火薬 pólvora *f*

kayui 痒い tener picor; ***senaka ga~*** picar la espalda

kayou 通う frecuentar un lugar; ***gakkoo ni~*** ir y venir de la escuela

kayookyoku 歌謡曲 canción *f* popular

-kara ―から **1.** (*basho/toki*) de, desde; **2.** (*bunri*) de; **3.** (*junjo*) a partir de, desde; **4.** (*keiyu*) por; **5.** (*doosashu*) por; **6.** (*zairyoo*) de; **7.** (*gen'in, riyuu*) por, a causa de

kara 空 ***~no*** vacío, -a; ***~ni suru*** vaciar; ***~ni naru*** quedarse vacío

kara 殻 cáscara *f*, caparazón *m*, concha *f*; ***~o muku*** quitar la cáscara

gara 柄 **1.** (*moyoo*) dibujo *m*; **2.** (*taikaku*) ***~no ookii*** grande *adj m/f*, de gran talla; ***~no chiisai*** de pequeña talla

karaa カラー **1.** (*eri*) cuello *m*; **2.** cuello *m* postizo; **3.** color *m*; ***~shashin*** fotografía *f* en color; ***~firumu*** carrete *m* de color; ***~terebi*** televisor *m* en color

karai 辛い picante *adj m/f*, salado, -a

karakau からかう gastar una broma a alg, chancearse de alg

karakara からから **1.** ***~no*** reseco, -a; **2.** ***~to warau*** reírse a carcajadas

garagara がらがら sonajero *m*, cascabelero *m*

garagarahebi がらがら蛇 serpiente *f* de cascabel

karashi 芥子 mostaza *f*

karasu 烏 cuervo *m*; ***~ga naku*** graznar el cuervo

garasu ガラス vidrio *m*, cristal *m*; ***~ya*** cristalería *f*, (*hito*) cristalero, -a

karada 体 **1.** cuerpo *m*; ***~no ookii*** de gran talla, grande *adj m/f*; ***~no chiisai*** de poca talla, pequeño, -a; **2.** salud *f*; ***~o taisetsu ni suru*** cuidarse; ***~ga yowai*** ser enfermizo, -a, ser débil *adj m/f*; ***~no (chooshi/guai) ga yokunai*** estar mal de salud, no encontrarse bien

karadatsuki 体つき figura *f*, físico *m*

karate 空手 karate *m*

-kara ni wa 一からには puesto que, ya que

karami 辛味 sabor *m* picante; sabor *m* salado

karamu 絡む (*makitsuku*) enredarse a u/c, abrazar u/c

garari to がらりと **1.** (*mattaku*) completamente; **2.** (*kyuu ni*) repentinamente

garan to がらんと ***~shita*** desierto, -a, vacío, -a

kari 仮 ***~no*** provisional *adj m/f*, interino, -a; ***~ni*** provisionalmente, temporalmente

kari 狩り caza *f*; ***~o suru*** cazar; ***~ni iku*** ir de caza

kari 借り **1.** *econ* deuda *f*; **2.** (*hiyu teki*) ***...ni~ga aru*** tener una deuda con alg

karirire 刈り入れ cosecha *f*, recolección *f*; ***~suru*** cosechar

kariumu カリウム *quím* potasio *m*

karikachua カリカチュア caricatura *f*

karikyuramu カリキュラム programa *m* de estudios

karishobun 仮処分 ***~suru*** dictar una disposición provisional

karizumai 仮住まい residencia *f* provisional

karisome かりそめ ***~no*** transitorio, -a, pasajero, -a; ***~no koi*** amorío *m*

karitateru 駆り立てる incitar a alg a u/c

karite 借り手 prestatario, -a, inquilino, -a, arrendatario, -a

karitoru 刈り取る segar

karifurawaa カリフラワー coliflor *f*

kariru 借りる pedir prestado, alquilar, arrendar

karu 刈る cortar, segar

karui 軽い **1.** (*omokunai*) ligero, -a; **2.** (*juudai denai*) no grave; **3.** (*yooi na*) fácil *adj m/f*

karuishi 軽石 piedra *f* pómez

karugarushii 軽々しい imprudente *adj m/f*, irreflexivo, -a

karugarushiku 軽々しく a la ligera, irreflexivamente

karuku 軽く ligeramente, levemente, con facilidad; ***~suru*** aligerar, aliviar; ***~miru*** menospreciar

karushiumu カルシウム *quím* calcio *m*

karute カルテ *med* hoja *f* clínica

karuteru カルテル cártel *m*; ***~ka*** agrupación *f* en cartel

kare 彼 ***~wa*** él; ***~no*** su, sus; suyo, -a, suyos, -as; ***~o*** lo, le; ***~ni*** le; ***~ra wa*** ellos

karei かれい *zool* rodaballo *m*

karee カレー curry *m*; ***~raisu*** arroz *m* con curry

gareki 瓦礫 cascotes *mpl*, escombros *mpl*
kareshi 彼氏 novio *m*; ***~ga aru*** tener novio
kareru (*hierbas, árboles*) 枯れる secarse, morirse
kareru 嗄れる ***koe ga~*** enronquecer la voz
karendaa カレンダー calendario *m*
karoo 過労 agotamiento *m* causado por exceso de trabajo; ***~ni naru*** fatigarse por exceso de trabajo; ***~shi*** muerte *f* causada por exceso de trabajo
garoo 画廊 galería *f*
karoojite 辛うじて a duras penas; ***~ma ni au*** llegar por un pelo
karorii カロリー caloría *f*; ***~ga ooi/sukunai*** tener muchas/pocas calorías
karonjiru 軽んじる hacer poco caso de u/c
kawa 川（河） río *m*, arroyo *m*
kawa 皮（革） **1.** piel *f*, corteza *f*, cáscara *f*; ***~o muku*** pelar; **2.** cuero *m*, piel *f* curtida; ***~sei no*** de piel, de cuero; ***~seihin*** artículo *m* de piel
gawa 側 **1.** lado *m*; ***migi/hidari~*** lado *m* derecho/izquierdo; **2.** parte *f*; ***roodoosha~*** parte *f* obrera; ***kigyoo~*** patronal *f*
kawaii 可愛い bonito, -a, mono, -a
kawaigaru 可愛がる mimar
kawaisoo かわいそう ***~na*** pobre *adj m/f*, digno, -a de compasión
kawauso かわうそ nutria *f*
kawakasu 乾かす secar
kawaki 乾（渇）き **1.** sequedad *f*; **2.** sed *f*
kawagishi 川岸 ribera *f* de un río
kawaku 乾（渇）く **1.** secarse; **2.** ***nodo ga kawaite iru*** tener sed
kawase 為替 *econ* giro *m*, cambio *m*; ***yuubin~*** giro *m* postal; ***...en o yuubin~de okuru*** enviar...yenes por giro postal; ***~shijoo*** mercado *m* de cambios
kawatta 変わった extraño, -a, curioso, -a, original *adj m/f*
kawara 瓦 teja *f*
kawari 代（替）わり substituto, -a, reemplazante *m/f*; ***~no*** substitutivo, -a; ***...no~ni*** en lugar de...; (*suru*) ***verbo inf ~ni*** a cambio de
kawari 変わり cambio *m*, variación *f*
kawariyasui 変わり易い variable *adj m/f*, voluble *adj m/f*
kawaru 代（替）わる substituir, reemplazar
kawaru 変わる cambiar, variar
kawarugawaru かわるがわる uno, -a tras otro, -a, alternativamente
kan 巻 tomo *m*, volumen *m*

kan 勘 intuición *f*; ***~de wakaru*** saberlo/darse cuenta por intuición; ***~ga yoi*** tener buena mucha intuición
kan 棺 ataúd *m*
kan 間 **1.** (*jikan*) durante; **2.** (*kuukan*) entre
kan 管 tubo *m*, tubería *f*
kan 缶 lata *f*; ***~iri no*** en lata; ***~o akeru*** abrir una lata
gan 雁 *zool* ánsar *m*
gan 癌 *med* cáncer *m*; ***~saiboo*** célula *f* cancerosa
kan'i 簡易 ***~na*** sencillo, -a, simple *adj m/f*; ***~ka suru*** simplificar
kanka 感化 influencia *f*; ***~suru*** influir sobre alg; ***...no~de*** bajo la influencia de; ***~o ukeru*** sentir la influencia de alg
ganka 眼科 *med* oftalmología *f*; ***~i*** (*hito*) oftalmólogo, -a
ganka 眼窩 *med* cuenca *f* del ojo
kangae 考え **1.** idea *f*, pensamiento *m*, opinión *f*; ***~o kimeru*** decidirse; ***~o noberu*** expresar su opinión; **2.** intención *f*, propósito *m*; ***suru~dearu*** tener la intención de + inf; ***...suru~de*** con el propósito de
kangaekata 考え方 modo *m* de pensar
kangaekomu 考え込む meditar
kangaedasu 考え出す imaginar, inventar
kangaetsuku 考え付く (*omoitsuku*) ocurrírsele a alg u/c
kangaenaosu 考え直す **1.** reconsiderar; **2.** cambiar de parecer
kangaeru 考える **1.** pensar, considerar, reflexionar; **2.** creer que; **3.** tener u/c en cuenta; **4.** tener la intención de; **5.** recordar
kankaku 間隔 (*jikan, kuukan*) intervalo *m*, distancia *f*; ***~o akeru/oku*** espaciar u/c; ***~o tsumeru*** reducir el espacio
kankaku 感覚 sentido *m*, sensación *f*, sensibilidad *f*
kangakki 管楽器 instrumento *m* de viento
kangaruu カンガルー *zool* canguro *m*
kankan かんかん ***~to oto o tateru*** hacer estruendo, producir ruidos metálicos; ***~ni okotte iru*** estar encendido de ira; ***~ni okotte*** en un arranque de cólera
gangan がんがん ***~to oto o tateru*** producir estruendo; ***mimi ga~naru*** zumbar fuertemente los oídos; ***atama ga~suru*** doler mucho la cabeza
kanki 換気 ventilación *f*; ***~suru*** airear un sitio
kanki 歓喜 alegría *f*, júbilo *m*; ***~suru*** alegrarse
kankyaku 観客 espectador, -a

gankyuu 眼球 globo *m* ocular
kankyoo 環境 medio *m*, ambiente *m*; medio *m* ambiente; ***~eisei*** higiene *f* ambiental; ***~osen*** contaminación *f* del medio ambiente; ***~mondai*** problemas *mpl* medioambientales
gankyoo 頑強 ***~na*** tenaz *adj m/f*; ***~ni*** tenazmente, con obstinación
kankiri 缶切り abrelatas *m*
kankin 監禁 prisión *f*, reclusión *f*; ***~suru*** recluir, encerrar
kankei 関係 relación *f*, conexión *f*; ***~no aru*** concerniente *adj m/f*; ***...to~ga aru*** relacionarse con; ***oyako no~*** filiación *f*; ***~suru*** participar en u/c
kangei 歓迎 bienvenida *f*; ***~suru*** dar la bienvenida
kangeki 感激 emoción *f*; ***~suru*** emocionarse; ***~teki na*** emocionante *adj m/f*
kanketsu 完結 terminación *f*, conclusión *f*; ***~suru*** concluir
kanketsu 間歇 ***~teki na*** intermitente *adj m/f*; ***~seisan*** fabricación *f* intermitente
kanketsu 簡潔 ***~na*** conciso, -a, lacónico, -a; ***~ni*** concisamente; ***~sa*** concisión *f*
kangengaku 管弦楽 música *f* de orquesta
kangofu 看護婦 enfermera *f*
ganko 頑固 ***~na*** obstinado, -a, terco, -a; ***~ni*** tercamente; ***~sa*** terquedad *f*
kankoo 刊行 publicación *f*; ***~suru*** publicar, editar; ***~sareru*** publicarse, editarse
kankoo 観光 turismo *m*; ***~annai*** guía *f* turística; ***~annaisho*** oficina *f* de turismo; ***~kyaku*** turista *m/f*; ***~chi*** lugar *m* turístico
kankoohen 肝硬変 *med* cirrosis *f* de hígado
kankoku 勧告 exhortación *f*, consejo *m*; ***~suru*** aconsejar, recomendar
kansa 監査 inspección *f*, revisión *f*; ***~suru*** inspeccionar, revisar
kansatsu 監察 inspección *f*; ***~suru*** inspeccionar
kansatsu 観察 observación *f*; ***~suru*** observar, examinar, estudiar
kansatsu 鑑札 licencia *f*, permiso *m*; ***eigyoo no~*** licencia *f* de comercio
kansan 換算 cambio *m*, conversión *f*; ***A o B ni ~suru*** cambiar, convertir A en B
kanshi 冠詞 *ling* artículo *m*
kanshi 監視 vigilancia *f*, custodia *f*; ***~suru*** vigilar, custodiar
kanji 感じ **1.** sensación *f*, tacto *m*; ***ii~*** sensación *f* agradable; **2.** impresión *f*; ***~no yoi*** simpático, -a; ***~no warui*** antipático, -a, desagradable *adj m/f*;

yoi/warui~o ataeru causar una buena/mala impresión; **3.** sentimiento *m*

kanji 漢字 caracter *m* chino; ***~de kaku*** escribir en caracteres chinos

kanji 幹事 secretario, -a, directivo, -a; ***~kai*** junta *f* directiva

ganjitsu 元日 día *m* de Año Nuevo

kansha 感謝 gratitud *f*; ***~suru*** agradecer u/c a alg; ***~no kotoba o noberu*** pronunciar unas palabras de agradecimiento; ***~no shirushi toshite*** en señal de agradecimiento

kanja 患者 paciente *m/f*

kanshu 看守 carcelero, -a

kanshuu 慣習 costumbre *f*

kanshuu 監修 supervisión *f*, dirección *f*; ***~suru*** supervisar, dirigir; ***~sha*** supervisor, -a

kanjusei 感受性 sensibilidad *f*, emotividad *f*; ***~no tsuyoi*** emotivo, -a; ***~no nibui*** insensible *adj m/f*

gansho 願書 solicitud *f*; ***~o dasu*** presentar una solicitud

kanshoo 干渉 intervención *f*, intromisión *f*; ***~suru*** intervenir, interferir

kanshoo 感傷 sentimentalismo *m*, sensiblería *f*; ***~teki na*** sensiblero, -a; ***~teki ni naru*** ponerse sentimental; ***~shugi*** sentimentalismo *m*

kanshoo 緩衝 ***~chitai*** zona *f* neutral; ***~soochi*** amortiguador *m*, parachoques *m*

kanshoo 観賞 admiración *f*; ***~suru*** admirar la belleza de u/c

kanshoo 鑑賞 aprecio *m*; ***~suru*** apreciar, deleitarse con u/c

kanjoo 勘定 **1.** cuenta *f*; ***~o harau*** pagar la cuenta; ***~gaki*** nota *f*, cuenta *f*; **2.** ***~ni ireru*** tener en cuenta

kanjoo 感情 sentimiento *m*, emoción *f*; ***~teki na*** sentimental *adj m/f*, emocional *adj m/f*; ***~teki ni*** de modo sentimental

kanjoo 環状 ***~no*** circular *adj m/f*; ***~sen*** vía *f* de circunvalación

ganjoo 頑丈 ***~na*** fuerte *adj m/f*, sólido, -a

kanshoku 間食 ***~ni*** entre comidas

kanshoku 感触 tacto *m*; ***~ga yoi/warui*** ser agradable/desagradable al tacto

kanjiru 感じる sentir, percibir

kanshin 感心 admiración *f*; ***~suru*** admirar; ***~saseru*** producir admiración; ***~shite*** con admiración

kanshin 関心 (*kyoomi*) interés *m*; ***~o motsu*** sentir interés por

kanjin 肝心 ***~na*** principal *adj m/f*, esencial *adj m/f*

kansui 冠水 ***~suru*** anegarse

kansuru 関する (*ni tsuite, kakawaru*) sobre, relacionado, -a con

kansei 完成 acabamiento *m*, perfeccionamiento *m*; **~suru** perfeccionarse, completarse; perfeccionar, completar

kansei 感性 sensibilidad *f*

kansei 管制 control *m*; **~too** torre *f* de control; **~kan** controlador, -a del tráfico aéreo

kansei 歓声 grito *m* de alegría; **~o ageru** aclamar, vitorear

kanzei 関税 derechos *mpl* aduaneros; **~no kakaru** sujeto, -a a derechos de aduana; **~no kakaranai** libre *adj m/f* de derechos de aduana

kansetsu 間接 **~no** indirecto, -a; **~ni** indirectamente; **~zei** impuesto *m* indirecto

kansetsu 関節 *med* articulación *f*; **~o hazusu** dislocarse una articulación; **~en** artritis *f*

kansen 感染 infección *f*, contagio *m*; **~suru** contagiarse de alg

kanzen 完全 perfección *f*; **~na** perfecto, -a, completo, -a; **~ni** a la perfección

kanzen 敢然 **~to** resueltamente, sin vacilar

kanso 簡素 sencillez *f*, modestia *f*; **~na** sencillo, -a, modesto, -a; **~ni** con sencillez

kansoo 乾燥 **1.** sequedad *f*; **2.** secado *m*; **~suru** secarse, resecarse; **~saseru** secar, resecar; **~shita** seco, -a, reseco, -a; **~ki** máquina *f* secadora

kansoo 感想 impresión *f*; **~o noberu** decir las impresiones sobre u/c

kanzoo 肝臓 *med* hígado *m*; **~byoo** afección *f* hepática; **~en** hepatitis *f*

kansoku 観測 observación *f*; **~suru** observar

kantaata カンタータ *mús* cantata *f*

kantai 寒帯 zona *f* glacial; **~doobutsu** fauna *f* de la zona glacial; **~shokubutsu** flora *f* de la zona glacial

kantai 艦隊 flota *f*, escuadra *f*

kandai 寛大 generosidad *f*, indulgencia *f*; **~na** generoso, -a, magnánimo, -a; **~ni** generosamente

kantaku 干拓 desecación *f*; **~suru** desecar; **~chi** terreno *m* desecado

kantan 感嘆 admiración *f*, maravilla *f*; **~suru** admirarse de u/c; **~fu** signos *mpl* de admiración

kantan 簡単 simplicidad *f*, sencillez *f*; **~na** simple *adj m/f*, sencillo, -a; **~ni** sencillamente

gantan 元旦 (*ganjitsu*) día *m* de Año Nuevo

kandankei 寒暖計 termómetro *m*

kanchigai 勘違い equivocación *f*, error *m*; **~suru** equivocarse

ganchiku 含蓄 ***~no aru*** significativo, -a, sugestivo, -a
kanchoo 干潮 marea *f* baja; ***~ni naru*** refluir el mar
kanchoo 官庁 oficina *f* de administración pública
kanzuku 感付く adivinar, presentir
kanzume 缶詰 conserva *f*, lata *f* de conserva; ***~ni suru*** enlatar, conservar u/c en lata; ***~o akeru*** abrir una lata de conserva; ***~koogyoo*** industria *f* conservera
kantei 鑑定 valoración *f* de un experto; ***~suru*** estimar, evaluar, tasar
kantera カンテラ linterna *f* portátil
kandera カンデラ candela *f*
kanden 感電 descarga *f* eléctrica; ***~suru*** recibir una descarga eléctrica
kandoo 感動 emoción *f*, impresión *f*; ***~suru*** emocionarse, conmoverse; ***~saseru*** emocionar, conmover
kantooshi 間投詞 interjección *f*
kantoku 監督 **1.** dirección *f*, supervisión *f*; **2.** (*hito*) director, -a, supervisor, -a, inspector, -a; ***~suru*** dirigir, vigilar, inspeccionar
kandokoro 勘所 punto *m* clave
gantoshite 頑として tenazmente
kanna かんな garlopa *f*; ***~o kakeru*** alisar u/c con un cepillo (de carpintero)
kannin 堪忍 ***~suru*** perdonar, excusar
kanningu カンニング ***~o suru*** usar una chuleta; ***~peepaa*** chuleta *f*
kannuki 閂 tranca *f*, barra *f*; ***to ni~o kakeru*** atrancar la puerta
kannushi 神主 sacerdote *m* sintoísta
kannen 観念 **1.** idea *f*, concepto *m*; ***~teki na*** ideal *adj m/f*; **2.** ***~suru*** resignarse
kannoo 官能 sensibilidad *f*, voluptuosidad *f*; ***~teki na*** sensual *adj m/f*; ***~shugi*** sensualismo *m*
kannon 観音 diosa *f* budista de la Merced
kanpa カンパ recaudación *f*, donación *f*; ***shikin~o suru*** recaudar donativos
kanpai 乾杯 brindis *m*; ***~suru*** brindar; ***~!*** ¡Salud!
ganbaru 頑張る perseverar, esforzarse; ***Ganbare!*** ¡Ánimo!
kanban 看板 letrero *m*, anuncio *m*; ***~o dasu*** colgar un letrero
kanpan 甲板 *nav* cubierta *f*; ***~ni deru*** salir a cubierta
kanbi 甘美 ***~na*** dulce *adj m/f*, exquisito, -a

kanbyoo 看病 cuidado *m* de un enfermo; **~*suru*** cuidar a un enfermo

kanbu 幹部 directivo, -a, dirigente *m/f*; **~*shain*** ejecutivo, -a; **~*kai*** junta *f* directiva

kanfuru カンフル alcanfor *m*; **~*chuusha*** inyección *f* de alcanfor

kanpeki 完璧 perfección *f*; **~*na*** perfecto, -a, impecable *adj m/f*; **~*ni*** perfectamente, impecablemente

ganpeki 岸壁 pared *f* de roca

kanbetsu 鑑別 distinción *f*; **~*suru*** distinguir, discernir

kanben 勘弁 **~*suru*** perdonar, tolerar

ganboo 願望 deseo *m*, anhelo *m*; **~*suru*** desear, ansiar

ganma ガンマ gamma *f*; **~*sen*** rayos *mpl* gamma

kanman 緩慢 lentitud *f*, inactividad *f*; **~*na*** lento, -a, inactivo, -a; **~*ni*** lentamente, pausadamente

kanmi 甘味 **~*ryoo*** dulcificante *m*

kanmuri 冠 corona *f*; **~*o kaburu*** coronarse

kanmei 感銘 emoción *f*, impresión *f* profunda; **~*o ataeru*** conmover a alg; **~*o ukeru*** emocionarse

kanmon 喚問 llamamiento *m*, citación *f*; **~*suru*** llamar, citar

kan'yaku 簡約 condensación *f*, abreviación *f*; **~*suru*** condensar, abreviar

kan´yuu 勧誘 solicitación *f*, invitación *f*; **~*suru*** solicitar, invitar

kan´yoo 寛容 tolerancia *f*, indulgencia *f*, generosidad *f*; **~*na*** tolerante *adj m/f*, indulgente *adj m/f*, generoso, -a

kan´yoo 慣用 uso *m* corriente; **~*hyoogen*** expresión *f* idiomática

kanraku 陥落 capitulación *f*, rendición *f*; **~*suru*** capitular, rendirse, entregarse

kanraku 歓楽 placer *m*, deleite *m*

kanri 管理 administración *f*, gestión *f*, control *m*; **~*suru*** administrar, gestionar, dirigir; **~*nin*** portero, -a

ganriki 眼力 perspicacia *f*; **~*no surudoi*** perspicaz *adj m/f*

kanryaku 簡略 simplicidad *f*, brevedad *f*; **~*na*** simple *adj m/f*, breve *adj m/f*, conciso, -a; **~*ni*** brevemente, concisamente

kanryoo 完了 **1.** conclusión *f*; **~*suru*** terminar, concluirse; terminar, concluir; **2.** *ling* tiempo *m* perfecto

kanryoo 官僚 burócrata *m/f*; **~*teki na*** burocático, -a; **~*seiji*** burocracia *f*

ganryoo 顔料 materia *f* colorante

kanrei 慣例 uso *m*, costumbre *f*

kanren 関連 relación *f*, conexión *f*; ***~suru*** tener relación con u/c

kanwa 緩和 ***~suru*** mitigar, aliviar, aligerar

KI き

ki 木 **1.** árbol *m*; ***~o ueru/kiru*** plantar/cortar un árbol; ***~ni noboru*** subirse a un árbol; **2.** madera *f*; ***~de dekita*** hecho, -a de madera

ki 気 cáracter *m*, espíritu *m*; ***~ga tsuyoi*** valiente *adj m/f*; ***~ga yowai*** apocado, -a; ***~ga chiisai*** tímido, -a; ***~ga arai*** violento, -a, impetuoso, -a; ***~ga nagai*** paciente *adj m/f*; ***~ga mijikai*** impaciente *adj m/f*, irritable *adj m/f*; ***~ga hayai*** no saber aguardar; ***~ga au*** congeniar; **2.** espíritu *m*, conciencia *f*; ***~o ushinau*** desmayarse; ***~o otosu*** desalentarse; ***~ga tatsu*** excitarse; ***~o ochitsukeru*** calmarse; **3.** voluntad *f*, deseo *m*, intención *f*; ***...suru~ga aru*** tener ganas de + *inf*; ***~ga kawaru*** cambiar de opinión; **4.** estado *m* de ánimo; ***~ga omoi*** estar abatido, -a; ***~ga karuku naru*** sentir alivio; ***~ga nukeru*** perder el entusiasmo; **5.** emoción *f*, sentimiento *m*; ***ii~ni naru*** enorgullecerse; ***~o waruku suru*** ofenderse; ***~ni sawaru*** irritarse, molestarse; **6.** preocupación *f*; ***~ni suru/kakeru*** preocuparse; **7.** atención *f*; ***~o tsukeru*** tener cuidado

gia ギア encaje, engranajes, caja *f* de cambio; ***~o ireru*** embragar, meter una velocidad; ***~chenji suru*** cambiar de velocidad

kiatsu 気圧 presión *f* atmosférica; ***~ga takaku/hikuku naru*** subir/bajar la presión atmosférica

kiawaseru 来合わせる venir/llegar casualmente, encontrarse por casualidad

gian 議案 proyecto *m* de ley; ***~o teishutsu suru*** presentar un proyecto de ley

kii キー **1.** tecla *f*; **2.** llave *f*; ***~horudaa*** llavero *m*; **3.** clavija *f*

kiikii きいきい ***~to oto o tateru*** chirriar

giigii ぎいぎい ***~to oto o tateru*** crujir

kii-suteeshon キーステーション estación *f* central, base *f* de emisión

kiichigo 木苺 **1.** frambueso *m*; **2.** frambuesa *f*

kiiro 黄色 color *m* amarillo; ***~i*** amarillo, -a; ***~ppoi*** amarillento, -a

kii-waado キーワード palabras *fpl* clave

kiin 起因 ***~suru*** originarse de u/c

giin 議員 **1.** miembro *m/f* de una asamblea; **2.** parlamentario, -a

kieru 消える **1.** (*hi nado ga*) apagarse, extinguirse; **2.** desaparecer, borrarse

kioku 記憶 memoria *f*, recuerdo *m*; ***~suru*** recordar; ***~ryoku ga yoi/warui*** tener buena/mala memoria; ***~o ushinau*** perder la memoria

kiokure 気後れ ***~ga suru*** sentirse cohibido

kion 気温 temperatura *f* atmosférica; ***~ga agaru/sagaru*** subir/bajar la temperatura

kika 気化 gasificación *f*, evaporación *f*; ***~suru*** evaporarse; ***~saseru*** gasificar, evaporar

kika 帰化 naturalización *f*; ***~suru*** naturalizarse; ***~jin*** ciudadano, -a naturalizado, -a

kika 幾何 geometría *f*; ***~gakuteki na*** geométrico, -a

kikai 奇怪 ***~na*** extraño, -a, misterioso, -a

kikai 器械 aparato *m*; ***~taisoo*** gimnasia *f* con aparatos

kikai 機会 oportunidad *f*; ***~o matsu*** esperar la oportunidad; ***~o riyoo suru*** aprovechar la ocasión; ***~o nogasu*** perder la oportunidad

kikai 機械 máquina *f*, mecanismo *m*; ***~teki na*** mecánico, -a; ***~teki ni*** maquinalmente; ***~o ugokasu*** hacer funcionar; ***~o tomeru*** parar la máquina

gikai 議会 asamblea *f*, parlamento *m*; ***~seiji/shugi*** parlamentarismo *m*; ***~seido*** régimen *m* parlamentario; ***~seido minshushugi*** democracia *f* parlamentaria

kigae 着替え **1.** cambio *m* de vestido; **2.** muda *f* de ropa; ***~ga nai*** no tener otra ropa que ponerse

kigaeru 着替える cambiarse de ropa

kikaku 企画 plan *m*, proyecto *m*; ***~o tateru*** proyectar

kikaku 規格 norma *f*, modelo *m*; ***~hin*** artículo *m* normalizado

kikazaru 着飾る engalanarse, endomingarse

kigaru 気軽 ***~ni*** fácilmente, francamente

kikan 気管 *med* tráquea *f*

kikan 季刊 ***~no*** trimestral *adj m/f*; ***~shi*** revista *f* trimestral

kikan 帰還 ***~suru*** regresar

kikan 期間 plazo *m*, periodo *m*; ***~o enchoo suru*** prorrogar el plazo

kikan 器官 *med* órgano *m*

kikan 機関 **1.** (*enjin*) motor *m*, (*kikai*) máquina *f*; **2.** organismo *m*, organización *f*
kigan 祈願 plegaria *f*; ***~suru*** rezar
kikanshi 気管支 *med* bronquio *m*; ***~en*** bronquitis *f*
kikansha 機関車 locomotora *f*; locomotora *f* eléctrica
kikanjuu 機関銃 ametralladora *f*
kiki 危機 crisis *f*; ***~ni ochiiru*** caer en un estado de crisis
kiki 嬉々 ***~toshite*** alegremente
kiki 機器 maquinaria *f*
kikiireru 聞き入れる consentir en u/c
kikikajiru 聞きかじる saber u/c de oídas
kikite 聞き手 **1.** oyente *m*, auditorio *m*; **2.** interrogador *m*, encuestador *m*
kikitori 聞き取り ***~no shiken*** examen *m* de dictado; ***~no renshuu*** ejercicio *m* de comprensión oral
kikitoru 聞き取る entender bien
kikimimi 聞き耳 ***~o tateru*** aguzar el oído
kikime 効き目 eficacia *f*; ***~no aru*** eficaz *adj m/f*; ***~no nai*** ineficaz *adj m/f*
kikyuu 危急 ***~no baai ni wa*** en caso de emergencia
kikyuu 気球 globo *m* aerostático
kikyuu 帰休 regreso *m* a casa, permiso *m*
kigyoo 企業 empresa *f*; ***~ka*** empresario, -a; ***~goodoo*** trust *m*; ***~rengoo*** cartel *m*; ***~kumiai*** sindicato *m* de empresa
kigyoo 機業 industria *f* textil
kikiwake 聞き分け ***~no yoi*** dócil *adj m/f*, sensato, -a; ***~no nai*** testarudo, -a, díscolo, -a
kikin 飢饉 carestía *f*
kikin 基金 *econ* fondo *m*
kikinzoku 貴金属 metal *m* noble
kiku 利（効）く surtir efecto, ser eficaz; ***...ni~*** ser eficaz para...
kiku 聞く **1.** oír, escuchar; **2.** tener noticia; **3.** preguntar, informarse; **4.** escuchar, obedecer
kiku 菊 *bot* crisantemo *m*
kigu 器具 instrumento *m*, utensilio *m*
kigeki 喜劇 comedia *f*, sainete *m*; ***~no*** cómico, -a; ***~haiyuu*** actor *m*/actriz *f* cómico, -a; ***~eiga*** película *f* cómica
giketsu 議決 decisión *f*; ***~suru*** decidir, determinar
kiken 危険 peligro *m*, riesgo *m*; ***~na*** peligroso, -a; ***~o sakeru*** evitar el peligro
kiken 棄権 **1.** renuncia *f*, abandono *m* de un derecho; ***~suru*** renunciar a un derecho; **2.** (*toohyoo*) abstencionismo *m*; ***~suru*** abstenerse de votar; ***~ritsu*** tasa *f* de abstención

kigen 紀元 era *f* cristiana; ***~zen 500 nen ni*** en el año 500 antes de Cristo; ***~5 nen ni*** en el año 5 después de Cristo

kigen 起源 origen *m*; ***~o tazuneru*** remontarse al origen de u/c

kigen 期限 término *m*, plazo *m*; ***~o enchoo suru*** prorrogar el plazo; ***~ga kireru*** expirar el plazo

kigen 機嫌 **1.** humor *m*; ***~ga yoi/warui*** estar de buen/mal humor; **2.** ***~o ukagau*** preguntar por la salud de alg

kikoo 気候 clima *m*, tiempo *m*; ***~gaku*** climatología *f*

kikoo 寄港 escala *f*; ***~suru*** hacer escala en un lugar

kikoo 寄稿 colaboración *f*; ***shinbun ni~suru*** colaborar en un periódico; ***~ka*** colaborador, -a

kikoo 機構 **1.** (*koozoo*) mecanismo *m*, estructura *f*; **2.** (*sooshiki*) organización *f*; ***~o kaikaku suru*** reorganizar u/c

kigoo 記号 signo *m*, símbolo *m*; ***~o tsukeru*** marcar u/c; ***~de arawasu*** representar con signos; ***~gaku*** semiología *f*

gikoo 技巧 arte *m*, técnica *f*, destreza *f*

kikoeru 聞こえる **1.** oír, oírse; **2.** parecer, sonar; **3.** ser conocido como

kikoku 帰国 regreso *m* al país; ***~suru*** regresar al país

kigokochi 着心地 ***~ga yoi*** cómodo, -a de llevar

gikochinai ぎこちない **1.** (*doosa*) movimiento *m* torpe/desmañado; **2.** (*hyoogen*) expresión *f* dura

kikon 既婚 ***~no*** casado, -a; ***~sha*** casado, -a

kiza 気障 ***~na*** cursi *adj m/f*, afectado, -a, pedante *adj m/f*

kisai 記載 descripción *f*, mención *f*; ***~suru*** describir, mencionar

kisai 起債 *econ* emisión *f* de un empréstito; ***~suru*** emitir bonos, poner en circulación un empréstito

kisaki 后 emperatriz *f*

gizagiza ぎざぎざ mella *f*, melladura *f*; ***~no aru ha*** hoja *f* dentada

kisaku 気さく ***~na*** de cáracter franco; ***~ni*** abiertamente, con franqueza

gisaku 偽作 imitación *f*, obra *f* falsa; ***~suru*** imitar

kizashi 兆し síntoma *m*, señal *f*

kizamu 刻む **1.** (*komakaku kiru*) picar, desmenuzar; ***yasai o~*** picar verduras; **2.** (*chookoku*) esculpir, tallar, grabar

kishi 岸 costa *f*, playa *f*, ribera *f*, orilla *f*

kishi 騎士 caballero *m*; ***~ni suru*** armar caballero; ***~doo*** caballería *f*

kiji 雉 *zool* faisán *m*
kiji 生地 paño *m*, tela *f*, género *m*
kiji 記事 artículo *m*, crónica *f*; ***... ni~o noseru*** publicar un artículo en...
gishi 技師 ingeniero, -a; ***noo-gyoo/denki/kagaku~*** ingeniero, -a agrónomo, -a/electricista/químico, -a
gishi 義肢 prótesis *f* de un miembro corporal
gishiki 儀式 ceremonia *f*, rito *m*; ***~o okonau*** celebrar una ceremonia
kishitsu 気質 (*seishitsu*) temperamento *m*
kishimu 軋む rechinar, chirriar
kisha 記者 periodista *m/f*, redactor, -a, reportero, -a
kishuku 寄宿 ***~gakkoo*** colegio *m* internado
kijutsu 記述 descripción *f*; ***~suru*** describir; ***~teki na*** descriptivo, -a
gijutsu 技術 técnica *f*, arte *m*; ***~(joo) no*** tecnológico, -a
kijun 基準 norma *f*, criterio *m*
kishoo 気象 fenómeno *m* atmosférico; ***~tsuuhoo*** boletín *m* meteorológico; ***~gaku*** meteorología *f*
gijoo 議場 sala *f* de juntas; (*kokkai no*) Dieta *f*
kisu キス beso *m*; ***~suru*** besar
kizu 傷 **1.** herida *f*, corte *m*, rasguño *m*; ***~no teate o suru*** curar una herida de alg; ***~ga itai*** doler una herida; ***~ga naoru*** cicatrizar una herida; ***~gusuri*** pomada *f* para las heridas; **2.** (*shinamono*) defecto *m*, tara *f*; ***~no aru*** defectuoso, -a, rayado, -a; ***~o tsukeru*** estropear u/c
kizuato 傷跡 cicatriz *f*; ***...ni~ga aru*** tener una cicatriz en
kisuu 奇数 número *m* impar
kisuu 基数 número *m* cardinal
kizuku 築く edificar, construir
kizutsuku 傷つく herirse, lastimarse
kizutsukeru 傷つける herir, lastimar, deshonrar
kizumono 傷物 artículo *m* defectuoso; ***~ni suru*** estropear
kisei 気勢 entusiasmo *m*, alboroto *m*; ***~o ageru*** entusiasmarse, alborotar
kisei 既成 ***~no*** cumplido, -a, realizado, -a; ***~jijitsu*** hecho *m* consumado
kisei 寄生 parasitismo *m*; ***~suru*** ser parásito de u/c; ***~chuu*** insecto *m* parásito
kisei 規制 reglamentación *f*, control *m*; ***~suru*** regular, controlar
gisei 犠牲 sacrificio *m*, víctima *f*; ***~ni suru*** sacrificar; ***~ni naru*** ser/convertirse en víctima; ***~teki seishin*** espíritu *m* de sacrificio; ***~sha*** víctima *f*
giseigo 擬声語 onomatopeya *f*

kiseki 奇跡 milagro *m*, maravilla *f*; **~*teki na*** milagroso, -a; **~*teki ni*** de milagro
giseki 議席 escaño *m*
kisetsu 季節 estación *f* del año, temporada *f*; **~*okure no*** tardío, -a; **~*hazure no*** fuera de estación; **~*roodoosha*** trabajador, -a de temporada
kizetsu 気絶 desmayo *m*; **~*suru*** desmayarse
kiseru 着せる vestir, poner ropa
kizewashii 気忙しい sentirse intranquilo, -a
kizen 毅然 **~*taru*** resuelto, -a, decidido, -a
gizen 偽善 hipocresía *f*; **~*teki na*** hipócrita *adj m/f*; **~*sha*** hipócrita *m/f*
kiso 起訴 acusación *f*; **~*suru*** formular una acusación contra alg
kiso 基礎 base *f*, fundamento *m*; **~*teki na*** fundamental *adj m/f*; **...*o~ni suru*** basarse en u/c; **~*chishiki*** conocimiento *m* elemental
kizoo 寄贈 donación *f*; **~*suru*** donar, regalar
gizoo 偽造 falsificación *f*; **~*suru*** falsificar; **~*no*** falsificado, -a; **~*kahei*** moneda *f* falsa; **~*shihei*** billete *m* falso; **~*kogitte*** cheque *m* falsificado
kisoku 規則 regla *f*, reglamento *m*; **~*teki na*** regular *adj m/f*; **~*o tsukuru*** establecer una regla; **~*o mamoru*** respetar las reglas; **~*o yaburu*** saltarse/no respetar las reglas
kizoku 貴族 nobleza *f*, aristocracia *f*; **~*teki na*** aristócrata *adj m/f*; **~*ni naru*** recibir el título de noble
kita 北 norte *m*; **~*Amerika*** América *f* del Norte; **~*Afurika*** África *f* del Norte
gitaa ギター guitarra *f*; **~*o hiku*** tocar la guitarra
kitai 気体 gas *m*, cuerpo *m* gaseoso; **~*no*** gaseoso, -a; **~*ni suru*** gasificar
kitai 期待 expectación *f*, esperanza *f*; **~*suru*** esperar u/c, tener esperanzas de que + subj
gidai 議題 materia *f* de discusión
kitaeru 鍛える fortificar, robustecer
kitaku 帰宅 **~*suru*** regresar a casa
kidate 気立て **~*no yoi*** de buen corazón; **~*no yasashii*** de naturaleza afable
kitanai 汚い **1.** sucio, -a, desaliñado, -a; **2.** vil *adj m/f*, despreciable *adj m/f*, falto, -a de escrúpulos; **3.** (*ji ga*) feo, -a; (*kotoba nado ga*) obsceno, -a
kitanarashii 汚らしい desaseado, -a, zarrapastroso, -a, andrajoso, -a
kitahankyuu 北半球 hemisferio *m* norte

kitaru 来る próximo, -a
kichi 吉 buen/feliz augurio *m*
kichi 基地 base *f*; ***nankyoku~*** base *f* antártica
kichi 機知 ingenio *m*, agudeza *f*; ***~ni tonda*** ingenioso, -a
kichigai 気違い loco, -a, demente *m/f*; ***~no*** loco, -a; ***~ni naru*** volverse loco, -a; ***~ni suru*** volver loco, -a a alg
kichuu 忌中 ***~no*** de luto; ***~dearu*** estar de luto
kichoo 基調 idea *f* principal, base *f*; ***…o~ni shite iru*** girar alrededor de, tener como idea principal
kichoo 貴重 ***~na*** valioso, -a, de gran precio; ***~hin*** artículo *m* de valor
kichoomen 几帳面 ***~na*** metódico, -a, ordenado, -a, concienzudo, -a; ***~ni*** metódicamente
kichinto きちんと **1.** en orden; ***~suru*** poner u/c en orden, arreglar; **2.** correctamente, con precisión, puntualmente
kitsui きつい **1.** demasiado apretado; **2.** riguroso, -a, severo, -a, estricto, -a
kitsuen 喫煙 ***~suru*** fumar; ***~shitsu*** sala *f* de fumadores
kizukau 気遣う preocuparse por u/c
kikkake きっかけ ocasión *f*, oportunidad *f*; ***…suru~o matsu*** aguardar la oportunidad de + inf; ***~o mitsukeru*** encontrar la ocasión de
kizukare 気疲れ cansancio *m* nervioso
kizuku 気付く enterarse de u/c
kikkoo 拮抗 rivalidad *f*, competencia *f*; ***~suru*** rivalizar con alg
kissaten 喫茶店 cafetería *f*
gisshiri ぎっしり ***~to tsumekomu*** llenar por completo; ***~to tsumatta*** lleno, -a, atestado, -a
kissui 生粋 ***~no*** puro, -a, genuino, -a, auténtico, -a
kizuchi 木槌 mazo *m*; ***~de tataku*** golpear u/c con un mazo
kitte 切手 sello *m* de correos, estampilla *f*, timbre *m*; ***~shuushuu*** colección *f* de sellos, filatelia *f*
kitto きっと ciertamente, con seguridad
kitsune 狐 zorro *m*, zorra *f*; ***~no kegawa*** piel *f* de zorro
kippari きっぱり claramente, con resolución; ***~to kotowaru*** rehusar categóricamente; ***~to iu*** decir claramente
kippu 切符 billete *m*, entrada *f*, localidad *f*; ***~o kau*** sacar un billete; ***~uriba*** taquilla *f*
kitei 既定 ***~no*** fijo, -a, establecido, -a

kitei 規定 reglamento *m*; **~suru** reglamentar, estipular

giteisho 議定書 protocolo *m*

kiten 機転 ingenio *m*, sagacidad *f*; **~no kiku** sagaz *adj m/f*

kidenryoku 起電力 fuerza *f* electromotriz

kito 帰途 **~ni** en el camino de vuelta; **~ni tsuku** ponerse en camino de vuelta

kidoo 軌道 órbita *f*; **~ni noru** entrar en órbita; **~o hazureru** salirse/desviarse de su órbita

kidoo 起動 arranque *m*; **~suru** arrancar; **~soochi** mecanismo *m* de arranque

kidoo 機動 **~butai** cuerpo *m* motorizado; **~tai** policía *f* antidisturbios; **~sei** movilidad *f*

kidoru 気取る darse aires

kinai 機内 **~de** en el avión; **~saabisu** servicio *m* en el vuelo

ki-ni-iru 気に入る gustar, satisfacer

kinyuu 記入 apunte *m*, anotación *f*; **~suru** anotar, rellenar

kinu 絹 seda *f*

kinuzure 衣擦れ **~no oto** frufrú *m*

kinen 記念 conmemoración *f*; **~suru** conmemorar; **~no** conmemorativo, -a; **~kahei** moneda *f* conmemorativa; **~kitte** sello *m* conmemorativo; **~shashin** fotografía *f* de recuerdo; **~bangumi** programa *m* conmemorativo; **~hin** objeto *m* de recuerdo

kinoo 昨日 ayer; **~no asa** ayer por la mañana; **~no yoru** ayer por la noche; **~no** de ayer

kinoo 帰納 inducción *f*; **~suru** inducir; **~teki na** inductivo, -a

kinoo 機能 función *f*; **~suru** funcionar; **~teki na** funcional *adj m/f*

kinoko きのこ seta *f*, hongo *m*; **~o toru** coger setas

kinodoku 気の毒 **~na** pobre *adj m/f*, lastimoso, -a; **~ni omou** compadecer a alg

kiba 牙 colmillo *m*; **~o muku** mostrar los colmillos

kiba 騎馬 **~de** a caballo; **~keikan** agente *m/f* de policía montada; **~keikantai** policía *f* montada; **~gyooretsu** cabalgata *f*

kihatsu 揮発 volatilización *f*; **~suru** volatilizarse; **~sei no** volátil *adj m/f*

kibamu 黄ばむ amarillar, amarillecer

kibarashi 気晴らし diversión *f*, distracción *f*; **~o suru** distraerse

kihan 規範 norma *f*, modelo *m*

kiban 基盤 base *f*, fundamento *m*; **...o~to suru** basarse en; **~o nasu** servir de base para u/c

kibi 黍 mijo *m*

kibishii 厳しい severo, -a, estricto, -a
gihitsu 偽筆 escritura *f* falsificada, pintura *f* falsificada; ***~no*** falsificado, -a
kihin 気品 distinción *f*, dignidad *f*; ***~no aru*** elegante *adj m/f*, distinguido, -a
kifu 寄付 contribución *f*, donación *f*; ***~suru*** contribuir, donar
gipusu ギプス yeso *m*, vendaje *m* enyesado; ***ashi ni~o hameru*** enyesar una pierna
gifuto-chekku ギフトチェック cheque *m* de regalo
kibun 気分 **1.** estado *m* de ánimo, humor *m*; ***~ga yoi*** sentirse bien; ***~ga warui*** sentirse mal, estar indispuesto; **2.** atmósfera *f*, ambiente *m*
kihei 騎兵 soldado *m/f* de caballería; ***~tai*** tropa *f* de caballería
kiben 詭弁 sofisma *m*; ***~teki na*** sofista *adj m/f*
kibo 規模 escala *f*, dimensión *f*; ***~no ookii/chiisai*** de gran/pequeña escala
kiboo 希望 esperanza *f*, deseo *m*; ***~suru*** esperar, desear; ***~o ushinau*** perder la esperanza; ***~sha*** aspirante *m/f*
kibori 木彫り talla *f*; ***~no*** esculpido, -a en madera
kihon 基本 base *f*, fundamento *m*; ***~teki na*** fundamental *adj m/f*; ***~kyuu*** sueldo *m* base
kimae 気前 ***~no yoi*** generoso, -a, dadivoso, -a
kimagure 気紛れ capricho *m*; ***~na*** caprichoso, -a; ***~ni*** caprichosamente
kimajime 生真面目 ***~na*** muy serio, -a; ***~ni*** muy seriamente
kimatsu 期末 **1.** (*gakkimatsu*) fin *m* del trimestre/semestre; ***~tesuto*** examen *m* trimestral/semestral; **2.** (*shoogyoo*) fin *m* del periodo contable; ***~kessan*** balance *m* de cierre de ejercicio
kimatte 決まって invariablemente, sin falta
kimama 気まま ***~na*** caprichoso, -a; ***~ni*** a su gusto, como le plazca
kimari 決まり **1.** uso *m*, costumbre *f*; **2.** ***~ga tsuku*** concluir; **3.** ***~o tsukeru*** concluir u/c; **4.** ***~ga warui*** estar desconcertado, -a
kimarikitta 決まりきった fijo, -a, determinado, -a, monótono, -a
kimaru 決まる fijarse, decidirse
kimi 君 tú
kimi 気味 ***~no warui*** horrible *adj m/f*, siniestro, -a
kimi 黄身 yema *f* de huevo
-gimi 一気味 ***...shi + ~ dearu*** tender a + inf
kimitsu 気密 ***~no*** hermético, -a; ***~shitsu*** cámara *f* herméticamente cerrada

kimitsu 機密 secreto *m*, confidencia *f*; **~*no*** confidencial *adj m/f*
kimyoo 奇妙 **~*na*** extraño, -a, raro, -a, extravagante *adj m/f*
gimu 義務 deber *m*, obligación *f*; **~*teki na*** obligatorio, -a; **~*teki ni*** por obligación
kimuzukashii 気難しい exigente *adj m/f*, quisquilloso, -a, irascible *adj m/f*
kimei 記名 **~*suru*** poner su nombre; **~*toohyoo*** votación *f* nominal
kimeru 決める decidir, fijar, acordar
kimo 肝 **~*no futoi*** atrevido, -a; **~*ga chiisai*** tímido, -a, medroso, -a; **~*o hiyasu*** espantarse
kimochi 気持ち **1.** sensación *f*; **~*ga yoi*** agradable *adj m/f*; sentirse bien; **~*yoku*** con alegría, de buena gana; **~*ga warui*** desagradable *adj m/f*; sentirse mal; **2.** sentimiento *m*, disposición *f*
kimono 着物 traje *m*, vestido *m*, quimono *m*
gimon 疑問 **1.** duda *f*; **~*o idaku*** dudar; **2.** *ling* **~*shi*** interrogativo *m*; **~*fu*** signo *m* de interrogación; **~*bun*** oración *f* interrogativa
kyaku 客 **1.** visitante *m/f*; **2.** invitado, -a; **3.** (*mise*) cliente *m/f*; **4.** (*jookyaku*) pasajero, -a; **5.** (*kankyaku*) espectador, -a
gyaku 逆 oposición *f*; **~*no*** inverso, -a; **~*ni*** al revés, a la inversa; **~*ni suru*** invertir el orden, volver del revés, poner u/c boca abajo
kyakuin 客員 **~*kyooju*** profesor, -a visitante/invitado, -a
kyakuin 脚韻 rima *f*
gyakukooka 逆効果 efecto *m* contrario; **~*no*** contraproducente *adj m/f*; **~*ni naru*** resultar contraproducente u/c
gyakukoosen 逆光線 contraluz *f*; **~*de utsusu*** fotografiar u/c a contraluz
gyakusatsu 虐殺 matanza *f*; **~*suru*** hacer una carnicería
kyakushitsu 客室 sala *f* de visitas
gyakushuu 逆襲 contraataque *m*; **~*suru*** contraatacar
kyakushoku 脚色 dramatización *f*; **~*suru*** dar forma dramática a u/c; **~*sha*** adaptador, -a
kyakuseki 客席 **1.** sala *f* de espectadores; **2.** asiento *m*, butaca *f*
gyakusetsu 逆説 paradoja *f*; **~*teki na*** paradójico, -a; **~*teki ni*** paradójicamente
kyakusen 客船 barco *m* de pasajeros
gyakutai 虐待 maltrato *m*, tortura *f*; **~*suru*** maltratar
kyakuchuu 脚注 nota *f* a pie de página; **~*o tsukeru*** poner una nota a pie de página

gyakuten 逆転 inversión *f*, reversión *f*; **~*suru*** invertirse; **~*saseru*** invertir
kyakuhon 脚本 pieza *f* teatral; **~*ka*** dramaturgo, -a
kyakuma 客間 sala *f* de visitas
gyakuryuu 逆流 contracorriente *f*, reflujo *m*; **~*suru*** correr hacia atrás, refluir
gyazaa ギャザー**~*zuke suru*** fruncir; **~*sukaato*** falda *f* fruncida
kiyasuku 気安く sin ceremonia, sin reservas
kyasuto キャスト reparto *m*, elenco *m*
kyakkan 客観 **~*teki na*** objetivo, -a; **~*teki ni*** objetivamente; **~*sei*** objetividad *f*; **~*sei no nai*** falto, -a de objetividad
gyakkyoo 逆境 adversidad *f*, infortunio *m*
gyakkoo 逆行 retroceso *m*; **~*suru*** recular, retroceder
kyasshu-kaado キャッシュカード tarjeta *f* de débito
kyatchifureezu キャッチフレーズ eslogan *m* publicitario
kyatchaa キャッチャー (*yakyuu/béisbol*) receptor *m*; **~*mitto*** guante *m* de recogida
kyatchaa-boodo キャッチャーボート ballenero *m*
kyappu キャップ capuchón *m* de bolígrafo o estilográfica
kyadii キャディー (*gorufu no/golf*) caddie *m*
kyabaree キャバレー cabaret *m*
kyabia キャビア caviar *m*
kyabin キャビン camarote *m*
kyaputen キャプテン capitán, -a
kyaburetaa キャブレター carburador *m*
kyabetsu キャベツ col *f*
kyarameru キャラメル caramelo *m*
gyangu ギャング gángster *m*; **~*eiga*** película *f* de gángsteres
kyanseru キャンセル **~*suru*** cancelar, anular; ***...no yoyaku o~suru*** anular la reserva de...
kyandee キャンデー bombón *m*, golosina *f*
kyanpasu キャンパス campus *m* universitario
kyanpingu キャンピング **~*kaa*** caravana *f*, coche *m* vivienda
kyanpu キャンプ **1.** campamento *m*, camping *m*; **~*suru*** acampar; **2.** campamento *m* militar; campo *m* de concentración
gyanburu ギャンブル juego *m*, jugada *f*, apuesta *f*
kyanpeen キャンペーン campaña *f*
kyuu 九 nueve *m*; **~*ban me no*** noveno, -a
kyuu 急 **1.** **~*na*** urgente *adj m/f*, repentino, -a; **~*ni*** de repente; **2.** abrupto, -a, escarpado, -a
kyuu 級 clase *f*, grado *m*; ***ik~*** primer grado *m*; ***ni~*** segundo grado *m*; ***san~*** tercer grado *m*

kyuuai 求愛 galanteo *m*; **~suru** cortejar

kyuuin 吸引 absorción *f*, succión *f*; **~suru** absorber, chupar

kyuuen 休演 **~suru** suspender la representación/función

kyuuen 救援 socorro *m*, ayuda *f*; **~suru** socorrer, auxiliar

kyuuka 休暇 vacaciones *fpl*, licencia *f*, permiso *m*; **~o toru** tomarse unas vacaciones

kyuu-kaabu 急カーブ curva *f* cerrada

kyuukai 休会 **~suru** suspender la reunión/sesión

kyuukaku 嗅覚 olfato *m*; **~no** olfativo, -a; **~ga surudoi** tener buen olfato

kyuugaku 休学 **~suru** interrumpir temporalmente los estudios

kyuukakudo 急角度 ángulo *m* agudo

kyuukazan 休火山 volcán *m* inactivo

kyuukan 休刊 **~suru** suspender la publicación de u/c

kyuukan 休館 **~suru** cerrar temporalmente un edificio

kyuugi 球技 juego *m* de pelota

kyuukyuu 救急 urgencia *f*, emergencia *f*; **~sha** ambulancia *f*; **~bako** botiquín *m* de primeros auxilios; **~byooin** hospital *m* de urgencias

kyuukutsu 窮屈 **1.** **~na** estrecho, -a, angosto, -a; **2.** incómodo, -a

kyuukei 休憩 tiempo *m* de descanso, recreo *m*; **~suru** descansar

kyuugeki 急激 **~na** rápido, -a, acelerado, -a; **~ni** aceleradamente

kyuukoo 休講 **~suru** no dar la clase

kyuukoo 急行 **1.** **~suru** acudir a toda velocidad; **2.** **~ressha** tren *m* rápido; **~ken** billete *m* de expreso

kyuusai 救済 socorro *m*, auxilio *m*; **~suru** socorrer, auxiliar

kyuushi 急死 muerte *f* repentina; **~suru** morir de repente

kyuushiki 旧式 **~na** anticuado, -a

kyuujitsu 休日 día *m* de descanso

kyuusha 厩舎 cuadra *f*, establo *m*

Kyuushuu 九州 Kyushu

kyuushuu 吸収 absorción *f*, asimilación *f*; **~suru** absorber, asimilar

kyuusho 急所 **1.** (*karada no*) punto *m* vital; **2.** punto *m* esencial

kyuujo 救助 socorro *m*, salvación *f*; **~suru** socorrer, salvar; ***jinmei o~suru*** salvar la vida; **~sagyoo** trabajos *mpl* de rescate; ***~tai*** equipo *m* de salvamento

kyuushoku 休職 ***~suru*** cesar temporalmente de trabajar, darse de baja

kyuushoku 求職 demanda *f* de empleo; ***"~"*** "Bolsa *f* de trabajo"

kyuushoku 給食 sumistro *m* de comida; ***~suru*** abastecer alimentos

kyuushin 求心 ***~teki na*** centrípeto, -a; ***~ryoku*** fuerza *f* centrípeta

kyuushin 急進 ***~teki na*** radical *adj m/f*; ***~shisoo*** ideología *f* radical

kyuujin 求人 busca *f* de personal; ***"~"*** "Demanda *f* de trabajo"

kyuusui 給水 abastecimiento *m* de agua; ***~suru*** abastecer/suministrar agua

kyuusen 休戦 tregua *f*, armisticio *m*; ***~suru*** suspender las hostilidades, hacer una tregua

kyuusoku 休息 reposo *m*; ***~suru*** reposar, descansar; ***~jikan*** hora *f* de descanso

kyuusoku 急速 ***~na*** rápido, -a, acelerado, -a; ***~ni*** con rapidez

kyuutai 球体 esfera *f*

kyuutei 休廷 ***~suru*** suspender la audiencia

kyuutei 宮廷 Palacio *m* Real/Imperial

kyuuden 宮殿 Palacio *m* Real/Imperial

kyuutoo 急騰 subida *f* rápida; ***~suru*** subir repentinamente

gyuuniku 牛肉 carne *f* de ternera; carne *f* de vaca; carne *f* de buey

kyuunyuu 吸入 inhalación *f*; ***~suru*** inhalar, aspirar; ***sanso ~ki*** inhalador *m* de oxígeno

gyuunyuu 牛乳 leche *f* de vaca; ***~o shiboru*** ordeñar una vaca; ***~bin*** botella *f* de leche; ***~haitatsunin*** repartidor, -a de leche

kyuuba 急場 emergencia *f*

kyuuhi 給費 beca *f*; ***~o ukeru*** disfrutar de una beca; ***~sei*** becario, -a

kyuufu 給付 subsidio *m*; ***shitsugyoo~*** subsidio *m* de desempleo

kyuuhen 急変 cambio *m* repentino; ***~suru*** cambiar de repente

kyuuboo 窮乏 pobreza *f*, miseria *f*; ***~ka*** empobrecimiento *m*; ***~ka suru*** empobrecerse

kyuumei 究明 ***~suru*** esclarecer, examinar a fondo

kyuumei 救命 ***~gu*** salvavidas *m*

kyuuyaku 旧約 ***~seisho*** Antiguo Testamento *m*

kyuuyu 給油 suministro *m* de petróleo; ***~suru*** suministrar petróleo/gasolina; repostar

kyuuyo 給与 (*kyuuryoo*) salario *m*; **~*suijun*** nivel *m* de salarios; **~*taikei*** sistema *m* salarial

kyuuyoo 休養 reposo *m*; **~*suru*** reposar

kyuuyoo 急用 asunto/negocio *m* urgente; **~*de*** por un asunto urgente

kyuurai 旧来 **~*no*** antiguo, -a, habitual *adj m/f*, convencional *adj m/f*

kyuuryoo 給料 salario *m*, sueldo *m*; **~*ga takai/yasui*** salario *m* alto/bajo; **~*o uketoru/morau*** cobrar el sueldo

kyurasoo キュラソー curasao *m*

kyurotto キュロット **~*sukaato*** falda *f* pantalón

kiyoi 清い puro, -a, claro, -a, casto, -a, inocente *adj m/f*; ***kokoro no ~ hito*** persona *f* de corazón puro

kyoo 経 sutra *m*; **~*o yomu*** recitar un sutra

kyoo 今日 hoy; (*kesa*)**~*no asa*** esta mañana; **~*no gogo*** esta tarde; **~*no*** de hoy; **~*kara*** desde hoy, a partir de hoy

kiyoo 起用 **~*suru*** nombrar, designar, promover

kiyoo 器用 **~*na*** habilidoso, -a; **~*ni*** con destreza; **~*sa*** habilidad *f*

gyoo 行 línea *f*, renglón *m*; **~*o kaeru*** cambiar de línea; **~*o akeru*** espaciar los renglones; ***ichi~*** una línea; ***ichi~me*** primera línea

kyooaku 凶悪 **~*na*** atroz *adj m/f*, cruel *adj m/f*; **~*hanzai*** crimen *m* atroz

kyooatsu 強圧 **~*teki na*** coercitivo, -a, arbitrario, -a

kyooi 脅威 amenaza *f*; **~*o ataeru*** amenazar a alg

kyooi 驚異 maravilla *f*; **~*teki na*** maravilloso, -a

kyooiku 教育 educación *f*, instrucción *f*; **~*suru*** educar, instruir; **~*teki na*** educativo, -a; **~*no aru*** instruido, -a; **~*no nai*** sin instrucción; **~*o ukeru*** recibir educación

kyooka 強化 fortalecimiento *m*, consolidación *f*; **~*suru*** fortalecer, consolidar

kyooka 教化 moralización *f*, ilustración *f*; **~*suru*** ilustrar, civilizar

kyooka 教科 **1.** asignatura *f*; **2.** (*karikyuramu*) plan *m* de estudios

kyookai 協会 sociedad *f*, asociación *f*

kyookai 教会 iglesia *f*, catedral *f*; **~*ni iku*** ir a la iglesia

kyookai 境界 límite *m*; **~*sen*** línea *f* de demarcación

kyookasho 教科書 libro *m* de texto

kyookatsu 恐喝 intimidación *f*, amenaza *f*; **~*suru*** intimidar, amenazar

kyookan 共感 simpatía *f*; **... *no~o yobu*** inspirar simpatía a alg

gyookan 行間 espacio *m* interlineal; ***~o akeru*** espaciar los renglones; ***~no imi o yomitoru*** leer entre líneas

kyooki 狂気 locura *f*, demencia *f*

kyoogi 協議 deliberación *f*; ***~suru*** deliberar

kyoogi 狭義 ***~no*** en sentido estricto

kyoogi 教義 doctrina *f*, dogma *m*; ***~joo no*** doctrinal *adj m/f*

kyoogi 競技 juego *m*, competición *f*; ***~ni sanka suru*** tomar parte en los juegos

gyoogi 行儀 conducta *f*, comportamiento *m*; ***~ga yoi*** ser una persona educada; ***~ga warui*** ser una persona maleducada; ***~yoku*** educadamente

kyookyuu 供給 abastecimiento *m*, suministro *m*; ***~suru*** abastecer, suministrar

kyookun 教訓 lección *f*, precepto *m*, moraleja *f*; ***~teki na*** moralizador, -a, edificante *adj m/f*

kyooken 狂犬 perro *m* rabioso; ***~byoo*** rabia *f*; ***~byoo kanja*** rabioso, -a

kyooken 強健 ***~na*** robusto, -a, vigoroso, -a

kyoogen 狂言 farsa *f* de teatro Noo; ***~jisatsu*** suicidio *m* fingido

kyooko 強固 ***~na*** sólido, -a, firme *adj m/f*

gyooko 凝固 solidificación *f*, coagulación *f*, cuajadura *f*; ***~suru*** solidificar, cuajarse

kyookoo 強硬 ***~na*** firme *adj m/f*, inflexible *adj m/f*

kyookoku 峡谷 garganta *f*, cañón *m*

kyoosa 教唆 incitación *f*; ***~suru*** incitar

kyoosan 共産 ***~shugi*** comunismo *m*; ***~shugi sha*** comunista *m/f*; ***~shugi teki na*** comunista *adj m/f*; ***~too*** partido *m* comunista

kyooshi 教師 maestro, -a, profesor, -a

kyooshitsu 教室 **1.** aula *f*; 2. clase *f*; ***kookogaku~*** clase *f* de arqueología

kyoojaku 強弱 intensidad *f*; ***oto no~*** intensidad *f* del sonido

kyooju 教授 **1.** enseñanza *f*, instrucción *f*; ***~suru*** enseñar; **2.** profesor, -a catedrático, -a

gyooshu 業種 sección *f* de industria; rama *f* del comercio

kyooshuu 郷愁 nostalgia *f*, añoranza *f* de la tierra; ***~o idaku*** sentir añoranza de la tierra natal

gyooshuu 凝集 cohesión *f*, floculación *f*, aglutinación *f*

kyooshuujo 教習所 escuela *f* práctica; ***jidoosha~*** auto-escuela *f*
kyooshuku 恐縮 ***~suru*** **1.** (*kansha suru*) agradecer u/c; **2.** (*mooshiwakenaku omou*) sentirlo
gyooshuku 凝縮 condensación *f*; ***~suru*** condensar
kyooshutsu 供出 ofrecimiento *m*; ***~suru*** ofrecer, ofrecer u/c al gobierno
kyoojoo 教条 dogma *m*; ***~teki na*** dogmático, -a; ***~shugi*** dogmatismo *m*
gyooshoo 行商 comercio *m* ambulante; ***~suru*** andar vendiendo de puerta en puerta
kyooshoku 教職 profesorado *m*, enseñanza *f*; ***~ni tsuku*** hacerse profesor, -a; ***~katei*** curso *m* de formación pedagógica
kyooshin 狂信 ***~teki na*** fanático, -a; ***~teki ni*** fanáticamente
kyooshinshoo 狭心症 *med* angina *f* de pecho
kyoosei 強制 coacción *f*; ***~suru*** coaccionar; ***~teki na*** coactivo, -a; ***~teki ni*** a la fuerza; ***~shuuyoosho*** campo *m* de concentración; ***~hoken*** seguro *m* obligatorio; ***~roodoo*** trabajos *mpl* forzados
kyoosei 矯正 corrección *f*, rectificación *f*; ***~suru*** corregir, rectificar
gyoosei 行政 administración *f*; ***~joo no*** administrativo, -a; ***~kubun*** división *f* administrativa
gyooseki 業績 fruto *m*, trabajo *m* realizado; ***~o ageru*** arrojar buenos resultados
kyoosoo 競争 competencia *f*, rivalidad *f*; ***~suru*** competir, rivalizar; ***~no*** competitivo, -a; ***~ni katsu*** ganar en una competición; ***~ni makeru*** perder en una competición
kyoosoo 競走 carrera *f*; ***~suru*** correr; ***~ni katsu/makeru*** ganar/perder una carrera
gyoosoo 形相 fisonomía *f*, semblante *m*
kyoodai 兄弟 hermano, -a; ***~ai*** amor *m* fraternal; ***Go~wa nannin irasshaimasu ka*** ¿Cuántos hermanos tiene usted?
kyootaku 供託 depósito *m*, fianza *f*; ***~suru*** depositar una fianza; ***~kin*** fianza *f*
kyootan 驚嘆 asombro *m*, admiración *f*; ***~suru*** asombrarse, maravillarse; ***~saseru*** asombrar, maravillar; ***~subeki*** admirable *adj m/f*
kyoochoo 協調 conciliación *f*; ***~suru*** conciliar, armonizar
kyoochoo 強調 énfasis *m*; ***~suru*** poner énfasis en u/c, subrayar
kyootsuu 共通 ***~no*** común *adj m/f*; ***~ten*** punto *m* común;

~ten o motsu tener puntos comunes

kyootei 協定 convenio *m*, acuerdo *m*, pacto *m*; ***~suru*** convenir, ponerse de acuerdo con alg

kyooten 教典 libro *m* sagrado

kyooten 経典 Veda *m*, sutra *m*

Kyooto 京都 Kioto

kyooto 教徒 creyente *m/f*

kyoodo 郷土 tierra *f* natal; ***~geinoo*** arte *m* folclórico; ***~shi*** historia *f* local

kyoodoo 共（協）同 cooperación *f*, colaboración *f*; ***~suru*** cooperar; ***~no*** cooperativo, -a; ***~de*** en colaboración; ***~kanri*** coadministración *f*; ***~kumiai*** cooperativa *f*; ***~keiei*** dirección *f* conjunta; ***~kooza*** cuenta *f* bancaria conjunta; ***~shijoo*** mercado *m* común; ***~seikatsu*** convivencia *f*

kyoobai 競売 subasta *f*, remate *m*; ***~suru*** subastar, vender en subasta pública

kyoohaku 脅迫 amenaza *f*, chantaje *m*; ***~suru*** amenazar, chantajear; ***~joo*** carta *f* conminatoria; ***~sha*** chantajista *m/f*

kyoohan 共犯 complicidad *f*; ***~sha*** coautor, -a de un delito, cómplice *m/f*

kyoofu 恐怖 terror *m*; ***~suru*** aterrorizarse; ***~o kanjiru*** sentir pánico; ***~o kanjisaseru*** aterrar

kyooboo 狂（凶）暴 ***~na*** brutal *adj m/f*, bárbaro, -a; ***~sa*** brutalidad *f*; ***~na seikaku*** carácter *m* brutal

kyooboo 共謀 conspiración *f*; ***~suru*** conspirar, confabular

kyoomi 興味 interés *m*; ***~no aru*** interesante *adj m/f*; ***~o motte iru/ga aru*** tener interés en u/c; ***~o ushinau*** perder el interés en u/c

gyoomu 業務 operación *f*, trabajo *m*, oficio *m*; ***ginkoo~*** operación *f* bancaria

kyoomei 共鳴 **1.** (*hankyoo*) resonancia *f*; ***~suru*** resonar; ***~kyuushuu*** absorción *f* de resonancias; ***~bako*** resonador *m*; **2.** (*kyookan*) ***~suru*** compartir la opinión de alg; ***~sha*** simpatizante *m/f*

kyooyaku 協約 convenio *m*, contrato *m*; ***~o musubu*** firmar un convenio

kyooyuu 共有 copropiedad *f*; ***~suru*** poseer u/c en común; ***~no*** de propiedad común; ***~zaisan*** bienes *mpl* comunes; ***~sha*** copropietario, -a

kyooyoo 共用 ***~no*** de uso común, público, -a; ***~suru*** usar en común

kyooyoo 強要 ***~suru*** exigir, compeler a alg

kyooyoo 教養 cultura *f*, conocimientos *mpl*; **~*no aru*** culto, -a; **~*no nai*** inculto, -a; **~*bangumi*** programa *m* cultural

kyooraku 享楽 placer *m*, goces *mpl* mundanos; **~*shugi*** epicureísmo *m*

kyoori 教理 dogma *m*, doctrina *f* religiosa

kyooryuu 恐竜 dinosaurio *m*, saurio *m* fósil

kyooryoo 狭量 **~*na*** de miras estrechas, intolerante *adj m/f*

kyooryoku 協力 colaboración *f*; **~*suru*** colaborar; **~*teki na*** cooperativo, -a; **~*sha*** colaborador, -a

kyooryoku 強力 **~*na*** fuerte *adj m/f*, poderoso, -a; **~*ni*** con fuerza

kyooretsu 強烈 **~*na*** fuerte *adj m/f*, intenso, -a, violento, -a

gyooretsu 行列 **1.** desfile *m*, cabalgata *f*, fila *f*; **~*suru*** desfilar, hacer cola; **2.** *mat* matriz *f*; **~*shiki*** determinante *m*

kyoowa 共和 **~*koku*** república *f*; **~*seitai no*** republicano, -a; **~*koku daitooryoo*** presidente, -a de una república; **~*shugi*** republicanismo *m*; **~*too*** partido *m* republicano

kyoei 虚栄 **~*shin*** vanidad *f*; **~*shin no tsuyoi*** vanidoso, -a

gyooza ぎょうざ raviolis *mpl* chinos

kyoka 許可 permiso *m*, licencia *f*; **~*suru*** permitir, dar licencia a alg; **~*o eru*** conseguir permiso; **~*naku*** sin permiso; ***tsuukoo~shoo*** salvoconducto *m*

gyokai 魚介 **~*rui*** pescados *mpl* y mariscos *mpl*

kyogaku 巨額 gran cantidad *f*; **~*no shikin*** gran capital *m*

kyogi 虚偽 falsedad *f*; **~*no*** falso, -a; **~*no shoogen o suru*** dar un falso testimonio

gyogyoo 漁業 pesca *f*, industria *f* pesquera

kyoku 曲 melodía *f*

kyokugei 曲芸 juegos *mpl* malabares; **~*o suru*** hacer malabarismos

kyokusa 極左 extrema izquierda *f*

kyokusen 曲線 línea *f* curva; **~*o kaku*** trazar una línea curva

kyokutan 極端 **~*na*** extremo, -a, radical *adj m/f*; **~*ni*** extremadamente

kyokuchi 局地 **~*teki na*** local *adj m/f*

kyokuchi 極地 regiones *fpl* polares

kyokudo 極度 **~*no*** extremo, -a, excesivo, -a; **~*ni*** en grado extremo

kyokudome 局留め **~*yuubin*** lista *f* de correos

kyokumen 局面 (*joosei*) situación *f*, fase *f*

kyokoo 虚構 ficción *f*; ***~no*** ficticio, -a
kyojuu 居住 residencia *f*; ***~suru*** residir
kyojin 巨人 gigante, -a
kyosei 去勢 ***~suru*** castrar, esterilizar
kyozetsu 拒絶 negativa *f*, denegación *f*; ***~suru*** rehusar, rechazar; ***~hannoo*** intolerancia *f*
gyosen 漁船 barco *m* pesquero
kyodai 巨大 ***~na*** gigantesco, -a, enorme *adj m/f*; ***~sa*** grandeza *f*
kyodatsu 虚脱 ***~jootai*** colapso *m*; ***~jootai no*** postrado, -a, abatido, -a
gyotto ぎょっと ***~suru*** sobresaltarse
kyotoo 巨頭 persona *f* importante; ***~kaidan*** conferencia *f* cumbre
kyotokyoto きょときょと ***~to mimawasu*** mirar alrededor con mirada inquieta
kyonen 去年 año *m* pasado; ***~no haru/natsu/aki/fuyu ni*** en primavera/verano/otoño/invierno del año pasado
kyohi 拒否 (*kyozetsu*) ***~ken*** derecho *m* de veto; ***~suru*** vetar, negarse a
gyomin 漁民 pescadores *mpl*
kyomu 虚無 ***~teki na*** nihilista *adj m/f*; ***~shisoo*** ideología *f* nihilista; ***~shugi*** nihilismo *m*
kiyomeru 清める purificar
kyoyoo 許容 ***~suru*** tolerar, admitir, aguantar; ***~ryoo*** margen *m* de tolerancia
gyorai 魚雷 torpedo *m*; ***~o hassha suru*** torpedear
kyori 距離 distancia *f*, intervalo *m*
kyorokyoro きょろきょろ ***~suru*** hacer vagar la vista, mirar con ojos inseguros
gyorogyoro ぎょろぎょろ ***~to*** con ojos muy abiertos, con ojos desorbitados
kiyowa 気弱 ***~na*** apocado, -a, tímido, -a
kirai 嫌い **1.** ***~na*** odioso, -a, detestable *adj m/f*; **2.** (*keikoo*) ***… no~ga aru*** tener tendencia a
kirau 嫌う detestar, aborrecer
kirakira きらきら ***~suru*** relucir, brillar; ***~shita*** reluciente *adj m/f*
giragira ぎらぎら ***~suru*** deslumbrar, brillar fuerte
kiraku 気楽 ***~na*** despreocupado, -a, libre de preocupaciones; ***~ni*** sin preocupación, cómodamente
kirameki きらめき brillo *m*, resplandor *m*, destello *m*
kirameku きらめく brillar, resplandecer
kirari きらり ***~to hikaru*** despedir un destello vivo
kiri 切り **1.** término *m*, fin *m*; ***~o tsukeru*** poner término a u/c;

2. ***~no nai*** interminable *adj m/f*, sin límites

kiri 桐 paulonia *f*; ***~no tansu*** cómoda *f* de madera de paulonia

kiri 錐 taladro *m*

kiri 霧 niebla *f*, bruma *f*

giri 義理 **1.** obligación *f*, sentido *m* del deber; ***...ni~o tateru*** cumplir con las obligaciones hacia alg; **2.** ***~no*** político, -a; ***~no musuko*** yerno *m*

kiriageru 切り上げる **1.** acabar, concluir; **2.** redondear por exceso; **3.** revaluar

kiriotosu 切り落とす cortar, amputar

kirisageru 切り下げる devaluar

Girishia ギリシア Grecia *f*; ***~seikyoo*** cristianismo *m* ortodoxo griego; ***kodai~no*** helénico, -a

Kirisuto キリスト Cristo, Jesús; ***~kyoo*** cristianismo *m*

kiridasu 切り出す **1.** ***ishi o~*** extraer piedras de una cantera; **2.** ***hanashi o~*** abordar un tema

kiritsu 起立 ***~suru*** ponerse en pie; ***~!*** ¡En pie!

kiritsu 規律 disciplina *f*; ***~o tamotsu*** mantener la disciplina

kiritoru 切り取る cortar, recortar

kirinuki 切り抜き recorte *m*; ***shinbun no~*** recorte *m* de periódico

kirinuku 切り抜く recortar

kirihanasu 切り離す separar

kirihiraku 切り開く despejar, abrir camino, allanar

kiryoku 気力 ánimo *m*, energía *f*, brío *m*; ***~ga aru*** brioso, -a; ***~ga nai*** sin ánimos; ***~o ushinau*** perder las fuerzas

kirin きりん jirafa *f*

-kiru 一きる ***...shi +~*** terminar, acabar de + inf

kiru 切る cortar

kiru 着る vestirse, ponerse

kirutingu キルティング acolchado *m*; ***~no*** acolchado, -a; ***~no janpaa*** cazadora *f* acolchada

girudo ギルド gremio *m*

kire 切れ **1.** pieza *f*, trozo *m*, porción *f*; **2.** trozo *m* de tela, retal *m*

kirei 綺麗 **1.** ***~na*** bonito, -a, bello, -a; **2.** ***~na*** limpio, -a, ordenado, -a; **3.** ***~na*** recto, -a, honrado, -a; **4.** ***~ni*** por completo

girei 儀礼 protocolo *m*; ***~teki na*** protocolario, -a

kiregire 切れ切れ de forma entrecortada

kiretsu 亀裂 grieta *f*, fisura *f*

kireme 切れ目 ***hanashi no~*** pausa *f* en una charla

-kireru 一きれる ***…shi + kirenai*** no poder + inf

kireru 切れる **1.** cortar; **2.** cortarse, romperse; **3.** expirar el pla-

zo; **4.** (*atama ga*) ***yoku~hito*** persona *f* aguda/sagaz
kiro キロ **1.** kilogramo *m*; **2.** kilómetro *m*; ***jisoku 200~de*** a una velocidad de 200 km/h
kiroku 記録 **1.** anotación *f*, registro *m*; ***~suru*** anotar, registrar; **2.** marca *f*, récord *m*; ***~suru*** batir un récord; ***~teki na*** inusitado, -a, sin anales en la historia
girochin ギロチン guillotina *f*; ***~ni kakeru*** guillotinar a alg
kirorittoru キロリットル kilolitro *m*
kirowatto キロワット *electr* kilovatio *m*
giron 議論 discusión *m*, debate *m*; ***~suru*** discutir, debatir
kiwa 際 ***...no~ni*** al borde de, en el instante de
giwaku 疑惑 sospecha *f*, duda *f*; ***~o idaku*** abrigar la sospecha de
kiwadatsu 際立つ destacarse, distinguirse, sobresalir
kiwadoi 際どい ***~tokoro de*** por los pelos
kiwametsuki 極め付き ***~no*** famoso, -a, conocido, -a
kiwamete 極めて sumamente
ki o tsuke 気を付け ¡Atención!, ¡Cuidado!
kin 金 oro *m*; ***~no*** de oro; ***~iro no*** de color *m* dorado; ***~medaru*** medalla *f* de oro
kin 菌 microbio *m*; (*saikin*) bacteria *f*
gin 銀 plata *f*; ***~sei no*** hecho, -a de plata; ***~iro no*** de color *m* plateado; ***~medaru*** medalla *f* de plata
kin'itsu 均一 uniformidad *f*; ***~no*** uniforme *adj m/f*; ***~ni*** con uniformidad
kin'en 禁煙 ***~suru*** dejar de fumar; **~** "Prohibido fumar"; ***~seki*** asiento *m* para no fumadores
kinga 謹賀 ***~shinnen*** Le deseo un próspero Año Nuevo
ginga 銀河 Vía *f* Láctea
kingaku 金額 suma *f* de dinero, importe *m*
kingan 近眼 miopía *f*; ***~no*** miope *adj m/f*; ***~no hito*** persona *f* miope; ***~kyoo*** gafas *fpl* para la miopía
kinki 禁忌 tabú *m*
kinkyuu 緊急 urgencia *f*, emergencia *f*; ***~no*** urgente *adj m/f*; ***~ni*** urgentemente
kingen 金言 aforismo *m*
kingen 謹厳 ***~na*** serio, -a, formal *adj m/f*
kinko 金庫 caja *f* fuerte; ***~ni shimau*** guardar en una caja fuerte
kinkoo 近郊 alrededores *mpl*; ***~no*** de los alrededores
kinkoo 均衡 equilibrio *m*; ***~o toru*** equilibrar; ***~o tamotsu***

mantener el equilibrio; ***~o u-shinau*** perder el equilibrio

ginkoo 銀行 banco *m*; ***~no*** bancario, -a; ***~in*** empleado, -a de banco; ***~yokin*** depósito *m* bancario; ***~roon*** préstamo *m* bancario

kinkonshiki 金婚式 bodas *fpl* de oro

ginkonshiki 銀婚式 bodas *fpl* de plata

kinshi 禁止 prohibición *f*; ***~suru*** prohibir

kinshu 禁酒 abstinencia *f* de bebidas alcoholicas; ***~suru*** abstenerse de beber alcohol; ***~undoo*** movimiento *m* contra el consumo de alcohol

kinshuku 緊縮 restricción *f*, reducción *f*; ***~suru*** restringir, reducir

kinjo 近所 vecindad *f*, vecindario *m*; ***~no*** vecino, -a; ***kono~ni*** cerca de aquí

kinjiru 禁じる (*kinshi*) prohibir

kinsei 均整 proporción *f*, simetría *f*; ***~no toreta*** bien proporcionado, -a; ***~no torete inai*** desproporcionado, -a

kinsei 金星 Venus *m*, lucero *m*

kinsei 禁制 prohibición *f*; ***~no*** prohibido, -a; ***~hin*** artículo *m* prohibido

kinsetsu 近接 ***~shita*** próximo, -a, contiguo, -a

kinsen 金銭 dinero *m*; ***~no mondai*** problema *m* pecuniario; ***~teki ni enjo suru*** ayudar económicamente

kinzoku 金属 metal *m*; ***~no*** metálico, -a; ***~sei no*** de metal; ***~koogyoo*** metalurgia *f*

kindai 近代 época *f* moderna; ***~no/teki na*** moderno, -a; ***~ka*** modernización *f*; ***~ka suru*** modernizar, modernizarse; ***~shi*** historia *f* moderna; ***~shisoo*** ideas *fpl* modernas; ***~shakai*** sociedad *f* moderna; ***~shugi*** modernismo *m*

kintama 金玉 *vulg* cojones *mpl*

kinchoo 緊張 tensión *f*, nerviosismo *m*; ***~suru*** ponerse tenso, -a; ***~shite iru*** estar en tensión

kintoo 近東 Oriente *m* Próximo

kintoo 均等 igualdad *f*; ***~na*** igual *adj m/f*; ***~ni*** por igual

kinniku 筋肉 *med* músculo *m*; ***~o tsukeru*** hacer músculos

kinpaku 緊迫 ***~suru*** ponerse tenso, -a; ***~shita*** tenso, -a

kinpatsu 金髪 pelo *m* rubio; ***~no*** rubio, -a

kinben 勤勉 aplicación *f*, diligencia *f*; ***~na*** aplicado, -a, diligente *adj m/f*; ***~ni*** con aplicación

kinhon'i 金本位 patrón *m* oro; ***~sei ni ikoo suru*** adoptar el sistema del patrón oro

kinmitsu 緊密 ***~na*** estrecho, -a, íntimo, -a

kinmu 勤務 servicio *m*, trabajo *m*; ***~suru*** trabajar, prestar servicio; ***~chuu ni*** en acto de servicio; ***~jikan*** horas *fpl* de trabajo

kin´yuu 金融 *econ* financiación *f*, finanzas *fpl*, crédito *m*, empréstito *m*; ***~no*** financiero, -a, monetario, -a; ***~jijoo*** situación *f* monetaria; ***~kiki*** crisis *f* monetaria; ***~shihon*** capital *m* financiero; ***~seisaku*** política *f* monetaria

kin´yoobi 金曜日 viernes *m*

kin´yoku 禁欲 ascetismo *m*; ***~suru*** abstenerse de los goces mundanos; ***~teki na*** ascético, -a; ***~shugi*** ascetismo *m*

kinrai 近来 en estos últimos tiempos

kinri 金利 *econ* interés *m*, rédito *m*, tasa *f* de interés; ***~o hikiageru/sageru*** aumentar/rebajar el tipo de interés

kinryoo 禁猟 ~ "Vedado de caza"

kinryoo 禁漁 ~ "Vedado de pesca"

kinroo 勤労 trabajo *m*, labor *f*; ***~kaikyuu*** clase *f* obrera

KU く

ku 区 barrio *m*, distrito *m*

ku 句 **1.** frase *f*; (*shi no/poesía*) verso *m*

ku 九 número *m* nueve

guai 具合 **1.** estado *m*, funcionamiento *m*; ***~ga yoi*** estar/funcionar bien; ***~ga warui*** estar/funcionar mal; ***ii~ni*** bien, oportunamente, por fortuna; **2.** manera *f*, modo *m*; **3.** (*salud*) ***karada no~ga ii/warui*** estar bien/mal de salud

kui 杭 estaca *f*

guigui ぐいぐい ***~hiku*** tirar de u/c con fuerza; ***~osu*** empujar u/c con fuerza; ***~nomu*** beber con avidez

kuikomu 食い込む introducirse en, penetrar en

kuishinboo 食いしん坊 glotón, -a

kuichigai 食い違い desacuerdo *m*, divergencia *f*; ***~ga aru*** existir discrepancias

kuichigau 食い違う discrepar, estar en desacuerdo

kuidooraku 食い道楽 **1.** gastronomía *f*; **2.** (*hito/persona*) gastrónomo, -a

kuinige 食い逃げ ***~o suru*** escaparse sin pagar la comida

kuu 食う **1.** (*taberu*) comer; **2.** (*seikatsu suru*) vivir, comer de; **3.** (*sakana, mushi nado ga/peces, insectos*) picar, morder

guui 寓意 insinuación *f*, alusión *f*; ***~teki na*** alusivo, -a, alegórico, -a

kuukan 空間 **1.** espacio *m*; **2.** vacío *m*; ***~teki na*** espacial *adj* *m/f*; **~*geijutsu*** arte *m* de tres dimensiones

kuuki 空気 aire *m*, atmósfera *f*; **~*o ireru*** ventilar, inflar; **~*o nuku*** sacar el aire

kuukyo 空虚 vacuidad *f*, insustancialidad *f*; **~*na*** vacío, -a, insustancial *adj m/f*

guu-guu ぐうぐう **~*neru*** dormir profundamente

kuukoo 空港 aeropuerto *m*

kuushitsu 空室 habitación *f* libre

kuusha 空車 taxi *m* libre; ~ "Libre"

kuushuu 空襲 bombardeo *m* aéreo; **~*suru*** bombardear

guusuu 偶数 número *m* par

kuuseki 空席 plaza *f* vacante

guuzen 偶然 casualidad *f*; **~*no*** fortuito, -a; **~*ni*** por casualidad, accidentalmente

kuuso 空疎 **~*na*** insubstancial *adj m/f*, vano, -a

kuusoo 空想 imaginación *f*, fantasía *f*; **~*suru*** imaginar, figurarse; **~*teki na*** imaginario, -a, fabuloso, -a

guuzoo 偶像 ídolo *m*

guutara ぐうたら ociosidad *f*, holgazanería *f*; **~*na*** ocioso, -a, holgazán, -a

kuuchuu 空中 **~*no*** aéreo, -a, atmosférico, -a; **~*de*** por el aire

kuudetaa クーデター golpe *m* de estado

kuudoo 空洞 caverna *f*, cavidad *f*

kuuhaku 空白 (*kami nado no/papel*) espacio *m* en blanco, margen *m*; **~*no*** blanco, -a, vacío, -a; **~*no mama ni suru*** dejar u/c en blanco

guuhatsu 偶発 **1.** **~*suru*** producirse accidentalmente; **~*teki na*** accidental *adj m/f*; **~*teki ni*** accidentalmente; **2.** *com* contingencia *f*; **~*no*** contingente *adj m/f*

kuuhi 空費 desperdicio *m*; **~*suru*** desperdiciar; ***jikan o~suru*** perder el tiempo

kuufuku 空腹 hambre *f*; **~*dearu*** tener hambre; **~*o mitasu*** satisfacer el hambre

kuupon クーポン cupón *m*

kuuyu 空輸 transporte *m* aéreo; **~*suru*** transportar u/c por vía aérea

kuuraa クーラー refrigerador *m*, aparato *m* de refrigeración, acondicionador *m* de aire

guuwa 寓話 fábula *f*, parábola *f*; **~*teki na*** alegórico, -a; **~*sakka*** fabulista *m/f*

kuesuchon-maaku クエスチョンマーク *ling* signo *m* de interrogación

kukaku 区画 manzana *f*, bloque *m*, barrio *m*; **~*suru*** dividir, delimitar

kugatsu 九月 (mes de) septiembre *m*

kuki 茎 tallo *m*, troncho *m*, caña *f*

kugi 釘 clavo *m*; ***...ni~o utsu*** clavar un clavo en
kuginuki 釘抜き tenazas *fpl* arrancaclavos
kugiri 区切り **1.** párrafo *m*, cesura *f*; **2.** término *m*; ***~o tsukeru*** concluir u/c
kugiru 区切る dividir, cortar, separar
kuguru 潜る pasar por debajo de u/c
kusa 草 hierba *f*
kusai 臭い **1.** maloliente *adj m/f*; **2.** (*ayashii*) sospechoso, -a
kusakari 草刈り siega *f* de la hierba; ***~ki*** máquina *f* segadora
kusabi 楔 cuña *f*; ***~o utsu*** clavar una cuña
kusami 臭み peste *f*; ***~no aru*** que huele mal; ***~o kesu*** quitar el mal olor
kusari 鎖 cadena *f*
kusaru 腐る **1.** pudrirse, descomponerse; **2.** (*ki ga*) desanimarse
kushi 串 broqueta *f*; ***~ni sasu*** clavar u/c en broqueta; ***~ni sashite yaku*** asar u/c en broqueta
kushi 櫛 peine *m*, peineta *f*; ***kami o~de suku*** peinarse
kuji 籤 lotería *f*; ***~o hiku*** rifar; ***~ni ataru*** tocar la lotería
kujiku 挫く dislocarse, torcerse; ***ashi o~*** dislocarse la muñeca
kushami くしゃみ estornudo *m*; ***~suru*** estornudar
kujo 駆除 ***~suru*** exterminar
kujoo 苦情 queja *f*, reclamación *f*; ***~o iu*** quejarse
kujira 鯨 ballena *f*, cachalote *m*
kushin 苦心 afán *m*, trabajos *mpl*, sufrimiento *m*; ***~suru*** desvelarse por
kuzu 屑 desechos *mpl*, residuos *mpl*
guzuguzu ぐずぐず torpemente, con vacilación; ***~suru*** tardar mucho en, vacilar en; ***~iu*** rezogar, quejarse de u/c
kusuguru くすぐる hacer cosquillas
kuzusu 崩す destruir, demoler
kuzuya 屑屋 trapero, -a, chatarrero, -a
kusuri 薬 medicamento *m*, medicina *f*, ungüento *m*; ***~o nomu*** tomar una medicina; ***~o tsukeru*** aplicar un ungüento; ***~bako*** botiquín *m*; ***~ya*** farmacia *f*
kuzureru 崩れる **1.** derrumbarse, desplomarse; **2.** deformarse, desamoldarse
kusunda くすんだ sombrío, -a, mate *adj m/f*
kuse 癖 hábito *m*, vicio *m*, inclinación *f*; ***...suru~ga aru*** tener la manía de
-kuse ni ―くせに a pesar de + inf, a pesar de que + subj

kuso 糞 mierda *f*, heces *fpl*; *vulg* ~ ¡Mierda!
gutai 具体 ***~teki na*** concreto, -a; ***~teki ni*** concretamente
kudaku 砕く **1.** romper, quebrar, partir; ***koori o~*** romper el hielo; **2.** desbaratar, defraudar
kutakuta くたくた ***~ni tsukarete iru*** estar rendido, -a, estar muy cansado, -a
kudaketa くだけた franco, -a, abierto, -a, familiar *adj m/f*; ***~hito*** persona *f* campechana
kudakeru 砕ける romperse, quebrarse, desmenuzarse
kudasai ください haga el favor de + inf; deme/denos u/c, páseme/pásenos u/c
kudasaru 下さる darme/nos, concederme/nos, otorgarme/nos
kudamono 果物 fruta *f*; ***~ya*** frutería *f*; frutero, -a
kudaranai 下らない **1.** insignificante *adj m/f*, trivial *adj m/f*, absurdo, -a; ***~koto o iu*** decir tonterías
kudari 下り **1.** descenso *m*, bajada *f*, declive *m*; **2.** declive *m*; ***jinsei no~*** declive *m* de la vida
kudaru 下る bajar, descender
kuchi 口 **1.** boca *f*; ***~o akeru/tojiru*** abrir/cerrar la boca; **2.** (*kotoba/lengua*) ***~o kiku*** hablar a alg; ***akirete~ga kikenai*** quedarse boquiabierto, -a; ***...o~ni suru*** hablar de alg u/c; ***...o~ni dasu*** decir u/c; **3.** ***~ga omoi*** ser de pocas palabras; ***~ga karui*** ser hablador, -a; ***~ga katai*** ser discreto, -a; ***~ga umai*** tener mucha labia
guchi 愚痴 refunfuño *m*; ***~ppoi*** refunfuñón, -a; ***~o kobosu*** refunfuñar
kuchiatari 口当たり ***~ga yoi*** agradable *adj m/f* al paladar
kuchikazu 口数 ***~ga ooi*** locuaz *adj m/f*; ***~ga sukunai*** taciturno, -a
kuchiguse 口癖 frase *f* preferida de alg, muletilla *f*
kuchiguchi 口々 ***~ni*** a coro
kuchigotae 口答え réplica *f*; ***~suru*** replicar a alg
kuchisaki 口先 ***~no umai*** adulador, -a
kuchidashi 口出し ***~suru*** cortar a alg la palabra, intervenir en la conversación
kuchizutae 口伝え ***~ni*** de boca en boca
kuchibashi 嘴 pico *m*
kuchihige 口髭 bigote *m*; ***~o hayasu*** dejarse crecer bigote; ***~o hayashite iru*** llevar bigote
kuchibiru 唇 labio *m*; ***~no usui/atsui*** de labios *mpl* finos/gruesos
kuchibue 口笛 silbido *m*; ***~o fuku*** silbar

kuchiburi 口振り manera *f* de hablar
kuchibeta 口下手 ***~dearu*** no saber expresarse bien
kuchibeni 口紅 carmín *m*, lápiz *m* de labios; ***~o tsukeru/nuru*** pintarse los labios
kuchiyakusoku 口約束 ***~o suru*** prometer de palabra
kuchuuzai 駆虫剤 insecticida *m*
kuchoo 口調 tono *m*; ***~no yoi*** de tono agradable; ***~no warui*** discordante *adj m/f*
guchoku 愚直 ***~na*** ingenuo, -a, cándido, -a, tontamente honesto, -a
kuchiwa 口輪 bozal *m*
kutsu 靴 zapato *m*, botín *m*, bota *f*; ***~o haku*** ponerse los zapatos; ***~o nugu*** quitarse los zapatos; ***~o migaku*** limpiar los zapatos
kutsuu 苦痛 **1.** dolor *m*, dolencia *f*; **2.** pena *f*, sufrimiento *m*
kutsugaesu 覆す echar abajo, derribar
kukkii クッキー galleta *f*, pasta *f*
kukkyoku 屈曲 flexión *f*, torcedura *f*; ***~suru*** doblarse, torcerse; ***~shita*** doblado, -a, torcido, -a
kukkiri(to) くっきり(と) claramente; ***~shita*** nítido, -a
kutsushita 靴下 calcetines *mpl*
kutsujoku 屈辱 humillación *f*, oprobio *m*; ***~teki na*** humillante *adj m/f*; ***~o ataeru*** humillar a alg; ***~o ukeru*** sufrir una humillación
gusshori(to) ぐっしょり(と) ***~nureru*** calarse, empaparse
kusshon クッション cojín *m*, almohadón *m*
kutsuzumi 靴墨 betún *m*
kussuru 屈する **1.** (*mageru*) doblar, encorvar; **2.** rendirse, someterse a alg
kussetsu 屈折 *fís* refracción *f*; (*hikari ga/luz*) ***~suru*** refractarse
guttari(to) ぐったり(と) ***~shite iru*** estar extenuado, -a
kuttsuku くっつく adherirse a u/c
kuttsukeru くっつける adherir a u/c
kutsunaoshi 靴直し zapatero *m* remendón
kutsuhimo 靴紐 cordón *m* de los zapatos; ***~o musubu*** anudarse los cordones de los zapatos; ***~o hodoku*** desatarse los cordones de los zapatos
kuden 口伝 tradición *f* oral
kudoi くどい **1.** (*hanashi ga/relato*) demasiado largo, -a, prolijo, -a; **2.** (*aji ga/sabor*) demasiado codimentado, -a; **3.** (*kazari ga/ornamentación*) demasiado recargado, -a
kutooten 句読点 signos *mpl* de puntuación; ***bunshoo ni~o utsu*** puntuar un texto

kudoku 口説く **1.** cortejar, galantear; **2.** persuadir, convencer

kudokudo くどくど ***~iu*** hablar de manera prolija

gudon 愚鈍 estupidez *f*; ***~na*** estúpido, -a, bobo, -a

kunan 苦難 sufrimiento *m*, penalidades *fpl*

gunyagunya ぐにゃぐにゃ ***~no*** blando, -a, esponjoso, -a; ***~ni naru*** reblandecerse

kuneru くねる (*kawa, michi ga/río, camino*) serpentear

kubaru 配る distribuir, repartir

kubi 首 cuello *m*; ***~o furu*** sacudir la cabeza; ***~o kashigeru*** inclinar la cabeza; ***~ni naru*** ser despedido, -a

kubikiri 首切り decapitación *f*; ***~yakunin*** verdugo *m*

kubisuji 首筋 nuca *f*

kubitsuri 首吊り ahorcamiento *m*; ***~jisatsu o suru*** ahorcarse

kubiwa 首輪 collar *m*; ***inu ni~o tsukeru*** poner un collar al perro

kufuu 工夫 invención *f*, recurso *m*, plan *m*; ***~suru*** idear, proyectar

kubun 区分 división *f*, clasificación *f*, sección *f*; ***~suru*** dividir, clasificar

kubetsu 区別 distinción *f*, discernimiento *m*; ***~suru*** distinguir, discernir

kubomi 窪み hueco *m*, concavidad *f*

kubomu 窪む hundirse

kuma 隈 ojeras *fpl*; ***~ga dekiru*** tener ojeras

kuma 熊 oso *m*, osa *f*, osezno *m*

kumi 組み grupo *m*, pandilla *f*; ***~ni wakeru*** dividir en grupos

kumiai 組合 corporación *f*, sindicato *m*, cooperativa *f*; ***~no*** sindical *adj m/f*

kumiawase 組み合わせ **1.** combinación *f*, conjunto *m*; **2.** *mat* combinación *f*

kumiawaseru 組み合わせる **1.** combinar; **2.** (*shiai/partido*) hacer competir, enfrentar

kumiireru 組み入れる incorporar, integrar

kumitate 組み立て composición *f*, montaje *m*, estructura *f*

kumitateru 組み立てる componer, montar, armar

kumu 汲む **1.** (*mizu o/agua*) sacar, extraer; **2.** (*kimochi o/sentimientos*) comprender

kumu 組む **1.** (*ashi, ude o/piernas, brazos*) cruzar; **2.** (*kyoodoo suru*) cooperar, colaborar, asociarse

kumo 蜘蛛 araña *f*; hilo *m* de araña

kumo 雲 nube *f*; ***~no ooi sora*** cielo *m* nublado; ***~no nai sora*** cielo *m* despejado

kumori 曇り cielo *m* nublado; ***~dearu*** estar nublado; ***~garasu*** cristal *m* esmerilado

kumoru 曇る **1.** (*sora ga/cielo*) nublarse; **2.** (*garasu ga/cristal*) empañarse

kuyashii 悔しい ***Aa~!*** ¡Qué humillante!, ¡Qué vergüenza!

kuyami 悔み ***o~ni iku*** ir a dar el pésame

kuyo-kuyo くよくよ ***~suru*** inquietarse por u/c

kura 鞍 silla *f* de montar; ***uma ni~o oku*** ensillar un caballo

-kurai —くらい **1.** (*oyoso*) aproximadamente, alrededor de; **2.** (*teido/grado*) ***…to onaji~*** tan…como; **3.** (*sukunakutomo*) por lo menos

kurai 暗い oscuro, -a, sombrío, -a

kurai 位 grado *m*, rango *m*; ***~no takai*** de alto rango; ***~no hikui*** de baja categoría; ***~ga agaru*** ascender

guraidaa グライダー planeador *m*

kuraimakkusu クライマックス clímax *m*

kurakushon クラクション claxon *m*; ***~o narasu*** tocar el claxon

gura-gura ぐらぐら ***~suru*** moverse, oscilar, tambalearse

kurage くらげ *zool* medusa *f*

kurashi 暮らし vida *f*, subsistencia *f*; ***~o tateru*** ganarse la vida

gurajiorasu グラジオラス *bot* gladiolo *m*

kurashikku クラシック clásico *m*; ***~ongaku*** música *f* clásica

kurasu 暮らす vivir

kurasu クラス clase *f*; ***~meeto*** compañero, -a de clase; ***A~no*** de primera clase

gurasu グラス **1.** (*koppu*) vaso *m*; **2.** vidrio *m*

guratan グラタン *gastr* gratén *m*

kurakkaa クラッカー **1.** galleta *f*; **2.** petardo *m* sorpresa

kuratchi クラッチ *auto* embrague *m*; ***~o ireru*** pisar el embrague

kurabu クラブ **1.** club *m*; ***~ni hairu*** ingresar en un club; **2.** (*toranpu/cartas*) trébol *m*; **3.** (*gorufu/golf*) palo *m* de golf

gurafu グラフ gráfico *m*, diagrama *m*; ***~yooshi*** papel *m* cuadriculado

kuraberu 比べる comparar

kuramu 眩む cegarse, deslumbrarse

guramu グラム gramo *m*

kurayami 暗闇 oscuridad *f*, tinieblas *fpl*

kurarinetto クラリネット clarinete *m*

gurando グランド **1.** campo *m* de juego; ***sakkaa~*** campo *m* de fútbol; ***~piano*** piano *m* de cola

kuri 栗 **1.** castaño *m*; **2.** castaña *f*, ***~iro no*** de color castaño

kuriimu クリーム crema *f*, nata *f*

guriin グリーン color *m* verde; ***~piisu*** guisantes *mpl* verdes; ***~asuparagasu*** espárragos *mpl* verdes; ***~beruto*** zona *f* verde

kurikaesu 繰り返す repetir, reiterar

kuriketto クリケット criquet *m*

kurisumasu クリスマス Navidad *f*; ***~ibu*** Nochebuena *f*; ***~o iwau*** celebrar la Navidad; ***~kaado*** postal *f* de Navidad; ***~kyaroru*** villancico *m*; ***~omedetoo!*** ¡Feliz Navidad!

guriserin グリセリン *quím* glicerina *f*

kurippu クリップ **1.** clip *m*, sujetapapeles *m*; **2.** (*kami/pelo*) horquilla *f*

kuritorisu クリトリス *med* clítoris *m*

gurinitji グリニッジ ***~ji*** hora *f* del meridiano de Greenwich

guriru グリル (*shokudoo/comedor*) parrilla *f*

kuru 来る venir

kuru 繰る ***hon no peeji o~*** hojear un libro

kuruu 狂う enloquecer

kuruu クレー tripulación *f*

guruupu グループ grupo *m*; ***~o tsukuru*** formar grupos; ***~ni wakeru*** dividir en grupos

kuru-kuru くるくる ***~mawaru*** girar

guru-guru ぐるぐる ***~mawaru*** dar vueltas

kurushii 苦しい **1.** doloroso, -a; **2.** difícil *adj m/f*, penoso, -a

kurushimu 苦しむ padecer, sufrir

kurushimeru 苦しめる atormentar

kurubushi 踝 tobillo *m*

kuruma 車 coche *m*, vehículo *m*

kurumi くるみ **1.** nogal *m*; **2.** nuez *f*; ***~wari*** cascanueces *m*

kure 暮れ fin *m*; ***toshi no~ni*** a finales de año; ***~gata ni*** al atardecer

kureepu クレープ **1.** (*orimono/tejido*) crepé *m*; **2.** *gastr* crep *m*, filloa *f*

gureepu グレープ ***~juusu*** zumo *m* de uva; ***~furuutsu*** toronja *f*, pomelo *m*

kureemu クレーム reclamación *f*; ***~o tsukeru*** reclamar, quejarse

kureen クレーン grúa *f*

kurejitto クレジット crédito *m*; ***~kaado*** tarjeta *f* de crédito

kurenai 紅 color *m* carmesí; ***~no*** rojo, -a, carmesí *adj m/f*

kureyon クレヨン (*e/pintura*) pastel *m*; ***~de e o kaku*** pintar con pastel

kureru くれる darme/nos, regalarme/nos
kureru 暮れる ***hi ga~*** atardecer; ***toshi ga~*** acabar el año
kurenjingu-kuriimu クレンジングクリーム crema *f* desmaquilladora
kuro 黒 color *m* negro
kuroi 黒い negro, -a, oscuro, -a, moreno, -a
kuroo 苦労 trabajo *m*, esfuerzo *m*, pena *f*; ***~suru*** hacer un esfuerzo, padecer; ***~shite*** a duras penas
kurooto 玄人 experto, -a, perito, -a, especialista *m/f*
kuroozuappu クローズアップ primer plano *m*; ***~de toru*** tomar un primer plano
guroobu グローブ guante *m*; ***~bokkusu*** guantera *f*
kurooru クロール ***~de oyogu*** nadar a crol
kuroji 黒字 *econ* superávit *m*; ***~no*** provechoso, -a
kurosuwaado-pazuru クロスワードパズル crucigrama *m*
kurokkii クロッキー croquis *m*, boceto *m*
gurotesuku グロテスク ***~na*** grotesco, -a
kuromu クロム cromo *m*; ***~ie-roo*** color *m* amarillo de cromo
kurome 黒目 *med* iris *m*
kurorohorumu クロロホルム *quím* cloroformo *m*
kurowassan クロワッサン croissant *m*, cruasán *m*
kuwa 桑 *bot* morera *f*; ***~no mi*** mora *f*
kuwa 鍬 azada *f*
kuwaeru 加える **1.** añadir, juntar, meter; **2.** (*fuyasu*) aumentar; ***sokudo o~*** aumentar la velocidad
kuwashii 詳しい **1.** detallado, -a, minucioso, -a; **2.** ser versado, -a en u/c
kuwasemono 食わせ物（者） **1.** (*mono/cosa*) falsificación *f*; **2.** (*hito/persona*) impostor, -a, hipócrita *m/f*
kuwadate 企て plan *m*, proyecto *m*
kuwadateru 企てる proyectar, tratar de + inf
kuwawaru 加わる **1.** participar, tomar parte; **2.** ser añadido, -a, sumarse
gun 軍 milicia *f*, ejército *m*; ***~no*** militar *adj m/f*; ***~puku*** uniforme *m* militar; ***~jin*** militar *m/f*
gun 群 *mat* grupo *m*; ***~ron*** teoría *f* de los grupos; ***~o nuku*** sobresalir
gun'i 軍医 médico, -a militar
kunkai 訓戒 sermón *m*, amonestación *f*; ***~suru*** sermonear, amonestar
gunkan 軍艦 barco *m* de guerra

gunki 軍規 disciplina *f* militar; ***~ihan*** violación *f* de la disciplina militar

kunkoo 勲功 hazaña *f*, proeza *f*; ***~no aru*** meritorio, -a

gunkoku 軍国 ***~shugi*** militarismo *m*

gunji 軍事 asuntos *mpl* militares; ***~joo no*** militar *adj m/f*; ***~enjo*** ayuda *f* militar; ***~kichi*** base *f* militar

gunshuu 群集（衆） muchedumbre *f*, gentío *m*; ***~shinri*** psicología *f* de las masas

gunshuku 軍縮 desarme *m*; ***~suru*** desarmarse; ***~kaigi*** conferencia *f* para el desarme

kunshoo 勲章 condecoración *f*; ***~o morau*** recibir una condecoración

kunsei 薫製 ahumado *m*; ***~no*** ahumado, -a; ***~ni suru*** ahumar

gunsoo 軍曹 sargento *m/f*

guntai 軍隊 tropa *f*, ejército *m*; ***~ni hairu*** alistarse en el ejército

guntoo 群島 archipiélago *m*; ***Hawai~*** Islas *fpl* Hawai

gunmu 軍務 servicio *m* militar

gun´yoo 軍用 ***~no*** de uso militar; ***~ki*** avión *m* de guerra

kunren 訓練 entrenamiento *m*, instrucción *f*; ***~suru*** ejercitar, entrenar

kunwa 訓話 cuento *m* edificante

KE け

-ke 一家 ***Matsuura~*** familia *f* Matsuura

ke 毛 pelo *m*, vello *m*; ***~no haeta*** peludo, -a; ***~no nai*** pelado, -a

keana 毛穴 poro *m*

kei 刑 castigo *m*, pena *f*; ***~o kasuru*** imponer un castigo

kei 系 sistema *m*, linaje *m*, genealogía *f*; ***shinkei~*** sistema *m* nervioso; ***supein~no*** de origen español

gei 芸 arte *m*, artes *fpl* de entretenimiento; ***~o migaku*** perfeccionar en el arte

keii 敬意 respeto *m*; ***~o harau*** respetar a alg

keiei 経営 *econ* administración *f*, dirección *f*; ***~suru*** administrar, dirigir; ***~gaku*** economía *f* de la empresa

keiongaku 軽音楽 música *f* ligera

keika 経過 paso *m*, transcurso *m*, desarrollo *m*; ***~suru*** pasar, transcurrir

keikai 軽快 ***~na*** ligero, -a, alegre *adj m/f*; ***~ni*** con ligereza, alegremente

keikai 警戒 precaución *f*, cautela *f*, vigilancia *f*; ***~suru*** tomar precauciones, vigilar; ***~saseru*** poner a alg sobre aviso; ***~shite*** con cautela

keikaku 計画 plan *m*, proyecto *m*, programa *m*; **~suru** tener la intención de + inf; **~teki na** premeditado, -a; **~teki ni** premeditadamente

keikan 警官 agente *m/f* de policía

keiki 計器 contador *m*, indicador *m*; **~ban** tablero *m* de mandos

keiki 景気 **1.** estado *m* de las cosas; **2.** *econ* actividad *f* del mercado, tendencia *f* del mercado, situación *f* económica; **~ga yoi** las cosas marchan bien/el negocio marcha bien; **~ga warui** las cosas van mal/el negocio anda mal; **~ga kaifuku suru** recuperarse la situación económica

keiki 継起 **~suru** sucederse, producirse uno, -a tras otro, -a

keigu 敬具 Le/Les saludamos a usted, -es muy atentamente

keiken 経験 experiencia *f*; **~suru** tener experiencia; **~no aru** experimentado, -a; **~teki na** experimental *adj m/f*

keigen 軽減 reducción *f*, mitigación *f*; **~suru** reducir, mitigar, aliviar

keiko 稽古 práctica *f*; **~suru** practicar

keigo 敬語 término *m* honorífico; **~o tsukau** usar términos honoríficos

keikoo 経口 **~hinin'yaku** píldora *f* anticonceptiva

keikoo 傾向 tendencia *f*, inclinación *f*; **...suru~ga aru** tener tendencia a + inf; **~bungaku** literatura *f* de tesis

keikoo 蛍光 fluorescencia *f*; **~too** tubo *m*/lámpara *f* fluorescente

keikoogyoo 軽工業 industria *f* ligera

keikoku 警告 amonestación *f*, advertencia *f*; **~suru** amonestar, prevenir

keikotsu 頚骨 vértebra *f* cervical

keizai 経済 **1.** economía *f*; **~no** económico, -a; **~enjo** ayuda *f* económica; **~gaku** ciencia *f* económica; **~seichoo** crecimiento *m* económico; **2. ~teki na** económico, -a, barato, -a

keisatsu 警察 policía *f*; **~no** policial; **~kan** agente *m/f* de policía

keisan 計算 cálculo *m*; **~suru** calcular; **~ki** calculadora *f*

keishi 軽視 **~suru** menospreciar

keiji 刑事 **1.** detective *m/f*; **2. ~joo no** criminal *adj m/f*, penal *adj m/f*; **~jiken** caso *m* criminal; **~saiban** juicio *m* penal

keiji 計時 cronometraje *m*; **~suru** cronometrar

keiji 掲示 aviso *m*, notificación *f*; **~suru** anunciar, avisar; **~ban** tablero *m* de anuncios

keishiki 形式 forma *f*, formalidad *f*; **~teki na** formal *adj m/f*, de fórmula; **~teki ni** formalmente, por (pura) fórmula
keisha 傾斜 declive *m*, oblicuidad *f*; **~suru** inclinarse; **~shita** inclinado, -a; **~shite** en declive, oblicuamente
geisha 芸者 geisha *f*
geijutsu 芸術 arte *m*; **~teki na** artístico, -a; **~teki ni** artísticamente; **~in** Academia *f* de las Artes; **~ka** artista *m/f*; **~kankaku** sentido *m* artístico
keishoo 継承 sucesión *f*; **~suru** suceder, heredar; **~ken** derechos *mpl* de sucesión; **~sha** sucesor, -a, heredero, -a
keishoku 軽食 comida *f* ligera
keizu 系図 genealogía *f*, árbol *m* genealógico; **~gakusha** genealogista *m/f*
keisei 形成 formación *f*; **~suru** formar, constituir; **~sareru** formarse; **~geka** cirugía *f* plástica
keisei 形勢 situación *f*, circunstancias *fpl*; **~ga yoi/warui** buena/mala situación
keisoo 係争 pleito *m*, **~suru** contender, litigar
keizoku 継続 continuación *f*, prolongación *f*; **~suru** continuar; **~teki na** continuo, -a, seguido, -a; **~teki ni** de forma continua
keisotsu 軽率 frivolidad *f*, imprudencia *f*; **~na** frívolo, -a; **~ni** frívolamente, imprudentemente
keitai 形態 forma *f*; **~gaku/ron** morfología *f*
keitai 携帯 **~suru** llevarse consigo; **~yoo no** portátil *adj m/f*; **~rajio** radio *f* portátil; **~denwa** teléfono *m* móvil
keito 毛糸 hilo *m* de lana
keitoo 系統 sistema *m*; **~teki na** sistemático, -a; **~teki ni** sistemáticamente; sistematizar; **~dateru** sistematizar; **~date** sistematización *f*
keidoomyaku 頚動脈 carótida *f*
geinin 芸人 artista *m/f*, festejador, -a profesional
geinoo 芸能 espectáculo *m*
keiba 競馬 carrera *f* de caballos
keihaku 軽薄 **~na** frívolo, -a, voluble *adj m/f*
keihi 経費 gastos *mpl*; **~no kakaru** costoso, -a
keibi 警備 guardia *f*, vigilancia *f*; **~suru** guardar, custodiar
keihin 景品 premio *m*, regalo *m*; **~o dasu** ofrecer premios
keibetsu 軽蔑 desprecio *m*, desdén *m*; **~suru** despreciar; **~teki na** desdeñoso, -a
keibo 継母 madrastra *f*
keihoo 刑法 derecho *m* penal, código *m* penal; **~joo no** penal *adj m/f*; **~gakusha** criminalista *m/f*, penalista *m/f*

keihoo 警報 señal *f* de alarma; **~o dasu** dar la alarma
geibooi ゲイボーイ *desp* marica *m*
keimusho 刑務所 cárcel *f*, prisión *f*; **~choo** director, -a de la cárcel; **~ni ireru** encarcelar
keimoo 啓蒙 ilustración *f*; **~suru** instruir; **~undoo** la Ilustración *f*
keiyaku 契約 contrato *m*, pacto *m*; **~suru** concluir/firmar un contrato; **~o torikesu/kaijo suru** anular el contrato; **~o kooshin suru** renovar el contrato; **~kigen** plazo *m* de validez de un contrato
keiyu 経由 **~suru** pasar por un sitio; **...~de** vía...
keiyoo 形容 calificación *f*, descripción *f*; **~suru** calificar; **~shi** *ling* adjetivo *m*
keiri 経理 administración *f* financiera, contabilidad *f*; **~o tantoo suru** encargarse de la administración financiera; **~ka** contaduría *f*; **~gakari** contable *m/f*
keiryaku 計略 conspiración *f*, estratagema *f*
keirin 競輪 carrera *f* de bicicletas; **~joo** velódromo *m*; **~senshu** ciclista *m/f*
keirei 敬礼 saludo *m*; **~suru** saludar
keireki 経歴 curriculum *m* vitae, historial *m*
keiren 痙攣 convulsión *f*, calambre *m*; **~suru** tener convulsiones
keiro 経路 ruta *f*, camino *m*; ***basu no unten~*** ruta *f* de servicio del autobús
keiroo 敬老 respeto *m* por los ancianos; **~no hi** día *m* en honor de los ancianos
keeki ケーキ pastel *m*, tarta *f*
keesu ケース **1.** estuche *m*; **2.** caso *m*
keeburu ケーブル cable *m*; **~kaa** ferrocarril *m* funicular
geemu ゲーム juego *m*, partido *m*, partida *f*; **~o suru** jugar, echar una partida
keori 毛織り **~no** de lana
kega 怪我 herida *f*, lesión *f*; **~o suru** herirse, lastimarse
geka 外科 cirugía *f*; **~no** quirúrgico, -a; **~shujutsu** operación *f* quirúrgica
kegasu 汚す mancillar, deshonrar
kegarawashii 汚らわしい inmundo, -a, obsceno, -a
kegare 汚れ impureza *f*, deshonor *m*, profanación *f*; **~no nai** puro, -a, inocente *adj m/f*
kegareru 汚れる mancharse, contaminarse
geki 劇 drama *m*, teatro *m*; **~teki na** dramático, -a; **~sakka** dramaturgo, -a

gekigen 激減 fuerte disminución *f*; **~suru** menguar notablemente

gekijoo 劇場 teatro *m*

gekisuru 激する irritarse, enfurecerse

gekizoo 激増 fuerte aumento *m*; **~suru** crecer mucho/rápidamente

gekidan 劇団 compañía *f* de teatro

gekido 激怒 ira *f*, furor *m*; **~suru** enfurecerse

gekihyoo 劇評 crítica *f* teatral; **~suru** criticar obras dramáticas; **~ka** crítico, -a teatral

gekiretsu 激烈 **~na** violento, -a

kesa 今朝 esta mañana; **~kara** a partir de esta mañana

gezai 下剤 purgante *m*; **~o kakeru** purgar

keshiin 消印 matasellos *m*; **~o osu** poner el matasellos

keshiki 景色 paisaje *m*, vista *f*, panorama *m*

keshigomu 消しゴム goma *f* de borrar

geshuku 下宿 pensión *f*; **~suru** alojarse en una pensión

gejun 下旬 última década *f* del mes, últimos diez días *mpl* del mes

keshoo 化粧 maquillaje *m*; **~suru** maquillarse; **~shitsu** tocador *m*, cuarto *m* de baño; **~hin** artículos *mpl* de tocador, cosméticos *mpl*

kesu 消す **1.** (*hi, akari o/ fuego, luz*) apagar, extinguir; **2.** borrar; **3.** quitar, suprimir

gesui 下水 aguas *fpl* residuales; **~kooji** obras *fpl* de alcantarillado

kezuru 削る **1.** raspar, cepillar; **2.** tachar, borrar

keta 桁 **1.** viga *f*, travesaño *m*; **2.** *mat* cifra *f*; **san~no kazu** número *m* de tres cifras

ketatamashii けたたましい estridente *adj m/f*, agudo, -a

kedamono 獣 bestia *f*, bruto *m*

kechi けち **1.** mezquindad *f*, avaricia *f*, tacañería *f*; **2.** (*hito/ persona*) avaro, -a, tacaño, -a; **~na** mezquino, -a, tacaño, -a

kechappu ケチャップ salsa *f* de tomate, kétchup *m*

ketsuatsu 血圧 presión *f* arterial; **~ga takai/hikui** tener alta/baja la presión arterial; **~kei** esfigmomanómetro *m*

ketsui 決意 decisión *f*, resolución *f*; **~suru** decidirse

ketsuin 欠員 puesto *m* vacante; **~no** vacante *adj m/f*

ketsueki 血液 sangre *f*; **~gaku** hematología *f*; **~ginkoo** banco *m* de sangre; **~kensa** análisis *m* de sangre; **~gata** grupo *m* sanguíneo

kekka 結果 resultado *m*; **yoi~o eru** salir bien

kekkaku 結核 *med* tuberculosis *f*; **~kanja** tuberculoso, -a

kekkan 欠陥 defecto *m*; ***~no aru*** defectuoso, -a
kekkan 血管 vaso *m* sanguíneo, vena *f*
gekkan 月刊 publicación *f* mensual
kekkyuu 血球 glóbulo *m*
gekkyuu 月給 sueldo *m* mensual
kekkyoku 結局 al fin, al fin y al cabo, después de todo
kekkin 欠勤 ***~suru*** no asistir a su puesto de trabajo
gekkei 月経 menstruación *f*; ***~ga aru*** menstruar; ***~yoo napukin*** compresa *f* higiénica
kekkoo 欠航 suspensión *f* del servicio aéreo o marítimo; ***~suru*** suspender el servicio aéreo o marítimo
kekkoo 結構 **1.** ***~na*** bueno, -a, magnífico, -a; **2.** bien
ketsugoo 結合 unión *f*, combinación *f*; ***~suru*** combinarse; ***~saseru*** combinar
kekkon 結婚 matrimonio *m*; ***~suru*** casarse; ***~shiki*** boda *f*; ***~hirooen*** banquete *m* de bodas; ***~tsuuchi*** notificación *f* de casamiento
kessai 決済 ***~suru*** liquidar, reembolsar
kessai 決裁 ***~suru*** sancionar
kessan 決算 balance *m*, liquidación *f*; ***~suru*** hacer el balance, saldar una cuenta
kesshite 決して nunca, jamás
gesshuu 月収 ingresos *mpl* mensuales
kesshutsu 傑出 ***~suru*** sobresalir, descollar; ***~shita*** sobresaliente *adj m/f*
kesshoo 血漿 plasma *m*
kesshoo 決勝 ***~sen*** final *f*; ***~sen ni shutsujoo suru*** entrar en la final; ***~shutsujoosha*** finalista *m/f*
kesshoo 結晶 cristalización *f*; ***~suru*** cristalizarse; ***~saseru*** cristalizar
kesshoku 血色 semblante *m*, color *m* de la tez; ***~ga yoi*** tener un color saludable; ***~ga warui*** tener una cara macilenta
gesshoku 月食 eclipse *m* lunar
kesshin 決心 resolución *f*, determinación *f*; ***~suru*** adoptar/tomar una resolución
kessei 血清 suero *m*; ***~no*** seroso, -a
kessei 結成 formación *f*, constitución *f*; ***~suru*** formar, organizar
kesseki 欠席 ausencia *f*; ***~suru*** no asistir
ketsuzen 決然 ***~taru*** firme *adj m/f*, resuelto, -a; ***~to*** resueltamente
kesson 欠損 déficit *m*, pérdida *f*; ***~no*** deficitario, -a
kettaku 結託 conspiración *f*, confabulación *f*; ***~suru*** conspirar
ketsudan 決断 resolución *f*

kettei 決定 decisión *f*, determinación *f*; **~*suru*** decidir
ketten 欠点 defecto *m*, imperfección *f*; **~*no aru*** defectuoso, -a
keppyoo 結氷 congelación *f*; **~*suru*** congelarse; **~*ten*** punto *m* de congelación
geppu げっぷ eructo *m*; **~*o dasu*** eructar
geppu 月賦 pago *m* mensual; **~*de kau*** comprar u/c a plazos
ketsuboo 欠乏 carencia *f*, escasez *f*; **~*suru*** escasear
ketsumaku 結膜 *med* conjuntiva *f*; **~*en*** *med* conjuntivitis *f*
ketsumatsu 結末 fin *m*, término *m*, desenlace *m*; **~*o tsukeru*** concluir
ketsuyuubyoo 血友病 *med* hemofilia *f*
getsuyoobi 月曜日 lunes *m*
ketsuretsu 決裂 ruptura *f*; **~*suru*** romperse
ketsuron 結論 conclusión *f*; **~*suru*** concluir; **~*o dasu*** sacar una conclusión
gedoku 解毒 **~*suru*** contrarrestar el efecto de un veneno; **~*zai*** antídoto *m*
kehai 気配 aire *m*, indicio *m*, señal *f*
kebakebashii けばけばしい llamativo, -a, chillón, -a
gehin 下品 **~*na*** vulgar *adj m/f*
kemushi 毛虫 *zool* oruga *f*
kemuri 煙 humo *m*; **~*o haku*** humear
kemuru 煙る **1.** humear; **2.** estar neblinoso, -a/brumoso, -a
kemono 獣 bestia *f*, fiera *f*
kerai 家来 vasallo, -a, súbdito, -a; **~*ni naru*** entrar al servicio de alg
geraku 下落 *econ* depreciación *f*, caída *f*; **~*suru*** depreciarse, caer
geri 下痢 diarrea *f*; **~*o suru*** padecer diarrea
gerira ゲリラ **1.** guerrilla *f*; **2.** guerrillero, -a; **~*sen*** guerra *f* de guerrillas
keru 蹴る **1.** pegar una patada, dar un puntapié; **2.** denegar, rechazar
geretsu 下劣 **~*na*** vil *adj m/f*, ruin *adj m/f*
keredomo けれども pero, sin embargo, con todo
gerende ゲレンデ pista *f* de esquí
kewashii 険しい **1.** empinado, -a, abrupto, -a; **2.** severo, -a, grave *adj m/f*, serio, -a
ken 件 asunto *m*
ken 券 boleto *m*
ken 県 prefectura *f*, provincia *f*
ken 剣 espada *f*, sable *m*; **~*o nuku*** desenvainar una espada
ken 腱 *med* tendón *m*
gen 弦 (*gakki/instrumento musical*) cuerda *f*

ken´aku 険悪 ***~na*** amenazador, -a, alarmante *adj m/f*
ken´an 懸案 cuestión *f* pendiente; ***~no*** pendiente *adj m/f*
ken´i 権威 autoridad *f*, prestigio *m*; ***~no aru*** autorizado, -a, prestigioso, -a
gen´in 原因 causa *f*, origen *m*; ***...ni~suru*** ocasionado, -a por
gen´ei 幻影 ilusión *f*, espejismo *m*; ***~o ou*** forjarse ilusiones
ken´eki 検疫 inspección *f* sanitaria, cuarentena *f*; ***~suru*** poner en cuarentena
ken´etsu 検閲 censura *f*; ***~suru*** censurar
ken´o 嫌悪 repugnancia *f*, aversión *f*; ***~suru*** sentir repugnancia hacia u/c, sentir aversión a alg
kenka 喧嘩 riña *f*, querella *f*, pelea *f* a brazo partido; ***~suru*** pelearse, llegar a las manos
genka 原価 precio *m* de coste
kenkai 県会 diputación *f* provincial; ***~giin*** diputado, -a provincial
genkai 限界 límite *m*; ***~ni tassuru*** llegar al límite; ***~o koeru*** exceder el límite
gengai 言外 ***~ni honomekasu*** aludir a u/c
kengaku 見学 visita *f* educacional; ***~suru*** visitar un lugar para instruirse
genkaku 幻覚 alucinación *f*; ***~ni osowareru*** tener alucinaciones
genkaku 厳格 ***~na*** estricto, -a, severo, -a; ***~ni*** con rigor, severamente
gengaku 衒学 ***~teki na*** pedante *adj m/f*
gengakki 弦楽器 instrumento *m* musical de cuerda
genkan 玄関 vestíbulo *m*, portal *m*
kengi 嫌疑 sospecha *f*; ***...no~o kakeru*** sospechar de alg que; ***...no~o ukeru*** ser objeto de sospecha de
genki 元気 ánimo *m*, buena salud *f*; ***~na*** animado, -a, vigoroso, -a, fuerte *adj m/f*; ***~no nai*** desanimado, -a; ***~ga yoi*** tener muchos ánimos; ***~yoku*** con vigor, con ánimo; ***~ni naru*** animarse, restablecerse de una enfermedad; ***~zukeru*** infundir ánimos a alg
kenkyuu 研究 estudio *m*, investigación *f*; ***~o suru*** investigar; ***~kai*** sociedad *f* de investigadores; ***~sha*** investigador, -a; ***~shitsu*** despacho *m* de un profesor, -a; ***~sho*** centro *m* de investigación
genkyuu 言及 ***~suru*** mencionar u/c
kenkyo 謙虚 modestia *f*, humildad *f*; ***~na*** modesto, -a; ***~ni*** modestamente

kenkin 献金 contribución *f*; **~*suru*** contribuir; ***seiji~*** contribución *f* de fondos políticos
genkin 現金 dinero *m* en efectivo; **~*de*** en efectivo; **~*de shiharau*** pagar en efectivo
genkei 減刑 **~*suru*** conmutar la pena a alg
kenketsu 献血 **~*suru*** donar sangre; **~*undoo*** campaña *f* a favor de la donación de sangre
kengo 堅固 **~*na*** sólido, -a, firme *adj m/f*
gengo 言語 lengua *f*, idioma *m*; **~*gaku*** filología *f*; **~*gakusha*** filólogo, -a
gengo 原語 idioma *m* original; **~*de yomu*** leer u/c en el idioma original
kenkoo 健康 salud *f*; **~*na*** saludable *adj m/f*; **~*dearu*** estar sano, -a; **~*o tamotsu*** conservar la salud
genkoo 原稿 manuscrito *m*, borrador *m*; **~*yooshi*** papel *m* de borrador
genkoo 現行 **~*no*** en vigor
kenkookotsu 肩胛骨 *med* omóplato *m*
kenkoku 建国 fundación *f* del estado; **~*kinenbi*** Día *m* de la Fundación Nacional
genkotsu 拳骨 puño *m*; ***kao ni~o kuwaseru*** dar un puñetazo en la cara
genkon 現今 hoy en día
kensa 検査 examen *m*, inspección *f*; **~*suru*** examinar, inspeccionar; ***pasupooto no~*** control *m* de pasaportes
gensai 減債 amortización *f*; **~*kikin*** fondo *m* de amortización
genzai 現在 **1.** actualidad *f*, presente *m*; **~*no*** actual *adj m/f*; **2.** *ling* ***dooshi no~kei*** forma *f* presente del verbo
genzairyoo 原材料 materia *f* prima
kensatsu 検札 revisión *f* de billetes; **~*suru*** revisar billetes
kensatsu 検察 **~*kan*** fiscal *m/f*; **~*choo*** fiscalía *f*
gensan 原産 *econ* **~*chi*** lugar *m* de procedencia de un producto
kenshi 検死 examen *m* de un cadáver, autopsia *f* (judicial); **~*suru*** examinar el cadáver, hacer una autopsia
kenji 検事 fiscal *m/f*, procurador, -a
kenji 堅持 **~*suru*** perseverar en u/c
genshi 原子 átomo *m*; **~*no*** atómico, -a; **~*kaku no*** nuclear *adj m/f*; **~*bakudan*** bomba *f* atómica; **~*butsuri gaku*** física *f* nuclear
genshi 原始 **~*teki na*** primitivo, -a; **~*jin*** hombres *mpl* primitivos

kenshiki 見識 discernimiento *m*, juicio *m*; **~*no aru*** muy enterado, -a

kenjitsu 堅実 seguridad *f*, firmeza *f*, solidez *f*; **~*na*** seguro, -a, firme *adj m/f*, estable *adj m/f*; **~*ni*** sólidamente

genjitsu 現実 actualidad *f*, realidad *f*; **~*no*** actual *adj m/f*, real *adj m/f*; **~*teki na*** realista *adj m/f*; **~*ni*** en realidad

genshu 厳守 observación *f* estricta; **~*suru*** seguir al pie de la letra

kenshuu 研修 cursillo *m*; **~*suru*** cursar, estudiar

genshuu 減収 **1.** disminución *f* de la cosecha; **2.** disminución *f* de los ingresos

genjuumin 原住民 indígena *m/f*, aborigen *m/f*

kenshutsu 検出 detección *f*; **~*suru*** detectar

kenshoo 検証 inspección *f*; **~*suru*** comprobar, inspeccionar

kenshoo 懸賞 **1.** concurso *m*; **~*ni oobo suru*** presentarse a un concurso; **2.** premio *m*; **~*ni toosen suru*** ganar un premio

genshoo 現象 fenómeno *m*; ***... suru~ga arawarete iru*** darse el fenómeno de que...

genshoo 減少 disminución *f*; **~*suru*** menguar

genjoo 現状 situación *f* actual

genshoku 原色 colores *mpl* primarios

genshoku 減食 régimen *m* alimenticio; **~*suru*** seguir un régimen

kenshin 検診 reconocimiento *m* médico; **~*o ukeru*** someterse a un reconocimiento médico

kenshin 献身 abnegación *f*, altruismo *m*; **~*suru*** sacrificarse; **~*teki na*** abnegado, -a, altruista *adj m/f*

genjin 原人 hombre *m* primitivo

gense 現世 este mundo *m*, vida *f* terrenal; **~*no*** terrenal *adj m/f*

kensei 権勢 poder *m*, influencia *f*

kensei 憲政 régimen *m* constitucional; **~*o shiku*** adoptar el régimen constitucional

genzei 減税 **~*suru*** reducir los impuestos

kensetsu 建設 construcción *f*; (*tatemono o/edificio*)**~*suru*** construir, edificar; **~*chuu dearu*** estar en construcción; **~*hi*** gastos *mpl* de construcción; **~*gaisha*** empresa *f* de construcción

kenzen 健全 **~*na*** sano, -a, honesto, -a, sólido, -a; **~*na shisoo*** ideas *fpl* sanas; **~*na zaisei*** finanzas *fpl* solventes

genzen 厳然 **~*to*** solemnemente, resueltamente

kenso 険阻 **~*na*** escarpado, -a, abrupto, -a

genso 元素 *quím* elemento *m*; **~*kigoo*** símbolo *m* químico

kenzoo 建造 (*edificio, barco*) construcción *f*, edificación *f*; **~suru** construir; **~chuu dearu** estar en construcción

gensoo 幻想 ilusión *f*, quimera *f*, visión *f*; **~teki na** fantástico, -a

genzoo 現像 revelado *m*; **~suru** revelar una película

gensoku 原則 principio *m*; **~o tateru** establecer un principio

gensoku 減速 disminución *f* de la velocidad; **~suru** disminuir la velocidad

kentai 倦怠 **~kan** hastío *m*, aburrimiento *m*; **~kan o oboeru** hastiarse de u/c

kendai 見台 atril *m*

gendai 現代 edad *f* contemporánea, tiempos *mpl* modernos; **~no** contemporáneo, -a; **~ka suru** modernizar; **~shi** historia *f* contemporánea

kentan 健啖 **~na** glotón, -a

kenchi 見地 punto *m* de vista; **kono~kara mireba** desde este punto de vista

genchi 現地 lugar *m* en cuestión; **~jikan** hora *f* local

kenchiku 建築 **1.** edificación *f*, construcción *f*; **2.** arquitectura *f*; **~suru** edificar; **~gaku** (estudios de) arquitectura *f*; **~ka** arquitecto, -a; **~gyoo** industria *f* de la construcción

kencho 顕著 **~na** notorio, -a, acentuado, -a, visible *adj m/f*

kenchoo 県庁 sede *f* del gobierno provincial

gentei 限定 limitación *f*, restricción *f*; **~suru** limitar, restringir

genten 原点 punto *m* de partida

kendenki 検電器 electroscopio *m*

kentoo 見当 **1.** cálculo *m*, estimación *f*; **~o tsukeru** calcular, estimar; **~ga tsuku** adivinar, tener idea; **~ga hazureru** equivocarse; **~hazure no** desacertado, -a; **2.** (*daitai*) **cifra +~** aproximadamente + cifra

kentoo 検討 examen *m*, investigación *f*; **~suru** examinar, estudiar

kendoo 県道 carretera *f* provincial

kendoo 剣道 kendo *m*, esgrima *f* japonesa

kennyoo 険尿 *med* uroscopia *f*; **~suru** examinar la orina

genba 現場 lugar *m* del suceso, escena *f*; **jiko no~** lugar *m* del accidente; **hanzai no~** lugar *m* del delito

genbaku 原爆 **~shoo** enfermedad *f* causada por la radiación de la bomba atómica; **~higaisha** víctima *f* de la bomba atómica

kenban 鍵盤 teclado *m*; **~gakki** instrumento *m* musical de teclado

kenbikyoo 顕微鏡 microscopio *m*; **~o nozoku** mirar a través del microscopio
kenbutsu 見物 observación *f*; **~suru** visitar, ver, observar
genbun 原文 texto *m* original
kenpei 憲兵 policía *m/f* militar
kenboo 権謀 ardid *m*, artimaña *f*; **~ni tonda** lleno, -a de ardides; **~ka** intrigante *m/f*
kenpoo 憲法 Constitución *f* del Estado; **~o happu suru** promulgar la Constitución; **~ihan no** anticonstitucional *adj m/f*; **~joo no kenri** derechos *mpl* establecidos por la Constitución; **~kinenbi** Día *m* de la Constitución
kenma 研磨 pulimiento *m*, bruñido *m*; **~suru** pulir, abrillantar
genmai 玄米 *gastr* arroz *m* no descascarillado
genmitsu 厳密 **~na** estricto, -a, preciso, -a; **~ni** rigurosamente
kenmei 賢明 sensatez *f*, prudencia *f*; **~na** sensato, -a, prudente *adj m/f*, razonable *adj m/f*
kenmei 懸命 **~ni** con todas sus fuerzas
genmei 言明 declaración *f*, afirmación *f*; **~suru** declarar, afirmar
genmetsu 幻滅 desilusión *f*, desengaño *m*; **~o kanjiru** desilusionarse
genmen 減免 reducción *f*/exención *f* de impuestos; **~suru** hacer una reducción/exención de impuestos
kenmon 検問 control *m*, inspección *f*; **~suru** controlar; **~sho** punto *m* de control
gen'ya 原野 **1.** campo *m*, llanura *f*; **2.** yermo *m*, erial *m*
ken'yaku 倹約 ahorro *m*, economía *f*; **~suru** ahorrar, economizar
kenri 権利 derecho *m*; **~o shutoku suru** adquirir un derecho; **~ga aru** tener derecho a u/c
genri 原理 principio *m*; **~o tateru** establecer un principio
genryoo 原料 materia *f* prima
kenryoku 権力 poder *m*, autoridad *f*; **~o nigiru** asumir el poder
genron 言論 palabra *f*; **~no jiyuu** libertad *f* de expresión
genwaku 幻惑 **~suru** fascinar, embelesar

KO こ

-ko 一個 (*suushi/sufijo contador*) **ringo yon~** cuatro manzanas; **hyaku en dama ik~** una moneda de 100 yenes
-ko 一湖 lago…; **Kawaguchi~** el lago Kawaguchi

ko 子 **1.** niño, -a, chico, -a; **2.** hijo, -a

-go 一後 (*jikan/tiempo*) después; ***go nen~*** cinco años después

go 五 cinco *m*; ***~nen*** cinco años

go 碁 juego *m* del go

-go 一語 (*gengo/idioma*) ***nihon~*** idioma *m* japonés; ***supein~*** lengua *f* española

koi 濃い **1.** (*iro/color*) oscuro, -a; **2.** (*eki/líquido*) espeso, -a, denso, -a, concentrado, -a; **3.** (*kami, ke/pelo*) espeso, -a, tupido, -a; **4.** (*aji/sabor*) cargado, -a, condimentado, -a

koi 恋 enamoramiento *m*; ***~o suru*** enamorarse de alg; ***~o shite iru*** estar enamorado de alg

koi 故意 ***~no*** deliberado, -a, intencionado, -a; ***~ni*** a propósito

goi 語彙 vocabulario *m*, léxico *m*

koishii 恋しい querido, -a

koishigaru 恋しがる añorar, echar de menos a alg

koitsu こいつ este tío, esta tía, éste, -a

koibito 恋人 novio, -a

koin コイン moneda *f*; ***~rokkaa*** consigna *f* automática

koo こう así; ***~shinasai*** hazlo así

koo 甲 **1.** (*kame no/tortuga*) concha *f*; **2.** (*te, ashi/manos, pies*) dorso *m*

koo 香 incienso *m*; ***~o taku*** quemar incienso

kooatsu 高圧 alta presión *f*; alta tensión *f*; alto voltaje *m*

kooan 考案 idea *f*, invención *f*; ***~suru*** idear, imaginar

kooi 好意 buena intención *f*, benevolencia *f*; ***~teki na*** amable *adj m/f*, favorable *adj m/f*; ***~teki ni*** con buena intención; ***...ni~o motsu*** sentir simpatía hacia alg

kooi 行為 acto *m*, acción *f*

kooi 皇位 trono *m* imperial, corona *f*; ***~ni tsuku*** subir al trono

gooi 合意 conformidad *f*, acuerdo *m*; ***~suru*** consentir, estar de acuerdo

koo iu こういう tal *adj m/f*, parecido, -a, semejante *adj m/f*

kooin 工員 obrero, -a de una fábrica

gooin 強引 ***~ni*** a la fuerza

kooun 幸運 fortuna *f*, dicha *f*, ventura *f*; ***~na*** afortunado, -a; ***~ni mo*** por suerte

kooei 公営 ***~no*** público, -a

kooei 光栄 honor *m*, gloria *f*; ***~aru*** glorioso, -a, honroso, -a

kooen 公園 parque *m*

kooen 公演 representación *f*, función *f*; ***~suru*** dar una función

kooen 後援 patronato *m*, auspicio *m*, subvención *f*; ***~suru*** patrocinar

kooen 講演 discurso *m*, conferencia *f*; **~*suru*** pronunciar una conferencia
kooka 工科 facultad *f* de ingeniería; **~*daigaku*** universidad *f* politécnica
kooka 効果 efecto *m*, resultado *m*; **~*teki na/no aru*** eficaz *adj m/f*; **~*no nai*** ineficaz *adj m/f*; **~*teki ni*** con eficacia, con eficiencia
kooka 降下 descenso *m*; **~*suru*** descender, bajar
kooka 高価 **~*na*** de alto precio, valioso, -a; **~*dearu*** costar caro, -a
kooka 高架 **~*no*** aéreo, -a; **~*(den)sen*** cable *m* eléctrico aéreo; **~*dooro*** carretera *f* elevada
kooka 硬化 endurecimiento *m*; **~*suru*** endurecerse, ponerse rígido, -a; **~*shita*** tieso, -a, rígido, -a
gooka 豪華 **~*na*** lujoso, -a, fastuoso, -a; **~*ni*** lujosamente
kookai 公開 **~*suru*** abrir al público, hacer público, -a; **~*no*** abierto, -a al público
kookai 後悔 arrepentimiento *m*, remordimiento *m*; **~*suru*** arrepentirse de u/c, tener remordimientos
kookai 航海 navegación *f* marítima; **~*suru*** navegar; **~*chuu ni*** durante la travesía
koogai 口蓋 paladar *m*
koogai 公害 contaminación *f* ambiental
koogai 郊外 afueras *fpl*, alrededores *mpl*; **~*densha*** tren *m* de cercanías
kookagaku 光化学 fotoquímica *f*; **~*hannoo*** reacción *f* fotoquímica
kookaku 甲殻 **~*rui*** *zool* crustáceos *mpl*
koogaku 工学 ingeniería *f*, tecnología *f*; **~*bu*** facultad *f* de ingeniería
koogaku 光学 óptica *f*; **~*kikai*** instrumentos *mpl* ópticos
gookaku 合格 aprobación *f*; **~*suru*** ser aprobado en u/c, tener éxito; **~*saseru*** aprobar a alg en u/c
kookatsu 狡猾 astucia *f*, maña *f*, ardid *m*; **~*na*** astuto, -a; **~*ni*** con astucia
kookan 好感 **~*o motsu*** tener simpatía hacia alg; **~*o ataeru*** dar buena impresión
kookan 交換 **1.** intercambio *m*; (*A o B to/A por B*) cambiar; **2.** conexión *f* del teléfono; **~*shu*** telefonista *m/f*; **~*dai*** centralita *f*
koogan 睾丸 testículo *m*
gookan 強姦 violación *f*, estupro *m*; **~*suru*** violar, forzar
kookishin 好奇心 curiosidad *f*; **~*no tsuyoi*** curioso, -a, fisgón, -a; **~*kara*** por curiosidad

kooki 高貴 ***~na*** alto, -a y noble *adj m/f*, distinguido, -a
koogi 抗議 protesta *f*, reclamación *f*; ***~suru*** protestar
koogi 講義 curso *m*, lección *f*; ***~suru*** dar clase
kookigyoo 公企業 empresa *f* pública
kookyuu 恒久 ***~no*** perpetuo, -a, permanente *adj m/f*; ***~teki ni*** perpetuamente
kookyoo 公共 ***~no*** público, -a, común *adj m/f*; ***~kigyootai*** corporación *f* pública; ***~jigyoo*** servicios *mpl* públicos; ***~tooshi*** inversión *f* pública
kookyoo 好況 prosperidad *f* económica; ***~no*** próspero, -a
koogyoo 工業 industria *f*; ***~no*** industrial *adj m/f*; ***~ka suru*** industrializar; ***~danchi*** polígono *m* industrial; ***~daigaku*** universidad *f* politécnica
koogyoo 鉱業 industria *f* mineral, explotación *f* minera
koogyoo 興行 espectáculo *m*; ***~suru*** presentar un espectáculo
gookin 合金 aleación *f*; ***A to B no ~o tsukuru*** alear A con B; ***~arumi*** aleación *f* de aluminio
kookuu 航空 aviación *f*, navegación *f* aérea; ***~no*** aéreo, -a; ***~gaisha*** compañía *f* aérea; ***~gaku*** aeronámica *f*; ***~ki sangyoo*** industria *f* aeronáutica; ***~shashin*** fotografía *f* aérea
kookei 光景 escena *f*, espectáculo *m*
gookei 合計 suma *f*, total *m*; ***~suru*** sumar; ***~de*** en total
koogeki 攻撃 ataque *m*, agresión *f*; ***~suru*** atacar; ***~o ukeru*** ser objeto de ataque
kooketsu 高潔 integridad *f*, probidad *f*; ***~na*** íntegro, -a, recto, -a
kooketsuatsu 高血圧 hipertensión *f* arterial; ***~no*** hipertenso, -a
kooken 後見 tutela *f*, gestión *f* tutelar; ***~suru*** tener a alg bajo su tutela
koogen 公言 declaración *f* pública; ***~suru*** declarar u/c públicamente
koogen 高原 altiplanicie *f*
koogo 交互 ***~ni*** alternativamente
kookoo 高校 instituto *m* de segunda enseñanza; ***~sei*** estudiante *m/f* de bachillerato
kookoo 航行 navegación *f*; ***~suru*** navegar
kookogaku 考古学 arqueología *f*; ***~no*** arqueológico, -a; ***~sha*** arqueólogo, -a
kookoku 広告 anuncio *m*, publicidad *f*, cartel *m*; ***~suru*** anunciar, poner un anuncio
koosa 交差 ***~suru*** cruzarse; ***~ten*** encrucijada *f*

kooza 口座 cuenta *f*; ***ginkoo ni~o hiraku*** abrir una cuenta en el banco

kooza 講座 curso *m*, clase *f*, lección *f*; ***supeingo~*** curso *m* de español

koosai 交際 relaciones *fpl*, trato *m*; ***~suru*** tener relaciones con alg; ***~o musubu*** entablar relaciones amistosas con alg

koosaku 耕作 cultivo *m*, labranza *f*, ***~suru*** cultivar la tierra; ***~sha*** labrador, -a

koosatsu 考察 observación *f*, reflexión *f*; ***~suru*** considerar, reflexionar

koosatsu 絞殺 estrangulación *f*; ***~suru*** estrangular

koosan 鉱産 ***~butsu*** producto *m* mineral; ***~shigen*** recursos *mpl* minerales

koozan 鉱山 mina *f*; ***~no*** minero, -a; ***~gishi*** ingeniero, -a de minas; ***~roodoosha*** obrero, -a minero, -a

koushi 子牛 ternera *f*

kooshi 行使 ***~suru*** ejercer, hacer uso de u/c; ***kenri o~*** hacer valer sus derechos

kooshi 格子 enrejado *m*; ***~mado*** ventana *f* de rejilla; ***~jima no nuno*** tela *f* a cuadros

kooshi 講師 encargado, -a del curso, conferenciante *m/f*; (*daigaku no/universidad*) profesor, -a adjunto, -a

kooji 麹 (*pan, biiru/pan, cerveza*) levadura *f*

kooji 工事 obra *f*, trabajo *m* de construcción; ***~chuu dearu*** estar en obras; ***~hi*** gastos *mpl* de construcción

kooji 公示 ***~suru*** anunciar públicamente

kooshiki 公式 **1.** (*suugaku/matemáticas*) fórmula *f*; **2.** formalidad *f*; ***~no*** formal *adj m/f*, oficial *adj m/f*; ***~ni*** de manera oficial

kooshitsu 皇室 casa *f* imperial

koojitsu 口実 pretexto *m*; ***~o tsukuru*** inventar un pretexto

goosha 豪奢 ***~na*** lujoso, -a, suntuoso, -a

kooshaku 公爵 duque *m*; ***~fujin*** duquesa *f*

kooshaku 侯爵 conde *m*; ***~fujin*** condesa *f*

kooshu 絞首 ***~kei*** pena *f* de horca; ***~kei ni shosuru*** ahorcar a alg

kooshuu 公衆 ***~no*** público, -a; ***~denwa (bokkusu)*** (cabina de) teléfono *m* público; ***~eisei*** sanidad *f* pública

kooshuu 講習 ***~kai*** cursillo *m*; ***~o ukeru*** asistir a un curso; ***~sei*** estudiante *m/f* de un curso

koojutsu 口述 ***~suru*** exponer u/c oralmente, dictar

koojo 控除 (*kyuuryoo nado/sueldo*) deducción *f*, (*zeikin/*

impuestos) cantidad *f* libre de impuestos; **~*suru*** deducir

kooshoo 公証 **~*nin*** notario, -a público, -a

kooshoo 交渉 **1.** negociación *f*, trato *m*; **~*suru*** negociar acerca de u/c con alg; **2.** relación *f*, contacto *m*; **~*o motsu*** ponerse en contacto con alg

koojoo 工場 fábrica *f*, taller *m*

koojoo 向上 adelanto *m*, progreso *m*; **~*suru*** progresar, mejorar en u/c; **~*shin*** espíritu *m* de superación

koojoo 恒常 **~*teki na*** constante *adj m/f*; **~*teki ni*** constantemente; **~*sei*** constancia *f*

goojoo 強情 obstinación *f*, terquedad *f*; **~*na*** obstinado, -a

kooshoku 公職 cargo *m* público; **~*ni tsuku*** asumir una función pública

kooshoku 好色 **~*na*** lascivo, -a; **~*bungaku*** literatura *f* erótica; **~*jijii*** viejo *m* verde

kooshin 行進 desfile *m*; **~*suru*** desfilar; **~*kyoku*** marcha *f*

kooshin 更新 renovación *f*; **~*suru*** renovar; ***keiyaku o~suru*** renovar el contrato

kooshinjo 興信所 agencia *f* privada de detectives

kooshinryoo 香辛料 especia *f*

kooshinryoku 向心力 fuerza *f* centrípeta

koosui 香水 perfume *m*

koozui 洪水 inundación *f*, riada *f*

koosei 公正 **~*na*** justo, -a, equitativo, -a; **~*ni*** imparcialmente

koosei 攻勢 ofensiva *f*, agresión *f*; **~*o toru*** tomar la ofensiva

koosei 厚生 **~*shisetsu*** instalaciones *fpl* de entretenimiento y recreo de los trabajadores de una compañía; **~*shoo*** Ministerio *m* de Sanidad y Seguridad Social; **~*daijin*** ministro, -a de Sanidad y Seguridad Social

koosei 校正 corrección *f* de pruebas; **~*suru*** corregir una prueba

koosei 構成 composición *f*, estructura *f*; **~*suru*** constituir; **~*sareru*** componerse, constar de u/c

goosei 合成 composición *f*, (*kagaku/química*) síntesis *f*; **~*suru*** componer, sintetizar; **~*go*** palabra *f* compuesta

kooseibusshitsu 抗生物質 antibiótico *m*

kooseki 鉱石 mineral *m*

koosetsu 公設 **~*no*** público, -a, municipal *adj m/f*

koosetsu 交接 coito *m*; **~*suru*** unirse sexualmente

koosen 交戦 **~*suru*** luchar contra un enemigo, hacer la guerra; **~*jootai*** estado *m* de guerra

koosen 光線 luz *f*, rayo *m*

koosen 鉱泉 manantial *m* de agua mineral; **~*yokujoo*** baño *m* en un balneario
goozen 轟然 **~*taru*** ensordecedor, -a
koosoo 高層 **~*kenchiku*** rascacielos *m*
koozoo 構造 estructura *f*, mecanismo *m*, organización *f*; **~*joo no*** estructural *adj m/f*; **~*shugi*** estructuralismo *m*
koosoku 高速 alta velocidad *f*; **~*de*** a alta velocidad; **~*dooro*** autopista *f*
koozoku 皇族 familia *f* imperial
kootai 交替/交代 reemplazo *m*, relevo *m*; **~*suru*** reemplazar; **~*de*** por turnos
kootai 抗体 anticuerpo *m*
kootai 後退 retroceso *m*; **~*suru*** retroceder
koodai 広大 **~*na*** extenso, -a
kootaishi 皇太子 príncipe *m* heredero; **~*denka*** Su Alteza Imperial/Real
kootaku 光沢 lustre *m*, tersura *f*; **~*no aru*** brillante *adj m/f*; **~*no nai*** deslucido, -a
koodan 講壇 estrado *m*, púlpito *m*, tarima *f*
koocha 紅茶 té *m* inglés; **~*o ireru*** preparar un té
koochuu 甲虫 *zool* escarabajo *m*
koochoo 好調 buen estado *m*; **~*dearu*** estar en buenas condiciones
koochoo 紅潮 **~*suru*** ruborizarse
koochoo 校長 director, -a de una escuela
kootsuu 交通 circulación *f*, tráfico *m*; **~*seiri*** control *m* del tráfico; **~*kisoku*** código *m* de circulación; **~*ihan*** contravención *f* de las ordenanzas de circulación; **~*kikan*** medios *mpl* de transporte; **~*jiko*** accidente *m* de tráfico; **~*hi*** gastos *mpl* de desplazamiento
kootei 公定 **~*no*** oficial *adj m/f*; **~*kakaku*** precio *m* oficial
kootei 肯定 afirmación *f*; **~*suru*** afirmar, aseverar
kootei 校訂 **~*suru*** revisar, corregir, cotejar
kootei 校庭 patio *m* de una escuela
kootei 皇帝 emperador *m*; **~*heika*** Su Majestad el Emperador
kootetsu 鋼鉄 acero *m*; **~*sei no*** de acero
kooten 好転 **~*suru*** mejorarse, tomar buen cariz
koodo 高度 **1.** altitud *f*, altura *f*; **2.** **~*na*** elevado, -a, avanzado, -a
kootoo 口頭 **~*no*** oral *adj m/f*, verbal *adj m/f*; **~*de*** de palabra; **~*shiken*** examen *m* oral
kootoo 高等 **~*na*** superior *adj m/f*, avanzado, -a; **~*gakkoo***

enseñanza *f* superior (bachillerato)

kootoo 喉頭 *med* laringe *f*; ***~en*** laringitis *f*

koodoo 行動 acto *m*, acción *f*; ***~suru*** actuar; ***~shugi*** behaviorismo *m*

koodoo 講堂 sala *f* de actos

gootoo 強盗 **1.** atraco *m*; atracador, -a; ***~o hataraku*** robar a mano armada

goodoo 合同 **1.** unión *f*, incorporación *f*; ***~suru*** incorporarse a u/c; **2.** (*suugaku/matemáticas*) congruencia *f*

koodoku 購読 subscripción *f*, abono *m*; ***zasshi o~shite iru*** estar subscrito, -a a una revista

koonai 構内 recinto *m*

koonyuu 購入 compra *f*, adquisición *f*; ***~suru*** comprar, adquirir

koonin 公認 ***~suru*** reconocer oficialmente, autorizar

koonotori こうのとり cigüeña *f*

kooba 工場 taller *m*; ***tooki~*** taller *m* de cerámica

koohai 荒廃 ruina *f*, desolación *f*; ***~suru*** arruinarse, reducirse a escombros

koohai 後輩 más joven *adj m/f*, ingresado, -a más tarde en la escuela/compañía

koobai 購買 compra *f*, adquisición *f*; ***~kakaku*** precio *m* de compra

kooban 交番 puesto *m* de policía

koobi 交尾 cópula *f*; ***~suru*** copular; ***~ki*** estación *f* de celo

Koobe 神戸 Kobe

koohisutamin 抗ヒスタミン ***~zai*** antihistamina *f*

koofu 工夫 peón *m*, bracero *m*

koofu 公布 ***~suru*** promulgar

koofuku 幸福 felicidad *f*, dicha *f*; ***~na*** dichoso, -a; ***~kan*** sensación *f* de felicidad

koofuku 降伏 rendición *f*; ***~suru*** rendirse, someterse al enemigo

koofun 興奮 exaltación *f*, entusiasmo *m*; ***~suru*** excitarse; ***~saseru*** excitar

koohei 公平 equidad *f*, justicia *f*; ***~na*** imparcial *adj m/f*; ***~ni*** equitativamente

kooho 候補 **1.** candidatura *f*; **2.** candidato, -a; ***~ni tatsu*** presentarse como candidato, -a

koohoo 公報 boletín *m* oficial

koohoo 後方 ***~no*** posterior *adj m/f*, trasero, -a; ***~ni*** atrás, para atrás

goohoo 合法 ***~teki na*** legal *adj m/f*, legítimo, -a

kooman 高慢 altivez *f*, soberbia *f*; ***~na*** orgulloso, -a

gooman 傲慢 ***~na*** arrogante *adj m/f*, soberbio, -a

koomyoo 巧妙 ***~na*** hábil *adj m/f*, mañoso, -a; ***~ni*** hábilmente

koomoku 項目 artículo *m*, apartado *m*; **~ni wakeru** dividir en apartados
koomori こうもり *zool* murciélago *m*
koomon 肛門 ano *m*
goomon 拷問 tortura *f*, tormento *m*; **~ni kakeru** torturar a alg
kooyoo 紅葉 enrojecimiento *m* de las hojas de los árboles; **~suru** enrojecer, colorearse
gooyoku 強欲 avaricia *f*, codicia *f*; **~na** avaricioso, -a
kooraku 行楽 excursión *f*
koori 功利 **~teki na** utilitario, -a; **~shugi** utilitarismo *m*
koori 高利 interés *m* alto, usura *f*; **~de** con usura
goori 合理 **~teki na** racional *adj m/f*; **~teki ni** racionalmente; **~shugi** racionalismo *m*
kooritsu 公立 **~no** público, -a
kooritsu 効率 rendimiento *m*; **~teki na** eficiente *adj m/f*; **~teki ni** eficientemente
kooryuu 交流 **1.** *electr* corriente *f* alterna; **2.** (*bunka no/cultural*) intercambio *m*; **~suru** hacer un intercambio
kooryo 考慮 consideración *f*; **~suru** considerar, estudiar
kooryoku 効力 eficacia *f*, validez *f*; **~no aru** eficaz *adj m/f*, válido, -a; **~no nai** ineficaz *adj m/f*
koorei 交霊 **~jutsu** espiritismo *m*
koowa 講和 paz *f*; **~jooyaku** tratado *m* de paz; **~kaidan** conferencia *f* de paz
koe 声 voz *f*; **tori no~** gorjeo *m*; **mushi no~** chirrido *m* de los insectos; **~o ookiku/chiisaku suru** levantar/bajar la voz
koeru 越（超）える **1.** pasar, traspasar, atravesar; **kokkyoo o~** cruzar la frontera; **2.** sobrepasar, exceder; **seigen o~** pasar el límite
gookaato ゴーカート kart *m*
koosu コース ruta *f*, rumbo *m*, trayectoria *f*
koosutaa コースター salvamanteles *m*
koochi コーチ **1.** entrenamiento *m*; **~suru** entrenar a alg en u/c; **2.** entrenador, -a
koochizon コーチゾン cortisona *f*
kooto コート **1.** abrigo *m*, gabán *m*; **2.** (*supootsu/deportes*) pista *f*, cancha *f*
koodo コード **1.** cable *m*, cordón *m* eléctrico; **2.** código *m*
koonaa コーナー **1.** rincón *m*, esquina *f*; **2.** sección *f*, departamento *m*
koohii コーヒー café *m*; **~o nomu** tomar café; **~setto** juego *m* de café; **~kappu** taza *f* de café
koora コーラ cola *f*

koorasu 凍らす helar, congelar, refrigerar
koorasu コーラス coro *m*
Kooran コーラン Corán *m*
koori 氷 hielo *m*
kooru 凍る helarse, congelarse
gooru ゴール **1.** meta *f*; ***~ni hairu*** alcanzar la meta; **2.** gol *m*; ***~kiipaa*** portero *m*
kooru-gaaru コールガール prostituta *f* que concierta citas por teléfono
kooruten コールテン pana *f*; ***~no zubon*** pantalones *mpl* de pana
koorudo-kuriimu コールドクリーム crema *f* aceitosa para el cutis
koorudo-miito コールドミート fiambre *m*
koorogi こおろぎ *zool* grillo *m*
koon コーン ***~fureekusu*** hojuelas *fpl* de maíz
gokai 誤解 maletendido *m*; ***~suru*** interpretar mal
kogaisha 子会社 compañía *f* afiliada
kokain コカイン cocaína *f*; ***~chuudoku*** cocainomanía *f*; ***~chuudokusha*** cocainómano, -a
gogaku 語学 lingüística *f*, filología *f*; ***~no*** lingüístico, -a, filológico, -a; ***~kyooiku*** enseñanza *f* de las lenguas; ***~sha*** lingüista *m/f*, filólogo, -a
gokakukei 五角形 pentágono *m*; ***~no*** pentagonal *adj m/f*
kogasu 焦がす quemar, socarrar, chamuscar
kogata 小型 ***~no*** de tamaño pequeño; ***~jidoosha*** coche *m* pequeño; ***~torakku*** camioneta *f*
gogatsu 五月 (mes de) mayo *m*
kogara 小柄 ***~no*** de estatura pequeña
kokizami 小刻み ***~ni*** poco a poco, a pedacitos
kogitte 小切手 cheque *m*; (*ginkoo ga/banco*) ***~o furidasu*** emitir un cheque; (*kojin ga/un particular*) ***~o kiru*** librar un cheque; ***~o genkin ni kaeru*** hacer efectivo un cheque; ***ginkoo hoshoo~*** cheque *m* certificado
gokiburi ごきぶり cucaracha *f*
kokyuu 呼吸 respiración *f*; ***~suru*** respirar; ***~ga hageshii*** jadear
kokyoo 故郷 patria *f* chica; ***~ni kaeru*** volver al pueblo natal
koku 濃く **1.** ***~suru*** (*iro o/color*) oscurecer, sombrear; (*ekitai o/líquido*) espesar, densificar; **2.** ***~naru*** (*iro ga/color*) hacerse más oscuro; (*ekitai ga/líquido*) espesarse, densificarse
kogu 漕ぐ remar
kokuei 国営 administración *f* nacional; ***~no*** nacional *adj m/f*; ***~ka*** nacionalización *f*;

~jigyoo empresa *f* del estado; ***~booeki*** comercio *m* estatal

kokuoo 国王 rey *m*, reina *f*; ***~no*** real *adj m/f*; ***~heika*** Su Majestad el Rey/la Reina

kokugo 国語 lengua *f*; lengua *f* materna; lengua *f* japonesa; ***~jiten*** diccionario *m* de lengua japonesa

kokusai 国際 ***~teki na*** internacional *adj m/f*; ***~teki ni*** internacionalmente; ***~kankei*** relaciones *fpl* internacionales; ***~keizai*** economía *f* internacional; ***~shugi*** internacionalismo *m*; ***~hoo*** derecho *m* internacional; ***~mondai*** problema *m* internacional; ***~Rengoo*** ONU

kokusan 国産 ***~no*** de producción nacional

gokujoo 極上 ***~no*** de calidad superior; ***~hinshitsu*** calidad *f* suprema

kokujin 黒人 negro, -a; ***~shu*** raza *f* negra

kokusui 国粋 ***~shugi*** nacionalismo *m*

kokusei 国勢 ***~choosa*** censo *m* de población; ***~choosa o okonau*** hacer un censo

kokuseki 国籍 nacionalidad *f*; ***nihon/supein~o motte iru*** tener la nacionalidad japonesa/española

kokuso 告訴 denuncia *f*; ***~suru*** presentar una denuncia

kokutai 国体 régimen *m* del estado

kokutan 黒檀 ébano *m*

kokuchi 告知 noticia *f*, aviso *m*, información *f*; ***~suru*** avisar, notificar

gokutsubushi 穀潰し zángano, -a, perezoso, -a

kokudo 国土 territorio *m* nacional; ***~booei*** defensa *f* nacional

kokunai 国内 interior *m* del país; ***~no*** doméstico, -a, nacional *adj m/f*; ***~shoohi*** consumo *m* interno; ***~seiji*** política *f* interior

kokuhaku 告白 confesión *f*; ***~suru*** confesar

kokuhatsu 告発 acusación *f*, denuncia *f*; ***~suru*** acusar, denunciar

kokuban 黒板 pizarra *f*; ***~ni kaku*** escribir en la pizarra

gokuhi 極秘 secreto *m* estricto; ***~no*** estrictamente confidencial

kokubun 国文 ***~gaku*** literatura *f* nacional; ***~poo*** gramática *f* de la lengua japonesa

kokuboo 国防 defensa *f* nacional; ***~shoo*** Departamento *m* de Defensa; ***~chookan*** secretario, -a de Defensa; ***~hi*** gastos *mpl* para la defensa nacional

kokumin 国民 pueblo *m*, nación *f*; ***~no*** nacional *adj m/f*; ***~sho-***

toku renta *f* nacional; ***~too-hyoo*** referendum *m* nacional

kokumei 克明 ***~na*** minucioso, -a, detallado, -a; ***~ni*** detalladamete

gokuraku 極楽 paraíso *m* budista

kokuritsu 国立 ***~no*** nacional *adj m/f*; ***~ginkoo*** banco *m* estatal; ***~daigaku*** universidad *f* estatal

kokuren 国連 ONU *f*, Organización *f* de las Naciones Unidas; ***~gun*** fuerzas *fpl* de la ONU

goke 後家 **1.** viudedad *f*; **2.** viuda *f*; ***~ni naru*** quedar viuda

gokei 語形 *ling* ***~henka*** flexión *f*; ***~ron*** morfología *f*

kogeru 焦げる quemarse, chamuscarse, socarrarse

gogen 語源 etimología *f*

koko ここ **1.** aquí; **2.** este momento *m*, este punto *m*; ***~kara*** desde aquí; ***~made*** hasta aquí

gogo 午後 tarde *f*; ***kyoo no~*** esta tarde; ***kinoo no~*** ayer por la tarde; ***ashita no~*** mañana por la tarde

kokoa ココア cacao *m*

kogoeru 凍える helarse, entumecerse, aterirse

kokochi 心地 ***~yoi*** agradable *adj m/f*, grato, -a

kogoto 小言 reproche *m*, regaño *m*; ***~o iu*** reprochar

kokonattsu ココナッツ coco *m*

kokoro 心 alma *f*, corazón *m*, mente *f*; ***~kara*** de todo corazón; ***~o ochitsukeru*** tranquilizarse

kokoroatari 心当たり ***~ga aru*** tener una idea de u/c

kokoroaru 心有る discreto, -a, sensato, -a, considerado, -a

kokoroe 心得 **1.** (*chishiki/conocimientos*) ***...no~ga aru*** tener conocimientos de u/c; **2.** advertencias *fpl*, instrucciones *fpl*

kokoroegao 心得顔 ***~de*** con cara de enterado, -a

kokoroechigai 心得違い indiscreción *f*, conducta *f* equivocada; ***~o suru*** cometer un desliz

kokoroeru 心得る **1.** (*rikai*) comprender, entender; **2.** (*shitte iru*) conocer, saber

kokorookinaku 心置きなく libremente, sin la menor inquietud

kokorogake 心掛け ***~no yoi*** prudente *adj m/f*, precavido, -a

kokorogamae 心構え actitud *f*, preparación *f* mental para u/c; ***~o suru*** disponerse a u/c, prepararse mentalmente para u/c

kokorozasu 志す intentar + inf

kokorozuyoi 心強い sentirse tranquilo, -a, sentirse confiado, -a

kokoronai 心無い insensato, -a, desconsiderado, -a, insensible *adj m/f*

kokoronarazumo 心ならずも de mala gana, a disgusto

kokoronokori 心残り pesar *m*, preocupación *f*; ***...ga~dearu*** sentir + inf

kokorobosoi 心細い sentirse inseguro, -a, sentirse desamparado, -a

kokoromachi 心待ち ***~ni suru*** estar a la espera de u/c

kokoromi 試み prueba *f*, ensayo *m*; ***~ni*** a prueba

kokoromiru 試みる probar, ensayar, tratar de + inf

kokoroyoi 快い agradable *adj m/f*, ameno, -a

kokoroyoku 快く **1.** (*yorokonde*) con mucho gusto, de buena gana; **2. *~omowanai*** estar descontento, -a con u/c

kosaku 小作 arrendamiento *m*; ***~o suru*** tener unas tierras en arriendo

kozappari こざっぱり ***~shita*** limpio, -a, aseado, -a

koshi 腰 cintura *f*, caderas *fpl*; ***~no magatta*** encorvado, -a

koji 孤児 huérfano, -a; ***~ni naru*** quedar huérfano, -a

goji 誤字 errata *f*

koshikakeru 腰掛ける sentarse

kojiki 乞食 mendigo, -a; ***~o suru*** mendigar

koshitsu 固執 ***~suru*** insistir, persistir en u/c

koshitsu 個室 habitación *f* individual

gojitsu 後日 otro día, más tarde, en el futuro

goshikku ゴシック gótico *m*; ***~no*** gótico, -a; ***~yooshiki no*** de estilo gótico; ***~kenchiku*** arquitectura *f* gótica; ***~shotai*** letra *f* gótica

goshippu ゴシップ chisme *m*

koshinuke 腰抜け persona *f* cobarde; ***~no*** cobarde *adj m/f*

koshaku 小癪 ***~na*** impertinente *adj m/f*

gojuu 五十 cincuenta *m*; ***~banme no*** quincuagésimo, -a

koshoo 故障 avería *f*; ***~suru*** averiarse; ***...no~o naosu*** reparar una avería

koshoo 胡椒 **1.** pimiento *m*; **2.** pimienta *f*; ***~o furu*** espolvorear u/c con pimienta molida

kojiraseru 拗らせる ***mondai o~*** complicar un problema

kojin 故人 difunto, -a

kojin 個人 individuo *m*, particular *m*; ***~no/teki na*** individual *adj m/f*; ***~no jiyuu*** libertad *f* individual; ***~no rieki*** interés *m* particular; ***~teki na riyuu de*** por razones personales

kosu 越す (*koeru*) superar

kosu 漉す filtrar, colar

kosuto コスト costo *m*, precio *m* de fábrica

kosumoporitan コスモポリタン cosmopolita *m/f*; ***~no*** cosmopolita *adj m/f*

kosuru 擦る frotar; ***me o~*** restregarse los ojos

kosei 個性 personalidad *f*, originalidad *f*; ***~teki na*** personal *adj m/f*, original *adj m/f*; ***~no nai*** sin personalidad, sin originalidad; ***~ga aru*** tener personalidad

koseki 戸籍 estado *m* civil; ***~bo*** registro *m* civil

koseki 古跡 monumento *m* histórico

kosekose こせこせ ***~shita*** puntilloso, -a, meticuloso, -a

kozeni 小銭 suelto *m*; ***~ga nai*** no tener suelto

gozen 午前 mañana *f*; ***kyoo no~chuu ni*** esta mañana; ***kinoo no~chuu ni*** ayer por la mañana; ***ashita no~chuu ni*** mañana por la mañana; ***~ku ji*** las nueve de la mañana

-koso こそ ***kore~*** precisamente éste; ***kondo~*** esta vez sí; ***watashi~*** yo sí que; "***Kochira~***" "No, al contrario", "El gusto es mío"

gozoku 語族 familia *f* de lenguas; ***indo yooroppa~*** lenguas *fpl* indoeuropeas

kosokoso to こそこそと a escondidas, furtivamente

kotai 固体 cuerpo *m* sólido; ***~ni naru*** solidificarse

kodai 古代 antigüedad *f*; ***~no*** antiguo, -a; ***~shi*** historia *f* de la Antigüedad

kotae 答え respuesta *f*, solución *f*

kotaeru 応える **1.** (*eikyoo suru*) afectar; **2.** (*oojiru*) corresponder a u/c

kotaeru 答える responder, resolver

gotagota ごたごた confusión *f*, desorden *m*; ***~shite iru*** estar en desorden

kodama こだま eco *m*; ***~ga kaette kita*** ha repetido el eco

gotamaze ごたまぜ ***~ni suru*** mezclar u/c confusamente

kodawaru こだわる aferrarse a u/c, obstinarse en u/c

kochikochi こちこち ***~no*** duro, -a

gochisoo ご馳走 buena comida *f*, convite *m*; ***~suru*** invitar a alg

gochagocha ごちゃごちゃ ***~ni suru*** mezclar u/c confusamente

kochoo 誇張 exageración *f*; ***~suru*** exagerar; ***~shita*** exagerado, -a; ***~shite*** con exageración

kochira こちら **1.** aquí, esta dirección; **2.** éste, -a, estos, -as; **3.** yo, nosotros

kojinmari こぢんまり (*ie nado/casa*) bien dispuesto, -a, pequeño, -a y cómodo, -a

kotsu こつ maña *f*, secreto *m*, truco *m*; **~o oboeru** aprender los secretos de u/c
kokka 国家 nación *f*, Estado *m*; **~no** nacional *adj m/f*; **~kikan** organismo *m* nacional; **~koomuin** funcionario, -a del Estado; **~shiken** oposición *f*
kokka 国歌 himno *m* nacional
kokkai 国会 Asamblea *f* Nacional, Dieta *f*, Cortes *fpl*, Parlamento *m*; **~giin** diputado, -a; **~gijidoo** palacio *m* de la Dieta
kozukai 小遣い dinero *m* para gastos; **~o yaru** dar a alg dinerillo para gastos; **~kasegi o suru** ganar para sus gastos
kokkaku 骨格 esqueleto *m*, constitución *f* corporal
kokki 国旗 bandera *f* nacional
kokkyoo 国教 religión *f* del Estado
kokkyoo 国境 frontera *f*; **~o koeru** atravesar la frontera; **~chitai** zona *f* fronteriza
kokku コック **1.** cocinero, -a; **2.** grifo *m*
kokkei 滑稽 **~na** humorístico, -a, gracioso, -a; **~na hanashi** cuento *m* cómico; **~na koto o iu** decir cosas graciosas
kokko 国庫 tesoro *m* nacional, finanzas *fpl* públicas; **~shuunyuu** ingresos *mpl* fiscales; **~dairiten** agente *m/f* fiscal del Estado
kokkoo 国交 relaciones *fpl* diplomáticas; **~o musubu** establecer relaciones diplomáticas
kotsu-kotsu-to こつこつと **1.** laboriosamente, con diligencia; **2. ~... o tataku** llamar a la puerta
kossetsu 骨折 fractura *f* de hueso; **~suru** fracturarse
kossori(to) こっそり（と） furtivamente, con sigilo
kotta 凝った rebuscado, -a, elaborado, -a, sofisticado, -a
kozutsumi 小包 paquete *m*; **yuubin~** paquete *m* postal
kottoo 骨董 antigüedades *fpl*; **~hin o shuushuu suru** coleccionar objetos antiguos de arte; **~ya** tienda *f* de antigüedades, anticuario *m*
koppu コップ vaso *m*
kote 篭手 guantes *mpl* de esgrima
gote 後手 **~ni mawaru** quedarse atrás
kotei 固定 fijación *f*; **~suru** fijar, establecer; **~shita** fijo, -a; **~kannen** idea *f* fija; **~shisanzei** impuestos *mpl* sobre inmuebles; **~shihon** capital *m* fijo
koten 古典 clásico *m*; **~teki na** clásico, -a; **~ongaku** música *f* clásica; **~gaku** humanidades *fpl*; **~geki** teatro *m* clásico; **~shugi** clasicismo *m*

koto 事 **1.** cosa *f*, asunto *m*; **2.** ***...suru~ni suru*** decidir + inf; **3.** ***...~ni shite iru*** tener la costumbre de; **4.** ***...suru~ga aru*** hacer u/c a veces; **5.** ***... shita~ga aru*** haber hecho alguna vez u/c; **6.** ***...suru~ga dekiru*** poder/saber hacer u/c

koto 琴 koto *m*, arpa *f* japonesa

-goto 一毎 cada; ***go fun~ni*** cada cinco minutos; ***...suru~ni*** cada vez que; ***~Berurin e iku~ni majipan o kau*** Cada vez que voy a Berlín compro mazapán

kodoo 鼓動 palpitación *f*, latido *m*; ***~suru*** palpitar

kodoku 孤独 soledad *f*; ***~na*** solitario, -a; ***~kan*** sensación *f* de soledad

kotogotoku 悉く totalmente, del todo

kotokomaka 事細か ***~ni*** detalladamente

kotosara 殊更 ***~ni*** a propósito, adrede

kotoshi 今年 este año

kotozuke 言付け recado *m*, mensaje *m*

kotonaru 異なる diferir, ser distinto, -a

kotoba 言葉 **1.** palabra *f*, término *m*; **2.** lengua *f*, idioma *m*

kotobazukai 言葉遣い expresión *f*, dicción *f*

kotobuki 寿 "Felicidades", "Enhorabuena"

kodomo 子供 **1.** niño, -a, muchacho, -a, chico, -a; **2.** hijo, -a; ***~no koro*** en la infancia; ***~unchin*** tarifa *f* de viaje para niños; ***~fuku*** ropa *f* de niños; ***~no hi*** Día *m* de los Niños

kotori 小鳥 pajarito *m*; ***~o kau*** criar un pajarito

kotowaza 諺 proverbio *m*, refrán *m*; ***~no*** proverbial *adj m/f*

kotowari 断り **1.** rechazo *m*, negación *f*; ***~no tegami*** carta *f* de rechazo; **2.** (*kinshi*) prohibición *f*; "***Tachiiri o~***" "Se prohíbe la entrada"; "***Miseinensha o~***" "Prohibido a/No apto para menores"; **3.** aviso *m*, advertencia *f*; **4.** ***~mo naku*** sin permiso, sin licencia

kotowaru 断る **1.** rechazar, negar, negarse a + inf; **2.** prohibir; **3.** avisar, advertir; **4.** pedir permiso/licencia

kona 粉 polvo *m*, harina *f*; ***~ni suru*** moler

konagona 粉々 ***~ni suru*** reducir u/c a polvo, hacer u/c añicos; ***~ni naru*** reducirse a polvo, hacerse añicos

konimotsu 小荷物 paquete *m*; ***~de okuru*** enviar u/c en paquete

konyakku コニャック coñac *m*

kone (kushon) コネ（クション） ***...ni~ga aru*** tener enchufe/influencia en u/c; ***~de*** por enchufe

kono この este, -a, -os, -as
kono-aida この間 el otro día, hace un tiempo, últimamente; **~no** último, -a, pasado, -a; **~kara** desde hace unos días
kono-ue この上 **1. ~nai jooken** condiciones *fpl* inmejorables; **~iu koto wa nai** ya no hay nada más que decir
kono-kata このかた este señor, esta señora, esta señorita
kono-kurai この位 así, tanto (como eso)
kono-goro この頃 últimamente, recientemente; hoy en día
kono-sai この際 en esta ocasión, en estas circunstancias
kono-saki この先 **1.** de aquí en adelante, en el futuro; **2.** más allá, más lejos
kono-tabi この度 *V.* **kondo** 今度
kono-tsugi この次 la próxima vez; **~no** próximo, -a, siguiente *adj m/f*
kono-toori この通り así, de esta manera
kono-toki この時 en esta ocasión, entonces
konoha 木の葉 hoja *f* de árbol
kono-bun この分 **~dewa** a este ritmo, de esta manera
kono-hen この辺 por aquí
kono-hoka この外 además, fuera de esto
kono-mae この前 **~no** último, -a, pasado, -a
konomashii 好ましい agradable *adj m/f*, grato, -a
kono-mama このまま así, tal como está
konomi 好み gusto *m*, afición *f*, preferencia *f*; **~no yoi/warui** tener buen/mal gusto
konomi 木の実 fruto *m*, fruta *f*
konomu 好む querer, gustar
kono-yo この世 este mundo *m*, esta vida *f*; **~no owari** fin *m* del mundo; **~o saru** morir
kobai 故買 **~o suru** comprar géneros robados
kohaku 琥珀 ámbar *m*
kobaruto コバルト cobalto *m*; **~buruu** azul *m* de cobalto
gohan ご飯 **1.** arroz *m* cocido; **~o taku** cocinar arroz en agua; **2.** comida *f*, alimento *m*; **~o taberu** comer
kobi 媚 lisonja *f*, adulación *f*; **~o uru** adular, halagar
kopii コピー copia *f*, fotocopia *f*; **~o toru** sacar una copia de u/c
kobito 小人 enano, -a
kobiritsuku こびりつく adherirse a u/c, pegarse
kobiru 媚びる adular, lisonjear
kobu 瘤 chichón *m*; **~no aru** jorobado, -a; **hitai ni~o tsukuru** hacerse un chichón en la frente
kobu 昆布 alga *f*, planta *f* marina

kofuu 古風 ***~na*** arcaico, -a, anticuado, -a
gobugobu 五分五分 ***~no*** igual *adj m/f*; ***~ni*** en empate; ***~ni naru*** empatar
kobushi 拳 puño *m*; ***~de naguru*** golpear con el puño
kobura コブラ cobra *f*
kofun 古墳 tumba *f* antigua
kobetsu 個別 ***~teki ni*** individualmente, uno, -a por uno, -a
kobosu 零す **1.** derramar, verter; **2.** (*fuhei o iu*) quejarse, lamentarse
kobone 小骨 espina *f*
koboreru 零れる derramarse, verterse
koma こま peonza *f*; ***~o mawasu*** hacer girar una peonza
koma こま (*chesu no/ajedrez*) pieza *f*
koma こま (*eiga/película*) plano *m*; (*bamen/escena*) escena *f*
goma 胡麻 sésamo *m*; ***~o suru*** moler semilla de sésamo; adular a alg
komaasharu コマーシャル publicidad *f*, anuncio *m*; ***~songu*** canción *f* publicitaria
komakai 細かい **1.** menudo, -a, fino, -a, pequeño, -a; **2.** ***~okane*** dinero *m* suelto; ***okane o komakaku suru*** cambiar en moneda suelta; **3.** detallado, -a, minucioso, -a
gomakashi ごまかし engaño *m*, embuste *m*
gomakasu ごまかす engañar, mentir
komaku 鼓膜 *med* tímpano *m*
komagomato こまごまと minuciosamente, detalladamente
komamono 小間物 artículos *mpl* menudos; ***~ya*** mercería *f*
komayaka 細やか ***~na*** cordial *adj m/f*, afectuoso, -a
komaraseru 困らせる poner en un aprieto a alg, desconcertar, turbar
komaru 困る verse en apuros, quedarse perplejo
gomi ごみ basura *f*; ***~o atsumeru*** recoger la basura; ***~bako*** cubo *m* de la basura, papelera *f*
komiiru 込み入る complicarse, enredarse
komikaru コミカル ***~na*** cómico, -a, ridículo, -a
gomigomi ごみごみ ***~shita*** desordenado, -a
komisshon コミッション comisión *f*, correduría *f*; ***~o toru*** cobrar una comisión
komyunikeeshon コミュニケーション comunicación *f*
komyunisuto コミュニスト comunista *m/f*
komyunizumu コミュニズム comunismo *m*
komu 込む estar lleno, -a
goma ゴム goma *f*, caucho *m*
komugi 小麦 trigo *m*; ***~ko*** harina *f*

komuzukashii 小難しい **1.** (*mendoo na*) molesto, -a, complicado, -a; **2.** (*kimuzukashii*) susceptible *adj m/f*, irascible *adj m/f*
kome 米 arroz *m*; ***~o taku*** cocer arroz; ***~o tsukuru*** cultivar arroz
komekami こめかみ sien *f*
komedian コメディアン actor *m*/actriz *f* cómico, -a, bufón, -a
komedii コメディー comedia *f*, farsa *f*
gomen 御免 ***~nasai*** perdón
komoji 小文字 letra *f* minúscula
komori 子守り niñera *f*; ***~o suru*** cuidar de un niño
komoru こもる ***...ni~*** encerrarse en
koya 小屋 cabaña *f*, caseta *f*, establo *m*
koyuu 固有 ***~no*** propio, -a de u/c, inherente *adj m/f* a u/c
koyoo 雇用 empleo *m*; ***~suru*** dar trabajo a alg; ***~keiyaku*** contrato *m* de trabajo; ***~jooken*** condiciones *fpl* de trabajo
koraagen コラーゲン colágeno *m*
goraku 娯楽 pasatiempo *m*, diversión *f*; ***~shitsu*** sala *f* de recreo; ***~bangumi*** programa *m* de entretenimiento
korasu 凝らす ***me o~*** concentrar la mirada
kori 凝り rigidez *f*, tensión *f*
korii コリー perro *m* pastor escocés, collie *m*
koritsu 孤立 aislamiento *m*, desamparo *m*; ***~suru*** aislarse; ***~shita*** aislado, -a, desamparado, -a
koryo 顧慮 ***~suru*** considerar, tomar en cuenta
gorira ゴリラ gorila *m*
koruku コルク corcho *m*; ***~sen*** tapón *m* de corcho
gorufu ゴルフ golf *m*; ***~o suru*** jugar al golf
kore 此れ éste, -a, -os/as, esto
korekara これから desde ahora, ahora mismo
korekushon コレクション colección *f*
koresuterooru コレステロール colesterol *m*
koremade これまで hasta ahora
korera コレラ cólera *m*; ***~kanja*** paciente *m/f* de cólera
koro 頃 época *f*
korogasu 転がす hacer rodar; tumbar, derribar
korogaru 転がる rodar, dar vueltas; acostarse
gorogoro ごろごろ ***~suru*** **1.** rodar, revolverse; **2.** pasar el día holgazaneando
koroshi 殺し ***~ya*** homicida *m/f*, asesino, -a
korosu 殺す **1.** matar, asesinar; **2.** contener, reprimir; ***kanjoo o~*** contener la emoción
korokke コロッケ croqueta *f*

korobu 転ぶ caerse por el suelo
koromo ころも **1.** hábitos *mpl*, sotana *f*; **2.** rebozo *m*; ***~o tsukeru*** rebozar u/c
koron コロン *ling* dos puntos *mpl*
kowai 恐い terrible *adj m/f*, espantoso, -a; ***...ga~*** tener miedo a alg/u/c
kowagaru 恐がる tener miedo a alg/u/c
kowasu 壊す romper, destruir, averiar
kowabaru 強張る atiesarse, ponerse rígido, -a
kowareru 壊れる romperse, destruirse; ***kowareta*** roto, -a
kon 紺 azul *m* marino; ***~no*** de color azul marino
kon´in 婚姻 matrimonio *m*, casamiento *m*; ***~todoke*** registro *m* de matrimonio
kongarakaru こんがらかる enredar, embrollarse
konki 根気 paciencia *f*, perseverancia *f*; ***~no yoi*** perseverante *adj m/f*; ***~yoku*** con paciencia, infatigablemente
konkyuu 困窮 pobreza *f*, miseria *f*; ***~suru*** hallarse en la miseria
konkyo 根拠 base *f*, fundamento *m*; ***~no aru*** con fundamento; ***~no nai*** sin fundamento
konkuuru コンクール concurso *m*
konkuriito コンクリート hormigón *m*
konketsu 混血 (*hito/persona*) ***~no*** mixto, -a, mestizo, -a, mulato, -a
kongetsu 今月 este mes
kongo 今後 de aquí en adelante; ***~no*** venidero, -a, futuro, -a
kongoo 混合 mezcla *f*; ***~suru*** mezclar
konsaato コンサート concierto *m*; ***~o hiraku*** celebrar un concierto; ***~hooru*** sala *f* de conciertos
konzatsu 混雑 aglomeración *f*; ***~suru*** aglomerarse
konshuu 今週 esta semana
konjoo 根性 carácter *m*, temperamento *m*; ***~ga aru*** tener vigor/carácter; ***~no warui*** perverso, -a
konzetsu 根絶 ***~suru*** extirpar, arrancar, exterminar, destruir
konchuu 昆虫 insecto *m*; ***~saishuu*** colección *f* de insectos; ***~gaku*** entomología *f*
kontei 根底 base *f*, fundamento *m*; ***~teki na*** fundamental *adj m/f*
kontesuto コンテスト concurso *m*
kontenaa コンテナー contenedor *m*; ***~yusoo*** transporte *m* en contenedores
kondensu-miruku コンデンスミルク leche *f* condensada
kondo 今度 **1.** esta vez, ahora; **2.** la próxima vez; **3.** dentro de poco; **4.** últimamente

kondoo 混同 confusión *f*, mezcla *f*; ***A o B to~suru*** confundir, mezclar A con B
kondoomu コンドーム preservativo *m*
kontorasuto コントラスト contraste *m*
kontorooru コントロール ***~suru*** controlar, gobernar
konna こんな tal *adj m/f*, como este, -a, de este tipo
konnan 困難 dificultad *f*; ***~na*** difícil *adj m/f*
konnichi 今日 hoy en día, en la actualidad
konnendo 今年度 el año actual; este año escolar; este año fiscal
konpakuto コンパクト **1.** polvera *f*; **2.** ***~na*** compacto, -a, pequeño, -a
konpasu コンパス compás *m*
konban 今晩 esta noche
konpyuuta コンピュータ computadora *f*, ordenador *m*
konbu 昆布 alga *f* marina, planta *f* marina
konpurekkusu コンプレックス complejo *m* de inferioridad; ***... ni~o motte iru*** tener complejo de inferioridad ante alg
konpon 根本 raíz *f*, base *f*, fundamento *m*; ***~teki na*** fundamental *adj m/f*; ***~teki ni*** fundamentalmente
konma コンマ coma *f*; ***~o tsukeru*** poner una coma
kon'ya 今夜 esta noche
kon'yaku 婚約 promesa *f* de matrimonio; ***~suru*** comprometerse
honran 混乱 confusión *f*, desorden *m*; ***~suru*** confundirse, turbarse; ***~saseru*** confundir, turbar
konwaku 困惑 perplejidad *f*, perturbación *f*; ***~suru*** quedar perplejo, -a, no saber qué hacer

SA さ

sa 差 diferencia *f*; ***~ga aru*** haber diferencia; ***~ga nai*** no haber diferencia; ***ookina~ga aru*** haber una gran diferencia
saa さあ **1.** ¡Vamos!, ¡Adelante!; ***~ikimashoo*** ¡Vamos! **2.** (*tamerai/duda*) pues…, mire…; ***~yoku wakarimasen*** Pues mire, no lo sé bien
saakasu サーカス circo *m*; ***~o mini iku*** ir a ver el circo
saakuru サークル círculo *m*, tertulia *f*; ***bungaku~*** tertulia *f* literaria
saabaa サーバー *informát* servidor *m*
saabisu サービス servicio *m*, atención *f*; ***~ga yoi*** buen servicio; ***~o suru*** atender a alg; ***~ryoo komi de*** servicio inclui-

do; ***~ryoo wa betsu de*** servicio aparte
saafin サーフィン surf *m*; ***~o suru*** hacer surf
saamosutatto サーモスタット termostato *m*
-sai ~歳 ***juu go~dearu*** tener quince años; ***juu go~ni naru*** cumplir quince años
sai 犀 *zool* rinoceronte *m*
sai 際 ocasión *f*, vez *f*
saiai 最愛 ***~no*** más querido, -a
saiaku 最悪 ***~no*** pésimo, -a; ***~no baai wa*** en el peor de los casos
zaiaku 罪悪 crimen *m*; ***~o okasu*** cometer un crimen
saikai 再開 reapertura *f*, reanudación *f*; ***~suru*** reabrir, reanudar
saigai 災害 desastre *m*, calamidad *f*; ***~o ukeru*** padecer un desastre; ***~hoken*** seguro *m* contra accidentes
saiki 再起 ***~suru*** restablecerse; (*byooki kara/enfermedad*) recobrar la salud
saigi 猜疑 ***~shin*** recelo *m*; ***~shin no tsuyoi*** desconfiado, -a
saikin 細菌 bacteria *f*, microbio *m*; ***~no*** bacteorológico, -a; ***~gaku*** bactereología *f*
saikin 最近 recientemente, últimamente; ***~no*** reciente *adj m/f*, último, -a
saiku 細工 **1.** artesanía *f*, pericia *f* manual; **2.** obra *f*, objeto *m*; **3.** artificio *m*, maniobra *f*, ardid *m*; ***~suru*** manipular, recurrir a artificios
saikuringu サイクリング ciclismo *m*; ***~ni iku*** ir de paseo en bicicleta
saiketsu 採決 votación *f*; ***~suru*** poner a votación; ***~ni hairu*** proceder a la votación
saiketsu 裁決 veredicto *m*; ***~suru*** pronunciar un veredicto sobre u/c
saigetsu 歳月 tiempo *m*, años *mpl*
saiken 再建 ***~suru*** reconstruir, reedificar
saiken 債権 *econ* bono *m*, obligaciones *fpl*; ***~o hakkoo suru*** emitir obligaciones
saigen 際限 ***~no nai*** sin límites; ***~naku*** infinitamente
zaigen 財源 *econ* recursos *mpl* financieros, fondos *mpl*
saigo 最後 fin *m*, final *m*; ***~no*** último, -a; ***~ni*** por último
zaiko 在庫 almacenamiento *m*; ***~hin*** existencias *fpl*; ***~shirabe*** inventario *m*
saikoo 最高 ***~no*** supremo, -a, el/la más alto, -a; ***~kion*** temperatura *f* máxima
saikoro さいころ dado *m*; ***~o furu*** tirar los dados
zaisan 財産 fortuna *f*, bienes *mpl*, propiedad *f*
saijitsu 祭日 día *m* festivo

saishu 採取 extracción *f*; ***~suru*** extraer, sacar; ***B kara A o~suru*** extraer A de B

saishuu 採集 colección *f*; ***~suru*** coleccionar; ***~ka*** coleccionista *m/f*

saishuu 最終 ***~no*** final *adj m/f*, último, -a, decisivo, -a; ***~teki ni*** definitivamente

saisho 最初 principio *m*, comienzo *m*; ***~no*** primero, -a, inicial *adj m/f*, original *adj m/f*; ***~ni*** en primer lugar

saishoo 最小 ***~no*** mínimo, -a, el/la menor *adj m/f*

saijoo 最上 ***~no*** de primera calidad, óptimo, -a; ***~kyuu*** *ling* superlativo *m*

saishoku 菜食 régimen *m* vegetariano; ***~shugi*** vegetarianismo *m*; ***~shugisha*** vegetariano, -a

zaishoku 在職 ***~suru*** ocupar un puesto de trabajo; ***~chuu ni*** durante su permanencia en el puesto; ***~kikan*** años *mpl* de servicio

saishin 細心 ***~sa*** prudencia *f*; ***~no chuui o harau*** concentrar toda la atención en u/c, ser muy escrupuloso en u/c

saishin 最新***~no*** el/ más nuevo, -a

saizu サイズ tamaño *m*, medida *f*, talla *f*; ***~o hakaru*** medir el tamaño

saisei 再生 **1.** reproducción *f*; ***~suru*** reproducir; **2.** ***~suru*** regenerar; **3.** reminiscencia *f*

zaisei 財政 administración *f* financiera; ***~joo no*** financiero, -a

zaiseki 在籍 ***~suru*** estar inscrito, -a, estar matriculado, -a

saisoku 催促 urgencia *f*, apremio *m*; ***~suru*** urgir, apremiar

saidai 最大 máximo *m*; ***~no*** el/la más grande *adj m/f*, el/la mayor *adj m/f*

saitan 最短 ***~no*** el/la más corto, -a

zaidan 財団 fundación *f*; ***~hoojin*** fundación *f* de utilidad pública con personalidad jurídica

saichi 才知 ingenio *m*, talento *m*; ***~ni tonda*** ingenioso, -a

saichuu 最中 ***...no~ni*** en medio de u/c

saitei 最低 mínimo *m*; ***~no*** el/la más bajo, -a; ***~gen no*** mínimo, -a; ***~chingin*** salario *m* mínimo

saitei 裁定 ***~suru*** arbitrar, fallar

saiteki 最適 ***~na*** ideal *adj m/f*, el/la más adecuado, -a

saiten 採点 calificación *f*; ***~suru*** calificar

saido サイド ***~kaa*** sidecar *m*; ***~bureeki*** freno *m* de mano

sainan 災難 desgracia *f*, calamidad *f*

sainoo 才能 talento *m*, capacidad *f*; ***~no aru*** con talento

saihatsu 再発 reaparición *f*; **~*suru*** reaparecer, repetirse; (*byooki/enfermedad*) recaer
zaibatsu 財閥 plutocracia *f* financiera
saibanetikkusu サイバネティックス cibernética *f*
saiban 裁判 juicio *m*, pleito *m*; **~*o okonau*** hacer justicia
saihyooka 再評価 **~*suru*** revalorizar
saifu 財布 cartera *f*, billetero *m*
saibu 細部 detalle *m*, pormenor *m*
saibun 細分 **~*suru*** subdividir
saihoo 裁縫 costura *f*; **~*o suru*** coser; **~*o narau*** aprender a coser
saiboo 細胞 célula *f*; **~*no*** celular *adj m/f*; **~*gaku*** citología *f*
saimin 催眠 **~*no*** hipnótico, -a; **~*jutsu*** hipnotismo *m*
saiyoo 採用 admisión *f*, empleo *m*; **~*suru*** admitir, emplear, usar; **~*shiken*** examen *m* de admisión
sairyoo 最良 **~*no*** el/la mejor *adj m/f*, óptimo, -a
zairyoo 材料 material *m*; **~*hi*** gastos *mpl* para materiales
sairen サイレン sirena *f*; **~*o narasu*** hacer sonar la sirena
sairento サイレント **~*eiga*** cine *m* mudo
saiwai 幸い felicidad *f*, fortuna *f*; **~*na*** feliz *adj m/f*; **~*ni*** por suerte
sain サイン **1.** signo *m*, seña *f*; **~*o okuru*** hacer señas a alg; **2.** firma *f*, autógrafo *m*; **...*ni~suru*** firmar...; **3.** *mat* seno *m*
sauna サウナ sauna *f*
saundotorakku サウンドトラック banda *f* sonora
-sae ~さえ **1.** (*sura*) hasta, incluso; (*hitei no baai/negativo*) ni siquiera; **2.** (*sono ue*) por añadidura; **3.** (*dake*) sólo, sólo con que
saka 坂 cuesta *f*, declive *m*, pendiente *f*
sakai 境 linde *m/f*, frontera *f*
sakaeru 栄える prosperar, florecer; ***sakae*** prosperidad *f*
sakasama 逆さま **~*ni*** a la inversa, lo de arriba abajo, al revés; **~*no*** inverso, -a; **...*o~ni suru*** invertir, poner boca abajo
sagasu 捜す buscar, registrar
sakadachi 逆立ち **~*suru*** hacer el pino
sakana 魚 pez *m*, pescado *m*
sakanoboru 溯る **1.** remontar (un río); **2.** remontarse a
sakaya 酒屋 **1.** tienda *f* de vinos; **2.** (*hito/persona*) vinatero, -a
sakarau 逆らう oponerse a u/c alg, desobedecer
sakari 盛り **1.** (*hana no/flores*) plena floración *f*; **2.** (*jinsei no/vida*) plenitud *f*, auge *m*; **3.** (*hatsujoo/celo*) **~*ga tsuite iru*** estar en celo

sagaru 下がる **1.** (*tareru*) colgar, pender; **2.** (*zuriochiru*) bajarse, caerse; **3.** (*teika*) bajar; **4.** (*kootai*) retroceder; **5.** (*taikyo*) retirarse
sakan 左官 albañil *m*
sakan 盛ん ***~na*** activo, -a, próspero, -a, popular *adj m/f*; ***~ni*** activamente
saki 先 **1.** punta *f*, extremidad *f*; **2.** más adelante, después de; **3.** delante, a la cabeza; **4.** primero; **5.** ***~ni*** de antemano; **6.** porvenir *m*, futuro *m*
sagi 鷺 garza *f*
sagi 詐欺 fraude *m*, timo *m*, engaño *m*; ***~teki na*** fraudulento, -a
sakiototoi 一昨昨日 hace tres días
sakiototoshi 一昨昨年 hace tres años
sakisofon サキソフォン *mús* saxofón *m*
sakihodo 先程 (*sakki*) hace un momento, hace poco
sagyoo 作業 trabajo *m*, obra *f*; ***~chuu dearu*** estar de servicio
saku 咲く florecer
saku 裂く rasgar, desgarrar
sakuin 索引 índice *m*; ***~o tsukuru*** hacer el índice
sakusha 作者 autor, -a; ***~fumei no*** anónimo, -a
sakujo 削除 omisión *f*; ***~suru*** omitir, borrar
sakusei 作成 (*bunsho/texto*) redacción *f*; ***~suru*** redactar
sakusen 作戦 **1.** estrategia *f*, táctica *f*; ***~joo no*** estratégico, -a; **2.** operación *f* militar
sakunyuu 搾乳 ***~suru*** ordenar
sakuhin 作品 obra *f*
sakubun 作文 redacción *f*; ***~o kaku*** escribir una redacción
sakumotsu 作物 producto *m* agrícola
sakuya 昨夜 anoche
sakura 桜 *bot* **1.** cerezo *m*; **2.** flor *f* del cerezo
saguru 探る **1.** sondear, escudriñar; **2.** palpar, tentar
sakuretsu 炸裂 ***~suru*** estallar, reventarse
zakuro 柘榴 **1.** granado *m*; **2.** granada *f*
sake 酒 **1.** sake *m*, vino *m* japonés hecho de arroz; **2.** vino *m*, licor *m*, bebida *f* alcohólica
sake 鮭 salmón *m*
sakebú 叫ぶ gritar, chillar, exclamar
sakeru 裂ける rajarse, partirse
sakeru 避ける evitar, eludir, rehuir
sageru 下げる **1.** (*hikuku suru*) bajar, rebajar; **2.** (*tsurusu*) colgar, suspender; **3.** (*ushiro e*) retirar, empujar hacia atrás; **3.** ***shokuji o~*** retirar el servicio de la mesa
sagen 左舷 babor *m*

sakoku 鎖国 aislamiento *m* nacional; ***~suru*** cerrar el país al extranjero
sakotsu 鎖骨 *med* clavícula *f*
sasai 些細 ***~na*** insignificante *adj m/f*, trivial *adj m/f*
sasaeru 支える sostener, apoyar
sasageru 捧げる consagrar, dedicar
sasatsu 査察 inspección *f*, observación *f*; ***~suru*** inspeccionar, observar
sasayaka ささやか ***~na*** pequeño, -a, modesto, -a
sasayaku 囁く murmurar, susurrar
saji 匙 cuchara *f*, cucharilla *f*
sashiageru 差し上げる **1.** alzar; **2.** dar, ofrecer
sashiatari 差し当たり por el momento
sashie 挿し絵 ilustración *f*, grabado *m*; ***...ni~o ireru*** ilustrar u/c (con un grabado)
sashiosaeru 差し押さえる embargar, incautarse de u/c
sashiki 挿し木 esqueje *m*; ***~suru*** esquejar una planta
sashikomi 差し込み **1.** (*puragu*) clavija *f*; **2.** (*konsento*) base *f*; **3.** (*ryoosha o awasete*) enchufe *m*
sashikomu 差し込む **1.** (*ireru*) insertar, introducir; **2.** (*hairu*) entrar, penetrar
sashikorosu 刺し殺す matar a puñaladas
sashizu 指図 instrucciones *fpl*; ***~suru*** dar instrucciones
sashidasu 差し出す presentar, ofrecer; ***te o~*** tender la mano a alg
sashitsukaeru 差し支える estorbar, impedir
sashidegamashii 差し出がましい entrometido, -a; ***~koto o suru*** entrometerse
sashihiki 差引 ***~kanjoo o suru*** hacer balance
sashimi 刺身 lonja *f* de pescado crudo, sashimi *m*
sashimukai 差し向かい ***~ni suwaru*** sentarse frente a frente
sashoo 査証 ***~suru*** visar, legalizar; ***~o ukeru*** recibir el visto bueno (en el pasaporte)
sasu 刺す clavar, punzar, picar, dar una puñalada; ***Watashi wa ka ni sasareta*** Me ha picado un mosquito
sasu 指す indicar, apuntar, señalar
sasu 差(挿/注)す **1.** poner; ***kabin ni hana o~*** poner flores en un florero; **2.** echar, verter; ***doa ni abura o~*** echar aceite en una puerta
sasu 射す (*hikari ga/luz*) penetrar
sasupensu サスペンス suspense *m*; ***~eiga*** película *f* de suspense
sasupendaa サスペンダー tirantes *mpl*

sasuru 摩る frotar
zaseki 座席 asiento *m*
sasetsu 左折 ***~suru*** girar a la izquierda; ***"~kinshi"*** "Prohibido girar a la izquierda"
sasou 誘う **1.** (*shootai*) invitar, convidar **2.** (*sosonokasu*) instigar, incitar
sasori 蠍 escorpión *m*
Satan サタン Satanás *m*
zadankai 座談会 tertulia *f*, coloquio *m*
-satsu ~冊 ***is~no hon*** un libro
satsu 札 billete *m* de banco; ***sen en~*** billete *m* de mil yenes
zatsu 雑 ***~na*** chapucero, -a, poco esmerado, -a; ***~ni*** chapuceramente
satsuei 撮影 fotografía *f*, rodaje *m*; ***~suru*** fotografiar, rodar
zatsuon 雑音 interferencias *fpl*, ruidos *mpl* atmosféricos; ***rajio ni~ga hairu*** la radio tiene interferencias
sakka 作家 escritor, -a
zakka 雑貨 ***~ya*** tienda *f* de enseres domésticos
sakkaa サッカー fútbol *m*; ***~o suru*** jugar al futbol
sakkaku 錯覚 ilusión *f*; ***~o okosu*** tener la sensación de
sakkarin サッカリン sacarina *f*
sakki さっき hace un rato
sakkyuu 早急 ***~ni*** inmediatamente
sakkyoku 作曲 composición *f* musical; ***~suru*** componer música; ***~ka*** compositor, -a
sakkin 殺菌 desinfección *f*, esterilización *f*, pasteurización *f*; ***~suru*** desinfectar, esterilizar, pasteurizar; ***~gyuunyuu*** leche *f* pasteurizada
sakku サック **1.** estuche *m*, funda *f*; **2.** preservativo *m*
sakkon 昨今 hoy en día
sassato さっさと de prisa
zasshi 雑誌 revista *f*; ***~o toru*** suscribirse a una revista
zasshu 雑種 ***~no*** mestizo, -a, cruzado, -a; ***~no inu*** perro *m* bastardo
zasshoku 雑食 ***~doobutsu*** animal *m* omnívoro
satsujin 殺人 homicidio *m*, asesinato *m*; ***~o okasu*** cometer un homicidio/asesinato
sassuru 察する suponer, imaginar, comprender
zatsuzen 雑然 ***~toshita*** desordenado, -a, confuso, -a; ***~to*** sin orden ni concierto
zassoo 雑草 mala hierba *f*, maleza *f*; ***~o toru*** quitar las malas hierbas
sassoku 早速 inmediatamente
satchuuzai 殺虫剤 insecticida *f*; ***...ni~o maku*** rociar... con insecticida
satto さっと de repente
zatto ざっと **1.** someramente; **2.** aproximadamente

zappaku 雑駁 ***~na*** deshilvanado, -a, incoherente *adj m/f*
sappari さっぱり **1.** ***~shita*** (*seiketsu na*) aseado, -a, pulcro, -a; **2.** ***~shita*** (*aji ga/sabor*) ligero, -a, nada empalagoso, -a; **3.** ***~shita*** (*seikaku ga/carácter*) franco, -a, abierto, -a; **4.** ***~suru*** (*kibun ga/ánimo*) sentirse fresco, -a; **5.** (*mattaku*) de ninguna manera, en absoluto
Sapporo 札幌 Sapporo
satsumaimo 薩摩芋 batata *f*, boniato *m*
zatsuyoo 雑用 pequeños quehaceres *mpl*
sate さて entonces, bueno, pues
sadisuto サディスト sádico, -a
sadizumu サディズム sadismo *m*
saten サテン satén *m*
satoo 砂糖 azúcar *m/f*; ***~o ireru*** echar azúcar
sadoo 茶道 ceremonia *f* del té
satori 悟り nirvana *f*, conocimiento *m* de la verdad absoluta
satoru 悟る comprender, darse cuenta de u/c
sanatoriumu サナトリウム sanatorio *m*
saba 鯖 *zool* caballa *f*
sabaku 裁く juzgar a alg; ***hikoku o~*** juzgar al acusado
sabaku 砂漠 desierto *m*
sabasaba さばさば ***~suru*** sentirse libre
sabanna サバンナ sabana *f*
sabi 錆 orín *m*, herrumbre *f*, óxido *m*; ***~o otosu*** desherrumbrar u/c
sabishii 寂しい **1.** solitario, -a, apartado, -a; **2.** triste *adj m/f*
sabiru 錆びる oxidarse
sabireru 寂れる decaer, perder la animación
safaia サファイア zafiro *m*
sabutaitoru サブタイトル subtítulo *m*; ***~o tsukeru*** poner subtítulos a u/c
zabuton 座布団 cojín *m*; ***~ni suwaru*** sentarse en un cojín
safuran サフラン azafrán *m*
sabetsu 差別 discriminación *f*, segregación *f*; ***A o B to ~suru*** discriminar A de B
sahoo 作法 modales *mpl*, reglas *fpl*; ***shokuji no~*** modales *mpl*
sabotaaju サボタージュ sabotaje *m*; ***~suru*** sabotear
saboten サボテン *bot* cactus *m*
saboru サボる ***jugyoo o~*** hacer novillos
samazama 様々 ***~na*** de todo tipo, varios, -as
samasu 冷ます enfriar; dejar enfriar
samasu 覚ます ***me o~*** despertarse; desilusionarse, desengañarse
samatage 妨げ obstáculo *m*; ***~ni naru*** estorbar
samatageru 妨げる estorbar, impedir, poner obstáculos

samayou さまよう errar, vagabundear
samitto サミット (*conferencia*) cumbre *f*
samui 寒い hacer frío; tener frío
samuke 寒気 ***~ga suru*** sentir escalofríos
samusa 寒さ frío *m*
samurai 侍 samurái *m*
same 鮫 *zool* tiburón *m*
sameru 冷める enfriarse
sameru 覚める ***me ga~*** despertarse; desencantarse
sameru 褪める decolorarse
samoshii さもしい mezquino, -a, ruin *adj m/f*
zayaku 座薬 supositorio *m*
sayuu 左右 **1.** derecha *f* e izquierda *f*, ambas direcciones *fpl*; ***~o miru*** mirar en ambas direcciones; **2.** ***~suru*** decidir, influir sobre u/c, depender de u/c
sayoo 作用 efecto *m*; ***~suru*** actuar, obrar
sayoonara さようなら adiós
sara 皿 plato *m*, fuente *f*, platillo *m*
sarai- 再来— ***~shuu*** la semana *f* siguiente a la que viene; ***~getsu*** el mes *m* siguiente al que viene
sarasara さらさら ***~to oto o tateru*** murmurar, susurrar
zarazara ざらざら ***~shita*** áspero, -a
sarasu さらす **1.** blanquear, decolorar; **2.** ***nikkoo ni~*** exponer u/c al sol
sarada サラダ ensalada *f*; ***~oiru*** aceite *m* para ensalada
sara ni 更に **1.** más, más aún; **2.** además, por añadidura
sarami サラミ salchichón *m*, chorizo *m*
sarari to さらりと con naturalidad, como si tal cosa
sararii サラリー salario *m*; ***~man*** oficinista *m/f*
saru 去る **1.** (*hanareru*) abandonar, dejar un lugar; **2.** (*sugizaru*) pasar, alejarse
saru 猿 mono *m*, mico *m*
sarutan サルタン sultán *m*
sarubia サルビア salvia *f*
-zaru o enai —ざるをえない verse obligado a + inf, no tener más remedio que + inf
sawagashii 騒がしい ruidoso, -a, bullicioso, -a
sawagi 騒ぎ barullo *m*, jaleo *m*; ***~o okosu*** armar alboroto
sawagu 騒ぐ meter ruido, hacer una escena
zawameki ざわめき murmullo *m*, cuchicheo *m*
zawameku ざわめく murmurar, cuchichear
sawayaka 爽やか ***~na*** fresco, -a, refrescante *adj m/f*
sawaru 触る tocar, palpar
sawaru 障る dañar, perjudicar, molestar; ***karada ni~*** perjudi-

car la salud; ***ki ni~*** disgustar, molestar

-san 一さん señor *m*; señora *f*, señorita *f*; ***Tanaka~*** señor/señora/señorita Tanaka

san 三 tres *m*; ***~ban me no*** tercero, -a; ***~bun no ichi*** un tercio

san 酸 ácido *m*

sanka 参加 participación *f*, asistencia *f*; ***~suru*** participar; ***~sha*** participante *m/f*

sanka 産科 obstetricia *f*; ***~i*** tocólogo, -a

sanka 傘下 ***~no*** afiliado, -a

sanka 酸化 oxidación *f*; ***~suru*** oxidarse

sankaku 三角 ***~kei*** triángulo *m*; ***~no*** triangular *adj m/f*

sangatsu 三月 mes *m* de marzo

sangiin 参議院 Cámara *f* Alta, Senado *m*; ***~giin*** senador, -a

zangyaku 残虐 ***~na*** cruel *adj m/f*, brutal *adj m/f*

sangyoo 産業 industria *f*; ***~no*** industrial *adj m/f*

zangyoo 残業 horas *fpl* extras; ***~suru*** hacer horas extras

sangurasu サングラス gafas *fpl* de sol

zangen 讒言 calumnia *f*; ***~suru*** calumniar

sankoo 参考 ***...o~ni suru*** consultar

zangoo 塹壕 trinchera *f*; ***~o horu*** cavar una trinchera

zankoku 残酷 ***~na*** cruel *adj m/f*; ***~sa*** crueldad *f*

zansatsu 惨殺 matanza *f* sangrienta; ***~suru*** dar una muerte cruel a alg

san juu 三十 treinta *m*; ***~ban me no*** trigésimo, -a

sanshutsu 産出 producción *f*; ***~suru*** producir

sanshoo 参照 ***~suru*** consultar

sanjoo 三乗 cubo *m*, tercera potencia *f*; ***~suru*** elevar a la tercera potencia

sansuu 算数 aritmética *f*

sansukuritto サンスクリット sánscrito *m*

sansei 酸性 acidez *f*; ***~no*** ácido, -a

sansei 賛成 aprobación *f*, conformidad *f*; ***~suru*** aprobar, estar de acuerdo con u/c

sanso 酸素 oxígeno *m*; ***~kyuunyuu*** inhalación *f* de oxígeno

Santa Kuroosu サンタクロース Papá Noel

sandan 散弾 perdigones *mpl*; ***~juu*** escopeta *f* de perdigones

sanchi 産地 región *f* productora, país *m* productor

sanchoo 山頂 cima *f*, cumbre *f*

zantei 暫定 ***~teki na*** provisional *adj m/f*

sandikarisuto サンディカリスト sindicalista *m/f*

sandikarizumu サンディカリズム sindicalismo *m*

sandoitchi サンドイッチ sándwich *m*

sandoo 賛同 ***~suru*** aprobar u/c

zannen 残念 ***~na*** lamentable *adj m/f*; ***~ni omou*** lamentar; ***~desu ne*** ¡Qué lástima!

sanbai 三倍 triple *m*

sanpai 参拝 ***~suru*** ir a rezar a un templo

sanbashi 桟橋 muelle *m*, embarcadero *m*

sanpi 賛否 el pro *m* o el contra *m*; ***~o tou*** someter a votación

sanfujinka 産婦人科 ginecología *f*; ***~i*** ginecólogo, -a

sanbun 散文 prosa *f*; ***~teki na*** prosaico, -a

sanpo 散歩 paseo *m*; ***~suru*** dar un paseo

sanmi 酸味 acidez *f*; ***~no aru*** agrio, -a

sanmyaku 山脈 cordillera *f*

sanran 産卵 ***~suru*** poner huevos

sanran 散乱 ***~suru*** dispersarse, esparcirse, desparramarse

sanryuu 三流 ***~no*** de tercera clase

sanrinsha 三輪車 triciclo *m*

SHI し

shi シ *mús* si

shi 氏 señor *m*; señora *f*; ***Tanaka~*** señor, -a Tanaka

shi 史 historia *f*; ***Nihon~*** historia *f* de Japón

shi 市 ciudad *f*, municipio *m*

shi 四 cuatro *m*

shi 死 muerte *f*

shi 詩 poesía *f*; ***~o tsukuru*** componer una poesía

-ji 一時 ***ichi~desu*** Es la una; ***gozen ichi~desu*** Es la una de la madrugada; ***Gogo ichi~desu*** Es la una de la tarde; ***ichi~juu go fun*** la una y cuarto; ***ichi~han*** la una y media

ji 字 letra *f*, escritura *f*, caligrafía *f*; ***~o narau*** aprender a leer y escribir

ji 痔 hemorroides *fpl*; ***~ga deru*** sufrir almorranas

shiai 試合 partido *m*, partida *f*, campeonato *m*

shiagaru 仕上がる (*dekiagaru*) estar listo, -a, acabado, -a

shiage 仕上げ acabado *m*, terminación *f*

shiageru 仕上げる acabar, terminar

shiasatte しあさって el día después de pasado mañana

shiatsu 指圧 shiatsu *m*, terapéutica *f* de la presión de los dedos; ***~suru*** tratar a alg con la terapéutica de la presión de los dedos

shiawase 幸せ felicidad *f*, dicha *f*; ***~na*** feliz *adj m/f*; ***~ni*** felizmente; ***~ni mo*** por suerte

shian 思案 pensamiento *m*, reflexión *f*; **~*suru*** pensar, reflexionar

jii 自慰 (*onanii*) masturbación *f*; **~*o suru*** masturbarse

shii-shii シーシー centímetros *mpl* cúbicos

shiizun シーズン temporada *f*; ***sukii~*** temporada *f* de esquí; **~*ofu*** fuera *f* de temporada

shiitake 椎茸 (especie de) seta *f* japonesa

shiitsu シーツ sábana *f*

shiito シート **1.** asiento *m*; **~*kabaa*** cubierta *f* del asiento; **~*beruto*** cinturón *m* de seguridad; **2.** hoja *f* (de papel)

jiipan ジーパン pantalones *mpl* vaqueros

jiipu ジープ jeep *m*

shiin 子音 consonante *f*

shiin シーン escena *f*

shiei 市営 **~*no*** municipal *adj m/f*; **~*jigyoo*** obras *fpl* públicas de la municipalidad; **~*juutaku*** vivienda *f* construida por la municipalidad

shiei 私営 **~*no*** privado, -a; **~*basu*** autobús *m* de una compañía privada

jiei 自衛 autodefensa *f*; **~*suru*** defenderse; **~*ken*** derecho *m* de defensa; **~*tai*** Fuerzas *fpl* Armadas de Autodefensa

sheebingu-kuriimu シェービングクリーム crema *f* de afeitar

jesuchua ジェスチュア gesto *m*, gesticulación *f*, mímica *f*; **~*o suru*** gesticular

jetto ジェット **~*enjin*** motor *m* a reacción

shio 塩 sal *f*; **~*de aji o tsukeru*** salar u/c; **~*o tsukete taberu*** comer u/c con sal; **~*ire*** salero *m*

shio 潮 **1.** marea *f*; **2.** corriente *f* marina; **~*ga michiru*** crecer la marea; **~*ga hiku*** bajar la marea; **~*no kanman*** flujo *m* y reflujo *m* de la marea

shiokarai 塩辛い salado, -a

shio-shio-to しおしおと cabizbajo, -a, desanimado, -a

shiozuke 塩漬け salazón *f*; **~*ni suru*** conservar en sal

shiodoki 潮時 ocasión *f* propicia

shionizumu シオニズム sionismo *m*

shioyaki 塩焼き **~*ni suru*** asar u/c sazonada con sal

-shika ―しか (*hitei/negativo*) no más que; **...*suru~nai*** no hay más remedio que…

shika 鹿 *zool* ciervo *m*; **~*ga naku*** el ciervo brama

shika 歯科 odontología *f*; **~*i*** dentista *m/f*, odontólogo, -a

jika 自家 **~*sei no*** casero, -a, hecho, -a en casa; **~*yoo no*** destinado, -a al uso doméstico

jiga 自我 ego *m*, yo *m*; ***~ga tsuyoi*** ser egoísta; ***~no kaihoo*** emancipación *f* del yo

shikai 市会 consejo *m* municipal; ***~giin*** concejal, -a

shikai 司会 ***~suru*** presidir, moderar una reunión; ***~sha*** presidente, -a, moderador, -a, presentador, -a

shikai 視界 campo *m* visual; ***~ni hairu*** entrar en el campo visual; ***~kara kieru*** salir del campo visual, dejar de verse

jikai 次回 próxima vez *f*; ***~no*** próximo, -a; ***~ni mawasu*** aplazar u/c para la vez siguiente

shikaeshi 仕返し venganza *f*; ***... ni ...no~o suru*** vengarse de alg por u/c

shikaku 四角 cuadrado *m*, rectángulo *m*; ***~no*** cuadrado, -a, rectangular *adj m/f*

shikaku 視角 ángulo *m* visual

shikaku 資格 requisito *m*, capacidad *f*, título *m*, derecho *m*; ***~no nai*** no calificado, -a, sin título; ***~ga aru*** satisfacer los requisitos; ***~o eru*** obtener el título

jikaku 自覚 ***~suru*** ser consciente de u/c

shikakeru 仕掛ける **1.** comenzar a + inf; **2.** provocar, incitar; ***kenka o~*** provocar a alg; **3.** colocar, instalar

shikashi しかし pero, sin embargo

shikata 仕方 **1.** modo *m*, manera *f* de hacer u/c; **2.** ***~ga nai*** no hay otro remedio

shigatsu 四月 abril *m*

shiganai しがない pobre *adj m/f*, modesto, -a

jikani 直に **1.** directamente; **2.** personalmente

shigamitsuku しがみつく agarrarse a u/c

shikameru 顰める ***kao o~*** hacer una mueca

shikamo しかも **1.** (*sono ue*) y, además; **2.** (*nimo kakawarazu*) a pesar de + inf

shikaru 叱る regañar, reñir

shikarubeki 然るべき debido, -a, oportuno, -a; ***~jiki ni*** a su debido tiempo

shigaretto シガレット cigarillo *m*; ***~keesu*** pitillera *f*; ***~peepaa*** papel *m* de fumar; ***~horudaa*** boquilla *f*

shikan 士官 oficial *m/f*; ***rikugun~*** oficial *m/f* del ejército de tierra; ***rikugun~gakkoo*** academia *f* militar; ***~koohosei*** cadete *m/f*

shikan 弛緩 relajación *f*; ***~suru*** relajarse; ***kinniku no~*** relajación *f* muscular

shigan 志願 aspiración *f*, solicitud *f*, instancia *f*; ***~suru*** aspirar a u/c; presentarse a u/c

jikan 次官 ***seimu~*** viceministro, -a parlamentario, -a; ***jimu~*** viceministro, -a administrativo, -a; ***gaimu~*** viceministro, -a de Asuntos Exteriores

jikan 時間 **1.** (*ji*) tiempo *m*, hora *f*; ***~ga tatsu*** transcurre el tiempo; ***~o toru/ga kakaru*** tardar tiempo; ***...suru~ga aru*** tener tiempo para u/c; **2.** (*jikoku*) hora *f*, tiempo *m*; (*shunkan*) momento *m*; **3.** (*tan'i*) hora *f* de duración de tiempo; ***ichi~*** una hora *f*; ***ichi~han*** una hora *f* y media

shiki 式 **1.** ceremonia *f*, rito *m*; ***~o okonau*** celebrar una ceremonia; **2.** (*suugaku nado/matemáticas*) fórmula *f*; **3.** estilo *m*; ***Nihon~*** estilo *m* japonés

shiki 指揮 mandato *m*, dirección *f*; ***~suru*** mandar, dirigir; ***~sha*** director, -a

jiki 次期 próximo, -a; ***~daitooryoo*** próximo, -a presidente, -a

jiki 時期 tiempo *m*, temporada *f*, época *f*

jiki 時機 ocasión *f* propicia; ***~o matsu*** esperar la oportunidad

jiki 磁気 magnetismo *m*; ***~o obita*** magnético, -a

jiki 磁器 porcelana *f*

jigi 字義 ***~doori no*** textual *adj m/f*, literal *adj m/f*

shikii 敷居 umbral *m*; ***~o matagu*** atravesar el umbral

shikigyoo 私企業 empresa *f* privada

shikikin 敷金 depósito *m*, fianza *f*

shikisai 色彩 colorido *m*, tinte *m*; ***~ni tonda*** lleno, -a de colores; ***~ni toboshii*** falto, -a de colorido

jikijikini 直々に directamente, frente a frente

shikijoo 式場 sala *f* de ceremonias

shikijoo 色情 concupiscencia *f*, lascivia *f*

shikitari 仕来たり costumbre *f*, tradición *f*

jikihitsu 直筆 ***~no*** autógrafo, -a

jigyaku 自虐 masoquismo *m*

shikyuu 子宮 matriz *f*, útero *m*; ***~no*** uterino, -a

shikyuu 支給 pago *m*, retribución *f*; ***~suru*** pagar

shikyuu 至急 urgentemente; ***~no*** urgente *adj m/f*

jikyuu 自給 ***~jisoku*** autarquía *f*; ***~jisoku suru*** bastarse a sí mismo, -a; ***~no*** autártico, -a

jikyuu 持久 ***~ryoku*** aguante *m*, perseverancia *f*; ***~ryoku ga aru*** tener mucho aguante

shikyoo 司教 obispo *m*

jikyoo 自供 ***~suru*** confesar, reconocer un delito

jigyoo 事業 empresa *f*, negocio *m*; ***~o okosu*** fundar una empresa; ***~ni seikoo/shippai***

suru tener/no tener éxito en su negocio; ***~ka*** empresario, -a

shikiri 仕切り tabique *m*; ***... ni~o suru*** poner un tabique a

shikirini 頻りに a menudo, con frecuencia

shikiru 仕切る dividir, separar

shikin 資金 capital *m*, fondos *mpl*; ***~ga aru*** tener capital/fondos; ***~ga nai*** carecer de fondos

shiku 敷く extender; ***futon o~*** extender el futon

jiguzagu ジグザグ ***~no*** en zigzag

jikujiku じくじく ***~shita*** empapado, -a, supurante *adj m/f*

jigusoo-pazuru ジグソーパズル rompecabezas *m*, puzle *m*

shikumi 仕組み mecanismo *m*

shikei 死刑 pena *f* de muerte; ***~o senkoku suru*** condenar a alg a muerte; ***~shikkoo suru*** ejecutar la pena de muerte

shigeki 刺激 estímulo *m*, impulso *m*; ***~suru*** estimular, excitar

shigemi 茂み maleza *f*, espesura *f*

shikeru 湿気る humedecerse

shiken 試験 **1.** ensayo *m*, prueba *f*; ***~suru*** ensayar, probar; ***~teki ni*** a título de ensayo; **2.** (*gakkoo/escuela*) examen *m*; ***~o ukeru*** examinarse; ***~ni gookaku suru/ukaru*** aprobar un examen; ***~ni ochiru*** suspender

shigen 資源 recursos *mpl* naturales

jiken 事件 suceso *m*, incidente *m*

jiko 自己 ***~anji*** autosugestión *f*; ***~hihan*** autocrítica *f*; ***~giman o suru*** engañarse a sí mismo, -a; ***~bengo o suru*** justificarse a sí mismo, -a, ***~manzoku o shite iru*** estar satisfecho, -a de sí mismo, -a

jiko 事故 accidente *m*; ***~ga okoru*** ocurrir un accidente; ***~o fusegu*** prevenir accidentes; ***~ni au*** sufrir un accidente

shikoo 思考 pensamiento *m*; ***~suru*** pensar

Shikoku 四国 Shikoku

jigoku 地獄 infierno *m*; ***~no*** infernal *adj m/f*; ***~ni ochiru*** irse al infierno

shigoto 仕事 **1.** empleo *m*, puesto *m* de trabajo; ***~o kaeru*** cambiar de profesión; ***~o sagasu*** buscar empleo; ***~o yameru*** dejar el trabajo; **2.** tarea *f*, obligación *f*; **3.** trabajo *m*, cargo *m*; ***~o suru*** trabajar; ***~o yasumu*** faltar al trabajo; ***~ba*** lugar *m* de trabajo

shisa 示唆 sugestión *f*, sugerencia *f*; ***~suru*** sugerir, insinuar; ***~ni tonda*** sugestivo, -a

jisa 時差 diferencia *f* horaria entre distintos lugares geogáficos; ***Nihon to Supein de wa hachi jikan no~ga aru*** Entre

Japón y España hay una diferencia horaria de ocho horas

shisai 司祭 (*katorikku/católico*) sacerdote *m*; ***~sama*** Reverendo Padre *m*

shisaku 思索 pensamiento *m*, meditación *f*; ***~suru*** pensar, meditar

shisatsu 視察 inspección *f*; ***~suru*** hacer una inspección

jisatsu 自殺 suicidio *m*; ***~suru*** suicidarse

shisan 資産 bienes *mpl*, propiedades *fpl*; ***~ga aru*** poseer fortuna; ***~ka*** persona *f* de fortuna

jisan 持参 ***~suru*** traer, llevar

shiji 支持 apoyo *m*; ***~suru*** apoyar; ***...no~o eru*** tener el apoyo de alg; ***~o motomeru*** pedir/buscar el apoyo de alg

shiji 指示 indicación *f*, instrucciones *fpl*; ***~suru*** indicar, instruir

shijitsu 史実 hecho *m* histórico

jijitsu 事実 hecho *m*, realidad *f*; ***~joo no*** de hecho; ***~o mageru*** deformar un hecho

shisha 支社 sucursal *f*; ***~choo*** director, -a de una sucursal

shisha 死者 muerto, -a

shisha 使者 mensajero, -a; ***...ni~o okuru*** enviar un mensajero a uno

shishaku 子爵 vizconde *m*; ***~fujin*** vizcondesa *f*

jishaku 磁石 imán *m*

shishagonyuu 四捨五入 ***~suru*** redondear

jishu 自主 ***~teki na*** autónomo, -a, independiente *adj m/f*; ***~teki ni*** por su propia iniciativa; ***~sei*** autonomía *f*; ***~dokuritsu*** independencia *f*

jishu 自首 ***~suru*** entregarse a la policía

shishuu 刺繍 bordado *m*; ***~suru*** bordar

shijuu 始終 (*itsumo*) siempre, (*taezu*) incesantemente; (*shibashiba*) frecuentemente

jishuu 自習 ***~suru*** estudiar por cuenta propia

shishutsu 支出 gasto *m*; ***~suru*** desembolsar

shishunki 思春期 adolescencia *f*, pubertad *f*; ***~no shoonen*** muchacho *m* adolescente

shishoo 支障 obstáculo *m*, impedimento *m*

shijoo 市場 *econ* mercado *m*; ***~ni dasu*** lanzar u/c al mercado; ***~kakaku*** precio *m* de mercado

jishoo 自称 ***~suru*** hacerse pasar por; ***~no*** pretendido, -a, supuesto, -a

jijoo 二乗 (*nijoo*) potencia *f* de segundo grado; ***~suru*** elevar al cuadrado

jijoo 事情 circunstancias *fpl*, situación *f*, razón *f*; ***~ni yotte*** según las circunstancias

jishoku 辞職 dimisión *f*; ***~o mooshideru*** presentar la dimisión

shishin 私心 interés *m* personal; ***~no nai*** desinteresado, -a

jishin 自身 ***~no*** propio, -a, mismo, -a; ***~de*** personalmente, por sí mismo, -a

jishin 自信 seguridad *f* en sí mismo, -a; ***~o tsukeru*** cobrar seguridad en sí mismo, -a; ***~o motte iru*** tener confianza en sí mismo, -a; ***~o ushinau*** perder la seguridad en sí mismo, -a

jishin 地震 terremoto *m*; ***~ga aru*** haber un terremoto; ***~kansoku*** observación *f* sísmica; ***~gaku*** sismología *f*

shisuu 指数 **1.** índice *m*; ***seisan~*** índice *m* de producción; **2.** (*suugaku/matemáticas*) exponente *m*

shizuka 静か ***~na*** tranquilo, -a, silencioso, -a, pacífico, -a; ***~ni*** tranquilamente, con calma, con sigilo; ***~ka ni!*** ¡Silencio!

shisutemu システム sistema *m*

jisuberi 地滑り desprendimiento *m* de tierras

shizumaru 静まる apaciguarse, tranquilizarse

shizumu 沈む **1.** hundirse, zozobrar; (*taiyoo/sol*) ponerse; **2.** (*kimochi ga*) deprimirse

shizumeru 沈める hundir, sumergir

shizumeru 静める calmar, apaciguar, tranquilizar

shisei 市政 administración *f* municipal

shisei 姿勢 postura *f*, posición *f*, actitud *f*; ***~ga warui*** tener un porte dejado; ***~o yoku suru*** ponerse derecho, -a

jisei 自制 ***~suru*** refrenarse, contenerse; ***~shin*** autodominio *m*

jisei 自省 introspección *f*; ***~suru*** reflexionar

jisei 磁性 magnetismo *m*; ***~o obita*** magnético, -a

shisetsu 使節 mensajero, -a, delegado, -a; ***~toshite iku*** ir como delegado, -a

shisetsu 施設 institución *f*, fundación *f*, instalación *f*; ***bunka~*** instalaciones *fpl* culturales

shisen 視線 mirada *f*; ***~o mukeru*** dirigir una mirada; ***~o sorasu*** apartar la mirada

shizen 自然 naturaleza *f*; ***~no/na*** natural *adj m/f*; ***~ni*** con naturalidad; ***~shi*** muerte *f* natural; ***~shugi*** naturalismo *m*; ***~shugisha*** naturalista *m/f*; ***~shokuhin*** alimentos *mpl* naturales

jizen 事前 ***~no*** previo, -a; ***~ni*** previamente

jizen 慈善 beneficiencia *f*; ***~no*** filantrópico, -a

shisoo 思想 idea *f*, pensamiento *m*, ideología *f*; **~*ka*** pensador, -a
shizoku 氏族 tribu *f*, clan *m*; **~*seido*** organización *f* tribal
jisoku 時速 velocidad *f* por hora; **~*hyaku kiro o dasu*** hacer cien kilómetros por hora
jizoku 持続 duración *f*; **~*suru*** durar, perdurar
shison 子孫 descendiente *m/f*
jisonshin 自尊心 amor *m* propio; **~*ga aru*** tener amor propio
shita 下 **1.** parte *f* inferior; **~*no*** de abajo; **~*ni*** debajo; ***...no~ni*** debajo de u/c; **2. ~*no*** más joven *adj m/f* (de edad); **3. ~*no*** más bajo, -a (de posición)
shita 舌 lengua *f*; **~*o dasu*** sacar la lengua
shitai 死体 cadáver *m*
shidai 次第 **1. ~*ni*** poco a poco; **2.** (*jijoo*) situación *f*, estado *m* de cosas; **3.** (*sugu ni*) ***shi* +~** en cuanto/tan pronto como + subj; **4. ~*(meishi)* +~** depende de + (nombre)
jitai 自体 en sí
jitai 事態 situación *f*, coyuntura *f*, circunstancias *fpl*
jidai 時代 era *f*, época *f*, temporada *f*
shitau 慕う sentir cariño por alg
shitagau 従う **1.** (*tsuite iku*) acompañar a alg; **2.** (*fukujuu*) obedecer; **3.** (*...no toori ni suru*) seguir u/c
shitagatte 従って **1.** por lo tanto, por consiguiente; **2.** según, de acuerdo con
shitagi 下着 ropa *f* interior; **~*no mama de*** en paños *mpl* menores
shitaku 支度 **~*suru*** preparar, disponer, hacer los preparativos
jitaku 自宅 su casa *f*, su domicilio *m*
shitagokoro 下心 deseo *m* secreto, intención *f* oculta; **~*ga aru*** tener intenciones ocultas
shidashi 仕出し **~*suru*** abastecer de comidas de encargo; **~*ya*** casa *f* de comidas de encargo; **~*ryoori*** comida *f* de encargo
shitashii 親しい íntimo, -a, familiar *adj m/f*
shitashimi 親しみ simpatía *f*, amistad *f*, familiaridad *f*
shitashimu 親しむ familiarizarse con u/c
shitataru 滴る gotear, chorrear
shitate 仕立て corte *m* y confección *f*; **~*no yoi/warui*** de buena/mala confección; **~*ya*** sastre *m*, modista *f*; sastrería *f*
shitateru 仕立てる confeccionar (un traje)
shitahara 下腹 abdomen *m*, vientre *m*; **~*ga itai*** doler el vientre
shitabirame 舌平目 *zool* lenguado *m*

shitamachi 下町 barrio *m* popular
shitamawaru 下回る ser inferior a u/c
shitamuki 下向き **1.** (*shijoo/mercado*) tendencia *f* bajista; **2.** inclinación *f* hacia abajo
shitayaku 下役 subordinado, -a
jidaraku 自堕落 ***~na*** desordenado, -a, disoluto, -a
jidan 示談 arreglo *m* privado (extrajudicial); ***jiken o~ni suru*** arreglar amistosamente un asunto entre los interesados
shichi 七 siete *m*
shichi 質 empeño *m*; ***~ni ireru*** empeñar u/c; ***~o ukedasu*** desempeñar u/c
jichi 自治 autonomía *f*; ***~no*** autónomo, -a; ***~sei no*** autonómico
shichigatsu 七月 julio *m*
shichimenchoo 七面鳥 pavo *m*
shichuu シチュー estofado *m*, guisado *m*
shichoo 市長 alcalde *m*, alcaldesa *f*
shichoo 視聴 ***~sha*** televidente *m/f*; ***~ritsu*** porcentaje *m* de televidentes
shitsu 質 calidad *f*; ***~no yoi/warui*** de buena/mala calidad
jitsu 実 **1.** ***~ni*** verdaderamente, muy; **2.** (*jijitsu, shinjitsu*) ***~no*** verdadero, -a; **3.** ***~wa...*** la verdad es que…; **4.** ***~no aru*** sincero, -a, fiel *adj m/f*; ***~no nai*** poco sincero, -a, poco fiel *adj m/f*
shitsui 失意 decepción *f*, frustración *f*
jitsuen 実演 exhibición *f*, espectáculo *m*; ***~suru*** dar una exhibición
jikka 実家 casa *f* paterna
shikkaku 失格 descalificación *f*; ***~suru*** ser descalificado, -a; ***~ni suru*** descalificar a alg
shikkari しっかり **1.** (*joobu na*) ***~shita*** fuerte *adj m/f*, firme *adj m/f*, sólido, -a; **2.** (*hito/persona*) ***~shita*** con entereza de carácter; **3.** bien, con firmeza; ***~to tsukamu*** aferrarse bien a u/c
jikkan 実感 ***~suru*** darse cuenta cabal de u/c, sentir
shitsugyoo 失業 desocupación *f*, paro *m*; ***~shita*** sin trabajo
jitsugyoo 実業 negocio *m*, comercio *m*, industria *f*; ***~ka*** industrial *m/f*
shikku シック ***~na*** elegante *adj m/f*
shikkui 漆喰 *arq* estuco *m*; ***kabe ni~o nuru*** enlucir la pared
shikkuri しっくり ***~suru*** sentar bien, hacer juego
shikke 湿気 humedad *f*; ***~no aru*** húmedo, -a; ***~ga ooi*** haber mucha humedad
shitsuke 仕付け hilvanado *m*; ***~o kakeru*** hilvanar u/c

shikkei 失敬 ***~na*** insolente *adj m/f*, impertinente *adj m/f*; ***~suru*** hurtar u/c a alg

shitsugen 失言 inconveniencia *f*; ***~suru*** decir inconveniencias; ***~o torikesu*** retirar unas palabras imprudentes

jikken 実験 experimento *m*; ***~suru*** experimentar; ***~teki na*** experimental *adj m/f*; ***~teki ni*** experimentalmente, como una prueba

jitsugen 実現 realización *f*; ***~suru*** realizar, llevar a cabo; realizarse, cumplirse

shitsukoi しつこい (*urusai*) molesto, -a, pesado, -a, insistente *adj m/f*

shikkoo 執行 ***~suru*** ejecutar

jikkoo 実行 ***~suru*** llevar a cabo, ejecutar; ***~ryoku ga aru*** ser emprendedor, -a

jissai 実際 (*jijitsu*) hecho *m*; (*shinjitsu*) verdad *f*; (*genjitsu*) realidad; ***~no*** verdadero, -a, real *adj m/f*; ***~teki na*** práctico, -a; ***~ni*** de hecho, verdaderamente

jisshi 実施 realización *f*; ***~suru*** efectuar, realizar; ***~sareru*** entrar en vigor

jisshitsu 実質 substancia *f*, materia *f*; ***~no nai*** insustancial *adj m/f*; ***~teki na*** substancial *adj m/f*; ***~teki ni*** substancialmente

jisshuu 実習 práctica *f*, clase *f* práctica; ***~suru*** hacer ejercicios prácticos, practicar; ***~sei*** practicante *m/f*

jisshoo 実証 prueba *f*, muestra *f*; ***~suru*** demostrar con hechos; ***~shugi*** positivismo *m*

jitsujoo 実状 estado *m* actual, actualidad *f*

shisshin 湿疹 eccema *m*

jisseki 実績 resultados *mpl* reales; expediente *m* profesional; ***~o ageru*** obtener mejores resultados

shisso 質素 sobriedad *f*, sencillez *f*; ***~na*** sobrio, -a, austero, -a; ***~ni*** con sobriedad

jitsuzon 実存 existencia *f*; ***~teki na*** existencial *adj m/f*; ***~shugi*** existencialismo *m*

jittai 実体 substancia *f*, esencia *f*; ***~teki na*** substancial *adj m/f*; ***~no nai*** insubstancial *adj m/f*

jitchi 実地 práctica *f*; ***~no*** práctico, -a; ***~ni tsukaenai*** impracticable *adj m/f*

jitchoku 実直 honestidad *f*, honradez *f*; ***~na*** honesto, -a, honrado, -a

shitsuteki 質的 ***~na*** cualitativo, -a; ***~ni*** cualitativamente; ***~kisei*** control *m* de calidad

shitto 嫉妬 celos *mpl*, envidia *f*; ***~bukai*** celoso, -a, envidioso, -a

shitsudo 湿度 humedad *f*; ***~o hakaru*** medir la humedad; ***~ga takai*** húmedo, -a
jitto じっと **1.** (*ugokanaide*) ***~shite iru*** estar quieto, -a; **2.** (*heisei ni*) tranquilamente; **3.** (*chuuibukaku*) con atención; **4.** (*gamanzuyoku*) con paciencia
shittori しっとり ***~toshita*** mojado, -a, húmedo, -a
shitsunai 室内 interior *m*; ***~no*** interior *adj m/f*, de casa
shippai 失敗 fracaso *m*, fallo *m*; ***~suru*** salir mal, fracasar
jippi 実費 precio *m* de coste; ***~o shiharau*** pagar el precio de coste
jitsubutsu 実物 la cosa *f* misma, el original *m*; ***~sokkuri no*** igual *adj m/f* al original
shippegaeshi しっぺ返し represalia *f*, venganza *f*; ***~suru*** *coloq* devolverle la pelota a alg
shitsuboo 失望 desilusión *f*, chasco *m*; ***~suru*** desilusionarse; ***~saseru*** desilusionar
shitsumon 質問 pregunta *f*, interrogación *f*; ***~suru*** preguntar, interrogar
shitsuyoo 執拗 ***~na*** obstinado, -a; ***~ni*** obstinadamente, con persistencia
jitsuyoo 実用 práctica *f*; ***~teki na*** práctico, -a; ***~ka suru*** poner u/c en uso práctico; ***~shugi*** pragmatismo *m*
jitsuryoku 実力 capacidad *f*, competencia *f*; ***~no aru*** competente *adj m/f*
shitsurei 失礼 descortesía *f*, falta *f* de educación; ***~na*** descortés *adj m/f*; ***~shimasu*** Con permiso; ***~shimashita*** Lo siento
jitsurei 実例 ejemplo *m*; ***~o shimesu*** dar un ejemplo
shitsuren 失恋 desengaño *m* amoroso; ***~suru*** sufrir un desengaño amoroso
shitei 指定 indicación *f*; ***~suru*** señalar, designar, indicar
shitetsu 私鉄 ferrocarril *m* privado
-shite wa ―しては para ser; ***Haru ni~samusugiru*** Hace demasiado frío para ser primavera
-shite mo ―しても ***Joodan ni~ hidosugiru*** Aunque sea una broma, no tiene ninguna gracia
shiten 支店 sucursal *f*
shiden 市電 tranvía *m*
jiten 辞典 diccionario *m*; vocabulario *m*; enciclopedia *f*; ***seiwa~*** diccionario *m* español-japonés; ***wasei~*** diccionario *m* japonés-español; ***kokugo~*** diccionario *m* de la lengua japonesa
jitensha 自転車 bicicleta *f*; ***~ni noru*** montar en bicicleta
shidoo 始動 arranque *m*; ***~suru*** arrancar; ***~saseru*** arrancar

shidoo 指導 orientación *f*, guía *f*; **~*suru*** guiar, dirigir; **~*in*** monitor, -a

jidoo 自動 **~*teki na*** automático, -a; **~*teki ni*** automáticamente

jidoo 児童 niño, -a; **~*muki no*** para niños; **~*kyooiku*** educación *f* infantil; **~*shinrigaku*** psicología *f* infantil

jidooshi 自動詞 verbo *m* intransitivo

jidoosha 自動車 automóvil *m*; **~*ni noru*** subir a un automóvil

jitojito じとじと **~*shita*** húmedo, -a

shidoromodoro しどろもどろ **~*no*** incoherente *adj m/f*, confuso, -a

shina 品 **1.** (*shinamono*) objeto *m*, artículo *m*; **2.** (*hinshitsu*) calidad *f*; **~*ga yoi/warui*** ser de buena/mala calidad

shinabiru 萎びる marchitarse

shinamono 品物 (*shina*) artículo *m*

shinayaka しなやか **~*na*** elástico, -a, flexible *adj m/f*; **~*sa*** flexibilidad *f*; **~*ni suru*** ablandar, dar flexibilidad a u/c; **~*ni naru*** ablandarse, cobrar flexibilidad

shinario シナリオ *cine* guión *m*

shinitaeru 死に絶える extinguirse, desaparecer

shinin 死人 muerto, -a, difunto, -a

shinu 死ぬ morir; **~*beki*** mortal *adj m/f*

jinushi 地主 arrendador, -a, terrateniente *m/f*

shinemasukoopu シネマスコープ cinemascope *m*

shinogu 凌ぐ **1.** (*gaman suru*) aguantar, tolerar; **2.** (*masaru*) superar

shinobaseru 忍ばせる ocultar

shinobiashi 忍び足 **~*de*** a hurtadillas, de puntillas

shinobu 忍ぶ **1.** (*kakureru*) ***yo o~*** vivir apartado, -a, vivir escondido, -a; **2.** (*taeru*) aguantar, soportar

shinobu 偲ぶ añorar, echar de menos

shiba 柴 maleza *f*, leña *f*; ***yama e~kari ni iku*** ir al monte a buscar leña

shihai 支配 dominación *f*, imperio *m*, gobierno *m*; **~*suru*** dominar; **~*teki na*** dominante *adj m/f*, predominante *adj m/f*; **~*kaikyuu*** clase *f* dominante; **~*teki chii*** posición *f* dominante

shibai 芝居 teatro *m*, obra *f* de teatro; **~*ni iku*** ir al teatro

jihaku 自白 confesión *f*, declaración *f*; **~*suru*** confesar un crimen; **~*saseru*** arrancar a alg una confesión

jibaku 自爆 **~*suru*** **1.** estrellar el propio avión contra un objetivo; **2.** matarse con una bomba

shibashiba しばしば frecuentemente

jibachi 地蜂 avispa *f*

shihatsu 始発 ***~ressha*** primer tren *m*; ***~eki*** estación *f* de origen

jihatsu 自発 ***~teki na*** espontáneo, -a, voluntario, -a; ***~teki ni*** espontáneamente, voluntariamente

shibafu 芝生 césped *m*; ***~o karu*** cortar el césped

shiharai 支払い pago *m*; ***~o motomeru*** reclamar un pago; ***~o ukeru*** recibir un pago; ***~o nobasu*** aplazar un pago

shiharau 支払う pagar, abonar

shibaraku 暫く **1.** (*sukoshi no aida*) poco tiempo ***~iku to kooen ga aru*** Siga recto un rato/un poco y encontrará un parque; **2.** (*nagai aida*) un buen rato, mucho tiempo

shibaru 縛る atar, amarrar

jiban 地盤 **1.** fundamentos *mpl*, cimientos *mpl*; **2.** base *f*, esfera *f* de influencia

jihi 慈悲 misericordia *f*, compasión *f*

jibiinkooka 耳鼻咽喉科 otorrinolaringología *f*; ***~i*** otorrinolaringólogo, -a

jihyoo 辞表 carta *f* de dimisión; ***~o kaku*** escribir una carta de dimisión

shibireru 痺れる entumecerse, paralizarse

shibui 渋い **1.** áspero, -a, de sabor astringente; **2.** (*konomi nado ga/gustos*) sobrio, -a; **3.** ***~kao o suru*** poner cara de desagrado

shibuki しぶき salpicadura *f* de agua

shifuku 私服 traje *m* de paisano

jipushii ジプシー gitano, -a

jifuteria ジフテリア difteria *f*

jibun 自分 mismo, -a; ***~no*** propio, -a; ***~de*** por sí mismo, -a; ***~nari ni*** a su manera

jibunkatte 自分勝手 ***~na*** egoísta *adj m/f*, caprichoso, -a; ***~ni*** a su capricho; ***~de aru*** ser egoísta

shihei 紙幣 papel *m* moneda

jiheishoo 自閉症 autismo *m*; ***~no ko*** niño, -a autista

shihenkei 四辺形 cuadrilátero *m*

shihoo 司法 justicia *f*; ***~gyoosei*** administración *f* judicial; ***~ken*** poder *m* judicial; ***~shiken*** oposiciones *fpl* estatales al cuerpo de Justicia

shiboo 死亡 muerte *f*, fallecimiento *m*; ***~suru*** morir, fallecer; ***~kookoku*** esquela f de defunción; ***~sha*** fallecido, -a, víctima *f*

shiboo 志望 deseo *m*, aspiración *f*; ***~suru*** desear, aspirar a + inf

shiboo 脂肪 grasa *f*, sebo *m*; ***~bun*** materia *f* grasa; ***~bun ga ooi*** graso, -a

shibori 絞り **1.** apertura *f*; **2.** ***~ki*** escurridor *m*, exprimidor *m*; **3.** contracción *f*

shiboru 絞る **1.** estrujar, exprimir; **2.** exigir a alg mucho esfuerzo, reprender

shihon 資本 capital *m*, fondos *mpl*; ***~o tooshi suru*** invertir capital; ***~ka kaikyuu*** clase *f* capitalista; ***~shugi*** capitalismo *m*

shima 島 isla *f*

shima 縞 rayas *fpl*; ***~no aru*** rayado, -a; ***~no shatsu*** camisa *f* a rayas

shimai 終い (*owari*) final *m*; ***~ni wa*** al final

shimai 姉妹 hermanas *fpl*; ***~toshi dearu*** ser ciudades hermanas

shimaikomu しまい込む guardar, encerrar

shimau しまう **1.** devolver u/c a su lugar, guardar; **2.** ***te+~*** por completo

shimauma 縞馬 cebra *f*

jimaku 字幕 ***~tsuki no*** subtitulado, -a

shimatsu 始末 **1.** (*jootai*) situación *f*; (*kekka*) consecuencia *f*, resultado *m*; **2.** ***~suru*** acabar con u/c, arreglar

shimaru 締 (閉) まる **1.** (*kinniku nado ga/músculo*) endurecerse, crisparse; **2.** (*doa nado ga/puertas*) cerrarse

jiman 自慢 ***~suru*** enorgullecerse de u/c

shimi 染み mancha *f*; ***~ga tsuku*** mancharse; ***~o tsukeru*** manchar

jimi 地味 ***~na*** sobrio, -a, sencillo, -a

jimichi 地道 ***~na*** honrado, -a, constante *adj m/f*; ***~ni*** honradamente, con constancia

shimittare しみったれ tacañería *f*, mezquindad *f*

shimiru 染みる infiltrarse, penetrar, calar, rezumar

shimin 市民 ciudadano, -a, vecino, -a; ***~ken o eru*** obtener la ciudadanía

jimu ジム gimnasio *m*

jimu 事務 trabajo *m* de oficina; ***~teki na*** práctico, -a; ***~teki ni*** de manera práctica

shimei 氏名 nombre *m* y apellido *m*

shimei 指名 designación *f*, nombramiento *m*; ***~suru*** designar, nombrar

shimekiri 締め切り cierre *m*, plazo *m*, término *m*

shimekiru 締め切る cerrar

shimekorosu 絞め殺す ahorcar, estrangular

shimeshiawaseru 示し合わせる confabularse, conspirar

jimejime じめじめ ***~shita*** húmedo, -a

shimesu 示す **1.** enseñar, mostrar, indicar, señalar; **2.** mostrar, probar
shimedasu 締め出す excluir
shimetsu 死滅 extinción *f*; ***~suru*** extinguirse
shimeppoi 湿っぽい **1.** húmedo, -a; **2.** lúgubre *adj m/f*
shimeri 湿り humedad *f*; ***~ke no aru*** húmedo, -a
shimeru 湿る humedecerse, mojarse
shimeru 締(絞)める **1.** ***beruto o~*** ponerse el cinturón; ***nekutai o~*** ponerse la corbata; **2.** ***kubi o shimete korosu*** estrangular a alg; **3.** cerrar
jimen 地面 tierra *f*, suelo *m*
jimoto 地元 ***~no*** local *adj m/f*
shimoyake 霜焼け sabañón *m*; ***~ga dekiru*** salir sabañones
shimon 指紋 huella *f* dactilar; ***~o toru*** sacar las huellas dactilares a alg
jaanarisuto ジャーナリスト periodista *m/f*
jaanarizumu ジャーナリズム periodismo *m*
shaapupenshiru シャープペンシル lápiz *m* portaminas
shaabetto シャーベット sorbete *m*
shai 謝意 gratitud *f*; ***~o hyoo suru*** manifestar gratitud
shain 社員 empleado, -a de una compañía
shaka 釈迦 Buda
shakai 社会 sociedad *f*; ***~teki ni mite*** desde el punto de vista social; ***~kaikyuu*** clase *f* social; ***~gaku*** sociología *f*; ***~shugi*** socialismo *m*; ***~hoken*** seguro *m* social
jagaimo じゃがいも patata *f*
shagamu しゃがむ acurrucarse, ponerse en cuclillas
jaki 邪気 ***~no aru*** malévolo, -a; ***~no nai*** inocente *adj m/f*, sin malicia
shiyakusho 市役所 ayuntamiento *m*
jaguchi 蛇口 grifo *m*; ***~o akeru/shimeru*** abrir/cerrar un grifo
jakuten 弱点 punto *m* flaco
shakuyoo 借用 ***~suru*** tomar u/c prestada; ***~go*** préstamo *m*, palabra *f* prestada
jaketto ジャケット **1.** (*uwagi*) chaqueta *f*; **2.** (*rekoodo no/disco*) funda *f*; ***dinaa~*** esmoquin *m*
shako 車庫 garaje *m*, cochera *f*; ***kuruma o~ni ireru*** meter el coche en el garaje
shakoo 社交 relaciones *fpl* sociales; ***~teki na*** sociable *adj m/f*; ***hi~teki na*** poco sociable *adj m/f*
shasai 社債 obligaciones *fpl*/bonos *mpl* de sociedad anónima; ***~o hakkoo suru*** emitir obligaciones
shazai 謝罪 disculpa *f*, excusa *f*; ***~suru*** pedir perdón a alg

shashi 斜視 estrabismo *m*; **~no** bizco, -a
shajitsu 写実 **~teki na** real *adj m/f*, realista *adj m/f*; **~shugi** realismo *m*
shashin 写真 fotografía *f*; **~no** fotográfico, -a; **...no~o toru** sacar una fotografía de
jazu ジャズ jazz *m*; **~bando** banda *f*/orquesta *f* de jazz
jasumin ジャスミン jazmín *m*
shachoo 社長 presidente, -a de una compañía
shatsu シャツ camisa *f*
jakkan 若干 algo, un poco; **~no** un poco de
shakkin 借金 deuda *f*, dinero *m* prestado; **~suru** contraer deudas; **~o tanomu** pedir dinero prestado; **~o hensai suru** devolver una deuda
shakkuri しゃっくり hipo *m*; **~o suru** tener hipo
shattaa シャッター **1.** cierre *m* metálico; **2.** (*shashinki no/cámara fotográfica*) obturador *m*; **~o kiru/osu** disparar, apretar el disparador
shateki 射的 tiro *m* al blanco; **~o yaru** practicar el tiro al blanco
shaden 社殿 santuario *m* sintoísta
shatto daun suru シャットダウンする *informát* (*ordenador*) apagar
shadoo 車道 calzada *f*
shaburu しゃぶる chupar
shaberu 喋る hablar, charlar
shaberu シャベル pala *f*; **~de sukuu** recoger con pala
shabon-dama シャボン玉 pompa *f* de jabón
jama 邪魔 molestia *f*, estorbo *m*, obstáculo *m*; **~suru** molestar, estorbar; **~na** molesto, -a, fastidioso, -a; **~ni naru** estorbar
shamisen 三味線 *mús* instrumento *m* tradicional japonés de tres cuerdas, shamisen *m*
jamu ジャム mermelada *f*; **pan ni~o tsukete taberu** comer pan con mermelada
shayoo 斜陽 **~ni naru** decaer; **~sangyoo** industria *f* en declive
jari じゃり grava *f*, gravilla *f*; **michi ni~o shiku** poner grava en el camino
sharyoo 車両 vehículo *m*
share 洒落 juego *m* de palabras; **~o iu** hacer un juego de palabras
shareta 洒落た fino, -a, refinado, -a; **~koto o iu** decir ingeniosidades
shawaa シャワー ducha *f*; **~o abiru** ducharse
janguru ジャングル selva *f* tropical
janpaa ジャンパー cazadora *f*
shanpan シャンパン champán *m*; **~gurasu** copa *f* de champán
shanpuu シャンプー champú *m*

shu 種 género *m*, clase *f*, especie *f*

shuin 手淫 masturbación *f*; ***~o suru*** masturbarse

shuu 州 provincia *f*; estado *m*; cantón *m*

shuu 周 **1.** una vuelta *f*; **2.** circunferencia *f*; **3.** perímetro *m*

shuu 週 semana *f*

shiyuu 私有 posesión *f* privada; ***~no*** privado, -a

juu 十 diez *m*; ***~ban me*** décimo, -a

juu 銃 fusil *m*, escopeta *f*

jiyuu 自由 libertad *f*; ***~na*** libre *adj m/f*; ***~ni*** libremente; ***~ishi*** libre albedrío *m*; ***~jikan*** tiempo *m* libre; ***~shugi*** liberalismo *m*

juuatsu 重圧 presión *f*; ***~kan o ataeru*** abrumar a alg

shuui 周囲 alrededores *mpl*, contorno *m*, cercanías *fpl*

juui 獣医 veterinario, -a; ***~gaku*** veterinaria *f*

juuichi 十一 once *m*

juuichgatsu 十一月 (mes de) noviembre *m*

shuuitsu 秀逸 ***~na*** excelente *adj m/f*, excelso, -a, sin par

shuuu 驟雨 chubasco *m*

shuueki 収益 ganancia *f*, lucro *m*; ***~no aru*** lucrativo, -a

juuoo 縦横 ***~ni*** vertical y horizontalmente

shuukai 集会 reunión *f*, asamblea *f*; ***~o hiraku*** celebrar una reunión

shuukaku 収穫 cosecha *f*, siega *f*, vendimia *f*; ***~suru*** cosechar

shuugaku 就学 ***~suru*** ingresar en una escuela; ***~saseru*** enviar a alg a una escuela; ***~nenrei*** edad *f* escolar

juugatsu 十月 (mes de) octubre *m*

shuukan 週間 (*shuu*) semana *f*

shuukan 習慣 costumbre *f*; ***~teki na*** acostumbrado, -a, habitual *adj m/f*; ***...suru~ga aru*** tener la costumbre de

shuuki 周期 periodo *m*, ciclo *m*; ***~teki na*** periódico, -a; ***~teki ni*** periódicamente; ***~sei*** periodicidad *f*

shuuki 臭気 hedor *m*; ***~no aru*** hediondo, -a

shuugiin 衆議院 Cámara *f* de Diputados; ***~giin*** diputado, -a

shuukyoo 宗教 religión *f*; ***~no/teki na*** religioso, -a; ***~kaigi*** concilio *m*; ***~sensoo*** guerras *fpl* de religión

shuugyoo 修業 ***~shoosho*** diploma *m* de estudios; ***~nengen*** escolaridad *f*

shuugyoo 就業 ***~suru*** ponerse a trabajar; ***~chuu de aru*** estar trabajando

juugyoouin 従業員 empleado, -a

shuukin 集金 ***~suru*** cobrar, recaudar

juukubokkusu ジュークボックス máquina *f* de discos
shuuketsu 終結 conclusión *f*; ***~suru*** concluir
juuketsu 充血 congestión *f*; ***~suru*** congestionarse; ***~saseru*** congestionar; ***~shita*** congestionado, -a
shuugoo 集合 reunión *f*; (*mat*) conjunto *m*; ***~suru*** reunirse; ***~basho*** lugar *m* de la cita; ***~ron*** teoría *f* de conjunto
juukon 重婚 bigamia *f*; ***~sha*** bígamo, -a
juuzai 重罪 crimen *m*, delito *m* grave, pecado *m* capital; ***~o okasu*** cometer un crimen, pecar gravemente
juusatsu 銃殺 fusilamiento *m*; ***~suru*** fusilar a alg
juusan 十三 trece *m*; ***~ban me no*** decimotercero, -a
shuushi 収支 ingresos *mpl* y gastos *mpl*; ***~o heikoo saseru*** equilibrar los ingresos y los gastos; ***~kessan o suru*** hacer balance
shuushi 修士 máster *m*; ***~goo*** título *m* de máster; ***~ronbun*** tesina *f* de máster
shuushi 終止 término *m*
juushi 重視 ***~suru*** conceder importancia
juuji 十字 ***~o kiru*** hacer la señal de la cruz; ***~kei*** cruz *f*; ***~gun*** cruzada *f*
juushichi 十七 diecisiete *m*; ***~ban me no*** decimoséptimo, -a
juujitsu 充実 ***~saseru*** completar, reforzar; ***~shita*** lleno, -a, repleto, -a
shuushuu 収拾 control *m*; ***~suru*** controlar, dominar
shuushuu 収集 colección *f*; ***~suru*** coleccionar; ***~ka*** coleccionista *m/f*
shuushuku 収縮 contracción *f*; *txtl* encogimiento *m*; ***~suru*** contraerse, encogerse; ***~sei*** contractibilidad *f*
juujun 従順 ***~na*** dócil *adj m/f*; ***~sa*** docilidad *f*, obediencia *f*
juusho 住所 domicilio *m*, dirección *f*; ***~henkoo*** cambio *m* de domicilio
juushoo 重症 estado *m* grave, enfermedad *f* seria; ***~kanja*** paciente *m/f* grave
shuushoku 修飾 modificación *f*, calificación *f*; ***~suru*** modificar, calificar; ***~go*** palabra *f* modificativa, adjetivo *m*
shuushoku 就職 obtención *f* de empleo; ***~suru*** obtener un puesto de trabajo; ***~shiken*** examen *m* de colocación
shuushi 終身 ***~kei ni shosuru*** condenar a alg a cadena perpetua
shuushin 就寝 ***~suru*** acostarse
shuujin 囚人 prisionero, -a, encarcelado, -a

juushin 重心 centro *m* de gravedad; **~o tamotsu/ushinau** mantener/perder el centro de gravedad

juusu ジュース zumo *m*; **orenji/tomato~** zumo *m* de naranja/tomate

shuusei 修正 corrección *f*, enmienda *f*; **~suru** corregir, modificar

shuusei 終生 toda la vida; **~no shigoto** trabajo *m* de toda la vida

shuuseki 集積 acumulación *f*, pila *f*, montón *m*; **~suru** acumular, amontonar

juuzen 十全 **~na** perfecto, -a, completo, -a

juuzoku 従属 dependencia *f*, subordinación *f*; **~suru** depender de u/c alg

juutai 渋滞 embotellamiento *m*, atasco *m*; **michi ga~shite iru** el camino está embotellado

juudai 重大 **~na** importante *adj m/f*, grave *adj m/f*, serio, -a

juutaku 住宅 vivienda *f*, residencia *f*; **~chi** zona *f* residencial; **~mondai** problema *m* de la vivienda

shuudan 集団 agrupación *f*, masa *f*, colectividad *f*; **~teki na** colectivo, -a; **~o tsukuru** agruparse; **~gootoo** banda *f* de ladrones; **~shinri** psicología *f* de masas

juutan 絨毯 alfombra *f*; **yuka ni~o shiku** cubrir el suelo con una alfombra

shuuchaku 執着 **~suru** apegarse exageradamente a u/c

shuuchuu 集中 concentración *f*; **~suru** concentrar

juuteki 獣的 **~na** brutal *adj m/f*, bestial *adj m/f*

shuuten 終点 término *m*, terminal *f*

juuten 重点 parte *f*, punto *m* esencial; **...ni~o oku** poner énfasis en u/c

shuuto シュート (*supootsu/deportes*) **~suru** disparar, chutar

shuudooin 修道院 convento *m*

juudoo 柔道 judo *m*; **~o suru** practicar judo; **~o narau** aprender judo

shuutoku 拾得 **~suru** recoger, hallar; **~butsu** objeto *m* encontrado

shuutoku 習得 **~suru** adquirir conocimientos, aprender

juunana 十七 (*juushichi*) diecisiete *m*

juunan 柔軟 **~na** flexible *adj m/f*, elástico, -a

juuni 十二 doce *m*; **~ban me no** duodécimo, -a

juunigatsu 十二月 (mes de) diciembre *m*

shuunyuu 収入 renta *f*, ingresos *mpl*; **~to shishutsu** ingresos *mpl* y gastos *mpl*

shuunin 就任 ***~suru*** tomar posesión del cargo

shuunen 執念 obsesión *f*, idea *f* fija; ***~bukai*** obstinado, -a

shuuha 宗派 secta *f* religiosa

juuhachi 十八 dieciocho *m*; ***~ban me no*** decimoctavo, -a

shuubun 秋分 equinoccio *m* de otoño; ***~no hi*** día *m* del equinoccio de otoño

juubun 十分 ***~na*** suficiente *adj m/f*, bastante *adj m/f*, satisfactorio, -a; ***~ni*** bastante, satisfactoriamente

shuuhen 周辺 contorno *m*, periferia *f*

shuumatsu 週末 fin *m* de semana

juu-man 十万 cien mil *m*

juumin 住民 habitante *m/f*, vecino, -a; ***~zei*** impuesto *m* municipal; ***~toohyoo*** plebiscito *m*; ***~tooroku*** inscripción *f* en el registro civil

shuuya 終夜 toda la noche

shuuyoo 収用 expropiación *f*; ***~suru*** expropiar

shuuyoo 収容 ***~suru*** acoger, dar asilo a alg

juuyoo 重要 ***~na*** importante *adj m/f*

juu yon 十四 catorce *m*; ***~ban me no*** decimocuarto, -a

shuurai 襲来 invasión *f*, ataque *m*; ***~suru*** invadir, atacar un lugar

juurai 従来 hasta ahora; ***~no*** antiguo, -a, tradicional *adj m/f*; ***~doori*** como hasta ahora

shuuri 修理 reparación *f*, arreglo *m*; ***~suru*** reparar, arreglar; ***~no kikanai*** irreparable *adj m/f*; ***~koo*** mecánico *m*

juuryoo 重量 peso *m*; ***~o hakaru*** pesar

juuryoku 重力 gravedad *f*, gravitación *f*

juurin 蹂躙 ***~suru*** devastar, atropellar, invadir

shuururearizumu シュールレアリズム surrealismo *m*; ***~no*** surrealista *adj m/f*

juuroku 十六 dieciséis *m*; ***~ban me no*** decimosexto, -a

shuuwai 収賄 ***~suru*** aceptar un soborno

shuen 主演 ***~suru*** protagonizar; ***~sha*** actor/actriz principal

jugaku 儒学 confucianismo *m*; ***~no*** confuciano, -a

shukan 主観 subjetividad *f*; ***~teki na*** subjetivo, -a; ***~teki ni*** subjetivamente

shugi 主義 principio *m*, doctrina *f*; ***~o mamoru*** mantener sus principios; ***~ni han suru*** ir en contra de sus principios

jukyoo 儒教 confucianismo *m*; ***~no*** confuciano, -a

jugyoo 授業 clase *f*, lección *f*; ***~o suru*** dar una clase; ***~o ukeru*** recibir clase; ***~jikan*** hora *f* de clase

juku 熟 academia *f*
shukui 祝意 ***~o hyoo suru*** felicitar
shukuji 祝辞 palabras *fpl* de felicitación; ***~o noberu*** pronunciar unas palabras de felicitación
shukujitsu 祝日 día *m* de fiesta
shukusha 宿舎 alojamiento *m*, hospedaje *m*
shukushaku 縮尺 escala *f*; ***~suru*** reducir a escala
shukushoo 縮小 reducción *f*; ***~suru*** reducir
juku suru 熟する (*kudamono, keikaku/fruta, planes*) madurar; ***~shita*** maduro, -a
shukudai 宿題 deberes *mpl*, cuestión *f* pendiente; ***~o dasu*** poner deberes; ***~o suru*** hacer los deberes
shukuhai 祝杯 brindis *m*; ***~o ageru*** brindar
shukuhaku 宿泊 alojamiento *m*; ***~suru*** hospedarse, alojarse; ***~kaado*** ficha *f* de inscripción; ***~hi*** gastos *mpl* de alojamiento
shukufuku 祝福 bendición *f*, felicitación *f*; ***~suru*** bendecir, felicitar
shukumei 宿命 destino *m*, hado *m*, fatalidad *f*; ***~teki na*** fatal *adj m/f*; ***~teki ni*** por fatalidad; ***~ron*** fatalismo *m*
jukuren 熟練 maestría *f*, pericia *f*; ***~suru*** perfeccionarse en u/c
shukun 主君 señor *m*, monarca *m*
shuken 主権 soberanía *f*, autoridad *f*; ***kokumin~*** soberanía *f* del pueblo
juken 受験 ***~suru*** examinarse; ***~ni seikoo suru*** salir bien de un examen; ***~ni shippai suru*** salir mal de un examen
shugo 主語 *ling* sujeto *m*
shuzai 取材 ***~suru*** reunir datos de u/c
shushi 趣旨 propósito *m*, intención *f*, fin *m*, objeto *m*; ***mondai no~*** punto *m* clave del problema
shujii 主治医 médico, -a de cabecera
shujutsu 手術 intervención *f* quirúrgica; ***~suru*** operar, operarse; ***~o ukeru*** sufrir una operación
jujutsu 呪術 magia *f*, brujería *f*; maleficio *m*
shushoo 首相 primer, -a ministro, -a
jushoo 受賞 ***~suru*** recibir un premio
shushin 主審 (*supootsu/deportes*) árbitro, -a, juez, -a
shujin 主人 **1.** amo, -a, patrón, -a; **2.** marido *m*
jushin 受信 ***~suru*** recibir, captar; ***~ki*** receptor *m*
juzu 数珠 rosario *m*; ***~o tsumaguru*** pasar las cuentas del diario

jusei 受精 fecundación *f*; ***~saseru*** fecundar
shusenron 主戦論 belicismo *m*
shuzoku 種族 tribu *f*, pueblo *m*, raza *f*
shutai 主体 sujeto *m*; ***...o~to shite iru*** consistir principalmente en u/c
shudai 主題 tema *m*, asunto *m*
jutai 受胎 concepción *f*; ***~suru*** concebir, quedarse encinta; ***~shita*** encinta *inv*
jutaku 受託 depósito *m*, fideocomiso *m*; ***~suru*** recibir u/c en depósito
shudan 手段 medio *m*, método *m*, procedimiento *m*; ***~o ayamaru*** tomar una medida equivocada
shuchoo 主張 opinión *f*, doctrina *f*; ***~suru*** opinar que +inf
shutsuen 出演 ***~suru*** actuar, representar un papel; ***terebi/eiga/aru bangumi ni~suru*** salir en televisión/en una película/en un programa
shutsugan 出願 petición *f*, solicitación *f*, demanda *f*; ***~suru*** pedir, solicitar, presentar una solicitud
shukketsu 出血 hemorragia *f*; ***~suru*** sangrar; ***~o tomeru*** detener una hemorragia
jutsugo 述語 *ling* predicado *m*
jussaku 術策 estratagema *f*, ardid *m*; ***~o roo suru*** hacer uso de una estrategia
shussan 出産 parto *m*; ***~suru*** dar a luz; ***~kyuuka*** permiso *m*/licencia *f* de maternidad
shusshi 出資 contribución *f*, aportación *f*, inversión *f*; ***~suru*** contribuir, invertir
shutsujoo 出場 participación *f*; ***~suru*** tomar parte, concurrir
shusshin 出身 ser natural de; ***Niigata no~de aru*** ser natural de Niigata
shusse 出世 éxito *m* social; ***~suru*** tener éxito, abrirse camino en el mundo
shussei 出生 nacimiento *m*; ***~nengappi*** fecha *f* de nacimiento
shusseki 出席 asistencia *f*, presencia *f*; ***~suru*** asistir
shutchoo 出張 viaje *m* de negocios; ***~suru*** hacer un viaje de negocios
shutsunyuu 出入 ***~koku*** emigración *f* e inmigración *f*
shuppatsu 出発 salida *f*, partida *f*; ***~suru*** partir
shuppan 出版 publicación *f*, edición *f*; ***~suru*** publicar, editar; ***~sha*** editorial *f*
shuppi 出費 gasto *m*, desembolso *m*
shutsuryoo 出漁 ***~suru*** salir a pescar; ***~kinshi kuiki*** zona *f* prohibida de pesca
shutsuryoku 出力 potencia *f*, capacidad *f*; ***~ichi kirowatto no*** de un kilovatio de poten-

cia; ***~meetaa*** indicador *m* del nivel de salida

shuto 首都 capital *f*

shutoo 種痘 vacunación *f*; ***~suru*** vacunar

judoo 受動 ***~teki na*** pasivo, -a; ***~tai*** *ling* voz *f* pasiva

shutoku 取得 adquisición *f*, obtención *f*; ***~suru*** adquirir, obtener

junyuu 授乳 lactancia *f*; ***~suru*** dar de mamar

shunoo 首脳 jefe, -a, líder *m/f*; ***~bu*** cúpula *f* directiva

shufu 主婦 ama *f* de casa

shumi 趣味 gusto *m*, afición *f*; ***~ni au*** ser de su gusto

jumyoo 寿命 duración *f* de la vida; (*mono/cosa*) duración *f*; ***~ga nagai/mijikai*** vivir/durar mucho/poco

shuyaku 主役 papel *m* principal; ***~o enjiru*** hacer de protagonista

shuyoo 腫瘍 tumor *m*; ***noo ni~ga dekite iru*** tener un tumor en el cerebro

juyoo 需要 demanda *f*; ***~ga aru*** tener demanda; ***~ga ooi*** tener mucha demanda; ***~to kyookyuu no hoosoku*** ley *f* de la oferta y la demanda

shuraafuzakku シュラーフザック saco *m* de dormir

shuryoo 狩猟 caza *f*; ***~ni iku*** ir de caza

juryoo 受領 recepción *f*, recibo *m*; ***~suru*** recibir, cobrar; ***~sho*** recibo *m*

shurui 種類 especie *f*, clase *f*, categoría *f*; ***~betsu ni wakeru*** ordenar por clases

juwaki 受話器 auricular *m*; ***~o toru/hazusu*** descolgar el auricular

shuwan 手腕 habilidad *f*, destreza *f*; ***~no aru*** hábil *adj m/f*

jun 順 (*junjo*) orden *m*, turno *m*; ***~ni*** por orden

junkai 巡回 vuelta *f*, ronda *f*, patrulla *f*; ***~suru*** dar una vuelta, hacer una ronda

shunkan 瞬間 momento *m*, instante *m*; ***~teki na*** momentáneo, -a; ***~teki ni*** momentáneamente

junkan 循環 circulación *f*; ***ketsueki no~*** circulación *f* de la sangre; ***~ki*** aparato *m* circulatorio; ***~ronpoo*** círculo *m* vicioso

junketsu 純潔 pureza *f*, castidad *f*; ***~na*** puro, -a, casto, -a, virgen *adj m/f*; ***~o ushinau*** perder la virginidad; ***~o mamoru*** mantener la castidad

junsatsu 巡察 vuelta *f* de inspección, ronda *f*; ***~suru*** patrullar

junjo 順序 orden *m*; ***~o tateru*** ordenar; ***~o tatete*** de manera ordenada, sitemáticamente

junsui 純粋 ***~na*** puro, -a; ***~ni*** puramente; ***~sa*** pureza *f*

junchoo 順調 (*seijoo*) ***~na*** normal *adj m/f*; ***~ni*** normalmente, con regularidad
junnoo 順応 ***~suru*** adaptarse, aclimatarse a u/c
junbi 準備 preparativos *mpl*, preparación *f*; ***~suru*** preparar u/c
shunbun 春分 equinoccio *m* de primavera; ***~no hi*** día *m* del equinoccio de primavera
junrei 巡礼 peregrinación *f*; ***~suru*** peregrinar
junretsu 順列 *mat* permutación *f*; ***~kumiawase*** permutación *f* y combinación *f*
junro 順路 ruta *f*, itinerario *m*; ***~o kimeru*** fijar el itinerario
sho- 諸— diversos, -as, diferentes; ***~mondai*** diversos problemas *mpl*
shoo 省 ministerio *m*
shoo 商 *mat* cociente *m*
shoo 章 capítulo *m*; ***dai ni~*** capítulo *m* segundo
shoo 賞 premio *m*, recompensa *f*; ***~o ataeru*** premiar, recompensar; ***~o eru/toru*** obtener un premio; ***~o ukeru*** recibir un premio
shiyoo 私用 asunto *m* privado
shiyoo 使用 uso *m*, empleo *m*; ***~suru*** usar, emplear; ***~chuu*** ocupado, -a; ***~kakaku*** valor *m* de uso; ***~kensha*** usuario, -a; ***~hoo*** modo *m* de empleo
shiyoo 試用 ensayo *m*, prueba *f*; ***~suru*** ensayar, probar
-joo —畳 ***roku~no heya*** estancia *f* de seis esteras
joo 上 **1.** primer volumen *m*; **2.** grado *m* superior, calidad *f* superior; ***~no*** superior *adj m/f*
joo 情 sentimiento *m*, emoción *f*; ***~no nai*** duro, -a, insensible *adj m/f*; ***~no fukai*** afectuoso, -a, tierno, -a; ***~o komete*** afectuosamente
joo 錠 **1.** cerradura *f*, candado *m*; ***~joo o orosu***; **2.** (*joozai*) pastilla *f*, tableta *f*; ***ikkai ni~fukuyoo suru*** tomar dos pastillas de cada vez
jooi 譲位 ***~suru*** abdicar
jooin 上院 Senado *m*, Cámara *f* Alta; ***~giin*** senador, -a
jooei 上映 ***~suru*** pasar una película
jooen 上演 representación *f* teatral; ***~suru*** representar
shooka 消化 digestión *f*, asimilación *f*; ***~suru*** digerir, asimilar; ***~no yoi*** fácil *adj m/f* de digerir; ***~no warui*** indigesto, -a; ***~furyoo o okosu*** tener una indigestión; ***~ki*** órgano *m* digestivo
shooka 消火 ***~suru*** extinguir el fuego; ***~ki*** extintor *m*; ***~hoosu*** manguera *f*
shooga 生姜 jengibre *m*
jooka 浄化 depuración *f*; ***~suru*** depurar; ***~soochi*** depuradora *f*

shookai 紹介 presentación *f*; (*bunka/cultura*) introducción *f*, recomendación *f*; ***~suru*** presentar, introducir, recomendar; ***~joo*** carta *f* de recomendación

shookai 照会 referencia *f*, información *f*; ***~suru*** informarse, pedir referencias

shoogai 生涯 curso *m* de la vida, existencia *f*

shoogai 傷害 herida *f*, lesión *f*; ***~hoken*** seguro *m* contra accidentes

shoogai 障害 obstáculo *m*, impedimento *m*; ***~o nozoku*** suprimir un impedimento

shoogaku 奨学 ***~kin*** beca *f*; ***~sei*** becario, -a

shoogatsu 正月 **1.** día *m* de Año Nuevo; **2.** (mes de) enero *m*

shookan 償還 reembolso *m*, amortización *f*; ***~suru*** restituir, amortizar; ***~kikin*** fondo *m* de amortización; ***~kigen*** plazo *m* de reembolso

shooki 正気 conciencia *f*, razón *f*, cordura *f*; ***~ni kaeru*** volver en sí; ***~o ushinau*** perder la razón

jookyaku 乗客 pasajero, -a; ***~meibo*** lista *f* de pasajeros

jookyuu 上級 cursos *mpl* superiores; ***~gakunen*** clases *fpl* superiores; ***~sei*** estudiante *m/f* de un curso superior

shoogyoo 商業 comercio *m*, negocios *mpl*; ***~no*** comercial *adj m/f*; ***~kai*** mundo *m* comercial; ***~kaigisho*** cámara *f* de comercio; ***~ginkoo*** banco *m* comercial

jookyoo 状況 circunstancia *f*, situación *f*

jooge 上下 ***~suru*** subir y bajar, fluctuar; ***~ni*** arriba y abajo, de arriba abajo

shookeimoji 象形文字 jeroglífico *m*

shoogeki 衝撃 choque *m*, golpe *m*; ***~teki na*** espantoso, -a; ***~o ataeru*** dar un golpe a alg

shooken 証券 títulos *mpl*, valores *mpl*

shoogen 証言 testimonio *m*; ***~suru*** atestiguar

jooken 条件 condición *f*; ***~o tsukeru*** imponer condiciones; ***hitsuyoo na~o mitasu*** reunir las condiciones requeridas

shooko 証拠 prueba *f*, testimonio *m*; ***~o tateru*** probar, testificar; ***~o teishutsu suru*** presentar una prueba; ***~kin*** depósito *m*, fianza *f*

shookoo 将校 oficial *m/f*; ***rikugun~*** oficial *m/f* del ejército; ***kaigun~*** oficial *m/f* de la marina

shookoo 商工 ***~gyoo*** comercio *m* e industria *f*; ***~kaigisho*** cámara *f* de comercio e industria

shookoo 焼香 ***~suru*** quemar/ofrecer incienso

shoogoo 商号 nombre *m* comercial, razón *f* social

shoogoo 照合 cotejo *m*, confrontación *f*; ***~suru*** cotejar, confrontar

jookoo 条項 artículo *m*, cláusula *f*

shoosai 詳細 detalle *m*, pormenores *mpl*; ***~na*** detallado, -a, minucioso, -a; ***~ni*** detalladamente

joozai 錠剤 pastilla *f*, píldora *f*

shoosan 賞賛 alabanza *f*; ***~suru*** alabar

shooji 商事 asuntos *mpl* comerciales, negocios *mpl*

shoojiki 正直 honradez *f*, ***~na*** honrado, -a; ***~ni*** honradamente

jooshiki 常識 sentido *m* común; ***~ga aru*** que tiene sentido común; ***~ga kakeru*** carecer de sentido común

jooshitsu 上質 ***~no*** de primera calidad

shoosha 商社 firma *f* comercial

joosha 乗車 ***~suru*** subir a un tren/autobús/coche; ***~ken*** billete *m*

jooju 成就 realización *f*; ***~suru*** cumplir, realizar; consumarse, cumplirse

shooshuu 招集 ***~suru*** (*kaigi/asamblea*) convocar; (*guntai/ejército*) llamar a filas

shoojuu 小銃 fusil *m*, rifle *m*

joojun 上旬 primer tercio *m* del mes; ***ichi gatsu no~*** a principios de enero

shoosho 証書 certificado *m*

shoojo 少女 muchacha *f*

shooshoo 少々 un poco, algo; ***~ o-machi kudasai*** Un momento, por favor

shoojoo 症状 síntoma *m*, señal *f*

jooshoo 上昇 ascenso *m*, subida *f*, alza *f*; ***~suru*** ascender, subir

shoojiru 生じる nacer, surgir

shooshin 小心 (*okubyoo*) ***~na*** tímido, -a

shooshin 昇進 ascenso *m*, promoción *f*; ***~suru*** ascender

joozu 上手 ***~na*** hábil *adj m/f*; ***~ni*** con habilidad; ***A wa nihongo ga~desu*** A es bueno en/sabe japonés

shoosuu 小数 fracción *f* decimal; ***~ten*** coma *f* decimal

shoosuu 少数 minoría *f*; ***~no*** minoritario, -a

shoosuru 称する (*yobu*) llamar, denominar; (*nanoru*) llamarse

shoosetsu 小説 novela *f*; ***~no/teki na*** novelesco, -a; ***~o kaku*** escribir una novela; ***~ka*** novelista *m/f*

shoosen 商船 buque *m* mercante

shoosen 商戦 campaña *f* de venta

joosen 乗船 ***~suru*** embarcarse; ***~ken*** billete *m* de barco

shoozoo 肖像 retrato *m*; ***... no~o kaku*** retratar a alg
joosoo 上層 capa *f* superior, primer rango *m*; ***~kaikyuu*** clase *f* alta
joozoo 醸造 fermentación *f*; ***~suru*** fermentar, destilar
shoosoku 消息 noticia *f*, información *f*; ***~ga aru*** tener noticias
shootai 招待 invitación *f*; ***~suru*** invitar; ***~ken*** tarjeta *f* de invitación *f*; ***~joo*** carta *f* de invitación
jootai 上体 parte *f* superior del cuerpo; ***~o okosu*** incorporarse
jootai 状態 estado *m*, situación *f*
shootaku 沼沢 pantano *m*
shoodaku 承諾 (*dooi*) consentimiento *m*; ***~suru*** consentir
jootatsu 上達 progreso *m*; ***~suru*** progresar, adelantar
joodan 冗談 broma *f*, chiste *m*; ***~o iu*** bromear
shoochi 承知 **1.** (*shiru*) ***~suru*** conocer, saber, enterarse de u/c; **2.** (*dooi*) ***~suru*** consentir, asentir
shoochoo 象徴 símbolo *m*; ***~suru*** simbolizar; ***~teki na*** simbólico, -a; ***~shugi*** simbolismo *m*
shooten 商店 casa *f* comercial
shooten 焦点 foco *m*; ***mondai no~*** punto *m* fundamental de la cuestión
jooto 譲渡 (*zaisan/bienes*) enajenación *f*, cesión *f*; ***~suru*** enajenar, transferir
shoodoo 衝動 impulso *m*; ***~teki na*** impulsivo, -a
jootoo 上等 ***~no*** de buena calidad, de primera clase
shoodoku 消毒 desinfección *f*, asepsia *f*; ***~suru*** desinfectar, estirilizar; ***~ki*** esterilizador *m*
shoototsu 衝突 **1.** colisión *f*, choque *m*; ***~suru*** chocar contra u/c; **2.** (*tairitsu*) conflicto *m*; ***~suru*** enfrentarse
shooni 小児 ***~ka*** pediatría *f*; ***~kai*** pediatra *m/f*
shoonin 承認 reconocimiento *m*, aprobación *f*; ***~suru*** reconocer, aprobar
shoonin 商人 comerciante *m/f*
shoonin 証人 testigo *m/f*
joonin 常任 ***~no*** permanente *adj m/f*
joonetsu 情熱 pasión *f*, ardor *m*; ***~teki na*** apasionado, -a; ***~teki ni*** apasionadamente
shoonen 少年 joven *m*, muchacho *m*; ***~zasshi*** revista *f* para muchachos
jooba 乗馬 equitación *f*; ***~kurabu*** club *m* hípico
shoobai 商売 comercio *m*, negocio *m*; ***~o suru*** dedicarse al comercio; ***~o hajimeru*** comenzar un negocio
joohatsu 蒸発 evaporación *f*; ***~suru*** evaporarse, volatizarse

shoohi 消費 consumo *m*; **~*suru*** consumir, gastar; **~*shakai*** sociedad *f* de consumo; **~*zei*** impuesto *m* sobre el consumo; **~*sha*** consumidor, -a

shoohin 商品 artículo *m*, mercancía *f*; **~*ka suru*** comercializar

shoohin 賞品 premio *m*; **~*o morau/juyo suru*** obtener/otorgar un premio

joohin 上品 **~*na*** distinguido, -a; **~*ni*** de manera distinguida; **~*sa*** distinción *f*, elegancia *f*

shoobu 勝負 competición *f*, juego *m*; **~*suru*** competir, luchar, jugar un, -a partido, -a; **~*ni katsu/makeru*** ganar/perder

joobu 丈夫 **1.** (*kenkoo*) **~*na*** sano, -a; **2.** (*mono ga/cosas*) fuerte *adj m/f*, resistente *adj m/f*

shoofuda 正札 etiqueta *f* del precio; **~*o tsukeru/hazusu*** poner/quitar la etiqueta

jooheki 城壁 muralla *f*

shooben 小便 orina *f*; **~*suru*** orinar

shooboo 消防 lucha *f* contra incencios; **~*shi*** bombero, -a; **~*jidoosha*** camión *m* de bomberos

joohoo 情報 información *f*, noticia *f*; **~*no*** informativo, -a; ***...no~o eru*** obtener información sobre u/c; ***...no~o teikyoo suru*** suministrar información sobre u/c

joomae 錠前 cerradura *f*, candado *m*; **~*ya*** cerrajería *f*; cerrajero *m*

shoomi 正味 **~*no*** neto, -a; **~*juuryoo*** peso *m* neto

joomyaku 静脈 vena *f*; **~*chuusha*** inyección *f* intravenosa; **~*en*** flebitis *f*

shoomei 証明 testimonio *m*, prueba *f*; **~*suru*** demostrar, probar

shoomei 照明 alumbrado *m*, iluminación *f*; **~*o ateru*** alumbrar, iluminar

shoometsu 消滅 desaparición *f*, extinción *f*; **~*suru*** desaparecer, extinguirse

shoomen 正面 frente *m*, fachada *f*; **~*no*** frontal *adj m/f*

shoomoo 消耗 consumición *f*, abrasión *f*, desgaste *m*; **~*suru*** consumir, desgastar; consumirse, desgastarse

shoomon 証文 documento *m*, escritura *f*

jooyaku 条約 tratado *m*, pacto *m*

jooyoo 常用 **~*suru*** servirse de u/c habitualmente

shoorai 将来 futuro *m*; **~*no*** futuro, -a; **~*ni*** en el futuro

shoori 勝利 victoria *f*; **~*o eru*** obtener la victoria; **~*sha*** ganador, -a

joori 条理 lógica *f*, razón *f*; ***~ni kanatta*** lógico, -a
shooryaku 省略 omisión *f*, abreviatura *f*; ***~suru*** omitir, abreviar
jooryuu 上流 **1.** parte *f* más alta del río; **2. *~kaikyuu*** clase *f* alta; ***~shakai*** alta sociedad *f*
jooryuu 蒸留 destilación *f*; ***~suru*** destilar; ***~sui*** agua *m* destilada
shoorei 奨励 ***~suru*** exhortar, fomentar; ***~kin*** subsidio *m*, subvención *f*
shoen 初演 primera representación *f*, estreno *m*; ***~suru*** estrenar
jo'oo 女王 reina *f*
showindoo ショーウィンドー escaparate *m*
shooto ショート *electr* cortocircuito *m*
shooto-katto ショートカット pelo *m* corto; ***kami o~ni shite iru*** llevar el pelo corto
shooto-pantsu ショートパンツ pantalones *mpl* cortos
shooru ショール chal *m*; ***~o kakeru*** ponerse un chal
shoo-ruumu ショールーム sala *f* de muestras
shokyuu 初級 clase *f* elemental; ***~no*** para principiantes
jogingu ジョギング footing *m*
shoku 職 colocación *f*, empleo *m*; (*shitsugyoo shite iru*) ***~ga nai*** estar sin trabajo; ***~o ushinau*** perder el puesto de trabajo
shokuin 職員 empleado, -a, oficinista *m/f*; personal *m*
shokugyoo 職業 profesión *f*; ***~teki na*** profesional *adj m/f*
shokuji 食事 comida *f*; ***~o suru*** comer
shokutaku 食卓 mesa *f*; ***~no yooi o suru*** poner la mesa; ***~o katazukeru*** quitar la mesa; ***~ni tsuku*** sentarse a la mesa
shokuchuudoku 食中毒 envenenamiento *m* alimenticio; ***~ni kakaru*** envenenarse con un alimento
shokuchoo 職長 capataz *m*
shokudoo 食堂 comedor *m*, restaurante *m*, cafetería *f*
shokunin 職人 artesano, -a; ***~kaikyuu*** artesanado *m*
shokuba 職場 puesto *m* de trabajo, oficina *f*
shokupan 食パン pan *m* de molde
shokuhin 食品 alimento *m*, comestibles *mpl*; ***~uriba*** departamento *m* de comestibles; ***~eisei*** higiene *f* alimenticia
shokubutsu 植物 planta *f*, vegetal *m*; ***~no*** vegetal *adj m/f*; ***~gaku*** botánica *f*
shokumin 植民 colonización *f*, colono, -a; ***~chi*** colonia *f*; ***~chika suru*** colonizar un sitio; ***~chishugi*** colonialismo *m*

shokumu 職務 cargo *m*, oficio *m*, función *f*; **~*joo*** profesional *adj m/f*
shokuyoku 食欲 apetito *m*; **~*ga aru*** tener apetito
shokuryoo 食糧 víveres *mpl*; **~*kiki*** crisis *f* de comestibles
shokuryoohin 食料品 alimentos *mpl* comestibles
shokurin 植林 repoblación *f* forestal; **~*suru*** repoblar
shokei 処刑 **~*suru*** ajusticiar a alg
shogeru しょげる desanimarse
jogen 助言 consejo *m*; **~*suru*** aconsejar; **~*o ataeru*** dar un consejo
shosai 書斎 escritorio *m*, estudio *m*
josai 如才 **~*nai*** hábil *adj m/f* en el trato con personas, con tacto
shozainai 所在ない estar desocupado, -a
joshi 女子 mujer *f*, señorita *f*, chica *f*; **~*o shussan suru*** dar a luz a una niña
joshi 助詞 *ling* partícula *f*
shojo 処女 virgen *f*; **~*o ushinau*** perder la virginidad
jojo ni 徐々に **1.** (*yukkuri*) lentamente, poco a poco; **2.** gradualmente
shoshin 初診 primera consulta *f*; **~*no kanja*** nuevo, -a paciente *m/f*
shoshin 所信 (*shinnen*) convicción *f*, creencia *f*
josuu 序数 número *m* cardinal; **~*shi*** numeral *m* ordinal
josei 女性 sexo *m* femenino; mujer *f*; *ling* género *m* femenino; **~*teki na*** femenino, -a
josei 助成 ayuda *f*, fomento *m*, subvención *f*; **~*suru*** ayudar, subvencionar; **~*kin*** subsidio *m*
shozoku 所属 **~*suru*** pertenecer a
shotai 所帯 familia *f*; **~*o motsu*** casarse, formar un hogar
shochi 処置 medida *f*, disposición *f*; **~*suru*** tomar medidas
jochuu 女中 criada *f*; **~*o oku*** tomar/tener una criada
shokki 食器 vajilla *f*, cubiertos *mpl*; **~*o naraberu*** poner la mesa; **~*o katazukeru*** quitar la mesa
jokki ジョッキ jarra *f* de cerveza
shokku ショック choque *m*, golpe *m*, sacudida *f*; **~*o ukeru*** recibir un golpe
shotto ショット **1.** (*tenisu/tenis*) golpe *m*; **2.** *cine* plano *m*
shotei 所定 **~*no*** fijado, -a
shotoo 初等 **~*no*** elemental *adj m/f*; **~*ka*** curso *m* elemental
shotoo 諸島 archipiélago *m*; ***Kanaria~*** Islas *fpl* Canarias
shotoku 所得 ingresos *mpl*, renta *f*; **~*zei*** impuesto *m* sobre la renta

shonichi 初日 primer día *m*; (*shibai no/teatro*) primera representación *f*
shohyoo 書評 reseña *f* crítica de un libro; ***~o suru*** publicar una reseña crítica de un libro
shobun 処分 (*shochi*) disposición *f*; ***~suru*** disponer de u/c, liquidar
jobun 序文 prefacio *m*, introducción *f*; ***~o kaku*** escribir un prólogo
shoho 初歩 primeros pasos *mpl*, rudimentos *mpl*; ***~no*** elemental *adj m/f*; ***~muki no*** para principiantes
shohoo 処方 (*isha no/del médico*) receta *f*; ***kusuri o~suru*** recetar un medicamento
shomin 庶民 pueblo *m*, plebe *f*; ***~kaikyuu*** clase *f* popular
shomei 署名 firma *f*; ***~suru*** firmar
jomei 除名 ***~suru*** expulsar, excluir
joya 除夜 Nochevieja *f*
shoyuu 所有 posesión *f*, propiedad *f*; ***~suru*** poseer; ***~ken*** derecho *m* de propiedad; ***~sha*** propietario, -a
joyuu 女優 actriz *f*
shori 処理 arreglo *m*, disposición *f*; ***~suru*** despachar, tratar
joryoku 助力 ayuda *f*, asistencia *f*; ***~o motomeru*** pedir ayuda
shorui 書類 papeles *mpl*, documento *m*
shorudaa ショルダー ***~baggu*** bolso *m* de bandolera
joron 序論 introducción *f*, prefacio *m*
shonbori しょんぼり ***~to*** abatido, -a; ***~to shite iru*** estar abatido, -a
shiraga 白髪 cana *f*; ***~no*** cano, -a
shirajirashii 白々しい **1.** (*miesuita*) transparente *adj m/f*, claro, -auuuu
jirasu 焦らす impacientar, irritar
shirazu-shirazu 知らず知らず sin darse cuenta, (*muishiki ni*) involuntariamente
shirase 知らせ aviso *m*, noticia *f*
shiraseru 知らせる comunicar, avisar
shiraberu 調べる investigar, consultar, interrogar, registrar
shirami 虱 piojo *m*
shiri 尻 culo *m*, nalgas *fpl*
shiriai 知り合い conocido, -a, amigo, -a
shiriizu シリーズ serie *f*
shirikon シリコン silicona *f*
shirizoku 退く retroceder, retirarse
shirizokeru 退ける rechazar
shiritsu 市立 ***~no*** municipal *adj m/f*; ***~toshokan*** biblioteca *f* municipal
shiritsu 私立 ***~no*** privado, -a; ***~daigaku*** universidad *f* privada

jiritsu 自立 independencia *f*; ***~suru*** independizarse
jiritsu 自律 autonomía *f*; ***~teki na*** autónomo, -a
shirinugui 尻拭い ***~o suru*** pagar el disparate de alg
shirime 尻目 ***~ni kakeru*** hacer caso omiso de u/c alg
shirimetsuretsu 支離滅裂 incoherencia *f*; ***~na*** incoherente *adj m/f*
shiryo 思慮 reflexión *f*; ***~bukai*** reflexivo, -a; ***~no asai*** irreflexivo, -a
shiryoo 資料 documentos *mpl*, datos *mpl*, documentación *f*; ***~o atsumeru*** documentarse
shiryoku 視力 vista *f*; ***~ga yowai*** tener la vista débil; ***~o ushinau*** perder la vista
shiringu シリング chelín *m*
shirindaa シリンダー cilindro *m*
shiru 知る saber, enterarse, conocer
shiru 汁 jugo, sopa
shiruetto シルエット silueta *f*
shiruku-hatto シルクハット sombrero *m* de copa
shirushi 印 señal *f*, marca *f*, símbolo *m*, emblema *m*, signo *m*
shirusu 記す poner u/c por escrito, anotar
shiren 試練 prueba *f*; ***~ni taeru*** aguantar la prueba
jirenma ジレンマ dilema *m*
shiro 白 **1.** color *m* blanco; **2.** inocencia *f*; ***~da*** es inocente
shiro 城 castillo *m*, fortaleza *f*
shiroi 白い blanco, -a
shirooto 素人 aficionado, -a, profano, -a
shirokuro 白黒 ***~eiga*** película *f* en blanco y negro; ***~shashin*** fotografía *f* en blanco y negro; ***~terebi*** televisión *f* en blanco y negro
jirojiro じろじろ ***~miru*** mirar fijamente
shiroppu シロップ jarabe *m*; ***~zuke no*** en almíbar
shiromi 白身 (*tamago no/huevo*) clara *f*; ***~no sakana*** pescado *m* blanco
shiwa 皺 **1.** *txtl* arruga *f*; **2.** (*mejiri no/rabillo del ojo*) patas *fpl* de gallo; ***~ni naru*** arrugarse; ***...no~o nobasu*** quitar las arrugas de u/c
jiware 地割れ grieta *f* del suelo; ***~ga suru*** abrirse el suelo
shin- 新— *pref* neo-
shin- 親— *pref* pro-
shin しん ***~to shita*** en silencio
shin 心（芯） **1.** (*kudamono nado/fruta*) corazón *m*; ***~o toru*** quitar el corazón a u/c; **2.** (*roosoku nado/vela*) mecha *f*; **3.** (*enpitsu/lápiz*) mina *f*; ***~o kezuru*** afilar un lápiz
shin 真 verdad *f*; ***~no*** verdadero, -a; ***~ni*** en verdad
jin ジン ginebra *f*
jin'i 人為 ***~teki na*** artificial *adj m/f*; ***~teki ni*** artificialmente

jin'in 人員 **1.** (*ninzuu*) número *m* de personas; **2.** (*ten'in*) personal *m* fijo; ***~seiri*** reducción *f* de personal
shin'en 深遠 ***~na*** profundo, -a, esotérico, -a; ***~na tetsugaku*** filosofía *f* esotérica
shin'en 深淵 abismo *m*
shinka 進化 evolución *f*; ***~suru*** evolucionar; ***~ron*** evolucionismo *m*, darvinismo *m*
shingai 侵害 ***~suru*** infringir, violar
shingaku 神学 teología *f*; ***~sha*** teólogo, -a
shingaku 進学 ***~suru*** pasar a una escuela de grado superior
jinkaku 人格 personalidad *f*, carácter *m*
shingata 新型 nuevo modelo *m*; ***~sha*** nuevo modelo *m* de automóvil
shinkan 神官 sacerdote *m* sintoísta
shinkan 新刊 ***~no*** recién publicado, -a
shinkansen 新幹線 Shinkansen *m*, tren *m* bala
shinki 新奇 ***~na*** novedoso, -a
shingi 信義 lealtad *f*, fidelidad *f*
shingi 審議 ***~suru*** deliberar, discutir
jingi 仁義 (*dootoku*) moral *f*; ***~ni hansuru*** ser contrario, -a a la moral
shinkikusai 辛気臭い tedioso, -a, molesto, -a
shinkyoo 心境 estado *m* de ánimo
shinkyoo 新教 protestantismo *m*; ***~to*** protestante *m/f*
shinkiroo 蜃気楼 espejismo *m*
shinkin 心筋 ***~koosoku*** *med* infarto *m* de miocardio
shinkuu 真空 vacío *m*; ***~ni suru*** hacer u/c vacua
shinguru シングル ***~no heya*** habitación *f* individual; ***~beddo*** cama *f* individual
shinkuro シンクロ *cine* ***~naizu*** sincronización *f*; ***~naizu suru*** sincronizar
shinkei 神経 nervio *m*; ***~o shizumeru*** calmar los nervios; ***~ga takabutte iru*** tener los nervios de punta; ***~ga futoi*** tener los nervios de acero; ***~ga hosoi*** ser sensible; ***~ka*** neurología *f*; ***~kai*** neurólogo, -a; ***~shitsu na*** nervioso, -a; ***~shoo*** neurosis *f*; ***~tsuu*** neuralgia *f*
shinken 真剣 ***~na*** serio, -a; ***~ni*** con la mayor seriedad
jinken 人権 derechos *mpl* humanos; ***~o mamoru*** defender los derechos humanos; ***~sengen*** Declaración *f* de los Derechos Humanos
shinkoo 信仰 fe *f*, creencia *f*
shinkoo 振興 estímulo *m*, fomento *m*; ***~suru*** fomentar

shinkoo 進行 avance *m*, progreso *m*; **~*suru*** marchar, avanzar; **~*sei*** progresivo, -a
shingoo 信号 señal *f*, semáforo *m*; **~*o okuru*** hacer señales
jinkoo 人工 **~*no*** artificial *adj m/f*; **~*teki ni*** artificialmente
jinkoo 人口 población *f*; **~*ga fueru/heru*** la población aumenta/disminuye; **~*no zooka*** aumento *m* de la población; **~*no genshoo*** disminución *f* de la población; **~*choosa*** censo *m*; **~*tookei gaku*** demografía *f*
shinkoku 申告 declaración *f*, anuncio *m*; **~*suru*** anunciar, manifestar
shinkoku 深刻 **~*na*** grave *adj m/f*, serio, -a; **~*sa*** gravedad *f*
shinsa 審査 examen *m*, inspección *f*; **~*ni gookaku suru*** aprobar un examen
jinzai 人材 persona *f* capacitada
shinsatsu 診察 reconocimiento *m* médico; **~*suru*** examinar a un paciente; ***isha ni~shite morau*** consultar a un médico; **~*ryoo*** honorarios *mpl*; **~*jikan*** horas *fpl* de consulta
shinshi 紳士 caballero *m*; **~*yoo no*** para hombres; **~*fuku*** ropa *f* de caballero
jinji 人事 (*kaisha no/empresa*) administración *f* de personal; **~*ka*** departamento *m* de personal; **~*kooka*** clasificación *f* de méritos
shinshitsu 寝室 dormitorio *m*
shinjitsu 真実 verdad *f*, realidad *f*; **~*no*** real *adj m/f*, verdadero, -a
shinja 信者 creyente *m/f*
jinja 神社 santuario *m* sintoísta
jinjaaeeru ジンジャーエール ginger ale *m*
shinju 真珠 perla *f*
jinshu 人種 raza *f* humana; **~*teki henken*** prejuicio *m* racial; **~*sabetsu*** segregación *f* racial; **~*sabetsushugi*** racismo *m*; **~*mondai*** problema *m* racial
shinshutsu 進出 avance *m*, expansión *f*; **~*suru*** invadir, extenderse
shinshoku 侵食 erosión *f*, corrosión *f*; **~*suru*** erosionar, corroer
shinjiru 信じる creer, tener fe
shinjin 信心 fe *f*, creencia *f*; **~*suru*** ser devoto, -a
shinjin 新人 principiante *m/f*, debutante *m/f*
shinsui 心酔 entusiasmo *m*, admiración *f*, afición *f*; **~*suru*** entusiasmarse por u/c alg, admirar
shinsui 浸水 inundación *f*; **~*suru*** inundarse, hacer aguas
shinsei 申請 solicitud *f*, demanda *f*; **~*suru*** hacer una solicitud formal; **~*sho*** solicitud *f* escrita

jinsei 人生 vida *f* humana; ***shiawase na~o okuru*** llevar una vida feliz
shinsetsu 親切 cordialidad *f*, amabilidad *f*, cariño *m*; ***~na*** cariñoso, -a, amable *adj m/f*; ***~ni*** amablemente
shinsen 新鮮 **1.** ***~na*** (*yasai, sakana nado/verduras, pescado*) fresco, -a; **2.** (*sakuhin, buntai nado/obra, estilo*) fresco, -a, original *adj m/f*
shinsoo 真相 verdad *f*
shinzoo 心臓 **1.** corazón *m*; ***~no*** cardíaco, -a; ***~byoo*** enfermedad *f* cardiaca; **2.** (*hiyu teki/metafórico*) centro *m* vital
jinzoo 人造 ***~no*** artificial *adj m/f*; ***~gomu*** goma *f* sintética
jinzoo 腎臓 riñón *m*; ***~no*** renal *adj m/f*; ***~en*** nefritis *f*
shintai 身体 cuerpo *m*; ***~no*** físico, -a; ***~kensa*** reconocimiento *m* médico
shintaku 信託 fideicomiso *m*; ***~suru*** dar en fideicomiso; ***~yosan*** depósito *m* en fideicomiso
shindan 診断 diagnóstico *m*; ***~o kudasu*** diagnosticar; ***~sho*** certificado *m* médico
shinchoo 身長 estatura *f*; ***Anata no~wa dono kurai desu ka*** ¿Cuánto mide usted?; ***~o hakaru*** medir la estatura
shinchoo 慎重 prudencia *f*, precaución *f*; ***~na*** prudente *adj m/f*; ***~ni*** prudentemente
shinten 進展 desarrollo *m*, progreso *m*; ***~suru*** progresar
shinden 神殿 santuario *m*
shindo 深度 profundidad *f*; ***~o hakaru*** medir la profundidad; ***~kei*** batímetro *m*
shindo 震度 intensidad *f* sísmica; ***~3 no jishin*** terremoto *m* de 3 grados de intensidad; ***~kei*** sismógrafo *m*
shintoo 神道 sintoísmo *m*
shintoo 浸透 infiltración *f*, ósmosis *f*; ***~suru*** penetrar; ***~sei*** permeabilidad *f*
shindoo 振動 vibración *f*, oscilación *f*; ***~suru*** vibrar, oscilar
shindoo 震動 temblor *m*; ***~suru*** temblar
jindoo 人道 humanidad *f*; ***~teki ni*** humanitariamente; ***~shugi*** humanismo *m*
shinnyuu 侵入 invasión *f*, irrupción *f*; ***~suru*** invadir; ***~sha*** invasor, -a
shinnyuu 新入 ***~no*** novato, -a
shinnin 信任 confianza *f*; ***~suru*** poner la confianza en alg; ***~joo*** cartas *fpl* credenciales
shinnen 信念 fe *f*, creencia *f*; ***~o motte*** con fe
shinnen 新年 año *m* nuevo, (*ganjitsu*) Día *m* de Año Nuevo; ***~omedetoo gozaimasu*** Feliz Año Nuevo

shinpai 心配 preocupación *f*, inquietud *f*; **~suru** preocuparse, inquietarse
shinpaigoto 心配事 preocupaciones *fpl*; **~ga aru** tener preocupaciones
shinpan 審判 juicio *m*, arbitraje *m*; **~o kudasu** emitir un juicio sobre u/c; **shiai no~o suru** hacer de árbitro en un partido
shinpi 神秘 misterio *m*; **~teki na** misterioso, -a
shinpu 神父 (sacerdote) padre *m*
shinfonii シンフォニー sinfonía *f*
jinbutsu 人物 **1.** (*hito*) hombre *m*, mujer *f*, persona *f*; **2.** (*jinkaku*) personalidad *f*; **3.** (*toojoo jinbutsu*) personaje *m*; **4.** (*e*) figura *f*
shinbun 新聞 periódico *m*; **~sha** (*empresa*) periódico *m*; **~shoosetsu** folletín *m*
jinbun 人文 **~kagaku** ciencias *fpl* humanas; **~shugi** humanismo *m*
shinpo 進歩 progreso *m*; **~suru** progresar; **~teki na** progresista *adj m/f*
shinboo 辛抱 paciencia *f*; **~suru** tener paciencia
jinboo 人望 **1.** (*shinrai*) confianza *f*; **2.** (*sonkei*) respeto *m*; **3.** (*ninki*) popularidad *f*; **~no aru** respetado, -a, estimado, -a; **~no nai** poco estimado, -a, impopular *adj m/f*
shinpojiumu シンポジウム simposio *m*
shinboru シンボル símbolo *m*
jinmashin 蕁麻疹 urticaria *f*; **~ga deru** salir urticaria
shinmitsu 親密 **~na** íntimo, -a; **~ni naru** hacerse íntimos
shinmyoo 神妙 **~na** dócil *adj m/f*; **~ni** dócilmente
jinmin 人民 pueblo *m*; **~no** popular *adj m/f*; **~kyoowakoku** república *f* popular; **~minshushugi** democracia *f* popular
jinmei 人命 vida *f* humana; **~o ushinau** perder la vida; **~kyuujo** salvamento *m*
jinmon 尋問 interrogatorio *m*; **~suru** interrogar
shin´ya 深夜 **~ni** a altas horas de la noche
Shin´yakuseisho 新約聖書 Nuevo Testamento *m*
shin´yoo 信用 confianza *f*, crédito *m*, buena reputación *f*; **~suru** creer en alg/u/c, tener confianza en alg/u/c; **~o eru** ganarse la confianza; **~o ushinau** perder la confianza
shinrai 信頼 confianza *f*; **~suru** confiar(se); **~o uragiru** traicionar la confianza; **~ni kotaeru** corresponder a la confianza; **~subeki** digno, -a de confianza; (*joohoo/información*) fidedigno, -a; **~shigatai** difícil *adj m/f* de creer

shinri 心理 psicología *f*, mentalidad *f*, estado *m* de ánimo; ***~teki na*** psicológico, -a; ***~teki ni*** psicológicamente; ***~gaku*** psicología *f*; ***~bunseki*** psicoanálisis *m*

shinryaku 侵略 invasión *f*, agresión *f*; ***~suru*** invadir; ***~sensoo*** guerra *f* de agresión; ***~koku*** país *m* invasor; ***~sha*** invasor, -a

shinryoo 診療 ***~sho*** clínica *f*, enfermería *f*, dispensario *m*

shinrin 森林 bosque *m*; ***~no*** forestal *adj m/f*; ***~kaihatsu*** explotación *f* forestal

shinrui 親類 pariente *m/f*

jinrui 人類 ser *m* humano, raza *f* humana, humanidad *f*; ***~no*** humano, -a; ***~gaku*** antropología *f*

shinrei 心霊 ***~genshoo*** fenómeno *m* espiritista; ***~jutsu*** espiritismo *m*

shinro 針路 rumbo *m*, dirección *f*; ***~o ayamaru*** equivocarse de rumbo

shinro 進路 paso *m*, carrera *f* académica

shinwa 神話 mito *m*, mitología *f*; ***~no*** mítico, -a

SU す

su 巣 nido *m*, madriguera *f*, guarida *f*

su 酢 vinagre *m*; ***~o kakeru*** echar vinagre

suashi 素足 pies *mpl* desnudos; ***~de aruku*** andar descalzo, -a

suiatsu 水圧 presión *f* hidráulica; ***~ga agaru/sagaru*** subir/bajar la presión del agua

suii 推移 evolución *f*, cambio *m*; ***~suru*** evolucionar, cambiar, transcurrir

suiei 水泳 natación *f*; ***~o suru*** nadar; ***~puuru*** piscina *f*

suika 西瓜 sandía *f*

suigara 吸い殻 colilla *f*

suikyuu 水球 waterpolo *m*

suigin 水銀 *quím* mercurio *m*

suisatsu 推察 conjetura *f*; ***~o suru*** conjeturar, suponer, imaginar

zuiji 随時 (*itsudemo*) siempre, a todas horas

suijaku 衰弱 agotamiento *m*, extenuación *f*; ***~suru*** agotarse; ***~shita*** extenuado, -a

suijun 水準 nivel *m*; ***~ga agaru/sagaru*** subir/bajar el nivel

suishoo 水晶 cristal *m* de roca, cuarzo *m* cristalino; ***~no yoona*** cristalino, -a; ***~dokei*** reloj *m* de cuarzo

suijoo 水上 acuático, -a; ***~kyoogi*** deportes *mpl* acuáticos

suishin 推進 propulsión *f*; ***~suru*** impulsar, propulsar

suisei 水星 *astrol* Mercurio *m*

suisen 推薦 recomendación *f*; **~suru** recomendar; **~joo** carta *f* de recomendación
suiso 水素 *quím* hidrógeno *m*
suisoo 吹奏 **rappu o~suru** tocar la trompeta; **~gakki** instrumento *m* de viento
suisoku 推測 inducción *f*, deducción *f*; **~suru** deducir, suponer
suizokukan 水族館 acuario *m*
suichoku 垂直 **~na** perpendicular *adj m/f*; **~ni** perpendicularmente; **~sen** línea *f* perpendicular
suitchi スイッチ interruptor *m*, llave *f*, botón *m*; **~o ireru** encender; **~o kiru** apagar
suitei 推定 deducción *f*, suposición *f*; **~suru** deducir, suponer
suitoo 水筒 cantimplora *f*
suidoo 水道 agua *f* corriente; **~o hiku** instalar agua corriente; **~no mizu o dasu/tomeru** abrir/cerrar el grifo; **~ryookin** tarifa *f* del consumo de agua
suihanki 炊飯器 **denki~** olla *f* eléctrica para cocer arroz
zuihitsu 随筆 ensayo *m*; **~ka** ensayista *m/f*
suifu 水夫 marinero *m*
suihei 水平 horizontalidad *f*; **~no** horizontal *adj m/f*; **~sen** horizonte *m*
suimin 睡眠 sueño *m*; **~o toru** dormir; **~busoku** falta *f* de sueño; **~yaku** pastilla *f* para dormir
suiyoobi 水曜日 miércoles *m*
suiri 水利 riego *m*, irrigación *f*; **~ken** derecho *m* a la utilización del agua
suiri 推理 deducción *f*, conjetura *f*; **~suru** deducir, conjeturar; **~shoosetsu** novela *f* policíaca
suiryoku 水力 fuerza *f* hidráulica
suiron 推論 **~suru** inducir, inferir
suu 吸う **1.** (*kyuunyuu*) respirar, aspirar; **2.** (*nomu*) chupar, sorber
suugaku 数学 matemáticas *fpl*; **~no** matemático, -a; **~teki ni** matemáticamente
suushi 数詞 *ling* numeral *m*
suuji 数字 cifra *f*, número *m*
zuuzuushii ずうずうしい descarado, -a
suutsu スーツ **1.** (*onna/mujer*) traje *m* de chaqueta, traje *m* sastre, **2.** (*otoko/hombre*) traje *m*
suutsukeesu スーツケース maleta *f*
suupu スープ sopa *f*
suuri 数理 **~teki na** matemático, -a; **~teki ni** matemáticamente; **~tookei gaku** estadística *f* matemática
sue 末 **1.** (*owari*) fin *m*, finales *mpl*; **2.** (*shoorai*) porvenir *m*, futuro *m*; **3.** (*...no nochi*) después de
sueedo スエード ante *m*

sueoku 据え置く mantener fijo, -a
suetsukeru 据え付ける instalar, montar
suekko 末っ子 hijo, -a menor
sueru 据える **1.** (*oku*) colocar, poner; **2.** (*chii ni/en un puesto*) nombrar
zuga 図画 dibujo *m*, pintura *f*
sukaato スカート falda *f*; ***~o haite iru*** llevar falda
sukaafu スカーフ pañuelo *m* de cabeza, fular *m*; ***~o kabutte iru*** llevar un pañuelo en la cabeza; ***kubi ni~o maite iru*** llevar un pañuelo enrollado al cuello
sukaidaibingu スカイダイビング paracaidismo *m*
sugasugashii 清々しい fresco, -a, límpido, -a, refrescante *adj m/f*
sugata 姿 figura *f*
suki 好き ***~na*** preferido, -a; ***~dearu*** querer, amar, gustar
-sugi —過ぎ ***san-ji~*** Son las tres pasadas
sugi 杉 *bot* cedro *m* japonés
-zuki —好き aficionado, -a; ***eiga~*** amante *m/f* del cine
sukii スキー esquí *m*; ***~o suru*** esquiar
sukippu スキップ ***~suru*** andar a saltitos
sukitooru 透き通る transparentarse
sukima すきま intersticio *m*, fisura *f*, rendija *f*
sukiyaki すき焼き sukiyaki *m*
sukyanaa スキャナー *informát* escáner *m*; ***~suru*** escanear
sukyandaru スキャンダル escándalo *m*; ***~o okosu*** causar un escándalo
-sugiru —過ぎる demasiado + adj; verb + demasiado; ***taka~*** ser demasiado caro, -a; ***tabe~*** comer demasiado
sugiru 過ぎる **1.** (*tsuuka*) pasar un lugar; **2.** (*toki ga/tiempo*) pasar, transcurrir
suku 空く vaciarse; ***suite iru*** estar vacío, -a
sugu 直ぐ **1.** inmediatamente, al instante; **2.** con facilidad; **3.** ***~chikaku no*** próximo, -a
sukui 救い socorro *m*, auxilio *m*; ***~o motomeru*** pedir auxilio
sukuu 救う socorrer, salvar, ayudar
sukusuku すくすく (*me ni miete*) a ojos vista, visiblemente
sukunai 少ない pocos, -as, escaso, -a
sukunakutomo 少なくとも por lo menos
sukurappu スクラップ recorte *m* de periódico; ***~suru*** hacer recortes
sukuriin スクリーン pantalla *f*
sugureru 優れる ser excelente *adj m/f*

sukeeto スケート patinaje *m*; ***~suru*** patinar; ***~ringu*** pista *f* de patinaje; ***~boodo*** monopatín *m*
suketchi スケッチ bosquejo *m*, esbozo *m*; ***~suru*** hacer un esbozo; ***~bukku*** cuaderno *m* de dibujo
sugenai すげない frío, -a, seco, -a, adusto, -a
sukebei すけべい ***~na*** licencioso, -a, obsceno, -a, impúdico, -a; ***~na koto o iu*** decir obscenidades
sugoi 凄い **1.** (*osoroshii*) horroroso, -a; **2.** (*hageshii*) tremendo, -a, violento, -a; **3.** (*hijoo na*) extraordinario, -a
sugoku すごく tremendamente
sukoshi 少し un poco, algo; ***~mo*** ni un poco, nada
sugosu 過ごす (*toki ga/tiempo*) pasar
sugomoru 巣篭もる (*tori ga/pájaros*) incubar
sukora-tetsugaku スコラ哲学 filosofía *f* escolástica
sugoroku 双六 juego *m* de la oca; ***~asobi o suru*** jugar a la oca
susamajii 凄まじい **1.** (*osoroshii*) espantoso, -a; **2.** (*odoroku beki*) pasmoso, -a, prodigioso, -a
zusan 杜撰 ***~na*** poco esmerado, -a
sushi 鮨 sushi *m*
suji 筋 **1.** nervio *m*, tendón *m*, ligamento *m*; **2.** fibra *f*, hebra *f*; **3.** vena *f*; **4.** línea *f*; **5.** aptitud *f* natural; **6.** argumento *m*; ***~o toosu*** obrar conforme a la razón
zushiki 図式 esquema *m*, gráfico *m*
sujichigai 筋違い ***~no*** injusto, -a
sujimichi 筋道 lógica *f*, razón *f*; ***~no tootta*** razonable *adj m/f*, lógico, -a; ***~no tooranai*** ilógico, -a
susu 煤 hollín *m*, tizne *m*; ***... no~o harau*** deshollinar
suzu 鈴 cascabel *m*, campanilla *f*; ***~o narasu/furu*** hacer sonar/agitar un cascabel/una campanilla
suzu 錫 estaño *m*
susugu すすぐ enjuagar, aclarar
suzushii 涼しい fresco, -a
susumu 進む avanzar, marchar, progresar
susume 勧め consejo *m*, recomendación *f*
suzume 雀 *zool* gorrión *m*
susumeru 進める adelantar, hacer avanzar u/c
susumeru 勧める aconsejar, recomendar
susuru 啜る beber a sorbos
suso 裾 bajos *mpl* de la falda/los pantalones; ***~o oru*** arremangarse los pantalones

sutaa スター estrella *f*, figura *f* destacada
sutaato スタート salida *f*, partida *f*, arranque *m*; **~suru** salir, partir, ponerse en marcha
sutairu スタイル estilo *m*
sutajiamu スタジアム estadio *m*
sutajio スタジオ estudio *m*
sutaffu スタッフ personal *m*, plantilla *f*
sutareru 廃れる pasar de moda, caer en desuso
sutando スタンド **1.** gradería *f*, tribuna *f*; **2.** lámpara *f* de sobremesa, lámpara *f* de cabecera
sutanpu スタンプ sello *m*, timbre *m*, estampilla *f*; ***~o osu*** timbrar
suchiimu スチーム vapor *m*; ***~airon*** plancha *f* de vapor
suchuwaadesu スチュワーデス azafata *f*
suchuwaado スチュワード auxiliar *m/f* de vuelo
-zutsu —ずつ ***hitori~*** cada uno, -a, uno, -a, por uno, -a
zutsuu 頭痛 dolor *m* de cabeza; ***~ga suru*** tener dolor de cabeza
sutsuuru スツール taburete *m*
sukkari すっかり completamente, por completo
sukkiri すっきり ***~suru*** **1.** (*kibun ga/estado de ánimo*) sentirse refrescado, -a, aliviado, -a; ***~shita*** **2.** (*buntai nado ga/estilo*) claro, -a; **3.** (*fuku ga/ropa*) sencillo, -a, limpio, -a
zukku ズック lona *f*
suzuke 酢漬け escabeche *m*; ***~no*** en escabeche
sutto すっと **1.** (*subayaku*) rápidamente; **2.** (*totsuzen*) súbitamente; **3.** (*shizuka ni*) tranquilamente, en silencio; **4.** (*sawayaka ni kanjiru*) ***~suru*** sentirse refrescado, -a, sentirse aliviado, -a
zutto ずっと **1.** (*haruka ni*) mucho más, muy; **2.** (*tsuzukete*) sin cesar
suppai 酸っぱい ácido, -a, agrio, -a
suppokasu すっぽかす ***shigoto o~*** dejar el trabajo sin hacer; ***yakusoku o~*** faltar a una promesa
suteeki ステーキ bistec *m*
suteetomento ステートメント comunicado *m*, declaración *f*; ***~o happyoo suru*** hacer una declaración
suteki 素敵 ***~na*** magnífico, -a, estupendo, -a, precioso, -a
sutekkaa ステッカー pegatina *f*; ***~o haru*** pegar una etiqueta engomada
sutekki ステッキ bastón *m*; ***~o motte sanpo suru*** pasearse con un bastón
suteppu ステップ **1.** (*dansu/danza*) paso *m*; **2.** (*kaidan no/*

escalera) peldaño *m*; **3.** *transp* estribo *m*; **4.** *(soogen)* estepa *f*

sude ni 既に ya, antes, previamente

suteru 捨てる **1.** *(mono o/objeto)* tirar; **2.** *(hito, koto o/personas, cosas abstractas)* abandonar, renunciar

sutereo ステレオ estereofonía *f*; *(soochi/aparato)* estéreo *m*

sutendogurasu ステンドグラス vidriera *f*

sutenresu (suchiiru) ステンレス（スチール） acero *m* inoxidable

suto スト huelga *f*; ***~ni hairu*** ponerse en huelga

sutoa ストア ***~tetsugaku*** estoicismo *m*

sutoikku ストイック ***~na*** estoico, -a

sutoobu ストーブ estufa *f*

sutokkingu ストッキング medias *fpl*; ***~o haku/nugu*** ponerse/quitarse las medias

sutokku ストック **1.** existencias *fpl*; ***~suru*** almacenar; **2.** *(sukii no/esquí)* bastón *m*

sutoppu ストップ ***~suru*** pararse

sutorippu ストリップ strip-tease *m*

sutoresu ストレス tensión *f*, estrés *m*; ***~o kaishoo suru*** eliminar el estrés

sutoroo ストロー paja *f* para sorber; ***~de nomu*** beber con pajita

suna 砂 arena *f*; ***~ni umaru*** enterrarse en la arena; ***~de umeru*** cubrir con arena

sunao 素直 ***~na*** apacible *adj m/f*, obediente *adj m/f*, natural *adj m/f*

sunakku スナック ***~baa*** snack-bar *m*

sunappu スナップ *foto* instantánea *f*; ***~o toru*** sacar una instantánea

sunawachi 即ち es decir, o sea

zunoo 頭脳 cabeza *f*, cerebro *m*, inteligencia *f*; ***~teki na*** intelectual *adj m/f*, cerebral *adj m/f*; ***~roodoo*** trabajo *m* intelectual

supaaku スパーク chispa *f*; ***~suru*** chispear

supai スパイ espía *m/f*; ***~o suru*** espiar

supaisu スパイス especia *f*

supagetti スパゲッティ espaguetis *mpl*

supana スパナ llave *f* inglesa

subayai 素早い rápido, -a, ágil *adj m/f*

subarashii 素晴らしい maravilloso, -a, espléndido, -a

supiikaa スピーカー altavoz *m*

supiichi スピーチ discurso *m*; ***~o suru*** pronunciar un discurso

supiido スピード velocidad *f*; **~o ageru/dasu** aumentar la velocidad; **~o otosu** aminorar/reducir la velocidad; **~ihan** exceso *m* de velocidad
supuun スプーン cuchara *f*
supuree スプレー vaporizador *m*
subesube すべすべ **~shita** liso, -a, suave *adj m/f*
subete 全て todo; **~no** todo, -a
suberasu 滑らす ***ashi o~*** resbalar; ***kuchi o~*** irse de la lengua
suberidai 滑り台 tobogán *m*
superingu スペリング ortografía *f*
suberu 滑る **1.** deslizarse, resbalar; **2.** patinar, esquiar; **3.** suspender
supootsu スポーツ deporte *m*; **~o suru** hacer deporte; **~wea** ropa *f* deportiva; **~shuuzu** zapatillas *fpl* deportivas; **~kaa** coche *m*; **~sentaa** centro *m* de deportes
zubon ズボン pantalones *mpl*; **~o haku/nugu** ponerse los pantalones
suponsaa スポンサー patrocinador, -a
suponji スポンジ esponja *f*; **~de fukitoru** limpiar u/c con una esponja
sumaato スマート **~na** elegante *adj m/f*, esbelto, -a
sumasu 済ます **1.** (*oeru*) acabar, terminar; **2.** (*maniawasu*) arreglar u/c, pasarse sin u/c
sumasu 澄ます aclarar
sumi 隅 rincón *m*, esquina *f*
sumi 墨 tinta *f* china; **~o suru** hacer tinta china; **~de kaku** escribir con tinta china
sumiyaka 速やか **~na** rápido, -a, pronto, -a; **~ni** rápidamente, sin demora
sumu 住む vivir, habitar
sumu 済む **1.** (*owaru*) acabarse; **2.** solucionarse, arreglarse; **3.** ***Sumimasen*** Lo siento mucho
sumu 澄む aclararse, ponerse transparente
suraido スライド diapositiva *f*
zurasu ずらす correr, mover
suri すり ratería *f*; (*hito/persona*) ratero, -a, carterista *m/f*
surimuku 擦り剥く escoriarse
suriraa スリラー **~eiga/shoosetsu** película *f*/novela *f* espeluznante
suriru スリル emoción *f*, estremecimiento *m*; **~o ajiwau** estremecerse, sentir escalofríos
suru 為る **1.** (*okonau*) hacer; **2.** (*juuji suru*) dedicarse a u/c; **3.** (*tamesu*) ***...shiyoo to~*** tratar de; **4.** (*kaeru*) ***...ni~*** hacer, convertir; **5.** (*kettei*) ***...suru koto ni~*** decidir, decidirse; **6.** (*shuukan*) ***...suru koto ni shite iru*** tener la costumbre

de; **7.** (*katei*) ***...to~*** suponer que; **8.** valer, costar

zurui ずるい astuto, -a, taimado, -a

suru to すると (*sono toki*) entonces, en ese momento

surudoi 鋭い **1.** afilado, -a, puntiagudo, -a; **2.** agudo, -a, intenso, -a; perspicaz *adj m/f*

zure ずれ diferencia *f*

surechigau 擦れ違う cruzarse

sureru 擦れる **1.** rozarse con u/c; **2.** gastarse, desgastarse

zureru ずれる (*mono ga/objeto*) deslizarse, mudarse de sitio

suroogan スローガン eslogan *m*

surotto mashiin スロットマシーン máquina *f* tragaperras

suwaru 座る sentarse; ***isu ni~*** sentarse en una silla

sunnari すんなり fácilmente, sin dificultad

SE せ

se 背 **1.** (*senaka*) espalda *f*; **2.** (*shinchoo*) estatura *f*; ***~ ga takai*** alto, -a; ***~ ga hikui*** bajo, -a

sei せい ***...no~de*** a causa de, por culpa de; ***...no~ni suru*** echar las culpas a u/c alg

sei 性 **1.** (*seishitsu*) naturaleza *f*, natural *m*; **2.** (*danjo no*) sexo *m*; ***~kooi*** acto *m* sexual; **3.** *ling* género *m*

seiatsu 制圧 opresión *f*; ***~suru*** oprimir, dominar, someter

sei'ippai 精いっぱい con todas sus fuerzas

seieki 精液 esperma *m*

Seioo 西欧 Europa *f* occidental; ***~ka suru*** europeizarse; ***~jin*** (*hito/persona*) europeo, -a

seika 成果 resultado *m*, fruto *m*

seikaku 正確 ***~na*** correcto, -a, exacto, -a, preciso, -a

seikaku 性格 carácter *m*, temperamento *m*

seikatsu 生活 vida *f*, existencia *f*; ***~suru*** vivir

seigan 請願 ***~suru*** suplicar, pedir, rogar

seiki 世紀 siglo *m*

seiki 正規 ***~no*** regular *adj m/f*, formal *adj m/f*; ***~no seimeisho*** certificado *m* reglamentario; ***~no ruuto o hete*** por vía legal

seiki 性器 órganos *mpl* sexuales

seigi 正義 justicia *f*; ***~no tame ni*** a causa de la justicia

seikyuu 請求 demanda *f*, reclamación *f*, solicitud *f*; ***~suru*** reclamar, solicitar

zeikin 税金 impuesto *m*, contribución *f*; ***~o kasuru*** gravar con un impuesto; ***~o menjo suru*** eximir a alg de la contribución; ***~ageru/sageru*** subir/bajar los impuestos

seikei 生計 vida *f*, subsistencia *f*; ***~o tateru*** ganarse la vida; ***~hi***

gastos *mpl* de manutención de la familia
seiketsu 清潔 ***~na*** limpio, -a; ***~sa*** limpieza *f*
seigen 制限 restricción *f*, límite *m*; ***~suru*** restringir, limitar; ***~sokudo*** velocidad *f* limitada
seikoo 成功 éxito *m*, buen resultado *m*; ***~suru*** tener éxito, salir bien
seikoo 性交 coito *m*, cópula *f*; ***...to~suru*** hacer el amor con alg
seikoo 精巧 ***~na tokei*** reloj *m* de precisión
zeikomi 税込み ***~de*** incluidos los impuestos
seiza 星座 constelación *f*
seisai 制裁 sanción *f*, castigo *m*; ***~o ukeru*** sufrir un castigo
seisaku 政策 política *f*; ***~o tateru*** formular un programa político
seisaku 製作 fabricación *f*, producción *f*; ***~suru*** fabricar, producir; ***~hi*** coste *m* de producción
seisan 生産 producción *f*, fabricación *f*; ***~suru*** producir, fabricar; ***~teki na*** productivo, -a; ***~koku*** país *m* productor; ***~kanri*** control *m* de producción; ***~shudan*** medios *mpl* de producción; ***~sei*** productividad *f*; ***~seigen*** restricción *f* de la producción; ***~chi*** región *f* productora; ***~ryoku*** productividad *f*
seisan 清算 ***shakkin o~suru*** liquidar/saldar una deuda
seisan 精算 ***unchin o~suru*** pagar la diferencia en el precio del billete; ***~sho*** oficina *f* de reajuste de billetes
seisankakukei 正三角形 triángulo *m* equilátero
seishi 精子 espermatozoide *m*
seishi 製糸 fabricación *f* de hilados; ***~gyoosha*** fabricante *m/f* de hilados
seishi 製紙 fabricación *f* de papel; ***~gyoosha*** fabricante *m/f* de papel
seishi 静止 ***~suru*** inmovilizarse; ***~jootai*** inmovilidad *f*
seiji 政治 política *f*, gobierno *m*; ***~teki na*** político, -a; ***~ka*** (*hito/persona*) político, -a; ***~gaku*** ciencias *fpl* políticas
seishiki 正式 ***~na*** formal *adj m/f*, oficial *adj m/f*, legal *adj m/f*; ***~ni*** legalmente, oficialmente
seishitsu 性質 carácter *m*, naturaleza *f*
seijitsu 誠実 sinceridad *f*, honradez *f*; ***~na*** sincero, -a, honrado, -a
seijuku 成熟 madurez *f*; ***~suru*** madurar; ***~shita*** maduro, -a
seishun 青春 juventud *f*
seijun 清純 ***~na*** puro, -a, inocente *adj m/f*

Seisho 聖書 Biblia *f*; ***~no*** bíblico, -a
seijoo 正常 ***~na*** normal *adj m/f*; ***~ni*** normalmente; ***~ka suru*** normalizar
seijoo 清浄 ***~na*** puro, -a
seishoku 生殖 ***~suru*** reproducirse, multiplicarse, procrear, engendrar
seishoku 聖職 sacerdocio *m*; ***~no*** sacerdotal *adj m/f*; ***~ni tsuku*** hacerse sacerdote
seishin 精神 espíritu *m*, mente *f*, alma *f*; ***~no/teki na*** espiritual *adj m/f*, psíquico, -a; ***~teki ni*** espiritualmente, mentalmente
seijin 成人 adulto, -a; ***~suru*** alcanzar la edad adulta; ***~eiga*** película *f* no apta para menores; ***~kyooiku*** enseñanza *f* para adultos
seizu 製図 diseño *m*, dibujo *m*; ***~suru*** diseñar, dibujar
seisuu 正数 número *m* positivo
seisuu 整数 número *m* entero
seisuru 制する reprimir, refrenar
seisei 清々 ***~suru*** quedarse como nuevo, -a
seisei 精製 ***~suru*** refinar; ***sekiyu o~suru*** refinar el petróleo
seizei せいぜい **1.** (*ookutemo*) a lo más, a lo sumo; **2.** (*dekiru dake*) lo más posible
seiseki 成績 **1.** (*kekka*) resultado *m*; **2.** (*tensuu*) notas *fpl*; ***yoi/warui~o toru*** sacar buenas/malas notas
seiso 清楚 ***~na*** sencillo, -a y de buen gusto
seisoo 正装 ***~suru*** vestirse de etiqueta/gala
seisoo 清掃 limpieza *f*; ***~suru*** limpiar, barrer; ***~sha*** camión *m* de la basura; ***~in*** barrendero, -a, basurero, -a
seizoo 製造 fabricación *f*, producción *f*, montaje *m*; ***~suru*** fabricar, producir; ***~gyoo*** industria *f* manufacturera
seizon 生存 existencia *f*; ***~suru*** existir; ***~kyoosoo*** lucha *f* por la supervivencia; ***~ken*** derecho *m* a la vida
seidai 盛大 ***~na*** próspero, -a, floreciente *adj m/f*
zeitaku 贅沢 lujo *m*; ***~na*** de gran lujo; ***~ni*** lujosamente
seichoo 成長 crecimiento *m*, desarrollo *m*, progreso *m*; ***~suru*** crecer, desarrollarse
seiteki 性的 ***~na*** sexual *adj m/f*; ***~miryoku*** atractivo *m* sexual
seitetsu 製鉄 siderurgia *f*; ***~koogyoo*** industria *f* siderúrgica
seidenki 静電気 electricidad *f* estática; ***~no*** electrostático, -a; ***~gaku*** electrostática *f*
seito 生徒 alumno, -a
seido 制度 instituciones *fpl*, sistema *m*, régimen *m*
seitoo 正当 ***~na*** justo, -a, legal *adj m/f*, legítimo, -a; ***~na yookyuu*** demanda *f* justa; ***~na riyuu nashi*** sin debida razón

seitoo 正統 ***~teki na*** ortodoxo, -a
seitoo 政党 partido *m* político
seidoo 青銅 bronce *m*
seiton 整頓 arreglo *m*; ***~suru*** arreglar, poner en orden
seinen 生年 ***~gappi*** fecha *f* de nacimiento
seinen 成年 mayoría *f* de edad; ***~ni tassuru*** llegar a la mayoría de edad
seinen 青年 joven *m*, mozo *m*, chico *m*, muchacho *m*; ***~jidai*** adolescencia *f*, juventud *f*
seibi 整備 mantenimiento *m*, conservación *f*; ***~suru*** conservar, arreglar
seibyoo 性病 enfermedad *f* venérea; ***~kanja*** enfermo, -a de una enfermedad venérea
seihin 製品 producto *m*, artículo *m*; ***~kensa*** examen *m* de producto
seifu 政府 gobierno *m*; ***~no*** gubernamental *adj m/f*
seifuku 制服 uniforme *m*; ***~o kite iru*** ir de uniforme
seifuku 征服 ***~suru*** conquistar, subyugar
seibutsu 生物 ser *m* vivo; ***~gaku*** biología *f*
seibun 成分 **1.** componente *m*; **2.** (*zairyoo*) ingrediente *m*
seibetsu 性別 diferencia *f* de sexo
seihookei 正方形 cuadrado *m* regular
seihon 製本 encuadernación *f*; ***~suru*** encuadernar
seimai 精米 descascarillado *m* del arroz, arroz *m* descascarillado
seimitsu 精密 ***~na*** preciso, -a, minucioso, -a; ***~ni*** con precisión
zeimu 税務 ***~sho*** oficina *f* de impuestos
seimei 生命 vida *f*; ***~o ushinau*** perder la vida
seimei 声明 declaración *f*, manifestación *f*; ***~suru*** declarar, manifestar
seiyaku 制約 ***~suru*** restringir, limitar
seiyaku 誓約 juramento *m*, promesa *f*; ***~suru*** dar palabra, jurar, declarar; ***~sho*** juramento *m* escrito
seiyu 精油 ***~suru*** refinar petróleo/aceite
seiyoo 西洋 occidente *m*; ***~no*** occidental *adj m/f*
seiyoku 性欲 deseo *m* sexual; ***~o manzoku saseru*** satisfacer el deseo sexual
seiri 生理 **1.** fisiología *f*; ***~teki na*** fisiológico, -a; ***~genshoo*** fenómeno *m* fisiológico; ***~gaku*** fisiología *f*; **2.** menstruación *f*; ***~ga hajimaru*** menstruar
seiri 整理 arreglo *m*; ***~suru*** poner en orden, arreglar

seiritsu 成立 establecimiento *m*, formación *f*; **~*suru*** establecerse, constituirse
seiryoku 勢力 influencia *f*, poder *m*, fuerza *f*; **~*no aru*** influyente *adj m/f*, poderoso, -a; **~*no nai*** sin poder, sin influencia
seiryoku 精力 energía *f*, vigor *m*; **~*teki na*** enérgico, -a; **~*teki ni*** vigorosamente
seirei 政令 decreto *m* ley
seireki 西暦 era *f* cristiana; **~*1961 nen*** en el año 1961 (de la era cristiana)
seiren 清廉 **~*suru*** refinar
seetaa セーター jersey *m*
seerusuman セールスマン viajante *m/f*, vendedor, -a, representante *m/f*
sekai 世界 mundo *m*; **~*teki na*** mundial *adj m/f*; **~*teki ni*** mundialmente; **~*ginkoo*** Banco *m* Mundial; **~*keizai*** economía *f* mundial; **~*shi*** historia *f* universal; **~*chizu*** mapa *m* del mundo; **~*bungaku*** literatura *f* universal; ***dai ichi/ni ji~taisen*** primera/segunda guerra *f* mundial
sekasu 急かす meter prisa
seki 咳 tos *f*; **~*o suru*** toser
seki 席 asiento *m*; **~*ni tsuku*** tomar asiento; **~*o yuzuru*** ceder el asiento; **~*ga aite iru/fusagatte iru*** estar el asiento libre/ocupado
seki 籍 registro *m* civil, domicilio *m* legal; **~*o ireru*** inscribir a alg en el registro civil; **~*o nuku*** borrar el nombre de alg en el registro civil
seki 堰 dique *m*, presa *f*
sekigaisen 赤外線 rayos *mpl* infrarrojos; **~*shashin*** fotografía *f* infrarroja
sekijuuji 赤十字 Cruz *f* Roja; **~*byooin*** hospital *m* de la Cruz Roja
sekizui 脊髄 *med* médula *f* espinal; **~*en*** mielitis *f*
sekitan 石炭 carbón *m* mineral; **~*o horu*** extraer carbón
sekichuu 脊柱 *med* columna *f* vertebral
sekitsui 脊椎 *med* vértebra *f*; **~*doobutsu*** animal *m* vertebrado
sekidoo 赤道 *geogr* ecuador *m*; **~*no*** ecuatorial *adj m/f*
sekinin 責任 responsabilidad *f*, deber *m*; **~*aru*** responsable *adj m/f*; **~*ga aru*** ser responsable de u/c; **~*o hatasu*** cumplir con el deber
sekibun 積分 *mat* integración *f*; **~*suru*** integrar; **~*no*** integral *adj m/f*; **~*hooteishiki*** ecuación *f* integral
sekimen 赤面 **~*suru*** ponerse colorado, -a
sekiyu 石油 petróleo *m*; **~*idoo*** pozo *m* de petróleo; **~*kagaku koogyoo*** industria *f*

petroquímica; ***~kiki*** crisis *f* del petróleo

sekiri 赤痢 disentería *f*; ***~ni kakaru*** contraer la disentería; ***~kanja*** disentérico, -a

seku 急く darse prisa

sekushii セクシー***~na*** sexy *adj m/f*

sekuto セクト secta *f*; ***~shugi*** sectarismo *m*

seken 世間 mundo *m*; (*shakai*) sociedad *f*; ***~banashi*** charla *f*, chismes *mpl*; ***~banashi o suru*** charlar, cotillear

sezoku 世俗 ***~teki na*** **1.** (*kyookai ni taishite/respecto a la iglesia*) laico, -a, seglar *adj m/f*; **2.** mundano, -a

sedai 世代 generación *f*

sedan セダン sedán *m*

setsu 節 **1.** (*kikai*) momento *m*, oportunidad *f*; **2.** (*bunshoo no/texto*) sección *f*; (*shi no/poesía*) estrofa *f*; **3.** *ling* proposición *f*, cláusula *f*

sekkachi せっかち ***~na*** presuroso, -a, impaciente *adj m/f*

sekki 石器 utensilio *m* de piedra; ***~jidai*** Edad *f* de Piedra; ***kyuu/chuu/shin~*** Edad *f* Paleolítica/Mesolítica/Neolítica

sekkyoo 説教 sermón *m*; ***~suru*** sermonear; ***~o kiku*** oír un sermón

sekkyoku 積極 ***~teki na*** emprendedor, -a, dinámico, -a, positivo, -a

sekkin 接近 aproximación *f*; ***~suru*** aproximarse

sekkusu セックス sexo *m*; ***~o suru*** tener relaciones sexuales

sekkei 設計 diseño *m*, proyecto *m*; ***~suru*** diseñar, proyectar

sekkekkyuu 赤血球 glóbulo *m* rojo

zekkoo 絶好 ***~no*** magnífico, -a, óptimo, -a

setsujitsu 切実 ***~na*** serio, -a, agudo, -a

sesshoo 折衝 negociación *f*; ***~suru*** negociar con alg acerca de u/c

sesshoku 接触 **1.** (*hito to/personas*) contacto *m*; ***~suru*** ponerse en contacto con alg; **2.** (*mono/objetos*) toque *m*; ***~suru*** tocarse; ***~jiko*** choque *m*

zesshoku 絶食 ayuno *m*; ***~suru*** ayunar; ***~chuu de aru*** estar en ayuno

sessuru 接する **1.** lindar; **2.** tratar con, tener contacto con alg

sessoo 節操 constancia *f*, fidelidad *f*; ***~no nai*** inconstante *adj m/f*, sin principios; ***~o mamoru*** mantenerse fiel a sus principios

setsuzoku 接続 **1.** *electr* conexión *f*; ***~suru*** conectar; **2.** (*kootsuu/tráfico*) empalme *m*; ***~suru*** empalmar; **3.** *ling* ***~shi***

ling conjunción *f*; **~*hoo*** modo *m* conjuntivo

settaa セッター setter *m*

settai 接待 agasajo *m*, recepción *f*, ágape *m*; **~*suru*** agasajar, obsequiar

zettai 絶対 **~*teki na*** absoluto, -a; **~*ni*** absolutamente, en absoluto; **~*shugi*** absolutismo *m*

setsudan 切断 corte *m*, amputación *f*; **~*suru*** cortar, amputar

setchi 設置 establecimiento *m*, fundación *f*, instalación *f*; **~*suru*** establecer, fundar, instalar

settei 設定 *informát* configuración *f*

setto セット **1.** (*hito kumi*) un juego *m*; **2.** *cine* plató *m*, set *m*; **3.** (*tenisu/tenis*) set *m*; **~*o toru/otosu*** ganar/perder un set; **4.** (*kami no/pelo*) marcado *m*; ***kami o~shite morau*** hacerse marcar el pelo; **5. *mezamashidokei o …ji ni~suru*** poner el despertador a las…

setsudo 節度 moderación *f*; **~*no*** moderado, -a; **~*o mamoru*** mantenerse moderado, -a

settoo 窃盗 robo *m*, hurto *m*; **~*o hataraku*** robar, hurtar; **~*hannin*** autor, -a de un robo

setsunai 切ない **~*omoi o suru*** sentir angustia/aflicción

setsu ni 切に sinceramente, encarecidamente

seppaku 切迫 **~*shita*** apremiante *adj m/f*, acuciante *adj m/f*

setsubi 設備 equipo *m*, instalación *f*; **~*ga ii/warui*** estar bien/mal equipado; **~*tooshi*** inversión *f* en instalaciones y equipos; **~*hi*** costo *m* de equipos

seppuku 切腹 haraquiri *m*; **~*suru*** hacerse el haraquiri

setsuboo 切望 **~*suru*** anhelar, desear con ansia

zetsuboo 絶望 desesperación *f*, desesperanza *f*; **~*suru*** perder toda esperanza, hundirse en la desesperación; **~*saseru*** hacer perder la esperanza a alg

setsumei 説明 explicación *f*; **~*suru*** explicar

zetsumetsu 絶滅 exterminio *m*, aniquilación *f*; **~*suru*** exterminarse, aniquilarse; exterminar, aniquilar

setsuyaku 節約 economía *f*, ahorro *m*; **~*suru*** ahorrar

setsuritsu 設立 establecimiento *m*, fundación *f*; **~*suru*** establecer, fundar

setomono 瀬戸物 cerámica *f*, porcelana *f*

senaka 背中 espalda *f*; **~*o mukeru*** dar la espalda; **~*awase ni*** espalda con espalda

zenesuto ゼネスト huelga *f* general

senobi 背伸び **~*suru*** **1.** enderezar la espalda, ponerse de puntillas; **2.** afanarse, desvelarse por u/c

zehi 是非 **1.** (*dooshitemo*) a toda costa; **2.** (*zen'aku*) el bien *m* y el mal *m*

sepia セピア *zool* sepia *f*; ***~iro no*** de color sepia

sebiro 背広 traje *m*, chaqueta *f* americana

sebone 背骨 espina *f* dorsal, columna *f* vertebral

semai 狭い estrecho, -a, angosto, -a; ***~imi*** sentido *m* estricto

semi セミ cigarra *f*; ***~ga naku*** las cigarras cantan

semikoron セミコロン punto y coma *m*

zeminaaru ゼミナール seminario *m*

semushi 傴僂 **1.** joroba *f*; **2.** jorobado, -a

semete せめて por lo menos, al menos

semeru 責める **1.** acosar, acuciar; **2.** acusar, echar en cara

zerachin ゼラチン gelatina *f*

zerii ゼリー jalea *f*, gelatina *f*

serifu せりふ diálogo *m*, parlamento *m*

serufu saabisu セルフサービス autoservicio *m*; ***~no resutoran*** restaurante *m* de autoservicio

zero ゼロ cero *m*

serohan セロハン celofán *m*; ***~teepu*** celo *m*

sewa 世話 cuidados *mpl*, atenciones *fpl*; ***~o suru*** cuidar, atender a alg

sen 千 mil *m*; ***~ban me no*** milésimo, -a

sen 栓 tapón *m*, corcho *m*; ***...ni~o suru*** tapar u/c; ***...no~o nuku*** destapar; ***~o akeru/shimeru*** abrir/cerrar la llave de paso

sen 線 línea *f*, raya *f*; ***~o hiku*** trazar una línea

sen'in 船員 marinero, -a

zen'in 全員 todos, -as

zenka 前科 antecedentes *mpl* penales

senkai 旋回 ***~suru*** dar vueltas, virar

zengaku 全額 suma *f*/importe *m* total

senkyo 選挙 elección *f*, elecciones *fpl*; ***~suru*** elegir; ***~no*** electoral *adj m/f*; ***~undoo*** campaña *f* electoral

sengen 宣言 ***~suru*** declarar, manifestar

sengo 戦後 posguerra *f*; ***~ni*** en la posguerra

zengo 前後 **1.** delante y detrás; **2.** antes y después; ***~o wasureru*** estar fuera de sí

senkoo 専攻 especialidad *f*; ***~suru*** especializarse en u/c

senkoo 選考 selección *f*, ***~suru*** seleccionar, elegir

senkoku 宣告 ***~suru*** pronunciar, declarar, sentenciar

senzai 洗剤 detergente *m*
senzai 潜在 ***~suru*** permanecer en estado latente; ***~teki na*** latente *adj m/f*
senshitsu 船室 camarote *m*
zensha 前者 el/la primero, -a, el/la anterior *m/f*
senshu 船首 proa *f*; ***~o mukeru*** hacer rumbo a, poner proa a
senshu 選手 jugador, -a, atleta *m/f*; ***sakkaa no~*** futbolista *m/f*
senshuu 先週 la semana *f* pasada; ***sen~*** hace dos semanas
senjutsu 戦術 estrategia *f*, táctica *f*; ***~teki na*** táctico, -a
senjoo 洗浄 lavado *m*, irrigación *f*; ***~suru*** lavar, irrigar; ***i~*** lavado *m* de estómago; ***~ki*** irrigador *m*
senshin 先進 ***~koku*** país *m* desarrollado
zenshin 全身 todo el cuerpo
sensu センス sentido *m*; ***... no~ga aru*** tener sentido de u/c
sensu 扇子 abanico *m*; ***~o tsukau*** abanicarse
sensui 潜水 ***~suru*** sumergirse, bucear; ***~kan*** submarino *m*
sensei 先生 **1.** maestro, -a, profesor, -a; **2.** señor, -a profesor, -a..., doctor, -a...
sensei 専制 despotismo *m*, autocracia *f*; ***~teki na*** despótico, -a; ***~kunshu*** monarca *m* absoluto; ***~seiji*** absolutismo *m*
zensei 全盛 ***~no*** en plena prosperidad
senseijutsu 占星術 astrología *f*; ***~shi*** astrólogo, -a
senseeshonaru センセーショナル ***~na*** sensacional *adj m/f*
senseeshon センセーション sensación *f*
zenzen 全然 nada, nada en absoluto
senzo 先祖 antepasado, -a
sensoo 戦争 guerra *f*; ***~suru*** hacer la guerra
zensoku 喘息 asma *f*; ***~kanja*** asmático, -a
sentaa センター centro *m*
zentai 全体 todo *m*, total *m*; ***~no/teki na*** integral *adj m/f*; ***~de*** en total
sentaku 洗濯 lavado *m*, colada *f*; ***~o suru*** hacer la colada; ***~ki*** lavadora *f*
sentaku 選択 elección *f*, selección *f*; ***~suru*** elegir, seleccionar
sentan 先端 extremidad *f*; ***~gijutsu*** tecnología *f* punta
senchimentarizumu センチメンタリズム sentimentalismo *m*, sensiblería *f*
senchimentaru センチメンタル ***~na*** sentimental *adj m/f*
senchoo 船長 capitán, -a de barco
zenchoo 前兆 augurio *m*, presagio *m*; ***...no~de aru*** presagiar u/c

zentei 前提 premisa *f*; **~*to suru*** presuponer
senten 先天 **~*teki na*** innato, -a, congénito, -a, hereditario, -a; **~*teki na byooki*** enfermedad *f* congénita
senden 宣伝 publicidad *f*, propaganda *f*; **~*suru*** dar publicidad a u/c
sentoo 戦闘 combate *m*, batalla *f*; **~*o kaishi suru*** abrir fuego
sentoo 銭湯 baño *m* público
sendoo 煽動 instigación *f*, incitación *f*; **~*suru*** instigar
sennyuukan 先入観 idea *f* preconcebida; **~*o motte iru*** tener ideas preconcebidas
sennen 専念 **~*suru*** entregarse a u/c
senbai 専売 monopolio *m*; **~*(ni) suru*** monopolizar
senpai 先輩 alumno, -a antiguo, -a
sentaku 選択 selección *f*; **~*suru*** elegir, seleccionar
zenhan 前半 primera mitad *f*
zenpan 全般 **~*teki na*** general *adj m/f*, global *adj m/f*; **~*teki ni*** en general
zenbu 全部 todo *m*; **~*no*** total *adj m/f*
senpuuki 扇風機 ventilador *m*; **~*o kakeru/tomeru*** poner/parar un ventilador
senpuku 潜伏 **1.** **~*suru*** ocultarse, mantenerse oculto; **2.** **~*suru*** (*byooki ga/enfermedad*) permanecer en estado latente
senbetsu 選別 selección *f*, clasificación *f*; **~*suru*** seleccionar, clasificar
senboo 羨望 envidia *f*; **~*suru*** envidiar
senpoo 先方 **1.** (*aite*) la otra parte *f*; **2.** (*mokutekichi*) destinación *f*, destino *m*
zenpoo 前方 **~*no*** que está delante; **~*ni*** delante
zenmai ぜんまい resorte *m*, muelle *m*; **~*o maku*** dar cuerda
senmei 鮮明 **~*na*** nítido, -a, claro, -a; **~*ni*** nítidamente
senmetsu 殲滅 **~*suru*** exterminar
senmen 洗面 aseo *m*; **~*suru*** arreglarse, lavarse la cara; **~*jo*** lavabo *m*; **~*doogu*** artículos *mpl* de aseo
zenmen 全面 **~*teki na*** general *adj m/f*, total *adj m/f*; **~*teki ni*** totalmente
zenmen 前面 frente *m/f*, fachada *f*
senmon 専門 especialidad *f*; **~*no*** profesional *adj m/f*
senyoo 専用 **~*no*** reservado, -a, exclusivo, -a
senryaku 戦略 estrategia *f*; **~*teki na*** estratégico, -a; **~*teki ni*** estratégicamente
senryoo 占領 ocupación *f*; **~*suru*** ocupar, tomar posesión

zenryoku 全力 ***~o tsukusu*** hacer todo lo posible
senrei 洗礼 bautismo *m*; ***~o ukeru*** bautizarse
zenrei 前例 precedente *m*; ***~no nai*** sin precedente
senren 洗練 refinamiento *m*; ***~suru*** refinar; ***~sareta*** refinado, -a
senro 線路 vía *f* ferroviaria

SO そ

soo そう sí, así, de esa manera
soo 僧 bonzo *m*, monje *m* budista
zoo 象 *zool* elefante *m*
zoo 像 imagen *f*
sooi 相違 diferencia *f*, divergencia *f*; ***~suru*** ser distinto, -a, diferir; ***...ni~nai*** no cabe duda de que + inf
sooin 総員 todos los miembros, todo el personal
zoo 憎悪 odio *m*, aborrecimiento *m*; ***~suru*** odiar, aborrecer
zooka 増加 aumento *m*; ***~suru*** aumentar
sookai 総会 asamblea *f*, sesión *f* plenaria
soogaku 総額 suma *f* global
sookatsu 総括 resumen *m*, recapitulación *f*, síntesis *f*; ***~suru*** resumir, recapitular
sookan 相関 correlación *f*; ***~teki na*** correlativo, -a; ***...to~kankei ni aru*** estar en correlación con u/c
soogi 葬儀 funeral *m*; ***~o okonau*** celebrar los funerales
soogyoo 創業 fundación *f* de una empresa
soogyoo 操業 operación *f*, funcionamiento *m*; ***~suru*** hacer funcionar, operar
zooge 象牙 marfil *m*; ***~iro no*** de color marfil
sookei 総計 suma *f* total
sooko 倉庫 almacén *m*; ***~ni ireru*** almacenar
soogo 相互 ***~no*** mutuo, -a, recíproco, -a; ***~ni*** mutuamente
soogoo 総合 síntesis *f*; ***~suru*** sintetizar; ***~teki na*** sintético, -a
soogon 荘厳 ***~na*** solemne *adj m/f*, majestuoso, -a; ***~ni*** solemnemente
soosa 捜査 pesquisa *f*, investigación *f* criminal
soosa 操作 manejo *m*, maniobra *f*; ***~suru*** manejar
soosaku 捜索 pesquisa *f*, investigación *f*; ***~suru*** indagar, investigar
soosaku 創作 creación *f*; ***~suru*** crear, inventar
sooji 掃除 limpieza *f*, barrido *m*; ***~suru*** limpiar, barrer; ***~doogu*** utensilios *mpl* de limpieza
sooshitsu 喪失 pérdida *f*; ***~suru*** perder

soojuu 操縦 ***~suru*** conducir, pilotar; ***~seki*** asiento *m* del piloto; ***~soochi*** mandos *mpl*; ***~shi*** piloto *m/f*
sooshuunyuu 総収入 renta *f* bruta, ingresos *mpl* totales
sooshoo 相称 simetría *f*; ***sayuu~no*** simétrico, -a
sooshoo 総称 término *m* genérico
sooshoku 草食 ***~no*** herbívoro, -a; ***~doobutsu*** animal *m* herbívoro
sooshoku 装飾 decoración *f*, ornamentación *f*; ***~suru*** decorar; ***~teki na*** de adorno
sooshin 送信 transmisión *f*, emisión *f*; ***~suru*** transmitir, emitir; ***~antena*** antena *f* transmisora; ***~ki*** aparato *m* transmisor
zooshin 増進 aumento *m*, progreso *m*, adelanto *m*; ***~saseru*** aumentar, progresar
sooseiji 双生児 gemelos, -as; ***ichiransei~*** gemelos, -as idénticos, -as (univitelinos, -as); ***niransei~*** gemelos, as fraternos, -as (bivitelinos, -as)
zoosen 造船 construcción *f* naval; ***~gaku*** ingeniería *f* naval; ***~gishi*** ingeniero, -a naval
soosoo 早々 ***~ni*** de prisa, sin tardar
soozoo 創造 creación *f*; ***~suru*** crear; ***~teki na*** creador, -a; ***~ryoku*** facultad *f* creadora
soozoo 想像 imaginación *f*, fantasía *f*, ilusión *f*; ***~suru*** imaginarse, suponer
soozooshii 騒々しい bullicioso, -a, ruidoso, -a
soozoku 相続 sucesión *f*; ***~suru*** heredar, suceder
soosofu 曾祖父 bisabuelo *m*
soosobo 曾祖母 bisabuela *f*
-soo da —そうだ **1.** (*rashii*) parecer; ***kare wa shiawase~*** él parece feliz; **2.** (*denbun*) dicen que; ***kare wa shiawase da~*** dicen que él es feliz
sootai 相対 ***~teki na*** relativo, -a; ***~teki ni*** relativamente; ***~shugi*** relativismo *m*
sootai 総体 totalidad *f*, conjunto *m*; ***~teki na*** global *adj m/f*; ***~teki ni*** en conjunto
zoodai 増大 aumento *m*, incremento *m*; ***~suru*** aumentar, incrementarse
soodan 相談 consulta *f*, asesoramiento *m*; ***~suru*** consultar
soochi 装置 **1.** aparato *m*, dispositivo *m*; **2.** decorado *m*, plató *m*; ***~suru*** equipar
zoochiku 増築 ***~suru*** ampliar un edificio
soochoo 早朝 ***~ni*** por la mañana temprano
zootei 贈呈 obsequio *m*, donación *f*; ***~suru*** obsequiar, donar
soodoo 相当 **1.** (*sootai*) ***~suru*** corresponder a u/c; **2.** ***~suru***

equivaler; **3.** ***~na*** (*juubun na*) suficiente *adj m/f*, bastante *adj m/f*

soodoo 騒動 alboroto *m*, tumulto *m*; ***~o okosu*** armar un alboroto

soonan 遭難 accidente *m*, siniestro *m*, naufragio *m*; ***~suru*** sufrir un accidente, naufragar

sooba 相場 **1.** cotización *f*, tasa *f*; **2.** especulación *f*

soobi 装備 equipo *m*, armamento *m*; ***~suru*** equiparse, armarse

soofu 送付 ***~suru*** enviar, mandar, remitir

soofuu 送風 ventilación *f*; ***~suru*** ventilar, airear

Zoobutsushu 造物主 Creador *m*

soobetsu 送別 ***~kai*** reunión *f* de despedida

soomu 総務 ***~bu*** departamento *m* de administración general; ***~buchoo*** director, -a de asuntos generales

zooyo 贈与 donativo *m*, ofrenda *f*; ***~suru*** donar, dar

soori 総理 ***~daijin*** primer, -a ministro, -a

zoori 草履 sandalias *fpl* de paja

sooritsu 創立 fundación *f*, establecimiento *m*; ***~suru*** fundar, instaurar

sooryo 僧侶 bonzo *m*, monje *m* budista

sooryoo 送料 costo *m* de envío, porte *m*, flete *m*; ***~suru*** franquear

sooryooji 総領事 cónsul *m/f* general; ***~kan*** consulado *m* general

zoowai 贈賄 soborno *m*, cohecho *m*; ***~suru*** sobornar

soeru 添える añadir, juntar, agregar

soen 疎遠 distanciamiento *m*; ***~ni naru*** distanciarse de alg

soosu ソース salsa *f*; ***~o kakeru*** echar salsa

sooseeji ソーセージ salchicha *f*, salchichón *m*

sokai 疎開 ***~suru*** evacuar; ***~sha*** evacuado, -a, refugiado, -a

sokyuu 遡及 retroacción *f*, retroceso *m*; ***~suru*** remontarse al pasado; ***~teki na*** retroactivo, -a, retrospectivo, -a

zoku 俗 ***~na*** vulgar *adj m/f*, ordinario, -a

zoku 族 familia *f*, tribu *f*, raza *f*

zokuaku 俗悪 grosería *f*, ordinariez *f*; ***~na*** vulgar *adj m/f*, grosero, -a

sokui 即位 entronización *f*; ***~suru*** subir al trono; ***~saseru*** entronizar; ***~shiki*** ceremonia *f* de coronación

zokugo 俗語 vulgarismo *m*, jerga *f*

sokuza 即座 ***~ni*** en el acto

sokuji 即時 ***~ni*** al instante

sokushin 促進 ***~suru*** activar, acelerar

soku suru 即する adaptarse a u/c; ***...ni~shite*** de acuerdo con, según

zoku suru 属する pertenecer a u/c

sokuseki 即席 ***~no*** improvisado, -a, instantáneo, -a; ***~ni*** sobre la marcha

zokuzoku to 続々と sucesivamente, sin parar

sokutatsu 速達 correo *m* urgente; ***~de dasu*** mandar por expreso; ***~ryookin*** tarifa *f* de expreso

sokudo 速度 velocidad *f*; ***~o masu*** acelerar; ***~o otosu*** reducir la velocidad

sokumen 側面 lado *m*, costado *m*; ***~no*** lateral *adj m/f*

soko 其処 ese lugar; ***~ni*** ahí

soko 底 fondo *m*, suela *f*

sokotsu 粗忽 atolondramiento *m*; ***~na*** atolondrado, -a

sokonau 損なう **1.** dañar, perjudicar; **2.** perderse u/c

sokohi そこひ catarata *f*, amaurosis *f*, glaucoma *m*

sozatsu 粗雑 ***~na*** tosco, -a, chapucero, -a

soshi 阻止 ***~suru*** obstruir, impedir

soshiki 組織 organización *f*, estructura *f*, sistema *m*; ***~suru*** organizar, sistematizar; ***~teki na*** orgánico, -a

soshitsu 素質 talento *m*; ***...no~ga aru*** tener don de, talento para

soshite そして y

soshoo 訴訟 pleito *m*, litigio *m*; ***~o okosu*** entablar un pleito contra

soshiri 謗り calumnia *f*, difamación *f*; ***~o ukeru*** ser objeto de una calumnia

soshiru 謗る calumniar, difamar

sosei 組成 constitución *f*, composición *f*; ***~shiki*** fórmula *f* bruta

sosei 蘇生 ***~suru*** resucitar

sosogu 注ぐ **1.** (*kawa/río*) desembocar; **2.** (*A o B ni*) echar, verter (A en B); **3.** concentrarse; ***...ni me o~*** clavar los ojos, fijar la atención

sosokkashii そそっかしい atolondrado, -a, aturdido, -a

sosonokasu 唆す seducir a alg, inducir, instigar

sodatsu 育つ crecer, formarse

sodateru 育てる criar, formar, educar

sokki 速記 taquigrafía *f*; ***~suru*** taquigrafiar

sokkyoo 即興 improvisación *f*; ***~no*** improvisado, -a; ***~ensoo*** ejecución *f* musical improvisada

sotsugyoo 卒業 graduación *f*; ***daigaku o~suru*** licenciarse (terminar la universidad)

sokkin 即金 dinero *m* contante; ***~de harau*** pagar al contado
sokkusu ソックス calcetines *mpl*
sokkuri そっくり **1.** (*sono mama*) tal cual; **2. *~de aru*** parecerse mucho
sokkenai 素っ気ない frío, -a, brusco, -a
zokkoo 続行 ***~suru*** continuar, reanudar
sotchuu 卒中 apoplejía *f*; ***~de shinu*** morir de una apoplejía; ***~kanja*** apoplético, -a
sotto そっと **1.** (*shizuka ni*) silenciosamente; **2.** (*hisoka ni*) en secreto, furtivamente; **3. *~shite oku*** dejar a uno, -a tranquilo, -a
zotto ぞっと ***~suru*** estremecerse, horrorizarse; ***~saseru*** horrorizar, producir escalofríos
sode 袖 **1.** manga *f*; ***~o makuru*** arremangarse; **2.** bastidor *m*; ***butai no~de*** entre bastidores
sodenoshita 袖の下 soborno *m*; ***~o tsukau*** sobornar
soto 外 exterior *m*; ***~no*** de fuera; ***~ni*** fuera, afuera
sonae 備え defensa *f*, precaución *f*, prevención *f*; ***~no nai*** indefenso, -a, desprevenido, -a
sonaeru 備える **1.** (*junbi*) prepararse para u/c, tomar precauciones; **2.** poseer, tener capacidad; **3.** instalar
sonata ソナタ *mús* sonata *f*
sono その ese, -a, -os, -as
sonoue その上 además, encima
sonouchi その内 **1. *~ni*** pronto, dentro de poco, un día de esos, entre tanto, mientras tanto; **2.** (*...no uchi*) uno, -a de los/las cuales
sonokawari そのかわり ***~ni*** en su lugar, a cambio
sonokuse そのくせ sin embargo, a pesar de ello
sonogo その後 después, más tarde, luego
sonokoro その頃 entonces, por aquel entonces
sonota その他 ***~no*** otro, -a, -os, -as
sonotame そのため (*kekka/resultado*) ***~ni*** en consecuencia, por eso, debido a eso
sonotoori その通り ***~desu*** Así es, Tiene usted razón
sonotoki その時 en ese momento, entonces
sonoba その場 ***~de*** en el mismo lugar, en el acto
sonohi その日 ese día *m*, aquel día *m*
sonohen その辺 ***~ni*** por ahí, por los alrededores
sonomama そのまま tal cual; ***~ni shite oku*** dejar tal cual
soba 側 lado *m*; ***...no~ni*** al lado de
soba 蕎麦 alforfón *m*; fideos *mpl* de trigo sarraceno

sobakasu そばかす peca *f*; ***~darake no*** pecoso, -a
sofu 祖父 abuelo *m*
sofuto uea ソフトウエアー *informát* software
sofaa ソファー sofá *m*
sopurano ソプラノ soprano *f*
sobo 祖母 abuela *f*
somatsu 粗末 ***~na*** pobre *adj m/f*, frugal *adj m/f*, modesto, -a; ***~ni suru*** tratar mal, desatender, descuidar
somaru 染まる teñirse
somuku 背く (*sakarau*) contrariar a alg, rebelarse contra alg
somukeru 背ける ***kao o~*** volver el rostro; ***me o~*** desviar la mirada
someru 染める teñir, colorear
soya 粗野 ***~na*** rudo, -a, rústico, -a
soyogu 戦ぐ temblar, vibrar, agitarse
sora 空 **1.** cielo *m*, firmamento *m*; ***~o tobu*** volar por el cielo; **2.** ***~de*** de memoria; ***~de shitte iru*** saber de memoria
sorasu 反らす arquear; ***mune o~*** arquear el pecho
sorasu 逸らす ***...kara me o~*** desviar los ojos de u/c; ***hanashi o~*** cambiar de tema
sori 橇 trineo *m*; ***~ni noru*** subir a un trineo
soru 反る arquearse, combarse
soru 剃る rasurarse; ***hige o~*** afeitar(se) la barba
sore それ ése, -a, esos, -as
sorekara それから después, luego
sorezore それぞれ cada uno, -a, respectivamente; ***~no*** respectivo, -a
soredakara それだから por eso, por esa razón
sorede それで por eso
soredewa それでは entonces
soredemo それでも a pesar de ello, no obstante
soretonaku それとなく indirectamente; de modo eufemístico; ***~shiraseru*** sugerir, insinuar
soretomo それとも o
sorenanoni それなのに sin embargo, a pesar de ello
soreni それに (*soshite*) y, además
sorenishitemo それにしても sin embargo, no obstante
soreru 逸れる desviarse, apartarse
sorou 揃う **1.** completarse; **2.** ***sorotte*** juntos, -as, al unísono
soroeru 揃える **1.** completar, reunir un juego de u/c; **2.** igualar; **3.** arreglar, ordenar
sowasowa そわそわ ***~suru*** agitarse, inquietarse
son 損 pérdida *f*, daño *m*, desventaja *f*; ***~suru*** perder, salir perjudicado, -a; ***~na*** desventajoso, -a, poco lucrativo, -a

songai 損害 daño *m*, perjuicio *m*; **~o ataeru** producir un daño; **~o ukeru** recibir un daño

songaibaishoo 損害賠償 indemnización *f*; **~suru** indemnizar

sonkei 尊敬 respeto *m*, estima *f*; **~suru** respetar, estimar, apreciar

sonzai 存在 existencia *f*, ser *m*; **~suru** existir; **kami no~** existencia *f* de Dios; **~riyuu** razón *f* de ser

zonzai ぞんざい **~na** descortés *adj m/f*, negligente *adj m/f*; **~ni** sin cortesía, con descuido, negligentemente

sonshoo 損傷 daño *m*, deterioro *m*; **~o ataeru** causar daño; **~o ukeru** sufrir un daño

sonzoku 存続 subsistencia *f*, permanencia *f*, duración *f*; **~suru** subsistir, continuar

zondai 尊大 **~na** arrogante *adj m/f*, soberbio, -a

sonchoo 尊重 estima *f*, estimación *f*; **~suru** respetar

zonbun 存分 **~ni** sin reserva, a sus anchas

TA た

ta 他 **~no** otro, -a

ta 田 campo *m* de arroz

daasu ダース docena *f*

taaban ターバン turbante *m*; **~o maite iru** llevar (enrollado) un turbante

taaminaru ターミナル terminal *f*; (*kuukoo no/aeropuerto*) terminal *f*; parada *f*

taaru タール alquitrán *m*; **~o nuru** alquitranar

-tai ―たい **...shi +~** querer + inf

tai タイ (*dooten*) empate *m*; **~de aru** empatar

tai 対 (*taishite*) **Nihon~Supein no shiai** partido *m* entre Japón y España

tai 隊 equipo *m*, formación *f*, tropa *f*

tai 鯛 *zool* besugo *m*

-dai ―台 (*tan'i/unidad*) **go~no kuruma** cinco coches *mpl*

dai 台 mesita *f*, pedestal *m*

dai 題 **1.** título *m*; **...ni~o tsukeru** titular u/c; **2.** (*mondai*) cuestión *f*

taii 退位 **~suru** abdicar

taiiku 体育 atletismo *m*; deporte *m*, formación *f* física; **~kan** gimnasio *m*; **~shisetsu** instalaciones *fpl* deportivas

dai-ichi 第一 **~no** primero, -a, de primera clase; **~ni** en primer lugar

taioo 対応 correspondencia *f*, homologación *f*; **~suru** corresponder a u/c

taikai 大会 congreso *m*, asamblea *f* general; competición *f* deportiva; ***~o hiraku*** celebrar un congreso/una asamblea/una competición

taigaku 退学 ***~suru*** abandonar los estudios

daigaku 大学 universidad *f*; ***~no*** universitario, -a; ***~ni hairu*** ingresar en la universidad; ***~o deru*** graduarse por la universidad; ***~kyooiku*** enseñanza *f* superior

taikyo 退去 ***~suru*** evacuar, retirarse de un lugar

daikin 代金 importe *m*, precio *m*; ***~o harau*** pagar el importe de u/c

daiku 大工 carpintero, -a; ***~no shigoto o suru*** trabajar de carpintero; ***~doogu*** herramientas *fpl* de carpintero

taiguu 待遇 acogida *f*, trato *m*, salario *m*; ***~ga yoi*** tratar/pagar bien a alg

taikutsu 退屈 aburrimiento *m*; ***~suru*** aburrirse; ***~na*** aburrido, -a, monótono, -a

taikei 体系 sistema *m*; ***~teki na*** sistemático, -a; ***~teki ni*** sistemáticamente

taiken 体験 experiencia *f* personal; ***~suru*** tener experiencia

taiko 太古 antigüedad *f* remota; ***~no*** muy antigüo, -a, prehistórico, -a

taiko 太鼓 tambor *m*; ***~o tataku*** tocar el tambor

taikoo 対抗 oposición *f*, antagonismo *m*; ***~suru*** oponerse a alg, rivalizar con alg

daikon 大根 rábano *m* japonés; ***~oroshi*** nabo *m* rallado

taizai 滞在 estancia *f*; ***~suru*** permanecer, residir por algún tiempo

taishi 大使 embajador, -a; ***~kan*** embajada *f*

daiji 大事 **1. *~na*** grave *adj m/f*, importante *adj m/f*, serio, -a; ***~ni*** con cuidado; **2. *~o toru*** obrar con precaución; **3. *~na*** querido, -a, precioso, -a; ***~ni suru*** mimar

taishita 大した grande *adj m/f*, importante *adj m/f*

taishite 対して con, para, contra

taishuu 大衆 multitud *f*, masa *f*, público *m*; ***~teki na*** popular *adj m/f*

taijuu 体重 peso *m* corporal; ***~o hakaru*** pesar(se)

taisho 対処 ***~suru*** tomar medidas contra u/c

taishoo 対称 simetría *f*; ***~teki na*** simétrico, -a

taishoo 対象 objeto *m*

taishoo 対照 contraste *m*, comparación *f*; ***~suru*** contrastar, comparar

daijoo 大乗 ***~bukkyoo*** (*budismo*) Mahayana *m*, Gran vehículo *m*

daijoobu 大丈夫 ***~de aru*** estar seguro, -a, estar libre de cuidados, ser digno, -a de confianza

taishoku 退職 retiro *m*, jubilación *f*; ***~suru*** jubilarse; ***~kin*** finiquito *m*

daijin 大臣 ministro, -a; ***~ni naru*** aceptar una cartera

daizu 大豆 soja *f*

taisuu 対数 *mat* logaritmo *m*; ***~hyoo*** tabla *f* de logaritmos

daisuu 代数 álgebra *f*; ***~no*** algebraico, -a

taisuru 対する contra

taisei 大勢 situación *f*, tendencia *f* general; ***sekai no~*** situación *f* internacional

taisei 体制 régimen *m*; ***~gawa*** partidario, -a del régimen establecido

taisei 態勢 posición *f*, postura *f*

Taiseiyoo 大西洋 Océano *m* Atlántico; ***~no*** atlántico, -a

taiseki 体積 volumen *m*, capacidad *f*; ***~o hakaru*** medir el volumen

taisetsu 大切 ***~na*** (*juudai*) importante *adj m/f*; (*kichoo*) precioso, -a; ***~ni*** con cuidado; ***O-karada o~ni*** Cuídese mucho

taisoo 体操 gimnasia *f*; ***~o suru*** hacer gimnasia; ***~senshu*** gimnasta *m/f*

taida 怠惰 pereza *f*; ***~na*** perezoso, -a

daitai 大体 (*oyoso*) más o menos; (*ippan ni*) en general; ***~no*** aproximado, -a

daidaiteki 大々的 ***~na*** enorme *adj m/f*; ***~ni*** a gran escala

daitasuu 大多数 gran mayoría *f*, mayor parte *f*

daitan 大胆 ***~na*** audaz *adj m/f*; ***~ni*** intrépidamente; ***~sa*** audacia *f*

taitei 大抵 (*ippan ni*) generalmente, por lo común; (*hotondo itsumo*) casi siempre; (*tabun*) probablemente; ***~no*** ordinario, -a, general *adj m/f*

taido 態度 actitud *f*, maneras *fpl*; ***~o kaeru*** cambiar de actitud, ***~o toru*** adoptar/tomar una actitud

taitoo 対等 ***~no*** igual *adj m/f*; ***~no kenri o motsu*** tener igualdad de derechos

daitooryoo 大統領 presidente, -a; ***~no*** presidencial *adj m/f*; ***~senkyo*** elección *f* presidencial

daidokoro 台所 cocina *f*; ***~yoohin*** utensilios *mpl* de cocina

taitoru タイトル título *m*; subtítulo *m*

dainamaito ダイナマイト dinamita *f*

dainamikku ダイナミック ***~na*** dinámico, -a

dai-ni 第二 ***~no*** segundo, -a, secundario, -a; ***~ni*** en segundo lugar

tainin 退任 ***~suru*** jubilarse
tainoo 滞納 retraso *m* en el pago; ***~suru*** no pagar en el plazo determinado
taihai 頽廃 degeneración *f*, corrupción *f*, decadencia *f*; ***~suru*** degenerar, corromperse; ***~teki na*** decadente *adj m/f*
taihan 大半 (*hanbun'ijoo*) más de la mitad
taihi 対比 comparación *f*; ***A o B to ~suru*** comparar A con B
taipisuto タイピスト mecanógrafo, -a, dactilógrafo, -a
daihyoo 代表 delegación *f*, representación *f*; delegado, -a, representante *m/f*; ***~suru*** representar; ***~teki na*** representativo, -a, típico, -a
daibingu ダイビング **1.** salto *m* desde el aire; **2.** buceo *m*; ***sukyuuba/sukin~*** buceo *m* con/sin escafandra
taipu タイプ tipo *m*, clase *f*, especie *f*
daibu 大分 bastante, considerablemente
taifuu 台風 tifón *m*
daibubun 大部分 la mayor parte *f*
daibutsu 大仏 gran estatua *f* de Buda
taipuraitaa タイプライター máquina *f* de escribir; ***~o utsu*** escribir a máquina
Taiheiyoo 太平洋 Océano *m* Pacífico; ***~sensoo*** Guerra *f* del Pacífico
taihen 大変 **1.** muy; ***~na*** mucho, -a, extraordinario; -a; **2.** ***~na*** grave *adj m/f*, serio, -a, difícil *adj m/f*, molesto, -a
daiben 大便 ***~o suru*** evacuar, hacer de vientre
taiho 逮捕 arresto *m*, captura *f*; ***~suru*** detener, capturar
taiman 怠慢 negligencia *f*, abandono *m*; ***~na*** negligente *adj m/f*
taimingu タイミング ***~yoku*** a tiempo, en el momento propicio; ***~ga warui*** ser inoportuno, -a
taimu タイム tiempo *m*; ***~o toru*** cronometrar
daimei 題名 título *m*
taimen 体面 reputación *f*, honor *m*; ***~o kizutsukeru*** perjudicar la reputación de u/c; ***~o tamotsu*** mantener la reputación
taiya タイヤ **1.** cubierta *f*; **2.** neumático *m*; **3.** rueda *f*; ***~o torikaeru*** cambiar una rueda
daiyamondo ダイヤモンド diamante *m*
daiyaru ダイヤル disco *m*, dial *m*, esfera *f*
taiyoo 太陽 sol *m*; ***~ga noboru/shizumu*** salir/ponerse el sol; ***~kei*** sistema *m* solar

daiyoo 代用 sustitución *f* provisional; ***A o B de~suru*** sustituir provisionalmente A por B, suplir A con B; ***~hin*** sucedáneo, -a

taira 平ら ***~na*** llano, -a; ***~ni suru*** allanar

dairi 代理 sustituto, -a, suplente *m/f*; ***~no*** interino, -a; ***~de*** por poder, en nombre de; ***~ten*** agencia *f*

tairiku 大陸 continente *m*; ***~no/teki na*** continental *adj m/f*; ***~sei kikoo*** clima *m* continental

tairitsu 対立 oposición *f*, antagonismo *m*; ***~suru*** oponerse

tairyoo 大量 ***~no*** una gran cantidad de; ***~ni*** en gran cantidad; ***~seisan*** fabricación *f* en serie

tairu タイル azulejo *m*, baldosa *f*

dairekuto-meeru ダイレクトメール publicidad *f* por correo

taiwa 対話 diálogo *m*, coloquio *m*

dau ダウ ***~shiki heikin kabuka*** *econ* índice *m* Dow-Jones

daun-roodo ダウンロード *informát* descarga *f*; ***~suru*** descargar, bajar

taegatai 耐え難い inaguantable *adj m/f*, insufrible *adj m/f*

daeki 唾液 saliva *f*

taezu 絶えず continuamente, incesantemente

taemanai 絶え間ない continuo, -a, incesante *adj m/f*

taemanaku 絶え間なく continuamente, sin interrupción

taeru 耐える aguantar, resistir, soportar

taeru 絶える aniquilarse, extinguirse, cesar

taosu 倒す **1.** tumbar, derribar; **2.** vencer, derrotar

taoru タオル toalla *f*

taoreru 倒れる **1.** (*persona, cosa*) caerse, derrumbarse, tumbarse; ***ie ga~*** derrumbarse la casa; **2.** (*persona*) caer enfermo; **3.** (*negocio*) quebrar

taka 鷹 halcón *m*

daga だが pero

takai 高い **1.** alto, -a, elevado, -a; **2.** caro, -a

tagai 互い ***~no*** mutuo, -a, recípoco, -a; ***~ni*** mutuamente, recíprocamente

tagaichigai 互い違い ***~ni*** alternativamente

tagaeru 違える ***yakusoku o~*** quebrantar una promesa

takaga たかが (*seizei*) a lo más, a lo sumo

takaku 多角 ***~teki na*** multilateral *adj m/f*; ***~ka*** diversificación *f*

takasa 高さ altura *f*, altitud *f*; ***~o hakaru*** medir la altura

dagakki 打楽器 instrumento *m* de percusión

takaburu 高ぶる ***shinkei ga~*** excitarse, ponerse nervioso, -a
takamaru 高まる crecer, subir, aumentar
takameru 高める alzar, elevar, aumentar
takara 宝 tesoro *m*
dakara だから por eso, por lo tanto
takarakuji 宝くじ lotería *f*; ***~ni ataru*** tocar la lotería
takari たかり chantaje *m*, extorsión *f*
-tagaru ーたがる (*tercera persona*) querer + inf
takan 多感 ***~na*** sensible *adj m/f*, impresionable *adj m/f*, sentimental *adj m/f*
taki 滝 cascada *f*, salto *m* de agua
dakikakaeru 抱き抱える abrazar, llevar en brazos
takigi 薪 leña *f*, astilla *f*
takishiido タキシード esmoquin *m*
dakishimeru 抱きしめる estrechar entre los brazos
takibi 焚き火 hoguera *f*; ***~o suru*** hacer una hoguera
taku 炊く cocer; ***gohan o~*** cocer arroz
taku 宅 (*segunda o tercera persona*) casa *f*, residencia *f*; familia *f*
daku 抱く abrazar, llevar en brazos
takuetsu 卓越 ***~suru*** descollar, sobresalir; ***~shita*** sobresaliente *adj m/f*
takusan たくさん mucho; ***~no*** muchos, -as
takushii タクシー taxi *m*; ***~ni noru*** subir a un taxi; ***~o tomeru*** parar un taxi
takusuru 託する encargar, confiar a alg
takumashii 逞しい vigoroso, -a, robusto, -a
takumi 巧み ***~na*** hábil *adj m/f*, ingenioso, -a, diestro, -a; ***~ni*** hábilmente
takuramu 企む tramar, maquinar
takuwaeru 貯える ahorrar, economizar
take 丈 **1.** (*shinchoo*) estatura *f*; **2.** (*nagasa*) longitud *f*; ***~ga nobiru*** crecer
take 竹 bambú *m*
-dake ーだけ sólo; ***ichi do~*** solamente una vez; ***chotto mita~de*** a primera vista
dageki 打撃 golpe *m*, daño *m*, perjuicio *m*; ***~o ataeru*** dar un golpe, causar un perjuicio; ***~o ukeru*** recibir un golpe
daketsu 妥結 acuerdo *m*, convenio *m*; ***~o miru*** ponerse de acuerdo
tako たこ callo *m*, dureza *f*; ***~ga dekiru*** salir callos
tako 凧 cometa *f*; ***~o ageru*** hacer volar una cometa

tako 蛸 pulpo *m*
takokuseki 多国籍 ***~kigyoo*** empresa *f* multinacional
dasan 打算 cálculo *m*, interés *m*; ***~teki na*** calculador, -a, interesado, -a; ***~teki ni*** interesadamente; ***~teki ni ugoku*** guiarse por interés
tashi 足し ***...no~ni suru*** suplir, complementar u/c
dashi 出し caldo *m*; ***~o toru*** preparar un caldo
dashiau 出し合う ***okane o~*** pagar a medias; ***hiyoo o~*** dividir los gastos
tashika 確か **1.** ***~na*** (*kakujitsu na*) seguro, -a, cierto, -a; ***~ni*** seguramente; **2.** ***ki o~ni motsu*** no perder la entereza; **3.** (*tabun*) quizás, probablemente
tashikameru 確かめる asegurarse, cerciorarse
tashinami 嗜み **1.** gusto *m*; **2.** prudencia *f*, decoro *m*; ***~no yoi hito*** persona *f* bien educada; ***~no nai okonai*** conducta *f* poco decorosa
dashinuku 出し抜く anticiparse, tomar la delantera
dashinuke 出し抜け ***~ni*** (*totsuzen*) de repente; (*omoigakenaku*) impensadamente
tashoo 多少 **1.** (*kazu no*) número *m*; (*ryoo no*) cantidad *f*; (*gaku no*) suma *f*; **2.** (*ikuraka*) un poco, algo; ***~no*** un poco de
tasu 足す (*kuwaeru*) añadir, sumar
-dasu 一出す echar a + inf, empezar a + inf
dasu 出す **1.** (*soto ni*) echar u/c fuera, expulsar; **2.** exponer; **3.** presentar; **4.** servir; **5.** enviar, mandar; **6.** publicar; **7.** emitir, producir; **8.** pagar, invertir
tasuu 多数 mayoría *f*; ***~no*** (*takusan no*) mucho, -a
tasuuketsu 多数決 decisión *f* por mayoría; ***~de kimeru*** decidir por mayoría
tasukaru 助かる **1.** salvarse, librarse de u/c; **2.** salir de un apuro
tasuke 助け ayuda *f*, auxilio *m*, apoyo *m*; ***...no~o ete*** con la ayuda de alg
tasukeru 助ける **1.** salvar, socorrer; **2.** ayudar, apoyar
tazuneru 訪ねる visitar un lugar, hacer una visita a alg
tazuneru 尋ねる **1.** (*sagasu*) buscar; **2.** (*shitsumon suru*) preguntar
tada 只 ***~no*** gratuito, -a; ***~de*** gratis
tada 徒 ***~no*** ordinario, -a; ***~no hito*** una persona *f* corriente
tada 唯 (*tan ni*) sólo, simplemente
datai 堕胎 aborto *m* provocado; ***~suru*** abortar; ***~saseru*** hacer abortar

dadaizumu ダダイズム *arte* dadaísmo *m*
tataeru 称える alabar, elogiar
tatakai 戦い lucha *f*, guerra *f*, batalla *f*
tatakau 戦う luchar, hacer la guerra
tataki たたき **1.** piso *m* de hormigón; **2.** pescado *m* o carne *f* casi crudo, -a en trozos muy finos
tatakikowasu 叩き壊す demoler, despedazar
tatakidasu 叩き出す echar a alg fuera a patadas
tatakitsubusu 叩き潰す machacar, aplastar
tataku 叩く **1.** golpear, pegar, dar un golpe, dar palmaditas; **2.** atacar
tadashi 但し pero, no obstante
tadashii 正しい (*koohei*) justo, -a, (*seikaku*) correcto, -a, (*seitoo*) recto, -a, legal *adj m/f*, legítimo, -a, bueno, -a
tadasu 正す corregir
tadasu 質す preguntar, confirmar
tadachini 直ちに inmediatamente, en el acto
tatami 畳 estera *f* gruesa de paja, tatami *m*
tatamu 畳む plegar
tadayou 漂う flotar, sobrenadar
tachi 質 (*seishitsu*) carácter *m*; (*hinshitsu*) calidad *f*
tachiagaru 立ち上がる levantarse
tachiageru 立ち上げる *informát* iniciar
tachiiru 立ち入る **1.** entrar, penetrar; **2.** entrometerse, interponerse
tachisaru 立ち去る irse, marcharse
tachidokoro ni 立ち所に al instante, en el acto
tachidomaru 立ち止まる pararse, detenerse
tachinaoru 立ち直る recuperarse
tachinoku 立ち退く desalojar, evacuar, desalojarse
tachiba 立場 posición *f*, situación *f*
tachihadakaru 立ちはだかる plantarse, cortar el paso a alg
tachimachi 忽ち inmediatamente
tachimi 立ち見 ***~suru*** ver desde el gallinero
tachimukau 立ち向かう hacer frente a, afrontar
tachiyoru 立ち寄る visitar de paso
dachin 駄賃 ***~o yaru*** dar una propina
tatsu 立つ **1.** ponerse en pie; **2.** partir; **3.** subir, elevarse
tatsu 建つ edificarse, construirse
tatsu 経つ pasar el tiempo
tatsu 絶（断）つ **1.** cortar, acabar; **2.** dejar u/c

dakkyuu 脱臼 luxación *f*; **~*suru*** dislocarse

datsugoku 脱獄 **~*suru*** evadirse de la cárcel

dasshinyuu 脱脂乳 leche *f* desnatada

tassha 達者 **1.** (*joozu*) **~*na*** diestro, -a, experto, -a; **~*ni*** hábilmente; **2.** sano, -a, robusto, -a

dasshutsu 脱出 fuga *f*; **~*suru*** fugarse, huir

dasshoku 脱色 decoloración *f*; **~*suru*** decolorarse; **~*saseru*** decolorar

dassui 脱水 **1.** (*sentakumono*) escurrido *m*, centrifugado *m*; **2.** (*kagaku*) deshidratación *f*; **~*suru*** escurrir la ropa; deshidratar

tassuru 達する alcanzar, ascender a

tassei 達成 (*jitsugen*) realización *f*; **~*suru*** realizar, alcanzar

datsuzei 脱税 **~*suru*** evadir el pago de impuestos

dassen 脱線 **~*suru*** descarrilar

dassoo 脱走 **~*suru*** huir, fugarse

tatta たった sólo, solamente

datchoo 脱腸 hernia *f*; **~*ni naru*** herniarse

datte ーだって (*mo*) también, incluso

datte だって pero, pues

dattoo 脱党 **~*suru*** desertar de un partido político

tappuri たっぷり abundantemente, suficientemente

datsumoo 脱毛 **1.** caída *f* del pelo; **~*suru*** perder el pelo; **~*shoo*** alopecia *f*; **2.** depilación *f*; **~*suru*** depilarse; **~*kuriimu*** crema *f* depilatoria

datsuraku 脱落 **1.** (*bun, go/frase, palabra*) omisión *f*; **2.** (*okureru*) **~*suru*** quedarse atrás, rezagarse

tate 縦 altura *f*; **~*no*** longitudinal *adj m/f*, vertical *adj m/f*; **~*ni*** longitudinalmente, verticalmente

tatekaeru 立て替える adelantar el pago

tatekakeru 立て掛ける (*A o B ni*) apoyar (A contra B)

tatetsuzuke 立て続け **~*ni*** sin interrupción

tatefuda 立て札 cartel *m*, señal *f*, letrero *m*

tatemono 建物 edificio *m*

tateyoko 縦横 longitud *f* y anchura *f*; **~*ni*** a lo largo y a lo ancho

tateru 立てる levantar, erguir

tateru 建てる edificar, construir

datoo 打倒 **~*suru*** derrocar, derribar; ***seifu o~suru*** derrocar el gobierno

tatoe たとえ aunque, suponiendo que

tatoe 喩え comparación *f*, símil *m*

tatoeba 例えば por ejemplo

tadoritsuku 辿り着く llegar, alcanzar un lugar

tana 棚 estante *m*; **~*ni noseru*** poner u/c en un estante
tanaoroshi 棚卸し inventario *m*; **~*o suru*** hacer inventario de u/c
tanabata 七夕 fiesta *f* de las estrellas Vega y Altaír que se celebra el siete de julio
tanin 他人 otro, -a, ajeno, -a, los/las demás
tanuki 狸 tejón *m*
tane 種 semilla *f*, grano *m*, pepita *f*; **~*o maku*** sembrar
tanoshii 楽しい agradable *adj m/f*, divertido, -a, entretenido, -a
tanoshimi 楽しみ placer *m*, gozo *m*, diversión *f*
tanomi 頼み petición *f*, ruego *m*; **~*o kiku/kotowaru*** aceptar/denegar la petición de alg
tanomu 頼む **1.** pedir, suplicar; **2.** confiar u/c a alg, encargar
tanomoshii 頼もしい digno, -a de confianza, que merece crédito
taba 束 paquete *m*, manojo *m*, gavilla *f*, ramo *m*
tabako たばこ tabaco *m*, cigarrillo *m*; **~*o suu*** fumar
tabitabi 度々 a menudo
tafu タフ **~*na*** fuerte *adj m/f*, vigoroso, -a
tabuu タブー tabú *m*
dabu-dabu だぶだぶ **~*no*** amplio, -a, holgado, -a
daburu ダブル chaqueta *f*
tabun 多分 quizá(s), probablemente
tabesugiru 食べ過ぎる comer demasiado
tabemono 食べ物 alimento *m*, provisiones *fpl*
tahoo 他方 por otra parte
tama たま **~*no*** raro, -a, poco frecuente; **~*ni*** a veces, raras veces
tama 玉 bola *f*, pelota *f*, globo *m*
tama 弾 bala *f*, proyectil *m*; ***juu ni~o komeru*** cargar un fusil
tamago 卵 huevo *m*; **~*o waru*** cascar un huevo
damasu 騙す engañar, embaucar
tama-tama たまたま por casualidad, por azar
tamaranai 堪らない insoportable *adj m/f*, inaguantable *adj m/f*
tamaru 溜まる acumularse, amontonarse
damaru 黙る callarse, guardar silencio
damu ダム presa *f*, embalse *m*
tame 為 **1.** (*rieki/beneficio*) para, por, a favor de; **2.** (*gen'in/causa*) por, a causa de; **3.** (*mokuteki/objetivo*) para, con el fin de
dame 駄目 **~*na*** inútil *adj m/f*, inservible *adj m/f*, imposible *adj m/f*
tameshi 試し **~*ni*** por probar
tamesu 試す probar, tratar, ensayar

tamerau ためらう vacilar, dudar en

tamotsu 保つ mantener, guardar, conservar; ***heiwa o~*** mantener la paz; ***kenkoo o~*** conservar la salud

tayasui たやすい fácil *adj m/f*, simple *adj m/f*

tayori 便り noticias *fpl*, carta *f*; ***~o kiku*** tener noticias de alg; ***~o kudasai*** Dígame cómo le va

tayori 頼り confianza *f*; ***~ni suru*** poner confianza en alg; ***~ni shite iru*** tener confianza en alg

tayorinai 頼りない no inspirar confianza

tayoru 頼る confiar en u/c alg, contar con u/c alg

tara 鱈 *zool* bacalao *m*

daraku 堕落 corrupción *f*, depravación *f*; ***~suru*** corromperse, perderse; ***~saseru*** corromper, perder

-darake ―だらけ lleno, -a de; ***shakkin~no*** lleno, -a de deudas; ***chi~*** sangriento, -a; ***hokori~*** polvoriento, -a; ***ayamari~*** plagado, -a de errores

darakeru だらける relajarse, hacerse indolente

tarako 鱈子 huevas *fpl* de bacalao

darashinai だらしない negligente *adj m/f*, dejado, -a, desarreglado, -a

tarasu たらす **1.** dejar colgado, -a u/c, suspender; **2.** (*dejar*) gotear

daria ダリア dalia *f*

tariru 足りる bastar, ser suficiente

taru 樽 tonel *m*, barril *m*

darui だるい sentir pesadez/languidez; ***karada ga~*** sentirse flojo, -a

tarumu 弛む aflojarse, relajarse

tare 垂れ salsa *f*

dare 誰 **1.** quién; ***~ga*** quién***~o*** a quién; ***~ni*** a quién; ***~no*** de quién; **2.** ***~ka*** alguien, alguno, -a; ***~mo*** nadie, ninguno, -a; ***~demo*** cualquiera; ***~mokamo*** todo el mundo

tareru 垂れる **1.** colgar; **2.** gotear

dareru だれる aflojarse, relajarse

tawaa タワー torre *f*

tawai たわい ***~(no) nai*** infantil *adj m/f*, pueril *adj m/f*; ***~naku*** sin dificultad

tawaketa 戯けた estúpido, -a, tonto, -a; ***~koto o iu*** decir bobadas

tawamureru 戯れる divertirse, entretenerse

tan 痰 escupitajo *m*, esputo *m*; ***~o haku*** escupir

dan 段 **1.** escalón *m*, grada *f*, peldaño *m*; **2.** *period* columna *f*; **3.** dan *m*; ***juudoo san~*** tercer dan *m* de judo

dan 壇 estrado *m*, tarima *f*

dan'atsu 弾圧 opresión *f*, represión *f*; **~*suru*** oprimir, reprimir; **~*teki na*** opresivo, -a, represivo, -a

tan'i 単位 **1.** unidad *f*; ***nagasa no~*** unidad *f* de longitud; ***omosa no~*** unidad *f* de peso; **2.** (*escuela*) crédito *m*; **~*ga tariru/tarinai*** alcanzar/no alcanzar los créditos

tan'itsu 単一 **~*no*** solo, -a, único, -a; **~*ka*** unificación *f*

dan'in 団員 miembro *m/f* de un equipo

tanka 炭化 **~*suru*** carbonizarse; **~*saseru*** carbonizar

tanka 単価 precio *m* por unidad

tanka 短歌 poema *m* japonés de treinta y una sílabas

tankaa タンカー barco *m* cisterna

dankai 段階 grado *m*, etapa *f*

tangan 嘆願 **~*suru*** solicitar, pedir; **~*sho*** solicitud *f*, instancia *f*; **~*sha*** solicitante *m/f*

tanki 短気 impaciencia *f*, irascibilidad *f*; **~*na*** impaciente *adj m/f*, irascible *adj m/f*; **~*o okosu*** perder la paciencia

tanki 短期 **~*no*** de corta duración

tanku タンク depósito *m*, cisterna *f*

danketsu 団結 **~*suru*** unirse, juntarse

tanken 探検 exploración *f*, expedición *f*; **~*suru*** explorar; **~*ka*** explorador, -a

dangen 断言 declaración *f*; **~*suru*** decir categóricamente, declarar

tango 単語 palabra *f*, vocablo *m*

danko 断固 **~*toshita*** resuelto, -a, decidido, -a; **~*toshite*** resueltamente

dango 団子 bola *f* hervida de harina de arroz

dankoo 団交 negociación *f* colectiva; **~*ken*** derecho *m* de negociación colectiva

dankoo 断交 **~*suru*** romper las relaciones diplomáticas

tansaku 探索 búsqueda *f*, encuesta *f*, investigación *f*; **~*suru*** buscar, investigar

danshi 男子 muchacho *m*, varón *m*; **~*no*** masculino, -a

danjiki 断食 ayuno *m*; **~*suru*** ayunar; **~*ryoohoo*** dieta *f* absoluta

danjite 断じて a toda costa

danshu 断種 esterilización *f*; **~*suru*** esterilizar

tanshuku 短縮 acortamiento *m*, reducción *f*; **~*suru*** disminuir, acortar

tanjun 単純 **~*na*** simple *adj m/f*, sencillo, -a; **~*sa*** simplicidad *f*

tanjoo 誕生 nacimiento *m*; **~*suru*** nacer; **~*bi*** (día *m* del) cumpleaños *m*; ***O~bi omedetoo gozaimasu*** ¡Feliz cumpleaños!

dansu ダンス danza *f*; **~*o suru*** bailar; **~*hooru*** sala *f* de baile

tansui 淡水 agua *f* dulce; ***~gyo*** pez *m* de agua dulce

tansuu 単数 género *m* singular; ***~no*** singular *adj m/f*; ***~ni suru*** poner en singular; ***~meishi*** sustantivo *m* singular

dansei 男性 género *m* masculino, hombre *m*; ***~meishi*** *ling* sustantivo *m* masculino

danzetsu 断絶 interrupción *f*, ruptura *f*; ***~suru*** interrumpirse, cortarse, extinguirse

tansoku 嘆息 ***~suru*** suspirar

dantai 団体 colectividad *f*, grupo *m*; ***~o tsukuru*** formar un grupo; ***~kyoogi*** deporte *m* en equipo; ***~ryokoo*** viaje *m* en grupo

tantan 坦々 ***~toshita*** llano, -a, monótono, -a

dandan 段々 (*shidai ni*) gradualmente, poco a poco

danchi 団地 urbanización *f*

tanchoo 単調 ***~na*** monótono, -a; ***~sa*** monotonía *f*

tantei 探偵 detective *m/f*; ***~suru*** investigar en secreto

dantei 断定 afirmación *f*, decisión *f*, conclusión *f*; ***~suru*** afirmar, asegurar, decidir; ***~teki na*** tajante *adj m/f*, categórico, -a; ***~teki ni*** tajantemente

tantoo 担当 cargo *m*; ***~suru*** encargarse de u/c; ***~saseru*** encargar u/c a alg

tandoku 単独 ***~no*** solo, -a, individual *adj m/f*; ***~ni*** solo, -a, indidualmente, por sí mismo

tan ni 単に simplemente, solamente

dannen 断念 ***~suru*** renunciar a u/c

tanpa 短波 onda *f* corta

tanpaku 淡白 ***~na*** simple *adj m/f*, sencillo, -a

tanpaku 蛋白 ***~shitsu*** proteína *f*

danpingu ダンピング dumping *m*, inundación *f* del mercado con mercancías a bajo precio

tanpen 短編 obra *f* corta; ***~eiga*** película *f* cortometraje; ***~shoosetsu-shuu*** colección *f* de cuentos

tanpo 担保 prenda *f*, garantía *f*; ***~ni ireru*** hipotecar; ***~tsuki kashitsuke*** préstamo *m* hipotecario; ***fudoosan~*** hipoteca *f* sobre los bienes raíces

danbooru ダンボール cartón *m*; ***~bako*** caja *f* de cartón

tanmatsu 端末 *informát* terminal *f*

danraku 段落 parágrafo *m*; párrafo *m*; ***~ni wakeru*** dividir en párrafos

danryoku 弾力 ***~no aru*** elástico, -a; ***~no nai*** rígido, -a, no elástico, -a

danro 暖炉 chimenea *f*; ***~de hi o taku*** encender un fuego en la chimenea

danwa 談話 ***~o happyoo suru*** hacer un comentario oficioso

CHI ち

chi 血 **1.** sangre *f*; ***~ga deru*** sangrar; ***~o nagasu*** derramar sangre; ***~o haku*** vomitar sangre; ***~o tomeru*** detener una hemorragia; **2.** parentesco *m*

chian 治安 orden *m* público; ***~o iji suru*** mantener el orden público

chii 地位 **1.** clase *f*, categoría *f*, posición *f*; **2.** cargo *m*, puesto *m*

chiiki 地域 región *f*, zona *f*, área *f*; ***~teki na*** local *adj m/f*, regional *adj m/f*

chiisai 小さい pequeño, -a, menudo, -a, insignificante *adj m/f*

chiisaku 小さく ***~kiru*** cortar en trozos pequeños; ***~suru*** empequeñecer; ***~naru*** empequeñecerse

chiizu チーズ queso *m*; ***~kurakkaa*** galletita *f* de queso

chiimu チーム equipo *m*, grupo *m*

chie 知恵 **1.** inteligencia *f*, sabiduría *f*, ingenio *m*; ***~no aru*** inteligente *adj m/f*, sagaz *adj m/f*; **2.** consejo *m*; ***~o kasu*** dar un consejo a alg

cheen チェーン cadena *f*; ***taiya ni~o tsukeru*** poner cadenas a las llantas; ***~sutoa*** cadena *f* de tiendas

chesu チェス ajedrez *m*; ***~o suru*** jugar al ajedrez

chekkaa チェッカー damas *fpl*

chekku チェック **1.** (*kogitte*) cheque *m*; **2.** (*tenken*) control *m*

chero チェロ *mús* violoncelo *m*

chika 地下 **1.** ***~no*** subterráneo, -a; ***~shitsu*** sótano *m*; **2.** (*himitsu*) ***~no*** clandestino, -a; ***~soshiki*** organización *f* clandestina

chikai 近い **1.** (*basho/lugar*) cercano, -a; **2.** (*jikan/tiempo*) próximo, -a; **3.** (*kankei/relación*) cercano, -a, próximo, -a, íntimo, -a; **4.** ***...ni~*** casi

chikai 誓い juramento *m*, promesa *f*; ***~o tateru*** jurar, prometer; ***~o mamoru*** mantener un juramento

chigai 違い diferencia *f*, distinción *f*, discrepancia *f*

chigainai 違いない ***...ni~*** estar seguro, -a de que + frase

chikau 誓う jurar, prometer

chigau 違う **1.** (*kotonaru*) diferenciarse, diferir; **2.** no corresponder a u/c; **3.** no tener razón, estar equivocado, -a

chikaku 近く **1.** (*basho/lugar*) ***~no*** vecino, -a, próximo, -a; **2.**

(*jikan/tiempo*) dentro de poco, pronto; **3.** (*hotondo*) casi

chikaku 知覚 percepción *f*, sentidos *mpl*; **~suru** percibir; **~o ushinau** perder la sensibilidad

chikazuku 近づく acercarse

chikazukeru 近づける acercar

chikamichi 近道 atajo *m*; **~o suru** tomar un atajo

chikara 力 **1.** fuerza *f*, vigor *m*; **~no aru** fuerte *adj m/f*, robusto, -a; **~no nai** débil *adj m/f*; **2.** energía *f*, potencia *f*; **3.** capacidad *f*; **~no aru** capacitado, -a; **...suru~ga aru** tener capacidad para + inf

chikarazuyoi 力強い fuerte *adj m/f*, vigoroso, -a

chikyuu 地球 tierra *f*, globo *m* terráqueo

chigiru ちぎる **1.** arrancar; **2.** hacer pedazos

chigireru ちぎれる romperse, desgarrarse

chikin チキン pollo *m*

chikusan 畜産 ganadería *f*

chiku-chiku ちくちく **~suru** picar

chikuden 蓄電 carga *f* eléctrica

chiguhagu ちぐはぐ **~na** discordante *adj m/f*, irregular *adj m/f*

chikei 地形 configuración *f* del terreno; **~o shiraberu** investigar la configuración terrestre; **~gaku** topografía *f*

chikoku 遅刻 retraso *m*; **~suru** llegar con retraso

chishiki 知識 conocimiento *m*, sabiduría *f*; **~o hirogeru** ampliar los conocimientos

chishitsu 地質 naturaleza *f* del terreno; **~gaku** geología *f*

chijoo 地上 **1.** (*jimen*) tierra *f*, suelo *m*; **~no** terrestre *adj m/f*; **2.** (*kono yo*) este mundo *m*

chizu 地図 mapa *m*, plano *m*; **Supein no~** mapa *m* de España; **Tookyoo no~** plano *m* de Tokio

chisei 知性 inteligencia *f*; **~no aru** inteligente *adj m/f*

chichi 父 padre *m*

chichi 乳 **1.** leche *f*; **~o suu** mamar; **ushi no~o shiboru** ordeñar una vaca; **2.** teta *f*, pecho *m*

chijimu 縮む encogerse, acortarse

chijimeru 縮める acortar, empequeñecer

chitsu 膣 *med* vagina *f*; **~en** vaginitis *f*

chissoku 窒息 asfixia *f*, sofoco *m*; **~suru** asfixiarse, sofocarse; **~saseru** asfixiar, sofocar; **~shi** muerte *f* por asfixia

chippu チップ propina *f*

chiteki 知的 **~na** intelectual *adj m/f*; **~nooryoku** capacidad *f* intelectual

chinoo 知能 inteligencia *f*; **~teki na** inteligente *adj m/f*

chibi ちび enano, -a, pequeñuelo, -a
chibiru ちびる gastarse, consumirse
chibusa 乳房 pecho *m*, teta *f*
chifusu チフス *med* tifus *m*
chihei 地平 ***~sen*** horizonte *m*
chihoo 地方 **1.** región *f*, comarca *f*; ***~no*** regional *adj m/f*; **2.** provincia *f*, campo *m*; ***~no*** provincial *adj m/f*
chimitsu 緻密 ***~na*** detallado, -a, minucioso, -a
chimei 地名 topónimo *m*
chimei 致命 ***~teki na*** mortal *adj m/f*; ***~shoo*** herida *f* mortal; ***~sho o ukeru*** recibir una herida mortal
cha 茶 té *m*; ***~o ireru*** preparar el té; ***~o dasu*** servir/ofrecer té; ***~o nomu*** tomar té
chaamingu チャーミング ***~na*** encantador, -a, atractivo, -a
chairo 茶色 color *m* marrón; ***~no*** de color castaño
chakugan 着眼 ***~suru*** observar, percibir, notar
chakujitsu 着実 ***~na*** seguro, -a, constante *adj m/f*, regular *adj m/f*; ***~ni*** regularmente; ***~sa*** constancia *f*
chakushutsu 嫡出 legitimidad *f*; ***~no*** legítimo, -a; ***~shi*** hijo, -a legítimo, -a
chakushoku 着色 coloración *f*; ***~suru*** colorar
chakuseki 着席 ***~suru*** tomar asiento
chakufuku 着服 malversación *f*, desfalco *m*; ***~suru*** malversar, apropiarse de u/c
chakuyoo 着用 ***~suru*** ponerse u/c
chakuriku 着陸 aterrizaje *m*; ***~suru*** aterrizar
chakku チャック (*fasunaa*) cremallera *f*; ***~o ageru*** subir la cremallera; ***~o sageru*** bajar la cremallera
chatto チャット *informát* chat *m*
chawan 茶碗 taza *f*
chanto ちゃんと correctamente, convenientemente; ***~shita*** correcto, -a, seguro, -a
chanpion チャンピオン campeón, -a, poseedor, -a del título
-chuu ―中 durante, en
chuu 中 ***~ijoo/ika*** por encima/debajo del promedio
chuu 注 nota *f*, comentario *m*
chuui 注意 **1.** atención *f*; ***~suru*** prestar atención a u/c; ***~shite*** atentamente; **2.** ***~suru*** advertir, observar
chuuingamu チューインガム chicle *m*; ***~o kamu*** mascar chicle
chuuoo 中央 centro *m*, medio *m*; ***~no*** central *adj m/f*; ***~ni*** en el centro
chuuka 中華 ***~ryoori*** cocina *f* china

chuukai 仲介 mediación *f*, intervención *f*; **~suru** servir de intermediario, -a, mediar en u/c; **...no~de** por mediación de
chuukaku 中核 núcleo *m*
chuugakusei 中学生 estudiante *m/f* de escuela secundaria
chuugata 中型 **~no** de tamaño medio
chuugakkoo 中学校 escuela *f* secundaria
chuukan 中間 medio *m*; **~no** en el medio, mediano, -a
chuugi 忠義 fidelidad *f*, lealtad *f*; **~na** fiel *adj m/f*; **~o tsukusu** ser fiel a alg
Chuukintoo 中近東 Oriente *m* Próximo y Medio
chuukei 中継 retransmisión *f*; **~suru** (*dooji chuukei*) retransmitir en directo, (*rokuga chuukei*) retransmitir en diferido; **~hoosoo** retransmisión *f*
chuukoku 忠告 consejo *m*, advertencia *f*; **~suru** aconsejar, advertir; **...ni~o motomeru** pedir consejo a alg
chuusai 仲裁 arbitraje *m*, intervención *f*; **~suru** arbitrar, terciar
chuuzai 駐在 **~suru** residir, permanecer; **~in** representante *m/f*, *period* corresponsal *m/f*; **Supein~Nihon taishi** embajador, -a de Japón en España
chuushi 中止 cese *m*, interrupción *f*; **~suru** cesar, interumpir, suspender
chuujitsu 忠実 fidelidad *f*, lealtad *f*; **~na** fiel *adj m/f*, leal *adj m/f*; **~ni** lealmente
chuusha 注射 inyección *f*; **~suru** inyectar; **~ki** jeringa *f*
chuusha 駐車 aparcamiento *m*; **~suru** aparcar; **~ihan** infracción *f* de aparcamiento; **"~kinshi"** "Prohibido aparcar"
chuushoo 中小 pequeño, -a y mediano, -a; **~kigyoo** pequeña y mediana empresa *f*
chuushoo 抽象 abstracción *f*; **~suru** abstraer; **~teki na** abstracto, -a; **~teki ni** de modo abstracto
chuushoku 昼食 comida *f* del mediodía, almuerzo *m*
chuushin 中心 centro *m*, medio *m*; **~no** central *adj m/f*; **...no~ni** en el centro de
chuusui 虫垂 apéndice *m*; **~en** apendicitis *f*
chuusei 中世 Edad *f* Media; **~no** medieval *adj m/f*; **~shi** historia *f* medieval
chuusen 抽籤 sorteo *m*, rifa *f*; **~suru** sortear
chuuzoo 鋳造 **~suru** fundir, acuñar
chuudan 中断 interrupción *f*; **~suru** interrumpir
chuutoo 中東 Medio Oriente *m*

Chuutoo 中等 ***~no*** de mediana calidad
chuudoku 中毒 intoxicación *f*; ***~suru*** intoxicarse, envenenarse; ***~shi suru*** morir intoxicado, -a
chuutohanpa 中途半端 ***~na*** a medias, a medias tintas
chuunaa チューナー sintonizador *m*
Chuunanbei 中南米 América *f* Central y del Sur
chuunen 中年 mediana edad *f*; ***~de aru*** ser de mediana edad
chuubuu 中風 parálisis *f*; ***~no*** paralítico, -a
chuuburu 中古 ***~no*** de segunda mano
Chuubei 中米 América *f* Central; ***~no*** centroamericano, -a
chuumoku 注目 atención *f*; ***~suru*** prestar atención a u/c alg; ***~o hiku*** llamar la atención
chuumon 注文 encargo *m*, pedido *m*; ***~suru*** encargar, pedir; ***~o dasu*** hacer un pedido; ***~o ukeru*** recibir un pedido
chuuyu 注油 ***~suru*** engrasar, lubricar; ***~ki*** lubricador *m*
chuuritsu 中立 neutralidad *f*, imparcialidad *f*; ***~no*** neutral *adj m/f*
chuurippu チューリップ *bot* tulipán *m*
choo 兆 ***it~*** un millón *m* de millones
choo 蝶 *zool* mariposa *f*
chooi 弔意 condolencia *f*; ***~o arawasu*** dar el pésame
choo-onsoku 超音速 velocidad *f* supersónica
choo-onpa 超音波 ondas *fpl* ultrasónicas
chooka 超過 exceso *m*, excedente *m*; ***~shita*** excedente *adj m/f*, sobrante *adj m/f*
chookai 懲戒 sanción *f*, castigo *m*; ***~suru*** sancionar, castigar; ***~no*** disciplinario, -a; ***~menshoku*** destitución *f* disciplinaria
chookaku 聴覚 oído *m*, sensación *f* auditiva; ***~kikan*** *med* órganos *mpl* de audición
chooki 長期 largo periodo *m* de tiempo; ***~no*** prolongado, -a
chookoo 兆候 síntoma *m*, presagio *m*
chookoku 彫刻 escultura *f*; ***~suru*** esculpir; ***~ka*** escultor, -a
choosa 調査 encuesta *f*, investigación *f*; (*jinkoo/población*) censo *m*; ***~suru*** hacer una encuesta, llevar a cabo una investigación, elaborar el censo
chooshi 調子 **1.** tono *m*; ***gakki no~o awaseru*** afinar un instrumento, poner varios instrumentos en el mismo tono; **2.** ritmo *m*; ***~no yoi*** rítmico, -a; **3.** tonalidad *f*, acento *m*, entonación *f*, matiz *m*; **4.** estado *m*; ***~ga yoi/warui*** encontrarse bien/mal

chooshuu 聴衆 auditorio *m*, asistencia *f*
choosho 長所 mérito *m*, cualidad *f*
chooshoo 嘲笑 risa *f* burlona, burla *f*; **~*suru*** reírse de alg
choojoo 頂上 cumbre *f*, cima *f*
chooshoku 朝食 desayuno *m*; **~*o taberu*** desayunar
choojiri 帳尻 balance *m*; **~*o awaseru*** hacer el balance
chooshin 聴診 **~*suru*** auscultación *f*; **~*suru*** auscultar; **~*ki*** fonendoscopio *m*
choosei 調整 **~*suru*** revisar, arreglar
choosetsu 調節 **~*suru*** controlar, ajustar
choosen 挑戦 desafío *m*, provocación *f*; **~*suru*** retar, desafiar
chootatsu 調達 provisión *f*, almacenamiento *m*; **~*suru*** abastecer, proveerse
choochoo 蝶々 *zool* mariposa *f*
choochin 提灯 farolillo *f* de papel que cuelga en las entradas de tascas o fiestas
chootei 調停 **~*suru*** mediar, arbitrar, conciliar
choodo 丁度 justo, precisamente
choohatsu 挑発 provocación *f*, incitación *f*; **~*suru*** provocar, incitar; **~*teki na*** provocativo, -a
choobatsu 懲罰 castigo *m*, pena *f*; **~*suru*** castigar, penar
choohei 徴兵 **~*suru*** *mil* reclutar, levar
choohen 長編 **~*shoosetsu*** novela *f* larga; **~*eiga*** largometraje *m*
choobo 帳簿 registro *m*, libro *m* de cuentas; **~*o tsukeru*** llevar la contabilidad
choomi 調味 **~*suru*** sazonar, condimentar; **~*ryoo*** condimento *m*
chooryoku 潮力 **~*hatsuden*** producción *f* de electricidad por medio de las mareas
chooryoku 聴力 capacidad *f* auditiva; **~*kei*** audiómetro *m*
choowa 調和 armonía *f*; **~*suru*** armonizar; **~*saseru*** armonizar
chooku チョーク tiza *f*
chokin 貯金 ahorro *m*; **~*suru*** ahorrar
chokugo 直後 **...*no~ni*** inmediatamente después de
chokusetsu 直接 **~*no*** directo, -a; **~*ni*** directamente
chokuzen 直前 **...*no~ni*** justo antes de
chokuretsu 直列 serie *f*; **~*kairo*** circuito *m* en serie
chokoreeto チョコレート chocolate *m*
chosaku 著作 redacción *f* de una obra; **~*ka*** autor, -a; **~*ken*** derechos *mpl* de autor
chosha 著者 autor, -a
chozoo 貯蔵 **~*suru*** almacenar, conservar

chokkaku 直角 ángulo *m* recto; ***~no*** perpendicular *adj m/f*; ***~ni*** perpendicularmente
chokkan 直感 intuición *f*; ***~suru*** intuir; ***~teki ni*** intuitivamente
chokkei 直径 diámetro *m*
chotto ちょっと **1.** un momento, un rato; **2.** un poco; **3.** ¡Oiga! ¡Un momento!
chirakasu 散らかす dejar en desorden, desordenar
chirakaru 散らかる desordenarse, estar desordenado
chirasu 散らす dispersar, esparcir
chirari ちらり ***~to miru*** echar un vistazo
chiri 塵 polvo *m*; ***~ni mamireta*** polvoriento, -a; ***...no~o harau*** desenpolvar u/c
chiri 地理 geografía *f*; ***~gaku*** geografía *f* (física/económica/lingüística)
chiryoo 治療 tratamiento *m* médico
chiru 散る **1.** dispersarse; **2.** distraerse
chin'utsu 沈鬱 ***~na*** sombrío, -a, melancólico, -a
chinka 沈下 hundimiento *m*; ***~suru*** hundir, derrumbar
chingin 賃金 salario *m*; ***~o harau*** pagar el salario; ***~o ageru/sageru*** aumentar/bajar el sueldo
chinshaku 賃借 alquiler *m*; ***~suru*** arrendar; ***~ryoo*** precio *m* de alquiler
chinjutsu 陳述 exposición *f*, informe *m*, alegato *m*, defensa *f*; ***~suru*** exponer un informe, declarar
chintai 沈滞 estancamiento *m*, inercia *f*, apatía *f*; ***~suru*** estancarse, hundirse en la apatía
chintai 賃貸 alquiler *m*; ***~suru*** dejar u/c en alquiler; ***~manshon*** casa *f* de alquiler; ***~ryoo*** precio *m* de alquiler
chintaishaku 賃貸借 ***~keiyaku*** contrato *m* de alquiler
chinpu 陳腐 ***~na*** usado, -a, pasado, -a, visto, -a; ***~na hyoogen*** expresión *f* desfasada
chinbotsu 沈没 hundimiento *m*; ***~suru*** hundirse, irse a pique; ***fune o~saseru*** hundir un barco
chinmoku 沈黙 silencio *m*; ***~suru*** callarse; ***~saseru*** imponer silencio; ***~o mamoru*** guardar silencio; ***~o yaburu*** romper el silencio
chinretsu 陳列 exposición *f*, muestra *f*; ***~suru*** exponer, exhibir, mostrar

TSU つ

tsui つい **1.** (*omowazu*) involuntariamente; **2.** ***~kono aida*** hace poco
tsui 対 par *m*, pareja *f*; ***it~no*** un par de

tsuika 追加 suplemento *m*, adición *f*; **~suru** añadir; **~no** suplementario, -a
tsuikyuu 追求 persecución *f*, búsqueda *f*; **~suru** perseguir, buscar
tsuishoo 追従 adulación *f*, lisonja *f*; **~suru** adular; **~teki na** adulador, -a
tsuishin 追伸 posdata *f*
tsuiseki 追跡 persecución *f*; **~suru** perseguir
-tsuite —ついて de, sobre, a propósito de; **kono ten ni~** a este respecto
tsuide ついで de paso, de pasada; **~ni iu to** dicho sea de paso
tsuihoo 追放 exilio *m*, destierro *m*, expulsión *f*; **~suru** exiliar, desterrar
tsuiyasu 費やす gastar, consumir, derrochar
tsuiraku 墜落 caída *f*; **~suru** caer, precipitarse
tsuuka 通貨 moneda *f*; **~no** monetario, -a
tsuuka 通過 **~suru** pasar por un sitio, atravesar un sitio
tsuukin 通勤 **~suru** ir a la oficina, desplazarse diariamente al trabajo
tsuukoo 通行 paso *m*, tránsito *m*, circulación *f*; **~suru** pasar, transitar; **~ryoo** peaje *m*
tsuushoo 通商 comercio *m* internacional, relaciones *fpl* comerciales; **~keiyaku** tratado *m* comercial
tsuujoo 通常 habitualmente, normalmente
tsuujiru 通じる **1.** comunicar, conducir; **2.** comprender
tsuushin 通信 comunicación *f*, información *f*; **~suru** comunicar, informar; **~kikan** medios *mpl* de comunicación
tsuuzoku 通俗 **~teki na** popular *adj m/f*; **~ka** popularización *f*, vulgarización *f*
tsuuchi 通知 información *f*, notificación *f*, aviso *m*; **~suru** informar, avisar
tsuufuu 通風 ventilación *f*, aireación *f*; **~no ii/warui** bien/mal aireado, -a
tsuuyaku 通訳 interpretación *f*, (*hito/persona*) intérprete *m/f*; **~suru** interpretar
tsuuyoo 通用 **~suru** (*idioma*) ser válido, -a, correr, estar en curso
tsuuro 通路 pasaje *m*, camino *m*
tsukai 使い mensaje *m*, recado *m*; **~ni iku** ir a dar un recado; **...o~ni yaru** enviar a alg a un recado
tsukaimichi 使い道 **~ga aru** ser utilizable; **~ga nai** no servir de nada
tsukau 使う **1.** utilizar, emplear, servir; **2.** (*hito/persona*) emplear; **3.** (*hiyoo*) gastar; **4.** manejar, manipular

tsukaeru 使える ser utilizable
tsukamaru 捕まる **1.** ser cogido, -a, ser atrapado, -a; **2.** (*tsukamu*) agarrarse, asirse
tsukamu 掴む coger, empuñar, atrapar
tsukare 疲れ cansancio *m*; ***~ga deru*** aparecer el cansancio; ***~ga nukeru/toreru*** quitarse el cansancio de encima
tsukarehateru 疲れ果てる extenuarse, caer rendido, -a de fatiga
tsukareru 疲れる cansarse, fatigarse
tsuki 付き **1.** (*goto ni*) por; ***ichi nichi/ikkagetsu ni~*** por día/mes; **2.** por, a causa de; ***byooki ni~*** por razones de salud; **3.** con, incluido, -a; ***chooshoku~*** desayuno *m* incluido
tsuki 月 luna *f*; ***~ga deru*** salir la luna
tsugi 次 ***~no*** siguiente *adj m/f*, próximo, -a
tsukiai 付き合い ***o~ni*** por amistad, por obligación social; ***~no yoi*** sociable *adj m/f*; ***~no warui*** poco sociable *adj m/f*, difícil *adj m/f* de tratar
tsukiau 付き合う tener relaciones con alg, tratar a alg; salir con alg
tsukiatari 突き当たり fondo *m*, callejón *m* sin salida
tsukiataru 突き当たる topar con u/c, chocar con u/c
tsugitsugi 次々 ***~ni*** uno, -a tras otro, -a, sucesivamente, sin interrupción
tsuku 着く llegar a un sitio
tsuku 付く **1.** pegarse, adherirse; **2.** instalarse, incluirse
tsuku 点く encenderse; ***denki ga~*** encenderse la luz
tsuku 突く empujar, pinchar
tsugu 注ぐ verter, echar en un recipiente
tsugu 継ぐ suceder, heredar
tsukue 机 mesa *f*, pupitre *m*
tsukuribanashi 作り話 historia *f* inventada, ficción *f*
tsukuriwarai 作り笑い risa *f* forzada; ***~suru*** reír forzadamente
tsukuru 作る **1.** hacer, crear; **2.** desarrollar, cultivar; **3.** organizar
tsuke 付け cuenta *f*, deuda *f*; ***~o harau*** pagar la deuda; ***~de kau/uru*** comprar/vender u/c a crédito
tsukeru 付（点・着・就）ける **1.** (*A o B ni*) pegar, adherir (A a B); **2.** encender; ***denki o~*** encender la luz; **3.** añadir; **4.** seguir
tsukeru 漬ける **1.** mojar, bañar; **2.** conservar en adobo
tsugeru 告げる anunciar, informar
tsugoo 都合 **1.** ***~ga ii*** conveniente *adj m/f*, ir bien; ***~ga warui*** inconveniente *adj m/f*,

inoportuno, -a, ir mal; **2.** ***~suru*** arreglárselas para

tsutaeru 伝える **1.** (*shiraseru*) informar, comunicar; **2.** enseñar, iniciar a alg; **3.** conducir, transmitir

tsutawaru 伝わる **1.** ser transmitido, ser legado; **2.** difundirse, propagarse; **3.** transmitirse

tsuchi 土 tierra *f*, barro *m*

tsuzuki 続き continuación *f*

tsukkiru 突っ切る atravesar, cruzar

tsutsuku つつく punzar, pinchar, picotear

tsuzuku 続く continuar, seguir, durar

tsuzukete 続けて continuamente, sin intervalos, sin cesar

tsuzukeru 続ける continuar, seguir; ***...shi* + ~** seguir haciendo...

tsutsushimu 慎む ser discreto, -a, abstenerse de

tsutsumi 包み paquete *m*; ***~ni suru*** empaquetar, embalar

tsutsumu 包む envolver, empaquetar

tsuzuri 綴り ortografía *f*; ***~o machigaeru*** hacer una falta de ortografía

tsuzuru 綴る deletrear, escribir

tsute 伝 intermediario *m*, enchufe *m*; ***~ga aru*** tener enchufe

tsutome 努（勤）め trabajo *m*, cargo *m*; ***~o yameru*** retirarse

tsutomeguchi 勤め口 empleo *m*, colocación *f*; ***~o sagasu/mitsukeru*** buscar/encontrar empleo

tsutomeru 努める ***...yoo to~*** procurar + inf, esforzarse por + inf

tsutomeru 勤める **1.** (*kinmu*) trabajar en; **2.** (*yakume*) hacer

tsunagari 繋がり vínculo *m*, conexión *f*; ***~ga aru*** estar ligado, -a a u/c

tsunagaru 繋がる **1.** ligarse, unirse; **2.** (*denwa ga/teléfono*) ponerse

tsunagu 繋ぐ **1.** (*musubu*) atar, amarrar; **2.** (*denwa o/teléfono*) poner, establecer comunicación con alg

tsune 常 ***~ni*** siempre

tsuneru 抓る pellizcar

tsuno 角 cuerno *m*, asta *f*, antena *f*; ***~no aru*** cornudo, -a

tsuba(ki) 唾 saliva *f*; ***~ga deru*** salivar

tsubu 粒 grano *m*

tsubusu 潰す aplastar, triturar, machacar, moler

tsubuyaku 呟く murmurar, susurrar

tsubureru 潰れる hundirse, venirse abajo, desplomarse; (*kaisha ga/empresa*) quebrar

tsubo 壷 pote *m*, cántaro *m*

tsubomi 蕾 brote *m*, yema *f*; ***~o tsukeru*** echar yemas

tsuma 妻 esposa *f*, mujer *f*

tsumasaki 爪先 punta *f* del pie, punta *f* del calzado; ***~de aruku*** andar de puntillas
tsumashii 倹しい económico, -a, modesto, -a, frugal *adj m/f*
tsumazuku 躓く tropezar
tsumami 抓（撮）み **1.** (*hikidashi nado no/cajón*) tirador *m*; **2.** (sake no/acompañando la bebida) tapa *f*, pincho *m*
tsumamu 抓む pinchar, picar
tsumari つまり en fin, después de todo, en resumen
tsumaru 詰まる obstruirse, atascarse
tsumi 罪 crimen *m*, culpa *f*, delito *m*; ***~no aru*** culpable *adj m/f*; ***~no nai*** inocente *adj m/f*
tsumikasaneru 積み重ねる amontonar, apilar
tsumikomu 積み込む cargar, embarcar
tsumini 積み荷 cargamento *m*
tsumu 摘む recoger, recolectar; ***cha o~*** recolectar té
tsume 爪 uña *f*, garra *f*, pezuña *f*, espolón *m*; ***~no aru*** armado, -a de uñas
tsumekomu 詰め込む (*tsumeru*) abarrotar, atiborrar
tsumetai 冷たい frío, -a
tsumeru 詰める **1.** (*ireru*) meter; **2.** estrechar
tsumori 積もり (*yotei*) ***...suru~de aru*** tener la intención de + inf
tsumoru 積もる acumularse, amontonarse
tsuya 艶 lustre *m*, brillo *m*; ***~no aru*** lustroso, -a, brillante *adj m/f*; ***~no nai*** mate *adj m/f*, sin brillo
tsuyu 梅雨 estación *f* de las lluvias; ***~ni hairu*** empezar la temporada de las lluvias; ***~ga akeru*** terminar la estación de las lluvias
tsuyu 露 rocío *m*
tsuyoi 強い fuerte *adj m/f*, vigoroso, -a, robusto, -a
tsuyoku 強く con fuerza, vivamente; ***~suru*** fortalecer, reforzar; ***~naru*** fortalecerse
tsuyosa 強さ fuerza *f*, poder *m*, vigor *m*, solidez *f*
tsuyomi 強み ventaja *f*, superioridad *f*
tsurai 辛い duro, -a, penoso, -a, doloroso, -a
tsuranuku 貫く penetrar, traspasar
tsuri 釣り **1.** (*sakana tsuri*) pesca *f* con caña; ***~o suru*** pescar con caña; ***~ni iku*** ir a pescar con caña; **2.** (*okane/dinero*) vuelta *f*, cambio *m*; ***~o dasu*** dar la vuelta
tsuriai 釣り合い equilibrio *m*, simetría *f*; ***~no (yoku) toreta*** bien equilibrado, -a; ***~o tamotsu/ushinau*** guardar/perder el equilibrio
tsurizao 釣竿 caña *f* de pescar

tsuribari 釣針 anzuelo *m*
tsuribune 釣船 barca *f* de pesca
tsuru 吊る supender, colgar
tsuru 釣る pescar con caña
tsuru 鶴 *zool* grulla *f*
tsuru tsuru つるつる ***~shita*** liso, -a, resbaladizo, -a
tsure-zure つれづれ ociosidad *f*
-tsurete —つれて a medida que + ind
tsurenai つれない duro, -a, impasible *adj m/f*
tsureru 連れる llevar consigo a alg, estar acompañado de alg
tsuwari つわり náuseas *fpl* de mujer encinta
tsunto つんと ***~suru*** adoptar/tomar una actitud fría
tsunbo 聾 **1.** sordera *f*; **2.** (*hito/persona*) sordo, -a; ***~ni naru*** quedarse sordo, -a

TE て

te 手 **1.** mano *f*, brazo *m*; ***~de*** a mano; ***~o ageru*** alzar la mano; ***~o orosu*** bajar la mano; ***~o toru*** tomar a alg por la mano; ***~ni toru*** tomar en mano; ***~ni motsu*** tener en la mano; ***~o hiku*** llevar a alg de la mano; ***~o utsu*** dar palmadas; ***~ga aite iru/suite iru*** tener tiempo libre; ***~o kasu*** ayudar; ***~o ireru*** corregir; ***~ni ireru*** conseguir; ***~ni hairu*** venir a las manos, conseguir; **2.** género *m*, especie *f*, clase *f*; **3.** asa *f*, tirador *m*
-de —で **1.** (*basho/lugar*) en, dentro de, sobre; ***Nihon~*** en Japón; **2.** (*nenrei nado no tan'i/edad y otras unidades*) en, a los; ***juu yon sai~*** a los catorce años; ***hyaku go juu en~*** por ciento cincuenta yenes; ***ichi jikan~*** en una hora; **3.** (*doogu/instrumento*) con; ***pen~kaku*** escribir con pluma; ***hasami~kiru*** cortar con tijeras; **4.** (*shudan/medio*) en; ***nihongo~*** en japonés; ***chikatetsu~*** en tren; ***hikooki~ iku*** ir en avión; **5.** (*zairyoo/material*) de, con; ***kin~dekite iru*** estar hecho, -a de oro; **6.** (*gen'in/riyuu/causa/razón*) ***byooki~ gakkoo o yasumu*** faltar a clase por estar enfermo; ***jishin~ ie ga taoreru*** desplomarse una casa a causa de un terremoto **7.** (*ninzuu/número de personas*) entre; ***san nin~ kuru*** venir los tres juntos; ***san nin~ suru*** hacerlo entre tres; ***minna~*** entre todos
de 出 **1.** (*shusshin/origen*) ***Baruserona no~dearu*** ser de Barcelona; **2.** (*deru doai/flujo*) salida *f*
deau 出会う encontrarse con alg

teate 手当て **1.** remuneración *f*, gratificación *f*; **2.** cura *f*, cuidados *mpl*, tratamiento *m*; ***~suru*** curar una herida
tearai 手洗い lavabo *m*, retrete *m*
tei 体 apariencia *f*, actitud *f*, ademán *m*
teiatsu 低圧 baja presión *f*
teian 提案 propuesta *f*, proposición *f*; ***~suru*** hacer una propuesta
tii ティー **1.** (*teiji*) forma de T; **2.** (*cha*) té *m*; ***~kappu*** taza *f* de té; ***~setto*** juego *m* de té; ***~taimu*** hora *f* del té; ***~baggu*** bolsita *f* de té; ***~potto*** tetera *f*; ***~ruumu*** salón *m* de té
diizeru ディーゼル ***~enjin*** motor *m* diésel
teiin 定員 número *m* fijo de personas, número *m* de plazas
tiin'eijaa ティーンエイジャー adolescente *m/f*
teioo 帝王 monarca *m*, emperador *m*
teika 低下 ***~suru*** caer, descender, declinar
teika 定価 precio *m* fijo; ***~o tsukeru*** fijar el precio de u/c; ***~hyoo*** lista *f* de precios
teikaihatsukoku 低開発国 país *m* subdesarrollado
teigaku 停学 expulsión *f* temporal de la escuela; ***~shobun ni suru*** expulsar a alg temporalmente de la escuela
teiki 定期 ***~teki na*** periódico, -a, regular *adj m/f*; ***~teki ni*** periódicamente, regularmente; **~ken** (*tren, bus*) pase
teigi 定義 definición *f*; ***~suru*** dar una definición, definir
teikiatsu 低気圧 baja presión *f* atmosférica
teikyoo 提供 ofrecimiento *m*, oferta *f*; ***~suru*** ofrecer, suministrar
teikuu 低空 ***~hikoo*** vuelo *m* rasante; ***~hikoo o suru*** volar bajo
teikei 提携 ***~suru*** colaborar, cooperar, asociarse
teiketsuatsu 低血圧 hipotensión *f*; ***~no hito*** persona *f* de baja tensión arterial
teikoo 抵抗 resistencia *f*, oposición *f*; ***~suru*** resistir, oponer resistencia, oponerse
teikoku 帝国 imperio *m*; ***~no*** imperial *adj m/f*; ***Rooma~*** Imperio *m* Romano; ***~shugi*** imperialismo *m*
teisai 体裁 apariencia *f*; ***~no yoi/warui*** buena/mala apariencia
teisatsu 偵察 reconocimiento *m*, exploración *f*; ***~suru*** reconocer, explorar; ***~tai*** cuerpo *m* de exploración
teishi 停止 parada *f*, interrupción *f*; ***~suru*** pararse, detenerse
teiji 提示 presentación *f*, exhibición *f*; ***~suru*** exhibir, mostrar

teishutsu 提出 presentación *f*; ***~suru*** presentar; ***repooto o~suru*** presentar un trabajo
teishoku 定食 cubierto *m*, plato *m* combinado
teishoku 定職 trabajo *m* fijo; ***~ga nai*** no tener trabajo fijo
teishoku 停職 ***~shobun ni suru*** suspender a alg de su empleo
disuku ディスク *informát* disco *m*
disukoteeku ディスコテーク discoteca *f*
teisei 訂正 ***~suru*** corregir, rectificar, enmendar
teitai 停滞 estancamiento *m*; ***~suru*** estancarse
tisshupeepaa ティッシュペーパー pañuelo *m* de papel
teiden 停電 apagón *m*, corte *m* de electricidad
teido 程度 grado *m*, nivel *m*; ***~o koeru*** exceder el límite; ***aru~de*** en cierto grado; ***aru~made*** hasta cierto límite
teitoo 抵当 prenda *f*, hipoteca *f*; ***~ni ireru*** empeñar, hipotecar; ***~ni haitte iru*** estar empeñado, -a, estar hipotecado, -a; ***~kashi*** préstamo *m* hipotecario; ***~ken*** derecho *m* de hipoteca
dinaa ディナー cena *f*
teinei 丁寧 ***~na*** **1.** cortés *adj m/f*, bien educado, -a; **2.** atento, -a, minucioso, -a; ***~ni*** con cortesía, atentamente
deiri 出入り entrada *f* y salida *f*; ingresos *mpl* y gastos *mpl*; ***~suru*** entrar y salir
teiryuujo 停留所 (*basu/autobús*) parada *f*
teire 手入れ reparación *f*, cuidado *m*; ***~o suru*** arreglar, reparar, cuidar
teeze テーゼ tesis *f*
deeta データ dato *m*; ***~banku*** banco *m* de datos; ***~ beesu*** データーベース *informát* base *f* de datos
deeto デート cita *f*; ***~suru*** tener una cita con alg
teepu テープ cinta *f*, cinta *f* magnetofónica
teeburu テーブル mesa *f*; ***~ni tsuku*** sentarse a la mesa; ***~kurosu*** mantel *m*; ***~supiichi o suru*** pronunciar un discurso de sobremesa
teepurekoodaa テープレコーダー magnetófono *m*; ***~de rokuon suru*** grabar con un magnetófono
teema テーマ tema *m*, asunto *m*
teochi 手落ち (*kashitsu*) error *m*, equivocación *f*, inadvertencia *f*
deka- デカー ***~guramu*** decagramo *m*; ***~meetoru*** decámetro *m*; ***~rittoru*** decalitro *m*
tegakari 手掛かり clave *f*, indicio *m*, señal *f*
dekakeru 出掛ける salir, marcharse

tegata 手形 **1.** marca *f* de la mano; **2.** *com* letra *f*; ***~de shiharau*** pagar por letras; ***~o hikiukeru*** aceptar una letra
tegatai 手堅い firme *adj m/f*, seguro, -a, prudente *adj m/f*
dekadan デカダン decadencia *f*; ***~no*** decadente *adj m/f*
tegami 手紙 carta *f*; ***...ni~o kaku*** escribir una carta a alg; ***~o dasu*** echar una carta al buzón
tegaru 手軽 ***~na*** fácil *adj m/f*, sencillo, -a; ***~ni*** con facilidad
teki 敵 enemigo, -a; ***ooku no~o tsukuru*** crearse muchos enemigos
deki 出来 ***~no ii/warui*** bien/mal hecho, -a
dekiai 出来合い ***~no*** hecho, -a, confeccionado, -a
dekiagaru 出来上がる acabarse, estar hecho, -a, estar listo, -a
tekii 敵意 hostilidad *f*; ***~no*** hostil *adj m/f*; ***~no arutaido o toru*** adoptar/tomar una actitud hostil
tekioo 適応 adaptación *f*; ***~suru*** adaptarse; ***A o B ni ~saseru*** adaptar A a B
tekikaku 的確 ***~na*** preciso, -a, exacto, -a; ***~ni*** con precisión
tekigi 適宜 ***~no*** conveniente *adj m/f*, adecuado, -a; ***~ni*** según las circunstancias
tekigoo 適合 conformidad *f*; ***~suru*** conformarse con u/c; ***A o B ni ~saseru*** ajustar A a B
dekigoto 出来事 suceso *m*, acontecimiento *m*
dekishi 溺死 ***~suru*** morir ahogado, -a
tekisuru 適する ser adecuado, -a a, convenir a, sentar bien a
tekisetsu 適切 ***~na*** conveniente *adj m/f*, adecuado, -a
dekisokonai 出来損ない ***~no*** defectuoso, -a, mal hecho, -a; ***~no sakuhin*** chapuza *f*, chapucería *f*
tekitai 敵対 ***~suru*** enemistarse con alg
dekitate 出来立て ***~no*** recién hecho, -a
tekido 適度 ***~no*** moderado, -a, mesurado, -a; ***~ni*** con moderación
tekitoo 適当 **1.** ***~na*** conveniente *adj m/f*, oportuno, -a; **2.** ***~ni yatte kudasai*** Haga lo que mejor le parezca
dekimono 出来物 bulto *m*, erupción *f*, grano *m*; ***~ga dekite iru*** tener un bulto/grano
dekiru 出来る **1.** poder + inf, ser capaz de + inf, saber + sust/inf; ***tenisu ga~*** saber jugar al tenis; ***oyogu koto ga~*** saber nadar; ***~dake*** en lo posible; **2.** fabricarse, hacerse; ***kome kara~*** hacerse con arroz; **3.** surgir

tegiwa 手際 destreza *f*, habilidad *f*; **~no yoi** hábil *adj m/f*; **~no warui** torpe *adj m/f*
deguchi 出口 boca *f* de salida
tekunikaraa テクニカラー tecnicolor *m*
tekunishan テクニシャン técnico, -a
tekunikku テクニック técnica *f*
tekubi 手首 muñeca *f*
teko 梃 palanca *f*; **~de mochiageru** levantar con palanca
tegotae 手応え reacción *f*, efecto *m*
dekoboko 凸凹 **~no** desigual *adj m/f*, accidentado, -a; **~ga aru** tener desigualdades; **~o nakusu** allanar, nivelar
dekoreeshon デコレーション decoración *f*, adorno *m*
tegoro 手頃 **~na** **1.** (*ookisa/tamaño*) manejable *adj m/f*, de tamaño adecuado; **2.** (*nedan/precio*) asequible *adj m/f*
dezaato デザート postre *m*; **~ni ...o taberu** tomar... como postre
dezainaa デザイナー diseñador, -a, dibujante *m/f*
dezain デザイン diseño *m*; **~suru** diseñar
tezawari 手触り **~no yawarakai/katai** blando, -a/duro, -a al tacto
deshi- デシー **~guramu** decigramo *m*; **~meetoru** decímetro *m*
tejina 手品 juego *m* de manos; **~o suru** hacer juegos de manos
dejitaru デジタル *informát* digital *adj m/s*
deshabaru でしゃばる entrometerse
tejun 手順 orden *m*, procedimiento *m*; **~o kimeru** hacer un plan
tesuu 手数 **~no kakaru** trabajoso, -a; **~no kakaranai** fácil *adj m/f*, sencillo, -a
tesuuryoo 手数料 comisión *f*
tesuto テスト ensayo *m*, prueba *f*, examen *m*; **~suru** ensayar, probar
tesuri 手摺 pasamanos *m*, barandilla *f*
detarame 出たら目 **~na** disparatado, -a, absurdo, -a; **~ni** disparatadamente
techoo 手帳 agenda *f*; **~ni tsukeru** anotar en la agenda
tetsu 鉄 hierro *m*, acero *m*; **~no** de hierro; **~seihin** productos *mpl* siderúrgicos
tekkai 撤回 retirada *f*, revocación *f*; **~suru** retractar, revocar; **shobun o~** revocar una disposición
tetsugaku 哲学 filosofía *f*; **~teki na** filosófico, -a; **~teki ni** filosóficamente
tekkoo 鉄鋼 hierro *m* y acero *m*; **~gyoo** industria *f* siderúrgica;

~seihin productos *mpl* siderúrgicos
dessan デッサン boceto *m*, esbozo *m*; **~o suru** bosquejar
tetsudau 手伝う ayudar, auxiliar, echar una mano
tetsuzuki 手続き trámite *m*, formalidad *f*, procedimiento *m*; **~o suru** cumplir los trámites
tettei 徹底 **~teki na/shita** perfecto, -a, completo, -a, íntegro, -a
tetsudoo 鉄道 ferrocarril *m*; **~no** ferroviario, -a; **~de okuru** mandar por ferrocarril; **~senro** vía *f* férrea
teppai 撤廃 abolición *f*, derogación *f*; **~suru** abolir, suprimir
teppan 鉄板 plancha *f* de hierro; **gyuuniku no~yaki** carne *f* de ternera a la plancha
deppuri でっぷり **~shita** obeso, -a, gordo, -a
teppen 天辺 cumbre *f*, cima *f*
teppoo 鉄砲 escopeta *f*; **~o utsu** disparar una escopeta
tetsuya 徹夜 **~suru** trasnochar, pasar toda la noche sin dormir
tenaoshi 手直し **~suru** corregir, enmendar
tenisu テニス tenis *m*; **~o suru** jugar al tenis
denimu デニム tela *f* vaquera; **~no zubon** pantalones *mpl* vaqueros
tenimotsu 手荷物 equipaje *m* de mano
tenukari 手抜かり error *m*, omisión *f*, descuido *m*; **~naku** sin falta ni error
tenugui 手拭い paño *m* de manos; **~de te o fuku** secarse las manos con un paño
tenurui 手緩い falto, -a de severidad, demasiado indulgente *adj m/f*
tenohira 掌 palma *f* de la mano; **~o kaesu** volver la palma de la mano
denomineeshon デノミネーション denominación *f*
dewa では pues, pues bien, entonces
depaato デパート grandes almacenes *mpl*
tehajime 手始め **~ni** para empezar, al principio
tebanashi 手放し **~de** con las manos libres, sin reserva
tebanasu 手放す prescindir, desprenderse
tebiki 手引き **1.** (*annai*) introducción *f*, conducción *f*; **2.** (*annaisho*) guía *f*, manual *m*
debyuu デビュー estreno *m*, debut *m*; **~suru** debutar
debu でぶ (*hito/persona*) gordo, -a
tebukuro 手袋 guantes *mpl*; **~o hameru/nugu** ponerse/quitarse los guantes
teburi 手振り gestos *mpl*, gesticulación *f*

defure(eshon) デフレ（ーション） *econ* deflación *f*
tehon 手本 modelo *m*, ejemplo *m*; **~*ni naru*** servir de modelo
tema 手間 **1.** (*jikan*) tiempo *m*; **2.** (*rooryoku*) trabajo *m*; **~*ga kakaru*** costar; **~*shigoto*** trabajo *m* a destajo
dema デマ rumor *m* falso, noticia *f* falsa; **~*o tobasu*** propagar rumores falsos
temae 手前 ***...no~ni*** a este lado de
demo でも **1.** (*shikashi*) pero; **2.** (*de sae*) aún, hasta; **3.** (*mo mata*) también; **4.** (*hitei/negativo*) ni
demo デモ manifestación *f*; **~*sankasha*** manifestante *m/f*
temoto 手元 **~*ni aru*** tener a mano; **~*ni nai*** no tener a mano
tera 寺 templo *m*, monasterio *m* budista
terasu 照らす **1.** (*akaruku suru*) alumbrar, iluminar; **2.** (*shoogoo*) confrontar
terasu テラス terraza *f*
derakkusu デラックス **~*na*** de lujo, lujoso, -a
derikeeto デリケート **~*na*** delicado, -a
teru 照る ***hi ga~*** brillar el sol; ***tsuki ga~*** brillar la luna
deru 出る **1.** salir, partir, irse; **2.** (*arawareru*) aparecer; **3.** (*shusseki*) asistir, presentarse; **4.** (*tsuujiru*) llevar, conducir; **5.** (*hakkoo*) salir, publicarse; **6.** (*shoojiru*) producirse, ocasionarse; **7.** (*sanshutsu*) producir; **8.** (*yurai*) venir, derivarse; **9.** (*shusshin*) descender, venir, proceder; **10.** (*ureru*) venderse
terekusai 照れ臭い avergonzado, -a, turbado, -a, -a, abochornado, -a
terepashii テレパシー telepatía *f*
terebi テレビ **1.** televisión *f*; **2.** (*soochi*) televisor *m*; **~*o miru*** ver la televisión; **~*de hoosoo suru*** emitir por televisión
tereru 照れる tener vergüenza
terorisuto テロリスト terrorista *m/f*
tero(rizumu) テロ（リズム） terrorismo *m*; **~*kooi*** acto *m* terrorista
ten 天 **1.** cielo *m*, firmamento *m*; **2.** (*Kami*) Dios *m*; **3.** (*unmei*) destino *m*, sino *m*; **4.** (*tengoku*) paraíso *m*, cielo *m*
ten 点 **1.** punto *m*, coma *f*; **2.** (*seiseki*) nota *f*, marca *f*; ***ii/warui~o toru*** sacar buenas/malas notas
den´atsu 電圧 voltaje *m*, tensión *f* eléctrica
ten´in 店員 empleado, -a de una tienda, dependiente, -a
den´en 田園 campo *m*; **~*no*** rural *adj m/f*, campesino, -a;

~seikatsu o okuru vivir en el campo

tenka 点火 ignición *f*; ***~suru*** encender u/c, pegar fuego a u/c

denka 殿下 Su Alteza *f*

tenkai 展開 desarrollo *m*, evolución *f*; ***~suru*** desarrollarse; ***~saseru*** desarrollar

tenkan 転換 cambio *m*, vuelta *f*, transformación *f*; ***~suru*** cambiar u/c

tenkan 癲癇 *med* epilepsia *f*; ***~o okosu*** sufrir un ataque epiléptico

tenki 天気 tiempo *m*, estado *m* atmosférico; ***~ga ii/warui*** hacer buen/mal tiempo

denki 伝記 biografía *f*; ***~teki na*** biográfico, -a

denki 電気 **1.** electricidad *f*; **2.** (*dentoo*) luz *f* eléctrica; ***~no*** eléctrico, -a; ***~de*** electricamente; ***~o tsukeru/kesu*** encender/apagar la luz; ***~o okosu*** generar corriente eléctrica

denkyuu 電球 bombilla *f*; ***~ga kireru*** fundirse una bombilla

tenkyo 転居 cambio *m* de domicilio

tenkin 転勤 traslado *m*; ***~suru*** ser trasladado a un lugar; ***~saseru*** trasladar

tenkei 典型 tipo *m*, prototipo *m*; ***~teki na*** típico, -a; ***nihonjin no~*** japonés, -a típico, -a

tenken 点検 inspección *f*, examen *m*; ***~suru*** inspeccionar, examinar

dengen 電源 **1.** fuente *f* de energía eléctrica; **2.** (*konsento*) enchufe *m* de pared; ***~o kiru/ireru*** cortar/conectar la corriente

tenkoo 転向 conversión *f*; ***~suru*** convertirse a u/c; ***~saseru*** convertir a u/c

tengoku 天国 cielo *m*, paraíso *m*; ***~ni iku*** ir al paraíso

dengon 伝言 mensaje *m*; ***... ni~o tanomu*** dar un mensaje para...; ***~o nokosu*** dejar un mensaje

tensai 天才 genio *m*, talento *m*; ***~teki na*** genial *adj m/f*

tensai 天災 calamidad *f*, desastre *m* natural; ***~ni au*** sufrir un desastre natural

tenshi 天使 ángel *m*; ***~no yoo na*** angelical *adj m/f*

tenji 点字 braille *m*; ***~ni yakusu*** transmitir u/c en braille

tenji 展示 exposición *f*, exhibición *f*; ***~suru*** exponer, exhibir; ***~kai*** exposición *f*

denshi 電子 electrón *m*; ***~no*** electrónico, -a; ***~renji*** horno *m* electrónico (microondas *m*)

densha 電車 tren *m* eléctrico; ***~ni noru*** tomar el tren; ***~de iku*** ir en tren

tenjoo 天井 techo *m*

tenjiru 転じる (*kaeru*) cambiar, alterar

denshin 電信 telegrafía *f*, telégrafo *m*; **~no** telegráfico, -a, cablegráfico, -a

densetsu 伝説 leyenda *f*, tradición *f*; **~teki na** legendario, -a

densen 伝染 contagio *m*, infección *f*; **~suru** contagiarse, transmitirse

tentai 天体 astro *m*, cuerpo *m* celeste; **~booenkyoo** telescopio *m* astronómico

dentaku 電卓 calculadora *f* electrónica

tenchi 天地 cielo *m* y tierra *f*; **"~muyoo"** "No dar la vuelta/ No poner del revés"

denchi 電池 pila *f*, batería *f* eléctrica; **~ga kireru** agotarse la pila; **~o torikaeru** cambiar las pilas

tento テント tienda *f* de campaña, carpa *f*; **~seikatsu o suru** vivir en una tienda de campaña

tentoo 転倒 vuelco *m*, inversión *f*; **~suru** volcarse; **~saseru** volcar, transtornar

dentoo 伝統 tradición *f*; **~teki na** tradicional *adj m/f*; **~teki ni** tradicionalmente

dentoo 電灯 luz *f* eléctrica, lámpara *f*; **~o tsukeru/kesu** encender/apagar la luz

dendoo 伝道 predicación *f*, evangelización *f*; **~suru** predicar la fe, evangelizar

tennen 天然 naturaleza *f*; **~no** natural *adj m/f*, salvaje *adj m/f*; **~shigen** recursos *mpl* naturales

tennoo 天皇 emperador *m* del Japón, emperatriz *f* del Japón; **~heika** Su Majestad el Emperador; **~sei** régimen *m* imperial

denpa 電波 onda *f* eléctrica; **~tanchiki** radar *m*

tenpu 添付 *informát* (*documento*) adjunto *adj m/f*; **~suru** adjuntar

tenpura 天ぷら tempura *m* (plato *m* japonés consistente en pescados, mariscos y verduras rebozados y fritos)

tenpo テンポ ritmo *m*, velocidad *f*; **~no hayai/osoi** de ritmo rápido/lento

tenboo 展望 vista *f*, panorama *m*; **~dai** mirador *m*

denpoo 電報 telegrama *m*; **~o utsu** mandar un telegrama

tenmetsu 点滅 parpadeo *m*; **~suru** parpadear; **~suru hikari** luz *f* intermitente

tenmon 天文 **~gaku** astronomía *f*; **~dai** observatorio *m* astronómico

ten´yoo 転用 **~suru** destinar u/c a otro fin

denrai 伝来 introducción *f*, transmisión *f*; ***~suru*** introducirse

tenraku 転落 caída *f*, precipitación *f*; ***~suru*** caer, precipitarse

tenrankai 展覧会 exposición *f*, exhibición *f*; ***~o hiraku*** abrir una exposición

denryuu 電流 corriente *f* eléctrica; ***~kei*** amperímetro *m*

denryoku 電力 electricidad *f*, energía *f* eléctrica; ***~o shoohi suru*** consumir electricidad; ***~o kyookyuu suru*** suministrar electricidad

denwa 電話 teléfono *m*; ***~no*** telefónico, -a; ***~o kakeru*** llamar a alg por teléfono; ***~de hanasu*** hablar por teléfono; ***~kyoku*** oficina *f* telefónica; ***~bangoo*** número *m* de teléfono; ***~kookanshu*** telefonista *m/f*; ***~choo*** guía *f* de teléfonos; ***~bokkusu*** cabina *f* telefónica; ***kooshuu~*** teléfono *m* público; ***~ryookin*** gastos *mpl* telefónicos

TO と

-to 一と **1.** (*oyobi*) y; **2.** (*…to tomo ni*) con; **3.** (*naiyoo*) (decir/pensar) que; **4.** (*toki ni*) al, cuando; **5.** (*-tara/-ba*) si

to 戸 puerta *f*; ***~o tataku*** llamar a la puerta

to 都 ***Tookyoo~*** metrópoli *f* de Tokio; ***~chiji*** gobernador, -a metropolitano, -a; ***~gikai*** consejo *m* municipal de Tokio; ***~choo*** edificio *m* de la gobernación de Tokio

do 度 **1.** (*kaisuu*) vez *f*; ***ichi~*** una vez *f*; ***yon~me ni*** a la cuarta vez; **2.** (*kakudo, ondo/ángulo, temperatura*) grado *m*; ***yon juu go~no kakudo*** ángulo *m* de cuarenta y cinco grados; **3.** (*arukooru/alcohol*) grado *m*; ***juu san~no wain*** vino *m* de trece grados; **4.** ***~o sugosu*** pasarse de la raya; ***~o ushinau*** perder la cabeza; **5.** (*ongaku/música*) grado *m*

doa ドア puerta *f*

toiawase 問い合わせ solicitud *f* de información

toiawaseru 問い合わせる solicitar a alg información

-toiu 一という llamado, -a; ***Ozaki~hito*** la persona *f* llamada Ozaki

toiretto トイレット servicio *m*; ***~peepaa*** papel *m* higiénico

-too 一頭 (*doobutsu/animales*) cabezas *fpl*

tou 問う **1.** (*tazuneru*) preguntar; **2.** (*mondai ni suru*) poner u/c en tela de juicio

too 塔 torre *f*; ***~ni noboru*** subir a una torre

doo どう cómo, qué; ***~itashimashite*** De nada, No hay de qué

doo 銅 *quím* cobre *m*; ***~sei no*** de cobre; ***~iro no*** cobrizo, -a

tooan 答案 ***~yooshi*** hoja *f* del examen; ***~o kaku*** contestar las preguntas del examen

dooi 同意 asentimiento *m*, consentimiento *m*; ***~suru*** consentir, aprobar

dooiu どういう qué, qué clase; ***~fuu ni*** cómo

tooitsu 統一 unidad *f*, cohesión *f*, unificación *f*; ***~suru*** unificar

Too'oo 東欧 Europa *f* oriental; ***~shokoku*** países *mpl* de Europa oriental

dooka どうか **1.** (*doozo*) por favor; **2.** ***~shimashita ka*** ¿Qué le pasa?; **3.** o no; ***Kare wa kuru ka~wakarimasen*** No sé si viene o no

dooka 同化 asimilación *f*, adaptación *f*; ***~suru*** adaptarse a u/c, asimilar u/c

tookaku 倒閣 derribamiento *m* del gabinete; ***~undoo o okosu*** lanzar una campaña para derribar el gabinete

tookaku 頭角 ***~o arawasu*** distinguirse, sobresalir

tooki 投機 especulación *f*; ***~suru*** especular; ***~teki na*** especulativo, -a

tooki 陶器 loza *f*, cerámica *f*; ***~o yaku*** cocer cerámica

tooki 登記 registro *m*, inscripción *f*; ***~suru*** registrar, inscribir en un registro; ***~bo*** (libro de) registro *m*

toogi 討議 debate *m*, deliberación *f*; ***~suru*** debatir, discutir

dooki 動悸 palpitaciones *fpl*, latidos *mpl* del corazón; ***~ga suru*** tener palpitaciones

dooki 動機 motivo *m*, móvil *m*; ***~zuke*** motivación *f*

doogi 同義 ***~no*** sinónimo, -a; ***~go*** sinónimo *m*

doogi 道義 moral *f*, moralidad *f*; ***~teki na*** moral *adj m/f*; ***~teki ni*** moralmente; ***~ni hansuru*** faltar a la moral

tookyuu 等級 clase *f*, rango *m*, categoría *f*; ***~o ageru/sageru*** subir/bajar de categoría

toogyuu 闘牛 corrida *f* de toros; ***~no*** taurómaco, -a; ***~shi*** torero, -a

dookyuu 同級 ***~sei*** compañero, -a de curso, condiscípulo, -a

Tookyoo 東京 Tokio

dookyoo 道教 taoísmo *m*

doogu 道具 instrumento *m*, útiles *mpl*

tooge 峠 **1.** desfiladero *m*; **2.** apogeo *m*

tookei 統計 estadística *f*; ***~teki na*** estadístico, -a; ***~teki ni*** estadísticamente

toogei 陶芸 *arte* cerámica *f*; ***~ka*** ceramista *m/f*

tooketsu 凍結 congelación *f*; ***~suru*** congelarse

dooketsu 洞穴 caverna *f*, cueva *f*, gruta *f*

tookoo 陶工 alfarero, -a, ceramista *m/f*

toogoo 統合 unificación *f*, integración *f*; ***~suru*** unificar, sintetizar

toosa 踏査 ***~suru*** explorar un sitio

tooza 当座 **1.** ***~no*** temporal *adj m/f*, transitorio, -a; ***~no sumai*** morada *f* temporal; ***~no shochi*** medida *f* provisional; **2.** (*shoogyoo*) ***~yokin*** cuenta *f* corriente

doosa 動作 acción *f*, movimiento *m*

toozai 東西 este *m* y oeste *m*; oriente *m* y occidente *m*; ***~nanboku*** puntos *mpl* cardinales

doosatsu 洞察 penetración *f*, perspicacia *f*; ***~suru*** penetrar

tooshi 投資 inversión *f*; ***~suru*** invertir; ***~ka*** inversionista *m/f*; ***~keikaku*** plan *m* de inversiones

tooshi 透視 ***~suru*** ver a través de u/c; ***~gahoo*** perspectiva *f*

tooshi 闘志 espíritu *m* combativo; ***~no aru*** combativo, -a; ***~o shimesu*** mostrar combatividad; ***~o ushinau*** perder la combatividad

tooji 当時 en esa época, en aquellos tiempos

dooshi 同志 camarada *m/f*, compañero, -a

dooshi 動詞 verbo *m*; ***~no*** verbal *adj m/f*

dooji 同時 ***~no*** simultáneo, -a; ***~ni*** simultáneamente, a la vez

toojitsu 当日 ese día

dooshite どうして (*naze*) por qué, cómo

dooshitemo どうしても **1.** (*zettai ni*) absolutamente; (*omo ni hiteibun de*) en absoluto; **2.** (*nantoshitemo*) a toda costa, cueste lo que cueste; **3.** (*hitsuyoo ga atte*) necesariamente

toojoo 登場 entrada *f* en escena; ***~suru*** entrar en escena, aparecer; ***~jinbutsu*** personaje *m*

doojoo 同情 compasión *f*, simpatía *f*; ***~suru*** compadecerse de alg

toosui 陶酔 embriaguez *f*, embelesamiento *m*; ***~suru*** embriagarse, extasiarse

doose どうせ (*tonikaku*) de todas maneras, de todos modos; (*kekkyoku*) al fin, después de todo

toosei 統制 control *m*, regulación *f*; ***~suru*** controlar, regular

doosei 同性 ***~no*** del mismo sexo; ***~ai*** homosexualidad *f*

toosetsu 当節 ***~dewa*** ahora, actualmente

toosen 当選 elección *f*; ***~suru*** ser elegido, -a, obtener el premio

toozen 当然 naturalmente, evidentemente, forzosamente

doozo どうぞ por favor, adelante

toosotsu 統率 mando *m*, dirección *f*; ***~suru*** mandar, gobernar

toochi 当地 en este lugar

toochi 統治 gobierno *m*, dominio *m*; ***kuni o~suru*** gobernar un país

toochaku 到着 llegada *f*; ***~suru*** llegar

doochuu 道中 viaje *m*; ***~de*** durante el viaje

doochoo 同調 **1.** ***~suru*** ponerse de acuerdo, ponerse del lado de alg; **2.** *radio* sintonización; ***~saseru*** sintonizar

toodo 陶土 arcilla *f*

tootoo とうとう al fin, por fin

dootoo 同等 ***~no*** igual *adj m/f*, equivalente *adj m/f*

doodoo 堂々 ***~taru*** imponente *adj m/f*, magnífico, -a; ***~to*** majestuosamente

doodoomeguri 堂々巡り círculo *m* vicioso; ***~ni naru*** caer en un círculo vicioso

dootoku 道徳 moral *f*, civismo *m*; ***~teki na*** moral *adj m/f*, ético, -a

toonan 盗難 robo *m*; ***~ni au*** ser víctima de un robo; ***~hoochiki*** alarma *f* antirrobo; ***~hin*** objeto *m* robado; ***~hoken*** seguro *m* contra robos; ***~hoken o kakeru*** asegurar u/c contra robos

doonyuu 導入 introducción *f*; ***~suru*** introducir

toonyoobyoo 糖尿病 diabetes *f*; ***~no*** diabético, -a

tooha 党派 partido *m*, secta *f*, facción *f*; ***~o kumu*** formar un partido

tooban 当番 turno *m* de servicio; ***~de aru*** estar de servicio

toohi 等比 ***~kyuusuu*** progresión *f* geométrica; ***~teki ni zooka suru*** aumentar en progresión geométrica

toohyoo 投票 votación *f*, sufragio *m*; ***~suru*** votar; ***~ken*** derecho *m* al voto; ***~sha*** votante *m/f*

toofu 豆腐 tofu *m*, cuajada *f* de soja

toobu 頭部 cabeza *f*, cráneo *m*

doofuu 同封 ***~suru*** adjuntar; ***~no*** adjunto, -a

doobutsu 動物 animal *m*; ***~en*** parque *m* zoológico, zoo *m*

toobun 当分 por ahora, durante algún tiempo

tooheki 盗癖 cleptomanía *f*; ***~no aru*** cleptómano, -a

tooben 答弁 respuesta *f*, explicación *f*; ***~suru*** responder;

~o motomeru pedir una respuesta

tooboo 逃亡 huida *f*, fuga *f*; ***~suru*** huir, fugarse

doomyaku 動脈 arteria *f*; ***~chuusha*** inyección *f* arterial

toomin 冬眠 ***~suru*** hibernar

toomei 透明 ***~na*** transparente *adj m/f*, diáfano, -a; ***~sa*** transparencia *f*

doomei 同盟 alianza *f*, liga *f*, confederación *f*; ***~suru*** aliarse, confederarse

doomo どうも **1.** (*taihen*) ***~arigatoo*** Muchas gracias; ***~sumimasen*** Lo siento mucho; **2.** (*dooshitemo*) de ninguna manera; **3.** (*nandaka*) no saber por qué; 4. (*dooyara*) ***~…+ rashii*** parece que…

Tooyoo 東洋 Oriente *m*; ***~no*** oriental *adj m/f*; ***~gaku*** orientalismo *m*

dooyoo 同様 ***~no*** mismo, -a, semejante *adj m/f*; ***~ni*** igualmente

dooyoo 動揺 trepidación *f*, estremecimiento *m*, sacudida *f*; ***~suru*** trepidar, estremecerse, perder la calma

dooyoo 童謡 canción *f* infantil

dooraku 道楽 pasatiempo *m*, diversión *f*

doori 道理 **1.** razón *f*, sentido *m* común; ***~ni kanatta*** razonable *adj m/f*; ***~ni hanshita*** contrario, -a a la razón; **2.** ***~de*** ¡Ahora caigo!

dooryoo 同僚 colega *m/f*, compañero, -a

dooro 道路 camino *m*, calle *f*; ***~chizu*** mapa *m* de carreteras

tooroku 登録 registro *m*, inscripción *f*, matriculación *f*; ***~suru*** registrar, matricular; ***~bo*** registro *m*, matrícula *f*; ***~ryoo*** derechos *mpl* de registro/matrícula

tooron 討論 discusión *f*, debate *m*; ***~suru*** discutir

doowa 童話 cuento *m* infantil; ***~sakka*** escritor, -a de cuentos infantiles

toowaku 当惑 ***~suru*** turbarse, confundirse

toei 都営 ***~no*** metropolitano, -a

tooi 遠い **1.** (*basho/lugar*) lejano, -a, alejado, -a; **2.** (*jikan/tiempo*) remoto, -a; **3.** (*kankei/relación*) lejano, -a

tookii トーキー película *f* sonora

tooku 遠く lejos; ***~ni*** a lo lejos, en la distancia; ***~kara*** desde lejos

toosu 通す **1.** (*tsuuka*) hacer pasar, dejar pasar; **2.** (*jizoku*) persistir, insistir; **3. *…o tooshite*** a través de

toosutaa トースター tostadora *f*

toosuto トースト pan *m* tostado, tostada *f*

tootemu トーテム tótem *m*
doonatsu ドーナツ rosquilla *f*
toonamento トーナメント torneo *m*
toomawashi 遠回し ***~no*** perifrástico, -a; ***~ni*** con rodeos
toomawari 遠回り rodeo *m*, vuelta *f*; ***~suru*** dar un rodeo
toori 通り **1.** calle *f*, paseo *m*; **2.** tal como; ***itta~*** tal como dije
toori-ippen 通り一遍 ***~no*** mediocre *adj m/f*, común *adj m/f*
toorikakaru 通りかかる pasar por un sitio, pasar por casualidad
toorikosu 通り越す pasar, pasar de largo
toorinukeru 通り抜ける atravesar
toorimichi 通り道 pasaje *m*, camino *m*; ***~o fusagu*** cerrar el paso
tooru 通る **1.** (*tsuuka*) pasar, atravesar; **2. *shiken ni~*** aprobar el examen
-toka ―とか **1.** y, o; **2.** un, -a tal *adj m/f*
tokai 都会 ciudad *f*; ***~no/teki na*** urbano, -a
tokage とかげ *zool* lagarto *m*, lagartija *f*
tokasu 溶かす disolver, licuar, fundir
togameru 咎める reprochar, recriminar, reprender
togarasu 尖らす aguzar, afilar
togatta 尖った puntiagudo, -a, agudo, -a
toki 時 **1.** (*jikan*) tiempo *m*; **2.** (*jikoku*) hora *f*; **3.** (*jidai*) época *f*; **4. *...suru~ni*** cuando; ***...subeki~da*** ya es hora de + inf; ***~no*** de entonces
tokidoki 時々 de vez en cuando, a veces
dokidoki どきどき ***~suru*** palpitar, latir
tokinaranu 時ならぬ **1.** (*kisetsuhazure no*) extemporal *adj m/f*, extemporáneo, -a; **2.** (*totsuzen no*) repentino, -a
tokiniwa 時には a veces, en ciertos casos
dogimagi どぎまぎ ***~suru*** turbarse, desconcertarse, azorarse
dokyumentarii ドキュメンタリー ***~eiga*** cine *m* documental; ***~bangumi*** programa *m* documental
dokyoo 度胸 valor *m*, audacia *f*, osadía *f*; ***~no aru*** valiente *adj m/f*; ***~no nai*** cobarde *adj m/f*, tímido, -a
togireru 途切れる interrumpirse, cesar por un rato
toku 解く (*mondai o/problema*) resolver, solucionar
toku 説く explicar, enseñar
toku 得 (*rieki*) ganancia *f*, beneficio *m*; ***~na*** provechoso, -a; ***~o suru*** ganar
togu 研ぐ aguzar, afilar

doku 毒 veneno *m*, ponzoña *f*; **~*no aru*** venenoso, -a

tokui 得意 **1.** (*jiman*) ***...o~garu*** estar orgulloso, -a de u/c, jactarse de u/c; **2.** ***...ga~de aru*** ser fuerte en u/c; **3.** cliente *m/f*

dokugaku 独学 autodidáctica *f*; **~*suru*** estudiar sin maestro; **~*no*** autodidacta *m/f*

dokugasu 毒ガス gas *m* tóxico

tokugi 特技 especialidad *f*, habilidad *f* especial

dokuke 毒気 toxicidad *f*, virulencia *f*, malicia *f*; **~*o fukunda*** malicioso, -a

dokusai 独裁 despotismo *m*, dictadura *f*; **~*teki na*** despótico, -a; **~*sha*** déspota *m/f*, dictador, -a

dokusatsu 毒殺 envenenamiento *m*; **~*suru*** envenenar

dokuji 独自 **~*no*** original *adj m/f*, personal *adj m/f*; **~*sei*** originalidad *f*

tokusha 特赦 indulto *m*, amnistía *f*; **~*o ataeru*** conceder una amnistía

dokusha 読者 lector, -a

tokushu 特殊 **~*na*** particular *adj m/f*, especial *adj m/f*, singular *adj m/f*

dokusho 読書 lectura *f*

dokushin 独身 soltería *f*; **~*no*** soltero, -a; **~*sha*** soltero, -a

dokusen 独占 monopolio *m*; **~*suru*** monopolizar; **~*teki na*** exclusivo, -a

dokusoo 独創 **~*teki na*** original *adj m/f*

dokutaa ドクター (*hakushi/ishi*) doctor, -a; **~*koosu*** curso *m* de doctorado

dokudan 独断 **~*teki na*** dogmático, -a, arbitrario, -a; **~*teki ni*** arbitrariamente

tokuchoo 特徴 característica *f*, particularidad *f*; **~*no aru*** característico, -a; **~*no nai*** sin particularidad alguna

tokutei 特定 **~*no*** determinado, -a, específico, -a

dokutoku 独特 **~*no*** particular *adj m/f*, especial *adj m/f*

toku ni 特に especialmente, particularmente

tokubai 特売 venta *f* de saldos; **~*suru*** vender u/c como saldo; **~*hin*** artículo *m* especialmente rebajado

tokuhitsu 特筆 **~*suru*** hacer mención especial de u/c

dokubutsu 毒物 substancia *f* tóxica; **~*gaku*** toxicología *f*

tokubetsu 特別 **~*na*** especial *adj m/f*, particular *adj m/f*

tokumei 特命 **~*o ukeru*** encargarse de una misión especial

tokumei 匿名 **1.** anónimo *m*; **2.** seudónimo *m*; **~*no*** anónimo, -a; **~*de*** bajo un seudónimo

tokuyuu 特有 ***~no*** particular *adj m/f*, propio, -a, característico, -a
dokuritsu 独立 independencia *f*; ***~suru*** independizarse; ***~no*** independiente *adj m/f*
tokurei 特例 excepción *f*, caso *m* excepcional
dokuro 髑髏 calavera *f*, cráneo *m*
toge 刺 espina *f*, púa *f*, pincho *m*, aguijón *m*; ***~no aru*** espinoso, -a; ***~no nai*** sin espinas
tokei 時計 reloj *m*; ***~o seikakuna jikan ni awaseru*** poner el reloj en la hora exacta; ***~o miru*** consultar el reloj; ***~ga tomaru*** pararse el reloj; ***~ya*** relojería *f*; (*hito/persona*) relojero, -a
tokeru 解ける (*mondai ga/problema*) resolverse
tokeru 溶ける disolverse, licuarse, derretirse, fundirse
togeru 遂げる conseguir, alcanzar, cumplir
toko 床 cama *f*, lecho *m*; ***~ni tsuku*** acostarse
doko 何処 dónde; ***~ga*** dónde; ***~ni/de*** dónde; ***~e*** adónde/a dónde; ***~o*** por dónde; ***~kara*** de/desde dónde; ***~made*** hasta dónde; ***~no*** de dónde
dokoo 土工 peón *m*, bracero *m*
dokoka 何処か alguna parte *f*; ***~ni/de*** en alguna parte; ***~e*** a alguna parte
tokoshie 永久 ***~no*** eterno, -a; ***~ni*** eternamente
tokonoma 床の間 espacio *m* sagrado en el salón de una casa japonesa, tokonoma *m*
tokoro 所 **1.** (*basho*) sitio *m*, lugar *m*; **2.** (*ie*) casa *f*, dirección *f*; **3.** (*bubun*) parte *f*; **4.** (*toki*) ***kaita~dearu*** acabar de escribir; ***kaite iru~dearu*** estar escribiendo; ***kaku~dearu*** disponerse a escribir
tokoroga ところが pero, sin embargo
tokorode ところで pues bien, ahora bien, a propósito
tozasu 閉ざす cerrar
tozan 登山 alpinismo *m*, montañismo *m*; ***~suru*** practicar el alpinismo, subir a una montaña
toshi 年 **1.** año *m*; ***~ga tatsu ni tsurete*** a medida que pasan los años; **2.** (*nenrei*) edad *f*; ***O~wa ikutsu desu ka*** ¿Cuántos años tiene usted?
toshi 都市 ciudad *f*, urbe *f*; ***~no*** urbano, -a; ***~ka suru*** urbanizar un sitio
toshiue 年上 ***~no*** de mayor edad
tojikomeru 閉じ込める encerrar, recluir, confinar
tojikomoru 閉じ篭る encerrarse, recluirse
toshigoro 年頃 **1.** (*nenrei*) edad *f*; **2.** (*shishunki*) pubertad *f*

toshishita 年下 ***~no*** de menor edad

-toshite —として como, en calidad de; ***daihyoo~*** como representante

tojimari 戸締まり ***~suru*** cerrar las puertas con llave

doshakuzure 土砂崩れ desprendimiento *m* de tierra; ***~ga okoru*** haber un desprendimiento

tosho 図書 libro *m*; ***~kan*** biblioteca *f*

toshiyori 年寄り viejo, -a, anciano, -a; ***~ni naru*** envejecer

tojiru 閉じる **1.** cerrar; **2.** cerrarse

tojiru 綴じる **1.** encuadernar; **2.** unir (con un clip); coser (con grapas)

dojin 土人 indígena *m/f*

Dosei 土星 Saturno *m*

todaeru とだえる cesar, interrumpirse

todana 戸棚 armario *m*, alacena *f*

totan 途端 en el instante, en cuanto; ***haitta~*** en el instante de entrar; ***mita~*** en cuanto lo

tochi 土地 **1.** tierra *f*, terreno *m*; **2.** (*chihoo*) país *m*, región *f*, comarca *f*; ***~no*** local *adj m/f*

dochaku 土着 ***~no*** autóctono, -a

tochuu 途中 ***~de*** en el camino, a medio camino

dochira どちら **1.** cuál de los/las dos, qué; **2.** (*doko*) dónde

tokka 特価 precio *m* especial, precio *m* de saldo; ***~de uru*** hacer una oferta especial; ***~hin*** saldo *m*

tokkyo 特許 patente *f*; ***...no~o toru*** patentar u/c; ***~o uketa*** patentado, -a

tokken 特権 privilegio *m*, prerrogativa *f*; ***~o ataeru*** otorgar un privilegio

tossa 咄嗟 ***~no*** instantáneo, -a, momentáneo, -a; ***~ni*** al momento; ***~no baai*** en caso imprevisto

dosshiri どっしり ***~shita*** macizo, -a, corpulento, -a

tosshin 突進 ***~suru*** abalanzarse, arrojarse

totsuzen 突然 de repente, súbitamente; ***~no*** repentino, -a

-totte —とって para

toppatsu 突発 ***~suru*** sobrevenir, venir de improviso

toppi 突飛 ***~na*** raro, -a, disparatado, -a, excéntrico, -a

toppu トップ en cabeza, en primer lugar

dote 土手 ribera *f*, orilla *f*, dique *m*

totoo 徒党 pandilla *f*, facción *f*, banda *f*; ***~o kumu*** formar una pandilla

todoku 届く **1.** (*tassuru*) llegar, alcanzar; **2.** (*toochaku suru*) llegar; **3.** (*negai*) ser atendido, -a, ser escuchado, -a

todokesaki 届け先 destino *m*, destinatario, -a
todoke 届け declaración *f*, informe *m*
todokeru 届ける **1.** enviar, mandar, hacer llegar; **2.** declarar, hacer una declaración
todokooru 滞る **1.** (*shiharai ga/pago*) retrasarse; **2.** (*shigoto ga/trabajo*) atrasarse. **3.** (*tráfico*) congestionarse
totonoeru 整える (*seiri*) arreglar, poner en orden, preparar
todomaru 止まる **1.** quedarse, permanecer; **2.** limitarse
todomeru 止める **1.** detenerse, pararse; **2.** limitarse
todoroku 轟く tronar, retumbar
donata どなた quién; ***~desu ka*** ¿Quién es usted?
tonari 隣 **1.** vecindad *f*, casa *f* vecina; **2.** (*hito/persona*) vecino, -a; ***...ni~*** al lado
donaru 怒鳴る gritar, exclamar
-dono —殿 (*-san*) señor, -a/ita
dono どの qué, cuál
donokurai どのくらい cuánto
towaie とはいえ pero, no obstante, sin embargo
tobaku 賭博 juego *m*; ***~suru*** jugar; ***~ni fukeru*** entregarse al juego
tobasu 飛ばす **1.** hacer volar u/c; **2.** hacer correr; **3.** omitir, saltarse; **4.** extender, propagar
tobiageru 飛び上がる **1.** alzar el vuelo; **2.** saltar, dar saltos, brincar
tobi'ita 飛び板 trampolín *m*
tobikoeru 飛び越える saltar, franquear, salvar
tobikomu 飛び込む zambullirse, entrar precipitadamente
tobidasu 飛び出す **1.** salir precipitadamente; **2.** dejar la casa/ el país, huir de la familia
tobitobi 飛び飛び ***~ni*** a intervalos
tobihi 飛び火 chispa *f*
tobira 扉 puerta *f*
tobu 飛ぶ **1.** volar; **2.** saltar; **3.** ir a toda prisa; **4.** (*datsuraku*) faltar, saltar páginas
toho 徒歩 ***~de iku*** ir a pie; ***~de ni juppun*** veinte minutos *mpl* a pie
tohoo 途方 **1.** ***~mo nai*** extraordinario, -a, exagerado, -a; **2.** ***~ni kureru*** no saber qué hacer
doboku 土木 ***~kooji*** obra *f* pública; ***~koogaku*** ingeniería *f* civil; ***~gishi*** ingeniero, -a civil
toboshii 乏しい pobre *adj m/f*, escaso, -a, insuficiente *adj m/f*
tomadou 戸惑う turbarse, desorientarse
tomaru 止まる **1.** pararse, detenerse; **2.** (*tori ga/pájaro*) posarse
tomaru 泊まる alojarse, pasar la noche

tomi 富 riqueza *f*, fortuna *f*
tomu 富む enriquecerse
tomeru 止める **1.** (*teishi*) parar, detenerse; **2.** (*seishi*) impedir, estorbar; **3.** (*kotei*) fijar, sujetar
tomeru 泊める alojar, hospedar
tomokaku ともかく de todos modos, de todas maneras, en fin, después de todo
tomodachi 友達 amigo, -a; ***~o tsukuru*** hacer amigos; ***~ni naru*** trabar amistad con alg
tomonau 伴う traer consigo, acompañar
tomoni 共に juntamente, ambos, -as, con, junto con
domoru 吃る tartamudear
doyoobi 土曜日 sábado *m*
doyomeku どよめく **1.** resonar, retumbar; **2.** rumorearse
tora 虎 tigre *m*, tigresa *f*
dorai-kuriiningu ドライクリーニング lavado *m* en seco; ***~suru*** lavar en seco
doraibaa ドライバー **1.** destornillador *m*; **2.** conductor, -a, chófer *m/f*
doraibu ドライブ paseo *m* en coche; ***~suru*** dar un paseo en coche; ***~ni iku*** ir de paseo en coche
doraiyaa ドライヤー secador *m* de pelo
torakutaa トラクター tractor *m*
torasuto トラスト trust *m*; ***~o tsukuru*** formar un trust
torakku トラック **1.** camión *m*, camioneta *f*; **2.** (*rekoodo no/disco*) surco *m*
doraggusutoa ドラッグストア droguería *f*
toraburu トラブル disgusto *m*, problema *m*, dificultad *f*; ***~o okosu*** acarrear problemas/disgustos
toraberazu chekku トラベラーズ チェック cheque *m* de viajero
dorama ドラマ drama *m*, teatro *m*
doramachikku ドラマチック ***~na*** dramático, -a
doramatsurugii ドラマツルギー dramaturgia *f*
doramu ドラム tambor *m*, batería *f*
toranku トランク baúl *m*, maleta *f*
toranjisutaa トランジスター ***~rajio*** transistor *m*
toransu トランス transformador *m*
toranpu トランプ carta *f*, naipe *m*, baraja *f*; ***~o suru*** jugar a las cartas
toranpetto トランペット trompeta *f*
tori 鳥 ave *f*, pájaro *m*
toriau 取り合う disputarse; ***seki o~*** disputarse un asiento
toriaezu 取り敢えず por ahora, por el momento

toriatsukau 取り扱う tratar, manejar, manipular
toriawase 取り合わせ combinación *f*, conjunto *m* armonioso; ***~ga ii/warui*** buena/mala combinación *f*
toriawase 取り合わせる combinar
torii 鳥居 arco *m* de entrada a un santuario sintoísta, torii *m*
toriireru 取り入れる **1.** cosechar, recolectar; **2.** adoptar, aceptar
torie 取り柄 mérito *m*, valor *m*; ***~no nai*** sin valor
torikaeshi 取り返し ***~no tsukanai*** irreparable *adj m/f*, irremediable *adj m/f*
torikaeru 取り替える cambiar, canjear, sustituir
torikakomu 取り囲む rodear, cercar
torikimeru 取り決める arreglar, convenir u/c, decidir
torikesu 取り消す cancelar, anular; ***hoteru no yoyaku o~*** cancelar la reserva del hotel
torikotto トリコット (tejido *m* de) punto *m*
torishimaru 取り締まる controlar, reglamentar
torishiraberu 取り調べる investigar, examinar, indagar
toridasu 取り出す **1.** sacar, coger; **2.** elegir
toritate 取り立て **1.** cobro *m*, recaudación *f*; **2. *~no sakana*** pescado *m* fresco
torichigaeru 取り違える equivocarse, interpretar mal u/c
toritsugi 取次 **1.** (*chuukai*) mediación *f*; ***~ten*** agencia *f*; ***~gyoosha*** agente *m/f* intermediario, -a, comisionista *m/f*; **2. *~ni deru*** salir a recibir a alg
torikku トリック truco *m*; ***~o mochiiru*** usar un truco
toritsugu 取り次ぐ mediar, transmitir, comunicar
toritsukeru 取り付ける instalar
toritome 取り留め ***~no nai*** incoherente *adj m/f*; ***~no nai hanashi o suru*** hablar sin ton ni son
torinasu 執り成す interceder, mediar
torinozoku 取り除く quitar, eliminar, apartar
torihazusu 取り外す desmontar
toriharau 取り払う quitar, despojar
torihiki 取引 negocio *m*, trato *m*, negociación *f*; ***~suru*** negociar
torimaku 取り巻く rodear
torimidasu 取り乱す perturbarse, quedarse perplejo, -a
torimodosu 取り戻す recuperar, recobrar; ***okure o~*** recuperar el tiempo perdido; ***jishin o~*** recuperar la confianza en sí mismo, -a

doryoku 努力 esfuerzo *m*; ***~suru*** esforzarse

doriru ドリル **1.** taladro *m*, taladradora *f*; **2.** ejercicio *m* de aprendizaje

toru 取（採 / 執 / 捕）る **1.** (*te ni*) tomar, coger; **2.** (*eru*) cobrar, ganar; **3.** quitarse; **4.** (*yoyaku*) reservar; **5.** robar; **6.** pescar, coger, recolectar; **7.** (*saiyoo*) emplear; **8.** ***shinbun o~*** suscribirse a un periódico; **9.** (*in'yoo*) citar

toru 撮る ***shashin o~*** fotografiar

doru ドル dólar *m*; ***~de harau*** pagar en dólares

torunitarinai 取るに足りない de poca importancia

dore どれ cuál; ***~demo*** cualquiera

dorei 奴隷 esclavo, -a; ***~kaihoo*** emancipación *f* de los esclavos; ***~seido*** esclavitud *f*

toreenaa トレーナー entrenador, -a

toreeningu トレーニング entrenamiento *m*; ***~suru*** entrenarse; ***~saseru*** entrenar

doresu ドレス vestido *m*; ***~meekaa*** modisto *m*, modista *m/f*

doresshii ドレッシー ***~na*** muy elegante, de mucho vestir

doresshingu ドレッシング salsa *f* para ensalada, aliño *m*

toreru 取（採 / 捕）れる **1.** (*hazureru*) quitarse, despegarse, desprenderse; **2.** pescarse

doro 泥 barro *m*, fango *m*, lodo *m*; ***Watashi wa kuruma ni~o kakerareta*** Un coche me ha salpicado/echado barro por encima; ***~o haku*** confesar de plano, desembuchar

dorodoroshita どろどろした lodoso, -a, fangoso, -a

doronuma 泥沼 pantano *m*, ciénaga *f*

doroboo 泥棒 **1.** robo *m*, hurto *m*; **2.** (*hito/persona*) ladrón, -a

donguri どんぐり bellota *f*

tonda とんだ (*igai na*) impensado, -a; **2.** (*osoroshii*) terrible *adj m/f*, tremendo, -a; (*juudai na*) serio, -a

tonchi 頓知 ingenio *m*, agudeza *f*; ***~ni tonda*** ingenioso, -a, agudo, -a

tonchaku 頓着 ***~naku*** sin preocuparse de u/c, sin hacer caso de u/c

tondemonai とんでもない absurdo, -a

dondon どんどん **1.** (*hayaku*) rápidamente; **2.** (*takusan*) en gran cantidad

donna どんな qué clase, qué tipo; ***~hito demo*** cualquier persona

donnani どんなに cuánto, cómo; ***~...demo*** por más que, por mucho que

tonneru トンネル túnel *m*; ***~o horu*** abrir un tunel; ***~kooji*** construcción *f* de un túnel

tonbo とんぼ *zool* libélula *f*

ton´ya 問屋 **1.** (tienda *f* de) comercio *m* al por mayor; **2.** (*hito/persona*) comerciante *m/f* al por mayor

don´yoku 貪欲 avaricia *f*, codicia *f*; ***~na*** avaro, -a

-na ーな no (hagas); ***Ugoku~*** No te muevas

na 名 **1.** nombre *m*; ***...ni A toiu~o tsukeru*** llamar A a...; **2.** celebridad *f*, fama *f*; ***~no shireta*** célebre *adj m/f*

-naa ーなあ ¡qué...!; ***Atsui~*** ¡Qué calor!

-nai ー内 dentro, en el interior

nai 無い no tener, carecer de

naiibu ナイーブ ***~na*** ingenuo, -a, cándido, -a

naika 内科 medicina *f* interna; ***~i*** internista *m/f*

naikaku 内閣 ministerio *m*, consejo *m* de ministros, gabinete *m*

naikoo 内向 ***~teki na*** introvertido, -a; ***~sei*** introversión *f*

naisho 内緒 (*himitsu*) secreto *m*; ***~ni suru*** llevar en secreto

naishoku 内職 trabajo *m* suplementario; ***~o suru*** tener un trabajo suplementario

naishin 内心 ***~dewa*** en su fuero interno

naisei 内政 política *f* interior; ***~kanshoo*** intervención *f* en los asuntos internos de un país

naisei 内省 introspección *f*, reflexión *f*; ***~suru*** reflexionar; ***~teki na*** introspectivo, -a

naisen 内戦 guerra *f* civil; ***~ga okiru*** tener lugar una guerra civil

naizoo 内臓 víscera *f*

naitsuu 内通 ***~suru*** conspirar; ***~sha*** traidor, -a

naiteki 内的 ***~na*** interno, -a, interior *adj m/f*

naito ナイト ***~gaun*** bata *f*; ***~kurabu*** night club *m*; ***~teeburu*** mesita *f* de noche

naifu ナイフ cuchillo *m*, navaja *f*; ***~de kiru*** cortar con un cuchillo

naibu 内部 interior *m*; ***~no*** interior *adj m/f*; ***~de*** por dentro

naimitsu 内密 ***~no*** confidencial *adj m/f*; ***~ni*** confidencialmente

naimen 内面 lo interior, aspecto *m* interior; ***~no/teki na*** interior *adj m/f*; ***~teki ni*** en el fondo

naiyoo 内容 contenido *m*, materia *f*, asunto *m*

nao なお **1.** (*mada*) aún, todavía; **2.** (*sarani ooku*) aún más, todavía más; **3.** (*sukunaku*) todavía menos

naosu 直す **1.** arreglar, reparar; **2.** corregir; **3.** pasar a, traducir
naosu 治す curar
naoru 直る **1.** arreglarse, repararse; **2.** corregirse
naoru 治る curarse
naka 中 **1.** interior; ***...no~*** dentro de; **2.** entre, de entre; **3.** medio *m*, promedio *m*
naka 仲 relaciones *fpl*; ***...to~ga ii/warui*** estar en buenos/malos términos con alg; ***...to~ga yoku naru*** trabar amistad con alg
nagai 長い largo, -a, duradero, -a; ***~aida*** por mucho tiempo
nagaku 長く por largo/mucho tiempo
nakagoro 中頃 ***...no~ni*** a mediados
Nagasaki 長崎 Nagasaki
nagashi 流し fregadero *m*
nagasu 流す **1.** hacer correr, echar, verter; **2.** poner u/c a flote; **3.** poner música
nakaseru 泣かせる hacer llorar
nakatagai 仲違い ***~suru*** enemistarse con alg
nakadachi 仲立ち mediación *f*, intervención *f*; ***~suru*** interceder, mediar
nagatsuzuki 長続き ***~suru*** durar mucho, continuar mucho tiempo
nakanaori 仲直り reconciliación *f*; ***~suru*** reconciliarse con alg
nakanaka なかなか **1.** bastante, considerablemente, muy; **2.** (*hiteiteki/negativo*) apenas, rara vez, con dificultad
naganaga 長々 **1.** ***~to*** largamente; **2.** a lo largo
nakaba 半ば **1.** (*hanbun*) medio, a medias; **2.** (*nakagoro*) ***...no~ni*** a mediados
nagabiku 長引く durar mucho, prolongarse
nakama 仲間 compañero, -a, camarada *m/f*, amigo, -a
nakami 中身 contenido *m*
nagame 眺め vista *f*, perspectiva *f*, panorama *m*
nagameru 眺める contemplar, mirar
nagamochi 長持ち ***~suru*** durar mucho, resistir, conservarse; sólido, -a, fuerte *adj m/f*
nakayoshi 仲良し íntimo, -a, buen, -a amigo, -a
-nagara —ながら ***...shi +~*** mientras + v; ***uta o utai~ shigoto o suru*** trabajar cantando
nagare 流れ corriente *f*, curso *m*
nagareboshi 流れ星 estrella *f* fugaz
nagareru 流れる **1.** correr, fluir, circular; **2.** sonar música
nakigoe 泣き声 vagido *m*, voz *f* lacrimosa, llanto *m*
nakigoe 鳴き声 (*bestia, fiera*) voz, grito; (*pájaro*) canto
nakidasu 泣き出す echar a llorar

nakitsuku 泣き付く implorar
nakimushi 泣き虫 llorón, -a
naku 泣く **1.** llorar; **2.** gemir, chillar
naku 鳴く (*doobutsu/animales*) chillar, cantar
nagusameru 慰める consolar
nakusu 亡くす perder a alg
nakusu 無くす **1.** (*ushinau*) perder u/c; **2.** suprimir, eliminar
nakunaru 亡くなる (*shinu*) morirse
nakunaru 無くなる **1.** (*ushinawareru*) perderse, desaparecer; **2.** agotarse, consumirse
naguriai 殴り合い pelea *f* a puñetazos, riña *f* tumultuaria; ***~o suru*** pelearse a puñetazos
naguru 殴る golpear a alg
nagekawashii 嘆かわしい lamentable *adj m/f*, deplorable *adj m/f*
nageku 嘆く (*kanashimu*) afligirse, entristecerse
nagedasu 投げ出す **1.** echar, arrojar; **2.** entregar, ofrendar; **3.** abandonar, renunciar a u/c
nageyari なげやり ***~na*** descuidado, -a; ***~ni*** con descuido
nageru 投げる arrojar, echar, lanzar
nagomu 和む apaciguarse, calmarse
Nagoya 名古屋 Nagoya
nagoyaka 和やか ***~na*** simpático, -a, amistoso, -a
nasake 情け caridad *f*, misericordia *f*, compasión *f*; ***~bukai*** compasivo, -a, humano, -a; ***~o shiranu*** despiadado, -a
nasakenai 情けない (*mijime na*) miserable *adj m/f*, desgraciado, -a
nashi 梨 **1.** pera *f*; **2.** peral *m*
nashi 無し ***...~ni*** sin
najimi なじみ ***~no*** familiar *adj m/f*, acostumbrado, -a
najimu 馴染む acostumbrarse, familiarizarse con u/c
nashonarisuto ナショナリスト nacionalista *m/f*
nashonarizumu ナショナリズム nacionalismo *m*
naze なぜ por qué, para qué, con qué objeto
nazo 謎 enigma *m*, misterio *m*; ***~no*** enigmático, -a
nadakai 名高い famoso, -a, conocido, -a
nadare 雪崩 alud *m*; ***~ga okiru*** producirse un alud
nachizumu ナチズム nazismo *m*
natsu 夏 verano *m*; ***~no*** veraniego, -a
natsukashii 懐かしい de feliz/grata memoria, inolvidable *adj m/f*, nostálgico, -a
natsukashimu 懐かしむ **1.** recordar gratamente; **2.** echar de menos
nazukeru 名づける llamar, denominar

nattoku 納得 **1.** ***~suru*** convencerse, persuadirse, comprender; **2.** ***~saseru*** convencer, hacer entender
natsumono 夏物 ropa *f* de verano
natsuyasumi 夏休み vacaciones *fpl* de verano
naderu 撫でる acariciar
-nado —など etcétera
Natoo ナトー OTAN *f* (Organización *f* del Tratado del Atlántico Norte)
natoriumu ナトリウム *quím* sodio *m*
naname 斜め ***~no*** oblicuo, -a; ***~ni*** oblicuamente
nani 何 qué; ***~wa tomo are*** en todo caso
nanika 何か algo
nanigenai 何気ない involuntario, -a, inocente *adj m/f*, natural *adj m/f*
nanimo 何も nada; ***~iwazuni*** sin decir nada
nanimokamo 何もかも (*zenbu*) todo
naniyori 何より ante todo, más que nada
nanoru 名乗る dar su nombre, llamarse
nabiku 靡く ondear, flamear
nafuda 名札 placa *f* con el nombre, chapa *f* de identificación
nafutarin ナフタリン naftalina *f*
naburu 嬲る **1.** (*karakau*) burlarse; **2.** (*ijimeru*) maltratar
nabe 鍋 cacerola *f*, olla *f*, cazuela *f*
nama 生 ***~no*** crudo, -a, fresco, -a, natural *adj m/f*
nama atatakai 生暖かい tibio, -a
namaiki 生意気 ***~na*** descarado, -a, descortés *adj m/f*, presumido, -a
namae 名前 nombre *m*
namakuriimu 生クリーム nata *f*, nata *f* batida
namakemono 怠け者 perezoso, -a
namakeru 怠ける **1.** holgazanear; **2.** descuidar; ***shigoto o~*** desatender el trabajo
namanamashii 生々しい fresco, -a, crudo, -a
namanurui 生温い **1.** (*ondo/temperatura*) tibio, -a; **2.** blando, -a, poco enérgico, -a
namabiiru 生ビール cerveza *f* de barril
namahoosoo 生放送 emisión *f* en directo
namamekashii なまめかしい atractivo, -a, encantador, -a
namari 訛り acento *m* (regional/provincial); ***~ga aru*** tener acento
namari 鉛 plomo *m*
nami 並み ***~no*** ordinario, -a, común *adj m/f*, mediocre *adj m/f*
nami 波 ola *f*; ***~ga tatsu*** levantarse las olas

namida 涙 lágrima *f*; ***~o nagasu*** derramar lágrimas

nameraka 滑らか ***~na*** liso, -a, suave *adj m/f*, terso, -a; ***~ni*** con fluidez

nameru なめる **1.** lamer, chupar; **2.** menospreciar, tener en poco

nayamasu 悩ます atormentar, hacer sufrir

nayami 悩み preocupación *f*, molestia *f*; ***~ga aru*** tener preocupaciones

nayamu 悩む sufrir, padecer

Nara 奈良 Nara

-nara —なら **1.** si; ***kuru~*** si viene; ***watashi ga anata~*** si yo fuera usted; **2.** en cuanto, por lo que se refiere a; ***watashi no koto~*** por lo que se refiere a mí

narau 倣う seguir a alg, seguir el ejemplo de alg

narau 習う aprender, estudiar

narasu 鳴らす sonar, tocar

narasu 慣らす acostumbrar, habituar

narabu 並ぶ ponerse en fila, alinearse

naraberu 並べる **1.** poner en fila, alinear, poner; **2.** enumerar, detallar

narihibiku 鳴り響く resonar, sonar, retumbar

nariyuki 成り行き curso *m*, proceso *m*, desarrollo *m*

naru 為（成）る **1.** (*shokugyoo/profesión*) hacerse; ***bengoshi ni~*** hacerse abogado; **2.** (*jootai/estado*) quedar, volverse, ponerse; ***ureshiku~*** alegrarse; ***tenki ga yoku~*** mejorar el tiempo; ***shizuka ni~*** quedarse en silencio; **3.** (*...ni kawaru*) cambiar, transformarse en; ***shingoo ga ao ni~*** El semáforo cambia a verde; **4.** (*kekka/resultado*) ***Doo narimashita ka*** ¿Cómo fue/ha ido?; **5.** (*jikan, suuryoo/ tiempo, cantidad*) llegar, pasar a ser; ***go ji ni~*** dar/ser las cinco; ***haru ni ~*** llegar la primavera; ***yon juu go sai ni~*** cumplir los cuarenta y cinco años; ***natsuyasumi ni~*** comenzar las vacaciones de verano

naru 鳴る **1.** (*tokei ga/reloj*) dar, sonar; **2.** (*kane, taiko nado ga/campana, tambor*) sonar, tintinear; ***denwa ga~*** sonar el teléfono

narubeku なるべく en lo posible

naruhodo なるほど ¡Claro!, ¡En efecto!

nareeshon ナレーション narración *f*

nareetaa ナレーター narrador, -a

narenareshii 馴れ馴れしい ser demasiado familiar con alg, tomarse demasiadas confianzas

nareru 慣れる acostumbrarse, habituarse
nawa 縄 cuerda *f*, soga *f*
nankagetsu 何ヶ月 cuántos meses
nangatsu 何月 qué mes
Nankyoku 南極 polo *m* sur, región *f* antártica
nankyoku 難局 situación *f* crítica; **~ni tatsu** estar en una situación crítica
nankotsu 軟骨 cartílago *m*
nansai 何歳 cuántos años de edad; ***Anata wa~desu ka*** ¿Qué edad tiene usted?
nanji 何時 ***Ima~desu ka*** ¿Qué hora es?; ***~ni...*** ¿A qué hora…?
nanjikan 何時間 cuántas horas
nansensu ナンセンス disparate *m*; ***~na koto o iu*** decir disparates
nandemo 何でも **1.** cualquier cosa, cualquiera, todo; **2.** ***~nai*** nada difícil *adj m/f*, nada serio, -a, ordinario, -a
nanto 何と **1.** (*gimon, futei/interrogativo, indeterminado*) ***~ieba ii deshoo ka*** ¿Cómo diría yo?; ***~demo ie*** Di lo que quieras; ***~itte mo*** de todos modos; ***~shitemo*** a toda costa; **2.** *excl* ***~...daroo*** ¡Qué… tan…! ***~utsukushii hana daroo*** ¡Qué flores tan hermosas!
nando 何度 **1.** (*nankai*) cuántas veces; **2.** (*ondo, kakudo, arukooru/ temperatura, ángulo, alcohol*) cuántos grados
nantoka 何とか de un modo u otro
nantonaku 何となく sin saber por qué
nannichi 何日 **1.** qué día; **2.** cuántos días
nannin 何人 cuántas personas
nannen 何年 **1.** qué año; **2.** cuántos años
nanpa 難波 naufragio *m*; ***~suru*** naufragar
nanbaa ナンバー **1.** número *m*; **2.** (*jidoosha no/coche*) número *m* de matrícula
nanban 何番 qué número
nanbutsu 難物 persona *f* intratable
nanpoo 南方 (*nettai chihoo*) región *f* tropical
nanmin 難民 **1.** (*hinanmin*) refugiado, -a; **2.** (*hisaisha*) siniestrado, -a, víctima *f* de un siniestro; ***~kyuusai*** ayuda *f* a los siniestrados
nanmon 難問 problema *m* difícil, asunto *m* embarazoso

NI に

-ni 一に **1.** (*toki/tiempo*) ***shichi ji~ okiru*** levantarse a las siete; **2.** (*basho/lugar*) ***Nihon~*** en Japón; **3.** (*hookoo*) ***Supein~ shuppatsu suru*** salir para

España; **4.** (*taishoo*) ***tomodachi~ tegami o kaku*** escribir a un, -a amigo, -a; **5.** (*mokuteki/objetivo*) ***jugyoo~ shusseki suru*** asistir a clase; **6.** (*doosashu/atributo*) ***kodomo wa ojiisan~ kawaigararete iru*** El niño es querido/mimado por el abuelo; **7.** (*gen'in/causa*) ***utsukushisa~*** **uttori suru** embelesarse ante la belleza; **8.** (*wariai/proporción*) ***nen~ ichi do*** una vez al año; ***ni shuukan~ ichi do*** una vez *f* cada quince días/dos semanas

ni 二 dos *m*

niau 似合う sentar bien

niekiranai 煮え切らない indeciso, -a, irresoluto, -a

nieru 煮える cocerse

nioi 匂い olor *m*, hedor *m*; ***~no aru*** oloroso, -a; ***~no nai*** inodoro, -a

niou 匂う oler, exhalar olor

nigai 苦い amargo, -a; ***~koohii*** café *m* amargo; ***~keiken o suru*** tener una experiencia amarga; ***~kao o suru*** tener aire de disgusto

nigaoe 似顔 retrato *m*, caricatura *f*; ***~o kaku*** hacer un retrato/caricatura

nigasu 逃がす dejar escapar, soltar

nigatsu 二月 (mes de) febrero *m*; ***~ juu ichi nichi*** once *m* de febrero; ***~no joojun*** a principios de febrero; ***~no chuujun/nakagoro*** a mediados de febrero; ***~no gejun/sue*** a finales de febrero

nigate 苦手 ***~dearu*** no tener aptitud para u/c; no ir con el carácter de alg; ***eigo ga~ dearu*** ser malo en inglés

nigami 苦味 sabor *m* amargo

nigawarai 苦笑い ***~suru*** reírse con amargura

nikibi にきび grano *m*, espinilla *f*; ***~ga dekiru*** salir una espinilla

nigiyaka 賑やか ***~na*** animado, -a, alegre *adj m/f*, jovial *adj m/f*

nigiri 握り mango *m*, asa *f*, tirador *m*

nigiru 握る agarrar, asir, empuñar

nigiwai 賑わい animación *f*, concurrencia *f*, gentío *m*

niku 肉 **1.** carne *f*; ***~ga tsuku*** engordar; ***~ga ochiru*** adelgazar; ***~ryoori*** plato *m* de carne; **2.** (*atsumi*) grosor *m*

-nikui —にくい ***...shi+~*** difícil *adj m/f* de; ***wakarinikui~*** difícil *adj m/f* de comprender; ***atsukai~*** difícil *adj m/f* de manejar

nikushimi 憎しみ odio *m*, aversión *f*; ***~o kau*** atraerse el odio de alg; ***~o idaku*** sentir odio hacia alg

nikushoku 肉食 ***~suru*** comer carne; ***~doobutsu*** animal *m* carnívoro

nikushin 肉親 pariente *m/f* carnal

nikutai 肉体 cuerpo *m*; ***~no/teki na*** corporal *adj m/f*, carnal *adj m/f*; ***~roodoo*** trabajo *m* físico

nikunikushii 憎々しい **1.** malicioso, -a, maligno, -a; **2.** odioso, -a, detestable *adj m/f*

nikumareru 憎まれる ser odiado, -a, ser aborrecido, -a; ***minna ni nikumarete iru*** ser detestado, -a por todos

nikumu 憎む odiar, aborrecer

nikuyoku 肉欲 apetito *m* carnal, deseo *m* sexual

nigekomu 逃げ込む refugiarse, guarecerse

nigedasu 逃げ出す darse a la fuga, poner pies en polvorosa

nigeba 逃げ場 **1.** refugio *m*, asilo *m*; **2.** (*nigemichi*) escapatoria *f*, salida *f*; ***~o ushinau*** perder la escapatoria; ***~o sagasu*** buscar una salida

nigemichi 逃げ道 **1.** (*nigemichi*) escapatoria *f*, salida *f*; ***~o ushinau*** perder la escapatoria; ***~o sagasu*** buscar una salida; **2.** evasiva *f*

nigeru 逃げる **1.** huir, escaparse; **2.** buscar evasivas, andarse con rodeos

nigosu 濁す **1.** enturbiar; ***mizu o~*** enturbiar el agua; **2.** ***kotoba o~*** andarse con rodeos

nikochin ニコチン nicotina *f*; ***~chuudoku*** nicotinismo *m*

nikoniko にこにこ ***~suru*** sonreír

nikoyaka にこやか ***~na*** risueño, -a, lleno, -a de alegría

nigoru 濁る **1.** (*ekitai ga/liquido*) enturbiarse, perder la transparencia; **2.** (*kuuki ga/aire*) hacerse impuro, -a; **3.** (*iro ga/color*) oscurecerse, deslustrarse; **4.** (*hatsuon/sonido*) sonorizarse

nisan 二三 ***~no*** unos, -as cuantos, -as; ***~nichi shitara*** dentro de unos días

nishi 西 oeste *m*, occidente *m*; ***~Yooroppa*** Europa *f* occidental

niji 虹 arco *m* iris; ***~ga deru*** salir el arco iris

niji 二次 ***~no*** segundo, -a; ***~secundario, -a*** secundario, -a; ***~teki na mondai*** cuestión *f* secundaria

-ni shite wa —にしては para ser; ***kodomo~...*** para ser un niño…

-ni shite mo —にしても aunque, de todos modos

nijimideru 滲み出る rezumar, traslucir

nijimu 滲む **1.** correrse, emborronarse; **2.** rezumar; (*lágrimas*) asomar
nijuu 二十 veinte *m*; ***~ban me no*** vigésimo, -a
nijuu 二重 ***~no*** doble *adj m/f*; ***~ni*** doblemente, el doble
nishin 二伸 posdata *f*
nisu ニス barniz *m*; ***...ni~o nuru*** barnizar
nise 贋 ***~no*** falso, -a, falsificado, -a
nisegane 贋金 moneda *f* falsa; ***~o tsukuru*** falsificar monedas
nisesatsu 贋札 billete *m* falso; ***~o tsukuru*** falsificar billetes
nisemono 贋者 falsificación *f*, imitación *f*
nitatsu 煮立つ hervir, bullir
nitateru 煮立てる calentar; ***yu o~*** hacer hervir el agua
nichi- 日一 *pref* nipo-; ***~bei*** Japón y Estados Unidos; ***~ei*** Japón e Inglaterra
nichigin 日銀 Banco *m* de Japón; ***~ken*** billete emitido por el Banco de Japón
nichiji 日時 día *m* y hora *f*
nichijoo 日常 ***~no*** cotidiano, -a, diario, -a; ***~sei*** lo cotidiano
nichibotsu 日没 puesta *f* de sol
nichiyoo 日用 ***~hin*** artículo *m* de uso diario
nichiyoo 日曜 domingo *m*; ***kondo no~ni*** el próximo domingo
nikkan 日刊 ***~no*** de publicación diaria
nikki 日記 diario *m*; ***~o tsukeru*** llevar un diario; ***~ni shirusu*** anotar en el diario
nikkyuu 日給 salario *m* diario, jornal *m*; ***~de hataraku*** trabajar por día
nizukuri 荷作り empaquetamiento *m*, embalaje *m*; ***~suru*** empaquetar, embalar
nikkei 日系 de origen japonés
nikkeru ニッケル *quím* níquel *m*
nikkoo 日光 luz *f* del sol; ***~ga mabushii*** deslumbrar la luz del sol; ***~yoku o suru*** tomar el sol
nikkori にっこり ***~warau*** sonreír alegremente
nisshabyoo 日射病 insolación *f*; ***~ni kakaru*** pillar una insolación
nisshoku 日食 eclipse *m* solar
nittei 日程 programa *m*, orden *m* del día; ***~o kumu*** fijar el orden del día
nitto ニット género *m* de punto
nido 二度 dos veces *fpl*; ***ichi nichi ni~*** dos veces al día; ***~me*** segunda vez *f*; (*hiteikei/negativo*) ***~to...nai*** nunca más; ***Moo~to aenai*** Ya no podré volver a verle jamás
nitoo 二等 segunda clase *f*; ***~de ryokoo suru*** viajar en segunda; ***~no kippu*** billete *m* de segunda

ninau 担う cargar sobre los hombros

ninotsugi 二の次 ***~no*** secundario, -a; ***~ni suru*** dejar u/c al lado, postergar

-niwa ―には en, para

nibai 二倍 doble *m*; ***~no*** doble *adj m/f*, duplicado, -a; ***~ni naru*** doblarse, duplicarse

nibui 鈍い **1.** ***~oto*** sonido *m* sordo; **2.** ***~hikari*** luz *f* opaca; **3.** ***~itami*** dolor *m* sordo; **4.** ***atama ga~*** ser lerdo, -a, ser tonto, -a

nifuda 荷札 etiqueta *f*, rótulo *m*; ***~o tsukeru*** poner una etiqueta

niburu 鈍る embotarse, apagarse

Nihon 日本 (*Nippon*) Japón *m*; ***~no*** japonés, -a, nipón, -a; ***~ga*** pintura *f* japonesa; ***~kai*** Mar *m* del Japón; ***~ginkoo*** Banco *m* del Japón; ***~go*** lengua *f* japonesa ***~kookuu*** Japan Air Lines; (*hito/persona*) ***~jin*** japonés, -a; ***~sei*** de fabricación japonesa; ***~seifu*** gobierno *m* japonés; ***~taishikan*** embajada *f* japonesa; ***~ryoori*** cocina *f* japonesa

nimotsu 荷物 equipaje *m*, paquete *m*

nimono 煮物 alimentos *mpl* cocidos; ***~o suru*** cocer u/c

niyari にやり ***~to warau*** sonreír a escondidas, sonreír irónicamente

nyuansu ニュアンス matiz *m*; ***~o tsukamu*** captar los matices

nyuuin 入院 hospitalización *f*; ***~suru*** ser hospitalizado, -a; ***~saseru*** hospitalizar a alg, internar a alg en el hospital

nyuukai 入会 ingreso *m*, entrada *f*, adhesión *f*; ***kurabu ni~suru*** ingresar en un club

nyuugaku 入学 ***~suru*** ingresar en una escuela; ***~kin*** derechos *mpl* de matrícula; ***~shikaku*** requisitos *mpl* para ingresar en una escuela; ***~shiken*** examen *m* de ingreso; ***~shiken o ukeru*** presentarse al examen de ingreso; ***~shiki*** ceremonia *f* de ingreso; ***~tetsuzuki*** matrícula *f*; ***~tetsuzuki o suru*** matricularse

nyuukoku 入国 inmigración *f*; ***~o kyoka suru*** permitir la entrada en el país; ***~o kinshi suru*** prohibir la entrada en el país; ***~kanri*** control *m* de entrada; ***~kanrikyoku*** Departamento *m* de Inmigración; ***~sashoo*** visado *m*; ***~sha*** inmigrante *m/f*; ***~tetsuzuki*** trámites *mpl* de entrada

nyuusatsu 入札 ***~suru*** licitar u/c

nyuuji 乳児 niño, -a lactante

nyuusha 入社 ***~suru*** entrar en una compañía; ***~shiken*** examen *m* de admisión

nyuushoo 入賞 ***~suru*** ganar un premio

nyuujoo 入場 ***~suru*** entrar en un sitio; ***~ken*** (billete *m* de) entrada *f*
nyuushoku 入植 ***~suru*** inmigrar
nyuusu ニュース noticia *f*, noticiario *m*; ***~kyasutaa*** locutor, -a, presentador, -a
nyuuseihin 乳製品 productos *mpl* lácteos
nyuunen 入念 ***~na*** esmerado, -a, minucioso, -a
nyuufasshon ニューファッション última moda *f*
nyuuyoku 入浴 ***~suru*** tomar un baño
nyuuwa 柔和 ***~na*** dulce *adj m/f*, apacible *adj m/f*
nyoo 尿 orina *f*; ***~no kensa*** examen *m* de orina; ***~o dasu*** orinar
nyooboo 女房 esposa *f*, mujer *f*
niramiai 睨み合い hostilidad *f*, rivalidad *f*
niramiawaseru 睨み合わせる **1.** (*A o B to hikaku suru*) comparar (A con B); **2.** (*tsukiawaseru*) cotejar
niramu 睨む (*jitto*) mirar fijamente, mirar severamente
niryuu 二流 ***~no*** de segunda clase; ***~no hoteru*** hotel *m* de segunda categoría
niru 似る parecerse
niru 煮る cocer
nire 楡 *bot* olmo *m*
niwa 庭 jardín *m*; ***~ijiri*** jardinería *f*; ***~no teire o suru*** cuidar un jardín; ***~shi*** (*hito/persona*) jardinero, -a
niwaka 俄 ***~no*** repentino, -a; ***~ni*** de repente
niwatori 鶏 gallo *m*, gallina *f*, pollo *m*; ***~o kau*** criar gallinas
nin'i 任意 ***~no*** facultativo, -a, arbitrario, -a; ***~ni*** libremente, voluntariamente
ninki 人気 popularidad *f*; ***~no aru*** popular *adj m/f*; ***~no nai*** impopular *adj m/f*; ***~ga aru*** tener buena acogida, ser popular
ningyo 人魚 *mit* sirena *f*
ningyoo 人形 muñeco *m*, muñeca *f*, títere *m*
ningen 人間 hombre *m*, ser *m* humano; ***~no/teki na*** humano, -a; ***~sei*** humanidad *f*
ninshiki 認識 cognición *f*, conocimiento *m*, reconocimiento *m*; ***~suru*** conocer, reconocer
ninjutsu 忍術 arte *m* del espionaje en el Japón antiguo
ninshoo 認証 ***~suru*** ratificar, sancionar, certificar
ninjoo 人情 sentimientos *mpl* humanos; ***~no aru*** compasivo, -a; ***~no nai*** inhumano, -a, despiadado, -a
ninshin 妊娠 embarazo *m*; ***~suru*** concebir, quedarse embarazada; ***~saseru*** embarazar; ***~shite iru*** estar encinta;

~chuuzetsu aborto *m* provocado
ninjin 人参 zanahoria *f*
ninsoo 人相 fisonomía *f*, facciones *fpl*
nintai 忍耐 paciencia *f*, perseverancia *f*; ***~suru*** perseverar, tener paciencia; ***~zuyoi*** paciente *adj m/f*, perseverante *adj m/f*
nintei 認定 ***~suru*** constatar, comprobar; ***~sho*** certificado *m*, diploma *m*
ninmu 任務 cargo *m*, oficio *m*; ***~o hatasu*** desempeñar bien un cargo
ninmei 任命 nombramiento *m*, designación *f*, nominación *f*; ***~suru*** nombrar, designar

NU ぬ

nuigurumi 縫いぐるみ ***~no kuma*** oso *m* de felpa
nuu 縫う **1.** coser; **2.** (*kizuguchi/herida*) coser, dar puntos
nuudisuto ヌーディスト nudista *m/f*
nuudo ヌード desnudo *m*; ***~shoo*** striptease *m*
nuudoru ヌードル fideos *mpl*
nukasu 抜かす omitir, saltarse
nugasu 脱がす ***fuku o~*** quitar la ropa, desnudar; ***kutsu o~*** quitar los zapatos
nuki 抜き sin; ***...wa~ni shite*** sin contar, dejando de lado
nukidasu 抜き出す sacar, extraer
nuku 抜く **1.** arrancar, sacar; **2.** omitir, saltarse; **3.** adelantar; **4.** citar
nugu 脱ぐ quitarse; ***fuku o~*** desnudarse
nuguu 拭う enjugar, secar, limpiar
nukenuke ぬけぬけ ***~to*** de manera descarada
nukeme 抜け目 ***~no nai*** listo, -a, sagaz *adj m/f*, astuto, -a
nukeru 抜ける **1.** desprenderse, salir, caerse; **2.** retirarse; **3.** faltar; **4.** atravesar; **5.** escaparse; **6.** (*manuke*) ***Ano hito wa chotto nukete iru*** Es un poco tonto, -a
nushi 主 dueño, -a, propietario, -a
nusumi 盗み ***~o hataraku*** robar
nusumigiki 盗み聞き ***~suru*** escuchar a escondidas
nusumimi 盗み見 ***~suru*** mirar a hurtadillas
nusumu 盗む robar; ***Watashi wa kuruma o nusumareta*** Me han robado el coche
nuno 布 tejido *m*, tela *f*; ***~kire*** pedazo *m* de tela
numa 沼 pantano *m*
nurasu 濡らす mojar, humedecer, empañar

nurimono 塗り物 laca *f*, objetos *mpl* de laca, esmalte *m*; **~shi** barnizador, -a
nuru 塗る untar, pintar
nurui 温い tibio, -a
nurunuru ぬるぬる **~shita** resbaladizo, -a
nureru 濡れる mojarse, humedecerse

NE ね

-ne ―ね ***...desu~*** ...¿verdad?
ne 音 sonido *m*, tono *m*
ne 根 **1.** raíz *f*; **~ga tsuku** echar raíces; **2.** origen *m*
neagari 値上がり subida *f* del precio; **~suru** encarecerse
neage 値上げ alza *f* del precio; **~suru** encarecer, subir el precio
neiro 音色 tono *m*, timbre *m*
neuchi 値打ち valor *m*, precio *m*; **~no aru** valioso, -a; **~no nai** sin valor; **~ga aru** valer
neon ネオン neón *m*
nega ネガ negativo *m*
negai 願い **1.** (*nozomi*) deseo *m*, ansia *f*; **2.** (*irai*) petición *f*, ruego *m*; **~o kikiireru** acceder a la petición de alg
negau 願う **1.** (*nozomu*) desear; **2.** (*irai*) pedir, solicitar
nekasu 寝かす acostar, hacer dormir
negiru 値切る regatear
negi 葱 cebolleta *f*
nekutai ネクタイ corbata *f*, corbatín *m*, corbata *f* de pajarita; **~o shimeru/toru** ponerse/quitarse la corbata
neko 猫 gato, -a; **~ga naku** maullar; **~kaburi** hipócrita *m/f*, mosquita *f* muerta; **~o kau** tener/cuidar un gato; **~ga suki dearu** gustar los gatos
nesagari 値下がり abaratamiento *m*; **~suru** bajar el precio, abaratarse
nesage 値下げrebaja *f*, abaratamiento *m*; **~suru** bajar el precio, abaratar, rebajar
neji ねじ **1.** tornillo *m*, tuerca *f*; **~de tomeru** atornillar; **~o shimeru/yurumeru** apretar/aflojar un tornillo; **2.** resorte *m*, muelle *m*; **tokei no~o maku** dar cuerda a un reloj
nejimawashi ねじ回し destornillador *m*
nejiru 捩じる torcer, retorcer
nezumi 鼠 rata *f*, ratón *m*; **~iro** color *m* gris
netami 妬み envidia *f*; **~bukai** envidioso, -a; **~o kau** provocar envidia
netamu 妬む envidiar, tener celos
nedan 値段 precio *m*, valor *m*; **~o ageru/sageru** subir/bajar el precio
netsu 熱 **1.** calor *m*; **~o kuwaeru** calentar u/c; **~o dasu** emitir

calor; **2.** fiebre *f*; ***~ga aru*** tener fiebre; ***~ga takai*** tener la fiebre alta; ***~ga agaru/sagaru*** subir la fiebre; ***~o hakaru*** tomar la temperatura; **3.** entusiasmo *m*, ardor *m*, pasión *f*; ***~o ageru*** entusiasmarse con u/c, apasionarse por alg; ***~ga sameru*** desinteresarse

netsui 熱意 entusiasmo *m*, ardor *m*, pasión *f*; ***~no aru*** lleno, -a de pasión; ***~o motte*** con entusiasmo; ***~o ushinau*** perder el entusiasmo

nekkachiifu ネッカチーフ pañuelo *m* de cuello

nekki 熱気 **1.** aire *m* caliente; **2.** atmósfera *f* calurosa, entusiasmo *m*

nekkyoo 熱狂 entusiasmo *m*, exaltación *f*; ***~suru*** entusiasmarse; ***~saseru*** entusiasmar

netsuku 寝付く dormirse, quedarse dormido

nekkuresu ネックレス collar *m*

nesshin 熱心 ***~na*** entusiasta *adj m/f*, apasionado, -a; ***~ni*** apasionadamente, con fervor

nessuru 熱する **1.** calentar; **2.** calentarse

netsuzoo 捏造 invención *f*; ***~suru*** forjar, inventar

nettai 熱帯 zona *f* tórrida; ***~no*** tropical *adj m/f*

netchuu 熱中 ***~suru*** entusiasmarse

netto ネット red *f*; **~saafaa** ネットサーファー *informát* internauta *m/f*; **~saafin suru** ネットサーフィンする *informát* navegar por internet; ***~o haru*** tirar la red; ***~waakuu*** *TV* red *f* de emisoras/cadenas; ***~kaigi*** videoconferencia *f*

netsuboo 熱望 anhelo *m*; ***~suru*** anhelar

netsuretsu 熱烈 ***~na*** ferviente *adj m/f*, vehemente *adj m/f*, apasionado, -a

netomari 寝泊まり ***~suru*** alojarse temporalmente en un lugar

nebaru 粘る **1.** ser pegajoso, -a, ser viscoso, -a; **2.** persistir, empeñarse en u/c

nebiki 値引き descuento *m*, rebaja *f*; ***~suru*** rebajar

neboo 寝坊 ***~suru*** levantarse tarde, pegársele a uno, -a las sábanas

nemui 眠い tener sueño

nemuri 眠り sueño *m*; ***~ni tsuku*** dormirse

nemuru 眠る **1.** dormir, dormirse, adormecerse; **2.** descansar/yacer un, -a muerto, -a

nerai 狙い **1.** puntería *f*; **2.** objetivo *m*, intención *f*, propósito *m*

nerau 狙う **1.** apuntar con un arma; ***doroboo ga~*** acechar los ladrones; **2.** tramar, acechar, intentar + inf; ***kikai o~*** buscar la oportunidad

neru 寝る **1.** (*nemuru*) dormir, dormirse; **2.** irse a la cama; ***hayaku/osoku~*** acostarse pronto/tarde; ***juu ichi ji ni~*** acostarse a las once

nen 年 año *m*; ***~ni ichi do*** una vez al año; ***san~mae ni*** hace tres años; ***san~go ni*** dentro de tres años/tres años después; ***ni sen hachi~ni*** en el año dos mil ocho

nen 念 **1.** (*kimochi*) sentimiento *m*, sentido *m*; ***kansha no~o arawasu*** expresar agradecimiento; **2.** ***~iri na*** escrupuloso, -a, esmerado, -a

nenga 年賀 felicitaciones *fpl* de Año Nuevo; ***~joo*** tarjeta *f* de felicitación del Año Nuevo

nenkin 年金 anualidad *f*, pensión *f*

nengetsu 年月 años *mpl*, tiempo *m*; ***~ga tatsu*** transcurrir el tiempo

nenza 捻挫 torcedura *f*, esguince *m*; ***~suru*** torcerse, hacerse un esguince

nenjuu 年中 todo el año, siempre

nenshoo 年少 ***~no*** joven *adj m/f*, juvenil *adj m/f*

nenshoo 燃焼 combustión *f*, inflamación *f*; ***~suru*** encenderse, inflamarse, abrasarse; ***~saseru*** encender, inflamar, abrasar

nensei 粘性 viscosidad *f*; ***~o ushinau*** perder la viscosidad; ***~ryuutai*** fluido *m* viscoso

nendai 年代 **1.** (*jidai*) periodo *m*, época *f*; **2.** (*sedai*) generación *f*

nenchaku 粘着 adherencia *f*; ***~suru*** adherirse, pegarse a u/c; ***~sei no aru*** adhesivo, -a

nendo 年度 año *m*, ejercicio *m*; ***ni sen hachi~*** ejercicio m del año dos mil ocho

nendo 粘土 arcilla *f*; ***~shitsu no*** arcilloso, -a

nentoo 年頭 ***~ni*** a principios de año

nentoo 念頭 ***~ni oku*** tener en cuenta, tener presente

nennen 年々 año tras año, todos los años

nenpu 年賦 pago *m* por anualidad, anualidad *f*

nenmatsu 年末 ***~ni*** a finales de año

nenryoo 燃料 combustible *m*, carburante *m*; ***~no hokyuu*** abastecimiento *m* de combustible

nenrei 年齢 (*toshi*) edad *f*; ***~seigen*** límite *m* de edad

NO の

-no —の **1.** (*shoyuu/propiedad*) de; ***chichi~*** de mi padre; **2.** (*sakusha/autor*) ***Pikaso~***

"Gerunika" el "Guernika" de Picasso; **3.** (*zairyoo/material*) de; ***kin~*** de oro; **4.** (*ichibu/una parte*) de; ***karera~hitori*** uno de ellos

noirooze ノイローゼ *med* neurosis *f*; ***~no hito*** neurótico, -a

noo 能 **1.** (*nooryoku*) ***~nashi no*** inútil *adj m/f*, inhábil *adj m/f*; **2.** teatro *m* Noh

noo 脳 cerebro *m*; ***~no*** cerebral *adj m/f*

nooka 農家 **1.** granja *f*; **2.** familia *f* agrícola

noogaku 農学 agronomía *f*

noogyoo 農業 agricultura *f*; ***~no*** agrícola *adj m/f*; ***~keizai*** economía *f* agrícola; ***~seisaku*** política *f* agrícola; ***~roodoosha*** bracero *m*

nookoo 濃厚 ***~na*** espeso, -a, denso, -a

nousagi 野兎 liebre *f*

noosanbutsu 農産物 productos *mpl* agrícolas

nooshuku 濃縮 concentración *f*; ***~suru*** concentrar, condensar

nooshukketsu 脳出血 apoplejía *f*, hemorragia *f* cerebral

nooson 農村 aldea *f*, pueblo *m* agrícola

noodo 濃度 densidad *f*, espesor *m*, concentración *f*

nooben 能弁 locuacidad *f*, facilidad *f* de palabra; ***~na*** locuaz *adj m/f*

noomin 農民 labrador, -a, agricultor, -a; ***~kumiai*** sindicato *m* agrícola

nooritsu 能率 eficacia *f*, rendimiento *m*; ***~teki na*** eficiente *adj m/f*; ***~teki ni*** con eficacia

nooryoku 能力 capacidad *f*, facultad *f*, aptitud *f*; ***~no aru*** capaz *adj m/f*, competente *adj m/f*; ***~shiken/tesuto*** prueba *f* de aptitud

noorin 農林 ***~suisanshoo*** Ministerio *m* de Agricultura, Silvicultura y Pesca; ***~suisan daijin*** ministro, -a de Agricultura, Silvicultura y Pesca

nooto ノート cuaderno *m*; ***~o toru*** apuntar

Nooberu ノーベル ***~shoo*** premio *m* Nobel

noomaru ノーマル ***~na*** normal *adj m/f*

nogareru 逃れる huir, escapar

nokemono 除け者 ***~ni suru*** excluir, expulsar

nokosu 残す dejar atrás, reservar

nokori 残り resto *m*, residuo *m*, sobras *fpl*

nokoru 残る **1.** quedarse, permanecer; **2.** sobrar, quedar

nosutarujia ノスタルジア nostalgia *f*

noseru 乗（載）せる **1.** ***A o B no ue ni ~*** poner A encima de B; **2.** (*norimono ni/en un vehí-*

culo) cargar, llevar; **3.** publicar en la prensa

nozoku 除く excluir, exceptuar, eliminar

nozoku 覗く **1.** atisbar, mirar a hurtadillas; **2.** ***sugata o nozokaseru*** asomarse

nozomashii 望ましい deseable *adj m/f*, conveniente *adj m/f*

nozomi 望み **1.** deseo *m*, anhelo *m*; **2.** esperanza *f*, expectativa *f*; **3.** probabilidad *f*, posibilidad *f*

nozomu 望む **1.** desear, ansiar; **2.** dominar una vista, divisarse

nochi 後 después, luego; ***Dewa mata~hodo*** Hasta luego; ***~hodo mata o denwa shimasu*** Volveré a llamar después

nokku ノック ***doa o~suru*** llamar a la puerta

nottoru 乗っ取る apoderarse de u/c

-node ーので por lo tanto, así que; ***Samukatta~danboo o ireta*** Como tenía frío, puse la calefacción

nodo 喉 garganta *f*; ***~ga kawaite iru/kawaita*** tener sed; ***~ga itai*** doler la garganta

nodoka のどか ***~na*** sereno, -a, tranquilo, -a

nobasu 伸（延）ばす **1.** (*nagaku suru*) alargar; **2.** enderezar, aplastar; **3.** prolongar; **4.** retrasar; **5.** extender

nobinobi のびのび ***~to*** a su gusto, libremente

nobiru 伸（延）びる **1.** alargarse, extenderse; **2.** desarrollarse

nobe 延べ ***~de*** en total

noberu 述べる (*iu*) decir

noboru 上（登／昇）る **1.** subir, ascender a un sitio; ***yama ni~*** subir a la montaña; **2.** subir, ascender; ***ichi oku en ni~*** ascender a cien millones de yenes

nomi 蚤 pulga *f*

nomikomu 飲み込む **1.** tragar, engullir; **2.** entender, comprender

nomimono 飲み物 bebida *f*, refresco *m*

nomu 飲む beber, tomar

nora 野良 campo *m*; ***~shigoto*** trabajo *m* campestre; ***~inu*** perro *m* callejero

norakura のらくら ***~to*** indolentemente, ociosamente

nori のり alga *f* comestible

nori 糊 **1.** pasta *f*, engrudo *m*; **2.** goma *f* de pegar, pegamento *m*

noriokureru 乗り遅れる perder, llegar tarde

norikae 乗り換え transbordo *m*

norikaeru 乗り換える hacer transbordo

norikiru 乗り切る superar, vencer u/c

norikumi'in 乗組員 tripulante *m/f*

norisuteru 乗り捨てる abandonar un vehículo
noridasu 乗り出す ***karada o~*** inclinarse hacia adelante
norimono 乗り物 medio *m* de transporte, vehículo *m*
noru 乗（載）る **1.** (*norimono ni/a un vehículo*) subir, tomar; **2.** (*mono no ue ni/encima de u/c*) subirse; **3.** venir, salir publicado en la prensa
noruma ノルマ cantidad *f* asignada de trabajo; ***~o hatasu*** desempeñar un trabajo
noren 暖簾 **1.** cortina *f* japonesa que se cuelga a la entrada de una tienda; **2.** reputación *f*
noroi のろい lento, -a
noroi 呪い maldición *f*, imprecación *f*; ***~o kakeru*** maldecir
norou 呪う maldecir, imprecar
noronoro のろのろ lentamente, despacio
noroma のろま ***~na*** lerdo, -a, pesado, -a
nonki のんき ***~na*** libre *adj m/f* de cuidados, tranquilo, -a
non sutoppu ノンストップ ***~no*** sin escala, directo, -a
nonbiri のんびり ***~kurasu*** vivir sin preocupaciones; ***~shite iru*** estar tranquilo, -a
non fikushon ノンフィクション obra *f* documental
non puro ノンプロ ***~no*** aficionado, -a

HA は

ha 刃 hoja *f*, filo *m*
ha 派 escuela *f*, secta *f*, facción *f*
ha 葉 hoja *f*, follaje *m*
ha 歯 **1.** diente *m*, muela *f*; dentadura *f*; ***~ga itai*** doler una muela; ***~o nuku*** sacar una muela; ***~o migaku*** lavarse los dientes; ***~burashi*** cepillo *m* de dientes; **2.** púa *f*, diente *m*
baai 場合 caso *m*, ocasión *f*
paakingu パーキング ***~meetaa*** parquímetro *m*
paakinsonbyoo パーキンソン病 enfermedad *f* de Parkison
baagen-seeru バーゲンセール venta *f* a precios rebajados
baasu-kontorooru バースコントロール control *m* de la natalidad
paasenteeji パーセンテージ porcentaje *m*
paasento パーセント por ciento
baataa バーター ***~sei*** sistema *m* de trueque; ***~booeki*** comercio *m* de trueque
paatii パーティー fiesta *f*, tertulia *f*, guateque *m*; ***~ni deru*** asistir a una fiesta
baatendaa バーテンダー barman *m*
paato-taimaa パートタイマー empleado, -a de media jornada

paato-taimu パートタイム trabajo *m* de media jornada
paatonaa パートナー compañero, -a, socio, -a, pareja *f* de baile
haado-uea ハードウエアー *informát* hardware *m*
haado-disuku ハードディスク *informát* disco *m* duro
haapu ハープ arpa *f*; **~o hiku** tocar el arpa
baabekyuu バーベキュー barbacoa *f*
paamanento パーマネント **~o kakeru** hacerse la permanente
haamonii ハーモニー armonía *f*
haamonika ハーモニカ armónica *f*; **~o fuku** tocar la armónica
hai はい **1.** sí; **2.** ¡Presente!; ¡Sí, señor, -a!
hai 灰 ceniza *f*
hai 杯 ***ni~no koohii*** dos tazas *fpl* de café
hai 肺 pulmón *m*; **~no** pulmonar *adj m/f*
-bai 一陪 …veces *fpl* más; ***san~*** tres veces *fpl* más
haiwee ハイウェー carretera *f*, autopista *f*
haiei 背泳 **~o suru** nadar de espalda
haien 肺炎 pulmonía *f*; **~ni naru** padecer una pulmonía
baiorinisuto バイオリニスト violinista *m/f*
baiorin バイオリン violín *m*; **~o hiku** tocar el violín
haika 配下 subordinado, -a
haikaa ハイカー excursionista *m/f*
haigai 排外 xenófobo, -a; **~kanjoo** xenofobia *f*
hai-kara ハイカラ **~na** a la moda, elegante *adj m/f*
haigan 肺癌 cáncer *m* de pulmón
haiki 廃棄 **~suru** suprimir, abandonar, anular, abolir
haikyuu 配給 **~suru** distribuir, racionar
baikin 黴菌 bacteria *f*, microbio *m*
haikingu ハイキング excursión *f*; **~ni iku** ir de excursión
haiku 俳句 haiku *m*, poema *m* japonés de diecisiete sílabas
baiku バイク moto *f*, motocicleta *f*
haikei 拝啓 Muy Señor, -a Mío, -a
haikei 背景 fondo *m*, decorado *m*
haikekkaku 肺結核 tuberculosis *f*
haiken 拝見 **~shimasu** Déjeme ver
haigo 背後 **…no~ni** detrás de
haigoo 配合 combinación *f*, mezcla *f*; **~suru** combinar, mezclar
haishi 廃止 **~suru** abolir, suprimir; ***shikei o~suru*** abolir la pena de muerte

haijakku ハイジャック secuestro *m* de un avión
baishuu 買収 soborno *m*; **~suru** sobornar
baishun 売春 prostitución *f*; **~fu** prostituta *f*
baishoo 賠償 indemnización *f*; **~suru** indemnizar
baishin 陪審 jurado *m*; **~in** miembro *m/f* del jurado; **~seido** sistema *m* de jurado
haisui 排水 evacuación *f* de agua, drenaje *m*; **~suru** evacuar el agua, drenar
haisetsu 排泄 evacuación *f*, excreción *f*; **~suru** evacuar; **~butsu** excrementos *mpl*, heces *fpl*
haiso 敗訴 **~suru** perder una causa, perder un proceso
haitatsu 配達 reparto *m* a domicilio; **~suru** servir u/c a domicilio; **gyuunyuu/shinbun/yuubin o~suru** repartir la leche/el periódico/el correo
baitaritii バイタリティー vitalidad *f*; **~no aru** vital *adj m/f*, **~ga aru** tener mucha vitalidad
haichi 配置 **~suru** colocar, disponer, apostar
haiden 配電 **~suru** distribuir energía eléctrica
haitoo 配当 repartición *f*, dividendo *m*; **~suru** repartir, repartir los dividendos
baito バイト *informát* bit *m*
haitoku 背徳 inmoralidad *f*; **~no** inmoral *adj m/f*
painappuru パイナップル piña *f*
baibai 売買 compraventa *f*; **~suru** comprar y vender, negociar
haihiiru ハイヒール **~no kutsu** zapatos *mpl* de tacón alto
haifu 配布 distribución *f*, reparto *m*; **~suru** distribuir, repartir; **bira o~suru** repartir octavillas
paipu パイプ **1.** tubo *m*, cañería *f*, **2.** pipa *f*, boquilla *f*; **~o suu** fumar en pipa
haifai ハイファイ **~no** de alta fidelidad
haibun 配分 reparto *m*, distribución *f*; **~suru** repartir, distribuir
haiboku 敗北 derrota *f*; **~suru** ser vencido, -a, perder una batalla; **~shugi** derrotismo *m*; **~shugisha** derrotista *m/f*
haimisu ハイミス solterona *f*
hairan 排卵 ovulación *f*; **~suru** ovular
hairyo 配慮 atención *f*, consideración *f*, cuidado *m*; **~o suru** tomar en consideración
hairu 入る **1.** entrar, introducirse en un sitio; **2.** ingresar; **3.** caber; ***Kono bin ni wa go rittoru~*** En esta botella caben cinco litros; **4.** empezar; ***ku gatsu ni~*** empezar en sep-

tiembre; **5.** (*joohoo/noticias*) haber, llegar; **6.** incluirse
pairotto パイロット piloto *m/f*
hau 這う arrastrarse, avanzar a rastras
hae 蝿 mosca *f*
haeru 生える crecer, brotar
haka 墓 tumba *f*, sepultura *f*
baka 馬鹿 tonto, -a, necio, -a; ***~na*** tonto, -a, bobo, -a; ***~na koto o suru*** hacer tonterías; ***~na koto o iu*** decir disparates; ***~!*** ¡Imbécil!
hakai 破壊 destrucción *f*; ***~suru*** destruir, aniquilar, destrozar
hagaki 葉書 tarjeta *f* postal; ***~o dasu*** enviar una postal
bakageta 馬鹿げた absurdo, -a; ***~koto*** cosa *f* absurda, tontería *f*
hakarazumo 図らずも **1.** inesperadamente, impensadamente; **2.** por accidente, por azar
hakari 秤 balanza *f*; ***~de hakaru*** pesar con una balanza
-bakari 一ばかり **1.** (*yaku...*) aproximadamente; **2.** (*jikan/tiempo*) ***...ta +~*** acabar de; ***tsuita~*** acaba de llegar; **3.** (*...dake*) sólo; ***Kare wa manga~yonde iru*** No lee más que manga
hakarishirenai 計り知れない insondable *adj m/f*, inmenso, -a, infinito, -a
hakaru 図（謀）る tramar, maquinar, conspirar
hakaru 計（量／測）る pesar, medir, calcular
haki 破棄 ***~suru*** anular, cancelar
haki 覇気 ambición *f*; ***~no aru*** ambicioso, -a; ***~no nai*** apático, -a
hakike 吐き気 náusea *f*; ***~ga suru*** sentir náuseas
hakyuu 波及 extenderse, propagarse
haku 吐く escupir, arrojar, vomitar
haku 掃く barrer, limpiar
haku 履く ***kutsu o~*** ponerse los zapatos; ***kutsushita o~*** ponerse los calcetines; ***zubon o~*** ponerse los pantalones
hagu 剥ぐ quitar, arrancar, despellejar
baku 漠 ***~toshita*** ambiguo, -a, vago, -a
hakuai 博愛 filantropía *f*; ***~teki na*** filantrópico, -a; ***~ka*** filántropo, -a
bakuon 爆音 ruido *m* de explosión; ***~o tateru*** producir un estallido
hakugai 迫害 persecución *f*; ***~suru*** perseguir
hakushi 白紙 hoja *f* en blanco; ***~no tooan o dasu*** entregar el examen en blanco; ***~toohyoo suru*** votar en blanco
hakushi 博士 doctor, -a; ***~ni naru*** sacarse el título de doctor;

~katei curso *m* de doctorado; ***~no gakui*** grado *m*/titulación *f* de doctor

hakujaku 薄弱 ***~na*** débil *adj m/f*, endeble *adj m/f*

hakushu 拍手 aplauso *m*; ***~suru*** aplaudir

hakujoo 白状 confesión *f*; ***~suru*** confesar, declarar

hakujoo 薄情 ***~na*** frío, -a, insensible *adj m/f*, desalmado, -a

bakuzen 漠然 ***~toshita*** vago, -a, impreciso, -a, confuso, -a

bakudan 爆弾 bomba *f*; ***~o tooka suru*** bombardear un sitio

hakuchi 白痴 idiotez *f*; ***~no*** idiota *adj m/f*

bakuchi 博打 ***~o utsu*** jugar, aventurar en el juego, especular

hakkaa ハッカー *informát* hacker *m/f*, pirata *m/f*

bakuchiku 爆竹 petardo *m*; ***~o narasu*** hacer estallar petardos

bakuhatsu 爆発 **1.** explosión *f*; **2.** erupción *f* volcánica; ***~suru*** explotar, estallar, entrar en erupción

bakufu 幕府 shogunato *m*; ***~no*** shogunal *adj m/f*

hakubutsu 博物 ***~kan*** museo *m*

hakurai 舶来 ***~no*** importado, -a; ***~hin*** artículos *mpl* importados

hakuryoku 迫力 vigor *m*, fuerza *f*, ***~no aru*** vigoroso, -a, enérgico, -a

haguruma 歯車 engranaje *m*

bakuro 暴露 revelación *f*, divulgación *f*; ***~suru*** revelar, divulgar

hage 禿げ **1.** calvicie *f*; **2.** (*hito/persona*) calvo, -a

hageshii 激しい fuerte *adj m/f*, intenso, -a, agudo, -a, violento, -a, apasionado, -a; ***~ikari*** cólera *f* furiosa; ***~itami*** dolor *m* agudo; ***~kaze*** viento *m* fuerte

baketsu バケツ cubo *m*

hagemasu 励ます animar, alentar, estimular

bakemono 化け物 fantasma *m*, espectro *m*; ***~ga deru*** salir/haber fantasmas

hageru 剥げる desprenderse, despintarse, desconcharse

hako 箱 caja *f*, estuche *m*; ***~ni ireru*** meter en una caja

hakobu 運ぶ **1.** transportar, llevar a un lugar; **2.** ***umaku~*** ir bien, llevar bien

hasamaru 挟まる cogerse en, estar metido entre

hasami 鋏 tijeras *fpl*

hasamu 挟む insertar, intercalar

hasan 破産 quiebra *f*, bancarrota *f*; ***~suru*** quebrar, arruinarse

hashi 端 extremo *m*, cabo *m*, punta *f*, borde *m*

hashi 箸 palillos *mpl*; ***~de taberu*** comer con palillos; ***~o tsukau*** utilizar palillos

hashi 橋 puente *m*

haji 恥じ vergüenza *f*, rubor *m*, ignominia *f*; **~o kaku** sentirse humillado, -a; **~o kakaseru** humillar a alg
hajiiru 恥じ入る **1.** avergonzarse; **2.** (*sekimen*) ruborizarse
hashika はしか *med* sarampión *m*; **~ni kakaru** coger el sarampión
hashigo 梯子 escalera *f* de mano, escala *f* de cuerda; **~o noboru/oriru** subir/bajar una escala
hashibami はしばみ **1.** avellano *m*; **2.** avellana *f*
hajimari 始まり (*kaishi*) comienzo *m*, principio *m*, origen *m*
hajimaru 始まる comenzar, empezar, producirse
hajime 初（始）め comienzo *m*, principio *m*; **~wa** al principio; **~kara** desde el principio; **~ni** en primer lugar; **~no** primero, -a
hajimete 初めて primera vez *f*
hajimeru 始める empezar, comenzar
pajama パジャマ pijama *m*
bajutsu 馬術 equitación *f*
basho 場所 sitio *m*, lugar *m*, punto *m*; **~o toru** ocupar mucho espacio; **...ni~o akeru** hacer sitio a u/c/alg
hashoofu 破傷風 tétanos *mpl*
hashira 柱 columna *f*, pilar *m*, sostén *m*; **~o tateru** levantar un pilar
hashiru 走る correr, avanzar, marchar
hajiru 恥じる avergonzarse, abochornarse
hasu 蓮 loto *m*; **~no hana** flor *f* de loto
hazu 筈 ***...suru~dearu*** deber de + inf; ***Sorosoro kuru~da*** Debe de llegar dentro de poco; ***Sono~desu*** Debe de ser así
basu バス autobús *m*; **~de iku** ir en autobús; **~ni noru** tomar el autobús; **~tei/sutoppu** parada *f* de autobús; **~ryokoo** viaje *m* en autobús
pasu パス **1.** pase *m*, abono *m*, salvoconducto *m*; **2.** ***shiken ni~suru*** aprobar un examen
pasu-waado パスワード *informát* contraseña *f*
hazukashii 恥ずかしい **1.** vergonzoso, -a, deshonroso, -a; **~kooi** acto *m* vergonzoso; **2.** tener vergüenza, dar vergüenza
basuketto バスケット cesta *f*, cesto *m*, canasta *f*; **~booru** baloncesto *m*; **~booru o suru** jugar al baloncesto
hazusu 外す separar, quitar, quitarse
pasuteru パステル **~ga** pintura *f* al pastel; **~kaaraa** color *m* pastel
pasupooto パスポート pasaporte *m*

hazumi 弾み rebote *m*, ímpetu *m*; **~*ga tsuku*** tomar impulso
pazuru パズル acertijo *m*, rompecabezas *m*; ***kurosuwaado~*** crucigrama *m*
hazure 外れ **1.** (*lotería*) número *m* no premiado; **2.** (*hashi*) extremo *m*, afueras *fpl*
hazureru 外れる **1.** salirse, desprenderse; **2.** desviarse; **3.** no acertar
hasei 派生 **~*suru*** derivarse; **~*teki na*** derivado, -a
paseri パセリ perejil *m*
hason 破損 daño *m*, desperfecto *m*; **~*suru*** sufrir daños, estropearse; **~*shita*** estropeado, -a, deteriorado, -a
hata 側 los demás *mpl*; **~*kara miru to*** a los ojos de los demás
hata 旗 bandera *f*, estandarte *m*; **~*o ageru/orosu*** izar/arriar una bandera
hada 肌 piel *f*, cutis *m*, tez *f*
hadaka 裸 desnudez *f*; **~*no*** desnudo, -a; **~*ni naru*** desnudarse; **~*ni suru*** desnudar
hadakamugi 裸麦 centeno *m*
hataki はたき plumero *m*, sacudidor *m*
hataku はたく sacudir; ***...no hokori o~*** desempolvar
hatake 畑 **1.** campo *m*, huerta *f*; **~*o tsukuru*** cultivar la tierra; **2.** especialidad *f*
hadazawari 肌触り tacto *m*; **~*ga yoi*** agradable *adj m/f* al tacto; **~*ga warui*** áspero, -a al tacto
hadashi 跣 **~*no*** descalzo, -a; **~*de aruku*** ir descalzo
hatashite 果たして en efecto, en realidad
hatasu 果たす ejecutar, llevar a cabo
batafurai バタフライ (*natación*) estilo *m* mariposa
hataraki 働き trabajo *m*, actividad *f*, función *f*
hatarakikakeru 働きかける influir, intervenir
hataraku 働く trabajar, funcionar, marchar
hachi 八 ocho *m*; **~*ban me no*** octavo, -a
hachi 鉢 tiesto *m*, maceta *f*
hachi 蜂 *zool* abeja *f*, avispa *f*
hachikireru はちきれる reventar, estallar
hachijuu 八十 ochenta *m*; **~*ban me no*** octogésimo, -a
hachimaki 鉢巻 cinta *f* ceñida a la cabeza
hachimitsu 蜂蜜 miel *f*
hachuurui 爬虫類 *zool* reptiles *mpl*
pachinko パチンコpachinko *m*, juego *m* de bolitas que se tiran y se meten en los agujeros de unas tablas
-hatsu ―発 salida *f*, procedencia *f*; ***gogo kuji~no ressha*** tren

m de las nueve de la noche; ***Oosaka~no kyuukoo*** expreso *m* procedente de Osaka
hatsuon 発音 pronunciación *f*; **~*suru*** pronunciar
hakka 発火 encendido *m*, ignición *f*; **~*suru*** encenderse; **~*ten*** punto *m* de ignición
hakkan 発汗 **~*suru*** sudar, transpirar
hakki 発揮 demostración *f*, manifestación *f*; **~*suru*** demostrar, revelar, manifestar
hakkyoo 発狂 demencia *f*, locura *f*; **~*suru*** perder la razón
hakkiri はっきり claramente; **~*shita*** claro, -a, evidente *adj m/f*; **~*suru*** aclararse, quedar claro
bakkin 罰金 multa *f*; **~*o harau*** pagar la multa; **~*o kasuru*** multar a alg
bakku バック **1.** parte *f* trasera, fondo *m*; **~*suru*** dar marcha atrás; **2.** mecenas *m*, patrocinador, -a
pakku パック envase *m*
baggu バッグ bolso *m*
hakkutsu 発掘 excavación *f*, exhumación *f*; **~*suru*** desenterrar, exhumar
batsugun 抜群 **~*no*** destacado, -a, sobresaliente *adj m/f*
hakkekkyuu 白血球 *med* glóbulo *m* blanco, leucocito *m*
hakketsubyoo 白血病 *med* leucemia *f*
hakken 発見 descubrimiento *m*, hallazgo *m*; **~*suru*** descubrir, hallar
hatsugen 発言 declaración *f*, observación *f*; **~*suru*** tomar la palabra, declarar
hakkoo 発行 publicación *f*, edición *f*; **~*suru*** publicar, editar; **~*busuu*** tirada *f*
hassan 発散 **1.** (*netsu nado/calor*) emisión *f*; **2.** (*kaori nado/perfume*) emanación *f*; **~*suru*** emitir, exhalar, emanar
hassha 発車 salida *f*; **~*suru*** salir, partir
hassuru 発する emitir, despedir, arrojar
hassei 発生 aparición *f*, desarrollo *m*, crecimiento *m*; **~*suru*** aparecer, originarse
hassei 発声 emisión *f* de voz; ***~renshuu o suru*** realizar ejercicios de vocalización
hassoo 発想 idea *f*, concepción *f*
hattatsu 発達 desarrollo *m*, progreso *m*, avance *m*; **~*suru*** desarrollarse, crecer, progresar
hatchuu 発注 pedido *m*, encargo *m*; **~*suru*** encargar
hatten 発展 desarrollo *m*, evolución *f*, crecimiento *m*, avance *m*; **~*suru*** desarrollarse, progresar
hatto はっと **~*suru*** asustarse, sorprenderse

hatsubai 発売 venta *f*; ***~suru*** vender, poner en venta; ***~chuu dearu*** estar en venta

happyoo 発表 anuncio *m*, declaración *f*, publicación *f*; ***~suru*** anunciar, declarar, publicar

hatsumei 発明 ***~suru*** inventar

hatsurei 発令 nombramiento *m*, anuncio *m* oficial; ***~suru*** anunciar oficialmente

hate 果て **1.** (*owari*) fin *m*, término *m*; **2.** (*kekka*) resultado *m*, consecuencia *f*; ***~wa*** en conclusión

hade 派手 ***~na*** vistoso, -a, llamativo, -a; ***~ni*** de manera llamativa

hateshi 果てし ***~nai*** sin fin, infinito, -a, inmenso, -a

hato 鳩 *zool* paloma *f*, palomo *m*, pichón *m*

patokaa パトカー coche *m* de policía

patorooru パトロール patrulla *f*; ***~o suru*** patrullar

hana 花 flor *f*; ***~ga saku*** florecer

hana 洟 moco *m*; ***~o tarasu*** moquear

hana 鼻 nariz *f*, hocico *m*, trompa *f*; ***~ga hikui*** ser chato, -a; ***~ga takai*** tener la nariz prominente; sentir orgullo; ***...o~ni kakeru*** enorgullecerse de u/c

hanakuso 鼻糞 mucosidad *f* endurecida, moco *m*; ***~o hojikuru*** hurgarse la nariz

hanashi 話 **1.** conversación *f*, diálogo *m*; ***...to~o suru*** hablar con alg; **2.** conferencia *f*, discurso *m*; **3.** cuento *m*, narración *f*; **4.** información *f*, noticia *f*, rumor *m*

hanashiau 話し合う conversar

hanashikakeru 話し掛ける dirigir la palabra

hanasu 放す soltar, poner en libertad

hanasu 話す hablar, decir

hanasu 離す separar, apartar, alejar

hanaji 鼻血 hemorragia *f* nasal; ***~o dasu*** salir sangre por la nariz

hanabanashii 華々しい brillante *adj m/f*, glorioso, -a

hanabi 花火 fuegos *mpl* artificiales; ***~o achiageru*** echar fuegos artificiales

hanami 花見 ***~ni iku*** ir a ver los cerezos en flor

hanamoyoo 花模様 dibujos *mpl* florales; ***~no*** floreado, -a

hanaya 花屋 **1.** floristería *f*; **2.** (*hito/persona*) florista *m/f*

hanayaka 華やか ***~na*** resplandeciente *adj m/f*, brillante *adj m/f*, magnífico, -a; ***~ni*** con brillantez, con esplendor

hanayome 花嫁 novia *f*, desposada *f*

hanarebanare 離れ離れ ***~no*** separado, -a; ***~ni*** separadamente
hanareru 離れる separarse, alejarse, abandonar un sitio
panikku パニック pánico *m*; ***~o okosu*** ocasionar pánico
banira バニラ vainilla *f*
hane 羽 **1.** pluma *f*, plumón *m*; **2.** ala *f*
hane 跳ね salpicadura *f*
hanekaeru 跳ね返る rebotar
hanemuun ハネムーン luna *f* de miel
haneru 跳ねる **1.** saltar, brincar; **2.** salpicar; **3.** chispear, crepitar
paneru パネル panel *m*, entrepaño *m*
haha 母 madre *f*; ***~oyarashii*** maternal *adj m/f*
haba 幅 ancho *m*, anchura *f*
baba 馬場 hipódromo *m*
babaa 婆 anciana *f*
papaia パパイア papaya *f*
habakaru 憚る temer, amedrentarse
habataku 羽ばたく aletear, batir las alas
habamu 阻む impedir
pabirion パビリオン pabellón *m*
habuku 省く suprimir, quitar, omitir
haburashi 歯ブラシ cepillo *m* de dientes
hahen 破片 fragmento *m*, astilla *f*
hamaki 葉巻 (cigarro *m*) puro *m*; ***~o suu*** fumarse un puro
hamabe 浜辺 playa *f*
hamaru 填まる **1.** encajar, ajustarse; **2.** (*damasareru*) caer en la trampa
hamigaki 歯磨き pasta *f* dentífrica
hamingu ハミング canturreo *m*, tarareo *m*; ***~de utau*** canturrear, tararear
hamu ハム jamón *m* cocido; ***nama~*** jamón *m* no curado
hamusutaa ハムスター hámster *m*
hametsu 破滅 ruina *f*, perdición *f*, decadencia *f*; ***~suru*** decaer, arruinarse
hameru 嵌める **1.** encajar, ajustar, embutir; **2.** (*damasu*) engañar, coger en una trampa
bamen 場面 situación *f*
hayai 早い ***~jikan ni*** a una hora temprana
hayai 速い rápido, -a, veloz *adj m/f*
hayaku 早く pronto
hayaku 速く rápido, rápidamente, velozmente
hayashi 林 bosque *m*, arboleda *f*
hayamaru 早まる adelantarse, anticiparse
hayame 早め ***~ni*** un poco antes, un poco más temprano
hayameru 早める adelantar (la hora/fecha)

hayameru 速める acelerar, apremiar
hayaru 流行る **1.** volverse popular, estar de moda; **2.** (*byooki ga/enfermedad*) propagarse
hara 腹 **1.** vientre *m*, barriga *f*; ***~ga itai*** doler la barriga; ***~no dete iru*** panzudo, -a; **2.** hambre *m*; ***~ga ippai dearu*** estar saciado, -a; ***~ga suite iru/ hette iru*** tener hambre; **3.** corazón *m*; ***~no ookii*** generoso, -a
bara ばら **1.** rosa *f*; **2.** rosal *m*; ***~iro no*** de color de rosa
baraado バラード balada *f*
harai 払い pago *m*, liquidación *f*; ***~ga yoi*** pagar puntualmente; ***~ga warui*** ser mal pagador, -a
haraimodosu 払い戻す reembolsar, devolver el dinero
harau 払う **1.** pagar, liquidar; **2.** ***hokori o~*** limpiar el polvo
baraetii バラエティー **1.** (*henka*) variedad *f*; **2.** (*shoo*) variedades *fpl*; ***~ni tonda*** muy variado, -a
haraguroi 腹黒い socarrón, -a, ladino, -a
parashuuto パラシュート paracaídas *m*
parasoru パラソル parasol *m*
haradatashii 腹立たしい exasperante *adj m/f*, irritante *adj m/f*
paradokkusu パラドックス paradoja *f*
paranoia パラノイア paranoia *f*, monomanía *f*
harahara はらはら ***~suru*** inquietarse, temblar de miedo
barabara ばらばら ***~ni*** a trozos, a pedazos, en desorden; ***~ni suru*** descomponer, desunir; ***~ni naru*** hacerse pedazos
parafureezu パラフレーズ paráfrasis *f*
parabora パラボラ ***~antena*** antena *f* parabólica
harawata 腸 entrañas *fpl*, vísceras *fpl*, tripas *fpl*; ***~o nuku*** destripar
baransu バランス equilibrio *m*, balanza *f*; ***~o ushinau*** perder el equilibrio; ***~o toru*** equilibrar
hari 針 **1.** aguja *f*, alfiler *m*; **2.** anzuelo *m*; **3.** aguijón *m*, pincho *m*; **4.** manecilla *f* del reloj
hari 鍼 acupuntura *f*; ***~i*** acupunturista *m/f*
hariau 張り合う rivalizar, competir
harigane 針金 alambre *m*
harigami 張り紙 cartel *m*
harikeen ハリケーン huracán *m*
haridasu 張り出す **1.** sobresalir; **2.** pegar, fijar
paritii パリティー paridad *f*
paripari ぱりぱり ***~shita*** crujiente *adj m/f*

hariban 張り番 **1.** guardia *f*, vigilancia *f*; **2.** (*hito/persona*) guarda *m/f*, vigilante *m/f*; ***~o suru*** guardar, vigilar

haru 張（貼）る **1.** tender; **2.** pegar, fijar

haru 春 primavera *f*; ***~no*** primaveral *adj m/f*; ***~ni*** en primavera

haruka 遥か ***~na*** lejano, -a, remoto, -a; ***~ni*** en la lejanía; mucho más

barukonii バルコニー balcón *m*; ***~ni deru*** salir al balcón

barubu バルブ válvula *f*

hare 晴れ **1.** buen tiempo *m*; **2.** ***~no baai*** en una ocasión solemne

pareedo パレード desfile *m*

bareebooru バレーボール balonvolea *m*, voleibol *m*

haretsu 破裂 explosión *f*, estallido *m*; ***~suru*** estallar

harebottai 腫れぼったい abotagado, -a, hinchado, -a

haremu ハレム harén *m*

hareru 晴れる **1.** despejarse, escampar; **2.** ***ki ga~*** ponerse de buen humor

hareru 腫れる hincharse, abotagarse

harenchi 破廉恥 infamia *f*, desvergüenza *f*

barokku バロック ***~yooshiki*** estilo *m* barroco

parodi パロディ parodia *f*

baromeetaa バロメーター barómetro *m*

han- 反一 *pref* anti-; ***~seifu undoo*** movimiento *m* antigubernamental

han 半 medio *m*, mitad *f*; ***Ku ji~desu*** Son las nueve y media

han 判 sello *m*; ***...ni~o osu*** sellar u/c

han 版 edición *f*; ***~o aratameru*** publicar una nueva edición

ban 番 **1.** guarda *f*, guardia *f*; ***~o suru*** guardar u/c; **2.** (*bangoo*) número *m*, lugar *m*, turno *m*; ***Watashi no~desu*** Es mi turno

han'i 範囲 dominio *m*, ámbito *m*, esfera *f*

han'igo 反意語 antónimo *m*

han'ei 反映 reflejo *m*; ***~suru*** reflejarse en u/c; ***~saseru*** reflejar u/c

han'ei 繁栄 prosperidad *f*; ***~suru*** prosperar

hankachi ハンカチ pañuelo *m* de bolsillo

hankan 反感 antipatía *f*, aversión *f*; ***~o kau*** atraerse la antipatía de alg; ***~o idaku*** sentir antipatía por alg

hankyuu 半球 hemisferio *m*

hankyoo 反響 eco *m*, repercusión *f*, resonancia *f*; ***~suru*** repercutir, resonar

panku パンク pinchazo *m*; ***taiya ga~suru*** pincharse un neumático

bangumi 番組 programa *m*, emisión *f*; **~o miru** ver un programa

hanketsu 判決 sentencia *f*, fallo *m*; **~o kudasu** dictar sentencia

hanken 版権 derechos *mpl* de autor; **"~shoyuu"** "Reservados todos los derechos"

hankoo 反抗 resistencia *f*, oposición *f*; **~suru** resistir, oponerse a alg, revelarse contra alg

hankoo 犯行 delito *m*, acción *f* delictiva

bangoo 番号 número *m*; **~jun ni** por orden númerico

hanzai 犯罪 delito *m*, crimen *m*; **~o okasu** cometer un crimen

banzai 万歳 ¡Viva!

hansamu ハンサム **~na otoko** hombre *m* guapo

hansha 反射 reflexión *f*, reverberación *f*, reflejo *m*; **~suru** reflejar

hanjoo 繁盛 prosperidad *f*; **~suru** prosperar

hanshoku 繁殖 reproducción *f*, generación *f*; **~suru** multiplicarse, reproducirse

hanshinron 汎神論 panteísmo *m*

hansuu 半数 mitad *f*

hansuto ハンスト huelga *f* de hambre; **~o suru** hacer una huelga de hambre

hanzubon 半ズボン pantalón *m* corto

hansuru 反する ser opuesto, -a, contravenir

hansei 反省 reflexión *m*, examen *m* de sí mismo, -a; **~suru** reflexionar, examinarse a sí mismo, -a

hansode 半袖 **~no** de manga corta

panda パンダ *zool* oso *m* panda

hantai 反対 **1.** (*gyaku*) lo contrario; **~no** contrario, -a, inverso, -a; **~ni** al contrario; **2.** oposición *f*; **~suru** oponerse a u/c/ alg

handan 判断 juicio *m*; **~suru** juzgar

pantsu パンツ calzoncillos *mpl*; **~o haku** ponerse los calzoncillos

pantii パンティー bragas *fpl*; **~o haku** ponerse las bragas

handikyappu ハンディキャップ desventaja *f*, handicap *m*

bando バンド **1.** cinturón *m*, correa *f*; **2.** banda *f*, conjunto *m* musical

hantoo 半島 península *f*

handoo 反動 reacción *f*; **~teki na** reaccionario, -a, retrógrado, -a; **~seiji** política *f* reaccionaria

handobaggu ハンドバッグ bolso *m* de señora

handobooru ハンドボール balonmano *m*

handoru ハンドル **1.** volante *m* de un automóvil; **2.** manivela *f*; **3.** tirador *m*, pomo *m*

hannichi 反日 ***~no*** antijaponés *adj m/f*; ***~kanjoo*** sentimiento *m* antijaponés

hannoo 反応 reacción *f*, efecto *m*; ***~suru*** reaccionar

hanpa 半端 ***~na*** incompleto, -a, fragmentario, -a

hanbaagaa ハンバーガー hamburguesa *f*

hanbai 販売 venta *f*; ***~suru*** vender; ***~kakaku*** precio *m* de venta; ***~gijutsu*** técnica *f* de venta

hanpatsu 反発 repulsión *f*; ***~suru*** reaccionar contra u/c; ***~o kanjiru*** sentir repulsión hacia alg/u/c

hanhan 半々 mitad por mitad, mitad y mitad

hanpuku 反復 repetición *f*, reiteración *f*; ***~suru*** repetir, reiterar; ***~shite*** repetidas veces

panfuretto パンフレット folleto *m*

hanbun 半分 medio *m*, mitad *f*; ***~no*** medio, -a

hanmei 判明 ***~suru*** aclararse, esclarecerse

hanmen 半面 **1.** mitad *f* del rostro; **2.** un lado *m*, un costado *m*; ***~no shinri*** verdad *f* a medias

hanmo 繁茂 frondosidad *f*; ***~suru*** crecer frondoso, -a, crecer con exhuberancia

hanmoku 反目 antagonismo *m*, hostilidad *f*; ***~shite iru*** existir rivalidad

hanmon 煩悶 angustia *f*; ***~suru*** acongojarse, afligirse

hanran 反乱 rebelión *f*, sublevación *f*; ***~o okosu*** rebelarse, sublevarse

hanran 氾濫 inundación *f*, desbordamiento *m*; ***~suru*** desbordarse

hanrei 凡例 nota *f* preliminar

hanron 反論 refutación *f*, rebatimiento *m*; ***~suru*** rebatir, refutar

HI ひ

hi 日 **1.** (*taiyoo*) sol *m*; ***~ga noboru/shizumu*** salir/ponerse el sol; ***~ga ataru basho ni*** al sol; ***~ni ataru*** tomar el sol; **2.** (*hiru*) horas *fpl* de luz; ***~ga nagaku naru*** alargarse el día; **3.** ***tenki no yoi/warui~*** día *m* de buen/mal tiempo; ***aru~*** un/cierto día *m*

hi 火 **1.** fuego *m*, lumbre *f*, llama *f*; ***...ni~o tsukeru*** encender u/c; ***~ni ataru*** calentarse al fuego; **2.** fuego *m*, incendio *m*; ***~no yoojin o suru*** tener cuidado con el fuego

hiai 悲哀 tristeza *f*
hiatari 日当たり ***~no yoi*** soleado, -a; ***~no warui*** oscuro, -a, sin sol
piano ピアノ piano *m*; ***~o hiku*** tocar el piano
piiaaru ピーアール relaciones *fpl* públicas; ***~o suru*** hacer propaganda
hiiki 贔屓 favor *m*, preferencia *f*; ***~suru*** favorecer, proteger; ***~no*** favorito, -a
piiku ピーク punto *m* máximo; ***rasshuawaa no~*** hora *f* punta
hiitaa ヒーター calefacción *f*; ***~o tsukeru*** encender la calefacción
biichi ビーチ playa *f*
piitiiee ピーティーエー asociación *f* de profesores y padres
piinattsu ピーナッツ cacahuete *m*
piiman ピーマン pimiento *m*
biiru ビール cerveza *f*; ***~o nomu*** beber cerveza; ***nama~*** cerveza *f* de barril, cerveza *f* a presión; ***~ippon kudasai*** Una cerveza, por favor
hiiroo ヒーロー héroe *m*
hierarukii ヒエラルキー jerarquía *f*
hieru 冷える enfriarse
piero ピエロ payaso, -a, pierrot *m*
bika 美化 embellecimiento *m*; ***~suru*** embellecer, idealizar
higai 被害 daño *m*, perjuicio *m*; ***~o ukeru*** sufrir un daño; ***~sha*** damnificado, -a
hikae 控え **1.** nota *f*, apunte *m*; **2.** copia *f*, duplicado *m*; ***~o toru*** sacar una copia
hikaeme 控え目 ***~na*** reservado, -a, discreto, -a, modesto, -a; ***~ni*** con modestia
hikaeru 控える **1.** apuntar; **2.** abstenerse, guardarse de; **3.** esperar, aguardar
hikaku 比較 comparación *f*; ***A o B to ~suru*** comparar A con B; ***~teki ni*** comparativamente, relativamente
bigaku 美学 estética *f*; ***~no*** estético, -a
hikage 日陰 sombra *f*; ***~no*** umbrío, -a, sombreado, -a
higashi 東 este *m*, oriente *m*; ***~no*** del este, oriental *adj m/f*
pikapika ぴかぴか ***~shita*** reluciente *adj m/f*, brillante *adj m/f*
higami 僻み envidia *f*, celos *mpl*; ***~ppoi*** envidioso, -a
higamu 僻む (*netamu*) tener envidia
hikarabiru 乾涸びる desecarse, resecarse
hikari 光 luz *f*, destello *m*; ***~o hanatsu*** emitir luz
hikaru 光る brillar, relucir
hikan 悲観 pesimismo *m*; ***~teki na*** pesimista *adj m/f*

hiki 引き **~ga aru** **1.** estar bien relacionado, -a; **2.** rebaja *f*; ***ni waribiki de*** con rebaja del veinte por ciento
hikiai 引き合い **1.** ***~ni dasu*** citar u/c/a alg; **2.** oferta *f*; ***~ga aru*** recibir una oferta
hikiageru 引き上げる **1.** levantar, alzar; **2.** dejar, retirarse de un sitio; **3.** aumentar, alzar
hikiiru 率いる dirigir, encabezar
hikiukeru 引き受ける encargarse de u/c; ***sekinin o~*** asumir la responsabilidad
hikikomoru 引き篭もる recluirse en un sitio
hikisageru 引き下げる reducir, rebajar
hikizan 引き算 *mat* resta *f*, substracción *f*; ***~o suru*** restar
hikizuru 引き摺る arrastrar
hikidashi 引き出し cajón *m*; ***~ni ireru*** meter en un cajón; ***~kara dasu*** sacar de un cajón
hikidasu 引き出す sacar, extraer
hikitateru 引き立てる **1.** apoyar, patrocinar a alg; **2.** llevar a alg consigo
hikitsugu 引き継ぐ heredar, suceder a alg
hikitsukeru 引き付ける atraer, embelesar, seducir
hikitsuzuki 引き続き sucesivamente, consecutivamente
hikido 引き戸 puerta *f* corrediza
hikitoru 引き取る retirarse, irse
bikini ビキニ (*umi/playa*) bikini *m*
hikiniku 挽き肉 carne *f* picada
hikinuku 引き抜く sacar, arrancar, extirpar
hikinobasu 引き延ばす **1.** ampliar, engrandecer; **2.** prorrogar, prolongar
hikihanasu 引き離す separar, desunir, apartar
hikiharau 引き払う evacuar, retirarse de un sitio
hikyoo 卑怯 ***~na*** cobarde *adj m/f*, vil *adj m/f*
hikiwake 引き分け empate *m*
hikiwatasu 引き渡す entregar, transferir
hiku 引く **1.** tirar de u/c; **2.** ***ki o~*** atraer, cautivar; **3.** ***sen o~*** trazar una línea; **4.** (*in'yoo*) citar; **5.** llevar, conducir; **6.** instalar, colocar; **7.** rebajar, descontar; **8.** retirarse; **9.** ***jisho o~*** buscar en el diccionario; **10.** ***kaze o~*** resfriarse
hiku 弾く tocar; ***piano o~*** tocar el piano
hiku 碾く moler
hiku 轢く atropellar, arrollar; ***kuruma ni hikareru*** ser atropellado, -a por un coche
hikui 低い bajo, -a
hikutsu 卑屈 ***~na*** servil *adj m/f*; ***~ni*** servilmente
pikunikku ピクニック picnic *m*, merienda *f* campestre; ***~ni iku*** ir de picnic

bikubiku びくびく ***~suru*** tener miedo a u/c
pigumii ピグミー pigmeo, -a
higure 日暮れ crepúsculo *m*, anochecer *m*; ***~no*** vespertino, -a
hige 髭 barba *f*, bigote *m*, patillas *fpl*; ***~no aru*** barbudo, -a, bigotudo, -a; ***~no nai*** sin bigote, sin barba; ***~o hayashite iru*** llevar bigote/barba; ***~o soru*** afeitarse
hige 卑下 ***~suru*** mostrarse humilde
higeki 悲劇 tragedia *f*
hiketsu 否決 ***~suru*** rechazar, desaprobar
hiketsu 秘訣 clave *f*, secreto *m*
higo 庇護 protección *f*, amparo *m*; ***~suru*** proteger, defender
hikoo 非行 delincuencia *f*
hikoo 飛行 vuelo *m*, aviación *f*; ***~suru*** volar; ***~jikan*** duración *f* del vuelo
bikoo 備考 nota *f*, observación *f*; ***~ran*** columna *f* de observaciones
hikooki 飛行機 avión *m*; ***~ni noru*** tomar un avión; ***~de*** por avión
hikooshiki 非公式 ***~no*** informal *adj m/f*, oficioso, -a; ***~ni*** informalmente
hikoojoo 飛行場 aeródromo *m*, campo *m* de aviación, aeropuerto *m*
higoohoo 非合法 ***~na*** ilegal *adj m/f*, ilícito, -a; ***~teki ni*** ilegalmente
higoro 日頃 siempre, habitualmente; ***~no*** de siempre
hiza 膝 rodilla *f*; ***~o tsuku*** ponerse de rodillas
biza ビザ visado *m*; ***~o toru/shinsei suru*** solicitar el visado
hizashi 日差し rayos *mpl* del sol, luz *f* del sol
hisashii 久しい hacer mucho tiempo
hisashiburi 久しぶり ***~desu ne*** ¡Cuánto tiempo sin verle!; ***~ni*** después de mucho tiempo
hizamazuku 跪く arrodillarse
hisan 悲惨 ***~na*** miserable *adj m/f*, desdichado, -a, trágico, -a
hiji 肘 codo *m*; ***~o tsuku*** apoyar el codo sobre u/c
hijiteppoo 肘鉄砲 codazo *m*; ***~o kuwasu*** dar un codazo; dar calabazas a alg
bijinesu ビジネス negocios *mpl*; ***~no hanashi o suru*** hablar de negocios; ***~sukuuru*** instituto *m* de comercio; ***~hoteru*** hotel *m* económico
bijaku 微弱 ***~na*** delicado, -a, débil *adj m/f*
hijuu 比重 **1.** densidad *f* relativa, peso *m* específico; ***~o hakaru*** medir el peso específico; **2.** importancia *f* relativa
bijutsu 美術 bellas artes *fpl*; ***~no*** artístico, -a; ***~kan*** museo *m*

de bellas artes; ***~in*** academia *f* de bellas artes; ***~shi*** historia *f* del arte
hijoo 非常 **1.** emergencia *f*; ***~no sai ni*** en caso de emergencia; ***~keihoo*** alarma *f*; ***~shingoo*** señal *f* de alarma; **2.** ***~na*** grande *adj m/f*; ***~ni*** muy
bishoo 微笑 sonrisa *f*; ***~suru*** sonreír
hijooshiki 非常識 ***~na*** falto, -a de sentido común, insensato, -a
bishonure びしょ濡れ ***~no*** empapado, -a
bijin 美人 mujer *f* guapa
bisuketto ビスケット galleta *f*
hisuterii ヒステリー histeria *f*; ***~o okosu*** tener un ataque de histeria
hisuterikku ヒステリック ***~na*** histérico, -a; ***~ni*** histéricamente
pisutoru ピストル pistola *f*, revólver *m*; ***~o utsu*** disparar una pistola
hizumi 歪み deformación *f*; ***~ga dekiru*** deformarse
hiseisanteki 非生産的 ***~na*** improductivo, -a
hisoo 悲壮 ***~na*** patético, -a, trágico, -a
hisoka 密か ***~na*** secreto, -a; ***~ni*** secretamente
hisohiso ひそひそ ***~to*** en voz baja; ***~banashi o suru*** cuchichear
hisomu 潜む esconderse, ocultarse
hida 襞 pliegue *m*; ***~no aru*** con pliegues
hitai 額 frente *f*; ***hiroi~*** frente *f* ancha; ***semai~*** frente *f* estrecha
hidai 肥大 hipertrofia *f*, corpulencia *f*; ***~suru*** hipertrofiarse
hitasu 浸す remojar, empapar, sumergir en u/c, poner en remojo
bitamin ビタミン vitamina *f*; ***~A*** vitamina *f* A
hidari 左 **1.** izquierda *f*; ***...no~ni*** a la izquierda; **2.** izquierdista *m/f*
hidarigawa 左側 lado *m* izquierdo
hidarikiki 左利き ***~no*** zurdo, -a
hidarite 左手 mano *m* izquierda; ***~ni*** a mano izquierda
hitaru 浸る remojarse en u/c, sumergirse en u/c
hitsuu 悲痛 ***~na*** doloroso, -a, penoso, -a
hikkakaru 引っかかる **1.** engancharse en u/c, quedarse prendido, -a en u/c; **2.** caer en la trampa, dejarse engañar
hikkaku 引っ掻く rascar, arañar
hikkakeru 引っ掛ける **1.** engancharse alg/u/c en un sitio; **2.** salpicar a alg
hikki 筆記 ***~suru*** escribir; ***~shiken*** examen *m* escrito

bikkuri びっくり ***~suru*** sorprenderse, asustarse; ***~saseru*** sorprender, asustar

hikkurikaesu ひっくりかえす volcar, echar abajo, invertir

hikkurikaeru ひっくりかえる volcarse, zozobrar

hizuke 日付 fecha *f*; ***...ni~o ireru*** datar u/c; ***~no nai*** sin fecha

bikko びっこ **1.** cojera *f*; **2.** (*hito/persona*) cojo, -a; ***~o hiku*** cojear

hikkoshi 引越し traslado *m*, mudanza *f*

hikkosu 引っ越す trasladarse, mudarse

hikkomu 引っ込む retirarse, recogerse

hikkomeru 引っ込める retirar, retraer

hisshi 必死 ***~no*** desesperado, -a; ***~ni*** desesperadamente

hitsuji 羊 oveja *f*, carnero *m*

hissu 必須 ***~no*** obligatorio, -a; ***~no jooken*** requisito *m* indispensable; ***~kamoku*** asignatura *f* obligatoria

hitsuzen 必然 ***~teki na*** necesario, -a, inevitable *adj m/f*

hissori ひっそり ***~shita*** silencioso, -a, solitario, -a

pittari ぴったり **1.** ***...o...ni~kuttsukeru*** pegar u/c perfectamente a un sitio; **2.** (*niau*) sentar bien, ir u/c a medida

hitchihaikaa ヒッチハイカー autoestopista *m/f*

hitchihaiku ヒッチハイク autostop *m*; ***~o suru*** hacer autostop

hitto ヒット **1.** éxito *m*, logro *m*; ***~songu*** canción *f* de éxito; **2.** (*yakyuu/béisbol*) golpe *m*

hipparu 引っ張る tirar de u/c, estirar

hippu ヒップ cadera *f*

hitsuyoo 必要 necesidad *f*, requerimiento *m*; ***~na*** necesario, -a; ***...suru~ga aru*** es preciso que + subj

hitei 否定 negación *f*, negativa *f*; ***~suru*** negar, rehusar; ***~teki na*** negativo, -a

bideo ビデオ vídeo *m*; ***~teepu*** cinta *f* de vídeo

biteki 美的 ***~na*** estético, -a, artístico, -a; ***~ni*** artistícamente

hito 人 **1.** hombre *m*, persona *f*; ***~no*** humano, -a; **2.** el mundo *m*, los otros *mpl*, la gente *f*; ***~no uwasa de wa*** según dice la gente

hidoi ひどい horrible *adj m/f*, horroroso, -a, duro, -a, violento, -a

hitogara 人柄 personalidad *f*, carácter *m*; ***~ga yoi*** tener buen carácter

hitokiwa 一際 sobre todo, notablemente

hidoku ひどく horriblemente, cruelmente, duramente, violentamente
bitoku 美徳 virtud *f*
hitokui 人食い ***~no*** antropófago, -a; ***~jinshu*** caníbales *mpl*
hitokuchi 一口 **1.** un bocado *m*, un sorbo *m*; **2.** ***~ni ieba*** en una palabra; **3.** una cuota *f*
hitoke 人気 ***~no nai*** desierto, -a
hitokoto 一言 ***~de ieba*** en una palabra; ***~iwasete moraitai desu*** Déjeme decir unas plabras
hitogoroshi 人殺し asesinato *m*, homicidio *m*; ***~o suru*** cometer un homicidio
hitoshii 等しい mismo, -a, igual *adj m/f*, equivalente *adj m/f*
hitotsu 一つ **1.** uno, -a; ***Kore wa~ikura desu ka*** ¿Cuánto vale uno?; **2.** mismo, -a; ***~tokoro ni*** mismo lugar *m*; **3.** (*chotto*) un poco
hitode 人手 **1.** (*tanin*) otro, -a; **2.** (*hataraku hito*) mano *f* de obra
hitotoori 一通り por encima, más o menos
hitodoori 人通り ***~no ooi*** con mucho tráfico; ***~no nai*** solitario, -a
hitonatsukoi 人懐こい sociable *adj m/f*, amigable *adj m/f*
hitonami 人波 oleada *f* de gente, multitud *f*; ***~ni momareru*** ser empujado, -a por la muchedumbre
hitonami 人並 ***~no*** ordinario, -a, común *adj m/f*; ***~ni*** como la mayoría de la gente
hitobito 人々 gente *f*, pueblo *m*
hitomae 人前 ***~de*** en público
hitomane 人真似 imitación *f*, bufonada *f*; ***~o suru*** imitar a alg
hitomi 瞳 pupila *f*; ***~o korasu*** aguzar la vista
hitome 一目 ***~de*** de un vistazo, a simple vista
hitome 人目 ***~ni fureru*** ser visto, -a, exponerse a la mirada de la gente; ***~ni tsuku/o hiku*** llamar la atención de la gente
hitori 一人 una persona *f*; ***~de*** solo, -a; ***~kko*** hijo, -a único, -a
hidori 日取り fecha *f*, día *m*; ***~o kimeru*** fijar la fecha
hitorigoto 独り言 monólogo *m*; ***~o iu*** hablar a solas
hitorideni 独りでに por sí solo, -a; espontáneamente
hina 雛 **1.** pollo *m*, ave *f* de cría; **2.** ***~ningyoo*** muñeca *f* de la fiesta de las niñas; ***~matsuri*** fiesta *f* de las niñas
hinagiku 雛菊 *bot* margarita *f*
hinata 日向 solana *f*, lugar *m* bañado por el sol; ***~de*** al sol
hinan 非難 reproche *m*, censura *f*; ***~suru*** reprochar, censurar
hinan 避難 ***~suru*** refugiarse, guarecerse

hiniku 皮肉 ironía *f*, sarcasmo *m*; **~na** irónico, -a; **~o iu** decir mordacidades

hinyooki 泌尿器 órganos *mpl* urinarios; **~ka** urología *f*; **~kai** urólogo, -a

hinin 否認 denegación *f*, negativa *f*; **~suru** negar, desmentir

hinin 避妊 **~suru** impedir la concepción; **~kigu** aparato *m* anticonceptivo; **~yaku** (medicamento *m*) anticonceptivo

hinekureta ひねくれた retorcido, -a, intratable *adj m/f*, insociable *adj m/f*

hineru 捻る torcer, retorcer, girar; ***gasu no kokku o~*** girar la llave del gas

hinoki 桧 *bot* ciprés *m* japonés

hinoko 火の粉 chispa *f*, centella *f*

hinobe 日延べ aplazamiento *m*, prórroga *f*; **~suru** aplazar, prorrogar

hibaku 被爆 **~suru** sufrir la bomba atómica; **~sha** víctima *f* de la bomba atómica

hibachi 火鉢 brasero *m*

hihan 批判 crítica *f*, juicio *m*; **~suru** criticar, censurar

hibi 皹 grieta *f* de la piel; ***te ni~ga kireta*** tener las manos agrietadas

hibi 罅 hendidura *f*, raja *f*, grieta *f*; **~ga hairu** rajarse, agrietarse

hibi 日々 cada día, diariamente

bibi 微々 **~taru** pequeñísimo, -a, escaso, -a

hibiku 響く resonar, retumbar, repercutir

hihyoo 批評 crítica *f*, observación *f*, comentario *m*; **~suru** hacer una observación, reseñar, criticar

hifu 皮膚 piel *f*, cutis *m*; **~no** cutáneo, -a; **~ka** dermatología *f*; **~kai** dermatólogo, -a; **~en** dermatitis *f*

hibusoo 非武装 desmilitarización *f*; **~ka suru** desmilitarizar

hihei 疲弊 **~suru** extenuarse, agotarse, empobrecerse

hiboo 誹謗 **~chuushoo** calumnia *f*; **~chuushoo suru** calumniar

hipokonderii ヒポコンデリー hipocondría *f*; **~no hito** hipocondríaco, -a

hibon 非凡 **~na** extraordinario, -a, poco común *adj m/f*

hima 暇 **1.** tiempo *m*, tiempo *m* libre; ***...suru~ga aru*** tener tiempo para + inf; **~o tsukuru** encontrar tiempo; **~o mitsukete** a ratos perdidos; **2.** **~o dasu** despedir del trabajo; **~o toru** dimitir; **3.** **~na shigoto** trabajo *m* que quita poco tiempo

himan 肥満 gordura *f*, obesidad *f*; **~ji** niño, -a obeso, -a; **~taiyoo no fuku** ropa *f* para tallas grandes

himitsu 秘密 secreto *m*, confidencia *f*; ***~no*** secreto, -a, confidencial *adj m/f*; ***~ni*** secretamente; ***~ni suru*** ocultar; ***~o abaku*** descubrir un secreto
bimyoo 微妙 ***~na*** delicado, -a, sutil *adj m/f*
hime 姫 princesa *f*
himei 悲鳴 grito *m* lastimero, alarido *m*; ***~o ageru*** lanzar gritos lastimeros, dar alaridos
himo 紐 **1.** cordel *m*, cuerda *f*; ***kutsu no~o musubu*** atarse los cordones; ***~de musubu*** atar con un cordel; ***~o hodoku*** desatar una cuerda; **2.** chulo *m*, parásito *m* de una prostituta
hiyakasu 冷やかす gastar bromas, tomar el pelo
hyaku 百 ciento *m*; ***~ban me no*** centésimo, -a
hyaku paasento 百パーセント cien por cien; ***kooka~no*** cien por cien efectivo, -a, de eficacia total
hyakuman 百万 un millón *m*; ***~ban me no*** millonésimo, -a
hiyake 日焼け ***~suru*** broncearse, tostarse al sol
hiyashinsu ヒヤシンス *bot* jacinto *m*
hiyasu 冷やす enfriar, refrescar
hyakka 百科 ***~jiten*** diccionario *m* enciclopédico
hyakkaten 百貨店 grandes almacenes *mpl*
biyahooru ビヤホール cervecería *f*
hiyayaka 冷ややか ***~na*** frío, -a, indiferente *adj m/f*; ***~ni*** fríamente
hiyarito 冷やりと ***~suru*** **1.** sentir frío; **2.** horrorizarse, estremecerse de miedo
hiyu 比喩 metáfora *f*, alegoría *f*; ***~teki na*** metafórico, -a
hyuuzu ヒューズ fusible *m*; ***~ga tobu*** saltar un fusible; ***~o torikaeru*** cambiar un fusible
hyuumanisuto ヒューマニスト humanitario, -a
hyuumanizumu ヒューマニズム humanitarismo *m*
pyuuritan ピューリタン puritano, -a
hyoo 表 tabla *f*, cuadro *m*, catálogo *m*; ***~o tsukuru*** hacer una tabla
hyoo 豹 leopardo *m*, pantera *f*
hyoo 票 voto *m*; ***~o eru*** obtener el voto; ***~yomi*** recuento *m* de votos
hyoo 雹 granizo *m*; ***~ga furu*** granizar
hiyoo 費用 gasto *m*, coste *m*; ***~no kakaru*** caro, -a; ***~no kakaranai*** económico, -a
byoo 秒 segundo *m*
byoo 鋲 chincheta *f*; ***...o~de tomeru*** clavar u/c con chinchetas

biyoo 美容 embellecimiento *m*; **~*in*** salón *m* de belleza, peluquería *f*; **~*shi*** peluquero, -a

hyooimoji 表意文字 ideograma *m*, escritura *f* ideográfica

byooin 病院 hospital *m*, enfermería *f*; **~*ni hairu*** ingresar en un hospital; **~*ni ireru*** hospitalizar a alg

hyoo'onmoji 表音文字 escritura *f* fonética

hyooka 評価 estimación *f*, evaluación *f*, tasación *f*; **~*suru*** tasar, valorar

hyooga 氷河 glaciar *m*

byooki 病気 enfermedad *f*, afección *f*; **~*ni naru*** ponerse enfermo, -a; **~*de aru*** estar enfermo; **~*ga naoru*** curarse; **~*mimai*** visita *f* a un, -a enfermo, -a

hyooketsu 氷結 **~*suru*** congelarse, helarse

hyoogen 表現 expresión *f*, manifestación *f*; **~*suru*** expresar, manifestar

byoogo 病後 convalecencia *f*

hyooshi 拍子 **1.** compás *m*, ritmo *m*; **~*o toru*** llevar el compás; **2. *nanika no~de*** por casualidad

hyooshi 表紙 tapas *fpl* de un libro, encuadernación *f*

hyooji 表示 indicación *f*, manifestación *f*; **~*suru*** indicar, manifestar

hyooshiki 標識 señal *f*, indicador *m*, poste *m* indicador

byoosha 描写 descripción *f*; **~*suru*** describir; **~*teki na*** descriptivo, -a

hyoojun 標準 estándar *m*; criterio *m*, norma *f*, nivel *m*; **~*ni tassuru*** llegar al nivel

hyoojoo 表情 expresión *f*, semblante *m*

hyoosetsu 剽窃 **~*suru*** plagiar

byoodoo 平等 igualdad *f*; **~*na*** igual *adj m/f*; **~*ni*** por igual

byoonin 病人 enfermo, -a

hyoohaku 漂白 **~*suru*** blanquear; **~*zai*** lejía *f*

hyooban 評判 **1.** reputación *f*, fama *f*, renombre *m*; **~*no*** reputado, -a; **~*ga takai*** gozar de buena fama; **2.** rumor *m*; **~*o tateru*** hacer correr un rumor

hyoomen 表面 superficie *f*; **~*teki na*** superficial *adj m/f*; **~*teki ni*** superficialmente

hyooron 評論 crítica *f*, comentarios *mpl*; **~*suru*** criticar; **~*ka*** crítico, -a, comentarista *m/f*

hiyoku 肥沃 fertilidad *f*; **~*na*** fértil *adj m/f*; ***tochi o~ni suru*** fertilizar la tierra

hiyoko 雛 polluelo *m*, pollito *m*

hyotto ひょっと quizás, por si acaso

hira 平 **~*no*** simple *adj m/f*, ordinario, -a

bira ビラ anuncio *m*, octavilla *f*

hiraishin 避雷針 pararrayos *m*
hiraoyogi 平泳ぎ ***~de oyogu*** nadar a braza
hiragana 平仮名 alfabeto *m* silábico japonés, hiragana *m*
hiraku 開く **1.** abrir; **2.** fundar, establecer; **3.** celebrar; **4.** roturar, explotar
hirakeru 開ける civilizarse
hiratai 平たい plano, -a, llano, -a
hirahira ひらひら ***~suru*** ondear, revolotear
piramiddo ピラミッド pirámide *f*
hirameku 閃く chispear, brillar, centellear
hiryoo 肥料 fertilizante *m*
hiru 昼 **1.** día *m*; ***~juu*** toda la jornada; **2.** mediodía *m*; ***~mae ni*** antes del mediodía; ***~sugi ni*** después del mediodía; ***~goro*** hacia mediodía
piru ピル píldora *f* anticonceptiva
birudingu ビルディング edificio *m*
hirune 昼寝 siesta *f*; ***~o suru*** dormir la siesta
hiruyasumi 昼休み descanso *m* del mediodía
hirei 比例 razón *f*, proporción *f*; ***...ni~shite*** en proporción a
hiroi 広い extenso, -a, amplio, -a, ancho, -a, espacioso, -a
hiroimono 拾い物 **1.** objeto *m* encontrado; **2.** ganga *f*
hiroin ヒロイン heroína *f*
hirou 拾う **1.** recoger, coger; **2.** encontrar u/c perdida
hiroo 疲労 fatiga *f*, cansancio *m*; ***~suru*** fatigarse; ***~saseru*** fatigar
biroodo ビロード terciopelo *m*; ***~no yoona*** aterciopelado, -a
hirogaru 広がる **1.** extenderse, dilatarse, ensancharse; **2.** propagarse
hiroku 広く ampliamente, universalmente, generalmente
hirogeru 広げる extender, agrandar, ensanchar
Hiroshima 広島 Hiroshima
hiroba 広場 plaza *f*
hiromaru 広まる extenderse, divulgarse, propagarse, circular
hiromeru 広める divulgar, difundir, circular, popularizar
hiwai 卑猥 ***~na*** obsceno, -a
hin 品 distinción *f*, dignidad *f*, elegancia *f*; ***~no yoi*** distinguido, -a, refinado, -a; ***~no warui*** vulgar *adj m/f*
bin 瓶 botella *f*, frasco *m*
pin ピン alfiler *m*, horquilla *f*
binkan 敏感 sensibilidad *f*; ***~na*** sensible *adj m/f*; ***...ni~de aru*** ser sensible a u/c
pinku ピンク ***~iro*** color *m* rosa; ***~eiga*** película *f* pornográfica
hinkon 貧困 pobreza *f*, indigencia *f*; ***~na*** pobre *adj m/f*, indigente *adj m/f*

hinshitsu 品質 calidad *f*; ***~no yoi/warui*** de buena/mala calidad
binshoo 敏捷 presteza *f*, vivacidad *f*, prontitud *f*; ***~na*** presto, -a, ágil *adj m/f*
hinzuukyoo ヒンズー教 hinduismo *m*
pinsetto ピンセット pinzas *fpl*; ***~de hasamu*** coger u/c con pinzas
binsoku 敏速 rapidez *f*, presteza *f*, prontitud *f*; ***~na*** presto, -a, rápido, -a; ***~ni*** rápidamente
pinchi ピンチ aprieto *m*, apuro *m*; ***~o kirinukeru*** salir de un aprieto
hinto ヒント **1.** insinuación *f*, sugerencia *f*; ***~o ataeru*** sugerir; **2.** pista *f*
hindo 頻度 frecuencia *f*; ***~no takai*** frecuente *adj m/f*
pinto ピント foco *m*; ***kamera no~o awaseru*** enfocar una cámara fotográfica
hinpan 頻繁 ***~na*** frecuente *adj m/f*; ***~ni*** frecuentemente
binboo 貧乏 pobreza *f*; ***~suru*** estar en la miseria; ***~na*** pobre *adj m/f*, necesitado, -a; ***~ni naru*** empobrecerse
pinpon ピンポン ping-pong *m*; ***~o suru*** jugar al ping-pong
hinmin 貧民 pobres *mpl*, indigentes *mpl*; ***~o kyuusai suru*** ayudar a los pobres
binwan 敏腕 capacidad *f*, habilidad *f*; ***~na*** capaz *adj m/f*, hábil *adj m/f*

FU ふ

fu 府 ***Oosaka~*** prefectura *f* de Osaka; ***~chiji*** gobernador, -a
bu 部 **1.** sección *f*, departamento *m*; **2.** club *m*, círculo *m*
buaisoo 無愛想 ***~na*** insociable *adj m/f*, poco amable *adj m/f*
faito ファイト energía *f*, ánimo *m*; ***~no aru*** enérgico, -a
fairu ファイル carpeta *f*, clasificador *m*, archivo *m*; ***~suru*** clasificar u/c en una carpeta, archivar
fashisuto ファシスト fascista *m/f*
fashizumu ファシズム fascismo *m*
fasunaa ファスナー cremallera *f*
fasshon ファッション moda *f*; ***~shoo*** desfile *m* de moda; ***~moderu*** modelo *m/f*
fan ファン **1.** aficionado, -a, fan *m/f*; **2.** ventilador *m*
fuan 不安 ansiedad *f*, inquietud *f*; ***~na*** inquieto, -a; ***~ni naru/o kanjiru*** inquietarse
fuantei 不安定 inestabilidad *f*; ***~na*** inestable *adj m/f*
faundeeshon ファウンデーション maquillaje *m* de fondo/base

fui 不意 ***~no*** imprevisto, -a; ***~ni*** inesperadamente

figyua フィギュア ***~sukeeto*** patinaje *m* artístico

fikushon フィクション ficción *f*

firutaa フィルター filtro *m*

firumu フィルム película *f*, carrete *m*

fuu 風 **1.** aire *m*, aspecto *m*; **2.** manera *f*, estilo *m*; ***Nihon~*** estilo *m* japonés

fuukei 風景 paisaje *m*, escena *f*

fuusa 封鎖 bloqueo *m*; ***~suru*** bloquear; ***~o yaburu*** romper el bloqueo

fuushi 諷刺 sátira *f*; ***~suru*** satirizar

fuuzoku 風俗 costumbres *fpl*; ***~shoosetsu*** novela *f* costumbrista

fuutai 風袋 tara *f*; ***~komi de*** con tara; ***~nuki no juuryoo*** peso *m* neto

buutsu ブーツ botas *fpl*

fuudo フード capucha *f*

fuutoo 封筒 sobre *m*

fuufu 夫婦 matrimonio *m*; ***~no*** matrimonial *adj m/f*, conyugal *adj m/f*; ***~ni naru*** casarse

buumu ブーム auge *m*, boom *m*

puuru プール piscina *f*; ***~de oyogu*** nadar en la piscina

fuun 不運 mala suerte *f*; ***~na*** desafortunado, -a; ***~ni mo*** por desgracia

fue 笛 silbato *m*, flauta *f*; ***~o fuku*** pitar, silbar, tocar la flauta

fesutibaru フェスティバル festival *m*

feriiboodo フェリーボード transbordador *m*

fueru 増える aumentar, multiplicarse

fenshingu フェンシング esgrima *f*

fooku フォーク tenedor *m*; ***~de taberu*** comer con tenedor

foobizumu フォービズム fauvismo *m*

foomu フォーム forma *f*

fuka 付加 ***~suru*** añadir; ***~kachi*** valor *m* añadido

buka 部下 subordinado, -a

fukai 深い profundo, -a, hondo, -a

fukai 不快 ***~na*** desagradable *adj m/f*, molesto, -a; ***~kan o ataeru*** causar desagrado

fukakai 不可解 ***~na*** incomprensible *adj m/f*, enigmático, -a

fukaku 深く **1.** profundamente; **2.** de corazón, sinceramente

fukakujitsu 不確実 incertidumbre *f*, inseguridad *f*; ***~na*** incierto, -a

fukakutei 不確定 ***~no*** indefinido, -a

fukasa 深さ profundidad *f*

fukanoo 不可能 imposibilidad *f*; ***~na*** imposible *adj m/f*

fukami 深み hondura *f*, profundidad *f*; **~no aru** profundo, -a; **~no nai** superficial *adj m/f*

fukameru 深める profundizar

fukanzen 不完全 imperfección *f*; **~na** imperfecto, -a

fugi 不義 adulterio *m*

buki 武器 armas *fpl*; **~o toru** tomar las armas

fukigen 不機嫌 mal humor *m*; **~na** malhumorado, -a, disgustado, -a; **~de aru** estar disgustado, -a, estar de mal humor

fukiso 不起訴 sobreseimiento *m*

fukisoku 不規則 irregularidad *f*; **~na** irregular *adj m/f*

fukidasu 噴き出す manar, brotar

fukitsu 不吉 **~na** de mal augurio; **~na yokan ga suru** tener un mal presentimiento

fukitsukeru 吹き付ける pulverizar

fukidemono 吹き出物 grano *m*; **...ni~ga dekiru** salir un grano en

bukimi 不気味 **~na** lúgubre *adj m/f*, siniestro, -a

fukyuu 不朽 **~no** eterno, -a, imperecedero, -a

fukyuu 普及 difusión *f*, popularización *f*; **~suru** difundirse, generalizarse; **~saseru** difundir, popularizar

fukyoo 不況 depresión *f* económica

bukiyoo 不器用 torpeza *f*; **~na** torpe *adj m/f*

fugiri 不義理 ingratitud *f*

fukin 付近 cercanía *f*, vecindad *f*; **...no~ni** en las proximidades de, cerca de

fukinkoo 不均衡 desproporción *f*, desequilibrio *m*

fukinshin 不謹慎 imprudencia *f*, indiscreción *f*; **~na** imprudente *adj m/f*, indiscreto, -a

fuku 吹く **1.** soplar; ***kaze ga~*** soplar el viento; **2.** tocar; ***rappa o~*** tocar la trompeta; **3.** soplar; ***roosoku o~*** soplar las velas

fuku 拭く enjugar, secar

fuku 服 ropa *f*, vestido *m*, traje *m*; **~o kiru** vestirse

fugu ふぐ *zool* pez *m* globo

fukuin 福音 Evangelio *m*; **~o toku** predicar el Evangelio

fukugoo 複合 **~no** mixto, -a, compuesto, -a

fukuzatsu 複雑 **~na** complejo, -a, complicado, -a; **~sa** complejidad *f*

fukushi 副詞 *ling* adverbio *m*

fukushi 福祉 bienestar *m*; **~jigyoo** obras *fpl* sociales; **~shisetsu** institución *f* benéfica

fukusha 複写 copia *f*, reproducción *f*; **~suru** reproducir, copiar u/c

fukushuu 復習 repaso *m*; **~suru** repasar

fukushuu 復讐 venganza *f*, represalia *f*; ***…ni~suru*** vengarse de alg
fukushin 腹心 ***~no*** de confianza
fukusuu 複数 **1.** ***~no*** unos, -as, varios, -as; **2.** *ling* plural *adj m/f*
fukusoo 服装 vestido *m*, ropa *f*
fukutsu 不屈 ***~no*** indómito, -a, inquebrantable *adj m/f*
fukudoku 服毒 ***~suru*** tomar veneno
fukubu 腹部 *med* abdomen *m*; ***~no*** abdominal *adj m/f*
fukumi 含み ***~no aru kotoba*** palabras *fpl* con sentido oculto
fukumu 含む contener, abarcar, incluir
fukumeru 含める incluir
fukuramasu 膨らます hinchar, inflar
fukurami 膨らみ redondez *f*
fukuramu 膨らむ hincharse, dilatarse
fukuro 袋 saco *m*, bolsa *f*; ***… o~ni ireru*** meter u/c en un saco
fukuroo 梟 búho *m*; lechuza *f*; ***~ga naku*** ulular la lechuza
fukuwajutsu 腹話術 ventriloquia *f*; ***~o suru*** practicar la ventriloquia
fuke ふけ caspa *f*; ***~darake no*** casposo, -a
fukei 不敬 ***~na*** irrespetuoso, -a
fukeiki 不景気 depresión *f*, inactividad *f* económica; ***~na*** inactivo, -a; ***~ni naru*** empeorar la situación económica
fuketsu 不潔 ***~na*** sucio, -a, desaseado, -a; ***~sa*** suciedad *f*
fukeru 老ける envejecer
fukenzen 不健全 ***~na*** malsano, -a, mórbido, -a; ***~na shisoo*** ideas *fpl* malsanas
fukoo 不幸 desgracia *f*, infelicidad *f*; ***~na*** desgraciado, -a, infeliz *adj m/f*; ***~ni mo*** por desgracia
fugoo 符号 seña *f*, signo *m*; ***… ni~o tsukeru*** marcar u/c
fukoohei 不公平 ***~na*** injusto, -a, parcial *adj m/f*; ***~sa*** parcialidad *f*
fusai 夫妻 ***Tanaka~*** el señor *m* y la señora *f* Tanaka
fusai 負債 deuda *f*; ***~ga aru*** deber dinero
fuzai 不在 ausencia *f*; ***~de aru*** estar ausente
fusagaru 塞がる cerrarse, obstruirse
fusagu 塞ぐ cerrar, obstruir, bloquear
fuzakeru ふざける bromear, burlarse
fusawashii 相応しい conveniente *adj m/f*, adecuado, -a
fushi 節 **1.** articulación *f*; (*yubi/dedo*) nudillo *m*; **2.** (*ki/árbol*) nudo *m*; **3.** (*uta/canción*) música *f*, melodía *f*

bushi 武士 samurái *m*; ***~doo*** código *m* de conducta de los samuráis
buji 無事 ***~na*** sano, -a y salvo, -a; ***~de aru*** estar bien/sin incidentes
fushigi 不思議 ***~na*** extraño, -a, raro, -a, extraordinario, -a; ***~na koto ni wa*** lo extraño es que…
fushizen 不自然 ***~na*** poco natural *adj m/f*, forzado, -a
bushitsuke 不躾 ***~na*** indiscreto, -a; ***~ni*** indiscretamente
fujiyuu 不自由 **1.** incomodidad *f*, inconveniencia *f*; **2.** privación *f*
fujun 不純 ***~na*** impuro, -a
fujun 不順 ***~na*** irregular *adj m/f*
fujo 扶助 ayuda *f*, auxilio *m*; ***~suru*** ayudar, prestar auxilio
fushoo 負傷 herida *f*; ***~suru*** ser herido, -a; ***~shita*** herido, -a
fujoori 不条理 absurdo *m*; ***~na*** absurdo, -a; ***~no tetsugaku*** filosofía *f* del absurdo
fushoku 腐食 ***~suru*** descomponerse, corroerse; ***~saseru*** descomponer, corroer
bujoku 侮辱 insulto *m*, ofensa *f*; ***~suru*** insultar, ofender; ***~teki na*** insultante *adj m/f*
fushin 不信 **1.** deslealtad *f*, infidelidad *f*; **2.** desconfianza *f*, incredulidad *f*; ***~o idaku*** desconfiar de u/c/alg; ***~o kau*** atraer la desconfianza de alg
fushin 不振 inactividad *f*, depresión *f*
fushin 不審 ***~na*** sospechoso, -a; ***...ni~o idaku*** recelar de u/c/alg
fujin 夫人 mujer *f*, esposa *f*
fujin 婦人 mujer *f*, señora *f*, dama *f*; ***~ka*** ginecología *f*; ***~kai*** ginecólogo, -a; ***~kaihoo*** emancipación *f* femenina; ***~fuku*** ropa *f* de señora; ***"~yoo"*** "Damas"
fushinsetsu 不親切 ***~na*** poco amable *adj m/f*, poco amistoso, -a; ***~ni*** con poca amabilidad
fuzui 不随 ***zenshin~*** parálisis *f* total
busuu 部数 tirada *f*, número *m* de ejemplares
fusei 不正 ***~na*** injusto, -a, ilegal *adj m/f*, fraudulento, -a
fuzei 風情 elegancia *f*, encanto *m*, gracia *f*; ***~no aru*** elegante *adj m/f*, refinado, -a; ***~no nai*** insulso, -a
fusegu 防ぐ **1.** defenderse; **2.** prevenir, impedir
fusetsu 敷設 construcción *f*, edificación *f*; ***~suru*** construir, edificar
fuseru 伏せる ***koppu o~*** poner un vaso boca abajo; ***me o~*** mirar hacia abajo
fusenmei 不鮮明 ***~na*** impreciso, -a, vago, -a

busoo 武装 armamento *m*; ***~suru*** armarse
fusoku 不足 **1.** falta *f*, carencia *f*; ***~suru*** carecer de u/c; **2.** ***~o iu*** quejarse, refunfuñar
fuzoku 付属 ***~suru*** pertenecer a u/c
buzoku 部族 tribu *f*
fuson 不遜 ***~na*** insolente *adj m/f*, arrogante *adj m/f*
futa 蓋 tapa *f*, tapón *m*; ***...ni~o suru*** tapar u/c; ***...no~o toru*** destapar u/c
fuda 札 tarjeta *f*, etiqueta *f*, letrero *m*; ***...ni~o tsukeru*** poner una etiqueta a u/c
buta 豚 cerdo *m*; ***~niku*** carne *f* de cerdo
butai 舞台 escenario *m*
futago 双子 gemelos, -as, mellizos, -as
futatabi 再び otra vez, de nuevo
futatsu 二つ ***~tomo*** ambos, -as; ***~zutsu*** de dos en dos; ***~ni wakeru*** dividir en dos partes
futamata 二股 ***~no*** bifurcado, -a
futari 二人 dos personas *fpl*; ***~tomo*** ambos, -as
futan 負担 carga *f*; ***~suru*** cargar con u/c, hacerse cargo de u/c; ***~saseru*** cargar a alg con u/c
fudan 普段 de ordinario, de costumbre; ***~no*** habitual *adj m/f*; ***~no toori*** como de costumbre
butan ブタン butano *m*; ***~gasu*** gas *m* butano
fuchi 縁 **1.** borde *m*, orilla *f*; **2.** reborde *m*, ribete *m*; **3.** aro *m*/montura *f* de las gafas; ***teeburu no~*** borde *m* de la mesa
fuchuui 不注意 descuido *m*, distracción *f*; ***~na*** descuidado, -a
buchoo 部長 jefe, -a de sección
fuchoowa 不調和 discordancia *f*, disonancia *f*; ***~na*** discordante *adj m/f*
futsuu 普通 ***~no*** ordinario, -a, común *adj m/f*; ***~wa*** por lo general
bukka 物価 precios *mpl*; ***~ga agaru/sagaru*** subir/bajar los precios; ***~hendoo*** fluctuación *f* de los precios
fukkatsu 復活 ***~suru*** resucitar, resurgir, renacer; ***~saseru*** resucitar
futsukayoi 二日酔い resaca *f*
butsukaru ぶつかる **1.** chocar, tropezar; **2.** disputar
fukkyuu 復旧 restauración *f*, recuperación *f*; ***~suru*** restaurar, restablecer, reactivar
bukkyoo 仏教 budismo *m*; ***~no*** budista *adj m/f*
fukkura ふっくら ***~shita*** rollizo, -a, regordete *adj m/f*
butsukeru ぶつける (*A o B ni*) arrojar A a B, dar con A en B

fukkoo 復興 restauración *f*, reconstrucción *f*; **~*suru*** restaurarse, ser reconstruido, -a
busshitsu 物質 materia *f*, substancia *f*; **~*teki na*** material *adj m/f*, físico, -a
bussoo 物騒 **~*na*** inseguro, -a, peligroso, -a
butsuzoo 仏像 imagen *f* de Buda
budda 仏陀 Buda *m*
buttsuke ぶっつけ **~*honban de supiichi o suru*** improvisar un discurso
futtei 払底 falta *f*, escasez *f*; **~*suru*** faltar, escasear
futtoo 沸騰 **~*suru*** hervir, bullir
futtobooru フットボール ***amerikan~*** fútbol *m* americano
butsubutsu ぶつぶつ **1.** **~*iu*** quejarse, refunfuñar; **2.** grano *m*; ***kao ni~ga dekiru*** salir granos en la cara
butsuri 物理 física *f*; **~*teki na*** físico, -a
futsuriai 不釣り合い **~*na*** desproporcionado, -a, desigual *adj m/f*
fude 筆 **1.** pincel *m*; **2.** pluma *f*; **3.** escritura *f*
futekitoo 不適当 **~*na*** inadecuado, -a, impropio, -a
futegiwa 不手際 torpeza *f*; **~*na*** torpe *adj m/f*
futebuteshii ふてぶてしい descarado, -a, desvergonzado, -a
futo ふと de repente, por casualidad
futoi 太い **1.** grueso, -a, gordo, -a; **2.** descarado, -a
futoo 不当 **~*na*** **1.** injusto, -a; **2.** ilegal *adj m/f*
butoo 舞踏 baile *m*, danza *f*
budoo 葡萄 uva *f*; **~*shu*** vino *m*
futooitsu 不統一 falta *f* de unidad; **~*na*** desunido, -a
fudoosan 不動産 bienes *mpl* inmuebles; **~*no*** inmobiliario, -a; **~*gyoosha*** agente *m/f* inmobiliario
futoomei 不透明 opacidad *f*; **~*na*** opaco, -a; **~*ni suru*** hacer u/c opaca, nublar; **~*ni naru*** hacerse opaco, -a, nublarse
futosa 太さ grosor *m*; diámetro *m*
futoru 太る engordar
futon 布団 **1.** colchón *m*; **2.** edredón *m*; **3.** ropa *f* de cama
funazumi 船積み embarque *m*, carga *f*; **~*suru*** embarcar, cargar
funani 船荷 cargamento *m*, carga *f*; **~*shooken*** conocimiento *m* de embarque
funare 不慣れ **~*de aru*** no estar acostumbrado, -a
fune 船 barco *m*, barca *f*; **~*ni noru*** embarcarse; **~*ni noseru*** embarcar
fuhai 腐敗 **~*suru*** pudrirse, corromperse; **~*saseru*** pudrir, corromper

fubi 不備 defecto *m*, imperfección *f*; **~na** defectuoso, -a
fuhitsuyoo 不必要 **~na** innecesario, -a; **~ni** innecesariamente
buhin 部品 pieza *f*, pieza *f* de repuesto; **~o torikaeru** cambiar una pieza
bubun 部分 parte *f*, porción *f*; **~teki na** parcial *adj m/f*; **~teki ni** en parte
fuhei 不平 queja *f*, descontento *m*; **~o iu** quejarse, murmurar
fuben 不便 incomodidad *f*; **~na** incómodo, -a, inconveniente *adj m/f*
fuhoo 不法 ilegalidad *f*, injusticia *f*; **~na** ilegal *adj m/f*; **~ni** ilegalmente
fuman 不満 descontento *m*, insatisfacción *f*; **~na** descontento, -a, insatisfecho, -a
fumikiri 踏切 paso *m* a nivel; **~ga oriru** bajar la barrera
fumidai 踏み台 taburete *m*; **~ni noru** subirse a un taburete
fuminshoo 不眠症 insomnio *m*; **~ni kakaru** sufrir de insomnio
fumu 踏む pisar, hollar
fumeiyo 不名誉 deshonor *m*; **~na** deshonroso, -a
bumon 部門 sección *f*, departamento *m*
fuyasu 増やす aumentar
fuyu 冬 invierno *m*; **~no** invernal *adj m/f*
fuyukai 不愉快 **~na** desagradable *adj m/f*
buyoo 舞踊 baile *m*, danza *f*
buyobuyo ぶよぶよ **~no** fofo, -a
furaipan フライパン sartén *f*
puraibeeto プライベート privado, -a, personal *adj m/f*
buraindo ブラインド persiana *f*; **~o ageru/orosu** subir/bajar la persiana
puragu プラグ clavija *f*; **airon no~o sashikomu** enchufar la plancha
burasagaru ぶら下がる colgar, estar suspendido
burasageru ぶら下げる colgar
burashi ブラシ cepillo *m*; **~o kakeru** cepillar
burajaa ブラジャー sujetador *m*; **~o tsukeru** ponerse el sujetador
purasu プラス **1. ~no** positivo, -a; **2.** más; **~no kigoo** signo *m* de adición; **~mainasu zero da** ni se gana ni se pierde nada
purasuchikku プラスチック plástico *m*; **~no** de plástico; **~seihin** producto *m* de plástico
furasutoreeshon フラストレーション frustración *f*; **~o okosu** sentirse frustrado, -a
burakku maaketto ブラックマーケット mercado *m* negro

furasshu フラッシュ flash *m*; ***~o taite toru*** sacar una fotografía con flash
purattohoomu プラットホーム andén *m*
puratonikku プラトニック ***~rabu*** amor *m* platónico
furafura ふらふら ***~suru*** tambalearse, marearse, vacilar
burabura ぶらぶら ***~yureru*** balancearse, oscilar; ***~aruki o suru*** andar sin rumbo; ***~shite iru*** hacer el vago
furamenko フラメンコ flamenco *m*
puran プラン plan *m*; ***~o tateru*** planear
buranko ぶらんこ columpio *m*, trapecio *m*; ***~ni noru*** columpiarse
furi 振り **1.** aire *m*, apariencia *f*; ***...suru~o suru*** hacer como que + ind; **2.** ***~o tsukeru*** componer una coreografía
furi 不利 desventaja *f*; ***~na*** desventajoso, -a
~buri 一振り **1.** ***...shi~*** manera *f* de + inf; ***hanashi~*** modo *m* de hablar; **2.** después de; ***san nen~ni*** después de tres años
furii フリー***~na*** libre *adj m/f*
furiizaa フリーザー congelador *m*
puriitsu プリーツpliegue *m*, plisado *m*; ***~sukaato*** falda *f* plisada
furikaeru 振り返る volverse, volver la cabeza
furikaeru 振り替える transferir; ***toozayokin kara teikiyokin ni~*** transferir una suma de la cuenta corriente al depósito fijo
buriki ブリキ hojalata *f*; ***~seihin*** producto *m* de lata
buritji ブリッジ **1.** puente *m* de mando; **2.** bridge *m*; ***~o suru*** jugar al bridge
puripuri ぷりぷり **1.** ***~shita*** elástico, -a; **2.** ***~shite iru*** estar de mal humor
furimuku 振り向く volverse, volver la cabeza
furyo 不慮 ***~no*** inesperado, -a, imprevisto, -a
furyoo 不良 **1.** ***~no*** malo, -a, defectuoso, -a; **2.** (*hito/persona*) golfo, -a, granuja *m/f*; ***~guruupu*** banda *f* de golfos
buryoku 武力 poder *m* militar; ***~ni uttaeru*** recurrir a las armas
furiwakeru 振り分ける distribuir, asignar
furin 不倫 inmoralidad *f*; ***~no*** inmoral *adj m/f*
purin プリン flan *m*
purinto プリント copia *f*; ***~suru*** sacar copias
furu フル ***~ni*** plenamente, completamente
furu 降る ***ame ga~*** llover; ***yuki ga~*** nevar; ***hyoo ga~*** granizar

furu 振る **1.** agitar, sacudir; **2.** dar calabazas
furui 古い viejo, -a, antiguo, -a, anticuado, -a
buruusu ブルース blues *m*
furuuto フルート flauta *f*; ***~o fuku*** tocar la flauta
furueru 震える temblar, estremecerse, vibrar
puruoobaa プルオーバー pulóver *m*, jersey *m*
furugi 古着 ropa *f* usada; ***~ya*** tienda *f* de ropa de segunda mano
furukusai 古臭い anticuado, -a, pasado, -a de moda
burujoa ブルジョア burgués, -a; ***~kaikyuu*** clase *f* burguesa; ***~shumi*** gusto *m* burgués; ***~kakumei*** revolución *f* burguesa
furudoogu 古道具 utensilios *mpl* viejos, muebles *mpl* de segunda mano; ***~ya*** prendería *f*
furubiru 古びる hacerse viejo, -a
furumai 振る舞い **1.** conducta *f*, comportamiento *m*; **2.** (*gochisoo*) banquete *m*, festín *m*
furumau 振る舞う **1.** comportarse, obrar; **2.** invitar a comer
fureau 触れ合う **1.** tocarse; **2.** (*kokoro ga*) simpatizar
burei 無礼 descortesía *f*; ***~na*** descortés *adj m/f*, mal educado, -a
bureeki ブレーキ freno *m*; ***~o kakeru*** frenar
fureefuree フレーフレー ¡Hurra!, ¡Viva!
burezaa (kooto) ブレザー（コート） chaqueta *f* de sport
puresu プレス **1.** prensa *f*; **2.** plancha *f*; ***~suru*** prensar, planchar; **3.** *period* prensa *f*
buresuretto ブレスレット brazalete *m*, pulsera *f*
purezento プレゼント regalo *m*, obsequio *m*; ***~o suru*** regalar
puretaporute プレタポルテ ropa *f* de confección
purehabu プレハブ ***~no*** prefabricado, -a; ***~juutaku*** casa *f* prefabricada
puremia shoo プレミアショー pre-estreno *m*
puremiamu プレミアム premio *m*, prima *f*
fureru 触れる **1.** tocar u/c; **2.** referirse a u/c, mencionar; **3.** infringir
furo 風呂 baño *m*; ***~ni hairu*** tomar un baño
purotekutaa プロテクター protector *m*
puro プロ ***~no*** profesional *adj m/f*
furoa sutando フロアスタンド lámpara *f* de pie
burookaa ブローカー corredor, -a, agente *m/f*
buroochi ブローチ broche *m*
furoku 付録 apéndice *m*, suplemento *m*

puroguramaa プログラマー programador, -a
puroguramu プログラム programa *m*
purojekuto プロジェクト proyecto *m*
purotto プロット argumento *m*, trama *f*
purotein プロテイン proteína *f*
purotesutanto プロテスタント protestante *m/f*
puropera プロペラ hélice *f*
furonto フロント recepción *f* de un hotel
burondo ブロンド **~no** rubio, -a
fuwafuwa ふわふわ **~shita** blando, -a; **~to** ligeramente
fun ふん ¡Hum!, ¡Bah!
fun 分 minuto *m*; **go~** cinco minutos *mpl*
fun 糞 excrementos *mpl*; **~o suru** defecar
bun 分 **1.** parte *f*, porción *f*; situación *f*, posición *f*; **~ni oojite** según su posición social
bun 文 oración *f*, frase *f*
fun'iki 雰囲気 atmósfera *f*, ambiente *m*; **~o kowasu** echarla atmósfera a perder
funka 噴火 **~o hajimeru** (*volcán*) entrar en erupción; **~chuu de aru** estar en erupción
bunka 文化 cultura *f*; **~kooryuu** intercambio *m* cultural; **~no hatten** desarrollo *m* cultural; **~kaikan** centro *m* cultural; **~jinruigaku** antropología *f* cultural
bunkai 分解 descomposición *f*, análisis *m*; **~suru** descomponer, analizar
bungaku 文学 literatura *f*; **~no** literario, -a; **~undoo** movimiento *m* literario; **~sakuhin** obra *f* literaria; **~bu** facultad *f* de filosofía y letras
bunkatsu 分割 partición *f*, desmembramiento *m*; **~suru** dividir, desmembrar
funkyuu 紛糾 complicación *f*, enredo *m*; **~suru** enredarse, complicarse; **~saseru** complicar, enredar
bunkyoo 文教 **~shishutsu** gastos *mpl* para educación; **~yosan** presupuesto *m* para educación
bungei 文芸 artes *fpl* y literatura *f*, **~hihyoo** crítica *f* literaria
bunken 文献 datos *mpl*, referencias *fpl*
bunsatsu 分冊 fascículo *m*
bunsan 分散 **~suru** dispersarse, esparcirse; **~saseru** dispersar
bunshi 分子 **1.** molécula *f*; **~no** molecular *adj m/f*; **2.** elemento *m*
funshitsu 紛失 **~suru 1.** perder, extraviar; **2.** perderse, extraviarse; **~butsu** objeto *m* perdido; **~todoke o dasu** declarar la pérdida de u/c

funshutsu 噴出 ***~suru*** salir a chorro, manar a borbotones

bunsho 文書 escrito *m*, documento *m*

bunshoo 文章 frase *f*, ***~o kaku*** redactar; ***~o neru*** pulir el estilo

funsui 噴水 fuente *f*, manantial *m*; ***~ga dete iru*** brotar agua de una fuente

bunsuu 分数 fracción *f*, número *m* quebrado

bunseki 分析 análisis *m*; ***~suru*** analizar; ***~teki na*** analítico, -a

funsoo 扮装 **1.** disfraz *m*; **2.** maquillaje *m*; ***~suru*** disfrazarse de u/c

buntai 文体 estilo *m*

fundan ふんだん ***~ni*** en abundancia, profusamente

buntan 分担 asignación *f*, repartición *f*; ***~suru*** encargarse de una parte; ***~saseru*** asignar su parte a alg

buntsuu 文通 correspondencia *f*; ***~suru*** escribir a alg

bunnoo 分納 ***okane o~suru*** pagar a plazos; ***shinamono o~suru*** entregar por partes

bunpai 分配 ***~suru*** distribuir, repartir

bunben 分娩 parto *m*; ***~suru*** dar a luz; ***~shitsu*** sala *f* de partos

bunpoo 文法 gramática *f*; ***~no*** gramatical *adj m/f*

bunmyaku 文脈 contexto *m*

bunmei 文明 civilización *f*, cultura *f*

bun´ya 分野 ramo *m*, campo *m*, esfera *f*

bunraku 文楽 teatro *m* tradicional japonés con marionetas, bunraku *m*

bunri 分離 separación *f*, desunión *f*; ***~suru*** separarse, desunirse; ***~saseru*** separar, desunir; ***~dekinai*** inseparable *adj m/f*

bunryoo 分量 cantidad *f*, volumen *m*, peso *m*, dosis *f*

bunrui 分類 clasificación *f*; ***~suru*** clasificar; ***kaado o ABC jun ni~suru*** clasificar las fichas por orden alfabético

bunretsu 分裂 desunión *f*, disgregación *f*; ***~suru*** desunirse, disgregarse; ***~saseru*** desunir, disgregar

HE へ

-e —へ a, hacia

he 屁 pedo *m*; ***~o hiru*** tirarse un pedo

hea ヘア ***~sutairu*** peinado *m*; ***~supurei*** laca *f*; ***~pin*** horquilla *f*; ***~burashi*** cepillo *m* para el pelo; ***~doraiyaa*** secador *m* de pelo

pea ペア pareja *f*; ***~ni naru*** emparejarse

hei 兵 **1.** soldado *m/f*; **2.** ejército *m*

hei 塀 tapia *f*, muro *m*; ***~o megurasu*** tapiar un sitio

heii 平易 ***~na*** sencillo, -a, simple *adj m/f*; ***~ni*** de una manera simple

heieki 兵役 servicio *m* militar; ***~ni fukusuru*** hacer el servicio militar

heika 平価 paridad *f*; ***~kirisage*** devaluación *f*

heika 陛下 Su Majestad *f*

heikai 閉会 clausura *f* de una sesión; ***~shiki*** ceremonia *f* de clausura

heikan 閉館 cierre *m* de local

heiki 平気 ***~de*** con calma, sin inmutarse; ***~de iru*** conservar la calma

heiki 兵器 arma *f*

heikin 平均 **1.** promedio *m*, término *m* medio; ***~no*** medio, -a; ***~o dasu*** sacar el término medio; ***~ijoo/ika*** por encima/debajo del promedio; **2.** (*heikoo*) equilibrio *m*; ***~o tamotsu*** mantener el equilibrio

heikoo 平行 paralelismo *m*; ***~na*** paralelo, -a

heikoo 平衡 equilibrio *m*, balanza *f*; ***~o tamotsu*** mantener el equilibrio

heigoo 併合 anexión *f*; ***~suru*** anexionarse

heisa 閉鎖 clausura *f*, cierre *m*; ***~suru*** cerrar; ***~teki na*** cerrado, -a

heijitsu 平日 día *m* laborable

heijoo 平常 habitualmente, normalmente

heisei 平静 calma *f*, tranquilidad *f*; ***~na*** tranquilo, -a, sereno, -a; ***~o tamotsu*** mantener la calma

heisei 平成 era *f* Heisei

heizen 平然 ***~taru*** sereno, -a, tranquilo, -a, impasible *adj m/f*; ***~to*** con calma

heitai 兵隊 soldado *m/f*; tropas *fpl*; ***~ni naru*** alistarse en el ejército

heiten 閉店 ***~suru*** cerrar la tienda

heihoo 平方 ***go~meetoru*** cinco *m* metros cuadrados

heibon 平凡 ***~na*** ordinario, -a, común *adj m/f*, vulgar *adj m/f*; ***~na sakuhin*** obra *f* mediocre

heiwa 平和 paz *f*; ***~na*** apacible *adj m/f*, tranquilo, -a; ***~ni*** en paz; ***~undoo*** campaña *f* a favor de la paz; ***~shugi*** pacifismo *m*; ***~jooyaku ni chooin suru*** firmar un tratado de paz

hee へえ ¡Caramba!

beekon ベーコン tocino *m*; ***~eggu*** huevos *mpl* con tocino

peeji ページ página *f*; ***ni~*** página *f* dos; ***hon no~o mekuru*** volver las páginas de un libro; ***~o tsukeru*** paginar u/c

beeju ベージュ color *m* beige
beeru ベール velo *m*; ***~o kabutte iru*** llevar un velo en la cabeza
beki べき deber de
hekutaaru ヘクタール hectárea *f*; ***ni~*** dos hectáreas *fpl*
hekuto ヘクト ***~guramu*** hectógramo *m*; ***~meetoru*** hectómetro *m*; ***~rittoru*** hectólitro *m*
hegemonii ヘゲモニー hegemonía *f*
pekopeko ぺこぺこ **1.** ***~suru*** mostrarse servil; **2.** ***onaka ga~*** tener mucha hambre
hekomasu 凹ます **1.** hundir, abollar; **2.** humillar
hekomi 凹み cavidad *f*, abolladura *f*
hekomu 凹む hundirse, abollarse
peshimisuto ペシミスト pesimista *m/f*
peshimizumu ペシミズム pesimismo *m*
besuto ベスト **1.** ***~o tsukusu*** hacer todo lo posible; ***~seraa*** libro *m* más vendido; **2.** chaleco *m*
pesuto ペスト peste *f*; ***~kanja*** enfermo, -a de la peste
heso 臍 ombligo *m*
heta 下手 ***~na*** torpe *adj m/f*; ***~na joodan*** broma *f* sin gracia; ***~na koto o suru*** cometer una torpeza; ***...ga~de aru*** ser malo, -a en u/c
hedatari 隔たり **1.** distancia *f*; **2.** diferencia *f*
hedataru 隔たる distar, estar alejado, -a
hedate 隔て ***~naku*** sin distinción, abiertamente
hedateru 隔てる (*A to B o*) poner distancia entre A y B, separar A y B
beta-beta べたべた **1.** ***~shita*** pegajoso, -a; **2.** ***~haru*** pegar; ***~nuru*** pintarrajear(se); **3.** ***~suru*** coquetear, flirtear
pedaru ペダル pedal *m*; ***~o fumu*** pedalear
pechakucha ぺちゃくちゃ ***~shaberu*** parlotear
betsu 別 **1.** ***~no*** otro, -a, distinto, -a; ***~ni*** aparte, separadamente; **2.** ***...wa~toshite*** excepto, aparte de; **3.** ***~ni*** en particular, especialmente
bessatsu 別冊 suplemento *m*, número *m* suplementario de una revista; ***~furoku*** suplemento *m*
beddo ベッド cama *f*; ***~ni hairu*** meterse en la cama; ***~kabaa*** cubrecama *m*; ***~shiin*** escena *f* erótica; ***~taun*** ciudad *f* dormitorio
petto ペット animal *m* doméstico, mascota *f*
heddohoon ヘッドホーン auriculares *mpl*

heddoraito ヘッドライト faros *mpl*; ***~o tsukeru/kesu*** encender/apagar los faros
betsubetsu 別々 ***~no*** separado, -a, respectivo, -a
beteran ベテラン veterano, -a, experto, -a
peten ぺてん engaño *m*, timo *m*; ***~ni kakeru*** jugar a alg una mala pasada
hedo 反吐 vómito *m*; ***~o haku*** vomitar
heto-heto へとへと ***~ni naru*** agotarse, extenuarse
penishirin ペニシリン penicilina *f*
penisu ペニス pene *m*
pepaaminto ペパーミント menta *f*
hebaritsuku へばり付く **1.** pegarse a u/c; **2.** abrazarse a alg
hebi 蛇 serpiente *f*, culebra *f*
bebii ベビー ***~shittaa*** niñera *f*; ***~yoohin*** artículos *mpl* infantiles
hebonshiki ヘボン式 ***~roomaji*** letra *f* latinizada según el sistema Hepburn
hema へま coladura *f*, patinazo *m*; ***~o suru*** meter la pata
heya 部屋 habitación *f*; ***~o kariru*** alquilar una habitación; ***~o yoyaku suru*** reservar una habitación
herasu 減らす disminuir, menguar
pera-pera ぺらぺら **1.** ***~shaberu*** charlar, parlotear; ***supeingo ga~de aru*** hablar el español con fluidez; **2.** ***~no*** delgado, -a, fino, -a, ligero, -a
beraboo 篦棒 ***~na*** absurdo, -a, excesivo, -a, desmesurado, -a; ***~na nedan*** precio *m* exhorbitante
beranda ベランダ veranda *f*, terraza *f*
heri 縁 borde *m*, orilla *f*
herikoputaa ヘリコプター helicóptero *m*
heru 減る disminuir, decrecer
heru 経る **1.** (*jikan/tiempo*) pasar, transcurrir; **2.** (*tsuuka*) pasar por un sitio; **3.** (*keiyu*) vía, por; ***Pari o hete*** vía París
beruto ベルト cinturón *m*, cinta *f*, correa *f*
herumetto ヘルメット casco *m*; ***~o kabutte iru*** llevar casco
heroin ヘロイン heroína *f*
hen 変 ***~na*** extraño, -a, raro, -a; ***~ni*** de una manera extraña
ben 弁 **1.** pétalo *m*; **2.** ***~ga tatsu*** ser elocuente; **3.** dialecto *m* de...; ***Kansai~*** dialecto *m* de Kansai
pen ペン pluma *f*, estilográfica *f*; ***~de kaku*** escribir con pluma
henka 変化 **1.** cambio *m*, modificación *f*; ***~suru*** cambiar; **2.** *ling* conjugación *f*, flexión *f*; ***~suru*** conjugarse, flexionarse; ***~saseru*** conjugar, flexionar

benkai 弁解 explicación *f*, justificación *f*; **~suru** justificarse, disculparse

bengi 便宜 conveniencia *f*, comodidad *f*; **~teki na** conveniente *adj m/f*

penki ペンキ pintura *f*; **~o nuru** pintar u/c

benkyoo 勉強 **1.** estudio *m*, lección *f*; **~suru** estudiar, aprender; **2. ~suru** rebajar el precio

henkei 変形 transformación *f*, metamorfosis *f*; **~suru** transformarse; ***A o B ni ~saseru*** transformar A en B

henken 偏見 prejuicio *m*; ***... ni~o idaku*** tener prejuicios contra u/c/alg

bengo 弁護 defensa *f*, justificación *f*; **~suru** defender, justificar; **~shi** abogado, -a; ***~shi o tanomu*** acudir a un abogado

henkoo 変更 alteración *f*, modificación *f*; **~suru** alterar, modificar

hensai 返済 devolución *f*; **~suru** devolver, reembolsar

hensan 編纂 recopilación *f*, compilación *f*; **~suru** compilar, recopilar

henji 返事 contestación *f*, respuesta *f*; **~suru** contestar, responder

henshitsu 変質 **1.** cambio *m* de calidad, alteración *f*; **~suru** degenerarse, corromperse; **2.** ***~teki na*** perverso, -a, morboso, -a

henshuu 編集 **1.** redacción *f*; **2.** (*eiga/película*) montaje *m*; **~suru** redactar, montar

benjo 便所 servicio *m*, retrete *m*

benshoo 弁償 indemnización *f*, reparación *f*; **~suru** indemnizar; ***~o motomeru*** pedir una indemnización

henshoku 変色 **~suru** cambiar de color, decolorarse, desteñirse

henshin 返信 (*tegami/carta*) respuesta *f*, contestación *f*; **~suru** responder, contestar por escrito

hensei 編成 composición *f*, organización *f*; **~suru** componer, constituir, formar

benzetsu 弁舌 elocuencia *f*

hensoo 変装 disfraz *m*, enmascaramiento *m*; **~suru** disfrazarse

hentai 変態 **1.** anomalía *f*; ***~teki na*** anormal *adj m/f*; **~seiyoku** perversión *f* sexual; **2.** (*seibutsu/ser vivo*) metamorfosis *f*; **~suru** transformarse; **3.** *fís, quím* transformación *f*

bentsuu 便通 evacuación *f* del vientre; ***~ga aru*** ir bien de vientre; ***~ga nai*** estar estreñido, -a

hendoo 変動 fluctuación *f*, oscilación *f*; **~suru** cambiar, fluctuar

bentoo 弁当 almuerzo *m* servido en una caja; comida *f* para llevar
penneemu ペンネーム seudónimo *m*
benpi 便秘 estreñimiento *m*; ***~shite iru*** estar estreñido, -a
benri 便利 comodidad *f*, conveniencia *f*; ***~na*** cómodo, -a, conveniente *adj m/f*
benron 弁論 discusión *f*, debate *m*, procedimiento *m* oral; ***~taikai*** concurso *m* de oratoria

HO ほ

hoan 保安 mantenimiento *m* de la seguridad
boikotto ボイコット boicot *m*; ***~suru*** boicotear
boiraa ボイラー caldera *f* de vapor; ***~o taku*** hacer funcionar la caldera
boin 母音 vocal *f*; ***~no*** vocálico, -a; ***~ka*** vocalización *f*
pointo ポイント punto *m* esencial
hoo 方 **1.** ***...no~e*** hacia, en dirección a; **2.** (*taihi/comparación*) ***A no~ga B yori takai*** A es más caro, -a que B
hoo 法 **1.** ley *f*, derecho *m*, código *m*; ***~ni kanatta*** legal *adj m/f*; ***~ni hazureta*** ilegal *adj m/f*; ***~ni uttaeru*** recurrir a la ley; **2.** razón *f*; ***...suru toiu~wa nai*** ser irracional/absurdo + inf
boo 某 ***~shi*** fulano, -a de tal; ***Tanaka~*** un, -a tal Tanaka
boo 棒 palo *m*, bastón *m*
booei 防衛 defensa *f*, protección *f*; ***~suru*** defender, proteger
booeki 貿易 comercio *m* exterior; ***~suru*** comerciar
hoo'oo 法王 papa *m*, pontícife *m*
boo'on 防音 insonorización *f*; ***~shita*** insonorizado, -a
booka 防火 protección *f* contra el fuego; ***~kenchiku*** construcción *f* ignífuga
hookai 崩壊 derrumbamiento *m*, desplome *m*; ***~suru*** derrumbarse, desplomarse
boogai 妨害 obstrucción *f*, interferencia *f*; ***~suur*** obstruir, impedir
hoogaku 法学 derecho *m*, jurisprudencia *f*; ***~o benkyoo suru*** estudiar derecho
hoogan 包含 ***~suru*** contener, incluir
hooki 箒 escoba *f*; ***~de haku*** barrer
boogyaku 暴虐 crueldad *f*, tiranía *f*; ***~kooi*** atrocidad *f*
hooken 封建 ***~teki na*** feudal *adj m/f*; ***~jidai*** época *f* feudal; ***~shugi*** feudalismo *m*
hoogen 方言 dialecto *m*
booken 冒険 aventura *f*; ***~o kokoromiru*** correr una aven-

tura; ***~shoosetsu*** novela *f* de aventuras

hookoo 方向 rumbo *m*, dirección *f*; ***~o ayamaru*** equivocarse de dirección; ***~o kaeru*** cambiar de dirección

hoogoo 縫合 sutura *f*; ***kizuguchi o~suru*** suturar una herida

bookoo 膀胱 *med* vejiga *f*; ***~en*** cistitis *f*

bookoo 暴行 violencia *f*, brutalidad *f*

hookoku 報告 informe *m*; ***~suru*** informar

boosatsu 謀殺 ***~suru*** asesinar

hooshi 法師 *relig* bonzo *m*

booshi 帽子 sombrero *m*, gorra *f*; ***~o kaburu*** ponerse un sombrero; ***~o kabutte iru*** llevar un sombrero

hooshuu 報酬 retribución *f*, recompensa *f*; ***~o dasu*** retribuir, dar una recompensa

hooshutsu 放出 emisión *f*; ***~suru*** emitir

hooshin 方針 línea *f*, orientación *f*, norma *f*; ***~o tateru/toru/kimeru*** fijar/decidir una línea de actuación; ***~o ayamaru*** tomar un curso erróneo

boozu 坊主 *relig* bonzo *m*; ***~ni naru*** hacerse bonzo

hoosui 放水 desagüe *m*, drenaje *m*; ***~suru*** desaguar, drenar

boosui 防水 ***~no*** impermeable *adj m/f*; ***~ni suru*** impermeabilizar u/c

hooseki 宝石 piedra *f* preciosa, joya *f*; ***~ten*** joyería *f*

boozen 呆然 ***~to*** atontadamente, con estupor

hoosoo 包装 embalaje *m*; ***~suru*** empaquetar, embalar

hoosoo 放送 emisión *f*, transmisión *f*; ***~suru*** emitir, transmitir; ***~kyoku*** estación *f* emisora

hoosoku 法則 ley *f*, regla *f*

hootai 包帯 venda *f*, vendaje *m*; ***...ni~o suru*** vendar; ***...no~o toru*** quitar las vendas

boodai 膨大 ***~na*** enorme *adj m/f*, gigantesco, -a

hoochoo 包丁 cuchillo *m* de cocina; ***~de kiru*** cortar con un cuchillo

boochoo 傍聴 asistencia *f* a una audiencia, asistencia *f* a una sesión parlamentaria; ***saiban o~suru*** asistir a la audiencia; ***~seki*** tribuna *f* del público

boochoo 膨張 dilatación *f*, aumento *m*; ***~suru*** dilatarse, aumentar

hootte oku 放っておく dejar, dejar en paz, desatender

hootei 法廷 tribunal *m* de justicia; ***~de arasou*** disputarse u/c en el juzgado, llevar a los tribunales

hootei 法定 ***~no*** legal *adj m/f*; ***~kahei*** moneda *f* legal

hooteishiki 方程式 ecuación *f*; ***~o tateru/toku*** poner/resolver una ecuación; ***ichi/ni/san***

ji~ ecuación *f* de prinero/segundo/tercer grado
hooteki 法的 ***~na*** legal *adj m/f*; ***~ni*** legalmente
hoodoo 報道 información *f*, noticia *f*; ***~suru*** informar, anunciar; ***~kikan*** organismo *m* de información pública; ***~bu*** departamento *m* de servicios informativos
bootoo 暴騰 ***~suru*** subir vertiginosamente, subir de manera repentina
boodoo 暴動 motín *m*, revuelta *f*, sublevación *f*; ***~ga okoru*** estallar una revuelta
bootoku 冒涜 ***~suru*** profanar, blasfemar
hoofu 豊富 ***~na*** abundante *adj m/f*, rico, -a; ***~ni*** con abundancia
boofuu'u 暴風雨 **1.** tempestad *f*; **2.** (*harikeen*) huracán *m*; **3.** (*taifuu*) tifón *m*; ***~ni naru*** volverse el tiempo tormentoso; ***~keihoo*** alarma *f* de tempestad
hoofuku 報復 represalias *fpl*, contraataque *m*
hoohoo 方法 manera *f*, método *m*, proceso *m*; ***kono~de*** de este modo
hooboku 放牧 pastoreo *m*; ***~suru*** pastorear
hoomu-peeji ホームページ *informát* página *f* de inicio, home page *f*
hoomuru 葬る enterrar, sepultar
boomei 亡命 exilio *m*; ***~suru*** exiliarse, expatriarse
hoomen 方面 **1.** dirección *f*; ***Ginza~yuki no basu*** autobús *m* para Ginza; **2.** campo *m*, esfera *f*
hoomon 訪問 visita *f*; ***~suru*** visitar
booya 坊や hijo *m*, niño *m*
hooritsu 法律 ley *f*, derecho *m*, legislación *f*; ***~joo no*** jurídico, -a; ***~ni kanatta*** legal *adj m/f*; ***~soodan*** consulta *f* en materia jurídica; ***~jimusho*** despacho *m* de derecho; ***~yoogo*** término *m* legal
booryaku 謀略 estratagema *f*, ardid *m*; ***~o megurasu*** urdir una estratagema
booryoku 暴力 violencia *f*, fuerza *f*; ***~o furuu*** emplear la violencia
hoorensoo ほうれん草 espinaca *f*
hoowa 飽和 saturación *f*; ***~jootai ni naru*** saturarse; ***~jootai ni aru*** estar saturado, -a
hoeru 吠える ladrar, aullar
hoo 頬 mejilla *f*, carrillo *m*
booi ボーイ **1.** camarero *m*; **2.** ***~sukauto*** boy scout *m*
pookaa ポーカー póquer *m*
hoosu ホース manguera *f*
poozu ポーズ pose *f*; ***~o toru*** posar

boodaarain ボーダーライン límite *m*; **~o hiku** fijar un límite
pootaburu ポータブル **~no** portátil *adj m/f*; **~terebi** televisor *m* portátil
booto ボート bote *m*, lancha *f*; **~o kogu** remar; **~reesu** regata *f*
boodobiru ボードビル *teat* vodevil *m*, comedia *f* ligera
pootoreeto ポートレート retrato *m*
boonasu ボーナス paga *f* extra
hoobeni 頬紅 colorete *m*; **~o tsukeru** ponerse colorete
hoobone 頬骨 pómulo *m*
hoomu ホーム andén *m*
booringu ボーリング **1.** sondeo *m*, perforación *f* experimental; **2.** juego *m* de bolos; **~o suru** jugar a los bolos
hooru ホール **1.** salón *m*, sala *f* de actos; **2.** (*robii*) vestíbulo *m*
booru ボール **1.** pelota *f*, balón *m*; **2.** bol *m*; **3.** cartón *m*; **~gami** cartón *m*; **~bako** caja *f* de cartón
boorupen ボールペン bolígrafo *m*
hoka 外（他） **~no** otro, -a, distinto, -a; **~ni** de otro modo, además, aparte
hogaraka 朗らか **~na** jovial *adj m/f*, alegre *adj m/f*; **~ni** jovialmente
hokan 保管 custodia *f*, almacenamiento *m*; **~suru** custodiar, almacenar
pokan ぽかん **~to shite iru** estar distraído, -a, quedarse absorto, -a
boki 簿記 contabilidad *f*
hokyuu 補給 abastecimiento *m*, suministro *m*; **~suru** abastecer un sitio, suministrar u/c
bokin 募金 colecta *f*; **~undoo** campaña *f* para la recaudación de donativos
hokui 北緯 latitud *f* norte
Hokuoo 北欧 Europa *f* septentrional; **~no** nórdico, -a
bokusaa ボクサー boxeador, -a
bokushi 牧師 pastor *m* protestante
bokujoo 牧場 granja *f*, rancho *m*
bokusoo 牧草 pasto *m*, hierba *f*; **~o hamu** pacer
bokuchiku 牧畜 ganadería *f*; **~gyoosha** ganadero, -a
bokumetsu 撲滅 **~suru** exterminar
hogureru ほぐれる desembrollarse
hokuro ほくろ lunar *m*
hogei 捕鯨 pesca *f* de la ballena
hoketsu 補欠 suplente *m/f*; **~senshu** suplente *m/f*, reserva *m/f*
poketto ポケット bolsillo *m*; **~ni ireru** meter en el bolsillo; **~kara dasu** sacar del bolsillo

bokeru 惚ける **1.** chochear; **2.** (*iro ga/color*) desteñirse, volverse borroso, -a
hoken 保健 sanidad *f* pública; **~*sho*** oficina *f* central de la sanidad pública
hoken 保険 seguro *m*; ***...ni~o tsukeru/kakeru*** asegurar u/c; **~*dairinin*** agente *m/f* de seguros; **~*kakaku*** valor *m* asegurado; **~*keiyaku*** contrato *m* de seguro; **~*shoomeisho*** certificado *m* de seguro
hogo 保護 protección *f*; **~*suru*** amparar, proteger
hokoo 歩行 **~*sha*** peatón *m/f*, transeúnte *m/f*; **~*sha yuusen*** prioridad *f* a los peatones
hokori 埃 polvo *m*; **~*ppoi*** polvoriento, -a; **~*o kaburu*** cubrirse de polvo; **~*o harau*** limpiar el polvo, desempolvar; **~*o tateru*** levantar polvo
hokori 誇り orgullo *m*, arrogancia *f*; **~*ga takai*** orgulloso, -a, arrogante *adj m/f*
hokoru 誇る enorgullecerse de u/c, vanagloriarse de u/c
hokorobiru 綻びる **1.** descoserse; **2.** (*hana ga/flor*) empezar a abrirse
hosa 補佐 **~*suru*** asistir, ayudar
hoshi 星 **1.** estrella *f*, astro *m*; **2.** **~*uranai*** astrología *f*, horóscopo *m*; **3.** asterisco *m*; **~*jirushi o tsukeru*** poner un asterisco
hoji 保持 **~*suru*** mantener, conservar
hoshii 欲しい ***A ga~*** querer tener A, desear A
hoshigaru 欲しがる desear, anhelar
hojikuru ほじくる **1.** cavar, excavar; **2.** ***mimi o~*** limpiarse los oídos; ***hana o~*** hurgarse la nariz
hoshaku 保釈 **~*suru*** poner a alg en libertad bajo fianza
hoshu 保守 **~*teki na*** conservador, -a; **~*shugi*** conservadurismo *m*
boshuu 募集 **~*suru*** reclutar, hacer una leva, hacer una convocatoria
hojo 補助 ayuda *f*, subvención *f*; **~*suru*** prestar asistencia económica
hoshoo 歩哨 centinela *m/f*; **~*ni tatsu*** colocarse de vigilancia
hoshoo 保証 garantía *f*, aval *m*; **~*suru*** garantizar a alg u/c, asegurar a alg que + ind, responder por alg de u/c; **~*nin*** fiador, -a
hoshoo 補償 indemnización *f*; **~*suru*** indemnizar
hosu 干す secar, desecar, tender u/c a secar
bosu ボス jefe, -a, cacique *m*, cacique *m*, cacica *f*, caudillo *m*; **~*seiji*** política *f* oligárquica

posutaa ポスター cartel *m*, letrero *m*; **~o haru** pegar un cartel

hosutesu ホステス **1.** anfitriona *f*; **2.** chica *f* de un bar de copas

hosuto ホスト anfitrión *m*

posuto ポスト **1.** buzón *m*; **2.** puesto *m*, posición *f*

bosuton baggu ボストンバッグ bolsa *f* de viaje

hosoi 細い fino, -a, delgado,a, estrecho, -a; **~himo** cuerda *f* delgada; **~zubon** pantalones *mpl* estrechos

hosoku 細く de forma fina, de forma delgada; **~suru** hacer u/c más fina/delgada; **~naru** afinarse, adelgazarse

hosoku 補足 complemento *m*, suplemento *m*; **~suru** añadir

hosonagai 細長い largo, -a y delgado, -a

hosoboso 細々 **~to kurasu** vivir modestamente, vivir con estrecheces

hosome 細目 **~de miru** mirar u/c con los ojos entornados; **~ni kiru** cortar u/c en porciones delgadas

hozon 保存 **~suru** conservar, guardar; **~shoku** productos *mpl* alimenticios en conserva

hotaru 蛍 luciérnaga *f*; **~no hikari** luz *f* de las luciérnagas

botan ボタン botón *m*; **~o tsukeru** poner un botón; **~o kakeru** abotonarse; **~o hazusu** desabotonarse

hokki 発起 **...no~de** a sugerencia de, propuesto, -a por

Hokkaidoo 北海道 Hokkaido

Hokkyoku 北極 polo *m* norte; **~no** ártico, -a; **~guma** oso *m* polar; **~chihoo** tierras *fpl* árticas

hokku ホック corchete *m*; **zubon no~o kakeru** abrocharse el corchete del pantalón

hokkee ホッケー hockey *m* sobre hierba

hossa 発作 ataque *m*, acceso *m*; **~o okosu** sufrir un ataque

bosshuu 没収 **~suru** confiscar

hossoku 発足 inauguración *f*, fundación *f*; **~suru** inaugurar, fundar

hotchikisu ホッチキス grapadora *f*; **~no hari** grapadora *f*; **~de tomeru** coser u/c con grapas

botchan 坊ちゃん niño *m*, señorito *m*

hotto ほっと **~suru** suspirar aliviado, -a

poppu ポップ **~aato** arte *m* pop; **~myuujikku** música *f* pop

bodii ボディー **1.** (*jidoosha no*/*coche*) carrocería *f*; **2.** **~gaado** guardaespaldas *m/f*; **~biru** desarrollo *m* de los músculos

poteto ポテト **~chippu** patatas *fpl* fritas

hoteru ホテル hotel *m*; ***~ni tomaru*** alojarse en un hotel; ***~ni heya o toru*** reservar una habitación en un hotel; ***~gyoo*** hostelería *f*

hodo 程 **1.** (*teido/grado*) ***Watashi wa yasumu hima monai~shigoto ga isogashii*** Estoy tan ocupado que apenas tengo tiempo para descansar; **2.** (*hikaku/comparación*) ***Watashi wa kare~segatakakunai*** No soy tan alto como él; **3.** ***Hayakereba hayai~ yoi*** Cuanto antes, mejor; **4.** (*yaku*) aproximadamente; ***san shuukan~mae ni*** hace unas tres semanas

hodoo 歩道 acera *f*; ***~kyoo*** puente *m* elevado para peatones

hodoku 解く desatar, desanudar, descoser

hotoke 仏 **1.** Buda *m*; **2.** imagen *f* de Buda

hodokeru 解ける desatarse, desanudarse, descoserse

hotondo ほとんど casi, apenas

poniiteeru ポニーテール cola *f* de caballo; ***kami o~ni shite iru*** llevar el pelo atado en una cola de caballo

honyuu 哺乳 ***~rui*** mamífero *m*; ***~bin*** biberón *m*

hone 骨 **1.** hueso *m*; ***ashi no~o oru*** romperse una pierna; **2.** espina *f*; ***sakana no~o toru*** quitar las espinas al pescado; **3.** ***~no oreru*** penoso, -a, fatigoso, -a, difícil *adj m/f*; ***... ni~o oru*** esforzarse por

honeori 骨折り ***...no o~no okage de*** gracias a los esfuerzos de alg; ***~zon o suru*** trabajar en vano

honeyasume 骨休め descanso *m*, diversión *f*; ***~o suru*** descansar, reposar

honoo 炎 llama *f*; ***~o ageru*** flamear

honoka 仄か ***~na*** débil *adj m/f*, vago, -a; ***~ni*** débilmente, vagamente

honogurai ほの暗い sombrío, -a, oscuro, -a

honomekasu 仄めかす insinuar, aludir

popyuraa ポピュラー ***~na*** popular *adj m/f*

bohemian ボヘミアン bohemio, -a

hobo ほぼ casi, en su mayoría, más o menos

hohoemi 微笑 sonrisa *f*; ***~o ukabete*** con una sonrisa en los labios

hohoemu 微笑む sonreír

homare 誉れ honor *m*, gloria *f*, fama *f*

homeru 誉める alabar, elogiar

homo ホモ **1.** homosexualidad *f*; **2.** (*hito/persona*) homosexual *m/f*

hoyuu 保有 posesión *f*; ***~suru*** tener, poseer
hoyoo 保養 recuperación *f*; ***~suru*** recuperarse
hora ほら ¡Mira!
borantia ボランティア voluntario, -a; ***~katsudoo*** actividad *f* voluntaria
poriipu ポリープ *med* pólipo *m*
horidasu 掘り出す desenterrar, excavar
horyuu 保留 aplazamiento *m*, reserva *f*; ***~suru*** aplazar, reservar, reservarse la opinión
boryuumu ボリューム volumen *m*; ***~no aru*** voluminoso, -a; ***rajio no~o ageru/sageru*** subir/bajar el volumen de la radio
horu 彫る tallar, grabar, cincelar
horu 掘る cavar, excavar
boruto ボルト voltio *m*, voltaje *m*; ***hyaku ~no den'atsu*** tensión *f* de cien voltios
horumon ホルモン hormona *f*
horeru 惚れる enamorarse de alg
boro ぼろ **1.** trapo *m*, harapo *m*; ***~o kite iru*** ir vestido, -a de harapos; **2.** ***~o dasu*** dejar ver el cobre; ***~o dasanai*** guargar las apariencias; ***~no*** viejo, -a, gastado, -a
horobiru 滅びる arruinarse, extinguirse
horobosu 滅ぼす arruinar, extinguir, aniquilar
howaito ホワイト ***~karaa*** oficinista *m/f*; ***~soosu*** salsa *f* blanca; ***~hausu*** la Casa *f* Blanca
-hon 一本 contador para objetos de forma alargada; ***ni~no enpitsu*** dos lápices *mpl*; ***kyuuri yon~*** cuatro pepinos *mpl*
hon 本 libro *m*; ***~o kaku*** escribir un libro; ***~o yomu*** leer un libro; ***suugaku no~*** libro *m* de matemáticas
bon 盆 **1.** bandeja *f*; ***o~ni nosete hakobu/dasu*** llevar/servir en una bandeja; **2.** fiesta *f* budista de los difuntos
honkaku 本格 ***~teki na*** serio, -a, metódico, -a, verdadero, -a; ***~teki na kenkyuu*** estudio *m* serio; ***~teki ni*** metódicamente, a gran escala
honki 本気 ***~no*** serio, -a, sincero, -a; ***~de*** en serio; ***~ni suru*** tomar en serio
hongoku 本国 país *m* de origen; ***~ni kaeru*** volver a la patria; ***~e okurikaesu*** repatriar
bonsai 盆栽 bonsái *m*, árbol *m* enano, planta *f* enana en una maceta; ***~o tsukuru*** cultivar un bonsái
honshitsu 本質 esencia *f*, substancia *f*; ***~teki na*** esencial *adj m/f*, intrínseco, -a; ***~teki ni*** esencialmente
Honshuu 本州 Honshu

honshoo 本性 naturaleza *f*, carácter *m* innato; ***~o arawasu*** mostrar su verdadero carácter
bonjin 凡人 hombre *m* común, persona *f* ordinaria
hondo 本土 isla *f* principal, continente *m*, tierra *f* firme; ***Nihon~*** Japón *m* propiamente dicho
pondo ポンド **1.** (*kahei/moneda*) libra *f*, libra *f* esterlina; **2.** (*juuryoo/peso*) libra *f*
hontoo 本当 ***~no*** verdadero, -a, auténtico, -a; ***~ni*** verdaderamente, por completo
honnin 本人 la persona *f* en cuestión; ***~mizukara*** en persona, personalmente
honno ほんの ***~sukoshi*** un poco; ***~sukoshi no aida*** un momento; ***~wazukana*** ínfimo, -a; ***~sasaina*** insignificante *adj m/f*
honnoo 本能 instinto *m*; ***~teki na*** instintivo, -a; ***~teki ni*** instintivamente
honbako 本箱 librería *f*; ***~ni hon o ireru*** colocar libros en la librería
ponpu ポンプ bomba *f*; ***~de mizu o kumiageru*** sacar agua con una bomba
bonbon ボンボン bombón *m*
honmono 本物 ***~no*** auténtico, -a; ***~no shinju*** perla *f* auténtica; ***~to nisemono o miwakeru*** distinguir lo verdadero de lo falso
hon´ya 本屋 **1.** librería *f*; **2.** (*hito/persona*) librero, -a
hon´yaku 翻訳 traducción *f*; ***~suru*** traducir; ***Serubantesu o~suru*** traducir a Cervantes; ***nihongo ni~suru*** traducir al japonés; ***~ken*** derechos *mpl* de traducción
bon´yari ぼんやり **1.** ***~shita*** vago, -a, impreciso, -a, confuso, -a; ***~to*** vagamente; **2.** ***~shita*** distraído, -a, abstraído, -a; ***~to*** distraídamente
honrai 本来 originariamente, esencialmente, por naturaleza; ***~no*** original *adj m/f*, natural *adj m/f*, innato, -a
honron 本論 tema *m*, materia *f*; ***~ni hairu*** entrar en materia

MA ま

ma 間 ***itsu no~ni ka*** sin darnos cuenta, antes de que nos diéramos cuenta; ***~ni au*** llegar a tiempo
maagarin マーガリン margarina *f*
maaku マーク ***~suru*** fijar la atención en u/c/alg; **2.** ***~suru*** establecer un récord
maaketto マーケット mercado *m*

maaketingu マーケティング marketing *m*; ***~bu*** departamento *m* de marketing
maajan マージャン mayón *m*, ma-jong *m*; ***~o suru*** jugar al mayón
maamaa まあまあ **1.** así, así; regular; **2.** vamos, vamos; vale, vale
-mai 一枚 contador de objetos planos y de ciertas piezas de ropa; ***ichi~no kami*** una hoja *f* de papel; ***ni~no shatsu*** dos camisas *fpl*
maiku マイク micrófono *m*
maikuro マイクロ micro-; ***~ueebu*** microonda *f*; ***~basu*** microbús *m*; ***~firumu*** microfilm *m*
maigo 迷子 niño, -a perdido, -a; ***~ni naru*** perderse
maishuu 毎週 todas las semanas, cada semana
maigetsu/maitsuki 毎月 todos los meses, cada mes; ***~no*** mensual *adj m/f*
maido 毎度 cada vez, siempre
mainasu マイナス menos, negativo; ***~kigoo o tsukeru*** poner el signo negativo
mainichi 毎日 todos los días, cada día; ***~no*** diario, -a
mainen/maitoshi 毎年 todos los años, cada año; ***~no*** anual *adj m/f*
maiban 毎晩 todas las noches, cada noche
maiyo 毎夜 todas las noches, cada noche
mairu 参る **1.** ir, venir; **2.** rendirse; ***Maitta!*** ¡Me rindo!; **3.** estar cansado, -a, estar hastiado, -a
mairu マイル milla *f*
mau 舞う danzar, revolotear, volar
mausu マウス *informát* ratón *m*
mae 前 **1.** delante; ***~no*** de delante, delantero, -a; ***...no~ni*** delante de; ***~e*** adelante; **2.** antes; ***~no*** anterior *adj m/f*; ***...no~ni*** antes de; **3.** ración *f*; ***go nin~no shokuji*** comida *f* para cinco personas
maeoki 前置き preámbulo *m*; ***~suru*** hacer las observaciones preliminares
maegaki 前書き prefacio *m*
maegami 前髪 flequillo *m*
maegari 前借り adelanto *m*; ***~suru*** pedir un adelanto a alg
maebarai 前払い pago *m* por anticipado; ***~suru*** pagar por anticipado
maemotte 前もって previamente, de antemano
magajin マガジン revista *f*; ***~rakku*** revistero *m*
makaseru 任せる confiar, encargar a alg
magarikuneru 曲がりくねる hacer meandros, serpentear
magaru 曲がる **1.** encorvarse, doblarse, plegarse; **2.** girar;

migi/hidari ni~ girar a la derecha/izquierda
makaroni マカロニ macarrones *mpl*; ***~guratan*** macarrones *mpl* al gratén
makitsuku 巻き付く enrollarse alrededor de u/c
magirasu 紛らす ***ki o~*** distraerse con u/c; ***kanashimi o~*** olvidar la pena
magirawashii 紛らわしい confuso, -a, ambiguo, -a
magireru 紛れる ***ki ga~*** entretenerse
maku 巻く enrollar, liar, envolver
maku 蒔く sembrar
maku 撒く **1.** derramar, esparcir; **2.** despistar a alg
maku 幕 **1.** telón *m*; ***~ga agaru/oriru*** alzarse/caer el telón; **2.** (*bamen/escena*) acto *m*
magunichuudo マグニチュード magnitud *f*
makura 枕 almohada *f*
makuru 捲くる levantar, remangar; ***zubon no suso o~*** remangarse los pantalones
makuro マクロ macro-; ***~keizaigaku*** macroeconomía *f*
maguro 鮪 atún *m*
makeru 負ける **1.** perder, ser vencido, -a; **2.** rebajar dinero
mageru 曲げる **1.** curvar, doblar; ***ude o~*** doblar un brazo; **2.** ***shinjitsu o~*** tergiversar la verdad
mago 孫 nieto, -a
magotsuku まごつく quedarse confuso, -a, perplejo, -a
makoto 誠 **1.** (*shinjitsu*) verdad *f*; ***~no*** verdadero, -a, real *adj m/f*; **2.** ***~ni*** verdaderamente, muy, sinceramente
masaka まさか ***~!*** ¡No me digas!
masatsu 摩擦 fricción *f*, rozamiento *m*; ***~suru*** frotar, friccionar
masani 正に ***~sono toori*** exactamente; **2.** (*ima ni mo*) ***...shiyoo to shiteiru*** estar a punto de + inf
masaru 優る superar, ser superior
mashi まし mejor, no tan mal; ***B yori A no hoo ga~da*** A es menos malo que B
mashite まして mucho más, mucho menos
majinai 呪い exorcismo *m*, conjuro *m*
majime 真面目 ***~na*** serio, -a, formal *adj m/f*; ***~ni*** con seriedad
majo 魔女 bruja *f*, hechicera *f*; ***~gari*** caza *f* de brujas
majiru 混じる mezclarse, añadirse a u/c
majiwaru 交わる **1.** tratar con alg; **2.** cruzarse
masu 増す **1.** aumentar, incrementar; **2.** aumentar, incrementarse

mazu 先ず **1.** (*saisho ni*) primero, ante todo; **2.** (*osoraku*) tal vez, quizá

masui 麻酔 anestesia *f*; ***~o kakeru*** anestesiar a alg

mazui まずい **1.** (*aji ga/sabor*) no sabroso, -a, soso, -a; **2. *...suru no wa~*** no ser bueno, no convenir; ***~koto ni naru*** meterse en un lío; **3.** torpe *adj m/f*, poco hábil *adj m/f*

masuku マスク **1.** máscara *f*, mascarilla *f*; ***~o kakeru*** ponerse una mascarilla; **2.** (*kaodachi*) ***~ga yoi*** tener unas facciones bonitas

masukotto マスコット mascota *f*

masukomi マスコミ medios *mpl* de comunicación de masas

mazushii 貧しい pobre *adj m/f*, necesitado, -a, humilde *adj m/f*; ***~hitobito*** los pobres *mpl*

masutaa マスター **1.** amo, -a, dueño, -a; **2. *~suru*** perfeccionarse en u/c, dominar u/c

masutaabeeshon マスターベーション masturbación *f*; ***~suru*** masturbarse

masumasu ますます más y más; ***~yokunaru*** ir cada vez mejor; ***~warukunaru*** ir de mal en peor

masumedia マスメディア medios *mpl* de comunicación en masa

mazeru 混ぜる mezclar, entremezclar, añadir

mata 又 **1.** bifurcación *f*; ***~ni naru*** bifurcarse; **2. *~no kikai ni*** en otra ocasión; **3.** otra vez, de nuevo; ***~...suru*** volver a + inf; **4.** además

mata 股 horcajadura *f*, entrepierna *f*

mada 未だ **1.** todavía, aún; **2.** todavía más, aún más

matataku 瞬く centellear, titilar

matawa 又は o (bien)

machi 町（街） ciudad *f*, población *f*; barrio *m*, calle *f*

machiawase 待ち合わせ cita *f*; ***~no basho/jikan*** lugar *m*/hora *f* de la cita

machiawaseru 待ち合わせる citarse con alg; ***A to yoji ni~*** citarse con A a las cuatro

machigai 間違い **1.** error *m*, equivocación *f*; **2.** accidente *m*, tropiezo *m*

machigaeru 間違える equivocarse, confundir

machigatta 間違った erróneo, -a, incorrecto, -a

machigatte 間違って por equivocación, por descuido

machidooshii 待ち遠しい esperar con impaciencia; ***...suru no ga~*** anhelar + inf

matsu 待つ esperar

matsu 松 *bot* pino *m*

makka 真っ赤 ***~na*** completamente rojo, -a; ***~ni naru*** en-

rojecer, ruborizarse; ***~ni natte okoru*** ponerse rojo, -a de ira
makki 末期 último período *m*
makkura 真っ暗 ***~na*** muy oscuro, -a
makkuro 真っ黒 ***~na*** completamente negro, -a; ***~ni kogeru*** chamuscarse, carbonizarse
massaaji マッサージ masaje *m*; ***~suru*** dar masajes
massao 真っ青 ***~na*** **1.** completamente azul *adj m/f*; **2.** muy pálido, -a; ***kao ga~ni naru*** palidecer
massatsu 抹殺 ***~suru*** borrar, liquidar
masshu poteto マッシュポテト puré *m* de patatas
masshuruumu マッシュルーム champiñón *m*
masshiro 真っ白 ***~na*** blanquísimo, -a
massugu 真っ直ぐ ***~na*** derecho, -a, recto, -a; ***~ni*** en línea recta, derecho, verticalmente
mattaku 全く **1.** (*kanzen ni*) completamente, del todo; **2.** (*sukoshi…demo nai*) en absoluto, de ningún modo; ***~no*** completo, -a, entero, -a
matsutake 松茸 tipo *m* de seta, matsutake *m*
matchi マッチ **1.** cerilla *f*; ***~o suru*** encender una cerilla; **2.** ***~pointo*** última jugada *f*
matcha 抹茶 té *m* en polvo
matto マット estera *f*, felpudo *m*
matsubi 末尾 fin *m*, término *m*
matsuri 祭 fiesta *f*, festividad *f*; ***~o suru*** celebrar una fiesta
-made 一まで **1.** hasta; **2.** ***~ni*** antes de; **3.** hasta, aun, incluso
mato 的 blanco *m*, objeto *m*; ***~o nerau*** apuntar al blanco; ***~ni ateru*** dar en el blanco
mado 窓 ventana *f*; (*norimono/vehículo*) ventanilla *f*; ***~o akeru/shimeru*** abrir/cerrar la ventana
madoguchi 窓口 **1.** taquilla *f*, ventanilla *f*; **2.** persona *f* encargada
matomari 纏まり conjunto *m*, cohesión *f*; ***~no nai*** confuso, -a, incoherente *adj m/f*, carente *adj m/f* de unidad
matomaru 纏まる **1.** reunirse, acumularse; **2.** ordenar las ideas; **3.** ponerse de acuerdo
matome 纏め resumen *m*, sumario *m*
matomeru 纏める **1.** reunir, juntar, acumular; **2.** ordenar, preparar; **3.** concertar
matomo まとも **1.** ***~ni*** de frente, de cara; **2.** ***~na*** recto, -a, honrado, -a, sincero, -a
madori 間取り plano *m* de la casa
maton マトン *zool* carnero *m*

manaa マナー modales *mpl*; ***…no~ga yoi/warui*** tener buenos/malos modales en u/c
manabu 学ぶ aprender, estudiar
maniau 間に合う **1.** llegar a tiempo; **2.** haber bastante, alcanzar
maniawaseru 間に合わせる **1.** conformarse con u/c; **2.** preparar
manikyua マニキュア manicura *f*; ***~o suru*** hacer la manicura a alg; hacerse la manicura; ***~shi*** manicuro, -a
manukareru 免れる librarse de u/c
manuke 間抜け ***~na*** estúpido, -a, tonto, -a
mane 真似 imitación *f*; ***~o suru*** fingir, fingirse
maneeja マネージャ director, -a, gerente *m/f*
manekin マネキン maniquí *m*
maneku 招く **1.** invitar, convidar; **2.** provocar, causar
maneru 真似る imitar, copiar, parodiar
mabataki 瞬き pestañeo *m*, parpadeo *m*; ***~o suru*** parpadear
mabara 疎ら ***~na*** ralo, -a, poco denso, -a; ***~ni*** difusamente, esporádicamente
mahi 麻痺 parálisis *f*; ***~suru*** paralizarse, entumecerse; ***~saseru*** paralizar, entumecer
mabushii 眩しい deslumbrante *adj m/f*, cegador, -a
mabusu まぶす ***A ni B o ~*** espolvorear A con B; ***satoo o~*** espolvorear u/c con azúcar
mabuta 瞼 párpado *m*; ***~o akeru/tojiru*** abrir/cerrar los ojos
mafuraa マフラー bufanda *f*; ***~o kubi ni maku*** enrollarse una bufanda al cuello
mahoo 魔法 magia *f*, hechicería *f*; ***~no*** mágico, -a; ***~o tsukau*** practicar la magia; ***~ni kakeru*** encantar a alg; ***~tsukai*** hechicero, -a, brujo, -a
mahoganii マホガニー caoba *f*
Mahometto マホメット Mahoma *m*
mama ママ mamá *f*
mama まま tal como; ***ima no~ni shite oku*** dejar u/c tal como está
mame まめ ***~na*** trabajador, -a, diligente *adj m/f*; ***~ni*** diligentemente
mame 豆 legumbre *f*; (*daizu*) soja *f*; ***~maki o suru*** esparcir soja por la casa para ahuyentar a los demonios
mamonaku 間もなく pronto, en breve
mamoru 守る **1.** defender, guardar; **2.** mantener, observar
mayaku 麻薬 droga *f*; ***~o joo-yoo suru*** drogarse, consumir habitualmente drogas;

~mitsubai tráfico *m* de drogas; ***~chuudoku*** toxicomanía *f*
mayu 眉 ceja *f*; ***~o hisomeru*** fruncir las cejas
mayoi 迷い **1.** vacilación *f*; **2.** perplejidad *f*; **3.** ilusión *f*; ***…no~o samasu*** desilusionar a alg
mayou 迷う **1.** ***michi ni~*** perder el camino, extraviarse; **2.** descarriarse; **3.** vacilar, titubear
mayoneezu マヨネーズ salsa *f* mayonesa
mayowasu 迷わす inducir a error, confundir
mararia マラリア malaria *f*
marifana マリファナ marihuana/mariguana *f*
maru- 丸— todo, completo
maru 丸 **1.** círculo *m*; **2.** lo correcto; ***~batsu shiki tesuto*** examen *m* en que las respuestas correctas se marcan con un círculo y las incorrectas con una equis
marui 丸い redondo, -a, esférico, -a
maruku 丸く **1.** en círculo; **2.** pacíficamente, amistosamente
marukusushugi マルクス主義 marxismo *m*
marude まるで **1.** (*mattaku*) completamente, del todo; **2.** como, como si
maruhadaka 丸裸 ***~no*** completamente desnudo, -a
marumaru 丸々 **1.** ***~toshita*** rechoncho, -a, rollizo, -a; **2.** (*mattaku*) completamente
marumekomu 丸め込む engatusar
marumero マルメロ membrillo *m*
mare 希 ***~na*** raro, -a, extraordinario, -a; ***~ni*** rara vez
mawasu 回す **1.** hacer girar; ***kagi o~*** dar una vuelta a la llave; **2.** (*maku*) rodear; ***ude o kubi ni~*** rodear el cuello con los brazos; **3.** hacer circular u/c; **4.** ***okane o…ni~*** emplear el dinero en u/c
mawari 回り alrededor *m*, contorno *m*, perímetro *m*; ***…no~ni*** alrededor de, en torno a
mawarimichi 回り道 rodeo *m*; ***~o suru*** dar un rodeo
mawaru 周り **1.** dar vueltas, girar; **2.** circular, hacer una ronda; **3.** virar; **4.** pasar a otro sitio; **5.** producir su efecto u/c
man 満 (años *mpl*) cumplidos; ***~juu hassai de aru*** tener dieciocho años
man´ichi 万一 ***~…shitara*** si por casualidad
man´in 満員 ***~no*** lleno, -a de gente, completo, -a; ***~ni naru*** llenarse de gente
manga 漫画 chiste *m*, caricatura *f*, historieta *f*, manga *m*; ***~zasshi*** tebeo *m*

manki 満期 vencimiento *m*; ***~ni naru*** vencer, expirar
mangetsu 満月 luna *f* llena
manjuu 饅頭 bollo *m* relleno de pasta dulce de judías
manshon マンション **1.** casa *f* de pisos; **2.** piso *m*, apartamento *m*
manzoku 満足 satisfacción *f*; ***~suru*** satisfacerse con u/c; ***~saseru*** satisfacer; ***~na*** satisfactorio, -a; ***~shita*** satisfecho, -a
mannaka 真中 medio *m*, centro *m*; ***~no*** central *adj m/f*; ***...no~ni*** en medio de
mannenhitsu 万年筆 pluma *f* estilográfica
manbiki 万引き ***~suru*** hurtar en las tiendas
manpuku 満腹 ***~shita*** saciado, -a de comida
manbennaku 万遍なく uniformemente, sin excepción

MI み

mi 身 **1.** cuerpo *m*; **2.** persona *f*; ***~ni tsukeru*** llevarse u/c, aprender; ***...no~ni naru*** ponerse en el lugar de alg; ***~o tateru*** triunfar en la vida; ***~o motte shiru*** saber por experiencia
mi 実 **1.** fruto *m*; **2.** grano *m*
miai 見合い ***~o suru*** ser presentado a alg en vistas a un posible matrimonio; ***~kekkon*** casamiento *m* arreglado
miakiru 見飽きる cansarse de ver u/c
miageru 見上げる mirar a lo alto, levantar los ojos hacia u/c
miira ミイラ momia *f*; ***~ni suru*** momificar
miiru 見入る mirar u/c fijamente, contemplar u/c
miushinau 見失う perder u/c/alg de vista
mie 見栄 ostentación *f*, vanidad *f*; ***~de*** por ostentación; ***~o haru*** hacer ostentación
miesuita 見え透いた claro, -a, evidente *adj m/f*, transparente *adj m/f*
mieppari 見えっ張り ***~no*** pretencioso, -a, vanidoso, -a
mieru 見える **1.** verse, divisarse; ***umi ga~*** verse el mar; **2.** parecer; ***wakaku~*** parecer joven; **3.** venir, llegar
miokuru 見送る **1.** despedir a alg; **2.** seguir a alg con la mirada; **3.** prorrogar, dejar para más adelante
miotosu 見落とす pasar por alto, no advertir
miorosu 見下ろす mirar para abajo, mirar desde lo alto
mikaiketsu 未解決 ***~no*** por solucionar, por resolver; ***~no***

mama ni shite oku dejar u/c en suspenso
mikaku 味覚 gusto *m*, sabor *m*
migaku 磨く pulir, limar; ***ha o~*** lavarse los dientes; ***ha o~*** limpiarse los zapatos
mikake 見掛け apariencia *f*; ***~wa*** en apariencia; ***~ni niawazu*** a pesar de la apariencia
mikata 見方 manera *f* de ver u/c, punto *m* de vista
mikata 味方 aliado, -a, amigo, -a; ***~suru*** ser partidario, -a de alg, apoyar a alg
mikazuki 三日月 luna *f* en cuarto creciente
migawari 身代わり ***...no~ni naru*** ocupar el puesto de alg
mikan 蜜柑 **1.** mandarino *m*; **2.** mandarina *f*
miki 幹 tronco *m*
migi 右 derecha *f*; ***~no*** derecho, -a; ***...no~ni*** a la derecha de; ***~gawa ni*** al lado derecho
mikisaa ミキサー batidora *f*, licuadora *f*
migirei 身奇麗 ***~ni shite iru*** estar aseado, -a
mikiwameru 見極める verificar, comprobar
mikuro ミクロ micro-; ***~no sekai*** microcosmos *m*; ***~keizaigaku*** microeconomía *f*
miketsu 未決 ***~no*** no decidido, -a, pendiente *adj m/f*
miken 眉間 entrecejo *m*; ***~ni shiwa o yoseru*** fruncir el entrecejo
migoto 見事 ***~na*** admirable *adj m/f*, bello, -a, magnífico, -a; ***~ni*** admirablemente; ***~sa*** belleza *f*, magnificencia *f*, esplendor *m*
mikomi 見込み probabilidad *f*, estimación *f*; ***~no aru*** prometedor *adj m/f*; ***~no nai*** sin porvenir
mikomu 見込む esperar, contar con u/c/alg
mikon 未婚 ***~no*** soltero, -a, célibe *adj m/f*
misairu ミサイル misil *m*
mijikai 短い corto, -a, breve *adj m/f*; ***~jikan de*** en poco tiempo
mijikaku 短く ***~suru*** acortar; ***~naru*** acortarse; ***~kiru*** cortar u/c en trozos pequeños
mijime 惨め ***~na*** miserable *adj m/f*; ***~ni*** miserablemente; ***~sa*** miseria *f*
mijuku 未熟 ***~na*** inmaduro, -a, inexperto, -a; ***~sa*** inexperiencia *f*
mishiranu 見知らぬ desconocido, -a
mishin ミシン máquina *f* de coser; ***~de nuu*** coser u/c a máquina
misu ミス **1.** ***~Nihon*** miss *f* Japón; **2.** (*machigai*) fallo *m*,

equivocación *f*; ***~o okasu*** cometer un error

mizu 水 agua *m*; ***~o dasu/tomeru*** abrir/cerrar el grifo del agua; ***~o nomu*** beber agua; ***~o maku*** esparcir agua; ***hana ni~o yaru*** regar las plantas

misui 未遂 tentativa *f*; ***jisatsu~*** tentativa *f* de suicidio

mizugi 水着 traje *m* de baño, bañador *m*

mizukusai 水臭い reservado, -a, distante *adj m/f*, formal *adj m/f*

mizuke 水気 **1.** humedad *f*; **2.** (*kudamono/fruta*) jugo *m*; ***~no nai*** seco, -a; ***~no ooi*** jugoso, -a

mizutamari 水溜まり charco *m*; ***~ga dekiru*** hacerse charcos

mizuppoi 水っぽい acuoso, -a, aguado, -a

misuterii ミステリー ***~shoosetsu*** novela *f* policíaca

misuteru 見捨てる abandonar; ***saishi o~*** abandonar mujer e hijos

mizubitashi 水浸し ***~ni naru*** quedar inundado, -a

mizumizushii みずみずしい lozano, -a, fresco, -a

mise 店 tienda *f*, establecimiento *m*; ***~o akeru/shimeru*** abrir/cerrar la tienda

miseinen 未成年 minoría *f* de edad; ***~sha*** menor *m/f* de edad

misekake 見せ掛け fingimiento *m*, simulación *f*; ***~no*** fingido, -a, falso, -a

miseban 店番 **1.** vigilancia *f* de una tienda; **2.** (*hito/persona*) vendedor, -a

misemono 見世物 espectáculo *m*; ***~ni suru*** exhibir u/c en público

miseru 見せる enseñar, mostrar, exhibir

miso 味噌 pasta *f* de soja fermentada

misoshiru 味噌汁 sopa *f* de pasta de miso

-mitai —みたい **1.** (*...no yoona*) como; **2.** (*...shitai*) quiero + inf

midashi 見出し titular *m*, encabezamiento *m*

mitasu 満たす **1. *A ni B o~*** llenar/colmar A de B; **2.** satisfacer; ***kookishin o~*** satisfacer la curiosidad

midasu 乱す desordenar, perturbar

midara 淫ら ***~na*** obsceno, -a, lascivo, -a

midare 乱れ desorden *m*, perturbación *f*

midareru 乱れる desordenarse, perturbarse

michi 道 camino *m*, vía *f*; ***~de*** en la calle; ***~ni mayou*** perderse por el camino

mijika 身近 ***~na*** familiar *adj m/f*, cercano, -a

michisuji 道筋 ruta *f*, curso *m*, camino *m*
michizure 道連れ compañero, -a de viaje
michinori 道程 distancia *f*, trayecto *m*
michibiku 導く conducir, guiar
michiru 満ちる llenarse de u/c
mitsu 蜜 miel *f*, melaza *f*
mitsukaru 見付る ser visto, -a, descubrirse, encontrarse
mitsukeru 見付ける encontrar, hallar, descubrir
mitsugo 三つ子 trillizos, -as; ***~o umu*** dar a luz trillizos
mikkoku 密告 denuncia *f*, delación *f*; ***~suru*** denunciar, delatar
misshuu 密集 ***~suru*** apiñarse, agruparse
missetsu 密接 ***~na*** estrecho, -a, íntimo, -a; ***~ni*** estrechamente
mittsuu 密通 ***~suru*** cometer adulterio
mitsudo 密度 densidad *f*; ***~no takai*** muy denso
mittomonai みっともない desagradable *adj m/f* a la vista, vergonzoso, -a, indecente *adj m/f*
mitsumeru 見詰める fijar la mirada, mirar fijamente
mitsumori 見積もり presupuesto *m*, cálculo *m* aproximado
mitsumoru 見積もる presuponer, estimar
mitsuyu 密輸 contrabando *m*; ***~o suru*** hacer contrabando
mitsuryoo 密猟 ***~suru*** cazar furtivamente
mitsuryoo 密漁 ***~suru*** pescar furtivamente
mitooshi 見通し previsión *f*, perspectiva *f*
mitoosu 見通す prever, adivinar
mitomeru 認める **1.** reconocer; **2.** observar, notar; **3.** permitir
midori 緑 color *m* verde; ***~no*** verde *adj m/f*
minaosu 見直す volver a mirar, revisar, cambiar de parecer
minashigo 孤児 huérfano, -a
minasu 見なす ***A o B to ~*** juzgar A como B; ***minasareru*** ser considerado como + adj
minato 港 puerto *m*, escala *f*; ***~no*** portuario, -a; ***~ni hairu*** entrar en el puerto; ***~o deru*** zarpar
minami 南 sur *m*
minarai 見習い aprendizaje *m*; ***~ni dasu*** poner a alg de aprendiz; ***~kikan*** período *m* de prácticas
minari 身なり atavío *m*; ***~ni ki ga tsuku*** cuidar su atavío
minikui 醜い feo, -a, sucio, -a, repugnante *adj m/f*
minisukaato ミニスカート minifalda *f*
mineraru ミネラル mineral *m*; ***~uootaa*** agua *f* mineral

minoo 未納 falta *f* de pago; atraso *m* de pago; ***~no*** no pagado, -a
minogasu 見逃す **1.** no darse cuenta; **2.** pasar por alto u/c, hacer la vista gorda
minoru 実る dar fruto, fructificar
miharashi 見晴らし ***~ga yoi*** tener buenas vistas
mihari 見張り **1.** guardia *f*; **2.** guarda *m/f*, centinela *m/f*; ***~ni tatsu*** montar la guardia
miharu 見張る guardar, vigilar
miburi 身振り gesto *m*, gesticulación *f*; ***~o suru*** gesticular
mibun 身分 condición *f* social, posición *f*; ***~no takai/hikui*** de alta/humilde condición
miboojin 未亡人 viuda *f*; ***~ni naru*** enviudar
mihon 見本 muestra *f*, muestrario *m*, modelo *m*
mimai 見舞い ***byoonin no~ni iku*** visitar a un, -a enfermo, -a
mimawari 見回り inspección *f*, ronda *f*, patrulla *f*; ***~o suru*** hacer la ronda, patrullar
miman 未満 ***~no*** menos de, debajo de
mimi 耳 **1.** oreja *f*, oído *m*; ***~ga tooi*** ser duro, -a de oído; ***~o sumasu*** aguzar el oído; **2.** asa *f*, asidero *m*
mimizawari 耳障り ***~na oto/koe*** sonido *m*/voz *f* desagradable al oído
mimizuku みみずく búho *m*, mochuelo *m*
miminari 耳鳴り zumbido *m* de oídos; ***~ga suru*** zumbar los oídos
mimochi 身持ち conducta *f*, costumbres *fpl*; ***~ga yoi/warui*** tener buenas/malas costumbres; ***~o aratameru*** enmendarse
mimoto 身元 identidad *f*, referencias *fpl*; ***~o shoomei suru*** identificar a alg; identificarse
myaku 脈 pulso *m*, latido *m*; ***~ga hayai/osoi/yowai*** tener el pulso rápido/lento/débil; ***~ga hayaku naru*** acelerársele el pulso a alg
miyage 土産 recuerdo *m*, regalo *m*
miyako 都 capital *f*
myuujikaru ミュージカル revista *f* musical; ***~komedi*** comedia *f* musical
myuujikku ミュージック música *f*
myoo 妙 ***~na*** extraño, -a, singular *adj m/f*
miyori 身寄り pariente *m/f*
mirai 未来 futuro *m*; ***~no*** futuro, -a
miri- ミリー ***~guramu*** miligramo *m*; ***~meetoru*** milímetro *m*; ***~rittoru*** mililitro *m*
miryoku 魅力 encanto *m*, atracción *f*; ***~teki na*** atractivo, -a,

fascinante *adj m/f*; ***~o kanjiru*** sentir fascinación por u/c/alg
mirin 味醂 sake *m* dulce
miru 見る **1.** ver, mirar; **2.** examinar; **3.** consultar, ver; **4.** considerar; **5.** hacerse cargo de u/c/ alg; **6.** ***...shite~*** intentar
mirukarani 見るからに a primera vista
miruku ミルク leche *f*
mirumiru 見る見る ***~uchi ni*** en un abrir y cerrar de ojos
miren 未練 apego *m*, cariño *m*; ***~ga aru*** tener apego a u/c/alg
miwaku 魅惑 atractivo *m*, seducción *f*; ***~suru*** atraer, fascinar
miwakeru 見分ける discernir, reconocer
minkan 民間 ***~no*** popular *adj m/f*, privado, -a; ***~gaisha*** empresa *f* privada; ***~kookuu*** aviación *f* civil; ***~tooshi*** inversión *f* del sector privado
mingyoo 民業 empresa *f* privada
minshu 民主 ***~teki na*** democrático, -a; ***~teki ni*** democráticamente; ***~shugi*** democracia *f*; ***~ka suru*** democratizar; democratizarse
minshuu 民衆 pueblo *m*, masa *f*; ***~teki na*** popular *adj m/f*
minzoku 民俗 ***~gaku*** folclore *m*
minzoku 民族 raza *f*, pueblo *m*, nación *f*; ***~no*** racial *adj m/f*, étnico, -a; ***~ongaku*** música *f* étnica; ***~gaku*** etnología *f*
minna みんな todo, -a/os/as; ***~de*** todos, -as juntos, -as; ***~ni yoroshiku*** Recuerdos a todos
minpei 民兵 **1.** miliciano, -a; **2.** milicia *f*
minpoo 民法 derecho *m* civil, código *m* civil
minwa 民話 cuento *m* popular

MU む

mu 無 nada *f*, vacío *m*
mui 無為 ociosidad *f*, pereza *f*; ***~ni*** ociosamente
muishiki 無意識 inconsciencia *f*; ***~no*** inconsciente *adj m/f*, involuntario, -a; ***~ni*** inconscientemente, involuntariamente
mukai 向かい ***~no ie*** casa *f* de enfrente; ***...no~ni aru*** estar enfrente de
mukau 向う **1.** estar frente a; **2.** dirigirse a
mukae 迎え ***~ni iku*** ir a buscar/recibir a alg; ***...o~ni yaru*** mandar a por alg
mukaeru 迎える **1.** recibir, acoger; **2.** llegar a u/c
mugaku 無学 ***~na*** ignorante *adj m/f*, analfabeto, -a
mukashi 昔 **1.** pasado *m*, época *f* antigua; **2.** tiempo atrás; ***~no*** antiguo, -a, pasado, -a; ***~ni*** en el pasado, en otros tiempos

muka-muka むかむか ***~suru*** sentir náuseas

muki 向き **1.** dirección *f*, rumbo *m*; **2. *~no*** para, apto, -a para

mugi 麦 **1.** trigo *m*; **2.** cebada *f*; **3.** avena *f*; **4.** centeno *m*

mukyuu 無給 ***~no*** no remunerado, -a

mukiryoku 無気力 inercia *f*; ***~no*** inerte *adj m/f*; ***~na seikatsu o okuru*** vivir en la inercia

muku 向く **1.** volverse hacia u/c/alg; **2.** dar a un sitio; **3.** ser apto, -a para u/c

muku 剥く pelar, mondar, descortezar, desgranar

mukui 報い pago *m*, recompensa *f*; ***~toshite*** como recompensa

mukuiru 報いる recompensar, pagar

mukuchi 無口 ***~na*** callado, -a, taciturno, -a

mukumu むくむ abotargarse

-muke ー向け destinado, -a a; ***fujin~bangumi*** programa *m* para mujeres

mukeiken 無経験 inexperiencia *f*; ***~na*** inexperto, -a; ***~de aru*** ser inexperto, -a, carecer de experiencia

mukeru 向ける **1.** dirigir, apuntar; **2.** aplicar, dedicar

mukeru 剥ける pelarse, mondarse

mugen 無限 infinito *m*; ***~no*** infinito, -a, ilimitado, -a; ***~ni*** sin límites

muko 婿 yerno *m*; ***~ni iku*** casarse con una heredera

mugoi 惨い cruel *adj m/f*, inhumano, -a

mukoo 向こう **1.** otro lado, lado opuesto; ***~ni*** al otro lado, más allá de; **2.** interlocutor, -a; **3. *~no*** próximo, -a

mukoo 無効 nulidad *f*, invalidación *f*; ***~no*** nulo, -a, ineficaz *adj m/f*

mukoozune 向こう脛 tibia *f*, espinilla *f*; ***~o keru*** dar un puntapié en la espinilla

mugon 無言 ***~no*** silencioso, -a, callado, -a; ***~ni*** en silencio

muzai 無罪 inocencia *f*; ***~no*** inocente *adj m/f*

mushi 虫 gusano *m*, insecto *m*, bicho *m*

mushi 無視 ***~suru*** no hacer caso, ignorar

muji 無地 ***~no*** sin dibujo, liso, -a

mushiatsui 蒸し暑い hacer un calor bochornoso

mushikaku 無資格 ***~no*** no calificado, -a, no diplomado, -a, sin título

mushiba 虫歯 caries *f*; ***~ni naru*** cariarse

mujaki 無邪気 ***~na*** inocente *adj m/f*, ingenuo, -a

mujun 矛盾 contradicción *f*; ***~suru*** contradecirse, estar en contradicción; ***~shita*** contradictorio, -a; ***~shinai*** compatible *adj m/f*

mujooken 無条件 ***~no*** incondicional *adj m/f*; ***~de*** incondicionalmente

mushoku 無色 ***~no*** incoloro, -a

mushiru 毟る arrancar, pelar

mushiro 寧ろ antes, más bien

mujin 無人 ***~no*** deshabitado, -a; ***~too*** isla *f* desierta

mushinron 無神論 ateísmo *m*; ***~no*** ateo, -a

musuu 無数 ***~no*** infinito, -a, incalculable *adj m/f*

muzukashii 難しい difícil *adj m/f*, penoso, -a, complicado, -a

musubi 結び fin *m*, conclusión *f*, recapitulación *f*; ***~no kotoba*** palabras *fpl* finales

musubitsuku 結び付く unirse, vincularse, adherirse

musubime 結び目 nudo *m*; ***~o tsukuru*** hacer un nudo; ***~o hodoku*** deshacer un nudo

musubu 結ぶ **1.** unir, conectar, ligar; **2.** asociarse; ***yuujoo o~*** trabar amistad; ***konyaku o~*** prometerse con alg; **3.** concluir

musume 娘 **1.** hija *f*; **2.** muchacha *f*; ***~rashii*** virginal *adj m/f*, juvenil *adj m/f*

muzei 無税 ***~no*** libre *adj m/f* de impuestos

museigen 無制限 ***~no*** sin límites; ***~ni*** sin restricciones, sin límites

museifu 無政府 ***~jootai*** anarquía *f*; ***~shugi*** anarquismo *m*; ***~shugisha*** anarquista *m/f*

museibutsu 無生物 objetos *mpl* inanimados

musekitsui-doobutsu 無脊椎動物 invertebrados *mpl*

musekinin 無責任 ***~na*** carente *adj m/f* de sentido de responsabilidad; ***~na yakusoku*** promesa *f* dada a la ligera; ***~de aru*** no tener sentido de la responsabilidad; ***~na koto o suru*** actuar de una manera irresponsable

musen 無線 radio *f*; ***~no*** inalámbrico, -a; ***~takushii*** radio-taxi *m*; ***~denwa*** radiotelefonía *f*; ***amachua~ka*** radioaficionado, -a

musoo 夢想 sueño *m*, ilusión *f*; ***~suru*** soñar con u/c, forjarse ilusiones con u/c; ***~ka*** soñador, -a, visionario, -a

muda 無駄 inutilidad *f*, derroche *m*; ***~na*** inútil *adj m/f*, infructuoso, -a; ***~ni*** inútilmente, en vano, en balde; ***~ni suru*** malgastar, derrochar; ***jikan o~ni suru*** perder el tiempo

mudazukai 無駄遣い despilfarro *m*, derroche *m*; ***~suru*** despilfarrar, derrochar

mudan 無断 ***~de*** sin aviso, sin decir nada, sin permiso
muchi 鞭 látigo *m*, fusta *f*; ***~de utsu*** dar latigazos
muchi 無知 ignorancia *f*; ***~na*** ignorante *adj m/f*
muchi 無恥 ***~na*** sinvergüenza *adj m/f*, descarado, -a
mucha むちゃ ***~na*** extravagante *adj m/f*, excesivo, -a, disparatado, -a
muchakucha むちゃくちゃ ***~ni*** a tontas y locas, sin ton ni son; ***~na koto o iu*** decir disparates
muchuu 夢中 entusiasmo *m*; ***... ni~ni naru*** entusiasmarse por u/c
muttsuri むっつり ***~shita*** taciturno, -a, silencioso, -a, callado, -a
mutto むっと **1.** ***~suru*** enfadarse, enojarse; ***~shite*** con enfado; ***~suru*** oler a cerrado
muteppoo 無鉄砲 temeridad *f*; ***~na*** temerario, -a; ***~ni*** temerariamente
munashii むなしい vacío, -a, vano, -a, vacuo, -a
munya-munya むにゃむにゃ ***~iu*** hablar entre dientes, gruñir
muninsho 無任所 ***~daijin*** ministro, -a sin cartera
mune 胸 **1.** pecho *m*, seno *m*; ***~ga kurushii*** sentir opresión en el pecho; ***~no byooki ni kakaru*** estar tísico, -a; **2.** sentimientos *mpl*, corazón *m*; ***kiboo ni~o fukuramaseru*** estar lleno, -a de esperanzas; ***~no itami*** penas *fpl* del corazón, mal *m* de amores
munoo 無能 incapacidad *f*, incompetencia *f*; ***~na*** incapaz *adj m/f*, incompetente *adj m/f*
munooryoku 無能力 incapacidad *f*
muhi 無比 ***~no*** incomparable *adj m/f*, sin igual
mufunbetsu 無分別 falta *f* de juicio, imprudencia *f*; ***~na*** irreflexivo, -a, insensato, -a; ***~ni*** a la ligera
muboo 無謀 ***~na*** temerario, -a, irreflexivo, -a
mumi 無味 ***~no*** insípido, -a
muhon 謀叛 rebelión *f*, revuelta *f*; ***~suru*** rebelarse
mumei 無名 ***~no*** sin nombre
muyami むやみ ***~ni*** sin reflexión, a la ligera
muyuubyoo 夢遊病 sonambulismo *m*; ***~sha*** sonámbulo, -a
muyoo 無用 ***~na*** inútil *adj m/f*, innecesario, -a
muyoku 無欲 desinterés *m*; ***~na*** desinteresado, -a
mura むら desigualdad *f*; ***~no aru*** desigual *adj m/f*; ***~no nai*** uniforme *adj m/f*, regular *adj m/f*
mura 村 aldea *f*, pueblo *m*
murasaki 紫 color *m* púrpura; ***~iro no*** de color púrpura

muri 無理 ***~na*** imposible *adj m/f*, irrealizable *adj m/f*; ***~ni*** a la fuerza; ***~o iu*** pedir lo imposible; ***~o suru*** intentar lo imposible, trabajar demasiado

muriyari 無理やり a la fuerza; ***~ni...saseru*** obligar a alg a + inf

muryoo 無料 ***~no*** gratuito, -a; ***~de*** gratis

muryoku 無力 impotencia *f*; ***~na*** impotente *adj m/f*, débil *adj m/f*

mure 群れ **1.** grupo *m*, muchedumbre *f*; **2.** rebaño *m*, manada *f*, bandada *f*, ejambre *m*, banco *m*

ME め

-me 一目 ***itsuka~*** al quinto día *m*; ***san nin~*** la tercera persona *f*

me 目 **1.** ojo *m*, vista *f*; ***~no*** ocular *adj m/f*, óptico, -a; ***~ga warui*** ver mal; ***~o akeru/tojiru*** abrir/cerrar los ojos; ***~o mawasu*** desmayarse; ***~ga mawaru*** marearse; ***~ni mieru*** a ojos vistas; ***~ni mienai*** invisible *adj m/f*; ***~ni amaru*** intolerable *adj m/f*; **2.** mirada *f*, atención *f*; ***...kara~o sorasu*** apartar la mirada de u/c/alg; ***~o tomeru*** fijar la mirada; ***~o tsukeru*** prestar atención a u/c/alg; ***...ni~o toosu*** echar una ojeada a u/c; ***~o kakeru*** mimar, colmar de atenciones a alg; ***...no~ni tsuku*** saltar a los ojos de alg; ***...ni o~ni kakaru*** tener el honor de ver a alg; **3.** momento *m*; ***hidoi~ni au*** pasarlo muy mal; **4.** fibra *f*, hebra *f*; **5.** (*chesu/ajedrez*) casilla *f*; **6.** (*saikoro/dado*) punto *m*; ***ichi no~*** el uno

me 芽 brote *m*, yema *f*; ***~o dasu*** brotar, germinar

meate 目当て objetivo *m*, intención *f*

mei 姪 sobrina *f*

meikai 明快 ***~na*** claro, -a y preciso, -a; ***~ni*** claramente

meikaku 明確 ***~na*** preciso, -a; ***~ni*** con precisión, con claridad

meigi 名義 nombre *m*; ***...no~de*** en nombre de alg

meigen 明言 ***~suru*** afirmar, declarar

meisai 明細 ***~na*** detallado, -a, minucioso, -a; ***~ni*** detalladamente

meishi 名刺 tarjeta *f* de visita; ***~o dasu*** presentar la tarjeta

meishi 名詞 *ling* sustantivo *m*, nombre *m*

meisha 目医者 oculista *m/f*

meisho 名所 sitio *m* célebre

meijiru 命じる mandar, ordenar

meishin 迷信 superstición *f*

meisei 名声 reputación *f*, fama *f*; **~no aru** reputado, -a
meiseki 明晰 claridad *f*, lucidez *f*; **~na** claro, -a, lúcido, -a
meisoo 瞑想 meditación *f*, contemplación *f*; **~suru** meditar, contemplar
meichuu 命中 **~suru** acertar, dar en u/c; **~shinai** fallar el blanco
meihaku 明白 **~na** claro, -a, evidente *adj m/f*, obvio, -a
meibin 明敏 **~na** sagaz *adj m/f*, perspicaz *adj m/f*
meibutsu 名物 **1.** producto *m* especial; **2.** especialidad *f* de un lugar
meibo 名簿 lista *f*, nómina *f*; **~o tsukuru** hacer una lista
meimoku 名目 nombre *m*, título *m*; **...no~de** a título de
meiyo 名誉 honor *m*, honra *f*; **~aru** honorable *adj m/f*; **~o kegasu** deshonrar a alg; **~o kaifuku suru** rehabilitar a alg; rehabilitarse
meiryoo 明瞭 **~na** claro, -a, lúcido, -a; **~ni** claramente
meirei 命令 orden *f*, mandato *m*; **~suru** ordenar, mandar; **~teki na** imperativo, -a; **~teki ni** imperativamente
meiro 迷路 laberinto *m*
meiwaku 迷惑 molestia *f*, fastidio *m*; **~na** molesto, -a; **~o kakeru** causar molestias
meue 目上 **~no hito** superior *m/f*
meekaa メーカー compañía *f* fabricante
meekyappu メーキャップ maquillaje *m*; **~suru** maquillarse
meetaa メーター **1.** contador *m*; **denki no~** contador *m* de electricidad; **2.** taxímetro *m*
meedee メーデー primero *m* de mayo
meedo メード **1.** camarera *f* de hotel; **2.** criada *f*
meetoru メートル metro *m*
meen メーン **~sutando** tribuna *f* principal; **~sutoriito** calle *f* mayor; **~teeburu** mesa *f* de honor
mekata 目方 peso *m*; **~no aru** pesado, -a; **~ga fueru/heru** ganar/perder peso
megane 眼鏡 gafas *fpl*, quevedos *mpl*, anteojos *mpl*, monóculo *m*; **~o kakeru** ponerse las gafas; **~o hazusu** quitarse las gafas
megami 女神 diosa *f*
mekiki 目利き estimación *f* del valor; **~o suru** juzgar la autenticidad de u/c, estimar el valor de u/c
mekimekito めきめきと a ojos vistas, visiblemente
mekuso 目くそ legaña *f*
megumareru 恵まれる ser bendecido, -a con; **kenkoo ni~** gozar de buena salud; ***sai-***

noo ni~ estar dotado, -a de talento
megumi 恵み bendición *f*, gracia *f*, favor *m*; ***~no ame*** lluvia *f* beneficiosa
mekura 盲 **1.** ceguera *f*; **2.** (*hito/persona*) ciego, -a; ***~ni naru*** quedarse ciego, -a
mekuru 捲る ***peeji o~*** hojear un libro; ***futon o~*** quitar el edredón
mezasu 目差す aspirar, tener como objetivo
mezamashii 目覚しい brillante *adj m/f*, notable *adj m/f*
mezamashidokei 目覚し時計 reloj *m* despertador; ***~o shichi ji ni kakeru*** poner el despertador a las siete
mezameru 目覚める despertarse
meshiagaru 召し上がる comer, servirse
meshita 目下 subordinado, -a
mejiri 目尻 rabillo *m* del ojo; ***~no shiwa*** patas *fpl* de gallo
mejirushi 目印 señal *f*, marca *f*; ***~o tsukeru*** marcar, señalar
mesu メス bisturí *m*; ***~o ireru*** abrir con un bisturí
mesu 雌 hembra *f*
mezurashii 珍しい raro, -a, poco común *adj m/f*
medatsu 目立つ ser llamativo, -a, atraer la atención
medama 目玉 globo *m* del ojo; ***~yaki*** huevos *mpl* fritos
medaru メダル medalla *f*
mechakucha めちゃくちゃ ***~na*** absurdo, -a, incoherente *adj m/f*
mecha-mecha めちゃめちゃ ***~ni suru*** desordenar, confundir, desbaratar
mekkachi めっかち ***~no hito*** tuerto, -a; ***~ni naru*** quedarse tuerto, -a
mekki めっき chapado *m*, dorado *m*, plateado *m*; ***~suru*** chapar
metsuki 目付き mirada *f*
mekkiri めっきり sensiblemente, visiblemente
messeeji メッセージ mensaje *m*; ***~o okuru*** enviar un mensaje
messenjaa メッセンジャー mensajero, -a
metta めった ***~ni nai*** muy raro, -a, excepcional *adj m/f*
metsuboo 滅亡 desaparición *f*, aniquilación *f*; ***~suru*** desaparecer, hundirse
medetai めでたい (*omedetai*) ***~koto*** acontecimiento *m* feliz
menyuu メニュー carta *f*, menú *m*
menomae 目の前 ***~de*** a la vista de alg, en presencia de alg
meberi 目減り merma *f*; ***~suru*** perder peso, mermar, bajar
memai 目眩 vértigo *m*; ***~ga suru*** tener vértigo

memo メモ nota *f*, apunte *m*; **~suru** tomar notas, anotar
memorii メモリー *informát* memoria *f*
meriigooraundo メリーゴーラウンド tiovivo *m*
merodii メロディー melodía *f*
merodorama メロドラマ melodrama *m*
meron メロン melón *m*
men 面 **1.** máscara *f*, careta *f*; **2.** (*shoomen*) **~to mukau** enfrentarse a alg; **3.** cara *f*, superficie *f*; **4.** aspecto *m*, lado *m*, ángulo *m*
men 綿 algodón *m*; **~koogyoo** industria *f* algodonera
men´eki 免疫 inmunidad *f*; **~ni natte iru** ser inmune a u/c; **~ni suru** inmunizar; **~gaku** inmunología *f*
menkai 面会 entrevista *f*; **~suru** entrevistarse con alg
menkyo 免許 permiso *m*, licencia *f*, carné *m*; **~o toru** sacarse la licencia
menjo 免除 exención *f*, dispensa *f*; **~suru** eximir a alg de u/c
menzei 免税 exención *f* de impuestos; **~ni suru** eximir u/c de impuestos
menseki 面積 superficie *f*, extensión *f*
mensetsu 面接 entrevista *f*; **~suru** recibir a alg para una entrevista; **~in** entrevistador, -a; **~shiken** examen *m* oral
mendoo 面倒 **1.** dificultad *f*, molestia *f*; **~na** difícil *adj m/f*, molesto, -a; **~o kakeru** molestar a alg; **2.** (*sewa*) **~o miru** cuidar u/c/alg
menbaa メンバー miembro *m/f*, socio, -a
menboku 面目 honor *m*, honra *f*, amor *m* propio; **~o ushinau** perder la reputación
menmitsu 綿密 **~na** minucioso, -a, detallado, -a; **~ni** detalladamente

MO も

-mo ―も **1.** también, tampoco; **2.** ***A~B~*** tanto A como B; **3.** aun, hasta, incluso
moo もう **1.** ya; **2.** pronto, dentro de poco; **3.** más, otro, -a; **~ichi do** otra vez; **4.** ya no
mookaru 儲かる ganancioso, -a, provechoso, -a
mookeru 設ける establecer, constituir
mookeru 儲ける ganar, hacer dinero, sacar provecho
mooshiawaseru 申し合わせる ponerse de acuerdo
mooshiire 申し入れ **1.** propuesta *f*, proposición *f*; **2.** protesta *f*
mooshikomi 申し込み solicitud *f*, petición *f*, demanda *f*

mooshikomu 申し込む solicitar, pedir, demandar
mooshitateru 申し立てる **1.** declarar; **2.** demandar, solicitar
mooshide 申し出 propuesta *f*, solicitud *f*
mooshideru 申し出る proponer
mooshibun 申し分 ***~no nai*** perfecto, -a, impecable *adj m/f*
mooshiwake 申し訳 ***~arimasen*** Perdón
moosugu もうすぐ pronto, enseguida
moo sukoshi もう少し **1.** un poco más; **2.** ***~de*** casi
moozen 猛然 ***~to*** furiosamente, violentamente
moosoo 妄想 obsesión *f*; ***~o idaku*** tener una obsesión
moochoo 盲腸 *med* intestino *m* ciego; ***~en*** apendicitis *f*
moomaku 網膜 *med* retina *f*; ***~en*** retinitis *f*
moora 網羅 ***~suru*** incluirlo todo; recogerlo todo
mooretsu 猛烈 ***~na*** violento, -a, furioso, -a; ***~ni*** violentamente
moetsuku 燃えつく encenderse, inflamarse
moederu 萌え出る brotar, echar brotes
moeru 燃える arder, quemarse
mooshon モーション ***~o kakeru*** hacer la corte
mootaa モーター motor *m*; ***~o ugokasu*** poner en marcha un motor
mooteru モーテル motel *m*
mooningu モーニング **1.** ***~kooto*** chaqué *m*; **2.** ***~saabisu*** tarifa *f* reducida de la mañana
moorusu モールス ***~shingoo*** código *m* morse
mogaku もがく forcejear
mokuzai 木材 madera *f*
mokusan 目算 cálculo *m*, estimación *f*; ***~o tateru*** calcular, estimar
Mokushiroku 黙示録 Apocalipsis *m*
mokuzen 目前 ***~no*** inmediato, -a, inminente *adj m/f*
mokuzen 黙然 ***~to*** sin decir nada, silenciosamente
mokuteki 目的 objetivo *m*, finalidad *f*, intención *f*; ***~o hatasu*** realizar su propósito
mokuhi 黙秘 ***~suru*** callar u/c; ***~ken*** derecho *m* a mantener silencio
mokuhyoo 目標 fin *m*, objeto *m*
mokuyoobi 木曜日 jueves *m*
moguru 潜る sumergirse en, meterse dentro de
mokuroku 目録 catálogo *m*, lista *f*, inventario *m*
mokei 模型 modelo *m*, maqueta *f*
moshi 若し (*condicional*) si
moji 文字 letra *f*, escritura *f*, caracter *m*; ***~doori*** literalmente
moshika 若しか ***~shitara*** es posible
moshimo 若しも (*condicional*) si

moshi-moshi もしもし **1.** ¡Oiga!, ¿Me permite?; **2.** (*denwa/teléfono*) ¿Oiga?, ¿Diga?
moji-moji もじもじ ***~suru*** **1.** moverse nerviosamente; **2.** avergonzarse; **3.** vacilar
mojiru 捩る parodiar
mosuku モスク mezquita *f*
mozoo 模造 imitación *f*; ***~suru*** imitar; ***~no*** de imitación
motaseru 持たせる hacer llevar, cargar a alg con u/c
modanizumu モダニズム modernismo *m*
motareru 凭れる **1.** (*yorikakaru*) apoyarse en u/c, respaldarse contra u/c; ***i ga~*** tener el estómago pesado
modan モダン ***~na*** moderno, -a
mochi 餅 torta *f* de arroz; ***~o tsuku*** machacar arroz para hacer tortas
mochiifu モチーフ motivo *m*
mochiiru 用いる usar, utilizar, emplear
mochidasu 持ち出す llevarse, sacar u/c fuera
mochinushi 持ち主 dueño, -a, propietario, -a
mochimono 持ち物 propiedad *f*, objetos *mpl* personales
mochiron 勿論 por supuesto, claro, no faltaba más
motsu もつ durar, perdurar
motsu 持つ **1.** tener, llevar consigo; **2.** tener, poseer
mokkei 黙契 ***~o musubu*** ponerse de acuerdo tácitamente con alg
mottainai 勿体無い **1.** ***A ni wa~*** ser demasiado bueno, -a para A; **2.** irrespetuoso, -a, irreverente *adj m/f*
mottaiburu もったいぶる darse importancia
motte iku 持って行く llevarse u/c, llevar u/c consigo
motte kuru 持って来る traer
motto もっと más, todavía
mottoo モットー lema *m*, divisa *f*, principio *m*
mottomo 最も el/la más
mottomo 尤も **1.** ***~na*** razonable *adj m/f*, legítimo, -a, justo, -a; **2.** pero, sin embargo, no obstante
moppara 専ら principalmente, mayormente, sobre todo
motsureru 縺れる enredarse, complicarse, embrollarse
moteamasu 持て余す no saber qué hacer con u/c, exceder a las fuerzas de alg
motenashi 持て成し acogida *f*, recepción *f*; ***atsui~o ukeru*** recibir una acogida calurosa
motenasu 持て成す acoger, recibir, agasajar
moteru 持てる ***onna ni~*** ser popular entre las mujeres
moderu モデル modelo *m*; (*moda*) modelo *m/f*

moto 元 **1.** origen *m*, causa *f*; **2.** materiales *mpl*; **3.** antes, antiguamente
motokurosu モトクロス motocross *m*
modosu 戻す **1.** devolver, reponer; **2.** vomitar
motode 元手 fondos *mpl*, capital *m*, dinero *m*
motomeru 求める **1.** demandar, pedir, solicitar; **2.** desear; **3.** necesitar; **4.** buscar
motomoto 元々 en origen, originalmente
modoru 戻る volver, regresar; ***seki ni~*** volver a su asiento
monitaa モニター **1.** (*hito/persona*) monitor, -a; **2.** ***~terebi*** monitor *m*
mono 者 persona *f*
mono 物 **1.** cosa *f*, objeto *m*; **2.** ***...o~ni suru*** dominar, conquistar; ***~ni naru*** realizarse; ***~tomo shinai*** no dar importancia a u/c; ***~tomo sezuni*** sin hacer caso de u/c
monooto 物音 ruido *m*; ***~o tateru*** hacer ruido; ***~ga suru*** oírse ruido
monogatari 物語 relato *m*, historia *f*, cuento *m*; ***~o suru*** contar una historia
monogokoro 物心 ***~ga tsuku*** alcanzar la edad del juicio, comenzar a entender las cosas
monogoto 物事 cosa *f*, asunto *m*
monosashi 物差し regla *f*, metro *m*; ***~de hakaru*** medir con regla/metro
monoshiri 物知り sabio, -a, erudito, -a; ***~gao o shite*** con cara de estar enterado, -a
monosugoi 物凄い terrible *adj m/f*, horrible *adj m/f*, espantoso, -a
monotarinai 物足りない insuficiente *adj m/f*, insatisfactorio, -a
monohoshi 物干し tendedero *m*
monomonoshii 物々しい exagerado, -a, pomposo, -a, ostentoso, -a
monoreeru モノレール monorraíl *m*, monocarril *m*
monoroogu モノローグ monólogo *m*
monowakari 物分かり **1.** ***~no yoi*** comprensivo, -a; ***~no warui*** obstinado, -a; **2.** ***~no yoi*** listo, -a; ***~no warui*** lerdo, -a
mohan 模範 ejemplo *m*, modelo *m*; ***~teki na*** ejemplar *adj m/f*; ***~to naru*** servir de ejemplo; ***...o~to suru*** seguir el ejemplo de alg
mofuku 喪服 vestido *m* de luto; ***~o kiru*** vestirse de luto; ***~o kite iru*** ir vestido, -a de luto
momareru 揉まれる ser empujado, -a, ser zarandeado, -a
momiji 紅葉 **1.** *bot* arce *m*; **2.** hojas *fpl* rojas otoñales
momo 股 muslo *m*

momo 桃 **1.** melocotón *m*; **2.** melocotonero *m*
momoiro 桃色 color *m* rosa; **~no** de color rosa
moyasu 燃やす quemar, encender, inflamar
moyamoya もやもや **~shita** vago, -a, confuso, -a
moyoo 模様 **1.** dibujo *m*; **2.** indicio *m*
morau 貰う recibir
morasu 漏らす **1.** dejar salirse u/c, dejar escapar; **2.** divulgar, revelar; **3.** omitir
morarisuto モラリスト moralista *m/f*
moraru モラル moral *f*
mori 森 bosque *m*
moridakusan 盛りだくさん **~no** abundante *adj m/f*
moru 盛る amontonar, apilar
more 漏れ **1.** omisión *f*, falta *f*; **2.** escape *m*, fuga *f*, pérdida *f*
moreru 漏れる **1.** escaparse, irse, salirse; **2.** descubrirse, trascender; **3.** omitirse
moroi 脆い frágil *adj m/f*, quebradizo, -a
mon 門 puerta *f*, portal *m*
monku 文句 **1.** frase *f*, palabra *f*; **2.** queja *f*; **~o iu** quejarse de u/c
montaaju モンタージュ montaje *m*; **~shashin** fotomontaje *m*
mondai 問題 problema *m*, cuestión *f*; **~ga aru** haber problemas; **~o okosu** causar problemas
mondoo 問答 preguntas *fpl* y respuestas *fpl*, diálogo *m*; **~suru** sostener un diálogo
monban 門番 portero, -a; **~suru** guardar la puerta
monbu 文部 **~kagakushoo** Ministerio *m* de Educación, Cultura, Deportes, Ciencia y Tecnología; **~daijin** ministro, -a de Educación, Cultura, Deportes, Ciencia y Tecnología
monmoo 文盲 analfabetismo *m*; **~ritsu** tasa *f* de analfabetismo

YA や

-ya ―や y
ya や flecha *f*; **~o utsu** disparar una flecha
yaa やあ ¡Hola!
yaoya 八百屋 **1.** verdulería *f*; **2.** (*hito/persona*) verdulero, -a
yakai 夜会 velada *f*, fiesta *f* de noche, sarao *m*
yagai 野外 **~de** al aire libre, a la intemperie
yagate やがて pronto, poco después, en breve
yakamashii 喧しい **1.** ruidoso, -a, bullicioso, -a; **2.** severo, -a, estricto, -a

yakan 夜間 ***~no*** nocturno, -a; ***~ni*** de noche; ***~eigyoo*** servicio *m* nocturno; ***~gaishutsu kinshi*** queda *f*
yakan 薬缶 tetera *f*
yagi 山羊 cabra *f*, macho *m* cabrío
yakigushi 焼き串 brocheta *f*, pincho *m*
yakizakana 焼き魚 pescado *m* asado
yakisoba 焼きそば fideos *mpl* fritos, yakisoba *m*
yakitsukusu 焼き尽くす reducir u/c a cenizas
yakitori 焼き鳥 brocheta *f* de pollo asado
yakimeshi 焼き飯 arroz *m* frito
yakimoki やきもき ***~suru*** atormentarse, inquietarse
yakimochi 焼き餅 ***~o yaku*** sentir celos; ***~yaki*** ser celoso, -a
yakimono 焼き物 cerámica *f*, porcelana *f*; ***~shi*** alfarero, -a
yakyuu 野球 béisbol *m*; ***~o suru*** jugar al béisbol
yagyuu 野牛 bisonte *m*
yakin 冶金 metalurgia *f*; ***~koogyoo*** industria *f* metalúrgica
yakin 夜勤 servicio *m* nocturno; ***~teate*** subsidio *m* para el servicio nocturno
yaku ヤク yak *m*
yaku 焼く **1.** quemar, incendiar; **2.** asar, freír, cocer
yaku 役 **1.** cargo *m*, función *f*; **2.** (*shibai/teatro*) papel *m*, parte *f*; **3.** ***~ni tatsu*** servir, ser útil; ***nan no~nimo tatanai*** no servir para nada
yaku 約 aproximadamente; ***~ni juunin*** unas veinte personas; ***~nijuu-nen mae*** hace unos veinte años
yaku 訳 traducción *f*, versión *f*
yakuin 役員 **1.** (*iin*) miembro *m* del comité, **2.** director, -a de una empresa, administrador, -a; ***~kai*** junta *f* directiva
yakugaku 薬学 farmacia *f*, farmacología *f*
yakuza やくざ mafia *f* japonesa, gánster *m*; ***~na*** vil *adj m/f*
yakuzai 薬剤 ***~shi*** farmacéutico, -a, boticario, -a
yakusatsu 扼殺 estrangulación *f*, ***~suru*** estrangular
yakusatsu 薬殺 ***~suru*** matar con un medicamento
yakusha 役者 actor *m*, actriz *f*; ***~ni naru*** hacerse actor/actriz
yakusha 訳者 traductor, -a
yakusho 役所 oficina *f* gubernamental
yakusu 訳す traducir
yakusoo 薬草 hierba *f* medicinal; ***~shoonin*** herbolario, -a
yakusoku 約束 promesa *f*; ***~suru*** prometer; ***au~o suru*** citarse; ***~basho*** lugar *m* de la cita; ***~no jikan*** hora *f* de la cita; ***~o hatasu*** cumplir su promesa; ***~o yaburu*** faltar a su promesa

yakunin 役人 funcionario, -a; ***~ni naru*** entrar al servicio del gobierno
yakuhin 薬品 medicamento *m*; ***~no*** farmacéutico, -a, medicinal *adj m/f*
yakume 役目 papel *m*, función *f*, oficio *m*; ***~o hatasu*** cumplir con su función
yakuyoo 薬用 uso *m* medicinal
yakuwari 役割 papel *m*, oficio *m*, misión *f*; ***~o kimeru*** distribuir los papeles
yakedo やけど quemadura *f*; ***te ni~o suru*** hacerse una quemadura en la mano
yakeru 焼ける **1.** quemarse; **2.** asarse, tostarse, cocerse; **3.** broncearse
yasai 野菜 verdura *f*; ***~o tsukuru*** cultivar hortalizas
yasashii 易しい fácil *adj m/f*, sencillo, -a, simple *adj m/f*
yasashii 優しい afectuoso, -a, cariñoso, -a
yasashiku 易しく ***~suru*** simplificar; ***~naru*** simplificarse, hacerse más fácil
yasashiku 優しく amablemente, dulcemente, cariñosamente
yashinau 養う **1.** criar; **2.** mantener, sostener; **3.** desarrollar, cultivar
yajuu 野獣 fiera *f*, bestia *f*; ***~no*** fiero, -a, bestial *adj m/f*
yajiru やじる abuchear
yashin 野心 ambición *f*; ***~no aru/teki na*** ambicioso, -a; ***~teki ni*** con ambición
yasuagari 安上がり ***~no*** económico, -a, barato, -a
yasui 安い barato, -a
yasuuri 安売り venta *f* de saldos; ***~suru*** vender a bajo precio, liquidar
yasuku 安く a bajo precio; ***~suru*** rebajar; ***~naru*** bajar de precio
yasuppoi 安っぽい de aspecto barato
yasumi 休み descanso *m*, día *m* de cierre, vacaciones *fpl*; ***~naku*** sin descanso, sin tregua; ***~o toru*** tomar un descanso, tomarse vacaciones
yasumu 休む **1.** descansar, reposar; **2.** faltar, no asistir; ***gakkoo o~*** faltar a clase; ***kaisha o~*** no ir a trabajar; **3.** acostarse, irse a la cama
yasumono 安物 artículo *m* barato, objeto *m* de bajo valor
yasuyasuto 易々と sin dificultad
yasuraka 安らか ***~na*** tranquilo, -a, sosegado, -a, pacífico, -a; ***~ni*** con calma, tranquilamente
yasuri 鑢 lima *f*; ***~o kakeru*** limar u/c
yasei 野生 ***~no*** salvaje *adj m/f*; ***~ka suru*** crecer en estado salvaje
yasekokeru 痩せこける adelgazarse demasiado

yaseru 痩せる **1.** (*karada ga/cuerpo*) adelgazarse, enflaquecerse; **2.** (*tochi/terreno*) quedarse estéril
yatai 屋台 puesto *m*, caseta *f*
yachin 家賃 alquiler *m* de una casa; ***~o harau*** pagar el alquiler
yatsu 奴 tipo *m*, individuo *m*
yakkai 厄介 **1.** molestia *f*, fastidio *m*, estorbo *m*; ***~na*** molesto, -a, fastidioso, -a; **2. *...no~ni natte iru*** estar al cuidado de alg
yakkyoku 薬局 farmacia *f*
yatte iku やっていく arreglárselas, salir adelante
yatte nokeru やってのける llevar a cabo, realizar
yatte miru やってみる intentar, probar
yatto やっと **1.** (*tsui ni*) por fin, finalmente; **2.** (*karoojite*) a duras penas, con dificultad
yado 宿 (*yadoya*) alojamiento *m*; ***...ni~o toru*** reservar una habitación en
yatou 雇う emplear, dar empleo a alg
yatoo 野党 partido *m* de la oposición
yadochoo 宿帳 registro *m* del hotel; ***namae o~ni kinyuu suru*** registrarse en un hotel
yadoya 宿屋 pensión *f*, hotel *m*
yanagi 柳 *bot* sauce *m*
yanushi 家主 propietario, -a de una casa
yane 屋根 tejado *m*
yahari やはり **1.** también, tampoco; **2.** a pesar de ello; **3.** tal como era de esperar, como se había previsto
yahan 夜半 ***~ni*** a medianoche; ***~sugi ni*** después de medianoche
yaban 野蛮 barbarie *f*; ***~na*** bárbaro, -a, primitivo, -a
yahi 野卑 vulgaridad *f*, grosería *f*; ***~na*** vulgar *adj m/f*, grosero, -a; ***~na koto o iu*** decir groserías
yabu 藪 maleza *f*, broza *f*
yaburu 破る **1.** desgarrar, rasgar; **2.** violar, romper; **3.** vencer, derrotar
yabureme 破れ目 desgarrón *m*, rotura *f*
yabureru 破れる romperse, desgarrarse
yabureru 敗れる ser vencido, -a, ser derrotado, -a
yabo やぼ ***~na*** desgarbado, -a, poco elegante *adj m/f*
yama 山 **1.** montaña *f*, monte *m*; **2.** pila *f*, montón *m*; **3.** nudo *m*, clímax *m*
yamai 病 enfermedad *f*
yamakuzure 山崩れ desprendimiento *m* de rocas
yamashi 山師 especulador, -a, estafador, -a

yamato 大和 ***~minzoku*** raza *f* japonesa
yamaneko 山猫 gato *m* montés
yamanote 山の手 barrios *mpl* altos
yami 闇 **1.** oscuridad *f*, tinieblas *fpl*; **2.** ***~ichiba*** mercado *m* negro; ***~torihiki o suru*** hacer un negocio clandestino, hacer comercio de contrabando
yamu 止む parar, cesar, calmarse
yamu o enai やむを得ない inevitable *adj m/f*, forzoso, -a
yamesaseru やめさせる **1.** disuadir a alg de u/c; **2.** despedir a alg, destituir a alg
yameru やめる **1.** cesar, parar, suspender; **2.** retirarse, dejar; ***kaisha o~*** dejar la compañía
yaya やや un poco, algo
yayakoshii ややこしい complicado, -a, enredado, -a
yarareru やられる ser vencido, -a, ser dañado, -a, ser burlado, -a
yari やり lanza *f*; ***~de tsuku*** clavar un lanzazo a alg
yarikake 遣り掛け ***~de*** a medias; ***shigoto o~ni suru*** dejar un trabajo a medias
yarikata 遣り方 manera *f* de hacer
yarikirenai 遣り切れない insoportable *adj m/f*, intolerable *adj m/f*
yarinaosu 遣り直す rehacer, empezar a hacer u/c de nuevo
yaru 遣る **1.** enviar, mandar; **2.** hacer
yarusenai 遣る瀬無い desconsolado, -a, inconsolable *adj m/f*
yare-yare やれやれ ¡Uff!
yaroo 野郎 canalla *m*
yawarakai 柔らかい blando, -a, tierno, -a, suave *adj m/f*
yawaragu 和らぐ calmarse, atenuarse, apaciguarse
yawarageru 和らげる suavizar, atenuar, apaciguar
yankii ヤンキー yanqui *m/f*

YU ゆ

yu 湯 agua *f* caliente; ***~o wakasu*** poner el agua a hervir; ***~ga waku*** hervir el agua
yui'itsu 唯一 ***~no*** único, -a
yuigon 遺言 testamento *m*, última voluntad *f*; ***~joo*** testamento *m*
yuibutsu 唯物 ***~ron/shugi*** materialismo *m*
yuu'i 優位 supremacía *f*; ***... yori~de aru*** estar por encima de alg
yuu'utsu 憂鬱 melancolía *f*, tristeza *f*; ***~na*** melancólico, -a, triste *adj m/f*
yuueki 有益 ***~na*** útil *adj m/f*, instructivo, -a
yuuetsu 優越 ***~kan*** complejo *m* de superioridad; ***~ kan o***

motsu tener complejo de superioridad
yuuenchi 遊園地 parque *m* de atracciones
yuuga 優雅 elegancia *f*, gracia *f*; ***~na*** elegante *adj m/f*; ***~ni*** con elegancia
yuukai 誘拐 secuestro *m*, rapto *m*; ***~suru*** secuestrar
yuugai 有害 ***~na*** perjudicial *adj m/f*, nocivo, -a
yuugata 夕方 tarde *f*; ***~no*** crepuscular *adj m/f*
yuukan 夕刊 edición *f* vespertina de un periódico
yuukan 勇敢 ***~na*** valiente *adj m/f*, bravo, -a; ***~ni*** con valor
yuuki 有機 ***~teki na*** orgánico, -a; ***~teki ni*** orgánicamente
yuuki 勇気 valor *m*, bravura *f*; ***~no aru*** valiente *adj m/f*; ***~no nai*** cobarde *adj m/f*
yuuguu 優遇 trato *m* de favor; ***~suru*** favorecer
yuukoo 友好 ***~teki na*** amistoso, -a; ***~teki ni*** amigablemente
yuukoo 有効 ***~na*** eficaz *adj m/f*, efectivo, -a; ***~ni*** eficazmente
yuuzai 有罪 culpabilidad *f*; ***~no*** culpable *adj m/f*; ***~hanketsu*** veredicto *m* de culpabilidad
yuushi 融資 financiación *f*, préstamo *m*; ***~suru*** financiar; ***~o ukeru*** recibir un préstamo, ser financiado, -a
yuushikaku 有資格 ***~no*** titulado, -a, diplomado, -a, calificado, -a
yuushuu 優秀 ***~na*** excelente *adj m/f*, brillante *adj m/f*
yuushoo 優勝 victoria *f*, triunfo *m*; ***~suru*** obtener una victoria; ***~sha*** vencedor, -a
yuujoo 友情 amistad *f*; ***~no aru*** amistoso, -a; ***~o motte*** amigablemente
yuushoku 夕食 cena *f*; ***~o toru*** cenar
yuujin 友人 (*tomodachi*) amigo, -a
yuuzuu 融通 préstamo *m*; ***~suru*** prestar
yuusuhosuteru ユースホステル albergue *m* juvenil
yuusei 郵政 ***~shoo*** Ministerio *m* de Correos y Telecomunicaciones; ***~daijin*** ministro, -a de Correos y Telecomunicaciones
yuusei 優勢 superioridad *f*, preponderancia *f*; ***~na*** superior *adj m/f*, preponderante *adj m/f*
yuuzei 郵税 franqueo *m*, tarifa *f* postal; ***~o shiharau*** pagar el porte
yuusen 優先 precedencia *f*, prioridad *f*; ***~suru*** tener prioridad sobre u/c/alg; ***~saseru*** dar preferencia a u/c/alg
yuusoo 郵送 envío *m* postal; ***~suru*** mandar por correo

yuutaan ユーターン ***~suru*** dar media vuelta, virar en redondo
yuutai 勇退 ***~suru*** dimitir, jubilarse voluntariamente
yuudachi 夕立 chaparrón *m*; ***~ga furu*** caer un chubasco
yuudoo 誘導 ***~suru*** dirigir, inducir, guiar
yuudoku 有毒 ***~na*** tóxico, -a, venenoso, -a; ***~sei*** toxicidad *f*
yuutopia ユートピア utopia *f*
yuunoo 有能 ***~na*** hábil *adj m/f*, capaz *adj m/f*, de talento
yuubi 優美 elegancia *f*, refinamiento *m*; ***~na*** elegante *adj m/f*, refinado, -a
yuubin 郵便 correo *m*; ***~no*** postal *adj m/f*; ***~de okuru*** enviar por correo; ***~o haitatsu suru*** repartir el correo; ***~uke/posuto*** buzón *m*; ***~kyoku*** oficina *f* de correos; ***~ryookin*** gastos *mpl* de franqueo
yuufoo ユーフォー ovni *m*
yuufuku 裕福 ***~na*** rico, -a, adinerado, -a; ***~na katei*** familia *f* adinerada; ***~ni kurasu*** llevar una vida acomodada
yuube 夕べ **1.** (*sakuya*) anoche; **2.** atardecer *m*
yuuben 雄弁 elocuencia *f*; ***~na*** elocuente *adj m/f*; ***~ni*** elocuentemente
yuuboo 有望 ***~na*** prometedor, -a, de futuro
yuumei 有名 **1.** ***~na*** famoso, -a, célebre *adj m/f*; **2.** ***~mujitsu no*** nominal *adj m/f*
yuumoa ユーモア humor *m*, sentido *m* del humor; ***~no aru*** ser humorístico, -a
yuumorasu ユーモラス ***~na*** humorístico, -a
yuuyuu 悠々 ***~taru*** tranquilo, -a; ***~to*** con calma
yuuyoo 有用 ***~na*** útil *adj m/f*, provechoso, -a
yuuran 遊覧 ***~sen*** barco *m* de excursión; ***~basu*** autocar *m* de turismo
yuuri 有利 ventaja *f*; ***~na*** ventajoso, -a, favorable *adj m/f*; ***~ni*** con ventaja
yuuryo 憂慮 inquietud *f*, ansiedad *f*; ***~suru*** inquietarse por u/c, preocuparse por u/c
yuuryoo 有料 ***~no*** de pago
yuuryoku 有力 ***~na*** potente *adj m/f*, poderoso, -a, influyente *adj m/f*
yuurei 幽霊 fantasma *m*, espectro *m*; ***~ga deru*** salir/haber fantasmas
yuuwaku 誘惑 seducción *f*, tentación *f*; ***~suru*** tentar, seducir; ***~ni katsu*** vencer la tentación; ***~ni makeru*** caer en la tentación
yue 故 ***~ni*** por eso, en consecuencia; ***~naku*** sin razón, sin motivo

yuka 床 suelo *m*, piso *m*, entarimado *m*

yukai 愉快 ***~na*** divertido, -a, gracioso, -a, alegre *adj m/f*; ***~ni*** alegremente

yukata ゆかた kimono *m* ligero de algodón

yugami 歪み torcedura *f*, distorsión *f*, deformación *f*

yugamu 歪む torcerse, deformarse

yugameru 歪める torcer, deformar

yuki 行き ida *f*; ***~to kaeri*** ida *f* y vuelta *f*

yuki 雪 nieve *f*; ***~ga furu*** nevar; ***~ga tsumoru*** acumularse la nieve

yukisugi 行き過ぎ exceso *m*, demasía *f*

yukidomari 行き止まり callejón *m* sin salida

yuku 行く ir a un sitio, dirigirse a un sitio, irse

yukue 行方 paradero *m*, destino *m*; ***~o sagasu*** buscar el paradero; ***~fumei no*** desaparecido, -a; ***~fumei ni naru*** desaparecer

yushutsu 輸出 exportación *f*; ***~suru*** exportar; ***~tetsuzuki*** trámites *mpl* para la exportación

yusugu 濯ぐ aclarar, enjuagar; ***sentakumono o~*** enjuagar la ropa

yusuru 揺する sacudir, menear

yuzuru 譲る **1.** ceder, traspasar; ***seki o~*** ceder el asiento; **2.** conceder, hacer concesiones

yusoo 輸送 transporte *m*; ***~suru*** transportar; ***~kikan*** medio *m* de transporte

yutaka 豊か ***~na*** copioso, -a, abundante *adj m/f*, rico, -a; ***~ni*** con abundancia

Yudaya ユダヤ Judea *f*; ***~no*** judío, -a

yudan 油断 descuido *m*, desatención *f*; ***~suru*** descuidarse; ***~saseru*** distraer la vigilancia de alg; ***~naku*** con precaución

yukkuri ゆっくり despacio, con tranquilidad; ***~suru*** no apresurarse; ***~shita*** lento, -a

yuttari ゆったり ***~shita*** holgado, -a, cómodo, -a, confortable *adj m/f*

yuderu 茹でる hervir, cocer

yuniiku ユニーク ***~na*** único, -a, original *adj m/f*

Yunisefu ユニセフ UNICEF *f* (Fondo *m* de las Naciones Unidas para la Infancia)

yunihoomu ユニホーム uniforme *m*

yunyuu 輸入 importación *f*, introducción *f*; ***~suru*** importar, introducir

Yunesuko ユネスコ UNESCO *f* (Organización *f* de las Naciones Unidas para la Educación, la Ciencia y la Cultura)

yubi 指 **1.** dedo *m*; **~o narasu** hacer chasquear los dedos; **2.** **~o kuwaete miru** mirar con envidia

yubiwa 指輪 anillo *m*, sortija *f*; **~o hameru** ponerse un anillo

yumi 弓 arco *m*; **~o hiku** tirar flechas con el arco

yumigata 弓形 forma *f* de arco; **~no** arqueado, -a

yume 夢 **1.** sueño *m*; **...no~o miru** soñar con u/c/alg; **warui~o miru** tener una pesadilla; **2.** ilusión *f*; **~o jitsugen saseru** realizar un sueño

yumeutsutsu 夢現 **~no** soñoliento, -a; **~ni** entre sueños

yuyushii 由々しい grave *adj m/f*, serio, -a

yurai 由来 origen *m*, procedencia *f*

yuragu 揺らぐ temblar, fluctuar

yurui 緩い flojo, -a, suelto, -a

yurugasu 揺るがす estremecer, sacudir, hacer oscilar

yurushi 許し (*kyoka*) permiso *m*, autorización *f*; **~o motomeru** pedir autorización; **~o eru** obtener autorización

yurusu 許す **1.** permitir, dar permiso; **2.** perdonar, disculpar; **3.** eximir, librar; **4.** soltar, poner en libertad; **5.** **kokoro o~/ki o~** confiar en u/c/alg

yurumu 緩む aflojarse, relajarse

yurumeru 緩める aflojar, relajar; **ki o~** descuidarse, relajar la tensión

yure 揺れ sacudida *f*, traqueteo *m*, oscilación *f*

yureru 揺れる temblar, agitarse, oscilar

yuwakashi 湯沸かし tetera *f*; **~ki** calentador *m* de agua; **gasu~ki** calentador *m* de gas

YO よ

yo 世 **1.** mundo *m*, sociedad *f*; **kono~** este mundo *m*; **ano~ni iku** irse al otro mundo; **~ni deru** darse a conocer, tener éxito; **2.** tiempo *m*, época *f*; **~ni okureru** rezagarse en el tiempo, quedarse atrás; **~ni sakarau** nadar contra corriente

yoake 夜明け alba *f*, aurora *f*

yoi 良い bueno, -a, adecuado, -a, justo, -a, correcto, -a; **~ko** niño, -a, bueno, -a

yoi 酔い **1.** mareo *m*; **2.** borrachera *f*; **~ga mawaru** emborracharse

yoiyoi よいよい **1.** parálisis *f*; **2.** (*hito/persona*) paralítico, -a

you 酔う **1.** (*norimono/vehículo*) marearse; **2.** emborracharse

yoo 用 **1.** (*yooji*) negocio *m*, quehacer *m*, asunto *m*; **~ga aru** tener u/c que hacer; **2.**

(*shiyoo*) uso *m*, servicio *m*; ***~o nasanai*** no servir para nada
yoo よう como, igual que; ***A no~na + nombre*** ser como A, ser igual que A; ***kojiki no~na sugata de*** con apariencia de mendigo; ***A no~ni + vb/adj*** hacer u/c como A, actuar igual que A, ser tan + adj como A; ***koori no~ni tsumetai*** tan frío, -a como el hielo; ***supeinjin no~ni supeingo o hanasu*** hablar español como un nativo
yooi 用意 preparativos *mpl*; ***~suru*** preparar, prepararse para u/c
yooi 容易 ***~na*** fácil *adj m/f*, simple *adj m/f*, sencillo, -a; ***~ni*** sin dificultad
yooiku 養育 crianza *f*, educación *f*; ***~suru*** criar, cuidar, educar
yooin 要員 personal *m*, equipo *m*
yooga 洋画 **1.** pintura *f* occidental; **2.** cine *m* occidental
yookai 溶解 **1.** disolución *f*, solución *f*; ***~suru*** disolver, licuar; disolverse, licuarse; **2.** fundición *f*; ***~suru*** fundir, derretir; fundirse, derretirse
yoogashi 洋菓子 pastel *m*, torta *f*
yookan 羊羹 pasta *f* dulce de judías
yoogan 溶岩 lava *f*
yooki 陽気 ***~na*** alegre *adj m/f*, jovial *adj m/f*, festivo, -a; ***~ni*** alegremente; ***~sa*** alegría *f*, jovialidad *f*
yoogi 容疑 sospecha *f*; ***~o kakeru*** arrojar una sospecha sobre alg; ***~sha*** sospechoso, -a
yookyuu 要求 reclamación *f*, reivindicación *f*, demanda *f*; ***~suru*** reclamar, exigir, reivindicar
yoogyoo 窯業 alfarería *f*, industria *f* cerámica
yoogu 用具 herramienta *f*, instrumento *m*
yooken 用件 asunto *m*
yoogo 用語 palabra *f*, término *m*, terminología *f*; ***bunpoo~*** término *m* gramatical
yoogo 擁護 ***~suru*** proteger, amparar
yookoo 要項 punto *m* esencial; ***nyuushi~*** guía *f* para el examen de ingreso
yooshi 用紙 formulario *m*, plantilla *f*; ***~ni kinyuu suru*** rellenar un formulario
yooshi 要旨 punto *m* esencial
yooshi 養子 hijo, -a adoptivo, -a; ***~ni suru*** adoptar
yooshiki 洋式 ***~no*** de estilo *m* europeo
yooshiki 様式 estilo *m*, forma *f*; ***~ka*** estilización *f*
yoosha 容赦 ***~suru*** perdonar, tolerar
yooshu 洋酒 licor *m* occidental

yoojo 養女 hija *f* adoptiva
yoojoo 養生 ***~suru*** cuidar de su salud, recuperarse
yooshoku 洋食 cocina *f* europea
yooshoku 養殖 ***~suru*** cultivar, criar
yoojin 用心 precaución *f*, cuidado *m*; ***~suru*** tener precaución, estar en guardia, desconfiar
yoojinbukai 用心深い precavido, -a, prudente *adj m/f*
yoosu 様子 **1.** estado *m*, situación *f*, circunstancias *f*; **2.** aire *m*, aspecto *m*, apariencia *f*; ***odoroita~de*** con aire de asombro
yoosuru 要する requerir
yoosuruni 要するに en fin, en resumen
yoosei 妖精 hada *f*; ***~monogatari*** cuento *m* de hadas
yoosei 要請 petición *f*, reclamación *f*; ***~suru*** pedir, reclamar
yoosei 陽性 *med* ***~no*** positivo, -a; ***~hannoo*** reacción *f* positiva
yoosei 養成 educación *f*, formación *f*; ***~suru*** educar, formar
yooso 要素 elemento *m*, factor *m*
yoosoo 様相 aspecto *m*, cariz *m*
yootai 容体 estado *m* de un paciente; ***byoonin no~ga akka/kooten suru*** mejorar/empeorar el estado del enfermo
yoochi 幼稚 ***~na*** infantil *adj m/f*, pueril *adj m/f*
yoochien 幼稚園 jardín *m* de infancia; ***~no sensei*** educador, -a; ***~ji*** niño, -a de un jardín de infancia
yooten 要点 punto *m* esencial
yooto 用途 uso *m*, aplicación *f*; ***~ga hiroi*** tener muchos usos
yoonashi 洋梨 pera *f*
yoonin 容認 ***~suru*** consentir, admitir, dar permiso
yoobi 曜日 día *m* de la semana
yoofuu 洋風 estilo *m* occidental; ***~no*** de estilo occidental
yoofuku 洋服 ropa *f*, traje *m*; ***~o kiru*** vestirse
yooben 用便 excreción *f*; ***~ni iku*** ir al retrete
yoohoo 養蜂 apicultura *f*
yooboo 要望 deseo *m*, demanda *f*; ***~suru*** demandar, desear
yoomoo 羊毛 lana *f*; ***~o karu*** esquilar una oveja
yooyaku 漸く por los pelos, a duras penas, al fin y al cabo
yooyaku 要約 resumen *m*, epítome *m*; ***~suru*** resumir
yooryoo 用量 dosis *f*; ***~o masu/herasu*** aumentar/disminuir la dosis
yooryoo 要領 habilidad *f*, secreto *m*; ***~o oshieru*** enseñar a alg el secreto de u/c
yooryoo 容量 capacidad *f*, cabida *f*; ***~bunseki*** análisis *m* volumétrico

yooroo 養老 ***~in*** asilo *m* de ancianos
yooguruto ヨーグルト yogur *m*
yoodo ヨード ***~chinki*** tintura *f* de yodo
Yooroppa ヨーロッパ Europa *f*; ***~kyoodootai*** Comunidad *f* Europea; ***~keizai kyoodootai*** Comunidad *f* Económica Europea; ***~rengoo*** Unión *f* Europea
yoka 余暇 tiempo *m* libre; ***~ni*** a ratos libres, en el tiempo libre; ***~ga aru*** tener tiempo libre
yokan 予感 presentimiento *m*; ***...no~ga suru*** presentir u/c
yoki 予期 expectativa *f*; ***~suru*** esperar, prever
yokin 預金 depósito *m* bancario; ***~suru*** ingresar dinero; ***~o hikidasu*** sacar dinero del depósito; ***~kooza*** cuenta *f* de depósito; ***~rishi*** interés *m* sobre el depósito
yoku 良く **1.** bien; ***~suru*** mejorar; ***~naru*** mejorar; **2.** a menudo, con frecuencia
yoku 欲 deseo *m*, codicia *f*; ***~no nai*** desinteresado, -a; ***~no fukai*** avaricioso, -a, codicioso, -a
yokugetsu 翌月 ***~ni*** en el mes siguiente
yokujitsu 翌日 día *m* siguiente
yokushuu 翌週 ***~ni*** a la semana siguiente
yokusei 抑制 freno *m*, represión *f*; ***~suru*** refrenar, contener, reprimir
yokuchoo 翌朝 mañana *f* siguiente
yokunen 翌年 ***~ni*** al año siguiente
yokubari 欲張り **1.** avaricia *f*, codicia *f*; **2.** (*hito/persona*) avaro, -a
yokubaru 欲張る codiciar
yokuboo 欲望 deseo *m*, apetito *m*, codicia *f*; ***~o mitasu*** satisfacer el deseo
yokuyoku- 翌々— ***~jitsu*** dos días después; ***~getsu*** dos meses después
yokei 余計 ***~na*** excesivo, -a, superfluo, -a; ***~ni*** con exceso; ***~na koto o iu*** hablar demasiado
yoken 予見 previsión *f*, pronóstico *m*; ***~suru*** prever, pronosticar
yogen 預言 predicción *f*, profecía *f*; ***~suru*** predecir, profetizar
yoko 横 anchura *f*, lado *m*; ***~no*** lateral *adj m/f*, horizontal *adj m/f*; ***~ni*** lateralmente, horizontalmente; ***~ni suru*** acostar; ***~ni naru*** acostarse
yokogao 横顔 perfil *m*
yokogaki 横書き escritura *f* horizontal; ***~ni suru*** escribir horizontalmente
yokogiru 横切る cruzar, atravesar

yokoku 予告 aviso *m*, notificación *f*; **~suru** avisar con tiempo

yogosu 汚す ensuciar, manchar

yokotawaru 横たわる acostarse, tenderse

yokobue 横笛 flauta *f* travesera

yokomuki 横向き **~ni naru** ponerse de lado; **~ni suwaru** sentarse de lado

yokome 横目 **~de miru** mirar por el rabillo del ojo

yogore 汚れ mancha *f*, suciedad *f*; **...no~o toru** quitar una mancha

yogoreru 汚れる mancharse, ensuciarse

yosan 予算 presupuesto *m*; **~no** presupuestario, -a

yojinoboru よじ登る trepar, encaramarse

yojoo 余剰 sobrante *m*, sobra *f*; **~kin** superávit *m*

yosegi 寄せ木 marquetería *f*

yoseru 寄せる **1.** acercarse, aproximarse; **2.** acercar, aproximar; **3.** reunir, juntar; **4.** enviar

yosen 予選 preselección *f*, eliminatoria *f*; **~o okonau** hacer una eliminatoria

yoso よそ **~no** otro, -a

yosoo 予想 pronóstico *m*, conjetura *f*; **~suru** prever, pronosticar

yosoku 予測 previsión *f*, pronóstico *m*, suposición *f*; **~suru** prever, pronosticar, suponer

yosoyososhii よそよそしい frío, -a, indiferente *adj m/f*

yodare 涎 baba *f*; **~o tarasu** babear

yodan 余談 digresión *f*; **~o suru** perderse en digresiones

yochi 予知 previsión *f*; **~suru** prever

yochi 余地 espacio *m*, margen *m*, cabida *f*; **~ga aru** haber espacio; **...suru~wa nai** no haber margen

yokkyuu 欲求 necesidad *f*, demanda *f*; **~fuman** frustración *f*

yotto ヨット yate *m*

yotei 予定 plan *m*, programa *m*; **~suru** proyectar, planear

yotoo 与党 partido *m* en el gobierno

yodomu 淀む estancarse, sedimentarse, depositarse

yonaka 夜中 medianoche *f*

yoban 夜番 guardia *f* de noche

yobi 予備 **1.** reserva *f*; **~no** de reserva, de repuesto; **2.** preparación *f*; **~no** preliminar *adj m/f*

yobidashi 呼び出し llamada *f*, emplazamiento *m*, citación *f*

yobidasu 呼び出す llamar, citar a comparecer

yobu 呼ぶ **1.** llamar; **2.** llamar, dar un nombre; **3.** invitar, convidar

yofukashi 夜更し ***~suru*** acostarse tarde

yofuke 夜更け ***~ni*** a altas horas de la noche

yobun 余分 sobrante *m*, exceso *m*; ***~na*** sobrado, -a, excesivo, -a

yohoo 予報 pronóstico *m*, predicción *f*; ***~suru*** pronosticar, predecir

yoboo 予防 prevención *f*; ***~suru*** prevenir; ***~no*** preventivo, -a

yohodo よほど (*taihen*) muy, mucho más

yomise 夜店 puesto *m* nocturno; ***~o dasu*** abrir un puesto en una feria nocturna

yominikui 読みにくい difícil *adj m/f* de leer, indescifrable *adj m/f*, ilegible *adj m/f*

yomimono 読み物 lectura *f*, libro *m*

yomiyasui 読みやすい fácil *adj m/f* de leer, legible *adj m/f*

yomu 読む **1.** leer, recitar; **2.** leer, adivinar; componer

yome 嫁 **1.** mujer *f*, esposa *f*; **2.** novia *f*, desposada *f*; **3.** hija *f* política

yoyaku 予約 reserva *f*; ***~suru*** reservar

yoyuu 余裕 **1.** soltura *f*, desahogo *m*; ***seikatsu ni~ga aru*** vivir con desahogo; **2.** sobra *f*, excedente *m*; ***okane ni ~ga aru*** tener dinero suficiente

yori より **1.** (*kara*) de, desde; **2.** (*hikaku/comparación*) que; ***Watashi wa umi~ yama no hoo ga suki da*** Me gusta más la montaña que el mar

yorikakaru 寄り掛かる apoyarse en, arrimarse a

yorimichi 寄り道 ***~suru*** pasar por, acercarse a

yoru 因る **1.** deberse a, ser debido a; **2.** fundarse en, basarse en; **3.** depender de

yoru 寄る **1.** acercarse, aproximarse; **2.** pasar por un sitio, visitar de paso

yoru 夜 noche *f*; ***~no*** nocturno, -a

yoreyore よれよれ ***~no*** raído, -a, gastado, -a

yorokobashii 喜ばしい alegre *adj m/f*, gozoso, -a

yorokobaseru 喜ばせる complacer, regocijar, divertir

yorokobi 喜び alegría *f*, placer *m*, gozo *m*; ***~o arawasu*** expresar alegría; ***~o noberu*** dar la enhorabuena a alg

yorokobu 喜ぶ alegrarse, estar lleno, -a de alegría

yoroshii 宜しい bueno, bien, vale

yoroshiku 宜しく **1.** me/nos hace el favor; **2.** encantado, -a, mucho gusto; **3.** ***… ni~*** recuerdos a

yoromeku よろめく tambalearse, vacilar

yoron 世論 opinión *f* pública; ***~choosa o okonau/suru*** hacer una encuesta (de opinión pública)
yowai 弱い débil *adj m/f*, frágil *adj m/f*, delicado, -a
yowaki 弱気 **1.** debilidad *f*, flaqueza *f*; **2.** timidez *f*; **3.** pesimismo *m*; ***~no*** débil *adj m/f*, tímido, -a, pesimista *adj m/f*
yowamaru 弱まる debilitarse, flaquear
yowami 弱み debilidad *f*, vulnerabilidad *f*; ***~o miseru*** mostrar su punto vulnerable
yowameru 弱める debilitar, atenuar, disminuir
yowayowashii 弱々しい débil *adj m/f*, endeble *adj m/f*
yowaru 弱る debilitarse, languidecer, flaquear
yon 四 cuatro *m*; ***~ban me no*** cuarto, -a
yonjuu 四十 cuarenta *m*

RA ら

raamen ラーメン fideos *mpl* chinos, ramen *m*
raigetsu 来月 mes *m* próximo
raishuu 来週 semana *f* próxima
raisensu ライセンス licencia *f*; ***~o toru*** obtener una licencia
raitaa ライター **1.** encendedor *m*, mechero *m*; **2.** escritor, -a, autor, -a
raito ライト **1.** luz *f*; **2.** (*heddoraito*) faro *m* del coche; **3.** ***~kyuu*** peso *m* ligero
rainen 来年 año *m* próximo
raifuru ライフル rifle *m*
raimei 雷鳴 trueno *m*; ***~ga suru*** tronar
raku 楽 **1.** ***~na*** cómodo, -a, confortable *adj m/f*; **2.** ***~na*** fácil *adj m/f*, sencillo, -a
rakugaki 落書き garabato *m*; ***~suru*** garrapatear, emborronar
rakugo 落語 historieta *f* cómica, rakugo *m*
rakuseki 落石 desprendimiento *m*; ***"~chuui"*** "Atención, peligro de desprendimientos"
rakusen 落選 ***~suru*** ser derrotado, -a en las elecciones
rakuda 駱駝 camello *m*
rakudai 落第 ***~suru*** suspender un examen; ***~saseru*** suspender a alg en un examen
rakunoo 酪農 industria *f* lechera; ***~seihin*** productos *mpl* lácteos
ragubii ラグビー rugby *m*; ***~o suru*** jugar al rugby
rakuraku 楽々 ***~to*** con mucha facilidad
raketto ラケット raqueta *f*
-rashii ーらしい **1.** parecer; **2.** ser digno, -a de, ser típico, -a de

rajiumu ラジウム *quím* radio *m*; ***~ryoohoo*** radioterapia *f*
rajieetaa ラジエーター radiador *m*
rajio ラジオ radio *m*; ***~de hoosoo suru*** transmitir u/c por la radio; ***~o kakeru/kesu*** poner/apagar la radio; ***~o kiku*** escuchar la radio; ***~no oto o ookiku/chiisaku suru*** poner más alta/baja la radio
rasen 螺旋 espiral *f*, hélice *f*; ***~kaidan*** escalera *f* de caracol
rakka 落下 caída *f*; ***~suru*** caerse, precipitarse
rakkasan 落下傘 paracaídas *m*
rakkan 楽観 ***~suru*** ser optimista respecto a u/c; ***~teki na*** optimista *adj m/f*
rasshu ラッシュ **1.** afluencia *f* de gente; ***~awaa*** hora *f* punta; **2.** *cine* primeras pruebas *fpl*
rappa 喇叭 trompeta *f*; ***~o fuku*** tocar la trompeta
radisshu ラディッシュ rábano *m*
ratekkusu ラテックス látex *m*
raten amerika ラテンアメリカ América *f* Latina; ***~no*** latinoamericano, -a
rabaa ラバー ***~shuuzu*** chanclos *mpl*, zapatos *mpl* de goma
rabu ラブ **1.** ***~shiin*** escena *f* de amor; ***~retaa*** carta *f* de amor; **2.** (*tenisu/tenis*) nada
raberu ラベル etiqueta *f*
rabo ラボ laboratorio *m* de idiomas
rama ラマ **1.** lama *m*; ***~kyoo*** lamaísmo *m*; **2.** llama *f*
ramu ラム ron *m*
ran 蘭 *bot* orquídea *f*
ran 欄 (*shinbun nado no/prensa*) columna *f*, sección *f*, página *f*; ***supootsu~*** sección *f* de deportes
ran'oo 卵黄 yema *f* del huevo
rangai 欄外 margen *m*; ***~no chuu*** nota *f* al margen
rankingu ランキング clasificación *f*
ranzatsu 乱雑 desorden *m*, desarreglo *m*; ***~na*** desordenado, -a; ***~ni*** sin orden; ***~ni suru*** poner u/c en desorden
ranshi 乱視 estigmatismo *m*
ranshi 卵子 óvulo *m*
ranjerii ランジェリー lencería *f*
ransoo 卵巣 ovario *m*
rantan ランタン linterna *f*
ranchi ランチ comida *f* del mediodía, almuerzo *m*; ***~o taberu*** almorzar
rannyuu 乱入 ***~suru*** irrumpir en un sitio
ranpaku 卵白 clara *f* del huevo
ranpu ランプ **1.** lámpara *f*, linterna *f*; **2.** carretera *f* de acceso a una autopista
ranboo 乱暴 violencia *f*, agresividad *f*; ***~suru*** hacer uso de la violencia; ***~na*** violento, -a, agresivo, -a, brutal *adj m/f*; ***~ni*** violentamente, agresivamente

RI り

riarizumu リアリズム *arte* realismo *m*; **~bungaku** literatura *f* realista

riigu リーグ liga *f*; **~sen** campeonato *m* de liga

riisu リース arrendamiento *m*; **~suru** arrendar; **~keiyaku** contrato *m* de arrendamiento

riidaa リーダー **1.** libro *m* de lectura; **2.** Jefe, -a, líder *m/f*

riido リード **1.** **~suru** conducir, guiar; **2.** **~suru** llevar a alg la delantera

rieki 利益 **1.** ganancia *f*, beneficio *m*; **~ni naru** provechoso, -a, lucrativo, -a; **~ritsu** tasa *f* de beneficio; **2.** **...no~no tame ni** en beneficio de

rika 理科 **1.** ciencias *fpl*; **2.** facultad *f* de ciencias; **~no jikan** clase *f* de ciencias

rikai 理解 comprensión *f*; **~suru** comprender, entender; **~saseru** hacer comprender u/c a alg

rikigaku 力学 dinámica *f*

rikyuuru リキュール licor *m*

rikuesuto リクエスト **...no~ni yori** a petición de alg

rikugun 陸軍 ejército *m*; **~shoo** Ministerio *m* del Ejército; **~daijin** ministro, -a del Ejército

rikujoo 陸上 **~no** terrestre *adj m/f*; **~kyoogi** atletismo *m*

rikutsu 理屈 **1.** razón *f*; **~ni atta** razonable *adj m/f*; **~ni awanai** ilógico, -a; **2.** teoría *f*; **3.** argumento *m*, razonamiento *m*; **~ppoi** discutidor, -a; **4.** pretexto *m*, excusa *f*

riken 利権 derecho *m*, concesión *f*

riko 利己 **~teki na** egoísta *adj m/f*

rikoo 利口 **~na** inteligente *adj m/f*, sagaz *adj m/f*; **~buru** alardear de inteligencia

rikon 離婚 divorcio *m*, separación *f*; **~suru** divorciarse, separarse

risaitaru リサイタル recital *m*; **~o hiraku** dar un recital

rishi 利子 interés *m*, rédito *m*; **takai/yasui~de** con alto/bajo interés

riji 理事 director, -a, administrador, -a; **~kai** consejo *m* de administración

risu 栗鼠 *zool* ardilla *f*

risuto リスト lista *f*; **~o sakusei suru** hacer una lista

rizumu リズム ritmo *m*; **~taisoo** gimnasia *f* rítmica; **~o hayameru** acelerar el ritmo

risei 理性 razón *f*; **~teki na** racional *adj m/f*; **~o ushinau** perder la razón; **~o torimodosu** recuperar la razón

risoo 理想 ideal *m*; **~no/teki na** ideal *adj m/f*; **~shugi** idealismo *m*

rita 利他 ***~teki na*** altruista *adj m/f*

richi 理知 ***~teki na*** inteligente *adj m/f*, intelectual *adj m/f*

richigi 律義 ***~na*** honrado, -a, íntegro, -a; ***~ni*** honestamente

ritsu 率 proporción *f*, razón *f*; ***~o takaku/hikuku suru*** subir/bajar la proporción

rikkooho 立候補 candidatura *f*; ***~suru*** presentarse como candidato, -a

rittoru リットル litro *m*

rippa 立派 ***~na*** maravilloso, -a, magnífico, -a, admirable *adj m/f*; ***~ni*** magníficamente

rippoo 立方 cubo *m*; ***~meetoru*** metro *m* cúbico

rippoo 立法 legislación *f*; ***~no*** legislativo, -a; ***~gikai*** asamblea *f* legislativa

ritsuron 立論 argumentación *f*, razonamiento *m*; ***~suru*** argumentar, razonar

rinoriumu リノリウム (*tela*) linóleo *m*

rihaasaru リハーサル ensayo *m*; ***…no~o suru*** ensayar u/c

ribaibaru リバイバル reposición *f*, reestreno *m*; ***~suru*** reponerse; ***~eiga*** película *f* reestrenada

rihabiriteeshon リハビリテーション rehabilitación *f*

ribingu リビング ***~ruumu*** sala *f* de estar

rifujin 理不尽 ***~na*** irrazonable *adj m/f*

riberarizumu リベラリズム liberalismo *m*

ribon リボン cinta *f*, lazo *m*; ***~o tsukeru*** ponerse una cinta

rimooto-kontorooru リモートコントロール mando *m* a distancia; ***~suru*** teleaccionar

ryakugo 略語 abreviatura *f*, sigla *f*

ryakushiki 略式 ***~no*** simplificado, -a, informal *adj m/f*, sumario, -a; ***~ni*** informalmente, sin formulismos

riyuu 理由 razón *f*, porqué *m*, motivo *m*; ***~no nai*** sin razón, mal fundado, -a; ***~naku*** sin razón; ***Donna~de…*** ¿Por qué razón…?

ryuugaku 留学 ***~suru*** ir a estudiar al extranjero; ***~sei*** estudiante *m/f* en el extranjero

ryuukan 流感 gripe *f*; ***~ni kakatte iru*** estar con gripe

ryuukoo 流行 **1.** moda *f*; ***~suru*** estar de moda; ***~saseru*** imponer la moda; ***~no*** de moda; **2.** (*byooki no/enfermedad*) propagación *f*; ***~suru*** propagarse, extenderse; ***~sei*** epidémico, -a; ***~byoo*** epidemia *f*

ryuuzan 流産 aborto *m*; ***~suru*** abortar

ryuushutsu 流出 ***~suru*** salir, derramarse; ***shihon no~*** evasión *f* de capital; ***gaika no~*** fuga *f* de divisas

ryuusei 隆盛 prosperidad *f*, florecimiento *m*; ***~na*** próspero, -a

ryuuchi 留置 detención *f*; ***~suru*** detener

ryuuchoo 流暢 ***~ni*** con soltura, con facilidad; ***~ni hanasu*** hablar con fluidez

ryuutsuu 流通 **1.** circulación *f* de moneda; ***~suru*** circular; ***~saseru*** poner en circulación; **2.** ventilación *f*; ***kuuki no~ga ii/warui*** tener una buena/mala ventilación

ryuudoo 流動 fluctuación *f*; ***~suru*** fluctuar

ryuumachi リューマチ reuma *m*; ***~kanja*** reumático, -a

ryukkusakku リュックサック mochila *f*; ***~o katsugu*** cargarse una mochila

ryoo 量 cantidad *f*; ***~o fuyasu/herasu*** aumentar/disminuir la cantidad; ***~ga fueru/heru*** aumentar/disminuir la cantidad

ryoo 漁 pesca *f*; ***~o suru*** pescar

ryoo 寮 colegio *m* mayor; ***~ni ireru*** meter a alg en una residencia

riyoo 利用 uso *m*, aprovechamiento *m*; ***~suru*** usar, utilizar, aprovechar; ***~kachi no aru*** útil *adj m/f*; ***kono kikai o~shite*** aprovechando esta oportunidad

ryookai 了解 acuerdo *m*, consentimiento *m*; ***~suru*** consentir, admitir

ryoogae 両替 cambio *m*; ***~suru*** cambiar

ryookin 料金 precio *m*, tarifa *f*; ***~o harau*** pagar el precio de u/c; ***~o uketoru*** cobrar el precio de u/c

ryoosan 量産 producción *f* en serie

ryooshi 猟師 cazador, -a

ryooshi 量子 ***~rikigaku*** mecánica *f* cuántica

ryooshi 漁師 pescador, -a

ryooji 領事 **1.** (*shoku/cargo*) consulado *m*; **2.** (*hito/persona*) cónsul *m/f*; ***~kan*** consulado *m*

ryooshiki 良識 sensatez *f*; ***~no aru*** sensato, -a

ryooshuu 領収 recepción *f*; ***~suru*** recibir; ***~sho*** recibo *m*

ryooshoo 了承 reconocimiento *m*, aprobación *f*; ***~suru*** reconocer, aprobar

ryooshin 両親 padres *mpl*

ryooshin 良心 conciencia *f*; ***~teki na*** honrado, -a, honesto, -a; ***~teki ni*** con honradez

ryoote 両手 ambas manos *fpl*; ambos brazos *mpl*; ***~o hirogeru*** extender los brazos

ryootei 料亭 restaurante *m* tradicional japonés

ryoodo 領土 territorio *m*, dominio *m*; ***~o ushinau*** perder territorio; ***~hozen*** integridad *f* territorial

ryoohoo 両方 ambos, -as

ryooyoo 療養 ***~suru*** recuperarse, recobrar la salud

ryoori 料理 cocina *f*, plato *m*; ***~suru*** cocinar; ***~gakkoo*** escuela *f* de cocina

ryokaku 旅客 viajero, -a, pasajero, -a

ryokan 旅館 hotel *m*, hostal *m*, posada *f*; ***~ni tomaru*** alojarse en un hotel

ryokunaishoo 緑内障 glaucoma *m*

ryoken 旅券 pasaporte *m*; ***~o shinsei suru*** solicitar la expedición del pasaporte; ***~o kooshin suru*** renovar el pasaporte; ***~kensa*** revisión *f* del pasaporte; ***~o miseru*** enseñar el pasaporte a alg

ryokoo 旅行 viaje *m*, excursión *f*; ***~suru*** viajar; ***~ni deru*** salir de viaje; ***~annai*** guía *f* turística; ***~kogitte*** cheque *m* de viaje

ryotei 旅程 trayecto *m*, itinerario *m*, ruta *f*

ryohi 旅費 gastos *mpl* de viaje

riritsu 利率 tipo *m* de interés; ***~o ageru/sageru*** subir/bajar el tipo de interés

rireki 履歴 historia *f* personal; ***~sho*** currículum vítae *m*

riron 理論 teoría *f*; ***~teki na*** teórico, -a

rinkaku 輪郭 contorno *m*, perfil *m*, bosquejo *m*; ***...no~o kaku*** perfilar u/c

rinku リンク pista *f* de patinaje

ringo 林檎 manzana *f*; ***~no ki*** manzano *m*

rinji 臨時 ***~no*** temporal *adj m/f*, provisional *adj m/f*; ***~ni*** temporalmente, provisionalmente

rinjin 隣人 vecino, -a; (*kirisutokyoo nado de*) prójimo *m*

rinsu リンス acondicionador *m* del pelo; aclarado *m* del pelo

rinsetsu 隣接 ***~suru*** limitar, colindar con un sitio; ***~shita*** contiguo, -a

rinchi リンチ linchamiento *m*; ***~o kuwaeru*** linchar

rinri 倫理 ética *f*, moral *f*; ***~teki na*** ético, -a; ***~gaku*** ética *f*

RU る

rui 類 orden *m*, género *m*; ***~no nai*** único, -a

ruigo 類語 sinónimo *m*; ***~jiten*** diccionario *m* de sinónimos

ruiji 類似 semejanza *f*, ***~suru*** parecerse; ***~no*** parecido, -a

ruisui 類推 analogía *f*; ***~suru*** razonar por analogía

ruibetsu 類別 clasificación *f*; ***~suru*** clasificar, ordenar

ruuzu ルーズ ***~na*** relajado, -a, flojo, -a, descuidado, -a; ***jikan ni~de aru*** **ser** poco puntual
ruuto ルート **1.** ruta *f*, vía *f*; **2.** raíz *f* cuadrada
ruupe ルーペ lupa *f*; ***~de miru*** mirar u/c con lupa
ruumu ルーム ***~kuuraa*** acondicionador *m* de aire; ***~saabisu o tanomu*** solicitar un servicio de habitaciones; ***~booi*** camarero *m* de habitación; ***~meido*** camarera *f* de habitación; ***~meito*** compañero, -a de habitación
ruuru ルール regla *f*; ***~o mamoru*** respetar las reglas
ruuretto ルーレット ruleta *f*
rukei 流刑 deportación *f*, destierro *m*; ***~o shosuru*** desterrar, deportar a alg
rusu 留守 ausencia *f*; ***~ni suru*** ausentarse; ***~chuu ni*** durante la ausencia de alg
rusuban 留守番 ***~o suru*** guardar la casa
runessansu ルネッサンス Renacimiento *m*; ***~yooshiki*** estilo *m* renacentista
rubi ルビ ***~o furu*** poner la pronunciación japonesa a los caracteres chinos
rubii ルビー rubí *m*
ruroo 流浪 ***~suru*** errar, vagabundear
runpen ルンペン vagabundo, -a

RE れ

rei 礼 **1.** ***~o suru*** saludar a alg, hacerle una reverencia a alg; **2.** ***~o kaku*** faltar a la buena educación; **3.** agradecimiento *m*, gratitud *f*; ***~o iu*** dar las gracias; ***o~o suru*** pagarle a alg sus honorarios; ***o~no shirushi ni*** en prueba de mi gratitud
rei 例 **1.** uso *m*, costumbre *f*; ***~no*** de costumbre, de siempre, en cuestión; ***~no nai*** sin precedente; **2.** ejemplo *m*; ***~o ageru*** poner un ejemplo
rei 零 cero *m*
rei 霊 alma *f*, espíritu *m*; ***~no*** espiritual *adj m/f*
reiofu レイオフ ***~o suru*** despedir temporalmente a los obreros
reika 零下 ***~go do*** cinco grados *mpl* bajo cero
reigai 例外 excepción *f*; ***~teki na*** excepcional *adj m/f*; ***~teki ni*** excepcionalmente
reigi 礼儀 cortesía *f*, buenos modales *mpl*; ***~tadashii*** cortés *adj m/f*; ***~o mamoru*** observar/respetar las reglas de urbanidad
reikin 礼金 remuneración *f*; ***~o harau*** remunerar
reiji 零時 ***gozen~ni*** a medianoche; ***gogo~ni*** a mediodía

reishiki 礼式 ceremonia *f*, rito *m*
reisei 冷静 serenidad *f*, tranquilidad *f*; ***~na*** sereno, -a, tranquilo, -a; ***~ni*** con calma
reizoo 冷蔵 ***~suru*** conservar u/c en refrigeración; ***~ko*** refrigerador *m*
reizoku 隷属 ***~suru*** someterse a u/c/alg
reitan 冷淡 frialdad *f*, indiferencia *f*, desinterés *m*; ***~na*** frío, -a, duro, -a, indiferente *adj m/f*
reidanboo 冷暖房 climatización *f*; ***~soochi*** aparato *m* acondicionador del aire
reitoo 冷凍 congelación *f*; ***~ni suru*** congelar; ***~ko*** congelador *m*
reihai 礼拝 culto *m*; ***~suru*** rendir culto a u/c
reifuku 礼服 traje *m* de ceremonia
reibun 例文 frase *f* de ejemplo
reiboo 冷房 refrigeración *f* de aire; ***~suru*** refrigerar el aire
reireishii 麗々しい ostentoso, -a, pomposo, -a
reezaa レーザー ***~koosen*** rayo *m* láser
reesu レース **1.** carreras *fpl*; ***~o suru*** hacer carreras; ***~ni deru*** participar en las carreras; **2.** encaje *m*, blonda *f*
reedaa レーダー radar *m*
reeyon レーヨン *txtl* rayón *m*
reenkooto レーンコート impermeable *m*
rekishi 歴史 historia *f*; ***~teki na*** histórico, -a; ***~teki ni*** históricamente
rekoodo レコード **1.** disco *m*; ***~o kakeru*** poner un disco; ***~pureeyaa*** tocadiscos *mpl*; ***~ya*** tienda *f* de discos; **2.** récord *m*; ***~o tsukuru*** batir un récord
reshiito レシート recibo *m*
rejisutaa レジスター **1.** caja *f* registradora; **2.** (*hito/persona*) cajero, -a
rejaa レジャー tiempo *m* libre, ocio *m*
resutoran レストラン restaurante *m*; ***~de shokuji o suru*** comer en un restaurante
resubian レスビアン lesbiana *f*
resuringu レスリング lucha *f*; ***~o suru*** luchar
retasu レタス lechuga *f*
retsu 列 **1.** fila *f*, cola *f*, hilera *f*; ***jidoosha no~*** hilera *f* de automóviles; **2.** desfile *m*; ***demo kooshin no~ga tsuzuku*** continuar el desfile de manifestantes
ressha 列車 tren *m*; ***~ni noru*** tomar el tren; ***ku ji hatsu no~*** tren *m* de las nueve
ressun レッスン lección *f*, clase *f*; ***piano no~*** clase *f* de piano
rettoo 列島 cadena *f* de islas, archipiélago *m*

rettoo 劣等 ***~na*** inferior *adj m/f*; ***~kan o kanjiru*** tener complejo de inferioridad
rebaa レバー **1.** hígado *m*; **2.** palanca *f*
rebyuu レビュー revista *f*
reberu レベル nivel *m*
repootaa レポーター reportero, -a
repooto レポート informe *m*, trabajo *m*, redacción *f*
remon レモン **1.** limón *m*; **2.** ***~no ki*** limonero *m*; ***~juusu*** zumo *m* de limón
ren'ai 恋愛 amor *m*; ***~shoosetsu*** novela *f* de amor
renga 煉瓦 ladrillo *m*
renkyuu 連休 días *mpl* festivos consecutivos
renkei 連繋 enlace *m*, conexión *f*; ***~suru*** cooperar con alg; ***... to~shite*** en colaboración con alg
rengoo 連合 asociación *f*, alianza *f*; ***~suru*** unirse, aliarse; ***~shite*** juntamente con
renjitsu 連日 día tras día
renshuu 練習 ejercicio *m*, práctica *f*; ***~suru*** practicar
rensoo 連想 asociación *f* de ideas; ***~suru*** pensar en u/c por analogía; ***~saseru*** evocar
renzoku 連続 continuidad *f*, sucesión *f*; ***~suru*** continuar; ***~shite*** sucesivamente; ***~terebi dorama*** drama *m* televisado en serie
rentai 連帯 solidaridad *f*; ***~suru*** solidarizarse con alg; ***~shite*** solidariamente
rentogen レントゲン rayos *mpl* de Roentgen; ***~kensa*** examen *m* radiográfico; ***~kensa o ukeru*** hacerse una radiografía; ***~shashin*** radiografía *f*
renpoo 連邦 unión *f* federal, estado *m* federal, confederación *f*; ***~kaigi*** congreso *m* federal; ***~seifu*** gobierno *m* federal; ***~seido*** régimen *m* federal
renmei 連盟 unión *f*, liga *f*; ***~o musubu*** unirse, aliarse
renraku 連絡 aviso *m*, notificación *f*, comunicación *f*; ***~suru*** avisar, comunicar, informar a alg; ***~o toru*** ponerse en contacto con alg

RO ろ

roiyaritii ロイヤリティー derechos *mpl* de autor, regalía *f*
roo 牢 cárcel *f*, prisión *f*; ***~ni ireru*** encarcelar; ***~o deru*** salir de la cárcel
roo 蝋 cera *f*; ***...ni~o hiku*** encerar u/c
rooka 廊下 pasillo *m*, corredor *m*
roogan 老眼 presbicia *f*, vista *f* cansada; ***~kyoo*** gafas *fpl* de vista cansada
roogo 老後 vejez *f*

roosai 労災 accidente *m* de trabajo; ***~hoken*** seguro *m* contra accidentes de trabajo; ***~hoshoo*** indemnización *f* por accidente de trabajo
rooshutsu 漏出 escape *m*, fuga *f*, derrame *m*
roojin 老人 anciano, -a; ***~gaku*** gerontología *f*
roosoku 蝋燭 vela *f*; ***~o tsukeru/kesu*** encender/apagar una vela
roodoo 労働 trabajo *m*, labor *f*; ***~suru*** trabajar; ***~undoo*** movimiento *m* laboral; ***~jikan*** horas *fpl* de trabajo; ***~shoo*** Ministerio *m* de Trabajo; ***~mondai*** problema *m* laboral
roodookumiai 労働組合 sindicato *m* de trabajadores; ***~ni kanyuu*** afiliarse a un sindicato
roodoosha 労働者 trabajador, -a, obrero, -a
roodoku 朗読 lectura *f* en voz alta; ***~suru*** recitar, declamar
roonyaku 老若 ***~danjo*** hombres *mpl* y mujeres *fpl* de todas las edades
roonin 浪人 samurái *m* sin señor; ***~suru*** suspender el examen de ingreso en la universidad y prepararlo de nuevo
rooba 老婆 vieja *f*, anciana *f*; ***~shin*** exceso *m* de atención
roobai 狼狽 confusión *f*, consternación *f*; ***~suru*** quedarse desconcertado, -a
roohi 浪費 despilfarro *m*, derroche *m*; ***~suru*** despilfarrar, derrochar
roomu 労務 ***~kanri*** dirección *f* de personal; ***~ka*** departamento *m* de dirección de personal
rooryoku 労力 trabajo *m*, esfuerzo *m*
rookaru ローカル ***~sen*** línea *f* de ferrocarril de cercanías; ***~nyuusu*** noticias *fpl* locales
roosuto ロースト ***~ni suru*** asar
rooteeshon ローテーション rotación *f*, alternancia *f*; ***~o kunde*** por turno
roodoshoo ロードショー estreno *m*; ***~eiga*** película *f* de estreno
roohiiru ローヒール zapatos *mpl* planos
roopu ロープ cuerda *f*
rooma ローマ Roma *f*; ***~ji*** letra *f* latina; ***~suuji*** número *m* romano
rooraa-sukeeto ローラースケート patinaje *m* sobre ruedas; ***~o suru*** patinar sobre ruedas
roon ローン préstamo *m*; ***~de kau*** comprar a plazos
roku 六 seis *m*; ***~ban me no*** sexto, -a
roku ろく ***~demonai hanashi*** tontería *f*; ***~ni*** apenas

rokuon 録音 grabación *f* de voz; ***~suru*** grabar; ***~de hoosoo suru*** hacer una emisión diferida
rokuga 録画 registro *m* de imágenes; ***~suru*** registrar imágenes; ***~hoosoo*** emisión *f* televisada en diferido
roku-gatsu 六月 junio *m*
roke(eshon) ロケ（ーション） rodaje *m* de exteriores
roketto ロケット cohete *m*
rokotsu 露骨 **1.** ***~na*** escueto, -a, franco, -a; ***~ni*** francamente; **2.** ***~na*** grosero, -a; ***~ni*** groseramente
roshutsu 露出 **1.** revelación *f*, exhibición *f*; ***~suru*** revelar, exhibir; ***~shita*** descubierto, -a; ***~shoo*** exhibicionismo *m*; ***~shoo kanja*** exhibicionista *m/f*
rosu ロス pérdida *f*
rokkaa ロッカー armario *m* ropero, consigna *f*, taquilla *f*
rokku ロック rock *m*
rokkotsu 肋骨 *med* costilla *f*; ***~o oru*** romperse una costilla
robii ロビー **1.** vestíbulo *m*, salón *m* de descanso; **2.** grupo *m* de presión
robotto ロボット robot *m*
romango ロマン語 lenguas *fpl* románicas
romansu ロマンス amor *m*, amorío *m*, aventura *f* sentimental
romanchishizumu ロマンチシズム romanticismo *m*
romanchikku ロマンチック ***~na*** romántico, -a
rongu ロング ***~sukaato*** falda *f* larga
ronshoo 論証 argumentación *f*, demostración *f*; ***~suru*** argumentar, demostrar
ronjiru 論じる comentar u/c, discutir sobre u/c
ronsoo 論争 controversia *f*; ***~suru*** debatir
ronbun 論文 ensayo *m*, trabajo *m*, artículo *m*, tesis *f*
ronri 論理 lógica *f*; ***~teki na*** lógico, -a; ***~teki ni*** lógicamente

WA わ

wa 和 **1.** unión *f*, armonía *f*; **2.** (*heiwa*) paz *f*; **3.** (*gookei*) suma *f* total
wa 輪 anillo *m*, lazo *m*, aro *m*; ***~o tsukuru*** formar un círculo
waishatsu ワイシャツ camisa *f*
waisetsu 猥褻 obscenidad *f*, indecencia *f*; ***~kooi*** acto *m* inmoral
waipaa ワイパー limpiaparabrisas *m*
wairo 賄賂 soborno *m*; ***~o tsukau*** sobornar
wain ワイン vino *m*; ***~gurasu*** copa *f* de vino

waka 和歌 poema *m* japonés de treinta y una sílabas

wakai 若い joven *adj m/f*, juvenil *adj m/f*

wakai 和解 reconciliación *f*; ***~suru*** reconciliarse

wakagaeru 若返る rejuvenecerse

wakasa 若さ juventud *f*; ***~o tamotsu*** conservar la juventud

wagashi 和菓子 dulces *mpl* japoneses

wakasu 沸かす hervir, calentar; ***yu o~*** calentar agua

wagamama 我がまま egoísmo *m*, capricho *m*; ***~na*** egoísta *adj m/f*, caprichoso, -a; ***~ni furumau*** comportarse caprichosamente

wakarazuya 分からず屋 testarudo, -a, terco, -a

wakarinikui 分かりにくい difícil *adj m/f* de entender

wakariyasui 分かりやすい fácil *adj m/f* de entender

wakareru 分かれる dividirse, escindirse, ramificarse

wakareru 別れる **1.** despedirse, separarse; **2.** divorciarse

wakawakashii 若々しい juvenil *adj m/f*

waki 脇 lado *m*, flanco *m*, costado *m*; ***...no~ni*** al lado de

waku 沸く hervir, bullir

waku 湧く manar, brotar

waku 枠 **1.** cuadro *m*, marco *m*; **2.** límite *m*

wakusei 惑星 planeta *m*

wakuchin ワクチン vacuna *f*; ***~chuusha*** vacunación *f*; ***~chuusha o suru*** vacunar a alg

wake 訳 **1.** razón *m*, causa *f*; ***~o tazuneru*** preguntar la causa; **2.** (*imi*) sentido *m*; ***~no wakaranai*** inteligible *adj m/f*, absurdo, -a; **3. ...~** no es que...

wakemae 分け前 parte *f*, porción *f*; ***~o yookyuu suru*** reclamar su parte

wakeru 分ける **1.** dividir, partir; **2.** repartir, distribuir; **3.** separar, clasificar; **4.** ***kami o~*** hacer la raya

waza 技 arte *m*, destreza *f*

wazato わざと a propósito, intencionadamente

wasabi わさび rábano *m* picante, wasabi *m*

wazawai 災い desgracia *f*, infortunio *m*; ***~o maneku*** atraer la desgracia

wazawaza わざわざ expresamente

washi 鷲 águila *f*

washitsu 和室 habitación *f* de estilo japonés

wazuka 僅か ***~na*** pequeño, -a, mínimo, -a; ***~ni*** solamente, ligeramente

wazurawashii 煩わしい fastidioso, -a, molesto, -a

wasureppoi 忘れっぽい olvidadizo, -a

wasuremono 忘れ物 objeto *m* dejado en un lugar, objeto *m* perdido, objeto *m* hallado
wasureru 忘れる **1.** olvidar, no recordar; **2.** olvidar, dejar olvidada u/c en un sitio; **3.** olvidarse de hacer u/c
wata 綿 algodón *m*
wadai 話題 tema *m*, tópico *m*
watakushi 私 ***~wa*** yo; ***~no*** mi, mío, -a, -os, -as; ***~o/ni*** me
watashi 私 ***~wa*** yo; ***~no*** mi, mío, -a, -os, -as; ***~o/ni*** me
watasu 渡す **1.** pasar, hacer cruzar; **2.** entregar, pasar
wataru 渡る pasar, atravesar, cruzar
wakkusu ワックス cera *f*; ***... ni~o kakeru*** encerar
watto ワット vatio *m*
wana 罠 trampa *f*; ***...ni taishite~o haru*** tender una trampa a; ***~ni kakaru*** caer en la trampa
wani 鰐 *zool* cocodrilo *m*, caimán *m*
wanisu ワニス barniz *m*; ***~o nuru*** barnizar u/c
wabi 詫び excusa *f*, disculpa *f*; ***~o ireru*** presentar excusas a alg; ***~ o kikiireru*** aceptar las disculpas de alg
wabiru 詫びる pedir perdón a alg
wafuu 和風 ***~no*** de estilo japonés
wabun 和文 japonés *m*; ***~ni yakusu*** traducir al japonés
wara 藁 paja *f*
warai 笑い risa *f*, sonrisa *f*; ***kuchimoto ni~o ukaberu*** tener una sonrisa en los labios
waraibanashi 笑い話 chiste *m*, broma *f*
warau 笑う **1.** reír, sonreír; **2.** reírse de alg, burlarse de alg
warawaseru 笑わせる hacer reír a alg
-wari 一割 ***ichi~*** diez por ciento; ***ni~*** veinte por ciento
wari 割 **1.** ***~no yoi*** ventajoso, -a, lucrativo, -a; **2.** ***toshi no~ni*** para su edad; ***toshi o totte iru~ni*** para ser tan viejo
wariai 割合 **1.** proporción *f*, razón *f*; **2.** ***~ni*** relativamente
wariate 割り当て asignación *f*, cuota *f*, cupo *m*
wariateru 割り当てる asignar, repartir
warikan 割り勘 escote *m*; ***~ni suru*** ir/pagar a escote
warizan 割り算 *mat* división *f*; ***~o suru*** hacer una división
waribiki 割引 descuento *m*, rebaja *f*; ***~suru*** hacer un descuento; ***~shite*** con rebaja
waru 割る **1.** quebrar, romper; **2.** dividir
warui 悪い **1.** malo, -a, perverso, -a; **2.** ***~toki ni*** en el momento

menos oportuno; **3.** malo, -a, perjudicial *adj m/f*
warukuchi 悪口 maledicencia *f*, calumnia *f*; ***...no~o iu*** hablar mal de u/c/alg
waruzure 悪擦れ ***~shita*** depravado, -a, perverso, -a
warudakumi 悪巧み maquinación *f*, intriga *f*; ***~o suru*** intrigar
warutsu ワルツ vals *m*; ***~o odoru*** bailar un vals
warufuzake 悪ふざけ broma *f* pesada; ***~o suru*** gastar una broma pesada
warumono 悪者 malo, -a, malvado, -a
waruyoi 悪酔い ***~suru*** tener resaca
ware 我 yo; ***~o wasureru*** olvidarse de sí mismo; ***~ni kaeru*** recobrar el conocimiento
wareme 割れ目 grieta *f*, raja *f*; ***~ga dekiru*** agrietarse
waremono 割れ物 objeto *m* frágil
wareru 割れる **1.** romperse, quebrarse; **2.** dividirse, fraccionarse
wareware 我々 ***~wa*** nosotros; ***~no*** nuestro, -a, -os, -as; ***~o/ni*** nos
wan 湾 golfo *m*, bahía *f*
wantan ワンタン sopa *f* china de raviolis, wantan *m*
wanpaku 腕白 ***~na*** travieso, -a
wanpiisu ワンピース vestido *m* de una pieza
wanryoku 腕力 fuerza *f* del brazo; ***~de*** por la fuerza

O を

o を ***terebi~miru*** mirar la televisión; ***sushi~taberu*** comer sushi; ***shinbun~yomu*** leer el periódico

DICCIONARIOS POCKET HERDER

DICCIONARIO POCKET

II

ESPAÑOL - JAPONÉS

Junichi Matsuura
Lourdes Porta

Herder

前書き

日本はスペイン人にとって未知の国ではなくなった。最近、日本文化·日本語に関心を持っている人の数は著しく増えてきた。また、観光の面においても同様のことが言える。両国の間を旅行する人たちは年毎に確実に増えている。そのような状況のもとで、このような辞書の出版の必要性が出てきたのも当然と言える。

ポケット辞典という性格上、スペイン語・日本語の広範囲な豊かな語彙、表現の中から一般によく使用されているものを選ぶことを余儀なくされた。しかし、この語彙・表現の選択に関しては、この辞典の編纂に関わった我々が長年の日本語教育過程で培った経験が大いに役に立ったことは言うまでもない。

複数の意味がある言葉（多義語）は意味が分かりやすいように例文や同義語をつけた。

このポケット辞典では、語彙・表現の訳以外に、日本語・スペイン語の文字・文法の簡単な紹介、場面ごとの簡単な実用会話を載せた。

最後に、この辞典が我々が意図したような成果をもたらしてくれるように望むとともに、スペイン語・日本語の学習を始めた人たちやそれぞれの国へ旅行する人々にも役に立つよう願っている。

ルルデス・ポルタ
松浦　惇一

I

この辞書の使い方

I.-1. アルファベット順・五十音図順

スペイン語—日本語辞典では、見出し語はアルファベット順に配列されている。スペイン語の言葉をさがすときは、1994年の正字法の改正により、Ch及びLlは独立した文字ではなくなり、それぞれCとLの文字の中に含まれていることに注意する必要がある。

日本語－スペイン語辞典の見出し語は日本語の辞書と同じようにあ、い、う、え、お、か、が、き、ぎetc.（ひらかなの五十音図参照）の順に配列されている。見出し語はヘボン式ローマ字表記の後に、ひらかな、カタカナ、漢字などの日本語でも表記されている。

I.-2. 見出し語の配置

ポケット辞典という性格上、ページ数に限りがあるので、そのページを最大限に活用するため、太字で書かれた語幹（斜線で分けられた前の部分）が共通な言葉は、独立した見出し語にせず、言葉の意味の相違や文法上の機能に関係なく共通の語幹のところに入れた。

例 **cari/cia** *f* 愛撫 aibu; **~dad** *f* 慈善 jizen, チャリテイー charitii

I.-3. 番号、記号、印し

I.-3.1. 番号

スペイン語—日本語辞典では、太字の数字（1. ...: 2. ...）は形の上では全く同じ言葉だが、文法上は異なった部類に属していることを示している。

例 **general 1.** *adj m/f* 1. *(entero, total)* 全体の zentai no; 2. *(universal)* 一般的な ippan teki na; 3. *(ordinario)* 普通の futsû no; **2.** *m* 将軍shôgun

同一名詞が男性名詞及び女性名詞として使用される場合がある。太字の番号はその名詞の性別を示している。

例 **cura 1**. *m relig* 司祭 shisai; **2.** *f* 治療 chiryoo

他動詞と自動詞の区別も太字で示してある。

例 **gira/r 1.** *vi* 1. *(dar vueltas)* 回る mawaru; 2. *(doblar)* 曲がる magaru; **2.** *vt* 回す mawasu

スペイン語ー日本語辞典では、細字の番号 (1. ...: 2. ...) はその言葉が文法的には同じ部類に属しているが、異なった意味を持っていることを示している。

例 **combina/ción** *f* 1. 組み合わせ kumiawase; 2. *(transportes)* 交通の便 kootsuu no ben; 3. *(ropa interior de mujeres/fujin'yoo no)* スリップ sulippu; 4. *(bebida/nomimono)* カクテル kakuteru

日本語—スペイン語辞典では太字の数字（1. ...: 2. ...）は見出し語が形の上では全く同じだが、異なった意味があることを示している。例えば、

例 **akaruku** 明るく **1.** claramente; **2.** alegremente

I.-3.2.

この辞典では、（～）は見出し語が斜線（／）で分けられている場合、その斜線の前の共通部分を示している。

例 **televis/ar** *vt* テレビで放送する terebi de hoosoo suru; **~ión** *f* テレビジョン terebijon; **~or** *m* テレビ terebi

aaiu ああいう de este tipo; **~fuu** ni así, de esta manera

（～*）は見出し語の斜線で分けられた言葉の共通部分の小文字を大文字に、大文字を小文字に変える場合を示す。

例 **Italia** *f* イタリア Itaria; **~*no, -a 1.** *adj* イタリアの Itaria no; **2.** *m/f* イタリア人 Itaria jin

I.-4. 文法上の分類

この辞書では、品詞は次ぎのように示されている。

I.-4.1. 名詞

全ての名詞の性別は、男性名詞はm、女性名詞はｆで示されている。男性名詞の複数はmpl、女性名詞の複数はfplで示されている。

例 **abeto** *m* 樅の木 momi no ki
aika 哀歌 elegía *f*

性を表す印が二つ *(m/f)* ついている名詞は男性名詞としても女性名詞としても使用できることを示している。例えば、

例 **accion/ar** *vt* 動かす ugokasu; **~ista** *m/f* 株主 kabunushi
aatisuto アーティスト artista *m/f*

しかし、日本語の名詞には性の区別も数の変化もないことに注意する必要がある。

I.-4.2. 形容詞

男性形と女性形がある形容詞は男性形-oと女性形を示す-aの二つの形で示されており、その後に形容詞を現す略語adjがつけられている。

例　**bueno 1. -a** *adj* 1. 良い ii; 2. *(persona/人が)* 善良な zenryoo na; 3. *(calidad/品質が)* 上等な jootoo na; *(sabor/味が)* おいしい oishii; **2.** *m/f* 善良な人 zenryoo na hito

性別のない，　つまり、男性形・女性形の両方に使える形容詞は*adj m/f*で示されている。

例　**element/al** *adj m/f* 1. *(básico)* 基礎の kiso no; 2. *(evidente)* 分かりきった wakarikitta; 3. *quím* 元素の genso no

I.-4.3. 副詞

副詞は*adv*で示されている。

I.-4.4. 動詞

自動詞は*vi*、他動詞は*vt*で示されている。
再帰動詞は太字の **~se**で示されている。

例 **levantar** *vt* 1. *(alzar, elevar)* 上げる ageru; 2. *(empinar)* 起こす okosu, 持ち上げる mochiageru; **~se** 起きる okiru

I.-4.5. 注釈

訳語についている（　）の中の注釈は一つの語にいろいろな異なった訳がある場合、文脈に合った正しい訳語が使えるようにつけてある。多くの場合、日本人は訳語の漢字で意味が明確に分かるので、主としてスペイン人の使用者のことを考え、スペイン語の同意語、もしくはその意味を説明する短い説明を注釈としてつけた。

II

スペイン語文法入門

II.-1. スペイン語のアルファベット

大文字	小文字	名称と読み方
A	a	a [ア]
B	b	be [ベ]
C	c	ce [セ]
D	d	de [デ]
E	e	e [エ]
F	f	efe [エフェ]
G	g	ge [ヘ]
H	h	hache [アチェ]
I	i	i [イ]
J	j	jota [ホタ]
K	k	ka [カ]
L	l	ele [エレ]
M	m	eme [エメ]
N	n	ene [エネ]

大文字	小文字	名前と読み方
Ñ	ñ	eñe [エニェ]
O	o	o [オ]
P	p	pe [ペ]
Q	q	cu [ク]
R	r	ere [エレ]
	rr	erre [エレ]
S	s	ese [エセ]
T	t	te [テ]
Y	y	u [ウ]
V	v	uve [ウベ]
W	w	uve doble [ウベドブレ]
X	x	equis [エキス]
Y	y	i griega [イグリエガ]
Z	z	zeta [セタ]

アルファベット文字は上記の表のように小文字で28字。 rrは1文字として扱われる。bとvは発音も名称も同じである。この二つを区別するときは、b はbe v はuveと呼ばれる。y は、発音は i と 同じである。

この二つは、y はi griega（ギリシャ語のｙ）、iは i latina（ラテン語のi）と呼んで区別する。

II.-2. スペイン語の発音

スペイン語の母音はa、e、i、o、uの５母音で、その他の23文字は子音である。

スペイン語の母音は日本語のa、i、u、e、oとほとんど変わりがない。また、子音も若干の例外を除いて日本語の発音と同じと考えてよいので、日本人にとってスペイン語は発音しやすい言葉である。つまり、ローマ字読みをしても十分に意味が通じる。

II.-2.1. 発音における日本語との違いは、まず、言うまでもなくL とRの発音の違いである。Lは他の西洋の言語と同じで、発音するとき、舌先が上あごに触れるように発音する。Rはra（ラ）、re（レ）、ri（リ）、ro（ロ）、ru（ル）と発音するが、Rが語頭につく場合とrrが語中にあるときは舌先を強く震わせて発音する。

II.-2.2. Cの発音は母音a、u、oに伴われているときは日本語のka、ku、koと同じ発音だが、i、eに伴われているときはci（シ）、ce（セ）と英語のthと同じように舌先を上下の歯の間に軽くはさんで発音する。

II.-2.3. ch はa、e、i、o、uの母音をつけチャ、チェ、チ、チョ、チュと発音する。

II.-2.4. Llの発音はlla（ヤ又はリャ）、lle（イエ）、lli（イ）, llo（ヨ又はリョ）、llu（ユ、リュ)である。

II.-2.5. Gは母音a、u、oと一緒のときは日本語と同じく、ga（ガ）、gu（グ）、go（ゴ）と発音するが、eまたは　iが後ろにつくときは、ge (ヘ)、gi（ヒ）と発音する。もちろんスペイン語にも日本語の「ギ」「ゲ」にあたるの発音が存在する。そのときは«gui»（ギ）、«gue»（ゲ）のgとi またはgとeの間にuを入れて表記する。

gente（ヘンテ）人々、gimnasia（ヒムナシア）体操
guerrilla（ゲリヤ・ゲリリャ）ゲリラ、guitarra（ギターラ）ギター

II.-2.6. Hは無声音なので、発音しない。

hijo（イーホ）息子、horario（オラリオ）時間割

II.-2.7. Jの場合も日本語の発音と異なる。ja（ハ）、ji（ヒ）、ju（フ）、je（ヘ）、jo（ホ）と発音する。

II.-2.8. Ñの発音は日本語にもあるので問題はない。ña（ニャ）、ñe（ニュ）、ñi（ニ）、ño（ニョ）、ñu（ニュ）。ただ、日本語の発音よりも粘っこく発音する。

II.-2.9. Zの発音は、za（サ）、ze（セ）、zi（シ）、zo（ソ）、zu（ス）は英語のthの発音と同じく、舌先を上下の歯の間に入れて発音する。

II.-3. アクセント

アクセントの位置は規則的であり、次のケースがある。

II.-3.1. 母音やn、sが語尾にくる語では、後ろから二つ目の音節にアクセントがつく。

luna	月	lunes	月曜日
mesa	机	margen	余白、余裕

II.-3.2. n、s以外の子音で終わる語は最後の音節にアクセントがある。

amistad	友情	fundamental	基本的な
comer	食べる	acidez	すっぱさ

II.-3.3. 上記の二つのケース以外の位置にアクセントがある場合は、アクセントがつく母音にアクセント記号「´」をつけなければならない。

a）語が母音、s、nで終わっていても最後の音節にアクセントがある場合。

sofá	ソファー	café	コーヒー
atún	まぐろ	imán	磁石

b）語尾がs、n以外の子音で終わっていても最後にアクセントのない語。

árbol	木	lápiz	鉛筆

c）最後から三つ目、またはそれより前にアクセントがある語。

sábado	土曜日	mecánico	機械工
miércoles	水曜日	íntimo	親密な

II.-4. 名詞

II.-4.1. 名詞には固有名詞、普通名詞、抽象名詞、物質名詞がある。

a) 固有名詞は人名、団体の名前、地名などが主である。
b) 普通名詞は各事物に適用される名詞。数の概念が明確で、人や動物の名前を表すときは性別も明確である。
c) 抽象名詞は無形のもの/ことを表す。抽象名詞には数の概念はない。
d) 物質名詞は物質の名前を表す。数の概念はない。

II.-4.2. 名詞の性

スペイン語の全ての名詞は男性名詞か女性名詞に属する。–a , –ad, –ie, –umbre, –ción, –sión, –xión, –z で終わる言葉は女性名詞である。それ以外の語尾で終わる語、特に–oで終わる語は、例外を除き、男性名詞である。

男性名詞		女性名詞	
libro	本	persona	人
dinero	お金	luna	月
reloj	時計	pared	壁
examen	試験	luz	光
animal	動物	cumbre	頂上、サミット
mar	海	conversación	会話
amor	愛	razón	理由
etc.		etc.	

不規則な男性名詞		不規則な女性名詞	
esquema	図表	mano	手
día	日	foto	写真
drama	ドラマ	clase	クラス
idioma	言葉	carne	肉
arroz	米	calle	通り
avión	飛行機	tarde	午後
camión	トラック	noche	夜
etc.		etc.	

また、形が同じでも、男性名詞として扱われるか、女性名詞として扱われるかによって意味が変わる名詞もある。

男性名詞として扱われたとき		女性名詞として扱われたとき
capital	資本	首都
corte	切り口	宮廷
parte	知らせ	部分

pendiente	イヤリング	坂
cura	司祭	治療
policía	警官	警察
etc.		

II.-4.3. 名詞の複数形

名詞は単数と複数では語尾の形が変わる。次のような形がある。

II.-4.3.1. アクセントのない母音やéで終わる語は s をつける。

mano–s	手	eje–s	軸
casa–s	家		

II.-4.3.2. アクセントのある母音+子音で終わる語は –esをつける。

rey–es	王様	condición–es	条件
papel–es	紙		

II.-5. 冠詞

スペイン語の冠詞には定冠詞と不定冠詞がある。定冠詞も不定冠詞も男性形・女性形、単数形・複数形があり、名詞の性・数によって変化する。また、定冠詞の中には中性冠詞もある。

II.-5.1. 定冠詞

定冠詞はある名詞が具体的で話し手にも聞き手にもその名詞が何を指すか明確な場合、自然物、自然現象、季節など一つしか存在しないものの名詞に使われる。

	単数	複数
男性形	el	los
女性形	la	las
中性形	o	—

II.-5.2. 不定冠詞

不定冠詞は話し手にわかっていても聞き手にはわからないものを指す名詞につき「ある〜」という感じを表す。また、話し手にも聞き手にも不確定な名詞につき「ひとつの〜、いくつかの〜」という意味を表す。不定冠詞が数詞といっしょになると「約〜」という概数を表す。

	単数	複数
男性形	un	unos
女性形	una	unas

II.-5.3. 中性冠詞

中性冠詞は形容詞や副詞について抽象的観念を名詞化する働きをする。

「〜であること、〜もの」という意味を表す。

lo importante	大切なこと・もの
lo hermoso	美しいこと・もの
lo difícil	難しいこと・もの

II.-6. 代名詞

II.6.1. 代名詞の種類

代名詞は名詞の代わりをする名詞である。次の代名詞がある。

a) 主語を示す人称代名詞
b) 再帰代名詞
c) 関係代名詞
d) 指示代名詞
e) 所有代名詞
f) 疑問代名詞

II.6.2. 人称代名詞

a) 主語を示す人称代名詞

人称	性	単数	複数
第一人称	男性 女性	yo（私が、僕が） yo（私が）	nosotros（私たちが、僕らが、我々が） nosotras（私たちが）
第二人称	男性・ 女性	tú（君が、お前が） tú（あなたが）	vosotros（君たちが、お前らが） vosotras（あなたたちが）
第三人称	男性 女性 男性・女性 中性	él（彼が） ella（彼女が） usted（あなたが） ello（それが、そのことが、　あのこと）	ellos（彼らが） ellas（彼女らが） ustedes（あなたたちが） –

第二人称のtú（あなた、君）は家族、友人など親しい関係の人に対して使う、これに対して、三人称のusted（あなた）は親しいあいだがらでない人や、目上の人に対して使用する。それから、一人称、二人称、三人称の複数の男性形には女性も含まれるが、女性形の複数には男性は含まれない。

b) 直接目的人称代名詞

人称代名詞	単数	複数
第一人称	me（私を）	nos（私たちを）
第二人称	te（君を）	os（君たちを）

第三人称	lo/le（あなたを） lo/le（彼を） la（彼女を）	los/les（あなたたちを） los（彼らを） las（彼女らを）

c) 間接目的人称代名詞

人称代名詞	単数	複数
第一人称	me（私に）	nos （私たちに）
第二人称	te（君に）	os（君たちに）
第三人称	le（あなたに） le（彼に） le（彼女に）	les（あなたたちに） les（彼らに） les（彼女らに）

II.-6.3. 再帰代名詞

人称	単数	複数
第一人称	me	nos
第二人称	te	os
第三人称	se	se

II.-6.4. 指示代名詞

	単数	複数
1 男性名詞	éste（これ）	éstos（これら）
1 女性名詞	ésta（これ）	éstas（これら）
1 中性名詞	esto（これ）	
2 男性名詞	ése（それ）	ésos（それら）
2 女性名詞	ésa（それ）	ésas（それら）
2 中性名詞	eso（それ）	
3 男性名詞	aquél（あれ）	aquéllos（あれら）
3 女性名詞	aquélla（あれ）	aquéllas（あれら）
3 中性名詞	aquello（あれ）	

II.-6.5. 所有代名詞

	単数	複数
1 男性名詞	mío, míos（私の）	nuestro, nuestros（私たちの）
1 女性名詞	mía, mías（私の）	nuestra, nuestras（私たちの）
2 男性名詞	tuyo, tuyos（君の）	vuestro, vuestros（君たちの）
2 女性名詞	tuya, tuyas（君の）	vuestra, vuestras（君たちの）
3 男性名詞	suyo, suyos（あなたの／彼の／彼女の／これの）	suyo, suyos（あなたたちの／彼らの／彼女らの／これらの）
3 女性名詞	suya, suyas（あなたの／彼の／彼女の／これの）	suya, suyas（あなたたちの／彼らの／彼女らの／これらの）

II.-6.6. 疑問代名詞

¿Qué? （何）
¿Quién? （だれ／どなた]
¿Cuál? （どれ）
¿Cuánto? （いくら／どのぐらい）

II.-7. 形容詞

II.-7.1. 形容詞の種類

スペイン語の形容詞には品質形容詞と限定形容詞がある。
形容詞は修飾する名詞の性と数によって語尾が変化する。

II.-7.1.1. 限定形容詞・指示形容詞の表

	単数	複数
1 男性名詞	este（この）	estos（この）
1 女性名詞	esta（この）	estas（この）
2 男性名詞	ese（その）	esos（その）
2 女性名詞	esa（それ）	esas（その）
3 男性名詞	aquel（あの）	aquellos（あの）
3 女性名詞	aquella（あの）	aquellas（あの）

II.-7.1.2. 限定形容詞・所有形容詞の表

	単数	複数
1 男性名詞	mi, mis（私の＋名詞）	nuestro, nuestros（私たちの名詞）
1 女性名詞	mi, mis（私の名詞）	nuestra, nuestras（私たちの名詞）
2 男性名詞	tu, tus（君の名詞）	vuestro, vuestros（君たちの名詞）
2 女性名詞	tu, tus（君の名詞）	vuestra, vuestras（君たちの名詞）
3 男性名詞	su, sus（あなたの／彼の／彼女の／これの名詞）	sus（あなたたちの／彼らの／彼女らの／これらの名詞）
3 女性名詞	su, sus（あなたの／彼の／彼女の／これの名詞）	sus（あなたたちの／彼らの／彼女らの／これらの名詞）

II.-7.2. 形容詞の語尾変化

II.-7.2.1. 語尾が–oで　終わる形容詞は名詞の性と数に合わせて変化する。

	単数		複数	
男性形	coche nuevo	新しい車	coches nuevos	新しい車
女性形	casa nueva	新しい家	casas nuevas	新しい家

II.-7.2.2. –o以外で終わる形容詞は数だけ変化する。

música agradable	快い音楽	personas agradables	感じのいい人
cielo azul	青空	papeles azules	青い紙

II.-7.3. 形容詞の位置

原則として限定形容詞は名詞の前に、品質形容詞は名詞の後ろにつく。

限定形容詞		品質形容詞	
mi libro	私の本	libro caro	(値段が) 高い本
esta casa	この家	casas bonitas	きれいな家
algún hombre	だれか	hombres ricos	お金持ちの男の人

II.-8. 動詞

II.-8.1. 動詞の活用

スペイン語の動詞は全て語尾が –ar, –er, –irのどれかに属している。

人称	–ar 動詞 単数	複数	–er 動詞 単数	複数	–ir 動詞 単数	複数
1	–o	–amos	–o	–emos	–o	–imos
2	–as	–áis	–es	–éis	–is	–ís
3	–a	–an	–e	–en	–e	–en

動詞の中には、上記の活用規則に従わない不規則動詞がある。

Empezar, poder, pedir, ser (である), estar (いる、ある), dar (与える), saber (知る), ir (行く), venir (来る) などがある。

II.-8.2. 動詞の法とテンス

動詞は主語の人称及び単数か複数化によって、また時制、法によって語尾が変化する。

II.-8.2.1. 動詞の法

動詞の法は動詞の使い方、表現の方法である。

動詞の法には次のようなものがある。

(1) 不定法
(2) 直説法
(3) 接続法
(4) 可能法
(5) 命令法

II.-8.2.2. 動詞のテンス

動詞のテンスは過去、現在、未来を表す。

II.-8.3. 直説法と接続法

直説法は動作や状態を現実的、客観的なこととひて述べる。それに対して接続法　は動作や状態を非現実的そして主観的なこととして表現する。接続法は従属文の中で使われるのが原則である。接続法の「時」は主文の動詞の「時」に支配される。

主文が希望、願望、期待、要求、韓国、命令、禁止などを表す文のとき、従属文には接続法が使われる。

II.-8.4. 動詞の活用表

Ser …である

直説法

現在	不完了過去	過去	未来	可能
soy	era	fui	seré	sería
eres	eras	fuiste	serás	serías
es	era	fue	será	sería
somos	éramos	fuimos	seremos	seríamos
sois	erais	fuisteis	seréis	serías
son	eran	fueron	serán	serían

接続法

現在	過去(ra)	過去(se)
sea	fuera	fuese
seas	fueras	fueses
sea	fuera	fuese
seamos	fuéramos	fuésemos
seáis	fuerais	fueseis
sean	fueran	fuesen

481

Estar　ある、いる

直説法

現在	不完了過去	過去	未来	可能
estoy	estaba	estuve	estaré	estaría
estás	estabas	estuviste	estarás	estarías
está	estaba	estuvo	estará	estaría
estamos	estábamos	estuvimos	estaremos	estaríamos
estáis	estabais	estuvisteis	estaréis	estaríais
están	estaban	estuvieron	estarán	estarían

接続法

現在	過去(ra)	過去(se)
esté	estuviera	estuviese
estés	estuvieras	estuviese
esté	estuviera	estuviese
estemos	estuviéramos	estuviésemos
estéis	estuvierais	estuvierais
estén	estuvieran	estuviesen

Haber　ある、いる、存在する

直説法

現在	不完了過去	過去	未来	可能
he	había	hube	habré	habría
has	habías	hubiste	habrás	habrías
ha (hay)	había	hubo	habrá	habría
hemos	habíamos	hubimos	habremos	habríamos
habéis	habíais	hubisteis	habréis	habríais
han	habían	hubieron	habrán	habrán

接続法

現在	過去(ra)	過去(se)
haya	hubiera	hubiese
hayas	hubieras	hubieses
haya	hubiera	hubiese
hayamos	hubiéramos	hubiésemos
hayáis	hubierais	hubieseis
hayan	hubieran	hubiesen

483

Hablar　話す

直説法

現在	不完了過去	過去	未来	可能
hablo	hablaba	hablé	hablará	hablaría
hablas	hablabas	hablaste	hablarás	hablarías
habla	hablaba	habló	hablará	hablaría
hablamos	hablábamos	hablamos	hablaremos	hablaríamos
habláis	hablabais	hablasteis	hablaréis	hablaríais
hablan	hablaban	hablaron	hablarán	hablarían

接続法

現在	過去(ra)	過去(se)
hable	hablara	hablase
hables	hablaras	hablases
hable	hablara	hablase
hablemos	habláramos	hablásemos
habléis	hablarais	hablaseis
hablen	hablaran	hablasen

Comer　食べる

直説法

現在	不完了過去	過去	未来	可能
como	comía	comí	comeré	comería
comes	comías	comiste	comerás	comerías
come	comía	comió	comerá	comería
comemos	comíamos	comimos	comeremos	comeríamos
coméis	comíais	comisteis	comeréis	comeríais
comen	comían	comieron	comerán	comerían

接続法

現在	過去(ra)	過去(se)
coma	comiera	comiese
comas	comieras	comieses
coma	comiera	comiese
comamos	comiéramos	comiésemos
comáis	comierais	comieseis
coman	comiera	comiesen

485

Poder …することができる

直説法

現在	不完了過去	過去	未来	可能
puedo	podía	pude	podré	podría
puedes	podías	pudiste	podrás	podrías
puede	podía	pudo	podrá	podría
podemos	podíamos	pudimos	podremos	podríamos
podéis	podíais	pudiste	podréis	podríais
pueden	podían	pudieron	podrán	podrían

接続法

現在	過去(ra)	過去(se)
pueda	pudiera	pudiese
puedes	pudieras	pudieses
pueda	pudiera	pudiese
podamos	pudiéramos	pudiésemos
podáis	pudierais	pudieseis
puedan	pudieran	pudiesen

Tener 持つ、所有する

直説法

現在	不完了過去	過去	未来	可能
tengo	tenía	tuve	tendré	tendría
tienes	tenías	tuviste	tendrás	tendrías
tiene	tenía	tuvo	tendrá	tendría
tenemos	teníamos	tuvimos	tendremos	tendríamos
tenéis	teníais	tuviste	tendréis	tendríais
tienen	tenían	tuvieron	tendrán	tendrían

接続法

現在	過去(ra)	過去(se)
tenga	tuviera	tuviese
tengas	tuvieras	tuvieses
tenga	tuviera	tuviese
tengamos	tuviéramos	tuviésemos
tengáis	tuvierais	tuvieseis
tengan	tuvieran	tuviesen

487

Hacer　する、作る

直説法

現在	不完了過去	過去	未来	可能
hago	hacía	hice	haré	haría
haces	hacías	hiciste	harás	haría
hace	hacía	hizo	hará	haría
hacemos	hacíamos	hicimos	haremos	haríamos
hacéis	hacíais	hicisteis	haréis	haríais
hacen	hacían	hicieron	harán	harían

接続法

現在	過去(ra)	過去(se)
haga	hiciera	hiciese
hagas	hicieras	hicieses
haga	hiciera	hiciese
hagamos	hiciéramos	hiciésemos
hagáis	hicierais	hicieseis
hagan	hicieran	hiciesen

Vivir 生きる、住む、暮らす

直説法

現在	不完了過去	過去	未来	可能
vivo	vivía	viví	viviré	viviría
vives	vivías	viviste	vivirás	vivirías
vive	vivía	vivió	vivirá	viviría
vivimos	vivíamos	vivimos	viviremos	viviríamos
vivís	vivíais	vivisteis	viviréis	viviríais
viven	vivían	vivían	vivirán	vivirían

接続法

現在	過去(ra)	過去(se)
viva	viviera	viviese
vivas	vivieras	vivieses
viva	viviera	viviese
vivamos	viviéramos	viviésemos
viváis	vivierais	vivieseis
vivan	vivieran	viviesen

489

Venir　来る

直説法

現在	不完了過去	過去	未来	可能
vengo	venía	vine	vendré	vendría
vienes	venías	viniste	vendrás	vendías
viene	venía	vino	vendrá	vendría
venimos	veníamos	vinimos	vendremos	vendríamos
venís	veníais	vinisteis	vendréis	vendríais
vienen	venían	vinieron	vendrán	vendrían

接続法

現在	過去(ra)	過去(se)
venga	viniera	viniese
vengas	vinieras	viniese
venga	viniera	viniese
vengamos	viniéramos	viniésemos
vengáis	vinierais	vinieseis
vengan	vinieran	viniesen

A

a *prep* 1. 〜e, に ni; **ir ~ Francia** フランスへ/に行く Furansu e/ni iku; **ir ~l cine** 映画に行く eiga ni iku; 2. に ni; **~ las cinco** 5時に go-ji ni; **~ medianoche** 真夜中 mayonaka ni; **~l mediodía** 正午に shoogo ni, 真昼に mahiru ni; 3. **~ pie** 歩いて aruite

abajo 下へ/に shita e/ni; **ir ~** 下へ/に行く shita e/ni iku; 下で shita de; **hacia ~** 下の方に shita no hoo ni; **esperar ~** 下で待つ shita de matsu

abalanzarse …に殺到する… ni sattoo suru

abandon/ado, -a *adj* 1. 捨てられた suterareta; 2. *(aspecto físico, ropa/身だしなみ、着るもの)* だらしない darashinai; **~ar** *vt* 1. *(persona, cosas/人、物を)* 捨てる suteru; 2. *(plan, idea/計画、考えなどを)* 断念する dannen suru; **~arse** *(aspecto físico, ropa)* だらしなくする darashinaku suru; **~o** *m* 放棄 hooki

abanico *m* 扇子 sensu

abarcar *vt fig* 1. *(trabajo/仕事などを)* かかえる kakaeru; 2. *(paisaje/風景が)* 見渡せる miwataseru

abarrot/ado, -a *adj* いっぱい ippai; **~ar** *vt* 詰め込む tsumekomu

abastec/edor 1. *adj* 供給する kyookyuu suru; **2.** *m* 供給者 kyookyuu-sha; **~er** *vt* 供給する kyookyuu suru; **~imiento** *m* 供給 kyookyuu

abati/do, -a *adj* がっくりした gakkuri shita; **~miento** *m* 落胆 rakutan; **~r** *vt* 倒す taosu; **~rse** がっかりする gakkari suru

abe/cé *m* 1. エー、ビー、シー ABC, アルファベット arufabetto; 2. *(fundamento)* 基礎 kiso; **~cedario** *m* アルファベット arufabetto

abeja *f* 蜜蜂 mitsubachi

abertura *f* 1. *(hecho de abrirse)* 開くこと hiraku koto; 2. *(parte abierta)* 開口部 kaikoo-bu, 裂け目 sakeme

abeto *m* 樅の木 momi no ki

abierto, -a *adj* 1. 開いた hiraita; 2. *(carácter/性格が)* 率直な sotchoku na

ablanda/miento *m* 柔らかくする/なること yawarakaku suru/naru koto; **~r** *vt* 1. 柔らかくする yawarakaku suru; 2. *(aflojar)* 緩める yurumeru; 3. *(sentimiento, actitud/感情、行動などを)* 軟化させる nanka saseru; **~rse** *fig* 1. 柔らかくなる yawarakaku naru; 2.

(carácter/性格が) 穏やかになる odayaka ni naru

aboga/do, -a *m/f* 弁護士 bengo-shi; **~do de oficio** 国選弁護人 kokusen bengo-nin; **~r** *vi* … の弁護をする … no bengo o suru

aboli/ción *f* 廃止 haishi; **~r** *vt* 廃止する haishi suru

abomina/ble *adj m/f* 憎むべき nikumubeki; **~ción** *f* 憎しみ nikushimi; **~r** *vt* 憎む nikumu

abonable *adj m/f* 支払い可能な shiharai kanoo na

abon/ado 1. -a *adj* 1. 支払済みの shiharaizumi no; 2. *agric* 肥料を施した hiryoo o hodokoshita; **2.** *m (gas, electricidad, teléfono)* 加入者 kanyuu-sha; *mús teat* 定期会員 teiki kai-in; **~ar** 1. 払う harau; 2. *agric* 肥料を施す hiryoo o hodokosu; **~ar en cuenta** 口座に振り込む kooza ni furikomu; **~arse** *teat* 定期会員になる teiki kaiin ni naru; **~o** *m agric* 肥料 hiryoo

aborrec/er *vt (malquerer)* 嫌う kirau, *(hastiar)* うんざりさせる unzari saseru; **~imiento** *m* 嫌悪 ken´o

abort/ar *vt/i (espontáneo)* 流産する ryuuzan suru, *(provocado)* 堕胎する datai suru; **~o** *m (espontáneo)* 流産 ryuuzan, *(provocado)* 堕胎 datai

abotonar *vt* ボタンをかける botan o kakeru

abrasa/dor, -a *adj fig* 燃えるような moeruyoo na, 熱い atsui; **~r** *vt (calor, luz/熱、光などが)* 焼く yaku; **~rse** 焼ける yakeru

abraz/ar *vt* 抱く daku; **~o** *m* 抱擁 hooyoo

abre/cartas *m* ペーパー・ナイフ peepaa-naifu; **~latas** *m* 缶きり kankiri

abridor *m (de lata)* 缶きり kankiri, *(de botella)* 栓抜き sennuki

abrig/ado, -a *adj* 1. *(ropa)* 厚着をした atsugi o shita; 2. *(de los fenómenos naturales/自然現象などから)* 守られた mamorareta; **~ar** *vt* 1. *(de los fenómenos naturales/自然現象などから)* 守る mamoru; 2. *(para el frío/寒さ)* 厚着をさせる atsugi o saseru; **~arse** 1. *(frío/寒さ)* 厚着をする atsugi o suru; 2. *(de los fenómenos naturales/自然現象などから)* 身を守る mi o mamoru; **~o** *m* コート kooto

abril *m* 4月 shi-gatsu

abrir 1. *vt* 開ける akeru, 開く hiraku; **2.** *vi* 開く aku, 開く hiraku; **~se** 開く aku

abrochar *vt* ボタンをかける botan o kakeru

absolución *f jur* 無罪判決 muzai hanketsu, 釈放 shakuhoo

absolu/tamente *adv* 絶対に zettai ni; **~to, -a** *adj* 絶対の zettaino; **en ~to** 絶対に zettai ni

absten/ción *f* 棄権 kiken; **~erse de** … をやめる … o yameru

abstinencia *f* 1. *(placeres, bebidas, comidas/快楽、酒、食べ物)* 節制 sessei; 2. *relig* 断食 danjiki

abstrac/ción *f* 抽象 chuushoo; **~to, -a** *adj* 抽象的な chuushoo-teki na

absurdo, -a *adj* 馬鹿げた baka-geta

abuel/a *f* おばあさん obaasan; **~o** *m* おじいさん ojiisan

abundancia *f* 豊富 hoofu; **en ~** 十分に juubun ni, 豊富に hoofu ni

aburri/do, -a *adj* 退屈な taikutsu na, *(monótono)* 単調な tanchoo na; **estoy ~do, -a** 私は退屈です Watashi wa taikutsu desu; **~miento** *m* 退屈 taikutsu, *(monotonía)* 単調さ tanchoo-sa; **~r** 退屈させる taikutsu saseru; **~rse** 退屈する taikutsu suru

abus/ar *vi* 1. *(buena intención, debilidad, amabilidad/善意、弱み、親切に)* … につけこむ … ni tsukekomu; 2. *(bebida, comida/食べ物、酒の)* 度を過ごす do o sugosu; **~o** *m* 乱用 ran'yoo

acá *adv* こちらへ kochira e, ここに koko ni; **de ~ para allá** あちこちに achikochi ni

acab/ado, -a *adj* 完成した kansei shita; **~ar 1.** 1. *vt (trabajo, estudios/仕事、勉強などを)* 終える oeru, 完成する kansei suru; 2. *(dinero, cosas/金、物を)* 使い果たした tsukai hatashita; **2.** *vi* 1. 終わる owaru; 2. *(dinero, cosas/金、物が)* なくなる nakunaru; **~ar de hacer** … したばかりだ … shita bakari da; **~ar de llegar** 着いたばかり tsuita bakari; **~arse** 終わる owaru

acad/emia *f* 1. *(ciencias, artes/科学、芸術の)* 学会 gakkai, アカデミー akademii; 2. 塾 juku; **~emia militar** *mil* 士官学校 shikan gakkoo; **~émico, -a 1.** *adj* アカデミックな akademikku na, *(de escuela)* 学園の gakuen no; **2.** *m/f* 学士院会員 gakushi-in kai-in, 芸術院会員 geijutsuin kai-in

acampar *vi* キャンプする kyanpu suru

acariciar *vt* 1. 愛撫する aibu suru 撫でる naderu 2. *(pensamiento, sentimiento/考え、感情などを)* 抱く daku

acaso 1. *adv* たぶん tabun; **por si ~** 万一の場合に man'ichi no baai ni; **2.** *m* 偶然 guuzen

acatarrarse 風邪をひく kaze o hiku

acceder *vi* 同意する dooi suru
accesible *adj m/f* 1. *(lugar/場所)* 近づける chikazukeru; 2. *(cosas/物)* 入手できるnyuushu dekiru; 3. *(persona/人)* 近づきやすい chikazuki-yasui
acceso *m* 1. *(acercamiento)* 接近 sekkin; 2. *(pasaje)* 通路 tsuuro, *(entrada)* 入口 iriguchi; 3. *informát* アクセス akusesu
accesorio *m* アクセサリー akusesarii
accident/al *adj m/f* 偶然の guuzen no; **~e** *m* 事故 jiko
acción *f* 1. 行動 koodoo, アクション akushon; 2. *(efecto)* 作用 sayoo; 3. *cine, teat* 演技 engi; 4. *econ* 株 kabu
accion/ar *vt* 動かす ugokasu; **~ista** *m/f* 株主 kabunushi
aceit/e *m* 油 abura, オイル oiru; **~ bronceador** サン オイル san oiru; **~ de girasol** ひまわり油 himawari-yu; **~ de oliva** オリーブ油 oriibu-yu; **~ vegetal** 植物油 shokubutsu-yu; **~oso, -a** *adj* 油っこい aburakkoi; **~una** *f* オリーブの実 oriibu no mi
acelera/ción *f auto* 加速 kasoku, *(activación)* 促進 sokushin; **~dor** *m auto* アクセル akuseru; **~r** はやめる hayameru, *auto* 加速する kasoku suru; **~rse** 急ぐ isogu
acent/o *m* アクセント akusento; **~uar** *vt* アクセントをつける akusento o tsukeru; **~uarse** アクセントがある akusento ga aru
acept/able *adj m/f* 承諾できる shoodaku dekiru; **~ación** *f* 1. 承諾 shoodaku; 2. *(crítica favorable)* 好評 koohyoo; **~ar** *vt* 受けいれる ukeireru, 承諾する shoodaku suru
acera *f* 歩道 hodoo
acerca de *prep* … について … ni tsuite, … に関して … ni kanshite
acerca/miento *m* 接近 sekkin; **~r** *vt* 近づける chikazukeru; **~rse a** … に近づく … ni chikazuku
acero *m* 鋼鉄 kootetsu
acerta/do, -a *adj* 正しい tadashii; **~r** *vt* 当てる ateru
acidez *f* 1. 酸味 sanmi; 2. *quím* 酸性 sansei; **~ de estómago** 胃酸 isan
ácido 1. -a *adj* 酸っぱい suppai; **2.** *m* 酸 san
acierto *m* 的中 tekichuu
aclama/ción *f* 拍手 hakushu; **~r** 喝采する kassai suru
aclara/ción *f* 1. *(explicación)* 説明 setsumei; 2. *(nota al pie)* 注釈 chuushaku; **~r** *vt* 1. *(explicar algo)* 明らかにする akiraka ni suru; 2. *(diluir)* 薄める usumeru; 3. *(enjuagar)* すすぐ susugu; **~rse** 1. *(luz, cielo)* 明るくなる akaruku naru; 2. 明確になる meikaku ni naru

acogedor, -a *adj* 1. *(amistoso)* 友好的な yuukoo-teki na; 2. *(vivienda, lugar/住居、場所など)* 居心地のよい igokochi no yoi

acog/er *vt* 1. *(dar la bienvenida)* 歓迎する kangei suru; 2. *(proteger)* 保護する hogo suru; **~ida** *f* 1. 歓迎 kangei; 2. *(proteger)* 保護 hogo

acompañ/amiento *m gastr* 料理の付け合せ ryoori no tsukeawase; **~ante** *m/f* 1. *(persona que acompaña a alguien)* 同伴者 doohan-sha; 2. *mús* 伴奏者 bansoo-sha; **~ar** *vt* 1. *(ir con alguien)* 一緒に行く issho ni iku; 2. *(adjuntar)* 添付する tenpu suru; 3. *mús* 伴奏する bansoo suru

acondiciona/do, -a *adj* 設備の整った setsubi no totonotta; **~dor** *m* エアコン eakon; **~dor de aire** 冷暖房設備 reidanboo setsubi; **~r** *vt*整える totonoeru, 整備する seibi suru

aconsejar *vt* アドバイスする adobaisu suru; **~se con / de alg** … に助言を求める … ni jogen o motomeru

acontec/er *vi* 起こる okoru, 生じる shoojiru; **~imiento** *m* 出来事 dekigoto

acopla/miento *m tecn* 結合 ketsugoo, 接続 setsuzoku; **~r** *vt* つなぐ tsunagu

acordar *vt* *(decidir)* 決定する kettei suru, *(llegar a un acuerdo)* 合意する gooi suru; **~se de** … を覚えている … o oboete iru, … を思い出す … o omoidasu

acorde 1. *adj m/f* 一致した itchi shita; ~ **con** … と合った … to atta, 調和した choowa shita; **2.** *m mús* 和音 waon, コード koodo

acordeón *m* アコーデイオン akoodion

acortar *vt* 1. *(longitud, distancia, tiempo/長さ、距離、時間などを)* 短くする mijikaku suru; 2. *(cantidad, volumen /数量を)* 減らす herasu; **~se** 短くなる mijikaku naru

acos/ar *vt* 追い詰める oitsumeru, 窮地に立たす kyuuchi ni tatasu; **~o** *m* 追いつめること oitsumeru koto; **~o sexual** セクハラ sekuhara

acostar *vt* 寝かせる nekaseru; **~se** 寝る neru; **~se con alg** … と寝る …to neru, セックスする sekkusu suru

acostumbra/do, -a *adj* … に慣れた … ni nareta; **~r 1**. *vt* 慣れさせる naresaseru; **~r a alg a u/c** … を … に慣れさせる … o … ni naresaseru; **2.** *vi* … するのを習慣にしている … suru no o shuukan ni shite iru; **~rse a** … に慣れる … ni nareru

acredita/do, -a *adj* 信用のある shin'yoo no aru; **~r** *vt* 信用する shin'yoo suru; **~rse** *(diplomático/外交官)* 信任状を提出する shinninjoo o teishutsu suru

acreedor 1. -a *adj* 資格がある shikaku ga aru; 2. *m* 借金取り shakkin tori

acrobacia *f* アクロバット akurobatto

acróbata *m* 曲芸師 kyokugei-shi

acta *f* 議事録 gijiroku

actitud *f* 態度 taido

activar *vt* 1. 促進する sokushin suru; 2. *(animar)* 活気づける kakkizukeru

activ/idad *f* 1. 活動 katsudoo; **~o, -a** *adj* 1. 活動的な katsudoo-teki na, 活発な kappatsu na; 2. 積極的な sekkyoku-teki na; 3. *med* 効き目の早い kikime no hayai

acto *m* 1. 行動 koodoo; 2. 行事 gyooji; 3. *teat* 幕 maku; **en el ~** 直ちに tadachi ni

actor *m*男優 dan'yuu

actriz *f* 女優 joyuu

actuación *f* 1. *teat* 演技 engi, *mús teat* 公演 kooen; 2. *(acto, acción)* 行為 kooi

actual *adj m/f (de ahora)* 現在の genzai no, *(contemporáneo)* 現代の gendai no; **~idad** *f* 現在 genzai

actuar *vi* 1. *teat* 演じる enjiru, *(salir en cine, teatro)* 出演する shutsuen suru; 2. *(acto, acción)* 行動する koodoo suru; 3. *mús* 演奏する ensoo suru

acuarela *f* 水彩画 suisai-ga

acuario *m* 水族館 suizoku-kan; **~*** *m astr* 水瓶座 Mizugame-za

acuático, -a *adj (dentro del agua)* 水中の suichuu no, *(en la superficie del agua)* 水上の suijoo no, *(vivir dentro del agua)* 水の中に棲む mizu no naka ni sumu

acudir *vi* 1. 駆けつける kaketsukeru; 2. *(recurrir a un método)* ある手段にうったえる aru shudan ni uttaeru

acueducto *m* 水道橋 suidoo-kyoo

acuerdo *m* 1. *(conformidad, acuerdo mutuo)* 合意 gooi, 同意 dooi; 2. *(convenio, pacto)* 協定 kyootei; **estar de ~ con** … と同意/合意してる … to dooi/gooi shite iru, … に賛成だ … ni sansei da; **ponerse de ~** … に賛成する … ni sansei suru; **¡de ~!** 了解 ryookai, オッケーOK

acumula/ción *f* たまる事 tamaru koto; **~r** *vt* 蓄積する chikuseki suru

acusa/ción *f* 1. 非難 hinan; 2. *jur* 起訴 kiso; **~do, -a** *m/f jur* 被告 hikoku, *(sospechoso)* 容疑者 yoogi-sha; **~dor** *m* 告発者 kokuhatsu-sha; **~r de** … の

罪で告訴する … no tsumi de kokuso suru, … と非難する … to hinan suru

adapta/ción *f* 1. 適合 tekigoo, 適応 tekioo; 2. *teat cine* 脚色 kyakushoku, *mús* 編曲 henkyoku; **~r** *vt* 1. 適合させる tekigoo saseru; 2. *teat cine* 脚色する kyakushoku suru; 3. *mús* 編曲する henkyoku suru; **~rse a** 順応する junnoo suru

adecua/do, -a *adj* 適切な tekisetsu na, ふさわしい fusawashii; **~r** *vt* 適応させる tekioo saseru

adelanta/do *adj* 1. *(el tiempo/時間)* 進んだ susunda; 2. *com* 前払いの maebarai no; 3. *(avanzado)* 進歩した shinpo shita; **ir ~do** 進んでいる susunde iru; **por ~do** 前もって maemotte; **~miento** *m auto* 追い越し oikoshi; **~r 1.** *vt* 1. *(avanzar)* 前進させる zenshin saseru; 2. *(tiempo)* 早める hayameru; 3. *com* 前払いする maebarai suru; 4. *auto* 追い越す oikosu; **2.** *vi* 1. 進む susumu; 2. *(progresar)* 上達する jootatsu suru; 3. 追い越す oikosu; **~rse** 前進する zenshin suru, 進歩する shinpo suru; **~rse a alg** … の先を越す … no saki o kosu; **adelante** *adv* 前へ mae e; **de ahora en ~** これから kore kara; **más ~** 後で ato de

adelanto *m* 1. 進歩 shinpo; 2. *banc* 前払い maebarai

adelgazar 1. *vt* やせさせる yasesaseru; **2.** *vi* やせる yaseru

además *adv* その上 sonoue; **~ de** … の他に … no hoka ni

adentro *adv* 中に naka ni, 奥に oku ni

adeuda/do, -a *adj* 借金している shakkin shite iru; **~r** *vt banc* 金を借りている kane o karite iru; **~rse** 借金をする shakkin o suru

adherir 1. *vt* 貼る haru; **2.** *vi* 付着する fuchaku suru; **~se a** … にくっつく … ni kuttsuku

adhesi/ón *f* 付着 fuchaku; **~vo** *m* 接着剤 setchaku-zai

adicción *f med (アルコール、麻薬などの)* 中毒 chuudoku

adic/ión *f* 1. 追加 tsuika; 2. *mat* 足し算 tashizan; **~ional** *adj m/f* 追加の tsuika no

adicto, -a *adj med (droga/麻薬などの)* 常習者 jooshuu-sha

adinerado, -a 1. *adj* 金持ちの kanemochi no; **2.** *m/f* 金持ち kanemochi

adiós さようなら sayoonara

adivina/nza *f* 1. なぞなぞ nazonazo; **~r** *vt* 占う uranau, 謎を解く nazo o toku

adjetivo *m* 形容詞 keiyooshi

adjudicar *vt* 1. *(premio/賞などを)* 与える ataeru; 2. *(subasta)* 落札する rakusatsu suru

adjunt/ar *vt informát* 添付する tenpu suru; **~o** *m informát (documento)* 添付 tenpu

administra/ción *f* 1. *pol* 行政 gyoosei; 2. *adm* 経営 keiei; 3. 行政機関 gyoosei kikan; 4. 薬を飲ませること kusuri o nomaseru koto; **~dor, -a** *m/f adm* 経営者 keiei-sha, 管理者 kanri-sha; **~r** *vt* 1. *adm* 経営する keiei suru, 管理する kanri suru; 2. *(medicamento)* 薬を飲ませる kusuri o nomaseru; **~tivo**, **-a 1.** *adj adm* 経営の keiei no, 管理の kanri no; **2.** *m* 事務職員 jimu-shokuin

admira/ble *adj m/f* 素晴らしい subarashii; **~ción** *f* 1. 感嘆 kantan; 2. *ling* 感嘆符 kantanfu; **~r** 感嘆する kantan suru; **~rse de** … に驚く … ni odoroku

admisi/ble *adj m/f* 受け入れられる ukeirerareru; **~ón** *f* 1. *(permiso)* 許可 kyoka; 2. 採用 saiyoo

admitir *vt* 受け入れる ukeireru, 承認する shoonin suru

adolescen/cia *f* 思春期 shishun-ki; **~te** *m/f (joven)* 若者 waka-mono, *(menor de edad)* 未成年 miseinen

¿adónde? *adv* どこへ doko e

adop/ción *f* 1. 採用 saiyoo; 2. *(de un hijo)* 養子縁組 yooshi engumi; **~tar** *vt* 1. 採用する saiyoo suru; 2. *(hijo)* 養子にする yooshi ni suru; **~tivo, -a** *adj* 養子の yooshi no

adora/ble *adj m/f* 崇拝すべき suuhai subeki; **~ción** *f* 崇拝 suuhai; **~r** *vt* 崇拝する suuhai suru

adorn/ar *vt* 飾る kazaru; **~o** *m* 飾り kazari

adqui/rir *vt* 1. *(obtener)* 手に入れる te ni ireru; 2. *(técnica, conocimiento, cultural/技術、知識、文化を)* 身につける mi ni tsukeru; **~sición** *f* 入手 nyuushu

aduan/a *f* 税関 zeikan; **~ero 1. -a** *adj* 税関の zeikan no; **2.** *m/f* 税関の職員 zeikan no shokuin

adueñarse de ~ … の持ち主になる … no mochinushi ni naru

adula/ción *f* おせじ oseji; **~dor** *m* ごますり gomasuri; **~r** *vt* お世辞を言う oseji o iu

adulterar *vt (混ぜものをして)* 品質を落とす hinshitsu o otosu

adulto 1. -a *adj* 1. 成人した sei-jin shita, 大人の otona no; **2.** *m* 成人 seijin, 大人 otona

adverbio *m ling* 副詞 fukushi

advers/ario, -a *m/f* 敵の teki no; **~idad** *f* 不運 fu-un; **~o, -a** *adj* 敵対する tekitai suru

advert/encia *f* 注意 chuui, 警告 keikoku; **~ir** *vt* 知らせる

shiraseru, 警告する keikoku suru

aéreo, -a *adj* 1. *(de aire)* 空気の kuuki no, *(en el aire)* 空中の kuuchuu no; 2. *aero* 航空の kookuu no

aeródromo *m* 飛行場 hikoo-joo

aero/náutica *f* 航空学 koo-kuugaku; **~puerto** *m* 空港 kuukoo

afable *adj m/f* 優しい yasashii

afán *m* 熱心 nesshin, 熱意 net-sui

afanarse por … に一生懸命にな る … ni isshookenmei ni naru

afectar *vt (influir)* 影響する ei-kyoo suru, *(dañar)* 被害を与え る higai o ataeru

afección *f med* 病気 byooki

afecta/do, -a *adj* 1. *(dañado)* 被害を受けた higai o uketa; 2. *med* 病気にかかった byooki ni kakatta; **~do por** … で被害を受けた … de higai o uketa, 病気になった byooki ni natta; **~r** *vt (dañar)* 被害を与える hi-gai o ataeru; … に害を与える … ni gai o ataeru

afect/o *m* 愛情 aijoo; **~uoso, -a** *adj* 愛情のこもった aijoo no komotta

afeitarse ひげをそる hige o soru

afgano 1. *m ling* アフガン語 Afugan-go; **2. -a** *adj* アフガニスタンの Afuganisutan no, アフガニスタン人の Afuganisu-tan-jin no; **3.** *m/f* アフガニスタン人 Afuganisutan-jin

afición *f* 1. *(pasatiempo)* 趣味 shumi; 2. *(amante, entusiasta)* ファン fan

aficiona/do, -a *m/f* アマチュア amachua; **~rse u/c** … が好きになる … ga suki ni naru, … に熱中する … ni netchuu suru

afila/do, -a *adj* 尖った togatta; **~r** *vt* 研ぐ togu

afilia/ción *f* 入会 nyuukai; **~do, -a** *m/f* 会員 kai-in; **~rse a** … の会員になる … no kai-in ni naru

afirma/ción *f* 肯定 kootei; **~r** *vt* 肯定する kootei suru, 断言する dangen suru; **~tivo, -a** *adj* 肯定的な kootei-teki na

aflojar 1. *vt* 緩める yurumeru, 緩和する kanwa suru; **2.** *vi* 緩む yurumu; **~se** 緩む yuru-mu

afluir *vi (líquido, fluido/液体などが)* 流れ込む nagare komu, *(río, líquido/川、液体などが)* 合流する gooryuu suru, 注ぐ sosogu

afónico, -a *adj* 声がかれた koe ga kareta; **estar ~** 声がでなくなる koe ga denaku naru

afortunad/amente *adv* 幸運にも kooun ni mo; **~o, -a** *adj* 運がよい un ga yoi, 恵まれた megumareta

África *f* アフリカ Afurika

africano, -a 1. *adj* アフリカの Afurika no; **2.** *m/f* アフリカ人 Afurika-jin
afrontar *vt* 1. *(obstáculo)* 直面する chokumen suru; 2. *(contrincante)* 対決させる taiketsu saseru
afuera *adv* 外に soto ni, 外側に sotogawa ni; **de** ~ 外から soto kara; **~s** 郊外 koogai
agacharse かがむ kagamu, うずくまる uzukumaru
agencia *f* 代理店 dairiten; ~ **de publicidad** 広告代理店 kookoku dairiten; ~ **de transporte** 運送会社 unsoogai-sha; ~ **de viajes** 旅行代理店 ryokoo dairi-ten
agenda *f* 手帳 techoo
agente *m* 1. 代理業者 darigyoo-sha; 2. *(espía)* スパイ supai; ~ **de cambio y bolsa** 証券会社の社員 shooken-gaisha no shain; ~ **de transportes** 運送業者 unsoogyoo-sha; ~ **de viajes** 旅行業者 ryokoogyoo-sha
ágil *adj m/f* 敏捷な binshoo na
agili/dad *f* 敏捷 binshoo; **~zar** *vt* 1. 軽快にする keikai ni suru; 2. *(trámite)* 簡単にする kantan ni suru
agita/ción *f* 振ること furu koto; *pol* 扇動 sendoo; **~r** *vt* 1. 振る furu; 2. *pol* 扇動する sendoo suru
aglomeración *f* 群集 gunshuu; ~ **de gente** 人だかり hitodakari; ~ **de tráfico** 交通渋滞 kootsuu juutai
agon/ía *f* 断末魔 danmatsuma; **~izante 1.** *adj* 臨終の rinjuu no; **2.** *adj m/f* 臨終の人 rinjuu no hito; **~izar** *vi* 死にかけている shinikakete iru
agosto *m* 8 月 hachi-gatsu
agota/do, -a *adj* 1. *(mercancía)* 売り切れた urikireta; 2. *(cansancio)* 疲れ果てた tsukare hateta; **~miento** *m* 1. *(mercancía)* 売り切れ urikire, 全部使ってしまうこと zenbu tsukatte shimau koto; 2. *(extenuación)* 疲れ果てること tsukare hateru koto; **~r** *vt* 1. 売り切る urikiru, 全部使ってしまう zenbu tsukatte shimau; 2. *(extenuar)* 疲れさせる tsukare saseru; **~rse** 1. *(acabarse)* なくなる nakunaru; 2. *(extenuarse)* 疲れ果てる tsukare-hateru
agrad/able 1. *adj* 快適な kaiteki na; **2.** *m/f* 感じのいい人 kanji no ii hito; **~ar** *vi* 気に入る ki ni iru; **~ecer** *vt* 感謝する kansha suru; **~ecido, -a** *adj* 感謝している kansha shite iru; **~ecimiento** *m* 感謝 kansha
agrario, -a *adj* 農業の noogyoo no
agredir *vt* 襲う osou
agrega/do *m* *(cosa)* 付属物 fuzoku-butsu, *(persona)* 補佐 hosa; **~r** *vt* 加える kuwaeru;

~r a … の一員にする … no ichi-in ni suru
agres/ión *f* 攻撃 koogeki; **~ivo, -a** 攻撃的な koogeki-teki na; **~or** *m* 攻撃者 koogeki-sha
agricult/or *m* 農民 noomin; **~ura** *f* 農業 noogyoo
agridulce *adj m/f* 甘酸っぱい amazuppai
agrio, -a *adj* 1. *(sabor)* 酸っぱい suppai; 2. *(actitud, expresión)* 気難しい kimuzukashii
agrupa/ción *f* 1. *(formar grupos)* グループにすること guruupu ni suru koto; 2. *(grupo)* 団体 dantai; **~r** *vt* グループにする guruupu ni suru; **~rse** グループを作る guruupu o tsukuru
agua *f* 水 mizu; ~ **bendita** 聖水 seisui; ~ **de Colonia** オー・デ・コロン oo-de-koron; ~ **del grifo** 水道の水 suidoo no mizu, ~ **mineral** ミネラル・ウオーター mineraru-uootaa; ~ **potable** 飲料水 inryoosui; **~s residuales** 下水 gesui
aguafiestas *m/f* 他の人の楽しみに水をさす人 hoka no hito no tanoshimi ni mizu o sasu hito
aguantar 1. *vt* 耐える taeru; **2.** *vi* 持ちこたえる mochikotaeru; **~se** 我慢する gaman suru
aguard/ar *vt* 待つ matsu
aguardiente *m* 焼酎 shoochuu
agud/eza *f* 1. 鋭さ surudosa; 2. *(cerebro)* 頭脳の鋭さ zunoo no surudosa; 3. *(sentido/感覚の)* 鋭さ surudosa; **~o, -a** *adj* 1. *(cuchilla, punta)* 鋭い surudoi; 2. *(persona)* 機知にとんだ kichi ni tonda; 3. *(dolor)* 痛みが激しい itami ga hageshii
águila *f zool* 鷲 washi
aguj/a *f* 針 hari; **~erear** *vt* 穴をあける ana o akeru; **~ero** *m* 穴 ana
ahí *adv* そこに/へ soko ni/e; **por** ~ その辺に/で sono hen ni/de
ahoga/do, -a *adj (en el agua)* 溺れた oboreta, *(asfixiado)* 窒息した chissoku shita; **~r** *vt* 1. *(en el agua)* 溺れさせる obore saseru; 2. *(asfixiar)* 窒息させる chissoku saseru; **~rse** 1. *(en el agua)* 溺れる oboreru; 2. *(asfixiarse)* 窒息する chissoku suru
ahora *adv* 今 ima, 現在 genzai; ~ **bien** ところで tokoro de; ~ **mismo** 今すぐに ima sugu ni, たった今 tatta ima; **por** ~ 今のところ ima no tokoro
ahorcar *vt* 首を絞めて殺す kubi o shimete korosu; **~se** 首を吊って死ぬ kubi o tsutte shinu
ahorr/ar *vt* 1. *(金を)* 貯める tameru; 2. *(tiempo, trabajo/時間、労力などを)* 惜しむ oshimu; **~o** *m* 貯金 chokin, 節約 setsuyaku

aire *m* 1. 空気 kuuki, *(viento)* 風 kaze; 2. *(ambiente)* 雰囲気 fun'iki; 3. *mús* メロデイー merodii; ~ **acondicionado** エアー・コンデイショニング eaa-kondishoningu; **al ~ libre** 野外で yagai de; **~ar** *vt* 風を通す kaze o toosu

aisla/do, -a *adj* 1. 孤立した koritsu shita; 2. *electr* 絶縁した zetsuen shita; **~miento** *m* 1. 孤立 koritsu, *(cuarentena)* 隔離 kakuri; 2. *electr* 絶縁 zetsuen; **~nte 1.** *adj m/f* 1. *electr* 絶縁の zetsuen no; 2. 孤立の koritsu no; **2.** *m electr* 絶縁体 zetsuen-tai; **~r** *vt* 1. 孤立させる koritsu saseru, *(cuarentena)* 隔離する kakuri suru; 2. *electr* 絶縁する zetsuen suru; **~rse** 孤立する koritsu suru

ajedrez *m* チェス chesu

ajeno, -a *adj* 1. *(persona)* 他人の tanin no; 2. *(sin relación)* 無関係の mu-kankei no

ajetreo *m* あわただしさ awatadashisa

ajo *m* にんにく ninniku

ajusta/do, -a *adj* ぴったり合った pittari atta; **~r** *vt* 調節する choosetsu suru

ala *f* 1. 翼 tsubasa; 2. *(de sombrero/帽子の)* つば tsuba; **~ izquierda** 左翼 sayoku

Alá *m* イスラム教の神 Isuramu-kyoo no kami

alaba/nza *f* 賞賛 shoosan; **~r** *vt* 褒める homeru

alameda *f* 並木道 namiki-michi, ポプラ並木 popura-namiki

álamo *m* ポプラ popura

alargar *vt* 長くする nagaku suru, *(tiempo)* 延長する enchoo suru; **~se** 長くなる nagaku naru

alarma *f* 警報 keihoo; **~nte** *adj m/f* 危険な状態の kiken na jootai no; **~r** *vt* 警戒させる keikai saseru

alba *f* 夜明け yoake

alban/és 1. -a *adj* アルバニアの Arubania no; **2.** *m* ling アルバニア語 Arubania-go; **3.** *m/f* アルバニア人 Arubania-jin; **~*ia** *f* アルバニア Arubania

albañil *m* 左官 sakan; **~ería** *f* 左官職 sakan-shoku

albaricoque *m* 杏の実 anzu no mi

alberg/ar *vt* 宿を提供する yado o teikyoo suru; **~ue** *m* **juvenil** ユース・ホステル yuusu- hosuteru

albóndiga *f gastr* ミート・ボール miito-booru

albornoz *m* バス・ローブ basu-roobu

alborot/ado, -a *adj* 騒がしい sawagashii; **~ar** 1. *vt* 騒がせる sawagaseru; 2. *vi* 大騒ぎをする oosawagi o suru; **~o** *m* 騒ぎ sawagi

álbum *m* アルバム arubamu

alcalde, -esa *m/f (de una ciudad)* 市長 shichoo, *(de un pueblo)* 町長 choochoo, *(de una aldea)* 村長 sonchoo
alcance *m* 届く範囲 todoku han'i
alcanzar 1. *vt* 追いつく oitsuku, *(llegar)* 届く todoku; **2.** *vi* **a** … に届く … ni todoku, … に達する … ni tassuru
alcázar *m* 王宮 ookyuu, 城塞 joosai
alcohol *m* アルコール arukooru, アルコール飲料 arukooru inryoo
alco/hólico 1. -a *adj* アルコールの arukooru no, アルコールを含んだ arukooru o fukunda; **2.** *m/f* アルコール中毒者 arukooru chuudoku-sha; **~holismo** *m* アルコール中毒 arukooru chuudoku
aldea *f* 村 mura
alea/ción *f* 合金 gookin; **~r** *vt* 合金にする gookin ni suru
aleg/oría *f* アレゴリー aregorii, 寓話 guuwa; **~órico, -a** *f* 寓意的な guui-teki na
alegr/ar *vt* 喜ばせる yorokobaseru; **~arse de** … を喜ぶ … o yorokobu; **~e** *adj m/f* 陽気な yooki na; **~ía** *f* 喜び yorokobi
aleja/miento *m* 離れていること hanarete iru koto; **~r** *vt* 遠ざける toozakeru; **~rse** 遠ざかる toozakaru
alemán 1. -a *adj* ドイツの Doitsu no, ドイツ人の Doitsu-jin no, ドイツ語の Doitsu-go no; **2.** *m ling* ドイツ語 Doitsu-go; *m/f* ドイツ人 Doitsu-jin
Alemania *f* ドイツ Doitsu
alerta *f* 警報 keihoo, 警戒態勢 keikai taisei
alfa/bético, -a *adj* アルファベットの arufabetto no; **~beto** *m* アルファベット arufabetto
alfombr/a *f* 絨毯 juutan; **~illa** *f* マット matto
alga *f (de mar)* 海草 kaisoo, *(de agua dulce)* 藻 mo; ~ **marina** 海草 kaisoo
álgebra *f* 代数 daisuu
algo 1. 何か nani ka, ある物 aru mono, ある事 aru koto; 2. いくらか ikura ka
algodón *m* 綿 wata, コットン kotton
alg/uien 誰か dare ka; **~uno** *(persona)* 誰か dare ka, *(objeto)* どれか dore ka; **~unos** *(persona)* 何人か nannin ka, *(objeto)* いくつか ikutsu ka
aliado 1. -a *adj* 同盟した doomei shita; **2.** *m/f (persona)* 同盟者 doomei-sha, *(estado)* 連合国 rengoo-koku
alianza *f* 1. 同盟 doomei; 2. *(pacto)* 協定 kyootei; 3. *(boda)* 結婚指輪 kekkon yubiwa
aliarse 同盟を結ぶ doomei o musubu
alicates *mpl* ペンチ penchi

aliciente *m* 励みになること hagemi ni naru koto

aliena/ción *f med* 精神異常 seishin-ijoo; **~r** *vt med* 発狂させる hakkyoo saseru

aliento *m* 息 iki

aligerar *vt* 軽くする karuku suru

aliment/ación *f* 1. *(nutrición)* 栄養 eiyoo, *(comida)* 食料 shokuryoo; 2. *(dar de comer)* 食べ物を与えること tabemono o ataeru koto; **~ar** *vt* 1. *(dar de comer)* 食べさせる tabesaseru, *(nutrir)* 栄養を与える eiyoo o ataeru; 2. *(electricidad, combustible/電気、燃料などを)* 供給する kyookyuu suru; **~arse** 1. *(nutrirse)* 栄養をとる eiyoo o toru, *(comer)* 食べる taberu; 2. *(electricidad, combustible/電気、燃料などが)* 供給される kyookyuu sareru; **~o** *m (comida)* 食べ物 tabemono, *(nutrición)* 栄養 eiyoo; ~ **para perros** 犬の餌 inu no esa; **~os** *mpl jur* 養育費 yooiku-hi; **~os congelados** 冷凍食品 reitoo-shoku-hin

alinear *vt* 一直線に並べる itchokusen ni naraberu, 整列させる seiretsu saseru

aliñar *vt gastr* ドレッシングをかける doresshingu o kakeru

alisar *vt* 滑らかにする nameraka ni suru, しわをのばす shiwa o nobasu

alivi/ar *vt* 1. *(carga/負担などを)* 軽くする karuku suru; 2. *(sufrimiento, angustia/苦痛、心痛などを)* 和らげる yawarageru; **~arse** 1. 楽になる raku ni naru; 2. *med (enfermedad/病気などが)* 楽になる raku ni naru; **~o** *m* 1. *(de sufrimiento/苦痛などが)* 楽になること raku ni naru koto; 2. *(de enfermedad/病気などの)* 快方 kaihoo; 3. 気が軽くなること ki ga karuku naru koto 4. *(carga/負担などが)* 軽くなること karuku naru koto

allá *adv* あちらへ/に/で achira e/ni/de; **de** ~ あちらから achira kara; **más** ~ もっと向こうへ/に/ で motto mukoo e/ni/de; **por** ~ あちらに/で/を achira ni/de/o

allana/miento *m* 平らにすること taira ni suru koto; **~r** *vt* 平らにする taira ni suru

allí *adv* あそこに/へ/で asoko ni/e/de, そこに/へ/で soko ni/e/de; ~ **mismo** ちょうどあそこに/へ/で choodo asoko ni/e/de; **de/desde** ~ あそこから asoko kara; **hasta** ~ あそこまで asoko made; **por** ~ その辺りに sono atari ni

alma *f* 1. 魂 tamashii; 2. *(persona)* 人 hito

alma/cén *m* 倉庫 sooko; **grandes ~cenes** デパート depaato; **~cenar** *vt* 1. 倉庫に入れ

る sooko ni ireru, 保管する hokan suru; 2. *informát* 記憶させる kioku saseru
almanaque *m* 暦 koyomi
almeja *f* あさり asari, 蛤 hamaguri
almendr/a *f* アーモンド aamondo; **~o** *m* アーモンド(の木) aamondo (no ki)
almirante *m* 提督 teitoku
almohad/a *f* 枕 makura; **~illa** *f* クッション kusshon; **~ón** *m* クッション kusshon
almorzar *vt* 昼ごはんを食べる hirugohan o taberu
almuerzo *m* 昼食 chuushoku
alocado, -a *adj* 軽率な keisotsu na
aloja/miento *m* 宿 yado; **~r** *vt* 泊める tomeru; **~rse** 泊まる tomaru, 宿泊する shukuhaku suru
Alpes *mpl* アルプス Arupusu
alpinis/mo *m* 登山 tozan; **~ta** *m/f* 登山家 tozan-ka, アルピニスト arupinisuto
alquil/ar *vt* 1. *(prestar algo cobrando dinero)* 賃貸する chintai suru; 2. *(pedir prestado pagando)* 賃借りする chingari suru; **~er** *m (hecho de prestar algo cobrando dinero)* 賃貸 chintai, *(hecho de pedir prestado pagando)* 賃借 chinshaku; **~er de coches** 車を借りること kuruma o kariru koto
alquitrán *m* タール taaru
alrededor *adv* 周りに/で/を mawari ni/de/o; ~ **de** … の周囲に/で/を … no shuui ni/de/o; **~es** *mpl* 周辺 shuuhen, 郊外 koogai
Alsacia *f* アルザス Aruzasu; **~*no 1. -a** *adj* アルザスの Aruzasu no; **2.** *m/f* アルザスの住人 Aruzasu no juunin
alta *f* 1. 入会 nyuukai, 加入 kanyuu; 2. *med* 退院許可 taiin kyoka, **dar de** ~ 1. *med* 退院許可を出す taiin kyoka o dasu; 2. 加入させる kanyuu saseru
altar *m* 祭壇 saidan
altavoz *m* スピーカー supiikaa
altera/ble *adj m/f* 変わりやすい kawari-yasui; **~ción** *f* 1. *(modificación)* 変更 henkoo; 2. *(transformación)* 変化 henka; **~do, -a** *adj* 1. *(cambio de calidad)* 変質した henshitsu shita; 2. *(psicológicamente)* 動揺した dooyoo shita; **~r** *vt* 1. *(empeorar)* 悪くする waruku suru; 2. *(orden/秩序などを)* 乱す midasu; 3. *(sentimiento/感情などを)* 動揺させる dooyoo saseru; **~rse** 1. *(cambio de calidad)* 変質する henshitsu suru; 2. *(psicológicamente)* 取り乱す torimidasu
alterna/r *vt* 交互にする koogo ni suru; **~tiva** *f* 交互 koogo, *(posibilidad de selección)* 選

択の余地 sentaku no yochi; **~tivo, -a** *adj* 1. 交互にする koogo ni suru, 代わりの kawari no; 2. *electr* 交流の kooryuu no

alteza *f* 殿下 denka

alti/tud *f* 高度 koodo, *(lugar)* 高所 koosho; **~vo, -a** *adj* 高慢な kooman na

alto 1. -a *adj* 高い takai; 2. *(precio/値段などが)* 高い takai; 3. *(rango, posición/身分、地位などが)* 高い takai; 4. *(estatura)* 背が高い se ga takai; **2**. *adv* 高く takaku, 高い所に takai tokoro ni, *(sonido, ruidos)* 大きな音で ookina oto de; **3.** *m mús* アルト aruto; **¡~!** 止まれ tomare!

altura *f* 高い所 takai tokoro, 高さ taka-sa

alubia *f* インゲン豆 ingen mame

alucinación *f* 幻覚 genkaku

alud *m* 雪崩 nadare

alumbra/do 1. -a *adj* 灯をともした hi o tomoshita; **2.** *m* 照明 shoomei; **~miento** *m* 1. *(iluminación)* 照明 shoomei; 2. *med* 出産 shussan; **~r 1.** *vt* 1. *(iluminar)* 照明する shoomei suru; 2. *med* 出産する shussan suru; **2.** *vi* 1. 輝く kagayaku; 2. *med* 出産する shussan suru

aluminio *m* アルミニウム aruminiumu

alza *f (de temperatura, precio/温度、価格などの)* 上昇 jooshoo; **~miento** *m* 1. 高く上げること takaku ageru koto; 2. *(de precio)* 値段が上がること nedan ga agaru koto; 3. *pol* 反乱 hanran; **~r** 1. *vt* 上げる ageru, 高くする takaku suru; 2. *pol* 反乱を起こさせる hanran o okosaseru; **~rse** 1. *(precio, temperatura/価格、温度などが)* 上がる agaru; 2. *pol* 反乱を起こす hanran o okosu

ama *f* 女主人 onna shujin; **~ de casa** 主婦 shufu; **~ de cria** 乳母 uba; **~ de llaves** 女中頭 jochuu-gashira

ama/bilidad *f* 親切 shinsetsu, 好意 kooi; **~ble** *adj m/f* 親切な shinsetsu na, 優しい yasashii

amaestrar *vt* 調教する chookyoo suru

amamantar *vt* 授乳 する junyuu suru

amanecer 1. *m* 夜明け yoake; **2** *vi* 夜が明ける yoru ga akeru

amansar *vt* 1. *(animales/動物を)* 慣らす narasu; 2. *(carácter, pasión/性格、情熱などを)* 抑える osaeru, 静める shizumeru

amante *m/f* 1. 愛人 aijin; 2. *(aficionado)* 愛好家 aikoo-ka; **~ de** … を愛する … o aisuru, … を好む … o konomu

amapola *f bot* ひなげし hinageshi

amar *vt* 愛する aisuru
amarg/ar *vt* 1. *(sabor)* 苦くする nigaku suru; 2. *(hacer sufrir)* 辛い思いをさせる tsurai omoi o saseru; **~o, -a** *adj* 1. *(sabor)* 苦い nigai; 2. *(dolor, pena)* 辛い tsurai; **~ura** *f* 1. *(sabor)* 苦味 nigami; 2. *(dolor, pena)* 辛さ tsurasa
amarill/ento, -a *adj* 黄色っぽい kiiroppoi; **~o, -a** *adj* 黄色い kiiroi
ámbar *m* 琥珀 kohaku
ambici/ón *f* 野心 yashin; **~oso, -a** *adj* 野心的な yashin-teki na
ambiente *m* 環境 kankyoo, 雰囲気 fun'iki, ムード muudo
ambig/üedad *f* 曖昧さ aimai-sa; **~uo, -a** *adj* 曖昧な aimai na
ámbito *m* 範囲 han'i, 領域 ryooiki
ambos, -as *adj* 両方の ryoohoo no
ambulancia *f* 救急車 kikuyu-sha
ambulante *adj m/f* 移動する idoo suru; **biblioteca** ~ *f* 移動図書館 idoo tosho-kan
ambulatorio *m med* 診療所 shinryoo-sho
amedrentar *vt* 怖がらせる kowagaraseru
amén *m* アーメン aamen; **decir ~ a todo** 何にでも同意する nani ni demo dooi suru
amenaza *f* 脅し odoshi, 脅迫 kyoohaku; **~nte** *adj m/f* 脅迫的な kyoohaku -teki na; **~r** *vt/i* 脅す odosu, 脅迫する kyoohaku suru
ameno, -a *adj* 楽しい tanoshii
América *f* アメリカ Amerika
americano, -a 1. *adj* アメリカの Amerika no; **2.** *m/f* アメリカ人 Amerika-jin
ametralladora *f* 機関銃 kikanjuu
amiga *f* 女友達 onna tomodachi; **~ble** *adj m/f* 友好的な yuukoo -teki na
amígdal/a *f med* 扁桃腺 hentoosen; **~itis** *f med* 扁桃腺炎 hentoosen-en
amigo *m* 男友達 otoko tomodachi; **hacerse ~s** 友達になる tomodachi ni naru
amist/ad *f* 友情 yuujoo; **~ades** 友達 tomodachi; **~oso, -a** *adj* 友情のある yuujoo no aru, 友好的な yuukoo-teki na
amnesia *f med* 健忘症 kenbooshoo
amnistía *f* 特赦 tokusha, 大赦 taisha
amo *m* 主人 shujin, 所有者 shoyuu-sha
amoldar *vt* 型に合わせる kata ni awaseru
amoníaco *m quím* アンモニア anmonia
amontonar *vt* 山積みにする yamazumi ni suru
amor *m* 愛ai, 愛情 aijoo, 恋 koi

amor/ío *m* 色事 irogoto, 情事 jooji; **~oso, -a** *adj* 恋の koi no, 愛の ai no
amortigua/dor 1. -a *adj (sonido, luz, impacto/音、光、衝撃などを)* 吸収する kyuushuu suru; **2.** *m tecn ダンパー* danpaa; **~r** *vt* 弱める yowameru
amortizar *vt* 資本を回収する shihon o kaishuu suru, 減価償却する genka shookyaku suru
amparar *vt* **de/contra** … から/に対して保護する … kara/ni taishite hogo suru
amparo *m* 保護 hogo
amplia/ción *f* 拡大 kakudai, *(lugar)* 拡張 kakuchoo; **~mente** *adv* 広い範囲に hiroi han'i ni; **~r** *vt* 拡大する kakudai suru, *(espacio)* 拡張する kakuchoo suru, *(volumen)* 増やす fuyasu
amplifica/ción *f* 増幅 zoofuku; **~dor** *m アンプ* anpu; **~r** *vt* 増幅する zoofuku suru
amplio, -a *adj* 広い hiroi
amplitud *f* 広さ hirosa
ampolla *f* 水ぶくれ mizu bukure, *(de inyectable/注射液などの)* アンプル anpuru
amputa/ción *f (de una mano o una pierna/手、足の)* 切断 setsudan; **~r** *vt (en una operación/手術などで)* 切断する setsudan suru
amuebla/do, -a *adj* 家具つきの kagu tsuki no; **~r** *vt* 家具を備え付ける kagu o sonae tsukeru
amuleto *m* お守り omamori
analfabet/ismo *m* 文盲 monmoo, 無学 mu-gaku; **~o** *m* 文盲の人 monmoo no hito, 無学な人 mu-gaku na hito
analgésico *m med* 鎮痛剤 chintsuu-zai
análisis *m* 分析 bunseki
anal/ítico, -a *adj* 分析の bunseki no; **~izar** *vt* 分析する bunseki suru
anarqu/ía *f* 1. 無政府状態 museifu-jootai; 2. *(desorden)* 無秩序 mu-chitsujo; **~ismo** *m pol* 無政府主義 mu-seifu-shugi, アナーキズム anaakizumu; **~ista** *m* アナーキスト anaakisuto
anat/omía *f (ciencia)* 解剖学 kaiboogaku, 解剖 kaiboo; **~ómico, -a** *adj* 解剖の kaiboo no, 解剖学的な kaiboogakuteki na
anca *f* 股 momo; **~s de rana** 蛙の脚 kaeru no ashi
anciano, -a 1. *adj* 年とった toshitotta; **2.** *m/f* 老人 roojin, 年寄り toshiyori
ancho 1. -a *adj* 幅広い habahiroi; **2.** *m*幅 haba
anchoa *f* アンチョビ anchobii
anchura *f* 幅 haba
¡anda! *excl* まさか masaka
Andalucía *f* アンダルシア Andarushia

andaluz 1. -a *adj* アンダルシアの Andarushia no; **2.** *m/f* 1. アンダルシアの人 Andarushia no hito; 2. *m* アンダルシアの方言 Andarushia no hoogen

andar 1. *vi* 1. 歩く aruku; 2. *(máquina/機械などが)* 動く ugoku, 作動する sadoo suru; *(asunto, cosas/物事が)* はかどる hakadoru; **2.** *m* 歩くこと aruku koto

andén *m* プラットホーム puratto hoomu

Andes *mpl* アンデス山脈 Andesu sanmyaku

anécdota *f* 逸話 itsuwa, 挿話 soowa

anemia *f med* 貧血症の hinketsu-shoo no

anest/esia *f* 麻酔 masui; **~esia local** 局部麻酔 kyokubu masui; **~esia general** 全身麻酔 zenshin masui; **~esiar** *vt* 麻酔をかける masui o kakeru; **~ésico** *m* 麻酔剤 masui-zai; **~esista** *m* 麻酔医 masui-i

anex/ión *f (territorio, empresas/領土、企業などの)* 合併 gappei, *(documentos)* 添付 tenpu; **~ionar** *vt (territorio, empresas/領土、企業などを)* 合併する gappei suru; **~o** *m (cosas)* 付属物 fuzoku-butsu, *(edificio)* 付属建物 fuzoku-tatemono, *(documento adjunto)* 添付書類 tenpu shorui

anfiteatro *m teat (de la época romana/古代ローマの)* 円形劇場 enkei gekijoo, 三階席 sangai seki

anfitrión, -a *m/f (客をもてなす)* 主人役 shujin-yaku, 接待役 settai-yaku

ángel *m* 天使 tenshi; ~ **de la guarda** 守護天使 shugo-tenshi

ang/elical *adj m/f* 天使のような tenshi no yoo na, あどけない adokenai; **~elito** *m* 無邪気な mu-jaki na hito

angina *f med* 扁桃炎 hentoo-sen-en; ~ **de pecho** *med* 狭心症 kyooshin-shoo

anguila *f* うなぎ unagi

angular *adj m/f* 角のある kado no aru, 尖った togatta

ángulo *m* 角 kaku, 角度 kakudo

angusti/a *f* 苦悩 kunoo; **~ado, -a**悩んでいる nayande iru; **~ar** *vt* 悩ませる nayamaseru; **~arse** 悩む nayamu; **~oso, -a** *adj* 辛い tsurai, 苦悩の kunoo no

anillo *m* 輪 wa, 指輪 yubiwa; ~ **de boda** 結婚指輪 kekkon yubiwa; ~ **de compromiso** 婚約指輪 konyaku yubiwa

ánima *f* 魂 tamashii, 霊魂 reikon

anima/ción *f* 1. 活気 kakki, にぎわい nigiwai; 2. アニメーション animeeshon; **~do, -a** *adj* 元気のある genki no aru, 生き生きした ikiiki shita, 活気の

ある kakki no aru, にぎやかな nigiyaka na; **estar ~do de** … で元気づけられた … de genkizukerareta; **~dor** *m* エンターテイナー entaateinaa

animal 1. *m* 動物 doobutsu; **2.** *adj m/f* 動物の doobutsu no

animar *vt* 元気づける genkizukeru, 励ます hagemasu

ánimo *m* 元気 genki, 気力 kiryoku

aniquila/miento *m* 絶滅 zetsumetsu; **~r** *vt* 絶滅させる zetsumetsu saseru; **~ción** *f* 絶滅 zetsumetsu

anís *m* 1. アニス anisu; 2. アニス酒 anisu-shu

aniversario *m* 記念日 kinen-bi

ano *m* 肛門 koomon

anoche *adv* 昨夜 sakuya; **~cer 1**. *v/impers* 夜になる yoru ni naru; **2.** *m* 夕暮れ yuugure; **al ~cer** 日暮れに higure ni

anomalía *f* 異常 ijoo

anónimo 1. -a *adj* 匿名の tokumei no, 無名の mumei no; **sociedad ~a** *f* 株式会社 kabushiki-gaisha; **2.** *m* 匿名 tokumei, 作者不明 sakusha-fumei

anorak *m* アノラック anorakku

anormal 1. *adj* 異常な ijoo na; **2.** *m/f* 異常 ijoo

anotar *vt* メモにとる memo ni toru

ansi/a *f* 1. *(preocupación)* 心配 shinpai; 2. *(anhelo)* 熱望 netsuboo; **~ar** *vt* 熱望する netsuboo suru; **~edad** *f* 不安 fuan; **~oso, -a** *adj* 気がかりな kigakari na, 熱望する netsuboo suru, 欲の深い yoku no fukai

antaño *adv* 以前 izen, 昔 mukashi

antárti/co *adj* 南極の Nankyoku no; **~da** *f* 南極大陸 Nankyoku tairiku

ante *prep* … の前に/で … no mae ni/de; ~ **todo** 何よりも先ず naniyorimo mazu, ともかく tomokaku

ante/ayer *adv* おととい ototoi; **~brazo** *m* 前腕 zenwan

antece/dente *m* 前歴 zenreki; **~dentes penales** 前科 zenka; **~der** … に先立つ … ni sakidatsu; **~sor, -a** *m/f* 前任者 zennin-sha, 祖先 sosen

antelación *f* 事前 jizen; **con ~** 前もって mae motte, 事前に jizen ni

antemano: de ~ 前もって mae motte, あらかじめ arakajime

antena *f* 1. アンテナ antena; 2. *zoo (de insectos/昆虫などの)* 触角 shokkaku; ~ **colectiva** 共同アンテナ kyoodoo antena; ~ **parabólica** パラボラ・アンテナ parabora-antena

anteojo *m* 望遠鏡 booenkyoo; **~s** *mpl* 眼鏡 megane, 双眼鏡 soogankyoo

antepasados *mpl* 祖先 sosen, 先祖 senzo

antepecho *m* 手すり tesuri, 欄干 rankan
anteponer *vt* 前に置く mae ni oku; ~ **a** … よりも優先させる … yori mo yuusen saseru
anterior *adj* 前の mae no; ~ **a** … より前の … yori mae no; **~idad** *f (tiempo, orden/時間、順位など)* 前 mae; **con ~idad** 前もって mae motte
antes 1. *adv* 以前は/に izen wa/ni, 前に mae ni; **cuanto** ~ できるだけ早く dekirudake hayaku; **el día** ~ 前日に zenjitsu ni; **poco** ~ 少し前に sukoshi mae ni; **2.** ~ **de** *prep* … より前に … yori mae ni; **3.** ~ **de que** *conj* … する前に … suru mae ni
anticip/ación *f* 1. *(plan/予定などを)* 早めること hayameru koto; 2. *(pago anticipado)* 前払い maebarai, *(prestamo)* 前貸し maegashi; 3. 先取り sakidori; **con ~ación** 前もって maemotte, 先に saki ni; **~ar** *(plan, tiempo/予定、時期を)* 早める hayameru; **~arse** 早くなる hayaku naru, 予知する yochi suru; **~o** *m (dinero)* 前払い金 maebarai-kin
anticua/do, -a *adj* 古臭い furukusai, *(pasado de moda)* 時代遅れの jidai okure no; **~rio** *m* 骨董品店 kottoo-hinten
antídoto *m* 解毒剤 gedoku-zai
antifaz *m (baile de disfraces/仮装舞踏会の)* 仮面 kamen
antigüedad *f* 1. 古いこと furui koto; 2. *(edad antigua)* 古代 kodai; 3. *(en empleo)* 年功 nenkoo; **~es** *fpl* 骨董品 kottoo-hin
antiguo, -a *adj* 古い furui, 昔の mukashi no
anti/patía *f* 反感 hankan, 嫌悪 ken'o; **~pático, -a** *adj* 感じの悪い kanji no warui; **~rrobo** *m auto* 盗難防止装置 toonan booshi soochi; **~séptico 1. -a** *adj* 無菌の mukin no; **2.** *m* 防腐剤 boofu-zai
antoj/arse *v/impers* 欲しがる hoshigaru; **se me ~a** 思いつく omoitsuku; **~o** *m* 気まぐれ kimagure, 我が儘 wagamama
antología *f* 選集 senshuu
antorcha *f* 松明 taimatsu
anual *adj m/f* 1 年の ichinen no, 年間の nenkan no
anuario *m* 年鑑 nenkan, 年報 nenpoo
anudar *vt* 結ぶ musubu
anula/ción *f* 取り消し torikeshi, *(contrato)* 解約 kaiyaku; **~r 1.** *vt* 取り消す torikesu, 中止する chuushi suru; **2.** *adj m/f* 指輪の yubiwa no, 環状の kanjoo no; **3.** *m* 薬指 kusuri-yubi
anuncia/ción *f* 通知 tsuuchi; **~r** *vt* 知らせる shiraseru; **~rse** … の見込みがある … no mikomi ga aru

anuncio *m* 広告 kookoku, 宣伝 senden
anzuelo *m* 釣り針 tsuri-bari
añadir *vt* 加える kuwaeru
añejo, -a *adj gastr* 成熟した sei-juku shita
año *m* 年 toshi, 1年 ichi-nen, *(edad)* 年齢 nenrei; **~* Nuevo** 新年 shin-nen; **tengo 30 ~s** 私は30歳です。 watashi wa 30 sai desu.
añora/nza *f* 郷愁 kyooshuu, 懐かしさ natsukashisa; **~r** *vt* 懐かしむ natsukashimu
apacible *adj m/f* 穏やかな oda-yaka na, 温厚な onkoo na, おとなしい otonashii
apaciguar *vt* なだめる nada-meru, *(sufrimiento, dolor/ 苦痛、痛みを)* 和らげる yawa-rageru; **~se** *(mar/海が)* 凪ぐ nagu, *(dolor/痛みが)* 和らぐ yawaragu
apadrinar *vt* 代父になる daifu ni naru, 代母になる daibo ni naru
apaga/do, -a *adj* 1. *(fuego, luces/火、明かりが)* 消えた kieta, 消された kesareta; 2. *color* ぱっとしない色 patto-shinai iro; **~r** *vt* 消す kesu; *in-formát* シャットダウンする shatto daun suru
apagón *m* 停電 teiden
apañarse 何とかやっていく nantoka yatte iku, 何とかうまくやる nantoka umaku yaru
aparato *m* 装置 soochi, 機器 kiki; **~ digestivo** 消化器官 shooka kikan
aparca/miento *m* 駐車場 chuu-sha-joo; **~miento subterrá-neo** 地下駐車場 chika chuu-sha-joo: **~r 1.** *vt* 駐車させる chuusha saseru; **2.** *vi* 駐車する chuusha suru
aparear *vt* ペアにする pea ni suru
aparecer *vi* 現れる arawareru
aparent/ar *vt* 装う yosou, 見せかける misekakeru; **~e** *adj m/f* 見せかけの misekake no
aparición *f* 1. 出現 shutsugen; 2. *(espectro)* 幽霊 yuurei
apariencia *f* 外見 gaiken
aparta/do 1. -a *adj (separado)* 離れた hanareta, *(aislado)* 孤立した koritsu shita; **2.** *m* 段落 danraku; **~do de correos** 私書箱 shisho-bako; **~mento** *m* アパート apaato; **~r** *vt* 離す hanasu, 別にする betsu ni suru; **~rse** 離れる hanareru, 分かれる wakareru
aparte 1. *adv* 別にして betsu ni shite, 他に hoka ni; **2. ~ de** *prep* … を別にして … o be-tsu ni shite; **~ de eso** それを別にして sore o betsu ni shite; **3. ~ de que** *conj* … を 別にして … o betsu ni shite; **4.** *m* 1. *teat* 独白 dokuhaku; 2. *(texto/文章の)* 段落 danraku

apasiona/do, -a *adj* 熱心な nesshin na, 情熱的な joonetsuteki na; **~miento** *m* 情熱 joonetsu 熱中 netchuu; **~rse** 夢中になる muchuu ni naru
apatía *f* *(indiferencia)* 無関心 mu-kanshin, *(inercia)* 無気力 mu-kiryoku, *(pasividad)* 消極性 shookyoku-sei
apellido *m* 名字 myooji, 姓 sei
apenas *adv* 1. ほとんど … ない hotondo … nai; 2. …するとすぐ … suru to sugu
apéndice *m med* 虫垂 chuusui
apendicitis *m med* 虫垂炎 chuusui-en, 盲腸炎 moochoo-en
aperitivo *m* 食前酒 shokuzenshu, アペリチフ aperichifu
apertura *f* 1. *(acción de abrir)* 開くこと hiraku koto; 2. *(comienzo)* 開始 kaishi; 3. *(posición abierta)* 開口部 kaikoobu
apestar 1. *vt* 1. *(enfermedad)* ペストに感染させる pesuto ni kansen saseru; 2. *(mal olor)* 悪臭を放つ akushuu o hanatsu; **2.** *vi (mal olor) coloq* 悪臭を放つ akushuu o hanatsu
apete/cer 1. *vt (deseo)* 欲しがる hoshigaru, 望む nozomu; **2.** *vi (apetito)* 食欲をそそる shokuyoku o sosoru, *(desear)* …したがる … shitagaru; **~cible** *adj m/f (apetito)* 食欲をそそる shokuyoku o sosoru, *(deseo)* 欲望をそそる yokuboo o sosoru
apetito *m* 食欲 shokuyoku; **~so, -a** *adj* 食欲をそそる shokuyoku o sosoru, おいしそうな oishisoo na
apiadarse de … を気の毒に思う … o kinodoku ni omou
apio *m* セロリ serori
apisona/dora *f* 地ならし機 jinarashi-ki, ロード・ローダー roodo-roodaa; **~r** *vt* 地ならしする jinarashi suru
aplasta/nte *adj m/f* 圧倒的な attoo-teki na; **~r** *vt* 押しつぶす oshitsubusu
aplau/dir *vi* 拍手をする hakushu o suru; **~so** *m* 拍手 hakushu, 賞賛 shoosan
aplaza/miento *m* 延期 enki; **~r** *vt* 延期する enki suru
aplica/ble *adj m/f* 適用できる tekiyoo dekiru, 応用できる ooyoo dekiru; **~ción** *f* 1. 適用 tekiyoo, 応用 ooyoo; 2. *(diligencia)* 勤勉 kinben; **~do, -a** *adj (diligente)* 勤勉な kinben na; **~r** *vt* 適用する tekiyoo suru
apodo *m* あだな adana, ニックネーム nikku neemu
apoplejía *f med* 卒中 sotchuu
aporta/ción *f* 寄与 kiyo, 貢献 kooken; **~r** *vt* 寄与する kiyo suru, 貢献する kooken suru

aposta *adv* わざと wazato; **~r** *vt* 賭ける kakeru; ~ **por** … に賭ける … ni kakeru

apóstol *m (キリスト教の)* 布教者 fukyoo-sha

apoy/ar 1. *vt* 1. *(cosa)* もたせ掛ける motasekakeru; 2. *(secundar una idea)* 支持する shiji suru; **2.** *vi* **~ar en** … に寄りかかる … ni yorikakaru; **~arse en** … にもたれる … ni motareru; **~o** *m* 支え sasae, *(una idea)* 支持 shiji

aprecia/ble *adj m/f* 1. *(bastante)* かなりの kanari no; 2. *(valioso)* 価値のある kachi no aru; **~ción** *f* 評価 hyooka, 尊敬 sonkei; **~r** *vt* 1. *(valorar)* 評価する hyooka suru, *(poner precio)* 値をつける ne o tsukeru; 2. *(respetar)* 尊敬する sonkei suru

aprecio *m* 敬意 keii, 尊重 sonchoo

apremi/ar 1. *vt* せきたてる sekitateru; **2.** *vi* 急を要する kyuu o yoosuru; **~o** *m* 急き立てること sekitateru koto

aprend/er *vt* 学ぶ manabu, 覚える oboeru, *(memorizar)* 暗記する anki suru; **~iz** *m* 見習い minarai, 弟子 deshi, 初心者 shoshin-sha; **~izaje** *m* 学習 gakushuu, 見習い minarai

aprensi/ón *f* 恐れ osore, 不安 fuan; **~vo, -a** *adj* 心配性の shinpai-shoo no

apresura/do, -a *adj* 急いでいる isoide iru; **~rse** 急ぐ isogu

apreta/do, -a *adj* きつい kitsui, *(ropa/服)* ぴったりした pittari shita, *(estar lleno)* 詰まった tsumatta; **~r 1.** *vt* 1. 強く押す tsuyoku osu; 2. *(abrazar)* 抱きしめる dakishimeru; **~r los dientes** 歯をくいしばる ha o kuishibaru, **~r el paso** 歩調を速める hochoo o hayameru; **2.** *vi (ropa, zapatos/服、靴などが)* 窮屈になる kyuukutsu ni naru

aprieto *m (apuro)* 苦境 kukyoo; **estar en un** ~ 苦しい立場にいる kurushii tachiba ni iru

aprisa *adv* 急いで isoide, はやく hayaku

aprisionar *vt* 投獄する toogoku suru, 捕虜にする horyo ni suru

aproba/ción *f* 1. 承認 shoonin, 許可 kyoka; 2. *(examen)* 合格 gookaku; **~do** 合格点 go-okaku-ten; **~r** *vt* 1. 承認する shoonin suru; 2. *(examen)* 合格する/させる gookaku suru/saseru; **~r un examen** 試験に合格する shiken ni gookaku suru

apropiado, -a *adj* ふさわしい fusawashii; **~r** *vt* 適合させる tekigoo saseru

aprovech/able *adj m/f* 利用できる riyoo dekiru, 役に立つ yaku ni tatsu; **~ado, -a** *adj*

1. 無駄なく使う mudanaku tsukau; 2. *(diligente)* 勤勉な kinben na; 3. 利用された riyoo sareta; **~amiento** *m* 利用 riyoo; **~ar 1.** *vt* 利用する riyoo suru, 使う tsukau; **2.** *vi* 役に立つ yaku ni tatsu; **~rse de** … を利用する … o riyoo suru

aprovisiona/miento *m* 補給 hokyuu, 調達 chootatsu; **~r** *vt* 食料などを補給する shokuryoo nado o hokyuu suru

aproxima/ción *f* 1. *(acercamiento)* 接近 sekkin, 近づくこと chikazuku koto; **~damente** *adv* およそ oyoso, 約 yaku: **~rse a** … に近づく … ni chikazuku; *(hora, fecha/時間、日時が)* 近づく chikazuku; **~tivo, -a** *adj* およその oyoso no, 大体の daitai no

apt/itud *f* 適正 tekisei, 能力 nooryoku; **~o, -a** *adj* 能力がある nooryoku ga aru; **~o para** … に適した … ni tekishita; **~o para menores** *(películas/映画など)* 青少年向きの seishoonen muki no

apuest/a *f* 賭けごと kakegoto; **~o, -a** *adj* スマートな sumaato na, 身なりのきちんとした minari no kichin to shita

apunt/ar 1. *vt* 1. 狙うnerau, 指差す yubisasu; 2. メモする memo suru; 3. *teat* プロンプターをつとめる puronputaa o tsutomeru; **2.** *vi* 狙いをつける nerai o tsukeru; **~e** *m* メモ memo

apuñalar *vt* ナイフで刺す naifu de sasu

apura/do, -a *adj* *(estar en un aprieto)* 困っている komatte iru; **~r** *vt* 1. *(apresurar)* 急がせる isogaseru; 2. 清める kiyomeru; **~rse** 1. *(inquietarse)* いらいらする iraira suru; 2. *(apresurarse)* 急ぐ isogu

apuro *m* 窮地 kyuuchi, 辛いこと tsurai koto; 窮乏 kyuuboo

aqu/él, ~ella, ~ello *pron dem* あれare, あの人 ano hito, それ sore, その人 sono hito

aquí *adv* ここに koko ni, ここで koko de; **de ~ a tres días** 今から3日後に ima kara mikka go ni; **por** ~ この辺りに kono atari ni

árabe 1. *adj m/f* アラビアの Arabia no; **2.** *m/f* アラビア人 Arabia-jin, イスラム教徒 Isuramu-kyooto; **3.** *m ling* アラビア語 Arabia-go

Arabia *f* アラビア Arabia; **~ Saudí** サウジアラビア Sauji Arabia

Arag/ón アラゴン Aragon; **~*onés 1. -a,** *adj* アラゴンの Aragon no; **2.** *m/f* アラゴン自治州の住民 Aragon jichishuu no juumin; **3.** *m* アラゴン方言 Aragon hoogen

arancel *m* 関税 kanzei

araña *f* 1. 蜘蛛 kumo; 2. シャンデリア shanderia; **~r** *vt* 引っかく hikkaku; **~zo** *m* 1. *(herida)* 引っかき傷 hikkaki kizu; 2. *(acción)* 引っかくこと hikkaku koto

arbitra/je *m (de deporte/スポーツの)* 審判 shinpan; **~r** *vt sport* 審判をする shinpan o suru; **~rio, -a** *adj* 任意の nin'i no

árbitro *m (de deporte/スポーツの)* 審判員 shinpan-in

árbol *m* 木 ki, 樹木 jumoku

arbusto *m* 潅木 kanboku

arca *f* 1. 櫃 hitsu; 2. *(caja fuerte)* 金庫 kinko; ~ **de Noé** ノアの箱舟 Noa no hakobune

arcada *f arq* アーケード aakeedo

arcaico, -a *adj* 1. *(edad antigua)* 古代の kodai no, 古風な kofuu na; 2. 古臭い furukusai

archi/duque *m* 大公 taikoo; **~piélago** *m* 群島 guntoo, 諸島 shotoo, 列島 rettoo

archiv/ador *m* 書類キャビネット shorui kyabinetto; **~ar** *vt* ファイルする fairu suru, 保管する hokan suru; **~o** *m* 1. 記録文書 kiroku bunsho, 資料 shiryoo; 2. 古文書保管室 kobunsho hokan-shitsu, ファイルの保管室 fairu no hokan-shitu; 3. *informát* ファイル fairu

arcilla *f* 粘土 nendo

arco *m* 1. 弓 yumi; 2. *arq* アーチ aachi; 3. *(instrumentos de cuerda/弦楽器の)* 弓 yumi

arder *vi* 燃える moeru; ~ **en/de** … で感情が高まる … de kanjoo ga takamaru

ardiente *adj m/f* 1. 燃えている moete iru; 2. *(abrasador)* 焼けつくような yaketsuku yoo na; 3. *(apasionado)* 激しい hageshii

ardilla *f zool* リス risu

ardor *m* 1. 酷暑 kokusho; 2. *(pasión)* 熱情 netsujoo; 3. *med* 胸焼け muneyake

arduo, -a *adj* 困難な konnan na, 骨の折れる hone no oreru

área *f* エリア eria, 地域 chiiki; ~ **de descanso** 休憩所 kyuukeijo; ~ **de no fumadores** 禁煙エリア kin'en eria; ~ **de penalti** *sport* ペナルティー・エリア penarutii-eria; ~ **de servicio** サービス・エリア saabisu-eria

aren/a *f* 砂 suna; **~al** *m* 砂地 sunachi; **~oso, -a** *adj* 砂の suna no, 砂の多い suna no ooi

arenque *m* 鰊 nishin

Argel アルジェ Aruje, アルジェリアの首都 Arujeria no shuto

Argentin/a アルゼンチン Aruzenchin; **~*o, -a 1.** *adj* アルゼンチンの Aruzenchin no; **2.** *m/f* アルゼンチン人 Aruzenchin-jin

argumento *m (de novela, película/小説、映画などの)* 筋 suji
aría *f mus* アリア aria
árido, -a 1. *adj* 乾燥した kansoo shita, 不毛の fumoo no; 2. *fig (texto)* 面白みのない omoshiromi no nai, 退屈な taikutsu na
Aries *m astrol* 牡羊座 Ohitsuji-za
arisco, -a *adj* 無愛想な bu-aisoo na
arista *f* 淵 fuchi, 縁 heri, 角 kado
arist/ocracia *f* 貴族（階級）kizoku (kaikyuu); **~ócrata** *m/f* 貴族の kizoku no, 上流階級の jooryuu kaikyuu no; **~ocrático, -a** *adj* 貴族的な kizokuteki na
arlequín *m* アルレキーノ Arurekiino, イタリア喜劇の道化役 itaria kigeki no dooke-yaku
arma *f* 武器 buki, 兵器 heiki; **~ de fuego** 火器 kaki; **~s** *fpl* 軍隊 guntai; **~da** *f* 海軍 kaigun, *(flota)* 艦隊 kantai; **~do de/con** … を備えた … o sonaeta; **~dor** *m* 船主 senshu; **~dura** *f* 鎧; yoroi, 枠組み wakugumi; **~mento** *m* 軍備 gunbi; **~rse** 武装する busoo suru
armario *m* 戸棚 todana, *(de ropa)* 洋服ダンス yoofukudansu; **~ empotrado** 押入れ oshiire, 作り付けの戸棚 tsukuritsuke no todana
Armenia *f* アルメニア Arumenia
armisticio *m* 休戦 kyuusen, 停戦 teisen
armonía *f* 1. 調和 choowa, ハーモニー haamonii, 協調 kyoochoo; 2. *mús* 和声（法）wasei (hoo)
armónica *f* ハーモニカ haamonika
armónioso, -a *adj* 調和の取れた choowa no toreta, *(sonido)* 響きのよい hibiki no yoi
aro *m* 輪 wa, リング ringu; **pasar por el ~** *coloq* 屈服する kuppuku suru
arom/a *m* 香り kaori; **~ático, -a** *adj* 香りのよい kaori no yoi
arp/a *f* ハープ haapu; **~ista** *m/f* ハープ奏者 haapu-soosha
arpón *m* 銛 mori
arque/ar *vt* アーチ形にする aachi gata ni suru, 曲げる mageru; **~o** *m* 1. アーチ形にすること aachi gata ni suru koto, 湾曲 wankyoku; 2. *com* 資産調べ shisan shirabe, 会計検査 kaikei kensa
arque/ología *f* 考古学 kookogaku; **~ológico, -a** *adj* 考古学の kookogaku no; **~ólogo, -a** *m/f* 考古学者 kookogaku-sha
arquitect/o, -a *m/f* 建築家 kenchiku-ka; **~ura** *f* 建築 kenchiku
arraiga/do, -a *adj* 根をおろした ne o oroshita, 住みついて

いる sumitsuite iru; **~ar 1.** *vt* 植えつける uetsukeru; **2.** *vi* 1. *(vegetal)* 根を張る ne o haru; 2. *(persona)* 住みつく sumitsuku; **~rse** 根を張る ne o haru, 住みつく sumitsuku

arranc/ado, -a *adj* 引き抜かれた hikinukareta; **~ar 1.** *vt* 1. *(vegetal)* 根扱ぎにする nekogi ni suru; 2. *(máquina, vehículo/機械、乗り物を)* スタートさせる sutaato saseru; **2.** *vi* *(máquina, vehículo/機械、乗り物が)* 動き出す ugokidasu

arranque *m* 1. *(máquina, vehículo/機械、 車などの)* 始動 shidoo; 2. *(vegetal)* 引き抜くこと hikinuku koto; 3. *auto* スターター sutaataa

arrasar *vt* 平らにする taira ni suru; 倒壊させる tookai saseru; **~se** 晴れ渡る harewataru

arrastrar 1. *vt* 1. 引きずる hikizuru; 2. *(viento, ola/風、波などが)* 運び去る hakobisaru, *(ola, río)* 押し流す oshinagasu; **2.** *vi* 引きずる hikizuru

arrebat/ado, -a *adj* 1. 逆上した gyakujoo shita; 2. *(apresurado)* 慌しい awatadashii; **~ador, -a** 人を惹きつける hito o hiki tsukeru; **~ar** *vt* 1. 奪う ubau; 2. *(fascinar)* 心を奪う kokoro o ubau, 惹き付ける hikitsukeru; **~arse** 取り乱す torimidasu; **~o** *m* *(pasión)* 激情 gekijoo, *(ira)* 激怒 gekido

arrecife *m* 1. 岩礁 ganshoo, 浅瀬 asase; 2. 石畳の道 ishidatami no michi

arregl/ado, -a *adj* 1. *(ordenado)* 規則正しい kisoku tadashii, 整頓された seiton sareta; 2. *(bien vestido)* 身なりのよい minari no yoi; 3. *(resuelto)* 解決された kaiketsu sareta; **~ar** *vt* 1. *(ordenar)* 片付ける katazukeru; 2. *(reparar)* 修理する shuuri suru; 3. *(regular, ajustar)* 調整する choosei suru, *(solucionar)* 解決する kaiketsu suru; 4. *mús* 編曲する henkyoku suru; **~arse** 1. 何とかする nantoka suru; 2. *(ataviarse)* 身なりを整える minari o totonoeru; **~árselas** どうにかやっていく doonika yatte iku; **~o** *m* 1. *(reparación)* 修理 shuuri, *(ordenación)* 整理 seiri; 2. *mús* 編曲 henkyoku; **~ de flores** 生け花 ikebana

arremeter *vt* 突撃する totsugeki suru, 攻撃する koogeki suru

arrenda/miento *m* 賃貸 chintai, レンタル rentaru; **~r** *vt* 賃貸する chintai suru: **~tario, -a** *m/f* 借家人 shakuya-nin, 借地人 shakuchi-nin

arrepenti/do, -a *adj* 後悔した kookai shita; **~miento** *m* 後悔 kookai; **~rse de u/c** … を後悔する … o kookai suru

arrest/ar *vt* 逮捕する taiho suru; **~o** *m* 逮捕 taiho

arriba *adv* 上に ue ni, 上で ue de, 上へ ue e; **de ~** 上から ue kara; **de ~ a abajo** 上から下まで ue kara shita made; **hacia ~** 上の方へ ue no hoo e

arriesga/do, -a *adj* 危険な kiken na, 大胆な daitan na; **~r** *vt* 危険をおかす kiken o okasu; **~rse** 危険を犯す kiken o okasu; **~rse a** ... する危険をおかす ... suru kiken o okasu

arrimar *vt* 近づける chikazukeru; **~se a** ... に近寄る ... ni chikayoru

arrinconar *vt* 隅に押しやる sumi ni oshiyaru

arroba *f informát* アットマーク attomaaku

arrodillarse 跪く hizamazuku

arrogan/cia *f* 傲慢 gooman, 誇り hokori; **~te** *adj m/f* 傲慢な gooman na

arroj/ar *vt* 1. 投げる nageru; 2. *(a la basura)* 捨てる suteru; **~arse** 身を投げる mi o nageru, *(saltar hacia abajo)* 飛び降りる tobioriru, *(saltar dentro del agua)* 飛び込む tobikomu; **~arse a** 身を投じる mi o toojiru; **~o** *m* 勇気 yuuki

arrolla/dor, -a *adj* 1. 巻く maku; 2. *(destructivo)* 破壊的な hakai-teki na; **~r** *vt (enrollar)* 巻く maku; 1. *(viento, olas/風、波などが)* 吹き/押し流す fuki/oshi nagasu; 2. *(vehículo/車が人や動物を)* 轢く hiku

arropar *vt* 1. くるむ kurumu, *(ropa/衣類などを)* 着せる kiseru, 2. *fig* 保護する hogo suru, 隠す kakusu

arroyo *m* 小川 ogawa

arroz *m* 稲 ine, 米 kome; **~al** *m* 田んぼ tanbo, 水田 suiden

arruga *f* 皺 shiwa; **~do, -a** *adj* 皺の寄った shiwa no yotta; **~r** *vt* 皺を寄せる shiwa o yoseru, 皺くちゃにする shiwakucha ni suru; **~rse** 皺が寄る shiwa ga yoru

arruina/do, -a *adj* 1. 破壊された hakai sareta; 2. *econ* 破産した hasan shita; **~r** *vt econ* 破産させる hasan saseru; **~rse** *econ* 破産する hasan suru

arsenal *m (特に軍艦の)* 造船所 zoosen-jo, 兵器庫 heiki-ko

arte *m* 芸術 geijutsu; **bellas ~s** *pl f* 美術 bijutsu

artefacto *m* 装置 soochi, 仕掛け shikake

arter/ia *f* 1. 動脈 doomyaku; 2. *(tráfico, circulación, comunicación/交通、通信などの)* 幹線 kansen, 動脈 doomyaku; **~ioesclerosis** *f med* 動脈硬化 doomyaku kooka

artes/anal *adj m/f* 手工芸の shukoogei no, 職人仕事の shokunin shigoto no; **~anía** *f* 1. 手工芸品 shukoogei-hin; 2.

(habilidad) 技能 ginoo; **~ano, -a** *m/f* 職人 shokunin
ártico, -a *adj* 北極の Hokkyoku no, 北極地方の Hokkyoku chihoo no
articula/ción *f* 1. *med* 関節 kansetsu; 2. *(juntura)* 継ぎ手 tsugite, ジョイント jointo; 3. *ling* 発音 hatsuon; **~do, -a** *adj* 1. *(unido)* 接合された setsugoo sareta; 2. 関節のある kansetsu no aru; **~r 1.** *adj* 関節の kansetsu no; **2.** *vt* 1. つなぎ合わせる tsunagi awaseru; 2. *(pronunciación)* 明瞭に発音する meiryoo ni hatsuon suru
artículo *m* 1. *(periódico, revista)* 記事 kiji; 2. *(ley)* 条項 jookoo; 3. 品物 shinamono; 4. *ling* 冠詞 kanshi; ~ **de consumo** 消費物資 shoohi-busshi; ~ **de primera necesidad** 必需品 hitsuju-hin
artífice *m/f* 作り手 tsukurite, 職人 shokunin
arti/ficial *adj m/f* 人工の jinkoo no, 不自然な fu-shizen na; **~ficio** *m* 装置 soochi; **~ficioso, -a** *adj (maestría)* 熟練した jukuren shita
artillería *f* 1. 火砲 kahoo, 大砲 taihoo; 2. *mil* 砲兵隊 hoohei-tai
artilugio *m* 1. 小細工 kozaiku; 2. *(ardid)* 策略 sakuryaku, からくり karakuri
artista *m/f* 1. 芸術家 geijutsu-ka; 2. *(actores)* 俳優 haiyuu, *(de espectáculo)* 芸能人 geinoo-jin
artístico, -a *adj* 芸術の geijutsu no, 芸術的な geijutsu-teki na
artritis *f med* 関節炎 kansetsu-en
arzobisp/ado *m* 大司教区 daishikyoo-ku; **~o** *m* 大司教 daishikyoo
as *m* 1. *(de un naipe/ トランプの)* エース eesu; 2. *sport* エース eesu
asa *f* 取っ手 totte, 柄 e
asa/do 1. -a *adj* 焼いた yaita; **2.** *m* 焼肉 yakiniku, バーベキュー baabekyuu; **~r** *vt* 焼く yaku
asalariado *m* サラリーマン sarariiman
asalt/ar *vt* 襲撃する shuugeki suru, 襲う osou; **~o** *m* 1. 攻撃 koogeki; 2. *(boxeo/ ボクシングなどの)* ラウンド raundo
asamblea *f* 集会 shuukai, 大会 taikai, 議会 gikai
asar *vt* 焼く yaku
ascen/dente *adj m/f* 上昇する jooshoo suru, 昇りの nobori no; **~der 1.** *vt* 昇進させる shooshin saseru; **2.** *vi* あがる agaru, 上昇する jooshoo suru; **~der a** 昇進する shooshin suru; **~diente** *m* 昇りの nobori no; **~dientes** *mpl* 血縁 ketsuen, 家系 kakei; **~sión** *f*

上昇 jooshoo, 昇進 shooshin; **~so** *m* 昇進 shooshin
ascensor *m* エレベーター erebeetaa; **~ista** *m/f* エレベーター係り erebeetaa-gakari
asco *m* 1. *(náusea)* 吐き気 hakike; 2. *(repugnancia)* 嫌悪感 ken'o-kan
asea/r *vt* 清潔にする seiketsu ni suru; **~rse** 洗う arau, 身なりを整える minari o totonoeru; **~do, -a** *adj* 清潔な seiketsuna
asedi/ar *vt* 包囲する hooi suru, 取り囲む torikakomu; **~o** *m* 包囲 hooi, 囲み kakomi
asegura/do, -a 1. *adj* 保険がかかっている hoken ga kakate iru; **2.** *m/f* 被保険者 hi-hokensha; **~dor 1. -a** *adj* 保険者の hoken-sha no, 保険の hoken no; **2.** *m* 保険会社 hoken-gaisha, 保証人 hoshoonin; **~r** *vt* 1. *(garantizar)* 保証する hoshoo suru; 2. 保険をかける hoken o kakeru
asemejarse a に似る ni niru, … に似ている … ni nite iru
asenso *m* 同意 dooi, 承認 shoonin
asentado, -a *adj* 位置している ichi shite iru, 定着している teichaku shite iru, 安定している antei shite iru, *(persona)* 落ち着いた ochitsuita
aseo *m* 清潔さ seiketsu sa; **cuarto de ~** トイレ toire
asequible *adj m/f (precio/値段が)* 手ごろな tegoro na; *(plan/計画など)* 実行可能な jikkoo kanoo na
asesin/ar *vt* 暗殺する ansatsu suru; **~ato** *m* 暗殺 ansatsu, 殺人 satsujin; **~o, -a** *m/f* 人殺し hito-goroshi, 暗殺者 ansatsusha
asesor, -a *m/f* 顧問 komon, コンサルタント konsarutanto; **~ jurídico** 法律顧問 hooritsu komon
asesoramiento *m* 助言 jogen
asfalto *m* アスファルト asufaruto
asfixia *f* 窒息 chissoku; **~rse** 窒息する chissoku suru, 息が詰まる ikiga tsumaru
así *adv* そのように sono yooni, このように kono yooni; **~ como ~** まあまあだ maamaa da, どっちみち dotchimichi; **~ y todo** たとえそうであっても tatoe soo deattemo
Asia *f* アジア Ajia
asiático, -a *adj* アジアの Ajia no, アジア人の Ajia-jin no
asidu/idad *f* 1. 勤勉 kinben; 2. 頻繁 hinpan; **con ~** 頻繁に hinpan ni; **~o, -a** *adj* 勤勉な kinben na; *(cliente)* よく行く yoku iku, よく来る yoku kuru; **cliente ~o** *m* 常連 jooren, お得意 otokui
asiento *m* 席 seki, 座席 zaseki

asigna/ción *f* 1. 指定 shitei; 2. *(reparto)* 割り当て wariate; **~r** *vt* 1. *(repartir)* 割り当てる wariateru; 2. 指定する shitei suru, *(nombrar)* 指名する shimei suru; 3. 支給する shikyuu suru; **~tura** *f* 科目 kamoku

asilo *m* 1. *(ancianos, refugiados)* 収容施設 shuuyoo shisetsu; 2. *(protección)* 保護 hogo

asimila/ción *f* 同化 dooka, 吸収 kyuushuu; **~r** *vt* 同化する dooka suru; 2. *(conocimiento/知識を)* 吸収する kyuushuu suru

asimismo *adv* 同様に dooyoo ni

asisten/cia *f* 1. 出席 shusseki; 2. *(socorro)* 救護 kyuugo, 看護 kango; **~ta** *f* 家政婦 kasei-fu; **~te** *m* 1. 出席者 shusseki-sha; 2. *(ayudante)* アシスタント ashistanto

asistir 1. *vt* 1. *(ayudar)* 補佐する hosa suru; 2. *(socorrer)* 救護する kyuugo suru, *med* 診療する shinryoo suru; 3. *(cuidar)* 世話をする sewa o suru; **2.** *vi* ~ **a** … に出席する … ni shusseki suru

asm/a *m* 喘息 zensoku; **~ático, -a 1.** *adj m/f* 喘息にかかった zensoku ni kakatta, 喘息の zensoku no; **2.** *m/f* 喘息患者 zensoku-kanja

asocia/ción *f* 協会 kyookai, 組合 kumiai; **~do 1. -a** *adj* 共同経営の kyoodoo keiei no; **2.** *m (miembro)* 会員 kai-in, *(dirección conjunta)* 共同経営者 kyoodoo keiei-sha; **~r** *vt* 加入させる kanyuu saseru

asolar *vt* 壊滅させる kaimetsu saseru

asomar *vt* 覗かせる nozokaseru; **~se a/por** … から顔を覗かせる … kara kao o nozokaseru, 覗く nozoku; **~ a la ventana** 窓から顔を出す mado kara kao o dasu

asombrarse 驚く odoroku, びっくりする bikkuri suru; **~ de u/c** … に驚く … ni odoroku

aspecto *m* 1. *(apariencia)* 外観 gaikan; 2. *(cara, semblante)* 顔つき kao tsuki; **tener ~ de** … の 様子をしている … no yoosu o shite iru

aspereza *f* 粗さ ara sa, ざらつき zaratsuki

áspero, -a *adj* 1. 粗い arai, ざらざらした zarazara shita; 2. *(poco amable)* 無愛想な bu-aisoo na; 3. *(sabor, olor, sonido/味、匂い、音などが)* 不快な fukai na

aspira/ción *f* 1. 吸い込むこと suikomu koto; 2. 熱望 netsuboo; **~dor** *m* 電気掃除機 denki sooji-ki; **~nte** *m/f* 候補者 kooho-sha; **~r** *vt* 吸う suu

aspirina *f* アスピリン asupirin

asque/ar *vt* 吐き気をもよおさせる hakike o moyoosaseru, うんざりさせる unzari saseru; ~**roso, -a** *adj* 気持ちの悪い kimochi no warui

astr/o *m astron* 1. 天体 tentai, 星 hoshi; 2. *(de espectáculos/芸能界などの)* スター sutaa; ~**ología** *f* 星占い hoshi uranai; ~**ólogo, -a** *m/f* 星占い師 hoshi uranai-shi; ~**onauta** *m/f* 宇宙飛行士 uchuu hikoo-shi; ~**onomía** *f* 天文学 tenmongaku; ~**ónomo, -a** *m/f* 天文学者 tenmongaku-sha

astucia *f* ずるさ zuru-sa

Asturias アストゥリアス Asuturiasu

astuto, -a *adj* 抜け目のない nukeme no nai

asumir *vt (responsabilidad, deber/責任、職務などを)* 引き受ける hikiukeru

asunto *m* 1. こと koto, 問題 mondai; 2. *(tema)* テーマ teema; 3. *(trabajo)* 仕事 shigoto

ataca/ble *adj m/f* 攻撃できる koogeki dekiru; ~**do, -a** *adj* ぐずの guzu no; ~**nte** 1. *adj m/f* 攻撃する koogeki suru; 2. *m* 攻撃者 koogeki-sha; ~**r** *vt* 攻撃する koogeki suru

ataj/ar 1. *vt* 阻止する soshi suru; **2.** *vi* 近道をする chika-michi o suru; ~**o** *m* 近道 chika-michi

ataque *m* 1. 攻撃 koogeki; 2. *med* 発作 hossa

atar *vt* 縛る shibaru; ~**se** 1. 結ぶ musubu; 2. 身動きできなくなる miugoki dekinaku naru

atardecer 1. *v/impers* 日が暮れる hi ga kureru; **2.** *m* 日暮れ higure, 夕暮れ yuugure; **al ~** 日暮れに higure ni

atasc/arse 詰まる tsumaru; ~**o** *m* 交通渋滞 kootsuu juutai

ataúd *m* 棺おけ kan'oke, 棺 hitsugi

ataviar *vt* 盛装させる seisoo saseru, おめかしさせる omekashi saseru; ~**se con/de** … で盛装する … de seisoo suru, … でおめかしする … de omekashi suru

atemorizar *vt* 怖がらせる kowagaraseru; ~**se** 怖気づく ojikezuku

atención *f* 1. 注意 chuui; 2. *(solicitud)* 心遣い kokorozukai; **¡~!** 気をつけ ki o tsuke

atender 1. *vt* 1. 注意をはらう chuui o harau; 2. *(cuidar)* 世話をする sewa o suru, 応対する ootai suru; **2.** *vi* 注意をはらう chuui o harau; ~ **una llamada** 電話に出る denwa ni deru

atenerse a … に従う … ni shitagau, 守る mamoru

atent/ado *m* 1. *(contra un gobierno, una persona importante/政府、要人に対する)* テロ行為 tero kooi; ~**amente** *adv* 注意深く chuuibukaku, 丁寧に teinei ni; *(carta/手紙)* 敬具 keigu, 早々 soosoo; ~**ar** *vi* 襲撃する shuugeki suru, テロ行為をする tero kooi o suru; ~**ar**

contra alg … の命を狙う … no inochi o nerau; **~o, -a** *adj* 1. 注意深い chuui-bukai; 2. 思いやりのある omoiyari no aru
atenuar *vt* 1. 和らげる yawarageru; 2. *(castigo/罪などを)* 軽くする karuku suru
ateo 1. -a *adj* 無神論の mushinron no; **2.** *m* 無心論者 mushinron-sha
aterra/dor, -a *adj* 恐ろしい osoroshii; **~r** *vt* おびえさせる obiesaseru
aterriza/je *m aero* 着陸 chakuriku; **~r** *vi aero* 着陸する chakuriku suru
aterrorizar *vt* ぞっとさせる zotto saseru
atestiguar *vt* 1. 証言する shoogen suru; 2. 証明する shoomei suru
ático *m* ペント ハウス pento hausu
atlántico 1. -a *adj* 大西洋の Taiseiyoo no; **2.** *m* 大西洋 Taiseiyoo
atlas *m* 世界地図 sekai chizu
atl/eta *m/f* スポーツ選手 supootsu senshu, スポーツマン supootsu man; **~ético, -a** *adj* 1. スポーツ選手の supootsu senshu no; 2. *(vigoroso, robusto)* たくましい takumashii; **~etismo** *m* 陸上競技 rikujoo kyoogi
atom/ósfera *f* 1. 大気(圏) taiki (ken); 2. 雰囲気 fun'iki; **~osférico, -a** *adj* 大気の taiki no
atolón *m* 環礁 kanshoo
atolondrado, -a *adj* 困惑した konwaku shita, そそっかしい sosokkashii
atómico, -a *adj* 原子の genshi no, 原子力の genshi-ryoku no
átomo *m* 原子 genshi
atónito, -a *adj* 唖然とした azen to shita
atormentar *vt* 苦しめる kurushimeru, 悩ます nayamasu
atornillar *vt* ネジでとめる neji de tomeru
atraca/dero *m nav* 船着場 funatsuki-ba; **~r 1.** *vi nav* 接岸する setsugan suru, 停泊する teihaku suru; **2.** *vt* 1. 接岸させる setsugan saseru; 2. *(robar a mano armada)* 強盗をはたらく gootoo o hataraku
atracci/ón *f* 1. *(hecho de atraer)* 引きつけること hikitsukeru koto; 2. *(encanto)* 魅力 miryoku; 3. *(espectáculo)* 演芸 engei; 4. *(parque de atracciones/遊園地などの)* 乗り物 norimono
atraco *m* 強盗 gootoo
atractivo 1. -a *adj* 魅力ある miryoku aru; **2.** *m* 魅力 miryoku
atraer *vt* 1. 引きつける hikitsukeru; 2. *(fascinar)* 魅了する miryoo suru

atragantarse *(ものがのどに)* つまる tsumaru
atrapar *vt coloq* 捕らえる toraeru
atrás *adv* 1. 後ろに ushiro ni, 後ろへ ushiro e; 2. *(tiempo/時間)* 前に mae ni, 以前に izen ni; **años** ~ 数年前に suu-nen mae ni; **por** ~ 後ろに ushiro ni; **hacia** ~ 後ろの方へ ushiro no hoo e
atrasado, -a *adj* 遅れた okureta
atravesar *vt* 1. *(cruzar)* 横断する oodan suru; 2. *(traspasar)* 貫く tsuranuku
atreverse a 思い切って する omoikitte suru
atrevi/do, -a *adj* 大胆な daitan na; **~miento** *m* 大胆なこと daitan na koto
atrocidad *f* 残虐 zangyaku
atropell/ado, -a *adj* 慌てた awateta, そそっかしい sosokkashii; **~ar** *vt (車が人や動物を)* 轢く hiku; **~arse** 慌てる awateru; **~o** *m (車が)* 轢くこと hiku koto
atroz *adj m/f* 1. *(cruel)* 残虐な zangyaku na; 2. *coloq* ひどい hidoi
atuendo *m* 身なり minari, 装い yosooi
atún *m* まぐろ maguro
aturdi/do, -a *adj* 呆然とした boozento shita; **~r** *vt* 当惑させる toowaku saseru; **~rse** 呆然とする boozen to suru
auda/cia *f* 大胆さ daitansa; **~z** *adj m/f* 大胆な daitan na
audi/ble *adj m/f* 聞き取れる kikitoreru; **~ción** *f* 1. *(potencia auditiva)* 聴力 chooryoku; 2. オーデイション oodishon; **~encia** *f* 1. 謁見 ekken; 2. *(tribunal)* 裁判所 saiban-sho; 3. 聴衆 chooshuu
audífono *m* 補聴器 hochoo-ki
audi/ovisual *adj m/f* 視聴覚 shichookaku no; **~tivo, -a** *adj* 聴力 chooryoku no, 聴覚の choo-kaku no; **~tor** *m jur* 1. 法務官 hoomu-kan; 2. *econ* 会計検査官 kaikei kensa-kan; **~torio** *m* 聴衆 chooshuu; 2. *(sala de conciertos)* コンサート・ホール konsaato-hooru
auge *m* 絶頂 zetchoo, ピーク piiku, *(boom)* ブーム buumu
augur/ar *vt* 占う uranau, 予測する yosoku suru; **~io** *m* 前兆 zenchoo
aula *f* 教室 kyooshitsu
aull/ar *vi* 1. *(perros, lobos/犬、狼が)* 遠吠えする tooboe suru; 2. *(viento/風が)* うなる unaru; **~ido** *m (perros, lobos/犬、狼の)* 遠吠え tooboe; *(viento/風の)* うなり unari
aument/ar **1.** *vt* 増やす fuyasu; **2.** *vi* 増える fueru; **~o** *m* 増加 zooka, *(microscopio, telescopio)* 倍率 bairitsu

aun *adv* … さえ … sae, … でも … demo
aún *adv* まだ mada, さらに sara ni
aunar *vt (fuerza, sentimiento/力、心を)* 合わせる awaseru; **~se** 団結する danketsu suru
aunque *conj* だけれども da keredomo, たとえ … でも tatoe … demo
aupar *vt coloq* 抱き上げる dakiageru, 持ち上げる mochiageru
aureola *f* 後光 gokoo
auricular *m* イヤホーン iyahoon, ヘッドホーン heddo hoon
auscultar *vt med* 聴診する chooshin suru
ausen/cia *f* 1. 留守 rusu, 欠席 kesseki, 欠勤 kekkin; 2. *(estar distraído)* 上の空 uwa no sora; **~tarse** 留守にする rusu ni suru, 欠席する kesseki suru, 欠勤する kekkin suru; **~te** *adj m/f* 1. 留守の rusu no, 欠席した kesseki shita, 欠勤した kekkin shita; 2. *(estar distraído)* ぼんやりした bonyari shita
auster/idad *f* 質素 shisso; **~o, -a** *adj* 質素な shisso na
austral *adj* 南の minami no, *(antártico)* 南極の Nankyoku no, *(del hemisferio sur)* 南半球の minami hankyuu no
Austral/ia 1. オーストラリア Oosutoraria; 2. **~*iano, -a 1.** *adj* オーストラリアの Oosutoraria no; **2.** *m/f* オーストラリア人 Oosutoraria-jin
aut/enticidad *f* 本物 honmono, 信憑性 shinpyoo-sei; **~éntico, -a** *adj* 本物の honmono no
auto *m jur* 判決 hanketsu; **~ de detención** 逮捕状 taihojoo
autoadhesivo, -a *adj* 接着剤つきの setchaku-zai tsuki no
autobiografía *f* 自叙伝 jijoden, 自伝 jiden
auto/bus *m* バス basu; **~car** *m* 観光バス kankoo basu; **~caravana** *f* キャンピングカー kyanpingu-kaa; **~cine** *m* ドライブ・イン・シアター dorai-bu-in-shiataa
autocrítica *f* 自己批判 jikohihan
autodidacta *m/f* 独学者 dokugaku-sha, 独習者 dokushuu-sha
autoescuela *f* 自動車学校 jidoosha gakkoo
autógrafo *m* サイン sain
autómata *m* ロボット robotto
auto/mático, -a *adj* 自動の jidoo no, 無意識の mu-ishiki no; **~matismo** *m* 自動 jidoo; **~matizar** *vt* 自動化する jidoo-ka suru
automóvil *m* 自動車 jidoosha
automovilis/mo *m* 1. *(carrera)* 自動車レース jidoosha reesu;

2. *(industria)* 自動車産業 jidoosha sangyoo; **~ta** *m/f* ドライバー doraibaa

autonomía *f* 1. *pol* 自治 jichi, 自治制 jichi-sei; 2. *auto* 走行距離 sookoo kyori, *aero* 航続距離 koozoku kyori

autónomo, -a *adj* 自営業 jieigyoo

autopista *f* 高速道路 koosoku dooro

autor, -a *m/f* 作者 sakusha, 著者 chosha

autorretrato *m* 自画像 jigazoo

autori/dad *f* 1. 権力 kenryoku, 権威 ken'i; 2. 当局 tookyoku; **~tario, -a** *adj* 権力乱用の kenryoku ran'yoo no; **~zación** *f* 許可 kyoka; **~zado, -a** *adj* 許可された kyoka sareta; **~zar** 許可する kyoka suru

autorradio *m* カーラジオ kaarajio

auto/servicio *m* セルフサービス serufu saabisu; **~stop** *m* ヒッチハイク hitchi haiku; **~stopista** *m/f* ヒッチハイカー hitchi haikaa; **~vía** *f* 自動車専用道路 jidoosha sen'yoo dooro

auxili/ar 1. *adj m/f* 補助の hojo no; **2**. *m* 1. *(ayudante)* 助手 joshu; 2. *(profesor)* 助教授 jokyooju; 3. *ling* 助動詞 jodooshi; **3.** *vt* 助ける tasukeru, 救助する kyuujo suru; **~o** *m* 救援 kyuuen; **primeros ~os** 応急手当 ookyuu teate

aval *m* 保証 hoshoo, 保証書 hoshoo-sho

avalancha *f* 1. *(nieve)* 雪崩 nadare; 2. *(personas)* 殺到 sattoo

aval/ar *vt* 1. *econ (letra/手形に)* 裏書する uragaki suru; 2. *(garantizar)* 保証する hoshoo suru; **~ista** *m econ* 裏書人 uragaki-nin, 保証人 hoshoo-nin

avan/ce *m* 1. 前進 zenshin, *(progreso)* 進歩 shinpo; 2. *(TV radio)* ニュース予告 nyuusu yokoku; 3. *com* 前払い mae-barai; **~ce de programa** 番組の予告 bangumi no yokoku; **~zar** *vi* 1. 進む susumu; 2. *(progresar)* 進歩する shinpo suru

avaric/ia *f* 貪欲 don'yoku; **~ioso, -a** *adj* 欲深い yoku-bukai

avaro 1. -a *adj* 欲深い yoku-bukai, けちな kechi na; **2.** *m* 貪欲な人 don'yoku na hito

ave *f* 鳥 tori; **~s** 鳥類 choorui

avellan/a *f* ヘイゼルナッツ heizeru nattsu; **~o** *m* ハシバミ(の木) hashibami no ki

avena *f* エンバク enbaku; **~l** *m* エンバク畑 enbaku-batake

aven/encia *f* 1. *(llegar a un acuerdo)* 同意 dooi; 2. *(acomodamiento)* 妥協 dakyoo, *(conciliación)* 和解 wakai; **~ida** *f* 大通り oodoori

aventaja/do, -a *adj* すぐれた sugureta; **~r** *vt* 勝る masaru

aventura *f* 1. 冒険 booken; 2. *(amorosa)* 情事 jooji

avergonza/do, -a *adj* 恥じている hajite iru; **~r** *vt* 恥をかかせる haji o kakaseru; **~rse de** … を恥じる … o hajiru

aver/ía *f* 故障 koshoo; **~iado, -a** *adj* 故障した koshoo shita

averiguar *vt* 調べる shiraberu

aversión *f* 嫌悪 ken'o, 毛嫌い kegirai

avestruz *m zool* だちょう dachoo

avia/ción *f* 航空 kookuu; **~dor, -a** *m/f* パイロット pairotto

avidez *f* 貪欲 don'yoku, 強欲 gooyoku

ávido, -a *adj* 貪欲な don'yoku na

avión *m* 飛行機 hikooki; **~ de hélice** プロペラ機 puropera-ki; **~ a reacción** ジェット機 jetto-ki; **por ~** 飛行機で hikooki de

avioneta *f* 小型飛行機 kogata hikooki

avis/ar *vt* 知らせる shiraseru; **~o** *m* 1. 知らせ shirase; 2. *(amonestación)* 警告 keikoku

avispa *f* スズメバチ suzumebachi; **~do, -a** *adj coloq* 1. *(listo)* りこうな rikoo na; 2. *(astuto)* ずるい zurui, 悪賢い warugashikoi

avivar *vt* 1. 活気付ける kakkizukeru; 2. *(fuego/火を)* 掻き立てる kakitateru; 3. *(color, luz/色、光を)* 鮮やかにする azayaka ni suru

axial *adj m/f* 軸の jiku no

axila *f* 脇の下 waki no shita

ayer *adv* 昨日 kinoo

ayuda *f* 1. *(socorro)* 助け tasuke, *(ayuda)* 手伝い tetsudai; 2. *(apoyo, sostén)* 援助 enjo; **~nte** *m/f* 助手 joshu; **~r** *vt (socorrer)* 助ける tasukeru, *(ayudar)* 手伝う tetsudau, *(apoyar)* 援助する enjo suru

ayun/ar *vi* 断食する danjiki suru, 絶食する zesshoku suru; **en ~as** 断食して danjiki shite

ayuntamiento *m* 市役所 shiyaku-sho, 役場 yakuba

azafata *f aero* スチュワーデス suchuwaadesu

azafrán *m* サフラン safuran

azahar *m* 柑橘類 kankitsu rui

azar *m* 偶然 guuzen; **~oso, -a** *adj* 危険な kiken na; **al ~** 偶然に guuzen ni

azotea *f* 屋上 okujoo

azteca **1.** *adj m/f* アステカの Asuteka no; **2.** *m* アステカ族 Asuteka-zoku, *ling* アステカ語 Asuteka-go

azucara/do, -a *adj* 砂糖が入った satoo ga haitta, 甘い amai;

~r *vt* 砂糖を入れる satoo o ireru, 甘くする amaku suru
azufre *m* 硫黄 ioo
azul 1. *adj m/f* 青い aoi, 青色の ao iro no; **2.** *m* 青 ao, ブルー buruu
azulejo *m* タイル tairu

B

baba *f* よだれ yodare
babero *m* よだれかけ yodare-kake
babor *m nav* 左舷 sagen
baca *f auto (ルーフの上にある)* 荷台 nidai, ルーフ・ラック ruufu-rakku
bacalao *m zool* 鱈 tara
bacteria *f* バクテリア bakuteria, 細菌 saikin
bache *m* 1. *(道路の)* 穴 ana, くぼみ kubomi; 2. *aero* エアーポケット eaapoketto
bachiller, -a *m/f* おしゃべりな人 oshaberi na hito; **~ato** *m* 中等教育過程 chuutoo kyooiku katei
bagaje *m* 手荷物 tenimotsu
bagatela *f* つまらない物 tsumaranai mono, ささいなこと sasaina koto
bahía *f* 湾 wan, 入り江 irie
bail/ador, -a *m/f* ダンサー dansaa; **~ar 1.** *vt* 踊る odoru; **2.** *vi* 踊る odoru, ダンスをする dansu o suru; **~arín** *m* 舞踊家 buyoo-ka, バレーダンサー baree dansaa; **~arina** *f* バレリーナー bareriina; **~e** *m* ダンス dansu, 踊り odori; ダンスパーティー dansu paatii
baja *f* 1. *econ* 値下がり nesagari; 2. *(caída, bajada)* 低下 teika; 3. *(trabajo)* 休職 kyuushoku; **estar de ~** 病気休暇中 byooki kyuuka-chuu; **dar de ~** 解雇する kaiko suru, 退職させる taishoku saseru; **darse de ~** 1. 辞める yameru; 2. *med* 病気休暇をとる byooki kyuuka o toru
baja/da *f* 1. 下り坂 kudarizaka; 2. *(acción de bajar)* 下りること oriru koto; 3. *econ* 下落 geraku; **~da de bandera** タクシー・メーターを倒すこと takushii-meetaa o taosu koto; **~mar** *f* 干潮 kanchoo
bajar 1. *vt* 1. *(persona, objeto)* 下ろす, *(de un vehículo)* 降ろす orosu; 2. *(precio, temperatura)* 下げる sageru; 3. 弱める yowameru, *(voz, volumen del sonido)* 小さくする chiisaku suru; **2.** *vi (bajar, bajar de un vehículo)* 降りる oriru, 下がる sagaru; **~se** かがむ kagamu
bajeza *f* 下品 gehin
bajo 1. -a *adj* 1. 低い hikui, 下の shita no; 2. *(valor/数値が)* 低い hikui; 3. *(sonido, voz/音、声が)* 低い hikui, 小さい chii-

sai; **2.** *prep* … の下に/で … no shita ni/de; **3.** *m mús* 低音部の楽器/声 teionbu no gakki/koe

bala *f* 1. 弾丸 dangan, 弾 tama; 2. *(de mercancía/商品の)* 梱包 konpoo

balanc/e *m* 決算 kessan; **~ear 1.** *vt* 1. *(mantener el equilibrio)* 均衡を保つ kinkoo o tamotsu; 2. *com* 帳尻を合わせる choojiri o awaseru; **2.** *vi* ためらう tamerau; **~earse** 1. 揺れる yureru; 2. *nav* ローリングする rooringu suru; **~ín** *m* ロッキングチェアー rokkingu cheaa, シーソー shiisoo

balanza *f* 1. はかり hakari; 2. *com* 収支勘定 shuushi kanjoo; ~ **comercial** 貿易収支 booeki shuushi

balazo *m* 銃弾があたること juudan ga ataru koto

balbucear *vi* どもる domoru, 口ごもる kuchigomoru, *(niños/幼児が)* 片言を話す katakoto o hanasu

balcón *m* バルコニー barukonii

balde *m* バケツ baketsu; **de** ~ 無料で muryoo de; **en** ~ 無駄に muda ni

baldío, -a *adj* 1. 不毛の fumoo no; 2. *(vano)* 無駄な muda na

baldosa *f* 敷石 shiki-ishi, タイル tairu

baliza *f nav* ビーコン biikon

balneario *m* 湯治場 tooji-ba, 温泉 onsen, 保養地 hoyoo-chi

balón *m* 1. ボール booru; 2. *(globo)* 気球 kikyuu

balon/cesto *m* バスケットボール basuketto booru; **~mano** *m* ハンドボール hando booru, **~volea** *m* バレーボール bareebooru

balsa *f* いかだ ikada; ~ **de salvamento** 救命いかだ kyuumei ikada

bálsamo *m* バルサム剤 barusamu-zai, 香油 kooyu

baluarte *m* 1. 要塞 yoosai, 砦 toride; 2. *fig* 砦 toride, *fig (persona)* 保護者 hogo-sha

bambú *m* 竹 take

ballena *f* 鯨 kujira

ballet *m* バレー baree

banal *adj m/f* 平凡な heibon na

banca *f* 1. 銀行 ginkoo, 銀行業 ginkoo-gyoo; 2. *(de juego/賭けの)* 胴元 doomoto

banco *m* 1. *com* 銀行 ginkoo; 2. *(para sentarse)* ベンチ benchi; 3. *tecn*作業台 sagyoo-dai; 4. *(pesca)* 魚の群れ sakana no mure; 5. *(malecón)* 堤 tsutsumi

banda *f* 1. 一味 ichimi; 2. *(manada, bandada de aves)* 鳥の群れ tori no mure; 3. *mús* 音楽隊 ongaku-tai

bandeja *f* 盆 bon, トレイ torei

bandera *f* 1. 旗 hata; 2. *(de taxi/タクシーの)* 空車表示板 kuusha hyooji-ban
banderilla *f taur* バンデリリャ banderirya
bandido *m* 盗賊 toozoku
bandolero *m* 山賊 sanzoku, 盗賊 toozoku
banquero *m* 銀行家 ginkoo-ka
banqueta *f* スツール sutsuuru
banquete *m* 宴会 enkai
banquillo *m* 1. *jur* 被告席 hikoku seki; 2. *sport* ベンチ benchi
bañ/ador *m* 水着 mizugi; **~ar** *vt* 風呂に入れる furo ni ireru; **~arse** 1. *(mar, río)* 泳ぐ oyogu, 水浴びをする mizuabi o suru; 2. *(baño caliente)* 風呂に入る furo ni hairu; **~era** *f* 浴槽 yokusoo; **~ista** *m/f* 海水浴客 kaisuiyoku kyaku; **~o** *m* 浴室 yokushitsu, トイレ toire; **~o María** *gastr* 湯せん yusen
bar *m* バル baru
baraja *f* トランプのカード toranpu no kaado; **~r** *vt* トランプのカードをきる toranpu no kaado o kiru
baranda *f* 手すり tesuri, 欄干 rankan
barat/ija *f* 安物 yasumono; **~ijas** *fpl* がらくた garakuta; **~illo** *m* 安物 yasumono; **~o, -a** *adj* 安い yasui
barba *f* ひげ hige
barbacoa *f* バーベキュー baabekyuu
barbaridad *f* 残酷 zankoku; **¡qué ~!** ひどい hidoi, すごい sugoi
bárbaro 1. -a *adj* 1. 野蛮な yaban na; 2. すごい sugoi; **2.** *m* 野蛮人 yaban-jin
barbero *m* 理容師 riyoo-shi, 床屋 toko-ya, 理髪師 rihatsu-shi
barbilla *f* あご ago
barbudo, -a *adj* ひげもじゃの higemoja no
barca *f* 小さい舟 chiisai fune; **~za** *f* 艀 hashike, 渡し舟 watashi bune
barco *m* 船 fune; **~ de vela** 帆船 hansen
barítono *m mus* バリトン bariton, バリトン歌手 bariton kashu
barman *m* バーテン baaten
barniz *m* ワニス wanisu, ニス nisu; **~ar** *vt* ニスを塗る nisu o nuru
barómetro *m* 気圧計 kiatsu-kei
barqu/ero *m* 船頭 sendoo, 渡し守 watashi-mori; **~illo** *m* アイスクリーム・コーン aisukuriimu-koon
barra *f* 1. 棒 boo; 2. *(de bar/バーなどの)* カウンター kauntaa; **~ de labios** 口紅 kuchibeni; **~ fija** *sport* 鉄棒 tetsuboo; **~s paralelas** *sport* 平行棒 heikooboo; **~ca** *f* バラック barakku, 小屋 koya
barranco *m* 断崖 dangai, 崖 gake

barrena *f* 錐 kiri, ドリル doriru
barrendero, -a *m/f* 掃除夫 sooji-fu
barrer *vt (con escoba)* 掃く haku; **~a** *f* 障害 shoogai; **~a del sonido** 音の壁 oto no kabe
barricada *f* バリケード barikeedo
barriga *f* 腹 hara
barril *m* 樽 taru, バーレル baareru
barrio *m* 地区 chiku, 区域 kuiki
barro *m* 泥 doro
Barroco 1. -a *adj* 1. バロック様式の barokku yooshiki no; 2. *(exceso de adornos)* ごてごてした装飾の gotegote shita sooshoku no; **2.** *m* バロック様式 barokku yooshiki
barullo *m* 騒ぎ sawagi
basar *vt* 基礎をおく kiso o oku, 根拠をおく konkyo o oku; **~se en** … に基づく … ni motozuku
báscula *f* はかり hakari, *(peso humano)* 体重計 taijuu-kei
base *f* 1. 基礎 kiso, 基本 kihon; 2. *mil* 基地 kichi; 3. *quím* 塩基 enki; 4. *mat* 底辺 teihen; **~ de datos** *informát* データ・ベース deetaa-beesu
básico, -a *adj* 1. 基礎的な kiso-teki na, 基本的な kihon-teki na; 2. *quím* 塩基的な enki-teki na
basílica *f* 教会堂 kyookai-doo
¡basta! もういい！ moo ii, もう十分だ！ moo juubun da
basta/nte 1. *adj m/f* かなりの kanari no; **2.** *adv* かなり kanari, 十分に juubun ni; **~r** *vi* 十分だ juubun da
bastidor *m* 1. 枠 waku, フレーム fureemu; 2. *auto* シャーシー shaashii; **~es** *mpl teat* 舞台のそで butai no sode; **entre ~es** 舞台裏 butai-ura
bastón *m* 杖 tsue, ステッキ sutekki
basur/a *f* ごみ gomi, くず kuzu; **~ero** *m* ごみ回収人 gomi kaishuu-nin, くず入れ kuzu ire
bata *f* ガウン gaun, 部屋着 heyagi, *(de trabajo)* 上っ張り uwappari, *(de médico, enfermera)* 白衣 hakui
batalla *f* 戦い tatakai, 戦闘 sentoo
batería *f* 1. バッテリー batterii; 2. *mús* ドラム doramu; 3. *mil* 砲兵中隊 hoohei chuutai; **~ de cocina** 台所用品 daidokoro-yoo-hin
batid/a *f* 捜索 soosaku; **~o, 1. -a** *adj* 泡立てた awadateta; **2.** *m* ミルクセーキ miruku seeki, かき卵 kaki tamago; **~ora** *f gastr* 攪拌器 kakuhan-ki, ミキサー mikisaa
batir *vt* 1. 打つ utsu, たたく tataku; 2. *(leche, huevo/ ミルク、卵などを)* 泡立てる awa-

dateru; 3. *(lluvia, olas/雨、波が)* 打ちつける uchitsukeru, *(viento/風が)* 吹きつける fukitsukeru; 4. *(récord/記録を)* 破る yaburu

batuta *f mús* 指揮棒 shiki-boo; **llevar la ~** 指揮をとる shiki o toru

baúl *m* トランク toranku, 旅行かばん ryokoo kaban

bauti/smo *m* 洗礼 senrei; **~zar** *vt* 洗礼をほどこす senrei o hodokosu; **~zo** *m* 洗礼 senrei

bávaro 1. -a *adj* バイエルンの Baierun no, ババリアの Babaria no; **2.** *m* バイエルン人 Baierun-jin

bayeta *f* ぞうきん zookin, モップ moppu

baza *f* 1. *(cartas/トランプ)* 手持ちのカード temochi no kaado; 2. 利点 riten

bazar *m* バザール bazaaru, バザー bazaa

bazo *m med* 脾臓 hizoo

beat/ificar *vt* 1. *(muertos/死者を)* 列福する reppuku suru; 2. 至福にあずかせる shifuku ni azukaseru; **~itud** *f* 至福 shifuku; **~o, -a** *adj* 至福を受けた shifuku o uketa, 列福された reppuku sareta

bebé *m* 赤ん坊 akanboo, 赤ちゃん akachan

bebe/dor *m* 飲酒家 inshu-ka; **~r 1.** *vt* 飲む nomu; **2.** *vi* 酒を飲む sake o nomu

bebida *f* 1. 飲み物 nomimono; 2. アルコール飲料 arukooru inryoo

beca *f* 奨学金 shoogaku-kin; **~do, -a** 奨学金をもらっている shoogaku-kin o moratte iru; **~rio, -a** *m/f* 奨学生 shoogaku-sei

bechamel *f* ベシャメル ソース beshameru soosu, ホワイトソース howaito soosu

bedel *m (de escuelas/学校の)* 校務員 koomuin

beduino *m* ベドウィン族 Bedowin-zoku

begonia *f bot* ベゴニア begonia

beige *adj* ベージュ色の beeju-iro no

béisbol *m* 野球 yakyuu

belén *m (クリスマスに飾る)* キリストの降誕を人形で表した場面 kirisuto no kootan o ningyoo de arawashita bamen

belga 1. *adj m/f* ベルギーの Berugii no; **2.** *m/f* ベルギー人 Berugii-jin

bélico, -a *adj* 戦争の sensoo no, 戦いの tatakai no

belicoso, -a *adj* 好戦的な koosen-teki na, 戦闘的な sentoo-teki na

bell/eza *f* 1. 美しさ utsukushisa, 美 bi; 2. *(mujer)* 美人 bijin; *(hermoso)* **~o, -a** *adj* 美しい utsukushii

bellota *f bot* どんぐり donguri

bemol *m mús* フラット furatto

bencina *f* ベンジン benjin
bendecir *vt* 祝福する shukufuku suru
benefi/cencia *f* 慈善 jizen, 福祉 fukushi; **~ciar 1.** *vt* 利する risuru; **2.** *vi com* 利益を得る rieki o eru, 得をする toku o suru; **~ciarse de u/c** ... で利益を得る ... de rieki o eru; **~cio** *m* 利益 rieki; **en ~cio de** ... のために ... no tame ni; **~cioso, -a** *adj* 有利な yuuri na
benéfico, -a *adj* 1. 慈善の jizen no; 2. *(útil)* 有益な yuueki na
benévolo, -a *adj* 好意的な kooi-teki na
benign/idad *f med* 良性 ryo-osei; **~o, -a** *adj med* 良性の ryoosei no; **tumor ~o** 良性の腫瘍 ryoosei no shuyoo
berenjena *f* なす nasu
bes/ar *vt* キスをする kisu o suru; **~o** *m* キス kisu
bestia *f* 獣 kemono; **~l** *adj m/f* 1. 獣の kemono no; 2. *coloq* すごい sugoi; **~lidad** *f* ひどいこと hidoi koto
besugo *m* 真鯛 madai
besuquear *vt coloq* やたらにキスをする yatara ni kisu o suru
betún *m* 靴墨 kutsu-zumi
biberón *m* 哺乳瓶 honyuu-bin
Biblia *f* 聖書 seisho, バイブル baiburu
bibli/ografía *f* 参考文献 sankoo bunken; **~oteca** *f* 図書館 tosho-kan; **~otecario, -a** *m/f* 図書館員 tosho-kan-in, 司書 shisho
bicarbonato *m* 炭酸水素塩 tan-san suiso en
bicicleta *f* 自転車 jitensha; **~ de montaña** マウンテンバイク maunten baiku
bicho *m* 虫 mushi
bidé *m* ビデ bide
bidón *m* ドラム缶 doramukan
bien 1. *adv* 1. 上手に joozu ni; 2. *(salud)* 元気で genki de; **más ~** むしろ mushiro; **¡está ~!** よろしい yoroshii, *(de acuerdo)* 承知した shoochi shita; **2.** *m* 1. 善 zen; 2. *com* 利益 rieki; **~es** *mpl* 財産 zai-san, 資産 shisan
bien/aventurado, -a *adj (afortunado)* 幸運な kooun na, *(feliz)* 幸せな shiawase na; **~estar** *m* 1. *(confortable)* 快適さ kaiteki sa; 2. *(una vida cómoda)* 豊かな生活 yutaka-na seikatsu; **~hechor, -a** *m/f* 慈善家 jizen-ka; **~venida** *f* 歓迎 kangei; **~venido, -a** *adj* 歓迎される kangei sareru
bifurcarse 二つに分かれる fu-tatsu ni wakareru, 分岐する bunki suru
bigamia *f* 重婚 juukon
bigote *m* くちひげ kuchihige
biquini *m* ビキニ bikini
bilateral *adj m/f* 両者の ryoosha no

bilingüe *adj m/f* 1. 二ヶ国語の ni-kakoku-go no; 2. *(hablar dos lenguas)* 二つの言葉を話す futatsu no kotoba o hanasu, バイリンガルの bairingaru no
bilis *f fig* 胆汁 tanjuu
billar *m* ビリヤード biriyaado
billete *m* 1. *(transporte, entrada)* 切符 kippu; 2. *(transporte)* 乗車券 joosha-ken; 3. *(dinero)* 札 satsu; 4. *(entrada)* 入場券 nyuujoo-ken; ~ **de banco** 銀行券 ginkoo-ken; ~ **de ida y vuelta** 往復切符 oofuku kippu; ~ **de lotería** 宝くじ券 takarakuji-ken; ~**ro** 財布 saifu
billón *m* 一兆 itchoo
bi/ografía *f* 伝記 denki; ~**ográfico, -a** *adj* 伝記の denki no; ~**ología** *f* 生物学 seibutsugaku; ~**ológico, -a** *adj* 生物学的な seibutsugaku-teki na, 生物の seibutsu no; ~**ólogo, -a** *m/f* 生物学者 seibutsugakusha
biombo *m* 屏風 byoobu
biopsia *f* 生態組織片の検査 seitai soshikihen no kensa, 生検 seiken
birria *f coloq* 1. *(fealdad)* ぶ男 buotoko, ブス busu; 2. *(objetos sin valor)* くだらない物 kudaranai mono
bisabuelo, -a *m/f* 曽祖父 soosofu, 曾祖母 soosobo
bisagra *f* ちょうつがい chootsugai
bisiesto *adj* 閏の uruu no; **año** ~ 閏年 uruu-doshi
bisnieto, -a *m/f* 曾孫 himago
bisonte *m* 野牛 yagyuu
bistec, bisté *m* ステーキ suteeki, ビフテキ bifuteki
bisturí *m med* メス mesu
bisutería *f* 模造の装身具 mozoo no sooshingu
bit *m informát* ビット bitto
bizco, -a *adj* 斜視の shashi no
bizcocho *m* カステラ kasutera
blanca *f mús* 2部音符 ni-bu onpu; ~***nieves** *f* 白雪姫 Shirayuki hime
blanc/o **1. -a** *adj* 1. 白い shiroi; 2. *fig* 純潔な junketsu na; **en ~o** *adv* 何も書いてない nanimo kaitenai; **2.** *m* 1. *(color)* 白 shiro, 白色 shiroi iro/hakushoku; 2. *(diana)* 的 mato, 標的 hyooteki; 3. *(espacio)* 空白 kuuhaku; **dar en el ~o** 的中する tekichuu suru; ~**ura** *f* 白さ shirosa
bland/o, -a *adj* 1. やわらかい yawarakai; 2. *(no severo)* あまい amai; ~**ura** *f* 1. やわらかさ yawarakasa; 2. *(timidez)* 気の弱さ ki no yowasa
blanquear **1.** *vt* 白くする shiroku suru; **2.** *vi* 白くなる shiroku naru

blasfem/ar *vi* 冒涜する bootoku suru, ののしる nonoshiru; **~ia** *f* 冒涜 bootoku

blinda/do, -a *adj* 1. 装甲した sookoo shita; 2. *electr* シールディングされた shiirudingu sareta; **~je** *m* 1. 装甲 sookoo; 2. *electr* シールディング shiirudingu

bloc *m* はぎ取り式の用紙 hagitori shiki no yooshi

bloque *m* ブロック burokku; **~ar** *vt* 1. *mil* 包囲する hooi suru; 2. *com* 凍結する tooketsu suru, ブロックする burokku suru; **~o** *m* 1. *mil* 包囲 hooi, 封鎖 fuusa; 2. *com* 凍結 tooketsu

blusa *f* ブラウス burausu

bobada *f* ばかげたこと bakageta koto

bobina *f* 1. 糸巻き itomaki; 2. *electr* コイル koiru

bobo 1. -a *adj* おろかな oroka na, ばかな baka na; **2.** *m/f* ばか baka

boca *f* 1. 口 kuchi; 2. *(entrada, salida)* 出入り口 deiriguchi; **~ de riego** 消火栓 shooka-sen; **~ abajo** うつぶせになって utsubuse ni natte, **~ arriba** あお向けに aomukeni

bocacalle *f (通りの)* 入り口 iriguchi, 曲がり角 magari-kado

bocadillo *m* ボカディーリョ bokadiiryo, サンドイッチ sandoitchi

bocado *m* 一口 hitokuchi

bocajarro: a ~ *(射撃で)* 至近距離から shikin kyori kara

boca/za *f* 大きい口 ookii kuchi; **~zas** *m/f* 余計なことを言う人 yokeina koto o iu hito

boceto *m* 下絵 shita-e, 下書き shitagaki

bochorno *m* 1. 蒸し暑さ mushiatsusa; 2. *fig* 恥ずかしさ hazukashisa; **~so, -sa** *adj* 1. 蒸し暑い mushiatsui; 2. *fig* 恥ずかしい hazukashii

bocina *f* クラクション kurakushon

boda *f* 結婚式 kekkon-shiki

bode/ga *f* 1. 酒蔵 saka-gura, 酒屋 saka-ya; 2. *nav* 船倉 sensoo; **~gón** *m* 1. 居酒屋 izakaya; 2. *arte* 静物画 seibutsu-ga

bofetada *f* 平手打ち hirateuchi, びんた binta

boga *f* 1. 漕ぐこと kogu koto; **estar en ~** 流行している ryuukoo shite iru

bogar *vi* 漕ぐ kogu

bogavante *m zool* ロブスター robusutaa, 海ザリガニ umi zarigani

boicot *m* ボイコット boikotto; **~ear** *vt* ボイコットする boikotto suru

boina *f* ベレー帽 bereeboo

bola *f* 球 tama, ボール booru

bole/ar *vi* ボールを投げる booru o nageru, 球をつく tama

o tsuku; **~ra** *f* ボーリング場 booringu-joo
bolero *m mús* ボレロ borero
boletín *m* 広報 koohoo, 会報 kaihoo; ~ **oficial** 官報 kanpoo
boleto *m (de lotería/宝くじなどの)* 券 ken
bolígrafo *m* ボールペン booru-pen
bolos *mpl* ボーリング booringu
bolsa *f* 1. 袋 fukuro, バッグ baggu; 2. *com* 取引所 torihiki-sho, 株式市場 kabushiki shi-joo; ~ **de basura** ごみ袋 gomi bukuro; ~ **de compra** 買い物袋 kaimono bukuro
bols/illo *m* ポケット poketto; **~ita** *f* 小さいかばん chiisai kaban; **~o** *m* ハンドバッグ hando baggu
bollo *m* 1. 小さいパン chiisai pan; 2. *(abolladura)* くぼみ kubomi
bomba *f* 1. *(agua, líquido)* ポンプ ponpu; 2. 爆弾 bakudan
bombarde/ar *vt (cañón)* 砲撃する hoogeki suru, *(aéreo)* 爆撃する bakugeki suru; **~ro** *m* 爆撃機 bakugeki-ki
bombear *vt* 1. ポンプで水をくむ ponpu de mizu o kumu; 2. *(inflar)*ふくらませる fukura-maseru
bombero, -a *m/f* 消防士 shoo-boo-shi
bombilla *f* 電球 denkyuu
bombo *m mús* 太鼓 taiko
bombón *m* ボンボン bonbon
bombona *f* ボンベ bonbe
bondad *f* 親切さ yasashi-sa, 親切 shinsetsu; **~oso, -a** *adj* 親切な shinsetsu na
boniato *m agric* さつまいも sa-tsumaimo
bonifica/ción *f* ボーナス boo-nasu
bonito 1. -a *adj* きれいな kirei na; **2.** *m zool* 鰹 katsuo
bono *m* 1. クーポン kuupon; 2. *com* 債券 saiken; ~ **de bus** バスの回数券 basu no kaisuu-ken; ~ **del Tesoro** 国債 ko-kusai
bonsai *m* 盆栽 bonsai
boom *m* ブーム buumu
boquerón *m* カタクチイワシ katakuchi iwashi
boquiabierto, -a *adj* 唖然とした azen to shita
boquilla *f* ノズル nozuru, 吸い口 suikuchi
bordar *vt* 刺繍する shishuu suru
borde *m* ふち fuchi; **~ar** *vt* 縁取る fuchidoru
bordillo *m (de acera/歩道などの)* 縁石 enseki
bordo *m* 船の舷側 fune no gen-soku
borrach/era *f* 酔い yoi; **~o, -a 1.** *adj* 酔っ払った yopparatta, 酒好きの sakezuki no; **2.** *m/f* 酔っ払い yopparai
borra/dor *m* 1. 草稿 sookoo, 下書き shitagaki; 2. *(goma de*

borrar) 消しゴム keshi gomu, *(de pizarra)* 黒板ふき koku-ban-fuki; **~r** *vt* 消す kesu
borrasca *f* 嵐 arashi, 吹雪 fubuki
borrón *m* インクのしみ inku no shimi
borroso, -a *adj* ぼやけた boya-keta
bosque *m* 森 mori, 林 hayashi
bosque/jar *vt* スケッチする suketchi suru; **~jo** *m* デッサン dessan
bostezar *vi* あくびをする akubi o suru
bota *f* 1. *(de vino/ワインを入れる)* 皮袋 kawabukuro; 2. *(calzado)* ブーツ buutsu, 長靴 nagagutsu
botánic/a *f* 植物学 shokubu-tsugaku; **~o, -a** *adj* 1. 植物学の shokubutsugaku no; 2. *m/f* 植物学者 shokubutsugaku-sha
botar 1. *vt* 1. バウンドさせる baundo saseru; 2. *nav* 進水させる shinsui saseru; **2.** *vi* はねかえる hanekaeru
bote *m* 1. ボート booto; 2. *(acción de saltar)* 飛び跳ねること tobihaneru koto; 3. *(para propina)* チップを入れる入れ物 chippu o ireru iremono; 4. 瓶 bin; ~ **neumático** ゴムボート gomu booto; ~ **de salvamento** 救命ボート kyuu-mei-booto
botella *f* 瓶 bin; ~ **de leche** 牛乳瓶 gyuunyuu-bin; ~ **de cerveza** ビール瓶 biiru-bin
botijo *m* 素焼きの水差し suyaki no mizusashi
botiquín *m* 薬箱 kusuri-bako; ~ **de urgencia** 救急箱 kyuu-kyuu-bako
botón *m* 1. ボタン botan; 2. *bot* つぼみ tsubomi; ~ **de muestra** サンプル sanpuru, 見本 mihon
botones *m (de hotel/ホテルの)* ベルボーイ berubooi
bóveda *f* 丸天井 marutenjoo
boxe/ador, -a *m/f* ボクサー bokusaa; **~ar** *vi* ボクシングをする bokushingu o suru; **~o** *m* ボクシング bokushingu
bragas *fpl* パンティー pantii
boya *f nav* ブイ bui
bracero *m* 日雇い労働者 hiyatoi roodoo-sha
bragueta *f* ズボンの前開き zu-bon no maeaki
bram/ar *vi* 1. *(vacas, animales salvajes,etc. /牛、野獣が)* ほえる hoeru; 2. *(mar, viento/海、風が)* うなる una-ru; **~ido** *m* 1. *(de vacas /牛、野獣の)* 鳴き声 naki-goe; 2. *(mar,viento/海、風の)* うなる音 unaru oto
brandy *m* ブランデー burandee
branquia *f zool* 魚のえら saka-na no era

bras/a *f* 炭火 sumibi; **~ero** *m* 火鉢 hibachi, 火桶 hioke

brasileño, -a 1. *adj* ブラジルの Burajiru no; **2.** *m/f* ブラジル人 Burajiru-jin

brav/o, -a *adj* 1. 勇敢な yuukan na; 2. *(viento, tormenta, mar/風、嵐、海などが)* 荒れ狂った arekurutta; **~ura** *f* 勇気 yuuki

brazalete *m* ブレスレット buresuretto, 腕輪 udewa

brazo *m* 1. 腕 ude; 2. *(silla, máquina/いす、機械などの)* アーム aamu; **~s** *mpl* 労働者 roodoo-sha, 人手 hitode

brécol *m bot gastr* ブロッコリ burokkorii

brecha *f* 1. *(de muralla/城壁などの)* 裂け目 sakeme, 突破口 toppakoo; 2. *(de pared/壁の)* 割れ目 wareme

brega *f* 戦い tatakai, *(pelea)* けんか kenka; **~r** *vi* 1. 争う arasou, *(pelear)* けんかする kenka suru; 2. 精を出す sei o dasu

breve *adj (breve)* 短い mijikai, *(conciso)* 簡潔な kanketsu na; **en ~** すぐに sugu ni, まもなく mamonaku; **~dad** *f* 短いこと mijikai koto, 簡潔 kanketsu

bricolaje *m (家庭での)* 大工仕事 daiku shigoto

brill/ante 1. *adj m/f* 1. 輝く kagayaku; 2. 輝かしい kagayakashii; 3. 素晴らしい subarashii; **2.** *m* ダイヤモンド daiyamondo; **~antez** *f* 1. *(brillo)* 輝き kagayaki; 2. *(maravilla)* 素晴らしさ subarashi-sa; **~ar** *vi* 1. 輝く kagayaku; 2. *(destacarse)* 優れる sugureru; 3. *(expresión de la cara/表情が)* 生き生きとする ikiikito suru; **~o** *m* 1. 輝き kagayaki; 2. *(maravilla)* 素晴らしさ subarashi-sa

brinc/ar *vi* 飛び跳ねる tobihaneru; **~o** *m* ジャンプ janpu

brind/ar *vi* 乾杯する kanpai suru; **~ar por** … に乾杯する … ni kanpai suru; **~ar por la salud de** … の健康を祝して乾杯する … no kenkoo o shukushite kanpai suru; **~is** *m* 乾杯 kanpai, 乾杯のあいさつ kanpai no aisatsu

brío *m* 勢い ikioi, 活気 kakki

brioso, -a *adj* 精力的な seiryoku-teki na, 元気のよい genki no yoi

brisa *f* そよ風 soyokaze

británico, -a 1. *adj* 英国の Eikoku no, イギリスの Igirisu no; **2.** *m/f* イギリス人 Igirisu-jin

broca *f* ドリルの先端 doriru no sentan; **~do** *m* ブロケード burokeedo, 金/銀織り kin/ginori

brocha *f* 刷毛 hake; **~ de afeitar** 髭剃り用の刷毛 higesori yoo no hake

broche *m* ブローチ buroochi
brom/a *f* 冗談 joodan; **~ear** *vi* 冗談を言う joodan o iu, ふざける fuzakeru; **~ista** *m/f* 冗談が好きな人 joodan ga sukina hito
bromo *m quím* 臭素 shuuso
bronca *f* 1. 叱責 shisseki; 2. けんか kenka
bronce *m* 青銅 seidoo, ブロンズ buronzu
bron/ceado, -a *adj* 日に焼けた hi ni yaketa; **~ceador** *m* サンオイル san oiru
bronco, -a *adj* 1. ざらざらした zarazara shita; 2. *(sonido, voz desagradable)* 耳障りな mimi zawari na
bronqui/al *adj med* 気管支の kikanshi no; **~os** *mpl med* 気管支 kikanshi; **~tis** *f med* 気管支炎 kikanshi-en
brot/ar **1.** *vi* 1. 芽を出す me o dasu; 2. *(agua, idea/水、アイデアが)* 湧き出る wakideru; 3. *fig* 芽生える mebaeru; **2.** *vt* 芽を出させる me o dasaseru; **~e** *m bot* 1. 芽 me, 発芽 hatsuga; 2. *(agua, idea/水、アイデアが)* 湧き出ること wakideru koto, *(lágrimas/涙が)* あふれること afureru koto
bruj/a *f* 魔女 majo, 魔法使い mahoo-tsukai; **~ería** *f* 魔法 mahoo
brújula *f (方角を見る)* 磁石 jishaku, コンパス konpasu
brum/a *f* 霧 kiri, 靄 moya, ガス gasu; **~oso, -a** *adj* 霧/靄がかかった kiri/moya ga kakatta
brusco, -a *adj* 1. *(poco amable)* 無愛想な bu-aisoo na; 2. *(rudo)* 荒っぽい arappoi
brutal *adj m/f* 1. *(violento)* 乱暴な ranboo na; 2. *(horrible)* すごい sugoi; **~idad** *f* 乱暴 ranboo
bruto, -a *adj* 1. *(descortés)* 無作法な bu-sahoo na, *(violento)* 乱暴な ranboo na; 2. *(no elaborado)* 加工していない kakoo shiteinai
bucal *adj med* 口の kuchi no
bucea/dor, -a *m/f* ダイバー daibaa, 潜水夫 sensui-fu; **~r** *vi* 潜水する sensui suru, 水に潜る mizu ni moguru
bucle *m* 巻き毛 makige, カール kaaru
budín *m* プディング pudingu
budismo *m* 仏教 bukkyoo
buenaventura *f* 幸運 kooun, 幸せ shiawase; **echar la ~** 運勢を占う unsei o uranau
bueno **1.** **-a** *adj* 1. 良い ii; 2. *(persona/人が)* 善良な zenryoo na; 3. *(calidad/品質が)* 上等な jootoo na; *(sabor/味が)* おいしい oishii; **2.** *m/f* 善良な人 zenryoo na hito
buey *m* 去勢された牛 kyosei sareta ushi
búfalo *m* バッファロ baffaro
bufanda *f* マフラー mafuraa

bufete *m* 弁護士の事務所 bengo-shi no jimu-sho
bufón 1. -a *adj* こっけいな kokkei na; **2.** *m/f* 道化 dooke (師 shi)
buhardilla *f* 屋根裏の窓 yaneurano no mado, 屋根裏部屋 yaneura-beya
búho *m* ふくろう fukuroo
buitre *m* 禿げたか hagetaka
bujía *f auto* プラグ puragu
búlgaro, -a 1. *adj* ブルガリアの Burugaria no; **2.** *m/f* ブルガリア人 Burugaria-jin; **3**. *m ling* ブルガリア語 Burugaria-go
bulla *f* 1. 騒ぎ sawagi; 2. *(muchedumbre)* 群集 gunshuu, 人ごみ hitogomi
bullicio *m* にぎやかさ nigiyakasa
bullir *vi* 沸騰する futtoo suru
bulto *m* 1. *(tamaño)* かさ; 2. *(inflación)* ふくらみ fukurami; 3. *(paquete, equipaje)* 荷物 nimotsu
buñuelo *m* ブニュエロ bunyuero
buque *m* 船 fune; **~ de carga** 貨物船 kamotsu-sen
burbuj/a *f* 泡 awa, あぶく abuku, 気泡 kihoo; **~ear** *vi* 泡立つ awadatsu
burdel *m* 売春宿 baishun-yado
burdo, -a *adj* 粗雑な sozatsu na
bur/gués, -a 1. *adj* ブルジョアの burujoa no; **2.** *m/f* ブルジョア burujoa; **~guesía** *f* ブルジョア階級 burujoa kaikyuu
burla *f* ひやかし hiyakashi, からかい karakai; **~r** *vt* からかう karakau; **~rse de alg** … をからかう … o karakau
burlón, -a 1. *adj* ふざけた fuzaketa; **2.** *m/f* おどけ者 odoke mono
burocracia *f* 官僚制度 kanryoo seido
burro 1. *m* ロバ roba; **2.** *m/f fig (tonto)* ばか baka, のろま noroma
busca *f* 探すこと sagasu koto; **en ~ de** … を探しに行く … o sagashi ni iku; **~r** *vt* 1. *(buscar)* 探す sagasu; 2. *(ir a recoger a alguien)* 迎えに行く mukae ni iku, *(ir a coger algo)* 取りに行く tori ni iku
búsqueda *f* 探すこと sagasu koto, *(investigación)* 探求 tankyuu
busto *m* 1. *(medio cuerpo para arriba)* 上半身 joo-hanshin; 2. *(de mujer/女性の)* 胸 mune, バスト basuto; 3. *(escultura)* 胸像 kyoozoo
butaca *f* 1. 肘掛け椅子 hijikake-isu; 2. *teat* 一階席 ikkai-seki
butano *m quím* ブタン butan
butifarra *f* カタルーニャ地方の腸詰の一種 Kataruunya chihoo no choozume no isshu
buzo *m* 潜水夫 sensui-fu, ダイバー daibaa

buzón *m* ポスト posuto, 郵便箱 yuubin-bako, 郵便受け yuubin-uke
byte *m informát* バイト baito

C

cabalga/r *vt/i* 馬に乗る uma ni noru; **~ta** *f* パレード pareedo
caballa *f zool* 鯖 saba
caballer/ía *f* 1. *(soldado)* 騎兵隊 kihei-tai; **~o** *m* 1. 紳士 shinshi; 2. *hist* 騎士 kishi; **~oso, -a** *adj* 紳士的な shinshi-teki na
caballete *m arte* イーゼル iizeru
caballit/os *mpl* 子馬 kouma; **~os de tiovivo** メリーゴーランド meriigoorando; **~o de mar** たつのおとしご tatsu no otoshigo
caballo *m* 馬 uma; **a ~** 馬に乗って uma ni notte; **~ de Troya** *informát* トロイの木馬 Toroi no mokuba
cabaña *f* 小屋 koya, 丸太小屋 maruta-goya
cabaret *m* キャバレー kyabaree
cabec/ear *vi* 1. 頭を上下に振る atama o jooge ni furu; 2. *(dormitando/居眠りで)* 舟をこぐ fune o kogu; 3. うなずく unazuku; 4. *nav (barco/船が)* ピッチングする pitchingu suru; **~era** *f* 枕元 makura moto; **médico de ~** 主治医 shuji-i; **~illa** *m* 頭目 toomoku
cabell/era *f* 頭髪 toohatsu; **~o** *m* 髪の毛 kami no ke; **~o de ángel** かぼちゃから作った甘い食べ物 kabocha kara tsukutta amai tabemono, 極細のパスタ gokuboso no pasuta; **~udo, -a** *adj* 髪の毛がふさふさした kami no ke ga fusafusa shita
caber *vi* 入る hairu, 入れる haireru
cabez/a 1. *f* 1. 頭 atama; 2. *(para contar animales grandes/大きい動物を数える)* 一頭 ittoo; 3. 先頭 sentoo, トップ toppu; **2.** *m* 中心人物 chuushin jinbutsu; **~ón 1. -a** *adj* 頑固な ganko na; **2.** *m* 頑固者 ganko-mono; **~ota** 1. *m* 大きな頭 ookina atama; 2. *m/f* 頑固者 ganko-mono, 石頭 ishiatama
cabida *f* 容積 yooseki, 容量 yooryoo
cabina *f* 1. *nav* 船室 senshitsu; 2. *(avión)* 操縦室 soojuushitsu; 3. *cine* 映写室 eishashitsu; **~ telefónica** 電話ボックス denwa bokkusu
cabizbajo, -a *adj* うつむいた utsumuita, うなだれた unadareta
cable *m* ケーブル keeburu, 電線 densen
cabo *m* 1. *(punta)* 先端 sentan; 2. *geog* 岬 misaki; 3. *mil* 伍長 gochoo; **al ~** ついに tsui ni; **al**

~ **de** *(時間の)* … の後で … no ato de; **al fin y al** ~ とうとう tootoo, 結局 kekkyoku

cabra *f* 山羊 yagi

cabre/ado, -a *adj coloq* 怒っている okotte iru; **~arse** *coloq* 怒る okoru; **~o** *m coloq* 怒ること okoru koto

caca *f coloq* 1. うんち unchi; 2. *(cosa sucia)* 汚い物 kitanai mono; 3. *(cosas insignificantes)* くだらない物 kudaranai mono

cacahuete *m* ピーナッツ piinattsu

cacao *m* 1. カカオ kakao, ココア kokoa; 2. *(alboroto)* 大騒ぎ oosawagi

cacerola *f* シチュウ鍋 shichuunabe

cacharr/o *m* 1. *(ollas)* 鍋などの道具類 nabe nado no doogu rui; **~os** *mpl (cachivaches)* がらくた garakuta

cache/ar *vt* ボディ・チェックする bodii-chekku suru; **~o** *m* ボディ・チェック bodii-chekku

cacho *m* 一切れ hitokire, ひとかけら hitokakera

cachorro *m* 子犬 koinu, 子猫 koneko, 哺乳類の動物の子ども honyuurui no doobutsu no kodomo

caco *m coloq* 泥棒 doroboo, すり suri

cactus *m bot* サボテン saboten

cada *adj* それぞれの sorezore no, 全ての subete no; ~ **uno** めいめい meimei, それぞれ sorezore; ~ **cual** めいめい meimei, それぞれ sorezore; ~ **vez** … たびに … tabi ni; ~ **dos días** 一日おきに ichinichi oki ni

cadáver *m* 死体 shitai

cadena *f* 1. 鎖 kusari; 2. *TV* チャンネル channeru; 3. *indus* 工場のライン koojoo no rain

cadera *f* 腰 koshi

cadu/car *vi* 1. *(plazo / 期限が)* 切れる kireru; 2. *(ley, contrato / 法律、契約などが)* 効力を失う kooryoku o ushinau; **~cidad** *f* 期限切れ kigen-gire; **~co, -a** *adj* 期限の切れた kigen no kireta

caer *vi* 1. *(caer de arriba abajo)* 落ちる ochiru; 2. *(caer por el suelo)* 転ぶ korobu; 3. *(persona, edificio/人、建物が)* 倒れる taoreru; 4. *(el sol, la luna/太陽、月が)* 沈む shizumu; ~ **bien/mal** *coloq* 気に入る/入らない ki ni iru/iranai; **~se** 1. *(caer de arriba a abajo)* 落ちる ochiru; 2. *(caer por el suelo)* 転ぶ korobu; 3. *(persona, edificio / 人、建物などが)* 倒れる taoreru

café *m* コーヒー koohii; ~ **con leche** カフェオレ kafeore; ~ **cortado** 小さいコップに入ったコーヒーにミルクを少し

入れたコーヒー chiisai koppu ni haitta koohii ni miruku o sukoshi ireta koohii; ~ **descafeinado** カフェイン抜きのコーヒー kafein nuki no koohii; ~ **con hielo** アイス・コーヒー aisu-koohii; ~ **solo** ブラック・コーヒー burakku-koohii

cafe/ina *f* カフェイン kafein; **~tera** *f* コーヒー・ポット koohii-potto; **~tería** *f* 喫茶店 kissaten, カフェテリア kafeteria

caga/da *f vulg* 1. 糞 fun, 大便 daiben; 2. *(fracaso)* 失敗 shippai, へま hema; **~lera** *f vulg* 下痢 geri; **~r** *vulg* **1.** *vi* 糞をする kuso o suru, 大便をする daiben o suru; **2.** *vt vulg (fracasar)* 失敗する shippai suru

caí/da *f* 1. 落ちること ochiru koto, *(caer por el suelo)* 転倒 tentoo, *(caer de arriba abajo)* 転落 tenraku; 2. *(precio, valor/価格、相場の)* 下落 geraku, *(temperatura, tensión/温度、電圧などの)* 低下 teika; **a la ~ del sol** 日没に nichibotsu ni, 日暮れに higure ni; **~do 1. -a** *adj* 1. *(caído de arriba)* 落ちた ochita; 2. *(derrumbado)* 倒れた taoreta; **2.** *m* 戦死者 senshi-sha

caimán *m zool* カイマン kaiman

caja *f* 1. 箱 hako, ケース keesu; 2. *(caja fuerte)* 金庫 kinko; 3. *banc* 銀行 ginkoo; ~ **de música** オルゴール orugooru; ~ **de seguridad** 金庫 kinko; ~ **de ahorro** 貯蓄銀行 chochiku ginkoo; ~ **de cambios** *auto* 変速機 hensoku-ki, ギヤーボックス giaa bokkusu

caj/ero *m* 会計係 kaikei-gakari, レジ reji; **~ero automático** *banc* 自動現金引き出し機 jidoo genkin hikidashi-ki; **~etilla** *f* 紙の箱 kami no hako, 小さい箱 chiisai hako; **~ón** *m* 引き出し hikidashi

cal *f* 石灰 sekkai

cala *f geogr* 入り江 irie

calabaza *f* かぼちゃ kabocha; **dar ~s a** … にひじ鉄砲を食らわす … ni hijideppoo o kurawasu

calabozo *m* 牢屋 rooya

calamar *m zool* いか ika

calambre *m* 1. 痙攣 keiren, ひきつり hikitsuri, こむら返り komuragaeri; 2. *(choque eléctrico)* 電気ショック denki shokku

calamidad *f* わざわい wazawai, 災難 sainan

calar 1. *vt (infiltrarse, penetrar)* 染みとおる shimitooru; **2.** *vi nav (barco/船が)* 深く沈む fukaku shizumu; **~se** *auto* エンストする ensuto suru

calavera *f* 頭蓋骨 zugaikotsu

calcar *vt* トレースする toreesu suru

calce/ta *f* 編み物 amimono; **hacer ~ta** 編み物をする amimono o suru; **~tín** *m* ソックス sokkusu
calcio *m* カルシウム karushiumu
calco *m* 謄写 toosha, トレース toreesu; **~manía** *f* 写し絵 utsushi-e
calcul/able *adj m/f* 計算できる keisan dekiru; **~ador, -a** *adj fig* 打算的な dasan-teki na; **~adora** *f* 計算機 keisan-ki; **~ar** *vt* 計算する keisan suru
cálculo *m* 1. 計算 keisan; 2. *med* 結石 kesseki; **~ biliar** 胆石 tanseki; **~ renal** 腎臓結石 jinzoo kesseki; **~ vesical** 膀胱結石 bookoo kesseki
calde/ar *vt (calentar)* 熱する nessuru, 暖める atatameru; **~ra** *f* ボイラー boiraa
caldo *m* ブイヨン buiyon, コンソメ konsome; **~so, -a** *adj* 汁の多い shiru no ooi
calefac/ción *f* 暖房 danboo; **~ción central** セントラル・ヒーティング sentoraru-hiitingu; **~tor** *m* ヒーター hiitaa
calendario *m* カレンダー karendaa, 暦 koyomi
calenta/dor *m* ヒーター hiitaa; **~dor de agua** 湯沸かし器 yuwakashi-ki; **~miento** *m* 1. 温/暖めること atatameru koto; 2. *depor* ウォーミング・アップ uoomingu-appu; **~r** *vt* 温/暖める atatameru; **~rse** 1. 温まる atatamaru, 熱くなる atsukunaru, 暖かくなる atatakaku naru; 2. *(enfurecerse)* 激する gekisuru
calent/ito, -a *adj* 1. *(caliente)* 温/暖かい atatakai; 2. *coloq (recién hecho)* 出来立ての dekitateno; **~ura** *f med* 熱 netsu
calidad *f* 質 shitsu, 品質 hinshitsu; **de (primera) ~** 一級品 ikkyuu-hin
cálido, -a *adj* 1. *(caluroso)* 暑い atsui; 2. *(ferviente)* 熱烈な netsuretsu na
caliente *adj m/f* 熱い atsui, 温かい atatakai
califica/ción *f* 1. *(requisito, aptitud)* 資格 shikaku; 2. *(valoración)* 評価 hyooka; *(puntuación)*点数 tensuu; **~do, -a** *adj (tener requisito, aptitud)* 資格のある shikaku no aru; **~r** *vt* 評価する hyooka suru
cáliz *m* 聖杯 seihai, カリス karisu
calla/do, -a *adj* 無口な mukuchi na; **~r** *vt* 黙らせる damaraseru; **~rse** 黙る damaru
calle *f* 街路 gairo, 通り toori; **~ de dirección única** 一方通行の通り ippootsuukoo no toori; **~ mayor** メーンストリート meen sutoriito; **~jear** *vi* 街をぶらつく machi o buratsuku; **~jero, -a** *adj* 通りの toori no; **~jón** *m* 路地 roji;

~jón sin salida 袋小路 fukuro-kooji
callo *m* 魚の目 uo no me, たこ tako
callos *mpl gastr* 牛などの内臓の煮込み料理 ushi nado no naizoo no nikomi ryoori
calma *f* 1. 静けさ shizuke-sa, 平穏 heion, *(mar)* 凪 nagi; 2. *(dolor/痛みなどの)* 和らぎ yawaragi; **~nte 1.** *adj m/f* 沈静させる chinsei saseru, *(dolor/痛みなどを)* 和らげる yawarageru; **2.** *m* 鎮静剤 chinsei-zai, *(dolor)* 鎮痛剤 chintsuu-zai
calor *m* 1. 熱 netsu; 2. *(meteorológico)* 暑さ atsusa; 3. *(de hogar, persona /家庭、人の)* 温かみ atatakami; **hace ~** 暑い atsui
caloría *f* カロリー karorii
calumni/a *f* 中傷 chuushoo; **~ar** *vt* 中傷する chuushoo suru
caluroso, -a *adj* 1. 暑い atsui; 2. *fig (ferviente)* 熱烈な netsuretsu na
calv/a *f* 禿 hage; **~o 1. -a** *adj* 頭の禿げた atama no hageta; **2.** *m* 禿頭の人 hage atama no hito
calzada *f* 車道 shadoo
calza/do *m* はきもの hakimono, 靴 kutsu; **~dor** *m* 靴べら kutsubera; **~r 1.** *vt* はき物をはかせる hakimono o hakaseru; **2.** *vi* 靴をはく kutsu o haku; **~rse** 靴をはく kutsu o haku
calzoncillos *mpl* パンツ pantsu, ブリーフ buriifu
cama *f* ベッド beddo; **~ de matrimonio** ダブル・ベッド daburu-beddo; **~ plegable** 折畳式ベッド oritatamishikibeddo
camaleón *m* カメレオン kamereon
cámara *f* 1. *foto* カメラ kamera; 2. *(parlamento)* 議会 gikai; **~ de comercio** 商工会議所 shookoo kaigi-sho; **~ de video** ビデオカメラ bideo kamera
camarada *m/f* 同僚 dooryoo
camarero, -a *m/f* ウェーター ueetaa, ボーイ booi, ウェートレス ueetoresu
camarote *m nav* キャビン kyabin, 船室 senshitsu
cambia/r 1. *vt* 1. かえる kaeru; 2. *(intercambio)* 交換する kookan suru; 3. *(moneda)* 両替する ryoogae suru; **2.** *vi* かわる kawaru, 変化する henka suru; **~r de** … を変える … o kaeru; **~r de tren** 列車を乗り換える ressha o norikaeru; **~rse** 1. *(ropa)* 着替えるkigaeru; 2. *(intercambio)* 交換する kookan suru
cambio *m* 1. 変化 henka, 変更 henkoo; 2. *(intercambio)* 交換 kookan; 3. *(moneda)* 両替 ryoogae, *(vuelta)* つり tsuri;

4. *auto* 変速 hensoku; ~ **de aceite** オイル・チェンジ oi-ru- chenji; ~ **de marchas** ギヤー・チェンジ giyaa-chenji; **¿a cuánto está hoy el ~ del euro?** 今日のユーロのレートはいくらですか kyoo no yuuro no reeto wa ikura desu ka; **en ~** その代わりに sono kawari ni

camello *m* 1. *(futatsu kobu no)* らくだ rakuda; 2. *coloq* 麻薬の密売人 mayaku no mitsu-bai-nin

cami/lla *f* 担架 tanka, 小型ベッド kogata beddo; **~llero** *m* 担架を運ぶ人 tanka o hakobu hito

camin/ar *vi* 歩く aruku; **~o** *m* 道 michi, 道路 dooro; **ponerse en ~o** 出発する shuppatsu suru

cami/ón *m* トラック torakku; **~onero** *m* トラック運転手 torakku unten-shu; **~oneta** *f* 軽トラック kei-torakku

camis/a *f* シャツ shatsu, ワイシャツ waishatsu; **~eta** *f* 1. ティー・シャツ T-shatsu; 2. *(deportiva /スポーツ用の)* シャツ shatsu; **~ón** *m* 長い寝巻き nagai nemaki

campamento *m mil* キャンプ kyanpu, キャンプ場 kyanpu-joo, 野営 yaei

campana *f* 鐘 kane; **~da** *f* 鐘を鳴らすこと kane o narasu ko-to, 鐘の音 kane no oto; **~rio** *m* 鐘楼 shooroo

campaña *f* キャンペーン kyan-peen

campechano, -a *adj coloq* 率直な sotchoku na, 気さくな ki-saku na

campe/ón, -a *m/f sport* チャンピオン chanpion; **~onato** *m* 選手権試合 senshuken-jiai

campesino, -a 1. *adj* 田舎の inaka no, 農村の nooson no; **2.** *m/f* 農民 noomin

camping *m* キャンピング kyan-pingu, キャンプ場 kyanpu-joo; **hacer ~** キャンプをする kyanpu o suru

campo *m* 1. *(campo de cultivo)* 畑 hatake; 2. *(prado)* 野原 nohara; 3. 田舎 inaka; 4. *(ramo)* 分野 bun'ya; ~ **de especialidad** 専門分野 senmon bun'ya; ~ **de medicina** 医学分野 igaku bun'ya; ~ **de deportes** 競技場 kyoogi-joo; ~ **de fútbol** サッカー場 sakkaa-joo, ~ **santo** 墓地 bochi

camufla/je *m* カムフラージュ kamufuraaju; **~r** *vt* カムフラージュする kamufuraaju suru

cana *f* 白髪 shiraga

canal *m* 1. 運河 unga; 2. *TV* チャンネル channeru; **~ización** *f* 運河を開設する unga o kai-setsu suru; **~izar** *vt* 運河を開く unga o hiraku

canalla *m/f* ごろつき gorotsuki; **~da** *f* 汚いやり口 kitanai yarikuchi
canario 1. -a *adj* カナリア諸島の Kanaria-shotoo no; **2.** *m zool* カナリア Kanaria
canasta *f* 1. かご kago; 2. *sport* バスケットボールのゴール basuketto booru no gooru
cancela/ción *f* キャンセル kyanseru; **~r** *vt* 取り消す torikesu, キャンセルする kyanseru suru
cáncer *m med* 癌 gan; **~*** *m astr* かに座 kani-za
cancerígeno, -a *adj med* 発癌性の hatsugan-sei no
canciller *m (de Alemania / ドイツの)* 首相 shushoo; **~ía** *f* ドイツの首相のポスト Doitsu no shushoo no posuto
canción *f* 歌 uta; ~ **de cuna** 子守唄 komoriuta; ~ **popular** 民謡 min'yoo
candado *m* 南京錠 nankinjoo
candel/a *f* ろうそく roosoku, ろうそくたて roosoku-tate; **~abro** *m* 枝つき燭台 edatsuki shokudai; **~ero** *m* 1. 燭台 shokudai; 2. *(artesano de vela)* ろうそく職人 roosoku shokunin
candida/to, -a *m/f* 候補者 kooho-sha; **~tura** *f* 立候補 rikkooho
cándido, -a *adj* 純真な junshin na, 世間知らずな sekenshirazu na
canela *f* シナモン shinamon
cangrejo *m* かに kani
canguro *m* カンガルー kangaruu
canica *f* ビー玉 biidama
canje *m* 交換 kookan; **~able** *adj m/f* 交換できる kookan dekiru; **~ar** *vt* 交換する kookan suru
canoa *f* カヌー kanuu
canon *m mús* カノン kanon
canonizar *vt* 賛美する sanbi suru, 聖人の列に加える seijin no retsu ni kuwaeru
cansa/do, –a *adj* 1. 疲れた tsukareta; 2. *(harto)* 飽きた akita; **~ncio** *m (cansancio)* 疲れ tsukare, 疲労 hiroo; **~r** *vt* 1. 疲れさせる tsukare saseru; 2. *(hastiar)* うんざりさせる unzari saseru; **~rse** 疲れる tsukareru; **~rse de u/c** *(hartarse)* … に飽きる … ni akiru
cántabro 1. -a *adj* カンタブリアの Kantaburia no; **2.** *m/f* カンタブリア地方の住人 Kantaburia-chihoo no juunin
canta/or, -a *m/f* フラメンコの歌手 furamenko no kashu; **~nte** *m/f* 歌手 kashu, *(música clásica)* 声楽家 seigaku-ka
cantar 1. *vt* 1. 歌う utau; 2. *coloq* 白状する hakujoo suru; **2.** *vi* 1. 歌を歌う uta o utau; 2. *(pájaro/鳥が)* 鳴く naku
cántaro *m* つぼ tsubo

cantautor, -a *m/f* シンガー・ソングライター shingaa-songu-raitaa
cante *m* アンダルシア地方の民謡 Andarushia chihoo no min'yoo; ~ **flamenco** フラメンコの歌 furamenko no uta; ~ **jondo** カンテ・ホンド kante-hondo
cantera *f* 1. *(piedra)* 石切り場 ishikiri-ba; 2. *(persona)* 才能ある人材を出す場所 sainoo aru jinzai o dasu basho
cantidad *f* 1. 量 ryoo; 2. *(dinero)* 金額 kingaku
cantimplora *f* 水筒 suitoo
cantina *f (estación/駅などの)* 軽食スタンド keishoku sutando
canto *m* 歌 uta, 歌うこと utau koto
caña *f* 1. *bot (中が空洞の)* 茎 kuki; ~ **de azúcar** 砂糖きび satookibi; ~ **de pescar** 釣竿 tsurizao; 2. *(cerveza)* コップ一杯のビール koppu ippai no biiru
cáñamo *m* 1. 麻 asa, 大麻 taima; 2. *(tela)* 麻布 asa nuno
cañería *f* 管 kuda, 配管 haikan
caño *m* 管 kuda, パイプ paipu
cañ/ón *m* 1. 大砲 taihoo; 2. *geogr* 渓谷 keikoku; **~onazo** *m* 砲撃 hoogeki
ca/os *m* 1. 混沌 konton, カオス kaosu; 2. *(desorden)* 無秩序 mu-chitsujo; **~ótico, -a** *adj* 1. 混沌とした konton to shita; 2. *(desordenado)* 無秩序の mu-chitsujo no
capa *f* 1. マント manto; 2. *(lecho)* 層 soo, *(película)* 皮膜 himaku
capataz *m (finca, obras/農園、工事現場などの)* 監督 kantoku
capaz *adj m/f* 有能な yuunoo na, 能力がある nooryoku ga aru; ~ **de** ... することができる ... suru koto ga dekiru
capilla *f* 礼拝堂 reihai-doo
capital 1. *m* 資本 shihon; **2.** *f* 首都 shuto; **3.** *adj m/f* 首都の shuto no; **~ismo** *m* 資本主義 shihon-shugi; **~ista 1.** *adj m/f* 資本主義の shihon-shugi no; **2.** *m/f* 資本家 shihon-ka, 資本主義者 shihon-shugi-sha
capitán *m* 1. *nav* 船長 senchoo, *aero* 機長 kichoo; 2. *mil* 指揮官 shiki-kan; 3. *sport* キャプテン kyaputen
capítulo *m (de libro/本の)* 章 shoo
capó *m auto* ボンネット bonnetto
capricornio *m astr* 山羊座 Yagiza
capricho m 気まぐれ kimagure; **~so, -a** *adj* 気まぐれな kimagure na
cápsula *f* カプセル kapuseru
capt/ar *vt* 1. 捕まえる tsukamaeru *(atención/注目を)* 2. 集める atsumeru; 3. *TV radio* 受信

する jushin suru; **~ura** *f (animal)* 捕獲 hokaku, *(criminal)* 逮捕 taiho; **~urar** *vt (animal)* 捕獲する hokaku suru, 捕る toru, *(criminal)* 逮捕する taiho suru

capucha *f* ずきん zukin, フード fuudo

cara *f* 1. 顔 kao; 2. *(moneda/コインの)* 表 omote; **~ o cruz** *(moneda/コインの)* コインの表か裏かで何かを決める koin no omote ka ura de nani ka o kimeru

caracol *m* かたつむり katatsumuri

carácter *m* 1. 性質 seishitsu, 性格 seikaku; 2. *(característica)* 特色 tokushoku; 3. *pl* 文字 moji

caracter/ística *f* 特徴 tokuchoo, 特性 tokusei; **~ístico, -a** *adj* 特徴的な tokuchoo-teki na; **~izar** *vt* 特徴づける tokuchoozukeru

caradura *m/f coloq* 恥知らず haji-shirazu, 厚かましい atsukamashii

carajillo *m* コニャックを入れたコーヒー konyakku o ireta koohii

¡caramba! *excl* 驚いた! odoroita!

carátula *f (de un libro/本などの)* とびらtobira

caravana *f* 1. キャラバン kyaraban, 車の列 kuruma no retsu; 2. *auto* キャンピング・カー kyanpingu-kaa

¡caray! *excl* 驚いた odoroita

carbohidrato *m* 炭水化物 tansuika-butsu

carbón *m* 1. *(mineral)* 石炭 sekitan, *(vegetal)* 炭 sumi, 木炭 mokutan; 2. *(para dibujo)* デッサン用の木炭 dessan yoo no mokutan; **~ vegetal** 木炭 mokutan, 炭 sumi

carbura/dor *m auto* キャブレター kyaburetaa; **~nte** *m* 燃料 nenryoo

carcajada *f* 大笑い oowarai

cárcel *f* 刑務所 keimu-sho, 監獄 kangoku

cardenal *m* 枢機卿 suukikyoo

card/íaco, -a *adj* 心臓の shinzoo no; **~iólogo, -a** *m/f* 心臓病専門医 shinzoo-byoo senmon-i

care/cer *vi* 足りない tarinai; **~ de** … が足りない … ga tarinai; **~ncia** *f* 不足 fusoku

carga *f* 1. 積荷 tsumini; 2. *tecn* 負荷 fuka; 3. *mil* 突撃 totsugeki; **~do, -a** *adj* 1. 積んだ tsunda; 2. *fig* (… を) 背負った (… o) seotta; **~dor** *m* 運送屋 unsoo-ya; **~mento** *m* 積荷 tsumini; **~r** *vt* 1. 積む tsumu; 2. *infomat* ロードする roodo suru; **~rse a alg** *coloq* 1. *(matar a alguien)* … を殺す … o korosu; 2. *(suspender)* … を落第させる … o rakudai saseru;

~rse u/c *coloq (romper)* 壊す kowasu

cargo *m* 地位 chii, 役目 yakume; **hacerse ~ de u/c** … を引き受ける … o hikiukeru; **a ~ de** … の責任で … no sekinin de, … の勘定で … no kanjoo de; **~s** *mpl* 告発 kokuhatsu

carguero *m nav* 貨物船 kamotsu-sen, *aero* 輸送機 yusoo-ki

caricatura *f* 風刺画 fuushi-ga, カリカチュア karikachua

caricia *f* 愛撫 aibu

caridad *f* 慈善 jizen

caries *f* 虫歯 mushiba

cariño *m* 愛情 aijoo, 愛着 aichaku; **~so, -a** *adj* 愛情のある aijoo no aru, 優しい yasashii

caritativo, -a *adj* 情け深い nasake-bukai

carnaval *m* カーニバル kaanibaru

carne *f* 肉 niku; **~ picada** ひき肉 hiki-niku

carnero *m* 羊 hitsuji

carnet, carné *m* 証明書 shoomei-sho; **~ de conducir** 運転免許証 unten menkyo-shoo; **~ de identidad** 身分証明書 mibun shoomei-sho

carnicer/ía *f (tienda/店)* 肉屋 niku-ya; **~o, -a** *m/f (persona/人)* 肉屋 niku-ya

caro, -a *adj* 高価な kooka na, 高い takai

carpa *f* 1. *zool* 鯉 koi; 2. テント tento

carpeta *f* ファイル fairu, 書類入れ shorui-ire

carpinter/ía *f* 大工仕事 daiku shigoto, 大工の作業場 daiku no sagyoo-joo; **~o** *m* 大工 daiku

carrera *f* 1. *deport* 走ること hashiru koto, 競走 kyoosoo; 2. *(experiencia)* キャリア kyaria; 3. *(curso)* 課程 katei; 4. *tecn* ストローク sutorooku

carreta *f* 荷車 niguruma

carrete *m foto* 写真のフィルム shashin no firumu

carretera *f* 道路 dooro; **~ nacional** 国道 kokudoo

carretilla *f* 手押し車 teoshi-guruma

carril *m auto* 車線 shasen

carro *m* 荷車 niguruma, 馬車 basha; **~cería** *f auto* 車体 shatai; **~za** *f* 馬車 basha

carta *f* 1. 手紙 tegami; 2. *(juego)* トランプ toranpu; 3. *nav* 海図 kaizu; **~ blanca** 白紙委任状 hakushi inin-joo; **~ aerea** 航空便 kookuu-bin; **~ certificada** 書留 kakitome; **~ urgente** 速達 sokutatsu

cartel *m* ポスター posutaa

cártel *m econ* 1. カルテル karuteru, 企業連合 kigyoo rengoo; 2. *(unión)* 連合 rengoo

cartelera *f (de periódico/新聞の)* 映画や演劇などの欄 eiga ya engeki nado no ran

carter/a *f* 札入れ satsuire, 財布 saifu; **~ista** *m/f* スリ suri; **~o, -a** *m/f* 郵便配達夫 yuubin haitatsu-fu

cartón *m* 1. ボール紙 booru-gami; 2. *(de cigarrillos /煙草の)* カートン kaaton

casa *f* 家 ie, 住宅 juutaku; ~ **cuna** 孤児院 koji-in; ~ **de alquiler** 貸家 kashi-ya; ~ **de campo** 別荘 bessoo; ~ **de huéspedes** 下宿屋 geshuku-ya; ~ **rural** 田舎家 inaka-ya

casa/do, -a *adj* 結婚した kekkon shita; **~miento** *m* 結婚 kekkon; **~r** *vt* 結婚させる kekkon saseru; **~rse** 結婚する kekkon suru; **~rse con alg** … と結婚する … to kekkon suru

cascada *f* 滝 taki

casca/nueces *m* くるみ割り kurumi-wari; **~r** *vt* 1. 割る. waru; 2. *coloq* なぐる naguru

cáscara *f* 殻 kara; ~ **del huevo** 卵の殻 tamago no kara

casco *m* ヘルメット herumetto; ~ **urbano** 市街 shigai

caser/ío *m* 小さい集落 chiisai shuuraku; **~o 1. -a** *adj* 1. 家庭的な katei-teki na; 2. *(doméstico)* 自家製の jikasei no; **2.** *m/f* 大家 ooya

caseta *f* 1. 小屋 koya; 2. *(de feria/祭りの)* 仮設の小屋 kasetsu no koya

casi *adv* ほとんど hotondo

casilla *f* 1. *(juegos/ゲームの)* 升目 masume; 2. *(documentos/書類の)* 欄 ran, 枠 waku

casino *m* 1. クラブ kurabu; 2. カジノ kajino

caso *m* 1. 場合 baai, ケース keesu; 2. *(suceso)* 事件 jiken; **en ~ de (que)** … の場合 … no baai; **en todo ~** いずれにしても izure ni shitemo; **hacer ~ a alg** … を相手にする … o aite ni suru, … を考慮する … o kooryo suru

caspa *f* ふけ fuke

casta *f* 1. *(linaje)* 家柄 iegara; 2. *(régimen)* カースト制度 kaasuto seido

castañ/a *f* 1. 栗 kuri; 2. *coloq* ぶっつかること buttsukaru koto; **~o 1. -a** *adj* 栗色の kuri iro no; **2.** *m* 1. *(árbol)* 栗の木 kuri no ki, 2. *(color)* 栗色 kuri iro

castañuela *f mús* カスタネット kasutanetto

castellano 1. -a *adj* カスティーヤ地方の Kasutiiya-chihoo no; **2. -a** *m/f* カスティーヤ地方の人 Kasutiiya-chihoo no hito; **3.** *m ling* カスティーヤ語 Kasutiiya-go, スペイン語 Supein-go

castidad *f* 純潔 junketsu, 貞操 teisoo

castig/ar *vt* 罰する bassuru; **~o** *m* 罰 batsu, 刑罰 keibatsu

Castilla *f* カスティーヤ Kasutiiya

castillo *m* 城 shiro, 城塞 joosai
castizo, -a *adj* 生粋の kissui no, 純粋の junsui no
casto, -a *adj* 純潔な junketsu na, 貞節な teisetsu na
castor *m zool* ビーバー biibaa
casual *adj m/f* 偶然の guuzen no; **~idad** *f* 偶然 guuzen; **por ~idad** 偶然に guuzen ni
cata *f (comida)* 試食 shishoku, *(bebida)* 試飲 shiin
catalán 1. -a *adj* カタルーニャの Kataruunya no; **2.** *m/f* カタルーニャ人 Kataruunya-jin; **3.** *m ling* カタルーニャ語 Kataruunya-go
catalizador *m* 触媒 shokubai
catalog/ar *vt* 1. *(elaborar catálogo)* カタログを作る katarogu o tsukuru; 2. *(clasificar)* 分類する bunrui suru
catálogo *m* カタログ katarogu
Cataluña *f* カタルーニャ Kataruunya, カタルーニャ自治州 Kataruunya jichishuu
catar *vt* 味見する ajimi suru, 試飲する shiin suru
catarata *f* 1. 滝 taki; 2. *med* 白内障 hakunai-shoo
catarro *m* 風邪 kaze, 感冒 kanboo
catástrofe *f* 大きな災害 ookina saigai
catastrófico, -a *adj* 破局的な hakyoku-teki na, 大災害の daisaigai no
catear *vt coloq* 落第させる rakudai saseru
cátedra *f* 教授の地位 kyooju no chii
catedral *f* カテドラル katedoraru, 大聖堂 daiseidoo
catedrático, -a *m/f* 大学の教授 daigaku no kyooju
categ/oría *f* カテゴリー kategorii; **de ~** 重要な juuyoo na; **~órico, -a** *adj* 断定的な dantei-teki na
católico, -a 1. *adj* カトリック教（徒）の katorikku kyoo(to) no, カトリックの katorikku no; **2.** *m/f* カトリック教徒 katorikku kyooto
catorce 1. *adj* 14の juu-yon no, 14番目 juuyon-ban me; **2.** *m* 14 juushi/juuyon
cauce *m* 川底 kawa-zoko, 川床 kawa-doko
caucho *m* ゴム gomu
caudal *m* 水量 suiryoo, 流量 ryuuryoo
caudillo *m* 総統 sootoo, 頭領 tooryoo
causa *f* 1. 原因 gen'in, 理由 riyuu; 2. *jur* 訴訟 soshoo; **a ~ de** … の原因で … no gen'in de; **por ~ de** … の理由で … no riyuu de; **~r** *vt* 原因となる gen'in to naru, 引き起こす hikiokosu
cautel/a *f* 用心 yoojin, 警戒 keikai; **~oso, -a** *adj* 慎重な shinchoo na

cautiv/ar *vt* 1. 捕らえる toraeru; 2. 関心を呼び起こす kanshin o yobiokosu : 3. *fig* 虜にする toriko ni suru, 魅了する miryoo suru; **~erio** *m* 囚われの身 toraware no mi; **~ividad** *f* 囚われの身 toraware no mi; **~o, -a 1.** *adj* 囚われの toraware no; **2.** *m/f* 捕虜 horyo

cauto, -a *adj* 用心深い yoojin-bukai, 慎重な shinchoo na

cava *f* 1. *(acción de cavar)* 掘ること horu koto; 2. *(bodega)* 酒蔵 sakagura; 3. *(denominación champaña)* スペイン産のシャンペンの呼び名 Supein-san no shanpen no yobina; **~r** *vt* 掘る horu

caverna *f* 洞窟 dookutsu

caviar *m* キャビア kyabia

cavidad *f* 1. くぼみ kubomi, へこみ hekomi; 2. *med* 腔 koo

caza 1. *f* 狩 kari; **2.** *m aero* 戦闘機 sentoo-ki; **~dor, -a** *m/f* 猟師 ryoo-shi; **~dora** *f* ジャンパー janpaa, ブルゾン buruzon; **~r** *vt* 狩猟する shuryoo suru

caz/o *m* ひしゃく hishaku; **~uela** *f* 土鍋 donabe, シチュウ鍋 shichuu-nabe

cebada *f* 大麦 oomugi

cebar *vt* 肥やす koyasu, 餌をやる esa o yaru

cebo *m* 1. *(comida de animales)* 餌 esa; 2. *(señuelo)* おとり otori

cebolla *f* 玉ねぎ tamanegi

cebra *f* しま馬 shima-uma; **paso de** ~ 横断歩道 oodan-hodoo

ceder 1. *vt* 譲る yuzuru, 売り渡す uriwatasu; **2.** *vi* 譲歩する jooho suru; ~ **el paso** 一時停止する ichiji teishi suru

cegar 1. *vi* 失明する shitsumei suru; **2.** *vt* 盲目にする mo-omoku ni suru, 目をくらませる me o kuramaseru

ceguera *f* 1. 盲目 moomoku, 失明 shitsumei; 2. *fig (pasión)* 激しい情熱 hageshii joonetsu

ceja *f* 眉毛 mayuge

celda *f* 独房 dokuboo

celebra/ción *f* 1. *(de evento, ceremonial 行事、祭典などの)* 開催 kaisai; 2. *(felicitación)* 祝い iwai, 祝賀 shukuga; **~r** *vt* 1. 開催する kaisai suru; 2. 祝う iwau; 3. *(alegrarse)* 喜ぶ yorokobu; **~rse** 行われる okonawareru

célebre *adj m/f* 有名な yuumei na

celebridad *f* 1. *(fama)* 名声 meisei; 2. *(persona)* 有名人 yuumei-jin

celest/e *adj m/f* 天の ten no, 天空の tenkuu no; **~ial** *adj m/f* 天国の tengoku no

celibato *m* 1. 独身 dokushin; 2. *coloq* 独身者 dokushin-sha

celo *m zool (de animales/ 動物の)* 発情 hatsujoo; **~s** 嫉妬 shitto, ねたみ netami; **tener celos**

de alg … にやきもちを焼く… ni yakimochi o yaku, … に嫉妬する … ni shitto suru; **~so, -a** *adj* 嫉妬深い shitto-bukai; **~so, -a de** … に熱中している… ni netchuu shite iru

celta *m* ケルト Keruto; *ling* ケルト語 Keruto-go

célula *f bio med* 細胞 saiboo; **~ fotoeléctica** 光電管 kooden-kan

celul/ar *adj* 細胞の saiboo no; **~itis** *f med* 蜂巣炎 hoosoo-en

cementerio *m* 墓地 bochi

cemento *m* セメント semento

cena *f* 夕食 yuushoku; **~r 1**. *vt* 夕食に … を食べるyuushoku ni … o taberu; **2.** *vi* 夕食を食べる yuushoku o taberu

cenic/ero *m* 灰皿 haizara; **~*ienta** *f* シンデレラ Shin-derera

censo *m* 国勢調査 kokusei cho-osa, 人口調査 jinkoo choosa; **~r** *m* 検閲官 ken'etsu-kan

censura *f* 検閲 ken'etsu; **~r** *vt* 検閲する ken'etsu suru

centena *f (cien)* 百 hyaku, *(personas)* 百人 hyaku-nin, *(cosas)* 百個 hyakko; **~r** *m (personas)* 百人 hyaku-nin, *(cosas)* 百個 hyakko; *(años)* 百年 hyaku-nen; **~s de personas** 何百人の人々 nanbyaku-nin no hi-tobito; **~rio 1. -a** *adj* 百年の hyaku-nen no; **2.** *m (años)* 百年 hyaku-nen

centésimo, -a *adj* 1. 百番目の hyaku-ban me no; 2. *(una centésima parte)* 百分の一の hyaku-bun no ichi no

centímetro *m* センチメートル senchimeetoru

centinela *m* 歩哨 hoshoo, 見張り mihari; **estar de ~** 歩哨に立つ hoshoo ni tatsu

central 1. *adj m/f* 中心の chuu-shin no, 中央の chuuoo no; **2.** *f (oficina central)* 本社 hon-sha, *(tienda)* 本店 hon-ten, *(sede, cuartel general)* 本部 honbu; **~ eléctrica** 発電所 hatsuden-sho; **~ nuclear** 原子力発電所 genshi-ryoku hatsu-den-sho; **~ de teléfonos** 電話交換局 denwa kookan-kyoku; **~ita** *f* 電話交換台 denwa ko-okan-dai

centrar *vt* 1. 中心/中央に置く chuushin/chuuoo ni oku; 2. *sport (fútbol)* センターリングする sentaaringu suru

céntrico, -a *adj* 中央の chuuoo no, 中心の chuushin no

centrifuga/dora *f* 遠心分離機 enshin bunri-ki; **~r** *vt* 遠心分離機にかける enshin bunri-ki ni kakeru

centro *m* 1. 中心 chuushin, 中央 chuuoo; 2. *(ciudades)* 都心 toshin, 中心街 chuushin-gai; **~ comercial** ショッピング・センター shoppingu-sentaa

ceñi/do, -a *adj* *(ropa/衣類が)* ぴったりした pittari shita; **~rse a** … に合わせる … ni awaseru

cepa *f* 1. 切り株 kirikabu; 2. *(linaje)* 血統 kettoo

cepill/ar *vt* ブラシをかける burashi o kakeru; **~o** *m* ブラシ burashi, はけ hake

cera *f* 1. 蝋 roo, ワックス wakkusu; 2. *(del oído)* 耳垢 mimi-aka

cerámica *f* 陶器 tooki

cerca 1. *f (valla)* 柵 saku; **2.** *adv* 近くに/で chikaku ni/de; ~ **de** *prep* … の近くに/で … no chikaku ni/de; **~do** *m* 囲いをした土地 kakoi o shita tochi; **~nía** *f* 近いこと chikai koto, 付近 fukin; **~nías** *fpl* 郊外 koogai; **~no, -a** *adj* 1. *(espacio, tiempo/空間的、時間的に)* 近くの chikaku no; 2. *(linaje/血筋)* 近親の kinshin no; **~r** *vt* 囲む kakomu, 包囲する hooi suru

cerdo *m* 1. 豚 buta, *(carne)* 豚肉 buta-niku; 2. *fig* 薄汚い奴 usugitanai yatsu

cereal *adj* 穀類の kokurui no; **~es** *mpl* 穀物 kokumotsu

cerebr/al *adj* 1. *(cerebral)* 脳の noo no; 2. *(intelectual)* 知的な chi-teki na; **~o** *m* 1. 脳 noo, *(cerebro)* 頭脳 zunoo, *(inteligencia)* 知能 chinoo; 2. *(dirigente)* 首脳 shunoo

ceremoni/a *f* 儀式 gishiki, 式 shiki; ~ **del te** 茶道 sadoo; **~oso, -a** *adj* 厳粛な genshuku na

cerez/a *f* さくらんぼ sakuranbo; **~o** *m* 桜（の木）sakura (no ki)

cerilla *f* マッチ matchi

cero *m* ゼロ zero

cerra/do, -a *adj* 閉じた tojita; **~dura** *f* 錠 joo; **~jero** *m* 錠前職人 joomae shokunin

cerrar *vt* 閉める shimeru, 閉じる tojiru, *(tapar)* ふさぐ fusagu

certamen *m* コンテスト kontesuto, コンクール konkuuru

cert/eza *f* 確信 kakushin; **~idumbre** *f* 確信 kakushin

certifica/do *m* 1. 証明書 shoomei-sho; 2. *correo* 書留郵便 kakitome-yuubin; **~r** *vt* 1. 証明する shoomei suru; 2. *correo* 書留にする kakitome ni suru

cerve/cería *f* ビヤホール biyahooru, ビール工場 biiru-koojoo; **~za** *f* ビール biiru; **~za negra** 黒ビール kuro biiru

cesar *vi* 止む yamu, 終わる owaru; ~ **en** … を止める … o yameru; ~ **de** … するのを止める … suru no o yameru; **sin** ~ ひっきりなしに hikkiri nashi ni

ces/e *m* 1. *(interrupción)* 中止 chuushi; 2. *(despido, destitución)* 解雇 kaiko; **~ión** *f (terre-*

no, bienes, derecho /土地、財産、権利の) 譲渡 jooto
césped *m* 芝生 shibafu
cesta *f* かご kago, バスケット basuketto
chabacano, -a *adj (grosero)* 粗野な soya na, *(vulgar)* 下品な gehin na, *(de mal gusto)* 悪趣味な akushumi na
chabola *f* 掘っ立て小屋 hotta-te-goya, バラック barakku
chacal *m* ジャッカル jakkaru
chacha *f coloq* 女中 jochuu; *(niñera)* 子守 komori
cháchara *f coloq* おしゃべり o-shaberi, 無駄口 mudaguchi
chafar *vt* 1. *(aplastar)* 押し潰す oshitsubusu; 2. *coloq (moralmente a uno)* やり込める yarikomeru; 3. *coloq (estropear, destruir)* 台無しにする dainashi ni suru
chal *m* ショール shooru, 肩掛け katakake
chalado, -a *adj coloq* 頭がおかしい atama ga okashii; ~ **por** … に夢中になった … ni muchuu ni natta
chaleco *m* ベスト besuto, チョッキ chokki; ~ **salvavidas** 救命胴衣 kyuumei-dooi
chalé, chalet *m* 別荘 bessoo
champán *m* シャンペン shanpen
champiñón *m* マッシュルーム masshuruumu
champú *m* シャンプー shanpuu
chanchullo *m coloq* インチキ inchiki
chancl/eta *f* スリッパ surippa, 上履き uwabaki; **~o** *m* オーバーシューズ oobaa-shuuzu
chándal *m sport* トラックスーツ torakku-suutsu, ジャージー jaajii
chantaje *m* 恐喝 kyookatsu; **~ar** *vt* 恐喝する kyookatsu suru
chapa *f (metal/金属の)* 薄板 usuita, 板金 bankin
chaparrón *m* にわか雨 niwaka ame
chapuce/ar *vt* いいかげんにやる iikagen ni yaru, 雑にやる zatsu ni yaru; **~ría** *f* いいかげんな仕事 iikagen na shigoto; **~ro 1. -a** *adj* 仕事がいいかげんな shigoto ga iikagen na; **2.** *m/f* いいかげんな仕事をする人 iikagen na shigoto o suru hito
chapurr(e)ar *vt* 片言で話す katakoto de hanasu
chapuz/a *f* いいかげんな仕事 iikagen na shigoto; **~ón** *m (水の中に)* 飛び込むこと tobikomu koto, ひと泳ぎ hito oyogi
chaquet/a *f* 上着 uwagi, ジャケット jaketto; **~ón** *m* ショート・コート shooto-kooto
charc/a *f* 池 ike, 沼 numa; **~o** *m* 水溜り mizu-tamari
charcutería *f* 豚肉やそれを加工したハム、生ハム、腸詰などの食品を売っている店 buta niku ya sore o kakoo shita choozume nado no shokuhin o utte iru mise
charla *f* おしゃべり oshaberi, 雑談 zatsudan; **~r** *vi* おしゃべりをする oshaberi o suru, 雑談する zatsudan suru
charol *m* エナメル enameru
chasco *m* 当て外れ atehazure, 失望 shitsuboo; **llevarse ~** 失望する shitsuboo suru
chasis *m auto* シャーシー shaashii, ボディー bodii
chasquear 1. *vt* 1. *(engañar) だます* damasu; 2. *(desanimar)* 落胆させる rakutan saseru; 3. *(lengua, dedo, látigo/舌、指、鞭などを)* 鳴らす narasu; **2.** *vi (latigo/鞭などが)* 鳴る naru
chat *m informát* チャット chatto
chatarra *m (hierro/鉄の)* スクラップ sukurappu
chatear *vt informát* チャットする chatto suru
chaval, -a *m/f coloq* 子供 kodomo, *(chico)* 少年 shoonen, *(chica)* 少女 shoojo
checo, -a 1. *adj* チェコの Cheko no, チェコ人の Cheko-jin no; **2.** *m/f* チェコ人 Cheko-jin; **3.** *m ling* チェコ語 Cheko-go
cheque *m banc* 小切手 kogitte; **~ de viaje** トラベラーズ・チェック toraberaazu-chekku; **~ar** *vt* 1. チェックする chekku suru; 2. *med* 健康診断をする kenkooshindan o suru; **~o** *m* 1. チェック chekku,; 2. *med* 健康診断 kenkooshindan
chica *f* 女の子 onna no ko, 若い女 wakai onna
chicle *m* チューインガム chuuingamu
chico, -a 1. *adj* 1. *(pequeño)* 小さい chiisai; 2. *(de niños)* 子供の kodomo no; **2.** *m/f* 男の子 otoko no ko, 女の子 onna no ko
chiflado, -a *adj coloq* 気がちがった ki ga chigatta; **~ por** ... に熱中した ... ni netchuu shita
chileno, -a 1. *adj* チリの Chiri no, チリ人の Chiri-jin no; **2.** *m/f* チリ人 Chiri-jin
chill/ar *vi* 金切り声をあげる kanakiri-goe o ageru; **~ón 1. -a** *adj* 1. やかましい yakamashii; 2. *(color/色が)* けばけばしい kebakebashii
chimenea *f* 1. 煙突 entotsu; 2. *(hogar)* 暖炉 danro
chimpancé *m* チンパンジー chinpanjii
chinche *f* ナンキンムシ nankinmushi
chincheta *f* 押しピン oshipin
chino, -a 1. *adj* 中国の Chuugoku no; **2.** *m/f* 中国人 Chuugoku-jin; **3.** *m ling* 中国語 Chuugoku-go

chip *m informát* チップ chippu
chipirón *m* チピロン chipiron, 小さいイカ chiisai ika
chiquill/o **1.** **-a** *adj* 子供っぽい kodomoppoi; **2.** *m/f* 子供 kodomo; **~ada** *f* 子供じみたこと kodomo jimita koto
chiringuito *m* (*海辺、街路の*) 売店 baiten, 屋台 yatai
chirriar *vi* 1. 軋む kishimu; 2. (*pájaros/鳥が*) さえずる saezuru
chism/e *m* 1. 中傷 chuushoo; 2. *coloq* がらくた garakuta, 道具 doogu; **~ear** *vi* 噂話をする uwasa-banashi o suru; **~oso, -a** *m/f* うわさ好きな人 uwasazuki na hito
chispa *f* 火花 hibana
chist/e *m* 笑い話 warai-banashi, 小話 kobanashi; **~oso, -a** *adj* 面白い omoshiroi, こっけいな kokkei na
chiva/rse *coloq* 密告する mikkoku suru; **~to, -a** *m/f coloq* 密告者 mikkoku-sha
choca/nte *adj m/f coloq* ショッキングな shokkingu na; **~r** **1.** 1. *vi* 衝突する shoototsu suru; 2. ショックを受ける shokku o ukeru; **2.** *vt* 驚かせる odorokaseru
chocolate *m* チョコレート chokoreeto
chófer *m* 運転手 unten-shu
choque *m* 1. (*acción de topar*) 衝突 shoototsu; 2. (*enfrentamiento*) 対立 tairitsu
chorizo *m* 1. (*choozume no isshu*) チョリソ choriso; 2. *coloq (ladrón)* こそ泥 kosodoro
choza *f* 小屋 koya, 藁小屋 waragoya
chubasco *m* にわか雨 niwaka ame, スコール sukooru
chucherías *fpl* 駄菓子 dagashi
chuleta *f gastr* あばら肉 abaraniku
chulo *m* よたもの yotamono, ごろつき gorotsuki
chupa/do, -a *adj coloq* 1. (*delgado*) やつれた yatsureta; 2. (*fácil*) 簡単な kantan na,; **~r** **1.** *vt* 吸う suu, 吸い込む suikomu; **2.** *vi* 吸う suu
chupete *m* おしゃぶり oshaburi
churro *m* チューロ chuuro
chusma *f* げす gesu, 恥知らず haji-shirazu
chutar *vt sport* シュートする shuuto suru
cicatriz *f* 傷跡 kizuato; **~ación** *f* 傷口がふさがること kizuguchi ga fusagaru koto; **~ar** *vt* 傷口をふさぐ kizuguchi o fusagu, 傷を癒す kizu o iyasu; ~arse 癒着する yuchaku suru, 傷口がふさがる kizuguchi ga fusagaru
cíclico, -a *adj* 周期的な shuukiteki na

ciclis/mo *m* 自転車競技 jitensha kyoogi; **~ta** *m/f* 自転車に乗っている人 jitensha ni notte iru hito, 自転車競技の選手 jitensha kyoogi no senshu

cieg/o, -a 1. *adj* 1. 盲目の moomoku no; 2. *(fuera de sí)* 理性を失った risei o ushinatta; 3. *(entusiasmado por algo)* 熱中した netchuu shita; **a ~as** 盲目的に moomoku-teki ni; **2.** *m/f* 目が不自由な人 me ga fu-jiyuu na hito

cielo *m* 1. 空 sora; 2. *(paraíso)* 天国 tengoku

cien 1. *adj* 百の hyaku no; **2.** *m* 百 hyaku

ciencia *f* 科学 kagaku, 学問 gakumon; **~s naturales** 自然科学 shizen-kagaku

científico, -a 1. *adj* 科学の kagaku no, 科学的な kagaku-teki na; **2.** *m/f* 科学者 kagaku-sha

ciento *m* 百 hyaku; **por ~** パーセント paasento, **el 6 por ~** 6パーセント roku paasento

cierre *m* 閉めること shimeru koto, *(cierre de tienda)* 閉店 heiten; **~ centralizado** *m auto* 集中ロック shuuchuu rokku

cierto, -a *adj* 確かな tashika na; **es ~** それは確かだ sore wa tashika da; **por ~** ところで tokoro de; **estar en lo ~** 間違っていない machigatte inai

ciervo *m zool* 鹿 shika

cifra *f* 1. *(número)* 数 kazu; 2. *(código)* 暗号 angoo; **~r** *vt* 暗号で書く angoo de kaku

cigala *f zool gastr* 海ザリガニ umi zarigani

cigarra *f* zool せみ semi

cigarr/illo *m* たばこ tabako; **~o** *m* 葉巻 hamaki

cigüeña *f* コウノトリ koonotori

cilindrada *f auto* 排気量 haiki-ryoo

cil/índrico, -a *adj* 円筒の entoo no, 円柱の enchuu no; **~indro** *m* シリンダー shirindaa, 円筒 entoo

cima *f* 頂上 choojoo, 頂点 choo-ten

cimiento *m constru* 基礎 kiso, 土台 dodai, 地盤 jiban

cinc *m* 亜鉛 aen

cinco 1. *adj* 5の go no; **2.** *m* 5 go

cincuent/a 1. *adj* 50の gojuu no; **2**. *m* 50 gojuu; **~ena** *f* 50 gojuu; **~ón, -a** *m/f* 50代の人 gojuu-dai no hito

cine *m (local)* 映画館 eiga-kan, *(película)* 映画 eiga; **~ mudo** 無声映画 musei eiga; **~asta** *m/f* 映画関係者 eiga kankei-sha, 映画監督 eiga kantoku

cínico, -a 1. *adj* 1. 皮肉な hiniku na; **2.** *m/f* 皮肉屋 hiniku-ya, 厚顔無恥な人 koogan-muchi na hito

cinismo *m* 皮肉 hiniku

cinta *f* リボン ribon, テープ teepu; ~ **adhesiva** 接着テープ setchaku teepu; ~ **aislante** 絶縁テープ zetsuen teepu; ~ **de video** ビデオ・テープ bideo-teepu; ~ **transportadora** ベルト・コンベヤー beruto-konbeyaa

cintu/ra *f* 1. 腰 koshi; **~rón** *m* ベルト beruto, 帯obi; **~rón de seguridad** シート・ベルト shiito-beruto

ciprés *m bot* 糸杉 itosugi

circo *m* サーカス saakasu, *(de época romana/ローマ時代の)* 円形劇場 enkei gekijoo

circuito *m* 1. 周囲 shuui; 2. *sport* サーキット saakitto; 3. *electr* 回路 kairo; **corto~** ショート shooto

circulación *f* 1. 循環 junkan; 2. 流通 ryuutsuu

circula/r 1. *adj m/f* 1. *(redondo)* 円形の enkei no; 2. *(circular)* 回覧の kairan no; **2.** *f (boletín circular)* 回覧状 kairanjoo, *(aviso)* 通達 tsuutatsu; **3.** *vi* 1. *(circular)* 循環する junkan suru, *(rondar)* 巡回する junkai suru, *(transitar)* 行き来する ikiki suru, 通行する tsuukoo suru; 2. *(moneda, mercancía/通貨、物資が)* 流通する ryuutsuu suru; **~torio, -a** *adj (sangre)* 循環の junkan no

círculo *m* 1. 円 en, 丸 maru, *(aro)* 輪 wa; 2. *(grupo)* 集まり atsumari, サークル saakuru

circun/ferencia *f* 1. *mat* 円周 enshuu; 2. *(contorno)* 周囲 shuui; **~scribir** *vt* 限定する gentei suru; **~scripción** *f* 限定 gentei; **~stancia** *f* 事情 jijoo, 状況 jookyoo

circunvalación *f* 周りを囲むこと mawari o kakomu koto; 囲むこと kakomu koto

ciruel/a *f* 梅 ume; **~o** *m* 梅の木 ume no ki

ciru/gía *f* 外科 geka; **~gía plástica/estética** 整形外科 seikei-geka; **~jano, -a** *m/f* 外科医 geka-i

cisne *m* 白鳥 hakuchoo

cisterna *f* 貯水槽 chosuisoo

cita *f* 1. デート deeto; 2. *(citación)* 引用 in'yoo; **~ción** *f jur* 出頭命令 shuttoo meirei; **~r** *vt* 1. 会う約束をする au yakusoku o suru; 2. *(mencionar)* 引用する in'yoo suru; 3. *jur* 出頭を命じる shuttoo o meijiru; **~rse** デートする deeto suru; **~rse con alg** … とデートをする … to deeto o suru, … と会う約束をする … to au yakusoku o suru

cítricos *mpl* かんきつ類 kankitsu-rui

ciudad *f* 都市 toshi, 市 shi; **~anía** *f* 市民 shimin; **~ano, -a 1.** *adj* 都市の toshi no, *(ciu-*

dadano) 市民の shimin no; **2.** *m/f* 市民 shimin; **~ela** *f* 砦 toride

civil *adj m/f* 1. 市民の shimin no; 2. *jur* 民事の minji no; 3. *(privado, popular)* 民間の minkan no; **~ización** *f* 文明 bunmei; **~izado, -a** *adj* 文化的な bunka-teki na, *(refinado)* 洗練された senren sareta; **~izar** *vt* 文明化する bunmei-ka suru

clam/ar 1. *vt* 叫ぶ sakebu, 哀願する aigan suru; **2.** *vi* **~ar por/contra** … に反対して叫ぶ … ni hantaishite sakebu; **~or** *m* 1. 歓声 kansei; 2. *(voz de protesta)* 抗議の声 koogi no koe; **~oso, -a** *adj* 騒がしい sawagashii

clan *m* 一族 ichizoku

clandestin/idad *f (ilegalidad)* 非合法性 hi-goohoo-sei, *(secreto)* 秘密 himitsu; **~o, -a** *adj (ilegal)* 非合法な hi-goohoo na, *(secreto)* 秘密の himitsu no

clara *f (de huevo)* 卵の白身 tamago no shiromi; **~mente** *adv* はっきり hakkiri

clar/idad *f* 1. 明るさ akaru-sa; 2. *(precisión)* 明快さ meikai-sa; **~ificar** *vt* 明らかにする akiraka ni suru

clarinete *m* クラリネット kurarinetto

clarividen/cia *f* 洞察力 doosatsu-ryoku; **~te** *adj m/f* 洞察力のある(人) doosatsu-ryoku no aru (hito)

claro, -a *adj* 1. 明るい akarui; 2. *(transparente)* 澄んだ sunda; 3. *(imágenes, sonido/画像、色などが)* 鮮明な senmei na; 4. *(cielo/空が)* 晴れ渡った hare watatta; 5. *(explicación/説明が)* 明快な meikai na; 6. *(colores/色が)* 明るい akarui; **¡~!** もちろん mochiron

clase *f* 1. *(categoría)* 階級 kaikyuu; 2. *(aula)* クラス kurasu; 3. *(lección)* 授業 jugyoo; **~ turista** ツーリスト・クラス tsuurisuto-kurasu; **dar ~** 授業する jugyoo suru

clásico 1. -a *adj* 古典の koten no, 古典的な koten-teki na; **2.** *m* 古典 koten

clasifica/ción *f* 1. 分類 bunrui; 2. *sport* 順位 jun'i; **~dor** *m* ファイル用キャビネット fairuyoo kyabinetto; **~r** *vt* 1. *(clasificar)* 分類する bunrui suru; 2. *(poner orden)* 順位をつける jun'i o tsukeru; **~rse** *sport* 出場の資格をとる shutsujoo no shikaku o toru

claustro *m* 修道院などの回廊 shuudooin nado no kairoo; **~ de profesores** *(gakkoo no)* 職員会議 shokuin kaigi

cláusula *f* 1. *(de contrato /契約書などの)* 条項 jookoo; 2. *ling* 節 setsu
clausura *f* 閉会 heikai, *(ceremonia)* 閉会式 heikai-shiki; **~r** *vt (dar por finalizado)* 閉会する heikai suru
clavar *vt* 1. *(clavos)* 釘を打つ kugi o utsu; 2. *(pinchar)* 突き刺す tsukisasu; 3. 凝視する gyooshi suru
clave 1. *f* 1. 暗号 angoo, コード koodo; 2. *mús* 音部記号 onbu kigoo; **2.** *m mús* ハープシコード haapushikoodo
clavel *m* カーネーション kaaneeshon
clavícula *f med* 鎖骨 sakotsu
clavija *f electr* プラグ puragu, ジャック jakku, 差込 sashikomi
clavo *m* 釘 kugi
claxon *m auto* クラクション kurakushon
clemen/cia *f* 寛大 kandai; **~te** *adj m/f* 情け深い nasakebukai
clérigo *m* 聖職者 seishoku-sha, 司祭 shisai
clero *m* 聖職者 seishoku-sha
cliente, -a *m/f* 客 kyaku; **~la** *f* 得意先 tokuisaki
clima *m* 気候 kikoo
clim/ático, -a *adj* 気候の kikoo no; **~atización** *f* エアー・コンディショニング eaa- kondishoningu
clínic/o 1. -a *adj* 臨床の rinshoo no, 診療の shinryoo no; **2.** *m/f* 臨床医 rinshoo-i; **~a** *f* 診療所 shinryoo-sho, クリニック kurinikku
clip *m* 1. クリップ kurippu; 2. ヘアーピン heaapin
cliquear *vt informát* クリックする kurikku suru
cloaca *f* 下水道 gesuidoo
cloro *m quím* 塩素 enso; **~fila** *f bot* 葉緑素 yooryokuso; **~formo** *m* クロロホルム kurorohorumu
club *m* クラブ kurabu; ~ **náutico** ヨット・クラブ yotto-kurabu; ~ **nocturno** ナイト・クラブ naito-kurabu
coacci/ón *f* 強制 kyoosei; **~onar** *vt jur* 強制する kyoosei suru
coagula/ción *f* 凝結 gyooketsu, 凝固 gyooko; **~rse** 固まる katamaru
coágulo *m* 凝結 gyooketsu, 凝固物 gyooko-butsu
coalición *f (países, partidos políticos/国、政党などの)* 同盟 doomei
coartada *f jur* アリバイ aribai
cobard/e 1. *adj m/f* 臆病な okubyoo na, 卑怯な hikyoo na; **2.** *m/f* 臆病者 okubyoo-mono, 卑怯者 hikyoo-mono; **~ía** *f* 臆病 okubyoo
cobij/ar *vt* 1. *(cubrir)* 覆う oou, かぶせる kabuseru; 2. *(proteger)* 保護する hogo suru; **~o**

m 1. *(protección)* 保護 hogo; 2. 避難所 *(refugio)* hinan-jo

cobra *f zool* コブラ kobura

cobra/dor, -a *m/f* 集金係 shuu-kin-gakari; **~r 1.** *vt* お金を受取る uketoru okane o uketo-ru; **2.** *vi (ánimo, fuerza/元気、力を)* 回復する kaifuku suru

cobre *m* 銅 doo

cobro *m* 入金 nyuukin, 支払い shiharai

coca/ína *f* コカイン kokain; **~inómano, -a** *m/f* コカイン中毒者 kokain chuudoku-sha

cocción *f* 煮ること niru koto, *(pan/ パンなどを)* 焼くこと yaku koto

cocer 1. *vt* 煮る niru, *(hervir)* ゆでる yuderu; **2.** *vi* 煮える nieru

coche *m* 車 kuruma, 自動車 jido-osha; ~ **de alquiler** レンタカー rentakaa; ~ **de caballo**s 馬車 basha; ~ **de carrera** レーシング・カー reeshingu-kaa; ~ **cama** 寝台車 shindaisha; **~cito** *m* 乳母車 uba-guruma; ~ **restaurante** 食堂車 shoku-doosha; ~ **todo terreno** 4輪駆動車 yonrin kudoosha; **~ro** *m* 御者 gyosha

cochin/a *f* 雌豚 mesu-buta; **~ada** *f* 汚らしいもの/こと kitanarashii mono/koto; **~illo** *m* 子豚kobuta; **~o 1. -a** *adj coloq* 不潔な fuketsu na; **2.** *m/f coloq* 不潔な人 fuketsu na hito

cocido 1. -a *adj* 煮た nita, *(hervido)* ゆでた yudeta, *(especialmente cocer arroz)* 炊いた tai-ta; **2.** *m* コシード koshiido, スペインの煮込み料理 supein no nikomi ryoori

cocina *f* 1. *(lugar donde se cocina)* 台所 daidokoro; 2. *(de gas, eléctrica)* コンロ konro; 3. *(comida, plato)* 料理 ryoori; ~ **eléctrica** 電気コンロ denki konro; **~r** *vt/i* 料理する ryoori suru

cocinero, -a *m/f* 料理人 ryoori-nin, 調理師 choori-shi, コック kokku

coco *m* ココナッツ kokonattsu

cocodrilo *m zool* わに wani

cóctel *m* カクテル kakuteru

codici/a *f* 1. *(avaricia)* どん欲 don'yoku; 2. *(anhelo)* 熱望 netsuboo; **~ar** *vt* 強くほしがる tsuyoku hoshigaru; **~oso, -a** *adj* 1. *(avaricioso)* 強欲な gooyoku na; *(anhelar)* 切望する setsuboo suru

código *m* 1. 暗号 angoo, コード koodo; 2. *jur* 法規 hooki; ~ **de barras** バー・コード baa-koodo; ~ **civil** 民法 minpoo; ~ **postal** 郵便番号 yuubin-bangoo

codo *m* ひじ hiji

codorniz *f* うずら uzura

coexist/encia *f* 共存 kyoozon; **~ir con** *vi* … と共存する … to kyoozon suru
coger *vt* 1. とる toru; 2. *(vehículos /乗り物に)* 乗る noru; 3. *(enfermedad/病気に)* かかる kakaru
cohe/rencia *f* 一貫性 ikkan-sei; **~rente** *adj m/f* 首尾一貫した shubiikkan shita
cohete *m* ロケット roketto
coincid/encia *f* 一致 itchi; **~ir con** 1. … と一致する … to itchi suru; 2. *(hacer algo simultáneamente)* 同時に行う dooji ni okonau
coito *m* 性交 seikoo
cojear *vi* びっこをひく bikko o hiku
cojín *m* クッション kusshon
cojo, -a *adj* びっこの bikko no
col *f* キャベツ kyabetsu; **~ de Bruselas** 芽キャベツ me-kyabetsu
cola *f* 1. しっぽ shippo; 2. *(fila de personas)* 人の列 hito no retsu; **~ de caballo** ポニー・テール ponii-teeru; **hacer ~** 列に並ぶ retsu ni narabu
colabora/ción *f* 協力 kyooryoku; **~dor, -a** *m/f* 協力者 kyooryoku-sha; **~r** *vi* 協力する kyooryoku suru, 共同でする kyoodoo de suru
colador *m* 茶漉し chakoshi, ざる zaru
colaps/ar *vi* 機能が停止する kinoo ga teishi suru, 麻痺する mahi suru; **~o** *m* 1. 機能停止 kinoo teishi, 麻痺 mahi; 2. *med* 虚脱 kyodatsu, 衰弱 suijaku
colar *vt* *(líquido/液体を)* 濾す kosu, 濾過する roka suru; **~se** もぐり込む mogurikomu, 忍び込む shinobikomu
colch/a *f* ベッド・カバー beddo-kabaa; **~ón** *m* マットレス mattoresu; **~oneta** *f* 小型のマットレス kogata no mattoresu
colecci/ón *f* 1. 収集 shuushuu; 2. *(obras completas)* 全集 zenshuu; **~onar** *vt* 収集する shuushuu suru; **~onista** *m/f* 収集家 shuushuu-ka
colectivo, -a *adj* 集団の shuudan no
coleg/a *m/f* 同僚 dooryoo, 同業者 doogyoo-sha; **~io** *m* 1. *(escuela)* 学校 gakkoo; 2. *(gremio)* 同業者団体 doogyoo-sha dantai; **~io mayor** 学生寮 gakusei-ryoo
cólera 1. *f* 怒り ikari, 激怒 gekido; **2.** *m med* コレラ korera
colgar 1. *vt* 掛ける kakeru, 吊るす tsurusu; **2.** *vi* 1. ぶら下がる burasagaru; 2. *(teléfono)* 電話を切る denwa o kiru
colibrí *m zool* ハチドリ hachidori

coliflor *f* カリフラワー karifu-rawaa
colilla *f* タバコの吸殻 tabako no suigara
colina *f* 丘 oka
colindante *adj m/f* 隣り合った tonariatta
colisión *f* 衝突 shoototsu
collar *m* ネックレス nekkuresu, 首飾り kubikazari
colmena *f* 蜂の巣 hachi no su, 蜜蜂の巣箱 mitsubachi no subako
colmillo *m zool* 牙 kiba, 犬歯 kenshi
colmo *m* 絶頂 zetchoo, 極限 kyokugen
coloca/ción *f* 1. 配置 haichi, 設置 setchi; 2. 就職 shuushoku; **~r** *vt* 1. 置く oku; 2. 就職させる shuushoku saseru
colonia *f* 植民地 shokumin-chi; **~lismo** *m* 植民地主義 shoku-min-chi-shugi
coloniza/ción *f* 植民地化 sho-kumin-chi-ka; **~dor, -a** *m/f* 開拓者 kaitaku-sha; **~r** *vt* 植民する shokumin suru, 植民地化する shokumin-chi-ka suru
color *m* 色 iro; **~ado, -a** *adj* 1. *(coloreado)* 色のついた iro no tsuita; 2. *(rojo)* 赤い akai, *(la cara/顔が)* 顔が赤くなった kao ga akaku natta; **~ar** *vt (colorear)* 色をつける iro o tsukeru; **~ear** *vt* 色をつける iro o tsukeru
columna *f* 1. 柱 hashira; 2. *(de periódicos/新聞などの)* 欄 ran, コラム koramu; **~ vertebral** 背骨 sebone
columpi/iar *vt* ブランコに乗せる buranko ni noseru, 揺らす yurasu; **~iarse** ブランコに乗る buranko ni noru; **~io** *m* ブランコ buranko
coma **1.** *f* コンマ konma, 句点 kuten; **2.** *m med* 昏睡 konsui
comadrona *f* 産婆 sanba, 助産婦 josan-pu
comandante *m/f mil* 指揮官 shi-ki-kan, 司令官 shirei-kan
combat/e *m* 戦い tatakai, 戦闘 sentoo; **~ir** *vt/i* 戦う tatakau
combina/ción *f* 1. 組み合わせ kumiawase; 2. *quím* 化合 ka-goo; 3. *(bebida/飲み物)* カクテル kakuteru; **~do, -a** *adj* 結合した ketsugoo shita, 配合した haigoo shita; **~r** *vt* 組み合わせる kumi-awaseru
combusti/ble **1.** *adj m/f* 燃えやすい moe-yasui; **2.** *m* 燃料 nenryoo; **~ón** *f* 燃焼 nenshoo, 燃えること moeru koto
comedia *f* 喜劇 kigeki, コメディー komedii; **~nte** *m* 喜劇俳優 kigeki-haiyuu
comedor *m* 食堂 shoku-doo
comentar *vt* 解説する kaisetsu suru; **~io** *m* 解説 kaisetsu; **~ista** *m/f* 解説者 kaisetsu-sha
comenzar **1.** *vt* 始める hajimeru; **2.** *vi* 始まる hajimaru

comer *vt/i* 1. 食べる taberu; 2. *(comida de mediodía)* 昼ごはんを食べる hirugohan o taberu

comerci/al *adj m/f* 商業の shoogyoo no, 商売の shoobai no; **~ante** *m/f* 商人 shoonin; **~ar** *vi* 商売をする shoobai o suru; **~o** *m* 商業 shoogyoo

comestible *adj m/f* 食べられる taberareru; **~s** *mpl* 食料品 shokuryoo-hin

cometa 1. *m* 彗星 suisei; **2.** *f* 凧 tako

come/ter *vt (delito, error/罪、過失などを)* 犯す okasu; **~tido** *m* 任務 ninmu

cómic *m* 漫画 manga, コミック komikku; **~o 1. -a** *adj* 1. *(de comedia)* 喜劇の kigeki no; 2. *(gracioso)* 滑稽な kokkei na; **2.** *m/f* コメディアン komedian, 喜劇役者 kigeki-yakusha

comida *f (alimento)* 食べ物 tabemono; *(acción de comer)* 食事 shokuji; *(comida de mediodía)* 昼食 chuushoku

comienzo *m* 初め hajime, 最初 saisho

comillas *fpl* 引用符 in'yoofu

comisar/ía *f* 警察署 keisatsusho; **~io** *m* 警察署長 keisatsushochoo, 警視 keishi

comisión *f* 1. 委任 inin; 2. 委員会 iin-kai; 3. コミッション komisshon, 手数料 tesuu-ryoo

comité *m* 委員会 iin-kai

como 1. *adv* 1. … のように … no yooni, … と同じように … to onaji yooni; 2. … のような … no yoo na, … として … to shite; **2.** *conj* 1. … のように … no yoo ni, … の通りに … no toori ni; 2. *(causa, razón/原因、理由)* だから dakara, … ので … no de

cómo *adv* 1. どのように donoyoo ni, どうやって dooyatte; 2. *(razón/理由)* どうして dooshite; **¡~ no!** もちろん mochiron

comodidad *f* 快適さ kaiteki-sa

comodín *m (cartas/トランプの)* ジョーカー jookaa

cómodo, -a *adj* 快適な kaiteki na

compacto, -a *adj* コンパクトな konpakuto na, 小型の kogata no

compadecer *vt* 同情する doojoo suru, 気の毒に思う kinodoku ni omou

compañ/ero, -a *m/f* 仲間 nakama; **~ía** *f* 1. *(hecho de estar juntos)* 一緒にいること issho ni iru koto; 2. 会社 kaisha; 3. *teat* 劇団 geki-dan; **~ía de aviación** 航空会社 kookuugaisha; **~ía de seguros** 保険会社 hoken-gaisha; **en ~ía de** … と一緒に … to issho ni; **hacer ~ía a** … の相手をする … no aite o suru

compara/ble *adj m/f* 比較できる hikaku dekiru; **~ción** *f* 比較 hikaku; **~r** *vt* 比較する hikaku suru
comparecer *vi jur* 出頭する shuttoo suru, 出廷する shuttei suru
comparti/miento *m ferroc* 車室 shashitsu; **~r** *vt* 1. *(distribuir)* 分ける wakeru; 2. *(poseer algo en común)* 共有する kyooyuu suru; **~r con** … と分け合う … to wakeau
compás *m* 1. コンパス konpasu; 2. *nav* 羅針盤 rashinban; 3. *mús* 小節 shoosetsu, リズム rizumu
compasi/ón *f* 同情 doojoo; **~vo, -a** *adj* 哀れみ深い awaremibukai
compatib/le *adj m/f* 1. 両立できる ryooritsu dekiru; 2. *informát* 互換性のある gokansei no aru; **~ilidad** *f* 互換性 gokan-sei
compatriota *m/f* 同国人 dookoku-jin
compensa/ción *f* 償い tsugunai; **~r** *vt* 償う tsugunau, 報いる mukuiru
compet/encia *f* 1. *(autoridad)* 権限 kengen; 2. *(capacidad, aptitud)* 資格 shikaku; 3. 競争 kyoosoo, *(contrincante)* 競争相手 kyoosoo-aite; **~ente** *adj m/f* 1. *(capaz)* 有能な yuunoo na; 2. *(que tiene autoridad)* 権限のある kengen no aru; **~idor** *m* 競争相手 kyoosoo-aite; **~ir con** … と競争する … to kyoosoo suru; **~titivo, -a** *adj* 競争力のある kyoosoo ryoku no aru
complac/er *vt* 喜ばせる yorokobaseru; **~erse** 喜ぶ yorokobu; **~iente** *adj m/f* 愛想のよい aisoo no yoi
complejo 1. -a *adj* 1. 複雑な fukuzatsu na; 2. *m* コンプレックス konpurekkusu, 劣等感 rettoo-kan
complement/ario, -a *adj* 補足の hosoku no; **~o** *m* 補足 hosoku
comple/tar *vt* 完成する kansei suru; **~to, -a** *adj* 1. *(perfecto)* 完全な kanzen na; 2. *(lleno de personas)* 満員の man'in no
complica/ción *f* 1. 複雑 fukuzatsu; 2. *med* 合併症 gappeishoo; **~r** *vt* 複雑にする fukuzatsu ni suru
cómplice *m* 共犯（者） kyoohan (sha)
complicidad *f* 共犯 kyoohan
compone/nte *m* 1. 成分 seibun; 2. *(miembro)* 構成員 koosei-in; **~r** *vt* 1. 組み立てる kumitateru; 2. *mús* 作曲する sakkyoku suru; **~rse de** … から成り立つ … kara naritatsu
comporta/miento *m* 振る舞い furumai, 態度 taido; **~rse** 振舞う furumau

composi/ción *f* 1. 構成 koosei; 2. *mús* 作曲 sakkyoku; **~tor, -a** *m/f* 作曲家 sakkyoku-ka

compra *f* 買うこと kau koto, 買い物 kaimono; **~dor, -a** *m/f* 買い物客 kaimono-kyaku; **~r** *vt* 買う kau

compren/der *vt* 理解する rikai suru; **~sible** *adj m/f* 理解できる rikai dekiru; **~sión** *f* 理解 rikai, 理解力 rikai-ryoku; **~sivo, -a** *adj* 理解力のある rikai-ryoku no aru, 話の分かった hanashi no wakatta

compres/a *f med* 圧定包帯 attei-hootai; **~a higiénica** *(para menstruación/生理用の)* ナプキン napukin; **~ión** *f* 圧縮 asshuku

comprimi/do *m med* 錠剤 jo-ozai; **~r** *vt* 圧縮する asshuku suru

comproba/nte *m* 受け取り uke-tori; **~r** *vt* 確認する kakunin suru

comprometerse 約束をする yakusoku o suru

compromiso *m* 1. *(promesa)* 約束 yakusoku; 2. *(promesa de matrimonio)* 婚約 kon´yaku

compuesto *m* 1. 合成物 goosei-butsu; 2. *quím* 化合物 kagoo-butsu

común *adj m/f* 1. 共通の kyoo-tsuu no; 2. *(corriente)* 普通の futsuu no

comuni/cación *f* 1. 通信 tsuu-shin, 知らせ shirase; 2. *(de voluntad, sentimiento/意志、感情の)* 疎通 sotsuu; **~car** *vt* 1. 伝える tsutaeru; 2. *(lugar con lugar/場所と場所を)* つなぐ tsunagu

comunidad *f* 共同体 kyoodoo-tai

comunión *f relig* 聖体拝領 seitai hairyoo

comuni/smo *m* 共産主義 kyoo-san-shugi; **~sta 1.** *adj m/f* 共産主義の kyoosan-shugi no; **2.** *m/f* 共産主義者 kyoosan-shugi-sha

con *prep* 1. … と一緒に … to is-sho ni; 2. *(medios, herramientas /手段、道具)* … で … de, … を持った … o motta; 3. *(persona /行為の相手)* … と … to, *(contra)* … に対して … ni taishite; **~ que** そんな理由で sonna riyuu de

concebir *vt* 妊娠する ninshin suru, 受胎する jutai suru

conceder *vt* *(poder, derecho/権力、権利などを)* 与える ataeru

concejal *m* *(ciudad, pueblo, aldea/市、町、村の)* 議会の議員 gikai no giin

concentra/ción *f* 1. 集中 shuu-chuu, 集合 shuugoo; 2. *(condensación)* 濃縮 nooshuku; **~r** *vt* 集中させる shuuchuu sa-seru; **~rse** 1. 集中する shuu-

chuu suru; 2. *(espesarse)* 濃くなる koku naru
concep/ción *f* 1. 妊娠 ninshin; 2. *(noción)* 構想 koosoo; **~to** *m (noción)* 概念 gainen; **en ~to de** … として … to shite
concer/niente *adj m/f* **a** … に関する … ni kansuru; **~nir** *vi* … に関係する … ni kankei suru
concertar *vt* 取り決める torikimeru
concesi/ón *f* 付与 fuyo; **~onario** *m* 1. 特約店 tokuyaku-ten; 2. *auto* ディーラー diiraa
concha *f* 貝殻 kaigara
concien/cia *f* 1. *(sentido, conocimiento)* 意識 ishiki; 2. *(honradez, honestidad)* 良心 ryooshin; **~zudo, -a** *adj* 良心的な ryooshin-teki na
concierto *m* 1. *mús* コンサート konsaato, 音楽会 ongaku-kai; 2. 調和 choowa, 協定 kyootei
concilia/ción *f* 和解 wakai; **~r** *vt* 調停する chootei suru
conclu/ir 1. *vt* 1. *(finalizar)* 終了する shuuryoo suru; 2. *(sacar una conclusión)* 結論を出す ketsuron o dasu; **2.** *vi* 終わる owaru; **~sión**; **3.** *f* 結論 ketsuron; **~yente** *adj m/f* 決定的な kettei-teki na
concreto, -a *adj* 具体的な gutaiteki na; **en ~** 具体的に gutaiteki ni
concurr/encia *f* 人の集まり hito no atsumari, 集まった人 atsumatta hito; **~ido, -a** *adj* 人が集まる hito ga atsumaru, 人ごみの hito-gomi no; **~ir** *vi* 集まる atsumaru
concurs/ante *m/f* 出場者 shutsujoo-sha; **~ar** *vi* コンクールなどに出場する konkuuru nado ni shutsujoo suru, 応募する oobo suru; **~o** *m* コンクール konkuuru
conde *m* 伯爵 hakushaku
condecora/ción *f* 叙勲 jokun; **~r** *vt* 勲章を授ける kunshoo o sazukeru
condena *f jur* 有罪判決 yuuzai hanketsu; **~do** *m/f* 有罪判決を受けた人 yuuzai hanketsu o uketa hito; **~r** *vt* 有罪の判決を言い渡す yuuzai no hanketsu o iiwatasu
condensa/ción *f* 濃縮 nooshuku; **~dor** *m* コンデンサー kondensaa; **~r** *vt* 濃縮する nooshuku suru
condici/ón *f* 条件 jooken; **con la ~ón de que** … の条件で … no jooken de; **estar en ~ones de hacer u/c** … できる状態で … dekiru-jootai de; **~onar** *vt* 条件づける jookenzukeru
condón *m* コンドーム kondoomu
cóndor *m* コンドル kondoru
conduc/ción *f* 1. *auto* 運転 unten; 2. *tecn* 伝導 dendoo; **~ir** *vt/i auto* 運転する unten suru; **~ta** *f* 態度 taido; **~to** *m* 1. ダ

クト dakuto; 2. *med* 管 kuda; **~tor** *m* 1. *electr* 導体 dootai; 2. 運転手 unten-shu

conectar *vt* つなぐ tsunagu; *electr* 接続する setsuzoku suru

conejo *m* うさぎ usagi

conexión *f* 1. つながり tsunagari; 2. *electr* 接続 setsuzoku; **vuelo de ~** 接続便 setsuzoku-bin

confecci/ón *f* 1. 作成 sakusei; 2. *(de ropa /着る物の)* 仕立て shitate; **~onar** *vt (ropa/服などを)* 仕立てる shitateru

confedera/ción *f* 同盟 doomei; **~rse** 同盟する doomei suru

conferencia *f* 1. 講演 kooen, 会議 kaigi; 2. *(teléfono)* 長距離電話 chookyori denwa; **~nte** *m/f* 講演者 kooen-sha

confes/ar *vt* 1. 告白する kokuhaku suru; *(crimen, culpa, secreto)* 白状する hakujoo suru; 2. *relig* 告解する kokkai suru; **~arse** *relig* 告解する kokkai suru, 告白する kokuhaku suru, *(crimen, culpa, secreto)* 白状する hakujoo suru; **~ión** *f* 1. 告白 kokuhaku; *(crimen, culpa, secreto)* 白状 hakujoo; 2. *relig* 懺悔 zange

confia/do, -a *adj* 信頼している shinrai shite iru; **~r 1.** *vt* 1. 委託する itaku suru; 2. *(confesar)* 打ち明ける uchiakeru; **2.** *vi* **~r en alg/u/c** … を信頼する … o shinrai suru

confiden/cia *f* 秘密 himitsu; **~cial** *adj m/f* 秘密の himitsu no; **~te** *m/f* 信用できる人 shin'yoo dekiru hito

configura/ción *f informát* 設定 settei; **~r** *vt informát* 設定する settei suru

confirma/ción *f* 確認 kakunin; **~r** *vt* 確認する kakunin suru

confiscar *vt* 没収する bosshuu suru, 押収する ooshuu suru

confitura *f* ジャム jamu

conflicto *m* 紛争 funsoo

conflu/encia *f (de rios, caminos/川、道の)* 合流点 gooryuu-ten; **~ir** *vi* 合流する gooryuu suru

conform/ación *f* 形状 keijoo, *tecn* 成型 seikei; **~ar** *vt* **a/con** … に合わせる … ni awaseru; **~arse** 同意する dooi suru; **~arse con u/c** … に従う … ni shitagau; **~e** *adj* **a/con** … に同意した …. ni dooi shita; **estar ~e con** … に同意している … ni dooi shite iru; **~e a** … にしたがって … ni shitagatte; **~idad** 一致 itchi, 適合-tekigoo, *tecn* 成形性 seikei-sei

confort *m* 快適 kaiteki; **~able** *adj m/f* 快適な kaiteki na

confronta/ción *f* 1. *(enfrentamiento)* 対決 taiketsu; 2. *(comparación)* 照合 shoogoo;

~r *vt (juicio/裁判などで)* 対決させる taiketsu saseru

confu/ndir *vt* **con** 1. … と混同する … to kondoo suru; 2. 混乱させる konran saseru; **~ndirse** 1. 間違える machigaeru; 2. *(mezclarse)* 混じる majiru; 3. *(turbarse)* 当惑する toowaku suru; **~sión** *f* 1. *(desorden)* 混乱 konran; 2. *(turbación, perplejidad)* 当惑 toowaku; 3. *(mezcla)* 混同 kondoo, *(equivocación)* 間違い machigai; **~so, -a** *adj* 1. *(desordenado)* 混乱した konran shita; 2. *(perplejo)* 当惑した toowaku shita

congela/do, -a *adj* 凍った kootta; **alimentos ~dos** 冷凍食品 reitoo-shokuhin; **~dor** *m* 冷凍庫 reitoo-ko; **~r** *vt* 冷凍する reitoo suru; **~rse** 凍る kooru

congeniar *vi* **con** … と気が合う … to ki ga au

congesti/ón *f med* 卒中 sotchuu; **~onarse** 1. 充血する juuketsu suru; 2. *(tráfico)* 交通が渋滞する kootsuu ga juutai suru

congoja *f* 苦悩 kunoo

congrega/ción *f* 集合 shuugoo, 集会 shuukai; **~r** *vt* 集める atsumeru; **~rse** 集まる atsumaru

congre/sista *m/f* 議員 giin, 代議士 daigi-shi; **~so** *m* 1. *(parlamento)* 国会議事堂 kokkai gijidoo, 議会 gikai; 2. *(asamblea general)* 大会 taikai

conjetura *f* 推測 suisoku; **~r** *vt* 推測する suisoku suru

conjuga/ción *f (del verbo/動詞の)* 活用 katsuyoo; **~r** *vt (verbo/動詞を)* 活用させる katsuyoo saseru

conjun/ción *f* 1. 結合 ketsugoo; 2. *ling* 接続詞 setsuzokushi; **~to** *m* 1. 全体 zentai; 2. *mús* バンド bando; **~to, -a** *adj* 結合した ketsugoo shita

conmemoración *f* 記念 kinen, 記念式 kinen-shiki

conmigo *pron pers* 私と watashi to, 私と一緒に watashi to issho ni

conmo/ción *f* ショック shokku; **~cionar** *vt* 衝撃を与える shoogeki o ataeru; **~ción cerebral** 脳震盪 nooshintoo; **~vedor, -a** *adj* 感動的な kandoo-teki na; **~ver** *vt* 感動させる kandoo saseru

conoc/edor, -a *adj* よく知っている yoku shitte iru; **~er** *vt* 知る shiru, 知っている shitte iru; **~ido, -a 1.** *adj* よく知られた yoku shirareta, 有名な yuumei na; **2.** *m/f* 知り合い shiriai; **~imiento** *m* 知識 chishiki, 意識 ishiki; **~imientos** *mpl* 知識 chishiki

con que *coloq* だから dakara, それで sorede

conquista *f* 征服 seifuku; **~dor, -a** *m/f* 勝利者 shoori-sha; **~r** *vt* 1. 征服する seifuku suru; 2. *(a una persona)* 人の心を捉える hito no kokoro o toraeru

consciente *adj m/f* **de u/c** … を意識している … o ishiki shite iru

consecu/encia *f* 1. *(resultado)* 結果 kekka; 2. *(gravedad)* 重大さ juudaisa; **~ente** *adj m/f* 首尾一貫した shubi-ikkan shita; **~tivo, -a** *adj* 連続した renzoku shita

conseguir *vt* 1. *(adquirir)* 手に入れる te ni ireru, 獲得する kakutoku suru; 2. *(alcanzar)* 達成する tassei suru

consej/ero *m* 助言者 jogen-sha; **~o** *m* 1. アドバイス adobaisu; 2. 理事会 riji-kai

consent/imiento *m* 承認 shoonin; **~ir** *vt* 1. 許可する kyoka suru; 2. *(a un hijo/子供を)* 甘やかす amayakasu

conserje *m/f* 管理人 kanri-nin

conserva *f* 缶詰 kanzume, 保存食 hozon-shoku; **~ción** *f* 1. 保存 hozon; 2. *(mantenimiento)* 維持 iji; **~dor, -a** *adj* 保守的な hoshu-teki na; **~nte** *m* 保存剤 hozon-zai; **~r** *vt* 1. *(conservar)* 保存する hozon suru, *(mantener)* 維持する iji suru; 2. *(enlatar, embotellar)* 缶詰/びん詰めにする kan-zume/bin-zume ni suru; **~rse** 保存されている hozon sarete iru

conservatorio *m* 音楽学校 ongaku-gakkoo

considera/ble *adj m/f* 考慮すべき kooryo subeki; **~ción** *f* 考慮 kooryo; **de ~ción** 重要な juuyoo na; **en ~ción a** … を考慮して … o kooryo shite; **~r** *vt* 考慮する kooryo suru

consigna *f* 手荷物預かり所 tenimotsu azukari-sho

consigo *pron pers* 自分とともに jibun to tomo ni

consiguiente *adj m/f* 結果として起こる kekka to shite okoru; **por ~** 従って shitagatte

consola/ción *f* 慰め nagusame; **~r** *vt* 慰める nagusameru

consolidar *vt* 強化する kyooka suru

consomé *m gastr* コンソメスープ consomé-suupu

consonante *m ling* 子音 shiin

conspira/ción *f* 陰謀 inboo; **~dor, -a** 謀反人 muhonnin; **~r** *vi* 陰謀を企てる inboo o kuwadateru

consta/ncia *f* 根気 konki; **~nte** *adj m/f* 1. 普遍の fuhen no; 2. *(voluntad /意志が)* 揺るぎのない yurugi no nai; **~r** *vi* 記載されている kisaisarete iru; **~r de** … から成る … kara naru; **hacer ~r** 指摘する shiteki suru; **~tar** *vt* 確かめる tashikameru

constelación *f* 星座 seiza
constipa/do 1. -a *adj* 風邪をひいた kaze o hiita; **2.** *m* 風邪 kaze; **~rse** 風邪をひく kaze o hiku
constitu/ción *f* 1. 憲法 kenpoo; 2. 構成 koosei; **~cional** *adj m/f* 憲法の kenpoo no; **~ir** *vi* 構成する koosei suru
consuelo *m* 慰め nagusame
cónsul *m* 領事 ryooji
consulado *m* 領事館 ryooji-kan
consult/a *f* 1. 相談 soodan; 2. *med* 診察 shinsatsu; **~ar** *vt* 1. 相談する soodan suru; 2. *med* 診察を受ける shinsatsu o ukeru; **~orio** *m med* 診察室 shinsatsu-shitsu
consum/ición *f gastr* 飲み物 nomimono; **~ido, -a** *m/f* やせ衰えた yase otoroeta; **~idor, -a** *m/f* 消費者 shoohi-sha; **~ir** *vt* 消費する shoohi suru; **~o** *m* 消費 shoohi
contab/ilidad *f* 経理 keiri; **~le** *m/f* 会計係 kaikei-gakari
contact/ar *vt* **con** … と接触する … to sesshoku suru, … と連絡をとる … to renraku o toru; **~o** *m* 接触 sesshoku
conta/do, -a *adj* 1. *(poco, módico)* わずかな wazuka na; 2. *(hablado)* 話された hanasareta; **al ~do** 現金で genkin de; **~dor** *m* メーター meetaa
conta/giar *vt (enfermedad/病気を)* うつす utsusu; **~giarse** 伝染する densen suru; **~gio** *m* 感染 kansen; **~gioso, -a** *adj* 伝染性の densen-sei no
contamina/ción *f* 汚染 osen; **~ción ambiental** 環境汚染 kankyoo osen; **~r** *vt* 汚染する osen suru
contar *vt/i* 1. *(numerar)* 数える kazoeru; 2. *(hablar)* 話す hanasu, *(narrar)* 物語る monogataru; **~ con alg** o **u/c** … を当てにする … o ateni suru
contempla/ción *f* じっと見ること jitto miru koto; **~r** *vt* 1. 見つめる mitsumeru; 2. 考慮する kooryo suru
contemporáneo 1. -a *adj* 現代の gendai no, 同時代の doojidai no; **2.** *m* 同時代の人 doojidai no hito
contenedor *m* コンテナ kontena
contener *vt* 1. *(comprender, abarcar)* 含む fukumu; 2. *(oprimir, dominar)* 抑える osaeru; **~se** 自制する jisei suru
contenido *m* 内容 naiyoo, 中身 nakami
content/ar *vt* 満足させる manzoku saseru; **~arse con/de** … に満足する … ni manzoku suru; **~o, -a** *adj* **con** … に満足している … ni manzoku shite iru
contesta/ción *f* 返事 henji; **~dor** *m* **automático** 留守番電話 rusuban denwa; **~r** *vt/i* 答え

る kotaeru, 返事をする henji o suru

contexto *m* 文脈 bunmyaku

contigo *pron pers* 君と kimi to, あなたと anata to

contiguo, -a *adj* 隣合った tonariatta, 隣接した rinsetsu shita

continen/tal *adj m/f* 大陸の tairiku no, 大陸的な tairiku-teki na; **~te** *m* 大陸 tairiku

continu/ación *f* 連続 renzoku, 続き tsuzuki; **a ~ación** 続いて tsuzuite; **~ar 1.** *vt* 続ける tsuzukeru; **2.** *vi* 続く tsuzuku; **~o, -a** *adj* 絶え間ない taema nai

contra *prep* … と逆に … to gyaku ni, … に反対して … ni hantai shite; **en ~ de** … に反対して … ni hantai shite; **~ataque** *m* 反撃 hangeki

contrabajo *m mús* コントラバス kontorabasu、ベース beesu

contra/bandista *m/f* 密輸業者 mitsuyu gyoo-sha; **~bando** *m* 密輸 mitsuyu

contracción *f* 収縮 shuushuku

contracep/ción *f med* 避妊 hinin; **~tivo** *m* 避妊具 hinin-gu

contra/decir *vt* 反論する hanron suru; **~dicción** *f* 矛盾 mujun; **~dictorio, -a** *adj* 矛盾する mujun suru

contraer *vt* 縮める chijimeru

contramedida *f* 対策 taisaku

contrari/o, -a *adj* 反対の hantai no; **llevar la ~a a** … に反対する … ni hantai suru; **lo ~o** 反対 hantai; **por el ~o** 反対に hantai ni; **de lo ~o** でなければ de nakereba

contraseña *f* 1. 合言葉 aikotoba; 2. *informát* パスワード pasuwaado

contrata/ción *f* 契約すること keiyaku suru koto; **~r** *vt* 契約する keiyaku suru, 雇う yatou

contratiempo *m* 障害 shoogai, 不都合 fu-tsugoo

contrato *m* 契約 keiyaku

contribu/ción *f* 1. 貢献 kooken; 2. 分担金 buntan-kin, 税金 zeikin; **~ir** *vi* **a** … に貢献する … ni kooken suru; **~yente** *m/f* 1. 貢献者 kooken-sha; 2. 寄付をした人 kifu o shita hito; 3. 納税者 noozei-sha

control *m* 1. *adm* 管理 kanri; 2. *(control)* 制御 seigyo; *(regulación)* 調節 choosetsu; 3. *(puesto de control)* 検問所 kenmon-sho; **~ aéreo** 航空管制 kookuu kansei; **~ remoto** リモート・コントロール rimooto-kontorooru; **~ de seguridad** セキュリティー・コントロール sekyuritii-kontorooru; **~ador, -a aéreo** 航空管制官 kookuu kansei-kan; **~ar** *vt* 制御する seigyo suru, 管理する kanri suru; **~arse** 自制する jisei suru

contu/ndente *adj m/f* 有無を言わせない umu o iwasenai; **~sión** *f med* 打撲傷 daboku-shoo
convalece/ncia *f* 病後の回復 byoogo no kaifuku; **~r** *vt* **de** … から回復する … kara kai-fuku suru
conven/cer *vt* 説得する settoku suru, 納得させる nattoku saseru; **~cimiento** *m* 説得 settoku, 納得 nattoku; **~ción** *f (acuerdo)* 協定 kyootei; *(tratado)* 条約 jooyaku; **~cional** *adj m/f* 1. 協定の kyootei no; 2. *(normal, común)* 月並みな tsukinami na; **~iente** *adj m/f* 便利な benri na
conven/io *m* 協定 kyootei; **~ir** **1.** *vt* 同意する dooi suru; **2.** *vi* 都合がいい tsugoo ga ii; **~ir en u/c** … に同意する … ni dooi suru
convento *m* 修道院 shuudoo-in
conversa/ción *f* 会話 kaiwa; **~r** *vi* 会話する kaiwa suru
conver/sión *f* 1. *(cambio)* 転換 tenkan, *(transformación)* 変換 henkan; 2. *relig* 改宗 kaishuu; 3. *(conversión)* 転向 tenkoo; **~tir en** *(transformar)* … に変える … ni kaeru; **~tir a** *relig* … に改宗させる … ni kaishuu saseru; **~tirse en** *(cambiar)* … に変わる … ni kawaru, *(transformarse)* … に変化する … ni henka suru; **~tirse a** *relig* … に改宗する … ni kaishuu suru
convicción *f* 確信 kakushin
convi/ncente *adj m/f* 説得力のある settoku-ryoku no aru; **~vencia** *f* 同居 dookyo, 共同生活 kyoodoo seikatsu
convoca/r *vt* 召集する shoo-shuu suru; **~toria** *f* 募集 bo-shuu, 召集 shooshuu
convoy *m* 1. *ferroc* 列車 ressha; 2. *coloq* 随員 zui-in
convulsi/ón *f* 1. 痙攣 keiren; 2. *(social, political 社会的、政治的な)* 異変 ihen; **~vo, -a** *adj* 発作的な hossa-teki na
cónyuge *m/f* 配偶者 haiguu-sha
coñac *m* コニャック konyakku
coño *m vulg* 女性の性器 josei no seiki
coopera/ción *f* 協力 kyooryoku; **~r** *vi* **con** … に協力する … ni kyooryoku suru; **~tiva** *f* 協同組合 kyoodoo kumiai
coordinar *vt* コーディネートする koodineeto suru, 連携させる renkei saseru
copa *f* 1. グラス gurasu; 2. *sport* 優勝カップ yuushoo kappu; **~ de vino** ワイン・グラス wain-gurasu; **tomar una ~ de vino** ワインを一杯飲む wain o ippai nomu
copia *f* コピー kopii; **~dora** *f* コピー機 kopii-ki; **~r** *vt* コピーする kopii suru

copo *m* 雪の一片 yuki no hito hira
coque/tear *vi* 媚を売る kobi o uru; **~teo** *m* 媚を売ること kobi o uru koto; **~tería** *f* 媚 kobi, コケットリー kokettorii
coral 1. *m* 珊瑚 sango; **2.** *f mús* 合唱隊 gasshoo-tai
Corán *m relig* コーラン Kooran
coraz/ón *m* 1. 心臓 shinzoo; 2. *(alma, mente)* 心 kokoro; **~onada** *f* 予感 yokan
corbata *f* ネクタイ nekutai
corcho *m* コルク koruku, コルクの栓 koruku no sen
cordero *m* 子羊 ko-hitsuji
cordial *adj m/f* 真心のこもった magokoro no komotta; **~idad** *f* 真心 magokoro
cordillera *f* 山脈 sanmyaku
cordón *m* 紐 himo, コード koodo
cordura *f* 分別 funbetsu
core/ografía *f* 振り付け furitsuke; **~ógrafo, -a** *m/f* 振付師 furitsuke-shi
coro *m mús* 合唱 gasshoo, コーラス koorasu
corona *f* 1. 冠 kanmuri; 2. *(casa real)* 王室 ooshitsu; 3. *(de flor)* 花輪 hanawa; **~ción** *f* 戴冠式 taikan-shiki; **~r** *vt* 王位につける ooi ni tsukeru
coronel *m mil* 大佐 taisa
corpulen/cia *f* 肥満 himan; **~to, -a** *adj* 太った futotta
Corpus (Christi) *m relig* キリスト聖体の祝日 Kirisuto seitai no shukujitsu
corral *m* 囲い kakoi
correa *f* 1. *tecn* ベルト beruto; 2. 時計のバンド tokei no bando; ~ **del ventilador** *auto* ファンベルト fan beruto
correc/ción *f* 修正 shuusei; **~to, -a** *adj* 正しい tadashii
corredor 1. -a *m/f* 1. ランナー rannaa, 走者 soosha; 2. *(comer)* 仲買人 nakagai-nin, ブローカー burookaa; **2.** *m (pasillo)* 廊下 rooka
corregir *vt* 直す naosu, 訂正する teisei suru
correo *m* 郵便 yuubin; ~ **aéreo** 航空便 kookuu-bin; ~ **electrónico** *informát* 電子メール denshi meeru, イーメール e-meeru; **(oficina de) ~s** 郵便局 yuubin-kyoku
correr 1. *vi* 1. 走る hashiru; 2. *(río, agua)* 流れる nagareru; *(rumores, noticias/噂、ニュースなどが)* 広まる hiromaru; **2.** *vt (mover)* 動かす ugokasu; ~ **un riesgo** 危険をおかす kiken o okasu
correspon/dencia *f* 文通 buntsuu, 通信 tsuushin; **~der a** 1. … に相当する … ni sootoo suru; 2. … に応える … ni kotaeru; **~der con** … と一致する … to itchi suru; **~diente**

adj m/f **a** … に相当する … ni sootoo suru

corrida *f* 1. *(acción de correr)* 走ること hashiru koto; 2. *taur* 闘牛 toogyuu

corriente 1. *adj m/f* 1. *(de agua, líquido)* 流れる nagareru; 2. *(ordinario)* 普通の futsuu no; **estar al ~ de** … をよく知っている … o yoku shitte iru; **2.** *f* 1. *(agua, aire/水、空気などの)* 流れ nagare; 2. *electr* 電流 denryuu; ~ **de aire** 気流 kiryuu, 風 kaze

corromper *vt* 1. *(sobornar)* 買収する baishuu suru; 2. *(pervertir)* 堕落させる daraku saseru

corrup/ción *f* 1. 汚職 oshoku; 2. 堕落 daraku; **~to, -a** *adj* 堕落した daraku shita

corsario *m* 海賊 kaizoku

corta/césped *m* 芝刈り機 shibakari-ki; **~do 1. -a** *adj* 切った kitta; **2.** *m* ミルクを少し入れたコーヒー miruku o sukoshi ireta koohii; **~r** *vt* 1. 切る kiru; 2. *(gas, agua, electricidad/ガス、水、電気などを)* 止める tomeru; 3. *informát* 切り取る kiritoru; **~rse** 切る kiru; **~rse el pelo** 髪の毛を切る kami no ke o kiru

cort/e 1. *m* 1. *(acción de cortar)* 切ること kiru koto; 2. *(corte)* 切り口 kirikuchi; **~e de pelo** ヘア・カット heaa-katto; **2.** *f* 宮廷 kyuutei

cort/és *adj m/f* 礼儀正しい reigi tadashii; **~esía** *f* 礼儀 reigi

cortina *f* カーテン kaaten

corto, -a *adj* 1. *(longitud, duración)* 短い mijikai; 2. *(tonto)* 馬鹿な baka na; **ser ~ de oído** 耳の遠い mimi no tooi; ~ **de vista** 近視の kinshi no; ~ **circuito** *electr m* ショート shooto; **~metraje** *m* 短編映画 tanpen eiga

cosa *f* 物 mono; **hace ~ de un mes** 1ヶ月ほど前 ikka getsu hodo mae; **poca ~** 大したことではない taishita koto de wa nai; **¡~ rara!** 変なこと hen na koto

cosecha *f* 1. 収穫 shuukaku; 2. *(productos agrícolas)* 収穫物 shuukaku-butsu; **~r** *vt* 収穫する shuukaku suru

coser *vt/i* 縫う nuu

cosméti/ca *f* メーキャップ me-ekyappu; **~co, -a 1.** *adj* 化粧用の keshoo-yoo no, 美容の biyoo no; **2.** *m* 化粧品 keshoo-hin

consmopolita 1. *adj* 全世界的な zensekai-teki na; **2.** *m/f* 国際人 kokusai-jin

cosquill/as *fpl* くすぐったい感じ kusuguttai kanji; **hacer ~as** くすぐる kusuguru; **~eo** *m* くすぐったい感じ kusuguttai kanji; **~oso, -a** *adj (enfadadizo)* 怒りっぽい okorippoi

costa *f* 海岸 kaigan, 沿岸 engan; **a ~ de** … のおかげで … no okage de, … の費用で … no hiyoo de … のお金で … no okane de

costado *m* わき腹 wakibara

cost/ar *vi* 1. *(dinero/金が)* かかる kakaru; 2. *(esfuerzo, tiempo/労力、時間などを)* 要する yoosuru; **~ar caro** 高い takai; **cueste lo que cueste** どんなに高くても donna ni takaku temo, 何としてでも nanto shite demo; **~e** *m* 1. *(gastos)* 費用 hiyoo; 2. *(coste)* 原価 genka, コスト kosuto; **~e de la vida** 生活費 seikatsu-hi; **~ear** *vt* 1. *(pagar gastos)* … の代金を払う … no daikin o harau; 2. *(navegar a lo largo de la costa)* 海岸に沿って行く kaigan ni sotte iku

costeño, -a/~ero, -a *adj* 海岸の kaigan no, 沿岸の engan no

costilla *f* 肋骨 rokkotsu

cost/o *m* 費用 hiyoo; **~oso, -a** *adj (caro)* 高い takai

costumbre *f* 習慣 shuukan, 癖 kuse; **mala ~** 悪い癖 warui kuse

costur/a *f* 裁縫 saihoo, 縫い目 nuime; **alta ~a** オート・クチュール ooto-kuchuuru; **~era** *f* お針子 ohariko; **~ero 1.** *m* 針箱 hari-bako; **2.** *m/f* 裁縫師 saihoo-shi

cotidiano, -a *adj* 日常の nichijoo no

cotiza/ción *f com* 相場 sooba, 交換レート kookan reeto; **~r** *vt* 相場をつける sooba o tsukeru

coto *m* 私有地 shiyuuchi; **~ de caza** 禁猟区 kinryoo-ku

coyuntura *f med* 1. 間接 kansetsu; 2. *(período)* 時期 jiki; 3. *econ* 状況 jookyoo

cráneo *m* 頭蓋骨 zugaikotsu

cráter *m* 噴火口 funkakoo, クレーター kureetaa

crea/ción *f* 1. 創造 soozoo; 2. *arte* 創作 soosaku; **~dor 1. -a** *adj* 創造的な soozoo-teki na; **2.** *m/f* 創造者 soozoo-sha; **~r** *vt* 創造する soozoo suru; **~tivo, -a** *adj* 創造的な soozooteki na

crec/er *vi* 1. 成長する seichoo suru, *(hierba, pelo, barba/草、毛、ひげなどが)* 生える haeru; 2. *(hacerse grande)* 大きくなる ookiku naru; **~iente** *adj m/f* 1. 成長する seichoo suru; 2. *(aumentar)* 増大する zoodai suru; **~imiento** *m* 成長 seichoo

crédito *m* 1. 信用 shin´yoo; 2. *econ* 融資 yuushi; **a ~** 信用貸しで shin´yoogashi de

cual *pron* … する/した人 … suru/shita hito … する/した物 … suru/shita mono; 私が挨拶した人は日本語の先生

だ。watashi ga aisatsu shita hito wa nihon. go no sensei da.

cuál *pron* どちら dochira, どれ dore

cuali/dad *f* 性質 seishitsu, 特性 tokusei; **~tativo, -a** *adj quím* 定性の teisei no, 質的な shitsu-teki na

cualquier, -a 1. *(persona)* だれでも dare demo; 2. *(cosa)* 何でも nan demo; **de ~ modo** どんな方法でも donna hoohoo demo; **~ día** いつでも itsu demo

cuando 1. *conj* … する/したときに … suru/shita toki ni; **2.** *prep* … のときに … no toki ni; **3.** *adv* … する/したとき … suru/shita toki; **de ~ en ~** 時々 tokidoki; **~ quiera** 好きなときに suki na toki ni

cuándo *adv* いつ itsu

cuanto, -a 1. *adj* 全ての subete no, … と同数の … to doosuu no; **unos ~s** いくつかの ikutsuka no; **2.** *adv* …すればするほど …sureba suru hodo; **~ antes** 早ければ早いほど hayakereba hayai hodo; **en ~** … するとすぐ … suru to sugu; **en ~ a** … については … ni tsuite wa

cuánto, -a 1. *pron* どれだけ doredake; **¿a ~s estamos hoy?** 今日は何日ですか。kyoo wa nan nichi desu ka; **2.** *adv* いくら ikura, どれだけ doredake

cuaren/ta 1. *adj* 40の yonjuu no; **2.** *m* 40 yonjuu; **~tena** *f* 1. *relig* 四旬節 shijun-setsu; 2. 検疫期間 ken´eki kikan

cuaresma *f* 四旬節 shijun-setsu

cuartel *m mil* 兵営 heiei; **~ general** 本営 hon´ei, 司令部 shirei-bu

cuarteto *m mús* カルテット karutetto

cuarto 1. -a *adj* 4番目の yonban me no; **2.** *m* 1. 部屋 heya; 2. 四分の一 yon-bun no ichi; **un ~ de hora** 15分 juugofun; **~ de baño** 浴室 yokushitsu; **~ de estar** 居間 ima

cuatro 1. *adj* 1. 4の yon/shi no; 2. わずかの wazuka no; **2.** *m* 4 yon/shi

Cuba キューバ Kyuuba; **~*no, -a 1.** *adj* キューバの Kyuuba no; **2.** *m/f* キューバ人 Kyuuba-jin

cubiert/a *f* 1. *(funda)* 覆い ooi, カバー kabaa; 2. *nav* 甲板 kanpan; **~o, -a** *adj* 1. 覆いのある ooi no aru; 2. *(cielo/空)* 曇った kumotta; **~o** *m* 1. *(funda)* 覆い ooi, 2. *(en la mesa)* ナイフとスプーンとフォーク naifu to supuun to fooku; **ponerse a ~o** 避難する hinan suru

cubo *m* 1. *mat* 三乗 san-joo; 2. *(para poner agua)* バケツ

baketsu; ~ **de basura** ゴミ箱 gomi-bako

cubrir *vt* 1. *(tapar, recubrir)* 覆う oou; 2. *(proteger)* かばう kabau; **~se** 帽子をかぶる boshi o kaburu

cucaracha *f* ゴキブリ gokiburi

cuchar/a *f* スプーン supuun; **~ada** *f* 大さじ一杯 oosaji ippai; **~adita** *f* 小さじ一杯 kosaji ippai; **~ita** *f* 小さいスプーン chiisai supuun; **~ón** *m* おたま otama

cuchillo *m* ナイフ naifu, *(de cocina)* 包丁 hoochoo

cuello *m* 1. 首 kubi; 2. 襟 eri

cuenca *f* 盆地 bonchi

cuenta *f* 1. *(cálculo)* 計算 keisan, 2. *(nota)* 勘定 kanjoo; 3. *banc* 銀行口座 ginkoo kooza; ~ **atrás** 秒読み byoo-yomi; ~ **bancaria** 銀行口座 ginkoo-kooza; ~ **corriente** 当座預金 tooza-yokin; **darse ~ de u/c** … に気づく … ni kizuku; **echar la ~** 計算する keisan suru; **tener en ~** 考慮に入れる kooryo ni ireru

cuento *m* 1. *(historia)* 物語 monogatari; 2. *coloq* 作り話 tsukuri-banashi; 3. *(cálculo)* 計算 keisan; **dejarse de ~s** 単刀直入に言う tantoochokunyuu ni iu

cuerda *f* 1. なわ nawa, *(cordón)* ひも himo; 2. *mús* 弦 gen; **dar ~ al reloj** 時計のネジを巻く tokei no neji o maku; **~s vocales** 声帯 seitai

cuerno *m* 1. *(de animal)* 角 tsuno; 2. *mús* ホルン horun; **irse al ~** 失敗する shippai suru

cuero *m* 革 kawa; **en ~s** *coloq* 裸の hadaka no

cuerpo *m* 1. *(persona)* 体 karada; 2. *(objeto)* 物体 buttai; 3. *(organización)* 組織 soshiki; ~ **de bomberos** 消防隊 shooboo-tai

cuervo *m* からす karasu

cuesta *f* 坂 saka, 坂道 sakamichi; ~ **abajo** 坂を下る saka o kudaru; ~ **arriba** 坂を上る saka o noboru; **a ~s** 背負って seotte

cuesti/ón *f* 問題 mondai; **~onar** *vt* 問題にする mondai ni suru; **~onario** *m* 質問 shitsumon

cueva *f* 洞窟 dookutsu

cuida/do *m* 1. 注意 chuui; 2. 世話 sewa; **sin ~do** うっかり ukkari; **tener ~do** 気をつける ki o tsukeru; **¡~do!** 気をつけて ki o tsukete!; **~doso, -a** *adj* 注意深い chuui-bukai; **~r** *vt* 1. *(prestar atención)* 注意をはらう chuui o harau; 2. *(cuidar a alguien)* 世話をする sewa o suru; **~rse** 体に気をつける karada ni ki o tsukeru; **~rse de** … に気をつける … ni ki o tsukeru

culebra *f* 蛇 hebi

culminante *adj m/f* 最高の saikoo no; **punto ~** 最高の状態 saikoo no jootai

culo *m* 1. *coloq* 尻 shiri; 2. *coloq (de cosas/物の)* 底 soko

culpa *f* 罪 tsumi, 責任 sekinin; **echar la ~ de u/c a alg** … に … の罪を着せる … ni … no tsumi o kiseru; **tener la ~ de** … の責任がある … no sekinin ga aru; **~ble** 1. *adj m/f* 罪がある tsumi ga aru; 2. *m/f jur* 罪人 zainin; **~r de u/c** … の罪を着せる … no tsumi o kiseru

cultivar *vt* 1. *agric* 耕す tagayasu, 栽培する saibai suru; *(cría)* 養殖する yooshoku suru; 2. *(estudios, arte, técnica/学問、芸術、技術を)* 身につける mi ni tsukeru

culto 1. -a *adj* 教養のある kyooyoo no aru; **2.** *m* 崇拝 suuhai, 信仰 shinkoo

cultur/a *f* 1. 文化 bunka; 2. *(conocimiento)* 教養 kyooyoo; **~a general** 一般教養 ippan kyooyoo; **~al** *adj m/f* 文化的な bunka-teki na, 教養の kyooyoo no

cumbre *f* 1. 頂上 choojoo, 頂点 chooten; 2. *pol* 首脳会談 shunoo kaidan, サミット samitto

cumpleaños *m* 誕生日 tanjoo-bi

cumpli/do 1. *adj* 1. **-a**完了した kanryoo shita; 2. *(atento, cuidadoso)* 丁寧な teinei na; **2.** *m* 礼儀 reigi; **por ~do** 礼儀として reigi to shite; **~dor, -a** *m/f* 礼儀正しい人 reigi tadashii hito, 義理堅い人 girigatai hito; **sin ~dos** 形式ばらないで keishiki-baranai de; **~mentar** 1. *(felicitar)* お祝いを言う oiwai o iu; 2. *(orden/命令)* 実行する jikkoo suru; **~miento** *m* 1. *(desempeño)* 実行 jikkoo; 2. *(alabanza)* ほめ言葉 homekotoba; **~r 1.** *vt (desempeñar)* 果たす hatasu; 2. *(edad/年齢)* … 歳になる … sai ni naru; **2.** *vi* 約束を守る yakusoku o mamoru; **~r con** … を果たす … o hatasu; **~r 30 años** 三十歳になる sanjussai ni naru; **~r con sus deberes** 義務を果たす gimu o hatasu

cuna *f* 1. 揺りかご yurikago; 2. *(lugar de origen)* 発祥の地 hasshoo no chi

cuñado, -a *m/f* 義理の兄弟 giri no kyoodai, 義理の姉妹 giri no shimai

cuota *f* 会費 kaihi, 料金 ryookin

cup/o *m* 割り当て分 wariatebun; **~ón** *m (lotería/宝くじ)* 券 ken, クーポン kuupon

cúpula *f* ドーム doomu

cura 1. *m* 司祭 shisai; *coloq* 神父 shinpu; **2.** *f* 治療 chiryoo; **tener ~** 治療できる chiryoo dekiru; **~ble** *adj m/f* 治療できる chiryoo dekiru; **~ción** *f* 治療 chiryoo, 手当て teate; **~r 1.**

vi (herida, enfermedad/傷、病気) 治る naoru; **2.** *vt (herida, enfermedad/傷、病気)* 治す naosu, 治療する chiryoo suru; **~rse** *(herida, enfermedad/傷、病気)* 治る naoru

curio/sidad *f* 好奇 心 kookishin; **~so, -a** *adj* 好奇心が強い kookishin ga tsuyoi

cursar *vt* 1. 勉強する benkyoo suru; 2. *(carta, docunento/手紙、書類を)* 送る okuru

cursi *adj m/f* きざな人 kizana hito

curso *m* 1. *(estudios)* 授業 jugyoo 2. *(dirección)* 進路 shinro 3. *(agua, líquido)* 流れ nagare; 4. *(tiempo)* 経過 keika

curtido, -a 1. *(entrenado)* 鍛えられた kitaerareta; 2. *(tostado por el sol)* 日に焼けた hi ni yaketa

curv/a *f* 曲線 kyokusen, カーブ kaabu; **~atura** *f* 湾曲 wankyoku

custodi/a *f* 保護 hogo; **~ar** *vt* 保管する hokansuru

cutis *m* 皮膚 hifu

cuyo, -a *adj* それの sore no

D

dado 1. -a *adj* 特定の tokutei no; ~ **que** ... であるから ... de aru kara; **2.** *m* さいころ saikoro

dama *f* 夫人 fujin

damnifica/do, -a *m/f* 被害者 higai-sha; **~r** *vt* そこなう sokonau

danés, -a 1. *adj* デンマークDenmaaku no, デンマーク人の Denmaaku-jin no; **2.** *m/f* デンマーク人 Denmaaku-jin; **3.** *m ling* デンマーク語 Denmaaku-go

danza *f* ダンス dansu, 踊り odori; **~r** *vt/i* 踊る odoru, ダンスをする dansu o suru

dañ/ado, -a *adj* 1. 被害を受けた higai o uketa; 2. *(comida/食べ物が)* 腐った kusatta; **~ar** *vt* 損なう sokonau, 傷つける kizutsukeru; **~arse** 1. *(sufrir un daño)* 被害を受ける higai o ukeru, *(herirse)* 怪我をする kega o suru; 2. *(comida/食べ物などが)* 腐る kusaru; **~ino, -a** *adj* 有害な yuugai na; **~o** *m* 1. *(herida)* 傷 kizu; 2. *(daño)* 被害 higai; **hacer ~o** 害する gaisuru; **hacerse ~o** 怪我をする kega o suru

dar 1. *vt* 1. あげる ageru, くれる kureru; 2. 渡す watasu; ~ **de comer** 食べ物を与える tabemono o ataeru; **dan las once** 時計が11時を打つ tokei ga juuichi-ji o utsu; **2.** *vi (reloj/時計が)* 鳴る naru; ~ **a** ... に向く ... ni muku; **la ventana da al patio** 窓は中庭に向いている mado wa nakaniwa ni muite iru; ~ **con** … に出会う … ni deau

dardo *m* ダート daato

dato *m* 資料 shiryoo, データー deetaa

de *prep* の no, … から … kara, … について … ni tsuite, … でできている … de dekite iru; ~ **madera** 木でできた ki de dekita; **la casa ~ mi padre** 父の家 chichi no ie; **un vaso ~ vino** グラス一杯のワイン gurasu ippai no wain; ~ **buen humor** 上機嫌で jookigen de

debajo *adv* 下に shita ni; ~ **de** … の下に … no shita ni

debat/e *m* 討論 tooron; **~ir** *vt/i* 討論する tooron suru

deb/er 1. *vt* **~er + inf** … しなければならない … shinakereba naranai; **2.** *m* 義務 gimu; **~eres** *mpl* 宿題 shukudai; **~ido, -a** *adj* … が原因で … ga gen'in de; **como es ~ido** … によって … ni yotte

débil *adj m/f* 1. *(flojo)* 弱い yowai; 2. *(delicado de salud)* 体が弱い karada ga yowai

debili/dad *f* 弱さ yowasa; **~tar** *vt* 弱くする yowaku suru; **~tarse** 弱くなる yowaku naru, 衰弱する suijaku suru

debut *m mús teat* デビュー debyuu; **~ante** *m/f teat* 新人 shinjin; **~ar** *vi* デビューする debyuu suru

década *f* 10年 juu-nen; **en la ~ de los años ochenta** 80年代に hachijuu-nen dai ni

deca/dencia *f* 退廃 taihai; **~dente** *adj m/f* 退廃的な taihai-teki na; **~er** *vi* 衰える otoroeru; **~imiento** *m* 1. *(caída, decrecimiento)* 衰退 suitai; 2. *(físico)* 体力の衰え tairyoku no otoroe

decano *m (universidad/大学の)* 学部長 gakubu-choo

decente *adj m/f* 上品な joohin na

decepci/ón *f* 失望 shitsuboo; **~onar** *vt* 失望させる shitsuboo saseru

deci/dido, -a *adj* 決定した kettei shita; **~dir** *vt* 決める kimeru; **~dirse a hacer u/c** … することに決める … suru koto ni kimeru

décima *f* 10番目 juu-ban me, 10分の1 juu-bun no ichi

decimal *adj m/f* 1. 10進法 jusshin-hoo no; 2. 小数の shoosuu no

décimo 1. -a *adj* 10の juu no, 10番目の juu-ban me no; **2.** *m (lotería/宝くじの)* 10分の1券 juu-bun no ichi ken

decir 1. *vt/i* 言う iu; **es ~** つまり tsumari; **¡diga!** *(teléfono/電話で)* もしもし moshi moshi; **por ~lo así** 言うなれば iu nareba; **se dice que/dicen que** … ということだ … to iu ko-

toda; **2.** *m* 言うこと iu koto, 言い回し iimawashi; **es un ~** 言ってみれば itte mireba
decisi/ón *f* 決定 kettei, 決心 kesshin; **~vo, -a** *adj* 決定的な kettei-teki na
declara/ción *f* 1. 声明 seimei 申告 shinkoku, 告白 kokuhaku; 2. *jur* 異議申し立て igi moo-shitate; **~ción de renta** 所得申告 shotoku shinkoku; **~r** *vt/i* 1. *(expresar)* 表明する hyoomei suru; 2. 申告する shinkoku suru; 3. *jur (en un juicio/裁判で)* 供述する kyoojutsu suru; **~rse** 愛を告白する ai o kokuhaku suru
declinar 1. *vt ling* 活用させる katsuyoo saseru; **2.** *vi* 1. 衰える otoroeru; 2. *ling* 活用する katsuyoo suru
decora/ción *f* 飾り kazari, 装飾 sooshoku; **~do** *m teat* 舞台装置 butai-soochi; **~r** *vt* 飾る kazaru; **~tivo, -a** *adj* 装飾的な sooshoku-teki na
decrecer *vi* 1. *(disminuir)* 減る heru; 2. *(debilitarse)* 衰える otoroeru
dedic/ar *vt* 捧げる sasageru; **~arse a** … に専念する … ni sennen suru
dedo *m* 指 yubi
deduc/ción *f* 推定 suitei; **~ir** *vt* 推定する suitei suru
defect/o *m* 欠陥 kekkan, 欠点 ketten; **~uoso, -a** *adj* 欠陥/欠点のある kekkan/ketten no aru
defen/der *vt* **de** … から守る … kara mamoru; **~derse** 1. *(protegerse)* 身を守る mi o mamoru; 2. *coloq* うまくやっていく umaku yatteiku; **~sa** **1.** *f* 防衛 booei; **legítima ~sa** 正当防衛 seitoo-booei; **2.** *m sport* デフェンス defensu, 守備 shubi; **~sor, -a** *m/f jur* 弁護士 bengo-shi
deficien/cia *f* 1. *(carencia)* 不足 fusoku; 2. *(defecto)* 欠陥 kekkan, 欠点 ketten; **~te** *adj m/f* 1. *(insuficiente)* 不十分な fu-juubun na; 2. *(defectuoso)* 欠陥/欠点がある kekkan/ket-ten ga aru
déficit *m* 赤字 akaji
defini/ción *f* 定義 teigi; **~r** *vt* 定義する teigi suru; **~tivo, -a** *adj* 決定的な kettei-teki na
deforma/ción *f* 1. 変形 henkei; 2. *arte* デフォルメ deforu-me; **~r** *vt* 1. 変形 する henkei suru; 2. *arte* デフォルメする deforume suru
degenera/ción *f* 1. 退廃 taihai; 2. *biol* 退化 taika; **~r** *vt* 1. 堕落する daraku suru, 退廃する taihai suru; 2. *biol* 退化する taika suru
degusta/ción *f (comida)* 試食 shishoku; *(bebida)* 試飲 shiin; **~r** *vt* 味見する ajimi suru, *(be-*

bida) 試飲する shiin suru; *(comida)* 試食する shishoku suru

dejad/ez *f* 投げやり nageyari; **~o, -a** *adj* 投げやりな nageyari na

dejar 1. *vt* 1. *(dejar)* 残す nokosu; 2.*(renunciar, abandonar)* 放棄する hooki suru; 3. *(prestar)* 貸す kasu; ~ **caer** 落とす otosu; ~ **un empleo** 仕事をやめる shigoto o yameru; **2.** *vi* **de** + inf … するのをやめる … suru no o yameru; **no ~ de hacer u/c** … するのをやめない … suru no o yamenai, 必ずする, kanarazu suru

delantal *m* エプロン epuron, 前掛け maekake

delante *adv* 前に mae ni; **~ de** … の前で/に … no mae de/ni; **~ro 1. -a** *adj* 前の mae no; **2.** *m sport* フォワード fowaado

delatar *vt* 密告する mikkoku suru

delega/ción *f* 1. *(comisión)* 委任 inin; 2. *(representación)* 代表 daihyoo; 3. *(oficina gubernamental)* 出張所 shutchoo-sho; **~do, -a** *m/f* 代表者 daihyoo-sha, iin; **~r** *vt* 委任する inin suru

deleit/ar *vt* 楽しませる tanoshimaseru, 喜ばせる yorokobaseru; **~e** *m* 楽しみ tanoshimi

deletrear *vt* スペルを言う superu o iu

delfín *m* イルカ iruka

delgado, -a *adj* 1. 細い hosoi, やせた yaseta; 2. 薄い usui

delibera/ción *f* 審議 shingi; **~r** *vt/i* **sobre** … について審議する … ni tsuite shingi suru

delicad/eza *f* 繊細さ sensai-sa, デリカシー derikashii; **~o, -a** *adj* 1. *(fino)* 繊細な sensai na, デリケートな derikeeto na; 2. *(enfermizo)* 体が弱い karada ga yowai; 3. *gastr* 美味な bimi na

delici/a *f* 喜び yorokobi; **~oso, -a** *adj* おいしい oishii

delimitar *vt* 限定する gentei suru

delincuen/cia *f* 犯罪 hanzai, 非行 hikoo; **~te** *m/f* 犯罪者 hanzai-sha

delito *m* 罪 tsumi, 犯罪 hanzai

demand/a *f com* 1. 需要 juyoo; 2. *jur* 訴訟 soshoo; **~ado, -a** *m/f* 被告人 hikoku-nin; **~ante** *m/f* 原告 genkoku; **~ar** *vt jur* 訴訟を起こす soshoo o okosu, 訴える uttaeru

demás *adj* 他の hoka no; **lo ~** その他のこと sono hoka no koto; **los ~** 他の人 hokano hito, 他のもの hoka no mono; **por lo ~** それを除けば sore o nozokeba

demasiado 1. -a *adj* あまりにもたくさんの amari nimo takusan no; **2.** *adv* あまりにも amari nimo

demencia *f* 痴呆 chihoo

dem/ocracia *f* 民主主義 minshu-shugi; **~ócrata** 1. *adj m/f* 民主主義者の minshu-shugisha no; **2.** *m/f* 民主党員 minshu-tooin; **~ocrático, -a** *adj* 民主主義の minshu-shugi no, 民主的な minshu-teki na

demol/er *vt* 破壊する hakai suru; **~ición** *f* 取り壊し torikowashi

demonio *m* 悪魔 akuma, 鬼 oni; **¡qué ~s!** いったい ittai

demora *f* 遅れ okure; **sin ~** 時間通りに jikan doori ni; **~r** *vt* 遅れさせる okuresaseru

demostra/ción *f (exhibición)* 実演 jitsuen, デモンストレーション demonsutoreeshon; **~r** *vt* 1. *(indicar)* 示す shimesu; 2. *(probar, atestiguar)* 証明する shoomei suru; 3. *(dar una exhibición)* 実演する jitsuen suru; **~tivo, -a** *adj* 1. 証明する shoomei suru; 2. *ling* 指示の shiji no

denega/ción *f* 拒否 kyohi; **~r** *vt* 1. 拒否する kyohi suru; 2. *jur* 否認する hinin suru, 却下する kyakka suru

denigrar *vt* 名誉/信用を傷つける meiyo/shinyoo o kizutsukeru

denomina/ción *f* 名称 meishoo; **~ción de origen** 原産地証明 gensanchi shoomei; **~r** *vt* … と名称をつける … to meishoo o tsukeru

dens/idad *f* 1. *(líquido/液体)* 濃度 noodo; *(población/人口)* 密度 mitsudo; 2. *fís* 比重 hijuu; **~o, -a** *adj* 1. 濃い koi, 密集した misshuu shita; 2. *fís* 密度が高い mitsudo ga takai

dent/adura *f* 歯並び hanarabi; **~adura postiza** 入れ歯 ireba; **~al** *adj m/f* 歯の ha no; **~ífrico** *m* 歯磨き hamigaki; **~ista** *m/f* 歯科医 shika-i, 歯医者 haisha

dentro *adv* 1. 中に/で naka ni/de; **por ~** 中で naka de; **~ de** … の中に/で … no naka ni/de; 2. *(tiempo/時間)* … 後に … go ni

denuncia *f* 告発 kokuhatsu; **~nte** *m/f* 告発者 kokuhatsusha; **~r** *vt* 告発する kokuhatsu suru

departamento *m* 部 bu

depend/encia *f* 依存 izon; **~er** *vi* **de** … しだいである shidai … de aru; **¡~e!** 場合によりけりだ baai ni yorikeri da; **~iente 1.** *adj m/f* **de** … に依存する … ni izon suru, 従属する juuzoku suru; **2. -a** *m/f* 店員 ten-in

depilarse 脱毛する datsumoo suru

deplora/ble *adj m/f* 痛ましい itamashii, 哀れな aware na; **~r** *vt* 嘆き悲しむ nageki kanashimu

deport/e *m* スポーツ supootsu; **~ista** *m/f* スポーツ選手 supootsu senshu; **~ivo, -a** *adj* スポーツの supootsu no

depositar *vt* 預ける azukeru, 託す takusu

depósito *m* 1. *banc* 保証金 hoshoo-kin; 2. *(almacén)* 倉庫 sooko; 3. *(cisterna)* タンク tanku; 4. *(sedimento)* 沈殿物 chinden-butsu

depre/ciación *f econ* 下落 geraku; **~ciarse** 価値が下がる kachi ga sagaru

depre/sión *f* 1. *econ* 不景気 fukeiki; 2. *med* 鬱病 utsubyoo; **~sivo, -a** *adj* 1. 抑圧的な yokuatsu-teki na; 2. *med* 鬱病の utsubyoo no

deprimi/do, -a *adj* 気をめいらせる ki o meiraseru

depura/ción *f* 浄化 jooka; **~dora** *f* 浄化装置 jooka-soochi; **~r** *vt* 浄化する jooka suru

derecha *f* 1. 右 migi; 2. *pol* 右翼 uyoku, 保守派 hoshu-ha; **a la ~** 右へ migi e

derecho 1. -a *adj* 1. 右の migi no; 2. *(recto)* まっすぐな massugu na; **2.** *adv (en línea recta)* まっすぐに massugu ni, *(directamente)* 直接に chokusetsu ni; **3.** *m* 1. *(ley)* 法律 hooritsu; 2. 権利 kenri; **~ civil** 民法 minpoo; **~ penal** 刑法 keihoo

deriva/ción *f* 1. *(origen)* 由来 yurai; 2. *(carretera, canal/道路、水路などの)* 分岐 bunki; 3. *ling* 派生 hasei; **~r** *vt/i* **de** … から派生する … kara hasei suru

dermatólogo, -a *med m/f* 皮膚科医 hifuka-i

derramar *vt* こぼす kobosu, 流す nagasu; **~se** こぼれる koboreru

derrapar *vi auto* スリップする surippu suru

derretir *vt* 1. *(disolver)* 溶かす tokasu; 2. *(despilfarro)* 浪費する roohi suru; 3. *(irritarse)* いらいらさせる iraira saseru; **~se** 溶ける tokeru; **~ por** … に思い焦がれる … ni omoi kogareru; **~ de** … にいらいらする … ni iraira suru

derrib/ar *vt* 壊す kowasu, 倒す taosu; **~o** *m* 取り壊し torikowashi

derrocar *vt* 1. 取り壊す torikowasu; 2. *pol (gobierno/政府を)* 転覆する tenpuku suru

derroch/ador, -a *m/f* 浪費家 roohi-ka; **~ar** *vt* 浪費する roohi suru; **~e** *m* 浪費 roohi

derrota *f* 1. 敗北 haiboku; 2. *nav aero* 航路 kooro; **~r** *vt* 敗北する haiboku suru

derrumba/miento *m* 1. *(edificio/建物などの)* 崩壊 hookai; 2. *pol* 転覆 tenpuku; **~r** *vt* 1. *(destruir, derribar)* 壊す kowasu; 2. *(volcar)* ひっくり返す hikkurikaesu; **~rse** 崩壊する hookai suru

desabrochar *vt* ボタンをはずす botan o hazusu

desac/ertado, -a *adj* 間違った machigatta, 見当はずれな kentoo hazure na; **~ertar** *vi* 間違える machigaeru; **~ierto** *m* 間違い machigai, 見当はずれ kentoo hazure

desaconsejar *vt* 諦めさせる akirame saseru, 止めさせる yame saseru

desacostumbra/do, -a *adj* 珍しい mezurashii; **~r** *vt* 習慣をやめさせる shuukan o yamesaseru

desacreditar *vt* 評判を落とす hyooban o otosu, 信用を落とす shinyoo o otosu

desacuerdo *m* 不一致 fu-itchi, 不賛成 fu-sansei

desafiar *vt* チャレンジする charenji suru, 挑戦する choosen suru

desafío *m* 挑戦 choosen

desafortunado, -a *adj* 運のない un no nai

desagra/dable *adj m/f* 不快な fukai na, 不愉快な fu-yukai na; **~dar** *vi* 不快だ fukai da; **~decimiento** *m* 恩知らず onshirazu; **~do** *m* 不満 fuman

desagüe *m* 排水 haisui, 排水溝 haisui-koo

desahog/ado, -a *adj* 1. *(material, económicamente)* 裕福な yuufuku na, 気楽な kiraku na; 2. *(espacio)* 広々とした hirobiro to shita; **~arse** 1. *(estar a sus anchas)* くつろぐ kutsurogu; 2. *(confesarse)* 打ち明ける uchi akeru; **~o** *m* 1. 安楽 anraku; 2. *(vida holgada)* 生活のゆとり seikatsu no yutori

desajust/ar *vt* 1. *(máquina/機械などを)* 狂わせる kuruwaseru; 2. *(desajustar)* 合わなくする awanaku suru; **~e** *m* 1. *(avería)* 狂い kurui, 不調整 fuchoosei; 2. *(desajuste)* 不一致 fu-itchi

desal/entar *vt* 息切れさせる ikigire saseru, 気力を失わせる kiryoku o ushinawaseru; **~iento** *m* がっかりすること gakkari suru koto

desalmado, -a *adj* 良心のない ryooshin no nai; *(cruel)* 残酷な zankoku na

desalojar 1. *vt* 立ち退かせる tachinokaseru; **2.** *vi* 引っ越す hikkosu

desampar/ado, -a *adj* 寄辺のない yorube no nai; **~ar** *vt* 見捨てる misuteru; **~o** *m* 頼るもののない tayoru mono no nai

desangrarse 出血する shukketsu suru

des/animado, -a *adj* 1. *(deprimido)* 元気のない genki no nai; 2. *(lánguido, inerte)* 活気

のない kakki no nai; ~**animar** *vt* がっかりさせる gakkari saseru; ~**animarse** がっかりする gakkari suru; ~**ánimo** *m* 失望 shitsuboo

desapacible *adj m/f* 不愉快な fu-yukai na

desapar/ecer *vi* 見えなくなる mienaku naru; ~**ición** *f* 消滅 shoometsu

desa/pego *m* 無関心 mu-kanshin; ~**percibido, -a** *adj* 1. *(repentino)* 不意の fui no; 2. *(inadvertido)* 気づかれない kizukare nai; **pasar ~percibido** 見落とされる miotosareru

desaprensi/ón *f* 無遠慮 bu-enryoo; ~**vo, -a** *adj* ずうずうしい zuuzuushii

desaproba/ción *f* 承認しないこと shoonin shinai koto; ~**r** *vt* 同意しない dooi shinai

desaprovecha/do, -a *adj* 無駄にされた mudani sareta; ~**miento** *m* 十分に生かされていないこと juubun ni ikasarete inai koto; ~**r** *vt* 無駄にする muda ni suru

desarm/ar 1. *vt* 1. *mil* 武装解除する busookaijo suru, 軍備を縮小する gunbin o shukushoo suru; 2. *tecn (máquina/機械などを)* 解体する kaitai suru; **2.** *vi mil* 武装解除する busookaijo suru, 軍備を縮小する gunbi o shukushoo suru; ~**e** *m* 武装解除 busookaijo, 軍備縮小 gunbi shukushoo

desarraig/ar *vt (arrancar de raíz)* 根から引き抜く ne kara hikinuku; ~**o** *m* 根から引き抜くこと ne kara hikinuku koto

desarroll/ar *vt* 1. *(progreso, avance)* 発達させる hattatsu saseru; 2. *(lógica, actividades/理論、活動を)* 展開する tenkai suru; ~**arse** 発達する hattatsu suru; ~**o** *m* 1. 発達 hattatsu; 2. *sport* 試合の展開 shiai no tenkai; 3. *mús* 展開部 tenkai-bu

desasos/egar *vt* 不安にする fuan ni suru; ~**iego** *m* 不安 fuan

desastr/e *m* 1. *(siniestro)* 災害 saigai; 2. *(fracaso)* 失敗 shippai; ~**oso, -a** *adj* ひどい hidoi

desata/do, -a *adj (cordón/ひもが)* 解けた hodoketa; ~**r** *vt* 1. 解く hodoku; 2. *(sentimiento/感情などを)* 爆発させる bakuhatsu saseru; ~**rse** *(cordón/ひもが)* 解ける hodokeru; ~**scar** *(tubería/配管などの)* 詰りをとる tsumari o toru

desaten/der *vt* おろそかにする orosoka ni suru; ~**to, -a** *adj* 上の空の uwano sora no, ぼんやりした bon'yari shita

desatornillar *vt* ネジを抜く neji o nuku

desautorizar *vt* 1. *(prohibir)* 禁じる kinjiru; 2. *(desprestigiar, hacer perder a uno la autoridad)* 権威を失わせる ken'i o ushinawaseru

desayun/ar *vi* 朝食をとる chooshoku o toru; **~o** *m* 朝食 chooshoku

desbarajus/te *m* 混乱 konran; **~tar** *vt* 乱雑にする ranzatsu ni suru

desbloquear *vt* 1. ブロックを解除する burokku o kaijo suru; 2. *com* 凍結を解除する tooketsu o kaijo suru

desbordar *vt* 1. *(rebosar)* あふれる afureru; 2. *(sentimiento/感情が)* ほとばしる hotobashiru; **~se** あふれる afureru; **~se de** … でみなぎる … de minagiru

descabellado, -a *adj* 1. *(despeinado)* 髪の乱れた kami no midareta; 2. *(extravagante)* 気違いじみた kichigai jimita

descafeinado, -a *adj* カフェインを抜いたコーヒー kafein o nuita koohii

descal/ificación *f* 失格 shikkaku; **~ificar** *vt* 資格を奪う shikaku o ubau

descalzo, -a *adj* 裸足の hadashi no

descans/ar *vi* 休む yasumu, くつろぐ kutsurogu; **~o** *m* 休み yasumi, 休息 kyuusoku; **sin ~o** 休まずに yasumazu ni

descapotable *m auto* コンバーチブル konbaachiburu

descarado, -a *adj* ずうずうしい zuuzuushii, 厚かましい atsukamashii

descarg/a *f* 1. *(acción de bajar uma carga)* 荷を降ろすこと ni o orosu koto; 2. *(disparo)* 発砲 happoo; 3. *electr* 放電 hooden; **~ar** *vt* 1 *(bajar una carga)* 荷を降ろす ni o orosu; 2. *(disparar)* 発砲する happoo suru; 3. *electr* 放電させる hooden saseru; 4. *(sentimiento/感情などを)* ぶちまける buchimakeru; 5. *informát* ダウンロードする daunroodo suru

descaro *m* ずうずうしさ zuuzuushisa, 厚かましさ atsukamashisa

descarriado, -a *adj* 1. *(desviarse del camino)* 道からそれた michi kara soreta; 2. 堕落した daraku shita

descarrila/miento *m* 脱線 dassen; **~r** *vi* 脱線する dassen suru

descartar *vt* 除外する jogai suru

descen/dencia *f* 1. *(linaje)* 家系 kakei; 2. *(descendiente)* 子孫 shison; **~dente** *adj m/f* 1. *(de bajada)* 下りの kudari no, 下を向いた shita o muita; 2. *(linaje)* 血筋の chisuji no; **~der** *vt/i* 1. *(bajar)* 下る kudaru; 2. *(temperatura/温度が)* 下がる

sagaru; **~diente de** … の子孫だ … no shison da, … の血筋だ … no chisuji da; **~diente 1.** *adj m/f* **de** … の血を引く… no chi o hiku; **2.** *m* 子孫 shison; **~so** *m* 1. *(bajada)* 下降 kakoo; 2. *(temperatura/温度などの)* 下がること sagaru koto, 低下 teika; 3. *sport (esquí)* 滑降競技 kakkoo kyoogi

descifrar *vt (clave)* 解読する kaidoku suru, *(enigma/謎を)* 解く toku

descolgar *vt (teléfono)* 受話器をはずす juwaki o hazusu

descolor/ar *vt* 変色させる henshoku saseru; **~ido, -a** *adj* 色あせた iroaseta, 変色した henshoku shita

descompo/ner *vt* 1. ばらばらにする barabara ni suru; 2. *quím* 分解する bunkai suru; **~nerse** *fig* 1. *(desmontar)* 分解する bunkai suru; 2. *(pudrirse)* 腐敗する fuhai suru; 3. *quím* 分解する bunkai suru; **~sición** *f* 1. *(putrefacción)* 腐敗 fuhai; 2. *quím* 分解 bunkai

descompuesto, -a *adj* 1. *(podrido)* 腐敗した fuhai shita; 2. *(desmontado)* ばらばらになった barabara ni natta; 3. *quím fis* 分解した bunkai shita; 4. *(sentirse indispuesto)* おなかの具合が悪い onaka no guai ga warui

descomunal *adj m/f* 並外れた nami hazureta

desconcerta/do, -a *adj* 混乱した konran shita, 当惑した toowaku shita; **~r** *vt* 混乱させる konran saseru

desconfia/do, -a *adj* 疑り深い utaguri-bukai; **~nza** *f* 用心深さ yoojin-buka-sa; **~r** *vi* **de alg** o **u/c** … を疑う … o utagau

desconge/lar *vt* 1. *(deshelar)* 解凍する kaitoo suru; 2. *econ* 凍結を解除する tooketsu o kaijo suru; **~stionar** *vt (tráfico/渋滞などを)* 緩和する kanwa suru

desconoc/er *vt* 知らない shiranai; **~ido, -a 1.** *adj* 1. 未知の michi no; 2. *(ser irreconocible)* すっかり変わった sukkari kawatta; **2.** *m/f (persona)* 知らない人 shiranai hito; **~imiento** *m (hecho de no saber)* 知らないこと shiranai koto

descons/iderado, -a *adj* 無礼な bureina; **~olado, -a** *adj* 絶望した zetsuboo shita; **~olador, -a** *adj* 悲惨な hisan na; **~uelo** *m* 悲しみ kanashimi

descontar *vt* 割り引く waribiku

descontento 1. -a *adj* 不満な fuman na; **2.** *m* 不満 fuman

descorcha/r *vt* コルク栓を抜く koruku-sen o nuku; **~dor** *m* コルク抜き kuruku nuki

descorrer *vt (cortina /カーテンなどを)* 開ける akeru
descort/és *adj inv* 礼儀を知らない reigi o shiranai; **~esía** *f* 礼儀知らず reigishirazu
descrédito *m* 不信用 fu-shin'yoo
descri/bir *vt* 描写する byoosha suru; **~pción** *f* 描写 byoosha
descubiert/o 1. -a *adj* 1. *(desabrigado)* 露出した roshutsu shita, 露な arawa na; 2. 発見された hakken sareta; 3. *(peligro/危険などに)* さらされた sarasareta; **al ~o** 赤字の akaji no; **2.** *m (número rojo)* 赤字 akaji
descubri/dor, -a *m/f* 発見者 hakken-sha; **~miento** *m* 発見 hakken; **~r** *vt* 1. *(quitar la cubierta)* 覆いを取る ooi o toru; 2. *(hallar)* 発見する hakken suru
descuento *m* 割引 waribiki
descuid/ado, -a *adj* 1. *(negligente)* 不注意な fu-chuui na; 2. 油断した yudan shita; **~ar 1.** *vt (desatender)* 怠る okotaru; **2.** *vi (no preocuparse)* 心配しない shinpai shinai; **¡~a!** 心配ない shinpai nai; **~arse** 油断する yudan suru; **~o** *m* 不注意 fu-chuui; **por ~o** 何気なく nanigenaku
desde *prep (tiempo, espacio/時間、場所)*… から … kara; **~ hace dos años** 2年前から ninen mae kara; **~ luego** もちろん mochiron; **~ que** … 以来 … irai
desd/én *m* 軽蔑 keibetsu; **~eñable** *adj m/f* 軽蔑すべき keibetsu subeki; **~eñar** *vt* 軽蔑する keibetsu suru; **~eñoso, -a** *adj* 軽蔑的な keibetsu-teki *na*
desdicha *f* 1. *(desgracia, infelicidad)* 不幸 fukoo; 2. *coloq (persona desgraciada, infeliz)* 不幸な人 fukoona hito; **~do, -a** *adj* かわいそうな kawaisoo na
desea/ble *adj m/f* 望ましい nozomashii; **~r** *vt* 欲しがる hoshigaru, 望む nozomu
desecar *vt* 乾燥させる kansoo saseru, 干拓する kantaku suru
desech/able *adj m/f* 使い捨ての tsukaisute no; **~ar** *vt* 捨てる suteru
desembar/cadero *m* 波止場 hatoba; **~car 1.** *vt (barco, avión/船、飛行機から)* 降ろす orosu; **2.** *vi (tomar tierra)* 上陸する jooriku suru; *(barco, avión/船、飛行機から)* 降りる oriru; **~co** *m* 1. 上陸 jooriku, *(acción de bajar del barco)* 下船 gesen; 2. *mil* 上陸作戦 jooriku sakusen; **~que** *m (acción de tomar tierra)* 上陸 jooriku; *(barco, avión/船、飛行機から)* 降りること oriru koto

desembols/ar *vt* 支払う shiharau; **~o** *m* 支払い shiharai

desembra/gar *vt/i auto* クラッチを切る kuratchi o kiru; **~gue** *m tecn auto* クラッチを切ること kuratchi o kiru koto

desempaquetar *vt* 包みを開ける tsutsumi o akeru

desempeñ/ar *vt* 1. 請け出す ukedasu; 2. *(papel, misión/役割、任務などを)* 果たすhatasu; **~o** *m (obligación, oficio/義務、職務、任務などの)* 遂行 suikoo

desempleo *m* 失業 shitsugyoo

desencadenar *vt* 1. 鎖を解く kusari o toku; 2. *(sentimiento/感情を)* 爆発させる bakuhatsu saseru; **~se** 解き放たれる tokihanatareru, *(tempestad, mar/嵐、海などが)* 荒れ狂う arekuruu

desenchufar *vt* プラグをコンセントから抜く puragu o konsento kara nuku

desenfad/ado, -a *adj* 屈託のない kuttaku no nai; **~o** *m* 屈託のなさ kuttaku no nasa

desenfren/ado, -a *adj* 抑制の効かない yokusei no kikanai; **~o** *m (hecho de no dominarse a sí mismo)* 自制心のなさ jiseishin no nasa

desenganchar *vt* 引っかかっているものをはずす hikkakatte iru mono o hazusu

desengañ/ar *vt (desilusión)* 幻滅させる genmetsu saseru; **~arse** 1. 迷いから覚める mayoi kara sameru; 2. *(desilusión)* 幻滅する genmetsu suru; **~o** *m* 幻滅 genmetsu

desenlace *m lit cine* 結末 ketsumatsu

desenredar *vt (もつれたものを)* ほどく hodoku

desenroscar *vt* ネジをゆるめる neji o yurumeru

desentend/erse de … について知らないふりをする … ni tsuite shiranai furi o suru; **hacerse el ~ido** 聞こえない/気づかないふりをする kikoenai/kizukanai furi o suru

desenterra/miento *m* 発掘 hakkutsu; **~r** *vt* 発掘する hakkutsu suru

desen/voltura *f* 流暢さ ryuuchoosa; **~volver** *vt* 1. *(envoltorio/包みを)* 開ける akeru; 2. *(idea, teoría/考え、理論を)* 展開する tenkai suru; **~volverse** 1. *(envoltorio/包みが)* 開く hiraku; 2. *(desarrollar)* 展開する tenkai suru

deseo *m* 望み nozomi, *(sexo)* 性欲 seiyoku; **~so, -a** *adj* 望んでいる nozonde iru; **estar ~so, -a de** … したいと思う … shitai to omou

desequilibr/ado, -a *adj* 1. *(desproporción)* 不均衡な fukinkoo na; 2. *(anormal)* 異常

な ijoo na; ~**ar** *vt* 平衡を失わせる heikoo o ushinawaseru

deser/ción *f mil* 脱走 dassoo; ~**tar** *vi mil* 脱走する dassoo suru; ~**tor** *m mil* 脱走兵 dassoo-hei

desespera/ción *f* 絶望 zetsuboo; ~**do, -a** *adj* 絶望した zetsuboo shita, 絶望的な zetsuboo-teki na; ~**r** 1. *vt* 絶望させる zetsuboo saseru; 2. *vi* 絶望する zetsuboo suru; ~**rse** 絶望する zetsuboo suru

desestima/ción *f* 過小評価 kashoo-hyooka; ~**r** *vt* 過小評価する kashoo-hyooka suru

desfallec/er *vi* 気を失う ki o ushinau; ~**imiento** *m* 気絶 kizetsu

desfavorable *adj m/f* 不利な furi na

desfigurar *vt* 形を変える katachi o kaeru, 醜くする minikuku suru

desfil/ar *vi* 1. 列になって歩く retsu ni natte aruku, 行進する kooshin suru; 2. *coloq* 次々に現れる tsugitsugi ni arawareru; ~**e** *m* パレード pareedo; ~**e de modelos** ファッション・ショー fasshon-shoo

desgana *f* 1. *(no tener ganas de hacer algo)* 気が進まないこと ki ga susumanai koto; 2. *(apetito)* 食欲不振 shokuyoku-fushin; **a** ~ いやいやながら iyaiyanagara; ~**r** *vt (apetito)* 食欲をなくさせる shokuyoku o nakusaseru; ~**rse** *(apetito)* 食欲をなくす shokuyoku o nakusu; ~**rse de** … に意欲をなくす … ni iyoku o nakusu

desgarrar *vt* 引き裂く hikisaku

desgast/ar *vt* すり減らす suriherasu; ~**e** *m* 1. 磨耗 mamoo; 2. *(cansancio)* 疲れ果てる tsukarehateru

desgracia *f* 1. *(infeliz)* 不幸 fukoo; *(mala suerte)* 不運 fu-un; 2. *(infortunio, calamidad)* 災難 sainan; **por** ~ 不運にも fu-un nimo; ~**damente** *adv* 不運にも fu-un nimo; ~**do, -a** **1.** *adj (de mala suerte)* 不運な fu-un na; *(infeliz)* 不幸な fukoo na; **2.** *m/f (persona desafortunada)* 不運な人 fu-un na hito, *(persona infeliz)* 不幸な人 fukoo na hito

desgravar *vt* 税金を控除する zeikin o koojo suru

deshabitado, -a *adj* 人の住んでいない hito no sunde inai

deshacer *vt* 1. *(romper)* 壊す kowasu, *(desmontar)* 解体する kaitai suru; 2. *(disolver)* 溶かす tokasu; ~**se** ばらばらになる barabara ni naru; ~ **de** … を取り除く … o torinozoku

deshecho, -a *adj* 1. 壊れた kowareta; 2. *(nieve, hielo/* 雪、氷*が)* 溶けた toketa; 3. *(moralmente)* 打ちのめされた

uchinomesareta がっくりした gakkuri shita

des/helar *vt/i (nieve, hielo/雪、氷を)* 溶かす tokasu; **~heredar** *vt* 相続権を失う soozoku-ken o ushinau; **~hielo** *m* 1. 雪解け yuki-doke; 2. *fig* 緊張緩和 kinchoo kanwa, 雪解け yuki-doke

deshojarse 葉/花びらが落ちる ha/hanabira ga ochiru

deshon/esto, -a *adj* 不誠実な fu-seijitsu na; **~or** *m* 不名誉 fu-meiyo; **~ra** *f* 不名誉 fu-meiyo; **~rar** *vt* 名誉を傷つける meiyo o kizu tsukeru

desierto 1. -a *adj* 人気のない hitoke no nai; **2.** *m* 1. 砂漠 sabaku; 2. *(lugar deshabitado)* 人気のない場所 hitoke no nai basho

design/ación *f* 任命 ninmei; **~ar** *vt* 任命する ninmei suru

desigual *adj m/f* 不平等の fu-byoodoo no; **~dad** *f* 不平等 fu-byoodoo

desilusi/ón *f* 失望 shitsuboo; **~onar** *vt* 失望させる shitsuboo saseru; **~onarse** 失望する shitsuboo suru, 幻滅する genmetsu suru

desinfec/ción *f* 消毒 shoodoku, 殺菌 sakkin; **~tante 1**. *adj m/f* 消毒の shoodoku no; **2.** *m* 消毒薬 shoodoku-yaku; **~tar** *vt* 消毒する shoodoku suru, 殺菌する sakkin suru

desintegra/ción *f* 1. *(desunión)* 分裂 bunretsu; 2. *quím* 分解 bunkai; **~r** *vt (descomponer)* 分解する bunkai suru, *(desunir)* 分裂させる bunretsu saseru; **~rse** 1. *(descomponerse)* 分解する bunkai suru, *(desunirse)* 分裂する bunretsu suru; 2. *(grupo, organización/グループ、組織が)* 解散する kaisan suru

desinter/és *m* 無関心 mu-kanshin; **~esado, -a** *adj* 無関心な mu-kanshin na

desintoxicación *f med* 解毒 gedoku, 中毒患者の治療 chuudoku kanja no chiryoo

desistir *vi* 1. **de** … を断念する … o dannen suru; 2. *jur (derecho/権利を)* 放棄する hooki suru

desleal *adj m/f* 不誠実な fu-seijitsu na; **~tad** *f* 不誠実 fu-seijitsu

desligar *vt* ほどく hodoku; **~ de** *(obligación/義務などから)* 解放する kaihoo suru

desliz *m* 1. 滑ること suberu koto; 2. *coloq* へま hema; **~ar** *vt/i* 滑らせる suberaseru, 滑る suberu; **~arse** 滑る suberu

deslumbrar *vt* 目を眩ませる me o kuramaseru

desmantelamiento *m* 取り壊すこと torikowasu koto, 解体すること kaitai suru koto

desmay/ado, -a *adj* 気を失った ki o ushinatta; **~arse** 失神する shisshin suru; **~o** *m* 失神 shisshin

desmedido, -a *adj* 法外な hoogai na

desmejorar *vt* だめにする dame ni suru; **~se** 悪化する akka suru

desmentir *vt* 1. *(negar)* 否定する hitei suru; 2. *(mostrar que es mentira)* 嘘であることを示す uso de aru koto o shimesu

desmenuzar *vt* 小さくちぎる chiisaku chigiru

desmesurado, -a *adj* 並外れた namihazureta

desmont/able *adj m/f* 組み立て式の kumitate-shiki no; **~aje** *m* 取り外し torihazushi; **~ar** *vt* 取り外す torihazusu

desmoraliza/do, -a *adj* がっかりした gakkari shita; **~dor, -a** *adj* がっかりさせる gakkari saseru; **~r** *vt* がっかりさせる gakkari saseru

desmorona/miento *m* 崩壊 hookai, 倒壊 tookai; **~rse** *(edificio, esperanza, deseo/建物、希望、望みなどが)* 崩れる kuzureru

desnivel *m* 1. *(diferencia)* ギャップ gyappu, 違い chigai; 2. *(altura)* 高低の差 kootei no sa

desnu/dar *vt* 服を脱がす fuku o nugasu; **~darse** 裸になる hadaka ni naru; **~dez** *f* 裸体 ratai; **~do 1. -a** *adj* 裸の hadaka no; 2. *m arte (cuadro)* 裸体画 ratai-ga, *(foto)* ヌード写真 nuudo shashin; **al ~do** 裸で hadaka de

desnutri/ción *f* 栄養失調 eiyoo-shitchoo; **~do, -a** *adj* 栄養失調の eiyoo-shitchoo no

desobed/ecer *vt* 背く somuku, 反抗する hankoo suru; **~iencia** *f* 不服従 fu-fukujuu; **~diente** *adj m/f* 反抗的な hankoo-teki na

desocupa/ción *f* 1. *(tiempo libre)* 暇 hima; 2. *(trabajo)* 失業 shitsugyoo; **~do, -a** *adj* 1. *(tener tiempo libre)* 暇な hima na; 2. *(sin trabajo)* 失業した shitsugyoo shita; 3. *(asiento)* 空席の kuuseki no; **~r** *vt (vivienda)* 立ち退く tachinoku; **~rse** 1. *(vivienda)* 空く aku; 2. *(tiempo libre)* 暇になる hima ni naru

desodorante *m* 体臭などの匂い消し taishuu nado no nioi keshi

desola/ción *f* 1. *(lugar)* 荒廃 koohai; 2. *(tristeza)* 深い悲しみ fukai kanashimi; **~do, -a** *adj* 1. *(lugar)* 荒涼とした kooryoo to shita; 2. *(triste)* 悲しむ kanashimu; **~dor, -a** *adj* 悲惨な hisan na; **~r** *vt* 1. *(tristeza)* 深く悲しむ fukaku kanashimu; 2. *(lugar)* 荒廃させる koohai saseru

desorganiza/ción *f* 混乱 konran; **~r** *vt* 混乱させる konran saseru

desorientar *vt* まごつかせる magotsukaseru; **~se** とまどう tomadou

despach/ar 1. *vt* 1. 処理する shori suru; 2. *coloq* 仕事などをさっさと終わらせる shigoto nado o sassato owaraseru; **2.** *vi* 1. さっさと済ます sassato sumasu; 2. *(dependiente/店員が)* 応対する ootai suru; **~o** *m* 1. *(trabajo/仕事の)* 処理 shori; 2. *(oficina)* 事務室 jimushitsu; **~o de billetes** 切符売り場 kippu-uriba

despacio *adv* ゆっくり yukkuri

despectivo, -a *adj* 軽蔑的な keibetsu-teki na

despedazar *vt* ずたずたにする zutazuta ni suru

despedi/da *f* 1. *(separación)* 別れ wakare; 2. *(trabajo)* 解雇 kaiko; **~r** *vt* 1. *(despedir a uno)* 見送る miokuru; 2. *(trabajo)* 解雇する kaiko suru; **~rse de** … と別れる … to wakareru

despe/gado, -a *adj* 剥がれた hagareta; **~gar 1.** *vt* 剥がす hagasu; **2.** *vi aero* 離陸する ririku suru; **~gue** *m aero* 離陸 ririku

despej/ado, -a *adj* 1. 晴れた hareta; 2. 眠気がとれた nemuke ga toreta; **~ar** *vt* 邪魔なものを取り除く jama na mono o torinozoku; 2. *(lugar)* 立ち退く tachinoku; **~arse** *(cielo)* 晴れる hareru; 2. 眠気をとる nemuke o toru

desperdi/ciar *vt* 無駄にする muda ni suru; **~cio** *m* 浪費 roohi; **~cios** *mpl* 残り物 nokori mono

desperta/dor *m* 目覚まし時計 mezamashi-dokei; **~r** 目を覚まさせる me o samasaseru; **~rse** 目が覚める me ga sameru

despido *m* 解雇 kaiko, *coloq* 首にする kubi ni suru

despierto, -a *adj* 目を覚ました me o samashita

despist/ado, -a *adj* ぼんやりした bon′yari shita; **~ar** *vt* 惑わせる madowaseru; **~e** *m* うっかりしていること ukkari shite iru koto

desplaza/miento *m* 1. 移動 idoo; 2. ずれ zure; **~r** *vt* 移動させる idoo saseru, ずらす zurasu; **~rse** 移動する idoo suru

desplegar *vt* 1. *(objeto doblado/畳んだものを)* 広げる hirogeru; 2. *mil (tropa/部隊を)* 展開させる tenkai saseru

desplom/arse 倒れる taoreru; **~e** *m* 1. *(edificio)* 倒壊 tookai; 2. *(persona)* 卒倒 sottoo

despobla/ción *f* 人口の減少 jinkoo no genshoo; **~r** *vt* 人口を減らす jinkoo o herasu

despoj/ar *vt* **de u/c** 1. … から … を奪う … kara … o ubau; 2. *(ropa)* 脱がす nugasu; **~ar** 服を脱がす fuku o nugasu; **~arse** 服を脱ぐ fuku o nugu; **~arse de** … を手放す … o tebanasu

desprec/iable *adj m/f* 軽蔑すべき keibetsu subeki; **~iar** *vt* 軽蔑する keibetsu suru; **~io** 軽蔑 keibetsu; **~iativo, -a** *adj* 軽蔑的な keibetsu-teki na

desprend/er *vt* 1. *(despegar)* 剥がす hagasu; 2. *(olor, gases, luz/匂い、ガス、光を)* 発する hassuru; **~erse** 剥がれる hagareru; 2. *(olor, gases, luz/匂い、ガス、光が)* 出る deru; **~imiento** *m* 1. 剥がれること hagareru koto; 2. *(de olor, gases, chispa/匂い、ガス、光の)* 発生 hassei; **~imiento de tierras** 地滑り jisuberi

despreocupa/ción *f* 無関心 mu-kanshin; **~do, -a** *adj* 1. *(ser indiferente)* 無関心な mu-kanshin na; 2. *(descuidado)* だらしない darashi nai

desprevenido, -a *adj* 突然の totsuzen no

después 1. *adv* 後で ato de; **2. ~ de** *prep* … の後で … no ato de

destaca/do, -a *adj* 優れた sugureta, 目立つ medatsu; **~r** *vt* 際立たせる kiwadataseru; **~rse** 際立つ kiwadatsu, 目立つ medatsu

des/terrar *vt* 追放する tsuihoo suru; **~tierro** *m* 追放 tsuihoo

destil/ación *f* 蒸留 jooryuu; **~ar** *vt* 蒸留する jooryuu suru; **~ería** *f* 蒸留酒製造所 jooryuu-shu seizoo-sho

destin/ar *vt* 1. *(a una persona)* 赴任させる funin saseru; 2. *(cartas)* 宛てる ateru; **~atario** *m* 受取人 uketori-nin; **~o** *m* 運命 unmei; *(lugar)* 目的地 mokuteki-chi

destituir *vt* 解任する kainin suru; **~ a alg** … を解任する … o kainin suru; **~ a alg de u/c** … を … から解任する … o … kara kainin suru

destornilla/dor *m* ネジ回し neji-mawashi, ドライバー doraibaa; **~r** ネジをはずす neji o hazusu

destreza *f* 器用さ kiyoo-sa

desunión *f* 分裂 bunretsu

des/usado, -a *adj* 時代遅れの jidai-okure no; **~uso** *m* 使われないこと tsukaware nai koto, 廃止 haishi

desvel/ar *vt* 眠れなくする nemurenaku suru; **~arse** 眠らない nemuranai

desventaj/a *f* 不利 furi; **~oso, -a** *adj* 不利な furi na

desverg/onzado, -a *adj* 恥知らずの hajishirazu no; **~üenza** *f* 厚顔無恥 koogan-muchi

desvestir *vt* 服を脱がす fuku o nugasu

desv/iación *f* 1. *(de ruta, política, principios/進路、方針、原則から)* はずれること hazureru koto; 2. *(rodeo)* 迂回路 ukairo; **~iar** *vt* 1. *(de ruta/進路から)* そらす sorasu; 2. 迂回させる ukai saseru; **~iarse** 1. *(ruta/進路から)* それる soreru; 2. *fig* テーマからはずれる teema kara hazureru; **~ío** *m* 1. *(de ruta, política, principios/進路、方針、原則から)* はずれること hazureru koto; 2. *(rodeo)* 迂回路 ukairo

detall/adamente *adv* 詳しく kuwashiku; **~ar** *vt* 詳しく… る kuwashiku … suru; **~e** *m* 1. 詳細 shoosai; 2. 心遣い kokorozukai; **~ista** *m* 細かなことに気を配る人 komakana koto ni ki o kubaru hito

detect/ar *vt* 探知する tanchi suru; **~ive** *m/f (detective privado)* 私立探偵 shiritsu tantei, 刑事 keiji; **~or** *m* 探知機 tanchi-ki; **~or de mentiras** 嘘発見器 uso hakken-ki

deten/ción *f* 1. *(parada)* 停止 teishi; 2. *(captura)* 逮捕 taiho; **~er** *vt* 1. *(capturar)* 逮捕する taiho suru; 2. *(parar)* 止める tomeru; **~erse** 止まる tomaru, 立ち止まる tachidomaru; **~ido, -a** *m/f* 逮捕者 taiho-sha

detergente *m* 洗剤 senzai

deteriorar *vt* 損ねる sokoneru, 傷める itameru; **~se** 1. 痛む itamu; 2. *(máquinas/機械などが)* 消耗する shoomoo suru; 3. *(empeorar)* 悪化する akka suru

determina/ción *f* 決定 kettei; **~do, -a** *adj* 決定した kettei shita, 特定の tokutei no; **~r** *vt* 決める kimeru, 特定する tokutei suru

detesta/ble *adj m/f* 嫌悪する ken'o suru; **~r** *vt* 毛嫌いする kegirai suru

detrás 1. *adv* 1. 後ろに ushiro ni; 2. *(reverso)* 裏面に uramen ni; **por ~** 後ろに/で ushiro ni/de; 2. *prep* **~ de** … の後ろに … no ushiro ni; **uno ~ de otro** 次々に tsugitsugi ni

deud/a *f* 1. 借金 shakkin; 2. *fig* 借り kari; **~or, -a 1.** *adj* 借金がある shakkin ga aru; **2.** *m/f* 負債者 fusai-sha

devalua/ción *f* 平価切下げ heika kirisage; **~r** 平価を切り下げる heika o kirisageru

devasta/ción *f* 荒廃 koohai; **~r** *vt* 破壊する hakai suru

devoción *f* 信仰 shinkoo

devol/ución *f* 1. 返却 hen'kyaku; 2. *com banc* 払い戻し haraimodoshi; **~ver** *vt* 返す kaesu, *com* 払い戻す harai-modosu

devorar *vt fig* むさぼる musaboru

devoto, -a *adj* 敬虔な keiken na, 献身的な kenshin-teki na

día *m* 1. 日 hi, *(un día)* 1日 ichi-nichi; 2. *(durante el día)* 昼間 hiruma; **al ~ siguiente** 次の日に tsugi no hi ni; **cada ~** 毎日 mai-nichi; **cualquier ~** いつか itsuka; **de ~** 日中に nitchuu ni; **el otro ~** 他の日 hoka no hi; **todos los ~s** 毎日 mai-nichi; **un ~** ある日 aru hi; **un ~ sí y otro no** 1日おきに ichi-nichi oki ni; **¡buenos ~s!** おはよう ohayoo

diab/etes *f* 糖尿病 toonyoo-byoo; **~ético, -a 1**. *adj* 糖尿病の toonyoo-byoo no; **2.** *m/f* 糖尿病患者 toonyoo-byoo kanja

diablo *m* 悪魔 akuma

diagn/osis *f med* 診断 shindan; **~osticar** *vt/i* 診断する shindan suru; **~óstico** *m med* 診断 shindan

diagonal 1. *adj m/f* 斜めの naname no; **2.** *f mat* 対角線 taikaku-sen

dialecto *m* 方言 hoogen

diálogo *m* 1. 対話 taiwa; 2. *teat cine* せりふ serifu

diamante *m* ダイヤモンド daiyamondo

diámetro *m* 直径 chokkei

diapositiva *f foto* スライド suraido

diario 1. –a *adj* 毎日の mai-nichi no; **a ~** 毎日 mai-nichi; **2.** *m* 1. *(periódico)* 新聞 shinbun; 2. *(personal)* 日記 nikki

diarrea *f* 下痢 geri

dibuj/ante *m/f* 1. 絵を描く人 e o kaku hito, イラストレーター irasutoreetaa; **~ar** *vt* 絵を描く e o kaku; **~o** *m* 1. 線画 senga, デッサン dessan; 2. *(planos)* 図面 zumen; **~os animados** アニメ anime

diccionario *m* 辞書 jisho, 辞典 jiten

dicha *f* 幸せ shiawase

dicho *m* 1. 言ったこと itta koto; 2. *(refrán)* 格言 kakugen; **~so, a** *adj* 1. 幸せな shiawase na; 2. *coloq* いまいましい imaimashii

diciembre *m* 12月 juuni-gatsu

dictad/o *m* 口述 koojutsu, 書き取り kakitori; **~or, -a** *m/f* 独裁者 dokusai-sha; **~ura** *f* 独裁（制） dokusai (sei)

dicta/men *m* 意見 iken; **~minar** *vi* 助言する jogen suru, 意見を言う iken o iu; **~r** *vt* 口述する koojutsu suru; **~r sentencia** 判決を言い渡す hanketsu o iiwatasu

dieci/nueve *m* 19 juu-ku; **~ocho** *m* 18 juu-hachi; **~séis** *m* 16 juu-roku; **~siete** *m* 17 juu-shichi

diente *m* 歯 ha

diestr/a *f* 右手 migite; **~o 1. -a** *adj* 1. *(derecho)* 右の migi no; 2. *(maestría)* 熟練した jukuren shita; **2.** *m* マタドール mata-dooru

dieta *f* 1. ダイエット daietto, 食事療法 shokuji-ryoohoo; 2. *(viaje de trabajo)* 出張の手当て shutchoo no teate

diez *m* 10 juu

difama/ción *f* 中傷 chuushoo; **~r** *vt* 中傷する chuushoo suru

difer/encia *f* 違い chigai; **~enciar** *vt* 区別する kubetsu suru; **~ente** *adj m/f* 違う chigau; **~ir** 1. *vt* 延期する enki suru; 2. *vi* 異なる kotonaru

difícil *adj m/f* 難しい muzukashii

dificult/ad *f* 1. 難しさ muzukashisa; 2. *(obstáculo)* 障害 shoogai; **~ar** *vt* 困難にする konnan ni suru; **~oso, -a** *adj* 困難な konnan na

difteria *f med* ジフテリア jifuteria

difundir *vt* 普及させる fukyuu saseru; **~se** 普及する fukyuu suru

difunto, -a 1. *adj* 死亡した shiboo shita; **2.** *m/f* 故人 kojin

difusión *f* 1. 普及 fukyuu; 2. *med (epidemia /伝染病などの)* 流行 ryuukoo

digerir *vt* 1. 消化する shooka suru; 2. *fig (asimilación)* 会得する etoku suru

digesti/ble *adj m/f* 消化の良い shooka no yoi; **~ón** *f* 消化 shooka

digital *adj m/f* 指の yubi no; *(numérico)* デジタルの dejitaru no; *informát* デジタル dejitaru

dign/idad *f* 威厳 igen, 誇り hokori; **~o, -a** *adj* **de u/c** …にふさわしい … ni fusawashii

dilapidación *f* 浪費 roohi

dilata/ción *f* 膨張 boochoo; **~do, -a** *adj* 1. 膨張した boochoo shita; 2. *(pupilas/瞳が)* 開いた

hiraita; **~r** *vt* 膨張させる boochoo saseru, 広げる hirogeru

dilema *m* ジレンマ jirenma

diligen/cia *f* 1. 勤勉 kinben; 2. 乗合馬車 noriai-basha; **~cias** *fpl* 1. *adm* 手続き tetsuzuki; 2. *jur* 訴訟手続き soshoo tetsuzuki; **~te** *adj m/f* 勤勉な kinben na, 熱心な nesshin na

diluir *vt* 1. 溶かす tokasu; 2. *(con agua/水などで)* 薄める usumeru

diluvio *m* 大洪水 dai-koozui, 豪雨 goou

dimensión *f* 1. *(magnitud)* 大きさ ooki-sa; 2. 次元 jigen

dimi/sión *f* 辞職 jishoku; **~tir 1.** *vt* 辞任する jinin suru; **2.** *vi* 辞任する jinin suru

dinamita *f* ダイナマイト dainamaito

dínamo *f* 発電機 hatsuden-ki

dinero *m* 金 kane; **~ en efectivo** 現金 genkin; **~ en metálico** 現金 genkin

Dios *m* 神 kami

diplom/a *m (título/学位、資格の)* 免状 menjoo; **~ático, -a 1.** *adj* 外交の gaikoo no, *(persona)* 外交官の gaikoo-kan no; **2.** m/f 外交官 gaikoo-kan

diputa/ción: *f* **~ción provincial** 県議会 ken-gikai; **~do, -a** *m/f* 議員 giin, 代議士 daigi-shi

dique *m* 1. 堤防 teiboo; 2. *(astillero)* ドック dokku

direc/ción *f* 1. 方向 hookoo; 2. *(domicilio)* 住所 juusho; 3. *mús* 指揮 shiki; 4. *(mando)* 監督 kantoku; 5. *auto* ハンドル handoru; 6. *informát* アドレス adoresu

~ción asistida *auto* パワー・ステアリング pawaa- sutearingu; **~tivo 1. -a** *adj* 1. 指導的な shidoo-teki na; 2. *(de un administrador)* 経営者の keiei-sha no; **2.** *m* 役員 yaku-in; **~to, -a** *adj* 1. *(recto)* まっすぐな massugu na; 2. *(inmediato)* 直接の chokusetsu no; 3. *(carácter)* 率直な sotchoku na; **tren ~to** 直通列車 chokutsuu ressha; **~tor, -a de cine** 映画の監督 eiga no kantoku; **~tor, -a de orquesta** オーケストラの指揮者 ookesutora no shiki-sha; **~triz** *f* 基準 kijun

directorio *m informát* ディレクトリー direkutorii

dirig/ente *m/f* リーダー riidaa; **~ir** 1. **a/hacia** … の方に向ける … no hoo ni mukeru; 2. *(guiar, orientar)* 指導する shidoo suru; 3. *mús* 指揮する shiki suru; 4. *cine* 監督する kantoku suru; **~irse a/hacia** … に向かう … ni mukau

disciplina *f* 規律 kiritsu, しつけ shitsuke

discípulo, -a *m/f* 弟子 deshi

disco *m* 1. レコード rekoodo; 2. *informát* ディスク disuku; **~ rojo** 赤信号 aka-shingoo; **~ compacto** CD shiidii; **~ duro** *informát* ハードディスク haado-disuku

discordia *f* 意見が一致しないこと iken ga itchi shinai koto

discoteca *f* 1. *(baile)* ディスコ disuko; 2. *(de discos)* レコード・ライブラリー rekoodo-raiburarii

discre/ción *f* 控えめ hikaeme; **a ~ción de** 好きなだけ sukina dake; **~cional** *adj m/f* 任意の nin'i no

discrepa/ncia *f* 相違 sooi; **~r** *vi* 意見が異なる iken ga koto-naru

discreto, -a *adj* 1. 控えめな hi-kaeme na; 2. *(ropa/服装が)* 地味な jimi na

discrimina/ción *f (segregación)* 差別 sabetsu; **~r** *vt (segregar)* 差別する sabetsu suru

disculpa *f* 言い訳 iiwake; **~r** *vt* 1. *(excusar)* 言い訳する iiwake suru; 2. *(perdonar)* 許

す yurusu; **~rse** 謝る ayamaru, *(excusarse)* 言い訳する iiwake suru; **~rse por u/c** … の言い訳をする … no iiwake o suru

discurso *m* 演説 enzetsu

discu/sión *f* 議論 giron; **~tir** *vt/i* **sobre** … について議論する … ni tsuite giron suru

disentería *f med* 赤痢 sekiri

diseñ/ador, -a *m/f* デザイナー dezainaa; **~ar** *vt* デザインする dezain suru, 設計する sekkei suru; **~o** *m* 設計 sekkei, デザイン dezain

disfraz *m* 変装 hensoo, 仮装 kasoo; **~ar** *vt* 変装させる hensoo saseru, 仮装させる kasoo saseru; **~arse de** … に変装する… ni hensoo suru, … に仮装する … ni kasoo suru

disfrutar *vi* 楽しむ tanoshimu; **~ de u/c** … を楽しむ … o tanoshimu

disgust/ado, -a *adj* **con** 1. … に怒っている … ni okotte iru; 2. *(decepcionado)* … に失望した … ni shitsuboo shita; **~ar** *vt* 不快にさせる fukai ni saseru; **~arse con/de** … で怒る … de okoru; **~o** *m* 不愉快 fu-yukai, 心配 shinpai

disimular *vt* ごまかす gomakasu

disipación *f* 無駄づかい mudazukai, 浪費 roohi

disquet *m informát* フロッピー・ディスク furoppii-disuku

disminu/ción *f (cantidad, volumen)* 減少 genshoo; *(tiempo, distancia)* 短縮 tanshuku, *(dimensión, tamaño)* 縮小 shukushoo; **~ir 1.** *vt* 1. *(cantidad, volumen)* 減らす herasu; 2. *(tiempo, distancia)* 短くする mijikaku suru; 3. *(sufrimiento/苦痛などを)* 楽にする raku ni suru; **2.** *vi* 1. *(cantidad, volumen)* 減る heru; 2. *(tiempo, distancia)* 短くなる mijikaku naru; 3. *(sufrimiento / 苦痛などが)* ましになる mashi ni naru, 楽になる raku ni naru

disolución *f* 1. 解散 kaisan; 2. *quím* 溶解 yookai, 分解 bunkai

disolve/nte *m* 溶剤 yoozai; **~r** *vt* 1. *(deshacer)* 溶かす tokasu; 2. *(congreso, grupo)* 解散させる kaisan saseru

dispar/ar *vt/i* 1. *(armas de fuego)* 発砲する happoo suru; 2. *sport* シュートする shuuto suru; 3. *foto* シャッターを切る shattaa o kiru; **~arse** *(precio/値段などが)* 急に上がる kyuu ni agaru

disparate *m* でたらめ detarame

disparo *m* 1. *(armas de fuego)* 発砲 happoo; 2. *sport* シュート shuuto

dispensar *vt* 1. *(conceder)* 与える ataeru; 2. *(perdonar)* 許す yurusu; 3. *(eximir)* 免除する menjo suru

dispers/ar *vt* 解散させる kaisan saseru; **~ión** *f* 分散 bunsan

display *m informát* ディスプレイ disupurei

dispon/er **1.** *vt (situar, colocar)* 配置する haichi suru, *(poner en fila)* 並べる naraberu; **2.** *vi* **de** … を持っている … o motte iru; **~ible** *adj m/f* 使用できる shiyoo dekiru, 手元にある temoto ni aru

disposi/ción *f* 配置 haichi; **~tivo** *m* 装置 soochi

dispuesto, -a *adj* 準備ができた junbi ga dekita; **~ a hacer u/c** … する準備ができている … suru junbi ga dekite iru

disputar **1.** *vt* 1. *(luchar)* 争う arasou; 2. *(discutir)* 議論する giron suru; **2.** *vi* 議論する giron suru; **~se** 競い合う kisoiau

disquete *m informát* フロッピー・ディスク furoppii-disuku

dista/ncia *f* 距離 kyori, 隔たり hedatari; **~nciarse de** … から/と距離をおく … kara/to kyori o oku, … から離れる … kara hanareru; **~nte** *adj m/f* 1. *(separado, alejado)* 離れた hanareta; 2. *(indiferente, frío)* 冷淡な reitan na

distin/ción *f* 1. *(discernimiento)* 区別 kubetsu; 2. *(diferencia)* 相違 sooi; **a ~ción de** … と違って … to chigatte; **~guido, -a** *adj* 著名な chomei na; **~guir** *vt (discernir)* 識別する shikibetsu suru; **~to, -a** *adj* 異なる kotonaru, 違った chigatta

distorsión *f* 歪 hizumi, ねじれ nejire

distra/cción *f* 1. *(diversión)* 気晴らし kibarashi, 楽しみ tanoshimi; 2. 上の空 uwa no sora 気が散ること ki ga chiru koto; **por ~cción** 上の空で uwa no sora de; **~er** *vt* 1. *(desviar la atención)* 注意をそらす chuui o sorasu; 2. *(divertir a uno)* 楽しませる tanoshimaseru; **~erse** 1. *(divertirse)* 楽しむ tanoshimu; 2. *(abstraerse)* 気が散る ki ga chiru; **~ído, -a** *adj* 1. *(estar divirtiéndose)* 楽しんでいる tanoshinde iru; 2. *(estar abstraído)* ぼんやりした bon'yari shita

distribu/ción *f* 1. 配ること kubaru koto; 2. *(reparto, entrega)* 配達 haitatsu; 3. *(colocación)* 配置 haichi, レイアウト reiauto; **~idor** *m (distribuidor)* 配給者 haikyuu-sha; **~idor automático** 自動販売機 jidoo-hanbai-ki; **~ir** *vt* 配る kubaru, 配達する haitatsu suru, 配置する haichi suru

distrito *m* 地区 chiku

divers/idad *f* 多種多様 tashu-tayoo, 多様性 tayoo-sei; **~ión** *f* 楽しみ tanoshimi, 気晴らし kibarashi; **~o, -a** *adj* 1. *(diferente)* 別の betsu no 2. *(variado)* 多種多様な tashu-tayoo na

diverti/do, -a *adj* 面白い omo-shiroi, 楽しい tanoshii; **~r** *vt* 楽しませる tanoshimaseru; **~rse** 楽しむ tanoshimu

dividir *vt* 1. 分ける wakeru, 分割する bunkatsu suru; 2. *mat* 割り算する warizan suru

divisas *fpl* 外国通貨 gaikoku tsuuka

división *f* 1. 分割 bunkatsu, 分離 bunri; 2. *mat* 割り算 wari-zan

divorci/ado, -a *adj* 離婚した rikon shita; **~arse** 離婚する rikon suru; **~o** *m* 離婚 rikon

divulga/ción *f* 普及 fukyuu; **~r** *vt* 普及させる fukyuu saseru

dobla/do, -a *adj* 曲がった ma-gatta, *(plegado)* たたんだ ta-tanda; **~r 1.** *vt* 1. *(plegar)* 折る oru; *(curvar, arquear)* 曲げる mageru; 2. *(duplicar)* 2倍にする ni-bai ni suru; 3. *cine* 吹きかえる fukikaeru; **2.** *vi* 1. *(duplicarse)* 2倍になる ni-bai ni naru; 3. *(curvarse, girar)* 曲がる magaru

doble 1. *adj m/f (duplicado)* 2倍の ni-bai no; 2 二重の ni-juu no; **2.** *m* 2倍 ni-bai

doce *m* 12 juu-ni; **~na** *f* ダース daasu

dócil *adj m/f* 従順な juujun na, おとなしい otonashii

doctor, -a *m/f* 1. 博士 hakase; 2. *(médico)* 医者 isha; **~al** *adj m/f* 博士の hakase no

doctrina *f* 1. 教義 kyoogi; 2. 学説 gakusetsu

document/ación *f* 1. *(investigación, indagación)* 考証 kooshoo; 2. *(carné de identificación)* 身分証明書 mibun shoomei-sho; **~al 1.** *adj m/f* 文書の bunsho no; **2.** *m cine* 記録映画 kiroku eiga, ドキュメンタリー dokyumentarii; **~o** *m* 書類 shorui, 文献 bunken

dólar *m* ドル doru

dol/encia *f* 病気 byooki; **~er** *vi* 1. *(físicamente)* 痛む itamu; 2. *(moralmente)* 心が痛む kokoro ga itamu; **~erse de** … の痛みを感じる … no itami o kanjiru

dolor *m* 1. 痛み itami; 2. *(moral/精神的な)* 苦痛 kutsuu; **~oso, -a** *adj* 1. *(físicamente/肉体的に)* 痛い itai; 2. *(moralmente/精神的に)* 苦しい kurushii

doméstico, -a *adj* 1. *(de casa)* 家の ie no, *(de hogar)* 家庭の katei no; 2. *(domado)* 飼いな

らされた kainara sareta; **animal** ~ 家畜 kachiku
domicili/ado, -a *adj* **en** ... に住む ... ni sumu; **~ar** *vt* 1. *(hacer habitar)* 定住させる teijuu saseru; 2. *(pago por banco)* 銀行払いにする ginkoo-barai ni suru; **~o** *m* *(dirección)* 住所 juusho, *(vivienda)* 住居 juukyo
dominar *vt/i* 1. 支配する shihai suru; 2. *(sentimiento/感情などを)* 抑える osaeru
domingo *m* 日曜日 nichiyoo-bi
dominio *m* *informát* ドメイン domein
don *m* ドン don, 様sama, 殿 dono; **~* Juan** ドン・ファン Don-Fan
dona/ción *f* 寄付 kifu, 寄贈品 kizoo-hin; **~ción de sangre** 献血 kenketsu; **~nte** *m/f* 1. 寄贈者 kizoo-sha; 2. *(órganos, sangre/臓器、血液などの)* 提供者 teikyoo-sha; **~r** *vt* 寄付する kifusuru, 提供する teikyoo suru
dónde *adv* どこ doko, どこで doko de; **¿a ~?** どこへ doko e; **¿desde ~?** どこから doko kara; **¿en ~ ?** どこに doko ni; **¿hacia ~?** どの方向に dono hookoo ni
Doña *f* ドーニャ doonya, 婦人 fujin, 様 sama
dopaje *m* ドーピング doopingu
dora/da *f* *zool* ヨーロッパ・ヘダイ yooroppa-hedai; **~do 1. -a** *adj* 1. *(de color dorado)* 金色の kin-iro no; 2. *(de oro)* 黄金の oogon no; **2.** *m* 金メッキ kin-mekki
dormi/do, -a *adj* 眠っている nemutte iru; **quedarse ~do, -a** 寝過ごす nesugosu; **~lón, -a 1.** *adj* 寝坊な neboo na; **2.** *m* 寝坊 neboo; **~r** *vi* 眠る nemuru; **~rse** 1. 眠る nemuru; 2. *(entumecimiento)* しびれる shibireru, 麻痺する mahi suru; **~torio** *m* 寝室 shinshitsu
dos *m* 2 ni
dosis *f* *med* 服用量 fukuyoo-ryoo
dotación *f* *nav* 乗組員 norikumi-in
dram/a *m* ドラマ dorama; **~ático, -a** *adj* 1. *(de teatro)* 劇の geki no; 2. 劇的な geki-teki na; **~atizar** *vt* 1. 劇化する gekika suru; 2. *(expresión)* 劇的に表現する geki-teki ni hyoogen suru; **~aturgo, -a** *m/f* 劇作家 geki-sakka
drog/a *f* 麻薬 mayaku; **~adicto, -a 1.** *adj* 麻薬中毒の mayaku chuudoku no; **2.** *m/f* 麻薬中毒者 mayaku chuudoku-sha
droguería *f* 雑貨店 zakka-ten
ducha *f* シャワー shawaa; **darse una ~** シャワーを浴びる shawaa o abiru; **~rse** シャワーを浴びる shawaa o abiru
dúctil *adj m/f* 1. *(flexible, elástico)* 柔軟性のある juunan-sei

no aru, しなやかな shinayaka na; 2. *(fácil de deformar)* 思い通りの形になる omoi doori no katachi ni naru

dud/a *f* 疑問 gimon; **sin ~a alguna** 間違いなく machigai naku, 必ず kanarazu; **poner en ~a** 疑う utagau; **~ar de** … を疑う … o utagau; **~oso, -a** *adj* 1. *(cuestionable)* 疑わしい utagawashii; 2. *(sospechar)* 怪しい ayashii

duelo *m* 1. *(combate)* 決闘 kettoo; 2. *(pésame)* お悔やみ okuyami

duende *m* お化け obake

dueñ/a *f* 女主人 onna-shujin; **~o** *m* 1. *(propietario)* 持ち主 mochinushi; 2. *(patrón, empresario)* 雇い主 yatoi-nushi

dul/ce 1. *adj m/f* 1. 甘い amai; 2. *fig* 心地よい kokochi yoi; 3. *(carácter)* 優しい yasashii; **2.** *m* 甘いもの amai mono; **~ces** *mpl* お菓子 okashi; **~zura** *f* 1. *(dulzón)* 甘さ amasa; 2. *(carácter/性格の)* 優しさ yasashisa

dúo *m mús* 二重奏 nijuusoo, デュエット duetto

duplica/ción *f* 1. *(copia, reproducción)* 複写 fukusha; 2. *(doble)* 2倍 ni-bai; **~do 1. -a** *adj* 1. *(de copia)* 写しの utsushi no; 2. *(doblado)* 2倍にした ni-bai ni shita; **2.** *m* 1. *(copia)* 写し utsushi; 2. *(reproducción, copia)* コピー kopii; **~r** *vt* 1. *(copiar)* コピーを作る kopii o tsukuru; 2. *(doblar)* 2倍にする ni-bai ni suru

duque *m* 公爵 kooshaku; **~sa** *f* 公爵夫人 kooshaku-fujin, 女公爵 onna-kooshaku

duradero, -a *adj* 長持ちする nagamochi suru

durante *prep* … の間 … o aida

durar *vi* 1. 続く tsuzuku; 2. 持ちこたえる mochikotaeru

dureza *f* 1. 硬さ kata-sa; 2. *(carácter)* 冷酷 reikoku

duro, -a *adj* 1. 固い katai; 2. *(severo)* 厳しい kibishii; 3. *(difícil)* 困難な konnan na

E

echar *vt* 1. *(arrojar)* 投げる nageru; 2. *(poner líquido)* 注ぐ tsugu; 3. *(expulsar)* 追い出す oidasu; ~ **de menos** 懐かしく思う natsukashiku omou; **~se** 1. 飛び込む tobikomu; 2. 横になる yoko ni naru; **~se a** … し始める … shihajimeru

eco *m* こだま kodama, 反響 hankyoo

eco/grafía *f med* エコグラフィー ekografii; **~logía** *f* 1. エコロジー ekorojii; 2. *(protección del medio ambiente)* 環境保護 kankyoo hogo; **~lógico, -a** *adj* 生態学の seitaigaku no

econ/omía *f* 経済 keizai; **~ómico, -a** *adj* 1. *(de economía)* 経済の keizai no; 2. *(de economía, de ahorro)* 経済的な keizai-teki na; **~omista** *m/f* 経済学者 keizaigaku-sha; **~omizar** *vt/i (ahorrar)* 節約する setsuyaku suru

ecua/dor *m* 赤道 sekidoo; **el ~* dor** エクアドル Ekuadoru; **~toriano, -a 1.** *adj* エクアドルの Ekuadoru no; **2.** *m/f* エクアドル人 Ekuadoru-jin

edad *f* 1. 年齢 nenrei; 2. *(época, era)* 時代 jidai; **~* Media** 中世 chuusei

edición *f* 1. 出版 shuppan; **~ de bolsillo** ポケット版 poketto-ban

edific/ación *f* 建設 kensetsu; **~ar** *vt* 建設する kensetsu suru; **~io** *m* 建物 tatemono

edit/ar *vt* 1. *(publicar libros, revistas)* 出版する shuppan suru 2. *(redactar)* 編集する henshuu suru; **~or, -a** *m/f* 出版者 shuppan-sha; **~orial 1.** *f* 出版社 shuppan-sha; **2.** *m* 社説 shasetsu

educa/ción *f* 教育 kyooiku; **~r** *vt* 教育する kyooiku suru; **~tivo, -a** *adj* 教育的な kyooiku-teki na

efect/ivo 1. -a *adj* 効果的な kooka-teki na; **2.** *m (dinero)* 現金 genkin; **en ~ivo** 現金で払う genkin de harau; **~o** *m* 効果 kooka; **en ~o** 実際に jissai ni; **~uar** *vt* 実施する jisshi suru

efic/acia *f* 1. *(eficiencia)* 効率 kooritsu; 2. *(efecto)* 効果 kooka; **~az** 1. *(efectivo)* 有効な yuukoo na; 2. *(competente)* 有能な yuunoo na; **~iencia** *f* 能率 nooritsu; **~iente** *adj m/f* 能率的な nooritsu-teki na

egip/cio, -a 1. *adj* エジプトの Ejiputo no; 2. *m/f* エジプト人 Ejiputo-jin; **~*to** *m* エジプト Ejiputo

egoís/mo *m* エゴイズム egoizumu; **~ta 1.** *adj m/f* 利己的な riko-teki na; **2.** *m/f* エゴイスト egoisuto

eje *m* 軸 jiku, シャフト shafuto

ejecu/ción *f* 1. 実施 jisshi, 実行 jikkoo; 2. *mús* 演奏 ensoo, *teat* 公演 kooen; **~tar** *vt* 1. 実行する jikkoo suru; 2. *mús* 演奏する ensoo suru, *teat* 演じる enjiru; **~tivo 1. -a** *adj* 実行する jikkoo suru; **2.** *m* 執行部 shikkoo-bu

ejempl/ar 1. *adj m/f* 模範的な mohanteki na; **2.** *m* 1. 一部 ichi-bu; 2. 見本 mihon; **~o** *m* 例 rei; **por ~o** 例えば tatoeba

ejerc/er *vt* 1. 実践する jissen suru; 2. *(poder, derecho/権力、権利などを)* 行使する kooshi suru; **~icio** *m* 1. 練習 renshuu; 2. *(físico)* 運動 undoo

ejército *m* 軍隊 guntai

el *art* その sono, あの ano
él *pron pers* 彼 kare
elabora/ción *f* 1. *(fabricación)* 加工 kakoo; 2. *(confección)* 作成 sakusei; **~r** *vt* 1. *(fabricar)* 加工する kakoo suru; 2. *(confeccionar)* 作成する sakusei suru
elástico, -a *adj* 弾力性のある danryoku-sei no aru
elec/ción *f* 1. *(selección)* 選択 sentaku; 2. *(comicios)* 選挙 senkyo; **~to, -a** *adj* 当選した toosen shita; **~tor, -a** *m/f* 有権者 yuuken-sha; **~toral** *adj m/f* 選挙の senkyo no
electrici/dad *f* 電気 denki; **~sta** *m/f* 電気工 denki-koo
eléctrico, -a *adj* 電気の denki no
electr/odomésticos *mpl* 家庭電器製品 katei-denki-seihin; **~ónica** *f* 電子工学 denshi koogaku; **~ónico, -a** *adj* 電子の denshi no
elefante *m* 象 zoo
elegan/cia *f* 優雅 yuuga, 上品 joohin; **~te** *adj m/f* 優雅な yuuga na, 上品な joohin na
elegir *vt* 選ぶ erabu
element/al *adj m/f* 1. *(básico)* 初歩の shoho no; 2. *quím* 元素の genso no; **~o** *m* 1. 要素 yooso, 成分 seibun; 2. 元素 genso
elimina/ción *f* 除外 jogai, 排除 haijo; **~r** *vt* 1. *(quitar)* 取り除く torinozoku; 2. *(ser descalificado)* 失格する shikkaku suru; **~toria** *f* 予選 yosen
élite *f* エリート eriito
ella *pron pers* 彼女 kanojo
ello *pron pers* それ sore, そのこと sono koto; **por ~** だから dakara
elocuen/cia *f* 雄弁 yuuben; **~te** *adj m/f* 雄弁な yuuben na
elogi/ar *vt* ほめる homeru; **~o** *m* 賞賛 shoosan
embajad/a *f* 大使館 taishi-kan; **~or, -a** *m/f* 大使 taishi
embaraz/ada **1.** *adj* 妊娠している ninshin shite iru; **2.** *f* 妊婦 ninpu; **~o** *m* 妊娠 ninshin; **~oso, -a** *adj* やっかいな yakkaina
embellecer *vt* 美しくする utsukushiku suru
embolia *f med* 塞栓症 sokusenshoo
emborrachar *vt* 酔わせる yowaseru; **~se** 酔う you
embotella/do, -a *adj* 1. 瓶づめの binzume no; 2. *(tráfico)* 交通渋滞した kootsuu-juutai shita; **~r** *vt* 瓶に入れる bin ni ireru
embrague *m auto* クラッチ kuratchi
embuti/dos *mpl* 腸詰 choozume, ソーセージ sooseeji; **~r** *vt* 1. 腸詰を作る choozume o tsukuru; 2. 詰め込む tsumekomu

emerge/ncia *f* 緊急事態 kinkyuu jitai; **~nte** *adj* 浮上する fujoo suru

emigra/ción *f* 移住 ijuu, 移民 imin; **~nte** *m/f* 移民 imin; **~r** *vi* 移住する ijuu suru

emi/sión *f* 放送 hoosoo; **~sora** *f* 放送局 hoosoo-kyoku; **~tir** *vt TV radio* 放送する hoosoo suru

emoci/ón *f* 感動 kandoo; **~onal** *adj m/f* 感情の kanjoo no; **~onante** *adj m/f* 感動的な kandoo-teki na; **~onar 1.** *vt* 感動させる kandoo saseru; **2.** *vi* 感動する kandoo suru

empa/ñarse *(cristal, gafas/ガラス、眼鏡が)* 曇る kumoru; **~par** *vt* ずぶ濡れにする zubunure ni suru; **~parse** ずぶ濡れになる zubunure ni naru

empapelar *vt* 壁紙をはる kabegami o haru

empaquetar *vt* 荷造りをする nizukuri o suru

empat/ar *vi* 引き分ける hikiwakeru; **~e** *m* 引き分け hikiwake, 同点 dooten

empeora/miento *m* 悪化 akka; **~r 1.** *vt* 悪化させる akka saseru; **2.** *vi* 悪化する akka suru; **~rse** 悪化する akka suru

empera/dor *m* 皇帝 kootei; **~triz** *f* 女帝 jotei

empezar 1. *vt* 始める hajimeru; **2.** *vi* 始まる hajimaru; **~ por hacer u/c** … をし始める … o shihajimeru

emple/ado, -a *m/f* 従業員 juugyoo-in; **~ar** *vt* 1. 雇う yatou; 2. *(utilizar)* 用いる mochiiru

empresa *f* 企業 kigyoo, 会社 kaisha; **~rio, -a** *m/f* 企業主 kigyoo-nushi

empuj/ar *vt* 押す osu; **~e** *m* 押すこと osu koto; **~ón** *m* 押すこと osu koto

en *prep* 1. *(lugar/場所)* … で … de, … に … ni, … の中に … no naka ni, … の上に … no ue ni; 2. *transp* … に乗って … ni notte; 3. *(precio/値段)* … で … de; 4. *(medios, material/手段、材料)* … で … de, … を使って … o tsukatte; **~ todas partes** どこにも/でも doko ni mo/de mo; **beber ~ un vaso** コップで飲む koppu de nomu; **~ quince días** 2週間で ni-shuukan de; **~ serio** まじめに majime ni; **~ español** スペイン語で Supein-go de; **~ absoluto** 絶対に zettai ni; **creer ~ Dios** 神を信じる kami o shinjiru

enamora/do, -a *adj* **de** … に恋している … ni koi shite iru; **~rse de** … に恋をする … ni koi o suru

enano, -a *m/f* 小人 kobito, ちび chibi

encabezamiento *m (artículo de periódico/新聞の記事の見出しの)* 見出し midashi
encadenar *vt (sujetar con cadenas)* 鎖でつなぐ kusari de tsunagu
encaj/ar **1.** *vt* はめる hameru, 合わせる awaseru; **2.** *vi* ぴったり合う pittari au, 一致する itchi suru; **~e** *m* 1. レース reesu; 2. はめ込み hamekomi
encanta/do, -a *adj* 1. *(contento)* 喜んでいる yorokonde iru; 2. *(hechizado)* 魔法にかかった mahoo ni kakatta; **~dor, -a** *adj* 魅力的な miryoku-teki na; **~miento** *m* 1. *(magia)* 魔法 mahoo; 2. *(fascinación)* 魅惑 miwaku, 魅力 miryoku; **~r** *vt* 1. *(fascinar)* 魅了する miryoo suru; 2. *(hechizar)* 魔法にかける mahoo ni kakeru; 3.... . が好きである ... ga suki de aru
encanto *m* 1. *(magia)* 魔法 mahoo; 2. *(atracción)* 魅力 miryoku
encarcelar *vt* 投獄する toogoku suru
encarecer *vt* **1.** *vt*値上げする neage suru; **2.** *vi* 値上がりする neagari suru
encarg/ado, -a **1.** *adj* **de** ... 担当の ... tantoo no; **2.** *m/f* 担当者 tantoo-sha, 係り kakari; **~ar** *vt* 1. *(confiar)* 任せる makaseru; 2. *(hacer un pedido)* 注文する chuumon suru; 3. *(pedir)* 頼む tanomu; **~arse de u/c** ... を引き受ける ... o hikiukeru, ... を担当する ... o tantoo suru; **~o** *m* 1. 依頼 irai; 2. 注文 chuumon
encend/edor *m* ライター raitaa; **~er** *vt* 1. *(fuego)* 火をつける hi o tsukeru; 2. *(interruptor de TV, radio, luz)* スイッチを入れる/押す suitchi o ireru/osu; **~ido** **1.** **-a** *adj* 1. *(fuego)* 火がついた hi ga tsuita; 2. *(interruptor de TV, radio, luz)* スイッチが入った suitchi ga haitta; **2.** *m auto* 点火 tenka
encerrar *vt* 閉じ込める tojikomeru
enchuf/ar *vt* 1. *electr*コンセントに差し込む konsento ni sashikomu; 2. *fig (usar la influencia de uno)* コネを使う kone o tsukau; **~e** *m* 1. *electr* コンセント konsento; 2. *(influencia)* コネ kone
encías *fpl* 歯茎 haguki
enciclopedia *f* 百科事典 hyakka-jiten
encierro *m* 監禁 kankin
encima *adv* 1. *(arriba)* 上の方に ue no hoo ni; 2. *(además)* その上 sono ue; **por** ~ 1. *(arriba)* 上に/で ue ni/de; 2. *(superficialmente)* 表面的に hyoomen-teki ni; ~ **de** 1. *(sobre)* ... の上に ... no ue ni; 2. *(además)* 更に sara ni; **estar por** ~ **de** ... を抜きんでて

… o nukindete; **por ~ de todo** 何にも増して nani nimo mashite

encog/er 1. *vt* 縮める chijimeru; **2.** *vi* 縮む chijimu; **~erse** 1. 縮む chijimu; 2. 体を縮ませる karada o chijimaseru; **~erse de hombros** 肩をすくめる kata o sukumeru; **~ido, -a** *adj* 縮んだ chijinda

encontrar *vt* 1. *(hallar)* 見つける mitsukeru; 2. *(topar)* 出会う deau; **~se** 会う au; **~ con** … に/と出会う … ni/to deau; **~se bien** 気分/具合がいい kibun/guai ga ii

encuentro *m* 1. 出会い deai; 2. *(reunión)* 会合 kaigoo; 3. *sport* 対戦 taisen

encuesta *f* アンケート ankeeto

enderezar *vt* まっすぐにする massugu ni suru; **~se** 1. *(ponerse derecho)* まっすぐになる massugu ni naru; 2. *(estirarse)* 背筋を伸ばす sesuji o nobasu

endeudarse 借金する shakkin suru

endibia *f bot gastr* エンダイブ endaibu

endurec/er *vt* 1. 固くする kataku suru; 2. *(cuerpo/体を)* 鍛える kitaeru; **~erse** 1. *(ponerse duro)* 固くなる kataku naru; **~imiento** *m* 固くなること kataku naru koto

enemi/go, -a 1. *adj* 敵の teki no; **2.** *m/f* 敵 teki; **~stad** *f* 敵意 tekii, 敵対関係 tekitai kankei; **~star** *vt* 敵対させる tekitai saseru

energía *f* 1. エネルギー energii; 2. *(vigor)* 活力 katsur-yoku, 精力 seiryoku

enérgico, -a *adj (vigoroso)* 精力的な seiryoku-teki na

enero *m* 1月 ichi-gatsu

enfad/ar *vt* 怒らせる okoraseru; **~arse con** … に怒る … ni okoru; **~o** *m* 怒り ikari

enfático, -a *adj* 強い調子の tsuyoi chooshi no

enfatizar *vt* 強調する kyoochoo suru

enferm/ar 1. *vt* 病気にする byooki ni suru; **2**. *vi* 病気になる byooki ni naru; **~edad** *f* 病気 byooki; **~era** *f* 看護婦 kango-fu; **~ero** *m* 看護人 kango-nin; **~izo, -a** *adj (enclenque)* 病弱な byoojaku na; **~o, -a 1.** *adj*病気の byooki no; **estar ~o, -a de gravedad** 重病にかかった juubyoo ni kakatta; **2.** *m/f* 病人 byoonin

enfo/car *vt foto* ピントを合わせる pinto o awaseru; **~car un asunto** 問題に焦点を合わせる mondai ni shooten o awaseru; **~que** *m* 1. *(foco)* 焦点 shooten; 2. *(punto de vista)* 視点 shiten

enfrent/ar *vt* 1. 直面する chokumen suru; 2. 対立させる tairitsu saseru; **~arse con alg** … と対立する … to tairitsu suru; **~e** *adv (delante)* 正面に shoomen ni; **~e de** … の前に … no mae ni

enfria/miento *m* 冷却 reikyaku, 冷やすこと; **~r 1.** *vt* 冷やす hiyasu; **2.** *vi* 1. 冷える hieru, さめる sameru; 2. *(clima)* 寒くなる samuku naru; **~rse** 1. 冷える hieru; 2. *(entusiasmo, sentimiento/熱意、感情が)* さめる sameru

enfurecer *vt* 激怒させる gekido saseru; **~se** 激怒する gekido suru

enganchar *vt* 引っかける hikkakeru; **~arse** 引っかかる hikkakaru

engañ/ar *vt* だます damasu; **~o** *m* ペテン peten; **~oso, -a** *adj* 偽りの itsuwari no

engendrar *vt* 1. *(concebir)* 子どもをつくる kodomo o tsukuru; 2. 発生させる hassei saseru

englobar *vt* 含む fukumu, 統合する toogoo suru

engordar 1. *vt* 太らせる futoraseru; **2.** *vi*太る futoru

engrandec/er *vt* 大きくする ookikusuru; **~imiento** *m* 大きくすること ookiku suru koto

engrasar *vt* 油をさす abura o sasu

enhorabuena *f* お祝いの言葉 oiwai no kotoba; **¡~!** おめでとう omedetoo; **dar la ~ a alg** … にお祝いを言う … ni oiwai o iu

enigm/a *m* 謎 nazo; **~ático, -a** *adj* 謎の nazo no

enjabonar *vt* 1. 石鹸をつける sekken o tsukeru; 2. *coloq* へつらう hetsurau

enjuag/ar *vt* すすぐ susugu; **~ue** *m* 1. *(aclarado)* 水洗い mizuarai; 2. *(gárgaras)* うがい ugai

enjuiciar *vt* 起訴する kiso suru

enlace *m* 1. *(conexión)* 接続 setsuzoku; 2. *(boda)* 結婚 kekkon; ~ **matrimonial** 結婚 kekkon

enlazar 1. *vt* 1. *(relacionar)* 関連づける kanrenzukeru; **2.** *vi transp* 接続する setsuzoku suru

enloquecer 1. *vt* 1. *(volver a uno loco)* 気を狂わせる ki o kuruwaseru; 2. *(entusiasmar)* 夢中にさせる muchuu ni saseru; **2.** *vi* 気が狂う ki ga kuruu

enm/endar *vt* 修正する shuusei suru; **~ienda** *f* 修正 shuusei, 訂正 teisei

ennegrecer *vt* 黒くする kuroku suru

enorgullecer *vt* うぬぼれさせる unuboresaseru; **~se de** … を自慢する … o jiman suru

enorme *adj m/f* 1. *(gigantesco)* 巨大な kyodai na; 2. *(extraordinario)* 並外れた namihazureta

enriquec/er *vt* 豊かにする yutaka ni suru; **~erse** 1. *(hacerse rico)* 金持ちになる kanemochi ni naru; 2. *(volverse fértil, rico)* 豊かになる yutaka ni naru; **~imiento** *m* 豊かになること yutaka ni naru koto

enrojecer *vt (cara/顔を)* 紅潮させる koochoo saseru

enrolla/r *vt (papel, hilo/紙、糸などを)* 巻く maku; **~rse** *coloq* 同じことを何度も繰り返し言う onaji koto o nando mo kurikaeshi iu; **~ble** *adj* 巻ける makeru

ensalad/a *f* サラダ sarada; **~era** *f* サラダ・ボール saradabooru

ensanchar *vt* 1. 広げる hirogeru; 2. *(ropa/服を)* 大きくする ookiku suru

ensay/ar *vt* 1. *(probar)* 試す tamesu; 2. *mús teat* リハーサルをする rihaasaru o suru; **~o** *m* 1. *mús, teat* リハーサル rihaasaru; 2. *lit* エッセイ essei, 随筆 zuihitsu; **~o general** *mús teat* 本稽古 hon-geiko

enseguida *adv* すぐに sugu ni

enseña/nza *f* 1. *(educación)* 教育 kyooiku; 2. 教え oshie; **~r** *vt* 1. 教える oshieru; 2. *(mostrar)* 見せる miseru

ensuciar *v* 汚す yogosu

ensueño *m* 1. 夢 yume; 2. *fig* 夢想 musoo; **país de ~** 夢の国 yume no kuni

entender *vt* 理解する rikai suru, 分かる wakaru; **~ de u/c** … をよく理解している … o yoku rikai shite iru; **~rse con alg** 仲がよい naka ga yoi

entendi/do, -a 1. *adj* 分かった wakatta; **~do en** … に詳しい … ni kuwashii; **2.** *m* 知っている人 yoku shitte iru hito; **~miento** *m* 理解 rikai

entera/do, -a *adj* よく知っている yoku shitte iru; **~mente** *adv* すべて subete; **~rse de u/c** … に気づく … ni kizuku

entero, -a *adj* 1. *(integral, total)* 全体の zentai no; 2. *(completo)* 完全な kanzen na; **por ~** 完全に kanzen ni

enterrar *vt* 1. 埋める umeru; 2. *(inhumar)* 埋葬する maisoo suru

entidad *f* 1. *(empresa)* 会社 kaisha; 2. *(organización)* 組織 soshiki

entierro *m* 埋葬 maisoo

entona/ción *f* 1. *mús* 音合わせ oto awase; 2. *ling* イントネーション intoneeshon; **~r** *vt mús* 音合わせをする otoawase o suru

entonces *adv* 1. *(en ese momento)* その時 sono toki; 2. *(razón)* それなら sore nara; 3.

(luego) それから sore kara, すると suruto; **desde ~** その時から sono toki kara

entorpecer *vt (movimiento)* 足手まといになる ashide matoi ni naru

entrada *f* 1. *(acción de entrar)* 入ること hairu koto; 2. *(tique)* 入場券 nyuujoo-ken; 3. *(lugar por donde se entra)* 入り口 iriguchi

entrañable *adj m/f* いとしい itoshii

entrar 1. *vi* 1. 入る hairu; 2. *(caber)* 収まる osamaru; **2.** *vt* 入れる ireru

entre *prep* 1. … と… の間に/で … to … no aida ni/de; **~ semana** ウィーク・デーに wii-ku-dee ni; **~abrir** *vt* 半開きにする hanbiraki ni suru; **~acto** *m teat* 幕間 makuma; **~cortado, -a** *adj (voz, aliento/声、息が)* 途切れ途切れの togire-togire no

entrega *f* 渡すこと watasu koto; **~ a domicilio** 宅配 takuhai; **~r** *vt* 渡す watasu; **~rse a** … に 没頭する … ni bottoo suru, … に身をまかせる … ni mi o makaseru

entremés *m gastr* 前菜 zensai, オードブル oodoburu

entrena/dor *m sport* コーチ koochi, 監督 kantoku; **~miento** *m sport* トレーニング toreeningu

entretanto *adv* そうこうするうちに sookoo suru uchi ni

entreten/er *vt* 楽しませる tanoshimaseru; **~erse** 楽しむ tanoshimu; **~ido, -a** *adj* 楽しい tanoshii; **~imiento** *m* 気晴らし kibarashi

entrevista *f* 1. インタビュー intabyuu; 2. *(examen oral)* 面接 mensetsu; **~r** *vt* 1. インタビューする intabyuu suru; 2. 面接する mensetsu suru; **~rse con** … と/にインタビューする … to/ni intabyuu suru

entristecer *vt* 悲しませる kanashimaseru

entumecerse 感覚を失う kankaku o ushinau

entusias/mar *vt* 夢中にさせる muchuu ni saseru; **~mo** *m* 熱狂 nekkyoo, 興奮 koofun

envasado *m (botella)* 瓶詰め bin-zume, *(lata de conserva)* 缶詰 kan-zume

envejecer 1. *vt* 老けさせる fukesaseru; **2.** *vi* 1. *(envejecer)* 年をとる toshi o toru; 2. *(máquinas)* 老朽化する rookyuu-ka suru

envergadura *f* 1. *(escala)* 規模 kibo; 2. *(importancia)* 重要さ juuyoo-sa

envia/do *m* 派遣された人 haken sareta hito; **~r** *vt* 1. 送る okuru; 2. *(a persona)* 派遣する haken suru

envidi/a *f* 羨ましさ urayamashisa; **tener ~a a alg** … をねたむ … o netamu; **~ar** *vt* 羨む urayamu; **~ar u/c a alg** … の … を羨む … no … o urayamu; **~oso, -a** *adj* 羨ましがる urayamashigaru
envío *m* 送ること okuru koto
envoltorio *m* 1. *(paquete envuelto)* 包み tsutsumi; 2. *(paquete, embalaje)* 包装 hoosoo; *(papel para embalar)* 包装紙 hoosoo-shi
envolver *vt* 包む tsutsumu
épic/a *f* 叙事詩 jojishi; **~o, -a** *adj* 叙事詩の jojishi no
epidemia *f med* 流行病 ryuukoo-byoo
epil/epsia *f med* 癲癇 tenkan; **~éptico, -a** *adj* 癲癇症の tenkan-shoo no
episodio *m* エピソード episoodo
época *f* 1. *(era)* 時代 jidai; 2. *(temporada)* 時期 jiki; **en aquella ~** あの頃 ano koro
equilibr/ado, -a *adj* バランスのとれた baransu no toreta, つり合いのとれた tsuriai no toreta; **~ar** *vt* バランスをとる baransu o toru; **~io** *m* バランス baransu
equipa/je *m* 荷物 nimotsu; **~je de mano** 手荷物 tenimotsu; **~miento** *m* 装備 soobi; **~r** *vt* 装備する soobi suru
equiparar *vt* 比較する hikaku suru
equipo *m* 1. *(grupo)* チーム chiimu; 2. 装備 soobi; **~ de alta fidelidad** ハイファイ装置 haifai soochi
equita/ción *f* 馬術 bajutsu; **~tivo, -a** *adj* 公平な koohei na
equivale/ncia *f* 同等 dootoo; **~nte 1.** *adj m/f* **a** … に相当する … ni sootoo suru; **2.** *m* 同等のもの dootoo no mono; **~r** *vi* **a u/c** … に相当する … ni sootoo suru
equivoca/ción *f* 間違い machigai; **~do, -a** *adj* 間違った machigatta; **estar ~do** 間違っている machigatte iru; **~r** *vt* 間違わせる machigawaseru; **~rse** 間違える machigaeru
erótico, -a *adj* エロチックな erochikku na
erotismo *m* エロチシズム erochishizumu
err/óneo, -a *adj* 間違った machigatta; **~or** *m* 間違い machigai
esbelto, -a *adj* スラリとした surari to shita
esboz/ar *vt* スケッチする suketchi suru; **~ar una sonrisa** 微笑みを浮かべる hohoemi o ukaberu; **~o** *m* スケッチ suketchi
escabeche *m (pescado, carne/魚、肉などの)* マリネ marine, 酢漬け suzuke

escala *f* 1. *(medida)* 尺度 shaku-do; 2. *(graduación)* 目盛り memori, 縮尺 shukushaku; 3. *mús* 音階 onkai; 4. *nav aero* 寄港 kikoo; **hacer ~ en** ... に寄港する ... ni kikoo suru

escala/da *f sport* ロック・クライミング rokku-kuraimingu; **~dor, -a** *m/f* 登山者/家 tozan-sha/ka, ロック・クライマー rokku-kuraimaa; **~r** *vt (trepar)* よじ登る yojinoboru

escalera *f* 階段 kaidan, 梯子 hashigo; **~ automática** エスカレーター esukareetaa; **~ de incendio** 非常階段 hijoo kaidan

escalofr/iante *adj m/f* ぞっとする zotto suru; **~ío** *m* 悪寒 okan; **tener ~íos** 寒気がする samuke ga suru

escalón *m* 段 dan, ステップ suteppu

escandalizar *vt* ショックを与える shokku o ataeru; **~se** 呆れる akireru

escándalo *m* スキャンダル sukyandaru

escandaloso, -a *adj* 1. *(indecible)* 言語道断な gongo-doo-dan na; 2. スキャンダラスな sukyandarasu na

Escandinav/ia *f* スカンジナビア Sukanjinabia; **~*o, -a 1.** *adj* スカンジナビアの Sukanjinabia no; **2.** *m/f* スカンジナビア人 Sukanjinabia-jin

escáner *m* 1. スキャナー sukyanaa; 2. コンピューター断層撮影装置 konpyuutaa dansoo satsuei soochi, CTスキャナー CT sukyanaa

escaño *m pol* 議席 giseki

escapar *vi* 逃げる nigeru; **~se** 1. 逃げる nigeru; 2. *(eximirse)* 免れる manugareru; 3. 漏れる moreru

escapa/rate *m* 1. ショー・ウィンドー shoo-windoo; **~toria** *f* 1. 逃げ道 nige-michi; 2. *(excusa)* 言い逃れ iinogare

escape *m* 1. *(gas, líquido/ガス、液体が)* 漏れること moreru koto; 2. *tecn auto* 排気 haiki

escarabajo *m zool* コガネムシ koganemushi

esca/samente *adv* わずかに wazuka ni; **~so, -a** *adj* わずかな wazuka na

escena *f* 場面 bamen; **poner en ~** 上演する jooen suru; **salir a ~** 舞台に立つ butai ni tatsu; **~rio** *m* 舞台 butai

escenografía *f* 舞台装置 butai-soochi

escepticismo *m* 懐疑主義 kaigi-shugi

escéptico, -a 1. *adj* 懐疑的な kaigi-teki na; **2.** *m/f* 懐疑主義者 kaigi-shugi-sha

esclarec/er 1. *vt* 1. 明るくする akaruku suru; 2. *(evidenciar)* 明らかにする akiraka ni suru; **2.** *vi* 夜が明ける yoru ga akeru; ~**imiento** *m* 1. 明るくすること akaruku suru koto; 2. *(aclaración)* 明らかにすること akiraka ni suru koto

esclav/itud *f* 奴隷制度 dorei-seido, 奴隷の身分 dorei no mibun; ~**o, -a** m/f 奴隷 dorei

escoba *f* ほうき hooki

escocer *vi* ひりひり傷む hirihiri itamu

escocés, -a 1. *adj* スコットランドの Sukottorando no; **2.** *m/f* スコットランド人 Sukotto-rando-jin

escolar 1. *adj m/f* 学校の gakkoo no; **2.** *m/f* 生徒 seito

escombros *mpl* がれき gareki

escond/er *vt* 隠す kakusu; **a ~idas** こっそりと隠れて kossori to kakurete; ~**ite** *m* 1. 隠れ場所 kakure-basho; 2. *(juego)* かくれんぼ kakurenbo; ~**rijo** *m* 隠れ場所 kakure-basho

escopeta *f* 猟銃 ryoojuu; ~ **de aire comprimido** 空気銃 kuukijuu

escoria *f* 1. *(objeto)* がらくた garakuta, ごみ gomi; 2. *(persona)* くだらない連中 kuda-ranai renchuu

escorpión *m zool* さそり sasori; ~* *m astr* さそり座 Sasori-za

escot/ado, -a *adj* 襟ぐりの大きい eriguri no ookii; ~**e** *m* 襟ぐり eriguri

escotilla *f nav* ハッチ hatchi

escri/bir *vt* 1. 書く kaku; ~**bir a máquina** タイプライターで書く taipuraitaa de kaku; ~**to 1. -a** *adj* 書かれた kakareta, 筆記の hikki no; **2.** *m* 書いたもの kaita mono; **por ~to** 文章で bunshoo de; ~**tor, -a** *m/f* 作家 sakka; ~**torio** *m* 事務机 jimu-zukue; ~**tura** *f* 1. *(acción de escribir)* 書くこと kaku koto; 2. *(carácter)* 文字 moji; 3. *(tipos de carácter)* 書体 shotai; 4. *jur* 証書 shoosho

escuchar *vt* 聞く kiku

escudo *m* 1. 盾 tate; 2. 紋章 monshoo

escuela *f* 1. 学校 gakkoo; 2. *(corriente cultural)* 派 ha

escul/tor, -a *m/f* 彫刻家 chookoku-ka; ~**tura** *f* 彫刻 chookoku; ~**tural** *adj m/f* 彫刻の chookoku no, 彫刻のような chookoku no yoo na

escupir *vi* つば/痰をはく tsuba/tan o haku

ese, esa *adj dem* その sono, あの ano

ése, ésa *pron dem* 1. それ sore, あれ are; 2. *(persona)* その人 sono hito

esencia *f* 本質 honshitsu; ~**l** *adj m/f* 1. 本質的な honshitsu-teki na; 2. 大変重要な taihen juuyoo na

esfera *f* 球 kyuu, 球体 kyuutai

esférico, -a *adj* 球の kyuu no, *(redondo)* 丸い marui

esfinge *f* スフィンクス Sufinkusu
esforza/do, -a *adj* 強制された kyoosei sareta; **~rse** 努力する doryoku suru; **~rse en** ... しようと 努力する ... shiyoo to doryoku suru
esfuerzo *m* 1. 努力 doryoku; 2. *tecn* 応力 ooryoku; **hacer un ~** 努力する doryoku suru
esgrima *f sport* フェンシング fenshingu
esguince *m med* 筋違い sujichigai, ねん挫 nenza
eslavo, -a 1. *adj* スラブの Surabu no; **2.** *m/f* スラブ人 Surabu-jin; **3.** *m ling* スラブ語 Surabu-go
eslov/aco, -a 1. スロバキア共和国の Surobakia kyoowakoku no; **2**. *m/f* スロバキア人 Surobakia-jin; **3.** *m ling* スロバキア語 Surobakia-go **~eno, -a 1**. *adj* スロベニア共和国の Surobenia kyoowakoku no; **2.** *m/f* スロベニア人 Surobenia-jin; **3.** *m ling* スロベニア語 Surobenia-go
esmalte *m* 1. エナメル enameru; 2. 七宝 shippoo; 3. マニキュア液 manikyua-eki
esmerado, -a *adj* 念の入った nen no itta
esmeralda *f* エメラルド emerarudo
eso *pron dem* それ sore, そのこと sono koto; **~ es** そのとおりだ sono toori da; **en ~** その時 sono toki; **por ~** だから dakara
esófago *m med* 食道 shokudoo
espabila/do, -a *adj coloq* 1. *(sagaz)* 抜け目のない nukeme no nai; 2. *(completamente despierto)* すっかり目を覚ました sukkari me o samashita; **~r** *vt* 1. *(cortar la mecha de vela)* ろうそくの芯を切る roosoku no shin o kiru; 2. *(quitar el sueño)* 目を覚ます me o samasu; **~rse** *(quitar el sueño)* 目を覚ます me o samasu
espaci/al *adj m/f* 1. *(del vacío)* 空間の kuukan no; 2. *(de universo)* 宇宙の uchuu no; **~ar** *vt (tiempo, espacio/時間的、空間的に)* 間をおく aida o oku, スペースをあける supeesu o akeru; **~o** *m* 1. *(vacío)* 空間 kuukan, *(sitio, lugar)* 場所 basho, スペース supeesu; 2. *(universo)* 宇宙 uchuu; **~oso, -a** *adj* 広々とした hirobiro to shita, ゆったりとした yuttari to shita
espada *f* 剣 ken, 刀 katana
espald/a *f* 1. 背中 senaka; 2. *sport* 背泳ぎ seoyogi; **a ~as de** ... に隠れて ... ni kakurete; **por la ~a** 背後から haigo kara
espant/ar *vt* 怖がらせる kowagaraseru, 驚かせる odorokaseru; **~arse** 1. 驚く odoroku;

~o *m* 1. *(pavor)* 恐れ osore; 2. *(susto)* 驚き odoroki; **~oso, -a** *adj* 1. *(pavoroso)* 恐ろしい osoroshii; 2. *(tremendo)* ものすごい monosugoi

España *f* スペイン Supein; **~*ol, -a** 1. *adj* スペインの Supein no; **2.** *m/f* スペイン人 Supein-jin; **3.** *m ling* スペイン語 Supein-go

esparadrapo *m* 絆創膏 bansoo-koo

esparcimiento *m* 撒き散らすこと makichirasu koto

espárrago *m* アスパラガス asu-paragasu

especia *f* スパイス supaisu, 香辛料 kooshin-ryoo

especial *adj m/f* 特別な tokubetsu na, 特殊な tokushu na; **en ~** 特に toku ni; **~idad** *f* 1. 専門 senmon, 専攻 senkoo; **~ista** *m/f* 1. 専門家 senmon-ka; 2. *med* 専門医 senmon-i; 3. *cine* スタント・マン sutanto-man; **~izarse en** … を専攻する … o senkoo suru, … を専門にする … o senmon ni suru

especie *f* 1. *biol* 種 shu; 2. *(clase)* 種類 shurui; **en ~** 現物で genbutsu de

espec/ificar *vt* 1. *(escribir claramente)* 明記する meiki suru; 2. *(determinar)* 特定する tokutei suru

específico, -a *adj* 1. *(especial)* 特殊な tokushu na; 2. *med* 特異性の tokui-sei no

espect/áculo *m* 1. 見世物 mi-semono; 2. *(escena)* 光景 kookei; 3. *(atracción)* 催し物 moyooshi mono; **~acular** *adj m/f* 壮観な sookan na; **~ador, -a** *m/f* 観客 kankyaku

especula/ción *f com* 投機 tooki, 思惑買い omowaku gai; **~dor, -a** *m/f* 投機家 tooki-ka

espej/ismo *m* 蜃気楼 shinkiroo; **~o** *m* 鏡 kagami

espera *f* 待つこと matsu koto; **en ~ de** … を待ちながら … o machinagara; **~nza** *f* 希望 kiboo, 期待 kitai; **~r** *vt/i* 待つ matsu; 2. 期待する kitai suru

esperma *m* 精液 seieki

espes/o, -a adj 1. *(líquido)* 濃い koi; 2. *(plantas)* 茂った shigetta; **~or** *m* 1. *(grosor)* 厚さ atsu-sa; 2. *(densidad)* 濃度 noodo

espía *m/f* スパイ supai

espiar *vt* 1. スパイする supai suru; 2. *(explorar)* 偵察する teisatsu suru

espiga *f bot* 穂 ho

espina *f* 1. *(púa)* 棘 toge; 2. *(de pescado/魚の)* 小骨 kobone; **~ dorsal** 背骨 sebone

espinaca(s) *fpl* ほうれん草 ho-orensoo

espinilla *f* にきび nikibi

espionaje *m* スパイ行為 supai kooi
espiral 1. *adj m/f* 螺旋形の rasen-kei no; **2.** *f* 螺旋形 rasen-kei
espirar 1. *vt* 息を はく iki o haku; **2.** *vi* 呼吸する kokyuu suru
espíritu *m* 1. 精神 seishin; 2. *(alma)* 霊 rei, 魂 tamashii
espiritual *adj m/f* 1. 精神の sei-shin no; 2. *(del alma)* 霊的な rei-teki na; 3. *(religioso)* 宗教的な shuukyoo-teki na
espléndido, -a *adj* 素晴らしい subarashii
esplendor *m* 1. *(magnificencia)* 素晴らしさ subarashi-sa; 2. *(lustre)* 輝き kagayaki; **~oso, -a** *adj* 1. *(brillante)* 輝かしい kagayakashii; 2. *(maravilloso)* 素晴らしい subarashii
esponj/a *f* スポンジ suponji; **~oso, -a** *adj* ふんわりした funwari shita
espon/taneidad *f* 1. *(naturalidad)* 自然さ shizensa; **~táneo, -a** *adj* 自然な shizen na; 2. *(voluntario)* 自発的な jihatsu-teki na
esporádico, -a *adj* 散発的な sanpatsu-teki na
espos/a *f* 妻 tsuma; **~as** *fpl* 手錠 tejoo; **~o** *m* 夫 otto
espum/a *f* 泡 awa; **~a de afeitar** シェービング・クリーム sheebingu-kuriimu; **~a de mar** 海泡石 kaihooseki; **~oso, -a** *adj* 1. *(con mucha espuma)* 泡の多い awa no ooi; 2. *(como la espuma)* 泡のような awa no yoo na
esquela *f* 1. *(carta corta)* 通知状, tsuuchi-joo, 招待状 shootai-joo; 2. *(aviso de defunción)* 死亡通知 shiboo tsuuchi
esque/ma *m* 図式 zushiki, 見取り図 mitori-zu; **~mático, -a** *adj* 図解式の zukai-shiki no, 図式の zushiki no; **~matizar** *vt* 図式化する zushiki-ka suru
esquí *m* スキー sukii; **~ acuático** 水上スキー suijoo sukii
esquia/dor, -a *m/f* スキーヤー sukiiyaa; **~r** *vi* スキーをする sukii o suru
esquina *f* 角 kado
esquivar *vt* 避ける sakeru
estab/ilidad *f* 安定(性) antei (sei); **~ilizar** *vt* 安定させる antei saseru; **~le** *adj m/f* 安定した antei shita
establ/ecer *vt* 1. 開設する kai-setsu suru; 2. *(ley, reglamento/法律、規則などを)* 定める sadameru; **~lecerse** 住まいを定める sumai o sadameru; **~lecimiento** *m* 1. *(fundación)* 設立 setsuritsu; 2. *(creación)* 設定settei; 3. *(institución, fundación)* 施設 shisetsu
establo *m* 厩舎 kyuusha
estaca *f* 杭 kui, 棒 boo

estación *f* 1. *(del año)* 季節 kisetsu; 2. *(ferrocarril)* 駅 eki; 3. *TV radio* 放送局 hoosoo-kyoku; ~ **de autobuses** バス・ターミナル basu-taami-naru; ~ **de ferrocarriles** 鉄道の駅 tetsudoo no eki; ~ **de servicio** ガソリン・スタンド gasorin-sutando

estacionamiento *m* 1. *(acción de aparcar)* 駐車 chuusha; 2. *(estancamiento)* 停滞teitai

estadio *m* スタジアム sutajiamu

estadístic/a *f* 統計学 tookei-gaku, 統計 tookei; **~o, -a** *adj* 統計上の tookeijoo no, 統計学の tookeigaku no

estado *m* 1. *(situación)* 状態 jootai; 2. *(condición social)* 身分 mibun, *(rango)* 地位 chii; 3. *(nación)* 国家 kokka; ~ **civil** *(既婚、未婚の)* 法律上の身分 hooritsujoo no mibun; **~*s Unidos** *mpl* アメリカ合衆国 Amerika Gasshuukoku; **~unidense 1.** *adj m/f* 米国の Beikoku no, アメリカの Amerika no; **2.** *m/f* 米国民 Beikoku-min, アメリカ人 Amerika-jin

estafa *f* 詐欺 sagi, ペテン peten; **~dor, -a** *m/f* 詐欺師 sagi-shi; **~r** *vt* ペテンにかける peten ni kakeru

estall/ar *vi* 1. *(explosión)* 破裂する haretsu suru, 爆発する bakuhatsu suru; 2. *(guerra)* 勃発する boppatsu suru; 3. *(sentimiento/感情が)* 爆発する bakuhatsu suru; **~ido** *m* 爆発 bakuhatsu

estampado 1. -a *adj* プリント模様 purinto moyoo; **2.** *m* プリントの布 purinto no nuno

estancia *f* 滞在 taizai

estanco *m* たばこ屋 tabako-ya

estanque *m* 池 ike

estante *m* 棚 tana; **~ría** *f* 棚 tana, 本棚 hondana

estaño *m quím* 錫 suzu

estar *vi* 1. *(objetos inanimados)* ある aru, *(personas, animales)* いるiru; 2. … である … de aru; **estoy bien/mal** 元気/病気です genki/byooki desu; ~ **haciendo u/c** … をしている … o shite iru; **¿cómo está?** お元気ですか ogenki desu ka; **estamos a 10 de mayo** 今日は5月10日だ kyoo wa go-gatsu too-ka da

estatal *adj m/f* 国の kuni no, 国家の kokka no

estático, -a *adj* 1. *(inmóvil)* 動かない ugokanai; 2. *(estable)* 安定した antei shita

estatu/a *f* 1. 像 zoo, 銅像 doo-zoo; **~ra** *f* 身長 shinchoo

este *m* 東 higashi

este, esta (*pl* estos, estas) *adj dem* この kono (これらの korera no)

éste, ésta (*pl* éstos, éstas) *pron dem* これ kore (これら kore-ra)

estepa *f geogr* ステップ suteppu

estera *f* むしろ mushiro

estéreo 1. *adj m/f* ステレオの sutereo no; **2.** *m* ステレオ sutereo

estéril *adj* 1. *(tierra)* 不毛の fumoo no; 2. *(persona)* 不妊の funin no; 3. *(aséptico)* 無菌の mukin no

esterili/dad *f* 1. *(tierra)* 不毛 fumoo; 2. *(persona)* 不妊 funin; 3. *(asepsia)* 無菌状態 mukin-jootai; **~zación** *f* 1. *(operación)* 不妊手術 funin shujutsu; 2. *(desinfección)* 消毒 shoodoku; **~zar** *vt* 1. *(desinfectar)* 殺菌/消毒する sakkin/shoodoku suru; 2. *(persona)* 不妊にする funin ni suru

est/ética *f* 1. *(estudios de belleza)* 美学 bigaku; 2. *(embellecimiento)* 美容術 biyoo-jutsu; **~eticista** *m/f* 美容師 biyooshi; **~ético, -a** *adj* 1. 美の bi no, 審美眼のある shinbi-gan no aru; 2. 美容の biyoo no

estiércol *m* 1. *(excremento de animales)* 動物の糞 doobutsu no fun; 2. *(abono)* 肥やし koyashi

estigma *m* 汚名 omei

estilo *m* 1. 様式 yooshiki, スタイル sutairu; 2. *lit* 文体 buntai; 3. *(manera de hacer)* やり方 yari-kata; **por el** ~ 同じような onaji yoo na

estima/ción *f* 1. *(respeto)* 尊敬 sonkei; 2. *(cálculo aproximado)* 見積もり mitsumori; **~r** *vt* 評価する hyooka suru

estímulo *m* 刺激 shigeki

estirar vt 1. *(alargar, extender)* 伸ばす nobasu; 2. *(tensar)* ピンと張る pin to haru; ~ **las piernas** *coloq* 足を伸ばす ashi o nobasu, 散歩する sanpo suru

estirpe *f* 1. *(linaje)* 家系 kakei, 血統 kettoo; 2. *(familia, clan)* 一族 ichizoku

esto *pron dem* これ kore, このこと kono koto; **en** ~ このとき kono toki; ~ **es** そのとおり sono toori

estofado 1. -a *adj* シチュウにした shichuu ni shita; **2.** *m* シチュウ shichuu

estómago m 胃 i

estorb/ar vt 1. *(impedir)* 妨げる samatageru; 2. *(molestar, importunar)* じゃまをする jama o suru; **~o** *m* じゃま jama, 障害 shoogai

estornud/ar *vi* くしゃみをする kushami o suru; **~o** *m* くしゃみ kushami

estrado *m* 演壇 endan

estrago *m* 1. *(ruina)* 荒廃 kohai; 2. *(degeneración)* 退廃 taihai

estrangula/ción *f* 絞殺 koosatsu; **~r** *vt* 絞め殺す shimekorosu
estrat/egia *f* 戦略 senryaku; **~égico, -a** *adj* 戦略上の senryakujoo no; **~ega** *f* 戦略家 senryaku-ka
estre/char *vt* 1. *(espacio)* 狭くする semaku suru; 2. *(relación)* 緊密にする kinmitsu ni suru; **~chez** *f* 1. *(espacio)* 狭さ sema-sa; 2. *(relación)* 緊密 kinmitsu; **~cho 1. -a** *adj* 1. *(espacio)* 狭い semai; 2. *(íntimo)* 親密な shinmitsu na; **2.** *m geog* 海峡 kaikyoo
estrella *f* 1. 星 hoshi; 2. *cine* スター sutaa; **~ de mar** ヒトデ hitode; **~ fugaz** 流れ星 nagare-boshi; **tener buena ~** 運がいい un ga ii; **~do, -a** *adj* 1. *(con muchas estrellas)* 星の多い hoshi no ooi; 2. *(de forma de estrella)* 星形の hoshi-gata no; **~rse** 激突する gekitotsu suru
estremec/er *vt* 震え上がらせる furueagaraseru; **~erse** 震える furueru, 震え上がる furueagaru; **~imiento** *m* ぞっとすること zotto suru koto, 戦慄 senritsu
estren/ar *vt* 1. 初めて使う hajimete tsukau; 2. *teat* 初演する shoen suru, *cine* 封切る fuugiru; **~arse** *teat* 初演される shoen sareru, *cine* 封切られる fuugirareru; **~o** *m* 1. 初めて使うこと hajimete tsukau koto; 2. *teat* 初演 shoen, *cine* 封切り fuugiri
estreñimiento *m med* 便秘 benpi
estr/épito *m* 大きな音 ooki na oto; **~epitoso, -a** *adj* 1. やかましい yakamashii
estrés *m* ストレス sutoresu
estricto, -a *adj* 1. 厳密な genmitsu na; 2. 厳しい kibishii, 厳格な genkaku na
estridente *adj m/f* *(sonido, voz/音、声が)* 甲高い kandakai
estropea/do, -a *adj* *(cosas, máquinas)* 壊れた kowareta, *(comida)* 傷んだ itanda; **~r** *vt (deteriorar, dañar)* 傷める itameru, だめにする dame ni suru
estructura *f* 構造 koozoo, 構成 koosei; **~r** *vt* 構成する koosei suru
estuche *m* ケース keesu
estudia/nte *m/f* 学生 gakusei; **~r** *vt* 1. *(clase)* 勉強する benkyoo suru; 2. *(investigar)* 検討する kentoo suru
estudio *m* 1. *(lección, clase)* 勉強 benkyoo; 2. *(despacho)* 書斎 shosai; 3. *TV radio* スタジオ sutajio; 4. *mús* 練習曲 renshuu kyoku; **~so, -a** *adj* 勉強家の benkyoo-ka no
estufa *f* ストーブ sutoobu

estupid/ez *f* おろかさ oroka-sa; **~o, -a** *adj* 馬鹿な baka na
etapa *f* 1. *(de viaje/旅の)* 行程 kootei; 2. *(fase)* 段階 dankai; **por ~s** 序徐々に jojo ni
etern/idad *f* 1. 永遠 eien; 2. *coloq* うんざりするほど長い時間 unzari suru hodo nagai jikan; **~o, -a** *adj* 1. *(perpetuo)* 永遠の eien no; **~amente** *adv* 永遠に eien ni, 果てしなく hateshinaku
étic/a *f* 倫理 rinri, 倫理学 rinri-gaku; **~o, -a** *adj* 倫理の rinri no, 道徳の dootoku no
etiqueta *f* 1. ラベル raberu, レッテル retteru; 2. *(modales)* 礼儀作法 reigi-sahoo; **~r** vt ラベルを貼る raberu o haru
étnico, -a *adj* 民族の minzoku no, 種族の shuzoku no
euro *m econ* ユーロ yuuro
Europ/a *f* ヨーロッパ Yooroppa; **~*eo, -a 1.** *adj* ヨーロッパの Yooroppa no; **2.** *m/f* ヨーロッパ人 Yooroppa-jin
Euskera *m ling* バスク語 Basu-ku-go
eutanasia *f* 安楽死 anraku-shi
evacua/ción *f* 立ち退き tachi-noki; **~r** *vt* 1. 立ち退かせる tachinokaseru
evadir *vt* 避ける sakeru; **~se** 逃げる nigeru, 脱出する das-shutsu suru
evalua/cion *f* 1. *(valoración)* 評価 hyooka; 2. *(calificación)* 採点 saiten; **~r** *vt* 1. *(valorar)* 評価する hyooka suru; 2. *(calificar)* 採点する saiten suru
evan/gélico, -a *adj* 福音の fukuin no; **~*gelio** *m* 福音書 fukuin-sho
evapora/ción *f* 1. *(vaporización, volatilización)* 蒸発 joohatsu; 2. *(desaparición de objetos)* 無くなる nakunaru; *(desaparición de personas)* 居なくなる inaku naru; **~r** *vt* 蒸発させる joohatsu saseru; **~rse** 1. *(vaporarse, volatilizarse)* 蒸発する joohatsu suru; 2. *(desaparecer)* 消える kieru
evasión *f* 脱走 dassoo; **~ fiscal** 脱税 datsun-zei
even/to *m* 1. *(suceso)* 出来事 dekigoto; 2. *(acontecimiento)* イベント ibento; **~tual** *adj m/f* 一時的な ichiji-teki na
eviden/cia *f* 1. 明白さ meihaku-sa; 2. *(prueba)* 証拠 shooko; **poner en ~cia** 明白にする meihaku ni suru; **~ciar** *vt* 明らかにする akiraka ni suru; **~te** *adj m/f* 明らかな akiraka na
evolu/ción *f* 1. *(desarrollo, progreso)* 発展 hatten; 2. *biol* 進化 shinka; **~cionado, -a** *adj* 1. *(desarrollado)* 発展した hatten shita; 2. *biol* 進化した shinka shita; **~cionar** *vi* 1. *(desarrollarse, progresar)* 発展する hatten suru; 2. *(evolucionar)* 進化する shinka

suru, **exac/tamente** *adv* 正確に seikaku ni; **¡~!** そのとおり sono toori; **~titud** *f* 正確 seikaku; **~to, -a** *adj* 1. *(exacto)* 正確な seikaku na; 2. *(preciso)* 精密な seimitsu na; 3. *(justo)* ちょうどの choodo no
exagera/ción *f* 誇張 kochoo; **~r** *vt* 誇張する kochoo suru
exam/en *m* 1. *(test)* 試験 shiken, テスト tesuto; 2. *(inspección)* 検査 kensa; **~inar** 検査する kensa suru; **~inarse** 試験を受ける shiken o ukeru
excelente *adj* 優秀な yuushuu na
ex/centricidad *f* 1. *(extravagante)* とっぴさ toppi-sa; 2. *(alejado del centro)* 中心から離れていること chuushin kara hanarete iru koto; 3. *mat* 偏心率 henshin-ritsu; **~céntrico,-a** *adj* 1. 中心から離れた chuushin kara hanareta; 2. *(persona)* 風変わりな fuugawari na
excep/ción *f* 1. 例外 reigai; 2. 異例 irei; **~cional** *adj m/f* 例外的な reigai-teki na
except/o *prep* … を除いて … o nozoite; **~uar** *vt* 除外する jogai suru
exces/ivo, -a *adj* 過度の kado no; **~o** *m* 過剰 kajoo; **~o de equipaje** *aero* 手荷物超過 tenimotsu chooka; **~o de peso** 重量超過 juuryoo chooca; **~o de velocidad** スピードの出し過ぎ supiido no dashisugi
excita/ción *f* 興奮 koofun; **~nte** *adj m/f* 刺激的な shigeki-teki na; **~r** *vt* 刺激する shigeki suru, 興奮させる koofun saseru
exclama/ción *f* 1. *(grito)* 叫び sakebi; 2. *(admiración)* 感嘆 kantan; **~r** *vt* 叫ぶ sakebu, 感嘆する kantan suru
exclu/ir *vt* 除外する jogai suru; **~sión** *f* 除外 jogai
excursión *f* 遠足 ensoku
excusa *f* 言い訳 iiwake; **~r** *vt* 1. *(disculparse)* 言い訳する iiwake suru; 2. *(perdonar)* 許す yurusu
exhibi/ción *f* 1. *(exposición)* 展示 tenji; 2. *(show)* ショー shoo; **~r** *vt* 展示する tenji suru
exigen/cia *f* 1. 要求 yookyuu; **~te** *adj m/f* 1. 強要する kyooyoo suru, 2. *(riguroso, severo)* 厳しい kibishii
exigir *vt* 要求する yookyuu suru
exilio *m* 亡命 boomei
exist/encia *f* 存在 sonzai; **~encias** *fpl com* ストック sutokku; **~ente** *adj m/f* 1. 実在する jitsuzai suru; 2. *com* 在庫の zaiko no; **~ir** *vi* 存在する sonzai suru
éxito *m (buen resultado)* 成功 seikoo
exótico, -a *adj* エキゾチックな ekizochikku na

expansi/ón *f* 1. *fis* 膨張 boochoo; 2. *(desarrollo)* 発展 hatten; **~vo, -a** *adj* 膨張しやすい boochoo shi-yasui
expecta/ción *f* 期待 kitai; **~tiva** *f* 予想 yosoo, 希望 kiboo
expedición *f* 遠征 ensei, 探検 tanken
expedi/r *vt* 交付する koofu suru, 発行する hakkoo suru
experiencia *f* 経験 keiken; **tener ~** 経験がある keiken ga aru
experiment/ado, -a *adj* 1. *(de mucha experiencia)* 経験が豊富な keiken ga hoofu na; 2. 実験した jikken shita; **~ar 1.** *vt* 実験する jikken suru; **2.** *vi* 実験する jikken suru; **~o** *m* 実験 jikken
experto, -a 1. *adj* **(en)** … に精通した … ni seitsuu shita; **2.** *m/f* **(en)** … の専門家 … no senmon-ka
explica/ble *adj m/f* 説明できる setsumei dekiru; **~ción** 説明 setsumei, 解釈 kaishaku; **~r** *vt* 説明する setsumei suru
explo/ración *f* 1. 探検 tanken; 2. *med* 検査 kensa; **~sivo 1. -a** *adj* 1. 爆発的な bakuhatsu-teki na; 2. 爆発する bakuhatsu suru; **2.** *m* 爆発物 bakuhatsu-butsu
explota/ción *f* 1. 開発 kaihatsu; 2. *(trabajadores)* 搾取 sakushu; **~r 1.** *vt* 1. 開発する kaihatsu suru; 2. *(trabajadores)* 搾取する sakushu suru; **2.** *vi (estallar)* 爆発する bakuhatsu suru
exponer *vt* 展示する tenji suru, 申し立てる mooshi tateru; **~se a** … に身をさらす … ni mi o sarasu
exporta/ción *f* 輸出 yushutsu; **~r** *vt* 輸出する yushutsu suru
exposición *f* 1. *(exhibición)* 展示 tenji; 2. *arte* 展覧会 tenran-kai; 3. 博覧会 hakuran-kai
expres/ar *vt* 1. *(exponer, mostrar)* 表す arawasu; 2. *(describir, representar)* 表現する hyoogen suru; **~ión** *f* 1. 表現 hyoogen; 2. *(del rostro)* 表情 hyoojoo; **~ivo, -a** *adj* 表情に富む hyoojoo ni tomu, 表現力のある hyoogen ryoku no aru
expreso *m* 急行列車 kyuukoo ressha
expuesto, -a *adj* 1. 展示された tenji sareta; 2. **~ a** … にさらした … ni sarashita
expul/sar *vt* 追い出す oidasu, 追放する tsuihoo suru; **~sión** *f* 追放 tsuihoo
exquisito, -a *adj* 1. *(agradable, maravilloso)* えも言われない e mo iwarenai; 2. *(elegante, refinado)* 優美な yuubi na, 絶妙な zetsumyoo na
éxtasis *m* 恍惚 kookotsu, エクスタシー ekusutashii

exten/der *vt* 1. *(tender, desplegar)* 広げる hirogeru; 2. *(difundir)* 普及させる fukyuu saseru; ~**derse** 広がる *(propagarse)* hirogaru, 広まる hiromaru, *(difundirse)* 普及する fukyuu suru; ~**sión** *f* 1. *(acción de prolongar)* 伸ばすこと nobasu koto; 2. 広がり hirogari; 3. *(dimensión)* 面積 menseki; 4. *(teléfono/電話の)* 内線 naisen; ~**so, -a** *adj* 広い hiroi

exterior 1. *adj m/f* 1. *(de fuera)* 外の soto no, *(de aspecto, de apariencias)* 外観の gaikan no; 2. *(extranjero)* 外国の gaikoku no; **2.** *m* 1. *(lado exterior)* 外側 sotogawa; 2. *(extranjero)* 外国 gaikoku; 3. *(apariencia, aspecto)* 外観 gaikan

extermin/ar *vt* 絶滅する zetsumetsu suru, 皆殺しにする minagoroshi ni suru

extin/ción *f* 1. 消火 shooka; 2. *(aniquilación)* 絶滅 zetsumetsu; ~**guir** *vt* 1. *(apagar fuego)* 消火する shooka suru; 2. *(aniquilar)* 絶滅させる zetsumetsu saseru; ~**guirse** 1. *(apagarse)* 消える kieru; 2. *(aniquilarse)* 絶滅する zetsumetsu suru; ~**tor** *m* 消火器 shooka-ki

extra 1. *adj (de calidad superior)* 極上の gokujoo no; **2.** *m/f cine* エキストラ ekisutora

extracto *m* 1. *(resumen)* 要約 yooyaku; 2. *(esencia)* 抽出物 chuushutsu-butsu; ~ **de cuenta** *banc* 勘定の明細書 kanjoo no meisai-sho

extranjero 1. -a *adj* 外国の gaikoku no; **2.** *m* 外国 gaikoku

extrañ/ar *vt* 不思議に思う fushigi ni omou; i; ~**arse de u/c** … を不思議に思う … o fushigi ni omou; ~**o, -a** *adj* 不思議な fushigi na

extraordinario, -a *adj* 1. *(anormal)* 異常な ijoo na; 2. *(excepcional)* 並外れた nami hazureta; 3. *(especial)* 特別な tokubetsu na

extremadamente *adv* 極端に kyokutan ni

F

fa *m mús* ファ fa

fábrica *f* 工場 koojoo

fabrica/ción *f* 1. 製造 seizoo, 生産 seisan; ~**nte** *m/f* 製造業者 seizoo-gyoosha, メーカー meekaa; ~**r** *vt* 製造する seizoo suru

fábula *f* おとぎ話 otogibanashi

fabuloso, -a *adj* 信じられないほどの shinjirarenai hodo no, 嘘のような uso no yoona

faceta *f fig* 面 men

fachada *f (de edificio/建物の)* 正面 shoomen, ファサード fasaado; 2. *(apariencia)* 見せかけ misekake

fácil *adj m/f* 1. *(simple, sencillo)* やさしい yasashii, 簡単な kantan na; 2. *(fácil de entender)* 分かりやすい wakariyasui

facil/idad *f* 1. *(sencillez)* やさしさ yasashi-sa; 2. *(comodidad)* 気楽さ kiraku-sa; 3. *(talento, don)* 才能 sainoo; **~itar** *vt* 1. *(hacer algo fácil)* 容易にする yooi ni suru; 2. *(dar facilidades a uno)* … を提供する … o teikyoo suru

factor *m* 要因 yooin, ファクター fakutaa

factoría *f* 工場 koojoo

factura *f* 請求書 seikyuu-sho, 送り状 okuri-joo; **~ción** *f* 荷物を送る手続き nimotsu o okuru tetsuzuki; **~r** *vt* 請求する seikyuu suru

facultad *f* 1. *(capacidad)* 能力 nooryoku; 2. *(de la universidad/大学の)* 学部 gakubu

falda *f* 1. *(ropa)* スカート sukaato; 2. *(montaña)* 山のふもと yama no fumoto

fallar *vi* 1. 失敗する shippai suru; 2. *jur* 判決を下す hanketsu o kudasu

falle/cer *vi* 死ぬ shinu; **~cimiento** *m* 死 shi, 死亡 shiboo

falsificación *f* 偽造 gizoo

falso, -a *adj* 1. *(ficticio)* 事実でない jijitsu de nai, *(de mentira)* 嘘の uso no; 2. *(de falsificación)* 偽の nise no

falta *f* 1. *(carencia)* 不足 fusoku; 2. *(necesidad)* 必要 hitsuyoo; 3. *(ausencia)* 欠席 kesseki; 4. *(equivocación)* 間違い machigai; **~r** *vi* 足りない tarinai; **~r a** … を欠席する … o kesseki suru

fama *f* 1. *(reputación)* 名声 meisei, *(celebridad)* 有名 yuumei; 2. *(popularidad)* 評判 hyooban

familia *f* 1. 家族 kazoku; 2. *(parentela, clan)* 一族 ichizoku; **~r 1**. *adj m/f* 1. *(de familia)* 家族の kazoku no; 2. *(íntimo)* 親しい shitashii; **2.** *m* 1. 親類 shinrui; **~rizar con** … に慣れさせる … ni naresaseru; **~rizarse con** … と親しくなる … to shitashiku naru

famoso, -a *adj* 有名な yuumei na

fanático, -a 1. *adj* 熱心な nesshin na; **2.** *m* ファン fan

fandango *m mús* ファンダンゴ fandango

fanfarrón, -a *m/f* ほら吹き horafuki

fango *m* 泥 doro; **~so, -a** *adj* ぬかるんだ nukarunda

fantasía *f* 空想 kuusoo, ファンタジー fantajii

fantasma *m* 幽霊 yuurei

fantástico, -a *adj* 1. *(imaginario)* 幻想的な gensoo-teki na; 2. *(maravilloso)* 素晴らしい subarashii
faringe *f med* 咽頭 intoo
farmac/éutico, -a 1. *adj* 薬学の yakugaku no; **2.** *m/f* 薬剤師 yakuzai-shi; **~ia** *f* 1. *(tienda)* 薬局 yakkyoku, 薬屋 kusuri-ya; 2. *(estudios)* 薬学 yakugaku
faro *m* 1. 灯台 toodai; 2. *auto* ヘッド・ライト heddo-raito; **~ antiniebla** *auto* フォッグ・ランプ foggu-ranpu; **~l** *m* 街灯 gaitoo; **~lillo** *m* 提灯 choochin
fascina/ción *f* 魅惑 miwaku; **~nte** *m/f* 魅力的な miryoku-teki na; **~r** *vt* 魅惑する miwaku suru
fascis/mo *m* ファシズム fashizumu; **~ta 1.** *adj m/f* ファシズムの fashizumu no; **2.** *m/f* ファシスト fashisuto
fastidi/ar *vt* 1. うんざりさせる unzari saseru; 2. *(estropear)* 台無しにする dainashi ni suru; **~arse** 1. *(aborrecerse)* うんざりする unzari suru; 2. *(dañarse)* だめになる dame ni naru; **~o** *m* わずらわしさ wazurawashisa; **~oso, -a** *adj* やっかいな yakkai na
fatal *adj m/f* 1. 宿命的な shukumei-teki na; 2. *(desafortunado)* 不運な fu-un na
fatig/a *f* 1. 疲れ tsukare; 2. *tecn (de metal/金属の)* 疲労 hiroo; **~ar** *vt* 疲れさせる tsukaresaseru; **~arse** 疲れる tsukareru; **~oso, -a** *adj* 骨の折れる hone no oreru
favor *m* 1. *(buena intención)* 好意 kooi; 2. *(amabilidad)* 親切 shinsetsu; **a ~ de** … に有利な … ni yuuri na; **en ~ de** … のために … no tame ni; **por ~** どうぞ doozo
favorable *adj m/f* 有利な yuuri na
favo/recer *vt* 1. … の利益になる … no rieki ni naru, … に有利になる … ni yuuri ni naru; 2. *(sentar bien)* よく似合う yoku niau; **~rito, -a 1.** *adj* 気に入りの ki ni iri no; **2.** *m/f* 1. お気に入り oki ni iri; 2. *(en competición/競技で)* 本命 honmei
fax *m* ファクシミリ fakushimiri, ファックス fakkusu
faz *f* 1. *(cara)* 顔 kao; 2. *(superficie)* 表面 hyoomen
fe *f* 1. *(acción de creer)* 信じること shinjiru koto; 2. *relig* 信仰 shinkoo; **tener ~ en** …を信じる … o shinjiru
fealdad *f* 醜さ minikusa
febrero *m* 2月 ni-gatsu
fecha *f* 日付 hizuke
federa/ción *f* 1. *(unión federal)* 連邦 renpoo; 2. *(alianza, unión)* 連合 rengoo, 連盟 ren-

mei; ~**l** *adj m/f* 連邦の renpoo no

felici/dad *f* 幸福 koofuku; ~**dades/ muchas ~dades** おめでとう omedetoo; ~**tación** *f* お祝い oiwai; ~**tar a alg por u/c** ... に ... のお祝いを言う ... ni ... no oiwai o iu

feliz *adj m/f* 幸福な koofuku na; ~**mente** *adv*幸せに shiawase ni

femenino 1. -a *adj* 1. 女性の josei no, 女らしい onna-rashii; **2.** *m ling* 女性形の josei-kei no

femini/dad *f* 女らしさ onna-rashi-sa; ~**smo** *m* フェミニズム feminizumu; ~**sta** *m/f* フェミニスト feminisuto

fenómeno *m* 1. 現象 genshoo; 2. *coloq (persona)* 驚くべき人 odorokubeki hito, *(objeto)* 驚くべき物 odorokubeki mono

feria *f* 1. *(de muestra)* 見本市 mihon-ichi; 2. *(festividad)* 祭り matsuri

fermenta/ción *f* 発酵 hakkoo; ~**r** *vi* 発酵する hakkoo suru

ferro/carril *m* 鉄道 tetsudoo; ~**viario 1. -a** *adj* 鉄道の tetsudoo no; **2.** *m* 鉄道員 tetsudoo-in

ferry *m* フェリー ferii

fértil *adj m/f* 1. *(fecundo)* 肥沃な hiyoku na; 2. *(abundante)* 豊かな yutaka na

ferv/iente *adj m/f* 熱心な nesshin na; ~**or** *m* 熱心さ nesshin-sa

festiv/al *m* フェステイバル fesutibaru, 祭典 saiten; ~**o, -a** *adj* 祭りの matsuri no, 祝祭の shukusai no

fiable *adj m/f* 信頼できる shinrai dekiru

fiambrera *f* 弁当箱 bentoo-bako

fia/nza *f* 保証金 hoshoo-kin; **dar ~nza** 保証金として払う hoshoo-kin to shite harau; ~**r** *vt* 保証する hoshoo suru, 信用する shin'yoo suru; ~**rse de** ... を信用する ... o shin'yoo suru

fibr/a *f* 繊維 sen'i; ~**oso, -a** *adj* 筋/繊維の多い suji/sen'i no ooi

fich/a *f* 1. カード kaado; 2. *sport* 契約 keiyaku; ~**ar 1.** *vt sport* 契約を結ぶ keiyaku o musubu; **2.** *vi* タイム・カードを押す taimu-kaado o osu; ~**ero** *m* 1. *(archivo)* ファイル fairu, カード箱 kaado bako; 2. *informát* ファイル fairu

fidelidad *f (lealtad)* 忠実 chuujitsu, *(castidad)* 貞節 teisetsu; **alta ~** ハイ・ファイ hai-fai

fideos *mpl* ヌードル nuudoru

fiebre *f* 1. *med* 熱 netsu; 2. *(entusiasmo, frenesí)* 熱狂 nekkyoo, フィーバー fiibaa

fiel 1. *adj m/f (leal)* 忠実な chuujitsu na; 2. *(fiable)* 信頼できる

shinrai dekiru; **2.** *m/f relig* キリスト教徒 kirisuto-kyooto, 信者 shinja; **~tro** *m* フェルト fueruto

fier/a *f* 猛獣 moojuu; **~ecilla** *f* じゃじゃ馬 jajauma; **~o, -a** *adj* 獰猛な doomoo na

fiesta *f* 1. (*festividad*) 祭り matsuri; 2. *(reunión festiva)* パーティー paatii; 3. *(días festivos)* 祭日 saijitsu; ~ **mayor** 村/町/ 市の祭り mura/machi/shi no matsuri; **hacer** ~ パーティーをする paatii o suru

figura *f* 1. *(imagen)* 姿 sugata; 2. スタイル sutairu

fija/ción *f* 1. 固定 kotei; 2. *(determinación)* 決定 kettei; **~r** 1. 取り付ける toritsukeru, *(pegar)* 貼る haru; 2. *(determinar)* 決定する ketteisuru; **~rse en** … をじっと見る … o jitto miru

fila *f* 列retsu, 行列 gyooretsu; **en ~ india** 一列縦隊で ichiretsu juutai de; **~mento** *m* フィラメント firamento

filarm/ónica *f* 管弦楽団 kangengakudan; **orquesta ~ónica** 管弦楽団 kangengakudan

filatel/ia *f* 切手収集 kitte shuushuu; **~ista** *m/f* 切手収集家 kitte shuushuu-ka

filete *m gastr* ヒレ肉 hireniku

Filipin/as *fpl* フィリピン Firipin; **~*o, -a 1.** *adj* フィリピン（人）の Firipin (jin) no; **2.** *m/f* フィリピン人 Filipin jin

film(e) *m* フィルム firumu, 映画 eiga; **~ación** *f* 映画の撮影 eiga no satsuei; **~ar** *vt* 撮影する satsuei suru

filo *m* 刃 ha; **al ~ de la medianoche** ちょうど真夜中に choodo mayonaka ni

filología *f* 文献学 bunkengaku, 言語学 gengogaku

filosofía *f* 哲学 tetsugaku; **tomar con ~** ireru 冷静に考えて対処する reisei ni kangaete taisho suru

filósofo, -a m/*f* 哲学者 tetsugaku-sha

fin *m* 1. 終わり owari; 2. *(finalidad, objetivo)* 目的 mokuteki; ~ **de semana** 週末 shuumatsu; **al ~** ついに tsuini; **a ~ de** … のために … no tame ni; **a ~es de abril** 4月の終わりに shi-gatsu no owari ni

final 1. *adj m/f* 1. 終わりの owari no, 最後の saigo no; **2.** *m* 1. 最後 saigo, *teat* フィナーレ finaare; **3.** *f sport* 決勝戦 kesshoo-sen

final/idad *f* 目的 mokuteki, 目標 mokuhyoo; **~ista** *m/f* 決勝戦出場者 kesshoo-sen shutsujoo-sha; **~izar** *vt* 終える oeru; **~mente** *adv* 最後に saigo ni

finland/és, -a 1. *adj* フィンランドの Finrando no; 2. *m/f* フィンランド人 Finrando-jin; **3.** *m* *ling* フィンランド語 Finrando-go; **~* ia** *f* フィンランド Finrando

fino, -a *adj* 1. *(espesor)* 薄い usui; 2. 細い hosoi; 3. *(menudo, pequeño)* 細かい komakai; 4. *(refinado)* 洗練された senren sareta

firma *f* 1. *(rúbrica, autógrafo)* サイン sain; 2. *(compañía)* 会社 kaisha

firmamento *m* 夜空 yozora

firma/nte *m/f* 署名者 shomeisha; **~r** *vt* サインする sain suru

firme *adj m/f* 堅い katai, 安定した antei shita; **~za** *f* 堅固 kengo, 毅然 kizen

fiscal 1. *adj m/f* 1. *(financiero)* 財政の zaisei no; 2. *(de sistema tributario)* 税政の zei-sei no; **2.** *m* 検事 kenji; **~ía** 検察庁 kensatsu-choo

fisco *m* 国庫 kokko

físic/a *f* 物理学 butsurigaku; **~o 1. -a** *adj* 1. 物理の butsuri no, 物理的な butsuri-teki na; 2. *(corporal, carnal)* 肉体の nikutai no, 体の karada no; **2.** *m/f* 物理学者 butsurigaku-sha; **3.** *m* 肉体 nikutai

fisi/ología *f* 生理学 seirigaku; **~onomía** *f* 容貌 yooboo; **~oterapia** *f* 物理療法 butsuri-ryoohoo; **~oterapeuta** *m/f* 物理療法士 butsuri ryoohoo-shi

flaco, -a *adj (delgado)* やせた yaseta, ひょろひょろの hyorohyoro no

flamante *adj m/f* 輝くばかりの kagayaku bakari no, 派手な hade na

flamenco 1. -a *adj* 1. *(flamenco)* フラメンコの Furamenco no; 2. *(de Flandes)* フランドルの Furandoru no, フランドル人の Furandoru-jin no; **2.** *m/f* フランドル人 Furandoru-jin; **3.** *m ling* フランドル語 Furandoru-go; **4.** *m zool* フラミンゴ furamingo

flan *m* プディング pudingu

flanco *m* 1. わき腹 wakibara; 2. *mil* 側面 sokumen

flash *m foto* フラッシュ furasshu

flaut/a *f* フルート furuuto, 笛 fue; **~ista** *m/f* フルート奏者 furuuto-soosha

flech/a *f* 1. 矢 ya; 2. *(señal)* 矢印 yajirushi; **~azo** *m* 一目惚れ hitomebore

flequillo *m* 前髪 maegami

flexi/bilidad *f* 柔軟性 juunansei; **~ble** *adj m/f* 柔軟な juunan na, 曲げやすい mageyasui;

flirteo *m* たわむれの恋 tawamure no koi, 情事 jooji

floj/ear *vi* 弱まる yowamaru, 衰える otoroeru; **~edad** *f* 緩み yurumi; **~o, -a** *adj* 緩い yurui, たるんだ tarunda

flor *f* 花 hana; **~ación** *f* 開花 kaika; **~al** *adj m/f* 花の hana no, 花のような hana no yoo na; **~ecer** *vi* 1. 花が咲く hana ga saku; 2. *(prosperar)* 栄える sakaeru; **~ero** *m* 花瓶 kabin

florist/a *m/f (personal/人)* 花屋 hana-ya; **~ería** *f (tienda/店)* 花屋 hana-ya

flota *f nav* 船団 sendan, *nav mil* 艦隊 kantai; **~ble** *adj m/f* 浮く uku; **~dor** *m* 浮き輪 ukiwa, ブイ bui; **~r** *vi* 浮く uku, 漂う tadayou

fluctuación *f* 変動 hendoo, 変化 henka

fluidez *f* 流暢 ryuuchoo; **con ~** 流暢に ryuuchoo ni

fluido, -a 1. *adj* 1. 流動性の ryuudoo-sei no; 2. *(suelto)* 流暢な ryuuchoo na, なめらかな nameraka na; **2.** *m* 液体 ekitai

flu/ir *vi* 1. *(líquido)* 流れる nagareru; 2. *(palabras/言葉などが)* 湧き出る waki deru; **~jo** *m* 1. *(líquido, aire)* 流れ nagare; 2. *(palabras, pensamiento/言葉、考えが)* 湧き出ること wakideru koto

flúor *m* フッ素 fusso

fluorescente *m* 蛍光灯 keikootoo

fluvial *adj m/f* 川の kawa no

fobia *f* 恐怖症 kyoofu-shoo

foca *f zool* あざらし azarashi

foco *m* 1. 焦点 shooten, ピント pinto; 2. *(centro)* 中心 chuushin

fofo, -a *adj* ぶよぶよな buyobuyo na

fogata *f* 1. 焚き火 takibi, かがり火 kagaribi; 2. *(llama)* 炎 honoo

folcl/ore *m* 1. *(tradición popular)* 民間伝承 minkan denshoo; 2. *(etnografía)* 民俗学 minzokugaku; **~órico, -a** *adj (de tradición popular)* 民間伝承の minkan denshoo no, *(etnográfico)* 民俗学の minzokugaku no

follaje *m* 1. 枝葉 edaha; 2. *(arquitectura/建築)* 唐草模様 karakusa moyoo

follar *vulg* セックスする sekkusu suru

folle/tín *m* 通俗的な小説 tsuuzoku-teki na shoosetsu; **~to** *m* パンフレット panfuretto

follón *m coloq (confuso)* 雑然 zatsuzen, *(desorden)* 無秩序 mu-chitsujo

foment/ar *vt* 促進する sokushin suru; **~o** *m* 促進 sokushin

fonda *f* 1. *(hostal, hotel)* 宿屋 yado-ya; 2. *(snack-bar)* 軽食堂 keishokudoo

fondo *m* 1. 底 soko; 2. *(parte interior)* 奥 oku; 3. *(telón de fondo, último término)* 背景 haikei; 4. *econ* 資金 shikin; **a ~** 徹底的に tettei-teki ni; **en**

el ~ 根本的に konpon-teki ni; ~ **de inversión** *com* 投資資金 tooshi shikin; **~s** 資金 shikin; **~s públicos** 公債 koosai

fontanero, -a *m/f* 配管工 hai-kan-koo

forastero, -a 1. *adj* よその土地の yoso no tochi no, 外国の gaikoku no; **2.** *m/f* よそ者 yosomono, 見知らぬ人 mishi-ranu hito, 部外者 bugai-sha

forense *m/f* 警察医 keisatsu-i

forestal *adj m/f* 森林の shinrin no

forja *f* 鍛造 tanzoo

forma *f* 1. 形 katachi; 2. *(formalidad)* 形式 keishiki; 3. *(manera)* 方法 hoohoo; 4. *sport* フォーム foomu; **estar en** ~ 好調である koochoo de aru; **no hay** ~ **de** … しようがない … shiyoo ga nai

formación *f* 1. *(constitución)* 結成 kessei; 2. *(educación, instrucción)* 教育 kyooiku, 養成 yoosei

formal *adj m/f* 1. *(de fórmula)* 形式の keishiki no; 2. *(educado)* 礼儀正しい reigi tadashii; **~idad** *f* 1. *(procedimiento)* 正式な手続き seishiki na tetsu-zuki; **~izar** *vt* 正式なものにする seishikina mono ni suru

forma/r *vt* 1. *(dar forma)* 形作る katachizukuru; 2. *(educar)* 教育する kyooiku suru, 養成する yoosei suru; **~rse** 1. *(componerse)* 形成される keisei sareru; 2. *(recibir una educación)* 教育を受ける kyo-oiku o ukeru; 3. *sport* ライン・アップを組む rain-appu o kumu; **~to** *m* 1. *(de libros, papeles/本、紙などの)* サイズ saizu; 2. *informát* フォーマット foomatto

formidable *adj m/f coloq* すごい sugoi, 素晴らしい su-barashii

fórmula *f* 1. *(modelo)* 書式 sho-shiki; 2. *mat* 公式 kooshiki; 3. *quím* 化学式 kagaku shiki

formular *vt* 表明する hyoomei suru

fortale/cer *vt* 強くする tsuyoku suru; **~za** *f* 要塞 yoosai, 砦 toride

fortificación *f* 補強 hokyoo, 強化 kyooka

fortuito, -a *adj* 思いがけない omoigakenai

fortuna *f* 1. *(suerte)* 運 un; 2. *(buena suerte)* 幸運 kooun; 3. *(bienes)* 財産 zaisan; **por** ~ 幸運にも kooun nimo

forza/do, -a *adj* 1. *(coactivo)* 強制的な kyoosei-teki na; 2. *(poco natural)* 不自然な fu-shizen na; **~r** *vt* **a u/c** … を強制する … o kyoosei suru; **~r a hacer u/c** … することを強制する … suru koto o kyoosei suru

forzos/o, -a *adj* 1. *(inevitable)* やむを得ない yamu o enai,

避けられない sakerarenai; 2. *(coactivo)* 強制的な kyoosei-teki na; **~amente** 強制的に kyoosei-teki ni

fosa *f* 1. 墓穴 haka-ana; 2. *(foso, canal)* 堀 hori

fosfato *m quím* 燐酸塩 rin-san'en

fósforo *m quím* 燐 rin

fósil 1. *adj m/f* 化石の kaseki no; **2.** *m* 化石 kaseki

foso *m* 1. *(agujero)* 穴 ana; 2. *(foso, canal)* 堀 hori; 3. *auto* ピット pitto; 4. *mús* オーケストラ・ボックス ookesutora-bokkusu

foto *f* 写真 shashin; **~copia** *f* コピー kopii; **~copiadora** *f* コピー機 kopii-ki; **~copiar** *vt* コピーをとる kopii o toru; **~génico, -a** *adj* 写真写りのよい shashin utsuri no yoi; **~grafía** *f* 写真 shashin; **~grafiar** *vt* 写真をとる shashin o toru

fotógrafo, -a *m/f* カメラ・マン kamera-man, 写真家 shashin-ka

fotosensible *adj m/f* 感光性の kankoo-sei no

frac *m* 燕尾服 enbifuku

fracas/ar *vi* 失敗する shippai suru; **~o** *m* 失敗 shippai

fracci/ón *f* 1. *mat* 分数 bunsuu; 2. *(fragmento)* 断片 danpen; **~onar** *vt* 分割する bunkatsu suru

fractura *f* 1. *(grieta, raja)* 割れ目 wareme; 2. *med* 骨折 kossetsu; **~r** *vt* 砕く kudaku, 骨折させる kossetsu saseru

fragancia *f* 香り kaori

frágil *adj m/f* 1. *(fácil de romper)* 割れやすい ware-yasui, *(quebradizo)* もろい moroi; 2. *(endeble)* ひ弱な hiyowa na

fragilidad *f (quebradizo)* もろさ moro-sa, 壊れやすさ koware-yasu-sa

fragment/ar *vt* 小さな破片にする chiisana hahen ni suru; **~ario, -a** *adj* 断片的な danpen-teki na; **~o** *m* 1. *(pedazo)* かけら kakera; 2. *(extracto)* 抜粋 bassui

fraile *m* 修道士 shuudoo-shi

francamente *adv* 率直に sotchoku ni, ざっくばらんに zakkubaran ni

franc/és 1. -a *adj* フランスの Furansu no; **2.** *m/f* フランス人 Furansu-jin; **3.** *m ling* フランス語 Furansu-go; **~*ia** *f* フランス Furansu

franco, -a *adj* 1. 率直な sotchoku na; 2. *econ* 無関税の mu-kanzei no

franela *f* フランネル furanneru, ネル neru

franquear *vt* 1. *(obstáculo/邪魔ものを)* 取り除く torinozoku; 2. *(sello)* 切手を貼る kitte o haru, スタンプを押す sutanpu o osu

franqueza *f* 率直 sotchoku, 正直 shoojiki
franquicia *f (impuesto/税金の)* 免除 menjo
frasco *m* 1. 小瓶 kobin; 2. *(de experimento/実験用の)* フラスコ furasuko
frase *f* 文 bun
fratern/al *adj m/f (de hermanos)* 兄弟の kyoodai no; **~idad** *f* 1. 兄弟愛 kyoodai-ai; 2. 友愛 yuuai
fraude *m* ごまかし gomakashi, 詐欺 sagi
frecuen/cia *f* 1. *(a menudo)* 頻繁 hinpan; 2. *(número de veces)* 頻度 hindo; 3. *radio TV* 周波数 shuuhasuu; **con ~cia** 頻繁に hinpan ni; **~tar** *vt* よく訪れる yoku otozureru; **~te** *adj m/f* 1. *(una y otra vez)* 度々の tabi-tabi no; 2. *(usual)* よくある yoku aru; **~temente** *adv* 度々 tabi-tabi
freg/adero *m (de cocina/台所などの)* 流し nagashi; **~ar** *vt* 拭いて汚れを落とす fuite yogore o otosu; **~ar el suelo** 床をふく yuka o fuku; **~ar los platos** 皿を洗う sara o arau
frei/dora *f* 揚げ物用の鍋 agemono-yoo no nabe; **~duría** *f* 揚げ物の店 agemono no mise
freír *vt* 油で揚げる abura de ageru, 炒める itameru
fren/ado *m* ブレーキをかけること bureeki o kakeru koto; **~ar** *vt/i* ブレーキをかける bureeki o kakeru; **~azo** *m* 急ブレーキ kyuu-bureeki
freno *m* ブレーキ bureeki; **~ de emergencia** 非常ブレーキ hijoo-bureeki; **~ de mano** ハンドブレーキ hando bureeki
frente 1. *f* 額 hitai; **de ~** 正面から shoomen kara; **en ~** 向かい側の mukaigawa no; **2.** *m* 1. 正面 shoomen; 2. *mil* 前線 zensen; **3.** *adv* 正面に shoomen ni; **~ a** …の前に … no mae ni
fresa *f* 1. いちご ichigo; 2. *tecn* フライス furaisu
fresc/o 1. -a *adj* 1. *(clima)* 涼しい suzushii, 冷たい tsumetai; 2. *(pescado, verdura)* 新鮮な shinsen na; 3. *coloq* ずうずうしい zuuzuushii; **2.** *m* 1. 冷たさ tsumeta-sa; 2. *arte* フレスコ画 furesuko-ga; **~or** *m* 涼しさ suzushi-sa; **~ura** *f* 1. *(clima)* 涼しさ suzushi-sa; 2. *(pescado, verdura)* 新鮮さ shinsen-sa; 3. *(descarado)* あつかましさ atsukamashi-sa
fresón *m* いちご ichigo
frialdad *f (indiferencia)* 無関心 mu-kanshin, 冷淡さ reitan-sa
fricci/ón *f* 1. *(rozamiento)* 摩擦 masatsu, こすること kosuru koto; 2. *(discordia)* 不一致 fu-itchi; **~onar** *vt* こする kosuru, 摩擦する masatsu suru

friegaplatos *m* 皿洗い sara-arai, 皿洗いをする人 sara-arai o suru hito

frigidez *f* 1. 冷たさ tsumeta-sa; 2. *med* 不感症 fu-kan-shoo

frigorífico *m* 冷蔵庫 reizooko

frío 1. **-a** *adj* 1. 寒い samui, 冷たい tsumetai; 2. *(indiferente)* 冷淡な reitan na; 3. *(sereno)* 冷静な reisei na; **2.** *m* 1. 寒さ samu-sa; 2. *(frialdad)* 冷淡 reitan; **coger** ~ 風邪をひく kaze o hiku; **tengo** ~ 私は寒い watashi wa samui; *(tiempo)* **hace** ~ 寒い samui

friolero, -a *adj* 寒がりの samugari no

frito, -a *adj* 油で揚げた abura de ageta, 炒めた itameta

frivolidad *f* 軽薄 keihaku

frívolo, -a *adj* 軽薄な keihaku na

frontal *adj m/f* 前面の zenmen no, 前の mae no

fronte/ra *f* 1. 国境 kokkyoo; 2. *(linde)* 境目 sakaime; **~rizo, -a** *adj* 国境の kokkyoo no

frotar *vt* こする kosuru, 磨く migaku

fructífero, -a *adj* 実り多い minori ooi, 有意義な yuuigi na

fructuoso, -a *adj* 実り多い minori ooi

frugal *adj m/f* 1. *(sobriedad)* 質素な shisso na; 2. *(sobriedad en comer)* 少食の shooshoku no, 粗食の shooshoku no

frunci/miento *m* *(frente, nariz)* しわを寄せること shiwa o yoseru koto; **~r** *vt* *(boca)* 口をすぼめる kuchi o subomeru, *(cejas)* 眉毛をひそめる mayuge o hisomeru

frus/trar *vt* 1. *(estropear)* だめにする dame ni suru; 2. *(chasquear)* 失望させる shitsuboo saseru; **~trarse**失敗する shippai suru

frut/a *f* 果物 kudamono; **~a del tiempo** 旬の果物 shun no kudamono; **~al** *m* 果汁 kajuu; **~ería** *f* 果物屋 kudamono-ya; **~o** *m* 1. 木の実 kono-mi; 2. *(resultado)* 結果 kekka

fuego *m* 1. 火 hi; 2. *(incendio)* 火事 kaji; **~s artificiales** 花火 hanabi

fuelle *m* ふいご fuigo

fuente *f* 1. *(manantial)* 泉 izumi; 2. *(surtidor)* 噴水 funsui; 3. *(bandeja)* 大皿 oozara; 4. *(información)* 情報源 joohoogen; 5. *informát* フォント fonto

fuera 1. *adv* 外に soto ni, 外で soto de; **¡~!** 出て行け！ deteike; ~ **de** … のそとに … no soto ni, … の他に … no hoka ni; ~ **de eso** その他に sono hoka ni; **estar ~ de sí** 逆上している gyakujoo shite iru

fuerte 1. *adj m/f* 強い tsuyoi; **2.** *adv* 強く tsuyoku; **3.** *m* 1.

強い人 tsuyoi hito; 2. 得意 tokui; 3. *mil* 要塞 yoosai

fuerza *f* 力 chikara; **a la** ~ 無理やり muriyari

fuga *f* 1. *(huida)* 逃亡 tooboo; 2. *(gas, líquido/ガスなどが)* 漏れること moreru koto; 3. *mús* フーガ fuuga; **~cidad** *f* はかなさ hakana-sa; **~rse** 逃げる nigeru; **~z** *adj m/f* はかない hakanai, つかの間の tsuka no ma no

fugitivo, -a 1. *adj* 1. *(huido)* 逃げた nigeta; **2.** *m/f* 逃亡者 tooboo-sha

Fuji 富士山 Fuji-san

fulan/a *f coloq* 売春婦 baishunfu; **~o, -a** *adj* ある人 aru hito

fulminante 1. *adj m/f* 稲妻のような inazuma no yoo na; 2. *med* 突発性の toppatsu-sei no

fumar *vt/i* たばこを吸う tabako o suu

fumigación *f med agric* 燻蒸消毒 kunjoo shoodoku

funci/ón *f* 1. *(funcionamiento)* 機能 kinoo; 2. *(cargo)* 役目 yakume; 3. *teat* 上演 jooen; **~onal** *adj m/f* 機能的な kinoo-teki na; **~onamiento** *m* 作動 sadoo; **~onar** *vi* 動く ugoku, 作動する sadoo suru; **no ~ona** 故障中 koshoo-chuu

funcionario, -a *m/f* 役人 yakunin, 公務員 koomu-in

funda *f* ケース keesu

funda/ción *f* 1. *(instauración, creación)* 創立 sooritsu, *(establecimiento)* 設立 setsuritsu; 2. 財団 zaidan; **~do, -a** *adj* 設立された setsuritsu sareta; **~dor, -a** *m/f* 設立者 setsuritsu-sha

funda/mental *adj m/f* 基本的な kihon-teki na; **~mentalmente** *adv* 基本的に kihon-teki ni; **~mento** *m* 1. *(base)* 基礎 kiso; 2. *(razón)* 根拠 konkyo; **~r** *vt* 創設する soosetsu suru

fundición *f* 1. 溶かすこと tokasu koto; 2. *(de metal/金属の)* 鋳造 chuuzoo; 3. *(hierro fundido)* 鋳鉄 chuutetsu

fúnebre *adj m/f* 1. *(funeral)* 葬式の sooshiki no; 2. *(siniestro)* 不吉な fukitsu na

funera/l *m* 葬式 sooshiki; **~ria** *f* 葬儀社 soogi-sha

funesto, -a *adj* 不吉な fukitsu na

funicular *m* ケーブルカー keeburukaa

furgoneta *f auto* ワゴン車 wagonsha, バン ban

furi/a *f* 1. *(cólera)* 激怒 gekido; 2. *(brutalidad)* 凶暴 kyooboo; **~oso, -a** *adj* 1. *(enfurecido)* 激怒した gekido shita; 2. *(terrible)* すさまじい susamajii

furor *m* 1. *(cólera)* 激怒 gekido; 2. *(entusiasmo)* 熱中 netchuu

furtivo, -a *adj* 1. *(sin ser visto)* 人目を忍んだ hitome o shi-

nonda; 2. *(escondido)* 隠れた kakureta
fusible *m eletr* ヒューズ hyuuzu
fusil *m* 銃 juu, ライフル raifuru; **~amiento** *m* 銃殺 juusatsu; **~ar** *vt mil* 銃殺する juusatsu suru
fusión *f* 1. 溶解 yookai; 2. *(unión)* 合併 gappei
fútbol *m* サッカー sakkaa, フットボール futtobooru; **~ista** *m/f* サッカー選手 sakkaa senshu
futuro 1. -a *adj* 未来の mirai no, 将来の shoorai no; **2.** *m* 未来 mirai, 将来 shoorai

G

gabardina *f txtl* コート kooto
gabinete *m* 内閣 naikaku
gaceta *f (分野別の)* 新聞 shinbun, 広報 koohoo
gafas *fpl* 眼鏡 megane; ~ **de sol** サングラス sangurasu; ~ **de agua** 水中眼鏡 suichuu megane, ゴーグル googuru
gafe *adj m/f* 疫病神 yakubyoogami
gag *m* ギャグ gyagu
gait/a *f* バグパイプ bagupaipu; **~ero, -a** *m/f* バグパイプ奏者 bagupaipu soosha
gala *f* 盛装 seisoo; **de** ~ 盛装して seisoo shite
galard/ón *m* 賞 shoo; **~onar** *vt* 賞を与える shoo o ataeru
galaxia *f astr* 銀河 ginga
galera *f* ガレー船 garee-sen
galería *f* 1. 回廊 kairoo; 2. *(de arte)* 画廊 garoo, ギャラリー gyararii
Galicia *f* ガリシア Garishia
gallego, -a 1. *adj* ガリシア(人)の Garishia (jin) no; **2.** *m/f* ガリシア人 Garishia-jin; **3.** *m ling* ガリシア語 Garishia-go
galleta *f* ビスケット bisuketto
gallin/a 1. *f* 雌鳥 mendori; **~a ciega** かくれんぼ kakurenbo; **2.** *m/f coloq* 臆病者 okubyoomono; **~ero** *m* 1. 鳥小屋 torigoya; 2. *teat* 天井桟敷 tenjoosajiki
gallo *m* 雄鶏 ondori
galop/ar *vi* ギャロップで走る gyaroppu de hashiru; **~e** *m* ギャロップ gyaroppu
gama *f* 段階 dankai, 一揃い hitosoroi
gamba *f* 海老 ebi
gamberro *m* 放埓な人 hooratsu na hito
gamuza *f* セーム革 seemugawa
gana *f* 1. *(afán, anhelo)* 意欲 iyoku; 2. *(apetito)* 食欲 shokuyoku; **de buena** ~ 喜んで yorokonde; **de mala** ~ いやいや iyaiya; **no me da la** ~ 気が進まない ki ga susumanai; **tener ~s de hacer u/c** ... したい ... shitai

ganad/ería *f* 牧畜 bokuchiku; **~o** *m* 家畜 kachiku; **~or, -a 1.** *adj* 勝利の shoori no; **2.** *m/f* 勝利者 shoori-sha

ganancia *f* 利益 rieki

ganar *vt/i* 1. *(juego)* 勝つ katsu; 2. *(dinero)* 儲ける mookeru; **~se la vida** 生計を立てる seikei o tateru

gancho *m* 鍵 kagi, フック fukku

gandul, -a 1. *adj* 怠けた namaketa; **2.** *m/f* 役立たず yakutatazu, 怠け者 namake-mono

ganga *f* 掘り出し物 horidashi-mono

gángster *m* ギャング gyangu

garaje *m* ガレージ gareeji

garant/ía *f* 保証 hoshoo; **sin ~ía** 保証なし hoshoo nashi; **~izar** *vt* 保証する hoshoo suru

garbanzo *m bot* エジプト豆 ejiputo-mame

garbo *m* 優雅 yuuga, 上品 joo-hin

garganta *f* のど nodo; **dolor de ~** のどの痛み nodo no itami

gárgara *f* うがい ugai; **hacer ~s** うがいをする ugai o suru

garrafa *f (kubi no hosoi)* ガラス瓶 garasu-bin, ワイン入れ wain-ire

gas *m* ガス gasu, 気体 kitai; **~ butano** ブタンガス butan-gasu; **~ natural** 天然ガス tennen-gasu

gaseos/a *f* 炭酸水 tansan-sui; **~o, -a** *adj* 炭酸ガスを含んだ tansan-gasu o fukunda

gasoil, gasóleo *m* ディーゼル油 diizeru-yu

gasolin/a *f* ガソリン gasorin; **~a sin plomo** 無鉛ガソリン muen-gasorin; **~a súper** スーパーガソリン suupaa-gasorin; **echar ~a** ガソリンを入れる gasorin o ireru; **~era** *f* ガソリンスタンド gasorin sutando

gastar *vt* 1. *(dinero)* つかう tsukau; 2. *(desgastar)* すり減らす suriherasu; **~ bromas** からかう karakau; **~se** 1. *(desgastarse)* 擦り切れる suriki-reru; 2. *(agotarse)* なくなる nakunaru

gasto *m* 出費 shuppi, 支出 shi-shutsu; **~s** *mpl* 費用 hiyoo

gastritis *f med* 胃炎 i-en

gastr/onomía *f* 料理法 ryoori-hoo; **~onómico, -a** *adj* 食通の shokutsuu no; **~ónomo, -a** *m/f* 食通 shokutsuu

gata *f* 雌猫 mesu-neko

gatear *vi* 四つんばいで歩く yotsunbaide aruku

gatillo *m* 引き金 hikigane

gato *m* 1. 猫 neko, 雄猫 osu-neko; 2. *auto* ジャッキ jakki

gaviota *f* かもめ kamome

gazpacho *m* ガスパチョ gasu-pacho

gel *m* ゲル geru; ~ **de baño** ボディシャンプー bodii-shanpuu
gelatin/a *f* ゼラチン zerachin, ゼリー zerii; ~**oso, -a** *adj* ゼラチン状の zerachin-joo no
gemelo, -a *adj* 双子の futago no; ~**s** *mpl* 双眼鏡 soogan-kyoo
Géminis *m astr* 双子座 Futago-za
gemir *vi* うめく umeku
genera/ción *f* 1. 世代 sedai, 代 dai; ジェネレーション jene-reeshon; 2. *(reproducción)* 生殖 seishoku; ~**dor** *m electr* 発電機 hatsuden-ki
general **1.** *adj m/f* 1. *(entero, total)* 全体の zentai no; 2. *(universal)* 一般的な ippan-teki na; **en** ~ 一般的に ippan-teki ni; **por lo** ~ 普通は futsuu wa; **2.** *m* 将軍 shoogun; ~**izar** *vt* 一般化する ippanka suru; ~**mente** *adv* 一般的に ippan-teki ni
generar *vt* 発生させる hassei saseru
genérico, -a *adj* 1. 一般的な ippan-teki na; 2. *ling* 性の sei no
género *m* 1. *(clase)* 種類 shu-rui; 2. *arte* ジャンル janru; 3. *(mercancía)* 商品 shoohin
generos/idad *f (indulgencia)* 寛大 kandai, *(dadivosidad)* 気前がいいこと kimae ga ii koto; ~**o, -a** *adj* 1. *(indulgente)* 寛大な kandai na; 2. *(dadivoso)* 気前がいい kimae ga ii
genétic/a *f biol* 遺伝学 iden-gaku; ~**o, -a** *adj* 遺伝学の idengaku no, 遺伝子による iden-shi ni yoru
geni/al *adj m/f* 1. 天才的な tensai-teki na; 2. *coloq* 素晴らしい subarashii; ~**o** *m* 天才 tensai
genitales *mpl* 生殖器 seishoku-ki
genocidio *m* 大虐殺 dai-gyaku-satsu, ジェノサイド jenosai-do
gente *f* 人々 hitobito
gent/il *adj m/f* 上品な joohin na, 優しい yasashii; ~**ileza** *f* 1. *(elegante)* 優雅 yuuga; 2. *(amable)* 優しさ yasashi-sa; ~**ío** *m* 雑踏 zattoo; ~**uza** *f* くだらない連中 kudaranai ren-chuu
geo/grafía *f* 地理学 chirigaku, 地理 chiri; ~**gráfico, -a** *adj* 地理学の chirigaku no, 地理的な chiri-teki na; ~**logía** *f* 地質学 chishitsugaku, 地質 chishitsu; ~**metría** *f* 幾何学 kikagaku
geó/grafo, -a *m/f* 地理学者 chi-rigaku-sha; ~**logo, -a** *m/f* 地質学者 chishitsugaku-sha
geren/cia *f* 経営 keiei; ~**te** *m* 支配人 shihai-nin, マネージャー maneejaa

geriatría *f med* 老人病学 roojin-byoogaku

germ/ánico, -a *adj* ゲルマン民族の Geruman minzoku no, ドイツの Doitsu no; **~ano, -a 1**. *adj* ゲルマン民族の Geruman minzoku no; **2.** *m/f* ドイツ人 Doitsu-jin; **3.** *m ling* ドイツ語 Doitsu-go, ゲルマン語 Geruman-go

germ/en *m biol* 芽 me, 胚 hai; **~inar** *vi* 発芽する hatsuga suru

gestación *f* 妊娠 ninshin

gesticular *vi* 身振りをする miburi o suru, ジェスチャーをする jesuchaa o suru

gesti/ón *f* 手続き tetsuzuki; **hacer ~ones** … の手続きをする … no tetsuzuki o suru; **~onar** *vt* 手続きをする tetsuzuki o suru

gesto *m* 身振り miburi, 手まね temane, ジェスチャー jesuchaa

gestor, -a *m/f* 代理人 dairi-nin; **~ía** *f* 代理店 dairi-ten

gigant/e 1. *adj m/f* 巨大な kyodai na; **2.** *m* 巨人 kyojin; **~esco, -a** *adj* 巨大な kyodai na

gilipollas *m coloq* 馬鹿 baka

gimnasi/a *f* 体操 taisoo; **~o** *m* 体育館 taiiku-kan, ジム jimu

ginebra *f* ジン jin

gine/cología *f med* 婦人科 fujinka; **~cólogo, -a** *m/f med* 婦人科医 fujinka-i

gira *f mús teat* 公演旅行 kooen ryokoo

gira/r 1. *vi* 1. *(dar vueltas)* 回る mawaru; 2. *(doblar esquina)* 曲がる magaru; **2.** *vt* 回す mawasu; **~sol** *m* ひまわり himawari; **~torio, -a** *adj* 回転の kaiten no, 回転式の kaiten shiki no

giro *m* 1. *(vuelta)* 回転 kaiten; 2. *ling* 言い回し iimawashi; 3. *(dinero)* 為替 kawase; ~ **postal** 郵便為替 yuubin-gawase

gitano, -a 1. *adj* ジプシーの jipushii no; **2.** *m/f* ジプシー jipushii

glacia/l *adj* 氷の koori no, 氷河の hyooga no; **~r** *m* 氷河 hyooga

glándula *f med* 腺 sen

glaucoma *m med* 緑内障 ryokunai-shoo

global *adj m/f* 1. *(mundial)* 世界的な sekai-teki na; 2. *(integral)* 全体の zentai no; **~ización** *f* グロバリゼーション gurobarizeeshon; **~izar** *vt econ* 世界的にする sekai-teki ni suru

globo *m* 1. *(tierra)* 地球 chikyuu; 2. *(bola)* 球 tama, 球 kyuu; 3. *(aeróstato)* 気球 kikyuu

glóbulo *m med* 血球 kekkyuu

glori/a *f* 栄光 eikoo, 名誉 meiyo; **~oso, -a** *adj* 栄光ある eikoo aru
goberna/ción *f* 統治 toochi, 支配 shihai; **~dor** *m* 知事 chiji; **~r** *vt/i* 治める osameru
gobierno *m* 政府 seifu
goce *m* 喜び yorokobi, 楽しみ tanoshimi
gol *m sport* ゴール gooru
golf *m sport* ゴルフ gorufu; **~ista** *m/f* ゴルファー gorufaa
golfo *m* 1. *geogr* 湾 wan; 2. *coloq* ごろつき gorotsuki
golondrina *f* 1. つばめ tsubame; 2. 遊覧船 yuuran-sen
golo/sina *f* 甘い物 amai mono; **~so, -a** *adj* 甘党の amatoo no
golpe *m* 1. 打つこと utsu koto, *(pegar)* 殴ること naguru koto; 2. *(impacto)* 衝撃 shoogeki; ~ **bajo** ローブロー rooburoo; ~ **de Estado** クーデター kuudetaa; **de** ~ 突然 totsuzen; **de un** ~ 一気に ikki ni; **~ar** *vt* 打つ utsu, 殴る naguru
goma *f* ゴム gomu
gonorrea *f med* 淋病 rin-byoo
gord/o 1. -a *adj* 1. 太い futoi; 2. *(grueso)* 厚い atusi; **2.** *m (de lotería/宝くじの)* 一等 ittoo; **~ura** *f* 肥満 himan
gorila *m zool* ゴリラ gorira
gorra *f (ひさしつきの)* 帽子 booshi
gorrión *m zool* すずめ suzume
gorro *m* 帽子 booshi
gorrón, -a 1. *adj* 人にたかる hito ni takaru; **2.** *m/f* 居候 isooroo, 人にたかる者 hito ni takaru mono
gota *f* 雫 shizuku; ~ **a** ~ 一滴ずつ itteki-zutsu, 少しずつ sukoshi-zutsu
gote/ar *vi* 滴る shitataru; **~ra** *f* 雨漏り amamori, 水漏れ mizu-more
gótico 1. -a *adj* ゴシック様式の goshikku yooshiki no; **2.** *m* ゴシック様式 goshikku yooshiki
goz/ar *vt/i* **de u/c** … をエンジョイする … o enjoi suru; **~o** *m* 喜び yorokobi; **~oso, -a** *adj* **de/ con** … を喜んでいる … o yorokonde iru, … に満足している … ni manzoku shite iru
graba/ción *f (sonido)* 録音 rokuon, *(imagen)* 録画 rokuga; **~do** *m* 1. *(estampa)* 版画 hanga; 2. *(aguafuerte)* エッチング etchingu; **~r** *vt* 1. 彫刻する chookoku suru; 2. *(sonido)* 録音する rokuon suru, *(imagen)* 録画する rokuga suru
gracia *f* 1. *(elegancia)* 優雅さ yuuga-sa, 上品さ joohin-sa; 2. *(humor)* おかしさ okashi-sa; **~s** ありがとう arigatoo; **~s a** … のお陰で … no okage de; **dar las ~s a alg** … にお礼を言う … ni o-rei o iu
gracioso, -a 1. *adj* 愛嬌のある aikyoo no aru, こっけい

な kokkei na; **2.** *m/f* 道化師 dooke-shi

grada *f (estadio/スタジアムの)* スタンド sutando, 観覧席 kankan-seki

grad/o *m* 1. 度 do; 2. *(nivel)* 程度 teido; ~**uable** *adj m/f* 調節できる choosetsu dekiru; ~**uado, -a** *adj m/f* 1. *(escala)* 目盛りをつけた memori o tsuketa: **gafas ~uadas** 度の入っためがね do no haitta megane; 2. *(escuela)* 卒業した sotsugyoo shita; ~**ual** *adj m/f* 段階的な dankai-teki na; ~**uar** *vt* 1. *(regular)* 調整する choosei suru; 2. *(marcar con grados)* 目盛りをつける memori o tsukeru; 3. *(escuela)* 卒業させる sotsugyoo saseru; ~**uarse** 卒業する sotsugyoo suru

gráfico 1. -a *adj* 1. *(de letra)* 文字の moji no, *(de símbolo)* 記号の kigoo no; 2. *(representar algo con gráfico)* 図表の zuhyoo no; **2.** *m* グラフ gurafu

gramática *f* 文法 bunpoo

gramatical *adj m/f* 文法の bunpoo no

gramo *m* グラム guramu

gran *adj* grandeの語尾消失形 grande no gobi shooshitsu-kei

granada *f* 1. *bot* 石榴の実 zakuro no mi 2. *mil* ~ **de mano** 手榴弾 shuryuu-dan

gran/de *adj m/f* 1. *(tamaño)* 大きい ookii; 2. *(notable)* 偉大な idai na; ~**deza** *f* 1. 大きさ ooki-sa; 2. *(grandiosidad)* 雄大 yuudai; 3. *(lo notable)* 偉大さ idai-sa; ~**dioso, -a** *adj* 雄大な yuudai na, 華麗な karei na

granito *m* にきび nikibi, 吹き出物 fukide-mono

graniza/da *f* 雹 hyoo, あられ arare; ~**do** *m* かき氷の入った飲み物 kaki-goori no haitta nomimono

granj/a *f* 1. *(finca)* 農場 noojoo; 2. *(lugar donde crían animales)* 飼育場 shiiku-joo; 3. 牛乳から作ったお菓子、チョコレート、コーヒーなどを出す店 gyuunyuu kara tsukutta okashi, chokoreeto, koohii nado o dasu mise; ~**ero, -a** 1. *(agricultor)* 農夫 noofu; 2. *(propietario)* 農場主 noojoo-shu

grano *m* 1. *(grano de cereales)* 穀粒 kokuryuu; 2. 粒 tsubu; 3. *(espinilla)* にきび nikibi; ~**s** *mpl (cereales)* 穀物 kokumotsu; **ir al** ~ 話の本題に入る hanashi no hondai ni hairu

granuja *m coloq* 不良 furyoo

grapa *f* ホッチキスの針 hotchikisu no hari; ~**dora** *f* ホッチキス hotchikisu; ~**r** *vt* ホッチキスでとめる hotchikisu de tomeru

gras/a *f* 脂肪 shiboo; **~iento, -a** *adj* 油で汚れた abura de yo-goreta, 油染みた aburajimita
gratificación *f (dinero)* 特別手当 tokubetsu teate, 謝礼 sharei
gratis *adv* ただで tada de, 無料で muryoo de
grat/itud *f* 感謝 kansha; **~o, -a** *adj* 快い kokoro yoi, うれしい ureshii; **~uito, -a** *adj* 無料の muryoo no
grava *f* 砂利 jari
grave *adj m/f* 1. *(importante)* 重大な juudai na, 深刻な shin-koku na; 2. *(sonido, voz/音、声が)* 低い hikui; 3. *(enfermedad, herida)* 重い omoi; **estar** ~ 重体である juutai de aru; **~dad** *f* 重大さ juudai-sa, 深刻さ shinkoku-sa; **enfermo de** ~ 重病にかかった juubyoo ni kakatta
gravilla *f* 細かい砂利 komakai jari
gravitación *f* 重力 juuryoku, 引力 inryoku
gremio *m* 組合 kumiai, 同業者組合 doogyoo-sha-kumiai
griego, -a 1. *adj* ギリシャの Girisha no; **2.** *m/f* ギリシャ人 Girisha-jin; 3. *m ling* ギリシャ語 Girisha-go
grieta *f* 亀裂 kiretsu
grifo *m* 蛇口 jaguchi
grillo *m zool* こおろぎ koorogi
gripe *f* インフルエンザ infu-ruenza, 流感 ryuukan
gris *adj m/f* 1. *(color)* 灰色の haiiro no; 2. *(lúgubre)* 陰気な inkina; 3. *(nublado)* 曇った kumotta, どんよりした don-yori shita; **~áceo, -a** *adj* 灰色がかった haiiro-gakatta
grit/ar *vi* 大声を出す oo-goe o dasu, 叫ぶ sakebu; **~o** *m* 叫び声 sakebi-goe, 大声 oo-goe
grose/ría *f* 無礼 burei; **~ro, -a** *adj* 無礼な burei na
grotesco, -a *adj* グロテスクな gurotesuku na
grúa *f* 1. クレーン kureen; 2. *auto* レッカー車 rekkaa-sha
grueso 1. -a *adj* 1. 厚い atsui, 太い futoi; **2.** *m* 厚み atsu-mi, 太さ futo-sa
grulla *f zool* 鶴 tsuru
gruñ/ir *vi* 不平を言う fuhei o iu; **~ido** *m* 1. ぶつくさ言う声 butsukusa iu koe; 2. *(de animales)* うなり声 unari-goe; **~idor, -a** *m/f* 不平家 fuhei-ka, 小言屋 kogoto-ya
grupo *m* グループ gruupu; ~ **sanguíneo** *med* 血液型 ke-tsueki-gata; **en** ~ グループで guruupu de
gruta *f* 洞窟 dookutsu
guante *m* 手袋 tebukuro, グローブ guroobu
guantera *f auto* グローブボックス guroobu bokkusu

guapo, -a *adj* ハンサムな hansamu na, 美人の bijin no
guardabarros *m inv auto* フェンダー fendaa
guardar *vt* 1. *(custodiar)* 番をする ban o suru, 見張る miharu; 2. *(conservación)* しまっておく shimatteoku, 保管する hokan suru; ~ **cama** 病気で寝ている byooki de nete iru; ~ **silencio** 沈黙を守る chinmoku o mamoru; **~se de hacer u/c** ... を控える . . o hikaeru
guardarropa *f* クローク係 kurooku-gakari
guardería *f* 保育園 hoiku-en, 託児所 takuji-sho
guardia 1. *f* 1. *(vigilancia)* 見張り mihari, 当直 toochoku; 2. *mil* 警備隊 keibi-tai; **~* Civil** 治安警備隊 chian keibi-tai; ~ **urbana** 市警察 shi-keisatsu; **estar de** ~ 当直をする toochoku o suru; **2.** *m* 1. *(policía)* 警官 keikan; ~ **urbana** 市の警察官 shi no keisatsu-kan; 2. *mil* 警備兵 keibi-hei
guardián, -a *m/f* ガードマン gaadoman
guarnición *f* 1. 装飾 sooshoku; 2. *gastr* 付け合せ tsukeawase; 3. *mil* 守備隊 shubí-tai
guarro, -a 1. *adj coloq* 汚い kitanai, 不潔な fuketsu na; 2. *m/f* 不潔な人 fuketsu na hito
gubernamental *adj m/f* 政府の seifu no
guerr/a *f* 戦争 sensoo; **~a civil** 内戦 naisen; **~a Mundial** 世界大戦 sekai taisen; **~ero, -a 1.** *adj* 戦争の sensoo no; **2.** *m/f* 戦士 senshi; **~illa** *f* ゲリラ gerira
guía 1. *m/f* ガイド gaido; **2.** *f* 案内 annai, 手引き tebiki; ~ **telefónica** 電話帳 denwachoo
guiñ/ar 1. *vi* ウインクする uinku suru; **2.** *m* ウインク uinku; **~ol** *m* 指人形 yubiningyoo
gui/ón *m* シナリオ shinario; **~onista** *m/f* シナリオライター shinario-raitaa
guisante *m* グリーンピース guriinpiisu
guis/ar *vt/i* 料理する ryoori suru; **~o** *m gastr* 料理 ryoori
guitarr/a *f* ギター gitaa; **~ista** *m/f* ギタリスト gitarisuto
gula *f* 大食 taishoku, 暴飲暴食 booin-booshoku
gusano *m* みみず mimizu, 蛆 uji; ~ **de seda** 蚕 kaiko
gust/ar *vi* ... が好きだ ... ga suki da, ... が気に入る ... ga ki ni iru; **~o** *m* 味 aji; **con mucho** ~ 喜んで yorokonde; **de buen** ~ 趣味がいい shumi ga ii; **de mal** ~ 趣味が悪い shumi ga warui; **~so, -a** *adj* おいしい oishii

H

ha *excl* ああ aa
haba *f* そら豆 soramame
Haban/a: la ~ ハバナ Habana; **~*era** *f mús* ハバネラ habanera
haber 1. *vt v/impers (objetos inanimados)* ある aru; *(persona, animal)* いる iru, 存在する sonzai suru; **~ de hacer algo** … しなければならない … shinakereba naranai; **~ que** … しなければならない … shinakereba naranai; **2.** *m* **~es** *mpl* 財産 zaisan
hábil *adj m/f* 1. *(mañoso)* 上手な joozu na; 2. *jur* 法的に有効な hoo-teki ni yuukoo na
habili/dad *f* 1. *(maestría)* 器用 kiyoo, 熟練 jukuren; 2. *(capacidad, aptitud)* 能力 nooryoku; **~doso, -a** *adj* 器用な kiyoona, 上手な joozu na
habita/ción *f* 部屋 heya; **~ción individual** 個室 koshitsu; **~ción doble** ダブルの部屋 daburu no heya; **~ble** *adj m/f* 住むのに適した sumu no ni tekishita; **~nte** *m/f* 住民 juumin; **~r 1.** *vt* 住む sumu; **2.** *vi* 住む sumu
hábito *m* 1. 習慣 shuukan, 癖 kuse; 2. *relig* 法衣 hooi
habitua/l *adj m/f* いつもの itsumo no; **~r(se) a** … に慣れる … ni nareru
habla *f* 1. *(acción de hablar)* 話すこと hanasu koto; 2. *(idioma)* 言葉 kotoba; **~dor, -a** *m/f* しゃべりな shaberi na; **~duría** *f* 噂 uwasa; **~r** *vt/i* 1. 話す hanasu; **~r de u/c** … について話す … ni tsuite hanasu
hacedero, -a *adj* 実現可能な jitsugen kanoo na
hacer *vt* 1. *(realizar alguna acción)* する suru; 2. *(producir)* 作る tsukuru; **hace frío/ calor** 寒い/暑い samui/atsui; **hace viento** 風が吹く kaze ga fuku; **hace buen/mal tiempo** 良い/ 悪い天気だ ii/warui tenki da; **hace un mes** 1月前 hito-tsuki mae; **~se** 行われる okonawareru, … になる … ni naru; **~se viejo** 年をとる toshi o toru; **se hace tarde** 遅くなる osoku naru
hacha *f* 斧 ono
hachís *m* ハシッシュ hashisshu
hacia *prep* … の方へ … no hoo e; **~ adelante** 前方へ zenpoo e; **~ aquí** この辺りに kono atari ni; **~ atrás** 後ろのほうへ ushiro no hoo e; **~ las diez** 10時ごろ juu-ji goro
hacienda *f* 農場 noojoo; **Ministerio de ~*** 大蔵省 Ookura-shoo; **Delegación de ~*** 国税庁 Kokuzei-choo

hada *f* 妖精 yoosei
Hait/í ハイチ Haichi; **~*iano, -a** **1.** *adj* ハイチの Haichi no; **2.** *m/f* ハイチ人 Haichi-jin
hala/gar *vt* お世辞を言う oseji o iu; **~go** *m* へつらい hetsurai, お世辞 oseji
halagüeño, -a *adj* へつらいの hetsurai no
halcón *m* 鷹 taka
halla/r *vt* 見つける mitsukeru; **~rse** *(persona, animal)* いる iru, *(objetos inanimados)* ある aru; **~zgo** *m* 発見 hakken
hamaca *f* ハンモック hanmokku
hambr/e *f* 空腹 kuufuku, 飢え ue; **~iento, -a** *adj* お腹がへった onaka ga hetta, 空腹な kuufuku na; **~iento de** … に飢えた … ni ueta
hamburguesa *f gastr* ハンバーグ hanbaagu, ハンバーガー hanbaagaa
hampa *f* 犯罪組織 hanzai soshiki
hangar *m* 格納庫 kakunoo-ko
harakiri *m* 切腹 seppuku
harapiento, -a *adj* ぼろを着た boro o kita
hardware *m informát* ハードウエアー haado ueaa
harén *m* ハーレム haaremu
harina *f* 小麦粉 komugi-ko
hart/ar *vt* 1. 飽き飽きさせる akiaki saseru; 2. *(hacer comer hasta la saciedad)* おなかいっぱい食べさせる onaka ippai tabesasru; **~arse de u/c** … に飽きる… ni akiru, … にうんざりする … ni unzari suru; **~o, -a** *adj* 1. *(con el estómago lleno)* いやになるほど食べた iya ni naruhodo tabeta; 2. *(estar harto)* 飽き飽きした akiaki shita; **~o, -a de u/c** … に飽きた … ni akita, … がいやになる … ga iya ni naru
hasta **1.** *prep* まで made; **¡~ luego!** また後で mata ato de; **2.** *conj* ~ **que** … するまで … suru made; **3.** *adv* … でさえ … de sae
hastiar *vt* *(hartar)* いやになる iya ni naru; **~se de** … にうんざりする … ni unzari suru
haz *m* 1. *(cara)* 顔 kao; 2. *(superficie)* 表面 hyoomen
hazaña *f* 手柄 tegara
hazmerreír *m* 笑われ者 waraware-mono, 物笑いの種 mono warai no tane
he aquí ほら見てごらん hora mite goran, *(objeto)* ほらここにある hora koko ni aru, *(persona)* ほらここにいる hora koko ni iru
hebilla *f* ベルトのバックル beruto no bakkuru
hebreo **1. -a** *adj* ヘブライの Heburai no, ユダヤの Yudaya no; **2. -a** *m/f* ユダヤ人 Yudaya-jin; **3.** *m ling* ヘブライ語 Heburai-go

hechi/cera *f* 魔女 majo; **~cería** *f* 魔法 mahoo; **~cero 1. -a** *adj* 魔法の mahoo no; **2.** *m/f* 魔法使い mahoo-tsukai; **~zar** *vt* 1. *(encantar a uno)* 魔法にかける mahoo ni kakeru; 2. *(fascinar)* うっとりさせる ut-tori saseru; **~zo 1. -a** *adj* まやかしの mayakashi no; **2.** *m* 1. *(magia)* 魔法 mahoo; 2. *(fascinación)* 魅惑 miwaku

hecho 1. -a *adj* 1. *(fabricado, creado)* 作られた tsukurareta; 2. *(acabado)* 完成した kansei shita, できた dekita; 3. *(realizado)* 行われた okonawareta; **2.** *m* 事実 jijitsu; **~ a mano** 手製の tesei no; **¡bien ~!** よくやった yoku yatta; **de ~** じっさいは jissai wa

hectárea *f* ヘクタール hekuta-aru

hed/iondo, -a *adj* くさい kusai; **~or** *m* 悪臭 akushuu

hela/da *f* 厳しい冷え込み kibishii hiekomi; **~dería** *f* アイスクリーム店 aisukuriimu-ten; **~do 1. -a** 1. *(congelado)* 凍った kootta; 2. *(muy frío)* とても冷たい totemo tsumetai; 3. *(dejar estupefacto)* 唖然とした azen to shita; **2.** *m* アイスクリーム aisukuriimu; **~r 1.** *vi* 氷が張る koori ga haru; **2.** *vt* 1. 凍らせる kooraseru; 2. *(de miedo/恐怖などで)* ぞっとさせる zotto saseru; **~rse** 1. 凍える kogoeru; 2. 凍る kooru

hélice *f* 1. *aero* プロペラ puropera; 2. *nav* スクリュー sukuryuu

helicóptero *m* ヘリコプター herikoputaa; **~ de rescate** 救助用ヘリコプター kyuujo-yoo herikoputaa

hematoma *m med* 血腫 kesshu

hembra *f zool* 雌 mesu

hemisferio *m* 半球 hankyuu

hemo/rragia *f* 出血 shukketsu; **~rroides** *fpl* 痔 ji

hendidura *f* ひび割れ hibiware

heno *m* 干草 hoshi-kusa

hep/ático, -a *adj* 肝臓の kanzoo no; **~atitis** *f med* 肝炎 kan-en

here/dar *vt* 相続する soozoku suru, *(genéticamente)* 受け継ぐ uketsugu; **~dar u/c de alg** … から… を相続する … kara … o soozoku suru; **~dar alg** … を受け継ぐ … o uketsugu; **~dero, -a** *m/f* 相続人 soozoku-nin; **~ditario, -a** *adj* 親譲りの oya yuzuri no, 遺伝性の iden-sei no

hereje *m/f* 異端者 itan-sha

herencia *f* 相続 soozoku, 遺産 isan, 親譲りのもの oyayuzuri no mono

heri/da *f* 1. *(física)* 傷 kizu; 2. *(moral/精神的な)* 痛手 itade; **~r** *vt* 1. 傷つける kizutsukeru; 2. *(moralmente/精神的に)* 傷つける kizutsukeru; **~rse** 怪

我をする kega o suru, *(moralmente/精神的に)* 傷つく kizutsuku

herman/astro, -a *m/f* 異母兄弟 ibokyoodai; **~dad** *f* 兄弟愛 kyoodai-ai; **~o** *m* 兄 ani, 弟 otooto; **~a** *f* 姉 ane, 妹 imooto

herm/ético, -a *adj* 密封した mippuu shita; **~eticidad** *f (confidencialidad)* 機密性 kimitsu-sei, *(hermeticidad)* 密閉性 mippei-sei

hermos/o, -a *ad* 美しい utsukushii, きれいな kirei na; **~ura** *f* 1. *(belleza)* 美しさ utsukushi-sa; 2. *(persona)* 美人 bijin

hernia *f med* ヘルニア herunia

héroe *m* 1. 英雄 eiyuu; 2. ヒーロー hiiroo; 3. *(de novela, cine/小説、映画の)* 主人公 shujinkoo

hero/ico, -a *adj* 1. 英雄的な eiyuu-teki na; 2. *(con audacia)* 思い切った omoikitta; **~ína** *f* 1. 女傑 joketsu; 2. *(de novela, cine/小説、映画の)* ヒロイン hiroin; **~ísmo** *m* 英雄的行為 eiyuu-teki kooi

herpes *m med* ヘルペス herupesu

herra/dura *f* 蹄鉄 teitetsu; **~mienta** *f* 工具 koogu, 道具 doogu

herrer/ía *f (tienda)* 鍛冶屋 kaji-ya; **~ro** *m (persona)* 鍛冶屋 kaji-ya

hiberna/l *adj m/f* 冬の fuyu no; **~r** *vi* 冬眠する toomin suru, 冬ごもりする fuyugomori suru

hidalgo *m* 郷士 gooshi

hidrato *m quím* 水化物 suika-butsu; **~ de carbono** 炭水化物 tansuika-butsu

hidráulic/a *f* 水力学 suiryoku-gaku; **~o, -a** *adj* 水力の suiryoku no, 水圧の suiatsu no, 油圧の yuatsu no

hidr/oavión *m* 飛行艇 hikootei, 水上飛行機 suijoo-hikooki; **~ocarburos** *mpl* 炭化水素 tanka-suiso; **~ógeno** *m* 水素 suiso

hielo *m* 氷 koori

hiena *f zool* ハイエナ haiena

hierba *f* 草 kusa; **mala ~** 雑草 zassoo; **~s medicinales** 薬草 yakusoo; **~buena** *f* ハッカ hakka

hierro *m* 鉄 tetsu

hígado *m* 1. 肝臓 kanzoo; 2. *gastr* レバー rebaa

higi/ene *f* 衛生 eisei, 保健 hoken, 清潔 seiketsu; **~énico, -a** *adj* 衛生的な eisei-teki na, 清潔な seiketsu na

higo *m* イチジク ichijiku

hij/a *f* 娘 musume; **~astro, -a** *m/f* 継子 mamako; **~o** *m* 息子 musuko

hi/lar *vt* 紡ぐ tsumugu; **~lo** *m* 1. 糸 ito; 2. 線 sen, 電線 densen, ワイヤー waiyaa
himno *m* 賛美歌 sanbika, 賛歌 sanka; ~ **nacional** 国歌 kokka
hincapié *m* 強調する kyoochoo suru
hincha 1. *m sport* チームのサポーター chiimu no sapootaa, ファン fan; **2**. *f* 敵意 tekii; **~do, -a** *adj* 腫れた hareta, 膨らんだ fukuranda; **~r** *vt* 1. 膨らます fukuramasu; **~rse** 腫れる hareru
hipermercado *m* 大規模なスーパーマーケット daikibo na suupaa-maaketto
hipersensible *adj m/f* 過敏な kabin na, 過敏症の kabin-shoo no
hipertensión *f* 高血圧 kooke-tsuatsu
hípic/a *f* 馬術競技 bajutsu kyoo-gi; **~o, -a** *adj* 馬の uma no, 馬術の bajutsu no
hipnosis *f* 催眠状態 saimin-jootai
hipo *m* しゃっくり shakkuri
hipocresía *f* 偽善 gizen
hipó/crita 1. *adj m/f* 偽善的な gizen-teki na; **2.** *m/f* 偽善者 gizen-sha
hipódromo *m* 競馬場 keiba-joo
hipopótamo *m zool* 河馬 kaba
hipoteca *f* 抵当 teitoo, 担保 tan-po; **~r** *vt* 抵当に入れる teitoo ni ireru
hipótesis *f* 仮説 kasetsu, 推測 suisoku
hipotético, -a *adj* 仮定の katei no
hirviente *adj m/f* 沸騰している futtoo shite iru, 沸騰した fut-too shita
hisp/ánico, -a *adj* スペインの Supein no, スペイン系の Supein-kei no; **~anidad** *f* スペイン的なもの Supein-teki na mono; **~ano, -a** *adj* スペインの Supein no; **~*anoamé-rica** *f* ラテンアメリカ Raten Amerika; **~anoamericano, -a** *adj* スペイン系アメリカ人 Supein-kei Amerika-jin
histeria *f* ヒステリー hisuterii
histérico, -a *adj* ヒステリーの hisuterii no
hist/oria *f* 1. 歴史 rekishi; 2. *(relato)* 物語り monogata-ri; **~oriador, -a** *m/f* 歴史家 rekishi-ka; **~órico, -a** *adj* 歴史の rekishi no, 歴史的な rekishi-teki na
hocico *m* 1. *(de animal/動物の)* 鼻面 hanazura
hockey *m* ホッケー hokkee; ~ **sobre hielo** アイスホッケー aisu hokkee
hogar *m* 家庭 katei, 家族 ka-zoku, 住居 juukyo
hoguera *f* 焚き火 takibi
hoja *f* 1. *bot* 葉 ha; 2. *(ichimai no)* 紙 kami; 3. *(filo)* 刃 ha;

~ **de afeitar** 安全剃刀の刃 anzen-kamisori no ha
hojalata *f* ブリキ buriki
hojear *vt* ページをめくる peeji o mekuru
¡hola! *excl* やあ yaa
Holand/a *f* オランダ Oranda; ~***és, -a 1.** *adj* オランダの Oranda no; **2.** *m/f* オランダ人 Oranda-jin; **3.** *m ling* オランダ語 Oranda-go
holga/do, -a *adj* 1. *(confortable, abundante)* ゆったりした yuttari shita; 2. *(económicamente/経済的に)* 余裕のある yoyuu no aru; 3. *(de tiempo)* 暇な hima na, 4. だぶだぶの dabu-dabu no; ~**zán, -zana** *m/f* 怠け者 namake-mono; ~**zanear** *vi* 怠ける namakeru
hombre *m* 1. *(ser humano)* 人間 ningen; 2. *(varón)* 男 otoko; 3. *(adulto)* 大人 otona; ~ **de negocios** ビジネスマン bijinesu-man
hombro *m* 肩 kata
homenaje *m* 敬意 keii, 尊敬 sonkei; ~**ar** *vt* … に敬意を表する … ni keii o hyoosuru
homeópata *m/f* ホメオパチー療法の医者 homeo pachii ryoohoo no isha
homicid/a *m/f jur* 殺人犯 satsujin-han; ~**io** *m jur* 殺人 satsujin
homogeneidad *f* 同質性 dooshitsu-sei, 均質性 kinshitsu-sei
homosexual *adj m/f* 同性愛 doosei-ai
hond/o 1. -a *adj* 深い fukai; **2.** *m* 底 soko; ~**ura** *f* 深さ fukasa, 深み fukami
Hondur/as ホンジューラス Honjuurasu; ~***eño, -a 1.** *adj* ホンジューラスの Honjuurasu no; **2.** *m/f* ホンジューラス人 Honjuurasu-jin
honest/idad *f* 1. 正直 shoojiki, 誠実 seijitsu; ~**o, -a** *adj* 1. *(honrado)* 正直な shoojiki na, *(sincero, fiel)* 誠実な seijitsu na; 2. *(imparcial)* 公正な koosei na
hongo *m bot* きのこ類 kinoko-rui; ~**s** 菌類 kin-rui
honor *m* 名誉 meiyo; ~**able** *adj m/f* 尊敬すべき sonkei subeki, 名誉ある meiyo aru; ~**ario, -a 1.** *adj* 名誉職の meiyo-shoku no; **2.** *m* ~**arios** *mpl* 報酬 hooshuu; ~**ífico, -a** *adj* 名誉の meiyo no
hora *f* 時間 jikan; **¿qué ~ es?** 何時 nan ji?; ~**rio** *m (escuela, trabajo)* 時間割 jikan-wari; *transp* 時刻表 jikoku-hyoo
horca *f* 絞首台 kooshu-dai
horizont/al *adj m/f* 1. *(plano, nivelado)* 水平の suihei no; 2. *(horizonte del mar)* 水平線の suihei-sen no, *(de horizonte*

de tierra) 地平線の chihei-sen no; **~e** *m (de mar)* 水平線 suihei-sen, *(de tierra)* 地平線 chihei-sen

hormig/a *f* 蟻 ari; **~ón** *m* コンクリート konkuriito

hormigu/ear *vi* むずむずする muzu-muzu suru; **~ero** *m* 蟻の巣 ari no su

hormona *f* ホルモン horumon; **~l** *adj m/f* ホルモンの horumon no

horn/illo *m* コンロ konro; **~o** *m* オーブン oobun

hor/rible *adj m/f* 1. 恐ろしい osoroshii; 2. ひどい hidoi; **~ror** *m* 1. 恐怖 kyoofu; **~rorizar 1.** *vt* 怖がらせる kowagaraseru; **2. ~rorizarse** ぞっとする zotto suru, 怖がる kowagaru; **~roroso, -a** *adj* 1. *(terrible)* 恐ろしい osoroshii; 2. *(espantoso)* ものすごい monosugoi

hort/aliza *f* 野菜 yasai; **~elano, -a** *m/f* 野菜を作る農家の人 yasai o tsukuru nooka no hito

hosco, -a *adj* 不機嫌な fu-kigen na

hospeda/je *m* 宿泊 shukuhaku; **~r** *vt* 泊める tomeru; **~rse** *vi* 泊まる tomaru, 宿泊する shukuhaku suru

hospital *m* 病院 byooin

hospital/ario, -a *adj* 歓迎する kangei suru, 慈善の jizen no; **~idad** *f* 歓待 kantai, もてなし motenashi

hospitali/zación *f* 入院 nyuuin; **~zar** *vt* 入院させる nyuuin saseru

hostal *m* 宿屋 yado-ya

hostelería *f* ホテル業 hoteru-gyoo

hostia *f relig* 聖餐用のパン sei-sanyoo no pan

hostil *adj m/f* 敵対する tekitai suru, 敵意のある tekii no aru; **~idad** *f (enemistad)* 敵意 tekii, 敵対 tekitai

hotel *m* ホテル hoteru; **~ero, -a** *m/f* ホテルの経営者 hoteru no keiei-sha

hoy *adv* 1. 今日 kyoo; 2. *(estos días)* 今日 konnichi, 現在 genzai; **de ~ en adelante** 今日から kyoo kara; **~ mismo** 今日中に kyoo-juu ni; **por ~** 今日のところは kyoo no tokoro wa

hoya *f (jimen no)* 穴 ana

hoz *f* 鎌 kama

hucha *f* 貯金箱 chokin-bako

hueco 1. -a *adj* がらんどうの garandoo no; **2.** *m* 1. 隙間 sukima; 2. *(tiempo libre)* 空いた時間 aita jikan

huel/ga *f* スト suto; **~ga general** ゼネスト zene suto; **~ga de hambre** ハンガーストライキ hangaa sutoraiki; **declaración en ~** ストに入る suto ni hairu; **~guista** *m/f* ストラ

イキ参加者 sutoraiki sanka-sha

huella *f* 1. *(pasos)* 足跡 ashiato; 2. *(rastro, indicio)* 痕跡 konseki; **~s digitales** 指紋 shimon

huérfano, -a 1. *adj* 孤児の koji no; **2.** *m/f* 孤児 koji

huert/a *f (fruta)* 果樹園 kaju-en, *(verdura)* 野菜畑 yasai-batake; **~o** *m* 野菜畑 yasai-batake

hueso *m* 1. 骨 hone; 2. *(de frutas/果物の)* 芯 shin, 種 tane

huésped *m* 客 kyaku, 泊り客 tomari-kyaku

huevo *m* 卵 tamago; ~ **duro** ゆで卵 yude tamago; ~ **pasado por agua** 半熟卵 hanjuku tamago; ~ **frito** 目玉焼き medama yaki; **~s revueltos** スクランブルエッグ sukuranburu eggu

huída *f* 逃走 toosoo, 逃亡 tooboo

huidizo, -a *adj* 臆病な okubyoo na

huir *vi/t* 逃げる nigeru

human/idad *f* 1. 人間性 ningensei; 2. *(ser humano)* 人類 jinrui; **~itario, -a** *adj* 人間味のある ningen-mi no aru, 人道的な jindoo-teki na; **~o, -a** *adj* 1. 人間の ningen no; 3. *(lleno de humanidad)* 人間味のある ningen-mi no aru

hume/dad *f* 湿気 shikke, 湿度 shitsudo; **~decer** *vt* 湿らせる shimeraseru

húmedo, -a *adj* 湿った shimetta

humild/ad *f* 謙虚 kenkyo; **~e** *adj m/f* 謙虚な kenkyo na

humilla/ción *f* 屈辱 kutsujoku; **~nte** *adj m/f* 屈辱的な kutsujoku-teki na; **~r** *vt* 屈辱を与える kutsujoku o ataeru

humo *m* 1. 煙 kemuri; 2. *(vapor)* 湯気 yuge; **echar** ~ 煙を出す kemuri o dasu, 湯気を出す yuge o dasu

humor *m* 1. *(estado de ánimo)* 気分 kibun, 機嫌 kigen; 2. *(sentido de humor)* ユーモア yuumoa; **estar de buen** ~ 上機嫌だ joo-kigen da; **~ismo** *m* ユーモア yuumoa; **~ístico, -a** *adj* ユーモアのある yuumoa no aru

hundi/do, -a *adj* 1. *(barco)* 沈んだ shizunda; 2. *(estar abatido)* 落ち込んだ ochikonda; **~miento** *m* 1. *(barco)* 沈没 chinbotsu; 2. *(de tierra)* 陥没 kanbotsu; **~r** *vt* 1. 沈める shizumeru; 2. 陥没させる kanbotsu saseru; 3. *(abatir)* 打ちのめす uchinomesu; **~rse** 1. *(barco)* 沈む shizumu; 2. *(tierra)* 陥没する kanbotsu suru

húngaro, -a 1. adj ハンガリーの Hangarii no; **2.** *m/f* ハンガリー人 Hangarii-jin; **3.** *m ling* ハンガリー語 Hangarii-go

Hungría *f* ハンガリー Hangarii
huracán *m* ハリケーン harikeen

I

ibérico, -a *adj* イベリア半島の Iberia hantoo no, イベリア人の Iberia-jin no
íbero *m ling* イベリア語 Iberia-go
Ibero/américa *f* イベロアメリカ Ibero Amerika; ~***america-no, -a 1.** *adj* 中南米の Chuu-nanbei no; **2.** *m/f* 中南米人 Chuu-nanbei-jin
iceberg *m* アイスバーグ aisu baagu, 氷山 hyoozan
ícono *m informát* アイコン ai-kon
ida *f* 1. 往き iki, 往路 ooro; **~ y vuelta** *transp* 往復 oofuku; **billete de ~ y vuelta** 往復切符 oofuku kippu
idea *f* 1. 考え kangae; 2. *(concepto, noción)* 概念 gainen
ide/al 1. *adj m/f* 1. 理想的な risoo-teki na; 2. *filos* 観念的な kannen-teki na; **2.** *m (arquetipo)* 理想 risoo; **~alismo** *m* 理想主義 risoo-shugi; 2. *filos* 観念論 kannen-ron; **~alista** *m/f* 理想主義者 risoo-shugi-sha; **~alizar** *vt* 理想化する risoo-ka suru; **~ar** *vt* 考え出す kangae dasu
ídem *pron* 同上(の) doojoo (no)
idéntico, -a *adj* 1. 同じの onaji no; 2. *(parecido)* よく似た yoku nita
identi/dad *f* 1. *(homogeneidad)* 同一性 dooitsu-sei; 2. *(persona en cuestión)* 本人であることの証明 hon nin de aru koto no shoomei; 3. 身元 mimoto; **~ficar** *vt* 1. 身元を確認する mimoto o kakunin suru; 2. *(homogeneizar)* 同一と確認する dooitsu to kakunin suru; **~ficarse** 1. 身元を証明する mimoto o shoomei suru; 2. **con** … と一体感を持つ … to ittaikan o motsu
ideol/ogía *f* 1. イデオロギー ideorogii, 思想 shisoo; **~ógico, -a** *adj* イデオロギーの ideorogii no
idílico, -a *adj* 牧歌的な bokka-teki na
idilio *m* 恋愛関係 ren'ai kankei
idioma *m* 言語 gengo, 言葉 kotoba
idiota 1. *adj m/f* 馬鹿の baka no; **2.** *m/f* 馬鹿 baka, 間抜け manuke
ídolo *m* 偶像 guuzoo, アイドル aidoru
idoneidad *f* 的確 tekikaku, 適当 tekitoo
idóneo, -a *adj* ふさわしい fusawashii
iglesia *f* 教会 kyookai
ignora/ncia *f* 無知 muchi, 無学 mugaku; **~nte** *adj m/f* 無知

の muchi no, 無学の mugaku no; **~r** *vt* 1. 知らない shiranai; 2. *(pasar por alto)* 無視する mushi suru

igual *adj m/f* 1. 等しい hitoshii, 同じ onaji; 2. 平等な byoodoo na; **sin ~** 比べ物にならない kurabemono ni naranai; **~ar** *vt* 等しくする hitoshiku suru; **~dad** *f* 平等 byoodoo; **~mente** *adv* 同様に dooyoo ni, 平等に byoodoo ni

ikebana *m* 生け花 ikebana

ile/gal *adj m/f* 不法の fu-hoo no, 非合法の hi-goohoo no; **~gítimo, -a** *adj* 非合法な hi-goohoo na

ilícito, -a *adj* 不法の fu-hoo no, 違法の ihoo no

ilimitado, -a *adj* 無限の mugen no, 限りない kagiri nai

ilumina/ción *f* 照明 shoomei; **~r** *vt* 1. 照明する shoomei suru; 2. *(ilustrar)* 啓蒙する keimoo suru

ilusión *f* 1. 幻覚 genkaku; 2. *(esperanza)* 期待 kitai

ilustr/ación *f* イラスト irasuto; **~e** *adj m/f* 著名な chomei na

imagen *f* 1. 像 zoo, 画像 gazoo; 2. *(figura)* 姿 sugata; 3. *cine, TV* 映像 eizoo, 画面 gamen

imagina/ción *f* 1. 想像 soozoo; 2. *(fuerza imginativa)* 想像力 soozoo-ryoku; **~r** *vt* 想像する soozoo suru; **~rio, -a** *adj* 想像上の soozoo-joo no, 架空の kakuu no; **~tivo, -a** *adj* 想像力の豊かな soozoo-ryoku no yutaka na

imán *m* 磁石 jishaku

imbécil 1. *adj m/f* 馬鹿な baka na; **2.** *m/f* 馬鹿 baka

imita/ción *f* 1. 模倣 mohoo, まね mane; 2. *(objeto de imitación)* 模造品 mozoo-hin; **~r** *vt* 1. まねる maneru; 2. 模造する mozoo suru

impacien/cia *f* 1. 忍耐がないこと nintai ga nai koto; 2. *(ansiedad)* あせり aseri; **~tar** *vt* いらいらさせる iraira saseru; **~tarse** いらいらする iraira suru; **~te** *adj m/f* せっかちな sekkachi na, いらいらしている iraira shite iru

impacto *m* 衝撃 shoogeki

impar *adj m/f* 奇数の kisuu no; **~cial** *adj m/f* 公平な koohei na

impecable *adj m/f* 欠点のない ketten no nai

impedi/mento *m* 障害 shoogai, 邪魔 jama; **~r** *vt* 妨げる samatageru, 邪魔をする jama o suru

impenetrable *adj m/f* 入り込めない hairikomenai

impera/r *vi* 君臨する kunrin suru, 統治する toochi suru; **~tivo** *m ling* 命令形 meirei-kei

imperceptible *adj m/f* 知覚できない chikaku dekinai

imperdible *m* 安全ピン anzen pin, ブローチ buroochi
imperdonable *adj m/f* 許せない yurusenai
imperfec/ción *f* 不完全 fu-kanzen; **~to, -a** *adj* 不完全な fu-kanzen na
imperial *adj m/f* 帝国の teikoku no; **~ismo** *m* 帝国主義 tei-koku-shugi
imperio *m* 帝国 teikoku
impermeable *m* レーンコート reenkooto
impersonal *adj m/f ling* 非人称の hi-ninshoo no
impertinen/cia *f* 無礼 burei, ぶしつけ bushitsuke; **~te 1**. *adj m/f* 無礼な burei na, 生意気な namaiki na; **2.** *m/f* 無礼な人 burei na hito
imperturbable *adj m/f* 物に動じない mono ni doojinai, 冷静な reisei na
ímpetu *m* 意気込み ikigomi, 衝動 shoodoo
impetuoso, -a *adj* 激しい hageshii
implacable *adj m/f* 妥協しない dakyoo shinai
implant/ación *f* 1. 導入 doonyuu, *med* 移植 ishoku; **~ar** *vt* 導入する doonyuu suru
implica/ción *f* 巻き添え makizoe; **~r** *vt* 巻き込む makikomu; **~do, -a** *adj* 巻き込まれた makikomareta; *med* 移植する ishoku suru
implícito, -a *adj* 暗黙の anmoku no
implorar *vt* 嘆願する tangan suru
impone/nte *adj m/f* 堂々たる doodootaru; **~r** *vt* 1. 強制する kyoosei suru; 2. *(penalidad, impuesto/罰則、税などを)* 課する kasuru; **~rse** 1. *(ser forzado)* 強制される kyoosei sareru; 2. *(responsabilidad, obligación/責任、義務を)* 負う ou
impopular *adj m/f* 人気がない ninki ga nai, 評判の悪い hyooban no warui
importa/ción *f* 輸入 yunyuu; **~dor, -a** *m/f* 輸入業者 yunyuu-gyoosha; **~ncia** *f* 重要 juuyoo; **~nte** *adj m/f* 重要な juuyoo na; **~r 1**. *vt* 輸入する yunyuu suru; **2**. *vi* 重要だ juuyoo da
importe *m* 代金 daikin, 金額 kingaku
importun/ar *vt* わずらわす wazurawasu; **~o, -a** *adj* 1. あいにくの ainiku no; 2. *(molesto)* わずらわしい wazurawashii
imposib/ilidad *f* 不可能 fu-kanoo; **~ilitar** *vt* 不可能にする fu-kanoo ni suru; **~le** *adj m/f* 不可能な fu-kanoo na
imposición *f* 強制 kyoosei
impostor, -a *m/f (farsante)* 偽者 nise-mono

impoten/cia *f* 1. *(incapacidad)* 無能 munoo; 2. *(sexualmente)* インポテンツ inpotentsu; **~te** *adj m/f* 1. 無能な munoo na, 無力な muryoku na; 2. *(sexualmente)* 性的不能な sei-teki funoo na

imprescindible *adj m/f* 不可欠の fukaketsu no

impresi/ón *f* 1. 印象 inshoo, 感想 kansoo; 2. *(imprenta)* 印刷 insatsu; **~onar** *vt* 1. 印象づける inshoozukeru; 2. *foto* 露出する roshutsu suru

impreso **1.** *adj* 印刷された insatsu sareta; **2.** *m* 印刷物 insatsu-butsu, 記入用紙 kinyuu-yooshi; **~ra** *f* プリンター purintaa

imprevisto, -a *adj* 予期しない yokishinai, 意外な igai na

imprimir *vt* 印刷する insatsu suru

improbable *adj m/f* ありそうにない arisoo ni nai

improvisa/ción *f* 即興 sokkyoo; **~r** *vt* 即興でする sokkyoo de suru

imprudente *adj m/f* 無分別な mu-funbetsu na, 軽率な kei-sotsu na

impuesto *m* 税 zei, 税金 zeikin; **~ sobre el valor añadido (IVA)** 付加価値税 fukakachi-zei

impugnar *vt* 異議を唱える igi o tonaeru

impuls/ar *vt* 推進する suishin suru, 促進する sokushin suru; **~ión** *f* 推進 suishin, 衝動 shoodoo

impunidad *f* 刑罰を受けないこと keibatsu o ukenai koto

inaceptable *adj m/f* 受け入れられない ukeirerarenai

inaccesible *adj m/f* 近づきにくい chikazuki-nikui, 親しみにくい shitashimi-nikui

inadmisible *adj m/f* 容認できない yoonin dekinai

inaguantable *adj m/f* 我慢できない gaman dekinai

inaudito, -a *adj* 前代未聞の zendaimimon no

inaugura/ción *f* 開会 kaikai, *transp* 開通 kaitsuu, *com* 開業 kaigyoo, *(tienda)* 開店 kaiten, *(de edificio/建物の)* 開館 kaikan; **~r** *vt (reunión, congreso, deporte/会議、大会、スポーツの)* 開会式を行う kaikai-shiki o okonau

incansable *adj m/f* 疲れを知らない tsukare o shiranai

incapa/cidad *f* 1. 能力がないこと nooryoku ga nai koto; 2. 無能 munoo, 無力 muryoku; 3. 容量不足 yooryoo-busoku; **~z de** … をすることができない … o suru koto ga dekinai

incendi/ar *vt* 放火する hooka suru; **~o** *m* 火事 kaji

incentivo *m* 動機 dooki, 刺激 shigeki

incertidumbre *f* 1. *(inseguridad)* 不安 fuan, 不確実 fu-kakujitsu; 2. *(vacilación)* 迷い mayoi

incidente *m* 事件 jiken, 紛争 funsoo

incierto, -a *adj* 自信のない jishin no nai, 本当かどうかわからない hontoo ka dooka wakaranai

incinera/ción *f* 1. *(quema)* 焼却 shookyaku; 2. *(cremación)* 火葬 kasoo; **~ción de basura** ごみの焼却 gomi no shookyaku; **~r** *vt* *(quemar)* 焼却する shookyaku suru; 2. *(incinerar cadáver)* 火葬にする kasoo ni suru

incitar *vt* **a** … をそそのかす … o sosonokasu, … を扇動する … o sendoo suru

inclina/ción *f* 傾き katamuki; **~r** *vt* 傾ける katamukeru, かしげる kashigeru; **~rse** 1. 傾く katamuku; 2. 会釈する eshaku suru, 身をかがめる mi o kagameru

inclu/ir *vt* 含む fukumu; **~so** *adv* 1. *(hasta)* さえ sae; 2. 含めて fukumete

incoherente *adj m/f* つじつまの合わない tsujitsuma no awanai

incoloro, -a *adj* 無色の mushoku no

incómodo, -a *adj* 1. *(desagradable)* 不快な fukai na; 2. *(molesto)* 堅苦しい katakurushii, 居心地が悪い igokochi ga warui

incomparable *adj m/f* 1. 比較できない hikaku dekinai, 比べものにならない kurabemono ni naranai

incompatible *adj m/f* 相容れない ai-irenai, 両立できない ryooritsu dekinai

incompetente *adj m/f* 無能な munoo na, 資格のない shikaku no nai

incomunicado, -a *adj* 連絡が絶えた renraku ga taeta, 孤立した koritsu shita

incon/sciente *adj m/f* 1. 無意識の mu-ishiki no; 2. 気づかない kizukanai; **~veniente 1.** *adj m/f* 不都合な fu-tsugoo na; **2.** *m* 不都合 fu-tsugoo; **no tengo ~ en u/c** 私は/に不都合はありません watashi wa/ni fu-tsugoo wa arimasen

incorporar *vt* 1. 一体にする ittai ni suru; 2. *(fusionar)* 合併する gappei suru; 3. *(levantar parte superior del cuerpo)* 上体を起こさせる jootai o okosaseru; **~se** 1. *(unificarse)* 一体になる ittai ni naru; 2. 参加する sanka suru; 3. *(levantar parte superior del cuerpo)* 上体を起こす jootai o okosu

incorrecto, -a *adj* 1. 正しくない tadashiku nai, 不適切な fu-tekisetsu na

incrédulo, -a *adj* 疑い深い utagai-bukai
increíble *adj m/f* 信じられない shinjirarenai
incremento *m* 増加 zooka
inculcar *vt* 頭に叩き込む atama ni tatakikomu
inculto, -a *adj* 教養のない kyooyoo no nai, 無学な mugaku na
incurable *adj m/f* 治らない naoranai
indecente *adj m/f* 1. 下品な gehin na, わいせつな waisetsu na; 2. *(miserable)* みじめな mijime na
indeciso, -a *adj* 煮え切らない niekiranai, どっちともつかない dotchitomo tsukanai
indefenso, -a *adj* 無防備の/な mu-boobi no/na
indefinido, -a *adj* 不特定の futokutei no, 漠然とした bakuzen to shita
indemniza/ción *f* 賠償 baishoo; **~r** *vt* 賠償する baishoo suru
independ/encia *f* 1. 独立 dokuritsu; 2. *(manutención por sí mismo)* 自立 jiritsu; **~iente** *adj* 独立した dokuritsu shita, 自立した jiritsu shita; **~iente de** … と関係ない … to kankei nai
indescriptible *adj m/f* 言い表せない iiarawasenai
indeterminado, -a *adj* 1. 不定の futei no; 2. *(impreciso)* 漠然とした bakuzen to shita
indica/ción *f* 1. 指示 shiji, 指摘 shiteki; 2. *(manifestación)* 表示 hyooji; **~r** *vt (señalar, señalar con el dedo/指で)* 指す sasu, *(dar instrucciones)* 指示する shiji suru, *(señalar)* 指摘する shiteki suru-
índice *m* 1. *(de libros)* 目次 mokuji; 2. 指数 shisuu
indicio *m* 1. 兆候 chookoo; 2. *jur* 証拠 shooko
indiferen/cia *f* 無関心 mu-kanshin, 冷淡 reitan; **~te** *adj m/f* 無関心な mu-kanshin na, 冷淡な reitan na
indígena 1. *adj m/f* 土着の dochaku no; **2.** *m/f* 原住民 genjuumin, 先住民 senjuumin
indigente 1. *adj m/f* 極貧の gokuhin no; **2.** *m/f* 貧困者 hinkon-sha
indigestión *f* 消化不良 shooka-furyoo
indign/arse 怒る okoru; **~o, -a** *adj* 1. *(no merecer)* 値しない ataishinai, ふさわしくない fusawashiku nai; 2. *(sinvergüenza)* 恥ずべき hazubeki
indio, -a 1. *adj* 1. インディオの Indio no; 2. *(de India)* インドの Indo no; **2.** *m/f* インディオ Indio; **hacer el** ~ 馬鹿なまねをする bakana mane o suru
indirecto, -a *adj* 間接的な kansetsu-teki na

indiscreción *f* 無分別 mu-funbetsu, 軽はずみな行動 karuhazumi na koodoo
indiscutible *adj m/f* 議論の余地のない giron no yochi no nai, 明白な meihaku na
indispensable *adj m/f* 欠かせない kakasenai, 不可欠な fukaketsu na
indis/poner *vt* 1. *(disgustarse)* 気を悪くさせる ki o waruku saseru; 2. *(condición física)* 体の調子を悪くする karada no shooshi o waruku suru; **~ponerse** 1. *(enemistarse)* 仲たがいをする nakatagai o suru; 2. *(condición física)* 体の調子が悪くなる karada no chooshi gawaruku naru; **~posición** *f* 軽い病気 karui byooki, 体の不調 karada no fuchoo; **~puesto, -a** *adj* 気分が悪い kibun ga warui
individu/al *adj m/f* 個人の kojin no, 個人的な kojin-teki na; **~alidad** *f* 個性 kosei; **~alismo** *m* 個人主義 kojin-shugi; **~o** *m* 個人 kojin
índole *f* 性質 seishitsu
indolen/cia *f* 怠惰 taida, 不精 bushoo; **~te** *adj m/f* 怠け者の namake-mono no
induc/ción *f* 誘発 yuuhatsu, 誘導 yuudoo; **~ir** *vt* 誘導する yuudoo suru
indudable *adj m/f* 疑う余地のない utagau yochi no nai
indulgen/cia *f* 寛大 kandai; **~te** *adj m/f* 寛大な kandai na
indumentaria *f* 衣服 ifuku, 衣装 ishoo
industri/a *f* 産業 sangyoo, 工業 koogyoo; **~al** *adj m/f* 産業の sangyoo no, 工業の koogyoo no
inédito, -a *adj* 1. *(no publicado)* 未発表の mi-happyoo no; 2. *(desconocido)* 知られていない shirarete inai
inefica/cia *f* 無効果 mukooka; **~z** *adj* 1. *(ineficiente)* 効果のない kooka no nai; 2. *(inútil)* 無益な mueki na
inepto, -a *adj m/f* 無能な munoo na
inequívoco, -a *adj* 紛れもない magiremo nai, 明白な meihaku na
inesperado, -a *adj* 予期しない yokishinai, 意外な igai na, 突然の totsuzen no
inestab/ilidad *f* 不安定 fu-antei; **~le** *adj m/f* 不安定な fu-antei na, 変わりやすい kawari-yasui
inestimable *adj m/f* 計り知れない hakarishirenai
inevitable *adj m/f* 避けられない sakerarenai
inexact/itud *f* 1. *(incorrección)* 不正確 fu-seikaku; 2. *(error)* 間違い machigai; **~o, -a** *adj* 1. *(incorrecto)* 不正確な fu-sei-

kaku na; 2. *(equivocado)* 間違った machigatta
inexcusable *adj m/f* 言い訳のできない iiwake no dekinai
inexistente *adj m/f* 存在しない sonzai shinai
inexperto, -a *adj* 経験がない keiken ga nai
inexplicable *adj m/f* 説明ができない setsumei ga dekinai, 不可解な fukakai na
infam/e *adj m/f* 破廉恥な harenchi na; **~ia** *f* 不名誉 fumeiyo
infan/cia *f* 幼年期 yoonen-ki; **~til** *adj m/f* 子供の kodomo no, 子供じみた kodomo-jimita
infatigable *adj m/f* 疲れを知らない tsukare o shiranai
infarto *m med* 梗塞 koosoku
infec/ción *f* 感染 kansen, 化膿 kanoo; **~cioso, -a** *adj* 感染性の kansen-sei no; **~tar** *vt med* 感染する kansen suru
infeliz 1. *adj m/f* 不幸な fukoo na, 不運な fu-un na; **2.** *m/f* 不幸な人 fukoo na hito
inferior 1. *adj m/f* 下の shita no; ~ **a** … より劣った … yori ototta; **2.** *m/f* 部下 buka; **~idad** *f* 劣っていること ototte iru koto
infernal *adj m/f* 1. *(del infierno)* 地獄の jigoku no; 2. *(terrible)* すさまじい susamajii
infi/delidad *f* 不貞 futei; **~el** *adj m/f* 不貞な futei na
infierno *m* 地獄 jigoku
infiltra/ción *f* しみ込むこと shimikomu koto, 浸入 shinnyuu; **~r** *vt* 浸透させる shintoo saseru; **~rse** しみ込む shimikomu
infini/dad *f* 無限 mugen, 無数 musuu; **~to 1. -a** *adj* 無限の mugen no, 無数の musuu no; **2.** *m* 無限 mugen
inflación *f* インフレーション infureeshon
inflama/ción *f* 燃焼 nenshoo; **~r** *vt* 1. 燃やす moyasu; 2. *(enconar)* 炎症を起こさせる enshoo o okosaseru; **~rse** 1. *(encenderse)* 火がつく hi ga tsuku; 2. *(enconarse)* 炎症する enshoo suru
inflar *vt* 1. *(hinchar)* 膨らませる fukuramaseru; 2. *(exagerar)* 誇張する kochoo suru, 自慢する jiman suru
inflexible *adj m/f* 1. 曲がらない magaranai; 2. *(reglamento, opinión/規則、意見などを)* 曲げない magenai, 不屈の fukutsu no
influ/encia *f* 影響 eikyoo; **~ir** *vi* **en/ sobre** … に影響を与える … ni eikyoo o ataeru; **~jo** 影響 eikyoo; **~yente** *adj m/f* 影響力のある eikyoo-ryoku no aru

información *f* 1. 情報 joohoo; 2. *(oficina de información)* 案内所 annai-sho
informal *adj m/f* 正式でない seishiki de nai, 略式の ryakushiki no
informar *vt* 報告する hookoku suru, 知らせる shiraseru
inform/ática *f* 情報科学 joohoo kagaku, 情報処理 joohoo shori; **~ático, -a 1.** *adj* 情報科学の joohoo kagaku no; **2.** *m/f* 情報科学者 joohoo kagaku-sha
informe *m* 報告 hookoku, 報告書 hookoku-sho
infra/cción *f* 違反 ihan, *auto* 交通違反 kootsuu-ihan; **~estructura** *f* 1. *(社会の)* 下部構造 kabu-koozoo, 下部組織 kabusoshiki; 2. *(de arquitectura/建築物の)* 基礎構造 kiso-koozoo
infringir *vi jur (ley, contrato/規則、契約を)* 破る yaburu, 犯す okasu
infructuoso, -a *adj* 無益な mueki na, 無駄な muda na
infusión *f* ハーブ茶 haabu-cha
ingeni/ero, -a *m/f* 技術者 gijutsu-sha, エンジニアー enjiniaa; **~o** *m* 1. 才能 sainoo; **~oso, -a** *adj* 機知に富んだ kichi ni tonda
ingenu/idad *f* 無邪気 mu-jaki; **~o, -a** *adj* 無邪気な mu-jaki na
Inglaterra *f* イギリス Igirisu
ingle *f* 鼠径部 sokeibu
inglés, -a 1. *adj* 1. イギリスの Igirisu no; 2. イギリス人の Igirisu-jin no; **2.** *m/f* イギリス人 Igirisu-jin; 3. *m ling* 英語 eigo
ingratitud *f* 恩知らず onshirazu
ingrediente *m gastr (ryoori no)* 材料 zairyoo
ingre/sar 1. *vi* 1. 加入する kanyuu suru; 2. *med* 入院する nyuuin suru; 3. *(escuela)* 入学する nyuugaku suru; **2.** *vt (dinero)* 入金する nyuukin suru; **~so** *m (en un grupo, organización)* 入会 nyuukai, *(hospital)* 入院 nyuuin, *(escuela)* 入学 nyuugaku, *(empresa)* 入社 nyuusha; **~sos** *econ* 収入 shuunyuu, 所得 shotoku
inhabitado, -a *adj* 人の住んでいない hito no sunde inai, 無人の mujin no
inhalar *vt* 吸い込む suikomu, 吸入する kyuunyuu suru
inhibición *f* 抑制 yokusei, 防止 booshi
inhumano, -a *adj* 非人間的な hi-ningen-teki na, 残忍な zannin na
inici/al 1. *adj m/f* 初期の shoki no, 最初の saisho no; **2.** *f* イニシャル inisharu; **~ar** *vt* 始める hajimeru; **~ar en** … の手ほどきをする … no tehodoki o suru; *informát* 立ち上げる

tachiageru; ~**ativa** *f* イニシアチブ inishiachibu; ~**o** *m* 開始 kaishi, 冒頭 bootoo
inigualable *adj m/f* 卓越した takuetsu shita
injerencia *f* 介入 kainyuu, 干渉 kanshyoo
injuria *f* 侮辱 bujoku
injust/icia *f* 不正 fusei; ~**o, -a** *adj* 不公平な fu-koohei na
inmediato, -a *adj* 1. *(instante)* 即時の sokuji no; 2. *(justo al lado)* すぐ隣の sugu tonari no
inmejorable *adj m/f* 極上の gokujoo no, 最上の saijoo no
inmenso, -a *adj* 広大な koodai na, 巨大な kyodai na
inmigra/ción *f* 1. *(emigración)* 移住 ijuu, 移民imin; 2. *(la entrada en país)* 入国 nyuukoku; ~**nte** *m/f* *(emigrante)* 移民 imin; ~**r** *vi* 移民する imin suru
inminente *adj m/f* 緊迫した kinpaku shita
inmoral *adj m/f* 不道徳な fu-dootoku na
inmortal *adj m/f* 不死の fushi no, *(obras de arte)* 不朽の fukyuu no; ~**idad** *f* 不死 fushi, *(obras de arte)* 不朽 fukyuu
inmóvil *adj m/f* 不動の fudoo no, 静止した seishi shita
inmueble *m* 不動産 fu-doosan
innato, -a *adj* 生まれつきの umaretsuki no, 先天的な sen-ten-teki na
innecesario, -a *adj* 不必要な fu-hitsuyoo na
innova/ción *f* 刷新 sasshin, 革新 kakushin; ~**dor, -a** *adj* 刷新する sasshin suru, 革新的な kakushin-teki na; ~**r** *vt* 刷新する sasshin suru, 革新する kakushin suru
inocen/cia *f* 1. *(inculpabilidad)* 無罪 muzai; 2. *(ingenuidad)* 無邪気 mu-jaki; ~**te** *adj m/f* 1. *(de inculpabilidad)* 無罪の muzai no; 2. *(ingenuo)* 無邪気な mu-jaki na
inodoro, -a *adj* 無臭の mushuu no, においのない nioi no nai
inofensivo, -a *adj* 無害の mu-gai no
inolvidable *adj m/f* 忘れられない wasurerarenai
inoportuno, -a *adj* 都合の悪い tsugoo no warui
inoxidable *adj m/f* 錆びない sabinai; **acero** ~ ステンレス sutenresu
input *m* *informát* インプット inputto
inquiet/ar *vt* 心配させる shin-pai saseru; ~**o, -a** *adj* 1. 落ち着かない ochitsukanai; 2. 気がかりな kigakari na
inquilino, -a *m/f* 借家人 shakuya-nin
inscri/bir *vt* 登録する tooro-ku suru; ~**pción** *f* 申し込み mooshikomi

insect/icida *m* 殺虫剤 satchuuzai; **~o** *m* 昆虫 konchuu

insegur/idad *f* 1. 不安定 fu-antei; 2. 不安 fuan; **~o, -a** *adj* 1. 不確かな fu-tashika na, *(inestable)* 不安定な fu-antei na; 2. *(intranquilo)* 不安な fuan na

insensat/ez *f* 非常識 hi-jooshiki, 馬鹿げた言動 bakageta gendoo; **~o, -a** *adj* 無分別な mu-funbetsu na, 非常識な hi-jooshiki na, 馬鹿な baka na

insensible *adj m/f* 1. *(no tener sensibilidad)* 無感覚な mu-kankaku na; 2. *(débil, tenue)* 感じ取れない kanjitorenai

inseparable *adj m/f* 離れられない hanarerarenai

inser/tar *vt* 挿入する soonyuu suru, 差し込む sashikomu; **~vible** *adj m/f* 役に立たない yaku ni tatanai

insignificante *adj m/f* 取るに足らない toru ni taranai

insinua/ción *f* 暗示 anji; **~r** *vt* 暗示する anji suru, ほのめかす honomekasu

insípido, -a *adj* 1. *(no tiene sabor)* 味のない aji no nai; 2. *(soso)* 面白みのない omoshiromi no nai

insistir *vt* **en** … に固執する … ni koshitsu suru, … を強く主張する … o tsuyoku shuchoo suru

insolación *f* 日射病 nissha-byoo

insolen/cia *f* 無礼 burei, 傲慢 gooman; **~te** *adj m/f* 無礼な burei na, 横柄な oohei na

insólito, -a *adj* 珍しい mezurashii

insolven/cia *f* 支払い不能 shiharai-funoo; **~te** *adj* 支払い不能の shiharai-funoo no

insomnio *m* 不眠 fumin

insonoro, -a *adj* 無音の muon no

insoportable *adj m/f* 我慢できない gaman dekinai

insospechado, -a *adj* 予想外の yosoogai no

insostenible *adj m/f* 支持できない shiji dekinai, 維持できない iji dekinai

inspec/ción *f* 検査 kensa; **~tor, -a** *m/f* 検査官 kensa-kan

inspira/ción *f* 1. インスピレーション insupireeshon; 2. *(acción de respirar)*, 息を吸い込むこと iki o suikomu koto; **~r** *vt* 1. *(dar inspiración)* インスピレーションを与える insupireeshon o ataeru; 2. *(respirar)* 息を吸い込む iki o suikomu; **~rse** *(recibir inspiración)* インスピレーションを得る insupireeshon o eru

instala/ción *f* 1. 設置 setchi; 2. *(equipo)* 設備 setsubi; **~dor** *m* 取り付け工 toritsuke-koo; **~r** *vt (colocar)* 取り付ける toritsukeru, 設置する setchi suru;

~rse *(establecerse)* 住居を定める juukyo o sadameru

instan/cia *f* 申請 shinsei, 申請用紙 shinsei-yooshi; **~te** *adj m/f* 瞬間の shunkan no

instan/táneo, -a *adj* インスタントの insutanto no, 即席の sokuseki no; **~te** *m* 瞬間 shunkan; **al ~te** すぐに sugu ni

instaurar *vt* 設立する setsuritsu suru, 創設する soosetsu suru

instint/ivo, -a *adj* 本能的な honnoo-teki na; **~o** *m* 本能 honnoo

institución *f* 1. *(organización)* 機関 kikan, *(entidad)* 団体 dantai; 2. *(sistema)* 制度 seido; 3. 設立 setsuritsu

instituir *vt* 1. 設立する setsuritsu suru; 2. 教育する kyooiku suru

instituto *m* 1. *(centro de investigación)* 研究所 kenkyuu-sho; 2. *(escuela)* 中/高等学校 chuu/kootoo gakkoo

institutriz *f* 女の家庭教師 onna no katei-kyooshi

instru/cción *f* 教育 kyooiku; **~cciones** *fpl* 指示 shiji; **~ctivo, -a** *adj* 有益な yuueki na; **~ido, -a** *adj* 訓練された kunren sareta; **~ir** *vt* 1. 教える oshieru

instrumento *m* 1. 道具 doogu, 器具 kigu; 2. *mús* 楽器 gakki

insuficien/cia *f* 不十分 fu-juubun; **~te** *adj m/f* 不十分な fu-juubun na

insufrible *adj m/f* 我慢できない gaman dekinai

insulina *f quím* インシュリン inshurin

insult/ar *vt* 侮辱する bujoku suru; **~o** *m* 侮辱 bujoku

insuperable *adj m/f* 1. *(máximo)* 最高の saikoo no; 2. *(invencible)* 越えられない koerarenai

intachable *adj m/f* 申し分のない mooshibun no nai, 落ち度のない ochido no nai

intacto, -a *adj* 1. *(sin herida, sin daño)* そのままの sono mama no; 2. *(no tocado, no empezado)* 手をつけていない te o tsukete inai

integra/ción *f* 1. *(incorporación)* 一体化 ittai-ka; 2. *(informática)* 集積化 shuuseki-ka; **~r** *vt* 1. *(componer)* 構成する koosei suru; 2. *(incorporarse, hacerse uno)* 一体化する ittai-ka suru, 統合する toogoo suru

integridad *f* 1. *(entereza, perfección)* 完全 kanzen, 無傷 mukizu; 2. *(totalidad)* 全体 zentai, 統合 toogoo

íntegro, -a *adj* 完全な kanzen na; **versión ~a** ノーカット版 noo-katto-ban

intelectual **1.** *adj m/f* 知的な chi-teki na, 知能の chinoo no; **2.** *m/f* 知識人 chishiki-jin

inteligen/cia *f* 知能 chinoo, 知性 chisei; **~te** *adj m/f* 1. 知的な chi-teki na; 2. *(listo)* かしこい kashikoi

inteligible *adj m/f* 理解できる rikai dekiru, わかりやすい wakari-yasui

intemperie *f* 悪天候 aku-tenkoo, 天候不順 tenkoo-fujun; **a la** ~ 戸外で kogai de

intenci/ón *f* 意図 ito; **~onado, -a** *adj* ある意図をもった aru ito o motta

intenden/cia *f* 管理（職） kanri (shoku); **~te** *m* 管理官 kanri-kan, 局長 kyoku-choo

intensi/dad *f* 1. *(fuerza)* 強度 kyoodo, 強さ tsuyo-sa; 2. *(fuerza)* 激しさ hageshi-sa; **~ficar** *vt* 強める tsuyomeru, 激しくする hageshiku suru; **~vo, -a** *adj* 集中的な shuu-chuu-teki na, 徹底した tettei shita

intenso, -a *adj* 1. 激しい ha-geshii, 熱烈な netsuretsu na

intent/ar *vt* 1. *(probar)* 試みる kokoromiru, 企てる kuwada-teru; **~o** *m* 1. *(intención)* 意図 ito; 2. *(prueba)* 試み kokoromi

intercambio *m* 交換 kookan, 交流 kooryuu

interfase *f informát* インターフェイス intaafeisu

interés *m* 1. 興味 kyoomi; 2. *com* 利益 rieki; 3. *banc* 利子 rishi

interesa/do, -a *adj* **en** ... に興味を持った ... ni kyoomi o motta; **~nte** *adj m/f* 興味ある kyoomi aru, 面白い omoshi-roi; **~r** *vi* 興味がある kyoomi ga aru; **~rse por** ... に興味を持つ ... ni kyoomi o motsu

interior *adj m/f* 1. 内部の naibu no; 2. *(fuero interno)* 内心の naishin no; 3. *(nacional)* 国内の kokunai no

intermed/io, -a *adj* 中間の chuukan no; **~iario, -a** *m/f* 仲介者 chuukai-sha, 仲裁者 chuusai-sha

intermitente *m* 1. *auto* ウインカー uinkaa, ハザードランプ hazaado ranpu; 2. 断続的な danzoku-teki na

internacional *adj m/f* 国際の kokusai no

internado *m* 寄宿制度 kishuku-seido

internista *m/f med* 内科医 naika-i

internet *m* インターネット in-taanetto

interpretar *vt* 1. 解釈する kaishaku suru; 2. *(traducir)* 通訳する tsuuyaku suru; 3. *mús* 歌う utau, 演奏する ensoo suru, *teat* 演じる enjiru

intérprete *m/f* 1. 通訳 tsuuyaku; 2. *mús* 演奏者 ensoo-sha

interrumpir *vt* 中断する chuu-dan suru, 中止する chuushi suru

intervalo *m* 1. *(de tiempo, espacio/時間的、空間的)* 間隔 kankaku; 2. *mús* 音程 ontei

interven/ción *f* 1. 干渉 kanshoo; 2. *med* 手術 shujutsu; **~ir** **1.** *vi* 干渉する kanshoo suru; **2.** *vt med* 手術する shujutsu suru

interviú *f* インタビュー intabyuu

intestin/al *adj m/f* 腸の choo no; **~o** *m* 腸 choo

intimida/ción *f* 脅し odoshi; **~d** *f* 1. 親密 shinmitsu; 2. *(vida privada)* プライバシー puraibashii; **~r** *vt* 脅迫する kyoohaku suru, 怖がらせる kowagaraseru

íntimo, -a *adj* 親密な shinmitsu na, 親しい shitashii

intolera/ble *adj m/f* 我慢できない gaman dekinai; **~nte** *adj m/f* 寛容でない kan'yoo de nai, 我慢できない gaman dekinai

intoxicación *f* 中毒 chuudoku, 食中毒 shoku-chuudoku

intranquilo, -a *adj* 落ち着かない ochitsukanai, 不安な fuan na

intransigente *adj* 妥協しないこと dakyoo shinai koto, 強情な goojoo na

intrépido, -a *adj* 大胆な daitan na

intriga *f* 1. 陰謀 inboo; 2. *lit cine teat* プロット purotto; **~r** *vi* 陰謀を企てる inboo o kuwadateru

introdu/cción *f* 1. 導入 doonyuu; 2. *(prólogo)* 前書き maegaki; **~cir** *vt* 1. *(insertar, meter)* 入れる ireru; 2. 導入する doonyuu suru

intui/ción *f* 直感 chokkan; **~r** *vi* 直感する chokkan suru; **~tivo, -a** *adj* 直感の chokkan no

inunda/ción *f* 1. 洪水 koozui; 2. *(de cosas/物の)* 氾濫 hanran; **~r** *vt* 洪水を起こす koozui o okosu

inútil *adj m/f* 役に立たない yaku ni tatanai, 無駄な muda na

invadir *vt* 侵入する shinnyuu suru, 侵略する shinryaku suru

inválido, -a **1.** *adj* 身体障害の shintai shoogai no; **2.** *m/f* 身体障害者 shintai shoogai-sha

invariable *adj m/f* 一定の ittei no, 普遍の fuhen no

invasión *f* 侵入 shinnyuu, 侵略 shinryaku

invencible *adj m/f* 無敵の muteki no

inven/ción *f* 発明 hatsumei; **~tar** *vt* 発明する hatsumei suru; **~tario** *com* 棚卸し tanaoroshi; **~to** *m* 発明 hatsumei; **~tor, -a** *m/f* 発明者 hatsumei-sha, 発明家 hatsumei-ka

invern/adero *m* 温室 onshitsu; **~al** *adj m/f* 冬の fuyu no; **~ar** *vi* 1. *(pasar el invierno)* 冬を過

ごす fuyu o sugosu; 2. *(animales)* 冬眠する toomin suru

inverosímil *adj m/f* ありそうもない arisoomo nai

invertir *vt* 1. 逆にする gyaku ni suru; 2. *econ* 投資する tooshi suru

investiga/ción *f* 調査 choosa, 研究 kenkyuu; **~dor, -a** *m/f* 1. *(de policía)* 捜査官 soosa-kan; 2. *(científico)* 研究者 kenkyuu-sha; **~r** *vt* 1. 研究する kenkyuu suru; 2. *(averiguar)* 調べる shiraberu

invierno *m* 冬 fuyu

invisible *adj m/f* 目に見えない me ni mienai

invita/ción *f* 招待 shootai, 招待状 shootai-joo; **~do, -a** *m/f* 招待客 shootai kyaku; **~r** *vt* 招待する shootai suru

invocación *f (plegaria)* 祈り inori, 神への祈り kami e no inori; 2. *(imprecatorias)* 呪文 jumon

involuntario, -a *adj* 無意識の mu-ishiki no, うっかりして ukkari shite

invulnerable *adj m/f* 不死身の fu-jimi no, 傷つけられない kizutsukerarenai; 2. *(fuerte, robusto)* 頑丈な ganjoo na, 絶対不敗の zettai-fuhai no

inyec/ción *f* 注射 chuusha; **~tar** *vt* 注射する chuusha suru

ir *vi* 行く iku; ~ **de compras** 買い物に行く kaimono ni iku; ~ **en coche** 車で行く kuruma de iku; ~ **por alg** … を取りに行く … o tori ni iku; **~se** 行ってしまう itte shimau

ira *f* 怒り ikari

Ir/án *m* イラン Iran; **~*aní 1.** *adj m/f* イランの Iran no; **2.** *m/f* イラン人 Iran-jin

irascible *adj m/f* 怒りっぽい okorippoi, 短気な tanki na

iris *m* 虹 niji

Irland/a *f* アイルランド Airurando; **~*és, -a 1.** *adj* アイルランドの Airurando no, アイルランド人の Airurando-jin no; **2.** *m/f* アイルランド人 Airurando-jin; **3.** *m ling* アルランド語 Airurando-go

ironía *f* 皮肉 hiniku, 風刺 fuushi

irónico, -a *adj* 皮肉な hiniku na, 風刺的な fuushi-teki na

irradiar *vi* 1. *(luz, calor/光、熱などを)* 発散させる hassan saseru; 2. 光に当てる hikari ni ateru, 放射線に当てる hooshasen ni ateru

irreal *adj m/f* 非現実的な higenjitsu-teki na

irrealizable *adj m/f* 実現できない jitsugen dekinai, 達成不可能な tassei-fu-kanoo na

irrefutable *adj m/f* 反論できない hanron dekinai

irregular *adj m/f* 不規則な fukisoku na

irreparable *adj m/f* 直せない naosenai, つぐなうことが

できない tsugunau koto ga dekinai
irresistible *adj m/f* 我慢できない gaman dekinai, 耐え難い taegatai
irresponsable *adj m/f* 無責任な mu-sekinin na
irrevocable *adj m/f* 取り消し不能の torikeshi-funoo no
irrita/ble *adj m/f* 怒りっぽい okorippoi; ~**ción** *f* 苛立ち ira-dachi, じれったさ jiretta-sa; ~**nte** *adj m/f* いらいらさせる iraira saseru; ~**r** *vt* 1. いらいらさせる iraira saseru; 2. *med* 炎症を起こさせる enshoo o okosaseru; ~**rse** 1. *(impacientarse)* 苛立つ iradatsu; 2. *med* 炎症を起こす enshoo o okosu
irrumpir *vi* **en** … に侵入する … ni shinnyuu suru, … に突入する … ni totsunyuu suru
isla *f* 島 shima
Isl/am *m* イスラム教 Isuramu-kyoo; ~***ámico, -a** *adj* イスラム教の Isuramu-kyoo no
island/és, -a 1. *adj* アイスランドの Aisurando no; **2.** *m/f* アイスランド人 Aisurando-jin; **3.** *m ling* アイルランド語 Aisurando-go~***ia** アイスランド Aisurando
Israel *m* イスラエル Isuraeru; ~***í 1.** *adj m/f* イスラエルの Isuraeru no; **2.** *m/f* イスラエル人 Isuraerun-jin
Italia *f* イタリア Itaria; ~***no, -a 1.** *adj* イタリアの Itaria no; **2.** *m/f* イタリア人 Itaria-jin; **3.** *m ling* イタリア語 Itaria-go
itinerario *m* 旅程 ryotei, 行程 kootei
IVA *m* 付加価値税 fukakachi-zei
izquierd/a *f* 1. 左 hidari; 2. *pol* 左翼 sayoku; ~**ista** *m/f pol* 左翼の人 sayoku no hito; ~**o, -a** *adj* 左の hidari no

J

jabalí *m* 猪 inoshishi
jabón *m* 石鹸 sekken
jactarse 自慢する jiman suru, うぬぼれる unuboreru
jade *m* ひすい hisui
jadear *vi* 喘ぐ aegu, 息を切らす iki o kirasu
jaleo *m* 1. *coloq* お祭り騒ぎ omatsuri sawagi; 2. *(confusión)* 混乱 konran
jamás *adv* 決して kesshite; **nunca** ~ 決して … しない kesshite … shinai
jamón *m* 生ハム nama-hamu; ~ **dulce** ボンレスハム bonresu-hamu; ~ **serrano** 生ハム nama-hamu
Jap/ón 日本 Nihon, 日本 Nippon; ~***onés, -a 1.** *adj* 日本の Nihon no, 日本語の Nihon-go no; **2.** *m/f* 日本人 Nihon-jin; **3.** *m ling* 日本語 Nihon-go

jaque *m (chesu)* 王手 oote; ~ **mate** チェックメイト chekku meito

jaqueca *f med* 偏頭痛 henzu-tsuu, 頭痛 zutsuu

jarabe *m* シロップ shiroppu

jardín *m* 庭 niwa, 庭園 teien

jardiner/a *f* 植木棚 ueki dana プランター purantaa; **~ía** *f* 園芸 engei; **~o, -a** *m/f* 庭師 niwa-shi

jarr/a *f* 水差し mizu-sashi, つぼ tsubo, ジョッキ jokki; **~o** *m* 水差し mizu-sashi, つぼ tsu-bo; **~ón** *m* 花瓶 kabin

jaula *f* 鳥かご tori-kago, 檻 ori

jazmín *m* ジャスミン jasumin

jef/a *f (josei no)* 長 choo, 指導者 shidoo-sha; **~atura** *f* **de policía** 警察本部 keisatsu honbu; **~e** *m (soshiki, shuudan no)* 長 choo, 上司 jooshi

jengibre *m* 生姜 shooga

jersey *m (pl* jerseys*)* セーター seetaa

Jesús *m* イエス Iesu

jornada *f* 1. 一日の労働 ichi-nichi no roodoo; 2. 日程 nittei, 一日の道のり ichi-nichi no michinori

jota *f* 1. アルファベットの j arufabetto no j; 2. アラゴン、ナバラ、 バレンシア地方の民族舞踊 Aragon, Nabara, Barenshia chihoo no minzoku buyoo

joven 1. *adj m/f* 若い wakai; **2.** *m/f* 青年 seinen, 若者 waka-mono

joy/a *f* 1. *(piedras preciosas)* 宝石 hooseki; 2. *(objetos valiosos)* 貴重なもの kichoo na mono; **~ería** *f* 宝石店 hoose-ki-ten; **~ero, -a** *m/f* 宝石商 hooseki-shoo

jubil/ación *f* 1. *(retiro)* 退職 tai-shoku; 2. *(pensión)* 年金 nen-kin; **~ado, -a 1.** *adj (retirado)* 引退した intai shita, 年金を受けている nenkin o ukete iru; **2.** *m/f (retirado)* 退職者 taishoku-sha, *(pensionista)* 年金受給者 nenkin jukyuu-sha; **~ar** *vt* 退職させる taishoku saseru; **~arse** 退職する tai-shoku suru

judía *f* インゲン豆 ingen mame

judo *m* 柔道 juudoo

juego *m* 1. 遊び asobi; 2. *sport* 試合 shiai; 3. *(apuesta)* 賭 kake; 4. セット setto; ~ **de café** コーヒーセット koohii setto; **~*s Olímpicos** オリンピック競技 Orinpikku kyoogi

juerga *f coloq* ばか騒ぎ baka-sawagi

jueves *m* 木曜日 mokuyoo-bi

juez, -a *m/f* 1. 裁判官 saiban-kan, 判事 hanji; 2. *sport* 審判 shinpan, ジャッジ jajji

jugad/a *f* ひどい仕打ち hidoi shiuchi; **~or, -a** *m/f* 1. *sport* 選

手 senshu; 2. *(de apuesta)* 賭博師 tobaku-shi

jugar 1. *vi* 1. 遊ぶ asobu, *(echar una partida)* ゲームをする geemu o suru; 2. *sport* 試合に出る shiai ni deru; 3. *(apostar)* 賭け事をする kakegoto o suru; **2.** *vt* 遊ぶ asobu, *(deporte, juego/スポーツ、ゲームなどを)* する suru; ~ **dinero** お金を賭ける okane o kakeru; **~rse u/c** ... を賭ける ... o kakeru

jugo *m* ジュース juusu; **~so, -a** *adj* 1. 汁の多い shiru no ooi; 2. *(reporta mucho beneficio)* 儲けの多い mooke no ooi

juguete *m* おもちゃ omocha; **~ría** *f* おもちゃ屋 omocha-ya

juicio *m* 1. *(dictamen)* 判断 handan; 2. *(razón)* 理性 risei *(cordura)* 分別 funbetsu; 3. *jur* 裁判 saiban; **~so, -a** *adj (sensato)* 分別のある funbetsu no aru

julio *m* 七月 shichi-gatsu

jungla *f* ジャングル janguru

junio *m* 六月 roku-gatsu

junta *f* 1. 会議 kaigi; 2. 評議会 hyoogi-kai; **~r** *vt* 1. *(acoplar, unir, sumar)* 合わせる awaseru, いっしょにする isshoni suru; 2. *(reunir)* 集める atsumeru; **~rse** 1. いっしょになる issho ni naru; 2. *(reunirse)* 集まる atsumaru

junt/o 1. -a *adj* 1. 一緒の issho no; 2. *(conexo)* つないだ tsunaida; **2.** *adv* 近くに chikaku ni; **3.** *f (reunión)* 会議 kaigi

jurídico, -a *adj* 法律上の hooritsujoo no

justi/cia *f* 1. 正義 seigi; 2. *(proceso)* 裁判 saiban

justi/ficante *m* 証明書 shoomeisho; **~ficar** *vt* 1. 正当化する seitoo-ka suru; 2. *(evidenciar)* 証明する shoomei suru

justo, -a *adj* 1. *(correcto)* 正しい tadashii; 2. *(exacto)* 正確な seikaku na; 3. *(apretado)* きゅうくつな kyuukutsu na

juven/il *adj m/f* 青年の seinen no, 若者らしい wakamonorashii; **~tud** *f* 1. 若さ waka-sa; 2. *(mocedad)* 青年時代 seinen jidai; 3. *(joven)* 青年 seinen, 若い人 wakai hito

juzga/do *m* 裁判所 saiban-sho; **~r** *vt* 1. 判断する handan suru; 2. *(hacer justicia)* 裁く sabaku

K

kaki *m bot* 柿 kaki

karaoke *m* カラオケ karaoke

kárate, karate *m* 空手 karate

kart *m* 1. ゴーカート gookaato; 2. *(carretilla)* 手押し車 teoshi-guruma

kendo *m* 剣道 kendoo

keroseno *m* 灯油 tooyu, ケロシン keroshin
kilo(gramo) *m* キロ kiro (グラム guramu)
kilómetro *m* キロメートル kiro-meetoru
kilovatio *m* キロワット kiro-watto
kimono *m* 着物 kimono
kiosco *m* キオスク kiosuku
Kioto *m* 京都 Kyooto
kiwi *m* キウィ kiui

L

la 女性定冠詞 josei teikan-shi
laberinto *m* 迷路 meiro
labio *m* 唇 kuchibiru
labor *f* 労働 roodoo, 仕事 shigoto; **~able** 1. *(trabajar)* 仕事のできる shigoto no dekiru; 2. *(tierra cultivable)* 耕作に適した koosaku ni tekishita; **día** *m* **~able** ウィークデー uiikudee, 平日 heijitsu; **~al** *adj m/f* 労働の roodoo no
laboratorio *m* 実験室 jikken-shitsu, ラボラトリー rabora-torii
labrar *vt* 仕事をする shigoto o suru
laca *f* 漆 urushi, ラッカー rakkaa; **~ de uñas** マニキュア manikyua
lácteo, -a *adj* 1. *(láctico)* 牛乳の gyuunyuu no; 2. *(lechoso)* 乳のような chichi no yoona; **productos** *mpl* **~os** 乳製品 nyuu-seihin
ladera *f* 山腹 sanpuku, 山の斜面 yama no shamen, 山の麓 yama no fumoto
lado *m* 側面 sokumen, 側 gawa; **de ~** 横に yoko ni, 横から yoko kara; **al otro ~ de** …の向こう側に …no mukoogawa ni; **al ~** そばに soba ni; **por un ~** 一方で ippoo de; **por otro** ~他方で tahoo de
la/drar *vi* 犬が吠える inu ga hoeru; **~drido** *m* 犬の吠え声 inu no hoe-goe
ladrón, -rona *m/f* 泥棒 doroboo
lago *m* 湖 mizuumi
lágrima *f* 涙 namida
laguna *f* 小さい湖 chiisai mi-zuumi
lament/able *adj m/f* 1. 残念な zannen na; 2. *(deplorable)* 悲しむべき kanashimu beki *(penoso)* 痛ましい itamashii; **~ar** *vt* 残念に思う zannen ni omou, 気の毒に思う kino-doku ni omou; **~o** *m* 嘆き nageki, 悲しみ kanashimi
lamer *vt* 舐める nameru
lámpara *f* 1. *(luz eléctrica)* 電灯 dentoo; 2. *(linterna, candil)* ランプ ranpu; **~ de pie** フロアスタンド furoa sutando
lana *f* 羊毛 yoomoo, ウール uuru

langost/a *f* 1. *gastr* ロブスター robusutaa; 2. *(saltamontes)* いなご inago, バッタ batta; **~ino** *m gastr* 車海老 kurumaebi

lanza *f* 槍 yari; **~miento** *m* 1. *(tirar)* 投げること nageru koto; 2. *(bomba/爆弾)* 投下 tooka, *(cohete, fuegos artificiales/ロケット、花火を)* 打ち上げる uchiageru; **~r** *vt* 1. 投げる nageru; 2. *(bomba/爆弾を)* 投下する tooka suru, *(cohete, fuegos artificiales/ロケット、花火を)* 打ち上げる uchiageru; **~rse** 1. *(salir precipitadamente)* 飛び出す tobidasu; 2. *(saltar)* 飛び降りる tobi oriru; **~rse al agua** 水に飛び込む mizu ni tobikomu

lápiz *m* 鉛筆 enpitsu; ~ **de color** 色鉛筆 iro enpitsu; ~ **de labios** 口紅 kuchibeni

largarse *coloq* 立ち去る tachisaru, *coloq* ずらかる zurakaru

largo 1. -a *adj* 長い nagai; **a la larga** 遅かれ早かれ osokare hayakare; **a lo ~ de** …に沿って …ni sotte; **2.** *m* 長さ naga-sa

lástima *f* 1. *(piedad)* 哀れみ awaremi; 2. 残念 zannen; **¡qué ~!** まったく残念だ mattaku zannen da

lastimar *vt* 傷つける kizutsukeru; **~se** けがをする kega o suru

lata *f* 缶 kan; **dar la ~** 長話で迷惑をかける naga-banashi de meiwaku o kakeru

latente *adj m/f* 潜在的な senzaiteki na

lateral *adj m/f* 横の yoko no, 脇の waki no

latido *m* 心臓の動悸 shinzoo no dooki

lat/ín *m ling* ラテン語 Raten-go; **~ino, -a 1.** *adj* 1. ラテン語の Raten-go no; 2. ラテン系の Raten-kei no; **2.** *m* ラテン系の人 Raten-kei no hito

latir *vi* 心臓が鼓動する shinzoo ga kodoo suru

latitud *f* 緯度 ido

latón *m* 真鍮 shinchuu

laurel *m bot* 月桂樹 gekkeiju

lava *f* 溶岩 yoogan

lavable *adj m/f* 洗濯できる sentaku dekiru

lavabo *m* 1. 洗面台 senmen-dai; 2. *(cuarto de baño)* 洗面所 senmen-jo, トイレ toire

lava/do *m* 1. 洗うこと arau koto; 2. *med* 洗浄 senjoo; **~dora** *f* 洗濯機 sentaku-ki; **~ndería** *f* 洗濯屋 sentaku-ya, コインランドリー koin randorii; **~platos** *m* 皿洗い機 sara arai-ki; **~r** *vt* 洗う arau; **~tiva** *f med* 浣腸 kanchoo; **~vajillas** *m* 皿洗い機 sara arai-ki

laxante 1. *adj m/f* 通じに効く tsuuji ni kiku; **2.** *m* 通じ薬 tsuuji-gusuri, 下剤 gezai

lazo *m* 結び目 musubime
leal *adj m/f* 忠実な chuujitsu na, 誠実な seijitsu na; **~tad** *f* 誠実 seijitsu, 忠実 chuujitsu
lección *f* 1. 授業 jugyoo, レッスン ressun; 2. *(de libro de texto/教科書の)* 課 ka; **dar una ~** 教える oshieru
leche *f* ミルク miruku; **~ condensada** コンデンスミルク kondensu miruku; **~ desnatada** 脱脂乳 dasshi-nyuu; **~ entera** 全乳 zennyuu; **~ría** *f* 牛乳販売店 gyuunyuu hanbaiten; **~ro, -a** *m/f* 牛乳を売る人 gyuunyuu o uru hito, 牛乳配達人 gyuunyuu haitatsu-nin
lechón *m* 雄豚 osu-buta
lechuga *f* レタス retasu
lect/or, -a *m/f* 1. 読者 dokusha; 2. 講師 kooshi; **~ura** *f* 1. 読書 dokusho
leer *vt* 読む yomu, 読書する dokusho suru
legal *adj m/f* 合法的な goohooteki na; **~idad** *f* 合法性 goohoo-sei; **~ización** *f jur* 合法化 goohoo-ka; **~izar** *vt* 合法化する goohoo-ka suru
legendario, -a *adj* 伝説的な densetsu-teki na
legislación *f* 法律 hooritsu
legitimar *vt* 合法化する goohoo-ka suru
legítimo, -a *adj* 合法的な goohoo-teki na, 正当な seitoo na
legumbres *fpl* 豆類 mamerui
lejan/ía *f* 遠いところ tooi tokoro, 離れた場所 hanareta basho; **~o, -a** *adj* 遠い tooi
lejos *adv* 遠くに tooku ni; **a lo ~** 遠くに tooku ni; **~ de** …から遠くに …kara tooku ni
lema *m* スローガン suroogan
lengua *f* 1. 舌 shita; 2. *(idioma)* 言語 gengo, 言葉づかい kotoba-zukai
lenguado *m gastr* シタビラメ shitabirame
lenguaje *m* 言語 gengo, 言葉 kotoba
lente *f* レンズ renzu; **~s de contacto** コンタクト・レンズ kontakuto-renzu
lentitud *f* 遅さ oso-sa
Leo *m astr* 獅子座 Shishi-za
león *m* ライオン raion
lesión *f* 傷 kizu, 傷害 shoogai
letal *adj m/f* 死を招く shi o maneku
letra *f* 1. 文字 moji; 2. *mús* 歌詞 kashi; **al pie de la ~** 文字通りに moji doori ni
letrero *m* 標識 hyooshiki, 掲示板 keiji-ban
leucemia *f med* 白血病 hakketsu-byoo
levantar *vt* 1. *(alzar, elevar)* 上げる ageru; 2. *(empinar)* 起こす okosu, 持ち上げる mochiageru; **~se** 起きる okiru
ley *f* 法律 hooritsu
leyenda *f* 伝説 densetsu

libera/ción *f* 解放 kaihoo; **~l 1.** *adj m/f 1. (ideología)* 自由主義の jiyuu-shugi no; 2. *(de libertad)* 自由な jiyuu na; **2.** *m/f* 自由主義者 jiyuu-shugi-sha; **~r** *vt* 自由にする jiyuu ni suru, 開放する kaihoo suru

libertad *f* 自由 jiyuu

libra *f* ポンド pondo

libre *adj m/f* 1. 自由な jiyuu na; 2. *(tiempo libre)* 暇のある hima no aru; 3. *(ser eximido)* 免除された menjo sareta

libre/ría *f* 書店 sho-ten, 本屋 hon-ya; **~ría de ocasión** 古本屋 furuhon-ya; **~ro, -a** *m/f* 本屋 hon-ya; **~ta** *f* ノート nooto; **~ta de ahorros** 預金通帳 yokin tsuuchoo

libro *m* 本 hon

licencia *f* 1. *(permiso)* 許可 kyoka; 2. *(certificado de autorización)* 許可証 kyoka-shoo

licenciatura *f* 修士号 shuushi-goo, 学士号 gakushi-goo

licor *m* リキュール rikyuuru

líder *m/f* リーダー riidaa, 指導者 shidoo-sha

liebre *f* 野うさぎ no-usagi

lienzo *m* カンバス kanbasu

liga *f* 1. 連盟 renmei; 2. *sport* リーグ riigu

ligar 1. *vt (atar, vincular)* 縛る shibaru; **2.** *vi coloq* ボーイ/ガールハントする booi/gaaru hanto suru

liger/eza *f* 1. 軽さ karu-sa; 2. *(frivolidad)* 軽薄さkeihaku-sa **~o, -a** *adj* 1. 軽い karui; 2. *(alegre, jovial)* 軽快な keikai na

lima *f* やすり yasuri; ~ **de uñas** 爪やすり tsume-yasuri

limita/ción *f* 1. 制限 seigen; 2. *(linde)* 境界 kyookai; **~ción de velocidad** 速度制限 sokudo seigen; **~do, -a** *adj* 限られた kagirareta; **~r** *vt* 限定する gentei suru, 制限する seigen suru

límite *m* 限度 gendo, 限界 genkai

limón *m* レモン remon

limonada *f* レモネード remoneedo

limosna *f* 施し hodokoshi, お布施 ofuse

limpiabotas *m* 靴磨き kutsu-migaki

limpiar *vt* きれいにする kirei ni suru

limpi/eza *f* 1. *(lo limpio)* きれいなこと kirei na koto; 2. *(acción de limpiar)* きれいにすること kirei ni suru koto, 掃除 sooji; **~o, -a** *adj* きれいな kirei na

línea *f* 1. 線 sen; 2. *(ruta)* 路線 rosen; ~ **aérea** 空路 kuuro; ~ **ferroviaria** 鉄道路線 tetsudoo rosen; ~ **marítima** 航路 kooro

ling/üística *f* 言語学 gengogaku; **~üístico, -a** *adj* 言語の gengo no, 言語学の gengogaku no; **~üista** *m/f* 言語学者 gengogaku-sha

linterna *f* 懐中電灯 kaichuudentoo

liquidación *f* 1. *(balance)* 決済 kessai; 2. *(ganga)* 大安売り ooyasuuri

líquido 1. -a *adj* 液体の ekitai no; **2.** *m* 液体 ekitai

liso, -a *adj* 1. 滑らか nameraka na; 2. 無地の muji no; 3. 直毛の chokumoo no

lista *f* リスト risuto, 表 hyoo; ~ **de espera** キャンセル待ちリスト kyanseru machi risuto

listo, -a *adj* 1. *(inteligente)* 賢い kashikoi; 2. *(preparado)* 準備のできた junbi no dekita; **estar ~ para** …ための準備ができた …tame no junbi ga dekita

litera/rio, -a *adj* 文学の bungaku no, 文学的な bungakuteki na; **~tura** *f* 文学 bungaku

litoral 1. *adj m/f* 沿岸の engan no; **2.** *m* 沿岸 engan

litro *m* リットル rittoru

llama/da *f* 1. 呼ぶこと yobu koto; 2. *(teléfono)* 電話をかけること denwa o kakeru koto; **~miento** *m* 呼びかけ yobikake, 召集 shooshuu; **~r 1.** *vt* 1. 呼ぶ yobu; 2. 電話をかける denwa o kakeru; **2.** *vi* 1. 呼ぶ yobu; 2. *(telefonear)* 電話をかける denwa o kakeru; **~rse** …という名前である …to iu namae de aru; **~tivo, -a** *adj* 人目を引く hito me o hiku, 派手な hade na

llave *f* 1. 鍵 kagi, キー kii; 2. *(llave de paso)* 元栓 motosen; 3. *(llave inglesa)* スパナsupana; ~ **de contacto** イグニッション・キー igunisshon-kii; ~ **maestra** マスター・キー masutaa-kii; **~ro** *m* キー・ホルダー kii-horudaa

llegada *f* 到着 toochaku; *aero* 到着便 toochaku-bin

llegar *vi* 着く tsuku, 到着する toochaku suru; ~ **a un lugar** …に着く…ni tsuku

llenar *vt* **de** …で一杯にする …de ippai ni suru

lleno, -a *adj* 1. **de** …で一杯の …de ippai no; 2. *(tener el estómago lleno)* お腹が一杯になった onaka ga ippai ni natta; **de ~** 完全に kanzen ni, 一杯に ippai ni

llevar *vt* 1. *(objeto)* 持って行く motte iku, *(persona, animal)* 連れて行く tsurete iku; 2. *(ropa)* 着ている kite iru; **~se** 持ち去る mochi saru; **~se bien con alg** …と気が合う …to ki ga au

llorar *vi* 泣く naku

llov/er *v/impers* 雨が降る ame ga furu; **~izna** *f* 霧雨 kiri-same;

~iznar *v/impers* 霧雨が降る kiri-same ga furu

lluvi/a *f* 雨 ame; ~ **ácida** 酸性雨 sansei-u; **~oso, -a** *adj* 雨の多い ame no ooi

lo 1. *art* こと koto, もの mono; ~ **bello** 美しいもの utsukushii mono; **2.** *pron pers* それを sore o, 彼を kare o, あなたを anata o; **3.** それ sore; ~ **de** ...のこと ...no koto

lobo *m* 狼 ookami; ~ **marino** アシカ ashika

local 1. *adj m/f* 1. *(comarcal)* 地方の chihoo no; 2. 局部の kyokubu no; **2.** *m* 1. *(lugar)* 場所 basho; 2. *(sede)* 本拠地 honkyo-chi; **~idad** *f teat* 座席 zaseki, 座席券 zaseki-ken; **~ización** *vt* 現地化 genchi-ka; **~izar** *vt* 1. 現地化する genchi-ka suru; 3. *(descubrir la posición)* 位置を特定する ichi o tokutei suru

loción *f* ローション rooshon; ~ **capilar** ヘアー・ローション heaa-rooshon; ~ **corporal** ボディー・ローション bodii-rooshon

loco, -a 1. *adj* 1. *(enloquecido)* 気の狂った ki no kurutta; 2. *(estar absorto)* 夢中になった muchuu ni natta; **2.** *m/f* 気違い kichigai

locomo/ción *f* 移動 idoo, 移動手段 idoo shudan; **~tora** *f* 機関車 kikansha

locuaz *adj* おしゃべりな oshaberi na

locura *f* 1. 狂気 kyooki; 2. 狂気の沙汰 kyooki no sata; 3. *coloq* 夢中 muchuu

locutor *m radio TV* アナウンサー anaunsaa

lógic/a *f* 論理学 ronrigaku; **~o, -a** *adj* 論理的な ronri-teki na

logístic/a *f* 1. *mil* 兵站学 heitangaku; 2. *econ* ロジスチック rojisuchikku; **~o, -a** *adj* 兵站学の heitangaku no, ロジスチックの rojisuchikku no

logr/ado, -a *adj* 獲得した kakutoku shita; **~ar** *vt* 1. *(conseguir)* 得る eru 手に入れる te ni ireru; 2. *(alcanzar)* 達成する tassei suru; **~ar que + subjuntivo** ...し遂げる ...shitogeru; **~o** *m* 1. 達成 tassei, 獲得 kakutoku; 2. *(éxito)* 成功 seikoo; **~os** *mpl* 成果 seika

lombriz *f* みみず mimizu

lomo *m* 1. *(de animal/動物の)* 背 se; 2. *gastr* ロース roosu

longaniza *f gastr* 腸詰 choozume

longevidad *f* 長生き nagaiki, 長寿 chooju

longitud *f* 1. 長さ naga-sa; 2. *geogr* 経度 keido

lonja *f* 1. 薄切り usugiri, スライス suraisu; ~ **de jamón** ハム一切れ hamu hitokire

loro *m* オーム oomu

losa *f* 1. *(azulejo)* タイル tairu; 2. *(lápida sepulcral)* 墓石 hakaishi

lote *m* 分け前 wakemae; **~ría** *f* 宝くじ takarakuji; **~ría primitiva** ロト・シックス roto-shikkusu

loza *f* 陶器 tooki, 磁気 jiki

lubina *f zool* スズキ suzuki

lubrica/nte *m* 潤滑油 junkatsu-yu; **~r** *vt* 油をさす abura o sasu

lucha *f* 1. 戦い tatakai, 闘争 toosoo; 2. *sport* レスリング resuringu; **~r** *vi* 戦う tatakau

lúcido, -a *adj* 1. 見事な migoto na; 2. 上品な joohin na

luciente *adj m/f* きらきらした kirakira shita, 光り輝く hikari kagayaku

luciérnaga *f* 蛍 hotaru

lucir 1. *vi* 1. *(brillar)* 光る hikaru, 輝く kagayaku; 2. *(sobresalir)* 抜きん出る nukinderu; **2.** *vt* 1. *(iluminar)* 照らす terasu; 2. *(exhibir)* 見せびらかす mise-birakasu; **~se** めかす mekasu

lucr/ativo, -a *adj* 利益のある rieki no aru; **~o** *m* 利益 rieki, 儲け mooke

luego *adv* 1. *(después)* 後で ato de, それから sore kara; 2. *(en breve)* やがて yagate; **desde ~** もちろん mochiron; **hasta ~** ではまた dewa mata

lugar *m* 場所 basho, 所 tokoro; **en ~ de** …の代りに …no kawari ni; **en primer ~** まず mazu; **tener ~** 行われる oko-nawareru

lujo *m* 豪華 gooka, 贅沢 zeitaku; **~so, -a** *adj* 贅沢な zeitaku na, 豪華な gooka na

lumbago *m med* 腰痛 yootsuu

lumbre *f (alumbrado)* 灯 hi, 明かり akari, 灯火 tooka

luminoso, -a *adj (brillante)* 光る hikaru, 輝く kagayaku

luna *f* 月 tsuki; **~ de miel** ハネムーン hanemuun; **~ nueva** 新月 shingetsu; **media ~** 半月 hangetsu; **~ llena** 満月 mangetsu; **~r 1.** *adj* 月の tsuki no, 太陰暦の taiinreki no; **2.** *m* ほくろ hokuro

lunes *m* 月曜日 getsuyoo-bi

luneta *f (de las gafas/眼鏡の)* レンズ renzu; **~ trasera** *auto* リヤー・ウインドー riyaa- uin-doo

lupa *f* 拡大鏡 kakudaikyoo

lustr/ar *vt* つやを出す tsuya o dasu, 磨く migaku; **~e** *m* つや tsuya, 光沢 kootaku

luto *m* 喪 mo

luz *f* 1. 光 hikari; 2. 明かり akari, *(alumbrado)* 照明 shoomei; **~ de posición** サイド・マーカー saido-maakaa; **~ intermitente** ウィンカー uinkaa; **dar a ~** 出産する shussan suru

M

macabro, -a *adj* 不気味な buki-mi na, 死の shi no
macarrones *mpl* マカロニ makaroni
macedonia *f (de fruta)* フルーツ・ポンチ furuutsu-ponchi
macet/a *f* 植木鉢 ueki bachi; **~ero** *m* フラワー・スタンド furawaa-sutando
machacar *vt* 1. *(romper)* 砕く kudaku; 2. *coloq* しつこく繰り返す shitsukoku kurikaesu; 3. *coloq* 頭にたたき込む atama ni tatakikomu
machete *m* マチェテ machete, 山刀 yama-gatana
macho *m* 1. *zool* 雄 osu; 2. *coloq* たくましい男 takumashii otoko
macizo, -a *adj* 1. *(compacto)* 中身の詰まった nakami no tsumatta, *(no chapado)* メッキでない mekki denai; 2. *(robusto)* がっしりした gasshiri shita
madera *f* 材木 zaimoku
madrastra *f* 継母 mamahaha
madre *f* 1. 母 haha; 2. *(origen, fuente)* 源 minamoto, 起源 kigen
madrileño, -a 1. *adj* マドリッドの Madoriddo no; **2.** *m/f* マドリッドの住人 Madoriddo no juunin
madrina *f* 代母 daibo
madruga/da *f (alba)* 夜明け yoake; **de ~da** 夜明けに yoake ni; **~dor, -a** *m/f* 早起きする人 hayaoki suru hito; **~r** *vi* 早起きする hayaoki suru
madur/ar 1. *vt* 1. 熟させる jukusaseru; 2. *(plan/計画などを)* 熟考する jukkoo suru; **2.** *vi* 熟す jukusu; **~ez** *f* 1. 円熟 enjuku, 成熟 seijuku; 2. *(estar a punto para comer)* 食べごろtabegoro; 3. *(sazón)* 円熟期 enjukuki; **~o, -a** *adj* 熟した juku shita
maestr/o, -a *m/f* 1. *(principalmente de enseñanza primaria/小学校の)* 先生sensei; 2. 師 shi; 3. *arte* 巨匠 kyoshoo; **~ía** *f* 熟練 jukuren
magia *f* 魔術 majutsu, 魔法 mahoo
mágico, -a *adj* 1. 魔法の mahoo no; 2. *(fascinante)* 魅惑的な miwaku-teki na
magistra/do *m* 裁判官 saibankan, 判事 hanji; **~l** *adj m/f* すばらしい subarashii
magnesio *m quím* マグネシウム maguneshiumu
magnético, -a *adj* 磁石の jishaku no, 磁力の jiryoku no
magnetófono *m* テープレコーダー teepurekoodaa
magn/ífico, -a *adj* 素晴らしい subarashii; **~itud** *f* 規模の大きさ kibo no ooki-sa, 重要性 juuyoo-sei

mago *m* 魔術師 majutsu-shi, 魔法使い mahoo-tsukai; **los Reyes ~*s** 東方の三博士 To-ohoo no san hakase

magro 1. -a *adj* 脂身のない肉 aburami no nai niku; **2.** *m (buta niku no)* 赤身 akami

magulla/dura *f med* 痣 aza, 打撲傷 daboku-shoo; **~r** *vt* 痣をつくる aza o tsukuru

mahonesa *f gastr* マヨネーズ mayoneezu

maíz *m* とうもろこし toomorokoshi

majest/ad *f* 1. *(dignidad)* 威厳 igen; 2. *(su majestad)* 陛下heika; **~uoso, -a** *adj* 威厳のある igen no aru, 荘厳な soogon na

majo, -a *adj coloq* 素敵な suteki na

mal 1. *m* 悪 aku, 悪事 akuji; **2.** *adv* 1. 悪く waruku; 2. *(torpemente)* 下手に heta ni

malagueño, -a *adj* マラガの Maraga no

malcriado, -a *adj* しつけの悪い shitsuke no warui

mal/dad *f* 1. 悪 aku; 2. *(mala acción, delito)* 悪事 akuji; **~decir 1.** *vi* **de** …の悪口を言う …no waruguchi o iu; **2.** *vt* 1. *(imprecar)* 呪う norou; 2. *(insultar)* ののしる nonoshiru; **~dición** *f (imprecación)* 呪い noroi; **~dito, -a** *adj* 呪われた norowareta

malecón *m* 防波堤 boohatei

malentendido *m* 誤解 gokai

malestar *m* 1. *(estar indispuesto)* 体の不調 karada no fuchoo; 2. *(desagrado)* 不快感 fukaikan

malet/a *f* 1. スーツケース suutsukeesu; **~ero** *auto (車の)* トランク toranku; **~ín** *m* 小型のかばん kogata no kaban, アタッシュ・ケース atasshukeesu

maleza *f* 雑草 zassoo, 藪 yabu

malgastar *vt* 浪費する roohi suru, 無駄遣いする mudazukai suru

malhechor, -a *m/f* 悪人 akunin

malhumorado, -a *adj* 不機嫌な fu-kigen na, 気難しい kimuzukashii

malici/a *f* 悪意 akui; **~oso, -a** *adj* 悪意のある akui no aru

maligno, -a *adj med* 悪性の akusei no

malintencionado, -a *adj* 悪意のある akui no aru

malla *f* 1. 網 ami, ネット netto; 2. *(medias)* レオタード reotaado

Mallor/ca マヨルカ Mayoruka; **~*quín, -a 1.** *adj* マヨルカの Mayoruka no; **2** *m/f* マヨルカ人 Mayoruka-jin

malo, -a 1. *adj* 1. 悪い warui; 2. 病気の byooki no; **2.** *m teat cine* 悪役 akuyaku

malta *f* モルト moruto

maltratar *vt* 虐待する gyakutai suru, いじめる ijimeru

maltrecho, -a *adj* 虐待された gyakutai sareta

malvado, -a 1. *adj* 極悪の gokuaku no, 非道な hidoo na; **2.** *m/f* 悪人 akunin

malversación *f* 横領 ooryoo

mamá *f* ママ mama, お母さん okaasan

mamar *vi* 乳を飲む chichi o nomu

mambo *m mús* マンボ manbo

mamífero *m zool* 哺乳動物 honyuu doobutsu

memoria *f informát* メモリー memoria

mampara *f* つい立 tsuitate, 仕切り shikiri

manada *f (動物の)* 群 mure

mana/ntial 1. *adj m/f* 泉の izumi no, 湧き出る wakideru; **2.** *m* 泉 izumi, 湧き水 wakimizu; **~r** *vi* 湧き出る wakideru, あふれる afureru

manch/a *f* 1. しみ shimi, *(suciedad)* 汚れ yogore; 2. *(de nacimiento)* あざ aza; 3. *(de fama, reputación/名声の)* 汚点 oten; **~ar** *vt* 1. しみをつける shimi o tsukeru, 汚す yogosu; 2. *(fama, reputación/名声などを)* 汚す kegasu; **~ego, -a** *adj* ラ・マンチャの Ra-Mancha no

manco, -a *adj* 片腕のない kataude no nai

mancomunidad *f* 協同 kyoodoo, 協力 kyooryoku

manda/miento *m* 1. 命令 meirei, *jur* 令状 reijoo; 2. *relig* 戒律 kairitsu; **~r 1.** 命令する meirei suru; 2. *(dominar)* 支配する shihai suru; 3. *(enviar)* 送る okuru, *(enviar a una persona)* 派遣する haken suru; **2.** *vi* 命令する meirei suru

mandarina *f* みかん mikan

mandato *m* 任期 ninki

mandíbula *f* 下あご shita ago

mando *m* 1. *(dirección)* 指揮 shiki; 2. *(equipo de control)* 制御装置 seigyo soochi; 3. *(directivo)* 幹部 kanbu; ~ **a distancia** リモート・コントロール rimooto-kontorooru

manej/ar *vt* 1. *(manipular, tratar)* 扱う atsukau, 操る ayatsuru; 2. *(controlar)* 管理する kanri suru; **~o** *m (trato)* 扱い atsukai, *(maniobra)* 操作 soosa

manera *f* やりかた yari-kata, 方法 hoohoo; **de ~ que** 従って shitagatte; **de ninguna ~** 決して kesshite; **de todas ~s** とにかく tonikaku; **no hay ~ de** …のしようがない …no shiyoo ga nai; **~s** *fpl* 行儀 gyoogi, 作法 sahoo

manga *f* そで sode; **sin ~s** ノー・スリーブの noo-suriibu no; **en ~s de camisa** ワイシャツ姿で waishatsu sugata de

mango *m* 1. 柄 e, 握り nigiri, 取っ手 totte; 2. *bot* マンゴー mangoo
manguera *f* ホース hoosu
manía *f* 1. 偏執 henshitsu, *(frenesí)* 熱狂 nekkyoo; 2. *(hábito)* 癖 kuse; 3. *(aversión)* 嫌悪 ken'o; **tener ~ a alg** …を嫌う …o kirau
manicomio *m* 精神病院 seishin-byooin
manicura *f* マニキュア manikyua
manifesta/ción *f* 1. 表明 hyoomei; 2. デモ demo; **~nte** *m/f* デモ参加者 demo sanka-sha; **~r** *vt* 表明する hyoomei suru
manifiesto 1. -a 表明された hyoomei sareta; **2.** *m* 宣言 sengen, 声明 seimei
maniobra *f* 操作 soosa, 運転 unten, *nav* 操船 soosen; **~s** *mil* 演習 enshuu; **~r** *vt/i* 1. 操作する soosa suru; 2. *nav* 操船する soosen suru; 3. *mil* 演習する enshuu suru
manipula/ción *f* 1. 操作 soosa; 2. *(persona, opinión pública)* 不正操作 fusei soosa; **~r** *vt* 1. 操作する soosa suru; 2. *(persona, opinión pública/人、世論などを)* 操る ayatsuru
maniquí 1. *m* マネキン manekin; **2.** *f* ファッション・モデル fasshon-moderu
mano *f* 手 te; **a ~** 手で te de, 手製の tesei no; **~ de obra** 人手 hitode, 労働力 roodoo-ryoku; **de segunda ~** 中古の chuuko no
manosear *vt* いじり回す ijiri mawasu
mansión *f* マンション manshon, 邸宅 teitaku
manso, -a *adj* おとなしい otonashii
manta *f* 1. 毛布 moofu; 2. *zool* エイ ei
mantec/a *f* 脂肪 shiboo, ラード raado
mantel *m* テーブルかけ teeburukake, テーブル・クロス teeburu-kurosu
manten/er *vt* 1. 養う yashinau; 2. *(conservar)* 保つ tamotsu, 維持する iji suru; **~erse** 1. *(ganarse la vida)* 生計を立てる seikei o tateru; 2. *(sostener)* 維持する iji suru, 保つ tamotsu **~imiento** *m* 1. 扶養 fuyoo; 2. *(sostenimiento)* 維持 iji; 3. *tecn* メンテナンス mentenansu
mantequilla *f* バター bataa
mant/illa *f* マンティーリャ mantiirya; **~o** *m* マント manto, ショール shooru
manual 1. *adj m/f* 手の te no, 手を使う te o tsukau; **2.** *m* ハンド・ブック hando-bukku, マニュアル manyuaru
manuscrito *m* 手稿 shukoo, 原稿 genkoo

manzana *f* 1. りんご ringo; 2. *(ciudad/都市の)* 区画 kukaku; ~ **al horno** *gastr* 焼きりんご yaki-ringo

manzanilla *f* 1. *bot* カミツレ kamitsure, *(infusión)* カミツレ茶 kamitsure-cha; 2. *(jerez)* 辛口のシェリー酒 karakuchi no sheriishu

manzano *m* りんごの木 ringo no ki

mañana *f* 朝 asa, 午前 gozen; **por la** ~ 午前中 gozen-chuu; **2.** *m* 明日 ashita; **3.** *adv* 明日 ashita; **hasta** ~ ではまた明日 dewa mata ashita; **pasado** ~ 明後日 asatte; ~ **por la** ~ 明日の午前中 asu no gozen-chuu ni

mapa *m* 地図 chizu; ~ **de carreteras** 道路地図 dooro-chizu; ~ **mundi** 世界地図 sekai-chizu

maquilla/je *m* メーキャップ meekyappu; **~rse** メーキャップをする meekyappu o suru, 化粧する keshoo suru

máquina *f* 機械 kikai; ~ **de afeitar** 電気かみそり denki kamisori; ~ **de coser** ミシン mishin; ~ **de escribir** タイプ・ライター taipu-raitaa

mar *m* 海 umi; **alta** ~ 外洋 gaiyoo, 沖 oki; **hacerse a la** ~ 出港する shukkoo suru

maravill/a *f* 驚異 kyooi; **~ar** *vt* 感心させる kanshin saseru, 驚かせる odorokaseru; **~arse de** …に驚く …ni odoroku, …に感心する …ni kanshin suru; **~oso, -a** *adj* 驚くべき odoroku beki, 素晴らしい subarashii

marca *f* 1. 目印 mejirushi, マーク maaku, 商標 shoohyoo; 2. *sport* 記録 kiroku, レコード rekoodo; ~ **registrada** 登録商標 tooroku-shoohyoo

marcapasos *m med* ペース・メーカー peesu-meekaa

marcar *vt* 1. 印をつける shirushi o tsukeru; 2. *(reloj, aparatos medidores/時計、計器などが)* 示す shimesu; ~ **un número** 電話番号を回す denwa bangoo o mawasu; ~ **un gol** ゴールを決める gooru o kimeru

marcha *f* 1. *(desfile)* 行進 koshin; 2. *(partida)* 出発 shuppatsu; 3. *auto* 変速ギアー hensoku giaa; 4. *mús* マーチ maachi; **dar** ~ **atrás** *auto* バックする bakku suru; **~r** *vi* 1. *(ir)* 行く iku, *(avanzar)* 進む susumu; 2. *(irse)* 行ってしまう itte shimau 3. *(máquina/機械などが)* 動く ugoku; 4. *(desfilar)* 行進する kooshin suru; **~rse** 去る saru, 帰る kaeru

marchit/arse しおれる shioreru; **~o, -a** *adj* しおれた shioreta, 色あせた iroaseta

marco *m (cuadro)* 枠 waku, *(para poner un cuadro)* 額縁 gakubuchi
marea *f* 潮 shio; ~ **alta** 満潮 manchoo; ~ **baja** 干潮 kanchoo
mare/arse 1. *(de vehículo)* 乗り物に酔う norimono ni you, *(sentirse mal)* 気分が悪くなる kibun ga waruku naru; 2. *(da vértigo)* 目が回るme ga mawaru; **~o** *m (vértigo)* めまい memai, *(de vehículo)* 乗り物酔い norimono yoi
marfil *m* 象牙 zooge
margarina *f* マーガリン maagarin
margarita *f bot* ひなぎく hinagiku
margen *m (de página/ページの)* 余白 yohaku
mari/ca *m desp*ホモ homo, 同性愛の男 dooseiai no otoko; **~cón** *m desp* ホモ homo
marido *m* 夫 otto, 主人 shujin
mari/na *f* 海軍 kaigun; **~nero 1. -a** *adj* 1. *(del mar)* 海の umi no; 2. *(de marinero)* 船乗りの funanori no; **2.** *m* 船員 sen'in; **~no 1. -a** *adj (del mar)* 海の umi no; **2.** *m* 船乗り funanori, 船員 sen'in
marioneta *f* 1. マリオネット marionetto, 人形芝居 ningyoo shibai
mariposa *f* 蝶 choo
mariquita 1. *f* てんとう虫 tentoomushi; 2. *m desp* ホモ homo
marisco *m gastr (海老、蟹、貝類の)* 海産物 kaisan-butsu
marítimo, -a *adj* 海の umi no
mármol *m* 大理石 dairiseki
marquesina *f (入り口などの)* ひさし hisashi, 張り出し屋根 haridashi yane
marrano, -a 1. *adj* 汚らしい kitanarashii, 不潔な fuketsu na; 2. *m/f* 汚らしい人 kitanarashii hito
marrón 1. *adj m/f* 茶色の chairo no; **2.** *m* 茶色 chairo
marroquí 1. *adj m/f* モロッコ Morokko no; **2.** *m/f* モロッコ人 Morokko-jin
Marruecos *m* モロッコ Morokko
Marte *m astr* 火星 Kasei
martes *m* 火曜日 kayoo-bi
martill/ar *vt (ハンマーで)* 打つ utsu; **~o** *m* 金づち kanazuchi, ハンマー hanmaa
mártir *m/f* 殉教者 junkyoo-sha
marzo *m* 3月 san-gatsu
más 1. *adj* より/もっと+形容詞 yori/motto+adj; より/もっと大きい yori/motto ookii, より/もっと速い yori hayai; 2. *adv* より/もっと+副詞 yori/motto+adv; より/もっと大きく yori/motto ookiku, より/もっと速く yori/motto hayaku; ~ **de** …以上の …ijoo no; **a lo**

~ せいぜい seizei; ~ **bien** むしろ mushiro; ~ **o menos** およそ oyoso
masa *f* 1. *(mole, pedazo)* 塊 katamari; 2. *(multitud)* 大衆 taishuu; 3. *(pan/パンの)* 練り粉 neriko
masacre *f* 虐殺 gyakusatsu
masaj/e *m* マッサージ massaaji; **dar un ~e a alg** …にマッサージをする ni massaaji o suru; **~ista** *m/f* マッサージ師 massaaji-shi
máscara *f* 仮面 kamen, マスク masuku
mascota *f* マスコット masukotto
masculino **1. -a** *adj (de hombre)* 男の otoko no; 2. *(para hombres)* 男性用の dansei-yoo no; 3. *(varonil)* 男らしい otoko-rashii; **2.** *m ling* 男性形 dansei-kei
masía *f* 一戸建ての農家 ikkodate no nooka
masticar *vt* 噛む kamu
mástil *m nav* マスト masuto
mata *f* 潅木 kanboku
mata/dero *m* 屠殺場 tosatsujoo; **~dor, -a** *adj m taur* マタドール matadooru; **~nza** *f* 虐殺 gyakusatsu
matar *vt* 殺す korosu; ~ **el tiempo** 時間をつぶす jikan o tsubusu; **~se** 1. 自殺する jisatsu suru; 2. 死ぬ shinu
matern/al *adj m/f* 母親の hahaoya no; **~idad** *f* 1. *(hecho de ser madre)* 母であること haha de aru koto, 母性 bosei; 2. *(clínica)* 産院 san-in
matiz *m* 1. ニュアンス nyuansu; 2. *(tono)* 色調 shikichoo; **~ar** *vt* 色を調和させる iro o choowa saseru
matorral *m* 藪 yabu, 雑木林 zooki-bayashi
matr/ícula *f* 1. 登録 tooroku; 2. *auto* ナンバー・プレート nanbaa-pureeto; **~icular** *vt* 登録する tooroku suru; **~icularse** 登録する tooroku suru
matrimoni/al *adj m/f* 結婚の kekkon no, 夫婦の fuufu no; **~o** *m* 1. 夫婦 fuufu; 2. *(boda)* 結婚 kekkon
matriz *f* 1. 子宮 shikyuu; 2. *tecn* 鋳型 igata, 金型 kanagata
matutino, -a *adj* 朝の asa no, 早朝の soochoo no
mausoleo *m* 霊廟 reibyoo, 御陵 goryoo
máximo **1. -a** *adj* 最大の saidai no, 最高の saikoo no; **2.** *m* 最大 saidai, 最高 saikoo
mayo *m* 5月 go-gatsu
mayonesa *f* マヨネーズ mayoneezu
mayor *adj m/f* 1. より大きい yori ookii; 2. *(de edad)* 年上の toshiue no; 3. *mús* 長調の choochoo no; 4. *mil* 大佐 taisa; ~ **de edad** 成人 seijin; **al**

por ~ 卸で oroshi de; **el** ~ *adj m/f* 一番大きい ichiban ookii; **la** ~ **parte** 大部分 daibubun; **~ía** *f* 大部分 daibubun; **~ista** *m/f* 卸売業者 oroshiuri-gyosha

mayúscula *f* 大文字 oomoji

mazapán *m gastr* マサパン masapan

mear *vi coloq* 小便をする shooben o suru

mecánic/a *f* 仕組み shikumi; **~o 1. -a** *adj* 機械の kikai no, 機械的な kikai-teki na; **2.** *m* 整備士 seibi-shi, 機械工 kikaikoo

mecanismo *m* 機械装置 kikai soochi, 仕掛け shikake, 仕組み shikumi

mecan/ógrafa *f* タイピスト taipisuto; **~ografía** *f* タイプを打つこと taipu o utsu koto; **~ografiar** *vt* タイプを打つ taipu o utsu

mece/dora *f* ロッキング・チェアー rokkingu-cheaa, 揺りいす yuri isu; **~r** *vt* 揺する yusuru

mecha *f* 1. *(lámpara, vela/ランプ、ろうそくなどの)* 芯 shin; 2. *(espoleta)* 導火線 dookasen; 3. *(cabello)* 髪の房 kami no fusa

mechero *m* ライター raitaa

medalla *f* メダル medaru

media *f* 1. 半分 hanbun; **~s** *fpl* ストッキング sutokkingu

media/ción *f* 仲裁 chuusai, 調停 chootei, 仲介 chuukai

mediador, -a *m/f* 調停者 chootei-sha

mediados: a ~ **de enero** 一月半ばに ichi-gatsu nakaba ni

medianoche *f* 真夜中 mayonaka

mediante *prep* …によって … ni yotte; **~r** *vi* 間に入る aida ni hairu, とりなす torinasu

medicamento *m* 薬 kusuri

medicina *f* 1. *(ciencia médica)* 医学 igaku; 2. *(medicamento)* 薬 kusuri

médico, -a 1. *adj* 医学の igaku no; **2.** *m/f* 医者 isha; ~ **de cabecera** 主治医 shuji-i; ~ **de familia** ホーム・ドクター hoomu-dokutaa; ~ **de medicina general** 内科医 naike-i

medida *f* 1. *(medición)* 測定 sokutei; 2. *(tamaño)* 寸法 sunpoo; **a** ~ **de** …に従って …ni shitagatte; **a** ~ **que** …につれて …ni tsurete

medieval *adj m/f* 中世の chuusei no

medio 1. -a 1. *adj* 半分の hanbun no; 2. *(mediano, intermedio)* 中間の chuukan no; **2.** *adv* 半ば nakaba; **a** ~ **hacer** やりかけで yarikake de; **en** ~ **de** …の真ん中に … no mannaka ni, …の間に … no aida ni; **3.** *m* 1. *(centro)* 真ん中 mannaka; 2. *(mitad)* 半

分 hanbun; 3. *(método)* 手段 shudan; **~s de comunicación** マスコミ masukomi; **~s de transporte** 交通機関 kootsuu-kikan

medioambient/al *adj m/f* 環境の kankyoo no; **~e** *m* 環境 kankyoo

mediocre *adj m/f* 平凡な heibon na, 二流の niryuu no

mediodía *m* 1. 正午 shoogo, 昼 hiru; 2. *(sur)* 南 minami

medir *vt* 計る hakaru

meditar *vt/i* 瞑想する meisoo suru

mediterráneo 1. -a *adj* 地中海の Chichuu-kai no, 地中海沿岸の Chichuu-kai engan no; **2.** *m* **~*** 地中海 Chichuu-kai

médula *f* 骨髄 kotsuzui; **~ espinal** 脊髄 sekizui

medusa *f zool* くらげ kurage

mejicano, -a 1. *adj* メキシコの Mekishiko no; **2.** *m/f* メキシコ人 Mekishiko-jin

mejilla *f* ほお hoo

mejillón *m* ムール貝 muurugai

mejor *adj m/f* より優れた yori sugureta, より良い yori yoi; **lo ~** 最良のもの sairyoo no mono; **a lo ~** 多分 tabun; **estar ~** *(enfermedad/病気が)* よくなっている yoku natte iru; **~a** *f* 改善 kaizen, 向上koojoo

mejor/ar 1. *vt* 1. 改良する kairyoo suru; 2. *(enfermedad/病気を)* 回復させる kaifuku saseru; **2.** *vi* よくなる yoku naru; **~ía** *f* 1. *(de enfermedad/病気の)* 回復 kaifuku; 2. *(mejoramiento)* 改良 kairyoo, 向上 koojoo

melanc/olía *f* 1. メランコリー merankorii; 2. *med* 鬱病 utsu-byoo; **~ólico, -a** *adj* 1. 憂鬱な uuutsu na; 2. *(padecer hipocondría)* 鬱病にかかった utsu-byoo ni kakatta

melena *f* 長髪 choohatsu

melocotón *m* 桃momo

melodía *f* メロディー merodii

meloso, -a *adj* 1. 甘い amai; 2. *(dulce)* 甘美な kanbi na, 優しい yasashii

membrana *f* 膜 maku, 皮膜 himaku

membrillo *m* マルメロ marumero

memo/rable *adj m/f* 記憶に残る kioku ni nokoru; **~ria** *f* 1. *(memoria retentiva)* 記憶力 kioku-ryoku; 2. *(recuerdo)* 回想 kaisoo, 記憶 kioku; 3. *(informe)* 報告書 hookoku-sho; **de ~ria** 暗記して anki shite, 空で sora de; **~rias** *fpl* 回想録 kaisoo-roku; **~rizar** *vt* 記憶する kioku suru, 暗記する anki suru

menci/ón *f* 言及 genkyuu; **~onar** *vt* 言及する genkyuu suru

mendi/gar *vt/i* 物乞いをする monogoi o suru; **~go, -a** *m/f* 乞食 kojiki

menear *vt* 1. *(sacudir, mecer)* 揺する yusuru; 2. *(revolver)* かき混ぜる kakimazeru

menguar **1**. *vi* 減少する genshoo suru; 2. *(luna/月が)* 欠ける kakeru; **2**. *vt* 減少させる genshoo saseru

meningitis *f med* 脳膜炎 noomaku-en

menisco *m med* 関節間軟骨 kansetsu-kan nankotsu

menopausia *f med* 更年期 koonenki

menor **1.** *adj m/f* 1. *(tamaño)* より小さい yori chiisai, *(volumen)* より少ない yori sukunai; 2. *(edad)* 年下の toshishita no; 3. *mús* 単調の tanchoo no; ~ **de edad** 未成年 miseinen; **al por** ~ *com* 小売の kouri no; **2**. *m/f* 子供 kodomo, 年少者 nenshoo-sha; **~es** *mpl* 未成年者 miseinen-sha

menos **1.** *adj m/f* より少ない yori sukunai; **2.** *adv* より少なく yori sukunaku; **al** ~ 少なくとも sukunaku tomo; **por lo** ~ 少なくとも sukunaku tomo; **a ~ que** ...でなければ ...de nakereba; ¡~ **mal**! よかった！yokatta!; **3.** *prep* 除いて nozoite

menos/preciar *vt* 過小評価する kashoo-hyooka suru; **~precio** *m* 蔑み sagesumi

mensaje *m* 伝言 dengon, メッセージ messeeji; ~ **de móvil** 携帯電話のメッセージ keitaidenwa no messeeji; **~ro, -a** *m/f* 使者 shisha, メッセンジャー messenjaa

menstruación *f* 生理 seiri, 月経 gekkei

mensual *adj m/f* 毎月 maitsuki no, 月刊の gekkan no; **~idad** *f* 月給 gekkyuu

menta *f* ハッカ hakka

mentir *vi* 嘘をつく uso o tsuku; **~a** *f* 嘘 uso; **parece ~a** 信じられない shinjirarenai; **~oso, -a** *m/f* 嘘つき usotsuki

mentón *m* あご ago

menú *m* メニュー menyuu

menudo, -a *ad* ごく小さな goku-chii-sa na; 2. *(minucioso)* 綿密な menmitsu na; **a** ~ 度々 tabitabi

meñique *m* 小指 ko-yubi

meollo *m* 1. *med (encéfalo)* 脳髄 noozui; 2. *(núcleo, médula)* 核心 kakushin

meramente *adv* 単に tan ni

merca/do *m* 1. *(plaza)* 市場 ichiba; 2. *econ*市場 shijoo; **~do negro** 闇市 yami-ichi; **~ncía** *f* 商品 shoohin; **~ntil** *adj m/f* 商品の shoohin no, 商業の shoogyoo no

mercería *f* 小間物屋 komamono-ya
mercurio *m* 水銀 suigin
merecer *vt* 値する atai suru
merendar *vi* おやつを食べる oyatsu o taberu
merengue *m gastr* メレンゲ merenge
meridi/ano *m* 1. 子午線の shigosen no; 2. *(de mediodía)* 正午の shoogo no; **~onal** *adj m/f* 南の minami no
merienda *f* おやつ oyatsu
mérito *m* 功績 kooseki, 手柄 tegara
merluza *f zool* メルルーサ meruruusa
mermelada *f* ジャム jamu
mero 1. -a *adj* 単なる tannaru, ほんの hon no; **2.** *m zool* ハタ hata
mes *m* 月 tsuki
mesa *f* 1. 机 tsukue, テーブル teeburu; 2. *(mesa de comer)* 食卓 shokutaku
meseta *f* メセタ meseta, 台地 daichi, 高原 koogen
mesita *f* 小さい机 chiisai tsukue, 小さいテーブル chiisai teeburu; ~ **de noche** ナイト・テーブル naito-teeburu
mesón *m* 居酒屋 izaka-ya
mestizo, -a *m/f (indio y blanco/インディオと白人の)* 混血児 konketsu-ji
mesura *f* 1. *(prudencia)* 慎重 shinchoo; 2. *(sensatez)* 思慮分別 shiryo-funbetsu
meta *f* 1. 目標 mokuhyoo; 2. *sport* ゴール gooru
metabolismo *m* 新陳代謝 shinchin taisha
metal *m* 金属 kinzoku; ~ **precioso** 貴金属 ki-kinzoku
metálico 1. -a *adj* 金属の kinzoku no, 金属的な kinzoku-teki na; **2.** *m (efectivo)* 現金 genkin; **en** ~ 現金で genkin de
meteorito *m* 隕石 inseki
meteoro/logía *f* 気象学 kishoogaku; **~lógico, -a** *adj* 気象の kishoo no
meteorólogo, -a *m/f* 気象学者 kishoogaku-sha
meter *vt* 入れる ireru, 挿入する soonyuu suru; **~se en** …に入る …ni hairu; **~se con alg** からかう karakau, いじめる ijimeru
meticuloso, 1. -a *adj* 神経質な shinkei-shitsu na, 緻密な chimitsu na, 神経が細かい shinkei ga komakai; **2.** *m/f* 神経質な人 shinkei-shitsu na hito
metódico, -a *adj* 几帳面な kichoomen na, 整然とした seizen to shita
método *m* 方法 hoohoo, 方式 hooshiki
metro *m* 1. メートル meetoru; 2. 地下鉄 chikatetsu

metrópoli *f* 1. 大都会 daitokai, 首都 shuto
metropolitano, -a *adj* 首都の shuto no, 大都市の daitoshi no
México *m* メキシコ Mekishiko
mezcla *f* 混合 kongoo, 混合物 kongoo-butsu; **~r** *vt* 混ぜる mazeru
mezquino, -a *adj* さもしい samoshii
mezquita *f* メスキータ mesukiita, イスラム寺院 Isuramu-jiin
mi 1. *adj pos* 私の watashi no; **2.** *m mús* ミ mi
mí *pron pers* 私 watashi
micrófono *m* マイクロフォン maikurofon
micro/ondas *m* 1. *(onda)* マイクロ波 maikuro-ha; 2. *(horno electrónico)* 電子レンジ denshi-renji; **~procesador** *m* マイクロ・プロセッサー maikuro-purosessaa; **~scopio** *m* 顕微鏡 kenbikyoo
miedo *m* 恐れ osore, 恐怖 kyoofu; **~so, -a** *adj* 怖がりの kowagari no, 臆病な okubyoo na
miel *f* 蜂蜜 hachimitsu
miembro *m* 1. *(manos y piernas)* 手足 teashi; 2. *(socio)* メンバー menbaa, 会員kai-in
mientras 1. *conj* …する間 …suru aida, …する一方で …suru ippoo de; **2.** *adv* その間に sono aida ni,. その一方で sono ippoo de; ~ **tanto** そうこうするうちに sookoo suru uchi ni
miércoles *m* 水曜日 suiyoo-bi
mierda *f* 1. *vulg* 糞 kuso; 2. *vulg* くだらないこと kudaranai koto; **¡vete a la ~!** 出て行け dete ike
miga *f* 1. パンの中身 pan no nakami; 2. パンくず pankuzu
migración *f* 1. 移住 ijuu, 移民 imin; 2. *(aves, peces/鳥、魚などの)* 季節移動 kisetsu idoo, *(peces)* 回遊 kaiyuu
mil *f* 千 sen
milicia *f* 兵役 heieki
milímetro *m* ミリメートル mirimeetoru
milita/nte 1. *adj m/f* 闘争的な tooso-teki na; **2.** *m/f* 活動家 katsudoo-ka; **~r 1.** *adj m/f* 軍の gun no; **2.** *m* 軍人 gunjin; **3.** *vi* 活動する katsudoo suru
milla *f* マイル mairu; **~r** *m* 千 sen
mill/ón *m* 百万 hyakuman; **~onario, -a** *m/f* 百万長者 haykuman chooja
mimar *vt* 1. *(consentir)* 甘やかす amayakasu; 2. *(tener cariño)* 可愛がる kawaigaru
mimbre *m* 柳の小枝 yanagi no koeda
mina *f* 1. *(montaña)* 鉱山 koozan; 2. *(mina de guerra)* 地雷 jirai; **~r** *vt* 1. 採掘する saiku-

tsu suru; 2. *(sembrar minas)* 地雷を敷設する jirai o fusetsu suru
miner/al 1. *adj m/f* 鉱物の koobutsu no; **agua ~al** ミネラル・ウオーター mineraru-uootaa; **2.** *m* 鉱物 koobutsu; **~o** *m* 鉱夫 koofu
miniatura *f* ミニチュア minichua
minifalda *f* ミニスカート minisukaato
mínimo 1. -a *adj* 1. 最小の saishoo no; **2.** *m* 最小 saishoo, 最低 saitei; **como ~** 少なくとも sukunakutomo
ministerio *m* 省 shoo; **~* de Asuntos Exteriores** 外務省 Gaimu-shoo; **~* de Interior** 内務省 Naimu-shoo; **~* de Economía** 経済/大蔵省 Keizai/Ookura-shoo
ministro, -a *m/f* 大臣 daijin; **primer ~** 首相 shushoo
minor/ía *f* 少数派 shoosuu-ha, マイノリティー mainoritii; **~ista** *m/f* 小売商 kouri-shoo
minucioso, -a *adj* 細心な saishin na, 綿密な menmitsu na
minúscul/a *f* 小文字 komoji; **~o, -a** *adj* とても小さい totemo chiisai
minusválido, -a 1. *adj* 身体障害の shintai shoogai no; **2.** *m/f* 身体障害者 shintai shoogaisha
minuto *m* 分 fun
mío, -a 1. *pron pos* 私のもの watashi no mono; **2.** *adj pos* 私の watashi no
miop/e 1. *adj m/f* 近視の kinshi no; **2.** *m/f* 近視の人 kinshi no hito; **~ía** *f* 近視 kinshi
mira/da *f* 1. 視線 shisen; 2. *(acción de mirar)* 見ること miru koto; **~dor** *m* 展望台 tenboodai; **~r 1**. *vt* 見る miru; **2.** *vi* 見る miru; **~rse** 1. *(mirar a sí mismo)* 自分の姿を見る jibun no sugata o miru; 2. *(uno a otro)* 見つめ合う mitsume au
mirón, -a *m/f vulg* 覗き趣味の人 nozoki shumi no hito
misa *f relig* ミサ misa
miser/able *adj m/f* 1. *(pobre, lastimero)* 哀れな aware na, 惨めな mijime na; 2. *(diminuto, poco)* わずかの wazuka no; **~ia** *f* 1. *(tragedia)* 悲惨 hisan, *(pobreza)* 貧困 hinkon; **~icordia** *f* 慈悲 jihi, 情け nasake
misil *m* ミサイル misairu
misión *f* 1. 任務 ninmu; 2. *(enviado)* 使節 shisetsu; 3. *(evangelización)* 布教 fukyoo
misionero, -a *m/f* 宣教師 senkyoo-shi
mismo, -a *adj* 同じ onaji; **lo ~** 同じもの/ こと onaji mono/koto; **da lo ~** どちらでもかまわない dochira demo kamawanai; **hoy ~** 今日中に kyoojuu ni

misterio *m* 神秘 shinpi, 謎 nazo; **~so, -a** *adj* 神秘的な shinpi-teki na, 不思議な fushigi na

místic/a *f* 神秘神学 shinpi shingaku; **~o, -a** *adj* 神秘的な shinpi-teki na

mitad *f* 半分 hanbun; **a ~ de camino** 途中で tochuu de

mitin *m pol* 集会 shuukai

mito *m* 神話 shinwa; **~logía** *f* 神話 shinwa

mixto, -a *adj (mezclado)* 混合の kongoo no, 混成の konsei no

mocasín *m* モカシン mokashin

mochila *f* リュックサック ryukkusakku

moción *f pol* 動議 doogi

moco *m* 鼻水 hanamizu, 粘液 nen'eki; **~so 1. -a** *adj* 生意気な namaiki na; **2.** *m/f* はなたれ小僧 hanatare kozoo

moda *f* 流行 ryuukoo, ファッション fasshon; **estar de ~** 流行している ryuukoo shite iru; **pasado de ~** 流行おくれの ryuukoo okure no

modales *mpl* 行儀 gyoogi, マナー manaa

modalidad *f* 様式 yooshiki

modelo 1. *m* 1. 型 kata; 2. *(muestra)* 見本 mihon; **2.** *m/f* モデル moderu ファッション・モデル fasshon-moderu

módem *m informát* モデム modemu

modera/ción *f (modestia)* 控え目 hikaeme, *(apacibilidad)* 温和 onwa; **~do, -a** *adj* 1. *(discreto, modesto)* 控え目な hikaeme na; 2. *(de sector moderado)* 穏健派の onken-ha no; **~dor, -a** *m/f* 1. *(mediador)* 調停者 chootei-sha; 2. *(moderador, presentador)* 司会者 shikai-sha; **~r** *vt* 緩和する kanwa suru, 加減する kagen suru

modern/ización *f* 近代化 kindai-ka; **~izar** *vt* 近代化する kindai-ka suru, 現代風にする gendai fuu ni suru; **~o, -a** *adj* 1. 現代の gendai no, 近代的な kindai-teki na

modest/ia *f* 1. *(humildad)* 謙虚 kenkyo; 2. *(sobriedad, austeridad)* 質素 shisso; **~o, -a** *adj* 1. *(humilde)* 謙虚な kenkyo na; 2. *(sobrio, austero)* 質素な. shisso na

módico, -a *adj (precio/値段が)* 手ごろな tegoro na

modifica/ción *f* 変更 henkoo; **~r** *vt* 変更する henkoo suru, 修正する shuusei suru

modis/ta *m/f* ドレスメーカー doresu meekaa, 婦人服デザイナー fujin-fuku dezainaa

modo *m* 方法 hoohoo; **~ de pensar** 考え方 kangae-kata; **a ~ de** ...として ...to shite; **de cualquier ~** とにかく tonikaku; **de ~ que** だから dakara; **de ningún ~** 決して kesshite; **de todos ~s** いず

れにしても izureni shitemo; ~ **de empleo** 使い方 tsukai-kata

moho *m* かび kabi; **~so, -a** *adj* かびが生えた kabi ga haeta

moja/do, -a *adj* 濡れた nureta, 湿った shimetta; **~r** *vt* 1. 濡らす nurasu; 2. *(remojar)* 浸す hitasu; **~rse** 濡れる nureru

molar *m* 臼歯 kyuushi

molde *m* 型 kata, 枠 waku, *(fundición)* 鋳型 igata; **~ar** *vt* 1. *(fabricar algo con molde)* 成形する seikei suru; 2. *(construir un molde)* 型を作る kata o tsukuru

molécula *f* 分子 bunshi, 微分子 bibunshi

moler *vt* ひく hiku, 粉にする kona ni suru

molest/ar *vt (fastidiar, dar la lata)* 迷惑をかける meiwaku o kakeru, *(importunar)* 邪魔をする jama o suru; **~arse en** わざわざ …する wazawaza … suru; **~ia** *f* 1. 迷惑 meiwaku; 2. *(dolor)* 痛み itami; **~o, -a** *adj* 1. *(fastidioso)* 迷惑な meiwaku na; 2. *(desagradable)* 不愉快な fu-yukai na

molido, -a *adj* 粉にした kona ni shita

moli/nero, -a *m/f* 粉屋 kona-ya; **~nillo** *m* 粉ひき機 kona hiki-ki; **~nillo de café** コーヒーひき機 koohii hiki-ki; **~no** *m* 製粉所 seifun-sho

molusco *m zool* 軟体動物 nantai doobutsu

moment/áneo, -a *adj* 一瞬の isshun no, 一時的な ichiji-teki na; **~o** *m* 1. *(instante)* 瞬間 shunkan; 2. *(tiempo, temporada)* 時期 jiki; **al ~o** 直ちに tadachi ni; **de ~o** 今のところ ima no tokoro; **por el ~o** 今のところ ima no tokoro

momia *f* ミイラ miira

monar/ca *m/f* 君主 kunshu; **~quía** *f* 君主制 kunshu-sei

monasterio *m* 修道院 shuudoo-in

mone/da *f* 通貨 tsuuka, コイン koin; **~dero** *m* 小銭入れ ko-zeni ire; **~tario, -a** *adj* 通貨の tsuuka no

monje, -a *m/f* 修道士 shuudoo-shi, 修道女 shuudoo-jo

mono 1. *m* 猿 saru; **2. -a** *adj* 可愛い kawaii

monopolio *m* 専売 senbai

mon/otonía *f* 単調さ tanchoo-sa; **~ótono, -a** *adj* 単調な tanchoo na, 変化のない henka no nai

monstruo *m* 怪物 kaibutsu; **~sidad** *f* 残酷なこと zankoku na koto; **~so, -a** *adj* 1. 巨大な kyodai na; 2. *(horroroso)* ひどい hidoi

monta/dor, -a *m/f* 1. 組立工 kumitate-koo; 2. *cine* 編集者 henshuu-sha; **~je** *m* 1. 組み

立て kumitate; 2. *cine* 編集 henshuu

montañ/a *f* 山 yama; **~a rusa** ジェット・コースター jetto-koosutaa; **~oso, -a** *adj* 山の多い yama no ooi

montar 1. *vt* 1. *(a caballo, en bicicleta, moto)* 乗る noru; 2. *(ensamblaje)* 組み立てる kumitateru; 3. *cine* 編集する henshuu suru; **2.** *vi* 乗る noru

monte *m* 山 yama

montón *m* 多量 taryoo, 多数 tasuu

montura *f* 1. 鞍 kura; 2. *(gafas/眼鏡などの)* フレーム fure-emu

monument/al *adj m/f* 1. 記念碑の kinen-hi no; 2. 記念碑的な kinen-hi-teki na; 3. *(gigantesco)* 巨大な kyodai na; **~o** *m* 1. 記念碑 kinen-hi 2. *(histórico, artístico/歴史的、美術的)* 建造物 kenzoo-butsu

moño *m* 束髪 sokuhatsu

moqueta *f* 絨毯 juutan

mora *f bot* 桑の実 kuwa no mi; **~do, -a** *adj* 紫の murasaki no

moral 1. *adj m/f* 1. 道徳的な dootoku-teki na; 2. *(espiritual, mental, psicológico)* 精神的な seishin-teki na; **2.** *f* 1. *(ética, civismo)* 道徳 dootoku; 2. *(espíritu)* 意気 iki; **~idad** *f* 道徳性 dootoku-sei, 道義性 doogi-sei

morbos/o, -a *adj (moral, físicamente/精神的、肉体的に)* 不健康な fu-kenkoo na; **~idad** *f* 不健全さ fu-kenzen-sa

mord/er *vt* 噛み付く kamitsuku; **~isco** *m* 1. 噛むこと kamu koto; 2. *(mordedura)* 噛み傷 kamikizu

moreno, -a *adj* 1. *(piel)* 褐色の kasshoku no; 2. *(cabello)* 髪の毛が黒い kami no ke ga kuroi

morir *vi* 死ぬ shinu; **~se** 死ぬ shinu

moro, -a 1. *adj desp (musulmán)* モーロ人の mooro jin no; イスラム教徒の isuramu kyooto no; **2.** *m/f* モーロ人 mooro-jin

moroso, -a *adj com* 支払いがたまった shiharai ga tamatta

mortal *adj m/f* 致命的な chi-mei-teki na; **~idad** *f* 死亡率 shiboo-ritsu

mosaico *m* モザイク mozaiku

mosca *f* 蝿 hae

mosquearse *coloq* 怒る okoru, 腹を立てる hara o tateru

mosquit/ero *m* 蚊帳 kaya; **~o** *m* 蚊 ka

mostaza *f* マスタード masuta-ado

mosto *m* ぶどうの絞り汁 bu-doo no shibori-jiru

mostrador *m* カウンター kaun-taa

mote *m* あだ名 adana

moti/var *vt* 動機となる dooki to naru; **~vo** *m* 1. 動機 dooki, 理由 riyuu; 2. *arte* モチーフ mochiifu, 主題 shudai; **con ~vo de** …のために …no tame ni

moto *f* オートバイ ootobai; **~cicleta** *f* オートバイ ootobai

motor *m* エンジン enjin, モーター mootaa; ~ **fuera borda** 船外機 sengai-ki; **~ismo** *m* オート・レース ooto-reesu; **~ista** *m/f* オートバイに乗る人 ootobai ni noru hito, オートバイのレーサー ootobai no reesaa

mover *vt* 動かす ugokasu; **~se** 1. 動く ugoku; 2. *(actuar)* 行動する koodoo suru

móvil 1. *adj m/f (movible)* 動かせる ugokaseru; **2.** *m* 1. 動機 dooki; 2. *telec* 携帯電話 keitai denwa

movili/dad *f* 動きやすさ ugoki-yasu-sa; **~zar** *vt* 動員する dooin suru

movimiento *m* 1. 動き ugoki, 運動 undoo; 2. *(acción)* 動作 doosa; 3. *pol arte* 運動 undoo

moza *f* 娘 musume, 若い女 wakai onna

mozo 1. -a *adj* 若い wakai; **2.** *m* 若者 wakamono

muchach/a *f* 少女 shoojo; **~o** *m* 少年 shoonen

muchedumbre *f* 群集 gunshuu, 人ごみhitogomi

mucho 1. -a *adj* たくさんの takusan no; ~ **tiempo** 長い間 nagai aida, 長い時間 nagai jikan; **2.** *adv* 1. *(muy)* とても totemo; 2. *(a menudo)* よく yoku; **por ~ que** どんなにしても donna ni shitemo

muda *f (animales/動物の)* 脱皮 dappi; **~nza** *f* 引越し hikkoshi; **~r** *vt* 1. 引っ越す hikkosu; 2. 脱皮する dappi suru; **~rse** 引っ越す hikkosu

mud/ez *f* 口がきけないこと kuchi ga kikenai koto; **~o, -a** *adj* 口がきけない人 kuchi ga kikenai hito

mueble *m* 家具 kagu

mueca *f* しかめっ面 shikamet-tsura

muela *f* 臼歯 kyuushi, 奥歯 okuba; ~ **del juicio** 親知らず oyashirazu; **dolor de ~s** 歯痛 haita

muelle *m* バネ bane, ゼンマイ zenmai

muer/te *f* 死 shi; **~to, -a** *adj* 死んだ shinda

muestra *f* 見本 mihon, サンプル sanpuru; **~rio** *m* 見本 mihon, サンプル sanpuru

mugr/e *f* 垢 aka; **~iento, -a** *adj* 垢だらけの akadarake no

mujer *f* 1. 女 onna, 女性 josei; 2. *(esposa)* 妻 tsuma; ~ **de la limpieza** 掃除婦 sooji-fu; **~iego** *m* 女好き onnazuki

mula *f* 1. *(mesu no)* ラバ raba; 2. *(terco)* がんこ者 gankomono

mulato, -a *m/f* 白人と黒人の混血児 hakujin to kokujin no konketsu-ji

muleta *f* 松葉杖 matsuba-zue
mulo *m* 1. *(osu no)* ラバ raba; 2. *(terco)* がんこ者 ganko-mono
multa *f* 罰金 bakkin; **~r** *vt* 罰金を課す bakkin o kasu
multi/color *adj* 多色の tashoku no; **~nacional** *f* 多国籍企業 takokuseki kigyoo
multiple *adj m/f* 1. 複式の fuku-shiki no, 多重の tajuu no; 2. *(diverso)* 多様な tayoo na
multipli/cación *f* 1. *(aumento)* 増加 zooka; 2. *mat* 掛け算 ka-kezan; **~car** *vt* 1. *(aumentar)* 増やす fuyasu; 2. *mat* 掛ける kakeru; **~carse** 増える fueru, *biol* 繁殖する hanshoku suru; **~cidad** *f* 多様性 tayoo-sei, 多数 tasuu
multitud *f* 1. 多数 tasuu; 2. *(muchedumbre)* 群集 gun-shuu
mundial 1. *adj m/f* 世界の sekai no, 世界的な sekai-teki na; **2.** *m sport (特にサッカーの)* ワールド・カップ waarudo-kappu
mundo *m* 1. 世界 sekai; 2. *(esta vida)* この世 kono yo; 3. *(mundo, sociedad, vida)* 世の中 yo no naka
municip/al *adj m/f (autonómico)* 自治体の jichi-tai no, *(urbano)* 都市の toshi no, 町の machi no, *(comunal)* 市営の shiei no; **~io** *m* 市 shi
muñec/a *f* 1. 手首 tekubi; 2. *(onna no)* 人形 ningyoo; **~o** *m* 1. *(otoko no)* 人形 ningyoo
mura/l 1. *adj m/f* 壁の kabe no; **2.** *m* 壁画 hekiga; **~lla** *f* 城壁 jooheki
murciélago *m* こうもり koomo-ri
murmu/llo *m*1. *(susurro)* つぶやき tsubuyaki, ささやき sasa-yaki; 2. *(de bajío)* せせらぎの音 seseragi no oto, *(del viento)* ざわめき zawameki; **~rar** *vi* 1. つぶやく tsubuyaku, *(quejarse)* ぶつぶつ言う butsu-butsu iu; 2. *(chismorrear)* かげ口を言う kageguchi o iu; 3. *(viento/風などが)* さざめく sazameku
muro *m* 1. *(pared)* 壁 kabe; 2. *(muralla)* 城壁 jooheki
músculo *m* 筋肉 kinniku
musculoso, -a *adj* 筋肉質の kinniku-shitsu no
museo *m* 博物館 hakubutsu-kan, *(de bellas artes)* 美術館 bijutsu-kan
musgo *m* 苔 koke
música *f* 音楽 ongaku
musical 1. *adj m/f* 音楽の on-gaku no, 音楽的な ongaku-teki na; **2.** *m mús* ミュージカル myuujikaru
músico 1. -a *adj* 音楽の ongaku no, 音楽的な ongaku-teki na; **2.** *m/f* 音楽家 ongaku-ka

muslo *m* 1. 腿 momo; 2. *gastr* もも肉 momo niku

mutación *f* 1. *(repentina/突然の)* 変化 henka; 2. *biol* 突然変異 totsuzen hen'i

mutila/do *m/f* 手足を失った人 teashi o ushinatta hito; **~r** *vt* 手足を切断する teashi o setsudan suru

mutualidad *f* 共済組合 kyoosai kumiai

mutuo, -a *adj* 相互の soogo no, 互いの tagai no

muy *adv* 大変 taihen, 非常に hijoo ni, とても totemo; **~* señor mío** *(cartas/手紙)* 拝啓 haikei

N

nabo *m* かぶら kabura, 大根 daikon

nacer *vi* 生まれる umareru

naci/do, -a *adj* 生まれの umare no; **~miento** *m* 1. 誕生 tanjoo; 2. *(origen)* 起源 kigen

nación *f* 1. 国家 kokka; 2. 国民 kokumin

nacional *adj m/f* 1. *(estatal)* 国の kuni no, 国立の kokuritsu no; 2. *(popular)* 国民の kokumin no; **~idad** *f* 国籍 kokuseki; **~ismo** *m* ナショナリズム nashonarizumu

nada 1. *f* 無 mu; **2.** *pron* 何もない nanimo nai; **3.** *adv* 全然ない zenzen nai; ~ **de eso** そんなことはない sonna koto wa nai, ~ **menos** まさしく masashiku; ~ **más** それだけ soredake; **de** ~ どういたしまして dooitashimashite

nadar *vi* 泳ぐ oyogu

nadie 1. *pron* 誰も…いない daremo …inai; **2.** *m* 取るに足らない人 toruni taranai hito

naipe *m* トランプのカード toranpu no kaado; **juego de ~s** 一組のトランプ hitokumi no toranpu

nalgas *fpl* 尻 shiri, 臀部 denbu

naranj/a 1. *f* オレンジ orenji; **2.** *m* オレンジ色 orenji iro; **3.** *adj m/f* オレンジ色の orenji iro no; **~al** *m* オレンジ畑 orenjibatake; **~o** *m* オレンジの木 orenji no ki

narc/ótico 1. -a *adj* 眠くさせる nemuku saseru; **2.** *m* 麻薬 mayaku; **~otraficante** *m* 麻薬密輸人 mayaku mitsuyu-nin; **~otráfico** *m* 麻薬密輸 mayaku mitsuyu

nariz *f* 鼻 hana

narra/ción *f* 1. 語り katari, ナレーション nareeshon; 2. *(historia)* 物語 monogatari; **~r** *vt* 語る kataru

nata *f* 生クリーム nama-kuriimu; ~ **batida** 泡立てた生クリーム awadateta nama-kuriimu

natación *f* 水泳 suiei

natal *adj m/f* 誕生の tanjoo no, 出生の shussei no; **ciudad** ~ 生まれた町 umareta machi; **~idad** *f* 出生率 shusseiritsu

natillas *fpl* カスタード・クリーム kasutaado-kuriimu

natural *adj m/f* 自然の shizen no, 自然のままのshizen no mama no, *(carácter)* 気取らない kidoranai; **~eza** *f* 1. 自然 shizen; 2. *(carácter nato)* 本質 honshitsu; **~idad** *f* 自然さ shizen-sa

naufra/gar *vi (海で)* 遭難する soonan suru; **~gio** *m (海での)* 遭難 soonan

náufrago 1. -a *adj (海で)* 遭難した soonan shita; **2.** *m/f (海難事故の)* 遭難者 soonan-sha

náuseas *fpl* 吐き気 hakike

náutico, -a *adj* 1. *(de navegación)* 航海の kookai no; 2. *(marino)* 海の umi no

navaja *f* ナイフ naifu

nave *f* 1. 船 fune; 2. *(de fábricas, almacenes/工場、倉庫などの)* 棟 mune; **~gable** *adj* 航行可能な kookoo kanoo na; **~gación** *f nav* 航海 kookai, *aero* 航空 kookuu; **~gar** *vi* 1. *nav* 航海する kookai suru; 2. *aero* 飛行する hikoo suru

Navidad *f* クリスマス kurisumasu

neblina *f* 霞 kasumi

necesario, -a *adj* 1. 必要な hitsuyoo na; 2. *(inevitable)* 必然の hitsuzen no

neceser *m* 化粧ケース keshoo keesu

necesi/dad *f* 必要性 hitsuyoosei; **~tar** *vt* 必要とする hitsuyoo to suru

necio, -a *adj* 馬鹿な baka na, 愚かな oroka na

nectarina *f* ネクタリン nekutarin

neerlandés 1. -a *adj* オランダの Oranda no; **2.** *m/f* オランダ人 Oranda-jin; **3.** *m ling* オランダ語 Oranda-go

nega/ción *f* 1. 否定 hitei, *(rechazo)* 拒否 kyohi; 2. *ling* 否定 hitei; **~do, -a** *adj* 無能な人間 munoo na ningen; **~r** *vt* 1. *(negar)* 否定する hitei suru; 2. *(rechazar)* 拒否する kyohi suru; **~rse** 拒絶する kyozetsu suru; **~rse a hacer u/c** …するのを拒否する …suru no o kyohi suru; **~tiva** *f* 1. 否定 hitei; 2. *(rechazo)* 拒絶 kyozetsu; **~tivo 1. -a** *adj* 1. 否定的な hitei-teki na; 2. 消極的な shookyoku-teki na; 3. *m foto* ネガ nega

negligen/cia *f* 不注意 fu-chuui; **~te** *adj* ぞんざいな zonzai na, 不注意な fu-chuui na

negocia/ciones *fpl* 交渉 kooshoo; **~r 1.** *vi* 1. 取引する torihiki suru; 2. 交渉する kooshoo suru; **2.** *vt dipl* 協定する kyootei suru

negocio *m* 商売 shoobai, ビジネス bijinesu; **~s sucios** 如何わしい仕事 ikagawashii shigoto

negro 1. -a *adj* 黒い kuroi; **2.** *m* 黒 kuro, 黒色 kuro iro; **3.** *m/f* 黒人 kokujin; **4.** *f mús* 四分音符 shibu onpu

nene, -a *m/f coloq* 赤ちゃん akachan

nervio *m* 1. 神経 shinkei; 2. *(fibra)* 筋 suji; 3. *(vigor)* 気力 kiryoku; **~sismo** *m* 1. *(tensión)* 緊張 kinchoo; 2. *(impaciencia)* いらだち iradachi; **~so, -a** *adj (carácter)* 神経質な shinkeishitsu na

neto, -a *adj* 正味の shoomi no

neumático *m* タイヤ taiya

neumonía *f med* 肺炎 haien

neur/ólogo, -a *m/f* 神経科医 shinkeika-i; **~osis** *f med* 神経症 shinkei-shoo, ノイローゼ noirooze

neutral *adj m/f* 中立の chuuritsu no; **~idad** *f* 中立 chuuritsu; **~izar** *vt* 1. 中立化する chuuritsu-ka suru; 2. *quím* 中和させる chuuwa saseru

neutro 1. -a *adj* 1. 中立の chuuritsu no; 2. *quím* 中和した chuuwa shita; 3. *biol* 無性の musei no; **2.** *m ling* 中性 chuusei

nev/ada *f (nieve que cae)* 降雪 koosetsu, *(nieve acumulada)* 積雪 sekisetsu; **~ar** *v/impers* 雪が降る yuki ga furu

nevera *f* 冷蔵庫 reizooko

ni *conj* …でも …でもない; **~ siquiera** さえない sae nai

nido *m* 1. *(de animales)* 巣 su; 2. *(escondrijo, refugio)* 隠れ家 kakurega

niebla *f* 霧 kiri

nieto, -a *m/f* 孫 mago

nieve *f* 雪 yuki

ninguno, -a 1. *adj (objeto)* 一つの …もない hitotsu no … mo nai, *(persona)* 誰一人いない dare-hitori inai; **2.** *pron (objeto)* 一つもない hitotsu mo nai, *(persona)* 一人もいない hitori mo inai

niñ/a *f* 少女 shoojo, 女の子 onna no ko; **~era** *f* ベビー・シッター bebii-shittaa; **~ez** *f* 幼年時代 yoonen jidai; **~o 1. -a** *adj* 幼い osanai; **2.** *m* 男の子 otoko no ko, 子供 kodomo

nipón, -ona 1. *adj* 日本の Nihon no; **2.** *m/f* 日本人 Nihon-jin

nitidez *f* 鮮明さ senmei-sa, 鮮やかさ azayaka-sa

nítido, -a *adj* 鮮明な senmei na

nivel *m* 1. レベル reberu; 2. *(horizontalidad)* 水平 suihei; **~ de aceite** *auto* オイル・レベル oiru-reberu; **~ de vida** 生活レベル seikatsu reberu; **~ar** *vt* 1. *(allanar)* 平らにする taira ni suru; 2. *(equilibrar)* 釣合を取る tsuriai o toru

no *adv* 1. いいえ iie; 2. しない shinai, でない de nai

noble 1. *adj m/f* 1. 貴族の kizoku no; 2. *(refinado, elegante)* 上品な joohin na; 3. *(de primera clase)* 高級な kookyuu na; **2.** *m/f* 貴族 kizoku; **~za** *f* 貴族階級 kizoku kaikyuu

noche *f* 1. 夜 yoru; **por la ~** 夜に yoru ni; **se hace de ~** 夜になる yoru ni naru; **~* Buena** クリスマス・イブ Kurisumasu-ibu; **~* Vieja** 大晦日の夜 oomisoka no yoru

noción *f* 概念 gainen, 観念 kannen; **nociones básicas** *fpl* 基礎知識 kiso chishiki

nocivo, -a *adj* 有害な yuugai na

nocturno, 1. -a *adj* 夜の yoru no, 夜行の yakoo no; **2.** *mús* ノクターン nokutaan

nombra/miento *m* 指名 shimei, 任命 ninmei; **~r** *vt* 1. *(designación, nombramiento)* 指名する shimei suru; 2. *(denominación)* 命名する meimei suru; 3. 名前を呼ぶ namae o yobu

nombre *m* 1. 名前 namae; 2. *(fama)* 名声 meisei; 3. *ling* 名詞meishi

nominar *vt (nombrar)* 指名する shimei suru, ノミネートする nomineeto suru

nordeste *m* 北東 hokutoo

nórdico, -a *adj* 1. 北のkita no; 2. *(Europa septentrional)* 北欧の Hokuoo no

norma *f* 1. 基準 kijun; 2. *(reglamento)* 規則 kisoku; 3. *tecn* 規格 kikaku; **~l** *adj m/f* 正常な seijoo na, 普通の futsuu no; **~lizar** *vt* 1. 正常化する seijooka suru; 2. *tecn* 標準化する hyoojun-ka suru

noroeste *m* 北西 hokusei

norte *m* 北 kita

Nor/teamérica *f* 北米 Hokubei; **~*teamericano, -a 1.** *adj* アメリカ合衆国の Amerika-gasshuukoku no, 北米の Hokubei no; **2.** *m/f* 米国人 Beikokujin、アメリカ人 Amerika-jin

Norueg/a *f* ノルウエー Noruwee; **~*o, -a 1.** *adj* ノルウエーの Noruwee no; **2.** *m/f* ノルウエー人 Noruwee-jin; **3.** *m ling* ノルウエー語 Noruweego

nos *pron pers* 1. *(C. D/直接目的語)* 私たちを watashi-tachi o; 2. *(C. I/間接目的語)* 私たちに watashi-tachi ni

nosotros, -as *pron pers* 私たち watashi-tachi, 我々 wareware

nostalgia *f* 郷愁 kyooshuu

nostálgico, -a *adj* 郷愁を誘う kyooshuu o sasou

nota *f* 1. *(comentario)* 注 chuu; 2. *(memo)* メモ memo; 3. *(resultado)* 成績 seiseki; 4. *mús*

音符 onpu; **~ble** *adj m/f* 優秀な yuushuu na; **~r** *vt* 1. …に気がつく …ni ki ga tsuku; 2. *(tomar notas)* メモをとる memo o toru

notar/ía *f* 公証人の事務所 kooshoo-nin no jimu-sho; **~ial** *adj m/f* 公証人の kooshoo-nin no; **~io, -a** *m/f* 公証人 kooshoo-nin

notici/a *f* 1. *(aviso)* 知らせ shirase; 2. *radio TV* ニュース nyuusu; **~ero** *m* 新聞 shinbun

novedad *f* 1. 新しさ atarashisa; 2. 新しい出来事 atarashii dekigoto

novela *f* 小説 shoosetsu; ~ **corta** 短編小説 tanpen shoosetsu; ~ **policiaca** 推理小説 suiri shoosetsu; ~ **rosa** ロマンチックな恋愛小説 romanchikku na ren'ai shoosetsu

novelista *m/f* 小説家 shoosetsuka

noveno, -a *adj* 9番目の kyuuban me no

noventa *adj* 90の kyuujuu no

noviembre *m* 11月 juuichi-gatsu

novio, -a *m* 1. 恋人 koibito; 2. *(recién casado)* 新郎 shinroo, *(recién casada)* 新婦 shinpu, *(desposada)* 花嫁 hanayome

nube *f* 雲 kumo; **estar por las ~s** 値段がとても高い nedan ga totemo takai; **estar en las ~s** ぼんやりしている bon'yari shite iru

nub/lado, -a *adj* 曇った kumotta, どんよりした don'yori shita; **~larse** 曇る kumoru; **~osidad** *f meteo* 曇り kumori

nuca *f* うなじ unaji, 首筋 kubisuji

nuclear *adj m/f* 核の kaku no, 原子力の genshi-ryoku no

núcleo *m* 1. 核心 kakushin; 2. *fis* 核 kaku

nudo *m* 結び目 musubime

nuera *f* 嫁 yome

nuestro, -a *pron pos* 私たちの watashi tachi no

nueve 1. *adj* 9の kyuu no; **2.** *m* 9 kyuu

nuevo, -a *adj* 新しい atarashii; **de** ~ 再び futatabi; **¿qué hay de ~?** 何か変わったことがありますか nanika kawatta koto ga arimasu ka

nuez *f* くるみ kurumi

nulo, -a *adj* 無効の mukoo no

numera/ción *f* 番号 bangoo; **~r** *vt* 1. 番号をつける bangoo o tsukeru; 2. 数える kazoeru

número *m* 1. 数 kazu, 数字 suuji; 2. *(numeración)* 番号 bangoo; ~ **impar** *f* 奇数 kisuu; ~ **par** 偶数 guusuu; ~ **secreto** 暗証番号 anshoo bangoo

numeroso, -a *adj* 多数の tasuu no, たくさんの takusan no

nunca *adv* 決して kesshite; ~ **jamás** 決して kesshite; **más que** ~ この上もなく kono ue mo naku

nutri/ción *f* 栄養 eiyoo; **~r** *vt* 養う yashinau, 栄養を与える eiyoo o ataeru; **~rse** 栄養をとる eiyoo o toru; **~rse de** …から栄養をとる …kara eiyoo o toru; **~tivo, -a** *adj* 栄養のある eiyoo no aru

O

oasis *m* オアシス oashisu
obedecer *vt* 従う shitagau, 服従する fukujuu suru
obedien/cia *f* 服従 fukujuu, 従順 juujun; **~te** *adj m/f* 従順な juujun na
obisp/ado *m* 司教区 shikyoo-ku; **~o** *m* 司教 shikyoo
obje/ción *f* 反論 hanron; **~tar** *vt* 反論する hanron suru; **~tividad** *f* 客観性 kyakkan-sei; **~tivo 1. -a** *adj* 客観的な kyakkan-teki na; **2.** *m* 目的 mokuteki, 目標 mokuhyoo; **~to** *m* 1. 物 mono; 2. *(propósito)* 対象 taishoo
obliga/ción *f* 義務 gimu; **~r** *vt* 義務づける gimuzukeru; **~torio, -a** *adj* 義務の gimu no, 強制的な kyoosei-teki na
obra *f* 1. *(trabajo)* 仕事 shigoto; 2. *arte* 作品 sakuhin; **~s** 工事 kooji; **~s completas** 全集 zenshuu; **~r** *vi* 実行する jikkoo suru
obrero 1. -a *m/f* 労働の roodoo no, 労働者の roodoo-sha no; **2.** *m* 労働者 roodoo-sha
obscen/idad *f* 猥褻 waisetsu; **~o, -a** *adj* 猥褻な waisetsu na
obsequi/ar *vt* 贈る okuru; **~o** *m* 贈り物 okurimono
observa/ción *f* 1. 観察 kansatsu, 観測 kansoku; 2. *(reconocimiento)* 偵察 teisatsu; **~dor 1. -a** *adj* 観察力のある kansatsu-ryoku no aru; **2.** *m* 観察者 kansatsu-sha, 観測者 kansoku-sha; **~torio** *m* 観測所 kansoku-sho; *(astronómico)* 天文台 tenmon-dai
obsesión *f* 強迫観念 kyoohaku kannen, 固定観念 kotei kannen
obstáculo *m* 障害 shoogai, 妨害 boogai
obstante *adj* 妨害する boogai suru; **no ~** しかしながら shikashi nagara
obstina/ción *f* 頑固 ganko; **~do, -a** *adj* 強情な goojoo na; **~rse en u/c** …に固執する … ni koshitsu suru; **~rse en hacer u/c** … に固執する … ni koshitsu suru
obstru/cción *f* 妨害 boogai, 邪魔 jama; **~ir** *vt* 塞ぐ fusagu, 妨害する boogai suru
obten/ción *f* 獲得 kakutoku, 入手 nyuushu; **~er** *vt* 獲得する kakutoku suru, 入手する nyuushu suru

obvio, -a *f* 明らかな akiraka na, 明白な meihaku na, はっきりした hakkiri shita
oca *f* ガチョウ gachoo
ocasi/ón *f* 1. 機会 kikai, チャンス chansu; **con ~ón de** …の機会に …no kikai ni; **~onal** *adj* 1. 臨時の rinji no; 2. *(accidental)* 偶然の guuzen no; **~onar** *vt* 原因となる gen'in to naru
ocaso *m* 1. *(puesta del sol)* 日没 nichibotsu; 2. *(decaimiento)* 衰退 suitai, *(el último momento)* 最期 saigo
occident/al *adj* 1. 西の nishi no; 2. *(de occidente, europeo)* 西洋の seiyoo no; **~e** *m* 1. *(Europa)* 西洋 seiyoo; 2. *(oeste)* 西 nishi
océano *m* 大洋 taiyoo
och/enta *m* 80 hachijuu; **~o** *m* 8 hachi
ocio *m* 暇 hima; **~so, -a** *adj* 1. 暇な hima na; 2. *(perezoso)* 怠惰な taida na
octava *f mús* オクターブ okutaabu
octavilla *f (政治的な)* 宣伝ビラ senden bira
octubre *m* 十月 juu-gatsu
ocul/ar *adj m/f* 目の me no, 視覚上の shikakujoo no; **~ista** *m/f* 眼科医 ganka-i, 目医者 me-isha
ocult/ar *vt* 隠す kakusu; **~o, -a** *adj* 1. *(escondido)* 隠された kakusareta; 2. *(secreto, confidencial)* 秘密の himitsu no
ocupa/ción *f* 1. 占領 senryoo; 2. *(profesión)* 職業 shokugyoo; **~do, -a** *adj* 1. *(atareado)* 忙しい isogashii; 2. *(en uso)* 使用中の shiyoo-chuu no; 3. *(invadir)* 占領された senryoo sareta; **~nte** *m/f* 占拠者 senkyo-sha; **~r** *vt* 占める shimeru; **~rse en/ de** 1. …に従事する …ni juuji suru; 2. …の世話をする …no sewa o suru, …の面倒をみる …no mendoo o miru
ocurr/encia *f* 考え kangae; **~ente** *adj m/f* 機知に富んだ kichi ni tonda; **~ir** 起こる okoru; **se me ~e que** …を思いつく …o omoitsuku
odi/ar *vt* 憎む nikumu; **~o** *m* 憎しみ nikushimi; **~oso, -a** *adj* 憎い nikui
oeste *m* 西 nishi, 西部 seibu
ofen/der *vt* 侮辱する bujoku suru; **~derse** 腹を立てる hara o tateru; **~sa** *f* 侮辱 bujoku; **~siva** *f* 攻撃 koogeki
oferta *f* 1. 提供 teikyoo, *(petición, propuesta)* 申し出 mooshide; 2. *(precio rebajado)* お買い得品 okaidoku-hin
oficial 1. *adj m/f* 公式の kooshiki no, 正式の seishiki no; **2.** *m mil* 将校 shookoo

oficina *f* 1. 事務所 jimu-sho, オフィス ofisu; **~ de turismo** 観光案内所 kankoo annai-sho
oficio *m* 職業 shokugyoo; **de ~** 職権による shokken ni yoru
ofrec/er *vt* 1. 提供する teikyoo suru; 2. *(proponer)* 申し出る mooshi deru; **~erse** 申し出る mooshi deru; **~imiento** *m* 提供 teikyoo
oída *f* 聞くこと kiku koto
oído *m* 1. 聴覚 chookaku, 耳 mimi; 2. *(órgano)* 聴覚器官 chookaku kikan
oír *vt* 聞く kiku; **¡oiga!** もしもし moshi-moshi
¡ojalá! *excl* どうか …でありますように dooka …de arimasu yoo ni
ojeada *f* チラッと見ること chiratto miru koto
ojeras *fpl (me no)* 隈kuma
ojo *m* 1. 目 me, *(vista)* 視力 shiryoku; 2. *(atención)* 注意 chuui; **~ de aguja** 針の穴 hari no ana; **no pegar ~** 一睡もしない issui mo shinai
ola *f* 波 nami; **~ de frío** 寒波 kanpa
óleo *m* 1. 油 abura; 2. *(pintura)* 油絵 abura e; 3. *relig* 聖油 seiyu
oler 1. *vt* 1. 臭いを嗅ぐ nioi o kagu; 2. *(sensación)* 感じがする kanji ga suru; **2.** *vi* **~ a** …の臭いがする …no nioi ga suru
olfat/ear *vt* 臭いを嗅ぐ nioi o kagu; **~o** *m* 1. 嗅覚 kyuukaku; 2. *(sexto sentido)* 第六感 dairokkan
Olimpiadas *fpl* オリンピック大会 Orinpikku taikai
oliv/a *f* オリーブの実 oriibu no mi; **~o** *m* オリーブの木 oriibu no ki
olla *f* 鍋 nabe; **~ a presión** 圧力鍋 atsuryoku nabe
olmo *m bot* 楡 nire
olor *m* 臭い nioi; **~oso, -a** *adj* 良い臭いの ii nioi no
olvid/ar *vt* 忘れる wasureru; **~arse de u/c** …を忘れる …o wasureru; **~o** *m* 忘れること wasureru koto
ombligo *m* へそ heso
omi/sión *f* 省略 shooryaku; **~tir** *vt* 省略する shooryaku suru
once *m* 11 juu-ichi
ond/a *f* 1. 波 nami; 2. *fís (de sonido, luz, electricidad/音、光、電気などの波)* 波 nami; **estar en la ~a** *coloq* 理解している rikai shite iru; **~ear** *vi* 1. 波打つ namiutsu, うねる uneru; 2. *(al viento/風に)* 翻る hirugaeru
ondula/ción *f* 1. うねり uneri, *fís* 波動 hadoo; 2. *(de cabello/髪の毛の)* ウエーブ ueebu; **~do, -a** *adj* 1. 波状の hajoo no; 2. *(terreno)* 起伏のある kifuku no aru; **~r** *vt* 波打つ nami utsu, うねる uneru;

(bandera/旗が) ひるがえる hirugaeru

Osaka 大阪 Oosaka

opa/cidad *f* 不透明 fu-toomei; **~co, -a** *adj* 不透明な fu-toomei na

opción *f* 選択 sentaku

ópera *f* 1. オペラ opera, 歌劇 kageki; 2. オペラ劇場 opera gekijoo

opera/ción *f* 1. 作業 sagyoo, 操作 soosa; 2. *med* 手術 shujutsu; 3. *mil* 作戦 sakusen; 4. *mat* 演算 enzan; **~dor, -a** *m/f* 1. *(de máquina/機械などの)* 操作員 soosa-in, オペレーター opereetaa; 2. *cine* 映写技師 eisha-gishi; **~r** *vt/i* 手術をする shujutsu o suru; **~rse de** ...の手術を受ける ... no shujutsu o ukeru; **~tivo, -a** *adj* 作用する sayoo suru, 効果のある kooka no aru

opin/ar *vi* 意見を言う iken o iu; **~ión** *f* 意見 iken, 考え kangae

oponer 1. *vt* 対立させる tairitsu saseru, 反対する hantai suru; **2. ~se a u/c** ...に反対する ... ni hantai suru, 対立する tairitsu suru

oportun/idad *f* 機会 kikai; **~ista 1.** *adj m/f* 日和見主義の hiyorimi-shugi no; **2.** *m* 日和見主義者 hiyorimi-shugi-sha; **~o, -a** *adj* 時を得た toki o eta

oposici/ón *f* 1. 反対 hantai; 2. *pol* 野党 yatoo; **~ones** *fpl* 採用試験 saiyoo shiken

opresión *f* 1. 迫害 hakugai, 抑圧 yokuatsu; 2. *(sensación)* 圧迫感 appakukan

oprimir *vt* 1. *(apretar)* 締めつける shimetsukeru; 2. *(reprimir)* 抑圧する yokuatsu suru

optar *vi* 選択する sentaku suru; **~ por** ...を選ぶ ...o erabu

ópti/ca *f* 1. 光学 koogaku; **~co, -a** *adj* 1. *(de ojos)* 目の me no, *(de vista)* 視力のshiryoku no; 2. 光学の koogaku no; **2.** *m/f* 検眼士 kengan-shi

optimis/mo *m* 楽観主義 rakkan-shugi; **~ta 1.** *adj m/f* 楽観主義の rakkan-shugi no; **2.** *m/f* 楽観主義者 rakkan-shugi-sha

óptimo, -a *adj* 最上の saijoo no, 最高の saikoo no

opuesto, -a *adj* 反対の hantai no, 逆の gyaku no

oración *f* 1. 祈り inori; 2. *ling* 文 bun, 節 setsu

oral *adj m/f* 1. *(verbal)* 口頭の kootoo no; 2. *(bucal)* 口の kuchi no

oratori/a *f* 雄弁 yuuben; **~o** *m* 1. *(capilla)* 礼拝堂 reihai-doo; 2. *mús* オラトリオ oratorio

orden 1. *m* 1. 順序 junjo; 2. 整理 seiri; 3. 秩序 chitsujo, *(seguridad pública)* 治安 chian; 4. *(disciplina)* 規律 kiritsu; **~ del día** 議事日程 giji nittei;

poner en ~ 整理する seiri suru; **por ~ de** … の順に … no jun ni; **2.** *f* 1. 命令 meirei; 2. *jur* 令状 reijoo; 3. *his* 騎士団 kishi-dan, 教団 kyoo-dan

ordenador *m* コンピューター konpyuutaa; **~ personal** パーソナル・コンピューター paasonaru-konpyuutaa

ordenar *vt* 1. 整理する seiri suru; 2. *(mandar)* 命令する meirei suru

ordeñar *vt* 乳をしぼる chichi o shiboru

ordinario, -a *adj* 普通の futsuu no, 平凡な heibon na

oreja *f* 耳 mimi

orfanato *m* 孤児院 koji-in

orfebre *m* 金/ 銀細工師 kin/gin zaiku-shi; **~ría** *f* 金/ 銀細工 kin/gin-zaiku

orgánico, -a *adj* 有機体の yuuki-tai no, 有機的な yuuki-teki na

organillo *m* 手回しオルガン te-mawashi orugan

organismo *m* 1. 有機体 yuuki-tai; 2. 組織 soshiki, 機関kikan

organista *m/f* パイプ・オルガン奏者 paipu-orugan soosha

organiza/ción *f* 1. 組織すること soshiki suru koto; 2. *(colectividad)* 団体 dantai, 組織 soshiki; **~dor, -a** *m/f* 主催者 shusai-sha, 組織者 soshiki-sha; **~r** *vt* 組織する soshiki suru, *(planear)* 企画する kikaku suru

órgano *m* 1. 器官 kikan, 臓器 zooki; 2. *(organización)* 機関 kikan; 3. *mús* パイプ・オルガン paipu-orugan

orgasmo *m* オルガスムス oru-gasumusu, 性的絶頂感 seiteki zetchoo-kan

orgía *f* 乱交パーティー rankoo paatii

orgullo *m* 1. *(arrogancia)* 傲慢 gooman; 2. *(dignidad)* 誇り hokori; **~so, -a** *adj* **de** …を誇りにする …o hokori ni suru

orientación *f* 1. 指導 shidoo, オリエンテーション orientee-shon; 2. *(dirección)* 方角 hoo-gaku

oriental *adj m/f* 東の higashi no, 東洋の tooyoo no

orientar *vt* 1. 指導する shidoo suru; 2. …の方に向ける …no hoo ni mukeru; **~se** …の方に向かう …no hoo ni mukau

Oriente *m* 1. *(punto cardinal)* 東 higashi; 2. *(geografía)* 東洋 tooyoo

orificio *m* 穴 ana

origen *m* 起源 kigen, 源 mina-moto

original 1. *adj m/f (innato)* 本来の honrai no; 2. *(inventivo)* オリジナルな orijinaru na; **2.** *m (libro)* 原本 genpon, *(dibujo)* 原画 genga, *(idioma)* 原語 gengo; **~idad** *f* 独創性 dokusoo-sei, オリジナリティー orijinaritii

originar *vt* 発生させる hassei saseru, もたらす motarasu; **~io, -a** *adj (causante)* 原因となる gen'in to naru; 2. 本来の honrai no
orilla *f* 1. 岸 kishi; 2. ふち fuchi
orina *f* 尿 nyoo, 小便 shooben; **~l** *m* 尿瓶 shibin; **~r** *vi* 小便をする shooben o suru
ornamento *m* 飾り kazari
ornit/ología *f* 鳥類学 chooruigaku, **~ólogo, -a** *m/f* 鳥類学者 chooruigaku-sha
oro *m* 金 kin
orquesta *f* オーケストラ ookesutora
orto/doxo, -a *adj* 1. 正統な seitoo na, 正統派の seitoo-ha no; **~grafía** *f* スペル superu
osado, -a *adj* 大胆な daitan na
oscila/ción *f* 揺れ yure, 振幅 shinpuku; **~r** *vi* 揺れる yureru
oscur/ecer 1. *vt* 暗くする kuraku suru; **2.** *vi* 暗くなる kuraku naru; **~idad** *f* 暗闇 kurayami; **~o, -a** *adj* 1. 暗い kurai; 2. *(color oscuro)* 暗い色の kurai iro no
oso *m zool* 熊 kuma
ostenta/ción *f* 見栄 mie
ostra *f* 牡蠣 kaki; **¡~s!** *coloq* 驚いた odoroita
otitis *f med* 耳炎 jien
otoñ/al *adj m/f* 1. 秋の aki no, 秋らしい aki-rashii; 2. *(de vejez)* 晩年の bannen no; **~o** *m* 秋 aki
otorgar *vt* 与える ataeru
otorrinolaringólogo *m med* 耳鼻咽喉科医 jibiinkooka-i
otro, -a *adj* 1. 他の hoka no, 別の betsu no; 2. もう一つの moo hitotsu no; **el ~ día** 先日 senjitsu; **~ vez** もう一度 moo ichido; **~ cosa** 他のもの hoka no mono; **por ~ parte** 一方では ippoo de wa
output *m informát* アウトプット autoputto
ovalado, -a *adj* 楕円の daen no
oveja *f* 羊 hitsuji
ovillo *m* 1. 糸玉 itodama; 2. *(enredo)* もつれ motsure
oxida/ble *adj m/f* 錆びやすい sabi-yasui; **~r** *vt* 錆びつかせる sabitsukaseru; **~rse** 錆びる sabiru
óxido *m* 1. 錆び sabi; 2. *quím* 酸化物 sanka-butsu
oxígeno *m quím* 酸素 sanso
oyente *m/f* 聞き手 kiki-te, 聴衆 chooshuu
ozono *m* オゾン ozon; **agujero de ~** オゾン層の穴 ozonsoo no ana

P

pabellón *m* パビリオン pabirion
pacien/cia *f* 忍耐 nintai, 根気 konki; **~te 1.** *adj m/f* 根気が

ある konki ga aru; **2.** *m/f med* 患者 kanja

pacífico, -a *adj* 1. 平和な heiwa na; 2. *(calmado)* 穏やかな odayaka na *(persona)* おとなしい otonashii; **Océano ~*** *m* 太平洋 Taihei-yoo

pacifista 1. *adj m/f* 平和主義の heiwa-shugi no; **2.** *m/f* 平和主義者 heiwa-shugi-sha

pact/ar *vt/i* 1. 協定を結ぶ kyootei o musubu; 2. *(acordar)* 合意する gooi suru; **~o** *m* 協定 kyootei, 条約 jooyaku

padecer *vt* 病気になる byooki ni naru; **~se de** …を患う …o wazurau

padrastro *m* 義父 gifu, 義理の父 giri no chichi

padre *m* 1. 父親 chicha-oya; 2. *relig* 神父 shinpu; **~ político** しゅうと shuuto; **~ nuestro** 主の祈り Shu no inori; **~s** *mpl* 両親 ryooshin

padrino *m* 代父 daifu

paella *f* パエーリャ paeerya

paga *f* 1. *(sueldo)* 給料 kyuuryoo; 2. *(pago)* 支払い shiharai; **~do, -a** *adj* 支払い済みの shiharai-zumi no

pagar *vt* 1. 払う harau; 2. *fig* 報いを受ける mukui o ukeru; **~é** *m* 約束手形 yakusoku tegata

página *f* ページ peeji; **~ web** ウエッブ・ページ uebbu-peeji; **~ de inicio** *m informát* ホームページ hoomu peeji

pago *m* 支払い shiharai; **~ anticipado** 前払い maebarai; **~ al contado** 現金払い genkinbarai

país *m* 国 kuni

paisa/je *m* 風景 fuukei, **~no, -a** *m/f (del mismo país)* 同国人 dookoku-jin, *(nacidos en el mismo lugar)* 同郷人 dookyoo-jin

paja *f* わら wara, ストロー sutoroo

pájaro *m* 鳥 tori

pala *f* 1. シャベル shaberu; 2. *sport* ラケット raketto

palabra *f* 1. 言葉 kotoba; 2. *(vocablo)* 語 go, 単語 tango; 3. *(promesa)* 約束 yakusoku

palacete *m* 小さな 宮殿 chiisa na kyuuden, 館 yakata

palacio *m* 宮殿 kyuuden

paladar *m* 1. 口蓋 koogai; 2. *(sabor)* 味覚 mikaku

palanca *f* てこ teko, レバー rebaa

palangana *f* 洗面器 senmenki, 金だらい kanadarai

palco *m teat* ボックス席 bokkusu-seki, 桟敷席 sajiki-seki

paleta *f* 1. *(albañil)* へら hera; 2. *(pintura)* パレット paretto

paletilla *f* 肩甲骨 kenkoo kotsu

palia/r *vt (enfermedad, dolor/ 病気、痛みなどを)* 和らげる yawarageru

palidecer *vi* 1. 青ざめる aozameru; 2. *(perder el color)* 色があせる iro ga aseru

pálido, -a *adj* 1. 青白い aojiroi; 2. *(color/色が)* 色あせたiro aseta; 3. *(cadavérico)* 生気のない seiki no nai

palillo *m (mondadientes)* つまようじ tsumayooji

paliza *f* 殴打 ooda

palma *f* 1. 手のひら te no hira; 2. *bot* ヤシ yashi, シュロ shuro; **~da** *f* 平手で軽くたたくこと hirate de karuku tataku koto

palmera *f bot* ヤシ yashi, シュロ shuro

palo *m* 棒 boo

paloma *f* 鳩 hato; **~ mensajera** 伝書鳩 densho-bato

palpar *vt* 1. 触る sawaru; 2. *med* 触診する shokushin suru; 3. *(tantear)* 手探りする tesaguri suru

palpita/ción *f* 動悸 dooki, 鼓動 kodoo; **~r** *vi (corazón/心臓が)* 鼓動する kodoo suru

paludismo *m med* マラリア mararia

pan *m* パン pan; **~adería** *f* パン屋 pan-ya; **~adero, -a** *m/f* パン職人 pan shokunin; **~ecillo** *m* ロール・パン rooru-pan

pancarta *f* プラカード purakaado

páncreas *m med* 膵臓 suizoo

panda *m zool* パンダ panda

pandilla *f coloq* 仲間 nakama, グループ guruupu

panel de control *m informát* コントロールパネル kontorooru paneru

pánico *m* 恐慌 kyookoo, パニック panikku

panorama *m* 展望 tenboo, パノラマ panorama

pantalla *f* 1. *cine* スクリーン sukuriin; 2. *(mampara)* 衝立 tsuitate; 3. *(luz, lámpara /出電灯、ランプなどの)* 笠 kasa, シェード sheedo

pantalón *m* ズボン zubon; **~ vaquero** ジーンズ jiinzu

pantano *m* 1. 沼 numa; 2. *(balsa)* 貯水池 chosui-chi

pantera *f zool* 豹 hyoo

pantorrilla *f* ふくらはぎ fukurahagi

pañal *m* おむつ omutsu

pañ/o *m* 1. *(para cocina)* ふきん fukin; 2. *(para limpieza)* 雑巾 zookin; **~uelo** *m* 1. *(pañuelo de bolsillo)* ハンカチ hankachi; 2. *(pañuelo de cabeza)* スカーフ sukaafu

papá *m* お父さん otoosan, パパ papa; **~s** *mpl* 両親 ryooshin

papel *m* 1. 紙 kami; 2. *cine teat* 役 yaku; **~es** *mpl* 書類 shorui; **~ higiénico** トイレット・ペーパー toiretto-peepaa, **~ería** *f* 文房具店 bunboogu-ten

papilla *f* 離乳食 rinyuu-shoku

paquete *m* 包み tsutsumi, *(paquete postal)* 小包 kozutsumi

par 1. *m (pareja)* 一組 hitokumi; **2.** *adj m/f* 偶数の guusuu no; **a la ~** 一緒に issho ni

para *prep* 1. …のために …no tame ni, … の目的で… no mokuteki de; 2. …に…ni, … にとって …ni totte; **~ eso** そのために sono tame ni; **~ que** …するために …suru tame ni; 3. **salir ~** …の方に出る …no hoo ni deru; 4. **~ siempre** 永久に eikyuu ni, いつまでも itsu made mo; 5. **~ mí** 私にとって watashi ni totte

parabrisas *m auto* フロント・ガラス furonto-garasu

parad/a *f* 1. 止まること tomaru koto; 2. *(autobús)* 停留所 teiryuu-jo; 3. *(desfile)* パレードpareedo; **~a de taxis** タクシー乗り場 takushii noriba; **~o, -a 1.** *adj* 1. 停止した teishi shita; 2. 失業中の shitsugyoo-chuu no; **2.** *m/f* 失業者 shitsugyoo-sha

paradójico, -a *adj* 逆説的な gyakusetsu-teki na, 矛盾した mujun shita

parador *m* 国営ホテル kokuei hoteru, パラドール paradooru

paraguas *m* 傘 kasa

paraíso *m* 1. *relig* 天国 tengoku; 2. *(jauja)* 楽園 rakuen, パラダイスparadaisu

paralelo, -a *adj* 平行の heikoo no

parálisis *f* 麻痺 mahi

paralítico, -a 1. *adj* 麻痺した mahi shita; **2.** *m/f* 麻痺患者 mahi-kanja, 中風の患者 chuufuu no kanja

paraliza/ción *f* 1. 麻痺 mahi; 2. *(estancamiento)* 停滞 teitai; 3. 麻痺状態 mahi-jootai; **~r** *vt* 1. 麻痺させる mahi saseru; 2. *(estancar)* 停滞させる teitai saseru

parar 1. *vt* 止める tomeru; **2.** *vi* 1. 止まる tomaru; 2. *(dejar)* やめる yameru

pararrayos *m* 避雷針 hiraishin

parche *m* 膏薬 kooyaku

parcial *adj m/f* 1. 部分的な bubun-teki na; 2. *(injusto)* 不公平な fu-koohei na

parco, -a *adj* 僅かな wazuka na

parecer 1. *vi* …のようである …no yoo de aru, …のように思われる …no yoo ni omowareru; 2. …に似ている … ni nite iru; **me parece bien** いいと思う ii to omou; **¿qué le parece?** どう思いますか doo omoimasu ka; **2.** *m* 1. *(idea)* 考え kangae, *(opinión)* 意見 iken; 2. *(apariencia)* 外見 gaiken; **a mi ~** 私の考えでは watashi no kangae dewa; **al ~** 見たところでは mita tokoro dewa; **~se a** …に似ている … ni nite iru

parecido 1. –a *adj* 1. 似ている nite iru; 2. *(semejante)* 同じような onaji yoo na; **2.** *m* 似ていること nite iru koto, 類似 ruiji

pared *f* 壁 kabe

pareja *f* 二人 futari, カップル kappuru

parentesco *m* 血縁関係 ketsuen kankei

paréntesis *m* かっこ kakko; **entre ~** かっこに入れて kakko ni irete

paridad *f* 1. *(igualdad)* 同等 dootoo; 2. *(con monedas extranjeras/他国通貨の)* 平価 heika

pariente *m/f* 親戚 shinseki

parir *vt/i* 出産 する shussan suru, 生む umu

parking *m* 駐車場 chuusha-joo

parlament/ario, -a *m/f* 国会議員 kokkai-giin; **~o** *m* 国会 kokkai

paro *m* 失業 shitsugyoo

parpadear *vi* 1. 瞬く mabataku; 2. *(luz/光が)* ちらちらする chira-chira suru, *(estrellas/星が)* きらきら光る kira-kira hikaru

párpado *m* 瞼 mabuta

parque *m* 公園 kooen; **~ de atracciones** 遊園地 yuuen-chi; **~ nacional** 国立公園 kokuritsu kooen; **~ temático** テーマ・パーク teema-paaku; **~ zoológico** 動物園 doobutsu-en

parquímetro *m* パーキング・メーター paakingu-meetaa

párrafo *m* 段落 danraku

parrilla *f* *(肉などを焼く)* 網 ami, グリル guriru; **a la ~** *gastr* 網焼き amiyaki; **~da** *f* バーベキュー baabekyuu

párroco *m relig* 主任司祭 shunin shisai

parroquia *f relig* 教区教会 kyo-oku kyookai

parte 1. *f* 部分 bubun; 2. *(lugar)* 場所 basho; 3. *jur (訴訟、契約の)* 当事者 tooji-sha; 4. *mús* パート paato; 5. *teat* 役 yaku, 台詞 serifu; **de ~ de quién** *(teléfono/電話で)* どちらさまですか。 Dochira-sama deu ka; **en ~** 部分的に bubun-teki ni; **en gran ~** 大部分 daibubun; **en ninguna ~** どこにも doko ni mo; **en todas ~s** 至る所で/に itaru tokoro de/ ni; **por otra ~** 一方 ippoo; **tomar ~ en** …に参加する …ni sanka suru, かかわる kakawaru; **2.** *m* 報告 hookoku; **~ meteorológico** 気象通報 kishoo tsuuhoo

participa/ción *f* 1. 参加 sanka; 2. 案内状 annai-joo; **~nte** *m/f* 参加者 sanka-sha; **~r** *vi* 参加する sanka suru

partícula *f* 1. 微分子 bibunshi; 2. *fís* 粒子 ryuushi; 3. *ling* 助詞 joshi

particular 1. *adj m/f* 1. 特別な tokubetsu na; 2. *(personal)* 個人の kojin no; **en ~** 特に toku ni; **2.** *m*個人 kojin; **~idad** *f* 特徴 tokuchoo

partida *f* 1. *(marcha)* 出発 shuppatsu; 2. *(certificación)* 証明書 shoomei-sho

partido *m* 1. *pol* 政党 seitoo; 2. *sport* 試合 shiai, ゲーム geemu

partidario, -a 1. *adj* 味方の mikata no; **2.** *m/f* 支持者 shijisha

partir 1. *vi (marchar)* 出発する shuppatsu suru; **2.** *vt* 1. *(dividir)* 分ける wakeru; 2. *(distribuir)* 分配する bunpai suru; 3. *(romper)* 割る waru; **a ~ de** … 以降 …ikoo

parto *m* 分娩 bunben, 出産 shussan

parvulario *m* 保育園 hoiku-en, 幼稚園 yoochi-en

pasadizo *m* 1. *(pasillo)* 通路 tsuuro; 2. *(pasaje)* 抜け道 nuke-michi, 路地 roji

pasado *m* 1. 過去 kako; 2. *ling* 過去 kako

pasaje *m* 1. 通行 tsuukoo; 2. *(billete)* 乗車券 joosha-ken; **~ro, -a** *m/f* 乗客 jookyaku

pasaporte *m* パスポート pasupooto

pasar 1. *vi* 1. 通る tooru; 2. *(tiempo)* たつ tatsu; 3. *(suceder)* 起こる okoru; 4. *(sobrepasar)* 超過する chooka suru; **¡pase!** お入り ohairi; **¿qué pasa?** どうしましたか doo shimashita ka; **2.** *vt* 1. 通る tooru; 2. *(extralimitar)* 超える koeru; 3. *(tiempo/時を)* 過ごす sugosu

pasarela *f* 1. *nav* タラップ tarappu; 2. *(desfile de moda/ファッションショーの)* 張り出し舞台 haridashi butai

pasatiempo *m* 気晴らし kibarashi, 楽しみ tanoshimi

Pascua *f* 1. 復活祭 fukkatsusai; 2. *(Navidad)* クリスマス kurisumasu; **¡Felices ~s!** メリー・クリスマス Merii-kurisumasu

pase *m* 1. *(entrada)* 入場券 nyuujoo-ken; 2. *(autorización)* 許可 kyoka, 許可証 kyokashoo

paseo *m* 1. 散歩 sanpo; 2. *(rambla)* 散歩道sanpo-michi

pasillo *m (corredor)* 廊下 rooka, *(pasaje)* 通路 tsuuro

pasiv/idad *f* 消極性 shookyokusei; **~o, -a** *adj* 1. 消極的な shookyoku-teki na; 2. *(de pensión/ 年金の)* 受給の jukyuu no; **~a** *ling f* 受動態 judootai

pasmar *vt* 驚かせる odorokaseru

paso *m* 1. *(tránsito, circulación)* 通行 tsuukoo, *(dejar atrás un sitio)* 通過 tsuuka; 2. *(pasaje)* 通り道 toori-michi; 3. 歩 ho, 歩調 hochoo; 足音 ashioto; **~ a nivel** 踏み切り fumikiri; **~ de peatones** 横断歩道 oodan hodoo; **~ subterráneo** 地下道 chikadoo

pasta *f* 1. パスタ pasuta; 2. *coloq* お金 okane

pastel *m* 1. *gastr* ケーキ keeki; 2. *(pintura)* パステル画 pasuteru-ga

pasto *m* 牧草地 bokusoo-chi

pastoso, -a *adj* 粘つく nebatsuku, 粘々する nebaneba suru

pata *f* 1. *(de animales/動物の)* 脚 ashi; 2. *(de muebles/家具などの)* 脚 ashi

patada *f* 蹴ること keru koto

patalear *vi* 地団太踏む jidanda-fumu

patata *f* ジャガイモ jagaimo; **~s fritas** ポテト・チップ poteto-chippu

patente 1. *adj m/f* 明らかな akiraka na; **2.** *f* 特許 tokkyo

patern/al *adj* 父親の chichi-oya no; **~idad** *f* 父親であること chichi-oya de arukoto; **~o, -a** *adj* 父親の chichi-oya no

patético, -a *adj* 悲壮な hisoo na, 哀れな aware na

patín *m* 1. スケート靴 sukeeto-gutsu; 2. *(de agua)* ペダル・ボート pedaru-booto

patinar *vi* 1. スケートをする sukeeto o suru; 2. *auto* スリップする surippu suru

patio *m* 中庭 nakaniwa

pato *m* アヒル ahiru

patológico, -a *adj med* 病理学の byoorigaku no

patria *f* 祖国 sokoku

patrimoni/al *adj m/f* 世襲財産の seshuu zaisan no; **~o** *m* 1. *(bienes)* 財産 zaisan; 2. *(histórico)* 歴史的遺産 rekishi-teki isan

patriota *m/f* 愛国者 aikoku-sha

patriótico, -a *adj* 愛国の aikoku no

patrocina/dor, -a *m/f* 後援者 kooen-sha, スポンサー suponsaa; **~r** *vt* 後援する kooen suru

patrón 1. *m (molde)* 型 kata, パターン pataan; **2.** *m/f* 1. 後援者 kooen-sha, パトロン patoron; 2. *relig* 守護聖人 shugosei-jin

patrulla *f* パトロール patorooru

paulatino, -a *adj* ゆっくりした yukkuri shita, 緩慢な kanman na

pausa *f* 1. 休止 kyuushi, 中断 chuudan; 2. *mús* 休止 kyuushi; 3. *(tardanza)* 鈍さ noro-sa

pauta *f* 基準 kijun, 手本 tehon

paviment/ación *f* 1. *(acción de adoquinar o asfaltar)* 舗装（工事） hosoo (kooji); 2. *(acción de entarimar)* 床張り

yukabari; **~o** *m* 1. *(adoquinado, asfaltado)* 舗装 hosoo; 2. *(tarima)* 床張り yukabari
pavo *m* 1. 七面鳥 shichimenchoo; 2. *coloq* ばか baka
pavor *m* 恐怖 kyoofu
payaso *m* ピエロ piero, 道化師 dooke-shi
paz *f* 1. 平和 heiwa; 2. *(vida)* 平安 heian; 3. *(espiritual, moral/精神的)* 平静 heisei; 4. *pol* 講和 koowa
peaje *m* *(有料道路の)* 料金所 ryookin-sho
peatón *m* 歩行者 hokoo, 通行人 tsuukoo-nin
peca *f* そばかす sobakasu
peca/do *m relig* 罪 tsumi; **~r** *vi* 罪を犯す tsumi o okasu
pecho *m* 1. 胸 mune; 2. *(femenino)* 乳房 chibusa; **dar el ~** 母乳を与える bonyuu o ataeru
pechuga *f (de aves/鳥などの)* 胸の肉 mune no niku
peculiar *adj m/f* 独特の dokutoku no, 特有の tokuyuu no; **~idad** *f* 独自性 dokuji-sei
pedagógico, -a *adj* 教育的な kyooiku-teki na
pedal *m* ペダル pedaru; **~ de freno** ブレーキ・ペダル bureeki-pedaru; **~ de acelerador** アクセル・ペダル akuseru-pedaru; **~ear** *vt* ペダルを踏む pedaru o fumu
pedante 1. *adj m/f* 知ったかぶりをする shittakaburi o suru; **2.** *m/f* 学者ぶる人 gakushaburu hito, 衒学者 gengakusha
pedazo *m* かけら kakera, 小片 shoohen
pedi/atra *m/f* 小児科医 shoonika-i; **~atría** *f* 小児科 shoonika
pedicura *f* ペディキュア pedikyua, 足治療 ashichiryoo
pedido *m com* 注文 chuumon
pedir *vt* 1. *com* 注文する chuumon suru; 2. *(solicitar)* 頼む tanomu
pedo *m coloq* おなら onara; **tirarse un ~** おならをする onara o suru
pega/joso, -a *adj* 1. 粘々した nebaneba shita, 粘着性の nenchaku-sei no; 2. *fig (persona)* しつこい shitsukoi; **~mento** *m* 接着剤 setchaku-zai
pegar 1. *vt* 1. 接着する setchaku suru; 2. *(golpear)* 殴る naguru; 3. *(enfermedad/病気を)* 移す utsusu; **no ~ ojo** 一睡もしない issui mo shinai; **2.** *vi* くっつく kuttsuku; **~se** 1. くっつく kuttsuku, まつわりつく matsuwari tsuku; 2. *(comida)* 焦げる kogeru; *(enfermedad, malas costumbres/病気、悪習が)* 移る utsuru
pegatina *f* ワッペン wappen, ステッカー sutekkaa

peina/do *m* ヘアー・スタイル heaa-sutairu; **~r** *vt* 髪をとかす kami o tokasu; **~rse** 髪をとく kami o toku

peine *m* 櫛 kushi; **~ta** *f* 飾り櫛 kazari-gushi

pela/do, -a *adj* 1. *(cabello/髪の毛)* 禿げた hageta; 2. *(fruta/果物の皮)* 皮をむいた kawa o muita; 3. *(lugar)* 草木が生えていない kusaki ga haete inai; **~r** *vt (fruta/果物などの)* 皮をむく kawa o muku

peldaño *m (escalera/階段の)* 段 dan, ステップ suteppu

pelea *f* 1. 争い arasoi, けんか kenka; 2. *sport* 格闘技の試合 kakutoogi no shiai; **~r** *vi* 戦う tatakau, けんかする kenka suru; **~rse** 争う arasou

peletería *f* 毛皮店 kegawa-ten

película *f* 1. 映画 eiga, フィルム firumu; 2, *(membrana)* 薄膜 usumaku; **~ de dibujos animados** アニメ映画 anime eiga

peligr/ar *vi* 危険である kiken de aru; **~o** *m* 危険 kiken; **~oso, -a** *adj* 危険な kiken na, 危ない abunai

pelirrojo, -a *adj* 赤毛 akage no, 赤い髪の akai kami no

pellizc/ar *vt* つねる tsuneru; **~o** *m* つねること tsuneru koto

pelo *m* 毛 ke, 髪 kami; **tomar el ~ a alg** …をからかう …o karakau

pelota *f* ボール booru; **~s** *vulg* 睾丸 koogan; **en ~s** *coloq* 裸で hadaka de

peluca *f* かつら katsura

peludo, -a *adj* 毛深い ke-bukai

peluquer/a *f* 美容師 biyoo-shi; **~ía** *f (masculino)* 理髪店 ri-hatsu-ten, *(femenino)* 美容院 biyoo-in; **~o** *m* 理容師 riyoo-shi, 床屋 toko-ya

pena *f* 1. 罰 batsu; 2. *(moral/精神的な)* 苦痛 kutsuu; **¡qué ~!** 残念だ zannen da!; **vale/merece la ~** 価値がある kachi ga aru; **dar ~** 気の毒だ kinodoku da

penal **1.** *adj m/f* 刑罰の keiba-tsu no; **2.** *m* 刑務所 keimu-sho

pend/er *vi* …からぶら下がる …kara burasagaru; **~iente** **1.** *adj m/f* 1. *(por solucionar)* 未解決の mikaiketsu no, ペンディングの pendingu no; 2. *(colgante)* ぶら下がった burasagatta; **2.** *m* イヤリング iyaringu; **3.** *f* 1. *(cuesta)* 坂 saka; 2. *(inclinación)* 傾斜 keisha, 勾配 koobai

péndulo *m* 振り子 furiko

pene *m med* ペニス penisu

penetra/ción *f* 1. 侵入 shin-nyuu; 2. *(de líquido, ideología/液体、思想の)* 浸透 shintoo; **~r** *vi* 侵入する shinhyuu suru; *(líquido, ideología, frío/液体、思想、寒さが)* 染み込む shi-

mi komu, 浸透する shintoo suru
penicilina *f* ペニシリン penishirin
península *f* 半島 hantoo
penitencia *f* 悔い改め kuiaratame
penoso, -a *adj* 1. *(fatigoso)* つらい tsurai; 2. *(doloroso)* 痛ましい itamashii, 悲痛な hitsuu na
pensar 1. *vt* 考える kangaeru, 思う omou; **2.** *vi* 考える kangaeru; **~ en** ...のことを考える/ 思う ...no koto o kangaeru/omou; **~ en + inf** ...しようと思う ...shiyoo to omou; **sin ~** 何気なく nanige naku, 思わず omowazu
pensativo, -a *adj* 考え込んだ kangae konda, 物思いにふけった mono-omoi ni fuketta
pensión *f* 1. *(mensualidad)* 年金 nenkin; 2. *(hospedaje)* ペンション penshon; **~ completa** 三食付の宿泊 sanshoku tsuki no shukuhaku; **media ~** 朝食の他に一食付く宿泊 chooshoku no hoka ni isshoku tsuku shukuhaku
pentágono *m* 1. 五角形 gokakkei; 2. *(Ministerio de Defensa de Estados Unidos)* 米国国防総省 Beikoku Kokuboo Sooshoo
penúltimo, -a *adj* 終わりから２番目の owari kara ni-ban me no
penumbra *f* 薄暗がり usukuragari
peón *m* 人夫 ninpu
peonza *f* こま koma
peor *adj m/f* 1. より悪い yori warui; 2. 最も悪い mottomo warui
pepinillo *m* きゅうりのピクルス kyuuri no pikurusu
pepi/no *m* きゅうり kyuuri; **~ta** *f* 1. *(de frutas/果物の)* 種 tane; 2. *(oro aluvial/砂金などの)* 金属の塊 kinzoku no katamari
pequeñez *f* 1. 小さいこと chiisai koto; 2. 取るに足らないもの/ こと toru ni taranai mono/ koto
pera *f* 西洋梨 seiyoo nashi
percance *m* 1. 災難 sainan; 2. *econ* 臨時収入 rinji shuunyuu
percep/ción *f* *(sensación)* 知覚 chikaku; 2. *(sueldo/給料などを)* 受け取ること uketoru koto; **~tible** *adj m/f* *(sensible)* 感知できる kanchi dekiru
percha *f* 洋服かけ yoofuku kake
percibir *vt* 1. 知覚する chikaku suru, 感知する kanchi suru; 2. *econ* 受け取る uketoru
percusión *f mús* 打楽器 dagakki; **instrumento de ~** 打楽器 dagakki
perdedor, -a *m/f* 1. *econ* 損をした人 son o shita hito; 2. 負けた人 maketa hito
perder *vt* 1. *(objeto, dinero, vida/物、金、命などを)* 失う

ushinau; 2. *(sport, juego/スポーツ、賭け)* 負けるmakeru; 3. *(tiempo, oportunidad/時間、機会を)* 無駄にする muda ni suru; 4. *(oportunidad/機会などを)* 見逃す minogasu; 5. *jur* 負ける makeru; 6. *(aire, agua/液体、空気が)* 漏れる moreru; **echar (se) a ~** 失敗する shippai suru, だめになる dame ni naru; **~ de vista** 見失う miushinau; **~se** 道に迷う michi ni mayou

perdición *f* 破滅 hametsu

perdido, -a *adj* 1. 失った ushinatta; 2. *(en el camino)* 道に迷った michi ni mayotta

perdón *m* 許し yurushi; **pedir ~ a alg** …に謝る …ni ayamaru; **¡~!** 失礼 shitsurei

perdona/ble *adj* 許せる yuruseru; **~r** *vt* 許す yurusu

perdura/ble *adj m/f* 1. *(eterno)* 永遠の eien no; 2. *(duradero)* 長持ちする nagamochi suru; **~r** *vi* 持続する jizoku suru

perecedero *adj* 一時的な ichi-ji-teki na, 長続きしない nagatsuzuki shinai

peregrin/ación *f relig* 巡礼 junrei; **~ar** *vi relig* 巡礼する junrei suru; **~o, -a** *m/f* 巡礼者 junrei-sha

perejil *m* パセリ paseri

perez/a *f* 怠惰 taida; **~oso, -a 1.** *adj* 怠惰な taida na; **2.** *m/f* 怠け者 namake-mono; **3.** *m zool* ナマケモノ namake-mono

perfec/ción *f* 完全 kanzen; **~cionar** *vt* 完全にする kanzen ni suru; **~to, -a** *adj* 完全な kanzen na

perfidia *f* 不実 fujitsu, 背信 haishin

perfil *m* 1. *(contorno)* 輪郭 rinkaku; 2. *(silueta)* 横顔 yokogao; **de ~** 横から yoko kara

perfora/ción *f* 1. 穴あけ ana ake; 2. *constr* 掘削 kussaku, ボーリング booringu; **~dora** *f* 1. 穴あけ機 ana-ake-ki; 2. *constr* ドリル doriru; **~r** *vt* 穴をあける ana o akeru

perfum/ar 1. *vt* 香りをつける kaori o tsukeru; **2.** *vi* 良い臭いがする ii nioi ga suru; **~e** *m* 香水 koosui, 香り kaori

perímetro *m* 周囲 shuui

peri/ódico 1. -a *adj* 1. 定期的な teiki-teki na; **2.** *m* 1. 新聞 shinbun; **~odismo** *m* ジャーナリズム jaanarizumu; **~odista** *m/f* ジャーナリスト jaanarisuto, 新聞記者 shinbun-kisha

período *m* 1. 期間 kikan, 時期 jiki; 2. *fís astr* 周期 shuuki

periquito *m zool* 小型インコ kogata inko

perito, -a *adj m/f* 鑑定人 kanteinin

perjudic/ar *vt* 害を与える gai o ataeru; **~ial** *adj m/f* 有害な yuugai na

perjuicio *m* 害 gai, 損失 sonshitsu

perla *f* 真珠 shinju

permane/cer *vi* 1. 滞在する taizai suru; 2. *(en un estado/ある状態の)* …ままでいる …mama de iru; **~ncia** *f* 滞在 taizai; **~nte 1.** *adj m/f* 永続的な eizoku-teki na; **2.** *f* パーマネント paamanento

permi/sible *adj m/f* 許せる yuruseru; **~so** *m* 許可 kyoka; **~so de conducir** 運転免許証 unten menkyo-shoo; **~so de trabajo** 労働許可証 roodoo kyoka-shoo; **~tir** *vt* 許可する kyoka suru

pernoctar *vi* 外泊する gaihaku suru, 宿泊する shukuhaku suru

pero *conj* しかし shikashi

perpendicular *adj m/f* 垂直の suichoku no

perpetu/ar *vt* 永久にする eikyuu ni suru, 不朽にする fukyuu ni suru; **~o, -a** *adj* 永久の eikyuu no, 不朽の fukyuu no

perplejo, -a *adj* 当惑した toowaku shita, 途方にくれた tohoo ni kureta

perr/a *f* 1. 雌犬 mesu-inu; **~o** *m* 雄犬 osu-inu; **~o caliente** *gastr* ホット・ドッグ hotto-doggu

perse/cución *f* 1. 追跡 tsuiseki; 2. *relig pol*迫害 hakugai; **~guidor, -a** *m/f* 追跡者 tsuiseki-sha; **~guir** *vt* 1. 追跡する tsuiseki suru; 2. *relig pol* 迫害する hakugai suru; 3. *(objetivo/目的を)* 追求する tsuikyuu suru

persist/encia *f* 固執 koshitsu; **~ir** *vt/i* 固執する koshitsu suru

persona *f* 人 hito; **en ~** 本人が honnin ga, 直接に chokusetsu ni; **~je** 1. 重要人物 juuyoo jinbutsu; 2. *teatr cine lit* 登場人物 toojoo jinbutsu; **~l 1.** *adj m/f* 1. 個人の kojin no, 個人的な kojin-teki na; **2.** *m* 人員 jin-in, 職員 shoku-in; **~lidad** *f* 個性 kosei; **~rse** 出頭する shuttoo suru

personificar *vt* 象徴する shoochoo suru

perspectiva *f* 1. *arte*遠近法 enkin-hoo; 2. *(previsión)* 見通し mitooshi

perspica/cia *f* 洞察力 doosatsu-ryoku; **~z** *adj m/f* 洞察力のある doosatsu-ryoku no aru

persua/dir *vt* 説得する settoku suru; **~dir a + inf** …するように説得する …suru yooni settoku suru; **~sión** *f* 1. 説得 settoku; 2. 納得 nattoku

pertene/cer *vi* **a** …に属する …ni zokusuru; **~ciente** *adj m/f* …の所有の …no shoyuu no; **~ncia** *f* 所属 shozoku, 所有物 shoyuu-butsu

pertinen/cia *f* 妥当 datoo; **~te** *adj m/f* 適切な tekisetsu na
perturba/ción *f* 1. 混乱 konran; 2. 動揺 dooyoo; 3. *med* 精神錯乱 seishin sakuran; **~r** *vt* 混乱させる konran saseru
perverso, -a *adj* 変質的な henshitsu-teki na
pervertir *vt* 1. 堕落させる daraku saseru; 2. *(perturbar el orden)* 秩序を乱す chitsujo o midasu
pesa *f* 1. 分銅 fundoo, 重り omori; 2. **~s** *sport* 亜鈴 arei, バーベル baaberu; **~dez** *f* 1. *(peso)* 重さ omo-sa; 2. しつこさ shitsuko-sa
pesadilla *f* 悪夢 akumu
pesado, -a *adj* 1. *(de peso)* 重い omoi; 2. *(duro)* つらい surai, きつい kitsui; 3. *(persona/人)* しつこい shitsukoi, うるさい urusai
pésame *m* 悔やみ kuyami; **dar el ~ a alg** …にお悔やみを言う …ni okuyami o iu
pesar 1. *vt* 重さを量る omo-sa o hakaru; **2.** *vi* 1. …の重さがある …no omo-sa ga aru; 2. *(pesa)* 重い omoi; **a ~ de** …にもかかわらず …nimo kakawarazu
pesca *f* 1. 魚釣り sakana tsuri; 2. *(industria marinera)* 漁業 gyogyoo; **~dería** *f (tienda)* 魚屋 sakana-ya; **~dero, -a** *m/f (persona)* 魚屋 sakana-ya; **~do** *m gastr* 魚 sakana; **~dor, -a** *m/f* 漁師 ryooshi; **~dor con caña** 釣りをする人 tsuri o suru hito; **~r** *vt/i* 1. *(con caña)* 魚を釣るsakana o tsuru; 2. *(industria marinera)* 漁をする ryoo o suru
pese a …にもかかわらず …nimo kakawarazu
peseta *f* ペセタ peseta
pesimis/mo *m* ペシミズム peshimizumu, 悲観主義 hikan-shugi; **~ta** *m/f* ペシミスト peshimisuto, 悲観主義者 hikan-shugi-sha
pésimo, -a *adj* 最悪の saiaku no, 最低の saitei no
peso *m* 1. 重さ omo-sa; 2. *(importancia)* 重要さ juuyoo-sa, 影響力 eikyoo-ryoku
pestañ/a *f* まつ毛 matsuge; **~ear** *vt* 瞬きする mabataki suru
peste *f med* ペスト pesuto
pestillo *m* 掛け金 kakegane
pétalo *m bot* 花びら hanabira
petardo *m* 爆竹 bakuchiku
petición *f* 1. 申請 shinsei, 要望 yooboo; 2. *jur* 訴え uttae; **a ~ de** …の要望によって …no yooboo ni yotte
petróleo *m* 石油 sekiyu
petrolero 1. -a *adj* 石油の sekiyu no; **2.** *m nav* 石油タンカー sekiyu-tankaa
pez *m* 魚 sakana

piadoso, -a *adj* 1. 情け深い nasake-bukai; 2. 敬虔な kei-ken na

pian/ista *m/f* ピアニスト piani-suto; **~o** *m* ピアノ piano; **~o de cola** グランド・ピアノ gurando-piano

pica/dura *f (de insectos/虫などが)* 刺すこと sasu koto; **~nte** *adj* 辛い karai; **~r 1.** *vt* 1. *(insectos/虫が)* 刺す sasu; 2. *gastr* 細かく刻む komakaku kizamu; 3. *fig (interés)* 興味をそそる kyoomi o sosoru; **2.** *vi* 1. *(insecto/虫が)* 刺す sasu; 2. *(comida)* 辛い karai; 3. *(picor)* 痒い kayui

pícaro, -a 1. *adj* 1. いたずらな itazura na; **2.** *m/f* 1. 悪者 waru-mono; 2. *(niño travieso)* いたずらな子供 itazura na kodomo

pico *m* 1. *zool* くちばし kuchi-bashi; 2. *(montaña/山の)* 頂上 choojoo; 3. *(número/数)* 小数 shoosuu; **son las cinco y ~** 5時少しだ 5-ji sukoshi da

picor *m* 痒さ kayu-sa, ひりひりすること hirihiri suru koto

pie *m* 足ashi; **a ~** 歩いて aruite; **de ~** 立って tatte

piedad *f* 哀れみ awaremi, 同情 doojoo

piedra *f* 石 ishi; **~ preciosa** 宝石 hooseki

piel *f* 皮 kawa, 毛皮 kegawa

pierna *f* 脚 ashi

pieza *f* 1. 部品 buhin, パーツ paatsu; 2. *mús* 小曲 sho-okyoku; 3. *teat* 戯曲 gikyoku; **~s** *fpl* **de recambio** スペアー・パーツ supeaa-paatsu

pijama *m* パジャマ pajama

pila *f* 1. 積み重ね tsumikasane; 2. *electr* 電池 denchi; **~ recargable** 充電式電池 juuden-shiki denchi

píldora *f* 丸薬 gan´yaku; **~ anticonceptiva** *f* 経口避妊薬 keikoo hinin-yaku

pillar *vt* 捕まえる tsukamaeru

pillo, -a 1. *adj* いたずらな itazu-ra na, ずる賢い zurugashikoi; **2.** *m/f* いたずらな子供 itazura na kodomo

pilot/ar *vt* 1. *aero* 操縦する so-ojuu suru; 2. *nav* 水先案内をする mizusaki annai o suru; **~o** *m* 1. *aero* パイロット pairotto; 2. *nav* 水先案内人 mizusaki annai-nin

pimient/a *f* コショウ koshoo; **~o** *m* ピーマン piiman

pinar *m* 松林 matsu-bayashi

pincel *m* 筆 fude

pinchar 1. *vt* 1. 突く tsuku, 刺す sasu; 2. *auto* タイヤに穴をあける taiya ni ana o akeru; 3. *coloq* 注射する chuusha suru; **~se** *auto* パンクする panku suru

pino 1. -a *adj* 険しい kewashii; **2.** *m* 松 matsu

pintalabios *m* 口紅 kuchibeni

pintar *vt* 1. *(artístico)* 絵を描く e o kaku; 2. *(brocha gorda)* ペンキを塗る penki o nuru

pintor, -a *m/f* 1. *(artístico)* 画家 gaka; 2. *(de brocha gorda)* ペンキ屋 penki-ya; **~esco, -a** *adj* 絵のような e no yoo na

pintura *f* 絵画 kaiga, 絵e

pinza *f* ピンセット pinsetto, 挟むもの hasamu mono

piña *f* パイナップル painappuru

piñón *m* 松の実 matsu no mi

piojo *m* しらみ shirami; **~so, -a** *adj* しらみがたかった shirami ga takatta

pipa *f* 1. パイプ paipu; 2. *(de sandía, melón/スイカ、メロンの)* 種 tane

pipas *fpl gastr* ひまわりの種 himawari no tane

piragua *f* カヌー kanuu

pirámide *f* ピラミッド Piramiddo

pirat/a *m/f* 1. 海賊 kaizoku; 2. *informát* ハッカー hakkaa; **edición ~a** 海賊版 kaizoku-ban; **~ería** *f* 1. *(acción)* 海賊行為 kaizoku kooi; 2. 著作権侵害 chosaku-ken shingai

pirenaico, -a *adj* ピレネー山脈の Pirenee sanmyaku no

Pirineos *mpl* ピレネー山脈 Pirenee sanmyaku

pirotecnia *f* 花火製造術 hanabi seizoo jutsu, 花火の打ち上げ hanabi no uchiage

pisada *f* 1. *(huella)* 足跡 ashiato; 2. *(ruido de pasos)* 足音 ashioto

pisar *vt* 1. 踏む fumu; 2. 踏みにじる fuminijiru

piscina *f* プール puuru; **~ cubierta** 室内プール shitsunai-puuru

Piscis *m*魚座 Uo-za

piso *m* 1. *(edificio/建物などの)* 階 kai; 2. *(vivienda)* マンション manshon

pisotear *vt* 踏みにじる fuminijiru

pista *f* 1. *(carrera/競走)* コース koosu; 2. *aero* 滑走路 kassoo-ro; 3. *(indicio)* 手がかり tegakari; **~ de tenis** テニス・コート tenisu-kooto; **~ de aterrizaje** 滑走路 kassoo-ro

pisto *m gastr* ピスト pisuto

pistol/a *f* ピストル pisutoru; **~ero** *m* ガンマン ganman

pistón *m* ピストン pisuton

pitar *vt/i* 笛を吹く fue o fuku

pito *m* 笛 fue, 汽笛 kiteki

pizz/a *f* ピザ piza; **~ería** *f* ピザ専門のレストラン piza senmon no resutoran

placa *f (chapa)* 板 ita; プレート pureeto

placer 1. *vi* 気に入る ki ni iru; **2.** *m* 1. 喜び yorokobi; 2. *(diversión)* 楽しみ tanoshimi

plaga *f* 1. *(desastre natural)* 天災 tensai; 2. *(insectos dañinos)* 異常発生 ijoo-hassei

plan *m* 計画 keikaku, プラン puran
plancha *f* 1. *(para la ropa)*アイロン airon; 2. *(chapa de hierro)* 鉄板 teppan; **~r** *vt* アイロンをかける airon o kakeru
planear **1.** *vt* 計画する keikaku suru; **2.** *vi aero* 滑空する kakkuu suru
planeta *m astr* 惑星 wakusei, 遊星 yuusei; **~rio** *m* プラネタリウム puranetariumu
plano **1.** **-a** *adj* 平らな taira na; **2.** *m* 平面図 heimen-zu
planta *f* 1. *bot* 植物 shokubutsu; 2. *tecn* 工場 koojoo, プラント puranto; 3. *(edificio/建物の)* 階 kai; **~ baja** 一階 ikkai
plantear *vt* 1. 提起する teiki suru; 2. *(proyectar, planificar)* 計画する keikaku suru
plantilla *f* 1. *(zapatos)* 靴底 kutsuzoko, 中敷き nakajiki; 2. *(empleados)* 従業員 juugyoo-in
plasma *m biol* 1. 原形質 genkeishitsu; 2. *quím* プラズマ purazuma
plasmar *vt* 形作る katachizukuru; **~se** 具体化する gutai-ka suru
plástico **1.** **-a** *adj* 1. *(moldeable)* 造形の zookei no; 2. プラスチックの purasuchikku no; **2.** *m* プラスチック purasuchikku
plata *f* 銀 gin
plataforma *f* 1. 台 dai; 2. *constr* 足場 ashiba
plátano *m* バナナ banana
platillo *m* 小皿 kozara; **~ volante** 空飛ぶ円盤 soratobu enban, ユーフォー yuufoo
plato *m* 1. 皿 sara; 2. *gastr* 料理 ryoori; **~ del día** 日替わりメニュー higawari menyuu; **~ de postres** デザート皿 dezaato-zara; **~ combinado** 一皿盛りの料理 hitosara mori no ryoori; **~ hondo/ sopero** スープ皿 suupu-zara; **~ llano** 平皿 hira-zara
playa *f* 砂浜 sunahama, 海水浴場 kaisuiyoku-joo
plaza *f* 1. 広場 hiroba; 2. *(mercado)* 市場 ichiba; 3. *(asiento)* 座席 zaseki; **~ de toros** 闘牛場 toogyuu-joo
plazo *m* 1. *(período)* 期間 kikan; 2. 期限 kigen; 3. *(pago)* 分割払い bunkatsu barai; **a ~s** 分割払いで bunkatsu barai de; **a corto ~** 短期に/の tanki ni/no; **a largo ~** 長期に/の chooki ni/no
plega/ble *adj m/f* 折りたたみ式の oritatami shiki no; **~r** *vt* 折りたたむ oritatamu
pleito *m jur* 裁判 saiban
plenilunio *m* 満月 mangetsu
pleno **1.** **-a** *adj* 1. *(saturado, colmado)* 一杯の ippai no; 2. 真っ最中の massai-chuu no; **~ empleo** 完全雇用 kanzen

koyoo; **en ~ invierno** 真冬に mafuyu ni; **en ~** 全員一致で zen'in itchi de; **2.** *m* 総会 sookai

plomo *m* 鉛 namari

pluma *f* 1. 羽 hane; 2. *(para escribir)* ペン pen

plural *m* 複数 fukusuu

pobla/ción *f* 1. 人口 jinkoo, 住人 juunin; 2. *(pueblo, ciudad, aldea)* 町 machi, 市 shi, 村 mura; **~do 1. -a** *adj* 住んでいる sunde iru; *(plantas/植物が)* 生えている haete iru; **2.** *m* 集落 shuuraku; **~r** *vt* 1. 開拓する kaitaku suru; 2. *(animales/動物を)* 棲息させる seisoku saseru

pobre 1. *adj m/f* 1. *(económicamente)* 貧しい mazushii, 貧乏な binboo na; 2. *(moralmente)* かわいそうなkawaisoo na; **2.** *m/f* 1. *(económicamente)* 貧乏な人 binboo na hito; 2. *(moralmente)* かわいそうな人 kawaisoo na hito; **~za** *f* 貧困 hinkon

pocilga *f* 1. 豚小屋 buta-goya; 2. *coloq* 汚い場所 kitanai basho

poco 1. -a *adj* 少しの sukoshi no; **un ~ de** 少しの sukoshi no; **2.** *adv* 少し sukoshi; **~ a ~** 少しずつ sukoshi-zutsu; **dentro de ~** すぐに sugu ni, まもなく mamo naku; **por ~** もう少しで moo sukoshi de; **3.** *pron* 少しの sukoshi no; **un ~ de pan** パンを/が少し pan o/ga sukoshi

poder 1. *vt* 1. …することができる …suru koto ga dekiru; 2. *(permiso)* …してもいい …shitemo ii; **no ~ más** これ以上できない kore ijoo dekinai; **no ~ menos que** …せずにはいられない …sezu niwa irarenai; **puede ser** そうかも知れない soo kamo shirenai; **2.** *m* 1. *(capacidad, potencia)* 能力 nooryoku; 2. *(autoridad)* 権力 kenryoku; **~oso, -a** *adj* 力のある chikara no aru

podrido, -a *adj* 1. *(descompuesto)* 腐った kusatta; 2. *(corrompido)* 堕落した daraku shita

poe/sía *f* 詩 shi; **~ta** *m/f* 詩人 shijin

polaco, -a 1. *adj* ポーランドの Poorando no; **2.** *m/f* ポーランド人 Poorando-jin; **3.** *m ling* ポーランド語 Poorando-go

polar *adj m/f* *(ártico)* 北極の Hokkyoku no, *(antártico)* 南極の Nankyoku no; **~idad** *f* 極性 kyoku-sei

policía 1. *f* 警察 keisatsu; **~ de tráfico** 交通警察 kootsuu keisatsu; **2.** *m* 警察官 keisatsukan, 巡査 junsa

polígono *m* 地区 chiku, 地域 chiiki; **~ industrial** 工業団地 koogyoo danchi

polític/a *f* 1. 政治 seiji; 2. *(programa político)* 政策 seisaku; **~o, -a 1.** *adj* 1. 政治の seiji no; 2. *(parentesco)* 義理の giri no; **padre ~** 義理の父 giri no chichi; **2.** *m/f* 政治家seiji-ka

póliza *f* 証書 shoosho, **~ de seguros** 保険証書 hoken shoosho

pollo *m* 1. *gastr* 鶏肉 tori niku; 2. 若鶏 wakadori

polo *m* 1. 極 kyoku, 極地 kyoku chi; 2. *electr* 電極 denkyoku; 3. *gastr* アイス・キャンデー aisu-kyandee; 4. *sport* ポロ poro

polución *f* 汚染 osen, 公害 kogai

polvo *m* 1. 粉 ko, 粉末 funmatsu; 2. *(suciedad)* 埃 hokori; 3. *(cosmético/化粧品)* パウダー paudaa; **echar un ~** *coloq vulg* セックスをする sekkusu o suru

pomada *f* 軟膏nankoo, クリーム kuriimu

pomelo *m* グレープ・フルーツ gureepu-furuutsu

ponche *m* ポンチ ponchi

poner *vt* 1. 置く oku; 2. *(ropa/服、着物を)* 着せる kiseru; 3. *(instalar)* つける tsukeru; **~ el gas** ガスをひく gasu o hiku; **~se** 1. *(ropa/服、着物を)* 着るkiru; 2. *(sol)* 太陽が沈むtaiyoo ga shizumu

popa *f nav* 船尾 senbi

popular *adj m/f* 1. *(público)* 大衆の taishuu no, 大衆的な taishuu-teki na; 2. *(de pueblo)* 国民の kokumin no; 3. *(estar de moda)* 人気のある ninki no aru

poquito, 1. -a *adj* ごくわずかの goku wazuka no; **2.** *adv* 少し sukoshi; **un ~** ほんの少し hon no sukoshi

por *prep* 1. *(desplazamiento a través de un lugar)* …を通って …o tootte; 2. *(lugar, posición)* …のあたりに …no atari ni; 3. *(tiempo)* …の間に …no aida ni, …のときに …no toki ni; 4. *(razón, causa)* …の理由で …no riyuu de, …のために …no tame ni; *(medios/手段)* …によって …ni yotte, …で …de; **~ lo cual** だから dakara; **~ lo tanto** だから dakara; **~ hora** 1時間につき ichi-jikan ni tsuki; **tres ~ tres** 3かける3 san kakeru san; **~ fin** ついに tsui ni; **~ poco** もう少しで moo sukoshi de; **el tres ~ ciento** 3パーセント san paasento

porcelana *f* 磁器 jiki

porcentaje *m* パーセント paasento

porción *f* 一部 ichi-bu, 割り当て wariate

pornografía *f* ポルノ poruno

poro *m* 1. 毛穴 keana; 2. *bot* 気孔 kikoo

porque *conj* なぜならば naze-naraba

¿por qué? どうして？ dooshi-te? なぜ？ naze?

porquería *f* 1. *(suciedad)* 汚いもの kitanai mono; 2. *(basura)* 値打ちのないもの neuchi no nai mono, くだらないこと ku-daranai koto, つまらないもの tsumaranai mono

porra *f* 棍棒 konboo

porro *m vulg* マリファナ/ハシシュを混ぜたタバコ marifa-na/hashishu o mazeta tabako

porrón *m* ワイン用の容器 wain-yoo no yooki

portar *vt* 運ぶ hakobu, 持つ motsu **~se bien** 行いがいい okonai ga ii, 行儀がいい gyo-ogi ga ii, **~se mal** 行いが悪い okonai ga warui, 行儀が悪い gyoogi ga warui

portátil *adj m/f* 携帯の keitai no; **ordenador ~** ポータブル・コンピューター pootaburu-konpyuutaa

portaviones *m* 航空母艦 ko-okuu-bokan

porter/ía *f* 1. 守衛室 shuei-shitsu, 門番小屋 monban-goya; 2. *sport (fútbol/サッカー)* ゴール gooru; **~o, -a** *m/f* 1. 守衛 shuei, 門番 mon-ban; 2. *sport* ゴール・キーパー gooru-kiipaa

portuario, -a *adj* 港の minato no

Portugal *m* ポルトガル Poruto-garu; **~*gués, -a 1.** *adj* ポルトガルの Porutogaru no; **2.** *m/f* ポルトガル人 Portogaru-jin; 3. *m ling* ポルトガル語 Portogaru-go

porvenir *m* 将来 shoorai, 未来 mirai

posada *f* 宿屋 yado-ya, 旅館 ryokan

posar *vi* 1. 休む yasumu; 2. *arte (como modelo de fotografía, pintura/写真、絵のモデルとして)* ポーズをとる poozu o toru; **~se** 沈殿する chinden suru

pose *f* ポーズ poozu, 姿勢 shisei

poseer *vt* 所有する shoyuu suru

posesión *f* 1. *(propiedad)* 所有 shoyuu; 2. *(propiedad privada)* 私有物 shiyuu-butsu, *(bienes)* 資産 shisan; **tomar ~ de** ...を手に入れる ...o te ni ireru

posguerra *f* 戦後 sengo

posib/ilidad *f* 可能性 kanoo-sei; **~le** *adj m/f* 可能な kanoo na

posición *f* 1. 位置 ichi; 2. *(clase, rango, categoría)* 地位 chii; 3. *(situación)* 立場 tachiba

positivo, -a *adj* 肯定の kootei no, 積極的な sekkyoku-teki na

poste *m* 柱 hashira, 支柱 shi-chuu

postizo -a *adj* 本物でない hon-mono denai, 人工の jinkoo no; **dientes ~s** 入れ歯 ireba

postre *m* デザート dezaato
postura *f* 態度 taido
potencia *f* 1. *(fuerza)* 力 chikara; 2. *(poder)* 権力kenryoku; 3. *(país)* 強国kyookoku; 4. *auto* 出力 shutsu-ryoku, 馬力 bariki
pozo *m* 井戸 ido
práctica *f* 1. *(realización)* 実行 jikkoo; 2. *(ejercicio, entrenamiento)* 練習 renshuu
practicar *vt* 1. *(realizar)* 実行する jikkoo suru; 2. *(hacer ejercicio, entrenar)* 練習する renshuu suru
práctico, -a *adj* 実用的な jitsuyoo-teki na
prad/era *f* 牧場 bokujoo; **~o** *m* 牧草地 bokusoo-chi
pragmático, -a *adj* 実用主義の jitsuyoo-shugi no
precario, -a *adj* 不安定な fuantei na
precaución *f (prevención)* 用心 yoojin, 警戒 keikai
precaver *vt* 用心する yoojin suru, 警戒する keikai suru; **~se de u/c** … にそなえて警戒する … ni sonaete keikai suru
precede/nte **1.** *adj m/f* 先行する senkoo suru; **2.** *m* 前例 zenrei; **~r** *vt* 先行する senkoo suru
precint/ar *vt* 封印する fuuin suru; **~o** *m* 封印 fuuin
precio *m* 値段 nedan; **~so, -a** *adj* 1. *(valioso)* 貴重な kichoo na; 2. *(hermoso)* 美しい utsukushii
precipi/cio *m* 崖 gake; **~tación** *f* 1. *(lluvia)*降雨 koou, *(nieve)* 降雪 koosetsu; 2. *(apresuramiento)* 大急ぎ ooisogi; **~tado, -a** *adj (apresurado)* 大慌ての ooawate no; **~tar** *vt* 1. *(apresurar)* 急がせる isogaseru; 2. *(tirar, arrojar)* 投げ/突き落とす nage/tsuki otosu; **~tarse hacia** …に殺到する …ni sattoo suru
precis/amente *adv* まさに masani, ちょうど choodo; **~ar** *vt* 明確にする meikaku ni suru; **~ión** *f* 正確 seikaku, 精密 seimitsu; **~o, -a** *adj* 1. *(necesario)* 必要な hitsuyoo na; 2. *(exacto)* 正確な seikaku na; 3. *(ciertamente)* まさに masa ni
precoz *adj m/f* 早熟な soojuku na
pre/cursor, -a *m/f* 前触れの maebure no; **~decesor, -a** *adj* 前任者 zenninsha; **~decir** *vt* 予言する yogen suru
predicar *vt* 説教する sekkyoo suru
predicción *f* 予言 yogen, 予報 yohoo
predomin/ante *adj m/f* 優勢な yuusei na; **~ar** *vi* 優勢である yuusei de aru; **~io** *m* 優位 yuui, 優勢 yuusei
prefer/encia *f* 1. *(prioridad)* 優先権 yuusen-ken; 2. *(favor,*

predilección) ひいき hiiki; **~ente** *adj m/f* 優先の yuusen no; **~ible** *adj m/f* 望ましい nozomashii; **~ido, -a** *adj* 気に入りの ki ni iri no; **~ir** *vt* 好む konomu

prefijo *m* 1. *telec* 市外局番 shigai kyokuban; 2. *ling* 接頭辞 settoo-ji

pregunta *f* 質問 shitsumon; **~r** *vt* 尋ねる tazuneru

prehist/oria *f* 先史時代 senshi jidai; **~órico, -a** *adj* 先史時代の senshi jidai no

prejuicio *m* 先入観 sennyuukan, 偏見 henken

preliminar *adj m/f* 予備の yobi no

prematuro, -a *adj* 時期尚早の jiki shoosoo no

premi/ar *vt* 賞賛する shoosan suru, 賞を与える shoo o ataeru; **~o** *m* 賞 shoo

prenda *f* 衣類 irui; **~s de cama** 寝具 shingu

prensa *f* 1. *(periódico)* 新聞 shinbun; 2. *(imprenta)* 印刷 insatsu; **~r** *vt (prensar)* プレスする puresu suru

preocupa/ción *f* 心配 shinpai; **~do, -a** *adj* 心配した shinpai shita; **~r** *vt* 心配させる shinpai saseru; **~rse** 心配する shinpai suru; **~rse de/ por** …を心配する …o shinpai suru

prepara/ción *f* 準備 junbi; **~do, -a** *adj* 準備ができた junbi ga dekita; **~r** *vt* 準備する junbi suru; **~tivos** *mpl* 準備 junbi, 用意 yooi

preposición *f ling* 前置詞 zenchishi

presa *f* 1. *(caza, pesca)* 獲物 emono; 2. *(comida, víctima de animales)* 餌食 ejiki; 3. *(embalse)* ダム damu

prescri/bir 1. *vt* 指示する shiji suru; **2.** *vi jur* 時効になる jikoo ni naru; **~pción** *f* 指示 shiji; **~to, -a** *adj* 1. 規定された kitei sareta; 2. *jur* 時効になった jikoo ni natta

presencia *f* 1. いること iru koto, 存在 sonzai; 2. 出席すること shusseki suru koto

presenta/ble *adj m/f* 見苦しくない migurushiku nai, 人に見せられる hito ni miserareru; **~ción** *f* 1. 紹介 shookai; 2. 提出 teishutsu; **~dor, -a** *m/f TV* 司会者 shikai-sha; **~r** *vt* 1. 提出する teishutsu suru; 2. 紹介する shookai suru; **~rse** 自己紹介する jiko-shookai suru

presente 1. *adj m/f* 1. *(estar)* いる iru, 出席している shusseki shite iru; 2. *(actual)* 現在の genzai no; **2.** *m* 1. 現在 genzai; 2. *ling* 現在形 genzaikei

present/imiento *m* 予感 yokan; **~ir** *vt* 予感する yokan suru

preserva/ción *f* 予防 yoboo; **~r** *vt* **de/ contra** …から/ …に対して予防する …kara/ …ni taishite yoboo suru, 防護する boogo suru

preservativo *m* コンドーム kondoomu

presiden/cia *f* プレジデントの 地位 purezidento no chii; **~te, -a** *m/f* 1. *(de estado)* 大統領 daitooryoo; 2. *(de un congreso o una reunión)* 議長 gichoo; 3. *(de empresa)* 社長 shachoo

presión *f* 1. 圧力 atsuryoku; 2. *fig* 圧力 atsuryoku; **~ de los neumáticos** タイヤの空気圧 taiya no kuuki-atsu

presionar *vt* 圧力をかける a-tsuryoku o kakeru

preso *m* 囚人 shuujin, 捕虜 hor-yo

presta/ción *f* 貢献 kooken; **~do, -a** *adj* 貸した kashita, *(pedir prestado)* 借りた karita; **de ~do** 借りて karite, 借り物で karimono de

préstamo *m* 1. *(dinero)* 借金 shakkin; 2. *(hecho de prestar)* 貸すこと kasu koto

prestar *vt* 貸す kasu; **~ ayuda** 援助する enjo suru; **~ juramento** 誓う chikau

prestigio *m* 名声 meisei; **~so, -a** *adj* 権威のある ken'i no aru

presumi/do, -a *adj* 自惚れた unuboreta; **~r 1.** *vt* 推測する suisoku suru; **2.** *vi* 自惚れる unuboreru; **~r de u/c** …を鼻にかける …o hana ni kakeru

presunt/o, -a *adj* …の疑いのある …no utagai no aru; **~uoso, -a** *adj* 虚栄心の強い kyoei-shin no tsuyoi

presupuesto *m* 予算 yosan, 見積もり mitsumori

preten/der *vt* …しようとする …shiyoo to suru; **~sión** *f* 意図 ito

prevalecer *vi* **sobre** …に対して優勢である …ni taishite yuu-sei de aru

preven/ción *f* 予防 yoboo, 用心 yoojin; **~ido, -a** *adj* 慎重な shinchoo na; **~ir** *vt/i* 予防する yoboo suru; **~tivo, -a** *adj* 予防の yoboo no

prever *vt*前持って知らせる mae-motte shiraseru, 予知する yochi suru

previ/o, -a *adj* 事前の jizen no; **~sible** *adj m/f* 予測可能な yo-soku kanoo na; **~sión** *f* 予測 yosoku; **~sor, -a** *adj* 先見の明のある senken no mei no aru

prima *f* 1. 女のいとこ onna no itoko; 2. *com* 特別手当 tokubetsu teate

primavera *f* 1. 春 haru; 2. *bot* 桜草 sakurasoo

primero 1. -a *adj* 1. 第一の dai-ichi no, 一番目の ichi-ban me no, 最初の saisho no; **a ~s de abril** 4月の初めに shi-gatu no hajime ni; **2.** *adv* 一番目に ichi-ban me ni, 最初に saisho ni, 先ず mazu

primitivo, -a *adj* 原始の genshi no, 原始的な genshi-teki na
primo *m* 男のいとこ otoko no itoko
princesa *f* 王女 oojo
príncipe *m* 王子 ooji, 皇太子 kootaishi
principi/ante *m/f* 初心者 sho-shin-sha; **~o** *m* 1. 初め hajime; 2. *(norma)* 原則 gensoku, *(doctrina)* 主義-shugi; **al ~o** 最初は/に saisho wa/ni; **en ~o** 原則として gensoku to shite
priori/dad *f* 優先 yuusen, 優先権 yuusen-ken; **~tario, -a** *adj* 優先する yuusen suru
prisa *f* 急ぐこと isogu koto; **a toda ~** 大急ぎで ooisogi de; **de ~** 急いで isoide; **corre ~** 急を要する kyuu o yoosuru; **darse ~** 急ぐ isogu
prisi/ón *f* 刑務所 keimu-sho, 監獄 kangoku; **~onero, -a** *m/f* 囚人 shuujin, 捕虜 horyo
prismáticos *mpl* 双眼鏡 soo-gankyoo
priva/do, -a *adj* プライベートな puraibeeto na, 私的な shi-teki na; **~r** *vt* **de u/c** …を奪う …o ubau; **~rse de u/c** …をやめる …o yameru; **~tizar** *vt* 民営化する min'ei-ka suru
privilegi/ado, -a *adj* 特権を与えられた tokken o ataerareta; **~ar** *vt* 特権を与える tokken o ataeru; **~o** *m* 特権 tokken
probab/ilidad *f* 可能性 kanoo-sei; **~le** *adj m/f* 可能性の高い kanoosei no takai, ありそうな arisoo na
probar *vt* 試す tamesu; **~ un vestido** 服を試着する fuku o shichaku suru
problema *m* 問題 mondai
problemático, -a *adj* 問題のある mondai no aru, 問題の多い mondai no ooi
proced/encia *f nav aero* 出港地 shukkoo-chi; *tren* 始発駅 shihatsu-eki; **~ente** *adj m/f* **de** …から来る …kara kuru; **~er** *vi* **de** …から来る …kara kuru; **~er a** …に移る …ni u-tsuru, 取りかかる torikakaru; **~imiento** *m* 手続き tetsuzuki, 手順 tejun
proces/ado, -a *m/f* 被告（人） hikoku (nin); **~ar** *vt* 起訴する kiso suru; **~ión** *f relig* 行列 gyooretsu; **~o** *m* 1. *(evolución)* 推移 suii; 2. *indus* 工程 kootei; 3. *informát* 処理 shori; 4. *jur* 起訴 kiso
proclama/ción *f* 1. *(declaración)* 宣言 sengen; 2. *(ceremonia de coronación)* 即位式 sokui-shiki, *(ceremonia de toma de posesión)* 就任式 shuunin-shiki; 3. *(aclamación)* 喝采 kassai; **~r** *vt* 宣言する sengen suru
procurar *vt* **hacer u/c** …しようと努力する … shiyoo to doryoku suru

prodigio *m* 驚異 kyooi; **~so, -a** *adj* 驚異的な kyooi-teki na

produc/ción *f* 1. *indus* 生産 seisan; 2. *cine TV* 製作 seisaku; **~ir** *vt* 1. 生産する seisan suru; 2. *cine TV* 製作する seisaku suru; **~irse** 起こる okoru; **~tivo, -a** *adj* 生産的な seisanteki na; **~to** *m* 1. *indus* 製品 seihin; *agric* 作物 sakumotsu; 2. *mat* 積 seki; **~tor, -a** *m/f* 1. 生産者 seisan-sha; 2. *cine TV* 製作者 seisaku-sha, プロデユーサー purodyuusaa

profecía *f* 神託 shintaku

profes/ión *f* 職業 shokugyoo; **~ional 1.** *adj m/f* 職業の shokugyoo no, プロの puro no; **2.** *m/f sport* プロ puro; **~or, -a** *m/f* 教師 kyooshi, 先生 sensei

profeta *m* 預言者 yogen-sha

profund/idad *f* 深さ fuka-sa; **~o, -a** *adj* 深い fukai

programa *m* 1. 計画 keikaku; 2. *TV teat* プログラム puroguramu; **~dor, -a** *m/f* 1. 計画作成者 keikaku sakusei-sha, 番組作成者 bangumi sakusei-sha; *informát* プログラマー puroguramaa; **~r** *vt* 1. *(planificar)* 計画を立てる keikaku o tateru; 2. *radio TV* 番組を作る bangumi o tsukuru; 3. *informát* プログラムを作る puroguramu o tsukuru

progres/ar *vi* 進歩する shinpo suru, 発展する hatten suru; **~o** *m* 進歩 shinpo, 発展 hatten

prohibi/ción *f* 禁止 kinshi; **~r** *vt* 禁止する kinshi suru

prólogo *m* プロローグ purorogu

prolonga/ción *f* 1. *(tiempo/時間)* 延長 enchoo, 延期 enki; 2. *(distancia/距離)* 延長 enchoo, 延ばす nobasu; **~r** *vt* 延ばす nobasu, 延長する enchoo suru

prome/sa *f* 約束 yakusoku; **~ter** *vt* 約束する yakusoku suru; **~tido, -a 1.** *adj* 1. 約束した yakusoku shita; 2. *(casamiento)* 婚約した kon'yaku shita; **2.** *m* 婚約者 kon'yaku-sha, フィアンセ fianse

promoci/ón *f* 1. *(ascenso)* 昇進 shooshin; 2. *com* 促進 sokushin; **~onar** *vt com* 販売を促進する hanbai o sokushin suru

promover *vt* 1. *(ascender)* 昇級させる shookyuu saseru; 2. *(activar)* 促進する sokushin suru

pronombre *m ling* 代名詞 daimeishi

pronóstico *m* 1. 予測 yosoku; 2. *meteo* 予報 yohoo

pronto 1. -a *adj* 早い hayai; **de ~** 突然 totsuzen; **2.** *adv* 1. *(de-*

prisa) 急いで isoide; 2. *(tiempo)* 早く hayaku

pronuncia/ción *f* 発音 hatsuon; **~r** *vt* 発音する hatsuon suru

propagación *f* 普及 fukyuu

propaganda *f com* 宣伝 senden, 広告 kookoku

propagar *vt* 普及させる fukyuu saseru

propie/dad *f* 1. *(derecho)* 所有権 shoyuu-ken; 2. *(objeto)* 所有物 shoyuu-butsu; 3. *(característica)* 特質 tokushitsu; **~tario, -a** *m/f* 持ち主 mochinushi

propina *f* チップ chippu

propio, -a *adj* 1. *(de sí mismo)* 自分の jibun no; 2. *(peculiar)* 固有の koyuu no

proponer *vt* 提案する teian suru; **~se** …しようと決心する …shiyoo to kesshin suru

proporci/ón *f* 割合 wariai; **~onal** *adj m/f* 比例の hirei no

propósito *m* 1. *(intención)* 意図 ito; 2. *(finalidad)* 目的 mokuteki

propuesta *f* 提案 teian

propuls/ar *vt* 1. 促進する sokushin suru; 2. *tecn aero* 推進する suishin suru; **~ión** *f aero* 推進（力） suishin *(ryoku)*

prórroga *f* 延期 enki, 延長 enchoo

prorrogar *vt* 延期する enki suru, 延長する enchoo suru

prosa *f* 散文 sanbun

proseguir **1.** *vt* 続ける tsuzukeru; **2.** *vi* **con/ en** …を続ける …o tsuzukeru

prosper/ar *vi* 繁栄する han'ei suru; **~idad** *f* 繁栄 han'ei

próspero, -a *adj* 繁栄する han'ei suru; **~ Año Nuevo** 新年おめでとう shinnen omedetoo

prostitu/ción *f* 売春 baishun; **~ta** *f* 売春婦 baishun-fu

protagonista *m/f teat cine lit* 主人公 shujinkoo, 主役 shuyaku

prote/cción *f* 保護 hogo; **~ger** *vt* 守る mamoru, 保護する hogo suru

proteína *f biol* たんぱく質 tanpaku shitsu

prótesis *f med* 補綴 hotetsu

protest/a *f* 抗議 koogi; **~ante** **1.** *adj m/f* 抗議の koogi no; **2.** *m/f* 1. 抗議者 koogi-sha; 2. *relig* プロテスタント purotesutanto; **~ar** *vi* 抗議する koogi suru

protocolo *m* 儀礼 girei; *informát* プロトコル purotocoru

provecho *m* 利益 rieki

provee/dor, -a *m/f* サプライヤー sapuraiyaa; **~r** *vt* **de** … を供給する… o kyookyuu suru

proverbio *m* 諺 kotowaza, 格言 kakugen

provincia *f* 1. *(prefectura)* 県 ken; 2. *(región)* 地方 chihoo; **~** *adj m/f* 1. *(de prefectura)* 県の ken no; 2. *(regional)* 地方

の chihoo no, *(campestre)* 田舎の inaka no
provisión *f* 1. 供給 kyookyuu, 補給 hokyuu; 2. *(reserva)* 蓄え takuwae; 3. *pl* 食料 shokuryoo
provoca/ción *f* 挑発 choohatsu, 扇動 sendoo; **~r** *vt* 挑発する choohatsu suru; **~tivo, -a** *adj* 挑発的な choohatsu-teki na, 挑戦的な choosen-teki na
proxeneta *m* ぽん引き ponbiki
proximidad *f* 近いこと chikai koto
próximo, -a *adj* 1. *(cercano)* 近い chikai; 2. *(próximo)* 次の tsugi no
proyec/ción *f cine* 映写 eisha, 上映 jooei; **~tar** *vt cine* 映写する eisha suru, 上映する jooei suru; **~to** *m* 計画 keikaku, 企画 kikaku
pruden/cia *f* 慎重 shinchoo, 分別 funbetsu; **~te** *adj m/f* 慎重な shinchoo na, 分別のある funbetsu no aru
prueba *f* 1. *(evidencia)* 証拠 shooko; 2. *(examen)* 試験 shiken, テストtesuto; 3. 試みること kokoromiru koto; 4. *sport* 競技 kyoogi; **a ~ de agua** 防水の boosui no
psico/análisis *m* 精神分析 seishin bunseki; **~logía** *f* 心理学 shinrigaku, 心理 shinri; **~lógico, -a** *adj* 心理的な shinri-teki na
psicólogo, -a *m/f* 心理学者 shinrigaku-sha
psicoterap/ia *f* 心理療法 shinri ryoohoo; **~euta** *m/f* 心理療法医 shinri ryoohoo-i
psiquiatr/a *m/f med*精神科医 seishinka-i; **~ía** *f* 精神医学 seishin-igaku
psíquico, -a *adj* 精神の seishin no, 心理の shinri no
pubertad *f* 思春期 shishun-ki, 青春期 seishun-ki
publica/ción *f* 1. *(edición)* 出版 shuppan; 2. 発表 happyoo; **~r** *vt* 1. *(editar)* 出版する shuppan suru; 2. 発表する happyoo suru
publicidad *f* 広告 kookoku
público 1. -a *adj* 公共の kookyoo no; **2.** *m* 1. 民衆 minshuu, 人々 hitobito; 2. *(audiencia)* 聴衆 chooshuu, *(espectador)* 観衆 kanshuu
pudin *m* プディング pudingu
pudor *m* 恥じらい hajirai
pudrirse 腐る kusaru
pueblo *m* 1. 町 machi, *(aldea)* 村 mura; 2. *(nación)* 国民 kokumin
puente *m* 1. 橋 hashi; 2. *(días festivos seguidos)* 連休 renkyuu; 3. *nav* ブリッジ burijji
puerco, -a 1. *adj* 不潔な fuketsu na; **2.** *m zool* 1. 豚 buta; 2. *m/f* 卑劣な人 hiretsu na hito, 汚らしい人 kitanarashii hito

puerta *f* 1. ドア doa, 戸 to; 2. *(entrada y salida)* 出入り口 deiriguchi, 門 mon
puerto *m* 1. 港 minato; 2. 峠 to-oge; 3. *informát* ポート poo-to; **~ deportivo** ヨット・ハーバー yotto-haabaa
pues *conj* それでは soredewa; **~ bien** ところで tokoro de
puesta *f* **de sol** 日没 nichibotsu
puesto 1. *m* 1. *(lugar)* 場所 ba-sho; 2. *(rango, categoría, clase)* 地位 chii; 3. *(puesto de venta)* 売店 bai-ten; **~ de socorro** 救護所 kyuugo-sho; **2.** *conj* **~ que** *(razón, causal/理由、原因)* だから dakara
pulga *f* 蚤 nomi; **~r** *m* 親指 oya-yubi
puli/do, -a *adj* 1. 磨かれた mi-gakareta; 2. *(refinado)* 洗練された senren sareta; 3. *tecn* 研磨された kenma sareta; **~mento** *m* つやだし tsuya-dashi, 光沢 kootaku; **~r** *vt* 磨く migaku; 上品にする joohin ni suru
pul/món *m* 肺 hai; **~monía** *f med* 肺炎 hai-en
pulpo *m gastr zool* 蛸 tako
pulsa/ción *f* 1. *med* 脈 myaku; 2. *(máquina de escribir)* キーを打つ こと kii o utsu koto; **~r 1.** *vt* 1. 押す osu; 2. *med* 脈をとる myaku o toru; **2.** *vi* 脈打つ myaku utsu
pulsera *f* 腕輪 udewa, ブレスレット buresuretto
pulso *m* 脈 myaku
pulverizar *vt* 1. 粉末にする fun-matsu ni suru; 2. *(líquido)* 噴霧する funmu suru
puma *m* ピューマ pyuuma
punta *f* 先端 sentan; **~da** *f* 1. *(punto)* 編み目 amime; 2. *(dolor punzante)* 刺すような痛み sasu yoona itami; **~pié** *m* けること keru koto
punti/agudo, -a *adj* 先のとがった saki no togatta; **~lloso, -a** *adj* こせこせした kosekose shita
punto *m* 点 ten; **~ de vista** 観点 kanten; **en ~** ちょうど cho-odo; **hasta cierto ~** ある点までは aru ten made wa; **estar a ~ de hacer u/c** ちょうど … するところだ choodo suru … tokoro da; **en su ~** *gastr* ちょうどころあいだ choodo ko-roai da
puntua/ción *f* 1. 点数をつける tensuu o tsukeru; 2. *sport* 得点tokuten; 3. *ling* 句読点 ku-tooten; **~l** *adj m/f* 1. *(a la hora prefijada)* 時間通りの jikan doori no; 2. *(exacto)* 正確な seikaku na; **~lidad** *f* 1. 時間厳守 jikan genshu; 2. *(exactitud)* 正確さ seikaku-sa; **~lizar** *vt (explicar detalladamente)* 詳しくせつめいする kuwashiku setsumei suru

puñado *m* 一握り hito nigiri, 少量 shooryoo
puñetazo *m* げんこつで殴ること genkotsu de naguru koto
puño *m* 1. こぶし kobushi; 2. *(asa)* 握り nigiri, *(mango)* 取っ手 totte
pupitre *m* 勉強机 benkyoo-zukue
puré *m gastr* ピューレ pyuure; **~ de patatas** マッシュ・ポテト masshu-poteto
pureza *f* 1. 清らかさ kiyorakasa; 2. *(castidad)* 純潔 junketsu
purga/nte *m* 下剤 gezai; **~r** *vt* 1. 浄化する jooka suru; 2. *(dar un purgante)* 下剤をかける gezai o kakeru; 3. *pol* 粛清する shukusei suru; **~torio** *m relig* 煉獄 rengoku
purifica/ción *f* 浄化 jooka; **~r** *vt* 1. 清浄にする seijoo ni suru; 2. *(alma/魂を)* 清める kiyomeru
puro 1. -a *adj* 1. 純粋な junsui na; 2. *(casto, virgen)* 純潔な junketsu na; 3. *(transparente)* 澄んだ sunda; **2.** *m* 葉巻 hamaki
púrpura *f* 赤紫 akamurasaki
pus *m med* うみ umi
puta *f vulg* 売春婦 baishun-fu

Q

qué 1. *pron* 何 nani; **¿~ es esto?** これは何ですか Kore wa nan desu ka; **2.** *adv* 何とnanto; **¡~ hermoso!** 何と美しい nanto utsukushii; **3.** *adj* 何の nan no, どんな don na; **¿~ hora es?** 何時ですか nan ji desu ka; **3.** *excl* 何という nanto iu; **¡~ suerte!** 何と運がいい nanto un ga ii!
quebra/dizo 1. -a *adj* 壊れやすい koware-yasui; **~r 2.** *vt* 壊す kowasu; **3.** *vi* 1. 壊れる kowareru; 2. *econ jur* 破産する hasan suru; **~do** *m mat* 分数 bunsuu
quedar *vi* 1. *(permanecer)* 留まる todomaru, 2. *(sobrar)* 残る nokoru, 余る amaru; 3. *(citarse)* 会う約束をする au yakusoku o suru; **~ bien** 良い印象を与える ii inshoo o ateru, 似合う niau; **~se** 1. 留まる todomaru; **~se con u/c** …を自分の物にする …o jibun no mono ni suru
queja *f* 1. 不平 fuhei, 苦情 kujoo; 2. *(de dolor/苦痛の)* 呻き声 umeki-goe; **~rse de u/c a alg** …に…の苦情を言う …ni …no kujoo o iu
quema *f (combustión)* 燃焼 nenshoo; **~dura** *f med* やけど yakedo; **~r 1.** *vt* 1. 燃やす

moyasu; 2. 日焼けさせる hiyake saseru; **2.** *vi* 1. *(arder)* 燃える moeru; 2. *(chamuscarse)* 焦げる kogeru; 2. 火傷する yakedo suru; **~rse** 1. *(arder)* 燃える moeru; 2. *(chamuscarse)* 焦げる kogeru; 3. 火傷する yakedo suru; 4. *(tostarse al sol)* 日焼けする hiyake suru

querella *f* 1. 争い arasoi; 2. *jur* 告訴 kokuso; **~rse** 1. *jur* 告訴する kokuso suru; 2. *(quejarse)* 不平を言う fuhei o iu

querer *vt* 1. 望む nozomu, 欲しがる/欲しい hoshigaru/hoshii; 2. *(amar)* 愛する aisuru; **~ + inf** ...がしたい ...ga shitai; **~se** 愛し合う aishiau

querido, -a *adj* 1. 愛されている aisarete iru, 愛する aisuru; 2. 親愛なる shin'ai naru

queso *m* チーズ chiizu; **~ rallado** おろしたチーズ oroshita chiizu; **~ de cabra** 山羊の乳で作ったチーズ yagi no chichi de tsukutta chiizu

quiebra *f com* 破産 hasan, 倒産 toosan

quién *pron* 誰 dare

quiet/o, -a *adj* 1. 動かない ugokanai; 2. *(estado, situación/状態、状況が)* 静かな shizuka na; 3. *(carácter/性格が)* おとなしい otonashii; **~ud** *f* 1. *(tranquilidad)* 静けさ shizuke-sa, *(paz)* 平穏 heion

quilate *m* カラット karatto

quilla *f nav* キール kiiru

químic/a *f* 化学 kagaku; **~o, -a 1.** *adj* 化学の kagaku no, 化学的な kagaku-teki na; **2.** *m/f* 化学者 kagaku-sha

quince *m* 15 juu-go; **dentro de ~ días** 2週間後 ni-shuukan go

quiniela *f* サッカーの賭け sakkaa no kake, トト toto

quinina *f quím* キニーネ kiniine

quinta *f mil* 同年兵 doonen-hei

quinto 1. –a *adj* 第5の dai-go no, 5番目の go-ban me no; **2.** *m* 5分の1 go-bun no ichi

quiosco *m* キオスク kiosuku

quirófano *m* 手術室 shujutsu-shitsu

quirúrgico, -a *adj* 外科の geka no

quiste *m med* のう胞 noohoo

quita/esmalte *m* マニキュアの除光液 manikyua no jokooeki; **~manchas** *m* 染み抜き剤 shiminuki-zai; **~nieves** *m* 除雪車 josetsu-sha

quitar *vt* 1. 取り除く tori nozoku; 2. 盗む nusumu; **~se** 1. 取り除く tori nozoku; 2. *(ropa/着ている物を)* 脱ぐ nugu

quizá(s) *adv* 多分 tabun

R

rábano *m* ハツカ大根 hatsuka daikon

rabia *f* 1. *med* 狂犬病 kyooken-byoo; 2. *(ira)* 怒り ikari
rabo *m* しっぽ shippo
racha *f* 1. *(lapso)* 期間 kikan; 2. *(ráfaga)* 突風 toppuu; **buena/ mala ~** 幸運/不運続きだ ko-oun/ fu-un tsuzuki da
racimo *m* *(uvas/ぶどうの)* 房 fusa
ración *f* 1. *(comida/食べ物)* 一人前 ichi-nin mae, 一皿分 hito-sara bun
racional *adj m/f* 理性の risei no, 合理的な goori-teki na; **~izar** *vt* 合理化する goori-ka suru
racis/mo *m* 人種差別 jinshu-sabetsu; **~ta 1.** *adj m/f* 人種差別の jinshu-sabetsu no; **2.** *m/f* 人種差別をする人 jinshu-sabetsu o suru hito
radar *m* レーダー reedaa
radi/ación *f fís* 放射 hoosha, 輻射 fukusha, 放熱 hoonetsu; **~actividad** *f fís* 放射能 ho-oshanoo; **~activo, -a** *adj fís* 放射能のある hooshanoo no aru
radiador *m auto* ラジエーター rajieetaa
radiante *adj m/f* 1. *(brillante)* 輝いている kagayaite iru; 2. *fís* 放射する hoosha suru; 3. *(resplandeciente)* 輝くばかりの kagayaku bakari no
radical *adj m/f* 1. *(esencial)* 根本的な konpon-teki na; 2. *(extremista)* 過激な kageki na
radio *f* ラジオ rajio, 無線 musen
radiografía *f* レントゲン写真 rentogen shashin
ráfaga *f* 1. *(racha)* 突風 toppuu; 2. *(destello)* 閃光senkoo
raíl *m* レール reeru
raíz *f* 1. 根 ne; 2. *fig* 根源 kon-gen; 3. *ling* 語根 gokon; **a ~ de** ...の原因で ...no gen'in de; **echar raíces** 根を張る ne o haru, *(establecerse)* 定住する teijuu suru
raja *f* 裂け目 sakeme, 割れ目 wareme; **~r** *vt* 裂く saku, ひび割れさせる hibiware sase-ru
ralla/dor *m* おろし金 oroshi ga-ne; **~r** *vt* おろす orosu
rama *f* 1. 枝 eda; 2. 分野 bun'ya
rambla *f* 遊歩道 yuuhodoo
ramifica/ción *f* 枝に分かれること eda ni wakareru koto; **~rse** 枝分かれする eda wakare suru
ramo *m* 花束 hana-taba; **~ de flores** 花束 hana-taba
rampa *f* 1. 斜面 shamen, ランプ ranpu; 2. *(de músculo/筋肉の)* 痙攣 keiren
rana *f zool* 蛙 kaeru; **salir ~** *coloq* 期待はずれに終わる kitai-hazure ni owaru
rancio, -a *adj* 1. *(alimento/食品が)* 古くなった furuku natta; 2. *(añejo)* 年代物の nendai mono no; 3. *(antiguo)* 古い furui, 古臭い furukusai

rape *m zool gastr* あんこう an-koo
rapid/ez *f* 速さ haya-sa; **~o, 1. –a** *adj* 速い hayai; **2.** *m* 急行列車 kyuukoo ressha
rapt/ar *vt* 誘拐する yuukai suru; **~o** *m* 誘拐 yuukai
raqueta *f sport* ラケット raket-to
rareza *f* 1. 珍しいこと/もの me-zurashii koto/mono; 2. *(originalidad)* 風変わり fuugawari
raro, -a *adj* 1. *(poco común)* 珍しい mezurashii; 2. *(extraño)* 変わった kawatta
rascacielos *m* 高層ビル koosoo biru, 摩天楼 matenroo
rascar *vt* 1. *(con las uñas/爪などで)* かく kaku; **~se** 自分の体をかく jibun no karada o kaku
rasgar *vt* 引き裂く hikisaku
rasgos *mpl* 顔立ち kaodachi
raso 1. -a *adj* 1. *(suave)* 滑らかな nameraka na; 2. *(plano)* 平らな taira na; **2.** *m (satén)* サテン saten, しゅす shusu
raspar *vt/i* 1. *(raer)* 削る kezuru; 2. *(rascar)* 引っ掻く hikkaku
rastrear *vt* 1. 追跡する tsuiseki suru; 2. *(pesca)* 底引き網で捕る sokobiki-ami de toru
rastrillo *m* 熊手 kumade
rastro *m* 跡 ato, 足跡 ashiato
rata 1. *f* ねずみ nezumi; **2.** *m coloq* 泥棒 doroboo
ratero, -a *m/f* こそ泥 kosodoro
ratificar *vt* 承認する shoonin suru
rato *m* 短い時間 mijikai jikan; **al poco ~** 少し後で sukoshi ato de; **a ~s** 時々 tokidoki; **~s libres** 暇 hima, 自由な時間 jiyuu na jikan; **pasar el ~** 暇をつぶす hima o tsubusu
ratón *m* 1. *zool* ハツカネズミ hatsuka nezumi; 2. *informát* マウス mausu
raya *f* 1. 線 sen, 縞 shima; 2. *zool* えい ei; **~r** 1. *vt* 1. 線を引く sen o hiku; 2. 引っかき傷をつける hikkaki kizu o tsu-keru; **~ en** …と紙一重だ …to kami hitoe da
rayo *m* 1. *(exhalación)* 光線 ko-osen; 2. *(relámpago)* 稲妻 inazuma; 3. *fís* 放射線 hoo-sha-sen; **~s X** *mpl med* エックス線 ekkusu-sen
raza *f* 1. 人種 jinshu, 民族 min-zoku; 2. *(de animales/動物の)* 血統 kettoo
razón *f* 1. *(juicio)* 分別 funbetsu; 2. *(motivo)* 理由 riyuu; **por ~ de** …の理由で …no riyuu de; **por esa ~** その理由で sono riyuu de; **dar la ~ a alg** …に同意する …ni dooi suru; **lle-var/ tener ~** 正しい tadashii; **perder la ~** 理性を失う risei o ushinau
razona/ble *adj m/f* もっともな mottomo na, 道理のある doori no aru; **~r 1.** *vi* 1. 論理

的に考える ronri-teki ni kangaeru; 2. 理由を示す riyuu o shimesu; **2.** *vt* 論理的に考える ronri-teki ni kangaeru

reacci/ón *f* 1. 反応 hannoo; 2. *fís* 反動 handoo; 3. *(ideología, política)* 反動 handoo; 4. *quím* 反応 hannoo; *fís* 反作用 han-sayoo; **~onar** *vi* 反応する hannoo suru; **~onario 1. -a** *adj* 反動的な handoo-teki na; **2.** *m/f pol* 反動的な人 handoo-teki na hito

reacio, -a *adj* 乗り気でない noriki de nai, 強情な goojoo na

reactor: ~ atómico *m fís* 原子炉 genshi-ro

real *adj m/f* 1. 現実の genjitsu no, 実際の jissai no; 2. *(monárquico)* 国王の kokuoo no, *(casa real)* 王室の ooshitsu no; **~idad** *f* 1. 現実 genjitsu; **en ~idad** 実は jitsu wa; **~ismo** *m* 現実主義 genjitsu-shugi; **~ista 1. -a** *adj* 現実主義の genjitsu-shugi no, 現実的な genjitsu-teki na; **2.** *m/f* 現実主義者 genjitsu-shugisha; **~izable** *adj m/f* 実現可能な jitsugen kanoo na, 実行可能な jikkoo kanoo na; **~ización** *f* 実現 jitsugen, 実行 jikkoo; **~izar** *vt* 実現する jitsugen suru, 実行する jikkoo suru

reanima/ción *f* 再生 saisei, 回復 kaifuku; **~r** *vt* 元気づける genkizukeru, 蘇らせる yomigae raseru

reanuda/ción *f* 再開 saikai; **~r** *vt* 再び始める futatabi hajimeru, 再開する saikai suru

reaparecer *vi* 再び現れる futatabi arawareru, 再登場する saitoojoo suru, カムバックするkamubakku suru

rebaja *f* 割引 waribiki; **~s** バーゲン・セール baagen-seeru; **~r** *vt* 値引きする nebiki suru

rebanada *f* 一切れ hito kire; **una ~ de pan** パン一切れ pan hito kire

rebaño *m (ovejas/羊などの)* 群れ mure

rebati/ble *adj m/f* 論破できる ronpa dekiru; **~r** *vt* 1. 反論する hanron suru; 2. 退けるshirizokeru

rebeca *f* カーディガン kaadigan

rebel/arse contra …に反抗する …ni hankoo suru; **~de 1.** *adj m/f* 反抗的な hankoo-teki na; **2.** *m/f* 反逆者 hangyaku; **~día** *f* 反抗 hankoo; **~ión** *f* 反逆 hangyaku

rebo/sar *vi* あふれる afureru, 満ちている michite iru; **~sar de salud** 健康に満ちている kenkoo ni michite iru; **~tar 1.** *vi* 跳ね返る hanekaeru; **2.** *vt* 跳ね返す hanekaesu; **~te** *m* 跳ね返り hanekaeri

rebozar *vt gastr* フライにする furai ni suru, 油で揚げる abura de ageru
recado *m* 伝言 dengon
reca/er *vi med* 病気が再発する byooki ga saihatsu suru; **~ída** *f med (enfermedad/病気の)* 再発 saihatsu
recambi/ar *vt (piezas/部品などを)* 交換する kookan suru; **~o** *m (piezas/部品の)* 交換 kookan; **~os** *mpl* 交換部品 kookan-buhin
recarga *f* 再び積むこと futatabi tsumu koto; **~r** *vt* 再び積む futatabi tsumu
recauda/ción *f* 集金(額) shuukin (gaku), 売上 uriage; **~r** *vt* 集金する shuukin suru
receloso, -a *adj* 疑い深い utagai-bukai
recepc/ión *f* 1. *(de hotel/ホテルの)* フロント furonto; 2. *(fiesta de bienvenida)* 歓迎会 Kangei-kai; **~ionista** *m/f (de hotel/ホテルの)* フロント係 furonto-gakari
receptor *m* 受信機 jushin-ki, *(de imágenes)* 受像機 juzoo-ki
receta *f* 1. *gastr* レシピ reshipi; 2. *med* 処方箋 shohoosen; **~r** *vt med* 処方する shohoo suru
rechaz/ar *vt* 1. *(rehusar)* 断る kotowaru; 2. *(repulsar)* 撃退する gekitai suru; **~o** *m* 拒否 kyohi
recibi/miento *m* 歓迎 kangei; **~r** *vt* 1. 受け取る uketoru, もらう morau; 2. *(a persona/人を)* 迎える mukaeru, 歓迎する kangei suru
recibo *m* 受け取り uketori
recicla/je *m* 1. リサイクル risaikuru; 2. *(reeducación)* 再教育 sai-kyooiku; **~r** *vt* 1. リサイクルする risaikuru suru; 2. *(reeducar)* 再教育する sai-kyooiku suru
recién *adv* …したばかりの … shitabakari no; **~ llegado** 着いたばかり tsuita bakari; **~ casado** 結婚したばかり kekkon shita bakari
reciente *adj m/f* 1. 最近の saikin no; 2. *(fresco)* 新鮮な shinsen na
recinto *m* 構内 koonai, *(templo/寺、神社の)* 境内 keidai; **~ ferial** 見本市会場 mihon'ichi-kaijoo
recipiente *m* 容器 yooki
recita/l *m* リサイタル risaitaru; **~l de piano** ピアノ・リサイタル piano-risaitaru; **~r** *vt* 朗読する roodoku suru
reclama/ción *f* 1. 要求 yookyuu; 2. 抗議 koogi; **~r 1.** *vt* 要求する yookyuu suru; **2.** *vi jur* 上告する jookoku suru
recobrar *vt* 取り戻す torimodosu, 回復する kaifuku suru; **~se** *(salud/健康を)* 回復する kaifuku suru; **~se de u/c**

…を取り戻す …o torimodosu

recoger *vt* 1. *(objeto que está en el suelo)* 拾う hirou; 2. *agric* 収穫する shuukaku suru; 3. *(reunir, juntar)* 集める atsumeru

recogida *f* 1. *agric* 取り入れ toriire; 2. *(recuperación)* 回収 kaishuu; **~ de basura** ゴミの回収 gomi no kaishuu

recomenda/ble *adj m/f* 推薦できる suisen-dekiru; **~ción** *f* 推薦 suisen; **~r** *vt* 1. 推薦する suisen suru; 2. *(aconsejar)* 勧める susumeru

recompensa *f* 1. 報い mukui; 2. *(indemnización)* 償い tsugunai; **en ~ de** …のお礼として …no orei to shie; **~r** *vt* 1. 報いる mukuiru; 2. *(indemnizar)* 償いをする tsugunai o suru

reconcilia/ción *f* 仲直り naka naori, 和解 wakai; **~r(se) con** …と和解する …to wakai suru, 仲直りをする nakanaori o suru

reconoc/er *vt* 1. 認める mitomeru; 2. *(distinguir)* 見分ける miwakeru; **~ible** *adj m/f* 識別/ 判別できる shikibetsu/ hanbetsu dekiru; **~ido, -a** *adj* 認められた mitomerareta; **~imiento** *m med* 診察 shinsatsu

recon/quista *f* 国土回復運動 Kokudo kaifuku undoo; **~quistar** *vt* 再征服する sai-seifuku suru

reconstruir *vt* 1. *(edificio)* 再建する saiken suru; 2. *(situación, escena)* 再現する saigen suru

récord *m* 記録 kiroku

recordar *vt* 1. 思い出す omoi dasu, *(a una persona/人に)* 思い出させる omoidasaseru; 2. *(acordarse de)* 覚えている oboete iru; **~ u/c a alg** …に…を思い出させる …ni …o omoidasaseru; **~ u/c** …を思い出す …o omoidasu

recorr/er *vt* 1. 歩いて回る aruite mawaru; 2. 見て回る mite mawaru; **~ido** *m* 1. 巡り歩き meguri aruki, 歩いて回ったところ aruite mawatta tokoro; 2. *(trayecto)* 走行距離 sookoo-kyori

recort/ar *vt* 1. 切り取る kiritoru, 切り抜く kirinuku; 2. *(reducir)* 削減する sakugen suru; **~e** *m* 切り抜き kirinuki

recrea/r *vt* 1. *(reproducir)* 再生する saisei suru; 2. *(distraer a uno)* 気晴らしをさせる kibarashi o saseru; **~rse** 気晴らしをする kibarashi o suru; **~tivo, -a** *adj* 気晴らしの kibarashi no

recreo *m* 気晴らし kibarashi, 娯楽 goraku

recrimina/ción *f* 非難 hinan; **~r** *vt* 非難する hinan suru

rect/angular *adj m/f* 長方形の choohoo-kei no; **~ángulo** *m* 長方形 choohoo-kei

rectifica/ción *f* 訂正 teisei, 修正 shuusei; **~r** *vt* 修正する shuusei suru

recto 1. -a *adj* 真っ直ぐな massugu na; **2.** *m med* 直腸 chokuchoo

rector *m/f* 学長 gakuchoo

recuerdo *m* 思い出 omoide; **~s** *mpl* **dar ~s a alg** …によろしく …ni yoroshiku

recupera/ción *f* 取り戻すこと torimodosu koto, 回復 kaifuku; **~r** *vt* 取り戻す torimodosu, 回復する kaifuku suru; **~rse de** …から回復する … kara kaifuku suru

recurrir a 1. *(contar con alguien o con algo)* …に頼る …ni tayoru, 援助を求める enjo o motomeru; 2. *(apelar a algo)* …に訴える …ni uttaeru

recurso *m* 1. *(medio)* 手段 shudan; 2. *jur* 上告 jookoku; **~s** *mpl* 資源 shigen

red *f* 1. *(malla)* 網 ami; 2. *fig* **~ de carreteras** 道路網 doromoo; **~ ferroviaria** 鉄道網 tetsudoomoo; **~ de emisoras de televisión** テレビのネット・ワーク terebi no netto-waaku

redac/ción *f* 1. *(acción de escribir)* 書くこと kaku koto; 2. *(escribir, normalmente referido a estudiantes)* 作文 sakubun; 3. *(periódicos)* 編集部 henshuu-bu; **~tar** *vt* 1. 書く kaku; 2. 作文を書く sakubun o kaku; 3. *period* 編集する henshuu suru; **~tor, -a** *m/f* 1. *(autor)* 執筆者 shippitsu-sha; 2. *period* 編集者 henshuu-sha

redond/ear *vt* 1. 丸くする maruku suru; 2. *(omitir las fracciones)* 端数を切り上げる/下げる hasuu o kiri ageru/sageru; **~o, -a** *adj* 丸い marui

reduc/ción *f* 縮小 shukushoo, 削減 sakugen; **~ir** *vt* 減らす herasu, 縮小する shukushoo suru

refer/encia *f* 参考 sankoo; **con ~encia a** …に関して …ni kanshite; **~ente** *adj* **a** …に関する …ni kansuru; **~ir** *vt* 話す hanasu; **~irse a** …に言及する …ni genkyuu suru

refinería *f* 精錬所 seiren-sho, *(de petróleo)* 石油精錬所 sekiyu seiren-sho

refle/ctor *m* 反射装置 hansha-soochi, 反射鏡 hansha-kyoo; **~jar** *vt* 1. *(reverberar)* 反射する hansha suru; 2. 反映する han'ei suru; **~jo** *m* 反射光 hansha-koo, 反射 hansha

refle/xión *f* 1. *(deliberación, especulación)* 熟慮 jukuryo; 2. *(introspección)* 反省 hansei; **~xionar** *vt/i* 深く考える

fukaku kangaeru; **~xivo, -a** *adj* 1. *(introspección)* 反省する hansei suru; 2. *ling* 再帰の saiki no

reforma *f* 1. 改革 kaikaku; 2. *constr* 改修工事 kaishuu koqji; 3. *relig* 宗教改革 Shuukyoo kaikaku

reforzar *vt* 強化する kyoo-ka suru, 補強する hokyoo suru

refrán *m* 諺 kotowaza, 格言 kakugen

refresc/ante *adj m/f* 爽やかな sawayaka na; **~ar 1.** *vt (enfriar)* 冷やす hiyasu; 2. 新たにするarata ni suru; **2.** *vi* 涼しくなる suzushiku naru; **~o** *m* 冷たい飲み物 tsumetai nomimono

refuerzo *m* 補強 hokyoo, 強化 kyoo-ka

refugi/ado, -a *m/f* 避難者 hinan-sha; **~arse** 避難する hinan suru; **~o** *m* 避難所 hinan-jo

regadera *f* じょうろ jooro

regal/ar *vt* 贈る okuru; **~o** *m* プレゼント purezento

regar *vt (plantas/植物に)* 水をやる mizu o yaru

regate/ar *vt* 1. 値切る negiru; 2. *sport* ドリブルする doriburu suru; **~o** *m* 1. 値切ること negiru koro; 2. ドリブル doriburu

régimen *m* 1. 制度 seido; 2. *pol* 政治形態 seiji keitai; 3. *med* 食事療法 shokuji ryoohoo, ダイエット daietto

regi/ón *f* 地域 chiiki, 地方 chihoo; **~onal** *adj m/f* 地方の chihoo no

registr/ar *vt* 1. 登録する tooroku suru, 記録する kiroku suru; 2. *(imágenes, sonido/画像、音を)* 収録する shuuroku suru; **~o** *m* 1. 登録 tooroku; 2. *mús* 声域 sei-iki; **~o civil** 戸籍 koseki

regla *f* 1. *(escuadra)* 定規 joogi; 2. *(norma)* 規則 kisoku, ルールruuru; 3. *med* 生理seiri

regres/ar *vt* 帰る kaeru, 戻る modoru; **~o** *m* 帰り kaeri

regula/ble *adj m/f* 調節可能な choosetsu kanoo na; **~ción** *f* 調節 choosetsu; **~r 1.** *adj m/f* 1. 規則的な kisoku-teki na; 2. *(normal)* 普通の futsuu no; **2.** *vt* 調節する choosetsu suru; **~ridad** *f* 規則正しさ kisoku tadashi-sa

rehabilita/ción *f med* リハビリテーション rihabiriteeshon, 社会復帰 shakai-fukki; **~r** *vt* 復興する fukkoo suru, 回復させる kaifuku saseru

rehacer *vt* やり直す yari naosu, 作り直す tsukuri naosu

rehén *m* 人質 hitojichi

rehuir *vt* 避ける sakeru

reina *f* 女王 joooo; **~do** *m* 統治 toochi, 治世 chisei; **~r** *vi* 統治する toochi suru

reinici/ar *vt informát* 再起動する saikidoo suru; **~o** *m informát* 再起動 saikidoo
reino *m* 王国 ookoku
reintegr/ar *vt* 1. *(reembolsar)* 払い戻す harai modosu; 2. *(reincorporar)* 復帰させる fukki saseru; **~o** *m (lotería/宝くじ)* 払い戻し harai modoshi
reír *vt/i* 笑う warau; **hacer ~** 笑わす warawasu; **~se de alg** …を笑いものにする …o warai mono ni suru; **~se de u/c** …のことを笑う …no koto o warau
reivindicar *vt* 要求する yookyuu suru
reja *f* 格子 kooshi, 格子窓 kooshi-mado
rela/ción *f* 関係 kankei, 交際 koosai; **~cionar** *vt* **con u/c** …と関係づける …to kankeizukeru
relaja/ción *f* リラックス rirakkusu, 休養 kyuuyoo; **~rse** *vi* リラックスする rirakkusu suru
relámpago *m* 稲妻 inazuma
relatar *vt* 語る kataru, 物語る monogataru
relativo, -a 1. *adj* 相対的な sootai-teki na; **2.** *ling* 関係詞 kankeishi; **~ a** …に関する… ni kansuru
relato *m lit* 物語 monogatari
relev/ante *adj m/f* 際立った kiwadatta; **~ar** *vt* 際立たせる kiwadataseru; **~o** *m* 交替 kootai
relieve *m* 浮き彫り ukibori, レリーフ reriifu; **poner de ~** 強調する kyoochoo suru
religi/ón *f* 宗教 shuukyoo; **~osidad** *f* 信心深さ shinjin-bukasa; **~oso 1. –a** *adj* 宗教の shukyoo no; **2.** *m/f* 修道士/女 shuudoo-shi/jo
rellen/ar *vt* 1. 一杯にする ippai ni suru; 2. *gastr* 詰め物をする tsumemono o suru; **~o 1. -a** *adj* 1. ぎっしり詰まった gisshiri tsumatta; 2. *gastr* 詰め物された tsumemono sareta; **2.** *m gastr* 詰め物 tsumemono
reloj *m* 時計 tokei; **~ de bolsillo** 懐中時計 kaichuu-dokei; **~ de pared** 壁時計 kabe-dokei; **~ de pulsera** 腕時計 ude-dokei; **~ de sol** 日時計 hi-dokei; **~ería** *f (tienda)* 時計屋 tokei-ya; **~ero** *(persona)* 時計屋 *m/f* tokei-ya
relucir *vi* 1. *(brillar)* 輝く kagayaku, 2. *(destacar)* 際立つ kiwadatsu
remar *vi* 舟を漕ぐfune o kogu
re(e)mbols/ar *vt* 払い戻す harai modosu; **~o** *m* 払い戻し harai modoshi
remedi/ar *vt* 1. 対処する taisho suru; 2. *med* 治療する chiryoo suru; **~o** *m* 1. 手段 shudan; 2. *med* 治療 chiryoo

remendar *vt* 修理する shuuri suru

remo *m* 1. オール ooru; 2. *sport* 漕艇 sootei

remojar *vt* 浸す hitasu

remolacha *f* 砂糖大根 satoo-daikon

remolca/dor *m* 1. *nav* タグボート tagubooto; 2. *auto* 牽引車 ken'in-sha; **~r** *vt* 1. *auto* 牽引する ken'in suru; 2. *nav* 曳航する eikoo suru

remolino *m* 竜巻 tatsumaki

remolque *m* 1. *auto* 牽引 ken'in; 2 *nav* 曳航 eikoo; **a ~** 1. *auto* 牽引されて ken'in sarete; 2. *nav* 曳航されて eikoo sarete

remordimientos *mpl* 良心の呵責 ryooshin no kashaku

remoto, -a *adj* 1. *(distancia/距離)* 遠い tooi, 2. *(tiempo/時間)* 遠い昔の tooi mukashi no

remover *vt* かき混ぜる kakima-zeru

re(e)mplazar *vt* 取り替える to-rikaeru

remunera/ción *f* 報酬 hooshuu; **~r** *vt* 報酬を与える hooshuu o ataeru

Renacimiento *m* ルネッサンス Runessansu

rencor *m* 恨み urami; **~oso, -a** *adj* 恨み深い urami-bukai

rendi/ción *f* 1. 降伏 koofuku; 2. *com* 収益 shuueki; **~do, -a** *adj* 降伏した koofuku shita; **estar ~do** くたくたになった kutakuta ni natta, 疲れ果てた tsukare hateta

rendi/miento *m* 効率 kooritsu; **~r** *vt* 1. 降伏させる koofuku saseru; 2. *(homenaje/敬意を)* 捧げる sasageru; **~rse** 降参する koosan suru

renega/do 1. -a *adj relig (キリスト教からイスラム教に)* 改宗した kaishuu shita; **2.** *m/f (キリスト教からイスラム教への)* 改宗者 kaishuu-sha; **~r** *vt (キリスト教からイスラム教に)* 改宗する kaishuu suru

renova/ción *f* 新しくすること atarashiku suru koto, 更新すること kooshin suru koto; **~r** *vt* 新しくする atarashiku su-ru, 更新する kooshin suru

renta *f* 所得 shotoku, 収入 shuunyuu; **~bilidad** *f* 収益性 shuueki-sei; **~ble** *adj m/f* 利益になる rieki ni naru, 儲かる mookaru; **~r** *(beneficio/利益を)* 生じる shoojiru

renuncia *f* **a** …の放棄 … no hooki, … の 断念 … no dan-nen; **~r 1.** *vi* **a** … をあきらめる … o akirameru; **2.** *vt* あきらめる akirameru; **~r a un cargo** ポストを断念する po-suto o dannen suru

repara/ble *adj m/f* 修理可能な shuuri kanoo na; **~ción** *f* 修理 shuuri; **~r** *vt* 修理する shuuri suru; **~r en u/c** … を考慮する … o kooryo suru

reparo *m* 遠慮 enryo
repart/ición *f* 1. *(distribución)* 分配 bunpai; 2. *(división)* 分割 bunkatsu; **~ir** *vt* 分ける wakeru; **~o** *m (de correo/郵便)* 配達 haitatsu; *cine teat* キャスト kyasuto
repasar *vt* 1. *(estudios)* 復習する fukushuu suru; 2. *(revisar)* 見直す minaosu
repatriación *f* 本国送還 hongoku-sookan
repent/e: **de ~** 突然 totsuzen; **~ino, -a** *adj* 突然の totsuzen no
repercu/sión *f* 反響 hankyoo, 反映 han'ei; **~tir** *vi* **en** …に反映する …ni han' ei suru
repertorio *m mús* レパートリー repaatorii; *teat* 上演種目 jooen-shumoku
repeti/ción *f* 繰り返し kurikaeshi; **~r** *vt* 繰り返す kurikaesu
réplica *f* 1. 反論 hanron; 2. *arte* 複製品 fukuseihin
replicar *vt* 反論する hanron suru
repollo *m* キャベツ kyabetsu
reponer *vt* 交換する kookan suru, 元の場所に置く moto no basho ni oku; **~se** 回復する kaifuku suru
report/aje *m* ルポルタージュ ruporutaaju; **~ero, -a** *m/f* 報道記者 hoodoo kisha, レポーター repootaa
reposar *vi* 休養する kyuuyoo suru, 静養する seiyoo suru; **~se** *(líquido/液体が)* 澄む sumu
reposo *m* 休養 kyuuyoo, 安静 ansei
repostería *f* ケーキ屋 keeki-ya
representa/ción *f* 1. *teat* 上演 jooen; 2. *(delegación)* 代表 daihyoo; **~nte** *m/f* 代表者 daihyoo-sha, 代理人 dairinin; **~r** *vt* 1. 代表する daihyoo suru; 2. *teat* 上演する jooen suru; **~tivo, -a** *adj* 1. 代表/ 代理の daihyoo/dairi no; 2. *(típico)* 代表的な daihyoo-teki-na
reprimir *vt (impulso, emoción / 衝動、感情を)* 抑える osaeru
reproch/able *adj m/f* 非難されるべき hinan sareru beki; **~ar** *vt* 非難する hinan suru; **~e** *m* 非難 hinan
reproduc/ción *f* 再現 saigen, 再生 saisei; 2. *(imitación)* 複製 fukusei; 3. *biol* 生殖 seishoku; **~ir** *vt* 再現する saigen suru, *(copiar)* コピーする kopii suru; **~irse** 1. 再発する saihatsu suru; 2. *(multiplicar)* 繁殖する hanshoku suru
reptil *m* 爬虫類 hachuu rui
república *f* 共和国 kyoowa-koku
republicano 1. -a *adj* 共和国の kyoowa-koku no; **2.** *m/f* 共和主義者 のkyoowa-shugi-sha no
repuesto *m* 交換部品 kookan-buhin; **de ~** 予備の yobi no

repugna/ncia *f* 嫌悪 ken'o; **~nte** *adj m/f* 大嫌いな daikirai na; **~r** *vt* 嫌う kirau

reputa/ción *f* 評判 hyooban, 名声 meisei; **~do, -a** *adj* 評判の高い hyooban no takai

requerir *vt* 要求する yookyuu suru

requesón *m* カテージ・チーズ kateeji-chiizu

requisito *m* 必要条件 hitsuyoo jooken, 要件 yooken

res *f* 四足の 動物 yotsu-ashi no doobutsu

resaltar *vi* 際立つ kiwadatsu

resbala/dizo, -a *adj* 滑りやすい suberi-yasui; **~r** *vi* 1. 滑る suberu; 2. *auto* スリップする surippu suru

rescat/ar *vt* 救出する kyuushutsu suru; **~e** *m* 1. 救出 kyuushutsu; 2. *(dinero)* 身代金minoshiro -kin

rescindir *vt (contrato/契約を)* 取り消す torikesu

resenti/miento *m* 恨み urami, ひがみ higami; **~rse** 恨む uramu; **~rse de u/c** …に悩む …ni nayamu

reserva *f* 1. 予約 yoyaku; 2. *(reparo)* 遠慮 enryo; 3. *com* 外貨保有高 gaika hoyuu-daka; **~do, -a** *adj* 予約してある yoyaku shitearu; **~r** *vt* 予約する yoyaku suru

resfria/do *m* 風邪 kaze; **~rse** 風邪をひく kaze o hiku

resguardo *m* 預り証 azukari-shoo

resid/encia *f* 1. *(vivienda)* 居住 kyojuu; 2. *(dormitorio)* 寮 ryoo; **~encia universitaria** 大学寮 daigaku-ryoo; **~ir** *vi* 居住する kyojuu suru

residuo *m quím* 残留物 zanryuu-butsu

resigna/ción *f* あきらめ akirame; **~rse con** …に甘んじる …ni amanjiru

resist/encia *f* 抵抗 teikoo; **~ir** *vt/i* 耐える taeru; **~irse** 抵抗する teikoo suru; **~ a hacer u/c** …するのを拒む …suru no o kobamu

resolución *f* 1. 解決 kaiketsu; 2. *(decisión)* 決定 kettei

resolver *vt* 解決する kaiketsu suru; **~se** 解決する kaiketsu suru; **~ a hacer u/c** …する決心をする …suru kesshin o suru

resona/ncia *f* 1. 響き hibiki, 反響 hankyoo; 2. *fís* 共鳴 kyoomei; **tener ~ncia** 反響を呼ぶ hankyoo o yobu; **~r** *vi* 響く hibiku, 反響する hankyoo suru

respald/ar *vt* 1. *(apoyar)* 支持する shiji suru; 2. *(amparar, proteger)* 保護する hogo suru; **~arse** 背をもたせかける se o motase kakeru; **~o** *m* 1. *(de uma silla/いすの)* 背もたれ se-motare; 2. *(apoyo)* 支持 shiji

respec/tivo, -a *adj* それぞれの sorezore no; **~to a/ de** …に関して …ni kanshite; **a este ~** これに関して kore ni kanshite

respet/able *adj m/f* 尊敬に値する sonkei ni ataisuru; **~ar** *vt* 1. 尊敬する sonkei suru; 2. *(ley/法律を)* 守る mamoru; **~o** *m* 1. 尊敬 sonkei; 2. 敬意 keii; **~uoso, -a** *adj* 1. *(cortés)* 丁寧な teinei na; 2. *(deferente)* 謙虚な kenkyo na

respir/ación *f* 呼吸 kokyuu, 息 iki; **~ar** *vt/i* 1. 息をする iki o suru; 2. *(aliviarse)* ほっとする hotto suru; **~o** *m* 一休み hito yasumi

responder *vt/i* 答える kotaeru, 返事をする henji o suru; **~ de** …に責任を持つ …ni sekinin o motsu

responsab/ilidad *f* **de** …の責任 …no sekinin; **~le** *adj m/f* **de** …の責任がある …no sekinin ga aru

respuesta *f* 答え kotae

restable/cer *vt* 回復する kaifuku suru; **~cerse** *(enfermedad/病気が)* 回復する kaifuku suru; **~cimiento** *m* 1. 復旧 fukkyuu; 2. *(enfermedad/病気の)* 回復 kaifuku

restaurante *m* レストラン resutoran

restaurar *vt* 復興する fukkoo suru, 修復する shuufuku suru

resto *m* 残り nokori

restric/ción *f* 制限 seigen, 規制 kisei; **~tivo, -a** *adj* 規制する kisei suru

restringir *vt* 制限する seigen suru, 規制する kisei suru; **~se en** …を減らす… o herasu

resuelto, -a *adj* 解決された kaiketsu sareta

resultado *m* 結果 kekka

resum/en *m* 要約 yooyaku; **~ir** *vt* 要約する yooyaku suru

reten/ción *f* 1. 給料の支払停止 kyuuryoo no shiharai teishi; 2. *med* 鬱滞 uttai; 3. 保留 horyuu **~ción de tráfico** 交通渋滞 kootsuu-juutai; **~er** *vt* 引き止める hiki tomeru

retina *f med* 網膜 moomaku

retirar *vt* 1. 取り除ける torinokeru; 2. 取り消す torikesu; **~se** *(jubilarse)* 退職する taishoku suru; 2. *mil* 退却する taikyaku suru, 撤退する tettai suru

reto *m* 挑戦 choosen

retorn/ar *vt* 返す kaesu; **~o** *m* 1. 帰還 kikan; *(de vacaciones/休暇などから)* 戻ること modoru koto

retransmi/sión *f radio TV* 中継放送 chuukei-hoosoo; **~sión en directo** 生中継 namachuukei; **~tir** *vt radio TV* 中継する chuukei suru

retras/ar *vt* 遅らせる okuraseru, 延期する enki suru; **~arse** 遅

れる okureru, 延期されるenki sareru; **~o** *m* 遅れ okure
retrat/ar *vt* 肖像画を描く shoozoo-ga o kaku, 写真を撮る shashin o toru; **~o** *m* 肖像画 shoozoo-ga
retroceder *vt* 後退する kootai suru
reuma *m med* リューマチ ryuumachi
reunificación *f* 再統一 sai-tooitsu
reuni/ón *f* 集まり atsumari, 会議 kaigi; **~r** *vt* 集める atsumeru, *(colección/コレクション)* 収集する shuushuu suru; **~rse** 集まる atsumaru
revancha *f* 報復 hoofuku
revela/do *m foto* 現像 genzoo; **~r** *vt* 1. *foto* 現像する genzoo suru; 2. 暴露する bakuro suru
reventa *f* 転売 tenbai
reventar *vi* 破裂する haretsu suru
reverso *m* 裏 ura
revés *m* 裏 ura; **al ~** 反対に hantai ni
revis/ar *vt* 見直す minaosu, 調べなおす shirabe naosu; **~ión** *f (comprobación)*見直し minaoshi, *(inspección)* 点検 tenken
revoca/ble *adj* 撤回できる tekkai dekiru; **~ción** *f* 取り消し torikeshi; **~r** *vt* 取り消す torikesu
revolución *f* 1. 革命 kakumei; 2. *tecn* 回転 (数) kaiten(suu)
revuelta *f* 暴動 boodoo
rey *m* 王 oo, 国王 kokuoo
rezar *vt/i* 祈る inoru
ribera *f* 1. *(del río)* 川岸 kawagishi; 2. *(litoral)* 沿岸 engan
rico, -a 1. *adj* 金持ちの kanemochi no; **~ en** …に富んだ … ni tonda; **2.** *m/f* 金持ち kanemochi
ridículo, -a *adj* ばかげた bakageta
riego *m* 灌漑 kangai
riel *m transp* レール reeru
rienda *f* 手綱 tazuna
riesgo *m* 危険 kiken, リスク risuku; **correr en ~** 危険をおかす kiken o okasu
rifa *f* くじ引き kujibiki
rifle *m* ライフル銃 raifurujuu
rigid/ez *f* 1. *(dureza)* 硬さ kata-sa; 2. *(severidad)* 厳格 genkaku; **~o, -a** *adj* 1. *(duro)* 硬い katai; 2. *(tieso)* 硬直した koochoku shita
ri/gor *m* 1. 厳格 genkaku; 2. *(clima/気候の)* 厳しさ kibishisa; **~guroso, -a** *adj* 厳格な genkaku na, 厳しい kibishii
rima *f lit* 韻 in; **~s** *fpl* 韻文 inbun; **~r** *vi* 韻を踏む in o fumu
rímel *m (cosmético/化粧品)* マスカラ masukara
Rin *m* ライン川 Rain gawa
rinoceronte *m zool* サイ sai
rincón *m* 隅 sumi
riña *f* けんか kenka, 口論 kooron

riñón *m* 腎臓 jinzoo
río *m* 川 kawa
riqueza *f* 富 tomi
risa *f* 笑い warai
ritmo *m* リズム rizumu
rival *m/f* ライバル raibaru; **~idad** *f* 競争 kyoosoo, 対立 tairitsu; **~izar** *vi* **con** …と競い合う …to kisoi au
rizado, -a *adj* 巻き毛の makige no
rizo 1. -a *adj* 巻き毛の maki-ge no, 縮れた chijireta; **2.** *m* 縮れ毛 chijire-ge
robar *vt* 盗む nusumu
roble *m bot* 樫 kashi
robo *m* 盗み nusumi
robot *m* ロボット robotto
roca *f* 岩 iwa
rocío *m* 露 tsuyu
rode/ar *vt* 囲む kakomu; **~ar con** …で囲む …de kakomu; **~o** *m* 回り道 mawari-michi; **~os** 遠回しな言い方 to-omawashi na ii-kata; **sin ~os** 単刀直入に tantoo choku-nyuu ni
rodilla *f* 膝 hiza
rogar *vt* 1. 願う negau; 2. 祈る inoru
rojo, -a *adj* 1. 赤い akai; 2. *pol* 共産主義者の kyoosan-shugi-sha no
rollo *m* 1. 巻いたもの maita mono; 2. *foto* フィルム fui-rumu; 3. *vulg* 退屈なもの taikutsu na mono
románico, -a *adj arte* ロマネスク様式の romanesuku-yoo-shiki no
romano, -a 1. *adj* ローマの Rooma no; **2.** *m/f* ローマ人 Rooma-jin
romántico, -a *adj* ロマンチックな romanchikku na, ロマンティシズムの romantishizumu no
romería *f* 巡礼 junrei, 聖地参拝 seichi sanpai
ron *m* ラム酒 ramushu
roncar *vi* いびきをかく ibiki o kaku
rop/a *f* 服 fuku, 衣類 irui; **~a de cama** 寝具 shingu; **~a interior** 下着 shitagi; **~ero** *m* 洋服ダンス yoofuku-dansu
rosa *f bot* バラ bara
rosa/do 1. -a *adj* ピンク色の pinku iro no, ばら色の bara iro no; **2.** *m* ローゼ・ワイン rooze-wain; **~rio** *m relig* ロザリオ rozario
rostro *m* 顔 kao
rotación *f* 1. 回転 kaiten; 2. *astrol* 自転 jiten
roto, -a *adj* 壊れた kowareta, *(cerámica, cristal /陶器、磁器、ガラスが)* 割れた ware-ta, *(papeles, tejidos/紙、布が)* yabureta; *(objetos largos cilíndricos/長いものが)* 折れた oreta
rotula/dor *m* フェルト・ペン fueruto-pen, マーカー ma-

akaa; **~r** *vt* 文字を書き入れる moji o kaki ireru

rotura *f* 壊れること kowareru koto, *(cerámica, cristal/陶器、磁器、ガラスが)* 割れること wareru koto, *(papeles, tejidos/紙、布)* 破れること yabureru koto; *(objetos largos cilindricos/長いものが)* 折れること oreru koto

rubéola *f med* 風疹 fuushin

rubí *m* ルビー rubii

rubio, -a *adj* 金髪の kinpatsu no

rueda *f* 車輪 sharin; **~ de recambio** スペア・タイヤ supea-taiya; **~ de prensa** 記者会見 kisha kaiken

ruego *m* 願い negai, 願い事 negai goto

ruido *m* 騒音 sooon, 雑音 zatsuon; **~so, -a** *adj* 騒がしい sawagashii, うるさい urusai

ruina *f* 1. 崩壊 hookai; 2. *econ* 破産 hasan; **~s** *fpl* 遺跡 iseki

ruiseñor *m zool* ナイチンゲール naichingeeru

ruleta *f* ルーレット ruuretto

rulo *m* ヘア・カラー heaa-karaa

rumor *m* うわさ uwasa

ruptura *f* 1. 破損 hason; 2. *(de amistad)* 絶交 zekkoo

rural *adj m/f* 田舎の inaka no, 農村の nooson no

Rusia *f* ロシア Roshia

ruso, -a 1. *adj* ロシアの Roshia no; **2.** *m/f* ロシヤ人 Roshia-jin; **3.** *m ling* ロシア語 Roshia-go

rústico, -a *adj* 田舎の inaka no, 田舎風の inaka-fuu no

ruta *f* ルート ruuto

rutina *f* 習慣 shuukan, 日課 nikka

S

sábado *m* 土曜日 doyoo-bi

sábana *f* シーツ shiitsu

saber 1. *vt* 知る shiru, 知っている shitte iru; **a ~** つまり tsumari; **2.** *vi* **~ a** …の味がする …no aji ga suru; **3.** *m* 知識 chishiki

sabi/do, -a *adj* 1. よく知られた yoku shirareta; 2. *(docto)* 物知りな monoshiri na; **~duría** *f* 知恵 chie; **~hondo, -a** *m/f* 知ったかぶりをする人shittakaburi o suru hito; **~o 1. -a** *adj* 1. 賢い kashikoi; 2. *(erudito)* 博学の hakugaku no; **2.** *m/f* 知識の豊富な人 shiki no hofu na hito

sabor *m* 味 aji; **~ear** *vt* 味わう ajiwau

sabot/aje *m* サボタージュ sabotaaju; **~eador, -a** *m/f* 破壊活動家 hakai katsudoo-ka; **~ear** *vt* 妨害する boogai suru, 破壊する hakai suru

sabroso, -a *adj* おいしい oishii

saca/corchos *m* コルク抜き koruku nuki; **~puntas** *m* 鉛筆削り enpitsu kezuri
sacar *vt* 出す dasu, 取り出す toridasu
sacarina *f* サッカリン sakkarin
sacerdote *m relig* 司祭 shisai, 聖職者 seishoku-sha
saco *m* 袋 fukuro; **~ de dormir** 寝袋 nebukuro
sacrifi/cado, -a *adj* 犠牲になった gisei ni natta, 犠牲的な gisei-teki na; **~car** *vt* 犠牲にする gisei ni suru; **~carse** 犠牲になる gisei ni naru; **~carse por** …のために犠牲になる …no tame ni gise ni naru; **~cio** *m* 1. *(inmolación, víctima)* 犠牲 gisei; 2. *(sacrificio)* 生贄 ikenie
sacudir *vt 1. (menear, mecer)* 揺り動かす yuri ugokasu*; 2.* 叩く hataku*; 3. (estremecer)* 動揺させる dooyoo saseru*; 4. (pegar, golpear)* 殴る naguru, たたく *tataku*
sádico, -a 1. *adj* サディズムの sadizumu no, サディスト的な sadisuto-teki na*;* **2.** *m/f* サディストsadisuto
saga/cidad *f* 洞察力 doosatsu-ryoku, 明敏 meibin; **~z** *adj m/f* 明敏な meibin na, 洞察力のある doosatsu-ryoku no aru
Sagitario *m astr* 射手座 Ite-za
sagra/do, -a *adj* 神聖な shinsei na
sajón, -a 1. *adj* サクソン人の Sakuson-jin no; **2.** *m/f* サクソン人 Sakuson-jin
sal *f* 塩 shio
sala *f* 1. 広間 hiroma, ホール hooru, 会場 kaijoo; 2. *jur* 法廷 hootei; **~ de espera** 待合室 machiai-shitsu; **~ de conferencias** 会議場 kaigi-joo; **~ de estar** 居間 ima
salado, -a *adj* 塩辛い shiokarai
salario *m* 給料 kyuuryoo
salchich/a *f* ソーセージ sooseeji; **~ón** *m* サラミ・ソーセージ sarami-sooseeji
sald/ar *vt* 1. 清算する seisan suru; 2. *com* 決算する kessan suru 処分をする shobun o suru; **~o** *m* 残高 zandaka
salida *f* 1. 出口 deguchi; 2. *(partida)* 出発 shuppatsu; **~ de emergencia** 非常出口 hijoo-deguchi; **~ del sol** 日の出 hi no de
salina *f* 塩田 enden
salir *vi* 1. 出る deru, 外出する gaishutsu suru; 2. *(partir)* 出発する shuppatsu suru; **~se del tema** テーマから逸れる teema kara soreru; **~se con la suya** 自分の思い通りにする jibun no omoidoori ni suru
saliva *f* つば tsuba, 唾液 daeki
salmo *m relig* 賛美歌 sanbika
salm/ón *m zool* 鮭 sake; **~onete** *m zool* ヒメジ himeji

salón *m* 大広間 oohiroma, サロン saron, ホール hooru; **~ de automóviles** モーター・ショー mootaa-shoo
salpica/dero *m auto* ダッシュ・ボード dasshu-boodo; **~dura** *f* しぶき shibuki; **~r** *vt (agua, barro/水、泥などを)* はね散らす hanechirasu
sals/a *f gastr* ソース soosu; **~era** *f* ソース入れ soosuire
saltamontes *m zool* バッタ batta
salt/ar 1. *vi* 1. *(brincar)* 跳ぶ tobu; 2. *(arrojarse)* 飛び降りる tobioriru, 飛び込む tobikomu; **2.** *vt* 飛び越える tobikoeru; 2. *(omitir)* 飛ばす tobasu; **~o** *m* 1. 飛ぶこと tobu koto; 2. *sport* ジャンプ janpu
salud *f* 健康 kenkoo; **¡~!** 乾杯 Kanpai; **~able** *adj m/f* 健康的な kenkoo-teki na; **~ar** *vt* 挨拶する aisatsu suru; **~o** *m* 挨拶 aisatsu; **dar ~os** 挨拶をする aisatsu o suru
salva/ción *f* 救助 kyuujo, 救命 kyuumei; **~dor, -a** *m/f* 1. 救済者 kyuusai-sha; 2. **el ~*dor** 救世主 Kyuusei-shu
salvaje *adj m/f* 1. 野生の yasei no, 未開の mikai no; 2. *(rudo)* 粗野な soya na
salva/mento *m* 救助 kyuujo; **~r** *vt* 救う sukuu, 救助する kyuujo suru; **~vidas** *m* 浮き輪 ukiwa
salvo 1. -a *adj* つつがない tsutsuga nai; **a ~** 無事に buji ni; **poner(se) a ~** 安全な場所に避難する anzen na basho ni hinan suru; **2.** *adv prep* …を除いて …o nozoite
sana/r 1. *vt (enfermedad, herida/病気、傷などを)* 治す naosu, 治療する chiryoo suru; **2.** *vi (enfermedad, herida/病気、傷などが)* 治る naoru; **~torio** *m* 療養所 ryooyoosho
sanci/ón *f jur* 処罰 shobatsu; **~onar** *vt* 処罰する shobatsu suru
sandalia *f* サンダル sandaru
sandía *f bot* スイカ suika
sanea/do, -a *adj econ* 再建された saiken sareta; **~miento** *m econ* 再建 saiken; **~r** *vt econ* 安定させる anteisaseru
sangr/ar *vi* 出血する shukketsu suru; **~e** *f* 血 chi, 血液 ketsueki; **a ~e fría** 冷静に reisei ni
sangría *f* サングリア sanguria
sangriento, -a *adj* 1. 出血する shukketsu suru; 2. *(manchado de sangre)* 血の chi no, 血だらけの chidarake no; 3. *(sangre fría)* 残酷な zankoku na
san/idad *f* 保健. hoken, 衛生 eisei; **~itario 1. -a** *adj* 衛生の eisei no; **2.** *m/f* 1. 保険所の職員 hoken-sho no shokuin; 2. *mil* 衛生兵 eisei-hei; **~o, -a** *adj* 健康な kenkoo na, 健康的な

kenkoo-teki na; **~o y salvo** 無事に buji ni
sant/o, -a 1. *adj* 神聖な shinsei na; **2.** *m/f relig* 聖人 seijin; **~uario** *m relig* 聖地 seichi
sapo *m zool* ヒキガエル hikigaeru
saque *m sport (tenis, ping pong)* サーブ saabu, *(fútbol)* キックオフ kikku ofu
saque/ar *vt* 略奪する ryakudatsu suru, **~o** *m* 略奪 ryakudatsu
sarampión *m med* はしか hashika, 麻疹 mashin
sardana *f* サルダーナ sarudaana
sardina *f zool* 鰯 iwashi
sargento *m mil* 軍曹 gunsoo
sartén *f* フライ・パン furai-pan
sastre *m* 仕立て屋 shitate-ya; **~ría** *f* 仕立て屋の店 shitateya no mise
satán *m* 悪魔 akuma; **~ico, -a** *adj* 悪魔の akuma no, 悪魔のような akuma no yoo na
satélite *m* 衛星 eisei, *(artificial)* 人工衛星 jinkoo-eisei
satén *m* サテン saten
sátira *f* 風刺 fuushi
satírico, -a *adj* 風刺の fuushi no
satis/facción *f* 満足 manzoku; **~facer** *vt* 満足させる manzoku saseru; **~factorio, -a** *adj* 満足すべき manzoku subeki; **~fecho, -a** *adj* 満足した manzoku shita
satura/ción *f* 飽和 hoowa; **~r** *vt* 飽和させる hoowa saseru
sauce *m bot* 柳 yanagi
sauna *f* サウナ sauna
saxofón, saxófono *m* サキソホン sakisohon
sazonar *vt gastr* 味をつける aji o tsukeru
se *pron* 自分自身を/に jibunjishin o/ni
seca/dor *m* 乾燥機 kansoo-ki, ヘア・ドライヤー heaa-doraiyaa; **~dora** *f* ドライヤー doraiyaa, 乾燥機 kansoo-ki; **~r** *vt* 乾かす kawakasu
sección *f* 1. 課 ka; 2. *mat* 断面 danmen
seco, -a *adj* 乾いた kawaita
secretar/ía *f* 事務局 jimu-kyoku; **~io, -a** *m/f* 秘書 hisho
secreto, 1. -a *adj* 秘密の himitsu no, 機密の kimitsu no; **2.** *m* 秘密 himitsu, 機密 kimitsu; **en ~** こっそり kossori
secta *f* セクト sekuto, 派 ha
sector *m* 1. 部門 bumon, *(ramo, campo)* 分野 bun'ya; 2. *(partido, clan)* 党派 tooha
secuela *f* 1. 結果 kekka; 2. *med* 後遺症 kooi-shoo
secuestr/ar *vt* 誘拐する yuukai suru; **~o** *m* 誘拐 yuukai
secundario, -a *adj* ２番目の niban me no; **enseñanza ~a** 中学校 chuu-gakkoo
sed *f* 1. 渇き kawaki; 2. *(anhelar)* 切望 setsuboo

seda *f* 絹 kinu
seda/nte 1. *adj m/f* 1. *med* 鎮める shizumeru; 2. *(sufrimiento, tristeza/苦しみ、悲しみなどを)* 和らげる yawarageru; **2.** *m* 鎮痛剤 chintsuu-zai, 鎮静剤 chinsei-zai; **~tivo, -a** *adj med* 沈静させる chinsei saseru
sede *f* 本部 honbu
sediento, -a *adj* 1. のどが渇いた nodo ga kawaita; 2. *(anhelante)* 熱望している netsuboo shite iru
seduc/ción *f* 誘惑 yuuwaku; **~ir** *vt* 誘惑する yuuwaku suru; **~tor, -a** *adj m/f* 誘惑する人 yuuwaku suru hito
segmento *m* 部分 bubun, 破片 hahen
segui/da: **en ~da** すぐに sugu ni; **~do, -a** *adj* 連続した renzoku shita; **~dor, -a** *m/f sport* ファン fan; **~miento** *m* フォロー foroo
seguir 1. *vt* 1. 続ける tsuzukeru; 2. *(a una persona, a algo)* ついて行く tsuiteiku, 追跡する tsuiseki suru; **2.** *vi* 続く tsuzuku
según *prep* 1. …によって …ni yotte; 2. …によれば …ni yoreba
segundo 1. -a *adj* ２番目の ni-ban me no; **en ~ lugar** ２番目に ni-ban me ni; **2.** *m (tiempo)* 秒 byoo
seguro *m* hoken; **~ de accidentes** 災害保険 saigai hoken; **~ de automóviles** 自動車保険 jidoosha hoken; **~ de vida** 生命保険 seimei hoken; **~ de desempleo** 失業保険 shitsugyoo hoken
seis *m* 6 roku; **~cientos** *m* 600 roppyaku
selec/ción *f* 1. 選考 senkoo; 2. *sport* 選抜チーム senbatsu chiimu; **~cionar** *vt* 選ぶ erabu; **~to, -a** *adj* 選ばれた erabareta
sell/ar *vt* 1. 封印する fuuin suru; 2. *tecn* シールする shiiru suru; **~o** *m* 1. *(de correos)* 切手 kitte; 2. *(estampilla)* 印 in
selva *f* 森林 shinrin, 密林 mitsurin, ジャングル janguru
semáforo *f* 信号 shingoo
semana *f* 週 shuu; **~* Santa** 聖週間 Sei-shuukan; **entre ~** 平日の/に heijitsu no/ni; **~l** *adj m/f* 週の shuu no; **~rio** *m* 週刊誌 shuukan-shi
sembrar *vt* 1. 種をまく tane o maku; 2. *(rumor, miedo/噂、恐怖などを)* 広める hiromeru
semeja/nte *adj m/f* 似た nita, 類似の ruiji no; **~nza** *f* 似ていること nite iru koto; **~r** *vi* 似ている nite iru
semen *m biol* 精液 seieki
semi/círculo *m mat* 半円 han´en; **~final** *f sport* 準決勝 jun-kesshoo

semilla *f bot* 種 tane
seminario *m* 1. *relig* 神学校 shin-gakkoo; 2. *(enseñanza)* ゼミナール zeminaaru
sémola *f gastr* セモリナ semorina
senado *m pol* 上院 jooin; **~r, -a** *m/f* 上院議員 jooin-giin
sencill/ez *f* 1. *(simplicidad)* 簡単 kantan, 単純 tanjun; 2. *(ingenuidad)* 素朴さ soboku-sa; **~o, -a** *adj* 1. *(simple)* 簡単な kantan na; 2. *(carácter franco)* 気さくな kisaku na; 3. *(sobrio)* 質素なshisso na
send/a *f* 小道 komichi; **~ero** *m* 小道 komichi
Senegal セネガル Senegaru; **~*és, -a** **1.** *adj* セネガルの Senegaru no; **2.** *m/f* セネガル人 Senegaru-jin
seno *m* 胸 mune
sensa/ción *f (impresión)* 感じ kanji, 印象 inshoo; **~cional** *adj m/f* センセーショナルな senseeshonaru na; **~tez** *f* 賢明さ kenmei-sa; **~to, -a** *adj* 賢明な kenmei na
sensi/bilidad *f* 1. *(sentido)* 感覚 kankaku; 2. *(percepción)* 感度 kando; 3. *(delicadeza)* 感受性 kanju-sei; **~ble** *adj m/f* 敏感な binkan na; **~tivo, -a** *adj* 感じやすい kanji-yasui
sensual *adj m/f* 官能的な kannoo-teki na; **~idad** *f* 官能的なこと kannoo-teki na koto
senta/da *f* 座り込み suwarikomi; **~do, -a** *adj* 座った suwatta; **~r** **1.** *vt* 座らせる suwaraseru; **2.** *vi* 1. 似あう niau; 2. *(talla/サイズが)* 合う au; **~r bien** よく似あう yoku niau; **~rse** 座る suwaru
sentencia *f jur* 判決 hanketsu; **~r** *vt* 判決を下す hanketsu o kudasu
senti/do *m* 1. *(significado)* 意味 imi; 2. 感覚 kankaku; **~do común** 常識 jooshiki; **perder el ~do** 意識を失う ishiki o ushinau; **~mental** *adj m/f* センチメンタルな senchimentaru na; **~miento** *m* 感情 kanjoo; **~r** *vt* 感じる kanjiru; **lo siento** お気の毒です okino doku desu, すみません sumimasen; **~rse** *(自分が)* …だと感じる …dato kanjiru; **~rse mal** 気分が悪い kibun ga warui; **~rse feliz** 幸せだと感じる shiawase da to kanjiru
seña *f* 1. *(señal)* 合図 aizu, *(gesto)* 手まね temane; 2. *(signo)* 印 shirushi; **~s** *fpl* 住所 juusho; **~l** *f* 1. *(signo)* 印 shirushi; **~lado, -a** *adj* 1. *(marcado)* 印のついた shirushi no tsuita; 2. *(indicado)* 指定された shiteisareta, 指摘された shitekisareta; **~lar** *vt* 1. *(indicar, señalar con el dedo)* 指す sasu; 2. *(marcar)* 印をつける shirushi o tsukeru; 3. *(indicar)*

指定する shitei suru, 指摘する shiteki suru; **~larse** 際立つ kiwadatsu; **~lización** *f* 交通標識 kootsuu hyooshiki

señor, -a 1. *m* 1. 男性 dansei; 2. さん/様 san/sama; 3. **Señor** イエス・キリスト Iesu- Kirisuto; **2.** *f* 婦人 fujin, さん/様 san/sama; **~ita** *f* 1. お嬢さん ojoosan; 2. さん san

separa/ble adj *m/f* 取り外し可能な torihazushi kanoo na; **~ción** *f* 1. *jur (de matrimonio/夫婦の)* 別居 bekkyo; 2. *(segregación, desunión)* 分離 bunri; **~r** *vt* 1. *(segregar, apartar)* 分離する bunri suru, 2. *(distinguir)* 区別する kubetsu suru; **~rse** 別れる wakareru

sepia *f* 1. *arte* セピア sepia; **color ~** セピア色 sepia iro; 2. *zool* コウイカ kooika

septiembre *m* 9月 ku-gatsu

séptimo, -a *adj* 7番目の nanaban me no

sepul/cro *m* 墓 haka, 墓穴 haka ana; **~tar** *vt* 埋葬する maisoo suru; **~tura** *f* 埋葬 maisoo

sequía *f* 旱魃 kanbatsu

ser 1. *vi* …である …de aru; **llegar a ~** …になる …ni naru; **~ de** …でできている …de dekite iru; **a no ~ que** …でない限り …de naikagiri; **es decir** つまり tsumari; **lo que sea** なんでも nandemo; **o sea** つまり tsumari; **sea lo que sea** とにかく tonikaku

Serbi/a *f* セルビア Serubia; **~*o, -a 1.** *adj* セルビアのSerubia no; **2.** *m/f* セルビア人 Serubia-jin; **3.** *m ling* セルビア語 Serubia-go

seren/ar *vt* 落ち着かせる ochitsukaseru, なだめる nadameru; **~arse** 冷静になる reisei ni naru; **~ata** *mús* セレナード serenaado; **~idad** *f* 平静 heisei, 冷静 reisei; **~o 1. -a** *adj* 冷静な reisei na, 穏やかな odayaka na; **2.** *m* 夜回り yomawari

serie *f* シリーズ shiriizu; **~dad** *f* 真剣さ shinken-sa, まじめさ majime-sa

serio, -a *adj* 1. *(sincero, honesto)* まじめな majime na, 誠実な seijitsu na; 2. *(importante, grave)* 重大な juudai na; 3. *(formal)* かたくるしい katakurushii; **tomar u/c en ~** …を真剣に受け止める …o shinken ni uketomeru; **en ~** 本気で honki de

sermón *m relig* 説教 sekkyoo

serpiente *f zool* 蛇 hebi

servicio *m* 1. サービス saabisu; 2. *sport* サーブ saabu; 3. *(comida)* 給仕する kyuuji suru; 4. 仕えること tsukaeru koto; **~ militar** 兵役 heieki; **~s** *mpl* トイレ toire

servidor *m informát* サーバー saabaa
servillet/a *f* ナプキン napukin; **~ero** *m* ナプキン・リング napukin-ringu
servir *vt/i* 1. …に仕える …ni tsukaeru; 2. *(comida)* 給仕する kyuuji suru; 3. *sport* サーブする saabu suru; 4. 役に立つ yaku ni tatsu
sésamo *m bot* ごま goma
sesenta 60 rokujuu
sesión *f* 1. 会 kai, 会議 kaigi; 2. *cine* 上映 jooei, *teat* 公演 kooen
seta *f bot* きのこ kinoko
setenta 70 nanajuu
seto *m* 囲い kakoi, 柵 saku; **~ vivo** 生垣 ikegaki
seudónimo *m* ペン・ネーム pen-neemu
sever/idad *f* 厳しさ kibishisa; **~o, -a** *adj* 厳しい kibishii
sexo *m* 1. 性 sei; 2. セックス sekkusu
sexto, -a *adj* 6番目の roku-ban me no
sexual *adj m/f* 性の sei no, 性的な sei-teki na; **~idad** *f* 性 sei
si 1. *conj* 1. もしならば moshi naraba; 2. …かどうか …ka doo ka; **~ no** さもなければ samo nakereba; **2.** *m mús* シ shi
sí 1. *adv* はい hai; 2. *pron pers* 彼 kare, 彼女 kanojo, あなた anata, 彼ら kare ra, 彼女ら kanojo ra, あなたたち anata tachi, 自分 jibun, 自分自身 jibun-jishin, それ自身 sore jishin; **de por ~** それ自身 sore jishin
Sicilia *f* シチリア Shichiria, シシリー Shishirii; **~*no, -a 1.** *adj* シチリアの Shichiria no; **2.** *m/f* シチリア人 Shichiria-jin
sida *m med* エイズ eizu
sidra *f* 林檎酒 ringo-shu
siempre *adv* いつも itsumo, 常に tsune ni; **~ que** …するときはいつも …suru toki wa itsumo
sien *f* こめかみ komekami
sierra *f* 1. のこぎり nokogiri; 2. *(cordillera)* 山脈 sanmyaku
siervo *m* 1. 奴隷 dorei; 2. 召使 meshitsukai
siesta *f* 昼寝 hirune; **dormir/echar la ~** 昼寝をする hirune o suru
siete *m* 7 nana/shichi
sífilis *f med* 梅毒 baidoku
siglo *m* 世紀 seiki
signa/r *vt* サインする sain suru; **~tario, -a** *m/f* 署名者 shomei-sha
significa/do *m* 意味 imi; **~r** *vt* 意味する imi suru; **~tivo, -a** *adj* 意義のある igi no aru
signo *m (signo, señal)* 印 shirushi, *(símbolo, signo)* 記号 kigoo
siguiente *adj m/f* 次の tsugi no
sílaba *f ling* 音節 onsetsu

sil/bar *vt/i* 口笛を吹く kuchibue o fuku; **~bato** *m* 口笛 kuchibue; **~bido** *m* 1. 口笛の音 kuchibue no oto; 2. *(de viento)* 風の吹く音 kaze no fuku oto

silencio *m* 沈黙 chinmoku, 静けさ shizuke-sa; **~so, -a** *adj* 静かな shizuka na

silla *f* いす isu; **~ de montar** 鞍 kura; **~ plegable** 折りたたみ椅子 oritatami-isu; **~ de ruedas** 車椅子 kuruma-isu

sillón *m* 肘掛け椅子 hijikake-isu

silueta *f* シルエット shiruetto, 影絵 kage-e

silvestre *adj m/f* 野生の yasei no, 自然の shizen no

simbólico, -a *adj* 象徴的な shoochoo-teki na

símbolo *m* 象徴 shoochoo, シンボル shinboru

simetría *f* 対称 taishoo

simétrico, -a *adj* 対称的な taishoo-teki na

simil/ar *adj m/f* 類似した ruiji shita, 同じような onajiyoo na; **~itud** *f* 類似性 ruiji-sei

simp/atía *f* 好感 kookan; **~ático, -a** *adj* 感じの良い kanji no ii, 好感の持てる kookan no moteru

simpl/e *adj m/f* 1. 単純な tanjun na, 簡単な kantan na; 2. *(sobrio)* 質素な shisso na; **~eza** *f* 単純さ tanjun-sa; **~icidad** *f* 簡単さ kantan-sa; **~ificar** *vt* 簡単にする kantan ni suru; **~ón, -a** *m/f* 間抜けな manuka na, お人好し ohitoyoshi

simular *vt/i* 見せかける misekakeru

simult/aneidad *f* 同時性 dooji-sei; **~áneo, -a** *adj* 同時の dooji no

sin *prep* …なしに/で …nashi ni/de; **~ que** …することなく … suru koto naku

sinagoga *f* シナゴーグ Shinagoogu, ユダヤ教の礼拝堂 yudaya-kyoo no reihai-doo

sincer/idad *f* 誠実 seijitsu; **~o, -a** *adj* 誠実な seijitsu na

sindica/l *adj m/f* 労働組合の roodoo kumiai no; **~to** *m* 労働組合 roodoo kumiai

sinf/onía *f mús* 交響曲 kookyoo kyoku, シンフォニー shinfonii; **orquesta ~ónica** 交響楽団 kookyoogakudan

singular 1. *adj m/f* 1. 並外れた nami hazureta; 2. *(único)* 唯一の yuiitsu no; **2.** *m ling* 単数 tansuu

siniestro 1. -a *adj* 1. 不吉な fukitsu na; 2. *(izquierdo)* 左の hidari no; **2.** *m* 不幸 fukoo, 不運 fu-un

sino *conj* …でなくて …de nakute, 単に tan ni

síntesis *f* 1. 総合 soogoo; 2. *quím* 合成 goosei

sintético, -a *adj* 合成の goosei no

síntoma *m med* 症状 shoojoo, 兆候 chookoo
sinvergüenza *m/f* 恥知らず haji shirazu
siquiera *conj* たとえ…でも tatoe … demo; **ni ~** …すらしない …sura shinai
sirena *f* 1. *(bocina)* サイレン sairen; 2. *(criatura fantástica)* 人魚 ningyo
siroco *m* シロッコ shirokko
sirvient/a *f* メード meedo; **~e** *m* 召使 meshitsukai
sistem/a *m (institución)* 制度 seido, 組織 soshiki; 2. システム shisutemu; **~ático, -a** *adj* 体系的な taikei-teki na; **~atización** *f* 体系化 taikei-ka; **~atizar** *vt* 体系づける taikeizukeru
sitio *m* 場所 basho
situa/ción *f* 1. *(circunstancia)* 状況 jookyoo, 状態 jootai; 2. *(posición, punto de vista)* 立場 tachiba; **~do, -a** *adj* 位置した ichi shita; **bien ~do** 良い生活をしている yoi seikatsu o shite iru; **~r** *vt* 位置づける ichizukeru, 配置する haichi suru; **~rse** 位置する ichi suru
slip *m* パンツ pantsu, ブリーフ buriifu
sobaco *m* 脇の下 waki no shita
sober/anía *f* 統治権 toochi-ken; **~ano, -a** *adj* 1. 主権を有する shuken o yuusuru; 2. 至上の shijoo no, 高貴な kooki na
sober/bia *f* 傲慢 gooman; **~bio, -a** *adj* 傲慢な gooman na
soborn/ar *vt* 買収する baishuu suru; **~o** *m* 賄賂 wairo, 買収 baishuu
sobra *f* 余剰 yojoo, 過剰 kajoo; **~s** *fpl* 残り nokori; **de ~** 十分に juubun ni; **~do, -a** *adj* 十分な juubun na; **~r** *vi* 残る nokoru, 余る amaru
sobre 1. *m* 封筒 fuutoo; **2.** *prep* 1. …の上に …no ue ni; 2. …について …ni tsuite; 3. およそ oyoso; **~ las seis** 6時ごろだ roku ji goro da; **~ todo** 特に toku ni
sobre/carga *f* 積みすぎ tsumisugi; **~cargar** *vt* 積みすぎる tsumisugiru
sobredosis *f (kusuri no)* 飲みすぎ nomisugi
sobrestimar *vt* 過大評価する kadai hyooka suru
sobrehumano, -a *adj* 超人的な choojin-teki na
sobremanera *adv* 非常に hijoo ni, ひどく hidoku
sobrenatural *adj m/f* 超自然の choo-shizen no, 超自然的な choo-shizen-teki na
sobrenombre *m* あだ名 adana
sobresaliente *adj m/f* 優れた sugureta
sobrevivir *vt/i* 生き残る ikinokoru
sobrino, -a *m/f* 甥 oi, 姪 mei

sobrio, -a *adj* 地味な jimi na, 質素な shisso na

socia/bilidad *f* 社交性 shakoo-sei; **~ble** *adj m/f* 社交的な shakoo-teki na; **~l** *adj m/f* 社会の shakai no, 社会的な sha-kai-teki na; **~lismo** *m pol* 社会主義 shakai-shugi; **~lista** **1.** *adj m/f* 社会主義の shakai-shugi no; **2.** *m* 社会主義者 shakai-shugi-sha

sociedad *f* 社会 shakai; **~ anónima** 株式会社 kabushiki-gaisha; **~ de responsabilidad limitada** 有限会社 yuugen-gaisha

socio *m/f* 1. 会員 kai-in; 2. *com* 共同経営者 kyoodoo keiei-sha

socorr/er *vt* 助ける tasukeru, 救助する kyuujo suru; **~o** *m* 救助 kyuujo, 救出 kyuushutsu; **¡~!** 助けて！ tasukete!

soez *adj m/f* 下品な gehin na

sofá *f* ソファー sofaa; **~ cama** ソファー・ベッド sofaa-beddo

software *m informát* ソフトウエアー sofuto ueaa

soga *f* 縄 nawa, 綱 tsuna

soja *f bot* 大豆 daizu

sol *m* 太陽 taiyoo, 日 hi; **tomar el ~** 日に当たる hi ni ataru, 日光浴をする nikkooyoku o suru

solamente *adv* …だけ …dake

solar **1.** *m* 空き地 akichi; **2.** *adj m/f* 太陽の taiyoo no; 2. *astr* 太陽系の taiyoo-kei no; **~io** *m* サン・ルーム san-ruumu

solda/do *m* 兵士 heishi; **~r** *vt* 溶接する yoosetsu suru; **~dura** *f* 溶接 yoosetsu

soleado, -a *adj* 日の当たった hi no atatta

soledad *f* 孤独 kodoku

solemn/e *adj m/f* 荘厳な soo-gon na; **~idad** *f* 荘厳 soogon

soler *vi* …するのが普通だ …su-ru no ga futsuu da, いつも…する itsumo…suru

solicitar *vt* 申請する shinsei su-ru, 頼む tanomu

solicitud *f* 依頼 irai, 申請 shinsei

solidari/dad *f* 団結 danketsu, 連帯 rentai; **~o, -a** *adj* 団結した danketsu shita

solidez *f* 1. *(robustez)* 丈夫さ joobu-sa; 2. *(seguridad)* 確かさ tashika-sa

sólido, -a *adj* 1. 固体の kotai no; 2. *(duro)* 固い katai

solista *m/f mús* 独奏者 doku-soo-sha, ソリスト sorisuto

solitario **1. -a** *adj* 1. 孤独な ko-doku na; 2. *(desolado)* 人気のない hitoke no nai, 寂しい sabishii; 2. *m (cartas/ トランプの)* 一人遊び hitori asobi

solo **1. -a** *adj* 1. *(persona)* 一人の hitori no; 2. *(objeto)* ただ一つの tada hitotsu no; 3. *mús* 独奏 dokusoo

sólo *adv* ただ …だけ tada dake; **no ~ sino también** …だけで

はなくも …dake dewa naku mo
solomillo *m gastr* ヒレ肉 hire niku
soltar *vt* 放す hanasu; **~se** 1. 自由になる jiyuu ni naru; 2. *(nudo/結び目が)* ほどける hodokeru
soltero 1. -a *adj* 独身の dokushin no, 未婚の mikon no; **2.** *m/f* 独身者 dokushin-sha; **~na** *f desp* オールド・ミス oorudo-misu
soltura *f* 流暢 ryuuchoo
solu/ble *adj m/f (disolver)* 溶ける tokeru; **~ción** *f (resolución)* 解決 kaiketsu, *(respuesta)* 解答 kaitoo; **~cionar** *vt* 解決する kaiketsu suru
solven/cia *f* 支払い能力 shiharai nooryoku, 返済 hensai; **~te** *adj m/f* 支払い能力のある shiharai nooryoku no aru
sombra *f* 影 kage; **~ de ojos** アイ・シャドー ai-shadoo
sombrero *m* 帽子 booshi
sombr/illa *f* 日傘 higasa, パラソル parasoru; **~ío, -a** *adj* 1. *(lugar/場所)* 暗い kurai; 2. *(carácter/性格)* 陰気な inki na
someter *vt* 1. 従わせる shitagawaseru; 2. *(a pruebas, inspección/テスト、検査に)* かける kakeru; **~se a** …に従う …ni shitagau
somier *m* マットレスを置く台 mattoresu o oku dai
son *m* 音 oto
sonar *vi* 音がする oto ga suru, 響く hibiku; **me suena** 聞き覚えがある kikioboe ga aru, 見覚えがある mioboe ga aru
sonat/a *f mús* ソナタ sonata; **~ina** *f mús* ソナチネ sonachine
sond/a *f* 1. *nav* 測深 sokushin; 2. ゾンデ zonde; **~(e)ar** *vt* 1. 測深する sokushin suru; 2. *(pensamiento, intención/考え、意図などを)* 調査する choosa suru; **~eo** *m* 1. *nav* 測深 sokushin; 2. *(encuesta)* 調査 choosa
sonido *m* 音 oto
sonor/idad *f* 響き hibiki; **~o, -a** *adj* 音の oto no, 音を出す oto o dasu
son/reír *vi* 微笑む hohoemu; **~riente** *adj m/f* 笑顔の egao no, にこにこしている niko-niko shite iru; **~risa** *f* 微笑み hohoemi, 微笑 bishoo
sonrojarse 赤面する sekimen suru, 顔を赤らめる kao o akarameru
soña/dor, -a 1. *adj* 夢を見る yume o miru, 夢想家の musoo-ka no, **2.** *m/f* 夢想家 musoo-ka; **~r** *vt/i* 夢を見る yume o miru, 夢に見る yume ni miru; **~r con alg, u/c** …の夢を見る …no yume o miru
sopa *f* スープ suupu
sopera *f* スープ鉢 suupu-bachi

sopesar *vt (con la mano/手で)* 重さを測る omo-sa o hakaru; 考慮する kooryo suru

sopetón *m* びんた binta; **de ~** いきなり ikinari

soplar 1. *vt* 1. 吹く fuku; 2. *(delación)* 密告する mikkoku suru; **2.** *vi* 1. *(aliento/息を)* 吹く fuku; 2. *(viento/風が)* 吹く fuku

soport/able *adj m/f* 我慢できる gaman dekiru; **~ar** *vt* 1. *(sostener)* 支える sasaeru; 2. *(aguantar)* がまんする gaman suru, 耐えるtaeru; **~e** *m* 支え sasae

soprano 1. *m* ソプラノ sopurano; **2.** *f* ソプラノ歌手 soprano-kashu

sorb/er *vt* 1. *(chupar)* 口で吸う kuchi de suu; 2. *(absorber)* 吸収する kyuushuu suru; **~ete** *m gastr* シャーベット shaabetto; **~o** *m* 一すすりすること hito susuri suru koto

sordera *f* 耳が聞こえないこと mimi ga kikoenai koto

sórdido, -a *adj* 1. *(sucio)* 汚い kitanai; 2. *(mezquino, miserable)* あさましい asamashii, *(avaro)* けちな kechi na; 3. *(soez)* 下品な gehin na; 4. *(roñoso)* 不潔な fuketsu na

sordo, -a 1. *adj* 1. 耳が聞こえない mimi ga kikoenai; 2. *(sonido, luz/音、光が)* にぶい nibui; **dolor ~** 鈍痛 dontsuu; **2.** *m/f* 耳が聞こえない人 mimi ga kikoenai hito; **~mudo, -a** *adj* 聾唖の rooa no

sorpre/ndente *adj m/f* 驚くべき odoroku beki; **~nder** *vt* 驚かす odorokasu; **~sa** *f* 驚き odoroki

sostener *vt* 1. 支える sasaeru; 2. *(opinión, idea)* 支持する shiji suru

sótano *m* 地下室 chika-shitsu

soto *m* 雑木林 zooki-bayashi

stand *m* 売店 baiten, スタンド sutando

stock *m* 在庫 zaiko, ストック sutokku

su, sus *adj* 彼の kare no, 彼女の kanojo no, あなたの anata no, 彼らの karera no, 彼女らの kanojo ra no, あなたたちの anata tachi no

suav/e *adj m/f* 1. 柔らかな yawaraka na; 2. *(liso)* 滑らかな nameraka na; **~idad** *f* 1. 柔らかさ yawaraka-sa; 2. *(lisura)* 滑らかさ nameraka-sa; **~izante** *m* 柔軟剤 juunan-zai; **~izar** *vt* 柔らかくする yawarakaku suru, 滑らかにする nameraka ni suru

subasta *f* 1. *(remate)* 競売 kyoobai; 2. *(licitación)* 入札 nyuusatsu; **~r** *vt* 1. 競売にかける kyoobai ni kakeru

subconsciente *m* 潜在意識 senzai-ishiki

subestimar *vt* 過小評価する kashoohyooka suru

subi/da *f* 1. 上ること agaru koto; 2. *(precio, temperatura/値段、温度などの)* 上昇 jooshoo; **~r 1.** *vt* 上げる ageru; **2.** *vi* 1. 上がる agaru; 2. *(vehículos/乗り物に)* 乗る noru; 3. *(precio, temperatura/値段、温度が)* 上がる agaru

subjetivo, -a *adj* 主観的な shukan-teki na

subjuntivo *m ling* 接続法 setsuzoku-hoo

subleva/ción *f* 反乱 hanran; **~r** *vt* 反乱を起こさせる hanran o okosaseru; **~rse** 反乱を起こす hanran o okosu, 暴動を起こす boodoo o okosu

sublime *adj m/f* 荘厳な soogon na

submarinista *m/f* スキューバ・ダイバー sukyuuba-daibaa

submarino 1. -a *adj* 海底の kaitei no, 海中の kaichuu no; **2.** *m* 潜水艦 sensui-kan

subordina/ción *f* 服従 fukujuu; **~do, -a** *adj* 服従した fukujuu shita, 従属した juuzoku shita; *m/f* 部下 buka; **~r** *vt* 服従させる fukujuu saseru, 従属させる juuzoku saseru

subrayar *vt* 1. アンダー・ラインを引く andaa-rain o hiku; 2. *(acentuar)* 強調する kyoochoo suru

subsi/diario, -a *adj* 補助的な hojo-teki na; **~dio** *m* 補助（金） hojo(kin), 手当て teate; **~dio de paro** 失業手当 shitsugyoo teate

subsis/tencia *f* 生存 seizon; **~tir** *vi* 1. 存続する sonzoku suru; 2. *(sobrevivir)* 生き長らえる ikinagaraeru

subterráneo 1. -a *adj* 地下の chika no, 地中の chichuu no; **2.** *m* 地下 chika

subtítulo *m cine impr* 1. 字幕 jimaku, スーパー・インポーズ suupaa-inpoozu; 2. サブ・タイトル sabu-taitoru, 副題 fukudai

suburbio *m* 郊外 koogai, スラム街 suramu-gai, 場末 basue

sub/vención *f* 補助（金） hojo(kin), 助成（金） josei (kin); **~vencionar** *vt/i* 助成金を出す josei-kin o dasu

suce/der *vi* 1. 後を継ぐ ato o tsugu; 2. 起こる okoru; **~sión** *f* 1. 連続 renzoku; 2. *(heredar)* 相続 soozoku, 継承 keishoo; **~sivo, -a** *adj* 連続の renzoku no, 相次ぐ aitsugu; **en lo ~sivo** これからは korekara wa, 以後は igo wa

suce/so *m* 出来事 dekigoto, 事件 jiken; **~sor, -a** *m/f* 後継者 kookei-sha

suciedad *f* 汚れ yogore

sucio, -a *adj* 汚い kitanai, 汚れた yogoreta

sucursal *f (tienda)* 支店 shiten, *(empresa)* 支社 shisha
sud/africano, -a 1. *adj* 南アフリカの Minami Afurika no; **2.** *m/f* 南アフリカの住人 Minami Afurika no juunin; **~*américa** 南アメリカ Minami Amerika; **~americano, -a 1.** *adj* 南アメリカの Minami Amerika no; **2.** *m/f* 南アメリカの住人 Minami Amerika no juunin
sudar *vi* 汗をかく ase o kaku
sud/este *m* 南東 mantoo; **~oeste** *m* 南西 nansei
sudor *m* 汗 ase; **~oso, -a** *adj* 汗をかいた ase o kaita
Sue/cia *f* スウェーデン Suweeden; **~*co, -a 1.** *adj* スウェーデンの Suweeden no; **2.** *m/f* スウェーデン人 Suweeden-jin; **3.** *m ling* スウェーデン語 Suweeden-go
suegro, -a *m/f* 舅 shuuto, 姑 shuutome
suela *f* 靴底 kutsu-zoko
sueldo *m* 給料 kyuuryoo
suelo *m (calle/通り)* 地面 jimen; 2. *(interior de un edificio/室内)* 床 yuka
suelto, -a *adj* 1. はなたれた hanatareta; 2. *(desordenado, desunido)* ばらばらの barabara no
sueño *f* 1. *(somnolencia)* 眠気 nemuke; 2. *(acción de dormir)* 眠り nemuri; 3. *(ensueño)* 夢 yume; 4. *(deseo)* 望み nozomi; **tener ~** 眠い nemui
suero *m med* 血清 kessei
suerte *f* 運 un, 幸運 kooun; **mala/buena ~** 不運/ 幸運 fu-un/kooun; **por ~** 幸いにも saiwai ni mo
suéter *m* セーター seetaa
suficien/cia *f* 十分 juubun; **~te** *adj m/f* 十分な juubun na
sufri/miento *m* 苦しみ kurushimi, 苦痛 kutsuu; **~r** *vt* 苦しむ kurushimu, 悩む nayamu
suger/encia *f* 1. 暗示 anji, 2. 助言 jogen, アドバイス adobaisu; **~ir** *vt (sugerir)* 暗示する anji suru, アドバイスする adobaisu suru
suicid/a *m/f* 自殺者 jisatsu-sha; **~arse** 自殺する jisatsu suru; **~io** *m* 自殺 jisatsu
Suiz/a *f* スイス Suisu; **~*o, -a 1.** *adj* スイスの Suisu no; 2. *m/f* スイス人 Suisu-jin
suje/tador *m* ブラジャー burajaa; **~tar** *vt* 押さえる osaeru, 固定する kotei suru; **~to 1. -a** *adj* 固定された kotei sareta; **2.** *m* 人 hito, 奴 yatsu; 2. *ling* 主語 shugo
suma *f* 1. 合計 gookei; 2. *mat* たし算 tashizan; **~r** *vt* 1. 合計する gookei suru; 2. *mat* たす tasu
sumergir *vt* 1. 水中に沈める suichuu ni shizumeru, 浸す

hitasu; 2. 水に潜らせる mizu ni moguraseru

suministr/ador, -a *m* 供給者 kyookyuu-sha; **~ar** *vt* 供給する kyookyuu suru; **~o** *m* 供給 kyookyuu, 補給 hokyuu

sumi/sión *f* 服従 fukujuu, 従順 juujun; **~so, -a** *adj* 従順な juujun na

sumo, -a *adj* 最高の saikoo no; **a lo ~** せいぜい seizei, 多くても ookutemo

suntuos/idad *f (precio/値段が)* 高価 kooka; **~o, -a** *adj* 高価な kooka na, 贅沢な zeitaku na

super 1. *adj* 最高の saikoo no; **2.** *f* ハイ・オクタン・ガソリン hai-okutan-gasorin

super/ar *vt* 1. …より勝る …yori masaru; 2. *(dificultad)* 克服する kokufuku suru; **~ávit** *m com* 黒字 kuroji

super/ficial *adj m/f* 1. 表面の hyoomen no; 2. 表面的な hyoomen-teki na, うわべだけのuwabe dake no; **~ficie** *f* 1. 表面 hyoomen; 2. 面積 menseki; 3. 外観 gaikan; **~fluo, -a** *adj* 余分な yobun na

superior 1. -a *adj* 1. 上のue no; 2. 上級の jookyuu no; 3. 高級な kookyuu na; **2.** *m* 上司 jooshi; **~idad** *f* 1. 優越 yuuetsu; 2. 優勢 yuusei

supermercado *m* スーパー・マーケット suupaa-maaketto

super/stición *f* 迷信 meishin; **~sticioso, -a** *adj* 迷信の meishin no, 迷信深い meishinbukai

supervivencia *f* 生き残ること ikinokoru koto

suplemento *m* 1. *period* 付録 furoku; 2. *ferroc* 追加料金 tsuika-ryookin

suplente *m/f* 代行 daikoo

suplicar *vt* 1. 懇願する kongan suru; 2. *jur* 上訴する jooso suru

suplicio *m* 苦しみ kurushimi, 苦痛 kutsuu

supo/ner *vt* 推測する suisoku suru; **~sición** *f* 推測 suisoku, 仮定 katei

supositorio *m med* 座薬 zayaku

suprem/acía *f* 最高 saikoo; **~o, -a** *adj* 最高の saikoo no

supr/esión *f* 1. *(omitir, abreviar)* 省略 shooryaku; 2. *(abolición)* 廃止 haishi; **~imir** *vt (abolir)* 廃止する haishi suru, *(omitir)* 削除する sakujo suru

supuesto 1. -a *adj (supuesto)* 仮定の katei no, *(de deducción)* 推測の suisoku no; **~ que** …と推測する …to suisoku suru; **2.** *m (suposición)* 仮定 katei, *(deducción)* 推定 suitei; **por ~** もちろん mochiron

sur *m* 南 minami

surf *m* サーフィン saafin; **~ista** *m/f* サーフィンをする人 saafin o suru hito

surgir *vi* 1. *(brotar)* 湧き出る wakideru; 2. *(aparecerse)* そびえる sobieru, 現れる arawareru
surtido *m com* いろいろ取り揃えた品 iro-iro torisoroeta-shina, 詰め合せ tsumeawase
surtidor *m* 噴水 funsui
susceptib/ilidad *f* 敏感さ binkan-sa, 感受性 kanju-sei; **~le** *adj m/f* **a** …に敏感な …ni binkan na
suspen/der *vt* 1. *(no aprobar)* 落第させる rakudai saseru; 2. *(interrumpir)* 中断する chuu-dan suru; 3. *(colgar)* 吊るす tsurusu; **~sión** *f* 1. *(interrupción)* 中止 chuushi; 2. *auto* サスペンション sasupenshon; **~so** *m* 落第 rakudai
suspir/ar *vi* ため息をつく ta-meiki o tsuku; **~o** *m* ため息 tameiki
sustancia *f* 1. *(materia)* 物質 busshitsu; 2. *(extracto)* エキス ekisu; 3. *(esencia)* 本質 hon-shitsu; **~l** *adj m/f* 1. *(esencial)* 本質的な honshitsu-teki na; 2. *(nutritivo)* 栄養のある eiyoo no aru
sustantivo *m ling* 名詞 meishi
sustentar *vt* 1. *(sostener)* 支える sasaeru; 2. *(mantener, criar)* 扶養する fuyoo suru
sustitu/ción *f* 1. *(persona/人)* 代理 dairi; 2. *(objeto/物)* 取替え torikae; **~ir** *vt* 1. *(persona/人)* 代理をする dairi o suru; 2. *(objeto/物を)* 取り替える to-rikaeru; **~to, -a** *m/f* 代理人 dairi-nin, 代行者 daikoo-sha
susto *m* 驚き odoroki; **llevarse un ~** 驚く odoroku
sustra/cción *f* 1. *(eliminación)* 除去 jokyo; 2. *(robo)* 盗み nusu-mi; **~er** *vt* 盗む nusumu
susurrar *vi* 囁く sasayaku
sutil *adj m/f* 1. *(delicado, fino)* デリケートな derikeeto na, 微妙な bimyoo na; 2. *(agudo)* 鋭い surudoi
suyo, suya *pron pos* 彼の kare no, 彼女の kanojo no, あなたの anata no, それの sore no, 彼らの karera no, 彼女らの kanojo ra no, あなたたちの anatatachi no, それらの sorera no

T

tabaco *m* たばこ tabako
taberna *f* 居酒屋 izaka-ya, 酒場 saka-ba
tabla *f* 1. 板 ita; 2. 表 hyoo; **~ de surf** サーフ・ボード saafu-boodo
ta/blado *m* 舞台 butai, ステージ suteeji; **~blero de anuncio** 掲示板 keiji-ban; **~blero de instrumento** 計器盤 keiki-ban; **~bleta** *f* 小さな板 chii-sana ita; **~bleta de chocolate**

板チョコ itachoko; **~blón** *m* 掲示板 keiji-ban

tabú *m* タブー tabuu

taburete *m* 腰掛 koshikake, スツール sutsuuru

tacaño, -a *adj* けちな kechi na

taco *m* 生ハムやチーズを角切りにしたもの nama-hamu ya chiizu o kakugiri ni shita mono

tacón *m* かかと kakato, ヒール hiiru

táctica *f* 策略 sakuryaku, 作戦 sakusen

tacto *m* 感触 kanshoku, 手触り tezawari

tajada *f* 1. *(loncha)* 薄切り usu-giri, 一切れ hitokire; 2. *(herida)* 切り傷 kirikizu

tajante *adj m/f* 断定的な dantei-teki na

tal 1. *pron* 1. そのようなこと sono yoo na koto; 2. ある人 aru hito; **un ~ García** ガルシアという人 Garushia to iu hito; **2.** *adv* そのように sono yoo ni; **~ cual** その通りに sono toori ni; **~ como** …によれば …ni yoreba, …のままに…no mama ni; **~ vez** 多分 tabun; **con ~ que** …という条件で …to iu jooken de

tala *f* 伐採 bassai, 刈り込み ka-rikomi

tala/drar *vt* 穴をあける ana o akeru; **~dro** *m* ドリル doriru

talante *m* 性格 seikaku

talar *vt* 伐採する bassai suru, 刈り込む kari komu

talco *m* タルカム・パウダー tarukamu-paudaa

talento *m* 才能 sainoo, 能力 nooryoku; **~so, -a** *adj* 才能のある sainoo no aru, 有能な yuunoo na

talismán *m* お守り omamori

talla *f* 1. *(de ropa, zapatos/服、靴の)* サイズ saizu; 2. *(escultura de madera)* 木彫り kibori; **~do 1. -a** *adj* 彫った hotta; **2.** *m* 木彫り kibori; **~r** *vt* 彫る horu, 刻む kizamu

taller *m* 1. 仕事場 shigoto-ba, アトリエ atorie; 2. *auto* 修理工場 shuuri-koojoo; **~ de reparaciones** 修理工場 shuuri-koojoo

tallo *m bot* 茎 kuki

talón *m* 1. *com* 小切手 kogitte; 2. 踵 kakato

talonario *m* 小切手帳 kogitte-choo; **~ de cheques** 小切手帳 kogitte-choo

tamaño *m* 大きさ ooki-sa, サイズ saizu

tambalearse よろめく yo-romeku, ふらつく furatsuku

también *adv* …も…mo

tambor *m* 1. 太鼓 taiko; 2. *auto* ブレーキ・ドラム bureeki-doramu

tampoco *adv* …もない …mo nai

tampón *m med* タンポン tan-pon

tan *adv* そのように sono yoo ni, このように kono yoo ni, そんなに sonna ni, こんなに konna ni
tanda *f (turno)* 順番 junban
tangible *adj m/f* 1. *(tocable)* 触れられる furerareru; 2. *(concreto)* 具体的な gutai-teki na
tanque *m* 1. タンク tanku; 2. *mil* 戦車 sensha
tante/ar *vt* 1. *(probar)* 試す tamesu; 2. *(sondear)* 打診する dashin suru; 3. *(estimar)* 見積もる mitsumoru; **~o** *m* 1. *(sondeo)* 打診 dashin; 2. *(prueba)* 試み kokoromi; 3. *sport* 得点 tokuten
tanto **1.** **-a** *pron (volumen, cantidad/量、数)* それほどsorehodo, *(persona, cosas/人、物が)* たくさん takusan; **a ~s de junio** 6月の何日か rokugatsu no nan nichi ka; **2.** *adv* それほど sore hodo, そんなに sonna ni; **~ mejor** ますます良く masumasu yoku; **en ~** その間に sono aida ni; **mientras ~** そうこうするうちに sookoo suru uchi ni; **por lo ~** 従って shitagatte; **3.** *m sport* 得点 tokuten, *(fútbol/サッカー)* ゴール gooru
tapa *f (tapadera)* ふた futa, キャップ kyappu; **~s** *fpl (bebida/酒の)* つまみ tsumami; **~dera** *f* 1. *(tapa)* ふた futa; 2. *(encubridor)* 隠すもの kakusu mono, 隠れ蓑 kakure-mino; **~r** *vt* 1. *(poner tapa)* ふたをする futa o suru; 2. 覆う oou
tapete *m* テーブルかけ teeburu-kake
tapicería *f (tapiz)* つづれ織り tsuzure ori, タペストリー tapesutorii; 2. *(tienda de tapices)* タペストリーの店 tapesutorii no mise, *(taller de tapices)* タペストリー工場 tapesutorii-koojoo
tapiz *m* つづれ織り tsuzure ori, タペストリー tapesutorii; **~ar** *vt* タペストリーを掛ける tapesutorii o kakeru
tap/ón *m* 栓 sen; **~onar** *vt* 栓をする sen o suru, 塞ぐ fusagu
taquigraf/ía *f* 速記 sokki; **~iar** *vi* 速記する sokki suru
taquilla *f* 切符売り場 kippuuriba
tarántula *f zool* タランチュラ taranchura
tarda/nza *f* 遅れ okure; **~r** *vi (tiempo/時間が)* かかる kakaru; **a más ~r** 遅くとも osoku tomo; **sin ~r** 遅れないで okurenai de
tarde **1.** *adv* 1. 遅く osoku; 2. *(con retraso)* 遅れて okurete; **2.** *f (atardecer)* 午後 gogo, 夕方 yuugata; **buenas ~s** 今日は konnichiwa
tard/ío, -a *adj* 遅い osoi; **~ón, -a** **1.** *adj coloq* のろまな noroma

na; **2.** *m/f coloq* のろま noroma, ぐず guzu
tarea *f* 仕事 shigoto
tarifa *f* 料金 ryookin
tarima *f* 1. *(estrado)* 檀 dan; 2. 台 dai, 踏み台 fumidai
tarjeta *f* 名刺 meishi, カード kaado; **~ de crédito** クレジット・カード kurejittokaado; **~ de embarque** 搭乗券 toojooken; **~ postal** 郵便はがき yuubin-hagaki, *(tarjeta postal ilustrada)* 絵はがき e-hagaki; **~ telefónica** テレフォン・カード terefon-kaado; **~ de visita** 名刺 meishi
tarro *m* 広口のびん hirokuchi no bin, つぼ tsubo
tarta *f* パイ pai, ケーキ keeki
tartamudear *vi* どもる domoru
tasa *f* 1. *(evaluación)* 査定 satei; 2. *(porcentaje, proporción)* 割合 wariai, レートreeto; **~ción** *f* 査定額 sateigaku, 評価額 hyookagaku; **~r** *vt* 査定する satei suru, 見積もる mitsumoru
tasca *f* 居酒屋 izaka-ya, 酒場 saka-ba
tatua/je *m* 刺青 irezumi; **~r** *vt* 刺青をする irezumi o suru
taur/ino, -a *adj* 闘牛の toogyuu no; **~*o** *m astr* 牡牛座 Oushi-za; **~omaquia** *f* 闘牛術 toogyuu-jutsu
tax/i *m* タクシー takushii; **~ímetro** *m* タクシー・メーター takushii-meetaa; **~ista** *m/f* タクシー運転手 takushii unten-shu
taza *f* カップ kappu, 茶碗 chawan
te *pron pers* 1. 君を kimi o, お前を omae o; 2. 君に/から kimi ni/kara, お前に/から omae ni/kara
té *m* 茶 cha
teatr/al *adj m/f* 1. *(de teatro)* 芝居の shibai no; 2. *(dramático)* 芝居がかった shibai gakatta; 3. *(fingido)* 見せかけの mise-kake no; **~o** *m* 1. *(local)* 劇場 gekijoo; 2. *(teatro, drama)* 劇 geki, 芝居 shibai
tebeo *m* 漫画の本 manga no hon
techo *m* 1. 天井 tenjoo; 2. *auto* ルーフ ruufu
tecl/a *f (de instrumento músical, ordenador/楽器、パソコンの)* キー kii; **~ado** *m mús* 鍵盤 kenban, キー・ボード kii-boodo; *informát* キー・ボード kii-boodo; **~ado electrónico** キー・ボード kii-boodo
técnic/a *f* 1. *tecn* 技術 gijutsu; 2. *(modo)* テクニック teku-nikku; **~o 1. -a** *adj* 技術的な gijutsu-teki na; **2.** *m/f* 技術者 gijutsu-sha
tecnología *f* 技術 gijutsu, テクノロジー tekunorojii; **~ punta** 先端技術 sentan gijutsu
teja *f* かわら kawara; **~do** *m* 屋根 yane

teje/dor *m/f* 織工 shokkoo, 織る人 oru hito, 編む人 amu hito; **~r** *vt* 1. *(tejer)* 織る oru; 2. *(hacer punto)* 編む amu

tejido *m* 1. 織物 orimono, 布 nuno; 2. *biol* 組織 soshiki

tejón *m zool* アナグマ anaguma

tela *f* 布 nuno, 生地 kiji; **~r** *m* 織機 shokki; **~raña** *f* くもの巣 kumo no su

telecomunicaciones *fpl* 遠距離通信手段 enkyori tsuushin shudan

telediario *m TV* テレビ・ニュース terebi-nyuusu

teledirigido, -a *adj* リモート・コントロールの rimooto-kontorooru no

teleférico *m* ケーブル・カー keeburu-kaa

tele/fonear *vi* 電話をかける denwa o kakeru; **~fónico, -a** *adj* 電話の denwa no, 電話での denwa de no; **~fonista** *m/f* 電話交換手 denwa kookanshu, オペレーター opereetaa

teléfono *m* 電話 denwa; **~ fijo** 固定電話 kotei denwa; **~ inalámbrico** コードレス・ホン koodoresu-hon; **~ manos libres** *auto* フリーハンド・ホン furiihando-hon; **~ móvil** 携帯電話 keitai-denwa

telegrama *m* 電報 denpoo

telenovela *f TV* 連続テレビ小説 renzoku terebi shoosetsu

teleobjetivo *m foto* 望遠レンズ booen renzu

telescopio *m* 望遠鏡 booenkyoo

telesilla *m (de pista de esquí/スキー場の)* リフト rifuto

telespectador, -a *m/f* テレビ視聴者 terebi shichoo-sha

telesquí *m (de pista de esquí/スキー場の)* Tバー・リフト tiibaa-rifuto

televis/ar *vt* テレビで放送する terebi de hoosoo suru; **~ión** *f* テレビジョン terebijon; **~or** *m* テレビ terebi

telón *m teat* 幕 maku

tema *m* テーマ teema, 主題 shudai

tembl/ar *vi* 震える furueru; **~or** *m* 1. *(voz, cuerpo/声、体の)* 震え furue; 2. *(tierra/地面の)* 揺れ yure, 地震 jishin

tem/er *vt/i* 1. 恐れる osoreru, 怖がる kowagaru; 2. *(preocuparse)* 心配する shinpai suru; **~erario, -a** *adj* 向こう見ずな mukoomizu na; **~ible** *adj m/f* 恐るべき osorubeki, ぞっとする zotto suru; **~or** *m* 恐れ osore, 心配 shinpai

temperamento *m* 気質 kishitsu, 気性 kishoo

temperatura *f* 1. *(del cuerpo humano)* 体温 taion; 2. *(temperatura ambiental)* 気温 kion, 温度 ondo

tempest/ad *f* 嵐 arashi; **~uoso, -a** *adj* 嵐の arashi no
templado, -a *adj* 暖かい atatakai, 温暖な ondan na
templo *m* 寺院 jiin, 神殿 shinden
temporada *f* シーズン shiizun, 季節 kisetsu; **~ de teatro** 演劇のシーズン engeki no shiizun
temporal 1. *adj m/f* 一時的な ichi-ji-teki na, 臨時の rinji no; **2.** *m* 嵐 arashi; **~mente** 一時的に ichi-ji-teki ni
temprano 1. -a *adj* 早い hayai; **2.** *adv* 早く hayaku, 朝早く asa hayaku
tenaz *adj m/f* 1. *(terco)* 強情な goojoo na; 2. *(infatigable)* 不屈の fukutsu no, 執拗な shitsuyoo na; **~as** *fpl* やっとこ yattoko, プライヤー puraiyaa
tendedero *m* 物干し場 monohoshi-ba
tendenci/a *f* 傾向 keikoo, 動向 dookoo; **~oso, -a** *adj* 偏った katayotta
tender 1. *vt* 1. *(colada/洗濯物を)* 干す hosu; 2. *(extender)* 広げる hirogeru; 3. *(mano)* 差し出す sashidasu; **2.** *vi* 傾向がある keikoo ga aru
tendón *m med* 腱 ken
tenedor *m* 1. フォーク fooku; 2. *com (de letra/手形の)* 持参人 jisan-nin
tener *vt* 持つ motsu; **~ 20 años** 二十歳だ hatachi da; **~ que** …なければならない …nakereba nara nai
tenis *m* テニス tenisu; **~ de mesa** ピンポン pinpon; **~ta** *m/f* テニス選手 tenisu senshu
tenor *m mús* テノール tenooru
tens/ión *f* 1. 緊張 kinchoo; 2. *med* 血圧 ketsuatsu; 3. *electr* 電圧 den'atsu; **~ión arterial** *med* 血圧 ketsuatsu; **~o, -a** *adj* 1. 緊張した kinchoo shita; 2. *(cuerda/紐などが)* ぴんと張った pin to hatta
tenta/ción *f* 誘惑 yuuwaku; **~dor, -a** *adj* 誘惑する yuuwaku suru; **~r** *vt* 1. *(seducir)* 誘惑する yuuwaku suru; 2. *(probar)* 試みる kokoro miru; 3. …に触れる …ni fureru; **~tiva** *f* 試み kokoromi, 企て kuwadate
tentempié *m coloq* 軽い食事 karui shokuji
teñir *vt* 染める someru, 着色する chakushoku suru
teología *f* 神学 shingaku
teoría *f* 理論 riron
teórico, -a *adj* 理論的な rironteki na
terapia *f med* 治療（法） chiryoo(hoo)
tercero, -a *adj* ３番目の san-ban me no
tercio *m* ３分の１ san-bun no ichi

terciopelo *m* ビロード biroodo
terco, -a *adj* 頑固な ganko na
term/al *adj m/f* 温泉の onsen no; **~as** *fpl* 温泉 onsen, 湯治場tooji-ba
termina/ción *f* 1. *(fin)* 終わり owari, *(acabamiento)* 完成 kansei; 2. *ling* 屈折語尾 kussetsu-gobi; **~l 1**. *adj m/f* 終わりの owari no; **2.** *m electr informát* 端末 tanmatsu; **3.** *f transp* ターミナル taaminaru, 終着駅 shuuchaku-eki; **~l de autobuses** バス・ターミナル basu taaminaru; **~r 1.** *vt* 終える oeru, 仕上げる shiageru; **2.** *vi* 終わる owaru
término *m* 1. *(extremo)* 端 hashi; 2. *(plazo)* 期限 kigen; 3. *(palabras)* 用語 yoogo; **por ~ medio** 平均して heikin shite; **en ~s generales** 一般的に言うと ippan-teki ni iu to
term/o *m* 1. 魔法瓶 mahoo-bin; 2. *(calentador)* 湯沸かし器 yuwakashi-ki; **~ómetro** *m* 温度計 ondo-kei, *(para el cuerpo humano)* 体温計 taion-kei; **~ostato** *m* サーモスタット saamosutatto
terner/a *f* 1. *(mesu no)* 子牛 koushi; 2. *gastr* 子牛の肉 koushi no niku; **~o** *m (osu no)* 子牛 koushi
ternura *f* 1. *(cariño)* 優しさ yasashi-sa; 2. *(hecho de mostrar cariño)* 愛情を示すこと aijoo o shimesu koto, 甘い言葉 amai kotoba
terquedad *f* 頑固 ganko, 強情 goojoo
terraza *f* テラス terasu, 屋上 okujoo
terre/moto *m* 地震 jishin; **~no** *m* 土地 tochi; **~stre** *adj* 1. *(de globo)* 地球の chikyuu no
terrible *adj m/f* 恐ろしい osoroshii, すごい sugoi, ひどい hidoi
territorio *m* 領土 ryoodo
terrón *m (de azúcar)* 角砂糖 kakuzatoo
terror *m* 恐怖 kyoofu; **~ífico, -a** *adj* 恐ろしい osoroshii, ぞっとする zotto suru
terro/rismo *m* テロリズム terorizumu; **~rista 1.** *adj m/f* テロリズムの terorizumu no; **2.** *m/f* テロリスト terorisuto
tertulia *f* 1. *(reunión)* 集まり atsumari; 2. *(círculo)* サークル saakuru; *(club)* クラブ kurabu
tesis *f* 論文 ronbun; **~ doctoral** 博士論文 hakase ronbun
tesor/ería *f* 会計課 kaikei-ka, 経理部 keiri-bu; **~ero, -a** *m/f* 会計係 kaikei-gakari; **~o** *m* 1. 宝 takara; 2. *(arcas fiscales)* 国庫 kokko; 3. *fig* 宝庫 hooko
testamento *m* 遺言 yuigon
testarudo, -a *adj* 頑固な ganko na, 強情な goojoo na
testículo *m* 睾丸 koogan

testi/ficar *vt* 証明する shoomei suru; **~go** *m/f* 承認 shoonin, 目撃者 mokugeki-sha; **~moniar** *vt* 証明する shoomei suru; **~monio** *m jur* risshoo, 証言 shogen

teta *f* 乳房 chibusa

tetera *f (té inglés)* ティー・ポット tii potto, *(té verde)* 急須 kyuusu

tétrico, -a *adj* ゆううつ憂鬱な yuuutsu na, 陰気な inki na

textil 1. *adj m/f* 織物の orimono no; **2.** *m* 繊維 sen'i

text/o *m* 1. テキスト-tekisuto, 教科書 kyookasho; 2. 本文 honbun; **~ual** *adj m/f* 原文のままの genbun no mama no; **~ualmente** *adv* 文字通りに moji doori ni

textura *f* 生地 kiji, 織物 orimono

tez *f* 顔色 kao iro, 顔の皮膚 kao no hifu

ti *pron pers* 君 kimi, お前 omae

tía *f* おば oba, おばさん obasan

tibia *f med* 脛骨 keikotsu

tibio, -a *adj* 生ぬるい namanurui, 生暖かい namaatatakai

tiburón *m zool* 鮫 same

tique *m* 切符 kippu, 入場券 nyuujoo-ken

tiempo *m* 1. 時間 jikan, 時 toki; 2. *(temporada)* 時期 jiki; 3. *meteo* 天気 tenki; 4. *(época)* 時代 jidai; 5. *mús* 楽章 gakushoo, テンポ tenpo; 6. *sport* ハーフ haafu; **a ~** 時間通りに jikan doori ni; **al mismo ~** 同時に dooji ni; **hace buen/mal ~** いい/悪い天気だ ii/warui tenki da; **hace mucho ~** ずっと前に zutto mae ni

tienda *f* 1. *com* 店 mise; 2. *(camping/キャンプ)* テント tento; **~ de campaña** *f* キャンプ用のテント kyanpu-yoo no tento

tierno, -a *adj* 1. 柔らかい yawarakai; 2. *(carácter)* 優しい yasashii

tierra *f* 1. *(globo)* 地球 chikyuu; 2. *(tierra firme)* 陸 riku; 3. *(suelo)* 地面 jimen; 4. *(terreno)* 土地 tochi; **tomar ~** 着陸する chakuriku suru

tieso, -a *adj* 1. *(rígido)* 硬直した koochoku shita; 2. *(nervioso)* 緊張した kinchoo shita

tiesto *m* 植木鉢 uekibachi

tigre *m zool* 虎 tora

tijeras *fpl* はさみ hasami

tila *f* シナノキ shinanoki, シナノキのハーブ茶 shinanoki no haabu-cha

tima/dor, -a *m/f* 詐欺師 sagi-shi, ペテン師 peten-shi; **~r** *vt* だまし取る damashitoru

timbre *m* 1. ベル beru, 呼び鈴 yobirin; 2. *(póliza)* 印紙 inshi

timidez *f* 内気 uchiki, 小心 shooshin

tímido, -a *adj* 内気な uchiki na

timo *m* 詐欺 sagi, ペテン peten

tim/ón *m* 1. *nav aero* 舵 kaji; 2. *fig* 舵取り kajitori; **~onel** *m nav* 操舵手 sooda-shu
tímpano *m* 1. 鼓膜 komaku; 2. *mús* 小太鼓 kodaiko
tina *f* 大甕 oogame
tinieblas *fpl* 闇 yami, 暗さ kura-sa
tinta *f* 1. インク inku.; 2. 染料 senryoo; 3. *(de calamar/いかなどの)* 墨 sumi; **~ china** 墨 sumi
tinto *m (vino)* 赤ぶどう酒 aka budoo-shu, 赤ワイン aka wain
tintorería *f* クリーニング屋 kuriiningu-ya
tío, -a *m/f* おじ oji, おば oba
tiovivo *m* メリー・ゴー・ラウンド merii goo raundo
típico, -a *adj* 典型的な tenkei-teki na, 代表的な daihyoo-teki na
tipo *m* 1. 型 kata, タイプ taipu; 2. *(figura)* 体型 taikei; 3. *coloq* そいつ soitsu, あいつ aitsu, やつ yatsu; 4. *(razón)* レート reeto; **~ de cambio** 為替レート kawase reeto
tira *f* 切れ端 kirehashi, ひも himo
tirabuzón *m* コルク栓抜き koruku sen-nuki
tirada *f* 1. 投げること nageru koto; 2. *impr* 版 han, 発行部数 hakkoo-busuu
tirado, -a *adj* 1. *coloq (muy fácil)* とてもやさしい totemo yasashii; 2. *coloq (muy barato)* とても安い totemo yasui
tir/anía *f pol* 圧制政治 assei seiji; **~ánico, -a** *adj* 横暴な ooboo na, 専制的な sensei-teki na; **~anizar** *vt* 圧制政治を行う assei-seiji o okunau; **~ano** *m* 暴君 bookun
tirar 1. *vt* 1. *(lanzar)* 投げる nageru; 2. *(desechar)* 捨てる suteru; *(armas de fuego/銃、鉄砲)* 発砲する happoo suru; 3. *(estirar)* 引く hiku, 引っ張る hipparu
tirita *f med* 絆創膏 bansookoo
tiritar *vi* 震える furueru
tiro *m (armas de fuego, arco/銃、弓などの)* 射撃 shageki
tirón *m* 引っ張ること hipparu koto; *(calambre)* 痙攣 keiren; **de un ~** 一気に ikki ni
tiroteo *m (armas de fuego)* 撃ち合い uchiai
tisana *f* 煎じ薬 senji-gusuri
titube/ar *vi* 1. *(balbucear)* 口ごもる kuchigomoru; 2. *(vacilar)* ためらう tamerau; **~o** *m* 1. *(vacilación)* ためらい tamerai
titular 1. *adj m/f* 1. 肩書きを持つ katagaki o motsu, 資格を持つ shikaku o motsu; **2.** *m/f* 名義人 meigi-nin; **3.** *m (periódicos/新聞の)* 見出し midashi; **4.** *vt* 題名をつける daimei o tsukeru

título *m* 1. 題 dai, タイトル taitoru; 2. *(personal)* 肩書き katagaki

tiza *f* チョーク chooku

toall/a *f* タオル taoru; **~ero** *m* タオルかけ taoru kake

tobillo *m* くるぶし kurubushi

tobogán *m* 滑り台 suberidai, トボガン tobogan

tocar 1. *vt* 1. 触れる fureru; 2. *(instrumento músical/楽器を)* 弾く hiku; **2.** *vi* 1. *mús* 演奏する ensoo suru; 2. *(turno/順番が)* 当たる ataru; 3. *(lotería/宝くじなどが)* 当たる ataru; **le toca a usted** あなたの番です Anata no ban desu

tocino *m* ベーコン beekon

todavía *adv* まだ mada, 未だに imada ni; **~ no** まだ…ない mada …nai

todo 1. –a *adj* 全ての subete no; **~ el mundo** 世界中 sekai-juu, みんな minna; **2.** *adv* すっかり sukkari, 全部 zenbu; **ante ~** まず初めに mazu hajime ni; **sobre ~** 特に toku ni; **con ~** …にもかかわらず …nimo kakawarazu; **3.** *m* 全て subete, 何もかも nani mo kamo

todoterreno *m auto* オフロード車 ofuroodo-sha

Tokio 東京 Tookyoo

toldo *m* 日除け hiyoke

tolera/ble *adj m/f* 我慢できる gaman dekiru; **~ncia** *f* 1. *(indulgencia)* 寛容 kan'yoo; 2. *(aguante, paciencia)* 忍耐 nintai; 3. *tecn* 公差 koosa; **~nte** *adj m/f* 寛容な kanyoo na; **~r** *vt* 我慢する gaman suru

toma *f* 1. 取ること toru koto; 2. *(ocupación)* 占領 senryoo; 3. *cine* ワン・ショット wan-shotto; **~ de corriente** コンセント konsento, ソケット soketto; **~ de posesión** 就任 shuunin

tomar *vt* 1. *(coger)* 取る toru; 2. *(comer)* 食べる taberu, *(beber)* 飲む nomu; 3. *transp* 乗る noru; **~ por** …と見間違う …to mimachigau; **~ la tensión** 血圧を測る ketsuatsu o hakaru

tomate *m* トマト tomato

tomillo *m bot* タイム taimu

tomo *m impr (de libros/本の)* 巻 kan

tonel *m* 樽 taru

tonelada *f* トン ton

tónica *f (refresco/清涼飲料)* トニック tonikku

tono *m* 1. 調子 chooshi; 2. *(colores/色)* 色調 shikichoo; 3. *mús* 調 choo

ton/tería *f (estupidez)* 馬鹿らしい bakarashii, 馬鹿げた baka-geta; **~to, -a 1**. *adj* ばかな baka na; **2.** *m/f* ばか者 baka mono

topar *vi* **con** …と偶然に出会う …to guuzen ni deau

tope *m* 1. 出っ張り deppari; 2. *tecn* ストッパー sutoppaa; 3. *(punta)* 先端 sentan
tópico *m* テーマ teema, 主題 shudai
topo *m zool* モグラ mogura
toque *m* 1. 触れること fureru koto; 2. *(retoque)* 加筆 kahitsu, 仕上げ shiage; **~ de queda** 夜間外出禁止令 yakan gaishutsu kinshi-rei
tórax *m* 胸部 kyoobu
torbellino *m* 竜巻 tatsumaki
torce/dura *f* 1. 捻り nejiri; 2. *med* 捻挫 nenza; **~r 1.** *vt* 曲げる mageru, ねじる nejiru; **2.** *vi (automóviles, camino/車、道などが)* 曲がる magaru; **~r a la derecha** 右に曲がる migi ni magaru; **~rse** 1. 身をよじる mi o yojiru; 2. ねじれる nejireru
torcido, -a *adj* ねじれた nejireta, 曲がった magatta
tore/ar *vt/i* 闘牛をする toogyuu o suru; **~o** *m* 闘牛 toogyuu; **~ro, -a** *m/f* 闘牛士 toogyuu-shi, マタドール matadooru
torment/a *f* 嵐 arashi; **~o** *m* 苦しみ kurushimi, 苦痛 kutsuu; **~oso, -a** *adj* 嵐の arashi no
torneo *m sport* トーナメント toonamento
tornillo *m* ネジ neji, ボルト boruto
torno *m tecn* 旋盤 senban; **en ~ a** …の周りに …no mawari ni, …に関して …ni kanshite
toro *m* 牡牛 oushi; **~ de lidia** 闘牛用の牛 toogyuu-yoo no ushi; **~s** *mpl* 闘牛 toogyuu
torpe *adj m/f* 不器用 bukiyoo, にぶい nibui
torre *f* 塔 too, タワー tawaa; **~ de control** *aero* 管制塔 kansei-too
torrente *m* 急流 kyuuryuu
torta *f* 1. パイ pai; 2. *coloq* 殴ること naguru koto
tortilla *f* オムレツ omuretsu; **~ española** スペイン風オムレツ Supeinfuu omuretsu; **~ de patatas** ジャガイモ入りのオムレツ jagaimo iri no omuretsu
tortuga *f zool* 亀 kame
tortuoso, -a *adj* 曲がりくねった magari kunetta
tortura *f* 1. 拷問 goomon; 2. *fig* 苦痛 kutsuu; **~r** *vt* 1. 拷問にかける goomon ni kakeru; 2. *fig* ひどく苦しめる hidoku kurushimeru
tos *f* 咳seki; **~er** *vt* 咳をする seki o suru
tosta/da *f* トースト toosuto; **~dora (de pan)** *f* トースター toosutaa; **~r** *vt* トーストする toosuto suru
total 1. *adj m/f* 全部の zenbu no, 全体の zentai no; **2.** *adv* 結局 kekkyoku; **3.** *m* 1. 全部

zenbu, 全体 zentai; 2. 合計 gookei; **~idad** *f* 全体 zentai, 全部 zenbu

totalitario, -a *adj* 全部の zenbu no

tóxico 1. –a *adj* 有毒な yuudoku na; **2.** *m* 毒物 dokubutsu

toxi/cómano, -a 1. *adj* 麻薬中毒になった mayaku chuudoku ni natta; **2.** *m* 麻薬中毒者 mayaku chuudoku-sha

trabaja/dor, -a 1. *adj* 働き者の hataraki mono no; **2.** *m/f* 労働者 roodoo-sha; **~r 1.** *vi* 1. 働く hataraku, 仕事をする shigoto o suru; *(máquinas/機械などが)* 動く ugoku; 2. *(estudios, investigación)* 勉強する benkyoo suru; **2.** *vt (estudios, investigación)* 勉強する benkyoo suru

trabajo *m* 1. 仕事 shigoto; 2. *(estudios, investigación)* 勉強 benkyoo; **~so, -a** *adj* 骨の折れる hone no oreru, 難しい muzukashii

trabar *vt* 1. 結ぶ musubu; 2. 始める hajimeru; 3. 固定する kotei suru

tracción *f* 牽引 ken'in; **~ en (las) cuatro ruedas** *auto* 四輪駆動車 yonrin kudoo-sha; **~ deantera** *auto* 前輪駆動 zenrin kudoo; **~ trasera** *auto* 後輪駆動 koorin kudoo

tractor *m* トラクター torakutaa

tradici/ón *f* 伝統 dentoo; **~onal** *adj m/f* 伝統的な dentoo-teki na

traduc/ción *f (escrito)* 翻訳 hon'yaku, *(oral)* 通訳 tsuuyaku; **~tor, -a** *m/f* 翻訳家 honyaku-ka, *(intérprete)* 通訳 tsuuyaku

traer *vt (cosas/物をmono o)* 持ってくる motte kuru, *(persona, animales/人、動物を)* 連れてくる tsurete kuru

tráfico *m* 交通 kootsuu

traga/luz *m* 天窓 tenmado, 明り取り akaritori; **~perras** スロット・マシン surotto mashiin; **~r** *vt* 飲み込む nomikomu

tragedia *f teat lit* 悲劇 higeki

trágico, -a *adj* 悲劇の higeki no, 悲劇的な higeki-teki na

trago *m* 飲むこと nomu koto; **echar un ~** 一杯やる ippai yaru; **de un ~** 一気に ikki ni

trai/ción *f* 裏切り uragiri; **~cionar** *vt* 裏切る uragiru; **~dor, -a 1.** *adj* 裏切りの uragiri no; **2.** *m/f* 裏切り者 uragiri-mono

traje *m* スーツ suutsu, 背広 sebiro; **~ de baño** 水着 mizugi; **~ pantalón** *m* パンタロン・スーツ pantaron suutsu; **~ regional** その地方独特の衣装 sono chihoo dokutoku no ishoo

trama *f* 1. *(complot)* 陰謀 inboo; 2. *lit teat cine* 筋 suji; **~r** *vt* 企む takuramu

tramitar *vt adm* 手続きをする tetsuzuki o suru, 処理する shori suru

trámite *m* 手続き tetsuzuki

tramo *m* 区域 kuiki, *(carretera, ferrocarril/道路、鉄道などの)* 区間 kukan

tramontana *f* 北風 kita-kaze

trampa *f fig* 策略 sakuryaku, 罠 wana; **hacer ~s** *coloq* いかさまをする ikasama o suru; **tender una ~** 罠をしかける wana o shikakeru

trampolín *m* トランポリン toranporin; *sport (natación)* 飛び込み台 tobikomi-dai; *(esquí)* ジャンプ台 janpu-dai

tramposo, -a 1. *adj (juego/賭け)* いかさまの ikasama no, いんちきの inchiki no; **2.** *m/f (juego/kake)* いかさま師 ikasama-shi

tranquil/idad *f* 1. *(calma)* 静けさ shizuke-sa, 平穏 heion; 2. *(moral, espiritual)* 平静 heisei; **~izar** *vt*静める shizumeru, 安心させる anshin saseru; **~o, -a** *adj* 1. 静かな shizuka na; 2. *(persona)* 落ち着いた ochitsuita; 3. *(mente)* 安らかな yasuraka na

transacción *f com* 取引 torihiki

transatlántico 1. -a *adj* 大西洋の向こう側の Taiseiyoo mukoo gawa no, 大西洋横断の Taiseiyoo oodan no; **2.** *m* 大西洋航路の船 Taiseiyoo kooro no fune

transbordador *m* フェリー ferii

transbordo *m* 乗り換え norikae, 乗り継ぎ noritsugi

transcribir *vt (de una lengua a otra/ある言語から他の言語に)* 書き換える kakikaeru

trans/currir *vi (tiempo, período/時間、期間が)* 経つ tatsu; **~curso** *m (tiempo, período/時間、期間の)* 経過 keika, 流れ nagare

transeúnte *m/f* 通行人 tsuukoonin

trans/ferencia *f* 1. *(bienes/財産などの)* 移譲 ijoo; 2. *com* 振込み furikomi; **~ferir** *vt* 譲渡する jooto suru, 移す utsusu

trans/formación *f* 変化 henka, 変形 henkei; **~formador** *m electr* トランス toransu, 変圧器 hen'atsu-ki; **~formar** *vt* 変化させる henka saseru

transfusión *f* 1. 移すこと utsusu koto; 2. 輸血 yuketsu; **~ de sangre** 輸血 yuketsu

transgresión *f* 違反 ihan

transición *f* 移り変わり utsuri kawari, 過渡期 kato-ki

transit/able *adj m/f* 通行できる tsuukoo dekiru; **~ar** *vi* 通る tooru, 通行する tsuukoo suru

tránsito *m* 通行 tsuukoo, 交通 kootsuu

transitorio, -a *adj* 一時的な ichi-ji-teki na
trans/misible *adj m/f* 送信できる sooshin dekiru; **~misión** *f* 1. *TV radio* 放送 hoosoo; 2. *(comunicación)* 伝えること tsutaeru koto; 3. *auto* トランスミッション toransu-misshon, 変速機 hensoku-ki; **~misión en directo** *TV radio* 生中継 nama-chuukei; **~mitir** *vt* 1. *TV radio* 放送する hoo-soo suru; 2. *(comunicar)* 伝達する dentatsu suru
trans/parencia *f* 透明 toomei; **~parente** *adj m/f* 透明な to-omei na, 澄んだ sunda
transport/ar *vt* 運ぶ hakobu; **~e** *m* 輸送 yusoo
transversal *adj m/f* 横断する oodan suru, 横切る yokogiru
tranvía *m* 路面電車 romen den-sha
trapeci/o *m* 空中ブランコ ku-uchuu buranko; **~sta** *m/f* 空中ブランコ乗り kuuchuu bu-ranko nori
trapo *m* 1. ぼろ切れ borokire; 2. *(de cocina)* 布巾 fukin, *(de limpieza)* 雑巾 zookin
tráquea *f med* 気管 kikan
tras *prep* …の後ろに …no u-shiro ni, …の後に …no atoni; **uno ~ otro** 次々に tsugii tsu-gi ni
trascende/ntal *adj m/f* 1. 重要な juuyoo na; 2. *(filosofía de Kant/カント哲学)* 超経験的な choo-keiken-teki na; **~r** *vt* 1. …の匂いがする …no nioi ga suru; 2. *fig* 匂う niou; 3. 広まる hiromaru
trasero 1. -a *adj* 後ろの ushiro no; **2.** *m coloq* 尻 shiri
trasfondo *m* 背景 haikei
traslad/ar *vt* 1. *(tienda, empresa/店、企業が)* 移転する iten suru; 2. *(trabajo/仕事)* 転勤させる tenkin saseru; **~arse a** *(mudar de casa/引越し)* …に引っ越す …ni hikkosu, *(tienda, empresa/店、企業が)* …に移転する …ni iten suru; **~o** *m* 1. 移転 iten, 引越し hikkoshi; 2. *(trabajo/仕事)* 転勤tenkin
traspasar *vt* 1. *(atravesar)* 貫通する kantsuu suru; 2. *jur* 譲り渡す yuzuri watasu
trasplant/ar *vt* 1. *(planta/植物)* 移植する ishoku suru; 2. *med* 移植する ishoku suru; **~e** *m* 1. *med* 移植 ishoku; 2. *(planta/植物)* 移植 ishoku
trastero *m* 物置 monooki
trasto *m coloq* がらくた ga-rakuta; **~s** *mpl* 道具 doogu; **~s viejos** 古道具 furudoogu
trastorn/ar *vt* 1. ひっくり返す hikkuri kaesu; 2. *(psicológicamente/心理的に)* 動揺させる dooyoo saseru; **~o** *m* 1. *(desorden/無秩序)* 混乱 konran;

2. *(psicológico/心理的な)* 動揺 dooyoo

trata *f* 人身売買 jinshin-baibai; **~ de blancas** 白人女性の売買 hakujin josei no baibai; **~ble** *adj m/f* 扱いやすい atsukai-yasui; **~do** *m* 条約 jooyaku; **~miento** *m med* 治療 chi-ryoo

tratar 1. *vt* 1. 扱う atsukau; 2. *med* 治療する chiryoo suru; **2.** *vi* **~ de + inf** …しようと試みる …shiyoo to kokoro-miru; **~se de** …に関する … ni kansuru

trato *m* 1. *(manejo, manipulación)* 扱い atsukai, *(acogida)* 待遇 taiguu; 2. *(acuerdo)* 協定 kyootei; **malos ~s** *pl* 虐待 gyakutai

trauma *m* 1. *med* 外傷 gaishoo; 2. *(sentimiento)* 心の傷 koko-ro no kizu; **~tismo** *m med* 外傷 gaishoo; **~tología** *f* 外科 geka; **~tólogo, -a** *m/f* 外科医 geka-i

través: a ~ de …を通して …o tooshite

travesía *f* 1. *(atravesar)* 横断 oodan; 2. *nav* 航海 kookai; 3. *aero* 飛行機での旅 hikooki de no tabi

tra/vesura *f* いたずら itazura; **~vieso, -a** *adj* いたずらな itazura na

trayecto *m* 1. *(ruta)* コース ko-osu, *(tren, autobús, metro)* 路線 rosen; 2. *(ferrocarriles/鉄道などの)* 区間 kukan; **~ria** *f* 1. 軌道 kidoo; 2. *(carrera, currículum)* 経歴 keireki

traza/do *m* 設計図 sekkei-zu, 図面 zumen; **~r** *vt* 線を引く sen o hiku

trébol *m bot* クローバー kuro-obaa

trece 1. *adj* 1. 13の juu-san no, 13番目の juu-san-ban me no; **2.** *m* 13 juu-san

trecho *m* 1. *(distancia)* 距離 kyori, *(espacio/空間)* 間隔 kankaku; 2. *(tiempo/時間)* 時間 jikan; **a ~s** *(espacio/空間)* 所々に tokoro dokoro ni, *(tiempo/時間)* 時々 tokidoki

tregua *f* 休戦 kyuusen

treinta 1. *adj* 30の sanjuu no, 30番目の sanjuu-ban me no; **2.** *m* 30 sanjuu

tremendo, -a *adj* 恐ろしい oso-roshii, すごい sugoi

tren *m* 列車 ressha, 電車 den-sha; **~ de aterrizaje** 着陸装置 chakuriku-soochi; **estar como un ~** いい体をしている ii ka-rada o shite iru

trenza *f (cabello/髪の毛)* 三つ編み mitsu ami; **~r** *vt (cabello, cuerda/髪の毛、紐を)* 編む amu

trepar *vt* よじ登る yojinoboru

tres 1. *adj* 3の san no, 3番目の san-ban me no; **2.** *m* 3 san

tri/angular *adj m/f* 三角の sankaku no; **~ángulo** *m* 1. 三角形 sankaku-kei; 2. *coloq* 三角関係 sankaku-kankei
tribu *f* 種族 shuzoku
tribuna *f* 1. *(estrado)* 演壇 endan; 2. *(palco)* 正面観覧席 shoomen kanran-seki; 3. *jur* 陪審員席 baishin-in seki; **~* Supremo** 最高裁判所 saikoo saiban-sho
tributa/ción *f* 納税 noozei; **~r** *vt* 納税する noozei suru; **~rio 1. -a** *adj* 税金の zeikin no; **2.** *m/f* 納税者 noozei-sha
tributo *m (impuesto)* 税金 zeikin
triciclo *m* 三輪車 sanrin-sha
trig/al *m* 小麦畑 komugi-batake; **~o** *m* 小麦 komugi
trimestr/al *adj* 3ヶ月間の sankagetsu-kan no; **~e** *m* 3ヶ月 san-kagetsu
trinch/ar *vt gastr (carne/肉などを)* 切り分ける kiriwakeru; **~era** *f mil* 塹壕 zangoo
trineo *m* 橇 sori
trinidad *relig* 三位一体 sanmi ittai
trio *m* トリオ torio
tripa *f*腸 choo, 内臓 naizoo, *(barriga)* 腹 hara
triple *adj* 3倍の san-bai no, 三重の san-uu no
trípode *m* 三脚 sankyaku
tripula/ción *f nav* 乗組員 norikumi-in, *aero* 乗務員 joomu-in; **~nte** *m/f nav* 乗組員 norikumi-in; *aero* 乗務員 joomu-in; **~r** *vt nav aero* 乗り組む norikumu
triste *adj m/f* 1. 悲しい kanashii; 2. *(lúgubre)* 陰気な inki na; **~za** *f* 1. 悲しさ kanashi-sa; 2. 陰気 inki
triturar *vt* 細かく砕く komakaku kudaku, *(carne/肉を)* ひく hiku
triunf/ador, -a 1. *adj* 勝利した shoori shita, 成功した seikoo shita; **2.** *m/f* 勝者 shoosha; **~ante** *adj m/f* 勝った katta, 成功した seikoo shita; **~ar** *vi* 優勝する yuushoo suru, 成功する seikoo suru; **~o** *m* 勝利 shoori, 成功 seikoo
trivial *adj m/f* 些細な sasai na, 取るに足らない toru ni taranai
trofeo *m* トロフィー torofii
trombón *m mús* トロンボーン toronboon
trombosis *f med* 血栓症 kessenshoo
trompa *f mús* ホルン horun; **~zo** *m* 衝突 shoototsu
trompeta *f mús* トランペット toranpetto
trompo *m* こま koma
tronar *vi* 雷が鳴る kaminari ga naru
troncharse 笑いこける warai kokeru; **~ de risa** 腹を抱えて笑う hara o kakaete warau

tronco *m* 1. *(árbol)* 木の幹ki no miki, 丸太 maruta; 2. *(cuerpo humano/人体)* 胴体 dootai, 胴 doo
trono *m* 王座 ooza, 王位 ooi
tropa *f mil* 軍隊 guntai
tropez/ar *vi* 1. つまずく tsumazuku; 2. **~ar con** 偶然に会う guuzen ni au; **~ar con una dificultad** 困難に出くわす konnan ni dekuwasu; **~ón** *m* 1. つまずくこと tsumazuku koto; 2. しくじり shikujiri
tropical *adj m/f* 熱帯の nettai no, 熱帯性の nettai-sei no
trópico *m georgr* 回帰線 kaikisen
tropiezo *m fig* 1. *(metedura de pata)* しくじり shikujiri, *(fracaso)* 失敗 shippai; 2. *(traspié)* つまずき tsumazuki
trotamundos *m/f* 諸国を旅する人 shokoku o tabi suru hito
trote *m (caballo/馬)* 早足 haya ashi, トロット torotto
trozo *m* 断片 danpen, 一切れ hitokire
trucha *f zool* 鱒 masu
truco *m* 1. トリック torikku; 2. *(engaño)* いんちき inchiki
trueno *m* 雷 kaminari
tú *pron pers* 君 kimi, お前 omae
tu, tus *pron pos* 君の kimi no, お前の omae no
tuberculosis *f med* 結核 kekkaku
tubería *f* 管 kuda, 配管 haikan
tubo *m* 1. 管 kuda, パイプ paipu, チューブ chuubu; 2. *TV* ブラウン管 buraun-kan
tuerca *f tecn* ナット natto
tuerto, -a *adj* 片目の katame no
tugurio *m coloq* あばら家 abara-ya, ぼろ家 boro-ie
tulipán *m bot* チューリップ chuurippu
tumba *f* 墓 haka
tumbar *vt* 倒す taosu; **~se** 横になる yoko ni naru
tumbona *f* 長いす naga isu, デッキ・チェアー dekki cheaa
tumor *m med* 腫瘍 shuyoo
tumult/o *m* 暴動 boodoo, 騒動 soodoo; **~uoso, -a** *adj* 騒然とした soozen to shita, 物騒な bussoo na
tuna *f* 伝統衣装を着て、ギターやマンドリンなどを弾きながら歌を歌って歩く学生の集団 dentoo ishoo o kite, gitaa ya mandorin nado o hikinagara uta o utatte aruku gakusei no shuudan
tunecino, -a 1. *adj* チュニジアの Chunijia no; **2.** *m/f* チュニジア人 Chunijia-jin
túnel *m* トンネル tonneru
Túnez *m* チュニジア Chunijia
turbar *vt (persona)* 乱す midasu, *(agua, líquido)* 濁らせる nigoraseru; 2. *(persona)* 当惑させる toowaku saseru, 混乱させる konran saseru
turbina *f tecn* タービン taabin

turbio, -a *adj* にごった nigotta
turbulen/cia *f* 1. 騒乱 sooran, 無秩序 mu-chitsujo; 2. *(turbiedad)* 濁り nigori; **~to, -a** *adj* 1. *(turbio)* 濁った nigotta; 2. *(tumultuoso)* 騒然とした soozen to shita
turco, -a 1. *adj* トルコの Toruko no; **2.** *m/f* トルコ人 Toruko-jin; **3.** *m ling* トルコ語 Toruko-go
tur/ismo *m* 1. 観光 kankoo; 2. *auto* 乗用車 jooyoosha; **~ista** *m/f* 観光客 kankoo-kyaku; **~ístico, -a** *adj* 観光の kankoo no
turnar(se) *vi* 順番にする junban ni suru, 交代でする kootai de suru
turno *m* 1. 番 ban, 順番 junban; 2. *(trabajo)* 勤務時間 kinmu jikan, シフト shifuto; **~ de noche** 夜勤 yakin; **por ~s** 交代制で kootai-sei de; **es tu ~** 君の番だ kimi no ban da
turquesa *f* 1. *(piedra preciosa)* トルコ石 toruko ishi; 2. *(color)* ターコイズ・ブルー taakoizu buruu
Turquía *f* トルコ Toruko
turrón *m* トゥロン turon *(アーモンド、胡桃、蜜などで作ったクリスマスに食べる菓子)*
tutear *vt* 相手にtú を使って話す aite ni tú o tsukatte hanasu
tutela *f* 1. *(orientación, guía)* 指導 shidoo, ガイダンス gaidansu; 2. *(protección)* 保護 hogo
tuteo *m* tú を使って話すこと tú o tsukatte hanasu koto
tutor, -a *m/f* 後見人 kooken-nin, 指導教師 shidoo-kyooshi
tuyo, tuya *pron pos* 君の kimi no, お前の omae no

U

ubicación *f* 位置 ichi, 場所 basho
ubre *f (de mamíferos/哺乳動物の)* 乳房 chibusa
ufanarse: ~ de u/c …を自慢する …o jiman suru
úlcera *f med* 潰瘍 kaiyoo
últimamente *adv* 1. *(recientemente)* 最近に saikin ni; 2. *(finalmente)* 最後に saigo ni
ultimar *vt* 完成させる kansei saseru
ultimátum *m* 最後通牒 saigo tsuuchoo
último, -a *adj* 1. *(último)* 最後の saigo no; 2. *(reciente)* 最近の saikin no, *(el más nuevo)* 最新の saishin no; **por ~** 最後に saigo ni
ultraj/ante *adj m/f* 侮辱的な bujoku-teki na; **~ar** *vt* 侮辱

する bujoku suru; **~e** *m* 乱暴 ranboo, 侮辱 bujoku

ultramar *m* 海外 kaigai

ultrasonido *m* 超音波 choo-onpa

ulular *vi (bestias/獣が)* 唸る unaru, 遠吠えする tooboe suru

umbral *m* 敷居 shikii, 入り口 iriguchi

un, una 一つの hitotsu no, 一人の hitori no, ある aru

unánime *adj m/f* 全員一致の zen'in itchi no

unanimidad *f* 満場一致 manjoo-itchi

unción *f* 1. 油を塗ること abura o nuru koto; 2. *relig (臨終の)* 終油の秘蹟 shuuyu no hiseki; **extrema ~** *relig* 終油 shuuyu

único, -a *adj* 1. *(objeto)* ただ一つの tada hitotsu no, *(persona)* ただ一人の tada hitori no; 2. *(singular)* 独自の dokuji no

unid/ad *f* 1. *(cohesión)* 統一 tooitsu; 2. 単位 tan'i; **~ad monetaria** 貨幣単位 kahei tan'i; **~o, -a** *adj* 団結した danketsu shita

unifica/ción *f* 1. *(cohesión)* 統一 tooitsu; 2. *(uniformidad)* 同じにする onaji ni suru; **~r** *vt* 一つにする hitotsu ni suru, 統一するtooitsu suru

uniform/ar *vt* 1. *(estandarizar)* 同じようにする onajiyoo ni suru; 2. *(hacer poner uniforme a uno)* 制服を着せる seifuku o kiseru; **~e 1.** *adj m/f* 同じ形の onaji katachi no; **2.** *m* 1. *(escuela, trabajo/学校、仕事場)* 制服 seifuku; 2. *sport* ユニホーム yunihoomu; **~idad** *f* 画一性 kakuitsusei

unilateral *adj* 一方だけの ippoo dake no

uni/ón *f* 1. 結合 ketsugoo; 2. *(sindicato, cooperativa)* 組合 kumiai; 3. *(boda)* 結婚 kekkon; **~r** *vt* 1. 結ぶ musubu, つなぐ tsunagu; 2. *com (empresas/企業を)* 合併する gappei suru; **~rse a** …に参加する … ni sanka suru; **~tario, -a** *adj* 一個の ikko no

universal *adj m/f* 1. 普遍的な fuhen-teki na; 2. *(global)* 全世界的な zensekai-teki na; 3. *(espacial, cósmico)* 宇宙の uchuu no

univers/idad *f* 大学 daigaku; **~itario, -a** *m/f* 大学生 daigaku-sei

universo *m* 宇宙 uchuu

un/o, -a 1. *adj* ひとつの hitotsu no, 一人の hitori no; **~ que otro** いくらかの ikuraka no; **~s** いくつかの ikutsuka no, いく人かの ikuninka no; **~o(s) a otro(s)** たがいに tagai ni; 2. *m (objeto)* 一つ hitotsu, *(persona)* 一人 hitori; **~a ~** 一つ/一人ずつ hitotsu/hitori-zutsu

untar *vt* 塗る nuru

uña *f* 爪 tsume
uranio *m quím* ウラン uran
urbanismo *m (plan de urbanismo)* 都市計画 toshi keikaku, 都市開発 toshi kaihatsu
urban/ización *f* 1. *(plan de urbanismo)* 都市計画 toshi keikaku; 2. 都市化 toshi-ka; **~izar** *vt* 都市化する toshi-ka suru
urbano, -a *adj* 都市の toshi no
urg/encia *f* 1. 緊急 kinkyuu; 2. *(estado de emergencia)* 非常事態 hijoo-jitai; 3. *(hospital)* 救急病院 kyuukyuu-byooin; **~ente** *adj m/f* 1. 緊急の kinkyuu no; 2. *(correos/郵便)* 速達の sokutatsu no; **~ir** *vi* 急を要する kyuu o yoosuru
urólogo, -a *m/f* 泌尿器科医 hinyookika-i
urraca *f zool* カササギ kasasagi
urticaria *f med* ジンマシン jinmashin
usa/do, -a *adj* 1. 中古の chuuko no; **~nza** *f* 慣例 kanrei, しきたり shikitari; **~r** 使う tsukau
uso *m* 使用 shiyoo, 利用 riyoo
usted *pron* あなた anata
usua/l *adj m/f* いつもの itsumo no, 普通の futsuu no; **~rio, -a** *m/f* 使用者 shiyoo-sha, 利用者 riyoo-sha
usur/a *f* 1. 高利 koori; **~ero, -a** *m/f* 高利貸し koorigashi
utensilio *m* 道具 doogu, 用具 yoogu
útero *m* 子宮 shikyuu
utilaje *m/f* 役に立つ yaku ni tatsu; **~es** *mpl* 道具 doogu, 器具 kigu, 冶具 jigu
utilidad *f* 役に立つこと yaku ni tatsu koto
utiliza/ble *adj m/f* 利用できる riyoo dekiru, 使用可能な shiyoo kanoo na; **~r** *vt* 利用する riyoo suru, 使用する shiyoo suru
utopía *f* ユートピア yuutopia
utópico, -a *adj* ユートピア的な yuutopia-teki na
uva *f* ぶどう budoo

V

vaca *f* 1. 牝牛 me-ushi; 2. *(vaca lechera)* 乳牛 nyuugyuu; **~s locas** 狂牛 kyoogyuu
vacaciones *fpl* 休暇 kyuuka, バカンス bakansu
vacante 1. *adj m/f* 欠員のある ketsu-in no aru, 空席の kuuseki no; **2.** *f* 欠員 ketsu-in
vaciar *vt* 空にする kara ni suru
vacila/ción *f* ためらい tamerai, 迷い mayoi; **~r** ためらう tamerau, 迷う mayou
vacío 1. -a *adj* 1. 空の kara no; 2. *(lugar/場所などが)* あいている aite iru, すいている suite iru; **2.** *m* 1. *fis* 真空 shinkuu; **sentir ~ en el corazón** むな

しさを感じる munashi-sa o kanjiru
vacuna *f med* ワクチン waku-chin; **~ción** *f med* 予防接種 yoboo-sesshu; **~r** *vt med* ワクチンを注射する wakuchin o chuusha suru
vagabundo, -a *m/f* 放浪者 hoo-roo-sha, 浮浪者 furoo-sha
vaga/ncia *f* 怠惰 taida; **~r** 放浪する hooroo suru, うろつき回る urotsuki mawaru
vagina *f med* 膣 chitsu
vago, -a 1. *adj* 怠惰な taida na; **2.** *m/f* 怠け者 namake-mono
vagón *m* *(ferrocarril)* 車両 sharyoo, *auto* ワゴン wagon
vaho *m* 1. 湯気 yuge, 蒸気 joo-ki; 2. *(de cristal/ガラスの)* 湯気 yuge
vaina *f* 1. *(espada/刀剣の)* 鞘 saya; 2. *bot* 莢 saya
vainilla *f* バニラ banira
vaivén *m* 1. 揺れ yure; 2. 行き来 iki-ki
vajilla *f* 食器 shokki
vale *m* 引換券 hikikae-ken; **¡~!** オーケー ookee
valentía *f* 勇気 yuuki, 勇敢さ yuukan-sa
valer 1. *vt* 1. 価値がある kachi ga aru; 2. …の値段だ …no nedan da; **2.** *vi* 1. 価値がある kachi ga aru; 2. …の値段になる …no nedan ni naru; **~se** 価値がある kachi ga aru
validez *f* 有効性 yuukoo-sei
válido, -a *adj* 有効な yuukoo na
valiente *adj m/f* 勇敢な yuukan na
valioso, -a *adj* 貴重な kichoo na, 高価な kooka na
valla *f* 柵 saku, ガード・レール gaado reeru; **~do** *m* 柵 saku, 垣根 kakine; **~r** *vt* 柵を作る saku o tsukuru
valle *m* 谷 tani
valor *m* 1. *(precio)* 価値 kachi, 値段 nedan; 2. *(coraje)* 勇気 yuuki; 3. *(importancia)* 重要性 juuyoo-sei; **~ar** *vt* 1. *(evaluar)* 評価する hyooka suru; 2. 値段をつける nedan o tsukeru
vals *m mús* ワルツ warutsu
válvula *f tecn* 弁 ben, バルブ barubu; **~ de seguridad** 安全弁 anzen-ben
vandalismo *m* 蛮行 bankoo, 破壊主義 hakai-shugi
vándalo *m/f* 1. *(tribu)* バンダル族 Bandaru-zoku; 2. *(salvaje)* 野蛮人 yaban-jin
vanguardia *f* 1. *(movimiento artístico, político/芸術、政治運動)* 前衛 zen'ei, アバン・ギャルド aban gyarudo; 2. *mil* 前衛 zen'ei
vanid/ad *f* 虚栄 kyoei, うぬぼれ unubore; **~oso, -a** *adj* 虚栄（心）の kyoei (shin) no, うぬぼれの強い unubore no tsuyoi
vano, -a *adj* 無駄な muda na; **en ~** 無駄に muda ni

vapor *m* 蒸気 jooki, 湯気 yuge; **~izador** *m* 噴霧器 funmu-ki, 霧吹き kirifuki; **~izar** *vt (evaporar)* 蒸発させる joohatsu saseru; **~izarse** *(evaporarse)* 蒸発する joohatsu suru, *(gasificar)* 気化する kika suru

vaqueros *mpl* ジーンズ jiinzu

vara *f* 細長い棒 hosonagai boo

varia/ble *adj* 1. *(mudable)* 変えられる kaerareru; 2. *(inestable)* 変わりやすい kawari yasui; **~ción** *f* 1. 変化 henka, 変動 hendoo; 2. *mús* バリエーション barieeshon; **~do, -a** *adj* いろいろな iroiro na; **~r 1.** *vt* 変える kaeru, 変更する henkoo suru; **2.** *vi* 変わる kawaru, 変化する henka suru

varicela *f med* 水疱瘡 mizubo-osoo

variedad *f* 多様性 tayoo-sei

varilla *f* 細長い棒 hosonagai boo

varios, -as *adj (objeto)* いくつかの ikutsuka no, *(personas)* 数人の suunin no

variz *f med* 静脈瘤 joomyakuryuu

vasco, -a 1. *adj* バスクの Basuku no; **2.** *m/f* バスク人 Basuku-jin; **3.** *m ling* バスク語 Basuku-go; **País ~*** バスク自治州 Bausku jichishuu

vaselina *f* ワセリン waserin

vasija *f* 容器 yooki, 入れ物 iremono

vaso *m* コップ koppu, グラス gurasu

vasto, -a *adj* 広大な koodai na

váter *m* トイレット toiretto

vatio *m electr* ワット watto

vaya *excl (ira/怒り)* くそ kuso, *(sorpresa/驚き)* すごい sugoi, *(desagrado/不快)* やれやれ yareyare

vecin/dario *m* 近所の人々 kinjo no hitobito, 近所 kinjo; **~o, -a 1.** *adj* 隣の tonari no, 近所の kinjo no; **2.** *m/f* 近所の人々 kinjo no hitobito

vega *f* 肥沃な平原 hiyoku na heigen

vegeta/ción *f* 植物 shokubutsu; **~l 1.** *adj m/f* 植物の shokubutsu no; **2.** *m* 植物 shokubutsu; **~r** *vi (plantas/植物が)* 成長する seichoo suru; **~riano, -a 1.** *adj* 菜食主義の saishoku-shugi no; **2.** *m/f* 菜食主義者 saishoku-shugi-sha

vehículo *m* 乗り物 norimono

veinte 1. *adj* 20の nijuu no; **2.** *m* 20 nijuu; **~na** *f* 20人 nijuu-nin, 20個 niju-kko, 20年 nijuu-nen

veja/ción *f* 侮辱 bujoku; **~r** *vt* 侮辱する bujoku suru

vela *f* ろうそく roosoku

velada *f* 1. *(reunión nocturna)* 夜の集まり yoru no atsumari; 2. *(vigilia)* 徹夜 tetsuya

velar 1. *vi (trasnochar)* 徹夜する tetsuya suru; **~ por** …の世話

をする …no sewa o suru, …の心配をする …no shinpai o suru, …を守る …o mamoru; **2.** *vt* **~ a** 1… . の通夜をする… no tsuya o suru; 2. *(cuidar a un enfermo toda la noche)* …を夜通し看病する …o yodooshi kanbyoo suru

velero *m nav* 帆船 hansen

vell/o *m* うぶ毛 ubuge, 体毛 taimoo; **~osidad** *f* 毛深さ kebuka-sa; **~oso, -a** *adj* 毛深い ke-bukai; **~udo, -a** *adj* 毛深い ke-bukai

velo *m* ベール beeru

velocidad *f* 速度 sokudo, スピード supiido

velódromo *m* 自転車競技場 jitensha-kyoogi-joo

veloz *adj m/f* 速い hayai, 敏速な binsoku na

vena *f* 静脈 joomyaku, 血管 kekkan

venced/ero, -a *adj com* 満期になる manki ni naru; **~or, -a 1.** *adj* 勝った katta; **2.** *m/f* 勝者 shoosha

vencer 1. *vt* 1. 勝つ katsu; 2. *(dificultad/困難などを)* 克服する kokufuku suru; **2.** *vi* 1. 勝つ katsu; 2. *(periodo, plazo/期間、期限などが)* 期限が切れる kigen ga kireru

venci/ble *adj m/f* 1. 征服可能な seifuku kanoo na; 2. *(dificultad/困難が)* 克服できる kokufuku dekiru; **~do, -a** *adj* 1. 負けた maketa; 2. *(plazo, período/期間、期限などが)* 期限が切れた kigen ga kireta; **~miento** *m* 1. 期限切れ kigen gire; 2. *com (letra/手形などの)* 満期 manki, 支払日 shiharai-bi

venda *f* 包帯 hootai; **~je** *m med* 包帯をすること hootai o suru koto; **~r** *vt* 包帯をする hootai o suru

vendaval *m* 強風 kyoofuu

vende/dor, -a *m/f* 販売員 hanbai-in, 店員 ten-in; **~r** *vt* 売る uru; **~rse** 1. 売れる ureru, 売られる urareru; 2. *(ser sobornado)* 賄賂をとる wairo o toru

vendi/ble *adj m/f* 売ることができる uru koto ga dekiru; **~do, -a** *adj* 売った utta, 売られた urareta

vendimia *f* ぶどうの取り入れ budoo no tori ire; **~dor, -a** *m/f* ぶどうの取り入れをする人 budoo no toriire o suru hito; **~r** *vt/i* ぶどうの取り入れをする budoo no tori ire o suru

Venecia *f* ベニス Benisu

veneno *m* 毒 doku; **~so, -a** *adj* 有毒な yuudoku na

venera/ble *adj m/f* 敬うべき uyamau beki; **~ción** *f* 尊敬 sonkei, 崇拝 suuhai; **~r** *vt* 尊敬する sonkei suru

venga/dor, -a *m/f* 復讐者 fukushuu-sha; **~nza** *f* 復讐

fukushuu; **~r** *vt* 復讐をする fukushuu o suru; **~rse** 復讐する fukushuu suru; **~rse de u/c** …の復讐をする …no fukushuu o suru
venid/a *f* 来ること kuru koto; **~ero, -a** *adj* 未来の mirai no, 来たるべき kitaru beki
venir *vi* 来る kuru; **el año que viene** 来年 rainen
venta *f* 1. 販売 hanbai, 売り上げ uriage; 2. *(posada)* 宿屋 yado-ya, 旅籠 hatago; **en ~** 発売中 hatsubai-chuu
ventaj/a *m* 利点 riten, 有利さ yuuri-sa; **~oso, -a** *adj* 有利な yuuri na
ventana *f* 窓 mado
ventanilla *f (taquilla/切符売り場)* 窓口 mado-guchi
ventila/ción *f* 換気 kanki, 通風 tsuufuu; **~dor** *m* 1. 換気扇 kanki-sen; 2. *(ventilador que se usa en verano)* 扇風機 senpuu-ki; **~r** *vt* 換気する kanki suru
ven/tisca *f* 吹雪 fubuki; **~toso, -a** *adj* 風の強い kaze no tsuyoi, 風のある kaze no aru
venturoso, -a *adj* 幸運な kooun na, 幸せな shiawase na
ventura *f* 幸せ shiawase, 幸運 kooun
ver *vt* 1. 見る miru; 2. *(a persona/人に)* 会う au; **no tener nada que ~ con** … …to kankei nai
veracidad *f* 真実 shinjitsu
veran/ear *vi* 避暑に行く hisho ni iku; **~eo** *m* 避暑 hisho; **~iego, -a** *adj* 夏の natsu no; **~o** *m* 夏 natsu
veras *fpl* 真実 shinjitsu, 事実 jijitsu, 本当 hontoo; **de ~** 本当に hontoo ni
veraz *adj m/f* 本当らしい hontoo-rashii
verbal *adj* 1. 口頭の kootoo no; 2. *ling* 動詞の dooshi no
verbena *f (サン・フアンなどの祭りの)* 前夜祭 zenya-sai
verbo *m ling* 動詞 dooshi
verdad *f* 1. 真実 shinjitsu, 事実 jijitsu; 2. *(ciencia/科学)* 真理 shinri; **¿~?** でしょう？ deshoo?, ね？ne?; **de ~** 本当に hontoo ni, 実際に jissai ni; **es ~** そのとおりだ sono toori da; **a decir ~** 本当のことを言うと hontoo no koto o iu to; **~ero, -a** *adj* 真実の shinjitsu no, 本当の hontoo no
verd/e 1. *adj m/f* 1. 緑の midori no; 2. *(frutas/果物などが)* 未熟な mijuku na; **2.** *m* 緑 midori, 緑色 midori iro; **~oso, -a** *adj* 緑の midori no
verdugo *m* 死刑執行人 shikei shikkoo-nin
verdu/lero, -a *m/f* 八百屋 yaoya; **~ra** *f* 野菜 yasai
vereda *f* 小道 komichi
veredicto *m jur (de jurados/陪審員の)* 評決 hyooketsu

vergel *m* 果樹園 kaju-en, 花畑 hana-batake
vergonzoso, -a *adj* 1. *(tímido)* 内気な uchiki na; 2. *(deshonroso)* 恥ずべき hazubeki
vergüenza *f* 恥ずかしさ hazukashisa; **me da ~** （私は）恥ずかしい (watashi wa) hazukashii
verídico, -a *adj* 真実の shinjitsu no
verifica/ción *f* 検査 kensa, 確認 kakunin; **~dor, -a** *m/f* 検査員 kensa-in; **~r** *vt* 検査する kensa suru, 確かめる tashikameru; **~rse** 実証される jisshoo sareru
verja *f (de la ventana/窓の)* 鉄格子 tetsugooshi
vermut *m* ベルモット berumotto
veros/ímil *adj m/f* 本当らしい hontoo-rashii; **~imilitud** *f* ありうること ariuru koto
verruga *f med* いぼ ibo
versado, -a *adj* **en** … に詳しい … ni kuwashii
versátil *adj m/f* 気まぐれな kimagure na
versatilidad *f* 気まぐれ kimagure
versión *f* 版 ban; **~ española** スペイン語版 Supeingo-ban
verso *m* 詩 shi, 韻文 inbun
vértebra *f med* 脊椎 sekitsui
vertebral *adj m/f* 脊椎の sekitsui no
vertedero *m* 排水溝 haisui-koo
verter *vt* 注ぐ sosogu, 注ぐ tsugu, こぼす kobosu; **~se** 流れ込む nagare komu
vertical *adj m/f* 垂直の suichoku no
vertiente 1. *adj* 注ぐ sosogu, 流れる nagareru; **2.** *f* 斜面 shamen
vertiginoso, -a *adj* 1. *(vértigo)* 眩暈がする memai ga suru; 2. *(rápido)* めまいを起こさせるような memai o okosaseru yoo na
vértigo *m med* 眩暈 memai
vesícula *f med* 胆嚢 tannoo, 小胞 shoohoo
vestíbulo *m* ロビー robii
vestigio *m* 跡 ato, 形跡 keiseki
vestir 1. *vt* 服を着せる fuku o kiseru; **2.** *vi* 服を着る fuku o kiru; **~se de** … を着る … o kiru
veterano, -a *m/f* ベテラン beteran
veterinario, -a *m/f* 獣医 juu-i
veto *m* 拒否権 kyohi-ken
vez *f* 1. 回 kai, 度 do; 2. 倍 bai; **por primera ~** 初めて hajimete; **una ~** 一度 ichido; **de ~ en cuando** 時々 tokidoki; **en ~ de** … の代わりに … no kawari ni; **tal ~** たぶん tabun; **a veces** 時々 tokidoki; **muchas veces** 何度も nando mo; **varias veces** 何度か nan doka

vía *f* 1. 道 michi; 2. *transp* 鉄道線路 tetsudoo senro; ~ **Roma** ローマ経由 Rooma keiyu
viab/ilidad *f* 可能性 kanoo-sei; **~le** *adj m/f* 実現可能な jitsugen kanoo na
viaducto *m* 陸橋 rikkyoo
viaj/ar *vi* 旅行する ryokoo suru, 旅をする tabi o suru; **~e** *m* 旅行 ryokoo, 旅 tabi; **~ero, -a** *m/f* 旅行者 ryokoo-sha, *(pasajeros)* 乗客 jookyaku
víbora *f zool* 毒蛇 dokuhebi
vibra/ción *f* 振動 shindoo, 揺れ yure; **~r** *vt/i* 振動する shindoo suru, 揺れる yureru
vicepresidente, -a *m/f* 1. *(de estado/国の)* 副大統領 fuku-daitooryoo; 2. *(de congreso, reunión/議会の* gikai, kaigi *no)* 副議長 fuku-gichoo; 3. *(de empresa/会社の)* 副社長 fuku-shachoo
viceversa *adv* 逆に gyaku ni, 反対に hantai ni
vici/ado, -a *adj (aire/空気が)* 濁った nigotta; **~ar** *vt* 1. *(a persona/人を)* だめにする dame ni suru; 2. *jur* 無効にする mukoo ni suru; **~o** *m* 悪い癖 warui kuse; **~oso, -a** *adj* 悪い癖のある warui kuse no aru, 不道徳な fu-dootoku na
víctima *f* 犠牲者 gisei-sha, 被害者 higai-sha
victori/a *f* 勝利 shoori; **~oso, -a** *adj* 勝った katta, 勝ち誇った kachi hokotta
vida *f* 1. *(biológica/生物としての)* 生命 seimei, 命inochi; 2. *(de una persona)* 一生 isshoo; 3. *(vida cotidiana/日常の)* 生活 seikatsu; **de por ~** 一生の isshoo no; **en mi ~** 今までに一度も ima made ni ichido-mo
vidente *m/f* 預言者 yogen-sha, 占い師 uranai-shi
video *m* ビデオ bideo; **~cámara** *f* ビデオ・カメラ bideo kamera; **~casete** *m* ビデオ・カセット bideo kasetto
vidri/era *f* ステンド・グラス sutendo gurasu; **~ero, -a** *m/f* ガラス職人 garasu shokunin; **~o** *m* ガラス garasu
viejo, –a 1. *adj* 1. *(persona/人)* 年とった toshi totta; 2. *(cosa/物)* 古い furui; **2.** *m/f* 老人 roojin
Vien/a *f* ウイーン Uiin; **~*és, -a 1.** *adj* ウイーンの Uiin no; **2.** *m/f* ウイーンの人 Uiin no hito
viento *m* 風 kaze; **hace ~** 風が吹く kaze ga fuku
viernes *m* 金曜日 kin′yoo-bi; **~* Santo** 聖金曜日 Sei-kin′yoo-bi
viga *f* 梁 hari
vigen/cia *f* 有効 yuukoo, 効力 kooryoku; **~te** *adj m/f* 有効な yuukoo na
vigil/ancia *f* 見張り mihari; **~ante 1.** *adj* 見張る miharu;

2. *m/f* 警備員 keibi-in, ガード・マン gaado man; **~ar** *vt* 見張る miharu

vigilia *f* 不寝番 fushin-ban

vigor *m* 1. 活力 katsuryoku; 2. *lit* 力強さ chikarazuyo-sa; 3. *jur* 効力 kooryoku; **~izar** *vt* 活気づける kakkizukeru; **~oso, -a** *adj* 活気にあふれた kakki ni afureta, 迫力のある haku-ryoku no aru, 力強い chikara zuyoi, たくましい takumashii

vil *adj m/f* 卑劣な hiretsu na; **~eza** *f* 卑劣さ hiretsu-sa

villa *f* 1. 別荘 bessoo; 2. *(población)* 小さな町 chiisa na machi

villancico *m* クリスマス・キャロル kurisumasu kyaroru

vilo: en ~ 宙ぶらりんに chuuburarin ni; **estar en ~** サスペンスがある sasupensu ga aru

vinagre *m* 酢 su, ビネガー binegaa; **~ta** *f gastr* ビナグレット・ソース binaguretto soosu

vincula/ción *f* つながり tsunagari, 関連 kanren; **~r** *vt* 結び付ける musubitsukeru

vínculo *m* 絆 kizuna, 結びつき musubitsuki

vinícola *adj m/f* ぶどう酒製造の budoo-shu seizoo no

vino *m* ぶどう酒 budoo-shu, ワイン wain; **~ blanco** 白ワイン shiro wain; **~ rosado** ローゼ・ワイン roze wain; **~ tinto** 赤ワイン aka wain

viña *f* ぶどう園 budoo-en, ブドウ畑 budoo-batake

viola *f mús* ビオラ biora

viola/ción *f* 1. *jur* 違反 ihan; 2. 婦女暴行fujobookoo; **~r** *vt jur* 違反する ihan suru; 2. *(forzar a una mujer)* 強姦する go-okan suru

violen/cia *f* 暴力 booryoku; **~tar** *vt* 力づくでする chikarazuku de suru; **~to, -a** *adj* 1. *(brutal, agresivo)* 乱暴な ranboo na; 2. *(fuerte, intenso)* 激しい hageshii

violeta *f bot* スミレ sumire

viol/ín *m mús* バイオリン baio-rin; **~inista** *m/f* バイオリニスト baiorinisuto

violon/celista *m mús* チェリスト cherisuto; **~chelo** *m mús* チェロ chero

vira/je *m* 1. *(avión, barco, coche/飛行機、船、車などの)* 進路変更 shinro henkoo; 2. *(política, pensamiento/政治、考えなどの)* 方針転換 hooshin tenkan; **~r** *vi* 1. *(avión, barco, coche/飛行機、船、車などが)* 方向転換する hookoo tenkan suru; 2. *(política, pensamiento)* 政策/考えを変える seisaku/kangae o kaeru

virgen 1. *adj m/f* 1. *(mujer)* 処女の shojo no, *(hombre)* 童貞の dootei no; 2. *(sin usar)* まだ使っていない mada tsukatte

inai; **2.** *f* 処女 shojo; **la ~*** 聖母マリア Seibo Maria
virginidad *f (mujer)* 処女/ *(hombre)* 童貞であること shojo/dootei de aru koto, 処女性 shojo-sei
Virgo *m astr* 乙女座 Otome-za
viril *adj m/f* 男の otoko no, 男性的な dansei-teki na, 男らしい otoko-rashii; **~idad** *f* 男らしさ otoko-rashisa
virtual *adj m/f* 事実の jijitsu no, 可能性のある kanoo-sei no aru, 実質的に jisshitsu-teki ni
virtu/d *f* 美徳 bitoku; **en ~ de** …のおかげで …no okage de; **~oso, -a** *adj* 1. 道徳的な人 dootoku-teki na hito; 2. *mús* 名手 meishu
viruela *f med* 天然痘 tennentoo, 疱瘡 hoosoo
virulen/cia *f* 悪性 aku-sei, 悪意 akui; **~to, -a** *adj* ウイルスの uirusu no, ウイルス性の uirusu-sei no, 悪性の aku-sei no
virus *m med* ウイルス uirusu
visado *m* ビザ biza
viscera *f* 内臓 naizoo
visib/ilidad *f* 視界 shikai; **~le** *adj m/f* 1. 見える mieru; 2. 目立つ medatsu
visillo *m* 薄いカーテン usui kaaten
visión *f* 1. 視覚 shikaku, 視野 shiya; 2. *(ilusión)* 幻 maboroshi
visita *f* 1. 訪問 hoomon, *(visita educativa)* 見学 kengaku, 見物 kenbutsu; 2. *med* 診察 shinsatsu; **~nte** *m/f* 訪問者 hoomon-sha, *(visita educativa)* 見学者 kengaku-sha; **~r** *vt* 訪ねる tazuneru, *(visita educativa)* 見学する kengaku suru, *(turismo/観光)* 見物する kenbutsu suru; 2. *med* 往診する ooshin suru, 診察する shinsatsu suru
visor *m foto* ファインダー faindaa
víspera *f* 前日 zenjitsu, 前夜 zen'ya; **en ~ de** …の直前に …no chokuzen ni
vista *f* 1. 視力 shiryoku; 2. *(mirada)* 視線 shi-sen; 3. *(paisaje, panorama)* 眺め nagame; **a primera ~** 一目で hitome de; **hasta la ~** じゃあ、また jaa mata; **~zo** *m* 一見 ikken; **echar un ~ a u/c** …をちらっと見る …o chiratto miru
visto, -a *adj* 見た mita, 目で見える me de mieru; **bien ~** よく見られる; **mal ~** よく見られない yoku mirarenai; **por lo ~** 見たところ mitatokoro; **~so, -a** *adj* あでやかな adeyaka na
vital *adj m/f* 1. 生命の seimei no, 致命的な chimei-teki na; 2. *(muy importante)* 重大なjuudai na, 生きるか死ぬかの ikiru ka shinu ka no; **~idad** *f* 1. *(vigor)* 活力 katsuryoku, *(fuer-*

za vital) 生命力 seimei-ryoku; 2. *(importancia)* 重要 juuyoo

vitam/ina *f* ビタミン bitamin; **~ínico, -a** *adj* ビタミンの bitamin no

vit/ícola *m/f* ブドウ栽培者 budoo saibai-sha; **~icultor, -a** *m/f* ブドウ栽培者 budoo saibai-sha; **~icultura** *f* ブドウ栽培 budoo saibai

vitorear *vt* 喝采する kassai suru

vitrina *f* ガラス・ケース garasu keesu, 陳列ケース chinretsu keesu

viud/a *f* 未亡人 miboojin; **~o** *m* 男やもめ otoko yamome

viv/acidad *f* 1. 活発さ kappatsusa, *(colores/色)* 鮮やかさ azayaka-sa, 輝き kagayaki; **~az** *adj m/f* 活発な kappatsu na, 才気にあふれた saiki ni afureta; **~encia** *f* 経験したこと keiken shita koto, 年功 nenkoo; **~eres** *mpls* 食料 shokuryoo; **~ero** *m* 1. *bot* 苗床 naedoko; 2. *(peces/魚の)* 養魚場 yoogyo-joo, いけす ikesu

vi/vienda *f* 住まい sumai, 住宅 juutaku; **~vir** *vi* 1. 生きる ikiru; 2. *(habitar)* 住む sumu, 生活する seikatsu suru

vivo, -a *adj* 1. 生きている ikite iru; 2. *(animado)* 生き生きした iki iki shita; 3. *(nítido, claro)* 鮮やかな azayaka na

vizca/íno, -a *adj* ビスカヤの Bisukaya no; **~*ya** *f* ビスカヤ Bisukaya

vocab/lo *m* 単語 tango, 言葉 kotoba; **~ulario** *m* 語彙 goi

vocación *f* 天分 tenbun, 天職 tenshoku

vocal 1. *adj m/f* 声の koe no, 音声の onsei no; **2.** *m/f* 発言権のある人 hatsugen-ken no aru hito; **3.** *f ling* 母音 boin

vociferar *vt/i* 大声でどなる oogoe de donaru

volador *adj m/f* 飛ぶ tobu, 飛ぶことができる tobukoto ga dekiru

volante *m auto* ハンドル handoru

volar 1. *vi* 1. 飛ぶ tobu; 2. *coloq* 消えてなくなる kiete nakunaru; **2.** *vt* 爆破する bakuha suru

vo/látil *adj m/f quím* 揮発性の kihatsu-sei no; **~latizarse** 1. 揮発する kihatsu suru, *(evaporarse)* 蒸発する joohatsu suru; 2. *(desaparecer)* 消えてなくなる kiete nakunaru

volcán *m* 火山 kazan; **~ico, -a** *adj* 火山の kazan no

volcar 1. *vt* 1. 倒す taosu, ひっくり返す hikkuri kaesu; 2. *fig* 気持ち/考えを変えさせる kimochi/kangae o kaesaseru; **2.** *vi* ひっくり返る hikkuri kaeru, 横転する ooten suru

voleibol *m sport* バレー・ボール baree booru

voltaje *m electr* 電圧 den'atsu, ボルト boruto

voltear **1.** *vt* 1. ひっくり返す hikkurikaesu, 横転させる ootensaseru; 2. 倒す taosu; **2.** *vi* 転がる korogaru

volum/en *m* 1. 量 ryoo, 体積 taiseki; 2. *(libros/本などの)* 部 bu, 巻 kan, 冊 satsu; **~inoso, -a** *adj* 容積の大きい yooseki no ookii, *(libros/本などの)* 冊数の多い satsu suu no ooi, 分厚い buatsui

volunta/d *f* 意志 ishi; **a ~** 自由に jiyuu ni, 随意に zuii ni; **buena ~** 善意 zen'i; **~rio, -a** **1.** *adj* 自発的な jihatsu-teki na; **2.** *m/f* ボランテイア borantia

voluptuoso, -a *adj* 1. 官能的な kannoo-teki na; 2. *(lascivo)* 欲情に溺れた yokujoo ni oboreta

volver **1.** *vt* 1. 帰る kaeru, 戻る modoru; 2. **~ a + inf** 再び…する futatabi…suru; **~ a hacer u/c** 再び…する futatabi…suru; 2. 返す kaesu, 裏返す uragaesu; 2. 回す mawasu; **~se** 振り向く furimuku; **~se + adj** …になる …ni naru

vomitar *vt/i med (devolver)* 吐く haku, 戻す modosu

vómito *m med* 1. *(acción de vomitar)* 吐くこと haku koto; 2. へど hedo

voracidad *f* 1. 貪欲 don'yoku; 2. *(glotonería)* 大食 taishoku

vorágine *f* 1. 渦巻き uzumaki; 2. 混乱 konran, あわただしさ awatadashi-sa

voraz *adj m/f* 1. *(tener mucho apetito)* 大食いの oogui no; 2. *(avaro)* 貪欲な don'yoku na

vo/tación *f* 投票 toohyoo; **~tante** *m/f* 有権者 yuuken-sha; **~tar** *vt/i* 投票する toohyoo suru; **~to** *m* 投票 toohyoo

voz *f* 1. 声 koe; 2. *ling* 語 go; **a media ~** 小声で ko-goe de; **en ~ alta** 大きな声で ooki na koe de; **en ~ baja** 小さな声で chiisa na koe de

vuelco *m* 転倒 tentoo, 転覆 tenpuku

vuelo *m* 1. *(acción de volar)* 飛行 hikoo; 2. 便 bin, フライト furaito; **~ charter** チャーター便 chaataa-bin; **~ de conexión** 乗り換え便 norikae-bin; **~ sin escala(s)** ノンストップ・フライト non sutoppu furaito; **~ sin motor** 滑空飛行 kakkuu-hikoo; **~ nacional** 国内便 kokunai-bin

vuelta *f* 1. 回転 kaiten; 2. *(volver)* 帰ること kaeru koto; 3. *com* つり tsuri; **a la ~** 帰りに

kaeri ni; **dar la ~ a** …を回る …o mawaru; **estar de ~** 帰っていること kaette iru koto
vuestro, -a *pron pos* 君たちの kimitachi no, お前たちの omaetachi no
vulgar *adj m/f* 1. *(corriente)* 大衆的な taishuu-teki na; 2. 下品な gehin na; **~idad** *f* 俗悪 zokuaku, 下品 gehin; **~mente** *adv* 俗に zoku ni, 一般に ippan ni
vulnera/ble *adj m/f* 傷つきやすい kizutsuki-yasui, もろい moroi; **~r** *vt a fig* 傷つける kizu tsukeru

W

waterpolo *m sport* 水球 suikyuu
web *m informát* ウエブ uebu
whisky *m* ウイスキー uisukii; **~ con soda** ハイボール haibooru

X

X: rayos ~ エックス線 ekkusu-sen, レントゲン rentogen
xenofobia *f* 外国嫌い gaikoku-girai, 外国人排斥 gaikoku-jin haiseki
xenófobo, -a *adj* 外国（人）嫌いの人 gaikoku (jin) girai no hito
xerocopia *f* ゼロックス・コピー zerokkusu kopii
xilófono *m mús* シロホン shirohon, 木琴 mokkin
xilografía *f* 木版（印刷） mokuhan (insatsu)
xilógrafo, -a *m/f* 木版師 mokuhan-shi

Y

y *conj* 1. と to; 2. そして soshite, それから sorekara; 3. それで sorede
ya *adv* 1. すでに sude ni; 2. *(por fin)* やっと yatto; 3. *(ahora mismo)* 今すぐに ima sugu ni; **~ que** …だから …dakara; **~ lo creo** もちろん mochiron
yacer *vi* 1. 横たわる yokotawaru 寝ている nete iru; 2. *(enterrado)* 埋葬されている maisoo sarete riu
yacimiento *m* 鉱脈 koomyaku
yanqui 1. *adj m/f* アメリカの Amerika no; **2.** *m/f* アメリカ人 Amerika-jin, ヤンキー Yankii
yarda *f* ヤード yaado
yate *m* ヨット yotto
yedra *f bot* 木蔦 kizuta
yegua *f* 雌馬 mesu uma; **~da** *f* 馬の群れ uma no mure
yelmo *m hist* 兜 kabuto

yema *f* 1. *(huevo)* 卵の黄身 tamago no kimi; 2. *(dedo)* 指の腹 yubi no hara
yerba *f bot* 草 kusa
yermo 1. -a *adj* 無人の mujin no, 人気のない hitoke no nai, 荒れた areta; **2.** *m* 荒地 arechi
yerno *m* 娘婿 musume muko, 義理の息子 giri no musuko
yerro *m* 誤り ayamari, 間違い machigai
yerto, -a *adj* 硬直した koochoku shita, こわばった kowabatta
yeso *m* 石膏 sekkoo, 漆喰 shikkui
yo *pron pers* 私 watashi, 僕 boku; **~ mismo, -a** 私自身 watashi-jishin
yodo *m quím* ヨード yoodo
yogur *m* ヨーグルト yooguruto
Yugoslav/ia ユーゴスラビア Yuugosurabia; **~*o, -a 1.** *adj* ユーゴスラビアの Yuugosurabia no; **2.** *m/f* ユーゴスラビア人 Yuugosurabia-jin
yuxtapo/ner *vt* 並列する heiretsu suru, 並置する heichi suru; **~sición** *f* 並置 heichi, 並列 heiretsu

Z

zafiro *m* サファイヤ safaiya
zaga *f* 後ろ ushiro; **ir a la ~** 人に遅れをとる hito ni okurre o toru
zaguero *m* 1. 後ろの ushiro no, 最後のsaigo no; 2. 最下位 saikai
zamarra *f* アノラック anorakku, *(chaquetón)* ショート・コート shooto kooto
zambull/ida *f (en el agua/水への)* 飛び込み tobikomi, *(inmersión)* 潜水 sensui; **~ir** 水に潜らせる mizu ni moguraseru
zamp/ar *vt* がつがつと食べる gatsugatsu to taberu; **~arse** *coloq* がつがつ食べる gatsugatsu taberu; **~ón, -a** *m/f coloq* 大食い oogurai
zanahoria *f bot* にんじん ninjin
zanca *f (de aves/鳥の)* 長い足 nagai ashi; **~da** *f* 大股の一歩 oomata no ippo; **~dilla** *f* 足をすくうこと ashi o sukuu koto
zanco *m* 竹馬 takeuma
zanganear *vi coloq* 怠ける namakeru, のらくら暮らす norakura kurasu
zanja *f* 溝 mizo
zapa *f* 鋤 suki
zapat/azo *m* 靴で殴ること kutsu de naguru koto; **~eado** *m mús* サパテアード zapateaado; **~ear** *vt/i* 足で踏み鳴らす ashi de fuminarasu, サパテアードを踊る zapateaado o odoru; **~ería** *f (mise)* 靴屋 kutsu-ya; **~ero** *m (人)* 靴屋 kutsu-ya; **~illa** *f* スリッパ surippa; **~o** *m* 靴 kutsu

zarpar *vi nav* 碇を揚げる ikari o ageru, 出港する shukkoo suru

zarza *f bot* 木苺いちご kiichigo; **~mora** *f* 木いちごのみ kiichigo no mi

zarzuela *f* 1. *mús (スペインのオペラ)* サルスエラ sarusuera; 2. *gastr* サルスエラ sarusuera *(魚介類をトマトソースで煮た料理)*

zigzag *m* ジグザグ jiguzagu

zinc *m quím* 亜鉛 aen

zodíaco *m astrol* 星占い hoshiuranai

zona *f* 地帯 chitai, 地区 chiku, 地域 chiiki, ゾーン zoon; **~ azul** *auto* ブルー・ゾーン buruu zoon

zoo *m* 動物園 doobutsu-en; **~logía** *f* 動物学 doobutsugaku; **~lógico, -a** *adj* 動物学の doobutsugaku no, 動物の doobutsu no; **parque ~lógico** 動物園 doobutsu-en

zopenco, -a *adj coloq* 無知 muchi, 愚かな oroka na

zorr/a *f zool* 1. 雌ギツネ megitsune; 2. *vulg desp* 売春婦 baishun-fu; **~o 1**. **-a** *adj* ずる賢い zurugashikoi; **2.** *m* 雄ギツネ osu-gitsune

zozobra *f* 不安 fuan, 心配 shinpai; **~r** *vi* 1. *nav* 難破する nanpa suru; 2. 危険になる kiken ni naru

zueco *m* 木靴 kigutsu

zumbar *vi* 1. 唸りを上げる unari o ageru, ブンブンいう bunbun iu; 2. 間近に来ている majika ni kite iru

zumbido *m* 唸り unari, ぶんぶんいう音 bunbun iu oto

zumo *m* ジュース juusu, 果汁 kajuu

zurci/do *m* かがり kagari; **~r** *vt* 縫う nuu, かがる kagaru

zurdo, -a 1. *adj* 左利きの hidari kiki no; **2**. *m/f* 左利きの人 hidari kiki no hito

zurra *f coloq* 殴ること naguru koto, 大喧嘩 oogenka; **~r** *vt coloq* 殴る naguru, 罵る nonoshiru

GUÍA DE CONVERSACIÓN
基本会話ガイド

1. Términos básicos / 1. 基本的な語彙

Sí	*Hai*
No	*Iie*
Yo	*Watashi*
Usted	*Anata*
Él	*Kare*
Ella	*Kanojo*
No comprendo.	*Wakarimasen.*
Gracias.	*Arigatoo.*
Por favor. / Se lo ruego.	*Onegai shimasu.*

2. Contactos / 2. 交際

Saludar a alguien	挨拶する時
Buenos días.	*Ohayoo gozaimasu.*
Buenas tardes.	*Konnichiwa.*
Buenas noches.	*Konbanwa.*
Buenas noches. (antes de ir a dormir)	*O-yasuminasai.*
¿Cómo está usted? / Muy bien, gracias.	*Go-kigen ikaga desu ka. / Okagesama de genki desu.*

Saludar a alguien	挨拶する時
¿Cómo estás? / Muy bien, gracias.	*O-genki desu ka. / Arigatoo. Totemo genki desu.*
¡Qué buen tiempo hace!	*Ii o-tenki desu ne.*
¡Qué calor!	*Atsui desu ne.*
¡Qué frío!	*Samui desu ne.*
¡Oiga!/¡Escuche! (para llamar la atención)	*Sumimasen.*
Un momento, por favor.	*Chotto sumimasen.*

Presentarse y presentar a alguien	自己紹介したり 他人を紹介する時
Me llamo Paco García. (muy formal)	*Watakushi wa Pako Garushia to mooshimasu.*
Me llamo Paco García. (menos formal)	*Pako Garushia desu.*
Soy español. / Vengo de España.	*Supein-jin desu / Supein kara kimashita.*
Soy de Madrid.	*Madoriido no shusshin desu.*
Le presento a la señora Rodríguez.	*Go-shookai shimasu. Kochira wa Rodorigezu-san desu.*
Mucho gusto. / Encantado/a.	*Hajimemashite / Doozo yoroshiku.*
El gusto es mío. Encantado/a.	*Kochira koso. Yoroshiku onegaishimasu.*

Despedirse	別れる時
Adiós.	*Sayoonara.*
¡Hasta luego! (el que sale de su casa)	*Itte kimasu. / Itte mairimasu.*
¡Hasta luego! (el que se queda en casa)	*Itte rasshai.*
Hasta mañana.	*Mata ashita.*
Hasta luego.	*Mata ato de.*
Hasta la próxima.	*Mata kondo.*
Que tenga un buen fin de semana.	*Yoi shuumatsu o.*
Que tenga un buen viaje.	*Doozo, tanoshii tabi o. / Ki o tsukete (kudasai).*
Espero que volvamos a vernos.	*Mata aimashoo ne.*

Disculparse	謝る時
Perdone.	*Gomen nasai./Sumimasen.*
Disculpe.	*Shitsurei shimasu. / Mooshiwake arimasen.*
Siento haber llegado tarde.	*Osoku natte sumimasen.*
No importa.	*Kamaimasen.*
No se preocupe.	*Shinpai irimasen. / Yoroshii n desu yo.*

Agradecer	感謝する時
Gracias.	*Doomo./Arigatoo.*
Muchas gracias.	*Doomo arigatoo gozaimasu.*
De nada. (informal)	*Iie.*
No hay de qué. (formal)	*Dooitashimashite.*
Gracias, igualmente.	*Kochira koso, doomo arigatoo gozaimasu.*

Felicitar y saludar	祝福する時
¡Que te diviertas!	*Tanoshinde rasshai.*
¡Ánimo!	*Ganbatte kudasai.*
¡Salud! (al brindar)	*Kanpai.*
¡Feliz cumpleaños!	*O-tanjoobi omedetoo.*
¡Felicidades!	*Omedetoo gozaimasu.*
¡Feliz año nuevo!	*Akemashite omedetoo gozaimasu.*
Enhorabuena. (nacimiento de un hijo)	*Go-shussan omedetoo gozaimasu.*

Invitar	誘う時
Le invito a cenar.	*Yuushoku o gochisoo shimasu.*
¿Qué le parece si comemos juntos?	*Yokkatara, issho ni shokuji o shimasen ka.*
¿Qué le parece si vamos a tomar una copa?	*Yokkatara, issho ni nomi ni ikimasen ka.*
¿Qué le parece si vamos al cine?	*Yokkatara, issho ni eiga ni ikimasen ka.*

Invitar	誘う時
Invitado/a:	*Shootai sareta hoo:*
¡Qué apetitoso!	*Oishisoo desu ne.*
(Al empezar a comer)	*Itadakimasu.*
(Al acabar de comer)	*Gochisoosama deshita.*
Persona que invita:	*Shootai suru hoo:*
Sírvase, por favor.	*Doozo, meshiagatte kudasai.*
(Respuesta a *Gochisoosama deshita*)	*O-somatsusama deshita.*

Hablar por teléfono	電話で話す時
¿Sí? ¿Dígame?	*Moshi, moshi.*
Oiga, soy Tanaka.	*Moshi, moshi. Tanaka desu.*
Quisiera hablar con el señor Ozaki.	*Ozaki-san, irasshaimasu ka.*
En este momento está fuera.	*Tadaima gaishutsuchuu desu.*
¿Cuándo volverá?	*(Ozaki-san wa) Itsu modorimasu ka.*
¿Puedo dejar un mensaje?	*Dengon o onegai dekimasu ka.*
Por favor, dígale que ha llamado López.	*Ropesu yori denwa ga atta to tsutaete kudasai.*
¿Puede volver a llamar en diez minutos, por favor?	*Juppun gurai ato ni mata o-denwa itadakemasu ka.*
¿Dónde está la cabina más cercana, por favor?	*Ichiban chikai kooshuudenwa wa doko desu ka.*

3. Transportes

3. 交通機関

Desplazarse por la ciudad	町を見て歩く時
Disculpe, ¿cómo puedo llegar al aeropuerto?	*Sumimasen ga, kuukoo e wa doo ikeba ii desu ka.*
¿Queda muy lejos?	*Koko kara tooi desu ka.*
Un cuarto de hora en autobús. Cuarenta minutos andando.	*Basu de juu go fun gurai kakarimasu. Aruite yon juppun gurai kakarimasu.*
¿Dónde está la parada del metro?	*Chikatetsu no eki wa doko desu ka.*
¿Cuál es el autobús que va a la estación?	*Eki e iku basu wa dore desu ka.*
¿Qué número es el autobús que va a la estación?	*Eki e iku basu wa nanban desu ka.*
¿De dónde sale el autobús que va al aeropuerto?	*Kuukoo-yuki no basu no hatchakujo wa doko desu ka.*
Próxima parada: Estación del Norte.	*Tsugi wa Estación del Norte desu.*

Tomar un taxi	タクシーに乗る時
¿Dónde está la parada de taxi, por favor?	*Sumimasen ga, takushii noriba wa doko desu ka.*
A la estación de autobuses, por favor.	*Basu-taaminaru made itte kudasai.*
Por favor, pare aquí en la esquina.	*Kono kado de tomete kudasai.*
¿Cuánto es?	*Ikura desu ka.*
Quédese con la vuelta.	*Otsuri wa ii desu.*

Viajar en tren	電車に乗る時
¿A qué hora sale el próximo tren para Tokio?	*Tookyoo-yuki no tsugi no densha wa nanji ni demasu ka.*
Quisiera reservar una plaza en el departamento de coche-cama.	*Shindaisha o yoyaku shitai desu.*
¿De qué andén sale el tren que va al aeropuerto?	*Kuukoo-yuki densha wa nan-ban no hoomu kara demasu ka.*
Quisiera un billete para la estación de Tokio.	*Tookyoo-eki made no kippu o ichi mai kudasai.*
¿Sólo de ida?/No, de ida y vuelta, por favor.	*Katamichi kippu desu ka./Iie, oofuku kippu o onegai shimasu.*
Por favor, ¿dónde está el mostrador de facturación de Iberia?	*Sumimasen, Iberia no chekkuin kauntaa wa doko desu ka.*
Quisiera un asiento en el pasillo / la ventanilla.	*Tsuuro-gawa/mado-gawa no seki o onegaishimasu.*
Aquí tiene su tarjeta de embarque.	*Kochira wa toojooken desu.*
Quisiera alquilar un coche.	*Rentakaa o karitai n desu ga. / Kuruma o kariraremasu ka.*
¿Me permite ver su licencia de conducir, por favor?	*Untenmenkyoshoo o misete kudasai.*
¿Puedo dejar el coche en el aeropuerto?	*Kuukoo ni kuruma o oitemo ii desu ka.*

4. En la ciudad

4. 町の中で

En el hotel / la pensión / el albergue	ホテル／宿／ユースホステル
¿Puede recomendarme un hotel bueno y barato?	*Yasukute ii hoteru o shookai shite kudasai.*
Tengo una reserva a nombre de Tanaka.	*Tanaka toiu namae de heya no yoyaku o shita n desu ga.*
Quisiera una habitación individual.	*Shinguru no heya o yoyaku shitain desu ga.*
Quisiéramos una habitación doble.	*Tsuin/daburu/futari ga tomareru heya o yoyaku shitain desu ga.*
¿Tienen una habitación de estilo japonés?	*Washitsu no heya wa arimasu ka.*
¿Cuánto cuesta una habitación con ducha/baño?	*Shawaa/Ofuro tsuki no heya wa ikura desu ka.*
¿Cuánto cuesta esta habitación una noche?	*Kono heya wa ippaku ikura desu ka.*
¿No tienen habitaciones más baratas?	*Motto yasui heya wa arimasen ka.*
¿En qué piso está esta habitación?	*Kono heya wa nangai desu ka.*
¿A qué hora sirven el desayuno/la cena?	*Chooshoku/yuushoku wa nanji desu ka.*
Por favor, ¿podrían despertarme a las ocho de la mañana?	*Ashita no asa hachi ji ni okoshite kudasai.*
¿Dónde está el comedor?	*Shokudoo wa doko desu ka.*
¿Dónde está el ascensor?	*Erebeetaa wa doko desu ka.*

En el restaurante / café	レストラン／喫茶店で
Tengo hambre.	*Onaka ga sukimashita.*
Tengo sed.	*Nodo ga kawakimashita.*
Vayamos a comer.	*Shokuji ni ikimashoo.*
¿Conoce algún sitio no muy caro?	*Yasui mise o shookai shite kuremasen ka.*
Reserve una mesa para la una.	*Ichi-ji ni teeburu o yoyaku shite kudasai.*
¿Está libre este asiento? / ¿Está libre esta mesa?	*Kono seki wa aite imasu ka. / Kono teeburu wa aite imasu ka.*
¿Puedo ver la carta, por favor?	*Menyuu o misete kudasai.*
El menú del día y una copa de vino tinto, por favor.	*Higawari teishoku to aka-wain o ippai kudasai.*
La cuenta, por favor.	*O-kanjoo o onegai shimasu.*
¿Puedo pagar con tarjeta de crédito?	*Kurejitto kaado de haratte mo ii desu ka.*

En las tiendas	買い物の時
Quisiera comprar…	*… ga kaitai n desu ga.*
¿Podría enseñarme algunos jerséis?	*Sumimasen, seetaa o misete kudasai.*
¿Qué talla tiene usted?	*Saizu wa ikura desu ka.*
¿Qué talla es esto?	*Kore wa dono saizu desu ka.*
Deme la talla…	*Saizu… o kudasai.*
¿Lo tiene más grande?	*Motto ookii no wa arimasen ka.*

En las tiendas	買い物の時
¿Lo tiene más pequeño?	*Motto chiisai no wa arimasen ka.*
¿Lo tiene de otro color?	*Betsu no iro no mono ga arimasen ka.*
Es demasiado grande.	*Ookisugimasu.*
Es demasiado pequeño.	*Chiisasugimasu.*
Es demasiado caro.	*Takasugimasu.*
¿Qué le parece/n éste/ésta/éstos/éstas?	*Kochira wa ikaga desu ka.*
¿De qué color lo quiere?	*Nani iro ga yoroshii n desu ka.*
¿Puedo probarme esta camisa/jersey?	*Kono shatsu/seetaa o kite mite mo ii desuka.*
¿Puedo probarme estos pantalones/zapatos?	*Kono zubon/kutsu o haite mite mo ii desu ka.*
El probador está allí.	*Shichakushitsu wa achira desu.*
¿Es posible cambiar estos zapatos?	*Kono kutsu o kaete moraemasen ka.*
¿Cuánto vale/n?	*Ikura desu ka.*
Me quedo con éste/ésta/éstos/éstas.	*Kore ni shimasu.*

En el banco	銀行で
Quisiera cambiar yenes a euros.	*En o yuuro ni ryoogae shitai n desu ga.*
¿Cuándo cobran de comisión?	*Tesuuryoo wa dono kurai desu ka.*
El dos por ciento.	*Ni paa seento no tesuuryoo o torimasu.*
¿Cuál es el cambio del euro?	*Kyoo no yuuro no reeto wa ikura desu ka.*

En la oficina de correos	郵便局で
¿Dónde hay una oficina de correos?	*Yuubinkyoku wa doko desu ka.*
¿Dónde está el buzón?	*Posuto wa doko desu ka.*
¿Cuánto cuesta enviar una postal a España?	*Supein made no hagaki wa ikura desu ka.*
Quisiera tres sellos para España.	*Supein made no kippu o san mai kudasai.*
Quisiera enviar este paquete certificado a Japón.	*Kono kozutsumi o kakitome de okurita in desu ga.*
Quiero enviar esta carta urgente.	*Kono tegami o sokutatsu de okuritain desu ga.*
¿Cuánto cuesta por correo aéreo hasta España?	*Supein made no kookuubin wa ikura desu ka.*
¿Esta es la dirección?	*Kore ga juusho desu ka.*
¿Cuánto tardará en llegar?	*Daitai nannichi goro todokimasu ka.*

En el hospital / la farmacia	病院／薬屋で
¿Dónde hay un hospital/ farmacia?	*Byooin/kusuriya wa doko desu ka.*
Llame a un médico/ ambulancia.	*Oisha-san/kyuukyuusha o yonde kudasai.*
Estoy enfermo.	*Watashi wa byooki desu.*
No me encuentro bien.	*Watashi wa kibun ga warui desu.*
Me duele la cabeza/la muela/ la garganta/la barriga/la pierna/el brazo.	*Atama/ha/nodo/onaka/ashi/ ude ga itai desu.*
Tengo náuseas.	*Hahike ga shimasu.*
Tengo una indigestión.	*Shookafuryoo o okoshimashita.*
Estoy resfriado.	*Kaze o hiite imasu.*
Tengo la gripe.	*Infuruenza ni kakatte imasu.*
Tengo fiebre.	*Netsu ga arimasu.*
Tengo mucha tos.	*Seki ga tomarimasen.*
Me he cortado.	*Kirikizu o shimashita.*
Soy diabético.	*Watashi wa toonyoobyoo o wazuratte imasu.*
Soy/eres/es alérgico a los antibióticos.	*(Watashi/anata/kare) wa kooseibusshitsu no arerugii desu.*
Quisiera aspirinas/analgésico/ antipirético/medicina contra el resfriado.	*Asupirin/itamidome/ genetsuzai/ kazegusuri ga hoshi n desu ga.*
Tome esta medicina dos veces al día.	*Ichinichi ni ni-kai kono kusuri o nonde kudasai.*
Tómese la medicina antes/ después de las comidas.	*Shokuzen/shokugo ni fukuyoo shite kudasai.*

LOS NUMERALES / 数字

NÚMEROS CARDINALES / 基数

cero	0	zero、rei	零
uno	1	ichi	一
dos	2	ni	二
tres	3	san	三
cuatro	4	shi	四
cinco	5	go	五
seis	6	roku	六
siete	7	shichi, nana	七
ocho	8	hachi	八
nueve	9	ku, kyuu	九
diez	10	juu	十
once	11	juuichi	十一
doce	12	juuni	十二
trece	13	juusan	十三
catorce	14	juushi, juuyon	十四
quince	15	juugo	十五
dieciséis	16	juuroku	十六
diecisiete	17	juushichi, juunana	十七
dieciocho	18	juuhachi	十八
diecinueve	19	juuku, juukyuu	十九
veinte	20	nijü	二十
veintiuno	21	nijuuichi	二十一
treinta	30	sanjuu	三十
treinta y uno	31	sanjuuichi	三十一
treinta y dos	32	sanjuuni	三十二
cuarenta	40	yonjuu	四十
cuarenta y cuatro	44	yonjuuyon, yonuushi	四十四
cincuenta	50	gojuu	五十
sesenta	60	rokujuu	六十
setenta	70	nanajuu	七十
ochenta	80	hachijuu	八十
noventa	90	kyuujuu	九十
cien	100	hyaku	百
ciento uno	101	hyakuichi	百一
dos cientos	200	nihyaku	二百
trescientos	300	sanbyaku	三百
cuatrocientos	400	yonhyaku	四百
quinientos	500	gohyaku	五百
seiscientos	600	roppyaku	六百
setecientos	700	nanahyaku	七百
ochocientos	800	happyaku	八百
novecientos	900	kyuuhyaku	九百
mil	1.000	sen	千
mil uno	1.001	senichi	千一
dos mil	2.000	nisen	二千
tres mil	3.000	sanzen	三千
cuatro mil	4.000	yonsen	四千

cinco mil	5.000	gosen	五千
seis mil	6.000	rokusen	六千
siete mil	7.000	nanasen	七千
ocho mil	8.000	hassen	八千
nueve mil	9.000	kyuusen	九千
diez mil	10.000	ichiman	一万
veinte mil	20.000	niman	二万
veintidós mil	22.000	nimannisen	二万二千
cien mil	100.000	juuman	十万
dos cientos mil	200.000	nijuuman	二十万
un millón	1.000.000	hyakuman	百万
diez millones	10.000.000	senman	千万
cien millones	100.000.000	ichioku	一億

NÚMEROS ORDINALES / 序数

primero	1.º	Inti-ban me	一番目
segundo	2.º	ni-ban me	二番目
tercero	3.º	san-ban me	三番目
cuarto	4.º	yon-ban me	四番目
quinto	5.º	go-ban me	五番目
sexto	6.º	roku-ban me	六番目
séptimo	7.º	nana-ban me	七番目
octavo	8.º	hachi-ban me	八番目
noveno	9.º	kyuu-banme	九番目
décimo	10.º	juu-banme	十番目
undécimo	11.º	juu-ichi-ban me	十一番目
duodécimo	12.º	juu-ni-ban me	十二番目
decimotercero	13.º	juu-san-ban me	十三番目
decimocuarto	14.º	juu-yon-ban me	十四番目
decimoquinto	15.º	juu-go-ban me	十五番目
decimosexto	16.º	juu-roku-ban me	十六番目
decimoséptimo	17.º	juu-nana-ban me	十七番目
decimoctavo	18.º	juu-hachi-ban me	十八番め
decimonoveno	19.º	juu-kyuu-ban me	十九番目
vigésimo	20.º	nijuu-ban me	二十番目
vigésimo primero	21.º	nijuu-ici-ban me	二十一番目
vigésimo segundo	22.º	nijuu-ni-ban me	二十二番目
trigésimo	30.º	sanjuu-ban me	三十番目
cuadragésimo	40.º	yonjuu-ban me	四十番目
quincuagésimo	50.º	gojuu-ban me	五十番目
sexagésimo	60.º	rokujuu-ban me	六十番目
septuagésimo	70.º	nanjuu-ban me	七十番目
octogésimo	80.º	hachijuu-ban me	八十番目
nonagésimo	90.º	kyuujuu-ban me	九十番目
centésimo	100.º	hyaku-ban me	百番目
milésimo	1.000.º	sen-ban me	千番目